2009

广东建设年鉴

广东建设年鉴编纂委员会　编

廣東省出版集團
广东人民出版社
·广州·

图书在版编目（CIP）数据

广东建设年鉴（2009）/广东建设年鉴编纂委员会编.
—广州：广东人民出版社，2010.2
ISBN 978-7-218-06602-8

Ⅰ.广… Ⅱ.广… Ⅲ.城市建设—广东省—2009—年鉴
Ⅳ.①F299.276.5-54

中国版本图书馆CIP数据核字（2009）第228603号

广东建设年鉴（2009）

责任编辑	柏　峰　陈其伟　张贤明
封面设计	王　婷
责任技编	周　杰　黎碧霞
出版发行	广东人民出版社
印　　刷	中华商务联合印刷（广东）有限公司
开　　本	889毫米×1194毫米　1/16
印　　张	27.5
字　　数	990千
插　　页	86
版　　次	2010年2月第1版　2010年2月第1次印刷
书　　号	ISBN 978-7-218-06602-8
定　　价	260.00元

《广东建设年鉴》编辑部
地　　址：广州市先烈中路190号粤海凯旋大厦9楼
电　　话：020-87255508　87255234
网　　址：www.gdcic.net
电子邮箱：gdjsnj@gdcic.net
邮政编码：510500
传　　真：(020) 87255234

编辑说明

一、《广东建设年鉴》是由广东省建设厅主办、《广东建设年鉴》编纂委员会组织编纂的资料性工具书，于2009年创办。其宗旨是为了及时、全面、系统、翔实地载录广东省建设事业的发展状况，为各级领导决策以及行业管理工作提供依据和参考，为社会各界了解和研究广东省建设事业的发展状况提供信息资料和数据。

二、《广东建设年鉴》采用分类编辑法，以部类（篇目）、分目、条目组成框架结构的主体部分。在少数分目中，增加子分目的层次。全书条目标题统一用黑体加【】表示，个别包含多方面资料的条目则在段首加插楷体标题提示，方便读者查阅。全书前有目录，后有索引，具有比较完善的检索系统。

三、《广东建设年鉴》以出版年号为卷次名称。2009年卷主要载录广东省2008年城乡规划、建设和管理的基本资料，同时扼要地收集了改革开放以来的历史资料，以期使读者对广东城乡建设的发展历程有一个比较全面的了解。全书设有25个篇目：（1）特辑；（2）大事纪要；（3）省情概况；（4）广东建设事业发展总述；（5）政务改革与行政审批；（6）城乡规划；（7）城市建设；（8）村镇建设；（9）重点工程；（10）建筑业；（11）勘察设计；（12）建设科技；（13）住宅与房地产业；（14）教育培训·执业资格；（15）信息化建设；（16）法制建设；（17）精神文明与机关工作；（18）党建工作与廉政建设；（19）人事管理；（20）职能·机构；（21）各市建设；（22）荣誉榜；（23）统计资料；（24）领导讲话；（25）法规文件选编。

四、为增加信息量，增强可读性，2009年卷组编了广东省的相关地图及“广东城乡建设数字”、“广东城乡建设要录”，设置了“众志成城　抗震救灾”、“广东城乡建设风采”、“广东建设行业排头兵”、“各市建设”等四个彩色图片专辑，并在内文加插了一批图片和附表，力求图文并茂地反映广东建设事业发展的历史风貌。

五、全书所载录的内容和数据，分别由广东省建设厅机关各处室、直属单位以及各地级以上市建设行政和行业主管部门负责提供，并经各级主管部门审核（统计数据以广东省统计局提供的统计资料为准）。

六、《广东建设年鉴》的编纂出版得到了广东省建设系统各有关单位及社会各界人士的鼎力支持和热情帮助，对此我们深表谢意；由于这是第一次编纂出版，对于本书在编纂质量方面存在的问题与不足，我们恳请广大读者和专家提出宝贵的意见和建议，以使《广东建设年鉴》越办越好。

《广东建设年鉴》主要撰稿人

（按姓氏笔画为序）

王　务	王　娟	王卫城	王礼贵	王海忠	王瑞斌	韦梦鹍
毛栩峰	孔竞兰	石冠文	叶小青	叶少群	叶伟光	冯杰勇
吕洪清	刘广平	刘永红	刘国红	刘海英	刘德华	刘耿辉
孙　平	孙　波	孙宝国	庄　雄	朱　洲	朱本祥	朱国鸣
江　飞	江茂辉	江炳海	阮菁英	许　伟	许　昆	许兆勇
许忠洲	许晓凯	许钰淳	何　全	何　维	何志坚	何定华
何思权	何容娣	何晓琳	佘祥荣	余可才	余宏炳	余卓锋
余桂珣	况　琳	邵　山	吴　涛	吴再泉	吴成元	吴岳桐
吴燕婷	宋　健	宋旭东	张　中	张　铁	张　疆	张丹丹
张文宇	张正才	张志军	张定邦	张敬东	张瑞坤	李　旭
李　明	李　勇	李　巍	李大锦	李冬辉	李圣文	李伟清
李沛全	李建桥	李雨林	李亮辉	李海涛	李新建	李筱芳
杨远辉	杨凯烽	肖送文	苏西超	陆永雄	陆秋霞	陈　伟
陈　凯	陈　玲	陈万鑫	陈小榴	陈中兰	陈日晖	陈庆龙
陈宇斯	陈宏略	陈育军	陈若兰	陈美玲	陈徐福	陈晓军
陈晓晖	陈俊鸿	陈海波	陈章信	陈辅淳	陈辉斌	陈锡群
陈慰宜	陈必暖	卓　扬	卓云峰	周　娟	周建雄	周卓豪
林小龙	林元满	林世允	林刘雄	林阳阳	林肖兵	林舜忠
林楚贤	林鹏伟	罗　迎	罗　栋	罗应滔	罗海峰	郑大彬
郑小丽	金　芳	姚伟才	施华游	胡　蓉	赵　航	郝　静
钟国清	钟淑琴	卿文峰	唐　卉	翁祐雄	袁朝晖	诸洪宝
郭东晓	郭庆铭	郭俊雄	高　涛	高　嵘	高　磊	高树涛
高德勇	徐永捷	梁文璇	梁宇峰	梁锦文	黄　健	黄云辉
黄少明	黄加标	黄玉玲	黄灿生	黄育平	黄诗茗	黄冠军
黄健文	黄海通	黄婉华	黄慧明	黄慰慰	龚梅英	彭　宇
彭兰阶	曾　峥	曾国强	温　政	游　洁	董福强	谢汉奎
谢莉珍	辜鸿华	韩垂尚	赖维纲	雷　宇	靳亮亮	廖丽萍
廖重斌	廖集中	翟现春	蔡小裕	蔡泽和	蔡秋生	蔡穗虹
谭巧仪	谭龙海	谭伯东	潘伟堂	潘祥兴	黎裕成	

总　　目

目　录

图片专辑

特　辑

大事纪要

省情概况

广东建设事业发展总述

政务改革与行政审批

城乡规划

城市建设

村镇建设

重点工程

建 筑 业

勘察设计

建设科技

住宅与房地产业

教育培训·执业资格

信息化建设

法制建设

精神文明与机关工作

党建工作与廉政建设

人事管理

职能・机构

各市建设

荣 誉 榜

统计资料

领导讲话

法规文件选编

广东省原省长叶选平（左）与广东省建设委员会原主任刘凤仪（右）合影

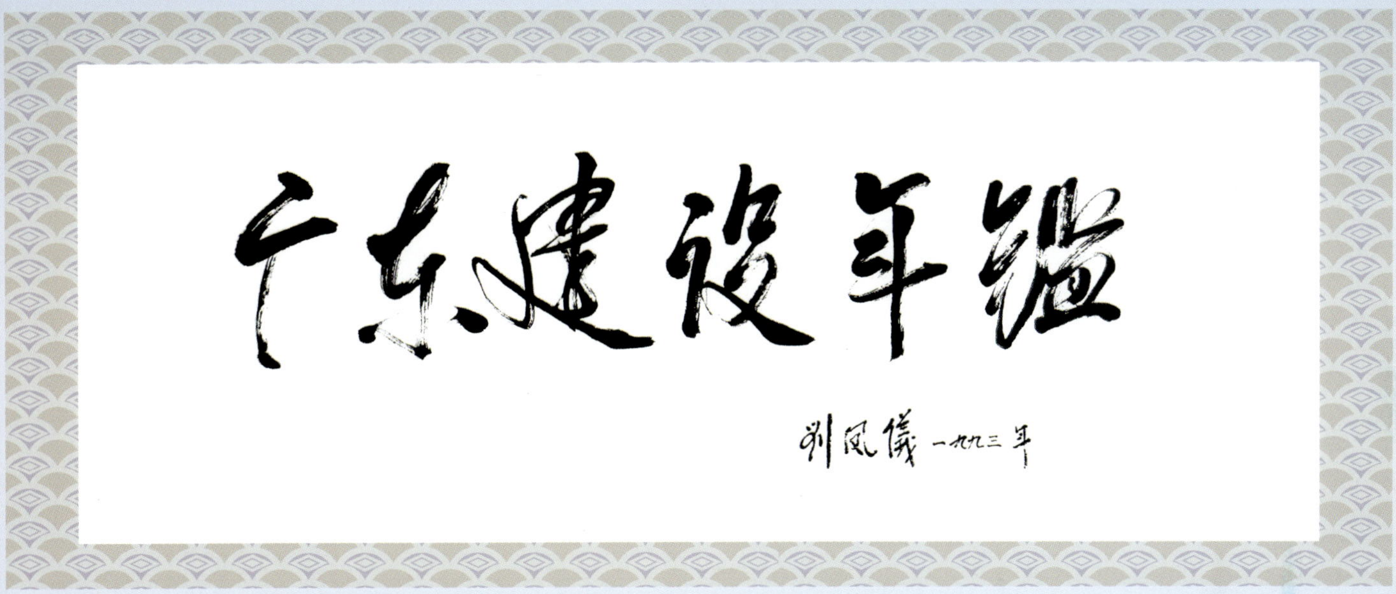

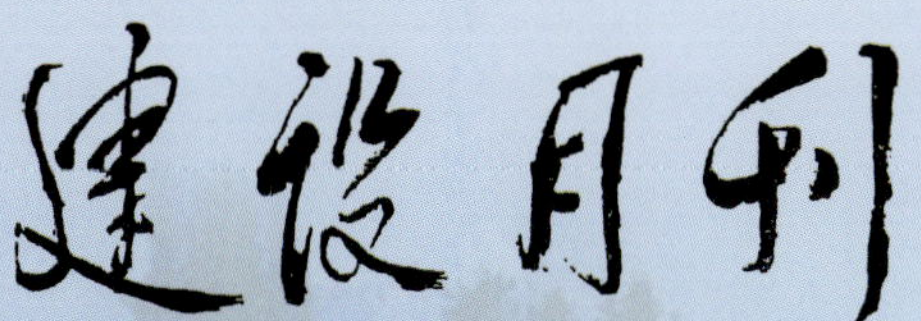

（1993年刘凤仪题写的刊名）

1994年，广东省建设委员会创办《建设月刊》，刘凤仪主任亲自题写刊名。同时，还欣然写下“广东建设年鉴”，表达了刘凤仪主任创办广东建设行业综合年鉴的愿望。在《广东建设年鉴》创刊之际，刊登刘凤仪主任的题字，以表纪念！

广 东 省 政 区

ADMINISTRATIVE DIVISIONS OF GUANGDONG

广东省地图出版社编制　　审图号：粤S(2009)040号

2550000

2009年9月

广东省城镇体系规划2007-2020

城镇空间组织规划图

地区
江
西
省
福
建
省
至华中地区
至华东地区
至东部沿海
仁化县
南雄县
始兴县
韶关市
韶关都市区
平远县
蕉岭县
梅县
梅州市
大埔县
和平县
翁源县
连平县
龙川县
兴宁市
新丰县
东源县
龙门县
五华县
佛冈县
丰顺县
潮州市
饶平县
河源市
揭东县
从化市
紫金县
揭西县
揭阳市
南澳县
潮安县
汕头市
博罗县
增城市
陆河县
普宁市
潮汕都市区
东莞市
惠州市
惠东县
海丰县
陆丰县
惠来县
东岸都市区
深圳市
汕尾市
中山市
珠海市
香港特别行政区
澳门特别行政区
图 例
都市区
省域主/副中心城市
地区性中心城市
地方性中心城市
县域中心城市
主要城镇集聚带
次级城镇集聚带
珠江三角洲地区
粤东沿海地区
粤西沿海地区
北部山区

2008广东城乡建设数字

全省陆地总面积17.8万平方公里

建成区面积4132.63平方公里

常住总人口9544万人

地区生产总值35696.46亿元

国家园林城市3个

国家重点公园4个

城市园林绿化覆盖面积439736公顷

公园绿地面积50206公顷

公园2171个

人均拥有公园绿地面积11.5平方米

城市供水综合生产能力3176.77万立方米/日

人均日生活用水量252.03升

自来水普及率93.97%

城市污水处理能力1091.5万立方米/日

供气管道总长度24547.52公里
城市供气总量109043.8万立方米
用气人口4115.45万人
城市生活垃圾收集量5.4万吨/日
生活垃圾无害化处理率65%
城市污水集中处理率55%
建筑企业4470家
完成建筑业总产值3375.03亿元
建筑企业实现利税总额205.07亿元
获中国建设工程鲁班奖7项
获中国土木工程詹天佑奖5项
获中国人居环境范例奖2项
完成房地产投资2932.34亿元
商品房施工面积22992.63万平方米
商品房竣工面积4359.24万平方米
商品房屋销售面积4824.41万平方米

（湘君　辑）

2008广东城乡建设要录

深入学习实践科学发展观活动

2008年10月，广东省建设厅根据中央和省委的部署，参加第一批学习实践活动，时间从2008年10月开始至2009年3月结束。省建设厅党组于10月上旬成立学习实践活动领导小组及其办公室，制发工作方案，并于10月10日召开省直属机关干部动员大会，党组书记、厅长、建设厅学习实践活动领导小组组长房庆方作动员。学习实践活动主要分为三个阶段：学习调研、分析检查和整改落实。省建设厅党组提出，通过开展学习实践活动要达到牢固确立城乡建设科学发展的理念、大力推进建设宜居城乡、解决建设民生问题、改进机关作风、解决影响科学发展体制机制问题等五方面的具体目标。

支援四川汶川抗震救灾

2008年5月12日，四川省汶川县发生里氏8.0级强烈地震。地震发生后，为贯彻落实党中央、国务院关于举全国之力做好抗震救灾的重要决策精神，根据住房和城乡建设部关于支援四川灾区的工作部署和任务安排，在广东省人民政府领导下，广东省建设系统充分发挥“一方有难、八方支援”的精神，众志成城，全力投入抗震救灾。

推进宜居城乡建设

中共广东省委、省政府高度重视宜居城乡建设工作，中共中央政治局委员、广东省委书记汪洋在2008年2月29日召开的全省领导干部会议和3月1日召开的省委常委扩大会议上都强调“建设宜居城乡”的问题，指出，“要以建设宜居城乡为龙头，提升城乡居民生活质量”，“要以建设宜居城市、宜居农村、宜居乡镇为龙头来改善民生”。要求做到“市市都有天堂，乡乡都有新村”，并指出珠江三角洲各市应首先进行宜居城乡建设，“首先让老百姓过上‘天堂’一样的生活”。

一批工程项目获国家级奖励

2008年，广东省潮州市韩江潮州河段环境整治与滨江景观建设工程、深圳市宝安区桃源社区公共管理项目获“中国人居环境范例奖”；广州市、东莞市、潮州市获“国家园林城市”称号，中山市小榄镇获“国家园林城镇”称号；深圳罗湖地铁枢纽工程、广州大学城建设项目、广东省档案馆新馆、深圳地铁一期国贸至老街区间隧道及桩基托换工程、深圳港盐田港区三期工程等5项工程获第七届中国土木工程詹天佑奖；广州市越秀公园、深圳市仙湖植物园、深圳国际园林花卉博览园、深圳市莲花山公园获“国家重点公园”称号；广州新光大桥、深圳固戍污水处理厂、富力国际公寓、民生银行大厦、金润大厦、广州海关新业务技术综合楼等工程项目获“中国建设工程鲁班奖”。

开展“建筑施工隐患治理年”活动

2008年，广东省建设厅决定在全省开展建筑施工“隐患治理年”活动，目标是：全省建筑施工安全隐患治理率力争达到100%，确保实现整改责任、整改时限、整改措施、整改资金和应急预案“五落实”；全省房屋建筑与市政基础设施工程施工安全事故死亡人数比上年下降2%；遏制一次死亡3人以上的较大生产安全事故的发生。

开展勘察设计市场专项整治活动

2008年5月，广东省建设厅决定，从5月起在全省范围内开展勘察设计市场专项整治活动。重点整治勘察设计企业、施工图审查机构在申报资质（资格）中弄虚作假等问题；严肃查处无证勘察设计、超资质范围勘察设计等违法违规行为；依法查处建设单位不依法办理初步设计审查等问题。要求切实加强领导，严肃查处违法违规行为，并认真总结经验教训。

新十项工程建设总投资超2万亿元

2008年，广东省以新十项工程的大投入带动全省新一轮的大发展。新十项重大工程建设项目共222项，总投资22770亿元，包括：交通运输体系工程、能源保障工程、现代服务业工程、高新技术产业工程、先进制造业工程、现代农业和水利工程、产业转移工程、宜居环境工程、社会发展工程、资源储备保障工程。

建立珠江三角洲城镇群协调发展规划联席会议制度

2008年，广东省政府建立实施珠江三角洲城镇群协调发展规划联席会议制度。联席会议召集人由副省长林木声担任，成员由省直有关部门和珠江三角洲各地级以上市政府负责人组成。联席会议对确定具有区域性影响的建设项目进行协商并作出决定。联席会议作为目前珠江三角洲最强有力的协调机制，对于整合资源，提高珠江三角洲整体竞争力将发挥重要作用。

全省生活污水处理厂建设实现历史性突破

2008年，广东省生活污水处理厂建设实现历史性突破：全省建成生活污水处理厂175座，日处理能力达1091.5万立方米，成为全国第一个污水日处理能力突破1000万立方米的省份。根据省政府与各地级以上市政府签订的2008～2010年污水处理厂建设责任书，预计到2010年广东省生活污水日处理能力将达到1800万立方米。

加大保障性住房建设工作力度

广东省决定从2009年至2011年，每年投入2亿元廉租住房专项补助资金，用于对东西两翼和粤北山区的补助；每年投入30多亿元廉租住房保障资金，用于新建廉租住房和发放租赁补贴，解决3万多户符合廉租住房保障条件家庭的住房困难；每年投入30亿元建设经济适用住房，解决2万多户符合经济适用住房供应条件家庭的住房困难。

（湘君　辑）

众志成城 抗震救灾

2008年5月12日，四川省汶川县发生里氏8.0级强烈地震。为贯彻落实党中央、国务院关于认真做好抗震救灾的重要决策精神，根据中共广东省委、广东省人民政府、住房和城乡建设部关于支援四川灾区的工作部署和任务安排，广东省建设系统发扬“一方有难、八方支援”的精神，众志成城，全力以赴投入抗震救灾第一线……

2008年7月9日，中共中央政治局委员、广东省委书记汪洋（前左一），广东省省长黄华华（前右一），副省长肖志恒（后右一）、李容根（后左一）等省市领导在汶川县映秀镇慰问广东省支援灾区活动板房建设的施工队伍
（省建设厅办公室供稿）

地震肆虐
满目疮痍

被地震破坏的路桥

被高山滚下的巨石砸毁的车辆

在地震中坍塌的厂房

被震塌的楼房

被地震破坏的学校

2008年5月21日，广东省副省长林木声在广东支援四川抗震救灾活动板房建设运送物资发车仪式上讲话

省政府抗震救灾先遣工作组

2008年5月20日，广东省政府派出以省建设厅党组成员、副巡视员李新建为组长，包括省政府办公厅、省建设厅、省民政厅、省建筑设计院等单位在内的8人抗震救灾先遣工作组抵达成都，开展抗震救灾各项组织协调工作。

（省建设厅办公室供稿）

2008年5月25日，广东省政府抗震救灾先遣组组长、省建设厅党组成员、副巡视员李新建在汶川县威州镇主持活动板房建设动工仪式

2008年5月31日，广东省对口支援四川地震灾区临时住所活动板房建设指挥部副指挥李新建（右二）带领指挥部人员梁志华（左一）、彭鸿宝（左二）、段衡金（左三）、王鸿鹤（右一）深入深圳市的援建工地指导工作

参加省政府前方工作组

根据广东省政府援建四川汶川地震工作组的统一部署，省建设厅副厅长刘锦红、处长蔡瀛和杜挺、副处长彭鸿宝、调研员谭龙海先后参加省政府前方工作组，赴四川地震灾区一线开展援建工作。

2008年5月25日，省建设厅副厅长陈承旗参加省政府在汶川县映秀镇举行的活动板房建设启动仪式

2008年5月21日，省建设厅副厅长刘锦红（女）在省建设系统支援四川灾区环卫专用车队出发仪式上讲话

2008年5月21日，广东省建设系统支援四川灾区环卫专用车队准备出发

灾区活动板房建设

2008年5月12日，四川汶川发生里氏8.0级大地震后，满目疮痍。20日，国务院决定用3个月时间在四川省地震重灾区建造100万套过渡安置房，帮助受灾群众解决临时住房问题。21日，住房和城乡建设部分配广东9万套的建设任务。21日，31辆货车装载着6000平方米活动板房向四川进发。24日，广东支援四川汶川灾区活动板房建设先遣队抵达汶川县城威州镇，是全国首个抵达汶川县城援建活动板房的省份。25日，广东省政府分别在汶川县城威州镇和震中地区映秀镇同时举行活动板房建设开工仪式。

2008年5月26日，广东省省长黄华华（左三）、省建设厅副厅长陈英松（左一）等视察佛山活动板房生产企业

2008年5月23日，广东省副省长李容根（左二），省建设厅厅长房庆方（左一）、副厅长陈英松（右一）深入活动板房生产企业指导工作

2008年6月18日，广东省建设厅厅长房庆方（左五）在成都主持召开汶川灾区重建工作座谈会

2008年6月12日，广东省建设厅副巡视员李运章（左二）带队检查活动板房生产质量

2008年5月31日，广东省建设厅副厅长陈英松（中）带队检查活动板房生产质量

灾区活动板房建设启动后，广东省建设厅于2008年5月23日召开全省建设系统电视电话会议，统一布署援建工作，并开展“捐建房，送温暖”活动，募集活动板房建设专项善款共4505.94万元。

2008年5月23日，广东省建设厅厅长房庆方在广东省建设系统开展“捐建房、送温暖”活动中带头捐款

广东省建设厅分别获住房和城乡建设部，以及省委、省政府表彰

活动板房在广东紧急装车运往汶川灾区

广东省支援汶川灾区的活动板房千里跋涉运往灾区

2008年5月25日，广东省建设工作者正在紧张、繁忙地为灾区同胞搭建临时活动板房

广东省支援汶川灾区的临时活动板房

（省建设厅办公室供稿）

广东城乡建设风采

经过改革开放30年的建设，广东从一个农业大省一跃成为中国经济最活跃的工业大省，城乡面貌、人居环境、基础设施、人民生活日益改善，宜居城乡建设取得显著成效。

2008年11月9日，中共中央政治局委员、广东省委书记汪洋（左二），广东省省长黄华华（右一），铁道部部长刘志军（右二），中共广西壮族自治区区委书记郭声琨（左一）等领导为南广铁路工程奠基

（《南方日报》社供稿）

2008年，广东省共安排省重点建设项目188个，完成投资1540亿元，建成投产和部分投产项目27个，新开工项目34个。

广东科学中心　总投资19亿元，规划面积45万平方米，2008年9月26日正式对外开放，这是目前世界上规模最大、功能最齐全的科技馆。一期建设有8个常设展馆、4个科技影院、2个开放实验室以及数字家庭体验馆和室外科学探索乐园。

广东科学中心主体建筑入口处被誉为“科学之眼”

从远望去，广东科学中心仿佛是一艘正待启航的“科技舰母”

广东科学中心侧面

汕尾电厂厂房外观

汕尾电厂　一期装设2台600MW国产超临界燃煤机组，同步建设7万吨级煤码头，项目总投资61.99亿元，分别于2008年1月27日、2月11日试运行。投产后实现污水零排放，至2008年底安全稳定运行，年供电量约60亿千瓦时。

汕尾电厂国产超临界燃煤机组

广州黄埔大桥 全长18.694公里。项目总投资43亿元，2008年12月16日建成通车。

惠州东江水利枢纽工程 是以改善水环境、发电，兼顾航运，改善城市供水和农田灌溉条件等为主要任务的大(Ⅰ)型综合性水利枢纽工程，也是广东省第一座以改善水环境为主要开发任务的枢纽工程。2008年1月正式投入使用。

（省建设厅基本建设处供稿）

2008年，广东省湛江市生态保护及城市绿化建设、中山市村村通自来水工程建设、梅州市城市公厕可持续发展新模式等三个项目获住房和城乡建设部颁发的“中国人居环境范例奖”。

湛江市区　　（湛江市建设局供稿）

湛江市生态保护及城市绿化见成效

“哗哗”的自来水喷涌而出，标志中山市的村村通自来水工程圆满完成
（中山市建设局供稿）

梅州滨江公园公厕　（梅州市建设局供稿）

（湛江市城建档案馆供稿）

湛江海湾大桥　（湛江市建设局供稿）

2008年，广东城市园林绿化覆盖面积439736公顷，园林绿地面积377041公顷，共有公园2171个，公园绿地面积50206公顷。截至2008年末，全省共有广州、深圳、东莞、潮州等13个城市被命名为“国家园林城市”，位居全国前列。

广州云溪生态公园

国家园林城市

广州市 广东省省会，国家历史文化名城。广州市传承历史，突出城市文化特色，注重保护古典园林和历史名园，发掘园林文化，园林与名胜古迹融为一体，突出岭南园林特色，相继建成一批新的具岭南特色的园林景点，构成城市新景观。

潮州市 具有1600多年历史文化的古城，拥有得天独厚的自然文化生态资源，风景名胜、文物古迹星罗棋布。潮州市把“创园”工作同历史文化名城的建设结合起来，营造名城品牌，挖掘文化底蕴，突出侨乡特色，对全国同类城市具有良好的示范意义。

广州麓湖公园

潮州湘子桥

潮州西湖公园

广州东山湖公园

国家湿地公园

湛江市绿塘河湿地公园 以自然河流和大面积水塘湿地为主，总面积32公顷，其中水域湿地面积17.8公顷。公园突出湿地特色，水清、草茂、花香、石美，流水潺潺，碧波粼粼。公园有大型野生动物15目46科106种，保留了当地大量野生植物，是繁华闹市旁的一片绿洲。

湛江绿塘河湿地公园

湛江绿塘河湿地景观

湛江绿塘河湿地公园内的双亭

国家重点公园

越秀公园 广州市的综合性文化休憩公园，面积86万平方米。越秀山是五岭余脉最末的丘陵。越秀公园内有镇海楼、古之楚庭和佛山牌坊、古城墙、中山纪念碑、五羊石像、五羊传说雕塑像群等，被称为羊城八景之一。园内景色优美，绿树成阴。每年都举办大型的园林博览会。

（省建设厅城市建设处供稿）

广州越秀公园镇海楼

广州越秀公园远眺

广州海印桥　　　　（广州市建委供稿）

1999年为庆祝中华人民共和国成立50周年大庆，展示改革开放的建设成果，广州市在珠江两岸实施“光亮工程”。2008年，珠江两岸光亮工程扩展到两岸200米范围内的所有建筑，30公里岸线穿上璀灿的“夜礼服”，占地约180公顷的珠江后航道实现“大变脸”。与此同时，全省各地先后对辖内市区实施“光亮工程”，南粤各市夜间呈现一道道亮丽的风景线。

夜珠江　　　　（梁亮摄）

羊城朗月万家灯

河源市区光亮工程　　（河源市建设局供稿）

珠海市人民路夜景　　（珠海市建设局供稿）

惠州市西湖夜景　　（惠州市建设局供稿）

（高汉江摄）

潮州市区光亮工程　　（潮州市城建档案馆供稿）

城市路桥建设

改革开放以来，广东省城市道路桥梁建设迅猛发展。截至2008年年底，全省拥有城市道路总长度31577.4公里、道路总面积51049万平方米，其中人行道路面积9579万平方米，城市人均道路面积11.65平方米。全省拥有城市桥梁5991座，其中立交桥379座。

珠海情侣北路　（珠海市建设局供稿）

广州黄埔大桥

韶关市北江桥头　（韶关市建设局供稿）

广州大学城道路　（广州市市政园林局供稿）

汕尾市海边大道　（汕尾市建设局供稿）

广州轨道交通建设 2008年共有8条新线同时建设，217个土建工点投入施工。全年共完成征用土地72.5万平方米。全年完成建设投资122亿元，创造了广州轨道交通建设有史以来完成年度投资量最大、建设速度最快、效果最好的新纪录。

深圳轨道交通建设 2008年规划继续建设线路99.20公里，完成工程总投资716.9亿元，其中罗宝线续建121亿元，蛇口线首期70亿元，蛇口线东延段113亿元，环中线200.5亿元，7号线86.3亿元，9号线59.1亿元，11号线67亿元。

2008年4月12日，中共中央政治局常委、全国政协主席贾庆林（左三），中共中央政治局委员、广东省委书记汪洋（右一）等省市领导视察广州地铁二号线

广州地铁四号线高架终点站金洲站

（广州市地铁公司供稿）

深圳地铁站台

深圳地铁出入口

深圳地铁主控室

（深圳市地铁公司供稿）

2008年末，广东省城市供水综合生产能力3176.77万立方米/日，城市用水人口4117.01万人，自来水普及率93.97%，人均日生活用水量252.03升。20世纪80年代后期，广州、深圳、佛山等地开始发展管道燃气。

2008年末，广东省的液化石油气已全面市场化，不仅资源采购已与国际、国内市场接轨，而且批发和零售环节基本形成多家经营、多种经济成分充分竞争的市场格局。

2008年12月29日，广州市常务副市长苏泽群（右三）等领导共同启动西江引水工程动工按钮

广州南洲水厂生产能力达100万立方米日供饮用净水

（广州市市政园林局供稿）

深圳水务集团——国家863安全饮用水保障技术研究基地

（省建设厅城市建设处供稿）

佛山市燃气集团的应急抢险队伍

佛山市燃气集团把燃气管道延伸到千家万户

2008年10月26日，中共广东省委常委、广州市委书记朱小丹（前左七），市长张广宁（前左八）等领导与被评为2008年度“优秀城市美容师”的环卫工人在广州市政府门前合影

2008年，广东省各级市容环卫和环境保护部门依法依规加大工作力度，使各市的环境卫生质量不断提升、环境保护水平逐步提高。全省城市生活垃圾收集量5.4万吨/日，无害化处理量3.5万吨/日，垃圾无害化处理设施共37座，城市垃圾无害化处理率65%。至2008年底，全省共建成污水处理厂175座，日处理能力1091.5万立方米，污水集中处理率55%，比2007年末新增日处理能力217.1万立方米。

市容环境卫生保洁

（广州市市容环卫局供稿）

整治后的广州黄埔涌
（广州市水务局供稿）

深圳南山污水处理厂

（省建设厅城市建设处供稿）

广州市李坑生活垃圾焚烧发电厂

（广州市市容环卫局供稿）

2008年，广东省建设厅重点加强对全省村镇规划建设管理的指导，以加快中心镇建设为重点，强化规划对小城镇建设的引导和调控作用；推进村庄规划和整治工作，改善农村人居环境；做到历史文化保护与村镇人居环境改善相结合。

湛江市遂溪县北坡镇 省级中心镇，2008年全镇生产总值59058万元，比上年增长12.9%。2006年被湛江市列为镇区建设示范镇，2007年被评为湛江市“十个最整洁镇”之一及湛江市“城乡清洁工程”样板镇。近年来，北坡镇建设与整治并举，加强对市容环境全面治理，突出抓好城镇净化、绿化、美化、亮化。为居民提供了较好的生产生活环境。

北坡镇创业路

北坡镇文明路

开平方氏灯楼

北坡镇中兴路

（湛江市建设局供稿）

自力村碉楼将中国传统乡村建筑文化与西方建筑文化融合一起，成为中国华侨文化的纪念丰碑和独特的建筑艺术景观

江门市开平市塘口镇自力村　中国历史文化名村。近代以来，陆续有自力村村民旅居海外。侨汇成为村民主要生活来源之一。自力村自然环境优美，水塘、荷塘、稻田、草地散落其间，与众多的碉楼、居庐相映成趣，美不胜收，形成一幅阳春烟景田园诗意般的农耕水墨画，独具岭南乡村气息的西洋式城堡村落。自力村有15座风格各异、造型精美、内涵丰富的碉楼，是开平碉楼兴盛时期的杰出代表。自力村碉楼群于2001年6月被国务院公布为全国重点文物保护单位；2005年11月被建设部评为“全国历史文化名村”；2007年6月28日被第31届世界遗产大会列入《世界遗产名录》。

碉楼夕照

开平立园一隅

（江门市建设局供稿）

东莞市虎门镇

虎门新貌

东莞市虎门镇 省级中心镇，位于珠江口东岸，面积178.5平方公里，下辖30个社区居民委员会，户籍人口12.4万人，外来人口超过50万人。该镇交通发达：水路方面，宏业货柜码头和正在规划建设的沙角河仔港被国务院批准为一类口岸，通航广州、深圳、香港等华南地区诸港；陆路方面，广深珠高速公路、S256省道纵贯全境，1小时车程可抵达珠三角各主要城市；航空方面，与广州白云国际机场、深圳宝安机场、珠海机场都距离较近。

虎门镇人文历史悠久，名胜古迹有全国文物保护单位鸦片战争博物馆、威远炮台、沙角炮台、虎门大桥、蒋光鼎故居、朱执信纪念碑、礼屏公祠、陈莲峰墓、逆水流龟村堡、郭真人古庙、郑氏宗祠、郑瑜墓等。改革开放以来，虎门镇经济社会发展取得举世瞩目的成就，先后获得“中国女装名城”、“2005年全国首届小城镇综合发展水平1000强（第一名）”、“2008年中国乡镇综合实力500强（第一名）”等荣誉。2008年，虎门镇国内生产总值214.77亿元，固定资产投资总额56.77亿元，镇本级可支配财政收入11.88亿元，农民年人均纯收入14391元。

2009年初，虎门镇确立建设“滨海国际商城”的发展定位，着力推进“一河两岸三板块”建设，“一河”是指太平河，“两岸”是由“一河”而形成的岸线，“三板块”是指因“一河两岸”形成的虎门中心区、威远岛、新湾三大主板块。

随着“滨海国际商城”建设的不断推进，虎门镇将建设成为珠三角副中心城市，珠三角都市网络的重要支撑点，商贸流通中心，具有厚重历史感的“文化绿洲”，体现现代和未来元素的“时尚之都”。

流光溢彩新街景

绿色虎门

虎门商业街夜景

虎门商业街

虎门港城

虎门大桥

（虎门镇建设规划办供稿）

2008年，广东省完成工程勘察设计项目施工图投资额169.42亿元，建筑面积2.26亿平方米，全省勘察设计业全年营业收入685.08亿元，人均49.74万元。

广州体育馆

佛山市岭南明珠体育馆

（省建设厅勘察设计处供稿）

超广角镜头下的广州正佳广场中厅

（郭耀荣摄）

广州白云国际机场　（刘晓明摄）

中山市文化艺术中心

广州电视新塔展新姿　（金铃摄）

清雅小品　（黄剑摄）

2008年10月，广东省建设厅根据中央和省委的部署，参加第一批学习实践科学发展观活动，时间从2008年10月开始至2009年3月结束。学习实践活动主要分为学习调研、分析检查和整改落实三个阶段。厅党组提出，通过开展学习实践活动要达到牢固确立城乡建设科学发展的理念、大力推进建设宜居城乡、解决民生问题、改进机关作风、解决影响科学发展体制机制问题等五方面的具体目标。

2008年12月17日，广东省副省长林木声（前左三）、省建设厅厅长房庆方（前左四）等省市领导视察韶关市花拉寨生活垃圾填埋场渗滤液处理厂

2008年10月10日，广东省建设厅召开深入学习实践科学发展观活动动员大会

2008年5月15日，广东省建设厅厅长房庆方（右三）在梅州市明德村、车田村调研村庄整治试点工作

2008年8月28日，广东省建设厅副厅长陈承旗（右）到省建设信息中心调研并指导工作

广东省建设厅厅长房庆方（左五）、副厅长陈承旗（右四）为厅机关迎奥运系列体育比赛活动获胜者颁奖

（省建设厅党办供稿）

2008年，广东省建设厅开展深入学习实践科学发展观活动、解放思想学习讨论活动和“三创建三促进”学习实践活动，促进了党风建设和廉政建设。

通过推进群众性精神文明创建活动，提升了建设系统在人民群众中的形象，为全面完成建设系统各项工作任务，构建社会主义和谐社会提供强有力的思想保证和精神动力。

（省建设厅党办供稿）

广东省建设厅厅长房庆方（中）参加青年作风建设座谈会

广东省建筑设计院深圳分院党支部到大埔县长新村开展城乡党支部互帮互助活动

广东省建设厅机关党委联合暨南大学青年志愿医疗队到驻点村开展“义诊支教”活动

广东省建设厅机关党委在“八一”建军节组织复转军人和军属参观东江纵队纪念馆

广东省建设厅工会指导创办农民工业余学校

《广东建设年鉴》创刊

2009年6月，由广东省建设厅主办的《广东建设年鉴》（2009）编纂出版工作启动，成立以房庆方厅长为主任的年鉴编委会，以陈承旗副厅长为主编的年鉴编辑部，编辑部主任由省建设信息中心主任李健明担任；聘请原省建设委员会主任陈之泉、原省建设厅厅长劳应勋、广东年鉴社社长韩松为编委会顾问，广东人民出版社社长金炳亮为副主编；特邀广州年鉴社副主编阳晓儒、广东人民出版社历史与年鉴编辑室主任柏峰等专家参与年鉴编辑部的工作。

陈承旗（主席台中）代表广东省建设厅和《广东建设年鉴》（2009）编委会部署年鉴的组稿、编辑和发行工作

2009年6月26～27日，《广东建设年鉴》编纂出版工作会议在肇庆召开。省建设厅副厅长、《广东建设年鉴》（2009）主编陈承旗主持会议，全省各市建设行政和行业主管部门的分管领导、办公室主任和主要撰稿人共120多人出席会议。陈承旗副厅长提出了年鉴编纂、出版和发行工作的指导性意见，指出《广东建设年鉴》（2009）是创刊卷，应体现探索性、实践性、示范性的特点，为今后各卷年鉴的编纂工作积累经验。广东年鉴社社长韩松、广东人民出版社历史与年鉴编辑室主任柏峰在会上作年鉴编纂专题辅导报告。

陈承旗（左）主编代表年鉴编委会向广东年鉴社社长韩松（右）颁发“《广东建设年鉴》（2009）编委会顾问”聘书

陈承旗（左）主编代表年鉴编委会向广东人民出版社社长金炳亮颁发“《广东建设年鉴》（2009）副主编”聘书。图为广东人民出版社历史与年鉴编辑室主任柏峰（右）代领聘书

出席《广东建设年鉴》（2009）编纂出版工作会议全体人员合影

编委会主任房庆方主持《广东建设年鉴》（2009）样书评审会议

2010年1月8日，《广东建设年鉴》编委会召开年鉴样书评审会议。省住房和城乡建设厅厅长、《广东建设年鉴》（2009）编委会主任房庆方主持会议，编委会副主任陈承旗、李台然、杜挺、李新建、李运章和厅机关各部门、各直属单位的领导共30多人出席会议。与会人员对《广东建设年鉴》（2009）样书进行了热烈的讨论，并提出了修改意见。

年鉴编辑部主任、省建设信息中心主任李健明（前排右一）向年鉴编委会汇报《广东建设年鉴》（2009）的组稿和编辑工作情况

编委会对《广东建设年鉴》（2009）样书内容进行热烈的讨论

2010年1月19～21日，《广东建设年鉴》（2009）主编工作会议在广州增城召开。主编陈承旗主持会议，副主编李运章、金炳亮、李健明，顾问韩松，以及阳晓儒、柏峰等年鉴编纂专家出席会议。会议根据年鉴编委会提出的评审意见对样书作进一步的修改。

（《广东建设年鉴》编辑部供稿）

来自年鉴界的专家对《广东建设年鉴》（2009）样书的内文和彩色图片专辑提出了专业的修改意见

“三库一平台”在研发中

为了促进广东省建设信息化工作上新台阶，利用信息技术加强建设事业的管理，提高行政效能和服务水平，2008年8月，全省建设系统企业信息库、人才信息库、法规标准库和行政审批服务平台（简称“三库一平台”）管理信息服务系统的研发建设工作拉开序幕。

广东省建设厅成立以陈承旗副厅长（右二）为组长的 “三库一平台”系统建设领导小组。图为陈承旗副厅长在省建设信息中心指导“三库一平台”研发工作

广东省建设信息中心领导班子高度重视“三库一平台”系统的建设，投入全部的技术力量进行系统研发。图为信息中心领导与项目实施工作组的技术骨干在讨论系统开发的规划实施方案

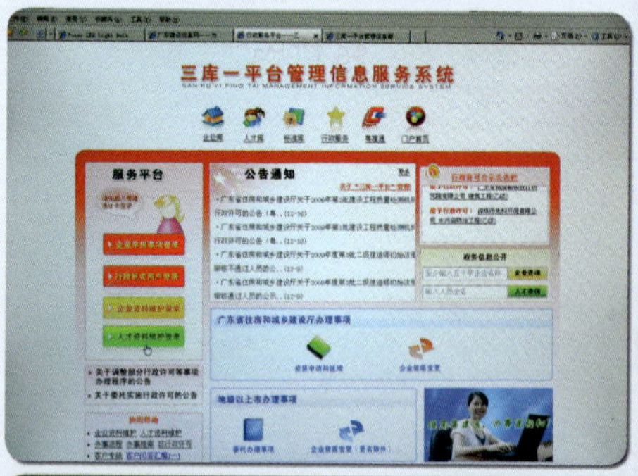

为配合广东省建设厅推行政务公开，省建设信息中心以“广东建设信息网”（WWW.GDCIC.NET)为依托，建立广东建设系统“三库一平台”管理信息服务系统，全面提升全省建设行政管理服务水平和全省建设行业的信息化水平

广东省建设信息中心总工室人员担负着“三库一平台”项目管理协调、技术攻关和建设监理等重要任务。图为他们正在紧张地开展工作

围绕全省建设信息化各阶段任务，广东省建设信息中心确立了“为建设系统信息化领航”的工作目标，建设行业的信息化应用和服务水平取得了明显的成效。图为首届广东省建设信息工作会议

“三库一平台”项目实施工作组每周一次的项目例会

（广东省建设信息中心供稿）

特辑

□全力支援四川汶川抗震救灾

□深入学习实践科学发展观

□实施《珠江三角洲城镇群协调发展规划》

□为『双转移』提供规划建设服务

□推进宜居城乡建设

□协调粤港澳城市规划与发展

全力支援四川汶川抗震救灾

【简述】 2008年5月12日，四川省汶川县发生里氏8.0级强烈地震。为贯彻落实党中央、国务院关于举全国之力做好抗震救灾的重要决策精神，根据住房和城乡建设部关于支援四川灾区的工作部署和任务安排，广东省建设系统发扬“一方有难、八方支援”的精神，全力投入抗震救灾。

【迅速行动】 汶川大地震爆发后，广东省建设厅会同省地震局紧急召集房屋鉴定、地震工程、建筑、结构、水电及市政工程师等技术人员及专家约100人，组成广东工程技术援助工作队伍，随时待命赴灾区进行现场技术支援。5月14日，按照省政府办公厅的紧急通知要求，省建设厅迅速组织100台钢筋混凝土切割机，于15日送到广州白云机场，通过南航专机运往灾区第一线。18日，按照住房和城乡建设部的统一部署，省建设厅迅速组织落实一批援助四川灾区的环卫设备，包括大型压缩式垃圾运输车、洒水车、吸粪车共5台，移动公厕10座，总价值约400万元。

【省政府救灾先遣工作组】 2008年5月20日晚，广东省政府派出以省建设厅党组成员、副巡视员李新建为组长，包括省政府办公厅、省建设厅、省民政厅、省建筑设计院等在内派出的8人先遣工作组抵达成都，开展各项组织协调工作。

【参加省政府前方指挥部】 2008年5月28日，广东省对口支援四川灾区临时住所建设工作前方指挥部成立。省政府副秘书长颜学亮任总指挥，省建设厅党组成员、副巡视员李新建任副总指挥。省建设厅派出12人参加前方指挥部工作。前方指挥部主动与四川省政府、建设厅、民政厅、卫生厅等部门联系，实现援建双方的有效衔接。前方指挥部深入每一个援建的乡、镇，指导灾区活动板房建设。

【参加省政府前方工作组】 根据广东省政府援建工作组的统一部署，2008年7月7日，省建设厅副厅长刘锦红，处长蔡瀛、杜挺分别参加省政府前方工作组，赴灾区一线开展援建工作。

7月9日，中共中央政治局委员、广东省委书记汪洋，省长黄华华在汶川映秀镇接见工作组及省建设厅规划设计、房屋鉴定援建队全体人员。

7月11~25日，刘锦红副厅长率规划设计援助队资料组，深入汶川县萝卜寨村、水磨镇实地踏勘，全面了解水磨等镇灾后状况以及镇内工业发展和受灾情况，从土地、资源、地质、交通、原有产业基础等方面评估承接广东省产业转移的可行性。

7月8~15日，蔡瀛带领规划设计援助队踏勘组实地踏勘汶川县城及周边乡镇，深入研究汶川县城灾后状况，全面查看地震重灾区草坡乡、绵虒镇、银杏乡等的地震次生灾害的情况，了解城镇、村庄的受灾情况和灾民们的重建意向。

7月16日，省建设厅在成都市召开“广东省对口支援汶川恢复重建规划工作会议”，省内各大规划编制单位主要负责人和业务骨干参加会议，对整个汶川灾后恢复重建规划工作作出部署。

【活动板房建设】 广东省支援四川灾区先遣车队于5月24日、25日先后抵达汶川县城威州和映秀镇。广东省是全国首个抵达汶川县县城威州镇援建活动板房的省份。5月24日，省政府分别在汶川县城威州镇和震中地区映秀镇举行活动板房建设启动仪式。省建设厅副厅长陈承旗参加在映秀镇由省政府副秘书长颜学亮主持的启动仪式；李新建副巡视员在威州镇主持启动仪式。

2008年5月19日，住房和城乡建设部下达广东省支援四川灾区过渡安置房（活动板房）建设任务9万套。按照广东省政府的部署，省建设厅负责广东省支援四川地震灾区活动板房建设统筹协调、质量监督等工作。

为确保按时、按质、按量完成援建四川灾区过渡安置房任务，省建设厅迅速行动、紧急部署，成立支援四川灾区过渡安置房建设工作领导小组，省建设厅党组书记、厅长房庆方担任组长，下设统筹协调、生产供应和施工协调3个工作组，具体负责过渡安置房生产、运输、安装的沟通协调及信息报送等工作。领导小组拟订《广东省建设厅支援四川省地震灾区建设灾民过渡性住房工作方案》，对支援四川省地震灾区建设灾民过渡性住房任务要求、房屋标准、职责分工、工作进度等作出详细的规定。

为加快板房生产进度，支援四川灾区过渡安置房建设工作领导小组先后召开20余次协调及工作会议对各项工作进行研究部署，派出32人赴灾区一线组织协调活动板房运输、安装及监督工作。同时，密切跟踪和督办过渡安置房生产组织、调配运输、安装建设等各环节工作进展情况，每天组织编写一期《广东省建设厅抗震救灾信息快报》，通报板房建设情况。

为克服运输困难，陈承旗副厅长召集省经贸委、省交通厅、省公安厅、广铁集团等单位专题研究制订周密的运输保障工作方案，成立专门的过渡安置房运输协调机构，选择高效合理的运输方式，制定运输过程各环节的操作程序和流程，做到分工明确、责任落实。同时，广东省支援四川地震灾区过渡安置房建设前方工作组与四川省交通厅、运输管理局、成都火车东站等单位协调沟通，整合资源，落实运力，建立运转对接机制，确保援建工作顺利推进。

2008年5月23日，广东省建设厅召开全省建设系统支援汶川灾区活动板房建设电视电话会议，传达贯彻住房和城乡建设部和省委、省政府的重要工作部署，动员全系统全力以赴支援抗震救灾工作，并在全省建设系统开展“捐建房，送温暖”的灾区安置房捐建活动。全省建设系统累计捐款4505.94万元。

截至8月10日，广东省在四川地区共完成47145套活动板房生产任务，超额406套。整个施工过程中没有发生一起质量安全事故，也没有一人因施工安全造成死亡。工程建设质量得到前往灾区检查指导工作的中央、省、市和当地政府领导、群众的充分肯定和高度评价。

【房屋安全鉴定】 “5·12”汶川大地震对当地城乡房屋、设施及自然环境造成相当严重的损害。震后相当长时间内，当地政府部门和绝大部分居民仍在条件十分简陋的临时板房、帐篷中工作、生活，对1000多幢震后房屋进行安全鉴定，对汶川县城居民、县城经济和生活秩序的恢复，以及灾后规划重建都是非常必要和迫切的。

2008年7月7日，广东省建设厅接到省政府援建工作组关于援助汶川县开展县城震后房屋鉴定的工作任务后，马上组织由省建设工程质量监督检测总站、省建筑科学研究院、省建筑设计院、省质监系统和广州市房屋鉴定事务所等单位专家组成的广东省房屋鉴定专家援助队一行10人于2008年7月10日抵达汶川县城，援助汶川县开展县城震后房屋鉴定工作。由于工作任务重、时间紧，省建设厅于7月17日紧急调派省质量监督系统4名专家、省建筑科学研究院4名专家、省建筑设计院2名专家以及广州市房屋鉴定系统8名专家共18人，携带一批检测仪器赶赴汶川县城增援。

为加快鉴定速度，广东省房屋鉴定援助队将28名专家分为9个现场鉴定组、2个测量组和1个结构复核组，一起协同作业。经过23天的连续奋战，截至7月31日，比原计划提前10天完成对汶川县城1141幢房屋的震后鉴定作业，总建筑面积达112.12万平方米，完成鉴定报告1141份，鉴定信息记录表格1141份，编制了汶川县城震后房屋受损状况电子地图。

【灾后重建规划】 根据中共广东省委、省政府《广东省对口支援地震灾区灾后恢复重建工作方案》的要求及有关部署，省建设厅组织全省城乡规划设计骨干力量，赴汶川开展灾后恢复重建规划工作。

2008年5月22日，省建设厅与省城市规划协会联合向全省规划界发出《广东省建设厅、广东省城市规划协会关于投身灾区重建规划工作的倡议书》，号召和动员全省规划编制单位、规划设计工作者积极报名参与重建规划。于5月28日召开“汶川重建规划”专题座谈会，并委托有关单位开展《汶川藏羌族民居建筑设计指引》、《生态恢复与水土保持规划建设导则》等专题研究，为开展重建规划做好前期准备，为科学开展重建规划工作奠定基础。

7月8日，省建设厅组织“广东省规划设计援助队”共计11人（后增至32人），深入汶川开展实地踏勘，进行现状调研，对汶川灾后基本情况及重建规划的需求获取进一步了解。在现场调研的基础上，省建设厅与省规划院城市发展研究中心、广州市城市规划勘测设计研究院共同草拟《汶川灾后重建规划工作方案》。

为保证重建规划工作的有序、高效开展，省建设厅于7月23日又组织召开“汶川恢复重建规划工作会”，组织珠江三角洲和东西两翼13个对口援助市的规划院以及广东省内各甲级规划院、部分高校成立15个规划编制组，共计170余人的规划队伍赴汶川开展灾后重建规划工作。重建规划的工作周期为3年，分规划编制（3个月）和规划实施跟踪服务（3年）两个阶段。灾后恢复重建规划的相关研究与编制工作从县域和县城、镇乡及村庄三个层面开展。其中汶川灾后恢复重建城镇体系规划和汶川灾后恢复重建县城总体规划，规划周期确定为近期三年（2008~2010年）和后期五年（2011~2015年）两个阶段。

汶川灾后恢复重建规划的编制工作，由省建设厅负责统一组织，各对口支援市规划主管部门负责组织队伍进行编制。各重建规划编制队伍在省建设厅、汶川县及当地乡(镇）政府以及省、市对口援助工作组的统一领导下开展工作。根据工作需要，成立规划领导组、协调组、顾问组、专家组和编制组，各司其职，将重建规划工作分为前导工作阶段、现状普查阶段、规划草案阶段、意见咨询阶段、成果阶段以及规划实施指导阶段六个阶段，截至2008年8月6日，全省各有关规划编制单位已派出132名技术人员，以人地关系为主线，在汶川各乡镇开展规划现状调研等相关工作。

（李新建　孙　波　周　娟）

深入学习实践科学发展观

【简述】 2008年10月，广东省建设厅根据中共中央和中共广东省委的部署，参加第一批深入学习实践科学发展观活动，从2008年10月开始至2009年3月结束。省建设厅党组于10月上旬成立深入学习实践科学发展观活动领导小组及其办公室，制发工作方案，并于10月10日召开直属机关干部动员大会，省建设厅党组书记、厅长、厅深入学习实践科学发展观活动领导小组组长房庆方作动员讲话。深入学习实践科学发展观活动主要分为三个阶段：学习调研、分析检查和整改落实。省建设厅党组提出，通过开展深入学习实践科学发展观活动要达到牢固确立城乡建设科学发展的理念、大力推进建设宜居城乡、解决民生问题、改进机关作风、解决影响科学发展体制机制问题等五方面的具体目标。

【学习调研】 学习调研阶段是深入学习实践科学发展观活动的第一阶段，主要是组织开展“五个一天”（读一天、听一天、访一天、讲一天、谈一天）和“四个一次”（算一次账、办一次事、听一次意见、看一次点）活动，广东省建设厅领导分别带队到各市开展调研活动，各处室、各单位也结合各自职能开展调研活动。省建设厅副厅长刘锦红结合贯彻落实科学发展观的要求，为全厅干部作了一场关于建设宜居城乡的专题辅导报告。省建设厅深入学习实践科学发展观办公室组织直属机关41个党支部140名党员，由省建设厅领导带队，分3批到大埔县与41个农村党支部开展“互帮互助”活动，一起过组织生活，一起学习党的十七届三中全会通过的《中共中央关于推进农村改革发展若干重大问题的决定》，一起探讨如何按照科学发展观的要求搞好新农村的建设。同时，筹集40多万元慰问困难群众、资助困难学生、帮扶困难党员，办了一批实事好事。省建设厅深入学习实践科学发展观活动办公室向广东省建设系统的30个市局发出征求意见函，就贯彻执行中共广东省委、省政府、住房和城乡建设部有关方针政策，履行职责推进住房城乡建设事业科学发展和加强改进机关自身建设等方面征求意见和建议。

【分析检查】 分析检查阶段是深入学习实践科学发展观的第二阶段。其主要工作是征求意见并找准突出问题，撰写广东省建设厅、处级领导班子分析检查报告，组织召开专题民主生活会和组织生活会，组织党员和群众评议分析检查报告，整顿机关作风。省建设厅领导班子的分析检查报告，厅长房庆方全程主持起草工作，省建设厅党组多次召开会议研究反复修改完善，前后八易其稿，并报中共广东省委领导调阅和副省长林木声审阅。省建设厅党员领导班子按照要求组织召开以“学习和实践科学发展观，争当实践科学发展观排头兵”为主题的专题民主生活会，列席人员扩大到厅机关各部门和直属单位一把手。围绕贯彻落实胡锦涛在纪念十一届三中全会召开30周年大会上的重要讲话和中央经济工作会议精神，贯彻落实中共广东省委“三促进一保持”的决策部署，省建设厅领导班子成员进行分析检查，开展批评与自我批评，查摆问题，明确思路，进一步在推动科学发展上形成共识。根据会上测评统计，民主生活会的质量测评满意率是96%，基本满意率是4%。针对中共广东省纪委明查暗访曝光省建设厅办事窗口存在的服务态度不好、办事效率不高等问题，省建设厅党组高度重视，把加强机关作风建设作为深入学习实践科学发展观活动的一项重要工作，成立加强机关作风建设领导小组，全面开展机关作风整顿行动。组织省建设厅机关和直属单位干部职工观看机关作风建设暗访录像专题片，开展讨论，举一反三排查本部门本单位在作风建设方面存在的问题，提出解决意见并进行整改。大力整顿行政服务中心，促进提高服务水平、服务质量、服务效率，取得明显成效，收到较好反响。据行政服务中心统计，从2008年12月8~31日，前来办事的人员认为窗口办事人员服务态度好的比例达到100%，认为工作质量、办事效率好达到96%，廉洁情况好的达到97%。

【整改落实】 广东省建设厅党组充分利用第一阶段开展学习调研和第二阶段进行分析检查取得的成果，针对本系统存在的影响科学发展的突出问题，制定了整改落实方案，明确整改的内容、时限、要求和责任人。并做到能马上整改的立即整改，不能在短时间内整改的制定计划和方案，明确目标和落实责任，保证查找出来的问题整改落实到位。使该次活动取得实实在在的明显效果，对推动今后建设事业的科学发展起到明显作用。 *(林刘雄)*

推进宜居城乡建设

【简述】 改革开放30年以来，广东省的经济建设和社会发展一直走在全国前列。2008年，广东省GDP已达到35696亿元，人均GDP突破5000美元，经济社会正进入加速发展时期。但是，广东城乡环境建设却明显落后于经济社会发展水平，规划滞后、资源浪费、环境恶化、管理粗放、市政基础设施薄弱、公共服务和管理水平低等人居环境水平不高的问题一直没有得到有效改善，相当部分人居指标落后于东部沿海省份，部分指标甚至落后于中部省份。

省委、省政府高度重视宜居城乡建设工作，中共中央政治局委员、省委书记汪洋在2008年2月29日召开的全省领导干部会议和3月1日召开的省委常委扩大会议上，两次讲到“建设宜居城乡”的问题，指出：“要以建设宜居城乡为龙头，提升城乡居民生活质量”，“要以建设宜居城市、宜居农村、宜居乡镇为龙头来改善民生”。要求做到“市市都有天堂，乡乡都有新村”，并指出珠江三角洲各市应首先进行宜居城乡建设，“首先让老百姓过上‘天堂’一样的生活”。

《中共广东省委、广东省人民政府关于争当实践科学发展观排头兵的决定》明确要求：以建设美好家园为目标，开展“宜居城市”、“宜居城镇”、“宜居村庄”创建活动，通过示范带动、科学考评、动态管理等手段，形成政府推动、部门协作、全民参与、共建共享的创建氛围。努力在全省建设一批生产发展、生活富裕、生态良好、文化繁荣、社会和谐、人民群众充满幸福感的宜居城市、城镇和村庄。

2008年5月12日，省委书记汪洋、省长黄华华、副省长林木声等省领导到住房和城乡建设部汇报工作时，汪洋专门提出“以建设广东宜居城乡为重要的增长点，来带动整个民生改善”的想法，并希望得到住房和城乡建设部的大力支持。住房和城乡建设部部长姜伟新表示，将大力支持广东开展宜居城乡建设。

2008年11月17日，省建设厅举办深入学习实践科学发展观专题辅导讲座，副厅长刘锦红作了关于建设宜居城乡的辅导报告，省建设厅机关全体干部和直属单位领导班子成员参加讲座。

【起草《建设宜居城乡实施意见》】 为完成中共广东省委十届三次全会精神要求的配套文件之一《建设宜居城乡实施意见》的起草工作，2008年9月1日，省建设厅党组会议研究决定，成立《建设宜居城乡实施意见》起草小组，由厅长房庆方任总负责人，厅规划处、村镇处、城建处、住房保障处、房地产处、政策法规处等相关处室抽调人员组成起草小组，负责起草《建设宜居城乡实施意见》，并明确任务分工、完成进度、工作要求等具体事项。

【赴大连考察宜居城乡建设】 2008年9月18日至20日，广东省建设厅厅长房庆方带省领建设厅规划、村镇、城建等处室有关人员赴大连考察学习宜居城市建设的经验。考察组与大连市建委进行座谈，并参观大连市城市建设，尤其是基础设施建设以及城市绿化、净化、美化等方面的主要情况。

【广泛征询全省社会各界意见】 为更好地了解广大人民群众对宜居城乡建设的意见和建议，配合《建设宜居城乡实施意见》的起草工作，广东省建设厅专门设计建设宜居城乡调查问卷，并向社会各界公开征询意见。建设宜居城乡调查问卷首先刊登在2008年9月12日的《广东建设报》上，为配合调查，《广东建设报》专门同版刊登《专家谈“宜居城市”》、《成为“宜居城市”的条件》、《四大直辖市宜商宜游不宜居》、《“联合国人居奖”与中国结缘16载、获奖14次》4篇文章。调查问卷公开刊发后，在社会各界引起强烈反响，新浪网新闻中心、省人民政府网站、广东建设青年网、粤建信息网、金羊网、《南方都市报》网站、湛江市建设信息网等众多网站，《羊城晚报》、《南方都市报》等报纸纷纷转载调查问卷，并就如何建设宜居城乡、宜居城乡的条件以及宜居城乡最受关注的因素等相关问题作深度报道。省建设厅还将调查问卷分送省委、省政府相关领导、省直有关部门，以及21个地级市公开征询意见。此外，还向中山大学、暨南大学、华南理工大学、广东工业大学、广东省社科院、中科院华南研究所、广州市环保科研所等11家科研院所发出问卷调查，向相关专家征求意见。截至2008年10月26日，共收到网上有效答卷12109份，信件答题3216份。

从回收的网上答卷和信件答题来看，群众对10个宜居城市的问题、8个宜居城镇的问题、8个宜居村庄的问题总体上意向比较集中，主要有四个特点：一是城乡人居环境受关注的程度较高；二是期望政府在提供公共服务方面作出更大努力；三是住有所居仍然是人民群众的热切渴望；四是安定和谐的社会秩序是宜居的重要因素。

▲2008年11月17日，广东省建设厅举办深入学习科学发展观专题辅导讲座，副厅长刘锦红作关于建设宜居城乡的辅导报告　　省建设厅党办供稿

2008年10月7日，省建设厅组织省直相关部门召开《建设宜居城乡实施意见》征询讨论会，就《建设宜居城乡实施意见》征求意见。省发改委、经贸委、民政厅、财政厅、国土资源厅、交通厅、农业厅、环保局等部门派代表参加会议，并就《建设宜居城乡实施意见》提出具体的意见，广东省建设厅根据各单位提出的意见对《建设宜居城乡实施意见》进行进一步的修改完善。

【组织制定宜居城乡评价指标体系及申报考核办法】 为规范全省宜居城乡建设的考评，广东省建设厅专门组织制定《广东省宜居城乡评价指标体系》和《广东省宜居城市、宜居城镇、宜居村庄申报和考核办法》。《广东省宜居城乡评价指标体系》分城市、城镇、村庄三个层次，分别确立评价指标体系。宜居城市评价指标体系由城市的成熟度、环境的健康度、生活的方便适宜度、居住的舒适度四大类指标构成。宜居城镇评价指标体系由城镇的成熟度、环境的健康度、生活的方便适宜度、居住的舒适度四大类指标构成。宜居村庄评价指标体系由生产发展度、生活宽裕度、乡风文明度、村容整洁度、管理民主度等五大类指标构成。

《广东省宜居城市、宜居城镇、宜居村庄申报和考核办法》设立“广东省宜居城市”、“广东省宜居城镇”和“广东省宜居村庄”三个申报项目，并对申报条件、申报程序、申报材料、申报时间、考核命名程序和复查管理等作出具体规定。

【城市建设指标纳入市厅级领导考核评价体系】 结合开展创建宜居城乡活动，将城市建设工作的“人均公园绿地面积”、“生活污水处理率”、“生活垃圾无害化处理率”、“轨道交通占公共交通运量的比例”、“每万人公交车辆拥有量”等5项人居方面的指标列入中共广东省委、省政府颁布的《市厅级党政领导班子和主要领导干部落实科学发展观评价考核指标体系》。　　（李　巍）

实施《珠江三角洲城镇群协调发展规划》

【简述】 2003年3月，广东省政府、建设部联合组编制《珠江三角洲城镇群协调发展规划》，并于2005年8月31日经省人大常委会第十六次会议审议通过。为确保该规划的实施，广东省人大常委会于2006年7月28日审议通过《广东省珠江三角洲城镇群协调发展规划实施条例》，并于同年11月1日实施。2008年是《珠江三角洲城镇群协调发展规划》的实施年，广东省建设厅以建立《珠江三角洲城镇群协调发展规划》的实施机制和维护珠江三角洲生态安全，加强具有区域影响建设项目的规划选址管理为工作重点，全面深入实施《广东省珠江三角洲城镇群协调发展规划实施条例》和《珠江三角洲城镇群协调发展规划》，取得了突破性进展。

【建立《珠江三角洲城镇群协调发展规划》实施机制】 一是建立广东省实施珠江三角洲城镇群协调发展规划联席会议制度，由省政府组织召开联席会议，省政府有关部门和珠江三角洲各地级以上市政府参加，对确定具有区域性影响的建设项目、提请修编《珠江三角洲城镇群协调发展规划》等重大事项进行协商并作出决定。由省政府有关部门或者珠江三角洲各地级以上市政府根据需要组织召开专题会议，对涉及珠江三角洲的省域规划和市域规划的编制、一级空间管治区范围的划定、具有区域性影响的建设项目的规划选址等事项进行协商。二是建立珠江三角洲城乡规划局长联席会议制度，联席会议成员包括广州、深圳、珠海、佛山、江门、东莞、中山、惠州、肇庆等城市的城乡规划行政主管部门。省建设厅作为发起和指导单位，参与联席会议的活动。联席会议的任务是：交流城镇群城乡规划及管理的发展动态；在城乡规划领域协商涉及城镇群总体发展的重大事项；研究落实省实施《城镇群规划》联席会议决定的相关事项；协调有关部门制定推进《城镇群规划》实施的共同制度和有关技术标准等。珠江三角洲城乡规划局长联席会议包括全体会议和专题会议。全体会议由成员单位轮流主办，各成员单位的主要负责人参加，原则上每半年召开一次。专题会议由成员单位根据需要不定期召开，由涉及协调事项的成员单位参加。三是建立珠江三角洲城乡规划督察员巡察制度，由广东省向珠江三角洲各地级以上市派出督察员，进行定期和不定期的巡察。省城乡规划主管部门负责督察员的日常管理工作。督察员对所巡察城市城乡规划的编制、审批、实施管理工作进行检查监督，及时发现、制止和纠正违法违规行为，以加强省级政府对各市城乡规划的监督检查以及确保城乡规划和有关法律法规的有效实施。四是建立珠江三角洲城镇群信息交流制度，及时向建设部、省政府、省直有关部门和珠江三角洲各市政府及规划局报送和交流相关工作信息等。

【推动珠江三角洲区域绿地划定工作】 《珠江三角洲城镇群协调发展规划》在宏观层面上确定珠江三角洲要保育8300平方公里生态用地总量，以及“一环、一带、三核、网状廊道”区域绿地总体框架。珠江三角洲区域绿地划定工作的开展，既是落实《广东省珠江三角洲城镇群协调发展规划实施条例》和《珠江三角洲城镇群协调发展规划》的具体行动，也是落实省委、省政府建设宜居城乡的重要举措，对于保障珠江三角洲区域生态安全，推动珠江三角洲可持续发展具有重要意义。为此，广东省建设厅制订并印发《珠江三角洲区域绿地划定及管理工作方案》和《珠江三角洲区域绿地划定技术要点》，对珠江三角洲各市的区域绿地划定工作进行统一部署，并为划定工作提出统一的技术标准、划定方法、成果要求以及工作组织安排等。截至2008年底，区域绿地划定的规划工作在珠江三角洲各地级以上城市全面铺开。

【加强对具有区域性影响建设项目的规划选址管理】 为整合资源，形成合力，提升珠江三角洲整体竞争力，广东省将加强对珠江三角洲具有区域性影响建设项目的规划选址管理。为此，广东省建设厅印发了通知，要求各市、各部门报送珠江三角洲具有区域性影响建设项目的备选名单，并据此进行梳理、归类、甄别，按程序确定了能源、交通、公共服务设施、生态安全等项目共187个具有区域性影响的建设项目，按法规规定进行规划选址管理。

【协调·参与·落实】 城际地区之间的协调是实施《珠江三角洲城镇群协调发展规划》的关键，2008年广东省建设厅重点做好以下相关协调工作：一是就深圳市龙岗与东莞市凤岗的道路系统衔接、中山市坦洲与珠海市的道路系统衔接等问题，主动与有关城市的城乡规划主管部门进行沟通，督促和指导相关城市开展协调。二是参与《珠江三角洲轨道交通线网规划》的修编工作，积极提供有关规划资料，参加省政府组织的“珠江三角洲轨道交通线网规划”工作会议，对《珠江三角洲轨道交通线网规划》（征求意见稿）提出意见和建议。*（唐 卉）*

为“双转移”提供规划建设服务

【简述】 2008年，广东省建设厅贯彻落实《中共广东省委、广东省人民政府关于推进产业转移和劳动力转移的决定》（以下简称《决定》）的精神，按照省建设厅在“双转移”工作领导小组中的工作职责，主要开展以下几方面的工作：一是制定并出台《广东省产业园区规划制定的指导意见（试行）》；二是按照有关法律法规要求指导全省产业转移工业园的规划编制；三是依法对全省产业转移工业园规划进行认定和审核报批；四是对全省产业转移工业园规划实施开展监督检查。

【制定《广东省产业园区规划制定的指导意见（试行）》】 为规范产业转移工业园规划的编制工作，更好地发挥城乡规划在产业布局上的先导统筹作用，并进而规范广东省产业园区的规划工作，实现产业园区布局合理、产业集聚、资源节约、科学发展的目标，省建设厅以《城乡规划法》、《城市规划编制办法》、《广东省城市控制性详细规划管理条例》等为指南，结合广东实际，制定《广东省产业园区规划制定的指导意见（试行）》（以下简称《指导意见》），明确产业园区的规划编制、审批及实施管理各环节的具体要求。（1）提出产业园区集聚、高效、可持续发展的指导思想。（2）明确产业园区建设标准，规范产业园区规划的编制要求。（3）规定产业园区规划组织编制主体、规划审核要求、审批及调整程序。（4）建立产业园区开发建设的定量管制指标体系。《指导意见》于2008年7月30日发布试行，促进了园区规划成果质量的提高。

【指导全省产业转移工业园规划编制】 按照《城乡规划法》和《开发区规划管理办法》等有关法律法规的要求，广东省产业转移工业园必须依法编制园区规划。为此，省建设厅严格要求各地必须按照国家、省有关城乡规划的法律法规和技术规范，尤其是《广东省产业园区规划制定的指导意见（试行）》的要求，编制产业转移工业园总体规划和控制性详细规划，明确园区建设用地布局和基础设施配置等。截至2008年底，省人民政府认定的29个产业转移工业园均编制园区总体规划和近期建设用地控制性详细规划。

【全省产业转移工业园规划的认定和审核报批】 按照《广东省产业转移工业园认定办法》和《广东省推进产业转移和劳动力转移工作领导小组成员单位和办公室工作职责》要求，2005年开始，省建设厅对申请设立广东省产业转移工业园的园区开展规划认定工作，主要是审核园区选址、用地范围、用地性质等是否符合所在城市的总体规划，规划管理体制是否已纳入城市实行集中统一的规划管理等；对省政府同意设立的产业转业工业园，开展产业园总体规划和控制性详细规划的审核报批工作。通过对规划成果严格把关，进一步发挥城乡规划的先导和综合统筹作用，推动产业转移工业园集约节约发展。2008年，省建设厅共完成深圳南山（龙川）等14个产业转移工业园的申报认定（包括初次认定和整合认定）和园区规划的审核报批工作，对园区规划的严格把关，确保工业园选址的科学合理，统筹工业园的基础设施建设，优化工业园的用地布局，引导工业园的集约发展和有序开发，履行“广东省推进产业转移和劳动力转移工作领导小组成员单位”的工作职责。同时，省建设厅积极督促全省各产业转移工业园所在地政府向广东省人民政府上报园区总体规划成果。

【全省产业转移工业园规划实施的监督检查】 为确保产业转移园区规划落到实处，真正发挥规划的先导作用，广东省建设厅对全省产业转移工业园规划实施情况进行监督检查，并督促各级城乡规划主管部门加强对当地产业转移园区开发建设的规划管理：一是把好园区选址关，确保园区用地位于城乡规划确定的建设用地范围内，园区范围和用地性质符合园区所在地城市（镇）总体规划的有关要求。二是把好规划审批关，要求园区规划必须符合《城乡规划法》、《城市规划编制办法》和《广东省产业园区规划制定的指导意见》等法律法规和规范性文件要求，必须落实所在地城市（镇）总体规划等上层次规划要求，对园区各类用地和设施进行合理布局，并确定园区开发建设时序。三是把好规划实施关，确保园区的规划、建设纳入当地城乡规划部门实行统一管理，园区开发建设按照‘产业集聚、布局集中、用地集约’的原则进行，杜绝和防止园区违规“圈地”、违法审批等问题的出现。特别是要求地方规划主管部门要切实加强对园区控制性详细规划的编制、审批管理，一方面充分挖掘土地潜力，合理布局，严格控制土地使用规模和使用强度，另一方面充分保障规划确定的公共服务设施和市政公用设施用地，严格落实规划提出的资源环境保护、节能减排措施等，切实促进园区节约、集约、高效、可持续发展。

（蔡穗虹）

协调粤港澳规划与发展

【简述】 2008年，粤港澳的合作，特别是城市规划领域的合作不断深入，取得一些突破性的进展：一是顺利召开粤港城市规划及发展专责小组第四次会议；二是开创粤澳城市规划合作的新局面；三是《大珠江三角洲城镇群协调发展规划研究》进展顺利；四是举办一系列粤港澳城市规划和建设合作论坛，进一步促进粤港澳的融合；五是推进内地与香港建设执业资格互认工作和港澳获得执业资格互认者在粤先行注册执业的有关工作；六是积极拓展与港澳多层次的交流活动。

【粤港城市规划及发展专责小组第四次会议】 2008年3月11~12日，广东省建设厅与香港发展局在江门联合组织召开粤港城市规划及发展专责小组第四次会议。广东省发改委、国土厅、交通厅、环保局、广铁集团等粤方成员单位代表，香港发展局、政制及内地事务局、运输及房屋局、规划署、运输署、路政署、环境保护署、渔农自然护理署等港方成员单位的代表参加会议。与会代表听取了《大珠江三角洲城镇群协调发展规划研究》编制组有关情况的汇报，就如何高质、高效加快推进《大珠江三角洲城镇群协调发展规划研究》交换意见；双方还就城市规划方面的新理念、新成果进行积极交流，粤方介绍江门市城市规划情况，港方介绍《香港2030规划远景与策略》。

【开创粤澳城市规划合作的新局面】 2008年5月13日，澳门运输工务司司长刘仕尧一行到访省建设厅；8月27至30日，省建设厅厅长房庆方一行应邀对澳门运输工务司进行回访。双方就如何开展城市规划的交流和合作交换意见，具体明确粤澳城市规划合作方向和近期的合作项目。双方一致认为，加强粤澳两地城市规划的合作符合双方长远发展利益，双方要在粤澳合作联席会议的框架下，更多地开展城市规划与发展的研究，加强相关方面的信息交流与沟通，并确定在人员培训、规划交流、共同开展课题研究等三个方面加强交流与合作，提出开展《澳门与珠江三角洲西岸地区协调发展规划研究》、《澳门城市规划体制研究》、举办澳门城市规划人员技术培训班等三个具体的近期合作项目。由于两地城市规划与发展合作成效明显，12月5日在珠海召开的“2008年粤澳合作联席会议”决定建立“粤澳城市规划和发展专责小组”，省建设厅和澳门运输工务司在会上签订《粤澳城市规划合作框架协议》，标志着两地在城市规划领域建立长期、稳定的交流合作机制。

【开展《大珠江三角洲城镇群协调发展规划研究》】 《大珠江三角洲城镇群协调发展规划研究》是在“粤港城市规划及发展专责小组”框架下，由广东省建设厅和香港特区政府房屋及规划地政局（现改为发展局）合作开展的第一个联合研究项目，具体工作委托北京大学和广东省城乡规划设计研究院承担，研究成果包括总报告和4个专题报告及24个子专题报告。该项目于2006年3月正式启动。

按照《大珠江三角洲城镇群协调发展规划研究工作计划书》的要求，2008年粤港双方为推进项目召开三次会议，分别是：1月16日，在广州召开粤港城市规划专责小组专家组第三次会议，就项目《大珠江三角洲城镇群协调发展规划研究专题报告》修改成果以及《大珠江三角洲城镇群协调发展规划研究总报告大纲》初步成果进行审查；3月11日，在江门召开粤港城市规划及发展专责小组第四次会议，就《大珠江三角洲城镇群协调发展规划研究总报告大纲》深化成果进行审查；11月29日，在深圳召开第三次专家顾问团会议，对《大珠江三角洲城镇群协调发展规划研究总报告（修改稿）》进行评审。

在第三次专家顾问团会议上，专家顾问建议增加与澳门协调发展方面的内容。会后，经粤港澳三方协商，一致同意增补澳门运输工务司为《大珠江三角洲城镇群协调发展规划研究》的委托方，增加澳方对该研究的审查程序，以完善研究内容，也使研究成果更适应大珠江三角洲协调发展的需求。截至2008年底，课题组按照专家顾问提出的修改意见对《大珠江三角洲城镇群协调发展规划研究总报告》进行再次修改，计划于2009年10月提交最终成果。

【粤港澳城市规划和建设合作论坛】 2008年，粤港澳城市规划和建设合作论坛开展的活动有：

粤港建设发展论坛暨荣誉证书颁奖仪式 2008年4月11日，粤港两地建设行业的各学会（协会）在广州举办粤港建设发展论坛暨荣誉证书颁奖仪式。与会人员来自香港规划师学会、香港建筑师学会、香港测量师学会、香港园境师学会、广东省建筑业协会、广东省城市规划协会、广东省工程造价协会、广东省注册建筑师学会、广东省工程造价协会、广东省房地产估价师与房地产经纪人学会、广东风景园林协会、广东工程勘察设计行业协会等。广东省政府副秘书长唐豪以及省建设厅厅长房庆方出席论坛并致辞。

第三届泛珠江三角洲区域城市规划院院长论坛 2008年4月18~19日，广东省城市规划协会与香港规划师学会在香港联合举办“第三届泛珠江三角洲区域城市规划院院长论坛”。论坛主题为“集约、和谐城市的规划理念与实践”，泛珠江三角洲区域省会城市和计划单列市的城市规划院，以及香港规划师学会、澳门科学技术协进会等13家单位的代表出席会议。全国城市规划执业制度管理委员会主任陈晓丽以及广东省建设厅厅长房庆方出席论坛并致辞。论坛还邀请内地与香港资深城市规划学者就公共交通发展模式、新市镇、新区发展和旧区重整与更新等内容进行研讨，并举行内地与香港注册规划师资格互认颁证仪式。

第二届大珠江三角洲城镇群规划管理论坛 2008年12月13日，粤港澳三地城市规划协会（学会）在广州联合举办“第二届大珠江三角洲城镇群规划与管理论坛”。来自国家、粤、港、澳的350多位规划从业人员围绕“宜居城乡·优质生活”主题，共同探讨建设大珠江三角洲新型宜居区域、创造优质生活环境的策略和方法。广东省副省长林木声、中国城市规划协会会长赵宝江、香港特区发展局局长林郑月娥、澳门特区运输工务司司长刘仕尧等出席论坛。住房和城乡建设部副部长仇保兴专门发来贺信。该论坛作为大珠江三角洲城市之间的规划合作与交流的长效机制，对于进一步促进粤港澳的融合、提升大珠江三角洲的区域竞争力有着十分重要的意义。

【内地与香港建设执业资格互认和港澳获得执业资格互认者在粤先行注册执业】 广东省建设厅协助住房和城乡建设部实施内地与香港注册建筑师、注册结构工程师、注册城市规划师、房地产估价师、造价工程师、监理工程师执业资格互认工作。至2008年，香港共有1066人（其中规划师37名、建筑测量师228名）取得内地互认执业资格。

2008年6月28日，经国务院批准同意，允许取得内地注册城市规划师资格的香港专业人士在广东省注册，允许取得内地监理工程师资格的香港专业人士在广东省注册执业，从而将香港获得执业资格互认者在粤先行注册执业纳入粤港服务业合作先行先试范畴。

2008年8月5日，广东省建设厅与香港特区政府发展局签署粤港建筑服务合作先行先试有关协议，包括《获得〈内地注册城市规划师资格〉及〈内地监理工程师资格〉的香港专业人士在粤注册合作协议》。同时，根据CEPA补充协议五及相关法律法规，省建设厅拟制粤港建筑服务合作先行先试有关管理办法，出台了《取得内地注册城市规划师资格的香港特别行政区居民在粤注册试点管理办法》、《取得内地监理工程师资格的香港特别行政区居民在粤注册执业试点管理办法》。

【研习·交流·互访】 2008年，粤港澳合作开展的多层次交流活动还有：

组织粤港城市规划协（学）会代表考察江门历史文化遗产 2008年1月12~13日，广东省城市规划协会组织广州市城市规划协会和深圳市城市规划学会20位代表，香港规划师学会组织54位香港规划界代表，联合开展江门历史文化考察活动。

粤澳城市规划研习班 2008年11月20~22日，广东省建设厅和澳门运输工务司在广州合办第一期粤澳城市规划研习班，邀请来自北京、广东省相关政府部门及内地高校的6位专家向澳门21名城市规划管理人员和规划行业相关人士授课，从理论、实践的层面介绍中国城市规划体系的发展现状及面对的问题，同时比较国内外的城市规划法制、体制，配合个案分析全面讲授城市规划知识。此次研习班加强粤澳两地城市规划交流，同时协助特区政府部门更好地了解内地，特别是广东在城市规划工作方面的经验。

粤港两地监理同行交流考察 2008年，5月17~18日，香港测量师学会60名青年会员在中山大学举办国情研讨学习班。广东省建设厅安排广东省建设监理协会及广东省房地产估价师学会、广东省造价协会组织建筑行业专业人士与香港测量师学会青年会员于17日晚共同夜游珠江开展交流活动。7月5~6日，省建设监理协会邀请香港测量师学会测量师专业代表团一行9人来粤交流考察。双方专业人士介绍各自建设项目的管理法规、建设程序、基本工作方式方法，以及政府监管方面的情况。11月29~30日，香港测量师学会建筑测量组代表团一行24人来粤参观考察，了解内地监理行业的项目管理、建设程序、基本工作方法等情况。还考察了珠海市格力城市广场和阳江市海陵岛广东省海上丝绸之路博物馆项目建设情况。

应香港建筑测量师学会的邀请，省建设监理协会一行10人于8月27~28日到香港进行参观考察。重点考察香港科学园的建设管理情况、陈旭明测量师事务所的经营状况，并与香港测量师学会进行交流，就“内地监理工程师与香港建筑测量师互认”的有关注册工作进行深入探讨。考察团还拜访香港发改局和屋宇署，对香港建设的行政管理和行业监管的政策法规作进一步了解。

开展粤港澳建筑界多种活动交流 包括开展香港政府公务员协会与广东省建设厅工作交流，安排香港政府发展局实习生到粤实习，组织粤港澳建筑、测量及都市规划界人士访谈，多层次开展三地政府建筑主管部门、行业组织及人员观摩交流等活动。 *（蔡穗虹）*

大事纪要

□积极应对雨雪冰冻灾害

□五项工程获鲁班奖

□生活污水处理厂建设实现历史性突破

□全面启动新十项重大工程建设

□开展隐患治理年活动

二〇〇八大事纪要

1月

11日　□广东省政府根据国务院《关于解决城市低收入家庭住房困难的若干意见》的要求，出台《关于切实解决城镇低收入家庭住房困难的实施意见》。

14日　□是日至15日，广东省建设工作会议在清远召开。总结全省2007年建设工作，部署2008年建设工作。副省长林木声出席会议并讲话，要求全省建设系统要解放思想，改革创新，围绕发展与和谐两大主题，全面推进，突出重点，推动广东省城乡建设又好又快发展。省建设厅厅长劳应勋作题为《深入贯彻落实科学发展观，开创我省建设事业新局面》报告。

15日　□广东省建设厅与全省21个地级以上市建设局（建委）签订《广东省建筑施工安全管理目标责任书》，要求2008年各地区不发生重大及以上施工安全事故，确保建筑施工生产安全事故百亿元产值死亡率低于全国平均水平，本地区从事建筑活动的施工企业安全生产许可证取证率达100%，“三类人员”安全生产考核合格证取证率达100%。

□广州市水务局挂牌。广州市水务局除行使原市水利局的全部行政管理职能外，还行使原由市政园林局承担的城市供水、排水、节约用水、污水处理、水企业行业管理和城区河涌管理等水行政管理职能。除整合水利、供水、排水三大行业，还归并城乡防汛、供水、排水和污水处理、地下水管理、计划用水和节约用水等五大职能。

16日　□大珠江三角洲城镇群协调发展规划研究专责小组专家组第三次会议在广州召开。广东省建设厅厅长房庆方和香港规划署伍谢淑莹女士分别致辞，粤港双方专家组代表对研究报告发表意见，并原则通过大珠江三角洲城镇群协调发展规划研究“子专题报告”和“总报告大纲”。

17日　□广东省建设厅发出《进一步加强房地产经纪管理的紧急通知》。《通知》强调：房地产经纪机构一律不得代购房当事人收取房款。如代收购房订金的，最高不得超过总成交额的1%。

22日　□广东省机构编制委员会办公室批准，省建设厅增设住房保障与公积金监督管理处（挂省住房制度改革办公室牌子）。新增行政编制3名。

28日　□广东省建设厅召开全省建筑施工安全生产工作会议暨第一季度防范重特大安全事故工作会议。副厅长陈英松提出，2008年全省要着力于改进安全生产监管模式，着力于落实安全生产责任制，强化企业安全生产主体责任，杜绝重特大事故发生，确保完成省政府下达的建筑施工安全生产控制指标，继续保持全省施工安全生产形势稳定并趋好转。

30日　□潮州市韩江潮州河段环境整治与滨江景观建设工程、深圳市宝安区桃源社区公共管理项目被建设部授予“中国人居环境范例奖”。

□广东省建设厅发出紧急通知，要求进一步做好全省建设系统应对大范围雨雪冰冻灾害工作。要求各级主管部门高度重视这次大范围雨雪冰冻灾害的应对工作；全力确保城市基础设施安全运行；动员建筑、环卫、物业等企业劝导外来务工人员留在当地过春节；积极配合做好煤电油运工作和抗灾减灾物资的储备；要关心困难职工防寒保暖及过节生活。

□广东省建设厅副厅长刘锦红到韶关市调研城市建设管理和创建园林城市工作，对韶关市的“创园”工作给予充分肯定，并要求各级主管部门大力推广“数字城管”新模式，促进城市管理水平的整体提高；加快“创园”绿化工程建设进度；确保各类绿地达标和绿化工程质量；加大对城市绿化的管护力度；树立节约搞绿化的理念，突出植物多样化的风貌特色。

2月

1日　□广州市、东莞市、潮州市被建设部命名为“国家园林城市”，中山市小榄镇被命名为“国家园林城镇”。

3 日 □是日至12日，广州市在原有免费开放公园的基础上，再免费开放文化公园、黄花岗公园、珠江公园、流花湖公园、烈士陵园、晓港公园、天河公园、荔湾湖公园、东山湖公园、麓湖公园，总共157个公园敞开大门，让市民和外来务工人员免费参观游览。

22日 □广东省副省长林木声召集省建设厅、国土厅相关领导召开城乡规划与土地利用规划协调和审批有关问题协调会，明确提出要尽快启动城市总体规划和城镇体系规划审批工作，并要求省建设厅和省国土厅联合制定相应管理办法，理顺相关工作程序，形成工作制度，确保两个规划在编制、审批和修编等方面的衔接和协调。省建设厅厅长房庆方出席会议。

25日 □是日至3月1日，广东省建设厅组织佛山、江门、湛江、肇庆四市相关部门负责人赴浙江、江苏、河南三省调研污水、垃圾处理设施建设情况。调研后起草《关于推进我省污水垃圾处理设施建设的报告》，提出全省污水、垃圾设施建设的具体建议，得到省领导的充分肯定。

27日 □2010年亚运会省属的四个新建场馆中的游泳跳水馆、网球中心两个项目率先开工，副省长林木声参加开工典礼。按总体建设进度计划，两个场馆将于2009年12月竣工。

3月

5 日 □是日至12日，广东省建设厅组织开展建筑施工安全生产大检查。要求各级建设行政部门要采取措施抓好安全生产，杜绝建筑施工重特大事故发生。施工企业要落实安全生产主体责任，确保安全防范措施落实到位。

6 日 □广东省建设厅在全省开展“隐患治理年”活动，目标是：全省建筑施工安全隐患治理率力争达到100%，确保实现整改责任、整改时限、整改措施、整改资金和应急预案“五落实”；全省房屋建筑与市政基础设施工程施工安全事故死亡人数比上年下降2%；遏制一次死亡3人以上的较大生产安全事故的发生。

10日 □广东省建设厅通报对全省19个省级风景名胜区检查的结果，指出全省省级风景名胜区的规划、建设和管理仍比较薄弱。决定从2008年开始，用2年时间开展综合整治，对整改依然不达标的，将报请省政府取消其“省级风景名胜区”称号。

11日 □广东省建设工程勘察设计、建筑管理与施工安全工作会议在茂名召开。强调：2008年要重点做好六个方面的工作：以铁的手腕继续抓好施工安全生产管理；完善勘察设计与工程质量监管体系；进一步规范勘察设计和建筑市场；强化工程造价管理；全面推进建筑节能设计和施工管理；继续开展送设计下乡活动，扎实推进新农村建设。

□是日至12日，广东省建设厅与香港规划署在江门联合组织召开粤港城市规划及发展专责小组第四次会议，粤港双方专责小组成员代表就如何高质、高效加快推进《大珠江三角洲城镇群协调发展规划研究》，保护碉楼等历史文化遗产交换意见，同时还就城市规划方面的新理念、新成果进行交流。

14日 □中国第一个省级建设工程交易协会——广东省建设工程交易协会成立。

18日 □2008年第七届中国土木工程詹天佑奖颁奖，全国有29项工程获奖。广东省深圳罗湖地铁枢纽工程、广州大学城建设项目、广东省档案馆新馆、深圳地铁一期国贸至老街区间隧道及桩基托换工程、深圳港盐田港区三期工程等5项工程获奖。

25日 □广东省第十一届人民代表大会常务委员会第一次会议通过任命：房庆方任广东省建设厅厅长。

28日 □广东省2007年度工程创优表彰大会在东莞举行，共有39项工程获省建设工程金匠奖，91项工程被评为省优良样板工程，176项工程被评为省建设工程安全生产文明施工优良样板工程，71项工程被评为省优秀建筑装饰工程。

31日 □第四届国际智能、绿色建筑与建筑节能大会在北京举行。住房和城乡建设部与深圳市政府签署《关于建设光明新区绿色建筑示范区合作框架协议》。

4月

1 日 □全国散装水泥五十年发展成就展览会在北京开幕。广东省建设厅副巡视员李新建向前来广东省展厅参观的商务部副部长姜增伟作详细讲解。姜副部长对广东省开展散装水泥和预拌混凝土工作取得162.3亿元的经济环境社会总效益给予较高评价，并称赞广东在贯彻节能减排、发展循环经济、建设节约型社会和保障工程质量方面为国家作出了重大贡献。

8日　□建设部副部长陈大卫到深圳市考察住房保障工作，参观政府公共租赁住房小区——梅山苑，听取深圳市住房保障工作汇报，高度评价了深圳市住房保障工作的推进情况。

9日　□建设部副部长陈大卫一行到广州市市政园林局视察“数字市政”建设工作，听取有关“数字市政”工作的汇报，观看“数字市政”系统功能的演示，并与该局人员进行座谈。

18日　□是日至19日，广东省城市规划协会与香港规划师学会在香港联合举办“第三届泛珠三角区域城市规划院院长论坛”。论坛主题为“集约、和谐城市的规划理念与实践”。全国城市规划执业制度管理委员会主任陈晓丽以及省建设厅厅长房庆方出席论坛并致辞。

23日　□2008年广东省建设工程造价管理工作会议在开平市召开。会议强调：要通过改革创新，促进全省工程造价工作的新发展；加强工程造价管理法制建设；继续推行工程量清单计价；深化工程计价依据体系，提高工程造价确定水平。

24日　□广东省建设厅副厅长陈承旗在梅州市召开粤东地区建设系统劳动模范和先进工作者代表座谈会，随后到惠州市看望郭希、何金瑞、李青、颜子新等4位省建设系统的劳动模范。

5月

4日　□广东省建设厅发出紧急通知，严禁在混凝土结构工程中使用未经处理的海砂。要求各市尤其是沿海城市建设行政主管部门和工程质量监督站，制定切实可行的监管措施，把建筑用砂纳入日常监督工作范围，加大监督检查力度，严把工程质量关，严禁使用未经处理的海砂作为混凝土骨料。

□广东省建设厅决定，从5月份起在全省范围内开展勘察设计市场专项整治活动。重点整治勘察设计企业、施工图审查机构在申报资质（资格）中弄虚作假等问题；严肃查处无证勘察设计、超资质范围勘察设计等违法违规行为；依法查处建设单位不依法办理初步设计审查等问题。

6日　□广东省建设厅党组书记、厅长房庆方到河源市调研，听取河源市中心城区概念规划、河源市灯塔盆地发展规划专题汇报。房厅长一行还到和平县进行了调研。

7日　□是日至9日，广东省建设厅党组书记、厅长房庆方到梅州市调研，考察平远县县城岭下河防洪堤围、污水处理厂等项目，参加梅州市城市管道天然气项目开工庆典。

9日　□2007~2008年度广东省城市规划年会在梅州召开。省建设厅党组书记、厅长房庆方表示，广东省在城乡规划方面一直是全国的先行地区，今后要进一步借鉴先进国家和地区的经验，大力构建有广东特色的城乡规划体系，建立适应时代需求的城乡规划新思路、新机制、新体系。

10日　□第二届全国钢结构施工技术交流会在广州召开。广东钢结构建筑近年来发展迅猛。广东省博物馆新馆、广州新电视塔、珠江新城西塔、佛山世纪莲花体育场、中山博览中心综合展厅等一批建筑成为钢结构建筑的突出代表。

12日　□四川省汶川县发生里氏8.0级强烈地震。广东省建设系统发扬“一方有难、八方支援”的精神，全力投入抗震救灾工作。

□广东省建设厅党组书记、厅长房庆方等一行陪同中共中央政治局委员、广东省委书记汪洋，省长黄华华赴住房和城乡建设部座谈，申请先行先试政策。

14日　□广东省建设厅和省地震局联合发出通知，紧急召集建筑房屋技术鉴定、建筑、结构、水电及市政基础设施等现场工程师以上技术人员作为广东省工程技术应急救灾援助队，为赴四川灾区进行建筑工程鉴定、震害评估、灾后重建设计等现场支援做好人员准备工作。

15日　□按照广东省政府办公厅的紧急通知，由广东省建设厅迅速组织的100台钢筋切割机运抵广州白云机场，通过南航专机运往四川灾区一线。

18日　□按照住房和城乡建设部的紧急部署，由广东省建设厅组织总价值约400万元的环卫设备运往灾区。广东省建设厅副厅长刘锦红主持了发出仪式。

19日　□广东省建设厅副厅长陈承旗参加建设部在北京召开的全国支援地震灾区临时活动板房建设紧急会议。会议下达广东省支援活动板房建设的地点为四川省汶川县，活动板房建设的任务为9万套。

20日　□广东省政府派出由省建设厅党组成员、

副巡视员李新建担任组长的抗震救灾先遣工作组，深入四川地震重灾区汶川县威州镇，现场指挥、协调过渡安置房运输、建设等工作。

21日 □广东省政府在广州白云国际会议中心广场举行广东支援四川抗震救灾活动板房发车仪式，副省长林木声出席仪式并讲话，为车队壮行。仪式后，31辆货车装载着6000平方米活动板房向四川进发。广东省支援四川灾区先遣车队于5月24日、25日先后抵达汶川县城和映秀镇并立即投入安装工作。广东省是全国首个抵达汶川县县城援建活动板房的省份。

22日 □广东省副省长佟星在湛江出席广东省“信息兴农工程”（二期）启动暨山区信息化建设项目总结表彰大会上，对湛江市建设局将《湛江市村镇住宅设计标准图集》所有内容制成电子版本放到网上，让农民免费下载获得整套施工图纸的做法很感兴趣，认为是真真正正为农民带来实惠的举措。

□广东省建设厅与省城市规划协会联合发出《关于投身灾区重建规划工作的倡议书》，号召和动员全省规划编制单位、规划设计工作者积极报名参与灾区重建规划工作。

23日 □广东省建设厅召开全省建设系统支援汶川灾区活动板房建设电视电话会议，传达贯彻住房和城乡建设部和省委、省政府的重要工作部署，动员全省建设系统全力以赴支援抗震救灾工作，并在全省建设系统开展“捐建房，送温暖”活动。共募集捐款4505.94万元。

□广东省建设厅发出通知，在6月份开展广东省2008年建筑施工“安全生产月”活动。

24日 □广东省建设厅副厅长陈承旗参加国务院在四川成都召开的全国支援地震灾区临时活动板房建设工作会议。本次会议确定广东省主要负责四川汶川灾区板房建设，建设任务由原来的9万套提高到14万套。

25日 □广东省建设厅副厅长陈承旗参加广东省政府在四川省汶川县映秀镇举行的广东省援建汶川灾区临时活动板房建设工程开工仪式。广东省政府副秘书长颜学亮主持开工仪式。

□广东省建设厅副巡视员李新建带领的广东省政府抗震救灾先遣队在汶川县威州镇举行临时活动板房建设开工仪式。

26日 □广东省建设厅成立支援四川灾区过渡安置房建设工作领导小组，党组书记、厅长房庆方担任组长，下设统筹协调、生产供应和施工协调3个工作组，负责过渡安置房生产、运输、安装的沟通协调及信息报送等工作。制订《支援四川省地震灾区建设灾民过渡性住房工作方案》，对支援四川省地震灾区建设灾民过渡性住房任务要求、房屋标准、职责分工、工作进度等作了详细的规定。

28日 □广东省建设厅紧急召开“汶川重建规划”专家座谈会，专题研究汶川重建规划的前期准备。按国务院的部署，广东省对口支援汶川，3个月内必须完成灾区规划总体方案。

□广东省政府《支援四川灾区过渡安置房建设方案》将广东省支援四川灾区14万套活动板房的任务分配到广州、深圳、佛山和东莞4市。省建设厅迅速召开协调会，将首批55000套活动板房的供货合同分解、落实到相关市，做好相关的衔接工作。

□广东援建队伍冒着余震，在四川省汶川县威州中学施工现场，仅用24小时即安装活动板房122套、2440平方米，创造了一项“广东纪录”。

6月

13日 □广东省人事厅批准，广东省散装水泥管理办公室参照《中华人民共和国公务员法》管理。

24日 □是日至7月2日，广东省建设厅组织10个督查组开展全省建筑施工安全督查，内容包括：开展“隐患治理年”、“安全生产百日专项行动”情况；针对强降水、雷雨大风采取的防范措施及落实情况；全面实施建筑起重机械的产权备案等制度情况；特种作业人员持证上岗情况；实施安全生产许可证制度情况；排查隐患及督促隐患整改的完成情况等。

29日 □中共中央政治局常委、国家副主席习近平抵达四川省映秀镇板房集中安置点视察，看望正在援建活动板房施工现场的广州建设者。

7月

1日 □广东省人民政府在汕头市召开“《粤东地区城镇群协调发展规划》编制工作动员

会"，正式启动规划编制工作，并部署规划调研等相关事宜。省政府副秘书长罗欧出席会议并讲话。

4日 □广东省重点项目工作会议在广州召开。会议提出以新十项工程的大投入带动广东省新一轮的大发展。新十项重大工程建设项目共222个，总投资22770亿元，包括交通运输体系、能源保障、现代服务业、高新技术产业、先进制造业、现代农业和水利、产业转移、宜居环境、社会发展、资源储备保障等工程。

□广东省政府建立实施珠江三角洲城镇群协调发展规划联席会议制度。联席会议召集人由副省长林木声担任，成员由省直有关部门和珠三角各地级以上市政府负责人组成。联席会议对确定具有区域性影响的建设项目进行协商并作出决定。

8日 □广东省建设厅抽调城乡规划处、住宅与房地产业处的骨干以及省规划院、省设计院、省建科院、省质监总站、广州市规划院、广州市房屋鉴定事务所、华南理工大学的专家，组织成立"广东省规划设计援助队"和"广东省房屋鉴定专家援助队"，在副厅长刘锦红的率领下，到达汶川灾区开展相关工作。

9日 □中共中央政治局委员、省委书记汪洋，省长黄华华在汶川映秀镇接见广东省规划设计、房屋鉴定援助队全体人员。

11日 □广东省机构编制委员会办公室批准，增加省建设工程造价管理总站事业编制1名。

14日 □经广东省政府同意，省建设厅下发实施《珠江三角洲城乡规划督察员巡察办法(试行)》。

16日 □广东省建设厅发出《关于加快推进12319城建服务热线工作的意见》。要求全省所有地级以上市到2008年底全部建成12319服务热线。

17日 □广东省政府召开全省安全生产隐患排查治理经验交流会暨防范重特大安全事故工作会议，省建设厅等部门介绍在"隐患治理年"活动中的经验做法。

18日 □汕头市天河国际公寓发生一起塔吊吊臂坠落导致3死3伤的恶性事故。

23日 □广东省建设厅在广州召开汶川恢复重建规划工作会议。党组书记、厅长房庆方强调，要充分认识汶川恢复重建规划工作的重要性和艰巨性，充分认识重建规划工作的重要意义。要保证规划工作按时按质展开，用3个月时间交出一份满意的答卷。会后，17支规划编制队伍两百余人，奔赴汶川开展现场调研工作。

27日 □中共广东省委、省政府颁布《关于表彰广东省抗震救灾先进集体和先进个人的决定》，授予省建设厅、广州市建委、深圳市建设局、东莞市建设局、省建筑设计研究院等104个单位"广东省抗震救灾先进集体"称号，授予省建设厅建筑管理处处长梁志华、住宅与房地产业处处长杜挺、佛山市建设局局长林灼杰、东莞市建设局副局长黎小成、广州市建委副总工程师冯明谦等309人"广东省抗震救灾先进个人"称号。

30日 □广东省建设厅印发《广东省产业园区规划制定的指导意见（试行)》，提出产业园区集聚、高效、可持续发展的指导思想，明确产业园区规划组织制定和实施管理的具体要求，建立产业园区开发建设的量化指标体系。

31日 □由广东省建设厅牵头组织的广东省房屋鉴定援助队经过23天的连续奋战，保质保量完成四川地震重灾区汶川县城的房屋鉴定任务，比原计划提前10天，累计鉴定房屋1141栋，累计鉴定房屋总建筑面积达112.12万平方米，并编制汶川县城震后房屋受损状况电子地图，顺利完成汶川县城震后房屋鉴定工作任务。

□广东省建筑安全协会在广州成立。省建设厅副厅长陈英松提出协会要围绕建筑施工安全这个建筑行业的永恒主题，积极开展多层面的工作，多为会员办好事、办实事。

8月

7日 □广东省机构编制委员会办公室批准省建设厅增设村镇建设处，原与城乡规划处合署的"珠江三角洲城镇群规划管理办公室"改为在城乡规划处加挂牌子，原城乡建设处更名为城市建设处。

10日 □广东省至此共完成援建四川地震灾区活动板房生产任务47145套（面积942900平方米)。全部工程严格按照建设部规定的标准实施建设，整个施工过程中没有发生一起质量安全事故，也没有一人因施工安全造成死亡。

19日 □广东省副省长林木声到清远市就污水处理设施建设工作进行调研，考察佛冈县城市生活污水处理厂等污水处理设施。

□广东省建设厅发出通知，决定9月份在

全省建设系统开展“质量月”活动。主要任务：一是积极开展工程质量专项检查活动；二是切实保证广东省对口援建汶川地震灾后恢复重建项目的工程质量；三是推进住宅工程质量分户验收工作；四是进一步加强建筑节能施工质量管理工作；五是进一步深化勘察设计质量管理工作。

□广州市政府常务会议原则通过的《城市建设投融资体制改革方案》，从根本上改变城建由政府财政单一投融资的现状，在交通、水务、地铁、燃气、垃圾处理、城建、亚运城等重要领域培育七大专业投融资集团，使其成为承担城市建设任务的主体，从而盘活存量资产、转变政府职能、提高城建效率。

20日 □广东省建设厅制定《广东省对口支援汶川灾后恢复重建规划工作方案》，并正式印发各对口援建市规划局和各有关规划编制单位执行。

□中国第一座地下火车站——广深港客运专线福田站在深圳开工建设。福田站总投资70亿元，是深圳单项投资最大的交通枢纽工程，2011年建成后，从福田到香港西九龙仅需20分钟，到广州新客站仅需40分钟。

26日 □广东省省长黄华华宣布台山核电站一期工程核岛负挖开工。台山核电站作为中国首批启动的第三代先进核电技术项目，一期工程建设两台EPR三代核电机组，单机容量为170万千瓦，是目前世界上单机容量最大的核电机组。台山核电站将于2009年启动主体工程建设，2013年底首台机组投入商业运行。工程建成后，年上网电量约260亿千瓦时。

□由广东省建设厅厅长房庆方主持召开“汶川恢复重建规划工作第二次工作会议”，对前一阶段的工作进行全面总结，对下一阶段的工作进行部署。

27日 □广州新电视塔工程主塔体封顶。广州新电视塔是广州市的地标工程，其核心筒结构的主塔体高度454米，天线桅杆高度156米，总高度达到610米，预计在2009年底前全部完工。

29日 □中共广东省委组织部批准，李台然任广东省建设厅副厅长。

9月

11日 □住房和城乡建设部发布《关于表彰全国住房城乡建设系统抗震救灾先进集体和先进个人的决定》，广东省有12个先进集体，28名先进个人受到表彰。

12日 □住房和城乡建设部批准26个公园为第二批国家重点公园，其中广东4个，分别是广州市越秀公园、深圳市仙湖植物园、深圳国际园林花卉博览园、深圳市莲花山公园。

16日 □广东省建设厅下发《广东省建设系统企业库、人才库、标准库及行政审批网络平台建设工作方案》，并成立以副厅长陈承旗为组长的系统建设领导小组，标志着“三库一平台”系统开发工程正式启动。

17日 □珠海市在格力广场工地现场召开创建精品工程现场会。住房和城乡建设部副部长黄卫、珠海市常务副市长霍荣荫等领导到会并讲话。住房和城乡建设部原副部长谭庆琏、广东省建设厅副厅长陈承旗出席现场会。

18日 □2008年广东省建筑节能工作研讨会在广州召开。省政府副秘书长罗欧出席会议并讲话。他指出全省建筑节能工作一要切实加强组织领导；二要认真贯彻《民用建筑节能条例》；三要强化监管；四要严格工程质量；五要加强示范推广；六要建立长效机制。

19日 □经广东省政府核定，省建设厅与省文化厅联合公布广东首批省级历史文化名镇（村）名单：揭阳市普宁洪阳镇、惠州市惠阳区秋长镇、梅州市大埔县三河镇为广东省历史文化名镇；汕头市隆都镇前美村、清远市三排镇南岗古排村、江门市圣堂镇歇马村、东莞市寮步镇西溪村、云浮市大湾镇五星村为广东省历史文化名村。

24日 □广东省机构编制委员会办公室批准，省建设厅增设村镇建设处。其主要职责是：研究拟订村镇规划的方针、政策和规章制度；指导镇规划、乡规划和村庄规划的编制、实施和管理工作；指导村镇建设和农村住房建设；参与县以下土地利用总体规划的审查；指导村镇环境综合整治工作。

26日 □位于广州大学城的广东科学中心正式启用。广东科学中心占地面积45万平方米，其中建筑面积13.75万平方米，是目前世界上建筑面积最大、功能最齐全的科普场馆；设置世界上最大的室外科学体验展区；其三个标志性大型展项全球独一无二。广东科学中心的一期建设工程总投资19亿元，是目前国内所有科学馆的投入之最。

30日 □广东省生活污水处理厂建设实现历史性突破：全省至2008年共建成污水处理厂175座，日处理能力达1091.5万立方米，成为全国第一个污水日处理能力突破1000万吨的省份。

10月

10日　□广东省建设厅召开开展深入学习实践科学发展观活动动员大会。党组书记、厅长房庆方指出，全厅通过开展学习实践活动，要达到五方面的具体目标：一是进一步树立以科学发展观统领建设事业全局的观念；二是落实好建设厅《实施意见》提出的各项目标任务；三是继续重视解决低收入群体住房困难等民生问题；四是引导和督促广大党员讲党性、重品行、作表率；五是推进体制机制创新，为科学发展提供制度保证。

13日　□中共广东省委组织部批准，蔡瀛任省建设厅副厅长、党组成员。

14日　□住房和城乡建设部、国家文物局公布第四批中国历史文化名镇（村）名单，广东省东莞市石龙镇、惠州市惠阳区秋长镇和揭阳市普宁市洪阳镇获得中国历史文化名镇称号，江门市恩平市圣堂镇歇马村、清远市连南瑶族自治县三排镇南岗古排和汕头市澄海区隆都镇前美村获得中国历史文化名村称号。

22日　□广东省城乡规划委员会成立。该委员会受省政府委托，统一指导、协调、监督全省城乡规划工作的议事协调机构，其职责是对影响全省城镇发展的重要事项进行审议、协调。

□是日至24日，在巴塞罗那举行的世界建筑节上，广州白云国际会议中心获得城市奖。本届世界建筑节共有来自63个国家的722个已建成的建筑作品参选，获奖作品均体现了国际一流建筑水平。

23日　□是日至24日，住房和城乡建设部总工程师王铁宏到深圳考察时指出，深圳率先试行设计施工总承包模式，有利于优化设计，节约成本、缩短工期，保障工程质量安全，过去全国学习深圳建设速度，今后全国要学习深圳的建设模式。

24日　□在第十五个环卫工人节到来前夕，广东省副省长林木声来到广州市广卫街环卫管理站和李坑生活垃圾焚烧发电厂，慰问一线环卫职工。

27日　□是日至11月8日，由广东省副省长林木声带队的广东省历史文化遗产保护考察团赴意大利、波兰、俄罗斯进行专题考察访问，学习借鉴三国在历史文化遗产保护和城乡规划方面的成功经验和工作方法，推动广东省与意大利皮埃劳蒙特大区的友好合作与交往。省建设厅厅长房庆方、副厅长蔡瀛及省内有关专家参加此次考察访问。

31日　□广东省召开首个城乡规划实施评估报告论证会——《〈四会市城市总体规划（1994~2010）〉实施评估报告》论证会。省建设厅副巡视员李新建指出，城乡规划实施评估是《城乡规划法》规定的一项新的工作，对于强化规划综合统筹作用、提高规划编制质量、提升城乡规划建设水平都有着积极的作用。

11月

3日　□位于广州的中国进出口商品交易会琶洲展馆全部建成并投入使用，商务部部长陈德铭、广东省省长黄华华共同给各参建单位授予“广交会新展馆建设优秀单位”锦旗。琶洲展馆成为亚洲展览规模最大、设施最先进、功能最齐全的国际会展中心。其中，首期工程获国家优质工程银质奖、詹天佑土木工程大奖及全国十大建设科技成就奖。

□广东省建设厅党组成员、副巡视员李新建率广东省17支规划编制队伍的主要成员赶赴成都市，向阿坝州和汶川县汇报广东省对口援助汶川灾后恢复重建规划成果。

□是日至28日，广东省建设厅在全省建筑施工行业统一开展“百万农民工同上一堂课”的安全培训活动。

12日　□全省第十期书记（市长）城市建设专题研究班在江门开班，本期专题研究班的主题是建设宜居城乡。广东省副省长林木声指出，必须紧紧围绕实现城乡居民可居、逸居、康居和安居的目标，切实搞好城乡建设的规划布局，大力推进城乡重点建设，着力破解城乡建设的难点，进一步完善城乡公共服务和管理，认真抓好宜居城乡创建活动。

13日　□广东省建设厅党组书记、厅长房庆方在贯彻落实全国加大保障性住房建设工作力度，促进经济平稳较快增长和加强建筑工程质量安全工作电视电话会议精神会上指出，必须狠抓落实、全力以赴，推动全省建筑工程质量安全状况稳定好转。

14日　□广东第一个、目前国内最大的生物质发电厂项目落户湛江，总投资25亿元，规划装机10万千瓦。

15日　□广东省建设厅向汶川县政府全面提交汶川县县域城镇体系规划、县城总体规划和其他5镇7乡恢复重建规划成果，由汶川县政府按法定程序上报审批。

18日　□广东省宣布从2009年至2011年，每年投入2亿元廉租住房专项补助资金，用于对东西两翼和粤北山区的补助；每年投入30多亿元廉租住房保障资金，用于新建廉租住房和发放租赁补贴，解决3万多户符合廉租住房保障条件家庭的住房困难；每年投入30亿元建设经济适用住房，解决2万多户符合经济适用住房供应条件家庭的住房困难。

19日　□由广东省建设厅组织编制的《汶川县地震灾后恢复重建城镇体系规划》和《汶川县县城（威州镇）恢复重建总体规划（2008~2020）》顺利通过四川省建设厅组织的技术审查，成为四川省10个极重受灾县援建规划中率先进入法定审批程序的规划。

20日　□广东省建设厅在汕头召开全省村庄整治现场会。党组书记、厅长房庆方强调，全省建设系统要适应农村改革发展新形势，抓住机遇，乘势而上，坚定不移地推进城乡统筹工作。从2009年起，全省将开展“万村百镇”整治工程：每年确定100个镇、10000个村为整治点，用10年的时间把全省镇、村基本整治一遍，改善全省村镇的人居环境。

26日　□第11届中日城市规划交流会在肇庆举行。住房和城乡建设部城乡规划司司长唐凯、日本国土交通省大臣官房审议官松田纪子、省建设厅厅长房庆方、肇庆市市长杨浩明等出席并致词。

27日　□广东省建设厅党组书记、厅长房庆方和副厅长陈承旗到省建设信息中心视察指导工作。

□在“广东住宅建设30年高峰论坛”上，广东省建设厅党组书记、厅长房庆方提出促进全省房地产市场平稳健康发展的措施：一是适当放宽政策，促进住房消费；二是加快建设保障性安居工程，解决低收入家庭的住房困难；三是深化住房制度改革，提高干部职工的住房消费能力；四是继续整顿房地产市场的秩序，规范交易的行为。

28日　□《广东省物业管理条例（修订）》获省人大常委会表决通过，将于2009年3月1日实施。

30日　□广州市第一条快速公交（简称BRT）线路——中山大道BRT试验线工程动工。该条BRT线路西起天河路，东至黄埔区夏园，设计全长22.9公里。工程计划投资7亿多元，将于2009年底建成通车。

12月

2日　□是日至4日，广东省副省长林木声在肇庆、云浮调研时指出，全省污水处理设施建设严重滞后，至2008年6月底，全省尚有44个县（市）和1个地级市未建成污水处理厂。要求各地政府尤其是东西北地区要加快污水处理设施建设，严格按照省政府和各地政府签订的污水处理设施建设责任书时限要求保质保量完成，确保2010年前正常运行。

10日　□广东省政府公布《广东省深入开展全民节能行动实施方案》。其中，由省建设厅牵头负责：控制路灯和景观照明（城市景观照明在用电高峰时段要减少用电30%以上等），严格落实建筑节能各项措施（对新建建筑严格执行节能标准等），严格控制室内空调温度（夏季不得低于26摄氏度），减少电梯使用（高层建筑电梯分段运行或隔层停开等）。

13日　□第二届“大珠三角城镇群规划与管理论坛”在广州举行。

□广东省城乡规划设计研究院成立五十周年，广东省副省长林木声出席庆典活动。

16日　□广东阳江核电站正式开工。阳江核电站采用中国自主品牌的改进型压水堆核电技术——CPR1000，将连续建设6台百万千瓦级核电机组，是中国核电建设史上按厂址建设规模一次核准机组数量最多和规模最大的项目。

17日　□是日至18日，广东省副省长林木声在韶关调研检查城乡建设和丹霞山申报世界自然遗产工作。林副省长强调，要强化城乡规划的调控作用。

19日　□广东省建设系统精神文明建设工作会议暨省建设政研会第七次会员代表大会在惠州举行。省建设厅党组书记、厅长房庆方强调：政风行风建设直接关系党和政府在人民群众中的形象，是精神文明建设的重要标志和重要环节。各级建设部门必须坚持以绝大多数人民群众高兴不高兴、满意不满意为标准，全面提升政风行风建设水平。

□广东省建设厅发出《广东省既有住宅增设电梯的指导意见》：当既有住宅满足城乡规划、建筑结构和消防等方面的安全要求时，可增设电梯。既有住宅需要使用共有部位增设电梯，或者因增设电梯需要改变共有部位的外形或结构时，应当经专有部分占建筑物总面积三分之二以上的业主且占总人数三分之二以上的业主同意。

20日 □广东省为四川省汶川地震灾区援建项目至此已竣工5个，完成总投资196万元；已开工的46个，总投资4.23亿元，已完成投资2894万元；100多个项目正在抓紧开展前期工作，涉及总投资12.73亿元；全省累计到位的援建资金总量超过5亿元。

21日 □珠江三角洲城际轨道交通穗莞深项目开工仪式在深圳举行。

22日 □广东省政府发布《广东省建设厅委托实施行政许可项目》，规定将房地产开发企业二级及以下资质核准、城市园林绿化企业二级资质核准、工程建设监理企业丙级资质核准、城市规划编制单位丙级资质认定、房地产估价机构三级及以下资质核准等8项行政许可事项，委托给地级以上市有关行政主管部门实施。

23日 □广州市政府决定投资486.15亿元，实施污水处理、河涌整治、调水补水、雨污分流、严控排污等五大工程，确保到2010年亚运会前实现水环境的根本性好转。到2010年6月底前，全市将建成38座污水处理厂，新增污水处理能力225万吨/日，城市生活污水处理率达85%；121条河涌完成整治，河道总长388.52公里，实现水体不黑不臭。

26日 □2008年度中国建设工程鲁班奖（国家优质工程）颁奖大会在北京举行。包括“鸟巢”等奥运工程在内的98个项目获得2008年度鲁班奖。广东省的广州新光大桥、深圳固戍污水处理厂、富力国际公寓、民生银行大厦、金润大厦、广州海关新业务技术综合楼等工程项目获奖。

27日 □由广东省建设厅、省摄影家协会、广州市建委、深圳市建设局、惠州市规划建设局联合主办的“广东改革开放三十周年城乡建设摄影展览”在广州开幕。省建设厅副厅长陈承旗主持展览开幕仪式，党组书记、厅长房庆方，省摄影家协会主席李伟坤分别致辞。

30日 □由广东省建设厅组织编制的《汶川县映秀镇恢复重建总体规划（2008~2011）》顺利通过四川省建设厅组织的技术审查。

31日 □广州珠江新城西塔封顶。这个以两天一层的施工进度创造了世界纪录的珠江新城地标，正式命名为广州国际金融中心。西塔投资约60亿元，总建筑面积约45万平方米，其中主塔楼地下4层、地上103层，高432米，为华南第一高楼，建成后将成为华南地区最顶级的综合性商用物业，集五星级酒店、写字楼、高档商场等多种功能于一体。 *（何仕诒）*

省情概况

□宋代广南路东西分治，始有『广东』称谓

□全省陆地面积近十八万平方公里

□全省常住人口九千五百四十四万人

□全省矿产资源潜在经济价值一万亿元

□全省建立自然保护区三百一十五个

建制沿革

【广东简称】 广东，在《吕氏春秋》中称“百越”，《史记》称“南越”，《汉书》称“南粤”，也泛指岭南一带地方。“越”与“粤”通，广东简称粤。广东的先民很早就在这片土地上生息繁衍。在历史长河中，广州、广东的名称次第出现，逐渐演化成广东省及其辖境。

【广东沿革】

先秦以前广东沿革 距今约12.9万年，岭南出现早期古人马坝人。早在商与西周时代，广东先民便与中原王朝有经济文化往来。春秋战国时代，岭南与吴、越、楚各国关系密切，交往频繁。历史上楚庭、南武城的传说，反映出这一时期岭南与楚、越的关系。《国语·楚语上》也有“抚征南海”的记载，可见当时岭南与楚国有军事、政治关系。

秦至南朝时期广东沿革 公元前222年，秦王嬴政统一六国后，“因南征百越之君”，派屠睢率领50万秦军攻打岭南；公元前214年，秦军基本上占领岭南。随即，秦始皇将所夺取的岭南地区，设“桂林”、“象”、“南海”3个郡。南海郡辖境是东南濒南海，西到今广西贺州，北连南岭，包括今粤东、粤北、粤中和粤西的一部分，辖番禺、龙川、博罗、揭阳、四会5个县，郡治番禺。今广东省的大部分地区属南海郡，此外，湛江等地属象郡，粤西有一部分属桂林郡，粤北部分地区属长沙郡。这是广东历史上第一次划分行政区。

秦末，南海郡尉任嚣病危，委任龙川县令赵佗代职。任嚣死后，赵佗即起兵隔绝五岭通中原的道路。秦亡之际，赵佗武力攻并桂林、象郡，建立南越国，自称“南越武王”。当时，广东除今连州及乐昌北境属长沙郡管辖外，都属南越国地盘。赵佗及其后的南越国，都与汉朝一样实行郡县制。公元前111年（元鼎六年），汉武帝派伏波将军路博德和楼船将军杨仆率领大军平定南越。汉朝将南越地重新划分为南海、苍梧、郁林、和浦、交趾、九真、日南、儋耳、珠崖9个郡。为了便于监督各郡官吏，汉朝又设立13个常驻监察机构，称为“十三部”，其中设在苍梧郡广信县（今封开）的交趾部，专门负责纠核岭南九郡。东汉末，交趾部改为交州，除监察权外，还拥有军政大权，成为郡上一级政府，地方行政制度也就从郡、县二级变为州、郡、县三级：州设刺史（权重的叫“牧”），郡设太守，县仍设令或长。今广东省境除包括交州辖下的整个南海郡（粤中、粤东）外，还包括苍梧郡、和浦郡、荆州贵阳郡和扬州豫章郡的一部。其中南海郡较秦代增置3个县：揭阳、中宿（今清远）和增城。

东汉末，赤壁之战后逐渐形成魏、蜀、吴三国鼎立的局面。公元210年（汉献帝建安十五年），吴国的孙权任命步骘为交州刺史，率兵抵番禺。217年（建安二十二年），步骘把交州州治从广信东迁番禺。264年（吴景帝永安七年），东吴为便于治理，又把南海、苍梧、郁林、高梁4个郡（今两广大部）从交州划出，另设广州，州治番禺，广州由此得名。而交州则辖交趾、九真、日南、和浦、珠崖5个郡。东吴时期，今广东省境除广州辖下的4郡外，还包括荆州始兴郡和海南岛。

西晋时，今广东省腹地属当时的广州，粤北属荆州，雷州半岛和海南岛属交州。东晋时期，北方战乱连年，中原及关陇人民大批南迁，广东人口大增。

南北朝时期，中国政局南北分裂。南朝时州郡县增置颇多，废并频繁，增设的州、郡、县也多集中在粤中、粤西、粤北地区，粤东地区设置较少。原因是当时粤东农业经济没有粤西发达，交通也没有粤西方便。

隋、唐、五代十国时期广东沿革 隋代初年，今广东省设广州、循州（今惠州）两个总管府统领诸州。隋炀帝废州为郡，改为郡、县两级，今广东省境分属10郡、74县。

唐初地方设道、州、县。岭南道45州分属广州、桂州、容州、邕州、安南5个都督府管辖（又称岭南五管）。此后，5府皆隶于广州，长官称为五府（管）经略使，由广州刺史兼任。756年（肃宗至德六年），升五府经略使为岭南节度使。862年（懿宗咸通三年），岭南道划分为东、西道，东道治广州，广东属岭南东道，这是广东省名中“东”字的由来，也是两广分为东西的开始。

五代十国时期，岭南为南汉王刘氏占据，行政区划基本上继承唐朝的建制。南汉升广州为兴王府，在州县稀疏的粤东和粤北，增置1府4州。南汉后期，全境共辖60州、214县。

宋、元、明、清时期广东沿革 宋代地方行政制度分路、州（府、军）、县三级。今广东省境包括广南东路14州和广南西路境内的7州，共61县。宋朝对唐制有所继承又有所调整。粤西及海南岛裁撤8个州，而粤东、粤北除循唐制外，仍保留南汉所增置的4个州。997年（宋太宗至道三年），广南路分为广南东路和广南西路，东路治所在广州，西路治所在桂州（今桂林），广东大部分属广南东路，“广东”即广南东路的简称。

元代地方行政制度分省、路、府（州、军）、县四级，另有道，是省以下、路府之上的承转机构。今广东省境当时就分为广东道和海北海南道。广东道道治在广州，海北海南道道治在今雷州市。

1369年（明太祖洪武二年），改广东道为广东行中书省，并将海北海南道改隶广东，广东成为明朝的十三行省之一。而且，过去长期与广西同属一个大区的雷州半岛、海南岛划拨广东统辖，结束了广东以往隶属不同政区的状况，广东省区域轮廓自此基本形成。终明之世，广东设10府1直隶州，统辖7州75县。其中，属明代新置的有顺德、从化、高明、饶平、惠来、大浦、普宁、澄海等22县。这些新置的县大多集中在粤东地区，基本形成当今县制的分布格局。

清初承袭明制，地方行政机关分省、道、府、县4级，但将明时的布政使司正式改称为省。“广东省”名称正式使用，所辖范围与明广东布政使司相同。清设总督管辖广东、广西两省，称“两广总督”，初驻肇庆，1746年（乾隆十一年）移广州。清代广东省最南的辖境是南海诸岛的曾母暗沙。西沙群岛（时称“千里长沙”）和南沙群岛（时称“万里石塘”）属于广东省琼州府的万州管辖。南海诸岛自古以来就是中国的领土。

1840年，鸦片战争爆发。1842年清政府被迫签订《中英南京条约》，香港（时属新安县）正式沦为英国的殖民地。1887年，葡萄牙诱逼清政府签订《中葡和好通商条约》，侵占澳门（时属香山县）。

民国时期广东沿革　1911年，武昌起义成功推翻清王朝，建立中华民国，孙中山就任临时大总统。民国政府多次对广东行政区进行调整。辛亥革命后，广东省的名称和范围与清代相同，但将府直辖地及州、厅皆改为县，成为省、县二级制，并于省、县之间分区设置绥靖区。1925年7月，中华民国国民政府在广州成立。国民政府的地方行政分为省、行政区、县和市，实行委员制。广东省政府下设广州、北江、东江、西江、南路、海南6个行政区，每区设一行政委员，代表省政府处理本区事务。1938年10月，日本侵略者侵占广州，广东省政府撤退到粤北（今连州市）；为适应战时需要，全省设4个行署。1940年全省改设9个区（包括沦陷区），到1941年，复改设9个行政督察区。1945年抗战胜利后，民国政府把行政督察区分为省府直接督察区和专署行政督察区两种。省府直接督察的有南海、番禺等12个市县，专署行政督察区则分为11个区，共辖88个县。

中华人民共和国时期广东沿革　1949年10月14日，广州解放；10月28日，广州市人民政府成立；11月6日，广东省人民政府正式成立。全省共设珠江、东江、西江、北江、粤中、南路、兴梅、潮汕、琼崖等9个专区，共辖7市98县，广州市为中央直辖市。1952年，广东省和广州市由中南行政委员会领导，将北海市划归广西，广西的怀集县划入广东。1954年，广东省改由中央直接领导，原由中央直辖的广州市划归广东省管辖。此后，市、专区、县几乎年年都有调整。1979年，原属惠阳地区的宝安县改设深圳市，原属佛山地区的珠海县改设珠海市，均由省直辖。广东省直辖广州、海口、汕头、湛江、茂名、佛山、江门、深圳、珠海、韶关等10市，分设韶关、惠阳、梅县、汕头、佛山、湛江、肇庆等7地区和海南行政区及海南黎族、苗族自治州，共辖14市、92县、3自治县。1981年，设立西沙、南沙、中沙群岛办事处，由海南行政区直接领导。1983年以后，开始实行市管县、乡镇管村的新体制。1988年，中央政府将海南行政区从广东省划出，另设海南省；同年，广东开始取消地区设置，另设18个地级市（后增加到21个地级市），全面实行地级市管县体制，以及乡镇管村体制，一直沿用至今。　*（黄淑娟）*

自然地理

【地貌】　广东受地壳运动、岩性、褶皱和断裂构造以及外力作用的综合影响，地貌类型复杂多样，有山地、丘陵、台地和平原，其面积分别占全省总面积的33.7%、24.9%、14.2%和21.7%，河流和湖泊等水域面积只占全省总面积的5.5%。地势总体北高南低，北部多为山地和高丘陵，最高峰石坑崆海拔1902米，位于阳山、乳源与湖南省的交界处；南部则为平原和台地。全省山脉大多与地质构造的走向一致，以东北—西南走向占优势，如斜贯粤西、粤中和粤东北的罗平山脉和粤东的莲花山脉。粤北的山脉则多为向南拱出的弧形山脉。此外粤东和粤西有少量西北—东南走向的山脉。山脉之间有大小谷地和盆地分布。平原以珠江三角洲平原最大，潮汕平原次之，此外还有高要、清远和惠阳等冲积平原。台地以雷州半岛—电白—阳江一带和海丰—潮阳一带分布较多。构成各类地貌的基岩岩石以花岗岩最为普遍，砂岩和变质岩也较多，粤西北还有较大片的石灰岩分布。此外局部还有景色奇特的红色岩系地貌，如著名的丹霞山和金鸡岭等。丹霞山和粤西的湖光岩先后被评为世界地质公园。沿海数量众多的优质沙滩以及雷州半岛西南岸的珊瑚礁，也是十分重要的地貌旅游资源。沿海沿河地区多为第四纪沉积层，则是构成耕地资源的物质基础。

【气候】　广东属于东亚季风区，从北向南分别为中亚热带、南亚热带和热带气候，是全国光、热和水资源最丰富的地区之一。从北向南，年平均日照时数由不足1500小时增加到2300小时以上，年太阳总辐射量在4200~5400兆焦耳/平方米，年平均气温约为19℃~24℃。全省平均日照时数为1745.8小时，年平均气温22.3℃。1月平均气温约为16℃~19℃，7月平均气温约为28℃~29℃。

广东降水充沛，年平均降水量在1300~2500毫米之间，全省平均为1777毫米。降雨的空间分布基本上也呈南高北低的趋势。受地形的影响，在有利于水汽抬升形成降水的山地迎风坡有恩平、海丰和清远3个多雨中心，年平均降水量均大于2200毫米；在背风坡的罗定盆地、兴梅盆地和沿海的雷州半岛、潮汕平原少雨区，年平均降水量小于1400毫米。降水的年内分配不均，4~9月的汛期降水占全年的80%以上；年际变化也较大，多雨年降水量为少雨年的2倍以上。洪涝和干旱灾害经常发生，台风的影响也较为频繁。春季的低温阴雨、秋季的寒露风和秋末至春初的寒潮和霜冻，也是广东多发的灾害性天气。

【土地资源】　广东是国内人多地少的省份之一。2008年，全省土地总面积中农用地1489.94万公顷。土地利用的实际情况为耕地284.77万公顷，园地99.68万公顷，林地1013.08万公顷，牧草地2.72万公顷，其他农用地89.69万公顷。建设用地177.69万公顷，其中居民点及独立工矿用地144.57万公顷，交通运输用地12.01万公顷，水利水工建筑用地21.11万公顷。未利用地130.51万公顷，其中未利用土地70.22万公顷，其他土地60.29万公顷。

【水资源】　广东降水充沛，水系发达，水资源丰富。主要河系为珠江的西江、东江、北江和三角洲水系以及韩江水系，其次为粤东的榕江、练江、螺河和黄岗河以及粤西的漠阳江、鉴江、九洲江和南渡河等独流入海河流。年均降水量1777毫米，年降水总量3194亿立方米；年均径流深1012毫米，河川径流总量1819亿立方米；加上邻省从西江和韩江等流入广东的客水量2330亿立方米，深层地下水60亿立方米，可供开采的人均水资源占有量达4700立方米，高于全国平均水平。水力资源理论蕴藏量1072.8万千瓦，可开发装机容量665.5万千瓦。此外，广东还有温泉300多处，日总流量9万吨；饮用矿泉水110处，探明储量全国第一。但是，广东的水资源时空分布不均，夏秋易洪涝，冬春常干旱。沿海台地和低丘陵区不利蓄水，缺水现象突出，尤以粤西的雷州半岛最为典型。而且不少河流中下游河段还由于城市污水排入，污染严重，水质性缺水的威胁加剧。

【矿产资源】　广东地处欧亚板块与太平洋板块交接处，是国内具有丰富矿产资源的省份之一，有“稀有金属和有色金属之乡”的称号。全省已找到矿产148种，探明储量的有101种。其中高岭土、泥炭土、冶金用脉英石、水泥用粗面岩、锗、碲的储量均列全国第一位，银、铅、铋、铊、铀、独居石、磷钇、玻璃用砂、油页岩、饰面用大理岩和辉绿岩列全国第二位，列第三至五位的有铌、钽、钨、锡、锆、硒、隐晶质石墨、冰洲石、玉石、铟、镉、锌、汞、稀土矿、压电水晶、叶蜡石、陶瓷土、萤石、硫铁矿、熔剂白云岩等。广东比较短缺的矿产资源有煤、磷、钾、菱镁、铜、铝以及优质耐火粘土、云母、石棉等。珠江口外海域、北部湾发现的大型油气田资源，原油储量超过40亿吨，天然气储量1万亿立方米，开采前景很好。已经开采和开采条件较好的主要矿种有硫铁、铅锌、银、锡、钨、铌、钽、铀、独居石、磷钇、大理岩、高岭土、玻璃用砂和油页岩等。其中云浮硫铁矿品质优储量大，居全国之冠、世界第二，凡口铅锌矿生产规模为国内第二。全省已探明的矿产资源潜在经济价值超过1万亿元。但是，经过多年的开采，广东省已有的金属矿大型矿山多已采空或者即将采空闭矿，铜、钨、锡、锑等矿产资源已处于枯竭状态，铅锌及铁矿产地也逐年减少。

【植被和生物资源】　广东光、热、水资源丰富，四季常青，动植物种类繁多。全省共有野生维管束植物280科、1645属、7055种，分别占全国总数的76.9%、51.7%和26.0%。另有栽培植物633种，分隶于111科、361属。此外，还有真菌1959种；其中食用菌185种，药用真菌97种。植物种类中，属于国家一级保护植物的有桫椤和银杉2种，属于二级保护的有白豆杉、水杉、野荔枝和观光木等24种，属于三级保护的有广东松、长苞铁杉、野龙眼和见血封喉等41种，还有省级保护的红豆杉和三尖杉等12种。在植被类型中，有属于地带性植被的北热带季雨林、南亚热带季风常绿阔叶林、中亚热带典型常绿阔叶林和沿海的热带红树林，还有非纬度地带性的常绿—落叶阔叶混交林、常绿针—阔叶混交林、常绿针叶林、竹林、灌丛和草坡，以及水稻、甘蔗和茶园等栽培植被。香蕉、荔枝、龙眼和菠萝是岭南四大名果，经济价值可观。

广东的动物种类较多。陆生脊椎动物有829种；其中兽类124种、鸟类510种、爬行类145种、两栖类50种，分别占全国的30%、43.4%、46%和25.5%。此外，还有淡水水生动物的鱼类281种、底栖动物181种和浮游动物256种，以及种类更多的昆虫类动物。动物种类中，被列入国家一级保护的有华南虎、云豹、熊猴和中华白海豚等22种，被列入国家二级保护的有金猫、水鹿、穿山甲、猕猴和白鹇（省鸟）等95种。

广东开展对动植物资源的开发利用，重视对自然资源和环境的保护。全省建立自然保护区315个、森林公园412处。广东重视绿化荒山，提高森林覆盖率，改善生态环境。

【海洋资源】　广东海岸线长，海域辽阔，海洋资源丰富。海洋生物资源包括海洋动物和植物资源，共有浮游植物406种、浮游动物416

种、底栖生物828种、游泳生物1297种。远洋和近海捕捞，以及海洋网箱养鱼和沿海养殖的牡蛎、虾类等海洋水产品年产量约400万吨；可供海水养殖面积77.57万公顷，实际海水养殖面积20.82万公顷，是全国著名的海洋水产大省。雷州半岛的养殖海水珍珠产量居全国首位。沿海还拥有众多的优良港口资源。广州港、深圳港、汕头港和湛江港已成为国内对外交通和贸易的重要港口。大亚湾、大鹏湾、碣石湾、博贺湾及南澳岛等地还有可建大型深水良港的港址。珠江口外海域和北部湾的油气田已打出多口出油井。沿海的风能、潮汐能和波浪能都有一定的开发潜力。广东沿海沙滩众多，气候温暖，红树林分布广、面积大，在祖国大陆的最南端灯楼角又有全国唯一的大陆缘型珊瑚礁，旅游资源开发潜力很大。

（陈俊鸿）

【植树造林】 2008年，广东省完成荒山荒地（沙地）造林、更新造林、有林地造林面积80283公顷，低产低效林改造面积39083公顷。其中林业重点工程完成荒山荒地（沙地）造林面积1291公顷，低产低效林改造面积10918公顷。全省义务植树完成9749万株，森林覆盖率达56.3%。全省有国家级自然保护区11个，面积23.7万公顷；国家地质公园7个，地质遗迹保护区8个，面积4.1万公顷。

【自然灾害】 2008年，广东省农作物洪涝和干旱受灾面积1393.06千公顷，直接经济损失377.20亿元。洪水和沿海风暴潮死亡人数104人。海洋灾害造成的直接经济损失149.84亿元。发生赤潮10次，累计面积230平方公里。发生各类地质灾害205起，死亡人数33人，直接经济损失1.09亿元。（何仕诒）

行政区划

【概况】 2008年，广东省按照《中华人民共和国宪法》、《国务院关于行政区划管理的规定》要求，严格审核行政区划变更材料，对部分行政区划进行调整。至年末，全省有地级和地级以上市21个，县级市23个、县41个、自治县3个、市辖区54个，乡4个、民族乡7个、镇1139个、街道办事处434个。省会广州市。

《广东省地名管理条例》于2007年9月30日广东省第十届人大常委会第34次会议通过，2008年1月1日开始实施，这是中华人民共和国成立后广东省第一个地名法规。

（省民政厅）

2008年广东省行政区划情况

地　区	县（市、区）名称	辖乡、镇、民族乡、街道数
广州市（10区2县级市）	越秀区　海珠区　荔湾区　天河区　白云区　黄埔区　花都区　番禺区　南沙区　萝岗区　▲从化市　增城市	34镇　131街道
深圳市（6区）	福田区　罗湖区　盐田区　南山区　宝安区　龙岗区	55街道
珠海市（3区）	香洲区　金湾区　斗门区	15镇　8街道
汕头市（6区1县）	金平区　龙湖区　澄海区　濠江区　潮阳区　潮南区　▲南澳县	32镇　37街道
佛山市（5区）	禅城区　南海区　顺德区　高明区　三水区	21镇　12街道
韶关市（3区4县1自治县2县级市）	浈江区　武江区　▲曲江区　▲乐昌市　▲南雄市　▲仁化县　▲始兴县　▲翁源县　▲新丰县　▲乳源瑶族自治县	93镇　11街道 1民族乡
河源市（1区5县）	源城区　▲东源县　▲和平县　▲龙川县　▲紫金县　▲连平县	97镇　4街道 1民族乡
梅州市（1区6县1县级市）	▲梅江区　▲兴宁市　▲梅　县　▲平远县　▲蕉岭县　▲大埔县　▲丰顺县　▲五华县	104镇　6街道
惠州市（2区3县）	惠城区　惠阳区　▲惠东县　博罗县　▲龙门县	51镇　16街道 1民族乡
汕尾市（1区2县1县级市）	城　区　陆丰市　▲海丰县　▲陆河县	42镇　10街道
东莞市		28镇　4街道
中山市		18镇　6街道
江门市（3区4县级市）	蓬江区　江海区　新会区　台山市　开平市　鹤山市　恩平市	62镇　17街道

(续上表)

地 区	县（市、区）名称	辖乡、镇、民族乡、街道数
阳江市（1区2县1县级市）	江城区 ▲阳春市 阳东县 阳西县	39镇 9街道
湛江市（4区2县3县级市）	赤坎区 霞山区 麻章区 坡头区 雷州市 廉江市 吴川市 遂溪县 徐闻县	85镇 32街道 2乡
茂名市（2区1县3县级市）	茂南区 茂港区 ▲信宜市 ▲高州市 化州市 电白县	87镇 22街道
肇庆市（2区4县2县级市）	端州区 鼎湖区 四会市 ▲高要市 ▲广宁县 ▲德庆县 ▲封开县 ▲怀集县	95镇 12街道 1民族乡
清远市（1区3县2自治县2县级市）	清城区 ▲英德市 ▲连州市 ▲佛冈县 ▲清新县 ▲阳山县 ▲连山壮族瑶族自治县 ▲连南瑶族自治县	77镇 5街道 3民族乡
潮州市（1区2县）	湘桥区 ▲饶平县 ▲潮安县	41镇 9街道
揭阳市（1区3县1县级市）	榕城区 ▲普宁市 揭东县 ▲揭西县 惠来县	63镇 18街道 2乡
云浮市（1区3县1县级市）	▲云城区 ▲罗定市 ▲新兴县 ▲郁南县 ▲云安县	55镇 10街道
全省合计	21个地级市，23个县级市、41个县、3个自治县、54个市辖区，4个乡、7个民族乡、1139个镇、434个街道办事处	

注：前有▲为山区县。

面积人口

【地理位置和面积】 广东省地处中国大陆最南部。东邻福建，北接江西、湖南，西连广西，南临南海，珠江三角洲东西两侧分别与香港、澳门特别行政区接壤，西南部雷州半岛隔琼州海峡与海南省相望。全境位于北纬20°13′~25°31′和东经109°39′~117°19′之间。东起南澳县南澎列岛的赤仔屿，西至雷州市纪家镇的良坡村，东西跨度约800公里；北自乐昌县白石乡上坳村，南至徐闻县角尾乡灯楼角，南北跨度约600公里。北回归线从南澳—从化—封开一线横贯广东。全省陆地面积为17.98万平方公里，约占全国陆地面积的1.87%；其中岛屿面积1592.7平方公里，约占全省陆地面积的0.89%。全省沿海面积500平方米以上的岛屿有759个，数量仅次于浙江、福建两省，居全国第三位。另有明礁和干出礁1631个。全省大陆岸线长3368.1公里，居全国第一位。按照《联合国海洋公约》关于领海、大陆架及专属经济区归沿岸国家管辖的规定，全省海域总面积41.9万平方公里。

（陈俊鸿）

【耕地面积】 2008年，广东省耕地面积2843904.85公顷，比上年减少9145.35公顷。其中，建设占用耕地3547.45公顷，灾毁耕地534.13公顷，农业结构调整实际占用耕地5057.61公顷。土地整理复垦开发补充耕地5132.93公顷。当年净减少耕地3754.25公顷。

【常住人口】 广东省常住人口总量持续快速增长，常住人口规模位居全国首位。2008年末，全省常住总人口为9544万人（其中男性占51.2%，女性占48.8%），比上年增加95万人。由于常住人口持续快速增长，广东常住人口总量已上升到全国第一位，广东已成为全国常住人口第一大省。

【人口城镇化水平】 根据国家统计局2006年发布的城乡划分标准测算，2008年末广东城镇人口为6051万人，占常住总人口的63%；与上年比较，城镇人口增长率为1.77%，占常住总人口的比重则提高0.14个百分点。城镇人口测算结果表明，位于珠江三角洲地区的9个地级以上市的城镇人口为3818万人，占全省城镇人口的63%，比上年提高0.26个百分点，城镇人口分布继续向珠江三角洲地区集中。

（省民政厅）

广东建设事业发展总述

□二〇〇〇年前建设工作

□二〇〇一年至二〇〇五年建设工作

□二〇〇六年建设工作

□二〇〇七年建设工作

□二〇〇八年建设工作

2000年前建设工作

一、改革开放前建设情况

(一) 中华人民共和国成立前建设情况

广东省城乡建设历史渊源久远，秦代以前是以民居、圩集及小手工业作坊为主的自然乡村建设。

秦始皇三十三年（公元前214年）置南海郡，筑城于番禺（今广州市），秦末汉初成为南越国都城。五代十国时，南汉国（917~971年）仍以广州为都。至南宋，广州已是中国南方最大的手工业、商业中心和对外通商口岸。明清时期，由于岭南经济发展，城镇建设也随之发展，出现佛山、陈村、石龙等一批比较繁华的城镇，汕头、湛江、三水等处，也都曾开辟为对外通商口岸。进入近代，广东省城市建设引进国内外先进技术与设备，修桥、筑路，兴办机械交通、自来水、电灯等城市公用设施，并带动了珠江三角洲和韩江三角洲一带的乡镇建设。后来由于长期战乱，广东省城乡建设遭受严重破坏。1949年中华人民共和国成立前夕，当时号称“华南大都市”的广州市却是“马路不平，路灯不明，电话不通，自来水不清”，市区建筑紊乱，垃圾随意堆放，公用车辆甚少，珠江两岸河堤失修，内街排水渠道淤塞。广州尚且如此，其他中小城镇情况可想而知。

(二) 中华人民共和国成立后建设情况

中华人民共和国成立后，广东省城乡建设走过曲折发展的历程。在三年国民经济恢复时期（1949年10月至1952年底），全省城乡建设的目标是尽快医治战争创伤，并努力变消费城市为生产城市。随着国民经济的恢复与发展，小城镇建设得到较快发展。全省市的建制由原来的7个，增加到10个。第一个五年计划（1953~1957年）时期，为开发利用地下丰富的油母页岩资源，创建了新兴的工业城市茂名市。同时，省内原有城市的改造建设，也取得较大成就。广州市新建南石头、赤岗、员村三个工业区，扩建自来水厂，修建一批群众文化体育活动场所，并广泛发动市民植树造林，挖湖建园，先后建成麓湖、流花湖、荔湾湖、东山湖四个人工湖公园。汕头市在恢复渔运和通讯之后，又调整改造市内道路、桥梁。湛江市修建了市区几条主干道，建起自来水厂，还成立市公共汽车公司，以公共汽车连接西营、赤坎两个城区。1958~1965年，是“大跃进”和国民经济调整时期。“大跃进”中，全省城市和城镇普遍编制或修订建设规划，但这些规划普遍规模过大，标准过高，脱离实际，在执行中造成浪费。1960年11月，全国计划工作会议宣布“三年不搞城市规划”，各级城市规划机构被削弱，因而不切实际的规划无法得到及时补救。在国民经济调整期间，国家确定了城市维护资金的来源，各地加强了城市市政公用设施的养护维修，广东省城市建设中存在的问题开始得到解决。可是，自1966年5月开始的“文化大革命”，又使广东省城乡建设长期陷入停顿半停顿状态，各级城乡建设管理机构被削弱甚至被撤销，工作人员被下放，档案资料被销毁。“文化大革命”结束后的1978年4月，广东省贯彻第三次全国城市工作会议颁发的《关于加强城市建设工作的意见》，恢复省城乡建设管理机构，协调解决全省城乡建设工作中遇到的问题。

1978年12月中共十一届三中全会后，广东省处在全国改革开放前沿，全省城乡建设事业从此呈现历史上从未有过的持续、快速、健康发展的好势头。

二、改革开放后建设情况

(一) 1979~2000年，广东省城乡建设事业大体经历三个发展阶段

1. 改革开放探索与全面展开阶段（1979~1988年）。这一阶段的前几年，首先着重解决思想观念问题。1979年5月经国务院批准，在蛇口实行优惠政策，作为建设沿海开放城市的试点。同年7月，根据中共中央和国务院决定，全面展开深圳、珠海、汕头三个经济特区的建设。与此同时，建筑业和基本建设管理体制、城市市政建设、公用事业、城市土地使用管理等方面的改革，也开始进行积极的探索。1984年10月，中共十二届三中全会作出《关于经济体制改革的决定》。随着对这一《决定》的学习贯彻不断深入，广东省城乡建设系统的改革开放逐步全面展开。主要表现在4个方面。

(1) 重点工程和基本建设。1984年，省委、省政府从广东实际出发，作出《关于改革建筑业和基本建设管理体制若干问题的决定》，把市场机制引入投资领域，改革以往高度集中的计划投资体制，开辟了国内贷款、自筹资金、社会集资、利用外资等多种形式的资金来源，并在工程项目实施中改变单靠行政手段管理的办法，实行工程招标承包制和投资包干制，接着又进行试点，逐步推行建设监理和建设项目业主责任制。这一系列的改革，对于节约投资、缩短工期、保

证质量、提高效益、确保基本建设和重点工程建设项目顺利完成，发挥了积极的作用。

（2）城市建设。一是逐步实行多项改革政策。从基建投资中提取5%作为市政设施配套费，城市供水实行“以水养水”，排水设施实行有偿使用，贷款集资建桥、修路收取过桥、过路费，公用事业建设项目由建设单位共同分担，以及采取“人民城市人民建”等多种措施，从多方面开辟城市、城镇建设资金来源。二是实行国有土地有偿使用，坚持“以地建城，以地养城”的方针，走“统一规划、合理布局、因地制宜、综合开发、配套建设”的路子。这一系列改革，一方面突破了过去产品经济体制下“千家万户搞建设”的旧模式；另一方面，实现了以市场经济的经营方式，解决城市建设资金严重缺乏的老大难问题，加快了城市建设步伐。

（3）房地产业。改革开放前，房地产业只是房管部门管理直管公房，按时收取房租和进行简单的房屋维修，在国民经济发展中无足轻重。改革开放后，全省房地产业焕发出生机和活力。1984年，省政府决定允许组织经营土地开发和房地产业务的综合开发公司，按照城市总体规划，通过招标，组织市政公用等基础设施和相应配套设施的建设；开发好的土地、房屋实行有偿转让、出售和出租，也可以自行经营。这一决定的落实，开创了全省城市综合开发的新局面，有力地带动了房地产业的发展。同时，全省各级政府都十分重视住宅建设，并从建设、管理、分配等方面改革原有的制度，充分发挥国家、集体、个人建房的积极性，从而加快了住宅建设的步伐。自1988年9月开始，在全省开展住房制度改革，逐步实现住房从福利型向市场型的转变。随着商品房开发建设不断增长，包括生产、流通、消费等各个环节的房地产市场逐渐形成并日趋活跃。广东省房地产业在国民经济和城镇建设中的重要地位和作用日益显现。

（4）建筑业。广东省建筑业改革是从引入市场机制、把施工企业推向市场开始的。自1983年起，根据国务院和省委、省政府的决定，建筑业率先进行全行业改革。施工企业生产任务由计划分配改为面向市场，通过招标投标承揽；企业流动资金改拨为贷；企业用工制度由单一固定工制度改为固定工、合同工、临时工相结合的制度，后又推行全员劳动合同制；企业内部实行百元产值工资含量包干和利润包干等各种承包经营责任制及经理负责制，并以市场为导向，一业为主，多种经营，发展包括房地产在内的第三产业。在努力开辟本地市场的同时，认真落实“立足本省、面向全国、走向世界”的指导方针，努力开辟国外建筑市场，参与国际竞争。这一系列改革，加速了施工企业内部经营机制的转换，有力地促进了建筑业的发展。

2. 治理整顿，深化改革阶段（1989~1991年）。

1988年由于各地投资规模过大，宏观调控出现某些失衡。同年9月，中央提出治理整顿、深化改革的任务。在压缩基本建设投资规模的条件下，广东省城乡建设系统广大干部、职工，认真贯彻省委、省政府有关指示，对改革和发展中出现的问题，坚持通过改革与发展去解决，继续深化改革，努力推动全省城乡建设事业协调发展。在房地产业方面，一是通过认真清理整顿房地产开发公司，重点解决公司过多、过滥和名不符实的问题，使公司的数量与房地产开发的实际需要相适应；二是通过将所有续建、新开工的商品房建设，都纳入全省固定资产投资规模的“笼子”，有效地促进了商品房建设的健康发展。同时，对住宅小区实行专业化物业管理，在一些城市得到较好推广。在建筑业方面，经过试点，大力推广“鲁布革”工程管理经验，实行“项目法施工”，大中型企业内部管理层与劳务层分离，加强施工项目管理，逐步建立起以工程总承包为龙头、施工承包为主体、专业与劳务分包为基础的建筑业新体制，形成以公有制为骨干、多种经济成分互相促进、共同发展的新格局。除此以外，这一阶段城镇规划建设管理、建筑安装工程预算定额管理等方面的改革，也有新的进展。

3. 建立社会主义市场体系，实现经营机制和经济增长方式转换阶段（自1992年开始）。

1992年初，邓小平视察南方，要求广东在20年内赶超亚洲“四小龙”，率先实现现代化。从此，广东的改革开放进入一个新阶段，其主要特征是建立社会主义市场体系，实现经营机制和经济增长方式的转换。在城乡建设系统，一是通过制定和完善一系列法规和规章，加强监督，促使招投标制度和建筑市场、房地产市场逐步规范化；二是通过建立有形建筑市场，使项目承发包交易实现集中统一管理，有力地维护了市场秩序，遏制了腐败；三是在扩大企业自主权，推行多种形式的经济责任制的基础上，企业与行政主管部门脱钩，建立现代企业制度，建立国有资产监督和管理新机制，使企业活力进一步增强，真正成为市场的主体；四是通过政府机构改革，各级行政主管部门精简人员，强化为企业为基层服务功能和市场调控功能，提高了工作效率。在积极建立社会主义市场体系的同时，全系统各行业改革继续深化。在城镇规划建设方面，通过颁布实施《广东省实施〈中华人民共和国城市规划法〉办法》，促进了《城市规划法》在全省贯彻落实；同时，通过开展城镇规划、建设、管理“南粤杯”、“岭南杯”达标竞赛活动，使全省城镇规划、建设、管理水平得到了提高。一些城市还通过转让部分经营权、股权等各种新的方式，充分利用外资，加快市政公用设施建设。在村镇规划建设方面，通过树立各种典型，对全省村镇规划建设进行分类指导，取得较好成效。在房地产业方面，城镇住房制度改革又有新举措，在全国率先推行住房货币分配办法；城镇解困房的建设管理也得到进一步加强。在建筑业方面，通过积极推行项目经理负责制，促使建筑企业内部管理体制向以施工项目管理为重点的方向转变；同时，还加强对外国企业承包工程的管理。这一阶段，全省城乡建设系统办公自动化也取得比较大的进展。

（二）1979~2000年，广东省城乡建设事业取得前所未有的伟大成就

1. 重点工程和基本建设。1979~2000年，广东省全社会固定资产投资累计完成23218.65亿元，为此前29年总和的105倍；基本建设投资累计完成9115.51亿元，其中2000年完成1163.63亿元，为1978年基本建设投资的65倍。1978~2000年，全省共安排重点建设工程392项，累计完成投资2169.78亿元，其中“五五”时期后3年安排89项，完成投资14.5亿元；“六五”时期（1981~1985年）安排91项，完成投资40.56亿元；“七五”时期（1986~1990年）安排67项，完成投资124.7亿元；“八五”时期（1991~1995年）安排75项，完成投资797.5亿元；“九五”时期（1996~2000年）安排70项，完成投资1192.52亿元，为“六五”时期完成投资的29.4倍。这些重点建设项目涉及综合运输、能源保障、水利建设、现代重化、环保生态、社会服务、农村建设、文化发展、平安保障等领域的基础产业和基础设施建设，随着这些重点项目的建成和投产运行，全省投资环境和生产力布局有了进一步改善，产业结构得到进一步调整和优化。

2. 城市建设。1979~2000年，广东省城市建设投资逐年增加，累计完成1266亿元。其中2000年城市固定资产投资完成200.07亿元，比1978年增长390倍。城市基础设施和公共服务设施不断完善，至2000年底，城市供水能力达2326万吨/日，比1978年增长11倍；城市道路总长14181公里，比1978年增长20倍；城市桥梁（含立交桥）2535座，比1978年增长11倍；公交车辆（含出租汽车）58549辆，比1978年增长51倍；城市排水管道总长16780公里，比1978年增长17倍；城市用气普及率94.23%，比1978年提高91个百分点。城市污水处理从无到有，处理能力达83.88万吨/日，污水处理率达30.55%。1998年底，全省城市基本实现公共汽车无人售票。1999年，省内第一条地铁广州地铁一号线全线建成通车。全省城市全面实现省委、省政府颁布的绿化达标标准，城市建成区绿地率达29%，绿化覆盖率达33.3%，人均公共绿地面积9.8平方米。全省基本实现省政府提出的城镇规划建设管理近期目标，城镇脏、乱、差状况有明显改善，环境质量有较大提高。深圳、珠海、中山、佛山等城市被授予“国家园林城市”称号，深圳市成为中国第一座国际“花园城市”，深圳、中山市先后获联合国“人居奖”，佛山市获联合国“全球人类住宅最佳范例奖”，珠海市获联合国“国际改善居住环境最佳行动奖”。至2000年，全省设市城市发展到52个（含超大城市2个），建制镇1388个，市镇人口4752.56万人，城市化率达55%，比1978年提高38.7个百分点，比全国平均水平高18.9个百分点，仅排在沪、京、津三大直辖市之后，在各省和自治区中排列第一，并已接近中等发达国家的平均水平。

3. 村镇建设。改革开放后，广东省村镇规划建设投入不断增加，建设速度加快，标准提高。2000年，全省建制镇年度建设投资127.84亿元，竣工建筑面积1125.14万平方米，人均居住面积15.96平方米；村庄年度建设投资12.03亿元，竣工建筑面积137.21万平方米，人均居住面积32.92平方米。珠江三角洲一带农村中西式别墅豪宅随处可见，潮汕平原出现相连成片的“四点金”、“下山虎”潮式农居。村镇基础设施建设不断加强。到2000年底，全省建制镇实有道路长度20615公里，其中高级和次高级道路11162公里；通电建制镇1388个，通电率达100%；通自来水建制镇1286个，占建制镇总数的92.7%。全省村庄实有道路长度98583公里，其中高级和次高级道路19568公里；通电村庄136607个，通自来水村庄39261个，分别占村庄总数的96.5%和27.7%。

4. 房地产业。经过改革开放后22年的发展，广东省房地产业在国民经济和城市建设管理中的地位显著提升。1978年，全省房地产业增加值为1.42亿元，占国内生产总值的比重仅为0.76%；2000年增加值为515.52亿元，占国内生产总值的比重提高到5.36%。全省从事房地产开发经营的企业达4576家，并拥有一大批专业人才。1979~2000年，全省房地产实际利用外资144.99亿美元，占全省同期实际利用外资总额的11.52%。1986~2000年，全省房地产投资额4917.93亿元，占同期全省社会固定资产投资总额的21.76%；建成建筑面积3万平方米以上的住宅小区1400多个，实行专业化物业管理达60%以上，拥有注册物业管理企业2200家，物业管理服务范围推广至房改房、政府办公楼、工业区、学校、医院、商业步行街、部队营房等单位和区域，促进了全省城市管理水平的提高。与此同时，人民群众的居住条件显著改善。1979年底，全省城镇居民人均居住面积只有3.65平方米。2000年底，全省城镇居民人均居住面积增加到19.51平方米，比全国人均居住面积10.25平方米提高90.3%，而且80%以上的城镇居民拥有房产。

5. 建筑业。1979~2000年，广东省建筑业队伍迅速扩大，完成主要经济指标大幅度增长。1978年全省只有200家建筑企业，其中国有企业60家，集体企业140家，年末职工人数16万人。至2000年底，全省建筑企业已达4593家，其中包括国有企业、集体企业、股份合作企业、联营企业、有限责任公司、股份有限公司、

私营企业、其他企业，以及港、澳、台商和外商投资企业，企业总数为1978年的23倍；企业从业人员141.45万人，为1978年的9倍。1978~2000年，全省建筑企业累计完成总产值6514.44亿元，施工面积15.66亿平方米，竣工面积6.14亿平方米，实现利润总额164.21亿元。其中，2000年完成总产值944.60亿元，为1978年的171倍；施工面积1.63亿平方米，为1978年的18倍；竣工面积6556.16万平方米，为1978年的16倍；劳动生产率人均70137元，为1978年的19倍。1993~1995年，广东省建筑业总产值、增加值、实现利润连续三年名列全国各省、自治区、直辖市同行的第一。随着市场经济的发展，建筑企业树名牌、创精品的意识不断增强。1979~2000年，全省有17项工程被住房和城乡建设部评为“优质样板工程”，39项工程获全国建筑业最高荣誉奖“中国建筑工程鲁班奖”。此外，全省建筑企业对外承包和劳务输出从无到有，逐步扩大。1986年，全省仅有138家（次）企业、3.3万人出省承接工程542项，工程造价5.4亿元。1998年，全省已有1093家（次）企业共10万人出省承接工程1144项，承包工程额累计592.3亿元。至2000年，全省建筑企业已先后进入香港、泰国、法国、葡萄牙等20多个国家和地区承包工程。

（徐永捷）

2001~2005年建设工作

“十五”时期，是广东省建设工作取得巨大成绩的5年。

（一）城乡规划的综合调控功能不断增强，城乡统筹发展和区域协调发展水平逐步提高

城乡规划编制成果丰硕。一是以整合资源、提升珠江三角洲的整体竞争力为出发点，高质量完成《珠江三角洲城镇群协调发展规划》的编制工作。二是调整完善《广东省城镇体系规划》，该规划依法批准后，将成为指导全省各层次城镇体系规划、各区域专项规划的重要依据。三是专项规划编制工作取得重要进展。全省80%以上的设市城市完成城市绿地系统规划的编制，广州、深圳等市完成城市交通、轨道交通等专项规划的编制，东莞、中山等市按照城乡统筹发展的要求，完成城乡交通，供水、污水处理和垃圾处理等专项规划的编制。四是编制《广东省中心镇规划指引》，提出“三区”（不准建设区、非农建设区、控制发展区）、“六线”（城镇建设区规划控制黄线、道路交通设施规划控制红线、生态建设区规划控制绿线、水域岸线规划控制蓝线、市政公用设施规划控制黑线、历史文物保护规划控制紫线）的规划控制体系。五是村镇规划的编制速度加快，质量不断提高。全省建制镇总体规划完成率达81.21%，比“九五”期末（下同）提高16.4个百分点；村庄建设规划完成率为25.7%，提高5.3个百分点。

城乡规划的综合调控功能不断增强。一是认真抓了区域规划、城镇体系规划、城市总体规划、近期建设规划和控制性详细规划的编制和实施工作，不断完善城乡规划体系，城乡规划对城乡建设的综合调控不断增强。二是出台《广东省城市控制性详细规划管理条例》，创新城乡规划管理体制，依法在全省推行城市规划委员会审议、规划公示、公众参与等制度，强化了对规划编制、审批、实施的管理。全省有16个地级以上市成立城市规划委员会。三是加快珠江三角洲城镇群规划的立法步伐，《珠江三角洲城镇群规划实施条例》上报省人大常委会审议。

城镇化水平逐步提高。省委、省政府高度重视城镇化工作，先后颁发《关于加快中心镇发展的意见》和《关于推进城镇化若干政策意见》等文件，省财政拨出7500万元补助全省中心镇的规划编制工作，用3年时间全部完成全省267个中心镇的规划修编工作。2005年，全省城镇化水平达50%，初步形成布局合理、组合有序、优势互补的城镇体系。

（二）宏观调控成效明显，房地产发展势头良好

房地产开发投资平稳增长。2001~2005年，全省累计完成房地产开发投资6124.44亿元，年均增幅12.3%。房地产开发投资占全社会固定资产投资的比例保持在23%左右。2005年，全省房地产开发投资1498亿元，约占全国的10%；房地产贷款余额约占全国的16%，新增贷款约占全国的14%。

房地产市场健康发展。2005年，全省商品房销售量3694万平方米，约占全国的9%。其中商品住宅销售面积3290万平方米，比上年增长20%；商品住宅销售额1309亿元，增长29.72%；商品住宅平均价格3746元/平方米，上涨7.73%；商品住宅空置面积1152万平方米，下降5.42%。住房供应结构逐步合理，广州、深圳普通住房销售量占商品住宅销售总量的88%。

城镇家庭居住条件进一步改善。全省城镇人均住房建筑面积从2000年的22平方米提高到26.3平方米，

88%的城镇家庭拥有自有住房，城镇家庭住房成套率达93.2%。

住房制度改革进一步深化。住房货币分配和住房公积金制度的覆盖面不断扩大，使用率逐步提高，住房保障体系逐步完善。至2005年底，全省参加住房货币分配的人数28.5万人，累计发放住房货币补贴54.7亿元；参加住房公积金职工361.6万人，归集率达61.5%，累计归集额733.7亿元，累计发放个人住房公积金贷款224.6亿元，支持18.4万户职工家庭解决住房问题。

（三）解决人民群众切身利益问题成效显著，建设领域社会矛盾得到缓解

如期完成拖欠农民工工资兑付目标，清欠工程款工作成效显著。到2004年底全部完成拖欠农民工工资的清欠任务。2005年，全省共清还拖欠工程款168.42亿元，清欠比例为82.77%。其中，政府投资项目清还78.98亿元，清欠比例达99.47%，广州、深圳等20个地级以上市全部清还了政府投资项目拖欠的工程款。

城镇房屋拆迁行为逐步规范。全省各地进一步健全城镇房屋拆迁制度，规范拆迁程序，加强对拆迁行为的监督检查，认真落实补偿安置政策，拆迁上访批次逐年减少。

中低收入家庭住房保障工作不断推进。“十五”期间，全省经济适用住房累计销售面积183万平方米，改善了城镇中低收入家庭的居住条件。各地通过廉租住房、发放住房租赁补贴、公房租金核减等多种廉租住房保障方式，解决了2万多户城镇低收入家庭的住房问题。

（四）工程质量管理制度不断完善，工程质量稳步提高

一是建立和完善施工图设计文件审查制度，严把设计质量关，促进勘察设计质量水平的提高。2005年，全省共完成房屋建筑和市政基础设施施工图审查12000多项，纠正违反国家强制性标准条文15000多条，确保工程勘察设计质量。二是完善工程竣工验收备案制度，规范竣工验收备案的技术资料目录，加强对竣工验收过程的监督管理。三是完善工程质量创优激励机制，大力开展工程创优活动，树立典型，以点带面，积极引导和支持各地开展质量创优活动。四是转变质量监督模式，推行监督执法巡查制度。各级质监机构积极转变观念，从“保姆型”向以监督检查为主的执法角色转变，采取行为监督与实体监督、随机巡查与抽查相结合等方式，对工程实施差异化监督管理。深圳市提出了“完善制度、工作透明、公正执法、预防服务”的思路，创新工作方式，通过《监督告知书》让各质量责任主体了解监督执法的内容、方法、程序等，体现了既监督又服务的思想。五是全面推进工法评选及新技术应用工作。组织开展年度省级工法评选，并将每年评选出的省级工法择优推荐申报国家级工法。全省纳入质量监督的工程一次验收合格率达99.8%，“十五”期间没有发生重大工程质量事故，质量投诉个案逐年减少。

（五）市政公用事业蓬勃发展，生态环境不断改善

城市功能日臻完善。到2005年底，全省城市日供水能力达2000万立方米，供水普及率达97%，全省供水能力有较大超前，供水质量逐步提高；城市供气能力达8600吨/日，用气普及率达94%；人均拥有道路面积14平方米；每万人拥有公共客运交通车辆6.5标台，广州市开通了4条地铁线，深圳地铁一号线已投入运行，城市大运量客运交通发展迅速。城市供水、公共交通逐步与周边衔接并向乡村延伸，密切了区域合作，促进了乡村的文明。

治污保洁工程全面推进。加大治污保洁工程投资力度，扩大污水和垃圾处理费开征的覆盖面，逐步提高收费标准，推进治污保洁工程的实施。到2005年底，全省有20个地级以上市开征污水处理费（仅汕尾市没有开征），14个地级以上市开征了垃圾处理费（深圳、汕头、河源、惠州、汕尾、茂名、肇庆市尚未开征）；建成并投入运行的污水处理厂73座，日处理能力达588万立方米，城镇生活污水集中处理率达45%；已建成并投入使用的生活垃圾无害化填埋场和焚烧厂共26座，日处理能力达2.5万吨，垃圾无害化处理率达50%，基本实现省委、省政府提出的到2005年底的治污保洁目标，治污保洁工作顺利通过省人大常委会的审议。

风景园林事业蒸蒸日上。全省有国家园林城市10个。到2005年底，全省设市城市建成区绿化覆盖率达32%，人均公共绿地面积10平方米，高于全国31.66%和7.39平方米的平均水平。新增国家重点风景名胜区4处，新增省级风景名胜区1处。全省拥有国家重点风景名胜区7处，省级风景名胜区19处。

市政公用事业主管部门应对突发公共事件能力增强。广州、深圳市编制了地铁系统的安全应急预案，全省大部分建设主管部门制定供水、供气、桥梁等公用事业的安全应急预案，加强演习，增强事故应对能力。2005年北江镉污染事故发生后，清远、佛山、广州等城市迅速启动供水应急预案，供水主管部门沉着应战，保证了市民的饮用水安全，沿江城市无一因污染出现停水现象。事件发生后，广州市自来水公司、深圳水务局和深圳水务集团先后派出50多人次参加北江河段的除镉工作。

（六）建设市场进一步发展，重点工程协调推进

建筑业拉动国民经济发展。“十五”期间全省实现建筑业产值8270亿元，吸纳农民工900万人次，分别

比“九五”增长114.7%和38.5%。

建设市场秩序不断规范。“十五”期间，全省各地深入开展建设市场秩序整治活动，大力查处不执行法定建设程序、规避招标、假招标、合同欺诈、拖欠工程款、转包、违法分包、挂靠、不执行工程强制性标准、偷工减料和地区封锁、行业垄断等违法违规行为，进一步规范建设市场秩序。通过深化招标投标改革，完善有形建筑市场的“阳光作业”机制，逐步健全工程承发包监督管理的约束机制。房地产市场的整顿和规范工作也取得较大成效。省建设厅建立房地产企业及执（从）业人员信用档案系统和房地产管理信息系统，使房地产市场的信息化管理工作迈出可喜步伐。2005年1月起，对新开工的房地产开发项目实行业主工程款支付担保和承包商履约担保制度，规范房地产市场秩序，

重点工程进展顺利。“十五”期间，加大重点工程项目的组织协调力度，加强监督管理，确保一大批交通、水利、文化设施、教育、石化、能源等基础设施和基础产业的顺利完成。在重点建设工程管理中，认真开展履行基本建设程序、工程承发包、质量安全等专项执法检查和同步预防职务犯罪工作检查，对保障工程顺利进行起到积极作用。

（七）建设科技教育和标准化工作上新台阶，信息化水平不断提高

五年来，全省建设系统获省科技进步奖10项，其中地下逆作法施工、深基坑支护信息化施工、地铁盾构施工、橡胶隔震新技术等项目达到全国领先水平。组织完成《超限高层建筑抗震试验研究与结构设计》、《复合注浆法在地基基础加固中的应用研究》等71项科技成果鉴定。工程建设地方标准编制工作继续得到加强。“十五”期间颁布广东省建设技术标准23项，比“九五”期间增加12项。

建设人才培养成绩显著。“十五”期间，全省逐步建立建设教育培训新体系，建设系统培训机构发展到42个，技能鉴定站32个。五年来先后成功举办市委书记（市长）城建研讨班4期，完成工程技术人员继续教育12万多人次，一线操作人员培训6万多人次，企业管理人员培训12万多人次。共评定教授级高级工程师150多人，高级工程师4812人，各类注册师25600人，技师624人，技工51105人。

新型墙体材料和散装水泥的发展应用成效显著。2005年，全省使用新型墙体材料70亿标砖，比“九五”末期增加1倍多；新墙材使用率也由“九五”末期的18%提高到40%，广州市新墙材使用率达90%。散装水泥推广应用工作取得显著成效，2005年全省散装水泥供应量2700万吨，居全国第四位，散装水泥率达33.75%，比“九五”末期提高近18个百分点。

建设政务信息化和政务公开水平不断提高。全省建设系统围绕建设“阳光政府”的目标，大力推行政务公开和窗口办事制度。《行政许可法》施行后，大部分建设主管部门加大信息网站建设力度，完善“一站式”办事系统，通过公开办事内容、条件、程序、时限，简化办事程序，提高办事效率。供水、燃气、公交和风景名胜区等行业初步建立计算机监控和综合管理网络系统。建筑市场综合监管和企业信用档案等信息系统不断完善，房地产交易、物业管理、工程造价等行业也向网络化管理迈进，不少统计数据实现网络报送和计算机处理，信息化水平明显提高。

（八）建设法制工作继续加强，依法行政水平不断提高

建设立法工作取得较大进展。从与人民群众关系密切的重大问题和热点问题入手，出台《广东省城市垃圾管理条例》。为进一步强化规划实施，出台《广东省城市控制性详细规划管理条例》，这是我国第一个有关城市控制性详细规划管理方面的地方性法规，对规范城市规划委员会的审议和公众参与制度、明确规划的法定地位等具有重要意义。《珠江三角洲城镇群规划实施条例》经省政府常务会议审议通过，已报省人大审议。以建设资源节约型社会为目的，出台《广东省发展应用新型墙体材料管理规定》和《广东省建设工程项目使用袋装水泥和现场搅拌混凝土行政许可规定》，有效推动散装水泥的发展和禁止使用实心粘土砖工作的开展。

（李海涛）

2006年建设工作

2006年，广东省建设系统坚持以科学发展观为统领，勤奋工作，勇于开拓，取得显著成效。

（一）城乡规划工作继续得到加强，社会主义新农村建设取得新进展

城乡规划工作成效明显。一是城乡规划立法取得新突破。省人大颁布《广东省珠江三角洲城镇群协调发展规划实施条例》，成为全国第一个规范区域规划建设管理的地方性法规，标志着珠江三角洲城镇群步入依法规划管理的轨道。二是城乡规划体制创新取得新进展。全省有19个地级以上市建立城市规划委员会制度，使城市规划建设有了体制保障。三是城乡规划编制工作取得新成果。清远等9个市完成城镇体系规划的编制，江门等4个市完成城市总体规划的编制或调整。全省设市城市和大部分建制镇根据当地国民经济和社会发展“十一五”规划，开展近期建设规划的编制。四是城乡规划实施监督工作取得新成效。全面启动城乡规划效能监察工作，确定广州和肇庆四会市为全国城乡规划效能监察工作联系点，以点带面，提高全省城乡规划实施水平。

社会主义新农村建设稳妥推进。省建设厅提出《关于开展村庄整治工作的实施意见》，明确全省村庄整治的指导思想、目标、任务和重点。各地以村庄整治为突破口，积极以试点引路，先后确定广东省村庄整治试点33个和省级村庄规划试点160个，加大扶持力度，发挥较好示范带动作用。各地因地制宜，采取多种形式，以“五改”（即改水、改厕、改房、改路、改灶）为重点，掀起村庄整治热潮，取得显著成效，涌现了湛江、德庆等一大批先进典型，有力推动了全省社会主义新农村的建设。

城镇化工作稳步推进。省政府审议通过《广东省城镇化“十一五”规划》，为指导全省城镇化健康有序发展提供重要依据。省建设厅组织完成《广东省城镇化发展评估报告（2006）》，对全省城镇化发展前景和趋势进行分析预测，提出发展措施和建议。全省269个中心镇基本完成总体规划的编制或修编，不少中心镇已着手编制控制性详细规划，加强规划控制和基础设施建设，县城镇、中心镇、专业镇的凝聚力不断增强，对周边小城镇和农村的辐射带动作用日益明显。至年底，全省城镇化水平达51.67%。

（二）建设领域资源节约工作全面推进

建筑节能标准和制度逐步建立。先后制定《夏热冬暖地区居住建筑节能设计标准广东省实施细则》、《公共建筑节能设计标准广东省实施细则》、《公共和居住建筑太阳能热水系统一体化设计、施工、验收规范》等7项建筑节能标准，初步建立全省建筑节能标准体系；建立建筑节能设计施工图审查制度，颁发《广东省民用建筑节能施工图设计和审查要点》，强化对建筑节能的把关；发布《广东省建设行业科技成果推广项目》，大力推广建筑节能新产品、新技术。

资源节约工作全面推进。在大力推广广州、深圳两个节能试点城市经验的基础上，陆续启动东莞、江门等城市的一批试点节能工程和示范项目建设，以围护结构、空调及室内照明为重点，有计划、有步骤地组织开展对既有建筑节能的改造。积极推广利用太阳能，全省太阳能热水器保有量450多万平方米，有的城市启用太阳能路灯，推进建设领域节约能源工作的深入开展。从推行阶梯式计量水价制度、推广节水器具入手，推进城镇节水工作。以发展散装水泥、预拌混凝土和新墙材为抓手，推进建设领域的节材节能工作。全年散装水泥供应量达3220万吨，连续10年居全国前四名，散装水泥使用率达38%；预拌混凝土使用量6000万立方米，比上年增长13%，居全国第一；新墙材使用率达40%。

（三）加强房地产市场调控，房地产业稳步发展

各地认真贯彻落实国家关于加强房地产市场调控、稳定住房价格的一系列政策措施。21个地级以上市全部完成并公布住房建设规划，对城市普通商品房、经济适用房、廉租房的建设规模、空间布局和建设进度等进行统筹安排。各地基本建立廉租住房制度，全年累计落实廉租住房保障资金6.9亿元。大力开展房地产市场专项整治，建立健全房地产交易的信息共享、情况通报制度，加大对违法违规行为的查处力度，有效遏制违规交易、非法广告等行为。全省房地产市场发展基本呈平稳态势，房地产开发投资和住房供应持续增长，商品房销售保持畅旺，空置面积继续减少，烂尾楼、烂尾地等历史遗留问题的处理取得较大进展。全年完成房地产投资1834亿元，比上年增长22.43%；商品房销售面积5106万平方米；商品房平均价格5314元/平方米，上涨11.9%；商品房空置面积1798万平方米，下降14.07%。

（四）城乡建设管理水平不断提高，人居环境进一步改善

城市基础设施和公用事业服务水平不断提高。至年底，全省城市日供水能力达2100万立方米，自来水普及率达98.8%；城市供气总量430万吨，燃气普及率达95%；全省城市道路总长25500万公里，人均拥有道路面积12.04平方米；建成轨道交通134公里，每万人拥有公共客运交通车辆7.6标台。城市建成区绿地率30.3%，绿化覆盖率34.2%，人均公共绿地面积11平方米。

全省公用事业行业继续推行服务承诺制度，服务水平不断提高。广州、深圳、惠州、江门等城市积极推进建设系统“12319”服务热线和数字化城市管理工作，提高了城市管理水平。

公用事业防灾减灾能力不断增强。省建设厅相继制订城市地铁、供水、供气、桥梁、地震、照明等事故应急预案，成立城市地铁、桥梁、供水、供气、污水处理等五个重大事故应急专家组，不少城市也相应建立公用事业应急预案，增强应对突发事故的能力。7月，韶关、乐昌市遭遇特大洪灾，水厂设施严重受损，供水中断，省市主管部门及时启动供水应急机制，广州、深圳、肇庆等城市积极支援，在最短的时间内恢复供水，赢得当地居民的好评。

治污保洁工作取得新进展。全省有19个地级以上市、10个县级市、5个县城镇建成污水处理厂，共建成城镇污水处理厂99座，日处理能力725万立方米，污水集中处理率达45.03%。有21个地级以上市、15个县级市、10个县开征污水处理费，年征收额30亿元。生活垃圾无害化处理场29座，日处理能力2.8万吨，垃圾无害化处理率达50%；有13个地级以上市、6个县级市、10个县开征垃圾处理费，年征收额3亿元，推动了治污保洁设施的建设。

风景名胜资源保护工作继续加强。各地认真贯彻国务院《风景名胜区条例》，开展风景名胜区环境综合整治，加大对破坏风景名胜资源、侵占风景名胜区土地等违法行为处罚力度，促进风景名胜资源保护工作。风景名胜区规划编制工作得到加强，白云山、罗浮山和惠州西湖等风景名胜区相继完成总体规划编制。

（五）大力推广应用新技术，工程质量管理进一步加强

进一步提高施工图审查质量，加强工程质量源头管理。建立工程质量安全监理工作报告和巡查制度，规范工程质量监理行为。大力推广应用新技术，全年申报QC活动成果25项，申报省级工法19项，确定省级新技术示范工程23项，有效提高施工质量和工艺水平。深入开展全省工程质量大检查，严格执行工程质量强制性技术标准，依法查处违法违规行为，消除一批工程质量隐患。全省纳入质量监督的工程一次验收合格率继续维持在99.8%以上，全年没有发生重大工程质量事故。

（六）建筑市场秩序进一步规范，重点工程进展顺利

有形建筑市场制度建设进一步完善。从设立工程招投标最高报价值、减少最低价中标、完善招标代理等方面相继制定管理制度，进一步规范建设工程招标投标行为。建立建筑市场和施工现场联动管理机制，以“广东省建设工程项目招标中标后监督管理信息系统”为平台，加强中标后的监督管理，加大对违法案件的查处力度。加强诚信体系建设。通过“广东省建筑业企业诚信基础数据库和信息管理系统”，建立健全企业信用档案，为政府加强管理和社会公平竞争提供有力手段。规范建筑劳务分包秩序，印发《关于建立我省建筑劳务分包制度的指导意见》，促进建筑劳务分包企业的发展，全年新增建筑劳务分包企业49家。

重点工程建设进展顺利。加强建设工程开工管理，切实保障被征地农民和被拆迁居民的合法权益。加强对省重点建设项目的协调，妥善处理一批省重点项目的规划、征地、报建、造价和招投标的问题，确保工程建设顺利进行。继续开展履行基本建设程序专项执法检查和同步预防职务犯罪工作，规范工程建设程序，从源头上预防和遏制职务犯罪，推进重点建设项目的依法建设和廉政建设。

（七）建设法制工作继续加强，依法行政水平不断提高

省人大常委会颁布《广东省珠江三角洲城镇群协调发展规划实施条例》，并完成《广东省物业管理条例（修订草案）》和《广东省建设工程勘察设计管理条例（草案）》的初审。省建设厅完成《广东省散装水泥管理规定（修订稿）》的起草工作，相继出台一批规范性文件。深圳市颁布《深圳经济特区建筑节能条例》，这是我国冬暖夏热地区第一部建筑节能法规。广州、珠海、汕头市相继出台一批建设方面的地方性法规，有效加强全省建设法制工作。

（八）服务意识不断增强，建设领域社会矛盾得到缓解

切实解决一批与群众利益密切相关的民生问题，为构建和谐社会作出贡献。一是按期完成清理拖欠工程款任务，建立健全防止产生新拖欠工程款的长效机制。至年底，全省清还拖欠工程款202.93亿元，清欠比例为99.73%，列全国第三位。二是逐步规范建设征地和房屋拆迁行为，制定《广东省加强建设工程项目开工管理若干规定》，规范建设工程征地拆迁程序，明确开工审批内容，减少征地拆迁纠纷。全年城镇房屋拆迁规模422.7万平方米，比上年减少70.9万平方米。解困目标，全省共解决18000多户城镇特困户的住房问题。

（李海涛）

2007年建设工作

2007年，广东省建设系统统筹谋划，扎实工作，取得显著成绩。

(一) 发挥城乡规划的调控和先导作用，城乡统筹发展和新农村建设取得新成效

城乡规划制度建设得到加强。省政府成立城乡规划委员会。全省21个地级以上市和不少县级市建立规划委员会制度，使城乡规划的编制和实施进一步制度化。大力推行城乡规划公众参与和公示制度，全面推动“阳光规划”制度的建立。积极开展城乡规划效能监察活动，加大对规划实施和规划案件的查处力度，促进城乡规划落实。

城市规划编制工作成效显著。完成肇庆等8个市市域城镇体系规划和江门、湛江等17个市总体规划审查。修改、完善《广东省城镇体系规划（2007~2020）》，并上报国务院审批。“大珠三角城镇群协调发展规划研究”进展顺利，粤东城镇群协调发展规划编制工作正式启动。各市全面开展控制性详细规划编制工作，控制性详细规划在城乡建设管理中作用全面凸显。

区域规划实施取得突破。珠江三角洲城镇群规划管理办公室正式运作。印发《〈广东省珠江三角洲城镇群协调发展规划实施条例〉实施意见》，建立实施《珠三角城镇群规划》协调会议和珠江三角洲城乡规划局长联席会议制度，《珠三角城镇群规划》进入全面实施新阶段。深圳市首创划定基本生态控制线，对生态资源实行“铁线”保护，为珠江三角洲一级空间管治区的划定工作提供了经验。

城镇化和中心镇建设扎实推进。省财政安排1300万元试点资金，在30多个中心镇开展控制性详细规划编制工作试点；全省268个中心镇有54个中心镇核定用地规模。中心镇建设质量明显提高。按常住人口比例计算，全省城镇化水平达63%。

新农村建设已见成效。在湛江市召开全省村庄整治现场会，总结推广湛江市新农村建设经验。省财政拨款1000万元支持村庄规划编制工作，在各级政府的重视下，全省完成近3000个村庄规划编制，湛江、云浮等市和省规划院等规划设计单位积极开展“送规划下乡”活动，提高了村庄规划水平。全省各市都抓了一批社会主义新农村的试点，涌现了湛江遂溪县马六良村、肇庆德庆县武垄村等一批社会主义新农村建设的典型。

(二) 加快构建住房保障体系和房地产监管平台，城镇居民住房条件得到改善

住房解困工作取得初步成效。召开全省城市住房工作会议，省政府颁发《关于切实解决城市低收入家庭住房困难的实施意见》。省财政安排3000万元专项补助资金，用于支持欠发达地区住房解困工作。全省共落实廉租住房和经济适用住房建设用地分别为70万平方米和123万平方米，分别比上年增长125%和250%。廉租住房新开工面积95万平方米，竣工面积56万平方米；经济适用住房新开工面积319万平方米，竣工面积70万平方米。各地级以上市基本建立住房保障制度。

房地产市场专项整治成效显著。各地严肃查处房地产项目立项审批、土地取得、规划审批、预售许可、中介服务等环节中的违法违规行为，全省有9321家房地产相关企业进行自查自纠，各级房地产主管部门共查处房地产违法违规行为2098宗，房地产市场秩序进一步规范，较好地维护了购房业主的利益。

房地产管理信息化水平不断提高。全省地级以上市全部完成房地产管理信息系统的建设并投入使用，广州、茂名、潮州等7个试点城市完成住房公积金监管系统软件开发，广州、深圳开发的物业管理系统进入试运行阶段，城镇房屋拆迁管理系统也在佛山试运行。通过加快房地产管理信息化建设，进一步提高管理和服务水平。

(三) 以治污保洁为重点加强城市基础设施建设，城市人居环境质量继续提升

市政公用事业建设稳步推进。全省新增污水处理厂37座，新增污水处理能力201万立方米/日，建成污水处理厂127座，污水处理率达50%；新增垃圾无害化处理厂3座，已建成垃圾无害化处理场34座，垃圾无害化处理率达60%。组织对全省近660个供水厂进行水质安全检查，着手编制《广东省城市饮用水供水设施改造和建设规划》。

园林绿化工作得到加强。全省城镇深入开展创建园林城市（县城）活动，广州、东莞、潮州、梅州等城市通过验收被命名为“省级园林城市”。

城市应急处置机制逐步建立。制订了全省处置地铁和城市供水、供气、桥梁重大事故应急预案，以及处置电网大面积停电时城市地铁、供水、照明系统的应急联动预案。

（四）强化建筑市场监管和信用体系建设，工程质量和安全生产水平继续提高

加强工程勘察设计监管。认真贯彻落实省人大颁布的《广东省建设工程勘察设计管理条例》，强化勘察设计各方主体对工程质量的责任。开展全省勘察设计市场大检查，加强对勘察设计市场和施工图审查机构的监管。发布《关于加强农村民居地震安全工程建设的意见》，加强农村民居抗震设防管理。

进一步规范有形建筑市场秩序。召开全省有形建筑市场监管工作会议，加大对围标、串标违法行为的处罚力度，进一步规范建设工程招标投标行为。健全劳务分包制度，全省共有建筑劳务分包企业343家，深圳市在政府投资项目中全面推行劳务分包制度，部分市、县在本地区新开工项目全面推行劳务分包制度。

强化工程质量各环节的监管。组织开展全省建设工程质量监督执法检查，狠抓工程建设标准强制性条文的落实。加强对工程质量检测单位的管理，提高检测水平。大力推广新技术，全面实行工程量清单记价。工程质量稳步提高。全省在建工程31013个，工程竣工验收合格率达99.93%，比上年提高0.6个百分点。获中国建筑工程鲁班奖（国家优质工程）5项，被评为省优良样板工程91项，被评为省优秀建筑装饰工程71项。建筑工程投诉大幅下降，全年没有发生严重工程质量事故。有14项工程被列入省级新技术应用示范工程、62项施工工法列入省级工法。推荐7项工程参加全国新技术示范工程评选、9项施工工法参加国家级施工工法评选。

加强建筑市场信用体系建设。“广东省建筑业企业诚信基础数据库和信息管理系统”试运行，强化对勘察、设计、施工、监理、造价咨询、招标代理、工程质量检测等企业诚信行为的监管，为政府加强管理和社会公平竞争提供了良好平台。

重点项目建设进展顺利。与省直有关部门一起组织5次专项督查活动，制订《广东省重点建设项目预防职务犯罪工作指引》，分别对部分铁路、文化、公路、核电等重点建设项目规划选址、执行基本建设程序、落实征地拆迁“三条红线”、工程进度、质量和安全、预防职务犯罪等工作情况进行执法检查，促进了省重点建设项目的依法建设、廉政建设和质量安全工作。各地规划、建设等部门积极会同有关部门大力支持省重点项目的建设工作，有力地推动全省重点项目的顺利实施。

（五）建筑节能工作扎实开展

加强节能政策法规和标准的制定工作。完成《广东省民用建筑节能管理办法》的起草，编印省《“十一五”节能规划》、《落实节能减排综合意见》、《2007年节能减排工作要点》、《建筑节能和产品推广目录》，公布实施《公共建筑节能设计标准广东省实施细则》等7项地方性标准规范，进一步规范节能减排工作。

启动既有建筑节能改造工作。积极探索既有建筑“既节能又节支”的节能改造路子，加快对既有建筑的节能改造。珠海市引入市场机制，对凯迪克酒店进行节能综合改造试点，收到节电45%的效果，为既有建筑节能改造起到示范作用。

推动新墙材和可再生能源的应用。一是新墙材发展迅速。全省新墙材生产企业发展至400多家，珠江三角洲成为全国新墙材和可再生能源开发的主要基地。广州、深圳、汕头、肇庆、东莞、惠州、清远等市应用新墙材比例超过80%。二是散装水泥在城市建设中得到大力推广。全省建成混凝土搅拌站329个，全年新增51个。生产混凝土8160万立方米。生产供应散装水泥4000万吨，比上年增长24.2%。三是可再生能源开发应用进展较快。太阳能产业处在国内领先水平，约有600万人使用太阳能热水器；有5个项目被评为可再生能源国家应用示范项目；深圳被确定为全国首批国家机关办公建筑和大型公建节能监测的3个示范城市之一。

（六）注重解决建设领域的民生问题，推进和谐建设取得成效

坚持以人为本，高度重视解决建设领域涉及民生的具体问题，取得较大的成效。一是全省2003年底登记在册的18922户特困户住房问题得到妥善解决。二是城镇房屋拆迁行为更加规范。严格履行拆迁程序，控制拆迁规模，落实拆迁补偿安置标准，加强监督检查，减少矛盾纠纷。潮州市针对历史文化名城保护需要进行较大规模拆迁的实际，认真制订拆迁计划，严格规范拆迁程序，合理确定补偿标准，加强与被拆迁人的沟通，顺利推进拆迁工作，赢得群众好评。三是行政复议案件发挥定纷止争的作用。厅机关全年受理行政复议案件17宗，比上年减少59宗，坚持依法办案、协调解决、按时裁决，矛盾化解较好，申请人主动撤回复议申请的比例逐年提高，没有一宗因裁决不公引起上诉或引发新的矛盾纠纷，维护了社会稳定。

（七）大力推进法制建设，依法行政水平和工作效率得到提高

继续推进立法进程。出台《广东省建设工程勘察设计管理条例》，成为全省勘察设计行业第一个地方性法规。完成《广东省燃气管理条例》、《广东省散装水泥管理规定》的修订报送工作；完成《广东省禁止建设工程串通招标投标违法行为管理办法》、《广东省工程建设项目招标代理管理规定》、《广东省建筑节能管理办法》等规章的起草。广州、深圳、珠海、汕头等有立法权的市，也相继出台一批建设类地方性法规和规章，加强建设法制工作。（李海涛）

2008年建设工作

2008年，广东省建设系统认真贯彻党的十七届三中全会精神，齐心协力，锐意创新，全力以赴支援汶川地震灾害抗震救灾，沉着应对国际金融危机冲击，积极落实中央宏观调控的重大举措，积极构建住房保障体系，进一步推进治污保洁工程，加快民用建筑节能管理步伐，加大建筑工程质量和市场监管力度，努力争当实践科学发展观排头兵，全省建设事业取得新成就。

(一) 建设宜居城乡创建活动

省建设厅代省委省政府草拟《关于建设宜居城乡的实施意见》，并提请省委、省政府颁布实施。该《意见》明确了以推进住有所居、改善人居环境、完善公共服务、加强社会管理、营造文明风尚作为全省建设宜居城乡的内容，并针对性地提出了建设宜居城乡的政策措施和机制保障。为配合该《意见》的实施，制定了宜居城市、城镇和村庄评价指标体系及申报考核办法。通过网络、报纸等形式开展问卷调查，在全社会营造创建宜居城乡的良好氛围。积极推进宜居村镇建设，继续抓好62个省级村庄整治试点，召开全省第三次村庄整治现场会议，推广村镇示范建设点经验，部署宜居村镇创建工作。通过省、市、县多渠道加大资金投入，约3000个村庄开展整治工作，村庄整治覆盖率比上年提高2.5个百分点，逐步推广农村生活污水处理简易技术和垃圾分类处理模式，农村人居环境进一步改善。

(二) 城乡规划的统筹发展进一步提升

全省认真贯彻落实《城乡规划法》。一是制度配套取得新突破。在全国率先制定城市规划实施评估工作指导意见，指导汕头、四会、高要等市完成总体规划实施评估审查，以广州、河源为试点，在总体规划修编中统筹城乡一体化规划建设，引导城乡规划向城乡统筹和公共政策方向倾斜。着手建立全省城乡规划年度实施计划制度，促进土地利用规划与城乡建设的年度用地安排相衔接，确保国民经济和社会发展规划确定的重大建设项目在空间规划上的落实。二是继续抓好城乡规划管理和指导工作。全省有珠海、东莞、惠州、江门、佛山、中山、汕尾、清远、湛江等9个地级市完成新一轮城市总体规划的修编。进一步强化控制性详细规划的地位，深圳、广州、珠海、东莞等市实现中心城区控制性详细规划全覆盖；其他市也正在加快推进中心城区控规全覆盖工作。《粤东城镇群协调发展规划》编制工作进展顺利，省级规划委员会制度更加完善，重大建设项目选址管理更加科学合理。三是村镇规划建设管理水平进一步提高。全省992个建制镇完成总体规划编制，覆盖率达85.3%，271个中心镇全部完成总体规划编制，60个中心镇核定用地规模，35个中心镇开展控制性详细规划编制试点，预计全省中心镇GDP增幅将超过20%。全省村庄规划覆盖率达34%，比上年提高3个百分点。村镇规划建设管理人员培训力度继续加大，省、市、县三级共培训5000余人。四是加强历史文化和自然资源保护。全省有6个镇、村获中国历史文化名镇、名村称号，位居全国前列。还有8个镇、村获广东省历史文化名镇、名村称号。

(三) 中低收入群体住房问题进一步改善

年底前，全省各地已将廉租住房保障范围扩大到城镇低收入住房困难家庭，城镇低保困难家庭做到应保尽保。制定2009~2020年全省中长期实现住房保障均等化工作规划，按照不低于符合廉租住房条件的家庭的总户数的40%的目标确认年度工作任务，层层抓落实。全省通过实物配租、租赁补贴、租金核减等方式，新增对26759户以上城镇低收入住房困难家庭实施廉租住房保障，占符合条件总户数的45.3%。省财政拨付1亿元补助资金支持东西两翼、粤北山区开展廉租住房建设。全省各地共落实廉租住房建设资金40.34亿元，落实廉租住房建设用地87.99公顷，新增廉租住房28.8万平方米。加强住房公积金管理，起草《广东省住房公积金五年（2008~2012年）发展工作规划》，对全省公积金管理工作开展专项治理，个别地区拖欠或挪用公积金的问题得到有效整改。至第三季度，全省住房公积金缴存人数548万人，缴存余额1750.4亿元，分别比上年增长20%和30%。

(四) 房地产市场平稳发展

这一年，全省房地产市场步入调整期，根据中央和省委、省政府的要求，省建设厅强化房地产市场的分析和监测，多次配合国务院、住房和城乡建设部到广东开展房地产市场运行及房地产金融情况调研，建立全省房地产市场运行情况公报制度，及时向省委、省政府报送专题报告，为促进房地产市场平稳发展提供积极有效的决策依据。代省政府起草《关于促进我省房地产市场平稳健康发展的若干意见》，在中央政策的原则框架下，提出继续加大住房保障工作力度、鼓励自主型和改善型住房消费等具体措施，努力保持房地产市场稳定，房地产市场交易逐步回缓，全省商品房均价为5803元/平方米，商品住房价格回落到上年同期水平。指导和督促各地加强对房地产市场的监控，严格预售审批，加强预售款监管，推行由银行托管二手房交易资金的交付方式，保障群众房屋交易的资金安全，全年查处房地产相关行业违法违规行为2098宗。根据住房和城乡建设部《房屋登记办法》等相关规定，编制《房地产登记簿》式样、印制新版房地产权属证书，理顺市、县房屋登记机构套印发放房地权证的管理体制，进一步保护公民私有财产权利。严格控制全省城镇房屋拆迁规模，全年核定下达城镇房屋拆迁规模为432万平方米，实际完成拆迁面积235.9万平方米，因拆迁问题引发的上访和纠纷基本得到控制。

（五）民用建筑节能工作走上新台阶

努力抓好标准制定、能耗公示、试点带动等工作，推动民用建筑节能工作走上新台阶。制定公布《广东省建筑节能“十一五”规划》，完成《夏热冬暖地区居住建筑节能设计标准广东省实施细则》等3项建筑节能地方性标准颁布实施，《建筑节能工程施工质量验收规范广东省实施细则》报住房和城乡建设部备案后实施，建筑节能地方性标准不断完善。在全省21个地级以上市开展建筑基本信息及能耗统计工作，统计国家机关办公建筑和大型公共建筑2750栋。在广州、东莞两市试点开展建筑能源审计工作，对228栋建筑能耗排名前20%的建筑向全社会公示。以省建筑科学研究院本部等4栋大楼为试点建立能耗监测平台，为全省大面积开展能耗监测平台建设奠定基础。加强建筑节能示范项目建设，全省有53个建设项目被住房和城乡建设部评为建筑节能示范项目。东莞大力发展LED照明产业，整体节电率达64%，经济效益明显。推动既有建筑节能改造，全省完成既有建筑节能改造约5万平方米。有16个城市被列入国家第三批“禁实”城市名单。散装水泥应用得到推广。全年完成散装水泥量4320万吨，散装水泥使用率42.5%。

（六）城市管理水平进一步提高

治污保洁工程取得新成效，全省建成污水处理厂160座，日处理能力1032万立方米，污水集中处理率达50%以上，新增污水处理厂33座，污水处理率比上年提高5个百分点。建成无害化垃圾处理场37座，其中焚烧厂16座，填埋场21座；日处理能力3.5万吨，新增日处理能力4000吨，无害化处理率达65%，比上年提高5个百分点。园林城市创建活动成绩显著。广州、东莞、潮州市获“国家园林城市”称号，全省“国家园林城市”增至13个。湛江市绿塘河湿地公园获“国家城市湿地公园”称号，实现零的突破。广州市越秀公园、深圳市园博园、深圳市仙湖植物园、深圳市莲花山公园等4个公园被命名为“国家重点公园”。

（七）建设行业管理进一步加强

对重点建设项目监督力度进一步加大，联合有关部门对中海石油（惠州）1200万吨炼油项目、武广客运专线、广珠城际轨道等重点建设项目进行执法检查，促进了省重点建设项目的依法建设和质量安全工作。

工程质量监管水平进一步提高。一是出台《关于实施住宅工程质量分户验收工作指导意见》，推进住宅工程质量分户验收试点工作。对全省287家工程质量检测机构进行专项检查，规范工程质量检测市场秩序。开展以“质量安全是社会和谐的基础”为主题的质量月活动，促进工程质量稳步提高。二是着力抓好勘察设计质量管理工作。颁布实施《广东省建设厅大中型建设工程初步设计审查管理办法》，共审查省属大中型工程初步设计31项。制定《广东省建设系统应对破坏性地震应急预案》，对全省建设系统应对破坏性地震应急组织体系及职责、预警与防御机制、应急响应、保障措施等作了明确规定。印发《广东省农村民居地震安全工程建设规划》，全面推进农村民居地震安全工程建设。

完善建筑市场管理，印发《关于加强建设工程招标投标关键环节管理的意见》，基本建立全省建筑市场诚信信息平台。深圳市引入计算机辅助评标系统，采用的评标模型为全国首创，该系统已自动识别涉嫌围标串标事件5起，遏制围标串标初显成效。认真开展清理拖欠工程款“回头看”工作，对19家拖欠农民工工资的建筑施工企业进行通报批评，逐步建立清欠长效机制。此外，经国务院批准，省建设厅与香港发展局磋商沟通，形成《获得内地注册城市规划师资格及内地监理工程师资格的香港专业人士在粤注册合作协议》，为粤港两地规划和建筑服务合作人才交流、技术合作开辟绿色通道。

（八）法制建设步伐加快

《广东省物业管理条例（修订）》业经省十一届人大常委会第七次会议通过，于2009年3月1日起正式施行。广州、深圳、珠海、汕头等市和其他各市相继出台一些建设类地方性法规、规章。惠州市规划建设局建立行政执法案卷评查制度，制定《行政执法案卷评查工作实施方案》、《行政处罚案卷评查标准》、《行政许可案卷评查标准》、《行政执法案卷资料内容指引》等4个规范性文件。深圳市建设局制定《〈深圳经济特区建筑节能条例〉行政处罚实施标准》等规范性文件，将行政处罚自由裁量权细化、量化。深圳市城管局利用电台、报社、网络等媒体进行普法宣传，开展“百名市民走进城管”、“走马鹏城看变化”等活动。各地加大行政复议的协调力度。全年省建设厅受理行政复议案件51宗，比上年增加34宗，案件得到妥善处理。

(九) 行政审批制度改革力度加大

落实《广东省建设厅行政审批制度改革方案》，厅机关行政服务中心正式运作，进一步规范行政许可审批程序，改革送达方式，方便群众办事。省政府公布《省建设厅委托实施行政许可事项》，制定委托实施办法，明确委托程序、职责划分和监督评估措施。全省大部分建设行政主管部门设立行政服务中心，实行行政审批集中办理。加强信息化建设，进一步推进网上审批，促进了政务公开，提高了工作效率。 *(李海涛)*

1999~2008 年广东省城乡建设基本情况

年份	重点工程			城市基础设施建设					
	安排项目(项)	计划投资额(亿元)	完成投资额(亿元)	固定资产投资（亿元）	城市供水综合生产能力(万立方米/日)	城市排水管道长度(万公里)	城市公共交通运营线路长度(公里)	城市道路长度(万公里)	液化石油气供应量(万吨)
1999 年	45	250	299.83	211.6	1982	1.49	6790	1.34	218
2000 年	47	290		209.4	2326	1.68	10465	1.41	311
2001 年	50	320	334.05		2357	1.895	9920	1.77	278
2002 年	53	380	357.4	299.7	2371	1.8	11000	1.8	310
2003 年	73	440	705	500	2429.85	2.33	15129	1.84	334.31
2004 年	141	856	754	600	2848.28	2.52	25043	2.25	312.13
2005 年	148	1000	1041.4	600	2750.75	2.76	26315	2.43	317.78
2006 年	162	1050	1110	750	3294.8	2.48	5012	2.38	375.89
2007 年	159	1150	1226.5	800	3292.12	3.06	16300	2.93	567.34
2008 年	188	1280	1540	860	3176.8	3.22	17542	3.16	447.89

(续上表)

年份	建筑业				房地产开发				
	施工总产值(亿元)	施工面积(亿平方米)	利税总额(亿元)	竣工面积(万平方米)	完成开发投资额(亿元)	商品房屋施工面积(万平方米)	商品房屋竣工面积(万平方米)	商品房屋销售面积(万平方米)	商品房屋销售额(亿元)
1999 年	887	1.57	21.81	6338	710.20	8173.04	2230.47	1498.25	486.11
2000 年	944.6	1.63	55.45	6556	858.61	9230.91	2561.33	1966.05	600.22
2001 年	1178.21	1.78	39.89	7531.4	972.34	10272.94	2755.17	2144.25	731.46
2002 年	1341.8	1.89	88.92	7948	1115.25	11354.65	3104.03	2226.25	731.70
2003 年	1516.9	2.01	114.4	4952	1233.52	12490.09	4048.07	2789.94	889.56
2004 年	1755	2.39	123		1355.84	13911.55	3407.83	3049.11	1060.37
2005 年	2200.58	2.62	164.38		1591.90	15010.83	3421.67	3693.85	1383.87
2006 年	2594.04		184.09	9487	1843.51	17049.42	3992.46	5106.44	2490.64
2007 年	3005	3.26	205	9654.9	2519.13	16973.83	4314.1	5178.56	2513.02
2008 年	3200		270.13		2932.34	22992.63	4359.24	4824.41	2879.96

(湘　君)

政务改革与行政审批

□ 贯彻实施《行政许可法》，改革行政审批制度

□ 广东省建设厅行政服务中心成立

□ 行政许可、行政审批与委托实施行政许可项目

□ 全年行政许可审批八万六千多件

□ 机关作风整顿与对外办事窗口整改

政务改革

【概况】 为深入开展行政审批制度改革，进一步转变机关职能，创新管理方式，规范行政行为，提高行政效率，广东省建设厅于2007年整合行政许可职能，成立行政服务中心，整顿和完善对外服务窗口，改善服务条件，增加现场即办功能，简化办事流程。行政许可的效率和服务质量有了提高和改善。

【广东省建设厅行政服务中心】 2007年11月成立。广东省建设厅内设机构，工作人员从厅机关相关处室、厅直属单位和有关行业协会抽调。主要职责是：负责由省建设厅直接实施的行政许可事项的受理、转办、公示、送达；负责由省建设厅直接实施的企业资质、个人执业资格类行政许可事项的审批、核准、备案和变更；负责由省建设厅初审的企业资质、个人执业资格类行政许可事项的审查和上报工作；负责对申请人申办行政许可事项的投诉处理。

负责审批的行政许可事项有两类：第一类是企业类审批事项（共13项），包括建筑业企业资质核准、建筑施工企业安全生产许可证核发、工程造价咨询企业资质认定、工程建设项目招标代理机构资格核准、外商投资建筑业企业资质核准、建设工程勘察企业资质核准、建设工程设计企业资质核准、超限高层建筑工程抗震设防审批、城市规划编制单位资质认定、房地产开发企业资质核准、物业服务企业资质核准、房地产估价机构资质核准、城市园林绿化企业资质核准；第二类是执业人员资格许可事项（共8项），包括建筑师执业资格证、勘察设计注册工程师执业资格证、建造师执业资格证、房地产估价师执业资格证、监理工程师执业资格证、工程造价师执业资格证、规划师执业资格证、“三类人员”安全生产考核合格证。

【行政许可审批】 2008年，广东省建设厅行政服务中心完成企业和个人申请事项86614件。其中，企业资质许可2561件，安全生产许可证4853件，超限高层建筑工程抗震设防审查10件，企业变更7062件；“三类人员”安全生产考核合格证32136件，建造师临时执业证书10470件，建造师执业资格证22963件，监理工程师执业资格证2348件，造价工程师执业资格证291件，房地产估价师执业资格证148件，规划师执业资格证96件；办事窗口为3676家企业开具出省经营证明。

▲整肃一新的办事窗口　　省建设厅行政服务中心供稿

【对外办事窗口整改】 2008年8月，中共广东省委巡查组以“明查暗访”的方式，拍下一段反映广东省建设厅对外办事窗口存在的办事效率低、电话无人接、服务态度差等问题的录像。省建设厅党组高度重视录像反映的问题，多次召开会议研究部署整改工作，并成立加强机关作风建设领导小组，全面开展机关作风整顿工作，特别是重点抓好对外办事窗口整改工作，以重新树立服务型机关的良好形象。

调整和充实对外办事窗口工作人员　增配一名行政服务中心副主任，负责对外办事窗口工作，并从厅机关增派5名工作人员充实行政服务中心。

增强对外办事窗口职能　一是增加现场即办事项功能。施工、勘察、设计、规划、园林、房地产等企业资质证书内容变更（名称变更除外），只要符合规定和要求，在窗口就给予当场办理，企业拓展省外市场出具介绍信，也在窗口给予当场办理。二是增加咨询指导功能。对外办事大厅安排2人分别负责电话咨询和现场咨询。咨询的内容包括解释行政许可有关法律、法规、规章、规定，解答办事人员提出的问题，指导办事人员填写申请表，告知办事人员办理情况等。三是增加反馈意见功能。在办事大厅设立意见箱，广泛征求办事人员对行政服务中心有关服务态度、工作效率、廉洁自律等方面意见。

加强对外办事窗口环境建设　一是在对外办事大厅升级叫号机，让前来办事的人员不需再排队等待，现场秩序有明显改变。二是降低服务窗口工作台，拆除服务窗口隔离玻璃，方便工作人员与办事人员沟通。三是窗口工作人员统一工作服和佩戴胸章，在窗口标明工作人员工号。四是在办事大厅摆放办

2008年广东省建设厅行政服务中心办理的行政许可事项

序号	许可名称	许可依据
1	建筑业企业资质（含外商投资建筑业企业资质）中的施工总承包序列二级，专业承包序列一级、二级和不分等级资质核准	《建筑法》第十二、十三条
2	工程设计与施工企业资质核准	《建筑法》第十二、十三条
3	工程造价咨询单位乙级资质核准	国务院令第412号
4	工程建设项目招标代理机构乙级资质核准	《招标投标法》第十四条
5	工程建设监理企业专业乙级资质核准	《建筑法》第十二、十三条
6	工程勘察企业乙级及以下资质、建筑工程设计企业乙级资质核准	《建筑法》第十二、十三条
7	城市规划编制单位乙级资质认定	国务院令第412号
8	物业服务企业二级资质核准	《物业条例》第三十二条
9	房地产估价机构二级资质核准	国务院令第412号
10	二级注册建筑师执业资格注册	《建筑法》第十四条
11	二级勘察设计结构工程师执业资格注册	《建筑法》第十四条
12	二级建造师执业资格注册	《建筑法》第十四条
13	建筑施工企业主要负责人、项目负责人、专职安全生产管理人员安全生产考核	《建设工程安全生产管理条例》第三十六条

2008年广东省建设厅处室办理的行政审批(行政许可)事项

序号	审批事项名称	办理机构	审批事项依据
1	国家和省发展与改革行政主管部门审批、核准的建设项目的选址意见书核发	城乡规划处	《城市规划法》第三十条
2	国家级、省级风景名胜区重大建设项目选址审批	城市建设处	《广东省风景名胜区条例》第十八条
3	国家级、省级风景名胜区重大建设项目设计方案审批	城市建设处	《广东省风景名胜区条例》第十八条
4	省级风景名胜区详细规划审批	城市建设处	《广东省风景名胜区条例》第二十条
5	省管和中央托管建筑工程施工许可证核准	建筑管理处 基本建设处	《建筑法》第七、八、九、十、十一条
6	建设工程质量检测机构资质核准	建筑管理处	国务院令第279号
7	建筑工程施工图设计文件审查机构资格认定	勘察设计处	国务院令第412号
8	大中型工程建设项目初步设计审批	勘察设计处	广东省政府令第106号
9	安全生产许可证核发	安全管理处	国务院令第397号

2008年广东省建设厅委托实施的行政许可项目

（广东省人民政府令第128号）

序号	委托实施行政许可名称及级别	受委托实施机关	行政许可依据
1	房地产开发企业二级及以下资质核准	地级以上市房地产行政主管部门	《城市房地产管理法》第二十九条
2	城市园林绿化企业二级资质核准	地级以上市园林绿化行政主管部门	《城市绿化条例》第十六条
3	工程建设监理企业丙级资质、事务所资质核准	地级以上市建设局（建委）	《建筑法》第十二、十三条
4	工程勘察劳务类资质；按住房和城乡建设部《工程设计资质标准》中的工程设计行业、专业、专项丙级以及以下资质核准	地级以上市建设局（建委），深圳市规划局	《建筑法》第十二、十三条
5	城市规划编制单位丙级资质认定	地级以上市规划局	国务院令第412号
6	房地产估价机构三级及以下资质核准	地级以上市房地产行政主管部门	国务院令第412号
7	超限高层建筑工程抗震设防审批	工程所在地地级以上市建设行政主管部门	国务院令第412号
8	占用城市绿地和砍伐、迁移城市树木审批	工程所在地地级以上市园林绿化行政主管部门	《广东省城市绿化条例》第二十五、二十七条

▲整改后的省建设厅对外办事窗口　　省建设厅行政服务中心供稿

事指南印刷品，明确申报各类资质必须提供的材料、办理流程以及各窗口受理的业务。五是在办事大厅增配电脑，供办事人员查询业务。六是增配复印机、传真机，为办事人员提供方便。七是安装摄像头，对办事大厅工作情况进行实时监视。

【解决“三类人员”办证难问题】2008年，广东省建设厅行政服务中心积极解决“三类人员”办证难问题。参加安全生产考核的“三类人员”，由所在建筑施工企业统一在广东建设信息网“安全生产考核管理信息系统”上报名即可。考核人员考试合格后，由各地级以上市建设局（建委）或建筑施工企业到省建设厅行政服务中心对外办事窗口提交“三类人员”安全生产考核合格证书书面申请资料。此外，还统一采用邮政快递方式发放“三类人员”安全生产考核合格证书。方便了企业和办事人员，缩短了发证时间，提高了行政效率。　*（郑大彬）*

行政审批

【概况】　2008年，广东省建设厅把行政审批制度改革同贯彻实施《行政许可法》结合起来，认真开展宣传和清理工作。《行政许可法》颁布实施后，省建设厅即在广东建设信息网和有关刊物广泛开展《行政许可法》宣传贯彻工作，编印《广东省建设行政许可工作手册》，做到人手一册。组织《行政许可法》专题讲座，举办知识竞赛活动。参加住房和城乡建设部组织的全国建设系统《行政许可法》知识竞赛，并获“优秀组织奖”。组织召开全省建设系统贯彻实施《行政许可法》暨全面推进依法行政工作会议，对全省贯彻《行政许可法》和依法行政工作进行全面部署。制订《广东省建设厅清理行政许可有关规定工作方案》，明确清理的范围、内容、时限和要求，认真开展行政许可项目、依据和实施机构的清理工作，减少行政许可项目13个，对省建设工程造价总站等直属单位和建设类行业协会实施的行政许可进行清理，收回一批行政许可事项，规范了行政许可的实施机关。

【行政审批制度建设】　2008年，广东省大部分建设行政主管部门实行行政审批集中办理，便民服务水平进一步提高。省建设厅高度重视行政审批制度建设。2004年2月，制定《广东省建设厅行政审批管理规定》，明确办理程序。2004年7月1日《行政许可法》实施后，相继制定《广东省建设厅机关工作人员行政过错责任追究办法》、《广东省建设厅机关实施行政许可程序规定》、《广东省建设厅机关对被许可人监督检查办法》等一系列实施《行政许可法》的配套制度，并向社会公众发布《关于省建设厅机关直接实施的行政许可事项有关规定和内容的公告》，公告行政许可事项的名称、依据、条件、程序、期限、申请资料目录等内容，进一步规范行政许可的实施。2005年6月，取消企业资质年检和行政审批过程中专家审查、公示两个环节，简化了审批手续。2005年7月推行“窗口式”办事制度，设置对外办事窗口，开通省建设厅行政许可办事一站式服务系统，进一步推进电子政务建设，方便了申请人，提高了办事效率。2007年8月，省建设厅机关进行行政审批制度改革。同年11月，成立行政服务中心，实现审批权和监管权的两权分离，将原分散在机关各处室的行政审批事项集中到行政服务中心审批，从各处室抽调相关人员到中心具体审批，抽调人员原则上一年一轮岗。改革后既能使机关各处室集中精力搞好业务工作，又提高了行政审批效率。2008年12月，省建设厅根据《行政许可法》的规定，提请省政府将厅机关实施的房地产开发企业二级及以下资质核准等8项行政许可事项依法委托给地级以上市建设行政主管部门实施。为此，省政府公布《省建设厅委托实施行政许可事项》，减少了厅机关的行政审批事项，使厅机关转变了机关职能，提高了工作效率。　*（李海涛）*

城乡规划

□《城乡规划法》实施配套制度建设实现新突破

□城乡规划编制工作顺利开展

□全省城乡规划统筹能力和管理水平全面提高

□依法推进规划实施

□重大规划研究的编制取得突破性进展

综　述

【概况】 1978~2007年，广东省城乡规划工作部门积极推进城镇化各项政策措施的落实以及区域和城乡统筹发展，不断强化规划的先导和统筹作用，切实推动全省城乡规划工作可持续发展，成效显著。

积极开展城乡规划编制　全省区域规划、城镇体系规划、城镇群规划、城市规划全面推进。《珠江三角洲城镇群协调发展规划》成为全国探索在市场经济体制下编制城镇密集地区规划的成功范例；“粤港澳合作发展空间战略规划研究”为省委省政府科学确定广州、深圳、珠海等城市的发展定位及制定《中共广东省委、广东省人民政府关于推进与港澳更紧密合作的决定》提供依据，为国家发改委制定《珠三角地区改革发展规划纲要》提供有力支撑。

加强城乡规划管理　颁布实施《广东省珠江三角洲城镇群规划管理条例》和《广东省城市控制性详细规划管理条例》。全省各市设立城乡规划委员会。

积极实施城乡规划　城镇体系不断完善，区域和城乡发展的协调性得到加强，全省城乡初步呈现“城镇群—都市区—中心城市——一般城镇—广大乡村”协调发展的格局。中心镇统筹城乡的纽带作用得到加强。城镇的各项基础设施和公共服务设施逐步配套完善，城镇居民生活质量进一步改善。

2008年，全省的城乡规划工作取得可喜成绩：

《城乡规划法》实施配套制度建设实现新突破　开展《广东省城乡规划条例》前期研究；探索建立规划实施评估制度，着力提升城乡规划的编制质量和实施效果；加强城乡规划与土地利用规划的相互衔接，探索建立完善城乡规划实施机制；按照《城乡规划法》的要求，组织起草《广东省城乡规划公众参与手册》等一系列的配套法规和文件。

城乡规划编制工作顺利开展　通过试点先行、典型引路，逐步推进“三规合一”（主要是指国民经济与社会发展规划、土地利用规划和城乡总体规划三个规划在内容上的协调统一，即统一规划目标、统一空间管制、统一空间数据，减少各类规划之间的矛盾，加强各类规划的相互协调和衔接，实现各类规划在内容上的统一），构建城乡统筹的科学空间规划体系；破解了总体规划审批难题，推动了全省规划审批和编制进程；组织编制《粤东城镇群协调发展规划》，促进粤东沿海地区城乡与区域协调发展。

2008 年广东省地级以上市城市规模情况

地　区	土地面积（平方公里）	年末常住人口数（万人）	城镇人口占常住人口的比例(%)	城区面积（平方公里）	城区人口（万人）	建成区面积（平方公里）
广州市	7434	1018.2	82.23	3848.43	645.83	895.00
深圳市	1953	876.83	100.00	1952.84	876.83	787.90
珠海市	1688	148.11	85.14	858.50	69.66	118.34
汕头市	2064	505.60	70.28	607.88	210.19	170.39
佛山市	3848	595.29	91.82	583.18	128.02	149.98
韶关市	18385	295.16	46.88	1937.68	55.40	78.30
河源市	15826	286.91	40.50	26.90	26.59	26.90
梅州市	15908	412.54	46.00	33.37	31.28	33.37
惠州市	11158	392.71	61.27	865.19	99.62	24.68
汕尾市	5271	290.22	52.59	415.00	23.11	13.40
东莞市	2465	694.98	86.39	2465.00	174.87	681.86
中山市	1800	251.09	86.14	290.02	36.73	86.10
江门市	9541	414.27	49.45	574.46	89.24	113.75
阳江市	7813	236.80	45.89	40.10	40.20	40.10
湛江市	12471	690.24	38.94	77.23	64.57	77.23
茂名市	11458	612.37	37.04	114.05	45.79	17.00
肇庆市	14856	380.29	44.89	392.18	43.82	70.96
清远市	19153	373.19	34.63	927.20	40.50	41.84
潮州市	3100	256.66	59.20	41.68	38.92	41.86
揭阳市	5240	573.73	45.36	181.00	68.91	47.00
云浮市	7779	238.81	50.20	84.00	19.30	18.60

全省城乡规划统筹能力和管理水平全面提高　成立广东省城乡规划委员会，省级规划管理步入科学民主进程；规范省产业转移工业园的规划认定工作，引导和推动省产业转移工作园集约节约科学发展；联合省监察厅组成检查小组，积极推进依法行政。

依法推进规划实施　开展规划实施评估工作，强化规划的综合统筹作用；加强重大建设项目选址管理；建立省实施珠江三角洲城镇群协调发展规划联席会议、珠三角城乡规划督察员巡察等一系列制度，有力促进珠江三角洲地区的协调发展。

重大规划研究的编制取得突破性进展　“大珠江三角洲城镇群协调发展规划研究”完成主体成果，为中国跨行政边界和跨越政治制度地区区域协调发展提供前沿探索；完成粤港澳空间发展战略规划研究，为深化粤港澳合作积极出谋划策。（唐　卉）

规划法规

【概况】　《中华人民共和国城乡规划法》（简称《城乡规划法》）于2008年1月1日起施行，对于建立城乡协调的规划体系、统筹城乡区域协调发展、强化规划实施的严肃性、保障社会和公共利益等具有长远的重要意义。广东省建设厅将2008年作为贯彻实施《城乡规划法》的制度建设年，以深入贯彻实施《城乡规划法》为契机，以提高城乡规划的法律地位和切实加强城乡规划的可操作性、充分发挥城乡规划先导统筹作用为目的，结合全省实际，重点开展法律实施配套制度建设工作，不断规范和强化城乡规划管理工作。

【开展《广东省城乡规划条例》前期研究工作】　2008年，在《城乡规划法》颁布后，按照住房和城乡建设部及中共广东省委、省政府的部署，广东省建设厅组织开展《广东省城乡规划条例》的前期研究工作，主要研究任务是：在借鉴国内外先进经验的基础上，研究各级城乡规划行政主管部门的管理权限，调整和完善规划管理的行政框架；建立符合广东发展实际和覆盖城乡的规划编制体系；整合城乡规划实施的法律法规和技术规范，构建完善合理的规划法规体系；探索城乡规划的监督检查机制，构建规范、公开、透明的城乡规划管理程序；详细界定城乡规划各项活动，明确法律责任。同时赴全省各地，深入市、县、镇、村等几个层面进行立法调研。综合前期调研成果，提出《广东省城乡规划条例》立法框架，并拟定《广东省城乡规划条例》(初稿)。

【制定《城乡规划年度实施计划管理办法》和《城乡规划与土地利用规划衔接办法》】　长期以来，由于城乡规划与土地利用规划之间在工作目标、统计口径、指标体系、规范对象等方面缺乏有效衔接，城乡规划在实施过程中一直处于被动局面。2008年，省政府办公厅《关于城乡规划与土地利用规划协调和审批有关问题的签报意见》同意在全省开展城乡规划年度实施计划工作，广东省建设厅随即着手建立全省城乡规划年度实施计划制度，促使土地利用规划与各地城乡建设的年度用地安排相衔接，确保国民经济和社会发展规划确定的重大建设项目在城乡规划平台上得到落实，草拟了《城乡规划年度实施计划管理办法》。同时，根据《关于城乡规划与土地利用规划协调和审批有关问题的签报意见》关于“省建设厅和省国土厅联合制定相应的管理办法，理顺相关工作程序，形成工作制度，确保两个规划在编制、审批和修编等方面的衔接和协调”的要求，省建设厅还草拟了《城乡规划与土地利用规划衔接办法》。这两个文件计划于2009年向省直有关部门和各地市征求意见。

【印发《关于开展广东省城市规划实施评估工作的指导意见》】　规划实施评估是《城乡规划法》规定的一项全新的法定工作内容。为落实该项工作要求，广东省建设厅解放思想大胆创新，在国内率先制定《关于开展广东省城市规划实施评估工作的指导意见（征求意见稿）》，对规划实施评估工作的周期、参与部门、评估方法、评估内容和评估报告上报程序等作出探索性规定。2008年，根据该《指导意见》完成了对汕头、四会、高要等市总体规划实施评估的审查。住房和城乡建设部城乡规划司对广东省组织开展的规划实施评估工作给予高度评价。

【《广东省城乡规划公示办法》和《广东省城乡规划公众参与手册》初稿完成】　根据“贯彻落实《中共广东省委关于贯彻〈中共中央关于构建社会主义和谐社会若干重大问题的决定〉的实施意见》重要举措分工方案”的工作安排，省建设厅会同省委宣传部共同制订《建立城乡规划公众参与机制和公示制的实施方案》，提出力争用3~4年的时间，在全省全面建立城乡规划公众参与机制和公示制度。按照该《实施方案》的部署，省建设厅草拟《广东省城乡规划公示办法》和《广东省城乡规划公众参与手册》。《广东省城乡规划公示办法》旨在充分发挥公众在城乡规划管理中的作用，维护人民群众对城乡规划的知情权、参与权和监督权，促进城乡规划工作进一步规范化和科学化。《广东省城乡规划公众参与手册》的目的是为社会各界参与城乡规划与监督城乡规划的实施提供全面、便捷的渠道，使城乡规划作为指导城乡发展与建设的一项公共政策，真正实现保障公共利益、维护社会公平和“以人为本”的发展宗旨。至2008年底，《广东省城乡规划公示办法》和《广东省城乡规划公众参与手册》的初稿均已完成，待进一步修改完善后，计划于2009年印发。（唐　卉）

规划编制

【概况】 2008年，广东省政府成立“粤东城镇群协调发展规划领导小组”，全面启动《粤东城镇群协调发展规划》编制工作。省建设厅选取广州市为城乡总体规划编制试点，河源市为“三规合一”规划编制试点，要求这两个城市在开展新一轮城市总体规划修编工作中，切实落实“城乡统筹”和“三规合一”的规划理念，破除城乡建设各领域的分割，统筹规划建设城乡一体的供水、排水、供电、通讯、污水及垃圾处理等市政基础设施和公共服务设施，促进城乡基本公共服务均等化，构建体现社会公平和地域平等的公共服务体系。

【探索构建城乡统筹的科学空间规划体系】 按照广东省委、省政府在《关于争当实践科学发展观排头兵的决定》中提出的“统筹规划城乡空间布局，建立全省空间规划协调机制，形成以国民经济和社会发展规划为依据，城乡规划及土地利用规划为支撑的空间规划体系，逐步推进‘三规合一’”的要求，广东省建设厅在充分调研的基础上，确定了广州为城乡总体规划编制试点，河源为“三规合一”规划编制试点，要求两地在开展新一轮城市总体规划修编工作中，切实落实“城乡统筹”的基本理念，注重体现和有效发挥城乡规划在空间资源的配置、发展目标的协调、城镇基础设施向乡村延伸等方面城市对乡村的辐射带动作用，以城乡总体规划为平台，建立相关规划之间的协调机制，以共同的准则、规范的程序对相关规划进行协调和衔接，破除城乡建设各领域的分割，促进和实现“三规合一”，形成发展的合力，科学合理地引导投资和公共财力的流向，统筹建设城乡一体的供水、排水、供电、通讯、污水及垃圾处理等市政基础设施和公共服务设施，促进城乡基本公共服务均等化，构建体现社会公平和地域平等的公共服务体系。经过一年的探索，广州市、河源市分别在统筹城乡一体化规划建设和实现“三规合一”的机制平台探索上积累了经验，为省建设厅正在研究制订的《广东省城乡总体规划制定的指导意见》提供了实践经验，为创新和构建城乡统筹的科学空间规划体系奠定了良好的实践基础。

【《粤东城镇群协调发展规划》编制工作全面启动】 2008年，广东省建设厅根据省政府批准的《粤东城镇群协调发展规划工作方案》，积极推进《粤东城镇群协调发展规划》的编制工作。编制该《规划》的目的是从区域层面对粤东地区城镇群的长远发展和整体布局进行统筹安排，落实省委、省政府关于促进粤东地区加快发展的政策及设想。规划编制启动工作包括四个方面：一是报请省政府成立“粤东城镇群协调发展规划领导小组”；二是报省财政厅落实编制经费；三是制订《粤东城镇群协调发展规划工作大纲和编制计划》；四是以省政府的名义在汕头召开动员大会，全面启动编制工作。至2008年底，规划编制组已按计划完成现场调研、专题研究等工作，即将进入规划方案阶段。作为《城乡规划法》颁布实施后省建设厅组织的第一个区域性城镇体系规划，着重强调规划的公共政策属性，积极推进公众参与，创造性地在粤东四市成立由公众代表组成的常设咨询组织——公众咨询组，使公众的意见能通过有效的渠道快捷传递，并体现在规划中。

《粤东城镇群协调发展规划》的规划方案以实现粤东可持续发展和跨越式发展为目标，从全省乃至更广的范围着眼，对粤东的发展现状和发展条件进行客观评估，认为目前粤东尚处于工业化发展的初级阶段，经济社会发展水平处于中下水平，而且与广东实现全面小康的

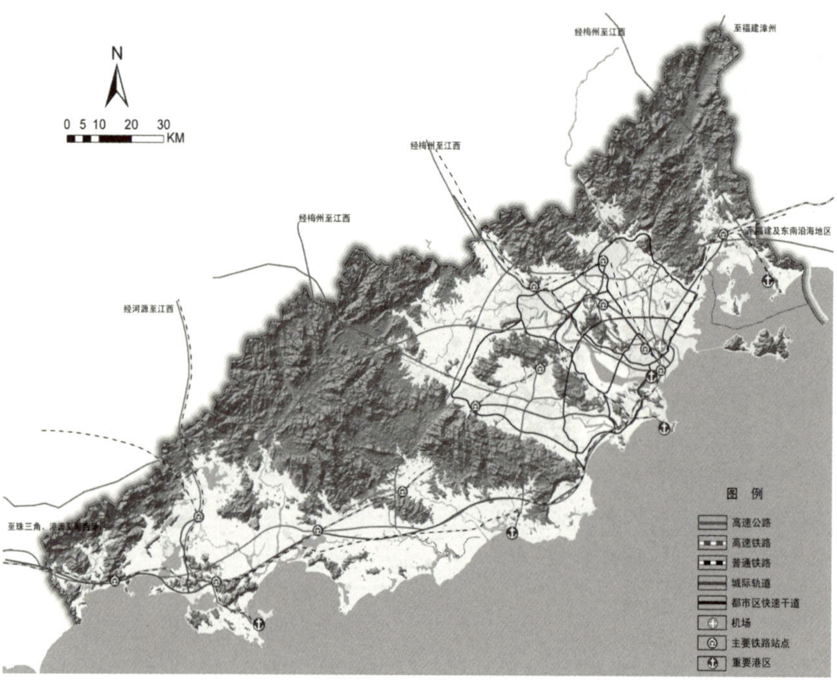

▲粤东城镇群综合交通体系规划图

标准还有很大差距，处于分散型发展阶段，亟须解决目前存在的缺乏龙头带动、人地矛盾突出、公共服务设施不足、高端人才缺乏等问题。

规划运用GIS技术进行空间发展的情景模拟，并对各方案进行阶段性评估。提出近期实施中心带动战略，采用以经济和效率优先的集中型发展模式；中期实施梯度成长战略，采用均衡型模式缩小城乡和区域差距；最终实现经济和环境兼顾的网络型发展模式，推动粤东经济社会更加紧密融合，创新区域合作机制，对接海峡西岸、融入珠三角，成为海峡两岸城镇群的重要西翼和广东促进共同富裕的重要引擎。

根据上述发展目标，规划提出粤东各个中心城市、县城和中心镇的发展定位、城市职能以及发展规模，并提出区域绿网、区域蓝网、区域公交网、生命线工程等区域性重要战略资源的功能布局，提出了粤东生态环境体系、综合交通体系、现代产业体系、公共服务体系、市政安全体系等方面的布局和政策安排，并详细设计区域发展的协调机制。

【城市总体规划编制和审批】 2008年，为解决近年来上报广东省政府的江门、湛江等10个城市的总体规划和韶关、潮州等8个城市的城镇体系规划因城市建设用地规模无法确定而不能及时通过审批的问题，省建设厅积极向省政府请示汇报，并加强与省国土资源厅的沟通和协调。在此基础上，省政府办公厅发出《关于城乡规划与土地利用规划协调和审批有关问题的签报意见》，同意启动城市总体规划和城镇体系规划审批工作。为此，省建设厅要求各有关市按要求上报在本市影子规模内各辖县（市、区）用地规模的意见。各市积极进行相关协调工作，规划的审批工作得到实质推进。以此为契机，省建设厅加快了对总体规划的技术审查，按照《城乡规划法》的新要求以及《广东省城市总体规划和市域城镇体系规划编制审查工作规则》的规定，组织了《深圳市城市总体规划（2007~2020）》、《潮州市城市总体规划纲要（修编，2006~2020）》、《肇庆市城市总体规划（2007~2020）》及《广州市城市发展战略》等规划审查会议，有效引导城乡规划向城乡统筹和公共政策方向的跨跃。

【深圳市城市总体规划（2007~2020）】 《深圳市城市总体规划（2007~2020）》在城市性质、规划总目标与分目标、用地规模、人口规模、空间布局、规划政策保障等6个方面进行积极的探索和创新，主要包括：一是在城市性质中充分反映深圳发展在各区域层面的关系，将深圳定位为：创新型综合经济特区、华南地区重要的中心城市、“与香港共同发展的国际性城市”。二是在城市发展目标中充分体现区域协调发展的思路和要求。提出了“加强深港合作，加强与珠三角及内地城市的联系，推动区域基础设施、产业、资本市场、资源能源和社会民生等领域的合作，联手开展区域生态建设与环境保护，形成区域合作发展新格局”的具体实施策略。三是提出了保障产业优化升级、实现效益型城市理念的城市增改用地规模。力争在全国率先实践经济社会转型条件下的非扩张用地型的规划编制方法，建立与深圳资源环境特征相适应、服务于社会经济转型的用地规模管理目标和模式。四是立足于深圳资源环境容量，建立适应社会经济转型、实现城市可持续发展需要、以稳定为政策取向的人口调控目标和管理模式。五是以《珠江三角洲城镇群协调发展规划》确定的“一脊三带五轴”总体布局为基本依据，提出以中心城区为核心，以西、中、东三条发展轴为基本骨架，形成“三轴两带多中心”的市域轴带组团空间结构。六是构建完整的政策保障体系，确定深圳转型期总体规划设施

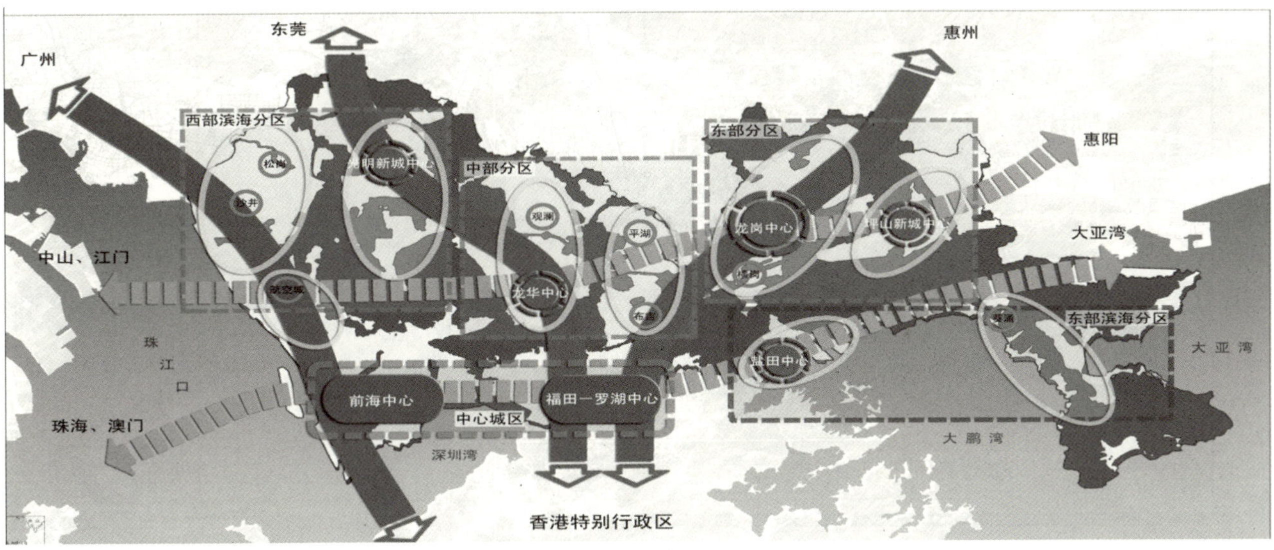

▲深圳市城市布局结构规划图

所需要的六大类创新性政策和体制保障。

【潮州市城市总体规划纲要（修编，2006~2020）】 2005年8月，潮州市启动城市总体规划的修编工作，并于2008年4月完成总规纲要评审稿。2008年12月，广东省建设厅会同潮州市政府在潮州召开总规纲要的专家审查会，认为该规划成果工作扎实、资料丰富、基本达到《城市规划编制办法》的要求，予以原则通过。

此次规划修编充分考虑粤东地区城镇协调发展的需要，并结合潮州历史文化特色，提出潮州的城市性质为：粤东经济次中心；国家级历史文化名城；以地方特色产业、高新技术产业和现代服务业为主导产业的现代化生态宜居城市。

在城市发展规模方面，本次规划修编在综合考虑以往潮州人口和用地增长趋势的条件下，对未来潮州社会经济发展对人口及用地增长的影响进行分析，确定潮州中心城区2020年总人口规模控制在90万人以内，比2006年增加34万人，人均城市建设用地规模控制在100平方米以内，比2006年人均城市建设用地规模略有减少。

此次规划修编在空间管制规划方面做了有益的尝试。规划结合潮州自然历史现状，以生态安全为基底，分析确定潮州中心城区的空间增长边界，并在此基础上，确定禁建区、限建区、适建区和已建区的范围，提出管制的原则和策略。

在总体空间布局方面，结合潮州依山傍江的城市特点，在空间管制分区的基础上，提出“发展东部、完善中部、整合西部”的城市发展策略，形成“一江两岸、依山环洲、四轴三片区”的空间布局。

此次评审通过的潮州市城市总体规划纲要体现了潮州的历史文化名城的人文特色，依山傍江的自然特点，综合考虑了区域协调和城乡统筹的客观需要，提出的城市发展性质、空间发展策略、空间分区管制、空间布局方案具有很强的针对性，对于有效指导成果的编制具有积极的意义。

【肇庆市城市总体规划（2007~2020）】 为适应区域发展新形势、更好的指导城市建设，肇庆市开展了城市总体规划的修编工作，规划纲要成果于2008年12月通过专家评审。

规划从市域、中心区域、中心城区三个层面对肇庆市的发展进行深入分析和论证，其中中心区域协调发展规划、一江两岸规划、风景名胜和历史文化名城保护规划等内容充分体现了肇庆的城市特色，具有一定的创新。

规划确定肇庆市的城市性质为：广东省通往西南地区的门户，珠江三角洲地区性中心城市，以电子信息、装备制造业等产业为主导的制造业基地，国家级历史文化名城和风景旅游城市。

城市人口规模　2020年中心城区总人口为95万人；建设用地规模：2020年中心城区控制在98平方

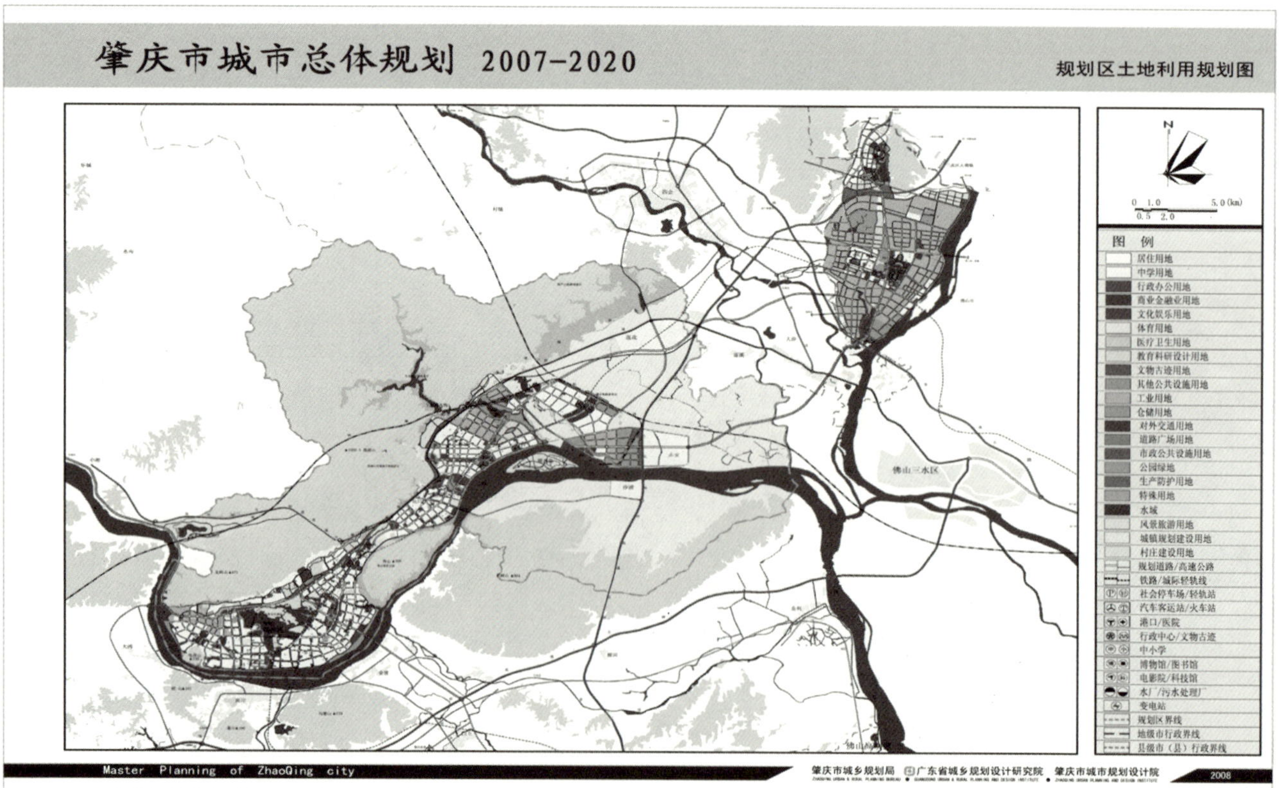

▲肇庆市城市总体规划规划区土地利用规划图

公里内，人均建设用地面积在105平方米内。

中心城区规划结构　构建“一轴两组团多片区”的空间结构。“一轴”是以星湖大道—鼎湖大道为依托，形成从端州向东拓展的城市发展主轴。“两组团”是指端州和鼎湖两个城市组团。“多片区”是指根据城市自然环境特点，结合自然山系，滨江特色以及星湖等要素的吸引力，形成以亲山发展、滨江发展和环星湖发展为依托的多个城市发展片区，通过交通的疏导以及城市功能的梳理，强化自然山水与城市之间的有机联系，由绿化廊道或城市通廊将各城市片区有机联系在一起。

【产业园区规划编制和审批】 2008年，广东省建设厅按照《广东省产业园区规划制定的指导意见（试行）》的有关要求，共完成深圳南山（龙川）等14个产业转移工业园申报认定（包括初次认定和整合认定）的园区规划审查工作。通过对园区规划的严格把关，确保了工业园选址的科学合理，统筹了工业园的基础设施建设，优化了工业园的用地布局，引导了工业园的集约发展和有序开发，认真履行了“省推进产业转移和劳动力转移工作领导小组成员单位”的工作职责。

【佛山（云浮）产业转移工业园】 位于云浮城区东北部，由原佛山禅城（云城都杨）产业转移工业园和原云浮市初城民营科技园整合而成，园区面积39.6平方公里，其中首期开发建设用地12.1平方公里。园区地理位置优越，广梧高速、揭茂高速、南广高铁、西江航道等众多区域性交通基础设施途经园区，缩短了园区与珠三角等经济发达地区的时空距离。

园区定位为“面向佛山、珠三角或者国内外其他地区的产业转移，以专业机械制造、金属材料加工与制品、新型建材等为主导，集研发、展销、物流功能为一体的现代化生态型工业园区”。园区规划结构为“一核一轴两心两片”，形态大致呈“L”状，与云浮中心城

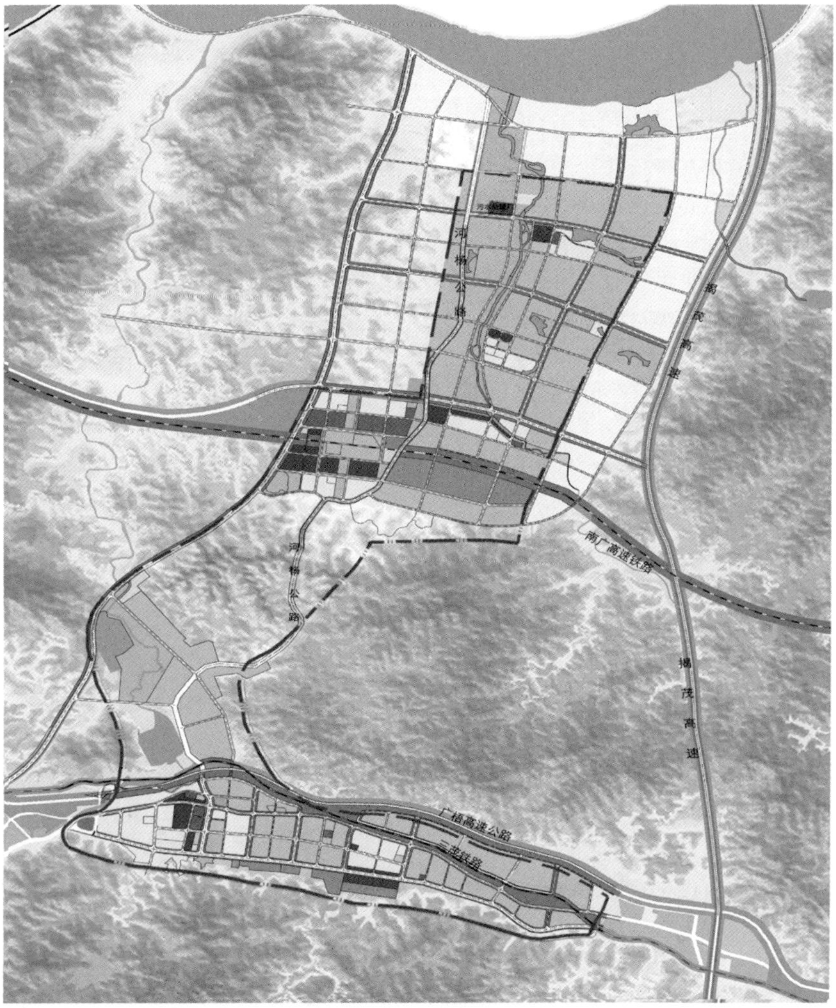

▲佛山(云浮)产业转移工业园总体规划

▲汕头市产业转移工业园总体规划

区形成“西城东园”的良好互动空间格局。

【江门市产业转移工业园】 分为恩平园区和开平园区。恩平园区位于恩平市中心城区的南部，规划面积414.97公顷，重点发展电子信息产业和五金机械产业；开平园区位于开平市中心城区以北的国营石榴塘农场一带，规划面积593.93公顷，重点发展电子、电器、水暖卫浴及五金产业。

江门产业转移工业园总体呈“一轴两区多组团”的空间结构。“一轴”为佛开高速、开阳高速及325国道组成的交通、产业发展轴线；“两区”分别为恩平园区、开平园区，每个园区均按工业城的多功能组合模式规划布局用地；“多组团”为恩平园区与开平园区内部各自形成的多个组团，组团的建设以“规划一片、开发一片、落户一片、成功一片”为推进方式，形成园区有序建设的弹性开发。

【汕头市产业转移工业园】 位于广东省东部沿海地区，以规划建设中的汕头市工业经济带为空间载体，依托汕头保税区及广澳、海门港区，用地面积21.84平方公里。工业园以“现代化滨海工业新城”为发展定位。园区承接发展以电子信息业、装备制造业为主，纺织服装业为辅的产业，打造承接珠三角、台湾及国内外其他先进地区产业转移的重要载体。园区形成“一园四区、联动拓展”的空间结构，中远期还将进一步拓展用地，实现集聚发展。园区于2009年3月获批为省示范性产业转移工业园，将建设成为广东省东部沿海的集工业生产、保税物流、研发创新、公共服务等于一体的环境优美的“现代化滨海工业新城”，成为汕头市新的经济增长极。

【东莞（韶关）产业转移工业园】 位于韶关市区西部，由浈江、沐溪—阳山、甘棠—乌泥角和曲江等四个片区组成。规划建设用地面积2863.11公顷。

规划整合本地优势产业和珠三角转移产业，重点发展机械装备制造、电子信息、玩具制造产业，坚持低污染、低消耗、循环利用的生态型发展原则，利用先进技术改造提升传统产业，建设成为拉动粤北及粤赣湘交界地区经济发展的增长极之一、促进粤北地区工业化水平提升的示范产业园区、促进韶关市

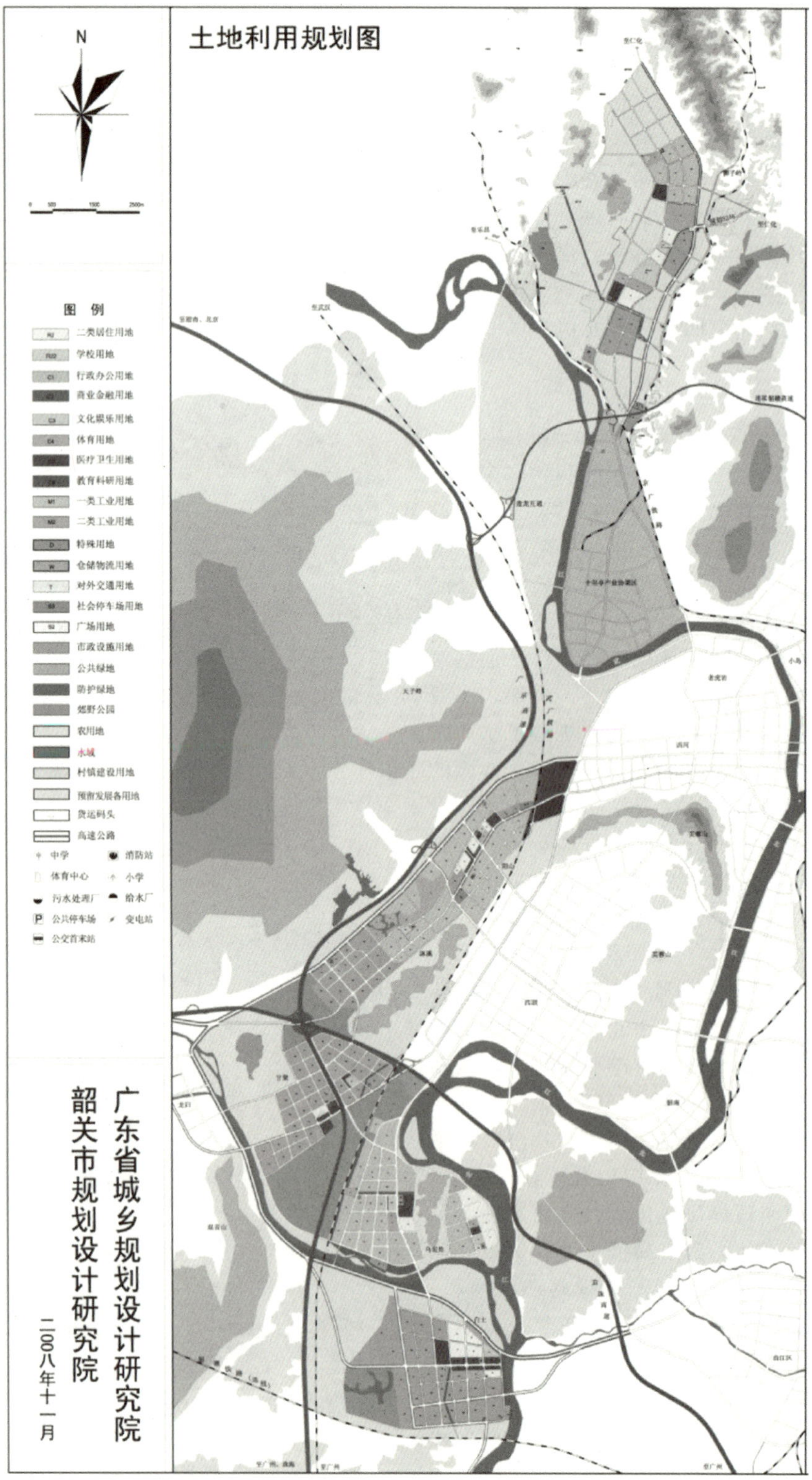

▲东莞(韶关)产业转移工业园总体规划

经济发展和城市化水平提升的山区生态产业园区、资源节约和节能环保的循环经济产业园区。

规划园区空间布局为“一轴二廊四片区”。一轴：省道246和国道323组成的南北走向交通干道；二廊：生态格局上依托武江、北江，大岭山、观音山形成的生态廊道；四片区：浈江、沐溪—阳山、甘棠—乌泥角和曲江等4个片区依托交通网络布局，围绕各自产业发展定位，互动发展产业和生活服务空间。 *（唐　卉）*

规划管理

【概况】 2008年，广东省政府主持召开广东省城乡规划委员会第一次全体会议，审议通过《广东省城乡规划委员会章程》，成立广东省城乡规划委员会，推进省级规划管理步入科学民主进程。为贯彻落实省委、省政府《关于推进产业转移和劳动力转移的决定》的精神，规范省产业转移工业园的规划认定工作，省建设厅印发《广东省产业园区规划制定的指导意见（试行）》，并完成深圳南山（龙川）等14个产业转移工业园申报认定的园区规划审查工作，加强产业园区规划指导，引导和推动省产业转移工业园集约节约科学发展。此外，按照《关于开展城乡规划效能监察专项检查的通知》，省建设厅联合省监察厅组成检查小组，抽选15个城市，开展城乡规划效能专项检查工作，进一步强化全省依法制定、实施规划的意识，提高了城乡规划的地位和权威。

▲2008年10月22日，广东省城乡规划委员会第一次会议召开

省建设厅城乡规划处供稿

【广东省城乡规划委员会】 为加强省域层面的区域协调，提高省域及次区域规划制定和实施的科学性和民主性，全面提高城乡规划统筹能力和管理水平，根据《广东省人民政府办公厅关于设立广东省城乡规划委员会的通知》精神，广东省建设厅组织草拟了《广东省城乡规划委员会章程》，确定省城乡规划委员会的性质、主要职责、构成、设置以及议事规则等内容。2008年10月22日，省政府召开省城乡规划委员会第一次会议，审议通过《广东省城乡规划委员会章程》。省城乡规划委员会主任由黄华华省长兼任；分管副省长、省军区领导兼任副主任；省政府分管副秘书长兼任秘书长；省建设厅厅长兼任执行秘书长；省直各部门主要领导和广州军区分管领导任委员。《广东省城乡规划委员会章程》明确了省城乡规划委员会是统一指导、协调、监督全省城乡规划工作的议事协调机构，其主要职责是对影响全省城镇发展的重要事项进行审议、协调，包括对区域城镇体系规划、省会城市和经济特区城市总体规划的报批，区域性重大项目的选址，区域绿地、基础设施通道等空间管治区的划定和管理问题，以及对相关城市、部门在城乡规划方面的分歧、矛盾进行调节、仲裁等。省城乡规划委员会的成立，进一步提高了省域及次区域规划制定和实施的科学性和民主性，增强了省域层面的区域协调与城乡规划统筹能力，标志着省级规划管理步入科学民主进程。

【《广东省产业园区规划制定的指导意见》制定并实施】 为贯彻落实《中共广东省委、广东省人民政府关于推进产业转移和劳动力转移的决定》的精神，更好地发挥城乡规划在产业布局上的先导统筹作用，实现产业园区布局合理、产业集聚、资源节约、科学发展的目标，广东省建设厅以《城乡规划法》、《城市规划编制办法》、《广东省城市控制性详细规划管理条例》等为指南，结合全省实际，制定并印发《广东省产业园区规划制定的指导意见（试行）》。《指导意见》提出了产业园区集聚、高效、可持续发展的指导思想，明确了产业园区规划组织制定和实施管理的具体要求，建立了产业园区开发建设的定量管治指标体系。《指导意见》的实施促进了产业园区规划成果质量的提高，也规范了省建设厅对省产业转移工业园认定的规划审查工作，更填补了国家和省在产业园区规划编制方面规范性文件缺失的空白。

【城乡规划效能监察】 2008年，广东省建设厅认真贯彻落实建设部、监察部《关于开展城乡规划效能监察的通知》等有关要求，积极推进城乡规划效能监察工作。

2008年，为进一步贯彻实施《城乡规划法》，切实加强城乡规划管理，增强城乡规划的严肃性和权威性，按照住房和城乡建设部、监察部《关于开展第二次城乡规划效能监察工作绩效考核的通知》的有关要求，省建设厅先后联合省监察厅下发《关于开展城乡规划效能监察专项检查的通知》、《关于开展房地产市场调控政策、城乡规划效能执行情况监督检查工作的通知》等政策文件，要求各地市严格按照检查要求，认真做好自查工作并及时上报自查材料，以备接受全省综合考评。在自查的基础上，省建设厅与省监察厅组成联合检查小组，抽选15个城市，开展城乡规划效能专项检查工作。同时，按照住房和城乡建设部关于开展第二次城乡规划效能监察工作绩效考核的要求，对全省城乡规划效能监察工作进行自查自评，并将自评结果上报住房和城乡建设部城乡规划效能监察领导小组办公室，接受建设部的效能监察。通过开展城乡规划效能监察工作，依法制定、实施规划的意识得到全面加强，城乡规划的法律地位得到全面提高。 *(唐 卉)*

规划实施

【概况】 2008年，广东省建设厅通过开展规划实施评估工作，建立起规划编制—实施—评估—修正—提高的动态循环机制，强化了规划的综合统筹作用、提升了规划的编制质量和实施效果，同时也维护了规划的严肃性和科学性。通过建设项目选址意见书的核发，从规划上对建设项目加以引导和控制，以合理的空间安排确保土地资源的合理利用及建设项目服从城市的全局和长远发展，避免各自为政，无序建设；同时为项目审批或核准提供依据。按照《珠江三角洲城镇群规划管理条例》的要求，省建设厅组织建立省实施珠江三角洲城镇群协调发展规划联席会议、珠三角城乡规划督察员巡察等一系列制度，为推动《珠江三角洲城镇群协调发展规划》的顺利实施提供制度保障。为落实《珠江三角洲城镇群协调发展规划》确定的保育8300平方公里生态用地总量，以及“一环、一带、三核、网状廊道”区域绿地总体框架的要求，经省政府同意，省建设厅印发《珠江三角洲区域绿地划定及管理工作方案》，并制定和颁布《珠江三角洲区域绿地划定技术要点》，指导珠江三角洲各市开展区域绿地划定工作。

【珠江三角洲城镇群规划联席会议】 广东省建设厅按照《珠江三角洲城镇群协调发展规划实施条例》的规定，制订了实施《珠江三角洲城镇群协调发展规划》协调会议制度的方案，经省政府审批同意，2008年7月省政府办公厅印发《关于建立省实施珠江三角洲城镇群协调发展规划联席会议制度的通知》。联席会议召集人由副省长林木声担任，成员由省直有关部门和珠江三角洲各地级以上市政府负责同志组成。联席会议主要职责是对确定具有区域性影响的建设项目、提请修编《珠江三角洲城镇群协调发展规划》等重大事项进行协商并作出决定。联席会议作为目前珠江三角洲最强有力的协调机制，对于整合资源，提高珠江三角洲整体竞争力将发挥重要作用。联席会议制度的建立，为推动珠江三角洲协调发展提供了极其重要的机制保障，标志着珠江三角洲城镇群协调发展将步入规范化、制度化轨道。在此机制框架下，省建设厅积极推进珠江三角洲城际地区之间的规划协调工作，包括深圳龙岗与东莞凤岗的道路系统衔接、中山坦洲与珠海的道路系统衔接等问题，主动为珠江三角洲地区协调发展服务。

【城乡规划实施评估】 2008年，广东省建设厅根据《城乡规划法》、《城市总体规划实施评估办法（试行）》的有关要求，促进指导汕头、高要、四会三市开展城市总体规划实施的评估工作，完成《汕头市城市总体规划（2002~2020）实施评估报告》、《〈高要市城市总体规划（1995~2010）〉实施评估报告》和《〈四会市城市总体规划（1994~2010）〉实施评估报告》。上述《评估报告》重点分析各类建设活动的现状情况，并着重通过现状情况与规划目标的对比，对规划目标的落实情况进行评析。《评估报告》还就规划实施的公共政策，包括土地、人口、产业、交通、环保等政策的制定和实施情况进行评估。同时，《评估报告》也对汕头、高要、四会三市城市总体规划的实施情况进行公众满意度调查，充分了解公众对规划实施的意见。对规划实施中存在的问题及原因，《评估报告》特别进行阐述，并提出修编中应该注意的问题以及修编的基本框架。省建设厅分别于2008年10月31日和11月28日组织专家对上述《评估报告》进行评审，并出具评审意见。以上三市是在《城乡规划法》出台后全省首批开展总体规划实施评估工作的城市。该项工作的开展为科学评估城市总体规划的实施状况，了解实施中存在的问题，为更好把握城市总体规划的修编方向提供参考，也为今后全省开展城市规划实施工作提供经验。至年底，汕头、高要、四会三市根据专家评审意见修改完善的《评估报告》已经完成，并分别作为三市城市总体规划修编申请的附件由汕头市及肇庆市人民政府提交省人民政府。

【重大建设项目规划选址审批】 《建设项目选址意见书》是城乡规

划实施的首要环节，是法定审批项目和划拨土地的前置条件。通过对《建设项目选址意见书》的核发，既可以从规划上对建设项目加以引导和控制，又可以为项目审批或核准提供依据。为此，广东省建设厅严格按照《行政许可法》的要求，加强对重大建设项目选址的规划指导和调控，认真做好由国家和省发展与改革行政主管部门审批、核准的建设项目的选址意见书核发工作。2008年，依法核发40多个重大建设项目规划选址意见书。同时，为推进重点项目建设，草拟了《关于优化选址意见书审批程序，为扩大内需促进经济增长提供保障服务的意见》，进一步规范建设项目选址工作，加强前置服务，建立绿色通道，简化项目选址意见书审批程序。

【珠江三角洲城乡规划督察员监督机制】 珠江三角洲城乡规划督察员巡察制度是实施《珠江三角洲城镇群协调发展规划》的一项监督机制，2008年7月，经广东省人民政府同意的《珠江三角洲城乡规划督察员巡察办法（试行）》正式印发施行，标志着这项监督机制的启动。根据该《巡察办法》的要求，省将向珠江三角洲各地级以上市派出城乡规划督察员，按照"到位不越位、监督不包办"的原则，对各市城乡规划的编制、审批、实施管理工作进行事前和事中的监督，及时发现、制止和查处违法违规行为，进一步加强珠江三角洲城乡规划的监督检查工作。

至2008年底，省建设厅根据《巡察办法》的要求，开展了系列相关工作。制定规划督察员的工作规程、管理细则，进一步明确规划督察员的选聘、工作制度和管理要求，明确工作职责等。下发《关于推荐珠江三角洲城乡规划督察员候选人的通知》，要求各地及有关科研院校按照要求推荐规划督察员候选人，尽快确定首批规划督察员候选人。分别与浙江、贵州、重庆、四川等省（市、区）建设厅（规划局）进行联系和沟通，对其城乡规划督察员制度的建立与运行情况进行了解，学习有益经验。做好规划督察员聘书和聘任会议的相关准备工作，推动规划督察员巡察工作。

【区域绿地划定工作】 《珠江三角洲城镇群协调发展规划》在宏观层面上确定珠江三角洲生态用地总量保育8300平方公里，以及"一环、一带、三核、网状廊道"区域绿地总体框架。这既是保障珠江三角洲区域生态安全，推动珠江三角洲可持续发展的有力手段，也是落实广东省委、省政府建设宜居城乡的重要举措。为此，省建设厅在深入调研的基础上，制订《珠江三角洲区域绿地划定及管理工作方案》，广泛征求省直有关部门意见并修改完善后，报送省政府。2008年8月，省政府同意由省建设厅冠以"经省人民政府同意"印发《珠江三角洲区域绿地划定及管理工作方案》，对珠江三角洲各市的区域绿地划定工作进行统一部署。为确保划定工作顺利开展，省建设厅制定《珠江三角洲区域绿地划定技术要点》，对珠江三角洲各市的区域绿地划定工作进行统一部署，并为划定工作提出统一的技术标准、划定方法、成果要求以及工作组织安排等。至2008年底，区域绿地划定工作在珠江三角洲各地级以上城市全面铺开。

（唐　卉）

规划研究

【概况】 2008年，广东省建设厅和香港特区政府发展局继续开展《大珠三角城镇群协调发展规划研究》工作，作为我国首个跨行政边界规划的研究，将为我国其他地区"一国两制"协调发展提供研究实证和经验借鉴。经粤港澳三方一致同意，澳门特区运输工务司加入课题研究，并新增《澳门与珠三角西岸协调发展专题研究》。为落实省委"深化粤港澳合作问题专题调研"的课题研究，三方共同开展"粤港澳合作发展空间战略规划研究"子课题研究。研究结果得到中共中央政治局委员、省委书记汪洋同志的肯定，并纳入《关于争当实践科学发展观排头兵的决定》等省委省政府的有关决策文件中。

【《大珠江三角洲城镇群协调发展规划研究》初步完成】 《大珠江三角洲城镇群协调发展规划研究》是经国家港澳办和粤港澳三地政府同意，广东省建设厅、香港发展局和澳门运输工务司三方在粤港城市规划及发展专责小组和粤澳城市规划及发展专责小组框架下首次合作开展的策略性区域规划研究，是中国第一个跨不同制度边界的空间协调研究。《规划研究》历时3年。按照《大珠江三角洲城镇群协调发展规划研究工作大纲》确定的研究目的和研究内容等要求，2006年3月，《规划研究》正式启动，具体工作委托北京大学和广东省城乡规划设计研究院承担，研究成果包括总报告和4个专题报告及24个子专题报告。经历3个研究阶段。在专题研究阶段（2006年3月至2007年11月），首先开展24个子专题研究，继而完成专题研究报告，形成初步研究结论；在技术报告编写阶段（2007年12月至2009年4月），根据2007年下半年以来国内外宏观形势发生的巨大变化以及《珠江三角洲地区改革发展规划纲要》（简称《规划纲要》）实施要求，在整合专题报告和为起草《规划纲要》提供素材的基础上充实研究重点，进一步完善研究结论；在成果汇总阶段（2009年4月至2009年7月），进一步强化研究特点，突出研究成果的前瞻性和创新性，形成本报告。其间，粤港、粤澳专责小组的专家组对各阶段研究成果进行审核，包括38位内地和港澳知名专家组成的专家顾问团对各阶段研究成果进行技术审查。至2008年底，在专题研究的基础上，初步完成《规划研究》技术报告的编写工作。

《规划研究》对影响粤港澳区域长远和可持续发展的问题，如邻接地区开发、跨界基础设施建设、区域环境保护与资源整合、区域协调发展机制等，进行深入研究和创新性探索，提出许多可行的建设性机制建议，为加强粤港澳合作，共同构建粤港澳一体化空间体系，促进形成大珠三角世界级都市圈具有重要意义。

【《粤港澳合作发展空间战略规划研究》出成果】 广东省建设厅根据中共广东省委《2008年解放思想学习讨论活动专题调研题目及领导分工安排》的工作要求，认真组织参与省委一号专题——"深化粤港澳合作问题专题调研"的课题研究，结合《大珠江三角洲城镇群协调发展规划研究》的初步成果，开展《粤港澳合作发展空间战略规划研究》子课题研究。按照省委省政府关于"以世界的眼光来谋划和推进粤港澳的全面融合"的要求和"从空间上为未来的粤港合作定好位，为粤港的共同繁荣发展谋划更大的发展空间"的战略思想，在对粤港澳合作空间发展现状深入评估的基础上，创造性地提出了为促进粤港澳空间一体化发展，将粤港澳三地建设成为"全球城市区域"的空间战略发展目标、主要任务、近期行动等。子课题研究报告在向省委主要领导进行汇报时，得到汪洋书记的肯定，认为是"下了大功夫"的成果。该课题研究成果的许多观点，例如探索建立一体化的空间规划体系、构建"大珠三角世界级城市群"、实施香港—深圳—广州—珠海—澳门"环珠江口湾区"重点行动计划等被纳入《中共广东省委、广东省人民政府关于推进与港澳更紧密合作的决定》等省委省政府的有关决策文件中。 *(唐　卉)*

城建档案

【概况】 2008年，广东省城建档案系统各项工作进展顺利。

推动法规建设，规范行业管理　转发住房和城乡建设部《2008年城乡建设档案工作要点》和《关于进一步加强城建档案管理工作的意见》，并结合实际提出全省贯彻实施的有关意见。委托广州市城建档案馆和东莞市城建档案馆牵头，组织各地区城建档案负责人及专家，开展《广东省城建档案管理办法》（暂名）的起草工作，并结合全国城建档案工作的法律法规，对初稿进行多次修改和完善。这标志着广东省第一部城建档案法规的制定工作开始启动。

扎实推进中小城市城建档案管理工作　针对全省中小城市城建档案管理薄弱的现象，省建设厅在东莞、中山、湛江等市城建档案馆的协助下，开展调查研究，制定并印发《关于加强全省中小城市（县、镇）城建档案工作的意见》，从加强对城建档案工作的领导、健全城建档案管理机构、保障城建档案管理经费、加强城建档案业务建设等方面提出贯彻实施意见，为强化中小城市城建档案管理提供有力的政策支持。

指导省城建档案研究会做好有关工作　省城建档案研究会作为城建档案学术研究和交流的省级社会团体，是联系专家、学者和城建档案行业工作者的桥梁和纽带。2008年，研究会与省建设厅联合启动《广东省城建档案工作简报》的编印工作，推进城建档案行业信息和各地工作经验的交流。省建设厅指导研究会组织第四次全省城建档案行业优秀论文评选活动，并推荐有关论文参加第四次全国城建档案行业优秀论文评选。举办省城建档案研究会第四次会员代表大会暨换届大会，选出新的领导班子，为加强城建档案研究会的工作奠定基础。

【城建档案馆的建设与管理】 2008年，广东省大部分市级城建档案馆持续推进信息化建设工程，将城建档案信息化工作作为各级各类城建档案管理部门的中心工作。由于受经济条件和技术力量等因素的影响，珠江三角洲地区城建档案馆的信息化建设总体水平要高于粤东、粤西和粤北山区。东莞市城建档案馆这一年开始进行"东莞市数字城建档案馆"系统第一期的开发建设。珠海市城建档案馆作为住房和城乡建设部城建档案信息化建设试点单位，这一年还开展建设电子文件长期保存技术的研究工作，该项目已被列入《住房和城乡建设部2008年科学技术项目计划》。

各地城建档案馆结合工作实际，加强规范性文件的编制与修订工作，使城建档案法律法规得到进一步完善。广州市城市建设档案馆负责编制的第三个全国性行业标准《城建电子文件与电子档案管理规范》于这年1月1日颁布实施。深圳市城建档案馆成立立法小组，研究拟定《深圳市城建档案管理办法》，其送审稿已报送市法制办。

是年，省城建档案研究会和珠海市城建档案馆按照住房和城乡建设部《建设电子文件与电子档案管理规范》及珠海市《关于推行建设工程电子文件归档的通知》要求，在珠海举办《建设工程电子文件归档》学习班，帮助各建设、施工企业做好建设工程电子文件归档工作，正确填报建设工程电子文件及移交建设电子文件，取得较好效果。 *(唐　卉)*

城市雕塑

【概况】 2008年，广东省建设厅协助全国城市雕塑建设指导委员会开展"2008年度全国优秀城市雕塑建设项目”评选活动，并向全省21个地级以上市收集作品68件，其中惠州市《客家女》和深圳市《青春的足迹》获优秀奖。转发全国城市雕塑建设指导委员会的有关文件中，结合广东省实际要求各地从规划入手，尽早将城市雕塑建设纳入规划管理体系，进一步健全城市雕塑管理机构和制度。

【城市雕塑建设管理】 广东省各地级以上市的规划行政主管部门负责本市行政区域内的城市雕塑规划建设管理工作，广州、深圳、茂名等市还成立城市雕塑艺术委员会、城市雕塑规划建设管理办公室等专门的管理机构。至2008年底，全省21个地级以上市中已有广州、深圳、惠州、江门等市编制了市区城市雕塑规划，东莞、韶关和梅州等市编制了市区重要片区、地段的城市雕塑规划。全省大多数城市均以《城市雕塑建设管理办法》为指南，严格执行“一书两证”的规划管理制度，抓住城市雕塑选址、雕塑用地规划、雕塑工程规划等几个重要环节，逐步将城市雕塑规划建设的管理纳入规范轨道。

【优秀城市雕塑作品】 广东省城市雕塑作品题材丰富、表现形式多样，在纪念性雕塑、景观性雕塑、

▲五羊石像　省建设厅城乡规划处供稿

▲孺子牛　　省建设厅城乡规划处供稿

纪实性雕塑、住区雕塑、标志性雕塑、民俗雕塑、人物或名人雕塑等方面均有优秀的代表作品。

纪念性雕塑　典型代表为“广州起义烈士纪念碑”。该城市雕塑于1987年建成，现立于广州市烈士陵园。

景观性雕塑　典型代表为“回旋”、“伸展”、“失重”、“深潜”等城市雕塑，该系列城市雕塑于2000年建成，现立于广州艺术博物院。

纪实性雕塑　典型代表为“深圳人的一天”。该大型城市雕塑群于1999年兴建，2004年在第三届全国城市雕塑建设成就展上，被建设部、文化部授予全国城市雕塑建设成就特别奖，现立于深圳市福田区园岭社区。

住区雕塑　典型代表为“世纪婚礼”，该城市雕塑于2005年建成，现立于佛山市顺德区大良北区居委。

标志性雕塑　典型代表为“五羊石像”和“孺子牛”。“五羊石像”雕塑于1959年建成，1987年获首届全国城市雕塑优秀奖，现立于广州市越秀山。“孺子牛”雕塑于1984年建成，现立于深圳市政府的大楼前。

民俗雕塑　典型代表为“成语故事系列”和“客家女”城市雕塑。“成语故事系列”城市雕塑于2005年建成，2006年获2005年度全国优秀城市雕塑建设项目优秀奖，现立于韶关市新北江路。“客家女”雕塑坐落在惠州市东江公园，高约10米，前宽6米，侧宽5米，为铸铜雕塑。该雕塑获2008年度全国优秀城市雕塑建设项目优秀奖。

人物或名人雕塑　典型代表为“孙中山纪念像”和“邓小平纪念像”。“孙中山纪念像”雕塑于1958年建成，1987年获首届全国城市雕塑优秀奖，现立于广州市中山纪念堂。“邓小平纪念像”雕塑于2001年建成，2004年在第三届全国城市雕塑建设成就展上，被建设部、文化部授予全国城市雕塑优秀作品奖，现立于深圳市莲花山公园山顶。

(唐　卉)

机构选介

【广东省城市规划协会】 成立于1995年，是由省内城市规划管理、城市规划设计、城市规划教育、城市勘测等单位与个人自愿结成的行业性非营利社团组织。协会成立以来，编制《广东省建设蓝皮书》、《广东省城市规划指引》等系列成果；开展“广东省优秀城乡规划设

计评选”、“大珠三角城镇群规划与管理论坛”、“广东省城市规划年会”、“2007粤港优秀城乡规划设计展览”、“粤澳城市规划研习班”等活动。

协会编辑出版会刊《区域与城市规划》，发布《建筑施工指引》、《汶川灾后重建规划指引》等，较好地发挥了政府的参谋和助手、积极为基层服务的作用。

【广州市城市规划编制研究中心】 成立于2000年6月，是隶属于广州市城市规划局的副局级规划政策研究机构，是全国第一个成立的代表市人民政府开展城市规划研究及编制组织的单位。

该中心主要任务是开展城市长远发展战略研究，制定城市发展战略规划；制定每年城市规划工作计划；承担重大规划项目的前期研究；组织编制城市规划法定图则；负责重大规划和建筑项目的设计招标组织工作；制定城市设计和实施规划的政策与技术标准，负责将规划技术文件转化为规划管理文件。同时编研中心担负着对城市规划编制、实施管理政策进行评价，并及时对城市建设发展中出现的难点、热点问题进行研究，提出解决问题的策略和措施，为规划管理工作提供有力的技术保障，成为城市规划编制、实施管理的纽带。

【深圳市城市规划发展研究中心】 成立于2008年6月。主要职能包括：承担深圳城市发展策略、总体规划、近期建设规划、分区规划、法定图则的具体编制工作；承担深圳城市规划政策研究和专项规划工作；承担深圳城市规划设计地方性技术规范的研究与制（修）订工作；承担全市各类城市规划设计研究项目成果的收集整理，与有关部门共同建立和维护城市规划设计及研究成果的信息管理系统；提供其他有利于加强和完善城市规划管理的技术服务工作。

该中心成立以来，承担31项法定图则的编制工作和建设部规划司委托的《控制性详细规划编制与管理办法课题研究》，以及《深圳现代制造业空间布局规划研究》、《深圳市城市总体规划实施方案》、《近期建设规划2010年度实施计划》、《深圳市工业区基础信息调查及改造策略研究》、《深圳市城市更新总体规划》、《深港边界地区整体发展策略》、《城市规划“一张图”管理体系综合研究及四大新城试点》、《内伶仃岛保护与开发策略研究》和《深圳市前期费计划项目计费标准研究》等22项专项研究，参与省建设厅组织的《珠三角城市规划一体化规划》研究工作。

【广州市城市规划勘测设计研究院】 成立于1953年，是华南地区规模最大的规划勘测设计高新技术单位之一，服务范围涵盖城市规划、测量与地理信息工程、建筑设计、市政规划与设计、岩土工程、工程咨询、工程监理、工程代建、工程总承包等领域，具有10项甲级资质，具备向政府、社会和公众提供工程建设全过程一站式专业技术服务的雄厚实力。

城市规划专业汇集了来自国内外名校的城市规划、建筑学、生态环境、市政工程、景观等专业技术精英200余人，在长期服务于广州城市建设过程中，成为广州市城市总体规划、广州2010年亚运会、城市轨道交通建设、五维数字广州等重大规划建设项目的骨干技术力量。该院立足广州、依托珠三角、面向全国，积极参与全国各地的城市规划编制与咨询服务。该院秉承“创新求是”的理念，以法定规划的总体规划和详细规划为依托，积极探索城市设计、土地利用总体规划、村镇规划、专项规划等多种规划类型的编制方法，开展城市总体概念规划、地下空间综合规划、住房建设规划、新农村规划、色彩规划、城市竖向控制规划等新的规划类型编制。

该院坚持“科技兴院”的立院方针，注重产研结合，先后获市级以上工程奖项500余项。其中，广东奥林匹克中心详细规划获国家金质奖，中国1厘米精度城市大地水准面及高精度三维大地测量基准研究获部级测绘科技进步一等奖。

（唐　卉）

城市建设

□ 全省建成污水处理厂一百七十五座

□ 无害化垃圾焚烧处理厂十六座

□ 国家园林城市十三个

□ 国家级风景名胜区七个

□ 历年获中国人居环境范例奖十二项

综　　述

【概况】　广东省城市建设管理部门及其主管的城市供水、供气、公共交通、排水、污水处理、市容环境卫生和城市园林绿化等行业，充分发挥城市经济和社会发展重要载体的积极作用，为提高人民群众生活质量和城市经济社会的可持续发展作出重要贡献。

改革开放后，全省城市建设投资逐年增加。与1978年相比，2007年城市市政公用设施建设固定资产投资完成额349.67亿元，增长682倍；城市供水能力达3292.2万立方米/日，增长16倍；城市道路里程29327公里，增长42倍；城市桥梁（含立交桥）5436座，增长25倍；用气普及率78.96%，提高75.73个百分点；城市排水管道长30629公里，增长31倍；城市污水处理从无到有，处理能力达736.6万立方米/日，污水处理率为55%。经过29年的大规模建设，城市基础设施水平全面提高，饮水难、行路难、乘车难、上厕难、用气难等困扰群众的老问题已基本解决，为全省国民经济的快速发展和人民生活水平的不断提高奠定了坚实基础。

1985年中共广东省委、省政府发出“十年绿化全省”的号召，根据广东省的绿化达标标准，全省各市大力推进园林绿化建设，到1999年末，全省城市全部实现基本实现省政府提出的城镇规划建设管理“南粤杯”、“岭南杯”近期目标，城镇脏乱差状况有了明显的改善，环境质量有了较大提高。1992年，深圳市获联合国“人居奖”；1996年，佛山市获联合国“全球人类住宅最佳范例奖”；1997年，中山市获联合国“人居奖”；1998年，珠海市获联合国“国际改善居住环境最佳行动奖”。

全省城市积极参与园林城市、卫生城市、国家环境保护模范城市、城市畅通工程管理等多种考评活动，不断改善人民生活居住环境，提高生活水平，并取得可观成绩。被授予“国家园林城市”称号的有：广州、深圳、珠海、佛山、惠州、东莞、中山、江门、湛江、茂名、肇庆、潮州、开平等13个城市；被授予“广东省园林城市”称号的有：汕头、韶关、河源、梅州等4个城市；获得“国家卫生城市”称号的有：广州、深圳、珠海、汕头、佛山、惠州、中山、东莞、江门、肇庆等10个城市；获得“广东省卫生城市”称号的有：韶关、阳江、湛江、茂名、清远、潮州、河源、梅州等8个城市；获得“国家环境保护模范城市”称号的有：广州、深圳、珠海、汕头、佛山、惠州、中山、江门、肇庆等9个城市。

2008年，全省有设市城市44个（其中地级以上城市21个，县级市23个），县城44个；全省城市市区人口6031.04万人，市区暂住人口1458.55万人，城区人口3289.17万人，城区暂住人口1091.96万人；全省市区面积80240.71平方公里，城区面积18485.78平方公里，其中建成区面积4132.63平方公里；全省城市建设用地面积3943.09平方公里；全省市政公用设施建设实际固定资产投资完成额385.53亿元；城市燃气普及率94%，自来水普及率94%，污水集中处理率66%，生活垃圾无害化处理率65%，人均城市道路面积12平方米，每万人拥有公共交通车辆10标台，全省城市建成区绿化覆盖率40%，人均拥有公园绿地面积11.5平方米。（陈辅淳）

【奥运反恐安全防范】　2008年奥运期间，广东省建设厅加大市政基础设施全行业的检查、督查力度，采取不打招呼、突击抽查的方式，分片区对广州、深圳、佛山等中心城市的公交、地铁、燃气、供水、公园、风景名胜区等行业共20多家企业、30多处重大市政设施项目的安全防范工作进行检查、督查。对检查中发现的问题，要求被检查单位在规定期限内提供书面整改材料。因工作成效显著，省建设厅获全省“奥运反恐先进单位”称号。

2008年广东省城市建设设施水平与全国对比情况

指　标	全国城市平均设施水平	广东省城市平均设施水平	设施水平对比（+/−）
人口密度	2080（人／平方公里）	2370（人／平方公里）	+13.94%
人均日生活用水量	178.19（升）	252.03（升）	+73.84（升）
燃气普及率	89.55%	93.94%	+4.39百分点
每万人拥有公共交通车辆	11.13（标台）	9.79（标台）	−1.34（标台）
人均道路面积	12.21（平方米）	11.65（平方米）	−0.56（平方米）
污水处理率	70.16%	66.23%	−3.93百分点
生活垃圾无害化处理率	66.76%	65.00%	−1.76百分点
建城区绿化覆盖率	37.37%	40.31%	+2.94百分点
建城区绿地率	33.29%	36.18%	+2.89百分点
人均公园绿地面积	9.71（平方米）	11.46（平方米）	+1.75（平方米）

注：该表各项人均指标除人均日生活用水量外，均是以城区人口和城区暂住人口合计为分母计算。

2008 年广东省城市市政公用设施情况

（含暂住人口）

地区名称	人口密度（人/平方公里）	人均日生活用水量（升）	用水普及率（%）	燃气普及率（%）	每万人拥有公交车辆（标台）	人均城市道路面积（平方米）	排水管道密度（公里/平方公里）	建成区（平方公里）	污水处理率（%）	污水处理厂集中处理率（%）	人均公园绿地面积（平方米）	建成区绿化覆盖率（%）	建成区绿地率（%）	生活垃圾处理率（%）	生活垃圾无害化处理率（%）
全　省	2370	252.03	93.97	93.94	9.79	11.65	1.74	7.79	66.23	45.77	11.46	40.31	36.18	91.01	63.87
广州市	2304	336.94	99.71	99.10	13.79	10.50	1.50	6.46	75.09	75.09	9.72	37.71	34.41	100.00	81.10
增城市	4976	510.37	73.47	71.37	5.65	10.08	4.12	9.04	45.34	22.67	13.93	48.50	43.46	50.53	0.00
从化市	9724	255.42	65.82	98.72	2.84	4.65	6.40	0.00	53.88	17.96	15.75	0.00	0.00	100.00	0.00
韶关市	291	236.10	97.87	92.62	5.27	11.67	0.22	5.39	67.74	58.89	11.58	44.20	40.70	100.00	78.28
乐昌市	9429	106.46	84.85	67.88	0.48	1.82	1.23	3.50	86.96	43.48	4.09	36.50	31.54	100.00	0.00
南雄市	3571	128.24	95.76	63.53	2.47	7.53	1.64	3.66	38.81	38.81	12.82	26.90	14.62	99.68	0.00
深圳市	4490	274.49	80.79	90.48	14.93	9.84	3.51	8.70	62.67	47.94	16.20	45.02	39.13	94.17	94.17
珠海市	1133	401.94	98.84	98.48	15.25	24.85	1.37	9.93	66.85	66.85	12.92	45.03	39.84	72.16	72.16
汕头市	3658	186.22	98.75	97.68	3.37	11.03	2.70	9.62	31.10	31.10	11.75	36.48	34.30	64.01	64.01
佛山市	3578	243.08	100.00	97.89	15.75	10.46	2.43	9.46	79.15	79.15	8.10	36.21	34.12	94.53	94.53
江门市	1975	208.76	96.91	96.91	6.30	14.75	1.96	9.91	33.34	33.34	7.50	40.54	38.22	100.00	65.23
台山市	5879	218.19	100.00	97.99	2.94	10.67	6.82	9.62	57.63	57.63	14.48	35.51	34.15	100.00	0.00
开平市	1754	245.78	99.17	98.76	4.13	12.64	2.22	11.20	68.75	40.63	6.49	40.69	36.53	99.07	0.00
鹤山市	3517	193.37	100.00	94.00	2.78	22.54	4.82	10.90	28.48	28.48	9.53	33.75	32.60	100.00	0.00
恩平市	1997	184.89	90.50	90.50	0.40	11.33	2.06	8.40	0.00	0.00	8.42	52.58	22.74	100.00	0.00
湛江市	8361	231.10	99.12	94.47	12.45	22.15	5.37	5.37	62.88	62.88	12.50	45.71	40.64	97.33	97.33
廉江市	1171	148.24	87.65	84.88	0.77	10.34	1.12	10.05	0.00	0.00	34.26	51.19	50.70	94.65	0.00
雷州市	4444	141.34	62.21	75.58	1.45	6.40	1.42	2.63	0.00	0.00	8.31	46.55	11.02	95.29	0.00
吴川市	5008	197.06	73.05	67.64	1.14	9.63	3.25	7.06	0.00	0.00	11.09	30.53	28.29	94.07	0.00
茂名市	4366	218.74	100.00	97.61	2.67	7.85	2.44	4.12	64.82	64.82	9.16	44.66	40.47	95.32	0.00
高州市	2007	172.63	97.81	96.41	0.70	4.70	0.79	8.18	0.00	0.00	4.38	43.73	35.69	98.57	0.00
化州市	4478	158.04	100.00	99.00	0.71	3.57	1.33	3.23	0.00	0.00	4.91	26.21	21.37	100.00	0.00
信宜市	3665	143.41	96.65	95.34	1.31	4.07	1.52	4.45	0.00	0.00	6.99	39.55	27.27	99.60	0.00
肇庆市	1317	266.65	99.90	93.71	4.84	14.52	1.35	7.44	71.01	54.53	21.14	39.68	34.02	96.65	84.35
高要市	1822	175.52	96.34	96.34	0.83	11.17	1.27	5.51	87.73	44.09	17.86	43.62	41.88	73.21	73.21
四会市	4458	192.43	94.21	97.35	2.60	16.51	4.36	8.83	55.23	38.00	9.06	25.24	22.20	83.83	0.00
惠州市	1403	221.35	92.94	86.53	5.69	11.80	1.07	7.02	59.64	51.66	8.15	31.45	28.04	86.48	86.48
梅州市	9559	183.10	95.45	92.01	5.55	15.83	8.69	8.69	83.11	80.90	11.69	42.64	36.23	100.00	100.00
兴宁市	2209	107.81	80.43	72.20	1.65	10.77	5.23	38.36	0.00	0.00	7.86	29.03	35.52	98.89	0.00
汕尾市	596	170.10	91.55	93.04	3.40	8.58	0.45	13.96	0.00	0.00	3.60	29.63	28.36	101.22	0.00
陆丰市	3720	151.23	96.02	82.72	1.63	9.27	2.89	8.13	0.00	0.00	1.15	31.31	30.26	100.00	0.00
河源市	10825	240.76	91.31	91.31	10.51	9.24	0.63	0.63	64.61	64.61	8.41	41.00	37.32	0.00	0.00
阳江市	10499	335.62	95.49	90.36	0.00	6.67	7.31	7.31	97.16	97.16	9.19	29.03	28.35	77.60	77.60
阳春市	606	261.20	98.93	79.94	3.16	6.31	0.34	5.85	87.05	82.95	8.60	35.50	32.50	0.00	0.00
清远市	545	163.48	99.01	63.66	6.46	6.30	0.24	5.35	38.18	38.18	6.46	37.17	34.08	100.00	100.00
英德市	537	92.15	62.86	65.14	21.31	11.77	0.45	6.88	48.86	48.86	7.14	34.72	35.70	0.00	0.00
连州市	2036	168.15	49.11	88.28	1.41	23.76	1.73	10.66	0.00	0.00	4.79	34.75	31.58	0.00	0.00
东莞市	2951	217.30	99.93	96.91	7.39	15.12	2.19	7.92	84.95	17.69	12.12	43.35	40.26	97.34	29.02
中山市	2520	211.09	100.04	100.00	16.20	13.38	2.37	7.98	93.08	86.68	8.70	35.63	32.69	100.00	100.00
潮州市	9338	181.26	100.00	100.00	4.21	10.05	7.32	7.32	76.95	76.95	10.28	41.70	37.31	100.00	100.00
揭阳市	4205	85.39	97.00	88.69	1.52	4.44	0.92	3.55	0.00	0.00	12.22	32.26	32.26	81.99	81.99
普宁市	4293	171.97	98.61	79.49	1.71	10.39	2.90	11.51	0.00	0.00	0.38	26.87	26.83	0.00	0.00
云浮市	2465	188.77	98.45	87.40	3.28	3.28	0.56	2.53	91.43	42.06	10.28	39.78	30.59	100.00	86.79
罗定市	5640	128.81	91.49	89.72	2.09	18.37	2.84	6.17	40.17	9.09	10.39	28.65	12.74	0.00	0.00

2008年广东省城市维护建设资金收入情况

(财政性资金)

单位：万元

地区名称	合计	中央财政拨款	省级财政拨款	市(县)财政资金				
				合计	市(县)财政专项拨款	城市维护建设税	城镇公用事业附加	市政公用设施配套费
全　省	4765630	2124	23129	4677005	756301	481045	146377	236720
广州市	1185999	0	0	1185999	282700	81200	42000	156013
增城市	24786	0	0	24786	0	1267	22869	0
从化市	82011	0	0	80138	7427	4103	1642	0
韶关市	69206	0	0	69206	814	26395	2871	4200
乐昌市	2794	0	0	2494	0	1247	47	0
南雄市	2520	0	0	2520	0	845	81	121
深圳市	152530	0	0	139235	139235	0	0	0
珠海市	414646	0	0	414381	33504	35204	0	1500
汕头市	103772	1300	100	76135	36643	25522	0	0
佛山市	1183765	0	8000	1168185	59036	66531	42158	20748
江门市	115423	0	1880	105307	4252	8239	3159	10136
台山市	5379	0	0	5379	1350	1130	1610	0
开平市	12590	0	0	12590	4838	4060	85	3082
鹤山市	16330	0	700	15630	10118	3500	120	1294
恩平市	2200	0	0	2200	0	1140	0	470
湛江市	52423	0	0	52423	0	9370	3100	5244
廉江市	4783	0	0	4783	499	3066	0	0
雷州市	2456	0	0	2456	0	1300	0	700
吴川市	6285	0	0	6285	0	1214	0	0
茂名市	44788	0	40	44748	787	34484	4155	3201
高州市	4228	0	0	4228	0	1599	0	693
化州市	1313	0	0	1083	671	96	0	178
信宜市	3033	0	535	2498	0	1804	0	300
肇庆市	65475	0	8142	56830	18265	6867	250	3433
高要市	7102	0	0	7102	56	1714	0	717
四会市	16829	0	0	16829	0	2740	0	0
惠州市	201995	0	60	201835	85559	6858	0	0
梅州市	5111	0	0	5098	2797	1990	187	0
兴宁市	1994	0	0	1994	997	630	0	0
汕尾市	14100	0	0	11400	9400	0	0	0
陆丰市	1904	0	0	854	0	478	0	127
河源市	16492	0	3137	13355	0	0	885	3883
阳江市	11981	0	200	11781	2047	1200	0	2200
阳春市	1799	0	6	1793	1122	0	0	489
清远市	23347	0	0	22763	3411	0	0	0
英德市	17612	0	149	17463	0	2735	0	23
连州市	4731	0	0	4731	2350	270	180	280
东莞市	423226	0	0	423226	780	84054	0	0
中山市	336557	824	0	335327	20753	50898	19655	12965
潮州市	58729	0	0	58729	2838	3381	973	2597
揭阳市	26148	0	0	26148	23164	61	0	0
普宁市	934	0	0	934	150	50	0	293
云浮市	9104	0	180	8924	238	3423	0	333
罗定市	27200	0	0	27200	500	380	350	1500

(续上表)

地区名称	市(县)财政资金									其他财政资金
	市政公用设施有偿使用费	过桥、过路费	污水处理费	垃圾处理费	排水设施有偿使用费	土地出让转让收入	水资源费	资产置换收入	其他收入	
全　省	473546	175212	245297	42913	4641	2417523	20557	3500	141436	63372
广州市	154786	95702	54339	5900	0	460000	9300	0	0	0
增城市	0	0	0	0	0	0	650	0	0	0
从化市	1917	0	1607	310	0	54854	80	0	10115	1873
韶关市	2420	0	2222	198	0	32376	130	0	0	0
乐昌市	1200	0	150	21	300	0	0	0	0	300
南雄市	196	0	63	133	0	1277	0	0	0	0
深圳市	0	0	1197	0	0	0	0	0	0	13295
珠海市	42521	34058	6668	1795	0	282690	1932	0	17030	265
汕头市	9621	0	7300	1146	0	4349	0	0	0	26237
佛山市	56322	725	39385	13885	0	918108	3159	0	2123	7580
江门市	27792	18697	6670	1931	494	46924	164	0	4641	8236
台山市	1289	0	1072	217	0	0	0	0	0	0
开平市	473	0	203	270	0	0	52	0	0	0
鹤山市	598	0	388	210	0	0	0	0	0	0
恩平市	485	255	230	0	0	0	105	0	0	0
湛江市	12278	3432	4500	619	3727	21825	283	0	323	0
廉江市	636	0	576	60	0	526	0	0	56	0
雷州市	342	0	105	38	0	32	0	0	82	0
吴川市	71	0	71	0	0	5000	0	0	0	0
茂名市	1734	0	1463	237	0	293	0	0	94	0
高州市	258	0	195	63	0	1678	0	0	0	0
化州市	138	0	0	138	0	0	0	0	0	230
信宜市	350	0	250	100	0	0	44	0	0	0
肇庆市	5114	203	3323	1588	0	16550	48	0	6303	503
高要市	238	0	168	70	0	3996	16	0	365	0
四会市	7350	1350	2500	3500	0	0	0	0	6739	0
惠州市	3256	0	832	2424	0	50804	0	0	55358	100
梅州市	0	0	0	0	0	0	0	0	124	13
兴宁市	367	0	0	0	0	0	0	0	0	0
汕尾市	0	0	0	0	0	0	0	0	2000	2700
陆丰市	126	0	0	0	0	0	0	0	123	1050
河源市	0	0	0	0	0	3000	0	0	5587	0
阳江市	1363	0	439	924	0	3610	0	0	1361	0
阳春市	0	0	0	0	0	0	0	0	182	0
清远市	19352	19210	0	142	0	0	0	0	0	584
英德市	3061	0	0	374	0	0	0	0	11644	0
连州市	831	280	230	180	0	395	195	0	230	0
东莞市	104555	0	104555	0	0	229677	4160	0	0	0
中山市	3386	0	0	3386	0	226735	0	0	935	406
潮州市	2997	0	2380	617	0	44481	80	0	1382	0
揭阳市	2275	0	896	1379	0	0	0	0	648	0
普宁市	50	0	0	0	0	0	0	0	391	0
云浮市	1078	0	520	558	0	3843	9	0	0	0
罗定市	2720	1300	800	500	120	4500	150	3500	13600	0

2008年广东省城市维护建设资金支出情况

(财政性资金)

单位：万元

地区名称	合计	按构成分				按行业分		
		维护支出	固定资产投资支出	其他支出	偿还贷款	供水	燃气	公共交通
全 省	2037747	709792	1514251	279031	186613	25234	20879	193936
广州市	141980	220000	399600	0	0	0	0	
增城市	24786	22193	0	2593	0	0	0	0
从化市	17371	9415	4828	3128	0	14	0	560
韶关市	26344	3822	22130	392	0	1925	1220	150
乐昌市	1971	150	1791	30	0	0	0	0
南雄市	2058	462	1289	307	0	52	0	89
深圳市	154523	68656	83789	0	0	0	0	0
珠海市	372456	55237	204910	112309	95800	304	0	62205
汕头市	64868	20679	44019	170	0	0	0	0
佛山市	175370	53590	104607	9142	2009	3199	12266	11293
江门市	38913	10051	20590	8272	6224	494	0	10625
台山市	5036	723	1865	2448	0	0	0	0
开平市	7878	7878	0	0	0	0	0	2730
鹤山市	10870	2987	7883	0	0	0	0	0
恩平市	2200	850	1350	0	0	80	0	180
湛江市	90591	13581	30164	46846	46846	30	201	0
廉江市	5225	5015	210	0	0	0	0	54
雷州市	2344	945	1309	90	83	12	2	25
吴川市	2371	936	1435	0	0	0	0	0
茂名市	16557	12892	2370	1295	1295	770	0	340
高州市	1118	867	148	103	0	0	0	0
化州市	1075	315	485	275	0	40	0	0
信宜市	3900	1800	1500	600	0	300	250	300
肇庆市	62811	16996	33785	12246	7948	0	0	469
高要市	7102	3817	2802	483	0	0	0	0
四会市	16829	2680	14149	0	0	393	0	170
惠州市	200333	29059	169164	2110	0	2561	0	3026
梅州市	5111	4054	1057	0	0	100	0	159
兴宁市	996	365	381	250	250	0	0	0
汕尾市	14100	0	14100	0	0	0	0	0
陆丰市	1904	1261	74	569	0	508	0	0
河源市	16492	4346	6748	5398	0	0	0	3637
阳江市	11875	3764	7413	698	100	0	0	0
阳春市	1397	365	908	124	0	0	0	913
清远市	46656	7721	22092	16843	14757	0	0	2986
英德市	3963	1042	64	2857	2309	0	0	0
连州市	4856	875	3981	0	0	60	140	125
东莞市	328174	95054	233121	0	0	475	0	63004
中山市	66452	18006	36190	9855	0	10017	5000	13565
潮州市	21943	3378	7344	11221	8992	0	0	9352
揭阳市	24219	377	22066	1776	0	0	0	13
普宁市	884	441	0	443	0	0	0	466
云浮市	4645	2217	0	2428	0	0	0	0
罗定市	27200	930	2540	23730	0	3900	1800	7500

(续上表)

地区名称	按行业分							
	道路桥梁	排水	污水处理及其再生利用	防洪	园林绿化	市容环境卫生	垃圾处理	其他
全　省	649232	283245	96891	98115	172650	219689	63069	374472
广州市	0	107277	0	0	0	34703	16930	0
增城市	0	24136	0	0	0	650	0	0
从化市	3351	2469	2276	0	742	9105	2248	1130
韶关市	15396	1162	203	0	2369	1473	50	2649
乐昌市	150	150	0	450	1200	21	0	0
南雄市	997	250	63	29	86	230	0	325
深圳市	37387	2078	0	0	72658	24464	0	17936
珠海市	113061	33429	23647	23112	13268	17832	2298	109245
汕头市	28782	11983	10633	250	4738	13797	3459	5318
佛山市	21650	24875	18686	6697	20684	21900	18919	52806
江门市	5084	5464	2383	870	3252	6086	2472	7038
台山市	1713	1293	1293	0	360	1250	0	420
开平市	910	595	550	0	872	1921	375	850
鹤山市	2144	5765	4680	1500	371	836	86	254
恩平市	950	120	0	0	360	510	260	0
湛江市	19582	3757	3668	0	14515	3913	775	48593
廉江市	2928	60	0	0	398	1728	60	57
雷州市	1310	78	0	0	113	799	38	5
吴川市	413	1078	1078	0	250	630	17	0
茂名市	1260	3199	0	130	2127	2465	277	6266
高州市	152	0	0	0	333	633	25	0
化州市	387	142	0	36	120	350	275	0
信宜市	1000	200	0	300	450	850	300	250
肇庆市	16837	4664	3064	2960	2530	2288	364	33063
高要市	3619	68	0	0	257	160	0	2998
四会市	11983	3086	2856	920	0	277	150	0
惠州市	91105	12019	110	700	13667	20811	2473	56444
梅州市	677	800	0	0	890	80	0	2405
兴宁市	746	0	0	0	0	0	0	250
汕尾市	7300	3000	0	0	0	0	0	3800
陆丰市	470	204	0	0	139	107	0	476
河源市	0	0	0	0	953	4132	0	7770
阳江市	6870	431	431	0	1018	3556	744	0
阳春市	92	35	0	0	30	327	327	0
清远市	39443	0	0	0	1332	2895	346	0
英德市	3797	0	0	0	68	96	0	2
连州市	1560	147	0	2500	181	130	0	13
东莞市	172651	19199	18630	50225	1517	20808	1060	0
中山市	6667	4642	0	3787	6321	13020	7486	3433
潮州市	0	2100	0	3649	3421	1333	200	2088
揭阳市	17738	2120	2120	0	97	2636	648	1615
普宁市	170	150	0	0	80	0	0	18
云浮市	0	520	520	0	33	407	407	3685
罗定市	8900	500	0	0	850	480	0	3270

2008年广东省城市市政公用设施建设固定资产投资情况

单位：万元

地区名称	完成投资合计	供水	燃气	公共交通	道路桥梁	排水	污水处理及其再生利用	防洪	园林绿化	市容环境卫生	垃圾处理	其他	新增固定资产
全　省	3855316	168049	106888	1599212	1050491	536485	448166	52535	135489	90657	47103	115510	1021048
广州市	2039003	20217	53057	1244351	517609	98843	62331	3084	38075	15053	5809	48714	331184
增城市	23775	0	0	0	23775	0	0	0	0	0	0	0	0
从化市	19146	0	0	9290	6360	1100	0	0	0	2396	0	0	4880
韶关市	11703	2035	1220	0	6951	0	0	0	62	963	800	472	9205
乐昌市	600	0	0	0	0	0	0	0	600	0	0	0	0
南雄市	997	0	0	0	997	0	0	0	0	0	0	0	625
深圳市	263053	64934	22684	98524	27574	14122	14122	0	8409	25328	24874	1478	166449
珠海市	138547	17864	0	10019	62969	8723	8033	28737	3161	347	216	6727	71023
汕头市	65829	5695	3904	0	22053	25214	23240	0	1548	2880	2300	4535	59890
佛山市	341706	24934	14219	153884	49659	66956	56955	3657	18158	8998	5468	1241	46639
江门市	87123	3975	5020	39847	22851	4746	3891	7832	816	1121	492	915	76841
台山市	3926	448	0	45	1021	224	0	0	430	1250	0	508	758
开平市	716	0	0	0	716	0	0	0	0	0	0	0	0
鹤山市	12983	0	0	0	2144	10585	9500	0	0	0	0	254	929
恩平市	2085	460	0	180	810	0	0	0	0	400	0	235	2060
湛江市	21689	0	0	0	16585	2265	1979	0	2537	302	0	0	0
廉江市	1462	0	0	0	1339	0	0	0	0	0	0	123	0
雷州市	88	0	0	0	0	25	0	0	0	0	0	63	170
吴川市	1435	0	0	0	357	1078	1078	0	0	0	0	0	1435
茂名市	990	930	0	0	0	0	0	0	0	0	0	60	770
高州市	1995	0	0	0	0	108	108	0	70	12	0	1805	1017
化州市	755	40	0	0	453	76	0	36	120	30	0	0	440
信宜市	4017	300	0	0	2000	1500	1500	0	50	0	0	167	1230
肇庆市	67925	10353	0	2587	31378	7396	0	5219	9180	15	0	1797	52554
高要市	1580	0	0	0	1300	0	0	0	100	12	12	168	1570
四会市	18332	0	0	0	18332	0	0	0	0	0	0	0	11863
惠州市	151331	0	2447	545	85667	11279	0	0	31894	4182	1506	15317	2818
梅州市	3940	0	0	0	312	3628	0	0	0	0	0	0	1000
兴宁市	692	0	0	0	692	0	0	0	0	0	0	0	0
汕尾市	11600	0	0	0	11600	0	0	0	0	0	0	0	11600
陆丰市	245	245	0	0	0	0	0	0	0	0	0	0	650
河源市	2567	0	0	0	0	0	0	0	0	2567	2567	0	0
阳江市	8835	0	0	0	8835	0	0	0	0	0	0	0	8835
阳春市	4343	0	0	0	0	0	0	0	294	0	0	4049	0
清远市	23948	1365	730	2986	17007	0	0	0	0	0	0	1860	21853
东莞市	386466	1257	198	33917	38852	258491	258229	3498	13420	14706	95	22127	47055
中山市	63009	7117	3409	1943	31921	12441	0	0	1020	2597	0	2561	53726
潮州市	19188	780	0	56	14615	380	0	0	475	2882	2882	0	3550
揭阳市	41186	4100	0	1038	23124	3400	3400	0	5070	4454	0	0	22078
普宁市	5640	1000	0	0	368	3800	3800	472	0	0	0	0	5168
云浮市	556	0	0	0	265	0	0	0	0	162	82	129	873
罗定市	310	0	0	0	0	105	0	0	0	0	0	205	310

【雪中送气支援韶关清远】 2008年春节前后，持续的雨雪冰冻灾害造成京珠高速公路交通中断，南下液化石油气运输受阻。造成韶关、清远两市燃气供应紧张，城市居民生活面临严重影响。为解决燃眉之急，广东省建设厅在3天时间内，组织力量，共向韶关地区紧急支援运送液化石油气800吨，向清远地区支援运送液化石油气200吨，以最短时间解决了两市春节期间燃气供应短缺问题。 *（宋 健）*

城市道路桥梁建设

【概况】 截至2008年底，广东省拥有城市道路总长度31577.4公里、道路总面积51049万平方米，其中人行道路总面积9579万平方米，全省城市人均道路面积11.65平方米。全省拥有城市桥梁5991座，其中立交桥379座。

【广州猎德大桥】 南起广州市海珠区江海大道与新光快速路相接，向北沿江海大道高架桥跨越新港路、双塔路、阅江路后接猎德大桥跨越珠江、临江大道，在猎德大道下地后以隧道形式下穿花城大道至天河区金穗路以南止。猎德大桥主桥为独塔双索面空间自锚式悬索桥，采用47米+167米+219米+47米的跨度布置，长480米。大桥贝壳状三维曲面塔身造型独特，主跨跨径219米，位居同类桥型世界第二、全国第一。

工程在施工工艺方面有许多创新："珠江之贝"三维曲面清水混凝土索塔的施工工艺难度很大；大断面钢加劲梁顶推施工工艺较新；非对称空间自锚式缆索系统施工工艺复杂。2008年10月20日，随着全桥空间非对称主缆安装完成及吊索张拉和索力微调的全部完成，标志着猎德大桥三大技术难点已全部攻克。

2008年广东省城市道路情况

地区名称	道路长度（公里）	道路面积（万平方米）		桥梁数（座）	
			人行道		立交桥
全 省	31577.4	51049	9579	5991	379
广州市	5434.0	9305	1418	1276	178
增城市	84.4	264	55	12	0
从化市	80.0	113	25	0	0
韶关市	549.8	658	126	51	2
乐昌市	60.0	60	34	5	1
南雄市	48.0	64	14	7	0
深圳市	5848.6	8630	492	1609	117
珠海市	1254.1	2417	445	282	2
汕头市	1311.0	2452	266	142	5
佛山市	1370.6	2182	575	144	11
江门市	1043.5	1673	404	161	1
台山市	218.0	207	35	13	0
开平市	159.0	306	85	14	0
鹤山市	206.0	357	154	11	0
恩平市	271.0	199	36	122	0
湛江市	659.0	1430	636	108	3
廉江市	366.0	201	80	11	0
雷州市	62.0	110	37	15	0
吴川市	243.0	178	52	13	0
茂名市	197.0	391	132	33	1
高州市	80.0	148	36	11	0
化州市	82.0	96	33	5	0
信宜市	82.0	96	11	12	0
肇庆市	487.7	750	259	48	0
高要市	105.6	162	62	2	0
四会市	208.0	368	118	30	0
惠州市	1115.1	1433	213	38	2
梅州市	396.0	505	131	58	3
兴宁市	235.0	288	74	18	0
汕尾市	156.1	212	48	6	0
陆丰市	70.0	193	49	24	0
河源市	120.0	269	105	27	0
阳江市	669.0	281	25	1	0
阳春市	171.0	130	52	0	0
清远市	1003.5	318	53	0	0
英德市	55.0	206	31	0	0
连州市	235.0	387	104	5	0
东莞市	5112.4	11001	2425	1341	37
中山市	411.2	978	253	119	16
潮州市	157.0	391	100	2	0
揭阳市	266.5	338	56	1	0
普宁市	326.0	463	63	28	0
云浮市	67.0	68	23	12	0
罗定市	341.3	518	105	67	0

【广州中山大道BRT试验线】 中山大道BRT试验线西起天河路，东至黄埔区夏园，设计全长22.9公里，全线规划路宽60米，路中央设双向2条BRT公交专用道（车站处是4条），外侧设双向6~10条社会车道。中山大道快速公交（BRT）试验线经过4年多的研究论证和方案完善，于2008年11月30日正式动工。该工程还包括对整条走廊沿线的人行道、自行车道、行人过街设施、绿化、排水等进行配套建设或改造。试验线采用高标准“专用通道+灵活线路”系统模式，不仅保留了现有公交灵活性和可达性强的优点，而且为系统内需要多次换乘的乘客提供了方便。第一阶段预计将于2009年年底完工，2010年年初投入运营。 *（陈辅淳）*

城市轨道交通建设

【概况】 至2008年末，广东省开通轨道交通运营的有广州、深圳两市，在建工程有：广州地铁二/八号线延长线、三号线北延段、四号线北延段、五号线首期工程、六号线，深圳市轨道交通二期工程和珠三角城际轨道交通。

【广州地铁建设】 至2008年末，广州市开通地铁运营线路一至四号线，同步建设二/八号线延长线、三号线北延段（机场线）、四号线黄村至万胜围段、五号线首期工程滘口至文冲、六号线浔峰岗至长湴、城际轨道交通广佛线等7条线路。2008年，广州市轨道交通在建里程达153公里，完成建设投资122亿元。

广州地铁五号线鱼珠站至大沙东站盾构区间土建工程、四号线车陂南至黄阁段区间5标（不含大学城专线）和三号线岗顶站土建工程被中国市政工程协会评定为“2008年度全国市政金杯示范工程”。“全国市政金杯示范工程”是中国市政行业在工程质量方面的最高荣誉，体现了广州地铁工程建设质量在全国市政工程中处于较高水平。

【深圳地铁建设】 2008年是深圳市轨道交通二期工程建设的关键之年，一至五号线及六大综合交通枢纽计划投资128亿元，建设工点达260多个，全年共完成投资138亿元，完成率为年度计划的108%。在主要土建工程进度上，5条线地下车站完成工程进度57%，地下区间完成工程进度12%，高架车站完成进度75%，高架区间完成进度67%。

在几大综合交通枢纽工程上，深圳北站、福田站和机场站都已进行土建施工；布吉站完成部分拆迁、场平工程；深圳东站已开始设计和拆迁等前期工作。在穗莞深城际线建设上，2008年广深港客运专线深圳段共完成投资26.8亿元，隧道、路基、高架桥墩土建工程已经完成，福田站及相关区间工程已进场施工；厦深铁路深圳段已动工建设，穗莞深城际线机场以北段已开工建设。

【珠江三角洲城际轨道交通建设】 珠江三角洲城际轨道交通建设是中共广东省委、省政府的重大战略决策，通过轨道交通项目的带动，提振基础设施建设，提振沿线房地产市场，带动区域经济发展。目前，珠江三角洲城际轨道交通项目的建设正在紧张有序地开展，其中穗莞深城际轨道交通于2008年12月21日顺利举行开工仪式；莞惠城际轨道交通于2009年5月8日举行开工仪式；广肇城际轨道交通、广清城际轨道交通已上报项目建议书待批复；广佛环线佛山西站至广州新客站段城际轨道交通、惠河城际轨道交通、佛莞城际轨道交通也已按照省发改委的安排开展前期研究。 *（宋　健）*

城市公共交通建设

【概况】 广东省城市公共交通行业经过多年来的改革发展，形成了由公共汽车、电车、地铁、出租汽车和过江轮渡组成的多形式、多层次的城市公共交通系统。城市公共交通积极引入市场机制，鼓励社会资本包括境外资本以合资、合作或委托经营等方式参与公共交通投资、建设和经营，鼓励公交企业采取盘活现有资产、改制等方式筹集资金，已形成国有主导、多方参与、规模经营、有序竞争的格局。优先发展城市公交工作取得初步成效。各地按照统一规划，统一管理，政府主导的原则，进一步加大公交专用道、公交优先通行信号设施、港湾式停车站等城市公共交通优先设施建设。广州市在城市主干道上设置公交专用道14条，长度达50多公里；深圳市在城市主要走廊建设快速公交系统，在城市干道设置17条公交专用道，在城市中心区的某些单行道上允许公交车双向行驶，在交叉口设置公交优先通行信号设施。为保证城市公交基础设施建设资金，深圳市实施财税扶持政策，确保城市公用事业附加费、基础设施配套费等政府性基金用于城市交通建设，并向公共交通建设倾斜。

至2008年末，广东省城市市区公交车辆运营线路总长度达17755公里。拥有公共交通运营车总数37693辆（其中含公共汽车37273辆），每万人拥有公共交通车辆9.79标台；全省出租汽车55825万辆，据不完全统计客运量约16万人；全省有广州、珠海、汕头、佛山、汕尾、江门、湛江、肇庆、中山等市经营渡轮业务，共有渡轮211艘，年客运量4936万人次；全省轨道交通运营车数678辆，运送乘客73448万人次。 *（宋　健）*

2008年广东省城市公共交通情况

地区名称	运营车辆数(辆) 合计	公共汽车(辆)	标准运营车数(标台)	出租车营运数(辆)	客运轮渡运营船数(艘)
全　省	37693	37273	42541	55825	211
广州市	9670	9395	12225	18858	49
增城市	152	152	148	227	0
从化市	64	64	69	200	0
韶关市	272	272	297	719	0
乐昌市	21	21	16	57	0
南雄市	26	26	21	80	0
深圳市	11066	11066	12764	12991	0
珠海市	1242	1242	1484	1852	16
汕头市	702	702	750	1265	7
佛山市	2790	2790	3286	1627	29
江门市	685	685	715	370	1
台山市	57	57	57	91	0
开平市	100	100	100	74	0
鹤山市	63	63	44	105	0
恩平市	10	10	7	58	0
湛江市	705	705	804	1234	11
廉江市	21	21	15	106	0
雷州市	36	36	25	60	0
吴川市	30	30	21	70	0
茂名市	168	168	133	703	0
高州市	32	32	22		
化州市	27	27	19	40	0
信宜市	44	44	31	20	0
肇庆市	254	254	250	873	16
高要市	12	12	12	0	12
四会市	70	70	58	150	0
惠州市	707	707	691	1250	0
梅州市	220	220	177	534	0
兴宁市	44	44	44	151	0
汕尾市	99	99	84	707	28
陆丰市	48	48	34	97	0
河源市	305	305	306	345	0
阳江市	145	0	0	0	0
阳春市	34	34	65	199	0
清远市	295	295	326	258	0
英德市	534	534	373	150	0
连州市	33	33	23	110	0
东莞市	5234	5234	5378	6811	0
中山市	1170	1170	1184	1368	42
潮州市	224	224	164	923	0
揭阳市	116	116	116	715	0
普宁市	38	38	76	147	0
云浮市	69	69	68	125	0
罗定市	59	59	59	105	0

城市供水

【概况】 改革开放以来，广东省城市供水事业取得长足发展。20世纪90年代初，由于经济社会的飞速发展，城市人口急剧增加，城市化水平不断提高，城市工业和生活用水量不断增加，但与此同时，城市供水设施却严重滞后，供水量不足，不少城市出现“水荒”，“用水难”成为城市供水的主要矛盾。为了解决“用水难”的矛盾，1981年，省政府制定“以水养水”的政策，允许各地收取自来水增容费、管网配套费等价外费；各地政府也制定包括财政拨款、单位和群众集资、利用国内外贷款等筹集资金的办法，千方百计加快城市供水的建设。在各级政府的重视下，通过多渠道筹集资金等优惠政策，有力地促进了全省供水事业的发展，城市“用水难”的问题基本得到解决。

20世纪90年代中期，随着一大批自来水厂的相继建成投产，城市“用水难”的问题逐步得到解决，自来水厂建设的高潮渐趋缓和，政府对供水事业的拨款逐步减少直至完全取消。与此同时，供水建设还债付息的任务却越来越重。由于长期受计划经济公用福利型性质的影响，供水调价的进程困难重重，全省大部分城市供水企业处于亏损经营或政策性亏损状态。为了改变这种现状，供水企业只能千方百计从改变管理体制和经营模式上挖掘潜力，加强管理，努力实现“两提高三降低”（提高供水质量、提高供水安全性，降低漏耗、降低电耗、降低药耗），有效地降低了供水成本。针对供水单位“人员臃肿”、“吃大锅饭”的现象，企业实行定岗、定员、定质管理，将富余人员分流安装、维修等有偿服务企业，减少了“吃水费”的人员。1995年，颁布《广东省城市供水管理规定》，规范全省供水管理。通过一

2008年广东省城市供水情况

地区名称	供水总量(万立方米)		
	合计	生产运营用水	公共服务用水
全　省	810973.41	268730.67	80559.38
广州市	182714.50	40532.61	30372.75
增城市	4586.00	100.00	1231.00
从化市	2568.72	710.98	252.91
韶关市	7555.00	977.00	216.00
乐昌市	1360.00	72.00	148.00
南雄市	540.00	139.00	27.00
深圳市	161391.67	64020.69	12333.53
珠海市	31652.00	11938.00	5133.00
汕头市	28188.00	6887.00	2300.00
佛山市	37584.92	12873.62	4605.81
江门市	27580.01	14187.19	2195.00
台山市	3130.00	866.00	242.00
开平市	3906.99	1145.00	432.99
鹤山市	2988.00	390.00	208.00
恩平市	1355.00	87.00	309.00
湛江市	8722.82	3286.47	660.57
廉江市	1200.00	65.00	216.00
雷州市	1018.00	48.00	48.00
吴川市	1161.00	110.00	236.00
茂名市	12659.98	7723.03	1355.92
高州市	2722.00	190.00	162.00
化州市	2008.20	180.00	250.00
信宜市	1694.00	251.00	230.00
肇庆市	10269.34	3612.12	1902.30
高要市	1885.00	673.00	340.00
四会市	3403.00	800.00	467.00
惠州市	19863.90	6423.54	2390.88
梅州市	3222.00	311.00	394.00
兴宁市	1886.00	130.00	73.00
汕尾市	2712.00	380.00	114.00
陆丰市	1601.30	437.00	212.00
河源市	5283.35	1932.11	104.16
阳江市	8937.78	713.94	498.58
阳春市	2346.00	124.00	496.00
清远市	8709.22	2698.72	563.50
英德市	1298.00	0.00	0.00
连州市	724.00	203.00	101.00
东莞市	173826.50	74026.50	7659.64
中山市	11495.80	4563.00	917.00
潮州市	4350.00	905.00	0.00
揭阳市	6311.70	461.80	227.10
普宁市	5928.00	166.00	231.00
云浮市	3021.31	1092.85	396.00
罗定市	2139.00	273.00	65.00

系列的改革，全省供水企业逐步走出困境。

2006年底，国家发布新的《生活饮用水卫生标准》（GB5749－2006），水质检测指标从旧的《生活饮用水卫生标准》（GB5749－1985）的35项增加到106项。为适应新水质标准的要求，全省供水企业纷纷加大投入，进行供水检测设备更新和改造，提高自身供水水质检测能力。至2008年末，广州市自来水公司、深圳市水务集团、珠海市供水总公司、佛山市水业集团公司、东莞市东江水务公司等多家供水企业已经具备全部106项指标水质检测能力。

【供水能力】 至2008年末，广东省城市供水综合生产能力3176.77万立方米/日，城市用水人口4117.01万人，自来水普及率93.97%，人均日生活用水量252.03升。全省自来水综合生产能力100万立方米/日以上的城市有7座：广州666.30万立方米/日；深圳632.50万立方米/日；东莞417.66万立方米/日；佛山275.00万立方米/日；汕头131.20万立方米/日；江门113.72万立方米/日；惠州111.00万立方米/日。供水水量基本能够满足用水量需求。

【供水水质】 至2008年末，广东省有城市供水水质监测网国家级监测站5个：广州、深圳（2个）、珠海、佛山；省级监测站11个：汕头、东莞、梅州、江门、肇庆、湛江、茂名、顺德、南海、蛇口、中山。广州市优质饮用水日生产能力100万立方米的南洲水厂的投产，深圳、佛山等城市供水在常规生产工艺基础上增加深度处理，为以优质水供应千家万户提供了保障。

【供水体制】 2008年，广东省供水行业已经形成国有、集体、民营、股份制、合资等各种所有制并存，投资主体多元化的格局。深圳

·链接· **城市供水**

城市供水，包括城市公共供水和自建设施供水。城市公共供水，是指城市供水企业以公共供水管道及其附属设施向单位和居民的生产、生活和其他各项建设提供用水。自建设施供水，是指城市用水单位以其自行建设的供水管道及其附属设施主要向本单位的生产、生活和其他各项建设提供用水。

水务集团引入国际著名的法国威立雅水务集团投资，参与供水设施的建设和经营。

为发挥供水资源共享，提高供水水质，确保供水安全，全省开展供水区域整合，城乡供水一体化，其中深圳、佛山、东莞、中山等市成效较为显著。深圳、东莞等城市以中心城区带动区域内的乡镇，统筹城乡供水资源，统一城乡供水的建设发展，使本区域内城市、乡镇的供水在价格、质量、服务等方面趋向一致，达到“同城、同网、同价、同服务”，更有效地提高自来水产业的效益和保障了整个区域居民的饮水安全。

【广州市自来水公司】 建于1905年10月，是集自来水的生产、销售、服务和多种经营为一体的国有特大型供水企业。现有水厂7家、供水管理所5个、加压站管理所1个、辅业单位8个。供水面积486平方公里，管网总长5134公里，设计综合生产能力465万立方米/日。该公司先后获“全国五一劳动奖状”、“中国最佳公共事业服务奖”，以及“中国讲诚信守合同重质量典范企业”、“广东省优秀企业”、“广州十大最具社会责任感企业”等荣誉称号。

2008年12月，作为广州供水史上规模最大、意义最深远的特大型供水工程项目——西江引水工程正式动工建设，并配套进行水厂改造，以全面提升广州西北部饮用水水源水质，满足2010年亚运会供水需求。该工程计划于2010年建成。

【深圳市水务（集团）有限公司】 2001年末，原由城市管理部门管理的排水管网和污水处理厂整体并入深圳自来水公司，正式挂牌成立深圳市水务（集团）有限公司。该公司是深圳市国资委控股、法国威立雅水务与北京首创参股经营，集自来水生产及输配业务、污水收集处理及排放业务、水务投资及运营、水务设施设计及建设等业务于一体的综合水务服务企业。

该公司承担深圳市97%的供水业务及特区内99%的污水处理业务，并在全国7个省成功投资运作18个水务项目，为全国1800多万人口提供优质水务服务。供水能力达728万吨/天，居全国首位；污水处理能力达186万吨/天，位居全国大中城市前列。多年来，人均供水量、人均污水处理量、人均创利及产销差率等主要指标均排名全国同行业第一。2007年，成功进入“世界未来500强企业”行列，先后获“2007年度水业十大影响力企业特别贡献奖”、广东省“最佳诚信企业”、“改革开放30周年广东省功勋企业”、深圳市“2007年度百强企业”、“2008年全国十大国企典型”等荣誉称号，并连续六届获“深圳市文明单位”称号。（王　务）

城市污水处理

【概况】 2008年末，广东省建成污水处理厂175座，日处理能力1091.5万立方米，污水集中处理率达55%，比上年新增污水处理厂48座，新增日处理能力217.1万立方米，污水处理率提高5个百分点。

【广州市猎德污水处理厂】 位于广州市天河区猎德村以东、华南大桥珠江北岸，占地面积39万平方米，主要负责收集处理珠江前航道以北的大部分市中心区，包括西濠涌、沿江自排系统、东濠涌、二沙岛及天河区的部分污水，服务面积150平方公里，服务人口约215万人。由广州市市政污水处理总厂直接管理。

【深圳市南山污水处理厂】 成立于1989年，占地面积15.4公顷，处理深圳特区内皇岗路以西的污水，服务人口121.68万人，设两套污水处理系统，污水处理总设计规模为73.2万吨/日，是深圳市污水排海工程的重要组成部分。（王　务）

城市垃圾处理

【概况】 2008年，广东省城市生活垃圾收集量5.4万吨/日，无害化处理量3.5万吨/日。垃圾无害化处理设施37座，其中填埋场21座，焚烧厂16座。城市生活垃圾无害化处理率65%。与上年相比，新增垃圾无害化处理设施3座，无害化处理量增加0.3万吨/日，无害化处理率增加5个百分点。

全省垃圾处理设施建设不平衡，表现在中心城市和县镇的差距以及珠三角地区和东西北部地区的差距十分明显。全省88个市县，18个地级以上市和2个县城建成垃圾无害化处理设施，河源、汕尾、茂名等3个地级市和23个县级市、42个县城没有建成垃圾无害化处理设施。垃圾处理设施建设存在选址布局不够合理，处理技术不符合标准，县镇垃圾处理简易，不能满足垃圾无害化处理要求。

【城市垃圾填埋处理】 2008年，广东省有无害化垃圾填埋场21座，分布在17个地级市，处理能力为

2008年广东省无害化垃圾填埋场情况

地区名称	项目名称	处理方式	处理规模（吨/日）	总投资（万元）	使用起止时间
填埋场21座			23410	347760	
广州市	兴丰填埋场	填埋	7000	68300	2002~2024
深圳市	下坪填埋场	填埋	3600	41700	1997~2027
	宝安区老虎坑填埋场	填埋	1200	10700	2002~2017
珠海市	西坑尾填埋场	填埋	1000	24600	2007~2027
汕头市	雷打石填埋场	填埋	1000	8760	2003~2018
	南澳县城填埋场	填埋	100	1000	2005~2025
佛山市	高明区苗村白石坳填埋场	填埋	2000	56000	2005~2035
韶关市	花拉寨填埋场	填埋	1300	22000	2008~2038
	新丰县岳城填埋场	填埋	100	1000	2006~2016
惠州市	惠城区填埋场	填埋	300	8000	2007~2020
	惠阳区山子顶填埋场	填埋	350	8000	2005~2035
中山市	苇峰山中心组团垃圾综合处理厂	填埋	350	8000	2006~2046
梅州市	龙丰填埋场	填埋	530	16500	2000~2010
江门市	大推车山填埋场	填埋	700	12700	1998~2011
阳江市	奕垌填埋场	填埋	400	6000	2007~2022
湛江市	市区填埋场	填埋	600	10100	1999~2019
肇庆市	马安填埋场	填埋	500	7500	1993~2023
清远市	青山填埋场	填埋	580	8000	1995~2020
潮州市	锡岗填埋场	填埋	750	12000	2005~2034
揭阳市	东径外草地填埋场	填埋	750	11900	2006~2014
云浮市	麻鸡坑填埋场	填埋	300	5000	2007~2028

2008年广东省无害化垃圾焚烧厂情况

地区名称	项目名称	处理方式	处理规模（吨/日）	总投资（万元）	使用起止时间
焚烧厂16座			12020	500000	
广州市	李坑焚烧发电厂	焚烧	1040	72600	2005~2025
深圳市	市政环卫综合处理厂	焚烧	450	14000	1988~2013
	南山焚烧发电厂	焚烧	800	36300	2003~2028
	盐田焚烧发电厂	焚烧	450	24600	2003~2028
	宝安区老虎坑焚烧发电厂	焚烧	1200	56500	2005~2030
	龙岗区中心城环卫综合处理厂	焚烧	300	11300	2000~2020
	龙岗区平湖焚烧发电厂	焚烧	680	33000	2004~2024
	龙岗区平湖焚烧发电厂（二期）	焚烧	1000	32000	2006~2026
珠海市	市区焚烧发电厂	焚烧	600	20700	2000~2020
佛山市	南海区环保发电厂	焚烧	400	17000	2002~2032
	顺德区杏坛处理中心	焚烧	600	21400	2004~2028
惠州市	惠城区焚烧发电厂	焚烧	500	40000	2007~2037
东莞市	市区焚烧发电厂	焚烧	1000	35000	2006~2031
	横沥焚烧发电厂	焚烧	1200	30000	2006~2036
	厚街焚烧发电厂	焚烧	600	15600	2002~2027
中山市	苇峰山中心组团垃圾综合处理厂	焚烧	1200	40000	2006~2026

23410吨/日，占垃圾无害化处理量的66.1%，总投资34.78亿元。21座无害化垃圾填埋场全部通过住房和城乡建设部无害化验收。

【城市垃圾焚烧发电】 2008年，广东省有无害化垃圾焚烧处理厂16座，主要分布在珠三角地区，处理能力为12020吨/日，占垃圾无害化处理量的33.9%，总投资50亿元。

【广州市李坑生活垃圾焚烧发电厂】 位于白云区太和镇永兴村，于2002年动工建设，2005年投入使用，是一座引进国际先进环保技术建设的现代化垃圾焚烧发电厂，也是国内第一个采用中温次高压的垃圾焚烧发电厂。厂区面积101778平方米（包含二期用地），设计处理能力1040吨/日，总投资7.26亿元。主要由垃圾接收系统、垃圾焚烧系统、余热锅炉及其辅助设备、汽轮发电机组及其辅助设备、烟气处理系统、灰渣处理系统、污水收集处理系统、辅助燃油系统以及自动控制系统等九大系统组成。2007年，被评为国家重点环境保护实用技术示范工程。

【佛山高明区苗村白石坳生活垃圾卫生填埋场】 于2005年投入运营，占地面积95.53公顷，主要处理禅城、高明两区及周边区的生活垃圾，设计处理能力2000吨/日，总投资56000万元。填埋区主体工程建设包括场地平整及基底处理、垃圾拦挡坝、地下水导排系统、防渗系统、渗滤液导排系统、填埋气收集系统、雨水导排系统等。垃圾渗沥液处理出水达一级排放标准。2008年，被评为国家重点环境保护实用技术示范工程。

【深圳下坪垃圾填埋场】 于1997年建成投入使用，是全国第一个采用人工复合衬垫防渗、按国际标准建设的城市生活垃圾卫生填埋场。总体布置分为6个小区：一期填埋库区、垃圾基本坝布置区（包括沥液调节池、地下水观测井口区、沉砂池等）、作业监管区（包括检查站、计量站、加油站、停车场、值班室等）、渗沥液预处理区、管理生活中心区及填埋气体利用厂区（预留）。处理能力3600吨/日，被评为全国垃圾填埋场示范工程。

（陈辅淳）

城市燃气

【概况】 广东省城市燃气的发展体现在从无到有，从少到多，从液化石油气到天然气，从瓶装燃气到管道燃气，从计划经济到市场经济5个方面。随着燃气行业的发展，为加强市场监管，确保燃气安全，广东省各级政府都明确了相应的燃气管理部门，部分城市还设有专门的燃气管理机构。1997年，作为全国第一个省级燃气地方法规《广东省燃气管理条例》的颁布实施，为全省燃气行业的健康发展起到重要的保障作用。

20世纪70年代，首先在茂名、湛江、广州等城市少量使用瓶装液化石油气。此后发展迅猛，从单一的居民用户扩大到工业、商业用气。1979年，广州市在东山区动工兴建首座民用液化石油气储气站，1983年12月建成正式投入使用，储气量为1200吨，可供10万户使用。随之先后建成建设新村二马路、罗岗中路、西村和平新村、沙河路、东山寺右路等多个供气站。2000年，全省液化石油气供气总量超过310万吨，用气户数440万户，全省非农业人口用气普及率达94%，不少城市非农业人口用气普及率达100%。

在20世纪80年代后期，广州、深圳、佛山等地开始发展管道燃气。1986年，广州市政府决定兴建管道供气工程，利用广州石化总厂产气，用管道直接输送给用户。该工程于1988年7月建成使用。2000年，全省燃气管道长度3497公里，部分城市管道燃气用户占总用户的30%以上。

城市燃气中首先引入竞争机制的是液化石油气经营领域，至2008年末，全省液化石油气全面市场化，不仅资源采购与国际、国内市场接轨，而且批发和零售环节基本形成多家经营、多种经济成分充分竞争的市场格局。在管道燃气方面，不少城市完成企业股份制改造、特许经营权招标等工作，为推动全省市政公用事业改革作出有益的尝试。

【供气能力】 广东省城市供气分为人工煤气、天然气以及液化石油气三部分。2008年，全省城市供气总量109043.8万立方米，储气能力957.63万立方米/日，供气管道长24547.52公里，用气户数1140.46万户，用气人口4115.45万人。

【佛山市燃气集团股份有限公司】 成立于1992年11月。2008年6月，实行股份制改造，变更为股份制企业。总资产10.37亿元，注册资本2.76亿元。属下有管网经营分公司、液化石油气经营分公司、华禅能燃气设计有限公司、华禅能燃气工程有限公司等4个二级企业。

该公司是禅城区唯一的管道燃气建设、经营单位，一直致力于以技术进步与规范管理带动企业的发展。经过15年的建设，共铺设地下供气网管400多公里，基本覆盖禅城区范围，管道气客户有10万多户居民和700多家单位。2007年9月9日，圆满完成禅城区的天然气转换工作，佛山市禅城区成为全省首个完成天然气转换的地区。

（宋　健）

城市园林绿化

【概况】 2008年，广东省城市园林绿化覆盖面积439736公顷（其中建成区166602公顷），园林绿地面积377041公顷（其中建成区149536公顷），公园绿地面积50206公顷。全省有公园2171个，面积44150公顷。

【国家园林城市】 2008年，广州、东莞、潮州被命名为“国家园城市”。至2008年末，广东省共有广州、深圳、东莞、佛山、惠州、江门、肇庆、茂名、中山、珠海、开平、湛江、潮州等13个“国家园林城市”，走在全国前列。园林城市创建工作得到各级党委、政府的积极响应和全社会的支持，在创建过程中，各地将创建“国家园林城市”纳入党委、政府工作目标，作为加强城市建设管理工作、改善人居环境的主要抓手，作为城市政府“实事工程”和“民心工程”，有效地整治了城市的脏、乱、差等环境。不仅绿化覆盖率、绿地率、人均公共绿地面积等指标有较大提高，生态环境和城市基础设施也得到有效改善，提升了城市的整体管理水平，促进了城市可持续发展。

【国家园林城市选介】

广州市　是广东省省会，获“国家历史文化名城”、“国家环保模范城市”、“全国卫生先进城市”、“全国优秀旅游城市”、“广东省园林城市”称号。2007年被评为“国家园林城市”。

2001年1月11日，广州市明确提出创建“国家园林城市”，先后启动了“一年一小变、三年一中变”和“青山绿地、碧水蓝天”工程，城市生态环境建设工作取得进展。通过市区共建，以及企事业单位、房地产开发商及社会各界投资等多种途径进行绿地建设，城市绿地规模不断提高，景观与生态环境得到进一步美化和改善。特别是在老城区，通过实施拆危建绿、拆违复绿、见缝插绿、搬迁污染企业或整治污染地块建绿等一系列措施，增加了老城区的绿地面积，老城区的环境有所改善。

健全管理制度。先后制定《广州地区古树名木保护条例》、《广州市白云山风景名胜区保护条例》、《广州市城市绿化管理条例》、《广州市公园管理条例》等地方性法规，编制城市绿地系统规划，建立严格监管机制，并通过专业化执法和群防群治相结合，取得良好效果。

提高市政设施水平。建成具有全国先进水平的兴丰生活垃圾卫生填埋场和李坑焚烧发电厂一期工程。积极推进河涌综合整治工作，将河涌绿化景观建设与截污工程相结合，取得初步成效，如大沙河已基本呈现水清岸绿的景色。

东莞市　是现代制造业名城，城市综合实力名列全国地级市前茅。自2003年提出创建“国家园林城市”以来，先后获“中国优秀旅游城市”、“全国卫生城市”、“全国综合实力百强城市”、“中国最佳魅力城市”、“中国最具活力城市”、“全国绿化模范城市”、“全国创建文明村镇工作先进市”等称号。2007年被评为“国家园林城市”。

高度重视城市园林绿化工作，始终坚持把创建园林城市作为执政为民，打造“生态宜居城市、建设和谐幸福家园”，推进经济社会双转型，城市、产业两升级的重要抓手。提出了“既要建设制造业名城，更要建设生态绿城”、“既要藏富于民，也要藏绿于民”、“政府主导创园，社会参与创园”、“交一个经济强市给世人，留一个生态绿城给后代”等理念，把全市作为一个大园林来规划，建设具有岭南风格的“国家园林城市”。

城市园林绿化建设成效显著。每年投入10亿元以上整治生态环境，仅市区的绿地面积就增加近7000公顷，城市绿量增加明显，重点建设一批有利于改善城市环境、增强城市功能、提高人民生活质量的城市公园绿地。2006年卫星遥感测试的统计数字表明，该市建成区绿地率为40.71%，绿化覆盖率为42.58%，人均公共绿地14.35平方米，各项绿化指标均达到“国家园林城市”的标准。

相关法规和管理制度配套完善。编制《东莞市城市绿地系统规划》，制定颁布《东莞市城市绿线管理办法》、《东莞市城市绿化管理办法》、《东莞市古树名木保护管理办法》、《东莞市城市绿化树种选择指引》等规范性文件，严格实施，强化监督，有效保护了园林绿化的建设成果。

潮州市　是一座具有1600多年历史的古城，获“国家历史文化名城”、“中国著名侨乡”、“中国瓷都”、“中国婚纱晚礼服名城”、“全国优秀旅游城市”称号。2007年被评为“国家园林城市”。该市具有得天独厚的自然生态资源，城市四山一水环抱，风景名胜、文物古迹星罗棋布，以潮州音乐、潮剧、潮绣、潮州木雕等为代表的潮州文化饮誉中外。

通过政府投入、华侨捐助和社会集资等方式，共筹集资金4.32亿元用于园林绿化建设。2006年卫星遥感测试的统计数字表明，该市建成区绿地率为35.9%，绿化覆盖率为40.49%，人均公共绿地9.2平方米，各项绿化指标均达到“国家园林城市”的标准。

充分发挥国家历史文化名城、中国著名侨乡和历史文化底蕴深厚的优势，切实把创园工作同历史文化名城的建设、同弘扬潮州文化、同利用侨资侨力有机结合起来，紧紧围绕“保护古城、建设新城”的发展思路来开展创园工作。

【广东省园林城市选介】

梅州市　地处粤东北山区，北

邻赣南，东连闽西，辖6县1市1区。市域面积1.58万平方公里，户籍人口500多万人；城市建成区面积40.5平方公里，城市人口39.41万人。该市历史悠久，文化底蕴深厚，素有“文化之乡”、“足球之乡”、“华侨之乡”的美誉，是叶剑英元帅的故乡，是“国家历史文化名城”、“中国优秀旅游城市”、“全国最具安全感的城市”，是客家人最集中的地方，有“世界客都”之称。2007年被评为“广东省园林城市”。

2003年提出创建“国家园林城市”的目标。在创建活动中提出“推动绿色崛起，实现科学发展”的发展战略，以“三名城一基地”(生态名城、文化名城、平安名城和绿色产业基地)为载体，始终坚持“以人为本”的城市建设理念，以建设资源节约型和环境友好型城市为原则，努力探索以人为本、因地制宜、生态优先、合理投入的特色“创园”之路。至2008年末，该市建城区绿化覆盖率达42.64%，绿地率达36.23%，人均公园绿地面积11.69平方米，初步形成“山水相依，错落有致，林在城中，城在林中，和谐秀美”的园林城市格局。

汕头市　位于广东省东部沿海，是全国5个经济特区之一，素有“岭东门户，华南要冲”的美称。该市既是粤东的中心城市，也是长三角、珠三角和海峡西岸经济区的重要连接点，拥有亚太地缘门户的独特区位优势，获“国家卫生城市”、“国家环保模范城市”、“中国优秀旅游城市”、“中国投资环境百佳城市”称号。2007年被评为“广东省园林城市”。

1998年，提出创建“国家园林城市”的奋斗目标，特别是从2006年开始，“创园”工作大大提速。一是科学造绿，合理布局，做好做足沿海、沿河、沿沟绿化的大文章，营造城市绿化新格局；二是将治水治污与园林绿化相结合，综合整治，见缝插绿，坚持多种树、种乡土树，美化市容市貌；三是在有限的城市空间挖掘潜力，拓展城市公共绿地，出巨资回征已征用为商品房建设项目的黄金宝地，辟建为广场绿地；四是以人为本，坚持走节约型园林绿化发展之路，通过有效地保护旧城区古树大树，形成多条林荫道路景观；五是大力开展“一人认种一棵树、一人多栽一盆花、一人绿化一平方”的绿化认种认养活动，动员民资、侨资、外资等社会资源为汕头的绿化美化多做贡献，有效推进市区公园、绿地的建设。至2008年末，建成区绿地率34.31%、绿化覆盖率37.55%、人均公共绿地面积13平方米。

韶关市　位于广东省北部，南接广州，北接湖南、广西，是全国生态文明建设试点地区，获“中国优秀旅游城市”、“全国双拥模范城市”、“广东省文明城市”、“历史文化名城”称号。2007年被评为“广东省园林城市”。

从2005年开始，依托得天独厚的自然山水地貌，按照保护优先、人与自然共存的原则，编制了《韶关市城市绿地系统规划》，因地制宜地构建“三山嵌城、三江贯流、组团隔离、绿星棋布”的城市三维绿地系统布局，全面打造山水园林生态城市；持续进行节能减排，大力开展“花园式工厂”建设，努力实现环境友好型目标；大力推广和使用乡土树种，彰显粤北地方园林特色；加大依法治绿力度，建立科学的绿化管理办法，园林绿化建设与管理水平明显提高，城市文化品位明显提升，城市生态环境明显改善。至2008年末，该市建成区绿地率37.87%、绿化覆盖率40.90%、人均公共绿地面积8.54平方米。

【国家湿地公园——湛江市绿塘河湿地公园】　位于湛江市城市中心，以自然河流和大面积水塘湿地为主，依河道自然形态呈东西向带状分布，全长3.3公里，公园总面积32公顷，其中水域湿地面积17.8公顷。

公园突出湿地特色，注重水体和原有植物的保护，依势造景，水清、草野、花香、石美，流水潺潺，碧波粼粼。公园景点有石滩涌泉、映山空亭、小鸟天堂、芦溪探幽等，为市民享受大自然乐趣提供了一个好去处。

公园兼有淡水水域和咸水水域，能满足陆地和海上不同动植物的生存需要，有大型野生动物15目、46科、106种。根据不同协定和名录，公园范围内的野生动物共有40种被列为保护动物。公园保留了当地大量野生植物，如水草、茅草、野芋、荷花等，堪称繁华闹市的一片绿洲。

【国家重点公园选介】

越秀公园　是广州市的综合性文化休憩公园，面积86万平方米，园内的7个山冈，是五岭余脉最末的丘陵。

园内景点有镇海楼、古之楚庭和佛山牌坊、古城墙、四方炮台、中山纪念碑、孙中山读书治事处碑、伍廷芳墓、明绍武君臣冢、海员亭、五羊石像、五羊传说雕塑像群、球形水塔、电视塔等。越秀山被评为羊城八景之一。

园内有人工湖3个：东秀湖、南秀湖景色幽美，是绘画、写生、垂钓的好地方；北秀湖绿荫低垂，是划船爱好者的最佳选择。北秀湖建有湖心岛，湖畔还建有花卉馆、锦园等。公园每年都举办大型的园林博览会。

仙湖植物园　位于深圳市东北郊，东倚深圳第一高峰梧桐山，西临深圳水库，占地586.67公顷。该园始建于1983年，1988年正式对外开放，是一个集科研、科普、旅游为一体的著名植物园和风景区。植物园有植物4000多种，建有苏铁保存中心、木兰园、珍稀树木园、棕榈园、竹区、阴生植物区、沙漠植物区、百果园、水生植物园、桃花园、裸子植物区、盆景园等十几个植物专类园。全园分为天上人间景区、湖区、庙区、沙漠植物区、化石森林景区和松柏杜鹃景区等六大景区。建有别有洞天、两宜亭、玉带桥、龙尊塔、听涛阁、览胜亭等10多处园林景点，并建有独具特色的古生物博物馆。

深圳国际园林花卉博览园　地处深圳市深南大道竹子林西段，面积66万平方米，于2004年9月正式对游客开放。该园种植奇花异草1800多种，建有上万平方米的综合展馆和花卉专业展馆两大展馆，是一个集中外园林园艺、花卉展示、大众文化、科普科研和旅游于一体的大型市政公园，第五届中国国际园林花卉博览会的举办地。

莲花山公园　位于深圳市中心区北端，于1997年6月建成对外开放。全园占地面积166.14公顷，向游人开放的面积60公顷。坐落在公园主峰的山顶广场，海拔106米，面积4000平方米。邓小平铜像矗立在广场中央，铜像高6米、重7吨，为青铜铸造，基座高3.68米。塑像的造型为邓小平大步向前的走路姿态。

公园南区建有以棕榈科为主的8万平方米椰风林大草地。3万平方米的人工湖水质清澈、环境优美。东南部建成以大面积草地为主的16万平方米风筝广场；东南面坡地种有上万株凤凰木，每当夏季来临，凤凰木花开，满山红遍。东北部为面积近15万平方米的疏林草地。西北部与莲花北村相对，面积近7万平方米的草地上，种植了面包树、火焰木、海南红豆、风铃木、印尼鸡冠刺桐等珍奇树种和大片桃花。

（李　巍）

风景名胜

【概况】　2008年，广东省有国家级风景名胜区7个、省级风景名胜区19个，总面积近1350.7平方公里，占全省陆域面积的0.76%，为

2008年广东省风景名胜区情况

级别	编号	名称	地区	面积（平方公里）	批准时间
国家级风景名胜区	1	肇庆星湖风景名胜区	肇庆市	19.52	1982年
	2	西樵山风景名胜区	佛山市	20	1988年
	3	丹霞山风景名胜区	韶关市	319.45	1988年
	4	广州市白云山风景名胜区	广州市	20.98	2002年
	5	惠州西湖风景名胜区	惠州市	19.70	2002年
	6	惠州罗浮山风景名胜区	惠州市	214.82	2004年
	7	湛江湖光岩风景名胜区	湛江市	13.60	2004年
省级风景名胜区	1	飞来峡风景名胜区	清远市	51.20	1989年
	2	阴那山风景名胜区	梅州市	6	1989年
	3	圭峰山风景名胜区	江门市	55.10	1989年
	4	莲花山风景名胜区	广州市	3	1989年
	5	汕头市礐石风景名胜区	汕头市	20.77	1989年
	6	乐昌市金鸡岭风景名胜区	韶关市	30	1989年
	7	英德宝晶宫风景名胜区	清远市	14	1989年
	8	阳春市凌霄岩风景名胜区	阳江市	36.70	1989年
	9	海陵岛海滨风景名胜区	阳江市	16.94	1989年
	10	从化市温泉风景名胜区	广州市	27.86	1989年
	11	九泷十八滩风景名胜区	韶关市	90	1993年
	12	潮州西湖风景名胜区	潮州市	4.6	1993年
	13	玄武山风景名胜区	汕尾市	30	1993年
	14	深圳市梧桐山风景区	深圳市	36	1993年
	15	蟠龙洞风景名胜区	云浮市	21.36	1993年
	16	封开龙山风景名胜区	肇庆市	25.34	1993年
	17	怀集县燕岩风景名胜区	肇庆市	40.36	1999年
	18	五指石风景名胜区	梅州市	13.20	1999年
	19	增城市白水寨风景名胜区	广州市	200.20	2005年

注：国家级风景名胜区由国务院批准公布，省级风景名胜区由省政府批准公布。以上统计未包括各市、县政府批准的市（县）级风景名胜区。

推动全省旅游事业和经济社会的发展发挥了重要作用。

【风景名胜区综合整治】 广东省建设管理部门在2007年省级风景名胜区大检查的基础上，下发了《关于开展省级风景名胜区综合整治工作的通知》，从2008年起，通过两年的综合整治，力求省级风景名胜区管理机构设置规范、全部完成总体规划编制、有效遏止违法违规建设行为、完善标志标牌、健全管理制度，推动全省省级风景名胜区的建设和管理水平上一个新台阶。

【风景名胜区规划编制】 2008年，在广东省7个国家级风景名胜区中先后有广州的白云山，惠州的罗浮山、西湖，湛江的湖光岩，韶关的丹霞山等5个风景名胜区分别编制或修编完成景区总体规划，并上报省政府。

【广东省风景名胜区工作会议召开】 2008年12月12日，广东省建设厅在江门新会圭峰山组织召开全省风景名胜区工作会议。会议全面总结了近十几年来全省风景名胜区事业的发展，分析了景区管理存在的问题，并对下阶段的工作做了具体要求：（1）严格落实《风景名胜区条例》，确立资源保护在景区管理中的核心地位；（2）强化立法和制度建设；（3）扎实推进省级风景名胜区综合整治；（4）加快风景名胜区规划编制步伐，通过规划严格控制景区开发建设；（5）强化风景名胜区管理机构的行政管理职能；（6）规范经营，严禁将景区经营权整体或部分出让转让给企业经营管理。对违反规定，整体出让转让风景名胜区经营权或者将景区门票委托企业或者个人出售的景区，综合整治验收将不予通过，并将追究相关责任人的责任。

（宋 健）

市政公用事业监管

【广东省城镇污水处理管理信息系统】 2008年，根据住房和城乡建设部的统一部署，广东省建立了城镇污水处理管理信息系统，完善了城镇污水处理信息报告制度和通报制度。该系统可以对污水处理量、运行效率、进出水浓度和主要污染物削减总量等近60项指标实行全面监管，为省政府和各级污水处理主管部门及时掌握城镇污水设施建设运行情况、有针对性地加强对城镇污水处理工作的指导和监管、确保落实全省城镇污水处理目标任务提供了依据。

【广东省城市桥梁信息管理系统开发完成】 广东省城市桥梁信息管理系统是由省建设厅委托省建筑科学研究院承担开发的数字化城市桥梁信息资料管理和沟通平台。于2008年末开发完成，并通过省科技厅组织的鉴定，达到国内领先水平，已面向全省21个地级以上市及属下各区、镇推广使用。

该系统根据《城市桥梁养护技术规范》（CJJ99-2003）及《城市桥梁检测和养护维修管理办法》中有关城市桥梁技术档案管理的要求，对城市桥梁技术资料进行数字化管理。该系统对桥梁技术资料的管理功能、对辅助上下级之间的信息交流，以及实现部分技术工作均具有重要作用。

【广东省城市供水水质督察】 从2006年开始，广东省建设厅组织对全省建制镇以上660多家供水企业进行检查，检查范围占全省供水企业总数的80%，覆盖供水人口6600多万人。

以2006年供水检查为起点，省建设厅制订了全省行政区的城镇供水水质督察实施方案，对全省各级供水企业执行国家规范、标准、规程的情况每两年检查一次，同时对地级以上城市的供水水质进行不定期抽查，公布相关供水水质情况。省建设厅还要求各市、县供水主管部门负责实施本行政区域供水的水质督察，并将督察情况报当地政府和上级供水主管部门。供水安全监管制度的建立，为各级管理部门强化供水安全管理起到积极作用。

（陈辅淳）

中国人居环境范例奖

【概况】 “中国人居环境奖”由建设部于2000年设立，是全国人居环境建设领域的最高荣誉奖项。2001~2008年，全国有19个城市获“中国人居环境奖”，广东省深圳市于2001年首获该奖项。

2008年，广东省还获得“中国人居环境范例奖”12项，分别是：2001年，广州市城市环境综合整治；2002年，惠州市城市绿化及生态环境建设、深圳市推行物业管理、梅州市梅江“一江两岸”改造项目；2003年，江门市蓬江河综合整治；2004年，珠江广州河段滨水地区环境与景观规划建设；2005年，广州大学城集约化、节约型教育社区项目；2007年，潮州市韩江潮州河段环境整治与滨江景观、深圳市宝安区桃源社区公共管理项目；2008年，湛江市生态保护及城市绿化建设项目、中山市村村通自来水工程项目、梅州市首创城市公厕可持续发展新模式。

【湛江市生态保护及城市绿化建设】 湛江市位于祖国大陆最南端，面积1.25万平方公里，人口736万人，辖5县（市）4区，是粤西区域性中心城市，热带滨海资源丰富，拥有国家级经济技术开发区1个和省级经济开发试验区6个，是全国首批对外开放沿海城市、全国环境保护重点城市和国家级生态示范区试点城市，2007年确立为广东省城乡协调、生态文明的科学发展试点市。

湛江市的生态保护及园林绿化建设居全国先进行列。1960年，邓小平视察湛江时称赞“北有青岛、南有湛江”。湛江市委、市政府提出建设“老百姓城市”的城建理念，走“以人为本、绿化惠民”的生态园林建设之路，促进城市可持续发展，城市人居环境明显改善，取得良好的生态效益、社会效益和经济效益。2003年以来湛江城市环境综合质量连续5年位居全国环境保护重点城市前列。城市建成区绿地率达40.59%，绿化覆盖率达45.68%，人均公园绿地面积12.63平方米，基本实现了市民步行10~15分钟就可到达公园或小游园的目标。该市已形成“绿色港城、热带风光”的城市品牌风貌，并先后获得“中国优秀旅游城市”、“国家园林城市”和“中国十大休闲城市”等荣誉称号。

近年来，湛江市狠抓生态保护及城市绿化建设，坚持合理规划，突出特色，构筑城市生态绿化新格局；加强生物多样性丰富地区和生态脆弱区保护，特殊生态系统显现良性循环局面；努力改善城市周边生态环境，优化组团间绿化屏障；坚持建设“市民身边的绿化”，提高城市中心区绿化水平；突出塑造良好道路绿化景观，为城市面貌锦上添花；合理布设公园绿地，植物景观优良；积极培育乡土植物和引进新品种，绿化建设物种丰富；建设绿化广场，展示“城市客厅”魅力；保护古树名木，绿色文物焕发生机；建设园林式单位，搞好义务植树工作；居住小区绿化达标，人居环境自然和谐。该市生态保护及城市绿化建设项目获住房和城乡建设部2008年“中国人居环境范例奖”。

【梅州市首创城市公厕可持续发展新模式】 梅州市从规划、设计、建设、管理方面“四管齐下”，把公厕与店铺、饭店、办公楼、垃圾中转站、老人活动室等设施有机结合起来，建成不改变公厕主体性的附属式公厕，走出一条城市公厕可持续发展的新路子。

主要有如下五种模式：一是采取“公厕+店铺”模式。在新建或改造公厕时，临街有条件建店面的公厕，均建起一间店面，门店租金抵减公厕管理费用。二是采取“公厕+饭店”模式。大胆地提出把公厕与饭店建在一起，两者融为一体的建设管理理念，并付诸实践。三是采取“公厕+办公楼”模式。这种模式集公厕、办公楼于一体。底层是公厕，楼上是办公房。四是采取“公厕+中转站”模式。这种模式因地制宜把公厕与中转站合二为一，底层建垃圾中转站，二层建公厕。五是采取“公厕+老人活动室”模式。拓宽建设思路，利用社会力量，多元化建设，实现双赢。由社区无偿出土地，环卫部门出资建设。底层建公厕，二层建老人活动室。在梅州建设这种公厕，每座花费约需40万元。

梅州城区公厕建设管理模式得到原全国政协副主席叶选平的充分肯定和广大市民的普遍赞誉。2005年7月，“中国优秀旅游城市”国检验收组专家在验收创建工作时指出，“梅州模式”的公厕建设管理标准高、造价低、管理好，实惠百姓，值得推广。11月联合国国际能源与环境考察团到梅州考察城区公厕后大加赞誉，认为这是“城市公厕可持续发展的解决方案”。该模式获住房和城乡建设部2008年“中国人居环境范例奖”。

【中山市村村通自来水工程建设】 在20世纪80年代，中山市开始进行农村改水工作，农村自来水普及率达98%，农村居民基本告别了直接饮用河涌水的历史。

至2006年末，部分村庄由于受地处偏远、河网交错、民居分散、交通不便等自然环境的制约，全市还有约3.5万人未喝上合格的饮用水。为彻底解决这些边远地区群众的饮水问题，2007年，中山市政府决定启动“村村通自来水”工程。

同年9月底，该市坦洲镇、五桂山生态保护区、南朗镇、神湾镇的“村村通自来水”工程基本完工并投入使用，成为全省首个“村村通自来水”的地级市。此项“村村通自来水”工程投入资金4480万元，铺设供水管道总长67.718公里，解决了3.5万人的用水难题。该项目获住房和城乡建设部2008年“中国人居环境范例奖”。 *(李　魏)*

村镇建设

□广东省建设厅增设村镇建设处

□全省建制镇一千一百六十三个

□全省行政村一万七千四百二十五个

□中国历史文化名镇八个

□中国历史文化名村十一个

综　　述

【概况】　1980年6月，广东省基本建设委员会设立新农村建设处，负责全省新农村建设工作。1981年11月2日，省编制委员会、省基本建设委员会发出《关于建立地、县农房机构和人员编制问题的通知》，要求各地落实农房机构和人员编制，加强村镇建设工作。1983年5月，广东省建设委员会设立村镇建设处，负责全省村镇规划建设工作。1994年，广东省建设委员会撤销村镇建设处，成立城乡规划处、城乡建设处，实行城乡规划、城乡建设统一管理。2000年4月，根据中共广东省委、省人民政府《关于印发〈广东省人民政府机构改革方案〉的通知》，广东省建设委员会改为广东省建设厅，设置城乡规划处负责全省城乡规划工作，牵头负责村镇工作，同时设置城乡建设处负责全省城乡建设和管理工作。

2008年8月7日，省机构编制委员会办公室《关于省建设厅机构编制问题的函》同意省建设厅增设村镇建设处，编制人员5名，其中设正、副处级领导职数各1名，副调研员、主任科员和副主任科员各1名。其主要职责是：研究拟定村镇规划的方针、政策和规章制度；指导镇规划、乡规划和村庄规划的编制、实施和管理工作；指导村镇建设和农村住房建设；参与县以下土地利用总体规划的审查；指导村镇环境综合整治工作。9月8日，村镇建设处正式运作。

2008年，省建设厅重点从以下四方面加强对全省村镇规划建设管理的指导：一是以加快中心镇建设为重点，指导建制镇总体规划编制和中心镇控制性详细规划编制试点工作，强化规划对小城镇建设的引导和调控作用；二是大力推进村庄规划和整治工作，改善农村人居环境；三是开展村镇规划建设管理人员和技术人员培训，充实村镇规划建设管理人才队伍；四是加强村镇历史文化保护工作，把历史文化保护与村镇人居环境改善相结合。此外，这一年还指导韶关、清远等市做好冰雪灾后重建工作和支援四川省汶川地震灾后重建。

至2008年底，除深圳市和东莞市外（深圳市已没有镇、村的行政建制，不纳入村镇建设统计范围；东莞市未上报有关数据），全省建制镇1038个，其中853个镇编制了总体规划，占82.18%，271个中心镇全部编制了总体规划，有35个中心镇被列为省级中心镇控制性详细规划编制试点；全省建制镇的建成区面积2543.49平方公里，常住人口约1554万人（其中户籍人口

2008年广东省建制镇基本情况

地区名称	建制镇个数（个）	建成区面积（公顷）	建成区户籍人口(万人)	建成区暂住人口(万人)	规划建设管理		
					设有村镇建设管理机构的个数(个)	村镇建设管理人员(人)	专职人员
全　省	1038	254348.65	1186.2423	367.7575	955	7675	4344
广州市	12	6418.02	18.6050	20.0954	12	210	153
珠海市	9	5127.00	7.2819	8.2713	9	117	84
汕头市	32	13645.95	129.3822	12.6384	32	317	172
佛山市	21	16605.69	73.1010	53.5190	21	769	522
韶关市	84	9823.99	38.7446	4.4167	56	250	120
河源市	92	11247.95	49.9595	12.2739	76	346	207
梅州市	92	14167.70	71.9356	4.7907	67	344	160
惠州市	51	17781.89	42.3936	41.2871	45	534	287
汕尾市	48	13140.25	104.5745	13.1537	48	509	215
中山市	19	26465.00	62.3000	102.0700	19	435	183
江门市	59	17685.68	39.0963	20.2637	59	633	348
阳江市	38	7567.35	39.3068	4.9047	38	311	186
湛江市	80	14575.24	89.2204	12.4603	80	858	436
茂名市	85	13556.06	75.6170	6.6830	85	479	371
肇庆市	89	11914.59	49.1159	19.5010	88	479	247
清远市	75	13196.23	65.6767	12.4720	73	282	163
潮州市	36	11047.98	55.1274	8.0149	36	134	85
揭阳市	62	20448.40	128.7786	6.2640	58	411	236
云浮市	54	9933.68	46.0253	4.6777	53	257	169

(续上表)

地区名称	规划建设管理			市政公用设施建设财政性资金收入(万元)				
	有总体规划的建制镇个数(个)	本年编制	本年规划编制投入(万元)	合计	中央财政	省级财政	市(县)财政	镇本级财政
全　省	853	78	14721.94	398950.65	17833.31	21801.00	86481.22	272835.12
广州市	11	3	1059.80	20837.80	0.00	2300.00	10895.20	7642.60
珠海市	6	3	367.50	810.20	0.00	0.00	326.30	483.90
汕头市	30	1	264.00	6015.70	393.50	1901.50	1817.00	1903.70
佛山市	21	5	1569.00	148782.10	0.00	0.00	18269.70	130512.40
韶关市	34	2	73.10	3901.60	16.00	498.00	2026.32	1361.28
河源市	77	2	523.50	4593.10	0.00	1251.00	1591.30	1750.80
梅州市	61	5	266.40	5229.17	15.00	1642.00	1311.89	2260.28
惠州市	37	11	1252.12	17016.76	135.00	1224.35	5745.23	9912.18
汕尾市	41	0	604.00	8043.05	0.00	2410.00	2983.05	2650.00
中山市	19	5	4610.00	82205.00	0.00	0.00	4175.00	78030.00
江门市	57	7	394.31	25495.43	100.00	595.00	9548.27	15252.16
阳江市	34	2	22.00	2565.85	13.00	400.55	971.50	1180.80
湛江市	74	4	1229.41	5243.64	180.01	1858.10	1582.06	1623.47
茂名市	76	0	89.50	4452.80	354.00	2461.90	992.80	644.10
肇庆市	69	21	866.50	2450.65	0.00	0.00	1445.90	1004.75
中山市	19	5	4610.00	82205.00	0.00	0.00	4175.00	78030.00
潮州市	33	5	41.50	4246.90	444.80	1407.50	694.00	1700.60
揭阳市	61	1	181.40	39284.70	16158.00	2690.50	17099.20	3337.00
云浮市	52	1	1015.00	11381.50	1.00	176.00	3689.00	7515.50

注：深圳市已没有镇、村建制，不纳入村镇建设统计范围；东莞市未上报有关数据。下同。

1186.24万人，暂住人口367.76万人)，人口密度约为6110人/平方公里；设有村镇规划建设管理机构995个，管理人员7675人，其中专职人员4344人。　*(肖送文)*

村镇规划

【概况】 2008年，广东省村镇规划的编制、审批和管理按照1月1日开始实施的《中华人民共和国城乡规划法》的规定执行。

至2008年底，全省有992个建制镇编制完成总体规划，占全省1163个建制镇总数的85.30%，其中271个中心镇全部完成总体规划编制；全省编制村庄规划47616个，其中2008年编制村庄规划4922个。

【村镇规划实施】 2008年，广东省村镇规划的实施重点是结合村镇整治工作来开展，主要是整治村镇环境，配套建设基础设施。优先安排供水、排水、供电、供气、道路等基础设施和学校、卫生院、文化站、幼儿园、福利院等公共服务设施，为周边农村提供服务，推进城乡公共服务一体化发展新格局。各乡、村庄的建设和发展，则坚持因

·链接·　**村镇规划**

村镇规划包括镇规划、乡规划和村庄规划，其中镇规划分为总体规划和详细规划，详细规划分为控制性详细规划和修建性详细规划。镇总体规划的规划内容一般包括：镇的发展布局，功能分区，用地布局，综合交通体系，禁止、限制和适宜建设的地域范围，各类专项规划等。乡规划、村庄规划的内容一般包括：规划区范围，住宅、道路、供水、排水、供电、垃圾收集、禽畜养殖场所等农村生产、生活服务设施、公益事业等各项建设的用地布局、建设要求，以及对耕地等自然资源和历史文化遗产保护、防灾减灾等的具体安排。在规划审批方面，县人民政府所在地的镇总体规划由县人民政府组织编制并报地级市人民政府审批，其他镇的总体规划由镇人民政府组织编制，经镇人民代表大会审议后报县人民政府审批。中山、东莞两市为“市直管镇”体制，其镇的总体规划报市人民政府审批。根据省人民政府《关于加快中心镇发展的意见》，中心镇的总体规划由县（市、区）人民政府审查同意后，报地级以上市人民政府审批。

地制宜、节约用地的原则，发挥村民自治组织的作用，引导村民合理进行建设，改善农村生产、生活条件。村镇规划实施的制度，是建制镇实施“一书二证”（选址意见书、建设用地规划许可证、建设工程规划许可证）制度，集镇和村庄实施“一书一证”（选址意见书、乡村建设规划许可证）制度。村庄规划的实施机制是在村庄整治和建设过程中，一般通过村民委员会召开村民代表大会，采用“一事一议”的议事制度，表决村庄建设项目、农房建设等。

2008年，广东省建设厅以指导各地以村镇基础设施和公共服务设施建设为重点，带动村镇规划的实施。推荐广州市番禺区石楼镇、汕头市澄海区东里镇观一村和肇庆市德庆县新圩镇大同村作为住房和城乡建设部工程项目带动村镇规划一体化实施试点。其中，广州市番禺区石楼镇已组织编制《村庄规划实施分析报告》、《近期建设项目实施计划（2009~2010）》、《生态环保项目建设指引》、《公共服务中心平台建设指引》、《乡村旅游建设指引》、《农村住宅集聚化建设实施指引》、《工程项目带动村镇规划一体化实施试点工作指引》等实施计划或技术指引，推动试点工作开展。

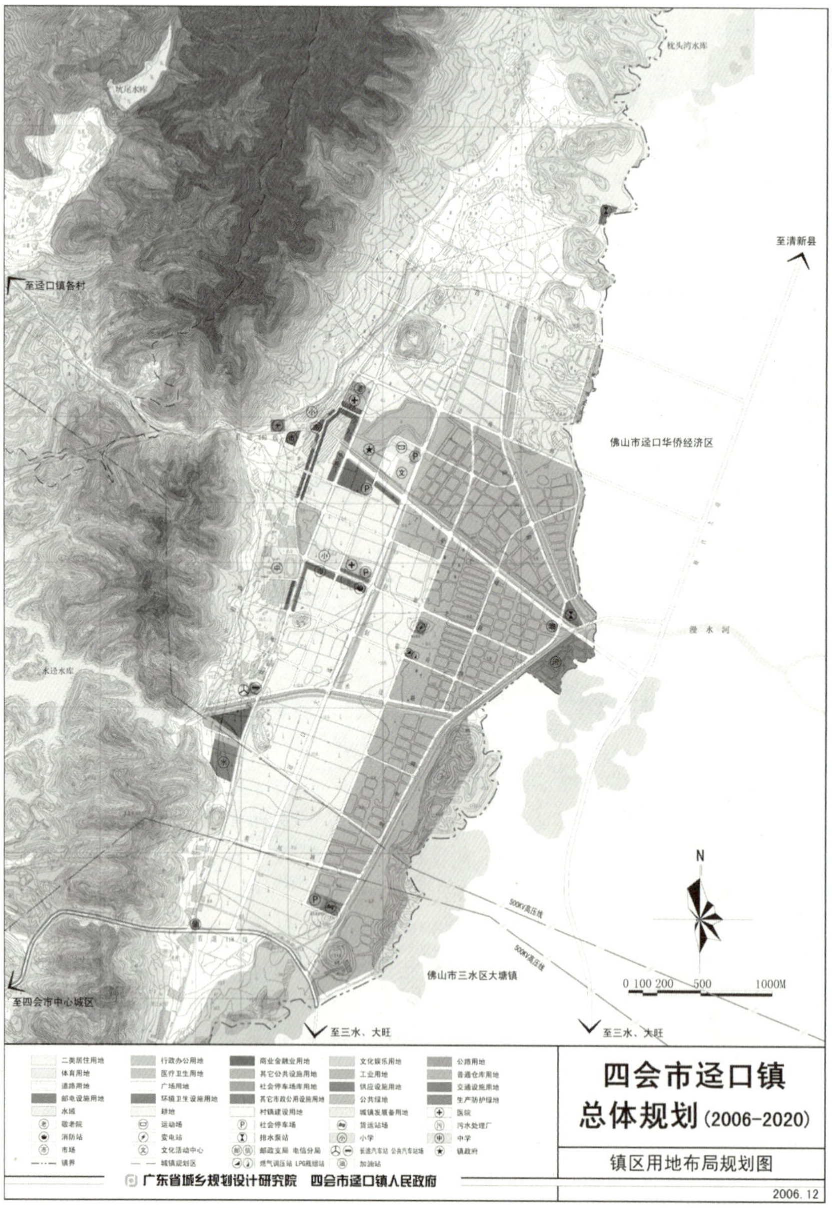

▲肇庆市四会市迳口镇总体规划镇区用地布局图

【省级村庄规划编制试点获专项资金扶持】 为推动村庄规划的编制和实施，广东省财政设立省级村庄规划编制专项资金。省财政厅、省建设厅于2007年8月印发《广东省省级村庄规划专项资金管理办法（试行）》，明确省级村庄规划专项资金的扶持范围是东西两翼、粤北山区14个地级市及江门恩平市的省级试点村；资金安排标准是每个试点村1万元；资金分配由省财政厅、省建设厅采用因素分配法（各地级市村庄数量、上年度完成村庄规划编制情况）确定规划编制经费控制指标。各市按照省下达的控制指标的1.2倍提出候选村名单上报。省财政厅会同省建设厅审核后，由省财政厅将专项资金下达有关市财政部门，省建设厅将省级村庄规划试点村名单印发各市。

2006~2008年，省财政共安排2200万元省级村庄规划专项资金，其中2006年安排200万元，2007年、2008年各安排1000万元。省建设厅会同省财政厅在全省确定省级村庄规划试点2200个，并给予每个试点1万元规划编制经费，带动全省村庄规划编制工作。

【村镇规划建设管理人员培训】 2008年，在广东省财政安排300万元城乡规划培训经费的支持下，省建设厅举办了14期全省村镇规划建设管理人员培训班，共免费培训市、县、镇各级村镇规划建设管理人员、技术人员及省级村庄规划试点村、村庄整治试点村的村委会主任或书记近2000人。在省开展培训的带动下，各市也开展各种形式的培训，共培训6000多人。其中广州、东莞、惠州、湛江等市的培训人数均超过600人。

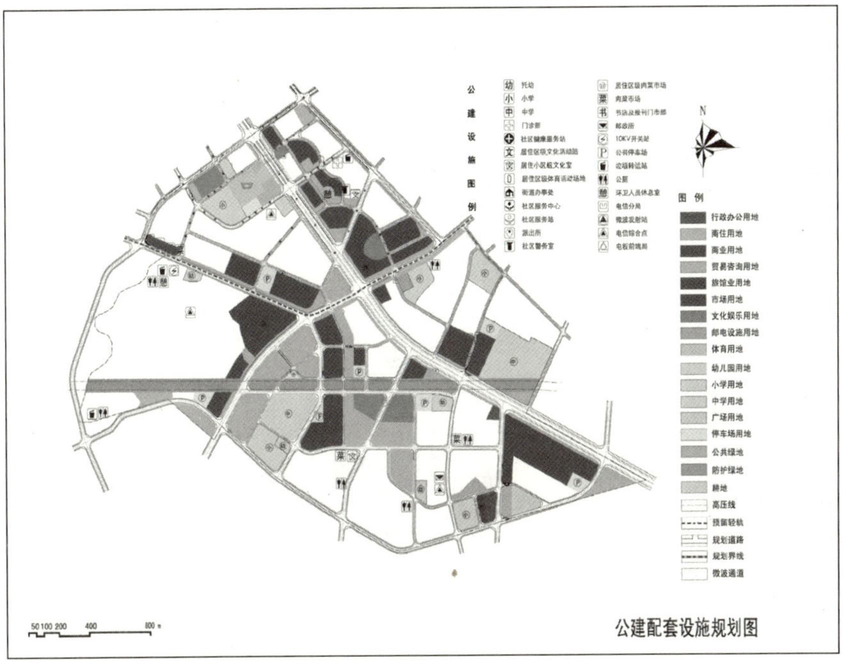

▲大朗镇长盛片区控规公建配套设施规划图

▲怀集县城旦家坪片区控制性详细规划土地利用规划图

【大朗镇】 东莞市大朗镇是省级中心镇，也是广东省35个省级中心镇控制性详细规划编制试点之一。该镇人口规模已近50万人，建成区面积36平方公里，有工业企业4000多家。近年来，充分利用珠三角城市一体化进程加快、散裂中子源项目开工建设、松山湖科技产业园区深入开发以及广莞惠城际铁路、东莞轻轨、常虎高速、松山湖大道等道路网逐步完善的条件和发展机遇，坚持规划的龙头地位，找准大朗在珠三角一体化中的角色定位，推进“外联内聚”，优化布局，完善城镇功能，主动融入珠三角一体化。围绕城镇发展战略，镇财政共安排近2000万元，用于开展城市总体规划和土地利用总体规划修编，对全镇13个片区编制控制性详细规划，对长盛、银朗、情景酒店等3个核心区开展城市设计。

【怀城镇】 肇庆市怀集县怀城镇是广东省35个省级中心镇控制性详细规划编制试点之一。以《怀集县城市总体规划（2004~2025)》为依据，抓住珠三角产业转移的契机，推进控制性详细规划编制工作，重点编制了《怀集县城北组团北新区控制性详细规划》、《怀集县城旦家坪片区控制性详细规划》等。

怀集县城北组团北新区控制性详细规划　城北组团指位于陇西的北部新城，面积5.6平方公里。城北组团以中洲河为界，分为车头区和北新区两个居住区。规划范围为城北组团北新区的中心地部分，规划面积约360公顷。根据《怀集县城市总体规划（2004−2025)》，将整个城市规划成为5个功能组团，城北组团规划成为以生活居住、文化教育、休闲为主导，是县城生活居住主要发展区域。主要落实以下四个功能：一是聚集行政办公、商贸金融和文化设施的组团级中心城区功能；二是居住与就业相协调的、中高档住宅合理分布、环境优越的居住区功能；三是配备公园、市民广场，以滨江景观为特色的休闲游览功能；四是靠近太澳高速公路、汕昆高速公路立交，可发展商业物流功能。

怀集县城旦家坪片区控制性详细规划　旦家坪片区位于省道S349线与塔山大道交汇处，北临绥江、南靠塔山公园，生态环境优越，景观观赏性较好，环境资源潜力巨大。如何继承传统，利用独特的地形水系，打造一座独具特色的“山水生态”城，提升城市的整体形象，是旦家坪片区规划的一个重要目标。旦家坪片区的建设，将为城市提供新的行政办公、商贸金融、文化娱乐设施和交通枢纽，规划总用地面积75.8公顷。根据《怀集县城市总体规划（2004−2025)》，将整个城市规划成为5个功能组团，中心组团包括目前的幸福区。本规划区主要落实以下三个功能：聚集行政办公、商贸金融和文化设施的组团级中心城区功能；规划利用便利的交通、生态条件发展一、二类居住；居住与就业相协调的、部分居住作为南部工业组团的配套。

(肖送文)

·链接·

广东省中心镇核准指标

《广东省中心镇确定标准及办法》明确规定广东省中心镇核准的3个具体指标：一是镇区非农人口达到一定规模，珠江三角洲地区7000人以上，东翼地区8000人以上，西翼地区6000人以上，粤北山区4000人以上；二是经济实力较强，其中财政收入珠江三角洲地区3800万元以上，东翼950万元以上，西翼690万元以上，粤北山区390万元以上；三是镇建成区面积达到一定规模，珠江三角洲地区4平方公里以上，东翼3平方公里以上，西翼2平方公里以上，粤北山区1平方公里以上。该《办法》还进一步明确每个县（市、区）确定2~3个中心镇的原则，规定中心镇核准及备案的程序是：由地级以上市人民政府按照要求，根据当地实际情况制定核准中心镇的办法，由镇填写《广东省中心镇核准表》，报地级以上市人民政府核准。地级以上市人民政府核准本市中心镇后，在1个月内把本市中心镇名单及《广东省中心镇核准表》（1份）报省建设厅备案。

建制镇基础设施建设

【概况】 至2008年底，除深圳市和东莞市外（深圳市已没有镇、村的行政建制，不纳入村镇建设统计范围；东莞市未上报有关数据），全省2008年建制镇建设投资265.68亿元，其中218.75亿元用于房屋建设，46.93亿元用于包括给排水、道路桥梁、公共交通、污水和垃圾处理设施、园林绿化等在内的市政公用设施建设。2008年年末全省建制镇实有住宅建筑面积29148.54万平方米，人均住宅建筑面积24.57平方米；实有公共建筑面积8656.18万平方米，实有生产性建筑面积13650.09万平方米；全省有989个建制镇实现了集中供水，自来水普及率为81.55%；建成污水处理厂30座，平均日处理能力为58.66万立方米，污水处理率为11.98%；建成生活垃圾中转站3053座，生活垃圾处理率为92.74%，其中实现无害化处理的为37.70%；全省建制镇燃气普及率为79.24%，人均道路面积为10.55平方米，人均公园绿地面积为2.24平方米。

(肖送文)

2008年广东省建制镇建设投资情况

单位：万元

地区名称	合计	房屋				市政公用设施		
		小计	住宅	公共建筑	生产性建筑	小计	供水	燃气
全　省	2656814	2187489	925902	334520	927067	469325	51857	6309
广州市	267455	238538	108704	60353	69481	28917	1788	100
珠海市	162687	105241	21002	3108	81131	57446	954	0
汕头市	109308	90883	43721	16897	30265	18425	2222	50
佛山市	742203	611800	232368	68510	310922	130403	15244	4028
韶关市	24758	19348	12166	3284	3898	5410	502	209
河源市	41298	29043	19968	5501	3574	12255	1713	270
梅州市	37418	26532	13410	8352	4770	10886	1093	43
惠州市	167045	142372	48032	6878	87462	24673	4253	139
汕尾市	52858	42725	23929	5817	12979	10133	1605	35
中山市	422448	348850	173100	57450	118300	73598	4335	500
江门市	134383	110109	26419	11417	72273	24274	6675	803
阳江市	76799	71002	24616	38912	7474	5797	839	0
湛江市	75965	61469	40200	9613	11656	14496	1372	40
茂名市	45135	42744	30427	9142	3175	2391	374	1
肇庆市	84839	78390	20523	6391	51476	6449	2045	0
清远市	69970	59200	24347	6580	28273	10770	1569	35
潮州市	33525	27206	17202	2625	7379	6319	2198	33
揭阳市	53311	43065	28997	8451	5617	10246	1495	16
云浮市	55409	38972	16771	5239	16962	16437	1581	7

（续上表）

地区名称	市政公用设施								
	公共交通	道路桥梁	排水	污水处理	防洪	园林绿化	环境卫生	垃圾处理	其他
全　省	23528	169336	76740	49913	52416	31902	39816	19120	17342
广州市	265	15818	1855	259	4653	1902	2019	1088	517
珠海市	202	41605	5959	3280	7044	705	411	280	566
汕头市	506	6791	3590	1063	1357	1175	2029	870	705
佛山市	9263	39207	14654	10341	17877	12719	16008	7689	1403
韶关市	950	1081	457	51	1136	380	449	201	244
河源市	1460	5608	411	3	767	190	968	402	859
梅州市	499	3602	719	77	2779	818	542	235	723
惠州市	750	11987	2010	475	2118	1199	1782	868	435
汕尾市	809	2933	887	2	1082	874	742	296	1166
中山市	1275	10948	36800	31000	5155	7510	7075	3835	0
江门市	3067	5455	3361	2118	1262	1003	1596	713	1052
阳江市	427	1866	844	65	107	134	609	305	971
湛江市	1734	6467	1342	460	1046	424	1604	608	467
茂名市	73	772	380	3	267	167	315	212	42
肇庆市	489	1068	594	228	322	209	689	240	1033
清远市	248	3778	662	30	2154	937	800	341	587
潮州市	490	681	470	73	978	157	967	556	345
揭阳市	255	3922	492	55	2038	709	786	174	533
云浮市	766	5747	1253	330	274	690	425	207	5694

2008年广东省建制镇房屋建筑情况

地区名称	住宅			公共建筑		生产性建筑	
	年末实有建筑面积（万平方米）	当年竣工建筑面积（万平方米）	人均住宅建筑面积（平方米）	年末实有建筑面积（万平方米）	当年竣工建筑面积（万平方米）	年末实有建筑面积（万平方米）	当年竣工建筑面积（万平方米）
全　省	29148.54	1030.56	24.57	8656.18	327.84	13650.09	1148.10
广州市	756.64	130.16	40.67	777.61	74.16	602.11	78.80
珠海市	299.37	21.50	41.11	23.57	2.63	762.63	113.40
汕头市	2864.36	64.47	22.14	669.75	13.96	894.40	36.87
佛山市	3249.46	165.77	44.45	1086.36	54.85	2343.24	306.92
韶关市	1048.40	20.19	27.06	432.02	4.87	273.95	12.12
河源市	1414.48	42.62	28.31	255.45	11.06	137.65	6.55
梅州市	1590.01	22.07	22.10	426.03	11.59	308.96	8.00
惠州市	1244.44	60.34	29.35	171.10	10.07	1177.40	131.82
汕尾市	1171.07	16.91	11.20	218.86	6.15	339.54	6.30
中山市	2606.80	144.25	41.84	501.05	38.30	1654.40	118.30
江门市	1227.42	30.92	31.39	646.12	9.25	1382.84	114.02
阳江市	1024.95	39.08	26.08	202.75	5.96	183.85	11.67
湛江市	2174.29	61.91	24.37	694.40	30.54	425.08	18.20
茂名市	1839.17	47.04	24.32	688.09	14.59	402.42	5.19
肇庆市	1342.83	29.49	27.34	538.60	10.09	950.35	37.52
清远市	1166.87	39.94	17.77	683.02	7.28	507.30	39.21
潮州市	779.23	23.13	14.14	169.38	2.99	462.90	66.87
揭阳市	1926.37	41.97	14.96	270.49	11.65	327.76	10.18
云浮市	1422.38	28.80	30.90	201.53	7.85	513.31	26.16

2008年广东省建制镇燃气、道路桥梁及防洪情况

地区名称	用气人口（万人）	道路长度（公里）	当年新增	道路面积（万平方米）	当年新增	道路照明灯盏数(盏)	桥梁座数（座）	防洪堤长度（公里）
全　省	1231.4530	22823.84	1362.09	16393.62	933.54	420286	5723	9068.08
广州市	21.6496	756.95	80.31	615.76	64.03	8517	139	210.90
珠海市	10.6438	468.96	38.28	374.73	37.65	5272	134	113.43
汕头市	148.8921	1788.06	54.49	1629.30	51.19	49386	829	257.87
佛山市	90.4553	1481.92	141.26	1665.35	123.88	105756	357	217.26
韶关市	27.9243	709.81	8.32	491.37	5.05	3383	175	124.25
河源市	46.6980	1666.00	158.61	936.31	85.65	9002	606	377.78
梅州市	78.7321	1552.23	99.69	908.16	52.10	20555	376	715.97
惠州市	21.6344	921.28	108.20	647.21	44.00	29889	198	345.79
汕尾市	74.7036	1870.46	25.20	1147.57	26.88	13158	241	493.96
中山市	164.3700	1190.00	54.00	669.81	52.56	68183	505	454.08
江门市	47.7581	1240.66	87.88	963.79	72.00	26862	352	422.45
阳江市	28.5817	811.30	44.93	535.96	25.85	5498	107	234.92
湛江市	75.1714	1822.86	135.99	1202.38	82.04	9110	199	561.35
茂名市	68.8946	1444.05	27.15	1187.98	27.62	7604	224	338.15
肇庆市	43.2242	938.66	51.30	641.16	28.85	11487	194	537.78
清远市	55.3129	1051.57	74.88	675.61	41.23	8093	186	2701.77
潮州市	82.5299	979.83	42.03	512.86	20.73	12257	423	565.11
揭阳市	109.8940	1182.12	68.42	898.68	42.01	13291	312	233.86
云浮市	34.3830	947.12	61.15	689.63	50.22	12983	166	161.40

2008年广东省建制镇供水情况

地区名称	集中供水的建制镇		公共供水			自备水源单位	
	个数(个)	占全部建制镇的比例(%)	设施个数(个)	其中:水厂个数	综合生产能力（万立方米/日）	个数(个)	综合生产能力（万立方米/日）
全　省	989	95.28	1326	862	811.151	1846	116.976
广州市	12	100.00	22	21	44.727	71	12.528
珠海市	8	88.89	11	9	8.416	5	4.165
汕头市	32	100.00	51	42	55.730	152	17.256
佛山市	21	100.00	29	28	253.090	8	17.302
韶关市	84	100.00	92	65	21.518	132	3.098
河源市	92	100.00	125	87	23.490	224	1.536
梅州市	90	97.83	175	89	13.315	134	5.031
惠州市	44	86.27	63	57	47.670	20	3.245
汕尾市	45	93.75	69	21	20.481	25	3.545
中山市	19	100.00	28	26	148.810	15	7.082
江门市	59	100.00	70	56	35.460	108	9.244
阳江市	31	81.58	29	27	6.880	32	0.629
湛江市	76	95.00	142	71	16.269	500	9.289
茂名市	85	100.00	85	59	15.963	104	1.501
肇庆市	89	100.00	86	49	22.025	108	4.160
清远市	73	97.33	76	46	30.315	84	7.478
潮州市	34	94.44	75	30	16.783	74	2.647
揭阳市	42	67.74	38	30	16.373	16	0.715
云浮市	53	98.15	60	49	13.836	34	6.525

（续上表）

地区名称	年供水总量（万立方米）	年生活用水量	年生产用水量	供水管道长度（公里）	当年新增	用水人口（万人）
全　省	286732.16	67022.30	93005.81	49378.24	1541.70	1267.2717
广州市	4311.88	2048.78	14583.70	23375.17	48.69	31.9255
珠海市	2239.65	476.27	1320.03	459.25	48.36	10.6994
汕头市	24283.80	7418.17	7142.53	1803.77	146.55	132.4204
佛山市	28213.95	8476.75	17862.33	1731.53	150.42	124.4130
韶关市	2703.83	1426.71	1040.67	804.27	30.49	38.1554
河源市	5395.26	2228.02	1835.71	1660.57	95.61	50.3821
梅州市	6006.85	2613.21	1456.45	1396.38	129.76	59.9254
惠州市	8299.94	2130.66	4358.49	1081.08	85.16	37.9607
汕尾市	113215.91	3638.19	3435.52	1159.07	33.97	85.7011
中山市	38301.00	12369.70	18737.50	4173.25	49.20	164.3700
江门市	8578.55	2560.18	5498.87	1916.94	146.56	51.2435
阳江市	1398.79	1080.40	316.70	606.08	53.08	30.6118
湛江市	4973.06	2779.85	2037.16	1605.55	67.06	85.0016
茂名市	5759.89	4363.06	1103.76	827.53	32.82	73.7025
肇庆市	7950.54	2938.30	2974.13	1547.25	84.05	54.2561
清远市	8677.91	2550.14	3838.20	1340.91	107.00	53.1656
潮州市	5141.66	2264.03	2639.60	1659.94	66.00	48.9394
揭阳市	8321.79	4221.36	1466.16	791.80	83.40	88.3918
云浮市	2957.90	1438.52	1358.30	1437.90	83.52	46.0064

2008年广东省建制镇污水处理、园林绿化情况

地区名称	污水处理厂		年污水处理总量（万立方米）		园林绿化（公顷）		
	个数（个）	处理能力（万立方米/日）		污水处理厂集中处理量	绿化覆盖面积	绿地面积	公园绿地面积
全　省	30	58.565	15335.51	11939.88	41006.31	24136.61	3475.265
广州市	0	0.000	0.00	0.00	1030.96	201.94	51.450
珠海市	0	0.000	0.00	0.00	997.20	336.70	185.550
汕头市	2	3.500	2836.97	175.00	2127.00	1385.74	161.200
佛山市	18	25.520	5311.03	5201.68	2484.25	1998.86	468.853
韶关市	0	0.000	51.50	0.00	585.70	247.74	94.860
河源市	0	0.000	0.36	0.00	1754.30	1000.98	298.980
梅州市	0	0.000	0.00	0.00	1637.94	584.08	115.574
惠州市	3	6.000	1160.00	1100.00	2945.75	2260.50	73.786
汕尾市	0	0.000	0.00	0.00	1229.40	783.17	128.770
中山市	3	12.000	4830.00	4830.00	8122.00	4996.00	748.460
江门市	2	1.500	473.40	383.20	2842.86	1394.34	226.790
阳江市	0	0.000	0.00	0.00	1234.56	746.39	30.810
湛江市	0	0.000	0.00	0.00	2389.84	917.35	64.160
茂名市	0	0.000	0.00	0.00	1617.64	870.01	366.700
肇庆市	1	0.045	450.00	250.00	795.16	407.74	139.670
清远市	1	10.000	0.00	0.00	864.99	601.32	89.645
潮州市	0	0.000	222.25	0.00	2984.34	2318.41	12.030
揭阳市	0	0.000	0.00	0.00	3766.77	1958.79	130.402
云浮市	0	0.000	0.00	0.00	1595.65	1126.55	87.575

2008年广东省建制镇环境卫生情况

地区名称	生活垃圾年清运量(万吨)	生活垃圾年处理量(万吨)	无害化处理量	生活垃圾中转站(座)	环卫专用车辆设备(辆)	公共厕所(座)
全　省	471.681	437.424	177.828	3053	4873	7500
广州市	8.550	6.984	4.294	31	143	154
珠海市	9.674	9.236	0.570	29	44	75
汕头市	34.189	25.213	7.455	298	752	1083
佛山市	70.000	69.634	61.588	67	416	397
韶关市	12.532	12.351	1.976	20	107	172
河源市	19.963	19.174	4.203	131	164	167
梅州市	13.004	10.837	0.020	120	213	326
惠州市	16.589	14.150	2.683	18	153	120
汕尾市	32.248	30.939	0.000	18	326	639
中山市	76.040	76.040	76.040	91	308	302
江门市	21.313	19.287	0.000	170	360	583
阳江市	11.402	11.202	0.000	92	132	122
湛江市	19.675	19.552	0.000	149	300	465
茂名市	21.528	20.506	0.000	81	295	316
肇庆市	15.971	10.337	1.020	66	262	293
清远市	18.042	13.871	1.953	270	280	437
潮州市	25.136	24.198	1.804	145	219	1167
揭阳市	27.093	26.476	0.941	51	275	371
云浮市	18.732	17.437	13.281	1206	124	311

2008年广东省建制镇市政公用设施情况

(含暂住人口)

地区名称	人口密度(人/平方公里)	人均日生活用水量(升)	用水普及率(%)	燃气普及率(%)	人均道路面积(平方米)	排水管道密度(公里/平方公里)	污水处理率(%)	污水处理厂集中处理率	人均公园绿地面积(平方米)	绿化覆盖率(%)	绿地率(%)	生活垃圾处理率(%)	无害化处理率
全　省	6110	144.90	81.55	79.24	10.55	4.89	11.98	9.33	2.24	16.12	9.49	92.74	37.70
广州市	6030	175.82	82.49	55.94	15.91	5.91	0.00	0.00	1.33	16.06	3.15	81.68	50.22
珠海市	3034	121.96	68.79	68.43	24.09	4.18	0.00	0.00	11.93	19.45	6.57	95.47	5.89
汕头市	10408	153.48	93.24	104.84	11.47	8.47	24.35	1.50	1.14	15.59	10.15	73.75	21.81
佛山市	7625	186.67	98.26	71.44	13.15	7.90	25.21	24.69	3.70	14.96	12.04	99.48	87.98
韶关市	4393	102.44	88.40	64.70	11.38	3.22	2.61	0.00	2.20	5.96	2.52	98.56	15.77
河源市	5533	121.16	80.96	75.04	15.05	5.78	0.01	0.00	4.80	15.60	8.90	96.05	21.05
梅州市	5416	119.47	78.10	102.61	11.84	2.50	0.00	0.00	1.51	11.56	4.12	83.34	0.15
惠州市	4706	153.78	45.36	25.85	7.73	2.85	22.34	21.19	0.88	16.57	12.71	85.30	16.17
汕尾市	8959	116.31	72.80	63.45	9.75	2.04	0.00	0.00	1.09	9.36	5.96	95.94	0.00
中山市	6211	206.18	100.00	100.00	4.08	8.82	19.41	19.41	4.55	30.69	18.88	100.00	100.00
江门市	3356	136.88	86.33	80.46	16.24	5.73	7.34	5.94	3.82	16.07	7.88	90.49	0.00
阳江市	5842	96.69	69.24	64.65	12.12	5.84	0.00	0.00	0.70	16.31	9.86	98.25	0.00
湛江市	6976	89.60	83.60	73.93	11.83	5.75	0.00	0.00	0.63	16.40	6.29	99.37	0.00
茂名市	6071	162.19	89.55	83.71	14.43	3.59	0.00	0.00	4.46	11.93	6.42	95.25	0.00
肇庆市	5759	148.37	79.07	62.99	9.34	5.60	9.51	5.29	2.04	6.67	3.42	64.72	6.39
清远市	5922	131.41	68.03	70.78	8.65	2.56	0.00	0.00	1.15	6.55	4.56	76.88	10.82
潮州市	5715	126.74	77.51	130.70	8.12	4.55	5.67	0.00	0.19	27.01	20.98	96.27	7.18
揭阳市	6604	130.84	65.45	81.38	6.65	1.09	0.00	0.00	0.97	18.42	9.58	97.72	3.47
云浮市	5104	85.67	90.74	67.81	13.60	4.43	0.00	0.00	1.73	16.06	11.34	93.09	70.90

中心镇建设

【概况】 2000年7月，广东省委、省政府印发《关于推进小城镇健康发展的意见》，提出：根据集约发展的原则，全省建成300个左右的中心镇，使其成为布局合理、功能齐全、设施完善、环境优美、经济发达，富有地方特色和风貌的具有较强辐射和带动能力的农村区域性经济文化中心，部分中心镇逐步发展成为各具特色的小城市。

2001年，广东省建设厅印发《广东省中心镇确定标准及办法》，提出中心镇应根据区域位置、人口规模、交通通信条件、经济发展状况及对周边地区的带动作用来确定，除各县县城镇是当然的中心镇，还规定了其他中心镇设置的原则。

根据《广东省中心镇确定标准及办法》，在各市核准上报的基础上，省建设厅于2002年首次确定全省268个中心镇名单。此后，由于各市经济社会形势的发展和行政区划调整等原因，全省中心镇布局有一定的调整。至2008年底，全省有中心镇271个。

【中心镇建设用地规模核定】 根据广东省政府《关于加快中心镇发展的意见》和《印发广东省中心镇建设用地规模核定工作意见的通知》，广东省建设厅会同广东省发展改革委、广东省国土资源厅开展中心镇建设用地规模核定工作。至2008年底，全省完成60个中心镇的建设用地规模核定，占全省271个中心镇的22.14%。

【中心镇建设资金渠道拓宽】 2008年，广东省建设厅配合国家开发银行广东省分行开展全国重点镇和新农村建设信贷工作，拓宽中心镇建设资金渠道，增加中心镇建设资金投入。至年底，全省村镇共获贷款11.6亿元。

【中心镇控制性详细规划编制试点获财政补助】 2007年，广东省财政安排1215万元全省中心镇控制性详细规划编制试点补助经费。省建设厅会同省财政厅在全省选取中心镇控制性详细规划编制试点35个，给予每个试点20万~45万元经费补助，推动其编制控制性详细规划。至2008年底，35个试点中心镇全部开展重要地段及优先发展区域的控制性详细规划编制。

【虎门镇】 东莞市虎门镇是省级中心镇，位于珠江口东岸，面积178.5平方公里，辖社区居民委员会29个，户籍人口12.4万人，外来人口45万人。

▲东莞市虎门镇　　省建设厅村镇处供稿

交通发达：水路方面，宏业货柜码头和正在规划建设的沙角河仔港被国务院批准为一类口岸，通航广州、深圳、香港等华南地区诸港；陆路方面，广深珠高速公路、S256省道纵贯全境，1小时车程可抵达珠三角各主要城市。

人文资源丰富，全国文物保护单位鸦片战争博物馆、虎门大桥、蒋光鼐故居、村头村贝丘遗址及朱执信纪念碑、礼屏公祠、陈莲峰墓、逆水流龟村堡、郭真人古庙、郑氏宗祠、郑瑜墓等名胜古迹，吸引着海内外游客前来寻幽探古，旅游观光。

改革开放以来，该镇经济社会发展取得令世人瞩目的成就，先后获得“全国财政之星”、“全国乡镇之星”、“中国女装名城”、“全国小康建设明星乡镇标兵”、“全国乡镇管理先进单位”、“2005年全国首届小城镇综合发展水平1000强（第一名）”、“2008年中国乡镇综合实力500强（第一名）”、“广东省文明镇”、“广东省科技镇”、“广东省教育强镇”、“广东省爱国拥军模范单位”等荣誉称号。2008年，虎门镇地区生产总值214.77亿元，比上年增长17.43%；工业总产值493.66亿元，增长7.71%；固定资产投资总额56.77亿元；镇本级可支配财政收入11.88亿元，增长7.03%；农民年人均纯收入14391元，增长3.42%。

2002年编制了《东莞市虎门镇总体规划（2002~2020）》，确定未来20年的发展定位为：珠江三角洲的区域商贸物流中心；东莞国际制造业名城的重要基地；历史文化名镇。为落实总体规划，该镇自2004年以来共编制了19项控制性详细规划、4项概念性规划及城市设计、8项专项规划。

积极改善镇容镇貌，近年来多次开展“四清理”（清理违法搭建、清理违法用地、清理养殖业污染、清理无证照经营）和“五整

2008年广东省中心镇基本情况

地区名称	镇域面积(平方公里)	镇规划区面积(平方公里)	镇建成区面积(平方公里)	镇域总人口(人)	镇域户籍人口(人)	镇建成区总人口(人)	镇域GDP(万元)	城镇维护建设资金财政支出(万元)
全　省	44387.33	6607.71	2531.54	26006113	19063565	12192621	52807378	420923
广州市	3359.79	921.81	177.33	2421104	1346627	884882	9426235	142222
珠海市	560.65	117.50	35.10	338068	223304	111050	1456708	12333
汕头市	550.54	197.64	77.88	1379261	1241064	789925	1035889	4152
佛山市	1648.44	605.65	84.16	1431088	832915	511324	9358932	88181
韶关市	5424.22	186.13	76.86	1165231	1107540	457374	866895	2285
河源市	3479.96	235.05	91.84	1254592	975186	549145	474645	7527
梅州市	4079.65	275.09	70.91	1474307	1218959	546716	800493	8023
惠州市	2277.36	530.86	67.16	1025507	618330	533582	1601539	3020
汕尾市	1236.82	217.93	75.84	1183442	1052782	598561	1627727	5693
东莞市	839.54	763.66	308.32	2508713	514236	2517955	9979144	77891
中山市	226.40	226.40	69.14	685960	263500	193712	2260000	23950
江门市	1680.13	320.17	790.17	870049	652742	240705	1969428	7854
阳江市	1927.20	141.22	59.05	810200	723944	354142	0	4004
湛江市	3074.70	164.74	83.62	1769065	1639960	507526	1353459	1134
茂名市	1925.65	205.96	79.96	1502432	1384446	483758	2521480	2458
肇庆市(珠三角)	756.15	147.37	56.88	531742	369394	285733	1069645	1104
肇庆市(山区)	1993.12	177.29	53.45	795835	746584	394143	540399	3634
清远市	5670.77	609.86	87.72	1724926	1370101	652076	2330397	13561
潮州市	440.28	144.74	56.53	737811	615660	495733	2842350	1493
揭阳市	1051.39	286.10	83.27	1469854	1383977	754231	1353430	5654
云浮市	2184.57	132.54	46.36	926926	782405	330348	1123265	4752

(续上表)

地区名称	镇域工业用地面积(平方公里)	镇域工业园区面积(平方公里)	镇建成区公共绿地面积(平方米)	镇建成区住宅建筑总面积(平方米)	镇域生活污水排放总量(万立方米)	镇域生活污水处理量(万立方米)	镇域生产污水排放量(万立方米)	镇域生产污水处理总量(万立方米)
全　省	1692.56	1126.62	79400805	324650817	114397	20787	64506	27619
广州市	173.77	143.17	3886640	38609411	3045	139	3895	1165
珠海市	65.59	42.50	1864218	3676663	522.	0	860	547
汕头市	26.35	20.07	3403397	13189750	3949	839	2830	1043
佛山市	175.77	97.05	3981200	12479406	8946	3888	9906	2894
韶关市	72.70	48.55	654726	9297134	2867	437	1425	670
河源市	201.78	36.93	3479419	11535507	3998	985	1389	496
梅州市	67.23	238.14	8137088	15314169	2959	0	1809	2
惠州市	51.34	57.91	1896840	11827646	5233	1544	4724	1791
汕尾市	29.10	15.78	4197199	16119926	4017	0	2018	0
东莞市	145.23	96.42	12195195	76587337	39084	6318	10588	8693
中山市	35.80	13.13	2689300	12522900	8139	3685	2825	2825
江门市	108.37	45.35	5505380	9324201	4510	1118	4958	2089
阳江市	20.93	21.64	1898569	9897934	0	0	0	0
湛江市	79.20	28.85	5259347	9933730	2977	0	3663	1381
茂名市	62.06	37.51	3711372	15530145	6329	20	2445	10
肇庆市(珠三角)	58.42	35.76	684779	4652900	1339	76	887	707
肇庆市(山区)	30.90	16.52	4692805	4679213	3634	0	611	0
清远市	180.62	74.26	4717441	9997126	4842	628	3341	954
潮州市	28.92	4.42	1501632	7098900	2379	201	2207	458
揭阳市	49.97	34.78	4272258	27601254	4206	902	3401	1857
云浮市	28.53	17.89	772000	4775567	1422	6	724	38

治”（整治生态环境，整治环境卫生，整治旧村，整治农贸市场和整治乱扔吐、乱堆放、乱拉挂、乱张贴、乱搭建、乱摆卖等“六乱”）以及“穿衣戴帽工程”等整治工作，极大地改善了城镇整体形象和人居环境，促进了虎门经济社会的健康发展。

【小榄镇】 中山市小榄镇是广东省中心镇，位于珠江三角洲中部，面积75.4平方公里，辖社区15个，户籍人口15.9万人，另有在镇内生活、工作的外来人口约16万人。2008年，全镇地区生产总值150亿元，税收总额27亿元；年末各项存款余额204亿元。

先后获得“国家卫生镇”、“全国造林绿化百佳镇”、“全国环境优美镇”、“全国文明村镇”、“中国乡镇之星”、“全国村镇建设示范镇”、“国家园林城镇”等荣誉称号。是建设部评定的小城镇建设试点和村镇建设先进镇。早在1992年，就制定了城镇建设的总体规划，并严格实施，不断配套、完善公共设施。2002年，重新修编了总体规划。近几年来，在加快建设功能齐全、分区明确、交通方便、环境优美的新城区的同时，对老城区进行全面改造，逐步恢复水乡秀色。镇内建有总装机容量为18万千瓦的发电厂、日处理能力为12万吨的生活污水处理厂、被评为“全国农村百佳水厂”日供水量31万吨的自来水总厂。小榄车站和汽车运输有限公司分别被交通部评为一级汽车客运站和二级道路客运企业。在南部开发小榄镇工业基地，引导工业企业集中进园，工业污水、废水集中处理。

【北坡镇】 湛江市遂溪县北坡镇是广东省中心镇，位于遂溪县西南部，距湛江市区60公里，距遂溪县城55公里，土地面积164平方公里，是典型的农业大镇。2008年，全镇生产总值59058万元，比上年增长12.9%。2006年被湛江市列为镇区建设示范镇，2007年被评为湛江市十个最整洁镇之一，并获湛江市“城乡清洁工程”样板镇的称号。

坚持规划先行的原则，用规划指导城镇建设，并坚持城乡统筹，充分发挥规划的龙头作用，推进城镇化进程。2006年完成城镇总体规划的修编工作并通过湛江市政府的批复，2008年完成城镇片区控制性详细规划的编制工作。在规划的指导下，北坡镇严格执行规划建设的审批制度，在城镇重点地段的主要建筑、主要街道，以及省道两旁的建筑物、新开发区、住宅区等建设方案均经评审后才能建设。

加大市政公共设施投入，加快城镇建设步伐。全镇配套完善电力、通讯、教育、文化、卫生等基础设施和公共设施的建设。近年来，建设与整治并举，加强对市容环境全面治理，突出抓好城镇净化、绿化、美化、亮化。完成道路混凝土路面总面积40373平方米，安装排水排污管道总长6525米，建设花圃6681平方米，种植绿化树1213棵，铺设花阶砖4576平方米，安装路灯198盏。镇区道路硬底化率达80%以上，绿化覆盖率35%以上。城镇面貌大为改观，为广大群众提供一个较好的生活生产环境。

（肖送文）

▲中山市小榄镇菊展　　省建设厅村镇处供稿

村庄整治

【概况】 2006年，中共广东省委、省政府在《关于加快社会主义新农村建设的决定》中强调要按照村容整洁、生态良好的要求，加快村容村貌整治及环境综合治理，全面推进村庄整治工作。

省建设厅印发《关于开展村庄整治工作的实施意见》，提出村庄整治工作的原则、各阶段目标和“五改三清五有”的工作重点，即改路、改水、改房、改厕、改灶；清理垃圾、清理荷塘、清理乱堆放；有村庄规划、有文体活动场地（室）、有一片成荫绿地、有垃圾收集池（站）、有污水处理简易设施。同年，省建设厅印发《广东省村庄整治规划编制指引（试行）》，明确村庄整治规划的原则、内容、成果要求、编制和审批程序等内容。2005~2007年，省建设厅组织开展三批共62个省级村庄整治试点工作，分旧村整治型、新村建设型、古村保护型、设施配套型四种类型加以指导。2008年，全省开展整治工作的村庄有4418个。

【全省村庄整治汕头现场会】 2008年11月20~21日，广东省建设厅召开以“深入开展村庄整治，积极创建宜居村镇”为主题的全省村庄整治汕头现场会。汕头市政府、省委

▲全省村庄整治汕头现场会　　省建设厅村镇处供稿

农办、省扶贫办、省国土资源厅、省交通厅、省水利厅、省卫生厅、省农业厅、省环保局、省文物局等领导，省建设厅有关领导和处室的负责人，以及全省各地级以上市、县（县级市）规划局、建设局局长等200余人出席会议。省建设厅厅长房庆方在大会上作题为《深入开展村庄整治，积极创建宜居村庄》的重要讲话。广州市规划局、汕头市规划局、汕尾市陆河县建设局、云浮市新兴县建设局和汕头市澄海区溪南镇西社村等单位介绍了经验，交流各自在村庄规划、建设、整治等方面的经验和体会。会议还向第一批广东省历史文化名镇、名村颁发了证书和牌匾。

会议期间，与会代表参观了汕头市澄海区溪南镇西社村、莲华镇碧沙村和隆都镇前美村。这些村庄建设各有特点：西社村以集体经济为依托，按照规划建新房，搞好配套设施建设；碧沙村重视生态环境建设，污水生态处理的做法值得推广；前美村是广东省历史文化名村和中国历史文化名村，在做好历史文化保护的同时，把村庄整治和旅游开发结合起来，走出了一条村庄整治、历史文化保护和集体经济发展互相促进的新路子。

【前美村整治】　汕头市澄海区隆都镇前美村是潮汕地区知名侨乡。至2008年底，全村面积约3平方公里，户籍人口6500人，耕地面积0.17平方公里，经济以农业为主。该村于2007年被列为广东省省级村庄规划试点，2008年被评为广东省历史文化名村和中国历史文化名村。近年来，该村按照“具体实在、可操性强、以人为本、便民利民”的原则进行村庄规划，并围绕规划，按照“古村保护，新村配套”的发展思路，多方筹资推进道路建设和村容整治，极大地改善了人居环境。

在村庄建设和整治方面，该村围绕村容村貌、道路交通、水利设施、生态环境、村民活动阵地、家庭卫生保洁等重点领域，不断加大基础设施建设力度，改善人居环境，促进农民群众养成良好卫生习惯，提高群众生活质量。开展家园清洁行动，实施绿化工程，投入5万元，在全村街道两旁种植果树，并着力整治“五乱”（即柴草乱放、垃圾乱堆、粪便乱倒、污水乱泼、畜禽乱养）；实施“三清六改”工程，投入50万元新建无害化公厕18座，投入120万元新建电排站1座；投入近500万元，完成了4500米的村内水泥路硬化，改善了交通环境；全面推进“五通”（即通水、通电、通路、通讯、通广播电视）。全村100%的村民喝上了安全卫生的自来水，村道全部安装了路灯。同时，对全村进行清扫，做到当天垃圾当天清运，确保村卫生管理制度化，2006年该村被评为广东省生态示范村、卫生村。

在推动经济发展方面，该村以“古村+古建筑+农田景观+水体景观”的开发概念，按照“保护发挖并重、开发建设并举”的思路，以陈慈黉故居为龙头，大力发展区域特色旅游，成立了慈黉故居旅游公司。2005年，陈慈黉故居和永宁寨被定为汕头市重点文物保护单位，陈慈黉故居入选汕头市旅游“新八景”，成为潮汕地区旅游的新亮点，年接待国内外游客近15万人次，有力地推动了全村经济发展。同时，该村围绕“农业增效、农民增收”的目标，调整优化农业产业结构，整合农业优势资源，发展以台湾番石榴“珍珠芭乐”、台湾青枣“脆蜜”为主导的特色农业，引导村民种果致富，获得较好的经济效益。该村的和平农场、嘉美果园已初具发展规模，其中和平农场已被定为省级果树种植示范基地，在当地群众中起了很好的示范模范作用。据统计，全村共新种和改种优质水果86.67公顷，村民开始走上科学致富道路。同时该村把古村落旅游与发展农业观光结合起来，利用特色农业的优势，引导村民配套经营农家乐等休闲娱乐项目，带动农业增效，农民增收；利用景点聚集消费人流的辐射，培植民间工艺品、特色食品市场，有效带动特色商贸业的发展，并取得可观的经济效益。

在促进乡风文明方面，该村以“实现人与自然和谐发展、建设和谐新农村”为目标，村风、民风明显好转。近年来，该村以塑造新风貌、倡导新风尚和“除陋习、树新风”为主要内容，加强“公民道德规范”和家庭美德教育，开展“文明户”等评选活动，提倡仁义礼节、助贫扶弱，促进全村的精神文明建设，逐步实现“三无”目标，即：无重大刑事案件、无越级上访事件、无重大安全事故。积极推行阳光议政，制定民主议事制度，投入5.9万元建成村务公开宣传栏，做到“会中议，会后公开”。在经济社会发展重大事项和群众关心的热点问题上，坚持按照“学、述、评、议、审、定”的程序，做到大事议、小事提，村干部与村民直接对话，村群关系、干群关系明显好转，村民民主意识不断增强。坚持“村务、财务”双公开，建立健全村民理财小组，完善工作职责，实现了阳光理财。此外，实现新型农村合作医疗100%覆盖全村，近年来共投入扶贫救济金约20万元，有效解决30个困难户的生产生活问题。

【石楼镇整治】 广州市番禺区石楼镇于2002年被确定为广东省中心镇。位于广州市番禺区东部，珠江河畔，距广州市中心区32公里，距香港64海里，东与黄埔港隔江相望，北接化龙镇，西邻石碁镇，南至沙湾水道。全镇总面积126平方公里，辖18个行政农业村、4个渔业村、1个林场与2个居委会。自然资源环境条件得天独厚，是广州市粮食、水产、畜牧等生产基地之一。辖区内有国家4A级的莲花山旅游区、全国历史文化名村大岭村、海鸥岛生态休闲农业旅游景区、全国491个重点渔港之一的莲花山渔港等。

广州亚运会亚运城选址石楼镇后，全面展开迎亚运镇容镇貌的升级改造，主要包括主干道（含道路绿化）的升级改造、主干道建筑物外立面改造、广告招牌整治、亚运城周边环境整治、河涌整治、公共配套设施的整治等。2008年，部分道路的升级改造及主干道建筑物外立面改造已完成，整治效果理想。另外，大岭村的文物修缮工程、莲花山渔港经济区建设工程、亚运村安置区建设工程、亚运城周边环境改造、南荣花园二期住宅区建设工程等亦紧张有序地开展。

除镇区外，各村也都积极改善村容村貌迎亚运。全镇所有村庄都完成了社会主义新农村规划。各村以新农村规划为指导，从环境卫生(明渠改暗渠、增设垃圾收集站)、主干道旁旧商铺升级改造、道路建设等方面着手，建设更美更宜居的社会主义新农村。

【马六良村整治】 湛江市遂溪县遂城镇马六良村是省级村庄整治试点村。全村有76户、423人，土地面积56公顷。大力发展生态循环经济，近3年村集体经济年收入100多万元，人均年收入达7500多元。近年来，被评为广东省文明村、广东省卫生村、广东省生态文明村、湛江市生态文明村和“湛江市最美的村庄”。

坚持规划先行，科学引导建设和整治。于2005年编制了村庄整治规划，对村庄的产业发展、空间布局以及房屋、基础设施等方面进行总体规划，并以规划为指导，全体村民齐动手，整治村场环境，拆除乱搭乱建的猪栏牛舍和破旧房屋共1600多平方米，铺设水泥硬底化巷道2.5公里、红砖巷道1.8公里，建成通村水泥硬底化道路6公里、污水管道4公里。定期进行水质检验，确保饮水达标，并建设简易生态污水处理设施和垃圾收集池。全村所有农户改建了带有三级化粪池的家庭厕所并连接地下排污管道。全村建设集体猪舍4间、牛栏1间，实现人畜分离。建设了绿化带、生态小公园、农民会所、标准篮球场和绿地广场等文体休闲活动设施。完善村庄卫生保洁、绿化维护制度，配备专职环卫和绿化维护人员2人，建立专项基金作为维护人员工资补贴。环卫人员每天定时收集垃圾，镇环卫站定期到村收集清运到县垃圾处理场。配备专人定期维护公共设施和维护绿化，确保村庄环境整洁。村民也逐渐养成良好的生活习惯和环境意识，自觉参与相关管理制度的制定并认真执行。

在整治村容村貌的同时，大力发展循环经济，实现建设与经济双赢发展。建成现代化猪舍，发展“订单养猪”项目。在猪舍旁建成5个总容积500立方米、日产沼气250立方米的沼气池，由村统一安装管道把环保的沼气免费提供给村民作照明和燃料使用，全村每年节省开支20多万元。并利用沼液建设优质、高效、安全的果菜生产基地200亩，种植杨桃、石榴、木瓜、辣椒等品种，大力发展生态农业。

（肖送文）

▲*湛江市遂溪县遂城镇马六良村优美的生态环境* *省建设厅村镇处供稿*

2008 年广东省村庄人口及面积情况

地区名称	村庄现状用地面积(公顷)	行政村个数(个)	自然村个数(个)					村庄户籍人口(万人)	村庄暂住人口(万人)
			合计	200 人以下	201~600 人	601~1000 人	1000 人以上		
全　省	691216.31	17425	152563	67568	54190	21501	9304	4177.0782	295.1403
广州市	12342.26	503	3661	1260	1567	600	234	102.2160	41.7071
珠海市	11743.20	116	252	9	187	18	38	22.7927	6.3982
汕头市	13508.56	445	652	43	50	71	488	167.6144	5.9039
佛山市	32031.99	367	2333	611	1152	339	231	132.7117	80.1068
韶关市	19590.50	1051	10783	6919	3180	557	127	167.1321	1.5213
河源市	28558.01	1464	8776	3167	3616	1493	500	239.2232	4.5523
梅州市	35851.08	1852	17337	8978	5560	2183	616	327.6774	2.9647
惠州市	21565.33	841	7240	3927	2723	437	153	155.0223	23.7157
汕尾市	69873.19	731	3340	435	656	1305	944	203.8999	7.6767
中山市	81800.00	216	797	142	313	188	154	51.9600	45.4500
江门市	52675.62	868	9864	5426	3589	636	213	202.2618	16.7991
阳江市	25394.91	598	8610	4132	3181	1125	172	165.6149	6.3508
湛江市	109518.86	1479	11793	2445	5189	2739	1420	517.2789	16.9364
茂名市	56983.63	1529	22341	8345	7345	4869	1782	463.3011	4.6012
肇庆市	19924.69	1217	12648	7180	4456	774	238	261.5955	5.2653
清远市	24198.86	1257	17031	9064	6251	1458	258	290.8909	7.3977
潮州市	14932.42	816	2138	773	774	290	301	137.9599	8.7480
揭阳市	39614.50	1258	3271	186	1036	937	1112	386.8059	6.4141
云浮市	21108.70	817	9696	4526	3365	1482	323	181.1196	2.6310

2008 年广东省村庄规划及整治情况

地区名称	村庄规划						村庄整治			
	行政村			自然村			各级各类村庄整治个数合计(个)	省级(个)	市级(个)	县级(个)
	有建设规划的行政村个数(个)	当年编制	占全部行政村比例(%)	有建设规划的自然村个数(个)	当年编制	占全部自然村比例(%)				
全　省	5177	609	29.71	17778	2253	11.65	4394	1381	740	2273
广州市	143	82	28.43	242	107	6.61	159	0	22	137
珠海市	29	4	25.00	25	13	9.92	11	0	0	11
汕头市	248	21	55.73	312	7	47.85	66	50	6	10
佛山市	220	37	59.95	639	124	27.39	164	19	31	114
韶关市	7	0	0.67	114	27	1.06	17	1	0	16
河源市	555	34	37.91	654	67	7.45	826	734	6	86
梅州市	628	60	33.91	2199	271	12.68	215	66	35	114
惠州市	154	29	18.31	413	105	5.70	103	36	19	48
汕尾市	279	10	38.17	364	10	10.90	74	37	7	30
中山市	151	13	69.91	564	102	70.77	128	2	8	118
江门市	92	51	10.60	383	250	3.88	572	18	193	361
阳江市	178	4	29.77	531	22	6.17	75	21	33	21
湛江市	969	100	65.52	3163	415	26.82	574	30	246	298
茂名市	412	41	26.95	2870	136	12.85	147	55	19	73
肇庆市	31	7	2.55	188	32	1.49	536	210	43	283
清远市	359	16	28.56	1289	113	7.57	236	27	26	183
潮州市	109	5	13.36	116	29	5.43	31	4	4	23
揭阳市	138	39	10.97	161	106	4.92	58	25	15	18
云浮市	475	56	58.14	3551	317	36.62	402	46	27	329

2008年广东省村庄公共设施情况

地区名称	年生活用水量（万立方米）	用水人口（万人）	用水普及率(%)		人均日生活用水量（升）	当年新增供水管道长度（公里）	当年新增排水管道长度（公里）	当年新增排水暗渠长度（公里）	当年新增铺装道路长度（公里）
			含暂住人口	不含暂住人口					
全　省	102081.23	2387.7167	53.39	57.16	117.13	2688.70	1188.70	915.34	4773.82
广州市	3623.48	109.7476	76.25	107.37	90.46	166.10	98.13	46.03	97.69
珠海市	881.11	22.4261	76.83	98.39	107.64	2.00	2.00	3.30	11.88
汕头市	6448.72	146.2246	84.27	87.24	120.83	47.55	28.08	4.38	76.08
佛山市	14028.39	209.6518	98.51	157.98	183.32	183.80	165.09	96.68	167.59
韶关市	2199.09	80.2462	47.58	48.01	75.08	158.71	38.91	29.90	280.30
河源市	4956.24	120.6125	49.48	50.42	112.58	130.14	47.61	37.20	479.01
梅州市	8570.55	189.2008	57.22	57.74	124.11	254.55	79.77	36.95	434.45
惠州市	1700.30	42.7321	23.91	27.57	109.01	95.00	55.30	23.60	304.38
汕尾市	3396.42	103.9574	49.13	50.98	89.51	57.40	18.20	19.30	132.30
中山市	6753.00	97.4100	100.00	187.47	189.93	70.00	38.90	7.50	55.80
江门市	6200.59	166.4196	75.97	82.28	102.08	276.04	76.19	47.96	306.39
阳江市	2301.74	55.4315	32.23	33.47	113.76	108.70	2.60	0.00	156.05
湛江市	10339.84	254.3528	47.61	49.17	111.37	199.70	91.11	137.97	727.29
茂名市	11524.19	253.1862	54.11	54.65	124.70	168.38	75.85	73.30	436.43
肇庆市	5817.95	141.7314	53.11	54.18	112.46	224.18	166.54	116.62	207.94
清远市	4183.44	95.2904	31.95	32.76	120.28	151.20	18.00	87.60	336.10
潮州市	3149.60	96.0726	65.49	69.64	89.82	158.40	17.30	21.35	194.48
揭阳市	3853.41	163.3327	41.54	42.23	64.64	105.72	72.20	53.90	137.60
云浮市	2153.17	39.6904	21.60	21.91	148.63	131.13	96.92	71.80	232.06

2008年广东省村庄建设投资情况

单位：万元

地区名称	房　　屋					市政公用设施	
	合计	小计	住宅	公共建筑	生产性建筑	小计	供水
全　省	1861372	1546355	1024742	161458	360155	315017	36095
广州市	121725	108449	67059	20652	20738	13276	1633
珠海市	6497	3273	2610	580	83	3224	50
汕头市	74919	59950	41543	5811	12596	14969	1482
佛山市	307005	217891	65021	23897	128973	89114	7972
韶关市	51615	45858	43464	634	1760	5757	379
河源市	46964	36988	30204	5542	1242	9976	778
梅州市	46804	37638	27162	7439	3037	9166	824
惠州市	108784	95532	35843	2215	57474	13252	1418
汕尾市	85386	57664	47610	6503	3551	27722	787
中山市	184765	169510	86460	24450	58600	15255	1530
江门市	85203	63321	38597	6652	18072	21882	2827
阳江市	23699	20910	19125	785	1000	2789	83
湛江市	245737	222351	202676	13118	6557	23386	1275
茂名市	176467	161201	145878	11861	3462	15266	4033
肇庆市	52587	48586	38728	3645	6213	4001	669
清远市	62386	48807	35379	3763	9665	13579	2825
潮州市	52898	43263	22857	13150	7256	9635	3894
揭阳市	85948	69341	44329	7738	17274	16607	2944
云浮市	41983	35822	30197	3023	2602	6161	692

(续上表)

地区名称	市政公用设施					
	道路桥梁	排水	防洪	园林绿化	环境卫生	其他
全　省	162269	19515	40722	20166	22819	13431
广州市	5549	1302	1236	1386	1763	407
珠海市	2161	143	475	260	65	70
汕头市	7971	839	1496	749	1297	1135
佛山市	33466	8656	11943	11511	12119	3447
韶关市	4333	130	188	572	70	85
河源市	7435	260	510	154	283	556
梅州市	5284	515	1498	168	210	667
惠州市	9266	418	1193	309	316	332
汕尾市	21891	803	1442	265	351	2183
中山市	4750	1535	3430	1560	2450	0
江门市	10599	672	6121	362	658	643
阳江市	2432	12	107	36	59	60
湛江市	12244	1538	5006	1651	911	761
茂名市	10236	702	125	41	69	60
肇庆市	2086	199	192	95	341	419
清远市	9781	173	431	9	190	170
潮州市	2454	403	1916	184	636	148
揭阳市	6943	911	3251	709	835	1014
云浮市	3388	304	162	145	196	1274

2008年广东省村庄房屋建设情况

地区名称	住宅						
	当年建房户数(户)	在新址上新建	年末实有建筑面积(万平方米)	混合结构以上	当年竣工建筑面积(万平方米)	混合结构以上	人均住宅面积(平方米)
全　省	103258	62798	100912.15	66201.18	1775.03	1722.98	24.16
广州市	2463	1462	2443.35	1862.32	77.26	75.29	23.90
珠海市	264	74	592.44	476.08	6.55	4.86	25.99
汕头市	2273	1468	3349.23	1573.63	58.29	54.08	19.98
佛山市	5201	3392	6805.44	5285.71	123.86	119.61	51.28
韶关市	6710	3249	6301.65	2699.54	81.28	77.46	37.70
河源市	4552	3119	4686.47	3394.65	84.91	142.80	19.59
梅州市	5270	3536	7448.23	4443.97	52.97	47.15	22.73
惠州市	4440	3136	3585.66	1959.16	58.54	56.83	23.13
汕尾市	3894	2115	2467.28	2065.29	92.79	79.73	12.10
中山市	1683	1200	2267.08	2015.62	72.05	72.05	43.63
江门市	4423	3280	6336.78	5186.48	55.01	53.98	31.33
阳江市	3021	1334	2781.78	1349.76	43.06	37.40	16.80
湛江市	23332	13710	11504.50	7216.68	376.00	351.79	22.24
茂名市	12683	6308	14343.92	12610.30	266.02	257.05	30.96
肇庆市	4192	3124	5484.75	2966.40	59.58	57.01	20.97
清远市	4826	1894	6304.01	3211.76	70.29	66.09	21.67
潮州市	4035	2963	1872.02	861.16	73.32	50.74	13.57
揭阳市	6276	4218	5908.33	3445.29	58.46	55.42	15.27
云浮市	3720	3216	6429.23	3577.38	64.79	63.64	35.50

(续上表)

地区名称	公共建筑				生产性建筑			
	年末实有建筑面积(万平方米)	混合结构以上	当年竣工建筑面积(万平方米)	混合结构以上	年末实有建筑面积(万平方米)	混合结构以上	当年竣工建筑面积(万平方米)	混合结构以上
全　省	5841.04	4701.93	214.52	199.28	10604.27	7344.67	598.94	508.04
广州市	384.40	330.63	23.55	23.45	323.96	228.69	32.37	30.14
珠海市	21.85	4.94	1.04	0.72	115.07	115.07	0.05	0.05
汕头市	342.02	261.54	5.47	4.37	362.64	299.37	14.54	12.76
佛山市	615.60	503.66	32.69	32.69	3944.87	2013.21	180.10	179.70
韶关市	237.38	139.89	3.09	2.55	181.90	76.80	10.96	6.26
河源市	178.06	145.38	8.87	7.86	40.60	24.49	2.63	1.62
梅州市	290.12	240.66	14.58	14.21	244.89	174.06	11.40	10.11
惠州市	138.18	131.72	8.68	8.68	981.61	884.50	81.72	69.91
汕尾市	79.14	74.70	2.07	1.89	47.45	42.60	1.85	1.55
中山市	134.07	131.65	16.30	16.30	677.51	671.01	58.60	58.60
江门市	472.25	391.40	9.22	8.41	595.72	532.78	29.21	27.63
阳江市	96.10	75.71	1.62	1.30	37.14	23.28	3.27	2.39
湛江市	678.11	503.12	19.21	17.43	336.88	282.21	13.89	10.27
茂名市	894.34	853.69	23.70	22.79	436.46	346.97	6.68	6.58
肇庆市	281.50	201.29	8.52	8.13	353.57	210.11	10.94	9.33
清远市	324.68	204.54	4.69	2.69	207.72	110.93	13.84	13.84
潮州市	205.74	127.16	17.15	12.20	1182.71	921.89	115.20	57.67
揭阳市	216.87	184.31	8.68	8.30	324.80	250.18	5.55	4.84
云浮市	250.63	195.94	5.39	5.31	208.77	136.52	6.14	4.79

历史文化名镇、名村

【概况】 2008年10月，住房和城乡建设部、国家文物局公布第四批中国历史文化名镇（村），广东省有6个镇（村）榜上有名，分别是揭阳普宁市洪阳镇、惠州市惠阳区秋长镇、东莞市石龙镇、汕头市澄海区隆都镇前美村、清远市连南县三排镇南岗古排、江门恩平市圣堂镇歇马村。至此，全省共有8个镇、11个村被评为中国历史文化名镇、名村。

经省政府同意，省建设厅会同省文化厅在全省开展省历史文化街区、名镇、名村评选活动，并在这一年8月公布第一批省历史文化名镇、名村：揭阳普宁市洪阳镇、惠州市惠阳区秋长镇、梅州市大埔县三河镇、汕头市澄海区隆都镇前美村、清远市连南县三排镇南岗古排、江门恩平市圣堂镇歇马村、东莞市寮步镇西溪村、云浮市郁南县大湾镇五星村。

【中国历史文化名镇沙湾镇】 广州市番禺区沙湾镇于2005年被建设部和国家文物局评为中国历史文化名镇。虽历经800多年，其“三街六市”的粤中地区典型商业市镇格局仍保存完整。现存古建筑群面积约7万平方米，如古祠留耕堂，古塔水绿山青文阁，古街安宁西街、

▲广州市番禺区沙湾镇　　省建设厅村镇处供稿

车陂街，古巷升平人瑞巷，古井清水井以及鳌山古庙群等，充分展示了宋朝至今珠江三角洲地区的城镇发展史，堪称岭南民间建筑文化的博物馆。

古镇村落选址背靠青萝嶂，面朝沙湾水道，内部空间以镇北侧的留耕堂为几何中心，古镇中部有文塔岗，乃全镇的制高点，是典型的南方村镇传统风水格局。为排水之需，文塔岗的建筑群又以水绿山青塔为中心，街巷呈放射形布局，颇具特色。两条历史发展轴线至今仍清晰可辨：东西扩展轴线形成时间长，是发展主轴线，反映古镇顺应半月形的海湾地形发展，先东后西，形成东村与西村；南北发展轴线则是沙湾先民围海造田、改造自然的结果，形成北村和南村。4村两轴相交而成井田的布局。

东面，沙湾何族早在元初就修建始祖祠堂留耕堂。至元末明初，沙湾东向建有李忠简祠，以忠简祠为中心，形成了最初的东村村落，也形成了较早的小集市和街市。明代，留耕堂分支的孔安堂成为西村的中心，西村向东又形成一系列小祠堂，还建成衍庆堂。

西面，萝山里猪腰岗斜坡向东发展成鹤鸣巷及青萝大街。长长的坡脊主道，称之为“陂”，因行车马而称为“车陂”。为出入方便，有钱人家便沿车陂建大屋，大户人家的房子多了，便形成车陂街。车陂街前的安宁街中段随之形成集市，称为安宁市，至今仍是沙湾的商业中心之一。西段则形成安宁西街，并随即成为西村乃至沙湾古镇最主要的街道，店铺林立，下商上住，是明清至民国期间沙湾主要的产业街。

【中国历史文化名村自力村】 江门市开平市塘口镇自力村2005年被评为中国历史文化名村。隶属于开平市塘口镇强亚村委会，有农户63户，村民175人，侨胞248人。鸦片战争后，人民生活困苦，加上西方国家来华招募劳工，一批批自力村村民开始旅居海外。侨汇成为村民主要生活来源之一。自然环境优美，水塘、荷塘、稻田、草地散落其间，与众多的碉楼、居庐相映成趣，洋式城堡村落独具岭南乡村气息，形成一幅田园诗意般的农耕水墨画。

自力村有15座风格各异、内涵丰富的碉楼，是开平碉楼兴盛时期的杰出代表。20世纪20年代，因土匪猖獗、洪涝频繁等原因，侨胞便陆续兴建能居能守的碉楼。这些碉楼均是铁门、铁窗，遍布枪眼，配备枪械、铜锣、探照灯，并储存大量粮食。一旦有贼匪入侵，村民便躲进楼内与之抗衡，令贼匪无功而返。碉楼墙体结构，有钢筋混凝土的，也有混凝土包青砖的。建筑材料除青砖是本地出产外，铁枝、铁板、水泥等均是从外国进口。碉楼的上部结构有四面悬挑、四角悬挑、正面悬挑、后面悬挑。这些碉楼，有的是根据建楼者从外国带回的图纸兴建的，因此在建筑风格方面带有外国的建筑特色，有柱廊式、平台式、城堡式、混合式。

自力村碉楼将中国传统乡村建筑文化与西方建筑文化巧妙地融合在一起，罕有地体现了近代中西文化在中国乡村的广泛交流，成为中国华侨文化的纪念丰碑和独特的世界建筑艺术景观。楼内保存着当年完整的家具、生活设施、生产用具和日常生活用品，丰富而有趣，是当时华侨文化与生活的见证。

自力村碉楼群于2001年6月被国务院公布为全国重点文物保护单位；2005年7月被评为“广东最美的地方、最美的民居”；2005年11月被评为中国历史文化名村；2006年4月获“中国最值得外国人去的50个地方”金奖；2007年6月28日被第31届世界遗产大会列入《世界遗产名录》。

(肖送文)

▲江门开平市塘口镇自力村碉楼群　　省建设厅村镇处供稿

重点工程

□ 全年安排重点建设项目一百八十八项

□ 累计完成投资一千五百四十亿元

□ 金融授信和贷款意向一万四千亿元

□ 广东科学中心建成开放

□ 广州黄埔大桥建成通车

综　　述

【概况】　2008年，广东省重点项目建设全面推进。全年安排省重点建设项目188项，年度计划投资1280亿元；累计完成投资1540亿元，为年度计划的120.3%，超额完成全年投资计划。建成投产和部分投产项目27个；新开工项目34个。省重点项目建设的加快推进，有效带动全省固定资产投资增长165%，促进全省经济平稳较快增长。

【加快推进重点项目建设】　2008年，广东省重点项目各项工作取得显著效果。一是争取国家加快审批、核准重大项目。在加快在建项目进度的同时，积极推进重大项目前期工作。这一年，阳江核电、惠州平海电厂、乐昌峡水利枢纽、广汽自主品牌乘用车等24个重点项目获国家批准建设，总投资3805亿元，省内投资约2104亿元。湛江钢铁基地、中船广州低速柴油机等项目获国家批准开展前期工作。同时积极推进大型炼化一体、大型船舶和海洋工程装备制造基地、汽车等重大项目前期工作。二是加强与有关金融机构的沟通协调。积极会同省金融办与开发银行广东省分行、农业银行广东省分行、工商银行广东省分行、交通银行广州分行等金融机构进行衔接，充分发挥融资平台作用，协调落实省重点项目建设融资贷款。据省金融办统计，签订协议中金融机构授信额度和贷款意向共1.4万亿元。三是全力以赴争取国家资金支持。全年争取国家发展改革委安排中央预算内投资29.25亿元（不含深圳市），包括在国家新增投资1000亿元中安排给广东15.55亿元。

【重点项目管理和执法督查】　2008年，广东省进一步加强重点项目管理和执法督查。一是加强重点项目管理工作调研。3月中下旬和4月上旬，组织对省重点项目建设管理现状进行专题调研，对如何加强重点项目的协调管理，提出6条措施建议：理顺政府投资项目主管部门关系；建立全寿命周期重大建设项目建设管理理念；创新项目管理模式；进一步优化审批流程，提高审批质量和效率；改革现行投资建设管理体制；建立统一的协调管理机构，完善相关配套政策。二是加强重点项目的立法建设。为规范重点项目和大中型工程项目建设的基本建设程序，拟订《广东省大中型工程项目建设程序指引》（征求意见稿）。内容涉及项目立项、工程竣工、后评等各个阶段工作程序，将在征求意见并修改完善后颁布实施。为推进重点项目建设同步预防职务犯罪工作，省建设厅和检察院联合制定《广东省重点建设项目预防职务犯罪工作指引》，进一步规范重点项目同步预防职务犯罪工作程序，促进重点项目廉洁建设。三是加大重点项目依法建设的执法工作力度。先后组织对中海石油（惠州）1200万吨炼油项目、惠州抽水蓄能电站、大唐潮州三百门电厂、华能海门电厂、阳江电厂、东莞立沙油品储运项目、武广客运专线、洛湛铁路茂名段、广珠铁路以及广珠城际轨道等重点建设项目的执法检查，重点检查项目的进展、执行基本建设程序、质量安全管理和同步预防职务犯罪等工作的开展情况，督促有关建设单位积极解决存在问题，重点工程项目的建设程序进一步规范，有效促进全省重点建设项目的顺利开展和依法建设。

【广东省新十项工程编制实施】　2008年7月，广东省发展和改革委员会印发省新十项工程项目，并要求有关单位抓紧组织实施。新十项工程编制以科学发展观为统领，以广东面向世界、服务全国的战略定位，谋划未来5年的重点项目建设。实施重大项目带动战略，发挥重点

广东省新十项工程部分项目情况

项目名称	建设内容及规模	建设起止年限	总投资(亿元)	2008年及以后投资(亿元)
城镇供水工程	新增供水能力1000万吨/日	2008~2012	100	100
农村饮水安全工程	解决全省农村1645.5万人口安全饮水	2006~2012	75	67
城镇生活污水处理设施	城镇污水处理厂、集污管网及监控系统建设，新增污水处理能力1200万吨/日	2008~2015	360	360
城镇生活垃圾无害化处理设施	垃圾无害化处理规模达到约7万吨/日	2006~2015	210	160
全省城镇廉租住房保障工程	廉租住房建设	2008~2012	46	46
全省农村安居工程	改造危房和泥砖房200万户	2008~2012	600	600
亚运会比赛训练场馆及亚运村项目	规划新建12个比赛训练场馆（省属4个、市属8个），改扩建73个比赛训练场馆，新建广州亚运村	2007~2010	92	84
亚运会广州广播电视卫星传播中心	建筑面积9万平方米	2006~2009	35	35

项目投资总量大、产业关联度高、辐射效应强的作用，以基础设施现代化为重点，加快发展现代服务业和先进制造业，努力构建现代产业体系，使重大项目成为全省率先发展的强大引擎、转变发展方式的重要载体、促进区域协调发展的重要手段，推进珠三角经济一体化，推动全省经济社会又好又快发展。

（1）交通运输体系工程：加强“三大网络（公路、轨道交通和高等级航道）、三大系统（集装箱运输、能源运输和民用航空运输）”建设。（2）能源保障工程：提高能源供给能力。加快电源装机规模增长，跨越式发展核电，大力发展可再生能源。（3）现代服务业工程：加快以生产服务业为重心的现代服务业建设。（4）高新技术产业工程：加强自主创新能力建设。（5）先进制造业工程：建设汽车产业工程，装备工程，船舶工业工程，石化、钢铁等现代重化工程。（6）现代农业和水利工程：提高农业质量和效益，建设人水协调的水利工程体系。（7）产业转移工程：形成与珠三角优势互补配套的产业转移园区体系。（8）宜居环境工程：改善人居环境，构建资源节约型和环境友好型社会。（9）社会发展工程：提高教育、文化、社会保障等公共事业基础设施的能力。（10）资源储备保障工程：提高资源保障能力，建立多元化储备和防灾减灾应急保障体系。

广东省新十项工程共安排重大建设项目222项，2008年及以后总投资22770亿元。其中，交通运输体系工程71项，总投资6472亿元；能源保障工程28项，总投资5534亿元；现代服务业工程31项，总投资1104亿元；高新技术产业工程19项，总投资705亿元；先进制造业工程16项，总投资4814亿元；现代农业和水利工程18项，总投资466亿元；产业转移工程1项，总投资500亿元；宜居环境工程15项，总投资1589亿元；社会发展工程16项，总投资651亿元；资源储备保障工程7项，总投资935亿元。

（谭龙海）

重点工程项目选介

【广东科学中心】 广东科学中心是大型公益性科普基础设施项目。位于广州大学城，总投资19亿元，其中建筑10亿元，展项6亿元，室外项目及配套设施3亿元；规划面积45万平方米，总建筑面积13.75万平方米。于2004年3月28日奠基，2008年9月26日正式对外开放，是目前世界上规模最大、功能最齐全的科技馆之一。以“自然·人类·科学·文明”为主题，集科普教育、科技成果展示、学术交流和科普旅游四大功能于一体。主要任务是弘扬科学精神，普及科学知识，传播科学思想和科学方法，培养广大青少年和公众的创新精神和创造性思维。

主体建筑造型为“科技航母”，象征广东科技的发展、探索、追求和一往无前的精神。建筑采用隔震、钢网壳、单层拉索斜网壳以及多项节能环保技术，获“广州市建筑节能示范工程”、“绿色建筑十佳设计方案”、“2007中国建筑节能年度代表工程”、“可再生能源与建筑集成示范工程”等荣誉称号。工程由广东省建筑工程集团公司、广东海外建设集团有限公司、浙江东南网架股份有限公司等10多家单位共同承建。

展示内容融科学性、知识性、趣味性于一体，运用形式多样的手段，让观众以互动的形式，在亲自参与、亲身体验中获得教育。一期建设有8个常设展馆、4个科技影院、2个开放实验室以及数字家庭体验馆和室外科学探索乐园。科学

▲广东科学中心　　省建设厅基本建设处供稿

中心开放以来，社会反响良好，日均接待观众近5000人。

【广州黄埔大桥】 广州黄埔大桥项目即国道主干线广州绕城公路东段项目，也叫东二环高速公路项目。起于广州经济技术开发区火村，与北二环高速公路及广深高速公路相接，经笔村、黄埔区庙头村，在菠萝庙船厂北侧跨越珠江主航道至番禺区化龙镇草堂村，终点与广珠东线高速公路及广明高速(广州段)、金山大道相接，路线全长18.694公里。总投资43亿元，由广州市公路开发公司、照成国际投资有限公司、广东省公路建设有限公司按6:3:1投资比例融资建设，并组建广州珠江黄埔大桥建设有限公司实施项目建设。2004年12月23日举行开工典礼，2005年4月全面建设，2008年11月8日通过交工验收，同年12月16日建成通车。

项目按6车道（远期维持8车道）高速公路标准建设。项目控制性工程主要为南汊悬索桥、北汊斜拉桥、62.5米移动模架施工的引桥和龙头山隧道。

南汊主桥为跨径1108米的钢箱梁悬索桥，是华南地区最大跨度的桥梁工程，在国内已建成悬索桥中排名第五，桥下通航净空60米，可以通航5万吨级海轮。

北汊主桥为跨径383米的独塔双索面钢箱梁斜拉桥，建成通车时是国内同类桥梁中最大跨径。大桥设计风速38.4m/s（约为12级台风），按地震裂度Ⅷ度设防，通航净空55米。

龙头山隧道按上下分离式布置，左线长1010米，右线长1006米，单洞净宽18米，净高8.95米，是目前国内最长的双洞8车道高速长隧道。该隧道在国内率先采用LED半导体照明节能技术，节能超过40%。预计在LED灯6~7年的寿命期内可节省费用近1800万元。

▲广州黄埔大桥南汊主桥　　省建设厅基本建设处供稿

▲惠州东江水利枢纽工程右河汊水工建筑物　　省建设厅基本建设处供稿

【惠州东江水利枢纽工程】 惠州东江水利枢纽位于东江下游惠州城区与博罗县城之间的东江河段，是以改善水环境、发电、兼顾航运、改善城市供水和农田灌溉条件等为主要任务的大（Ⅰ）型综合性水利枢纽工程，也是广东省第一座以改善水环境为主要开发任务的枢纽工程。主要建筑物有拦河水闸、船闸、发电厂房及左右岸连接土坝等。电站采用4台灯泡贯流式水轮发电机组，总装机容量为4.6万KW。工程总概算投资为89901万元。该项目按经营性和公益性两部分，分别由广东惠州粤华电力有限公司和惠州市政府投资建设，由中国安能建设总公司承建。工程于2004年11月5日正式开工，2008年1月正式投入使用。

工程等级为Ⅰ级，永久性水工建筑物为2级，次要建筑物为3级，临时建筑物为4级；永久性挡水建筑物防洪标准按50年一遇洪水设计、200年一遇洪水校核，闸下消能防冲防洪标准按50年一遇洪水设计；船闸按Ⅳ级航道、最大船舶通航标准为500吨级设计。工程集水面积25325平方公里，正常蓄水位10.5米，相应水库库容为1.164亿立方米。

（谭龙海）

建筑业

□ 全省建筑业企业六千三百多家

□ 建筑业实现利税二百七十亿元

□ 全年实行招标工程九千多项

□ 开展建筑工程质量专项检查

□ 加强建筑节能材料和产品质量监督管理

综　　述

【概况】　1978年党的十一届三中全会后，广东省建筑业迎来一个持续、快速、健康发展的新时期。建立了多层次、多种专业结构、多种所有制形式并存和竞相发展的产业队伍。1987年以后，推行“项目法施工”，在大中型企业内部实行两层分离，加强施工项目管理，逐步建立起以工程总承包为龙头、施工承包为主体、专业和劳务分包为基础的建筑业新体制，形成以公有制为骨干、多种经济成分互相促进共同发展的格局。1987年下半年起，在全省推行承包经营责任制，企业在内部推行多层次、多形式的经济责任制，提高了建筑经济的效益。1993年，大力推行项目经理负责制，建筑企业内部管理体制向以施工项目管理为重点转变。1993年后，建筑业积极推行股份制，走资本经营和生产经营一体化的道路，按照《公司法》进行企业制度创新，建立现代企业制度。

1993年7月，广东省人大颁布《广东省建设工程招标投标管理条例》，成为全国第一个出台的建设工程招标投标的地方法规，为全省建设工程招标投标管理工作提供法律依据，对推动建设工程招标投标制度起到重要作用。1995年，省委、省政府颁发《广东省加强建设工程招标投标监督管理的若干规定》。1998年8月，建设部颁发《关于进一步加强工程招标投标管理的规定》。1999年3月，建设部、监察部联合颁发《工程建设若干违法违纪行为处罚办法》。至此，规范建设工程招标投标基本配套的法规、规章及纪律规定日趋完善。

建筑业队伍经历由小到大，由弱到强的发展演变过程。1978年，全省有建筑企业200家，其中国有企业60家，集体企业140家；年末职工人数16万人。1980年以后，农村建筑业企业迅速发展，农民从事建筑业和农民转化为工人的数量不断增多。随着城乡建设的迅猛发

2008年广东省建筑业企业生产情况

项　　目	2007年合计	国有及国有控股企业	2008年合计	国有及国有控股企业
企业个数(个)	4326	624	4470	662
建筑业合同情况				
签订的合同额(亿元)	6178.09	3013.91	7217.43	3600.92
上年结转合同额(亿元)	2556.76	1298.34	3277.95	1661.43
本年新签合同额(亿元)	3621.33	1715.57	3939.48	1939.49
承包工程完成情况				
直接从建设单位承揽工程完成产值(亿元)	3154.58	1339.35	3551.49	1506.28
自行完成施工产值(亿元)	2852.22	1083.80	3209.82	1236.27
分包出去工程的产值(亿元)	302.36	255.55	341.67	270.01
从建设单位以外承揽工程完成产值(亿元)	147.49	90.95	165.21	111.01
建筑业总产值(亿元)	3005.32	1178.07	3375.03	1347.28
装饰装修产值(亿元)	419.15	98.15	440.24	104.00
在外省完成的产值(亿元)	498.09	282.67	520.31	298.07
建筑工程产值(亿元)	2600.04	1042.01	2942.99	1219.06
安装工程产值(亿元)	327.24	115.51	356.93	112.21
其他产值(亿元)	72.43	17.23	75.11	16.01
竣工产值(亿元)	2053.84	746.41	2019.79	702.39
房屋建筑施工面积(万平方米)	32631.10	10337.32	32701.44	11376.74
新开工面积(万平方米)	14893.66	4377.65	12567.58	3976.73
实行投标承包面积(万平方米)	19753.31	7733.81	18932.63	8379.36
新开工面积(万平方米)	9506.92	3464.56	7467.70	3001.27
劳动人员情况				
劳动生产率平均人数(万人)	180.63	54.23	179.91	52.41
期末从业人数(万人)	179.13	51.68	173.77	51.18
工程技术人员(万人)	23.99	6.92	27.07	7.83

注：2008年建筑业为年快报数。

2000~2008 年广东省各市建筑业企业利润总额

单位：亿元

地区名称	2000 年	2001 年	2002 年	2003 年	2004 年	2005 年	2006 年	2007 年	2008 年
全　省	22.73	39.89	37.45	63.16	68.92	70.53	90.29	138.87	116.08
广州市	5.20	14.48	8.09	16.72	15.48	18.64	21.96	37.71	
深圳市	7.57	7.62	10.02	13.98	16.76	15.65	12.86	37.29	
珠海市	0.37	0.61	0.68	1.34	2.35	1.98	2.54	2.90	
汕头市	1.36	2.94	2.11	2.72	4.58	3.74	4.05	6.37	
佛山市	2.00	3.63	4.59	9.08	7.68	6.54	20.19	19.00	
韶关市	0.23	0.47	0.05	0.27	0.41	0.43	0.68	1.21	
河源市	0.29	0.30	0.32	0.61	0.48	0.48	0.64	1.38	
梅州市	0.21	1.03	2.51	6.32	6.02	4.56	5.60	6.08	
惠州市	0.35	0.48	0.46	0.61	0.69	1.02	1.25	1.66	
汕尾市	0.22	0.11	0.07	0.13	0.10	0.18	0.13	0.19	
东莞市	1.14	1.34	1.54	1.94	2.49	3.81	4.20	4.57	
中山市	0.78	1.39	1.62	2.71	2.71	3.63	4.40	4.37	
江门市	0.34	1.11	1.12	1.23	0.71	1.55	1.16	1.61	
阳江市	0.61	0.87	0.87	1.03	1.66	1.38	1.95	2.96	
湛江市	0.28	0.64	0.53	0.67	1.26	1.19	1.67	2.17	
茂名市	0.77	1.15	1.48	1.61	2.08	2.49	3.02	3.52	
肇庆市	0.09	0.48	0.25	0.61	0.64	0.65	0.77	1.51	
清远市	0.01	0.27	0.31	0.29	0.53	0.46	0.73	1.15	
潮州市	0.28	0.45	0.26	0.34	0.43	0.49	0.50	0.62	
揭阳市	0.26	0.17	0.33	0.53	1.42	1.22	1.18	1.87	
云浮市	0.37	0.37	0.25	0.43	0.43	0.43	0.79	0.73	
按经济区域分									
珠三角	17.84	31.14	28.37	48.22	49.50	53.48	69.34	110.61	
东　翼	2.12	3.67	2.77	3.72	6.53	5.62	5.86	9.06	
西　翼	1.66	2.66	2.88	3.31	5.01	5.06	6.64	8.64	
山　区	1.11	2.44	3.43	7.92	7.88	6.36	8.45	10.56	

注：1. 2008 年建筑业为年快报数。
2. 利润总额无分市数。

2000~2008 年广东省各市建筑业企业房屋建筑施工面积

单位：万平方米

地区名称	2000 年	2001 年	2002 年	2003 年	2004 年	2005 年	2006 年	2007 年	2008 年
全　省	16333.82	17817.22	18882.44	22184.74	26480.38	26886.00	28878.86	32631.10	32701.44
广州市	3161.25	3490.22	3522.67	4291.55	4727.78	5311.14	5462.94	5951.92	6316.23
深圳市	1999.65	2743.51	3282.73	3840.25	4826.22	4800.07	5163.59	5875.60	6722.02
珠海市	733.57	370.21	508.55	416.68	500.61	625.51	703.35	647.47	754.88
汕头市	1477.16	1290.54	1366.39	1530.69	1777.49	2176.29	2294.04	2433.69	2366.13
佛山市	1763.57	1922.94	1994.40	2228.07	2860.49	2782.45	3263.76	3394.09	3293.05
韶关市	362.44	405.71	288.97	390.68	439.26	424.57	553.41	772.22	723.01
河源市	79.80	136.18	149.60	163.09	199.23	294.41	307.11	303.54	245.35
梅州市	273.56	408.02	448.71	710.12	858.84	776.23	876.57	853.93	1026.76
惠州市	366.05	432.88	482.46	581.07	696.36	772.13	871.38	1059.76	980.01
汕尾市	127.42	106.44	85.10	100.28	127.11	114.77	104.91	165.79	141.50
东莞市	1217.56	1202.30	1350.47	1558.17	979.98	1234.98	1484.55	1298.63	956.90
中山市	400.99	618.36	677.36	823.10	922.64	945.60	832.63	824.34	699.22
江门市	1329.02	1437.55	1499.60	1555.87	3194.74	1585.95	1257.38	1376.90	1300.83
阳江市	270.81	384.80	407.31	497.29	531.86	525.95	521.77	618.21	672.81
湛江市	857.19	912.84	784.00	1002.37	1040.92	1399.47	1414.23	1557.29	1679.63
茂名市	734.43	711.52	811.87	989.29	1154.87	1395.55	1699.62	2827.31	2552.11
肇庆市	386.93	358.30	358.80	465.55	463.58	531.11	628.86	828.16	696.80
清远市	249.02	323.74	295.06	444.48	467.24	466.45	549.93	871.33	559.58
潮州市	217.15	268.22	241.05	204.65	222.58	206.67	305.65	347.85	312.74
揭阳市	193.91	132.69	160.83	213.57	293.22	277.75	329.72	411.33	517.77
云浮市	132.34	160.23	166.50	177.93	195.35	238.96	253.47	211.73	184.11
按经济区域分									
珠三角	11358.59	12576.27	13677.04	15760.31	19172.40	18588.94	19668.45	21256.88	21719.94
东　翼	2015.64	1797.89	1853.37	2049.19	2420.41	2775.47	3034.30	3358.67	3338.14
西　翼	1862.43	2009.16	2003.18	2488.95	2727.66	3320.97	3635.61	5002.81	4904.55
山　区	1097.16	1433.88	1348.84	1886.30	2159.91	2200.62	2540.50	3012.74	2738.81

注：2008 年建筑业为年快报数。

展，建筑队伍也迅速发展壮大。至2008年底，从业人员达173.77万人。

(何志坚)

建筑市场

【概况】 至2008年底，全省建筑业企业有6359家，其中特级企业8家，一级企业505家；完成建筑业总产值3200亿元，比上年增长6.7%；实现利税270.13亿元，增长31.1%。

【强化建设工程招标投标管理】 2008年，广东省加强建设工程招投标管理，完善有形建筑市场工作取得成效。全年实行招标工程9025项，工程造价1959.1亿元。其中公开招标工程7628项，工程造价1623.8亿元，未发现重大违法违纪案件，有形建筑市场秩序得到进一步规范。为解决建设工程串通招标投标问题，省建设厅开展专项调研，并做好调研成果的转化工作，会同省监察厅印发《关于加强建设工程招标投标关键环节管理的意见》，从六个方面提出加强关键环节管理的意见，指导全省各地进一步加强对招标投标关键环节的管理。一是增加有效投标人数量，减少潜在投标人信息的披露。二是推行招标投标电子化，试行网上全过程招标投标。三是取消财政性投资工程项目业主评委。四是规范最高报价值的设立，打击非法获利行业。五是提倡优质优价，鼓励企业创建优质工程。六是加强中标后的监督检查。

【建筑市场诚信信息平台】 为推进广东省建筑市场信用体系建设，省建设厅在其门户网站广东建设信息网构建了广东省建筑市场诚信信息平台，该平台有利于及时采集我省各地建筑市场诚信信息，发布企业可公开的基本信息、受表彰奖励和行政处罚等方面的信息，为工程建设有关各方提供诚信信息交流平台，营造我省建筑市场诚实守信的良好环境。该建筑市场诚信信息平台实现了与我省建设系统企业库、人才库、标准库以及行政许可服务平台（简称“三库一平台”）的并轨。2008年底，诚信信息平台录入了2059家企业的基本信息，不良行为信息86条，优良行为信息1933条。

(刘耿辉)

工程质量管理

【概况】 2008年，广东省建筑工程质量水平保持稳定。全省建设系统纳入质量监督工程33209项，建筑面积32266万平方米，与2007年基本持平。已竣工16132项，竣工面积16131.7万平方米，一次通过验收合格率99.94%。发生轻微质量事故4宗，比2007年下降71.4%。2008年全省评选出省优良样板工程84项，金匠奖工程31项，获得国家鲁班奖工程7项，广东省建筑企业在省外承建的工程获得1项国家鲁班奖。全年获奖工程数量比上年增加3项，在全国各省（市、自治区）中排名第二。

加强工程质量管理制度建设 省建设厅组织开展了《广东省建设工程质量管理条例》修订的前期工作，完成修订稿初稿；针对商品（预拌）混凝土质量管理薄弱问题，印发《关于进一步加强商品（预拌）混凝土质量管理工作的意见》；为推动住宅工程质量分户验收制度的建立，印发《关于实行住宅工程质量分户验收的指导意见》；为加快淘汰立窑水泥，保证结构工程质

2008年广东省建筑业企业资质情况

（按主项资质统计）

	序号	主项资质类别	特级（家）	一级（家）	二级（家）	三级（家）	无等级（家）	小计
总承包序列	1	房屋建筑	6	159	470	1480	0	2114
	2	公路工程	1	14	20	42	0	77
	3	铁路工程	0	0	2	2	0	4
	4	港口与航道	0	4	3	0	0	7
	5	水利水电	0	6	29	119	0	154
	6	电力工程	0	4	16	22	0	42
	7	矿山工程	0	0	2	0	0	2
	8	冶炼工程	0	2	1	0	0	3
	9	化工石油	0	1	1	0	0	2
	10	市政公用	1	39	123	315	0	478
	11	通讯工程	0	3	4	8	0	15
	12	机电安装	0	7	9	0	0	16
		合计	8	239	680	1988	0	2915

(续上表)

	序号	主项资质类别	特级（家）	一级（家）	二级（家）	三级（家）	无等级（家）	小计
专业承包序列	1	地基与基础	0	12	22	51	0	85
	2	土石方工程	0	1	2	17	0	20
	3	装饰装修	0	117	175	1064	0	1356
	4	建筑幕墙	0	23	19	35	0	77
	5	预拌商品混凝土	0	0	82	171	0	253
	6	混凝土预制构件	0	0	49	85	0	134
	7	园林古建筑	0	2	2	12	0	16
	8	钢结构工程	0	3	25	91	0	119
	9	电梯安装	0	6	30	0	0	36
	10	消防设施	0	88	30	204	0	322
	11	建筑防水	0	0	8	71	0	79
	12	防腐保温	0	0	2	12	0	14
	13	附着升降脚手架	0	2	1	0	0	3
	14	金属门窗	0	1	4	15	0	20
	15	预应力工程	0	0	2	7	0	9
	16	起重设备安装	0	0	3	15	0	18
	17	机电设备安装	0	3	38	114	0	155
	18	爆破与拆除	0	3	6	24	0	33
	19	建筑智能化	0	13	43	118	0	174
	20	环保工程	0	0	2	33	0	35
	21	电信工程	0	2	8	22	0	32
	22	电子工程	0	0	4	21	0	25
	23	桥梁工程	0	0	2	0	0	2
	24	隧道工程	0	1	1	0	0	2
	25	公路路面	0	1	1	14	0	16
	26	公路路基	0	4	6	4	0	14
	27	公路交通	0	0	0	0	21	21
	28	港口与海岸	0	0	0	7	0	7
	29	航道工程	0	0	2	11	0	13
	30	水工建筑物基础处理	0	0	0	1	0	1
	31	水工金属结构制作与安装	0	1	0	2	0	3
	32	水利水电机电设备安装	0	0	0	2	0	2
	33	河湖整治	0	0	0	5	0	5
	34	堤防工程	0	0	0	3	0	3
	35	火电设备安装	0	0	0	1	0	1
	36	送变电工程	0	2	17	148	0	167
	37	化工石油设备管道安装	0	0	2	4	0	6
	38	管道工程	0	0	4	62	0	66
	39	无损检测	0	2	1	4	0	7
	40	城市及道路照明	0	3	20	41	0	64
	41	体育场地设施	0	0	21	26	0	47
	42	特种专业工程	0	0	0	0	90	90
		合计	0	290	634	2517	111	3552

(续上表)

	序号	主项资质类别	特级(家)	一级(家)	二级(家)	三级(家)	无等级(家)	小计
劳务分包序列	1	木工作业		45	20		0	65
	2	砌筑作业		56	34		0	90
	3	抹灰作业		0	0		34	34
	4	油漆作业		0	0		6	6
	5	钢筋作业		39	21		0	60
	6	混凝土作业		0	0		134	134
	7	脚手架作业		17	39		0	56
	8	模板作业		16	9		0	25
	9	焊接作业		5	5		0	10
	10	水暖电安装作业		0	0		26	26
	11	架线作业		0	0		1	1
		合计	0	178	128	0	201	507

2008年广东省工程招标代理机构资格等级情况

单位：个

地区名称	工程招标代理机构资格数量				工程监理企业资质	工程造价咨询资质	工程设计资质
	合计	甲级	乙级	暂定级			
全　省	372	110	127	135	194	173	20
广州市	102	54	27	21	61	44	7
深圳市	96	30	33	33	65	42	4
珠海市	29	6	8	15	16	17	0
汕头市	11	1	3	7	5	5	0
佛山市	39	7	15	17	9	23	4
韶关市	4	0	3	1	1	2	0
河源市	3	0	2	1	1	1	0
梅州市	3	0	3	0	1	1	0
惠州市	12	2	6	4	3	9	1
汕尾市	4	0	2	2	3	3	0
东莞市	18	5	4	9	4	8	1
中山市	6	2	2	2	5	1	1
江门市	10	1	4	5	6	3	1
阳江市	2	1	1	0	1	1	0
湛江市	10	1	4	5	6	2	0
茂名市	3	0	2	1	0	1	0
肇庆市	7	0	3	4	5	1	1
清远市	2	0	0	2	0	2	0
潮州市	4	0	2	2	1	4	0
揭阳市	6	0	3	3	1	2	0
云浮市	1	0	0	1	0	1	0

2008年广东省工程招标投标情况

地区名称	发包工程		直接发包工程		公开招标工程		邀请招标工程		招标工程标价	
	工程个数（个）	工程造价（万元）	工程个数（个）	工程造价（万元）	工程个数（个）	工程造价（万元）	工程个数（个）	工程造价（万元）	标底造价（万元）	中标工程造价（万元）
全省	11507	24003819	2482	4413303.10	7628	16238209	1397	3352308.20	13551742	12669034
广州市	2140	8974978.10	0	0.00	1738	6925142.10	402	2049836.30	7426406.10	7060564.60
深圳市	2357	7120391.00	1052	2914493.00	1027	4026688.00	278	179210.00	0.00	0.00
珠海市	908	1141341.00	271	390332.51	612	746754.33	25	4254.16	747724.10	654318.21
汕头市	150	277650.00	50	78801.00	94	147974.00	6	50875.00	0.00	0.00
佛山市	1315	1311080.70	0	0.00	1120	999696.84	195	311383.85	1428342.70	1311080.80
韶关市	113	87824.00	0	0.00	113	87824.09	0	0.00	0.00	0.00
河源市	186	155953.89	0	0.00	166	110812.89	20	45141.48	0.00	0.00
梅州市	531	240375.51	177	56390.84	264	115550.41	90	68434.26	183984.70	183984.68
惠州市	193	532921.30	0	0.00	169	437922.01	24	94999.29	560882.50	532921.30
汕尾市	119	64952.75	20	21274.65	84	41607.38	15	2070.72	44940.00	43678.10
东莞市	423	695258.45	0	0.00	423	695258.45	0	0.00	740166.10	605881.74
中山市	1191	1586671.00	869	911846.05	244	421882.59	78	252942.38	737743.20	669760.28
江门市	384	301471.09	0	0.00	303	250503.53	81	50967.56	317834.00	3101847.03
阳江市	239	262059.12	0	0.00	177	159966.36	62	102092.76	271079.20	262170.23
湛江市	260	300506.58	18	6362.00	219	220379.13	23	73765.45	244119.60	228410.30
茂名市	143	106028.26	0	0.00	143	106028.26	0	0.00	99937.60	96134.86
肇庆市	342	353255.00	0	0.00	321	348010.00	21	5245.00	371734.00	353255.00
清远市	280	270572.93	0	0.00	220	214972.02	60	55600.91	270572.90	262707.57
潮州市	91	87575.76	25	33803.00	66	53772.76	0	0.00	55905.60	53644.47
揭阳市	40	84278.19	0	0.00	24	79174.02	16	5104.17	0.00	0.00
云浮市	102	48674.41	0	0.00	101	48289.41	1	385.00	50369.70	48674.41

（续上表）

地区名称	应招标工程		实行招标工程		公开招标工程		邀请招标工程		应公开招标工程中实行公开招标工程	
	工程个数（个）	工程造价（万元）	工程个数（个）	工程造价（万元）	工程个数（个）	工程造价（万元）	工程个数（个）	工程造价（万元）	工程个数（个）	工程造价（万元）
全省	9025	19590517	9025	19590516	7628	16238208	1397	3352308.20	7628	16238208
广州市	2140	8974978.40	2140	8974978.40	1738	6925142.10	402	2049836.30	1738	6925142.10
深圳市	1305	4205898.00	1305	4205897.00	1027	4026687.00	278	179210.00	1027	4026687.00
珠海市	637	751008.49	637	751008.49	612	746754.33	25	4254.16	612	746754.33
汕头市	100	198849.00	100	198849.00	94	147974.00	6	50875.00	94	147974.00
佛山市	1315	1311080.70	1315	1311080.70	1120	999696.84	195	311383.85	1120	999696.84
韶关市	113	87824.09	113	87824.09	113	87824.09	0	0.00	113	87824.09
河源市	186	155954.37	186	155954.37	166	110812.89	20	45141.48	166	110812.89
梅州市	354	183984.68	354	183984.68	264	115550.41	90	68434.26	264	115550.41
惠州市	193	532921.30	193	532921.30	169	437922.01	24	94999.29	169	437922.01
汕尾市	99	43678.10	99	43678.10	84	41607.38	15	2070.72	84	41607.38
东莞市	423	695258.46	423	695258.46	423	695258.46	0	0.00	423	695258.46
中山市	322	674824.97	322	674824.97	244	421882.59	78	252942.38	244	421882.59
江门市	384	301471.09	384	301471.09	303	250503.53	81	50967.56	303	250503.53
阳江市	239	262059.12	239	262059.12	177	159966.36	62	102092.76	177	159966.36
湛江市	242	294144.58	242	294144.58	219	220379.13	23	73765.45	219	220379.13
茂名市	143	106028.26	143	106028.26	143	106028.26	0	0.00	143	106028.26
肇庆市	342	353255.00	342	353255.00	321	348010.00	21	5245.00	321	348010.00
清远市	280	270572.93	280	270572.93	220	214972.02	60	55600.91	220	214972.02
潮州市	66	53772.76	66	53772.76	66	53772.76	0	0.00	66	53772.76
揭阳市	40	84278.19	40	84278.19	24	79174.02	16	5104.17	24	79174.02
云浮市	102	48674.41	102	48674.41	101	48289.41	1	385.00	101	48289.41

量，印发《关于在市政基础设施和建筑物结构工程中禁止使用立窑水泥的通知》；针对沿海少数建设工程项目出现使用未经处理海砂的现象，印发《关于在混凝土结构工程中禁止使用未经处理海砂的紧急通知》；针对一些地区出现不法分子配制劣质水泥出售的现象，印发《关于加强监督管理防止劣质水泥用于建筑工程的通知》。

同时，省建设厅推动各地建立健全创优激励机制，调动施工企业创优积极性。还委托省建筑业协会组织建筑施工企业参观荣获“鲁班奖”的工程项目和“省优良样板工程”中的精品工程，总结推广创优先进经验。

【工程质量专项检查】 2008年，广东省建设厅先后组织开展2次工程质量专项检查。一是工程质量检测机构专项检查。为加强对建设工程质量检测的监督管理，进一步规范工程质量检测市场秩序，保证工程质量检测的科学性和公正性，从5月中旬至7月底，组成11个检查组分期分批对全省287家工程质量检测机构进行专项检查。通报责令一批问题突出的检测机构进行整改。二是工程施工质量专项检查。根据《关于开展2008年全省建筑节能、勘察设计市场和建筑施工质量联合检查的通知》的工作部署，省建设厅于10月15日至20日派出7个检查组开展全省建筑节能、勘察设计市场和建筑施工质量联合检查。重点检查执行工程建设强制性标准情况和建筑节能施工质量。共抽查在建工地125个，其中居住建筑60项，公共建筑65项，总建筑面积3597563平方米。全年各级建设行政主管部门和工程质量监督机构共发出质量整改、停工通知书5215份，罚款金额313万元。

【住宅工程质量分户验收】 2008年广东省建设厅印发《关于实行住宅工程质量分户验收的指导意见》，指导全省开展住宅工程质量分户验收，建立了全省住宅工程质量分户验收制度。

该《指导意见》指出，分户验收应在住宅工程竣工验收前进行，必须确保工程地基基础和主体结构安全可靠，各分部工程（含节能分部工程）符合规范和设计要求，并已办理相关验收手续后方可实施。当套内各分项工程具备以下质量验收条件时，可组织分户验收：施工单位已完成住宅各套内所含设计和合同约定的工程量；套内各分项工程的质量验收均合格；所涉及的套内工程质量技术资料完整。分户验收应依据《中华人民共和国建筑法》、《建设工程质量管理条例》、国家现行的建筑工程施工质量验收规范标准、省发布的有关工程质量管理规定、《广东省住宅工程质量通病防治技术措施二十条》以及经审查合格的施工图设计文件和施工合同的有关要求进行。

【住宅工程质量通病防治】 2008年，广东省建设厅继续推动各地贯彻落实《广东省住宅工程质量通病防治技术措施二十条》，结合本地实际，深入开展住宅工程质量通病治理，并取得一定成效，混凝土观感质量、钢筋保护层厚度、墙体砌筑等质量水平普遍提高，质量通病得到一定遏制，质量投诉量逐年下降。

【规范建筑节能施工质量监督】 2008年3月，广东省建设厅转发住房和城乡建设部关于印发《民用建筑节能工程质量监督工作导则》的通知，提出3条贯彻意见，进一步规范建筑节能分部工程质量监督行为，促进各方主体建筑节能工作的责任在施工过程中得到落实。委托省建设工程质量安全监督检测总站开办《民用建筑节能工程质量监督工作导则》宣贯培训班，从8月份开始分期分批对各级质监站的质量监督人员进行培训。10月，省建设厅对全省21个地级以上市建筑节能施工阶段质量管理进行检查，共抽查在建工地30个。通过抓节能施工，进一步落实了施工单位、监理单位在节能施工中的主体责任，强化了重要环节的检查和事前控制，使节能施工在过程监管中得到落实。

（孙宝国）

【中国建设工程鲁班奖（国家优质工程）项目选介】 2008年，广东省建筑施工企业在本省承建的工程中有3项获中国建设工程鲁班奖，分别是广州富力国际公寓、深圳福岸新洲名苑和金润大厦。同时，广东省企业在省外承建的工程有1项也获得中国建设工程鲁班奖。

广州富力国际公寓　是一幢造型新颖的智能高层，集商业用房与酒店式公寓于一体的商住楼，位于广州市珠江新城I5-1地块，由广州富力地产股份有限公司开发兴建，广州市住宅建设设计院设计，广州广骏工程监理公司监理，越秀区建设工程质量安全监督站监督，汕头市建安（集团）公司总承包施工，广东正升建筑有限公司参建。工程于2005年4月开工，2006年12月完

·链接·　**住宅工程质量分户验收**

住宅工程质量分户验收是指以单位工程中每套住宅为基本检查单元，以工程观感质量和使用功能质量为主要验收对象，以相应分部、分项工程的检验批为主要验收内容。主要包括以下检查内容：地面、墙面和顶棚面层质量；门窗安装质量；建筑外门窗节能措施与设计的符合情况；阳台、露台、厨房、厕浴间、窗台的防水工程质量；栏杆、护栏的整体安装质量；给排水系统安装质量；室内电气工程安装质量；其他有关规定要求分户检查的内容。

·链接· **中国建设工程鲁班奖（国家优质工程）**

中国建筑工程鲁班奖由中国建筑业协会的前身中国建筑业联合会于1987年创立。1996年，建设部决定将“中国建筑工程鲁班奖”和“国家优质工程奖”两个奖项合并，定名为“中国建筑工程鲁班奖（国家优质工程）”，由中国建筑业协会组织评选，报建设部审定。2008年，中国建筑业协会颁布《中国建筑工程鲁班奖（国家优质工程）评选办法》，将“中国建筑工程鲁班奖（国家优质工程）”更名为“中国建设工程鲁班奖（国家优质工程）”。

中国建设工程鲁班奖（国家优质工程）是中国建筑工程质量的最高奖，每年评选一次，评选的工程为我国境内已经建成并投入使用的各类新（扩）建工程，包括住宅工程、公共建筑工程、工业交通水利工程、市政园林工程等。每年获奖工程数额不超过100项。

工。设3层地下车库，地上32层，1~3层为商业用房，4层以上为酒店式公寓，总建筑面积51608平方米。工程以“节能环保”为设计理念，大量采用节能环保材料，通过多种渠道节约能源。应用建设部推广的10项新技术中的9大项、22个小项，企业创新改进新工艺5项。被评为2006年广州市安全文明施工样板工地、2007年广州市优良样板工程、广东省优良样板工程及广东省金匠奖，获2008年度中国建设工程鲁班奖。

深圳福岸新洲名苑（民生银行大厦）　位于深圳市，由深圳市鹏城建筑集团有限公司承建，2006年1月10日竣工，总建筑面积35917平方米，地下3层，地上25层，建筑高度97.5米，主要用于办公和贵宾接待。工程以“节能环保”为设计理念，大量采用节能环保材料，通过多种渠道节约能源。工程应用建设部推广的10大项新技术中9大项、其他新技术7项，企业创新技术3项，并获2008年度中国建设工程鲁班奖。

深圳金润大厦　位于深圳市深南大道与泰然九路交汇处，由深圳市新润房地产开发有限公司投资兴建，湛江市第一建筑工程公司总承包施工。工程总投资2.5亿元。工程建筑面积50800平方米，管桩基础，钢筋混凝土框架剪力墙结构，地下3层，地上26层，总高度99.8米。1层裙楼为商场，2~3层裙楼为酒店，4~26层主楼为商务办公用房，地下室为车库及设备用房。应用了建设部推广的10项新技术中的9大项29分项，企业创新技术3项，采用多项节能、环保措施，体现了绿色建筑、环保建筑，并先后获深圳市优质工程奖、广东省优良样板工程奖、广东省建设工程金匠奖、2008年度中国建设工程鲁班奖。同时，被评为深圳市安全生产文明施工优良工地和广东省建设工程安全生产文明施工优良样板工地。

武汉翠林雅居　获2008年中国建设工程鲁班奖。由广东正升建筑有限公司承建。总建筑面积74700平方米，建筑高度37.8米，共8栋住宅楼，于2005年11月开工，2007年7月竣工。工程应用了建设部推广的10项新技术中的9大项、28个子项。通过新技术的应用，降低了工程成本，提高了施工质量，建筑外立面装饰线条多，外墙悬挑构件、屋面突出构件多，饰面砖粘贴接缝平整，深浅一致，周边顺直。 *（孙宝国）*

【中国土木工程（詹天佑）大奖项目选介】　2008年广东省有4项工程获中国土木工程（詹天佑）大奖，分别是：广州白云国际会议中心、广州新光大桥、广州兴丰生活垃圾卫生填埋场和中山万城市风景花园住宅小区（一、二、三期）。同时，广东省企业在省外承接的工程项目也获得了中国土木工程（詹天佑）大奖。

广州白云国际会议中心　位于广州白云大道南，总建筑面积31.6万平方米，总投资39.36亿元，是集会议、酒店、展览、宴会、写字楼于一体的大型综合性国际会议中心。2005年10月开工，2007年1月通过综合验收。工程采用新技术10多项，主体建筑外墙材料为红色砂岩和透明Low-B玻璃幕墙，有效减

·链接· **中国土木工程（詹天佑）大奖**

为了推动科技进步，提高工程建设水平，把当今优秀科技成果应用于工程实践中，创造出先进的土木建筑工程，特设立中国土木工程（詹天佑）大奖。该项大奖旨在奖励和表彰我国在科技创新和科技应用方面成绩显著的优秀土木工程建设项目。该奖项评选要充分体现“创新性”（获奖工程在设计、施工技术方面应有显著的创造性和较高的科技含量）、“标志性”（反映当今我国同类工程中的最高水平）、“权威性”（学会与政府主管部门之间协同推荐与遴选）。

该项大奖是我国土木工程界工程技术方面的荣誉奖；由中国土木工程学会和詹天佑土木工程科技发展基金委员会颁发；在建设部、铁道部及交通部等建设主管部门支持与指导下进行，每两年评选一次，每次评选综合大奖若干项。

该奖项评选范围包括下列各类工程：房屋及公共建筑工程；桥梁工程；交通工程；港口工程；隧道及地下工程、岩土工程；市政工程（含给排水、煤气工程）；特种工程（防护工程、水电核电工程、塔桅工程等）。首届中国土木工程大奖颁奖大会于2000年在北京举行。

少直射阳光对室内的影响，做到节能环保。内部结构采用模块式设计，不同规模的会议可以在不同的模块同时进行，互不干扰，真正达到国际会议中心的运营水平。2008年先后获国家优质工程银质奖、全国建筑工程装饰奖、第八届中国土木工程（詹天佑）大奖。参建单位为广州市建筑集团有限公司和广东省工业设备安装公司。

广州市兴丰生活垃圾卫生填埋场 是国家环境保护“十五”重点工程项目,也是目前规模最大、标准最高、施工营运最规范的具有国际水准的现代化生活垃圾卫生填埋场。占地面积92万平方米，设计日处理生活垃圾量2000~4500吨。主要工艺流程由垃圾卫生填埋、场区地表水环境截洪及清污分流、渗滤液处理与回用、填埋气导排及回收利用、封场处理等组成，其核心技术主要包括防渗系统、渗滤液处理、沼气资源利用以及填埋区的分区建设规划等。2000年11月动工兴建，2002年8月投入使用。施工单位包括：广州工程总承包集团有限公司、广州市第三市政工程有限公司、广州市第四建筑工程有限公司、广州协安建设工程有限公司、深圳市胜义环保有限公司、广州市胜义防渗工程有限公司。获2005年中国市政金杯示范工程奖、2007年国家优质工程金质奖、2008年中国土木工程（詹天佑）大奖。

厦门海沧大桥 是国家“九五”重点建设项目，位于厦门东渡港和海沧投资区之间的西海域上，是继厦门大桥后厦门岛第二条对外通道。大桥全长6419米，其东航道桥为亚洲第一、世界第三的三跨连续飘浮体系钢箱梁悬索桥，桥长1108米，桥跨布置为230米+648米+230米，桥面宽度32米。全线按双向6车道高速公路标准建设，设计行车时速80公里。工程概算28.7亿元。由广东省长大公路工程有限公司承建。1996年12月开工，1999年12月建成通车。2008年1月，获第七届中国土木工程（詹天佑）大奖。

【广东省优良样板工程项目选介】 2008年，广东省评选出优良样板工程有84项，表明广东省工程建设的管理和质量都有了新的提高。

乳源县人民医院门诊综合大楼 由广东省第五建筑工程有限公司承建，被评为2008年度广东省优良样板工程，广东省建设工程安全生产、文明施工优良样板工地，获广东省建设工程金匠奖。建筑面积7960平方米，框架结构八层，建筑高度30.5米，总投资1700多万元。工程建设注重新材料、新工艺、新技术的应用，建筑墙体、屋面、门窗、通风与空气调节等工程达到技术设计要求，有效实现节能降耗。工程墙体节能采用环保节能灰砂砖；屋面节能采用HW高分子聚乙烯丙纶多层复合防水卷材；门窗节能采用环保节能型硬质聚氯乙烯低发泡门及环保型塑料门窗。天井采用钢架搭配钢化夹胶玻璃的采光屋面，使首层收费大厅及各层诊室、办公室有良好的采光效果；屋面及各层卫生间地漏汇水口采用直径50mm的圆形设计，配合5%的坡度，使室内积水在最短时间内排空至排水管道。

汕尾海关业务技术用房 被评为2008年广东省优良样板工程，由汕头市潮阳建筑工程总公司承建。建筑面积12660平方米，建筑高度55.15米，工程总造价2235万元，工程基础为混凝土预应力管桩，外墙装饰为干挂花岗岩，铝合金窗绿玻，内墙为装饰抹灰，乳胶漆，铝质天花，石膏板吊顶，地面贴抛光砖、石板材。

河源市广播电视中心一期工程 被评为2008年广东省优良样板工程，由汕头市潮阳建筑工程总公司承建。建筑面积32303平方米，是集采编、演播、办公于一体的多功能综合大楼，工程建筑设计独特新颖，平面是不规则形，立面造型犹如航母出海，富有动感。建筑物周边及屋面绿化景观丰富，使整个建筑物融入万绿河源自然之中。

中山古镇古一乐丰花园二期项目 位于中山市古镇中兴大道，2004年12月开工，2007年1月竣工，建筑面积7.75万平方米，总投资9849万元，为楼高23层的两座塔楼，3~23层为住宅。基础采用外径为ф500~600预制高强预应力混凝土管桩基础，主体为现浇混凝土框支剪力墙结构。外墙采用天然花岗岩干挂石材和瓷质外墙砖；室内装饰为花岗岩、抛光砖、天花吊顶等材料；屋面采用APP改性沥青防水卷材和挤塑型聚苯乙烯保温隔热板和防水隔热板。大楼有消防、电梯、智能系统，设施完备。由茂名市建筑集团有限公司总承包施工，被评为2008年度广东省优良样板工程。

（省建筑业协会）

·链接·　**广东省优良样板工程**

“广东省优良样板工程”称号是广东省建筑行业工程质量的最高荣誉奖，每年评选一次。由省建筑业协会组织实施，接受省建设行政主管部门的监督和指导，评选结果经省建设行政主管部门备案后公布。

省优良样板工程的评选对象为我国建筑施工企业在广东省境内承包施工的，并已经建成投入使用一年，其质量达到省内一流水平的各类工程，主要包括：房屋建筑工程、市政基础设施工程、工业设备安装工程及铁路、交通、水利、电力等专业工程。

工程造价

【概况】 2008年，广东省工程造价管理工作取得新成绩。全省各级工程造价管理机构全面贯彻《建设工程工程量清单计价规范》(GB50500-2008)，市场竞争形成价格的机制进一步完善，工程造价与招标投标、施工合同管理有机结合，为建筑市场的和谐发展提供有力保障。

【建设工程计价依据系列编制工作完成】 2008年，广东省各级建设工程造价管理机构先后完成各项计价依据的编制工作。包括完成住房和城乡建设部委托广东省承担的《建设工程劳动定额》、《全国统一城市轨道交通预算定额》、《建设工程工料机数据标准》等国家标准中部分专业的编制任务；完成《广东省城市环境卫生作业估价指标》、《华南园林绿化建设工程常用植物图录》、《广东省建筑施工劳务分包计价暂行办法（送审稿）》等文件的拟订工作。此外，围绕推动建筑节能的目标任务，开展相配套的定额子目、计量规则、计价办法等计价依据的调研。

【工程造价咨询企业专项检查】 2008年，根据《工程造价咨询企业管理办法》、《注册造价工程师管理办法》，广东省建设厅开展整顿工程造价咨询中介机构专项工作，在全省范围内抽查一批工程造价咨询企业。检查发现，工程造价企业基本建立质量保证制度和技术档案管理制度，能够按照国家、省工程造价计价依据和有关造价管理规定进行工程计价，承揽业务一般都与委托人签订书面的工程造价咨询合同，但也普遍存在咨询服务收费偏低工程造价成果文件签署不规范等问题。通过专项检查，进一步掌握我省工程造价行业的大体情况，为下一步建立和完善准入和清出制度奠定基础。

【工程造价信息化工作】 2008年，广东省工程造价信息化工作取得较好成绩。《建筑监督检测与造价》顺利创刊并逐步转入正常发行，《广东工程造价》被评为第十届"全国工程造价管理类优秀期刊"。广东造价信息门户网站实现改版，内容更加丰富，提高了工程造价资源的利用率，每天利用网站工作的在线人员超过400人。该网站成为全省建设行业工程造价管理的专业网站、成为全国最具影响力工程造价专业网站之一。其中建设工程造价信息查询平台"广东造价通"推广初见成效，推动了全省工程造价信息资源共享工作。至年底，汕头、佛山、江门、中山、肇庆、韶关、阳江、惠州、茂名、河源、湛江等市已实现资源共享。（张　中）

工程建设监理

【概况】 1988年，建设部印发《关于开展建设监理工作的通知》、《关于开展建设监理试点工作的若干意见》。广东省监理行业按照要求选择部分重要项目作为试点，并逐步推行此项制度。1996年省政府要求全省所有的地级以上城市都必须有监理单位，所有地级以上城市和行业必须有项目实行监理，并规定建设规模在3000平方米以上的工业、交通、市政等建设项目都必须推行建设监理。2008年全省各地建设管理部门加强对建设监理的管理，开展一系列日常检查、飞行检查和专项检查，对建设监理活动进行规范。建设监理制推行的主要成效：一是建设监理制的推行，使全省工程建设项目管理体制由传统的自筹、自建、自管的小生产模式，开始向社会化、专业化的管理模式转变，为工程建设领域社会主义市场经济体制的开展发展创造了有利的条件。二是促进了工程建设管理水平的提高，发现和纠正设计中的不合理因素，指导施工单位科学组织施工，现场监控有力地控制了工程质量、进度和投资，精简了工程项目筹建人员，提高了效率。

【工程施工监理巡查】 2008年，广东省建设厅组织开展工程施工监理巡查。通过对广州、中山、汕头、惠州等4个市的监理活动进行巡查，发现了一批问题突出的监理企业及其监理项目并责令整改，予以通报。各地在日常检查中也加强了对监理企业履行责任的监督和管理。

【广东省建设监理行业自律公约】 广东省建设监理协会为加强全省监理行业的自律建设，进一步规范监理市场行为，促进监理企业守法经营和健康发展，在原《广东省建设监理协会会员自律公约》的基础上制定《广东省建设监理行业自律公约》，并于2009年3月公布实行。

【工程监理制度推行20周年纪念】 2008年是广东省推行工程监理制度20周年，为此开展一系列纪念庆祝

·链接·　**广东省建设监理行业自律公约**

《广东省建设监理行业自律公约》所称"广东省建设监理行业自律"，是指广东省建设监理协会的会员及其监理从业人员或在广东省从事监理活动的监理企业及其从业人员遵守国家和地方法律法规，不损害其他监理企业、监理人员和与监理有关的单位和个人的利益和声誉，不影响监理行业的健康发展和社会信誉，自觉规范与监理业务相关的各项工作、行为和活动。凡广东省建设监理协会的会员及其监理从业人员，必须遵守该公约，所有在广东省从事监理活动的监理企业及其从业人员，应当遵守该公约。该《公约》并就监理企业自律、从业人员自律，以及违约惩戒等方面作了具体说明。

活动。征集出版《广东省建设监理二十年论文集》，推荐优秀论文入编《中国建设监理二十年论文集》。举办以反映工程建设监理与项目管理服务为题材的诗歌、书法、绘画、摄影和文艺表演等作品比赛。组织编印《广东省建设监理精品工程选集》和《广东省建设监理风范人物选录》，分别收集介绍20年来全省优秀监理工程项目和优秀监理工程师。

12月18~19日，广东省监理协会召开纪念中国建设监理制度推行20周年暨第二届二次会员代表大会，中国建设监理协会会长张青林等领导出席会议。大会表彰了省监理行业2008年度先进监理企业40家，先进项目监理机构30个，优秀总监理工程师52名，优秀监理工程师60名，优秀监理员80名。

(何志坚)

【安全监理员从业教育培训】 2008年，广东省建设监理协会会同广东省建筑安全协会联合开展全省安全监理员从业教育培训。10月10~13日，第一个培训班在广州举行，参加人员149人。参加培训人员必须达到全日制大专以上学历，或助理工程师以上职称，且必须为工程建设类相关专业。获证人员在全省范围具有安全监理从业资格，经监理企业正式聘任后，持证上岗。初始培训课时为32学时。

【注册监理工程师继续教育培训】 2008年12月，广东省国家注册监理工程师继续教育分别在广州和珠海开班。从2007年起，国家注册监理工程师继续教育由中国建设监理协会统一组织领导，各省和专业部门监理协会配合进行。每位注册监理工程师在3年注册有效期内必须完成继续教育必修课和选修课各48学时。广东省建设监理协会负责必修课房屋建筑专业、市政专业两个专业选修课继续教育。全省继续教育工作由深圳振兴监理培训中心、广州市建设职业培训学校和肇庆市建设培训中心3家培训机构具体实施。

【建设监理协会组团赴上海考察学习】 广东省建设监理协会建设监理考察团一行9人，于2008年6月17~20日赴上海，就上海市建设监理行业情况进行考察学习。受到上海市建设咨询行业协会、上海建科建设监理咨询有限公司、上海市建设工程监理有限公司、上海海龙工程技术发展有限公司的热情接待和周密安排。考察团着重了解上海建设监理行业管理的原则、方法和措施，并重点参观考察上海典型监理项目和代表性监理企业的经营管理。

(朱本祥)

建筑施工安全生产

【概况】 广东省建设厅安全管理处自2007年7月成立以来，始终坚持“安全第一、预防为主、综合治理”的基本方针，全面落实安全责任，强化依法监管，深化专项整治，及时消除隐患，加强宣传教育培训，落实防范措施，规范事故灾难应急管理，完善安全管理机制，安全生产基础不断夯实，全省建筑施工生产安全事故死亡人数连续六年下降，安全生产形势持续稳定好转。

2008年，在全省固定资产投资和工程建设规模持续增长、施工难度与进度要求不断提高的前提下，全省建筑施工安全生产形势总体稳定好转。全省建设系统发生建筑施工安全事故45起（其中较大事故2起，一般事故43起），死亡52人，与上年相比，事故起数减少9起，死亡人数减少14人，分别下降16%和21%，全年没有发生过重大以上建筑施工安全事故，施工事故死亡人数占省政府下达给全省建设系统74人安全生产控制指标的70%。

【建筑施工安全生产制度建设】 2008年，广东省建设厅先后制定《广东省建设厅建筑工程安全监督机构及人员考核管理办法》、《广东省建筑施工特种作业人员管理实施细则》等规范性文件，印发了《2008年广东省建筑施工隐患治理年工作方案》、《关于在全省开展建筑施工百日督查专项行动的通知》、《关于加快全面推进建筑工人“平安卡”管理制度的若干意见》、《关于开展2008年建筑施工“安全生产月”活动的通知》、《“百万农民工同上一堂课”工作方案》、《百日督查“回头看”及全省施工安全检查工作方案》等文件。同时，坚持建筑施工安全生产责任目标管理制度、建筑施工安全生产例会制度、安全生产警示约谈制度、建筑施工安全生产事故预警提示和应急救援预案制度和建筑施工安全生产许可证动态管理制度。

【建筑施工安全生产许可证动态管理】 2008年，广东省建设厅贯彻落实国务院颁布的《安全生产许可证条例》，在工程招标投标和办理施工许可证等环节严格把关，严格实施安全生产许可证制度。通过对施工、监理企业及工程项目管理人员实施安全生产动态管理，有力地促进企业和管理人员增强安全管理责任感，形成全省的施工安全监管合力，加大建设行政主管部门和安监站监管工作深度和力度。据统计，全年各级建设行政主管部门对违法违规行为作出量化扣分记录有9568条，全省各地对800多家施工、监理企业和2000多名责任人作出不良行为扣分记录。此外，建设厅还依法暂扣51家本省施工单位安全生产许可证，暂扣60名项目经理、项目安全员安全生产考核合格证，暂停6名总监理工程师、专业监理工程师上岗执业资格的行政处罚，并将处罚情况挂网向社会公示。

省建设厅将动态管理软件系统向住房和城乡建设部申请办理科技

成果鉴定，并向国家安全监管总局申报安全生产科技成果奖。

【施工安全专项整治和隐患排查】 2008年，广东省建设厅成立建筑施工隐患治理工作领导小组，由安全管理处负责日常工作，制订隐患排查治理的工作方案，并指导全省开展排查整治工作。全省各级建设主管部门贯彻落实隐患治理年和百日督查专项行动的部署要求，一边抓隐患排查，一边抓落实隐患整改，重大隐患基本按要求落实专人跟踪整改。除各市组织检查外，省建设厅每季度组织1次全省施工安全大检查，并在北京奥运、国庆长假等期间组织5次重点督查。全省各级建设主管部门共组织检查组632个，出动检查人员20494人次，检查施工企业4132家、在建工程8093项，排查安全隐患8834处，其中重大隐患470处，责令停产整顿118家企业，取缔非法建设177项，已全部完成整改，并依法严肃查处责任单位和责任人。

4~5月，组织全省各地检查各类建筑起重机械11562台，查出安全隐患1221处，发出行政执法建议书10份、整改通知383份、局部停工通知45份，强制拆除在用塔吊1台。

【建筑工人“平安卡”管理】 广东省建设厅自2006年开始在全省大力推行建筑工人“平安卡”管理制度，并始终坚持以全面推行建筑工人“平安卡”管理制度为切入点，通过强化安全教育培训，逐步提高建筑工人安全意识和自我保护能力。建筑工人“平安卡”管理制度，就是对在建设行政主管部门认定的培训机构中经过基本的安全教育培训并考核合格的一线作业人员发给“平安卡”。“平安卡”制度的核心是安全生产知识和技能的培训教育。省建设厅成立教材编写委员会，组织专家学者编制《广东省建筑工人施工安全知识读本》和《广东省建筑工人施工安全维权手册》，作为全省建筑工人安全教育的统一教材，从建筑施工安全意识、安全技术、维护合法权益等方面强化对建筑工人的教育培训。同时，组织开发“平安卡”管理信息系统，实现建筑工人基本信息的全省联网管理。“平安卡”是一张内置存储芯片的IC卡，记录了建筑工人个人基本信息、接受安全教育培训或受到处罚等信息。

2006~2008年，全省接受安全教育和考核的建筑工人超过80万人，持“平安卡”上岗作业的超过75万人。

【建筑起重机械和特种作业人员管理】 2008年，根据住房和城乡建设部《建筑起重机械安全监督管理规定》，广东省建设厅制定建筑起重机械使用登记管理制度和特种作业人员管理实施细则，组织开发全省建筑起重机械及特种作业人员管理系统，基本实现对全省起重机械和特种作业人员的联网管理。全省各级建设行政主管部门不断加强起重机械的监管力度，认真执行建筑起重机械登记管理，建立起重机械监管台账。至年底，全省办理产权备案的建筑起重机械有12709台，完成情况较好的地区有广州、深圳、珠海、东莞、江门、佛山、肇庆、惠州等市。这些设备的基本信息录入省建筑起重机械及特种作业人员管理系统中，基本达到信息共享、全省联网管理的预期目标。

与此同时，包括广州、深圳、珠海、东莞、佛山在内的全省一半以上市从这一年第四季度开始，全面开展建筑起重机械特种作业人员的培训考核工作。至年末，全省考核合格并取得资格证的特种作业人员逾5000人。一些地区已将特种作业人员持证上岗作为日常安全检查的重点内容，并对不满足要求的施工企业进行量化扣分处理。

【建筑施工安全隐患治理年活动】 2008年，广东省建设厅围绕省政府办公厅《转发国务院办公厅关于进一步开展安全生产隐患排查治理工作的通知》工作部署和要求，结合行业特点，制订下发《广东省建设厅关于印发广东省建筑施工隐患治理年工作方案的通知》，要求全省各级建设行政主管部门要高度重视，加强领导，以杜绝重特大事故和确保全省建筑施工安全生产形势稳定好转为目标，以严格执法和加强安全生产教育为手段，以防范建筑起重机械伤害、施工坍塌、高处坠落三类生产安全事故为重点，全面、深入开展隐患治理工作，督促建设各方主体，认真落实建筑施工安全隐患排查治理各项工作，力争安全隐患治理率达100%。

加强对重点地区、重点企业、重点部位和重要环节的专项治理。继续加大对起重设备、深基坑、高支模的监管力度。将轨道交通、大型公共建筑列为重点项目，加强对地铁和市政排污工程的监管。2008年，全省各级建设行政主管部门共检查在建工程8093项，发出整改通知书3746份、局部停工通知书470份。省建设厅也在检查中发出执法建议书40份，责令53个工地停工整改。

【安全生产百日督查专项行动】 2008年，为贯彻落实《国务院办公厅关于开展安全生产百日督查专项行动的通知》精神，广东省建设厅下发《广东省建设厅关于在全省开展建筑施工安全百日督查专项行动的通知》，从4月30日至7月底在全省范围内开展建筑施工安全百日督查行动。采取企业自查自改、各级建设行政主管部门层级督查和省建设厅组织全省督查相结合的方式进行。据统计，全省施工企业自行排查隐患23786处，各级建设行政主管部门组织检查在建工程2823项，其中深基坑225项，高支模302项，建筑起重机械5833台，排查安全隐患7880处，发出整改通知书2391

份、停工通知书432份。省建设厅10个督查组对21个地级以上市进行督查，有针对性地抽查48家建筑施工企业及其承建的49项在建工程，下发建设工程安全生产执法建议书26份，责令26项在建工程停工整改。

【安全生产月活动】 2008年6月，广东省建设厅组织开展“安全生产月”活动，进一步宣传和贯彻落实建设系统安全生产的法律法规和技术标准，提高全行业对安全生产重要性的认识，加强安全生产监管力度，强化企业安全生产责任主体意识，推广建设系统安全生产管理先进经验，增强建设系统从业人员安全生产意识，树立“不伤害自己、不伤害别人、不被别人伤害”的安全生产观念。加强安全生产法律法规、技术标准的学习培训。进一步加强农民工安全教育培训工作，切实提高农民工的安全生产意识和基本操作技能。积极推广安全生产管理先进经验。广泛开展安全生产宣传活动。在“安全生产月”活动期间，全省各市建设局（建委）组织开展一系列活动，包括组织开展“安全生产月咨询日”大型宣传咨询，组织施工（监理）单位对本地区建筑安全专项治理示范样板工地进行观摩学习，推广示范工地经验，在《广东建设报》刊登安全生产宣传活动专刊等。同时，认真开展安全生产专项检查。全省各级建设行政主管部门结合《广东省建筑施工隐患治理年工作方案》和《广东省建设厅关于在全省开展建筑施工安全百日督查专项行动的通知》的工作部署，认真组织开展辖区内在建工程安全生产检查。省建设厅根据各地区检查情况，对事故多发地区和已发生重大安全事故的企业进行重点抽查。

【“百万农民工同上一堂课”安全培训活动】 2008年11月3~28日，广东省建设厅组织开展全省建筑施工“百万农民工同上一堂课”安全培训活动。全省各地级以上市建设行政主管部门负责组织开展对本地区建筑施工企业农民工培训。

安全培训的对象为从事一线生产操作的建筑农民工，重点是新进场、新上岗、新转岗的建筑施工农民工和特种作业人员。每一位建筑农民工接受培训教育时间不少于3小时。培训采取播放教学片、组织授课等方式进行。教学片为《建筑业农民工业余学校培训教育片》，培训教材为《广东省建筑工人安全生产知识读本》和《广东省建筑工人施工安全维权手册》。施工单位还结合各自施工生产实际，对建筑工人进行针对性生产安全教育培训。内容包括：建筑安全生产法律法规、基本常识、操作规程；从业人员安全生产的权利和义务；安全生产事故案例；工作环境及危险因素分析；危险源和隐患辨识；个人防灾、避险、自救方法；事故现场紧急疏散和应急处置；安全设施和个人劳动防护用品的使用和维护；职业病防治和卫生防疫等。

【建筑施工安全生产监督队伍建设】 2008年5月，广东省建设厅举办全省县级以上建设行政主管部门分管施工安全的副局长、施工安监站长参加的法律法规培训班，邀请省检察院、省安全监管局的领导专家授课，针对施工安全监管工作存在的焦点问题进行剖析，增强大家的法制意识，提高了依法监管能力和执法水平。

根据《广东省建筑工程安全监督机构及人员考核管理办法》，对全省地级以上市、县和区的施工安全监督机构进行业务考核，主要考核安监机构设置的合法性、主要人员构成的合理性、规章制度建设的完整性、日常行为监督的规范性等内容，并对安监人员进行专业知识闭卷考试。通过这次考核，进一步掌握全省各级安监机构的具体情况，促进了安监员业务素质的提高，为下一步制定措施、加强安监队伍建设创造条件。

【广东省安全生产、文明施工样板工地选介】 2008年，广东省建筑安全协会组织房屋建筑、电气设备、起重机械、市政桥梁、钢结构网架玻璃幕墙等专业的专家，对申报“双优”和“AA”的各个工地进行认真检查，最终评出省安全生

·链接· **广东省建筑工程安全生产、文明施工优良样板工地**

申报项目的工程规模应满足下列条件之一：(1) 房屋建筑工程单体建筑面积在3000平方米以上；(2) 小区建筑面积在50000平方米以上；(3) 房屋建筑工程造价在2000万元以上；(4) 市政基础设施项目工程造价在3000万元以上。有下列情况之一的工程项目不能作为推荐申报项目：(1) 发生一般及以上生产安全事故的；(2) 本年度发生较大及以上生产安全事故，或两起及以上一般生产安全事故的企业所承建的工程项目；(3) 采用国家、省有关部门明令禁止使用的施工机具、材料和施工工艺的；(4) 本年度存在重大安全隐患，被地级以上市建设行政主管部门行政处罚的；(5) 危险性较大的分部分项工程，未执行建设部《危险性较大工程安全专项施工方案编制及专家论证审查办法》的；(6) 建筑起重机械未执行建设部《建筑起重机械安全监督管理规定》办理产权备案、安装告知和使用登记的；(7) 未落实《广东省建设厅建筑工程安全防护、文明施工措施费用管理办法》的；(8) 特种作业人员未取得省级建设主管部门颁发的特种作业人员操作资格证书的；(9) 未实施平安卡系统管理的在建工程；(10) 恶意拖欠农民工工资，造成不良社会影响或有其他违法行为的。

产、文明施工样板工地177个，省AA级诚信工地项目16个。

广州歌剧院工程 由中建三局股份公司建筑施工总承包，先后被评为2008年广东省安全生产、文明施工优良样板工地，2008年中国建筑业协会建筑安全分会“AAA级安全文明标准化诚信工地”。位于广州珠江新城J4地块，2006年8月开工，占地面积42393平方米，建筑面积70781平方米。结构形式为框架剪力墙、钢结构。外部形状如两块大小不同的砾石，被誉为“圆润双砾”。“大石头”为1800座的歌剧院及配套设备用房、剧务用房、演出用房、行政用房、录音棚及排练厅；“小石头”为400座的多功能厅及配套西餐厅。幕墙一体化结构的整体性外壳长约120米，高43米。在安全生产和文明施工方面采取以下做法：一是加强组织机构建设，保障安全体系正常运行；二是建立和健全安全生产管理制度和策划方案；三是制定总承包管理办法，保障制度高效运行；四是加强培训教育，增强全员安全意识；五是特别重视对重大危险源事故的防范控制；六是认真执行安全制度，着重安全检查的整改落实；七是大力开展新工艺、新技术、新措施活动。建成后的广州歌剧院将成为华南地区最高水平的艺术表演中心和广州建设国际化大都市的标志性建筑，成为与京、沪齐名的国内三大歌剧院之一。

长隆酒店二期工程 由中天集团第七建设公司承建。先后被评为2008年广东省安全生产、文明施工优良样板工地、2008年中国建筑业协会建筑安全分会“AAA级安全文明标准化诚信工地”。为一个超五星级酒店项目，由A1-A5五栋客房楼和B区大堂、C区国际会议中心及D区地下室等八个部分组成，占地面积15万平方米，总建筑面积约20万平方米，其中D区地下室建筑面积超6万平方米。工程总工期14个月，包括二次精装修。该项目自2007年11月进场土方施工，挖土量近100万立方米，整个土建工期不足5个月。工程专业分包多，分别有防水、暖通、消防、智能化、水电、钢构、幕墙、铝合金、金属屋面、预应力、精装修、不锈钢等12个专业19家单位，项目后期还有供电、电梯、园林、绿化等专业将陆续进场。在安全生产和文明施工方面采取了以下先进做法：一是密切关注行业动态，突出安全管理重点；二是严格执行行业法规，定期检查消除隐患；三是实施安全质量标准化，努力创建安全诚信工地；四是加强职工的安全教育，提升安全意识与技能；五是采用新技术与新设备进行现场监控和定型化防护。

▲深圳一建公司承建的水木澜山居

省建设工程安全协会供稿

天居水木澜山居工程 由深圳市第一建筑工程有限公司承建，先后获得2008年深圳市安全生产、文明施工优良样板工地、2008年度广东省安全生产、文明施工优良样板工地等荣誉称号。项目由两栋地下3层、地上31/34层的高层住宅组成，占地面积近1万平方米，总建筑面积65000多平方米，建筑高度99.6米，采用微风化岩天然地基框支剪力墙结构体系，工程于2007年1月开始进行土石方开挖施工，2008年12月竣工验收。项目在施工期间始终遵循“四节、一环保”的方针和“以人为本、绿色施工”的理念，确保了项目的安全文明施工全过程处于平稳受控状态。整个施工过程中，在安全生产准备、安全责任体系、安全教育培训、安全技术管理、现场文明施工等方面均按规范化、标准化的模式进行管理。

▲长隆酒店

省建设工程安全协会供稿

新世纪尚居工程 由中建三局

第一建设工程有限责任公司承建。项目位于东莞市塘厦镇，其中新世纪尚居一期3#住宅楼被评为2008年度广东省安全生产、文明施工优良样板工地。项目为钢筋混凝土18层框架结构，建筑面积1.16万平方米，2007年4月动工，2008年8月竣工。(赵　航)

散装水泥

【概况】　广东省从20世纪80年代初开始推广散装水泥和商品混凝土工作，具体由省、市、县三级散装水泥办公室负责。1980年9月，成立"广东省建设委员会推广散装水泥办公室"。到80年代末，广州、东莞、梅州、韶关、湛江、茂名、新会、清远相继成立地市推广散装水泥办公室，省、市从各有关部门抽调干部共36人开展推广散装水泥工作。90年代初，省、市人民政府相继成立推广散装水泥领导小组，下设办公室的有肇庆、河源、汕头、佛山、惠州、江门、阳江。经过多年的机构改革，至2000年，市、县机构编制委员会批准成立的市散装水泥办公室有21个，县(区)散装水泥办公室有73个，全省散装水泥管理机构在编人数351人，实际人数407人。

广东省发展散装水泥工作经历一个曲折过程。1992年，全省散装水泥供应量仅为66万吨，散装率从原先3.59%滑落到2.07%，大大低于当年全国平均散装率13.3%的水平，跌到全国倒数第二。通过各级领导和有关部门的共同努力，仅一年时间，全省散装水泥和预拌混凝土工作取得可喜成效。1994年全省散装水泥使用量首次突破100万吨。

1997年3月，省人民政府颁发《广东省散装水泥管理规定》，成为广东省有关散装水泥的首个地方政府规章。全省各级政府纷纷加强散装水泥主管机构建设，加大工作力度。从此，全省散装水泥的工作开始快速发展。"九五"期间的5年，散装水泥供应量实现连年大幅度的持续增长，年供散量从"八五"期末1995年的158万吨，发展到"九五"期末2000年的932万吨，增长6倍，以年均净增长155万吨的幅度名列全国各省市区前茅，散装量位居全国第四。

2005年，省人大常委会出台第46号公告《广东省建设工程项目使用袋装水泥和现场搅拌混凝土行政许可规定》后，全省散装水泥和预拌混凝土的生产、供应、运输、中转、储存、使用、租赁、设备制造等产业链逐步形成，散装水泥与全省经济同步发展。全省散装水泥供应量连续十一年排名全国各省市区的前4名。

2008年，全省各级散装水泥管理办公室，把发展预拌混凝土和预拌砂浆作为发展散装水泥的重要途径来抓。认真贯彻执行《中华人民共和国循环经济促进法》和广东省有关规定，落实对城市城区建设工程项目使用散装水泥和预拌混凝土的监管，并在广州市城区组织召开3次"禁现"工作现场会，展开建设工程项目禁止现场搅拌砂浆的宣传和示范推广工作，使全省"三位一体"的散装水泥、预拌混凝土和预拌砂浆工作持续发展。全年散装水泥供应量达4030.95万吨(其中新型干法窑生产的优质散装水泥2327.28万吨)，全省有散装水泥专用运输车1353辆、运输船35艘、铁路罐车15节，散装水泥接收和配送的库容量为4396万吨。

但是，全省发展散装水泥仍然存在一定问题。一是散装水泥率提高不快。2008年散装水泥率为42.5%，比上年只提高1.5个百分点，散装率落后于全国45.82%的平均水平。按全年生产9484.35万吨水泥计算，仍有5453.4万吨袋装水泥在工程中使用，造成较大的资源浪费和环境影响。二是农村散装水泥发展缓慢。除经济发达的珠三角地区外，其余农村地区还未取得较大进展。三是发展不平衡，地区差别大的问题仍未解决。

参加全国散装水泥50年发展成就展获奖　2008年，根据商务部商改司《关于协助做好"全国散装水泥五十年发展成就宣传展示活动"的通知》要求，由广东省散装水泥管理办公室牵头成立参展领导小组，统一组织全省参加在北京举办的成就展。在时间紧、任务重的情况下，依靠各地散办和有关单位的支持，收集大量数据和图片资料，精心编辑参展资料，用文字、图片、表格等形式，充分展示广东省近30年来，在发展散装水泥和预拌混凝土工作中取得的成就，被本次活动组委会授予"最佳组织奖"。

散装水泥宣传周活动　2008年，广东省散装水泥管理办公室根

·链接·　**散装水泥　绿色事业**

散装水泥采用专门设备进行装卸、运输、存放和使用，减除了传统的纸袋包装，从而节约了用于制造纸袋的大量优质木材。据测算，每万吨袋装水泥需用330立方米的优质木材制成纸浆后再制成袋子。使用散装水泥减少了对森林的砍伐破坏，并减少了制造纸袋所需的煤、水、电等一系列损耗以及袋装水泥的运输破损(约4%)，是节约资源、保护环境、节能减排且具巨大综合经济效益的一项可持续发展战略。同时，预拌混凝土和预拌砂浆有大量使用散装水泥的客观条件，大力推广预拌混凝土和预拌砂浆，充分发挥机械化和电脑配料自动化，加快建筑业施工的现代化建设，是确保工程质量和提高施工效率的切实举措，也是综合发展散装水泥、建设资源节约型和环境友好型社会的有机结合。故此，发展散装水泥这项绿色事业，得到各级政府的高度重视和大力支持。

据《商务部办公厅关于开展2008年全国散装水泥宣传周活动的通知》，组织全省各地散装水泥管理办公室开展以“发展散装水泥，促进生态文明”为主题的宣传活动，大力宣传国家和省有关发展散装水泥的法规政策，以及全国发展趋势，报道各地“发散”成功经验。全省各地从实效性、针对性等方面开展形式多样的宣传活动。省散办利用网络信息平台，大力宣传全国散装水泥50年发展成就展，并与茂名市散办合作，印制一批具有发展散装水泥宣传意义的环保袋，分别送给全省有关部门和单位。中山市散办撰写散装水泥论文，在当地各大媒体及宣传栏进行宣传。清远市散办利用各地公园显示屏和广播，连续播放散装水泥常识等，在宣传周中各地都收到较好的效果，其中连山县实现了使用散装水泥零的突破。通过全省各地开展宣传周活动，使人们进一步认识到使用散装水泥的深远意义。

开展散装水泥安全生产大检查 2008年，广东省散装水泥管理办公室为吸取东莞市麻涌镇汇丰粉煤灰建材厂发生散装水泥储存罐坍塌重大安全事故的教训，确保全省散装水泥和预拌混凝土企业安全生产，组织开展全省散装水泥安全生产大检查工作。各地散办结合实际，组织对辖区散装水泥和预拌混凝土生产企业进行一次全面的安全生产大检查。采用分列项目和指标，对混凝土企业、散装水泥中转库，以及部分工地散装水泥储存罐等设备、设施、场地以及用电、防火等安全状况进行全面检查。据不完全统计，共检查混凝土企业385家、散装水泥中转企业20家、工地散装水泥储存罐35个；发出整改通知23份，消除安全隐患45宗。通过检查，提高了企业对安全生产工作的重视程度，使不安全因素及时得到消除，确保水泥中转库、搅拌楼等建筑物、构筑物的安全使用。

同时，各级主管机构加大对企业的服务和工作协调，积极协调车辆和道路行政主管部门，为散装水泥运输车、预拌混凝土搅拌运输车、混凝土泵车等办理城区道路通行和车辆规费减征手续。广州市散装水泥管理办公室还对全市1000多辆混凝土搅拌车、散装水泥运输车GPS终端监管平台开展普查和督查工作。

散装水泥专项资金征收管理 散装水泥专项资金是为促进散装水泥发展所设立的政府性基金，在使用水泥的建设工程项目中预征收，既促进施工企业使用散装水泥，又可扶持企业和发展事业。2008年，广东省各级散装水泥主管机构按照财政部、国家经贸委关于发布《散装水泥专项资金征收和使用管理办法》的通知要求，积极履行职责，依据征收标准、征收程序和退款条件等，认真开展征收入库与申退审理各项工作。全省年度征收散装水泥专项资金7205.95万元，通过审批，用于扶持发展项目投资以及科研、宣传、培训、调研等项支出415.25万元。

散装水泥调研 2008年，广东省散装水泥管理办公室根据省建设厅党组印发的《关于开展解放思想学习讨论活动实施方案的通知》要求，认真开展调研工作，完成题为《发展预拌混凝土和预拌砂浆是发展散装水泥的重要途径》的调研报告并上报省建设厅。

广东省散装水泥供应量、散装率发展态势图（1980~2008年）

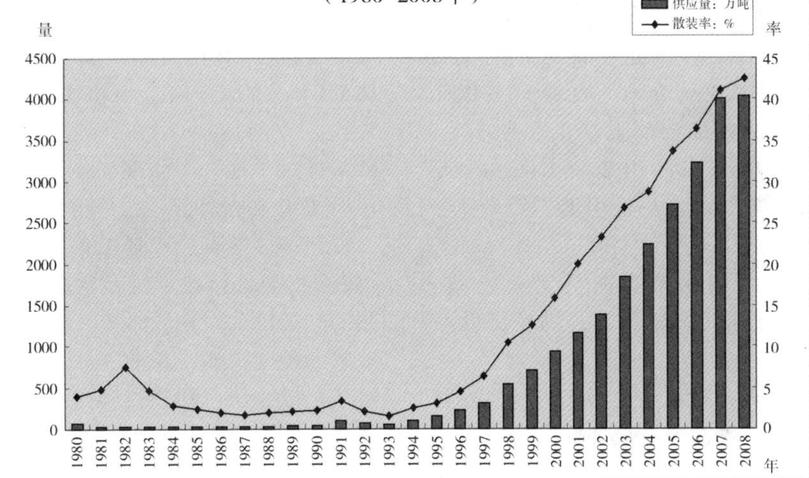

广东省预拌混凝土供应量增长态势图（2001~2008年）

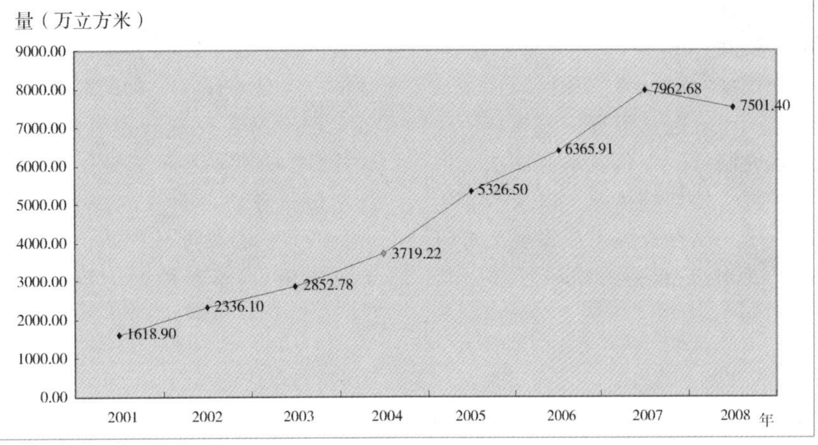

【散装水泥使用】 2008年，广东省发展散装水泥工作以预拌混凝土的发展为重点。一方面大力推进东西两翼和粤北地区县城镇预拌混凝土站的规划和建设；另一方面加大广州、深圳等饱和地区产能外移与优化发展协调。同时，继续在城区严禁现场搅拌混凝土，并结合工程现场进行监管和检查。贯彻省建设厅关于加强预拌混凝土质量管理措施，组织多家生产企业开展先进设备展示等项活动促进预拌混凝土的发展。全年县城区新建预拌混凝土搅拌站22家，大城市优化减少12家，全省新增产能6063.5万立方米/年，至年末全省拥有搅拌站385家（未含交通、水利、能源等工程现场搅拌站）；新增高效施工设备的混凝土泵送车149辆，至年末全省拥有混凝土泵送车977辆；全年新增混凝土搅拌运输车1185辆，年末达9172辆。全年混凝土供应量(未含交通、水利、能源等工程现场搅拌站的混凝土量）达到7501.4万立方米，使用散装水泥2800万吨，散装水泥的使用提高了工程质量和施工效率。同时，预拌混凝土生产中掺入粉煤灰（工业废渣）750万吨，变废为宝，创经济效益约13.50亿元。

预拌砂浆推广初显成效 2007年，商务部、建设部等五部门发出《关于在部分城市限期禁止现场搅拌砂浆工作的通知》，将广州、深圳、珠海、佛山、东莞、汕头、中山、惠州、清远、湛江等市列入分批“禁现”城市。广州、深圳作为第一批在2007年9月“禁现”城市，在“禁现”前就推广预拌砂浆做了大量工作，包括发展实施规划、政策研究制订、宣传发动，试点、推广与督查处罚等措施，以及砂浆生产技术、品种及施工操作规范等研究，为扎实推进工作和后续“禁现”城市提供了经验。

2008年，广州市着力推进预拌砂浆的发展。一是在继续抓好预拌砂浆企业的建厂投产工作的前提下，进一步完善措施，从源头把好关，严格控制砂浆企业数量与产品质量，严把预拌砂浆产品市场准入关。二是用好政策，全面谋划，从施工图设计、招投标、质量验收、竣工验收等环节进行规范，出台了《广州市预拌砂浆管理办法》，并组织召开有500多人参加的全市宣传贯彻大会。三是主动向上级主管部门汇报，加强与城管综合执法部门、预算定额部门、工程招标管理部门、监理协会等相关部门的沟通联系和争取他们的支持。城管综合执法局和监理协会为此专门发文，对禁止现场搅拌砂浆作出规定。市定额站在年底前完成预拌砂浆信息指导价的编制工作。四是联合市城管综合执法部门、各区（市）建设局分两个阶段开展专项执法检查，共检查工地384个，查处现场搅拌砂浆违规工地80个、现场使用袋装水泥违规工地77个。五是组织《广州市预拌砂浆企业市场准入条件》、《稠化胶凝材料技术规范》等相关制度和标准的讨论。六是开展预拌砂浆的配套工作，采取有效措施扶持预拌砂浆生产和物流配送企业发展，积极探讨广州砂浆物流市场发展方向。七是组织对新材料的开发和研制，砂浆新材料的研制与应用取得突破性进展，稠化水泥应用研究初步获得成功，新型砂浆具有高粘合力、抗开裂、抗空鼓和一定的保温特性，能够适应各类新型墙体材料，满足干抹、干砌的需要，从而实现确保工程质量的工作目标。八是协助砂浆协会的筹建工作，充分发挥行业协会自身的协调作用；组织砂浆协会举办“广州市预拌砂浆成果展”，不断扩大“禁现”宣传。通过上述有效工作，促成14家预拌砂浆企业的建成（生产规模共362万吨）和在市区部分工程的应用。

至年底，全省有预拌砂浆生产企业30家，普通干混砂浆供应能力达1400万吨。

散装水泥供应量超额完成年度任务 2008年，广东省散装水泥管理部门在力促预拌混凝土和预拌砂浆发展同时，深入贯彻执行《广东省散装水泥管理规定》和《广东省建设工程项目使用袋装水泥和现场搅拌混凝土行政许可规定》，在未有预拌混凝土站的城区和农村建设工程推广使用散装水泥，并在管理中加大协调和服务，较好地拓展了散装水泥需求市场，使全省年度主要考核指标的散装水泥供应量实现超计划完成。全年完成散装水泥供应量4030.95万吨，超年度计划30.95万吨，比上年增加23.07万吨，分别增长0.77%和0.58%。与使用袋装水泥相比，折算节约标准煤95万吨，减少二氧化碳排放377万吨，减少二氧化硫排放7万吨，减少粉尘排放19万吨，取得综合经济效益24亿元。 *(佘祥荣　阮菁英)*

机构选介

【广东省建筑业协会】 广东省建筑业协会是全省建筑业企业、社会团体等自愿参加组成的全省性行业组织，是具有独立法人资格的非营利性社会团体。协会自1985年成立以来，开展调查研究、经验交流、咨询服务、人才培训等业务，以及组织各类创优评优活动，有效发挥政府与企业间的桥梁纽带作用，为全省建筑业的发展作出了积极贡献。 *(省建筑业协会)*

勘察设计

□勘察设计单位一千一百七十五家

□勘察设计年营业收入六百八十五亿元

□开展全省勘察设计市场专项整治

□印发《既有住宅增设电梯的指导意见》

□大中型建设工程初步设计审查管理办法

综　　述

【概况】　广东省勘察设计单位在中华人民共和国成立初期只有数家，单位职工几十人；1978年增至33家，员工总数6345人。2008年发展到1175家，从业人员共13.86万人，共完成工程勘察设计项目施工图投资额3354.56亿元，建筑面积2.23亿平方米；全省勘察设计业全年营业收入685.08亿元，人均49.44万元。从1980至2008年，全省勘察设计单位共获全国优秀工程勘察设计奖80项、广东省优秀工程勘察设计奖2000多项。

2008年，全省勘察设计行业管理工作以提高勘察设计质量为目的，进一步整顿规范勘察设计市场；以增强勘察设计企业活力和竞争力为落脚点，继续深化勘察设计单位体制改革；以加强制度创新为手段，加快建立与《广东省建设工程勘察设计管理条例》相配套的政策制度；以繁荣建筑创作为目标，进一步提高勘察设计水平，推进科技创新；以加强行业服务为宗旨，推进综合整治，坚持全面发展，推动节能型社会建设，努力促进勘察设计事业又好又快发展。

【《广东省建设工程勘察设计管理条例》颁布实施】　广东省人大按照《中华人民共和国建筑法》、国务院《建设工程勘察设计管理条例》等有关法律法规制定《广东省建设工程勘察设计管理条例》，并于2007年3月29日颁布实施。《条例》确立工程勘察设计应遵循的基本原则；规范勘察设计市场管理；明确勘察设计活动的基本程序；完善大中型建设工程初步设计审查制度；严格施工图设计文件的审查制度；强化勘察设计质量管理；加大法律责任的处罚力度。《条例》是广东省建设工程勘察设计行业的第一部地方性法规，对加强全省建设工程勘察设计管理，规范勘察设计市场，提高勘察设计质量，促进资源节约等有着十分重要的作用和意义。

(李雨林)

勘察设计市场管理

【概况】　2008年，广东省勘察设计管理部门重视建章立制，规范市场管理。为进一步贯彻落实《广东省建设工程勘察设计管理条例》，省建设厅起草了《广东省建设厅关于建设工程勘察设计企业跨地区承

2008年广东省勘察设计企业基本情况

地区名称	企业个数	勘察设计资格等级					勘察设计企业资质类型													
										专项设计										
		甲级企业	乙级企业	丙级企业	丁级企业	专项企业	城市规划	工程勘察	工程设计	合计	建筑装饰	环境工程	风景园林	照明工程	建筑智能化	消防工程	建筑幕墙	轻型钢结构	其他	工程咨询
全　省	1175	272	285	211	4	403	6	105	660	403	204	26	6		44	90	30	3		1
广州市(含省直)	322	105	64	31		122		27	173	122	39	13	4		28	31	7			
深圳市	237	94	28	3		112		17	107	112	72	2	1		9	14	11	3		1
珠海市	41	8	11	5		17		3	21	17	6	2				5	4			
汕头市	51	8	10	10		23		4	24	23	19	1			2	1				
佛山市	117	19	31	13		54		13	50	54	34	1			3	12	4			
韶关市	21	2	8	9		2	1	3	15	2	1					1				
河源市	20	2	6	12				5	15											
梅州市	27	2	11	11		3		4	20	3	2	1								
惠州市	31	6	15	7	1	2		3	26	2	2									
汕尾市	11		6	5				4	7											
东莞市	44	6	14	7		17			27	17	2	1			2	12				
中山市	40	6	6	4	1	23	1	2	14	23	11	4	1			3	4			
江门市	62	4	20	21		17		7	38	17	7					10				
阳江市	18		6	11		1	2	1	14	1	1									
湛江市	27	4	9	12		2		3	22	2	2									
茂名市	22	2	12	7		1	1	2	18	1						1				
肇庆市	31	2	10	14		5		3	23	5	4	1								
清远市	17	1	8	6	2		1	1	15											
潮州市	10	1	2	7					10											
揭阳市	15		4	9		2		1	12	2	2									
云浮市	11		4	7				2	9											

2008年广东省勘察设计企业注册登记情况

地区名称	企业个数	国有企业	集体企业	股份合作企业	联营企业	国有独资有限责任公司	其他有限责任公司	股份有限公司	私营企业	港澳台商投资企业合计	外商投资企业合计	其他企业
全　省	1175	313	69	9	2	13	530	58	143	20	13	5
广州市(含省直)	322	104	9	4	1	10	123	12	49	3	6	1
深圳市	237	29		1			123	13	54	9	5	3
珠海市	41	9	2				24	0	2	2	2	
汕头市	51	22	3			1	17	2	5	1		
佛山市	117	4	6				89	7	8	2		1
韶关市	21	15	1	1			2	2				
河源市	20	11	3				5	1				
梅州市	27	10	3	1			10	1	2			
惠州市	31	17	2				8	3	1			
汕尾市	11	8	2				1					
东莞市	44	3	10				20	1	9	1		
中山市	40	3	2				26	5	4			
江门市	62	9	9				36	4	4			
阳江市	18	9					6	3				
湛江市	27	17	2	1		1	5			1		
茂名市	22	9	5				6	2				
肇庆市	31	14	2				8	1	5	1		
清远市	17	4	1				11	1				
潮州市	10	5	1	1		1	2					
揭阳市	15	7	3		1		4					
云浮市	11	4	3				4					

2008年广东省勘察设计企业人员情况

地区名称	从业人员合计(人)	专业技术人员合计(人)	高级职称人员(人)	中级职称人员(人)	初级职称人员(人)	期末注册执业人次合计(人)
全　省	138555	71244	14232	28528	24396	12070
广州市(含省直)	51996	27845	6040	10282	9906	4932
深圳市	52897	19265	3835	7301	6625	3695
珠海市	3030	2074	427	802	683	347
汕头市	3865	1972	386	835	677	290
佛山市	7444	4961	794	1993	1850	861
韶关市	1084	874	180	376	271	124
河源市	669	603	92	332	172	28
梅州市	1109	1055	195	514	301	117
惠州市	1824	1551	316	728	485	189
汕尾市	342	332	58	175	95	31
东莞市	1853	1345	242	662	412	198
中山市	3397	1880	298	789	702	300
江门市	2251	1787	289	896	565	269
阳江市	585	538	92	290	156	60
湛江市	2039	1356	239	589	458	166
茂名市	977	884	211	497	166	117
肇庆市	1257	1077	200	499	376	132
清远市	655	625	136	315	158	58
潮州市	433	421	75	205	132	77
揭阳市	514	491	78	283	121	47
云浮市	334	308	49	165	85	32

2008年广东省勘察设计企业业务完成情况

地区名称	工程勘察完成合同额（万元）	工程设计 完成合同额（万元）	其中：专项设计完成合同额（万元）	施工图投资额（万元）	施工图建筑面积（万平方米）	工程技术管理服务完成合同额（万元）	境外工程勘察设计完成合同额（万元）
全　省	252414.22	1441794.46	155550.77	33545654.90	22265.24	123449.74	21309.56
广州市（含省直）	128584.11	621535.15	67743.37	21954089.09	7048.80	90825.16	20465.76
深圳市	74567.48	486038.76	66552.70	6415128.89	8119.19	24033.89	807.50
珠海市	7434.74	33052.63	3090.56	1005036.26	728.70	1321.66	
汕头市	2463.41	16057.26	957.52	313385.51	343.91	1217.49	
佛山市	10528.06	97912.08	5941.51	1423910.31	1864.95	1466.96	
韶关市	5101.51	13165.87	7.20	57161.53	82.63	696.36	
河源市	2637.28	3076.39	1.23	24738.42	114.75		
梅州市	1649.17	12644.57	40.74	164000.56	255.51	50.00	
惠州市	3586.50	38542.06	1718.60	308491.80	411.27	34.00	
汕尾市	168.29	2342.51		60743.45	32.93	94.31	
东莞市	467.10	13724.36	1909.08	172132.44	262.37	1837.45	
中山市	3414.37	33646.27	3462.53	705944.38	1736.47	747.05	
江门市	2697.08	17069.22	1340.73	343121.24	408.22	381.22	
阳江市	230.38	5235.17	105.00	80226.08	133.98		
湛江市	3544.01	21330.31	1611.15	55677.82	61.53	28.00	36.30
茂名市	654.32	6813.81	820.50	58898.06	91.41	216.00	
肇庆市	2593.64	6920.25	41.35	209291.93	183.36	72.00	
清远市	622.17	7768.86	133.00	64404.60	267.12	241.80	
潮州市	319.50	2121.22		48608.93	47.04	65.40	
揭阳市	349.03	1750.33	74.00	32165.80	43.83	121.00	
云浮市	802.09	1047.38		48497.80	27.29		

2008年广东省勘察设计企业科技活动情况

地区名称	科技活动费用支出总额（万元）	科技成果转让收入总额（万元）	企业累计拥有专利（项）	企业累计拥有专有技术（项）	企业获国家级、省部级奖（项）	参加编制国家、行业、地方技术标准（项）	参加编制国家、行业、地方标准设计（册）
全　省	60480.97	70869.18	347	313	778	106	34
广州市(含省直)	34595.52	18962.83	163	233	351	40	24
深圳市	16542.37	46211.80	91	54	350	52	6
珠海市	2784.14		52		14		
汕头市	176.23		2	2	4		
佛山市	1113.88	4400.45	6	11	23	11	3
韶关市	28.56	1.00		4		1	
河源市	15.10						
梅州市	25.90						
惠州市	227.16						
汕尾市	48.68						
东莞市	454.50	983.00	2	5	4		
中山市	3338.92	180.00	19	2	17	1	
江门市	305.44	10.10	2	2			
阳江市	8.81						
湛江市	568.83	120.00	4		11		
茂名市	17.40		5			1	1
肇庆市	178.40		1		2		
清远市	25.00						
潮州市	8.10						
揭阳市	9.43						
云浮市	8.60						

2008年广东省勘察设计企业财务完成情况

地区名称	营业收入合计（万元）	工程勘察收入（万元）	工程设计收入（万元）	工程技术管理服务收入（万元）	工程承包收入（万元）	其他收入（万元）	境外收入（万元）
全　省	6850807.80	235520.38	1248481.19	103115.10	4238424.31	1005549.60	19717.22
广州市（含省直）	2622500.35	123404.76	572150.56	74112.12	1083193.73	756935.96	12703.22
深圳市	3040204.98	54917.88	425994.08	16110.74	2345950.69	190783.19	6448.40
珠海市	222863.31	9659.04	25120.47	5999.25	179979.67	2104.88	
汕头市	47318.44	3344.64	14774.10	775.61	27578.53	281.56	564.00
佛山市	440066.09	12619.35	70913.61	1800.06	339751.13	14981.94	
韶关市	14640.01	5456.13	6529.07	1695.40	800.91	158.50	
河源市	4740.54	1691.50	3004.72	5.00	25.00	14.32	
梅州市	12611.04	2847.30	7835.40	163.88	478.11	1284.75	1.60
惠州市	28694.36	3831.26	16219.88	64.81	8292.00	286.41	
汕尾市	2233.78	531.69	1664.00	25.21		12.88	
东莞市	53192.27	1036.98	16582.99	777.00	29638.14	5157.16	
中山市	249657.56	3599.85	32833.22	145.00	181850.73	31228.76	
江门市	36988.14	3395.94	14687.95	442.46	17389.42	1072.37	
阳江市	5389.05	617.62	4642.43			129.00	
湛江市	23651.48	3811.49	8310.62	45.00	11254.20	230.17	
茂名市	16967.08	690.46	7005.12	148.50	9113.00	10.00	
肇庆市	12922.38	2520.40	6683.24	365.00	3129.05	224.69	
清远市	7870.47	675.82	6777.17	257.16		160.32	
潮州市	2942.87	297.90	2189.73	65.40		389.84	
揭阳市	3428.89	339.94	2935.97	117.50		35.48	
云浮市	1924.71	230.43	1626.86			67.42	

(续上表)

地区名称	营业成本（万元）	营业税金及附加（万元）	利润总额（万元）	应交所得税（万元）	资产合计（万元）
全　省	5945766.35	225047.02	524647.85	109268.55	12116150.22
广州市（含省直）	2091000.77	75413.43	233328.70	56675.61	2852850.58
深圳市	2894752.83	108300.26	150688.87	23197.45	1455248.23
珠海市	186162.21	7815.99	17451.23	3393.60	183291.22
汕头市	37795.05	1852.69	2958.90	651.60	53409.32
佛山市	361892.57	15916.07	74476.92	15095.80	7008591.29
韶关市	11034.02	538.34	2355.90	553.75	11318.99
河源市	3413.32	215.02	757.07	235.34	6359.12
梅州市	9006.72	720.20	2554.88	522.31	19410.95
惠州市	22478.52	1436.47	3241.16	759.87	24516.65
汕尾市	1741.12	90.59	12.13	21.08	2633.29
东莞市	43242.66	1871.80	4444.91	1027.66	74364.31
中山市	201450.92	5675.63	20890.20	4930.35	315849.35
江门市	27050.91	1773.57	3759.30	1113.58	39158.37
阳江市	3402.58	210.19	1471.89	86.55	2887.24
湛江市	17715.55	999.90	985.70	207.32	17069.28
茂名市	12930.26	756.07	3110.71	74.22	17886.26
肇庆市	8768.29	593.01	316.12	178.51	16723.02
清远市	5826.74	434.51	1020.11	417.40	6890.41
潮州市	2259.54	173.87	80.56	33.56	3077.94
揭阳市	2473.86	166.54	573.46	45.80	2509.46
云浮市	1367.91	92.87	193.39	47.19	2104.94

接业务告知管理办法》。珠海、佛山、中山、东莞、江门、汕头、茂名等市也制定出台一批规范性文件，如《珠海市建筑市场勘察、设计单位诚信行为信息管理办法》、《中山市建设工程勘察设计行业诚信行为管理办法》、《东莞市建设工程企业管理规定》和《茂名市建筑市场主体及从业人员不良行为记录与公示办法》等。这些政策措施的制定，有力地促进了勘察设计行业管理的各项工作逐步走向法制化和制度化。

【勘察设计市场专项整治】 2008年，广东省建设厅在全省范围开展勘察设计市场专项整治活动。组织7个检查组对21个地级以上市开展专项整治活动情况进行抽查，共抽查勘察设计企业164个、施工图审查机构35个。对74个不符合资质标准的勘察设计企业和3个施工图审查机构作出限期整改的决定，对拒不整改、不按要求整改或整改后仍不合格的，依法取消其工程勘察设计资质或施工图审查资格。同时，针对年初全省有179家勘察设计企业未按规定上报2007年度勘察设计统计年报的情况，决定对相关勘察设计企业不良行为记入信用档案，并在公众网上予以公布，较好地巩固和扩大了专项整治活动的成果。

【勘察设计招标投标】 2008年，广东省建筑和市政工程依法进行设计招标投标项目共667项，全部进入各地建设工程交易中心进行招标投标。其中，公开招标项目504项，邀请招标项目163项，分别占75.6%、24.4%；方案设计招标项目451项，复合设计招标项目216项，分别占67.6%、32.4%；国内招标项目664项，国际招标项目3项，分别占99.6%、0.4%；建设单位自行招标项目417项，委托招标代理机构招标项目250项，分别占62.5%和37.5%。

【跨地区承接业务管理】 2007年3月29日，广东省人大颁布《广东省建设工程勘察设计管理条例》，明确规定："建设工程勘察、设计单位跨地区承接勘察、设计业务的，应当告知项目所在地的地级以上市建设、交通、水利等相关行政主管部门"。根据这一规定，省建设厅于2008年初起草《广东省建设厅关于建设工程勘察设计企业跨地区承接业务告知管理办法》，并提交全省勘察设计工作会议审议。

【既有住宅增设电梯】 2008年，广东省建设厅印发《广东省既有住宅增设电梯的指导意见》，针对7层以上既有住宅无电梯给人民生活带来不便的问题，根据《中华人民共和国物权法》、《中华人民共和国建筑法》、《中华人民共和国城乡规划法》等法律、法规和有关工程建设技术标准的规定，结合广东省的实际情况，对增设电梯提出指导意见。指出全省行政区域内需要增设电梯的既有住宅当满足城乡规划、建筑结构和消防等方面的安全要求时，可根据实际情况增设电梯；既有住宅需要使用共有部位增设电梯，或者因增设电梯需要改变共有部位的外形或结构的，应当经专有部分占建筑物总面积2/3以上的业主且占总人数2/3以上的业主同意；对因加装电梯影响住宅采光、通风的业主，可通过协商给予适当补偿；增设电梯所需资金，通过房地产所有权人共同出资、公房租金收入、社会投资等渠道筹措；既有住宅增设电梯的建设单位为增设电梯的全体业主，可由业主委托既有住宅原建设单位或物业服务企业等单位具体负责工程报建、设备采购、组织实施；增设电梯应当由具有相应资质等级的设计施工单位进行设计和施工，由具有相应资格的机构进行检测，依法办理竣工验收等手续；房地产所有权人共同出资增设电梯后，应当按照《房屋登记办法》等有关规定向房地产登记机构申请记载在房地产登记簿上。

(陈必暖　李雨林)

勘察设计质量管理

【概况】 广东省勘察设计自中华人民共和国成立之初起便实行初步设计审查，至20世纪80年代后期开始实行全面质量管理，2000年开始实行施工图设计文件审查。2007年3月29日，省人大颁布《广东省建设工程勘察设计管理条例》，对实行初步设计审查制度、施工图设计文件审查制度以及勘察设计质量保证与责任追究制度等作了进一步规定。2008年，全省勘察设计管理以《广东省建设工程勘察设计管理条例》颁布实施为契机，以建立健全配套规章为基础，以实施监督检查为促进手段，突出抓好大中型工程初步设计审查管理和施工图设计文件审查管理，重点把好建筑节能设计质量关和建筑抗震设计质量关，进一步整体提升了全省勘察设计质量水平。

【大中型建设工程初步设计审查】 根据《广东省建设工程勘察设计管理条例》的规定，2008年广东省建设厅印发《广东省建设厅大中型建设工程初步设计审查管理办法》，对大中型建设工程初步设计审查的范围、内容、材料、权限、期限等作出规定，明确省属大中型建设工程项目的初步设计由省建设行政主管部门组织审查，其余大中型建设工程项目的初步设计由地级以上市建设行政主管部门组织审查。2008年，全省共组织审查大中型建设工程初步设计400多项，项目总投资3000多亿元。主要有2010年亚运会省属体育场馆、广深港客运专线、厦深铁路、茂湛铁路、贵广铁路、南广铁路、广州西江引水工程、云浮电厂等一批省重点工程项目。

2008年广东省建设厅审批大中型工程初步设计项目

序号	项 目 名 称	单 位	建设规模
1	广东省环境保护职业技术学院南海校区	平方米	129100
2	广东省危险废物综合处理中心	吨/年	40000
3	广州友谊剧院改造工程	平方米	13472
4	中山大学科技综合楼二期工程	平方米	35034
5	暨南大学第一临床医学院教学楼	平方米	62113
6	广东省公安消防总队直属特勤大队一期工程	平方米	23016
7	广东金融学院北校区教学楼	平方米	29488
8	广东省环境监控中心	平方米	15600
9	广东省委大院4号楼和11号办公楼装修改造	平方米	19059
10	广东省计量科学研究院第二检测基地	平方米	45014
11	广东省民政职业技术学院艺苑南路新校区	平方米	50284
12	2010年亚运会省属场馆网球中心	平方米	33500
13	2010年亚运会省属场馆游泳跳水馆	平方米	33000
14	2010年亚运会省属场馆广州体育学院体育馆	平方米	14500
15	广州市西江引水工程	吨/日	3500000
16	广州天寿大厦	平方米	91761
17	广州中国名牌大厦	平方米	59465
18	广东省国家税务局综合业务办公用房	平方米	28400
19	广东云浮电厂C厂2×30万千瓦“上电压小”循环流化床燃煤发电工程	万元	279000
20	220千伏云峰（松园）输变电工程	万元	19041
21	中山横门电厂扩建接入系统工程	万元	12273
22	220千伏南方电网供电澳门2008输变电通道工程	万元	14295
23	500千伏贤令山输变电配套工程	万元	6974
24	220千伏腾飞变电站3、4号主变扩建工程	万元	16041
25	500千伏花都变电站配套220千伏线路工程	万元	35458
26	220千伏瑶岗输变电工程	万元	22341
27	220千伏联丰输变电工程	万元	21080
28	220千伏谷饶变电站2号主变扩建工程	万元	3050
29	220千伏金砂变电站3号主变扩建工程	万元	3251
30	220千伏土岭输变电工程	万元	22568
31	220千伏三联输变电工程	万元	30122
32	220千伏卧岭输变电工程	万元	19973
33	220千伏皇岗变电站3号主变扩建工程	万元	3665
34	220千伏闻涛输变电工程	万元	32471
35	粤北电力南送220千伏电网改造工程	万元	4217
36	220千伏斗门变电站3号主变工程扩建	万元	3101
37	220千伏卓山输变电工程	万元	18242
38	220千伏雁洋变电站2号主变扩建工程	万元	3368
39	220千伏天泰变电站2号主变扩建工程	万元	3714
40	220千伏世龙输变电工程	万元	28727
41	220千伏芙蓉（坪东）输变电工程	万元	25555
42	220千伏椹北变电站2号主变扩建工程	万元	3483
43	220千伏霞山变电站第三台主变扩建工程	万元	9164
44	220千伏湾畔输变电工程	万元	28725

【施工图设计文件审查】 2008年5月4日，广东省建设厅印发《关于公布广东省房屋建筑和市政基础设施工程施工图审查机构名单的通知》，向社会公布全省施工图审查机构名单，要求各级建设主管部门加强对审查机构承接业务的监督管理。至年底，全省有施工图审查机构80家、审查人员1900余人。全年依法进行施工图审查的工程项目有17188项，其中一次审查合格的有7255项，占项目总数的42.21%；查出设计违反工程建设强制性标准问题11708条次。 *(陈必暖　李雨林)*

建设工程抗震设防

【概况】 广东省各地建设工程抗震设防工作发展不平衡。在抗震设防区，几乎全部农村建筑和1978前建造的大部分城镇建筑，建设时均未进行抗震设计，不具备抗震能力；1978年后建造的城镇建筑，因建设时抗震设计规范滞后，设计技术水平不高，许多建筑抗震设防不到位，抗震能力不足。2008年5月12日四川汶川发生里氏8.0级特大地震，给人民生命财产带来巨大损失，惨痛教训引起全省对建筑抗震设防的重视。广东省建设厅、广东省教育厅联合印发《关于进一步做好学校校舍抗震安全排查的紧急通知》，要求各地吸取四川汶川大地震教训，组织各类学校对校舍进行一次地毯式防震安全排查。同时，省建设厅发出《关于进一步加强建设工程抗震设防工作的通知》，要求全省各级建设行政主管部门认真总结汶川大地震经验教训，扎实做好建设工程抗震设防工作。广东省财政厅、建设厅拨135万元补助经费，安排汕头海门镇老人活动中心等11项房屋进行抗震加固。

【超限高层建筑工程抗震设防管理】 2008年，广东省建设厅贯彻

(续上表)

序号	项　目　名　称	单　位	建 设 规 模
45	220千伏迈旺－东简线路工程	万元	4789
46	220千伏嘉应至蕉岭二回送电线路工程	万元	3761
47	220千伏官埭变电站3号主变扩建工程	万元	3413
48	220千伏珠海变电站改造工程	万元	31009
49	220千伏廷苑输变电工程	万元	27889
50	220千伏星云变电站2号主变扩建工程	万元	8279
51	220千伏远丰输变电工程	万元	22372
52	220千伏保安换流站至公明站送电线路工程	万元	9807
53	220千伏坝头输变电工程	万元	29863
54	500千伏沧江输变电工程配套220千伏出线工程	万元	7048
55	220千伏来安输变电工程	万元	21684
56	220千伏迈旺变电站2号主变扩建工程	万元	4271
57	220千伏陶博输变电工程	万元	28638
58	220千伏创业输变电工程	万元	45450
59	220千伏银湖变电站2号主变扩建工程	万元	6028
60	220千伏礼乐输变电工程	万元	31683
60	220千伏月亮湾输变电工程	万元	22327
62	220千伏桑浦输变电工程	万元	19154
63	220千伏水口变电站2号主变扩建工程	万元	6254
64	220千伏半岛输变电工程	万元	15589
65	武广客运专线（清远段）供电工程	万元	9390
66	220千伏广兴输变电工程	万元	12960
67	220千伏绿洲输变电工程	万元	26671
68	220千伏丽京（南坑）输变电工程	万元	40428
69	220千伏天马变电站2号主变扩建工程	万元	3669
70	220千伏建云输变电工程	万元	25060

落实住房和城乡建设部《超限高层建筑工程抗震设防管理规定》、《房屋建筑抗震设防管理规定》，加强对新建工程的抗震设防管理，继续强化超限高层建筑工程抗震设防审查工作，把好抗震设防专项审查与施工图审查两道关，较好地开展超限高层抗震设防专项审查工作。全年组织审查超限高层建筑工程52项（其中广州26项、深圳16项、其他城市10项），对这些项目都要求建设单位将抗震设防专项审查作为施工图审查的一项重要内容，在施工图审查阶段对抗震设防严格把关，确保工程质量。

【广东省建设系统应对破坏性地震应急预案】　2008年，广东省建设厅印发《广东省建设系统应对破坏性地震应急预案》（简称《预案》），明确全省建设系统应对破坏性地震应急组织体系及职责、预警与防御机制、应急响应、应急处置、后期处理、保障措施等，指导全省建设系统做好应对破坏性地震应急准备工作，提高应急反应能力。按照该《预案》，省建设厅组织成立抗震救灾指挥部，负责领导和协调全省建设系统应对破坏性地震应急工作；地级以上市建设行政主管部门要建立相应的地震应急工作协调或指挥机构，配备必要的抢险设备和物资。地震预警按照紧迫程度，分为临震预报、短期预报和地震重点危险区划分预报三个等级。地震灾害按照《国家地震应急预案》，分为特别重大地震灾害、重大地震灾害、较大地震灾害、一般地震灾害4个等级；地震应急响应按照地震灾害等级标准，划分为Ⅰ、Ⅱ、Ⅲ、Ⅳ4个级别。

【广东省农村民居地震安全工作建设规划】　2008年，广东省建设厅、地震局联合印发《广东省农村民居地震安全工程建设规划》，对农村民居安全工程建设的指导思想、工作目标、主要任务、政策措施、保障机制等作出规定。《规划》指出，实施农村民居地震安全工程是党中央、国务院新时期加强防震减灾工作的重要举措，是贯彻落实科学发展观，坚持以人为本，充分落实防灾减灾工作的重要举措。全省农村民居地震安全工程建设坚持以政府引导、农民自愿，因地制宜、科学规划，分类指导、突出重点，统筹安排、整体推进为原则。总体工作目标是：到2010年全省农村新建、改建民居基本具备抗御6级左右基本烈度地震的能力，到2020年全省农村民居基本具备抗御6级左右基本烈度地震的能力。

（陈必暖　李雨林）

建设科技

□ 全省建设科技创新体系逐步完善

□ 重点领域应用技术研发力度进一步加大

□ 全省建设系统获华夏科技奖五个

□ 建筑节能工作取得明显进展

□ 建筑节能立法工作取得新进展

综　　述

【概况】　改革开放以来，广东省城乡建设系统科技工作发展迅速。

科研成果硕果累累　1988~2008年，有564项科技成果通过省建委（省建设厅）组织的成果鉴定。1985~2008年，全省共有267项建设科研成果分别获得各级科技进步奖。

科技推广工作进展顺利　1985~2008年，具有400多项新技术、新设备、新工艺、新材料等“四新”成果得到推广应用，实现节能、利废、环保等目标，取得可观的经济效益和社会效益。

工程建设标准体系不断完善　至2008年底，全省制定并颁布实施工程建设设计、施工与验收地方性标准规范52项。这些建设标准的颁布与实施，促进了城乡建设科技进步，规范了市场行为，确保工程安全质量，推动全省城乡建设事业的发展。

2008年，全省建设科技创新体系逐步完善，建设事业科技创新能力、产业化能力和集成创新能力进一步提高。全省建设科技的整体水平达到国内先进水平，部分科研成果达到国际先进水平。低投入、低消耗、低排放的集约型城镇发展模式初步形成，节地、节能、节水、节材水平也有较大程度提高，建设工作逐步走上科学发展的轨道。

【重点领域应用技术的研究开发力度进一步加大】　2008年，广东省建设系统获华夏科技奖项目5个、省科技奖项目7个、建设部科技计划项目40个、省科技计划项目2项。继续加大科技成果的转化、推广力度，完成科技成果鉴定（验收）95项，其中有3项达到国际领先水平。重点推广新型墙材、建筑节能材料与应用技术、施工技术与应用、轨道交通技术等方面的“四新”成果16项，使传统行业科技水平明显提高，建筑业、房地产业、市政公用行业科技进步贡献率明显提高。逐步完善建筑节能技术体系并建立与之配套的标准规范体系，发布行业标准7项，立项标准8项。科技支撑产业结构调整和增长方式转变的能力、建设科技管理水平进一步提高，企业和科研机构对建设科技的投入逐年增长。

但全省建设科技工作还存在一些问题和薄弱环节，如建设科技投入偏低，省级建设科技计划项目偏少；科技成果转化率不高，应用技术研究薄弱，“四新”成果推广应用缺少必要的手段和措施；乡镇污水处理成熟的成套技术短缺；建筑业技术创新动力不足，工业化程度低，住宅产业化技术水平低，工程质量问题较多等等。

【科技成果鉴定】　2008年，广东省建设厅组织完成科技成果鉴定93项，省科技厅委托主持成果鉴定1项，住房与城乡建设部委托主持项目验收2项。其中《金刚砂耐磨地坪施工技术研究》等5项达到省内先进水平，《玻化微珠保温砂浆外墙内保温施工技术研究》等9项达到省内领先水平，《门式钢管脚手架》等37项达到国内先进水平，《盾构施工防溜车作业施工技术研究》等32项达到国内领先水平，《大跨度悬臂桁架悬挂结构施工新技术的研究与应用》等8项达到国际先进水平，《现代建筑遮阳设计方法研究》等3项达到国际领先水平。

【工程建设标准】　2008年，广东省建设厅发布《冷轧变形钢筋混凝土构件技术规程》等行业标准7项；《建筑节能材料能效评价及检测技术标准》等8项标准获得立项；向住房和城乡建设部报送拟修订、制定的工程建设标准《夏热冬暖地区居住建筑节能设计标准实施细则》等4项，进一步推动全省建设领域的科技法规和标准化建设工作。

【建筑科技成果推广应用】　2008年，广东省建设厅继续加大科技成果的转化、推广力度，向全省发布建设行业技术成果推广项目16项；审核推荐“地下空间建筑结构新技术研究和应用”等5项获住房和城乡建设部华夏建设科学技术奖项目。全省获华夏科技奖项目5个，其中二等奖3个，三等奖2个；审核推荐建设部科技计划项目61项，获批准40项；审核推荐省科技计划项目5项，其中“广东省既有公共建筑节能改造技术研究”、“广东省工程建设地方标准评价体系研究”两项获得批准；审核推荐省科技奖项目“建筑结构通用分析与设计软件GSSAP”等3项。全年省建设系统有7个项目获省科技奖，其中“南方建筑节能技术基础研究”获一等奖，“广东省博物馆新馆大跨度悬挂结构新技术研究”等6个项目获三等奖；审核同意到外省备案的建设科技和建材产品20项。此外，这一年还着力推动城市无障碍设施建设工作，加强对广州、深圳、珠海、汕头、中山、佛山等6个城市创建全国无障碍建设城市工作的监督。

（王礼贵）

建筑科技成果项目选介

【概况】　2008年，广东省有5个项目获住房和城乡建设部华夏建设科技成果奖，其中二等奖3个、三等奖2个。

【现代建筑遮阳设计方法研究】　该成果由华南理工大学孟庆林教授主持，2005年9月完成。其主要研究内容包括：提出外遮阳系数指标，建立外遮阳系数计算的简化理论模型，编写模拟软件；拟合外遮阳系数的简化计算公式；建设光电转换实验台实测外遮阳构件的光学特性。该成果对南方地区节能减排意义重大。该成果被国家、行业和

2008年广东省建设科技成果鉴定项目

序号	成果名称	完成单位	成果水平
1	高层建筑预应力薄板式及钢骨砼转换层结构性能与设计研究	广州市建筑科学研究院	国内领先
2	大跨度悬臂桁架悬挂结构施工新技术的研究与应用	浙江精工钢结构有限公司 广东省建筑设计研究院	国际先进
3	柔性轨道分离式顶推滑移施工工艺	浙江精工钢结构有限公司 广东省建筑设计研究院	国际先进
4	中国出口商品交易会琶洲展二期钢结构工程项目安装技术	广东省工业设备安装公司	国际先进
5	"源骏固抹泥"建筑隔热保温系统材料	汕头市鲁邦建材科技有限公司	国内先进
6	涂耐可外墙保温节能及质感涂装一体化系统	广东途耐可建筑涂料有限公司	国内先进
7	斜拉桥塔梁同步施工及特大型牵索挂篮关键技术的研究与应用	广东省基础工程公司等	国际先进
8	广东省博物馆新馆大跨度悬挂结构新技术研究	广东省建筑设计研究院 华南理工大学	国际先进
9	城市轨道交通DC1500V钢铝复合轨受流系统的研究与开发	广州市地下铁道总公司	国际先进
10	广州大学城中心区体育场大跨度钢结构关键技术研究与应用	省建筑设计研究院等单位	国内领先
11	档案库房墙体热工与节能研究	华南理工大学	国际领先
12	现代建筑遮阳设计方法研究	华南理工大学	国际领先
13	XQ干粉式墙体保温材料	梅州华隆节能建材有限公司	国内先进
14	新型无机复合材料空心墙	佛山市禅城区绿建源建筑研究院	国内先进
15	城市污水厂污泥载体干化与组合工艺处置技术	广州市污水治理有限责任公司等	国际领先
16	预制混凝土体系多层住宅	万科企业股份有限公司 东莞市万科建筑设计研究有限公司	通过验收
17	门式钢管脚手架	广州市番禺区大石鼎立脚手架厂	国内先进
18	广东省城市桥梁信息管理系统开发	广东省建筑科学研究院	总体国内领先 部分国际先进
19	土钉支护的土拱效应及预估变形方法的研究	广州市建筑科学研究院 中南大学	国内领先
20	玻化微珠保温砂浆外墙内保温施工技术研究	广州市建筑集团有限公司	省内领先
21	金刚砂耐磨地坪施工技术研究	广州市建筑集团有限公司	省内先进
22	H型钢混凝土柱施工技术研究	广州市建筑集团有限公司	省内先进
23	逆作法地下室钢格构柱安装施工技术研究	广州市建筑集团有限公司	国内先进
24	大面积软土地基基坑格构式加固与开挖施工技术研究	广州市建筑集团有限公司	国内先进
25	大面积超平压型钢板－硬化防尘混凝土组合楼板一次成型施工技术研究	广州市第三建筑工程有限公司	国内领先
26	大型钢结构空间机电安装三维综合布线施工技术	广州市第三建筑工程有限公司	国内先进
27	超高层高强大体积型钢混凝土柱型钢预纠偏技术研究	广州市建筑集团有限公司 广州市第二建筑集团有限公司	国内领先
28	PP-R塑铝稳态管施工技术研究	深圳市罗湖建筑安装工程有限公司	国内先进
29	薄壁不锈钢管内插卡压式连接施工技术研究	深圳市罗湖建筑安装工程有限公司	省内先进
30	华南地区膨胀玻化微珠轻质砂浆外墙内保温系统施工技术研究	深圳市罗湖建筑安装工程有限公司	省内领先
31	钢管混凝土核心柱施工技术研究	广州市恒盛建设工程有限公司 广州市建筑集团有限公司	省内先进

(续上表)

序号	成果名称	完成单位	成果水平
32	超长大直径沉管水上对口焊接施工技术研究	广州市恒盛建设工程有限公司 广州市建筑集团有限公司	省内领先
33	现浇无梁空心楼板（GBF管）内50mm小空间机电管线预埋施工技术研究	广州市恒盛建设工程有限公司	省内领先
34	运用非接触式平衡梁的沥青路面摊铺施工技术研究	广州市恒盛建设工程有限公司 广州市建筑集团有限公司	国内先进
35	陡峭石壁复绿之现浇钢筋混凝土板槽施工技术	广州市恒盛建设工程有限公司 广州市建筑集团有限公司	国内领先
36	高层建筑移动式悬挑型钢卸料平台施工技术研究	广州市恒盛建设工程有限公司	省内先进
37	土压平衡盾构保压泵渣施工技术研究	广州市盾建地下工程有限公司	国内先进
38	盾构施工防溜车作业施工技术研究	广州市盾建地下工程有限公司	国内领先
39	盾构机尾刷更换施工技术研究	广州市盾建地下工程有限公司	国内先进
40	盾构机分体始发施工技术研究	广州市盾建地下工程有限公司	国内先进
41	内节点板式方形钢管混凝土柱混凝土施工技术	广东省建筑工程集团有限公司	国内领先
42	核心筒分片爬升式液压爬模施工技术	广东省建筑工程集团有限公司	国内领先
43	高层建筑分段渐变翻塔悬挑式外脚手架施工技术	广东省建筑工程集团有限公司	国内先进
44	250m高度高强混凝土泵送施工技术	广东省建筑工程集团有限公司 广东省第四建筑工程公司	国内先进
45	多孔砖＋苯板＋加气砼砌块复合保温墙体施工技术	广东省建筑工程集团有限公司 广东省第四建筑工程公司	国内先进
46	垃圾收集防腐真空管道施工技术	广东省建筑工程集团有限公司 广东省第四建筑工程公司	国内先进
47	双曲抛物面钢筋混凝土薄壳模板施工技术	广东省第四建筑工程公司 广东省建筑工程集团有限公司	国内领先
48	地下室建筑夹层塑料成型板防排水施工技术	广东省第四建筑工程公司 广东省建筑工程集团有限公司	国内先进
49	混凝土环形屋盖预应力斜拉索施工技术	广东省第四建筑工程公司 广东省建筑工程集团有限公司	国内先进
50	特大型灯泡贯流式水轮发电机组安装技术	广东省源天工程公司 广东省建筑工程集团有限公司	国内领先
51	500kv输电线路抗冰抢修施工技术	广东省源天工程公司 广东省建筑工程集团有限公司	国内领先
52	立式全抽芯可调节斜流泵安装技术	广东省源天工程公司 广东省建筑工程集团有限公司	国内领先
53	抗火霸板施工技术	广东省建筑工程集团有限公司 上海倍得建材有限公司 广东建总实业发展公司	国内先进
54	给水钢管常温下涂塑技术	广东省建筑工程集团有限公司 华南理工大学 广东建总实业发展公司	国内先进
55	“包芯”断面海堤的爆炸法施工技术	广东省建筑工程集团有限公司 广东省水利水电第三工程局	国内领先
56	大跨度混凝土箱形中承式拱桥的水平转体施工技术	广东省建筑工程集团有限公司 广东省水利水电第三工程局	国内先进
57	大面积水下不分散混凝土薄层的施工技术	广东省建筑工程集团有限公司 广东省水利水电第三工程局	国内先进

（续上表）

序号	成果名称	完成单位	成果水平
58	岭南古建修葺的几种主要灰浆制作应用施工关键技术研究	广州市房屋开发建设有限公司 广州工程总承包集团有限公司	国内领先
59	密集型配筋埋管的自密实混凝土箱型结构施工关键技术研究	广州市房屋开发建设有限公司 广州工程总承包集团有限公司 广东信强混凝土有限公司	国内领先
60	城市密集区旋挖导孔冲孔入岩施工关键技术研究	广州工程总承包集团有限公司 广州市房屋开发建设有限公司	省内领先
61	深厚泥砂层地质锤击预应力高强管桩防断裂施工关键技术	广州工程总承包集团有限公司 广州市房屋开发建设有限公司	国内先进
62	地铁车站整体支模体系施工关键技术研究	广州协安建设工程有限公司 广州工程总承包集团有限公司	省内领先
63	外飘倾斜背栓式干挂陶瓷板幕墙施工技术	汕头市潮阳建筑工程总公司 广东新隆基建工集团有限公司	省内领先
64	大跨度钢筋混凝土悬挂机构施工技术	汕头市潮阳建筑工程总公司 广东新隆基建工集团有限公司	国内先进
65	大型倒锥塔体设备施工技术研究	广东省工业设备安装公司	国内领先
66	高静音空调消声弯管制作施工技术	广东省工业设备安装公司	国内领先
67	铝镁合金管道脉冲钨极氩弧焊技术研究	广东省工业设备安装公司	国内先进
68	高层建筑垂直系统母线槽施工技术	广东省工业设备安装公司	国内先进
69	大面积钢筋混凝土地下结构无后浇带施工技术	广州市住宅建设发展有限公司	省内领先
70	多层地下室逆作法全机械化挖土阶梯式出土施工技术	广州市住宅建设发展有限公司	国内先进
71	钢筋混凝土柱外包格构柱的加固技术	广州市住宅建设发展有限公司	省内领先
72	梁式结构转换层整体式无缝施工技术	广州市住宅建设发展有限公司	国内先进
73	钢管灌注桩预应力封桩加固技术	广州市建筑科学研究院新技术开发中心 广州市建筑集团有限公司	国内先进
74	既有预应力结构楼板开洞改造施工技术研究	广州市建筑科学研究院新技术开发中心 广州市建筑集团有限公司	国内领先
75	超高大直径钢管混凝土柱加固施工技术研究	广州市建筑科学研究院新技术开发中心 广州市建筑集团有限公司	国内领先
76	HK-A 隔热保温浆料（防水膏）产品	佛山市顺德澳德宝节能环保材料有限公司	通过鉴定
77	HK-C 无机保温砂浆	佛山市顺德澳德宝节能环保材料有限公司	国内先进
78	自密实砼双面现浇 CL 复合墙板施工技术	省第一建筑工程有限公司 省建工集团	国内领先
79	带约束拉杆异形钢管混凝土柱施工技术	省第一建筑工程有限公司 省建工集团	国内先进
80	天正建筑节能分析软件 TBEC 广东版（公共建筑、居住建筑）	北京天正工程软件有限公司	国内先进
81	东莞厚街水道大桥分阶段施工合成箱梁的试验与关键技术研究	深圳市市政设计研究院有限公司 福州大学土木工程学院 东莞市虎门港管理委员会	国际先进
82	复杂填海地层中长距离玻璃钢夹砂管顶管施工关键技术	深圳市政工程总公司	国际先进
83	小口径顶管施工成套技术	深圳市政工程总公司	国内先进
84	薄壁带孔、壁根铰接及分阶段张拉无粘结预应力圆形池体施工成套技术	深圳市政工程总公司	国内领先
85	静力爆破施工成套技术	深圳市政工程总公司	国内先进
86	现浇 GBF 空心楼板施工成套技术	深圳市政工程总公司	国内领先

(续上表)

序号	成果名称	完成单位	成果水平
87	多联体筒仓快速滑模施工成套技术	深圳市政工程总公司	国内领先
88	GRC轻质条板安装施工技术研究	深圳市建设（集团）有限公司	国内领先
89	镶贴板材切割降尘、降噪、节水施工技术研究	深圳市建设（集团）有限公司	国内领先
90	雨水、混凝土养护水收集重复利用施工技术研究	深圳市建设（集团）有限公司	国内领先
91	无预应力现浇钢筋混凝土大跨度梁板挠度控制的施工技术	深圳市金众（集团）股份有限公司	国内先进
92	清水饰面混凝土施工中应用钢大模板的关键技术	深圳市金众（集团）股份有限公司	国内领先
93	同步法吊装超长管形母线技术的研究与应用	广东省输变电工程公司	行业领先
94	海上长距离输电线路张力架线施工技术	广东省输变电工程公司	国内领先
95	内附式平头塔吊组立大跨越特高塔关键技术的研究与应用	广东省输变电工程公司	国内领先
96	莱镁环保节能隔热瓦	佛山市莱镁环保节能材料科技有限公司	国内先进

2008年广东省建设厅发布的工程建设标准

序号	标准名称	标准编号	实施日期	主编单位
1	冷轧变形钢筋混凝土构件技术规程	DBJ/T15-7-2007	2008-5-1	深圳市土木建筑学会等
2	气泡混合轻质土填筑工程技术规程	DBJ15-58-2008	2008-5-1	广东冠生土木技术有限公司等
3	建筑地基基础检测规范	DBJ15-60-2008	2008-5-1	广东省建筑科学研究院等
4	混凝土结构用成型钢筋制品技术规程	DBJ15-61-2008	2008-10-1	广州市建筑科学研究院
5	轻珠混凝土技术规程	DBJ15-62-2008	2009-3-1	广州大学
6	锤击式预应力混凝土管桩基础技术规程	DBJ/T15-22-2008	2009-3-1	广东省建筑设计研究院
7	预应力混凝土管桩机械啮合接头技术规程	DBJ15-63-2008	2009-3-1	广东省建筑设计研究院

2008年广东省建筑科技成果及应用项目获奖情况

奖项	序号	项目名称	完成单位	完成人	获奖等级
华夏建设科学技术奖	1	东莞水道特大桥设计关键技术研究	深圳市市政设计研究院有限公司 福州大学土木工程学院	陈宜言 陈宝春 彭栋木 蔡明 孙潮 丁海潮 欧智菁 宁茂棠 姜瑞娟 管殿聆	二等奖
	2	南方地区安全饮用水保障技术	深圳市水务（集团）有限公司 中国科学院生态环境研究中心 清华大学 天津大学 北京市政工程设计研究总院	张金松 杨敏 张锡辉 韩德宏 尤作亮 黄晓东 刘文君 赵新华 王东升 刘丽君	二等奖
	3	厌氧型生物反应器填埋场中试研究及工程应用	清华大学 深圳市下坪固体废弃物填埋场 深圳市环境工程科学技术中心	蒋建国 冯向明 黄中林 周胜勇 王伟 王石 张超平 张彦敏 张妍 陈石	二等奖
	4	地下空间建筑结构新技术研究和应用	广东省建筑设计研究院 华南理工大学	陈星 何锦超 蔡健 罗赤宇 向前	三等奖
	5	无毒生化柔韧膜材料的研制与应用	华南理工大学 广东建总实业发展公司 浙江义乌工商学院 广东省乐昌市粤北化工有限公司	王书元 潘亚宏 舒怀珠 温卫民	三等奖

（续上表）

奖项	序号	项目名称	完成单位	完成人	获奖等级
广东省科学技术奖	1	南方建筑节能技术基础研究	华南理工大学	孟庆林 胡文斌 赵立华 张 磊 张 玉 张宇锋 王志刚 高云飞 潘瑜芬 刘妍华 陈卓伦 李 宁 陶 杰 李建成 张百庆	一等奖
	2	广东省博物馆新馆大跨度悬挂结构新技术研究	广东省建筑设计研究院 华南理工大学	陈 星 李 娜 何锦超 王华林 蔡 健 江 刚 陈国栋	三等奖
	3	基桩声波透射法检测数据综合评判体系研究	广东省建筑科学研究院	徐天平 陈久照 李 廷 莫冠富 许鉴青 周德理 宋富新	三等奖
	4	《公共建筑节能设计标准》广东省实施细则	广东省建筑科学研究院 广东省建筑设计研究院 华南理工大学 广州市墙改办 广州市设计院	杨仕超 廖坚卫 孟庆林 杨树荣 任 俊 江 刚 刘俊跃	三等奖
	5	建筑结构通用分析与设计软件GSSAP	广东省建筑设计研究院 深圳市广厦软件有限公司	焦 柯 吴文勇 陈 星 黄真康 童慧波 欧妍君 陈圆然	三等奖
	6	南方建筑节能技术研究与应用	中国科学院广州能源研究所 广州中科环能科技有限公司 深圳市新西湖股份有限公司 华南理工大学	马伟斌 龚宇烈 吴炯声 张焕芳 余伟俊 廉永旺 李伟强	三等奖
	7	广州市城市桥梁管理信息系统研究开发	广州市市政园林局 广州市市政工程维修处 广州市市政安全质量监督站 广州市市政工程设计研究院	符锌砂 黎宝松 李新平 贾德良 方 正 罗时柳 单成林	三等奖

地方的13部建筑节能标准采用，被国家和地方15项建设工程节能专项设计所应用。2003~2007年，采用该成果的国家和地方节能标准在广东、海南、广西、福建等省区指导设计节能建筑总面积超过6000万平方米，其中广东省超过3000万平方米。2004~2007年，建筑遮阳技术累计节电3.6亿度。

于2008年5月通过广东省建设厅成果鉴定，总体上达到国际先进水平，其中在复杂遮阳设计计算研究方面处于国际领先。其主要创新点在于：提出建筑外窗综合遮阳系数Sw及其计算方法；建立百叶等复杂遮阳系统热过程模型，实现全年动态逐时的遮阳系数计算；搭建光电转换实验台实测外遮阳构件的光学特性。

【档案库房墙体热工与节能研究】

该成果由华南理工大学孟庆林教授主持，2005年9月完成。其主要研究内容包括：档案库房墙体热工性能理论和实验测试研究以及墙体材料选择研究。与档案库房传统围护结构构造相比，该项目间接经济效益和社会效益显著。传统环形廊方案单位库房面积墙体造价为358元/平方米，单位库房面积空调电费为11.85元/平方米。该项目墙体方案

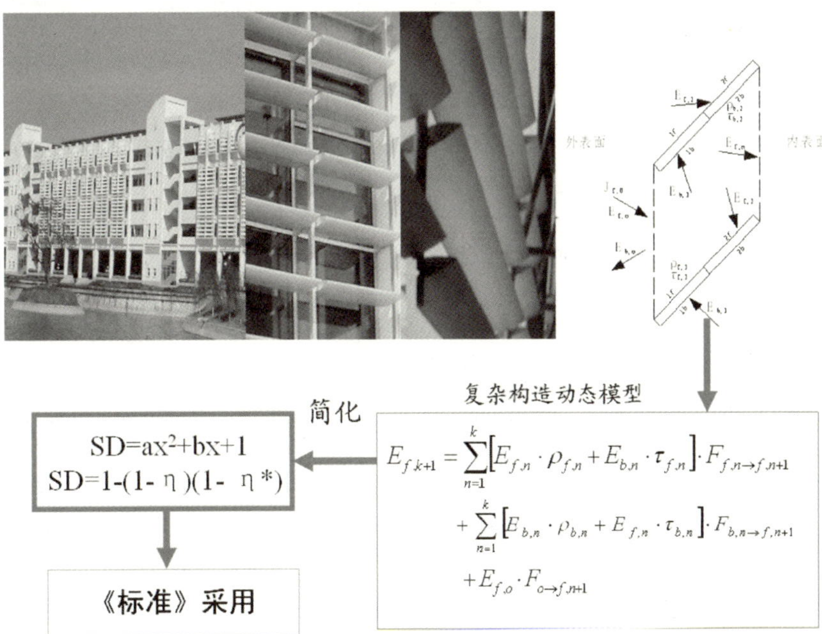

▲现代建筑遮阳设计

省建设厅科技处供稿

造价为210元/平方米，单位库房面积空调电费为5.17元/平方米。广东省档案馆、乐昌市档案馆、云浮市档案馆和惠阳市档案馆应用该成果后节省墙体初投资658万元，每年节省空调电费29.7万元。4馆应用面积共4.4万平方米，达到档案库房强制性指标。

2008年5月通过广东省建设厅成果鉴定，总体上达到国际先进水平，其中在档案库房复合墙体热工与节能的理论与实验研究处于国际领先。其主要创新点有：首次提出档案库房保温蓄热复合型墙体构造；首次进行单片档案库墙体热工实验研究，运用常规的地方建筑材料，提出7种适合广东乃至华南地区档案库房建筑构造，替换我国传统回廊形式的库房建设模式；根据广州地区的气候、经济条件及我国档案馆库房管理模式和作息模式，合理确定全省档案库房的热环境指标。

【城市污水厂污泥载体干化与组合工艺处置技术】 该成果由广州市污水治理有限公司、广州普得环保设备有限公司、广州铬德工程有限公司和广州市市政工程设计研究院等4个单位于2008年1月共同完成，由吴学伟副教授主持。其主要研究内容包括：污泥有机调质浓缩技术，污泥无机调质压滤脱水技术，污泥载体干化技术，污泥掺混制砖技术和制肥技术。提出污泥两级液态调质疏水化理论和避开高能耗粘稠区的载体干化理论，研发出成套工艺和设备。广州市沥滘污水处理厂采用污泥浓缩脱水载体干化系统，日处理污泥800吨。干化污泥作为生产园林肥原料，销售1.9万吨。广州世生环保建材有限公司采用污泥掺混制砖技术，销售污泥砖3758万块。近三年销售污泥砖盈利395.22万元，销售干化污泥盈利109.93万元。解决了当前迫切的污泥难题，实现了污泥的资源化，消除了污泥所带来的环境威胁，具有良好的社会效益。

2008年，通过住房和城乡建设部验收，整体上达到国际领先水平。其创新点有：一是利用低能耗的浓缩和脱水段尽可能多去除水分节省能耗，高效浓缩技术可快速重力浓缩至含水率约95%，比传统工艺节省占地；高效脱水技术可脱水至含水率约60%，比传统脱水减量约一半。二是利用污泥载体干化技术跨过污泥高粘稠区间，节省能耗20%以上；三是污泥掺混制砖技术，污泥掺比量可达50%。四是污泥掺混制肥肥效良好。 *(王礼贵)*

建筑节能

【概况】 建筑节能作为建设资源节约型、环境友好型社会的重要内容之一，一直受到广东省委、省政府的高度重视，也是省建设厅的重点工作之一。全省建筑节能工作，始于2004年。经过全省建设系统的努力，建筑节能工作取得明显进展，建筑节能法律法规和技术标准相继建立，建筑节能架构体系基本形成，建筑节能监督管理不断加强，以太阳能为代表的可再生能源利用已经由自发的无序状态逐步转入有组织的强力推进状态，建筑节能试点项目已经启动，示范效应正在逐步发挥，建筑节能工作基本步入法制化轨道。

2008年，广东省建设厅着力推进建筑节能工作。根据广东省政府《2008年度节能减排工作计划》及《广东省建筑节能“十一五”规划》的要求，制订年度工作计划。这一年，建筑节能工作有5个“成效明显”：即建筑节能技术标准体系建设成效明显、新建建筑节能监管工作成效明显、政府办公建筑和大型公共建筑节能监管体系建设成效明显、组织建筑节能试点示范工作成效明显、以墙体材料革新工作推动建筑节能成效明显。同时，在推进建筑节能工作中有6个“重视”：即重视技术创新，建立健全建筑节能技术标准体系；重视闭合管理，把新建建筑市场准入制度落到实处；重视既有建筑节能改造，因地制宜引入合同能源管理模式；重视宣传培训，提高全民节能意识及建筑节能应用技术水平；重视突出重点，启动政府办公建筑和大型公共建筑节能监管体系建设；重视墙材革新工作，强调墙改与节能两手抓。

但全省建筑节能工作仍然存在不少薄弱环节和亟待解决的问题，主要表现在四个方面：建筑节能立法与制度建设相对滞后、建筑节能机构及能力建设相对滞后、建筑节能经济激励政策相对滞后和建筑节能标准体系尚未完善。

建筑节能立法 2008年，广东省建筑节能立法工作取得新进展。在向省政府报送《广东省建筑节能管理办法》的基础上，再次组织起草《广东省民用建筑节能条例》，广泛征求各地各部门的意见，多次进行修改完善。此后，召开由省法制办和有关专家参加的研讨会，对《条例》进行深入修改。12月，将《广东省民用建筑节能条例》（送审稿）报送省法制办，被初步纳入2009年立法计划的预备项目，并提请省政府审定。

建筑节能标准体系建设 2008年，广东省建筑节能标准体系建设进展顺利。《建筑节能材料能效评价及检测技术标准》、《广东省政府机关办公建筑和大型公共建筑节能监管体系相关标准及导则》、《蜂窝轻质墙体技术规程》、《广东省建筑热反射涂料节能技术规程》等4项建筑节能标准获得立项。此外，《广东省建筑节能工程施工质量验收规范》完成报批稿，并向住房与城乡建设部申请备案。这些地方标准的建立，将为全省建筑节能工作提供技术依据。

建筑节能监管 2008年，广东省全面推进国家机关办公建筑和大型公共建筑节能管理工作，组织相关科研单位编制《广东省政府机关办公建筑和大型公共建筑节能监管体系建设总体方案》及《广东省政府机关办公建筑和大型公共建筑节能监管体系建设2008年建设方案》，上报住房和城乡建设部，并根据建设部提出的意见进行修改完善和组织实施。《总体方案》包括11方面的内容。建设目标包括按国家要求完成广东省节能监管体系的建设，逐步建立起全省联网的政府机关办公建筑和大型公共建筑能耗监测平台，对全省重点城市重点建筑能耗建筑进行实时动态监测。在此基础上，通过能耗统计、能源审计、能效公示、用能定额和超定额加价等制度，使政府机关办公建筑大型公共建筑提高节能运行管理水平，为进一步节能改造准备条件，将全省节能减排工作落到实处；建设内容包括省级数据中心建设、计量装置设计及安装部署、省级组网设计及部署、省级机关建筑和省级数据中心的网络连接、应用软件的扩展和制定全省节能监管体系运行与管理制度。

能耗统计　2008年5月，广东省建设厅下发《关于开展全省政府机关办公建筑和大型公共建筑能耗统计工作的通知》，对建筑能耗统计工作进行全面部署。依托省内技术支撑单位，完成全省21个地级以上城市2750栋国家机关办公建筑和大型公共建筑基本信息及能耗统计工作（其中广州872栋，深圳936栋，其他19个地级市942栋），是全国完成能耗统计栋数最多的省市。除广州、深圳外，单个城市统计数超过50栋建筑的有5个城市：东莞、佛山、中山、湛江、肇庆。广东省政府机关办公建筑大型公共建筑总能耗为11.876亿kWh（千瓦时），单位面积能耗为74.3kWh/m²；其中政府机关办公建筑总能耗为3.26亿kWh，单位面积能耗为66.4kWh/m²；大型公共建筑总能耗为7.84亿kWh；单位面积能耗为75.9kWh/m²。此外，组织编写了《广东省国家机关办公建筑和大型公共建筑基本信息和能耗统计人员工作手册》，受到住房和城乡建设部的充分肯定。

能效公示　2008年7月，广东省建设厅发布《广东省部分政府机关办公建筑和高等院校建筑能效公示》，对省经贸委办公楼等20栋省直机关办公建筑和7所高等院校建筑2007年的能效情况（包括建筑面积、年总耗电量、单位面积耗电量、单位面积耗水量）进行公示。12月，对全省19个地级市（广州、深圳除外）已完成能耗统计的942栋建筑按照各类型建筑单位面积能耗排名前20%的228栋建筑的能耗情况（包括建筑面积、年总耗电量、单位面积耗电量）进行公示，完成了住房和城乡建设部布置的任务。

能源审计　2008年，为确保能源审计工作取得实效，广东省建设厅组织编写《〈国家机关办公建筑和大型公共建筑能源审计导则〉广东省实施细则》。选择广州、东莞两个城市作为省开展政府机关办公建筑和大型公共建筑能源审计示范城市，为全省开展建筑能源审计积累经验。9月，筛选广州市政府大院3号楼等20栋建筑为广州市首批建筑能源审计对象，开展建筑能源审计。12月，在东莞市开始建筑能源审计试点工作。

能耗监测平台建设　2008年，广东省开展能耗监测平台建设。完成广东省建筑科学研究院本部、研发中心、广州世贸大厦、东莞理工学院等4栋大楼的能耗监测，基本实现数据有效传输。其中东莞理工学院的能耗监测平台实现省市之间的数据上传，华南理工大学的能耗监测平台实现在线监测和实时监控，取得可观的节能量。目前，正在组织编写《广东省节能监管体系建设操作指南》，以指导今后的现场安装。

建筑节能技术研究　2008年，广东省对建筑节能技术的研究进行重点攻关，“夏热冬暖地区民用建筑节能研究”、“现代建筑遮阳设计方法研究”取得显著成果。“夏热冬暖地区民用建筑节能研究”成果达到国内领先水平，填补了国内建筑节能在这一方面的空白。“现代建筑遮阳设计方法研究”达到国际领先水平。成功开发出节能砖、砌块、板材等新型墙材，以及新型节能门窗、中空玻璃、遮阳玻璃膜等外围护结构体系；开发轻珠商品混凝土、复合泡沫板、石膏板外墙内保温贴面墙系统、屋面防水型隔热板、聚苯板、聚苯颗粒、幕墙涂料等屋面隔热体系。开展了从隔热材料的研发到建筑节能快速检测技术的研究、从单一的节能产品的开发到体系产品的研究、从一般建筑节能技术研究到建筑一体化体系的研究。“大型建筑外墙生态节能智能体系”（2003年全国十大建设科技成就之一）使传统中国幕墙行业走向现代材料与设计相结合的生态环保、美观节能的新时代。

建筑节能材料监测　2008年，广东省建设厅贯彻执行住房和城乡建设部、国家工商行政管理总局、国家质量监督检验检疫总局8月联合下发的《关于加强建筑节能材料和产品质量监督管理的通知》文件精神。省建设厅会同省工商局、省质监局联合转发该《通知》，要求各地严格执行建筑节能产品市场准入制度，严格依法监督。对房屋建筑工程和市政基础设施工程中使用的节能材料和产品严格实施见证取样和送检制度，见证取样和送检的比例不得低于有关技术标准中规定应取样数量的30%。加大力度查处建筑市场节能材料与产品，坚决制止无证产品和质量不合格产品进入工地，确保节能工程质量。

（王礼贵）

【建筑节能实施】

建筑节能专项检查　2008年，广东省建设厅加强建筑节能专项检查，对全省21个地级以上市建筑节能、勘察设计市场以及建筑施工质量情况进行检查，共抽查项目129个，对其中14个违反建筑节能强制性标准的项目下发执法建议书。住房和城乡建设部节能减排专项检查组对广东省以及广州、深圳、惠州三市进行建设领域节能减排专项检查，充分肯定了广东省的“五个成效明显”和“六个重视”，同时也指出“三个相对滞后”，并提出建议，促进了全省建设领域节能减排工作。

建筑节能示范项目建设　2008年，广东省建设厅分别下发《关于报送节能示范项目情况的通知》和《关于对省建筑节能示范项目进行验收的通知》，并对部分示范工程进行验收。审核推荐住房和城乡建设部可再生能源建筑应用示范推广项目7项，其中“2010年广州亚运城新能源——太阳能热水及水源热泵综合利用项目”、“城市动力联盟（6#商铺办公楼）”2个项目已通过专家评审，并获得首期50%的财政部2008年可再生能源建筑应用示范补助资金，分别为1000万元和144万元。审核推荐“十一五”国家科技支撑计划“可再生能源与建筑集成技术应用示范工程”6项。

既有建筑节能改造　2008年，广东省建设厅在《关于2008年建设领域节能减排工作安排的通知》中，对全省的既有建筑节能改造进行具体安排。惠州市规定从7月1日起，凡申请改造的既有建筑，必须报节能改造方案并经过审查，否则不予办理手续，收到良好效果。清远市完成市政府办公大楼4号楼节能改造，综合节能效果达30%。揭阳市对既有建筑节能改造任务进行分解，并完成市政府办公大楼东西副楼的节能改造设计。这一年，全省完成既有建筑节能改造面积约5万平方米。

新型墙体材料应用与“禁实”工作　2008年6月，广东省建设厅加强对全省“禁实”工作的检查与督促，并将全省第2批9个限时“禁实”城市的工作进展情况上报给国家发改委，并新报河源、云浮、清远3个地级市为国家第3批“禁实”城市。在全省建筑节能监督检查中，“禁实”工作被列为重要检查内容之一，有效地督促了各地的“禁实”工作。

建筑节能技术及产品目录　2008年，广东省建设厅组织编印《广东省新型墙材和建筑节能材料应用目录》，遴选推介73家厂家的近100种新型墙材和建筑节能材料产品，供建设、设计、施工、监理、质监等部门参考使用。

可再生能源应用项目　2008年，广东各地积极开展可再生能源应用项目建设。全年审核推荐住房和城乡建设部可再生能源建筑应用示范推广项目7项，分别是：2010年广州亚运城新能源——太阳能热水及水源热泵综合利用项目、广州珠江城项目、芳村花园住宅小区二期工程、城市动力联盟（6#商铺办公楼）（光电、风电、光热集成应用）、东莞御花苑2~4区、狮子湖阿拉伯会议酒店、翠榕家园商住楼，其中“2010年广州亚运城新能源——太阳能热水及水源热泵综合利用项目”和“城市动力联盟(6#商铺办公楼)”两个项目通过专家评审。审核推荐“十一五”国家科技支撑计划“可再生能源与建筑集成技术应用示范工程”6项，分别是：广东科学中心、亚热带建筑科学Ⅱ号实验楼、芳村花园住宅小区二期工程、广东省立中山图书馆改扩建项目一期工程、广东夏西国际橡塑城（二期）6#商铺办公楼、爱群大酒店热泵中央热水和中央空调变频节能改造项目。

（王礼贵）

·链接·　**节能减排**

“节能减排”是指减少能源浪费和降低废气排放。广义上的“节能减排”是指节约物质资源和能量资源，减少废弃物和环境有害物的排放；而狭义的“节能减排”是指节约能源（即煤炭、原油、天然气、电力、焦炭、煤气、热力、成品油、液化石油所、生物质能和其他直接或者通过加工、转换而取得有用能的各种资源）和减少环境有害物排放。节能减排是建设资源节约型、环境友好型社会的必然选择；是推进经济结构调整、转变增长方式的必由之路；是提高人民生活质量，维护中华民族长远利益的必然要求。

中国“十一五”期间节能减排的目标是单位国内生产总值能耗降低20%左右、主要污染物排放总量减少10%。广东省“十一五”期间，节能减排的目标是：到2010年，全省单位生产总值能耗（按2005年不变价格计算）从2005年的0.79吨标煤/万元下降到0.66吨标煤/万元，比“十五”期末下降16%。其中，珠江三角洲地区城市和列入国家、省循环经济试点的城市单位生产总值能耗总体水平下降18%；东西两翼地区和粤北山区城市单位生产总值能耗总体水平下降16%；重点待业主要产品单位生产总值能耗总体达到21世纪初国际先进水平。单位工业增加值用水量降低20%；全省化学需氧量（COD）和二氧化硫排放量在2005年的基础上均削减15%，分别控制在89.9万吨和110万吨以内；全省城镇生活污水处理率达60%以上，其中山区达到50%以上，50万人口以上的城市市区达到70%以上；工业固体废物综合利用率达到85%。

住宅与房地产业

□ 全省房地产市场进入调整期

□ 城市房屋年拆迁面积三百八十多万平方米

□ 商品房年销售面积四千八百多万平方米

□ 两年累计获『广厦奖』项目七个

□ 全省参加住房公积金职工五百四十八万人

综　述

【概况】　改革开放以来，广东省的房地产市场逐步发展，广东房地产业抓住了难得的发展机遇，迅速走在全国的前列。1980年，中国第一个商品住宅小区——广州市东湖新村正式对外发售，宣告了中国房地产发展的开端；1987年，以深圳土地拍卖为标志，房地产开发用地使用权实行有偿制；1990年7月24日，新加坡银团给“广州世界贸易中心”项目贷出了1000万美元。10月9日，广州市工商银行又开国内先河，贷给该项目2000万美元。广州开辟了国内地产开发抵押贷款先河。鉴于“广州世界贸易中心项目”的热销，不少银行开始提出愿为该项目作购房按揭抵押贷款，即只由银行一次性支付的购房款，再由写字楼买主按一定利息分期将所贷款项偿还给银行。广州世界贸易中心首创的购房按揭抵押贷款对整个房地产行业产生了深远的影响。1992年，邓小平视察南方发表讲话为广东房地产的发展注入新的活力。房地产业发展进入一个新的发展阶段，房地产投资实现较大增长，房地产经营企业逐年增加，综合实力增强，房地产业已发展成为广东城市经济的支柱产业，广东成为全国居住条件最好的省份之一。以广州为例，先后建成了天河、江南、景泰、广园、同德、五羊新城等住宅小区以及中信广场、市长大厦、广东国际大厦、世界贸易中心、东峻广场、宜安广场等现代化高层楼宇。房地产业的发展为全省人民生活质量的提高，城市面貌的改变，经济的蓬勃发展提供了有利的条件。当年，占地500公顷的广州祈福新村全面开发，引发广州市番禺华南板块大盘开发热潮。1993年12月，省人大颁布《广东省房地产开发经营条例》，是全国第一部房地产开发经营的地方性法规。1997年，由于亚洲金融危机以及国家宏观调控，广东房地产业发展速度放慢，商品住房价格下降，市场上出现了烂尾楼。1998年下半年，广东开始推行住房分配货币化，深化住房制度改革进入新阶段。2000年以来，受住房制度改革和城市化进程不断加速的影响，广东省房地产市场经历了一个高速发展期，房地产业也成为国民经济的重要支柱产业。2000~2007年，全省房地产开发投资从831亿元增加到2510亿元，增长202%，对拉动固定资产投资增长作用明显；商品房销售面积从1966万平方米增加到6220万平方米，增长216%，改善了居民居住条件，全省城镇人均住房建筑面积从19.6平方米增加到28.3平方米。房地产税收在全省地税收入所占比例不断增加，房地产贷款余额占人民币贷款余额比例较大。

2008年，受国内外经济形势及房地产自身市场规律和运行周期的影响，全省房地产市场进入调整期，房地产开发投资增速放缓到16.82%，增幅比上年下降19个百分点；商品房销售面积下降22.43%，增幅比上年下降42个百分点。

省建设主管部门积极贯彻落实党中央、国务院关于进一步扩大内需、促进经济社会平稳发展的部署，采取各种措施积极应对房地产市场调整，着力促进全省房地产市场平稳健康发展。

从长期看，房地产业仍然是全省经济发展的重要支柱产业。随着城市化进程加快和居民收入水平提高，房地产市场仍然有很大发展空间。作为全省国民经济的重要支柱产业之一，房地产业仍将对经济发展和居民居住水平提高发挥不可替代的作用。

（张志军）

房地产市场

【概况】　2008年，广东省房地产业进入调整期，房地产开发投资增速放缓，商品房销售面积较大幅度下降，商品房价格有所回落。全省房地产行业采取各种措施着力促进房地产市场平稳健康发展。

全省房地产管理部门积极贯彻实施《物权法》和建设部《房屋登记办法》，完善房地产登记发证工作，建立房地产登记簿制度。大力推进解决城镇低收入家庭住房困难工作，省政府印发《关于切实解决城镇低收入家庭住房困难的实施意见》。建立全省城市低收入家庭住房保障统计报表制度。深入开展房地产市场秩序专项整治工作，查处一批违法违规行为，维护群众合法利益。完成《广东省物业管理条例》修订工作，有效规范物业管理行业。严格控制全省城镇房屋拆迁规模，积极化解矛盾纠纷，促进和谐社会建设。积极参与四川汶州地震灾区抗震救灾，参与组织临时活动板房建设的协调工作，赴地震灾区完成汶川县城房屋安全鉴定任务。

【房地产市场调控】　2008年，广东省房地产管理部门着力推进住房建设规划的编制和实施工作。省建设厅加强工作指导，督促各市、县向社会公布2008年、2009年住房建设计划和2008~2012年住房建设规划，要求各地进一步加大住房供应结构调整力度，切实增加中低价位、中小套型普通商品住房供应，增加住房有效供给，满足群众合理的住房需求，引导理性住房消费。

建立全省房地产市场运行情况定期报送制度　定期向省政府主要领导分析汇报全省房地产市场运行情况。先后向省委、省政府报送《关于对当前我省房地产市场情况的形势分析和建议的报告》、《关于当前房地产市场形势分析和建议的报告》、《关于促进我省房地产市场平稳健康发展的意见》等报告，对全省房地产市场现状、走势进行分析判断，提出保持房地产市场平稳健康发展的税收、金融、土

2008年广东省房地产开发投资情况

地区名称	当年完成土地开发面积（平方米）	当年购置土地面积（平方米）	全社会固定资产投资（万元）	房地产开发投资（万元）	住宅投资（万元）	房地产投资占全社会固定资产投资比重(%)
全　省	18681650	26355822	111813759	29323437	21325231	26.23
广州市	1929532	1863706	21014533	7624286	5143787	36.28
深圳市	418326	286660	14643156	4404887	3149779	30.08
珠海市	515235	477493	3513327	1476476	928279	42.02
汕头市	294346	294346	2613625	329038	235028	12.59
佛山市	1348614	2688031	12293891	4036776	2666963	32.84
韶关市	1489508	3181514	2837859	552655	353801	19.47
河源市	229932	237737	1771827	183583	138714	10.36
梅州市	677006	653813	1391288	157361	117041	11.31
惠州市	2415244	3362042	5887368	1868314	1318216	31.73
汕尾市	39634	422043	2062716	86877	61244	4.21
东莞市	170147	471354	9430252	2701501	2519727	28.65
中山市	3087539	1239741	4450813	1916144	1505689	43.05
江门市	2564436	1948691	3782208	1046434	863897	27.67
阳江市	775908	453233	1708121	212494	147937	12.44
湛江市	337863	457628	2965110	366837	274971	12.37
茂名市	29502	972273	1457354	189967	157965	13.03
肇庆市	709318	1124360	3257140	543204	471239	16.68
清远市	1330890	5630124	7034697	1156853	859624	16.44
潮州市	51410	62323	1283129	149344	139249	11.64
揭阳市	107440	411966	2657855	207678	182084	7.81
云浮市	159820	116744	1417903	112728	89997	8.00
珠三角	13158391	13462078	59362688	25618022	18567576	43.16
东　翼	492830	1190678	8617325	772937	617605	8.97
西　翼	1143273	1883134	6128182	769298	580873	12.55
粤北山区	3887156	9819932	14453574	2163180	1559177	14.97

地等政策调整的具体建议。11月14日，省政府在《关于进一步加大投资力度扩大内需促进经济平稳较快发展的若干意见》中采纳了省建设厅关于促进房地产市场健康平稳发展的建议，并提高了省级廉租住房补助资金额度。

促进房地产市场平稳健康发展　12月下旬，省建设厅代省政府起草《关于促进我省房地产市场平稳健康发展的若干意见》，提出继续加大住房保障工作力度，调整金融、税收政策，鼓励自住型和改善型住房消费，支持房地产开发企业积极应对市场调整，营造良好的房地产市场发展环境等具体措施，促进房地产市场平稳健康发展。

【房地产市场监管与整治】　2008年，广东省建设厅继续开展房地产市场秩序专项整治工作，联合省发改委、省国土厅等10个部门开展房地产市场秩序专项整治工作，通过接受群众投诉举报、企业自查自纠、主管部门全面检查等方式，全省共查处房地产开发、物业管理、中介服务等相关行业的违法违规行为2098宗。对广州国龙大厦等五个典型案例在全省进行通报，并配合住房和城乡建设部房地产市场秩序专项整治办公室对广州东川大厦项目、深圳市城市假日二三期等违规开发的案件进行督查。7月，住房和城乡建设部检查组对广东省和广州、深圳市的房地产市场秩序专项整治工作进行检查，并予以肯定。

加强二手房交易管理，保护群众交易资金安全　针对部分中介机构因市场调整和存量房成交量下降而歇业或停业，危及交易资金安全的情况，省建设厅年初及时下发《关于进一步加强房地产经纪管理的紧急通知》，要求全省房地产经纪机构不得代购房当事人收取房款，并逐步推行由银行托管二手房交易资金，保障交易资金安全。为规范存量住房交易，省建设厅指导各地开发建设存量房网上交易系统。年底前深圳市实行存量房网上交易，实现了交易行为和资金全方位监管。

【房地产市场运行】 2008年，广东省房地产开发投资增幅逐步放缓，但仍高于固定资产投资增幅。全年完成房地产开发投资2932亿元，比上年增长16.82%，其中，1~3月增长36.86%，1~6月增长34.13%，1~9月增长25.82%，增幅逐步放缓。房地产开发投资增幅仍稍高于固定资产投资增幅（16.53%），占固定资产投资（11181亿元）26.22%。

商品房销售面积下降 全年商品房销售面积4824万平方米，比上年下降22.43%。根据各市交易登记数据，广州市商品住房交易面积553.04万平方米，下降31.01%，深圳市商品住房交易面积389.26万平方米，下降22.21%。

主要城市商品住房价格有所回落 全年全省商品住房均价5754元/平方米，比上年小幅上涨1.80%。12月，广州市商品住房交易均价8012元/平方米，比1月下降18%；深圳市商品住房交易均价10979元/平方米，比1月下降27%；佛山市商品住房交易均价5143元/平方米，比1月下降9%。

商品住房市场供求关系发生逆转，需求下降较快 这一年，广州市商品住房批准预售面积810.13万平方米，交易登记面积553.04万平方米，供求比1.46:1；深圳市商品住房批准预售面积666.47万平方米，交易登记面积389.26万平方米，供求比1.71:1；佛山市商品住房批准预售面积766.83万平方米，交易登记面积496.4万平方米，供求比1.54:1。

【严格控制城镇房屋拆迁规模】 2008年，按照广东省建设厅、发展改革委、监察厅、国土资源厅《转发建设部等四部委关于贯彻〈国务院办公厅关于控制城镇房屋拆迁规模严格拆迁管理的通知〉的通知》有关精神，省建设厅会同省发展改

2008年广东省房地产开发资金来源情况

单位：万元

地区名称	资金来源合计	当年到位资金	国内贷款	利用外资	自筹资金		其他资金来源	
						自有资金		定金及预收款
全省	48392162	37620812	8691304	653740	12496667	7568757	15779101	8933754
广州市	14062980	10070773	2093065	245878	2272644	1606484	5459186	3559325
深圳市	10165590	7543465	2891473	14877	2033524	1495239	2603591	1346358
珠海市	2602826	1726444	396659	10994	533708	187175	785083	347170
汕头市	397746	355808	34767		182992	131624	138049	108036
佛山市	5947711	4852690	961208	67591	1786503	597990	2037388	1169440
韶关市	699758	618936	86913	75000	249306	136042	207717	85334
河源市	265297	218735	31945	5788	106791	76649	74211	35974
梅州市	194424	172286	22290	14675	108278	81290	27043	22401
惠州市	2537173	2238651	499124	14298	1051656	577382	673573	347023
汕尾市	95695	90064	9000	13908	50791	24691	16365	8585
东莞市	3240033	2874106	362097	38797	1581967	898489	891245	370415
中山市	2983413	2442205	478858	30979	578638	414544	1353730	688292
江门市	1380669	1199714	245895	26927	339356	325183	587536	345619
阳江市	318328	270684	27362	6101	170151	103074	67070	41513
湛江市	539362	440842	98680		188173	100523	153989	89519
茂名市	249688	230834	43964	1906	147933	111098	37031	28051
肇庆市	585139	511013	89123	38656	150126	109016	233108	116591
清远市	1603820	1301084	243819	46765	690252	432665	320248	142843
潮州市	196640	148907	26000		82593	42402	40314	28753
揭阳市	204400	204062	22507		152335	92557	29220	24010
云浮市	121470	109509	26555	600	38950	24640	43404	28502
珠三角	43505534	33459061	8017502	488997	10328122	6211502	14624440	8290233
东翼	894481	798841	92274	13908	468711	291274	223948	169384
西翼	1107378	942360	170006	8007	506257	314695	258090	159083
粤北山区	2884769	2420550	411522	142828	1193577	751286	672623	315054

2008年广东省商品房建设情况

单位：平方米

地区名称	商品房施工面积	住　宅	商品房新开工面积	住　宅	商品房竣工面积	住　宅
全　省	229926341	180223836	65056197	51899086	43592444	34762198
广州市	55003655	36596545	11939183	7564512	9437577	6739211
深圳市	32763012	22103568	7526008	4718006	6297330	4437717
珠海市	11439833	9563095	3071371	2474067	4054744	3401807
汕头市	5047443	3824332	871281	678863	1307222	1026700
佛山市	19804616	17006439	5171067	4623906	3214439	2698587
韶关市	6307617	5450582	2689931	2389670	1875581	1689453
河源市	1852327	1648210	672734	628195	490739	460552
梅州市	1937324	1779954	937723	856530	809699	768731
惠州市	20592517	16353345	6412101	5441012	2427975	1699508
汕尾市	818399	722171	758399	662171	536137	505637
东莞市	16951783	16281319	2943538	2922139	986634	960923
中山市	18392390	14748436	6702395	5473018	3503035	2670784
江门市	10084028	8830555	3952727	3524396	1914621	1782580
阳江市	2582746	2387189	862610	762561	484355	459730
湛江市	4022240	2997894	1982761	1490948	474873	384033
茂名市	3115371	3002168	1531901	1522154	828658	765793
肇庆市	6013007	5326890	1704170	1531351	1769027	1554128
清远市	8504274	7309847	3257752	2736190	1746471	1465724
潮州市	1690493	1634626	751098	731658	224723	206548
揭阳市	1815255	1601891	757708	677862	798968	724149
云浮市	1188011	1054780	559739	489877	409636	359903
珠三角	191044841	146810192	49422560	38272407	33605382	25945245
东　翼	9371590	7783020	3138486	2750554	2867050	2463034
西　翼	9720357	8387251	4377272	3775663	1787886	1609556
粤北山区	19789553	17243373	8117879	7100462	5332126	4744363

革委对各地报来的城镇房屋拆迁规模计划进行严格审核，核定下达全年城镇房屋拆迁规模为432万平方米。根据珠海市因历史遗留的城中村改造需要增加拆迁规模的实际情况，省建设厅通过实地查验，严格按照有关规定和程序，对该市年度拆迁规模予以核增。全省全年实际完成城镇房屋拆迁面积381.5万平方米，拆迁规模得到有效控制。

【中央部委调研广东房地产市场】
2008年，财政部、商务部和发展改革委员会等宏观调控部门先后到广东省调研宏观经济运行情况。

2月27~29日，住房和城乡建设部到广东调研房地产市场运行情况。先后到广州、深圳和佛山市进行考察和调研。听取三城市在房地产市场运行，房地产市场调控，限价普通商品住房工作，商品房预售款和存量房地产交易资金监管，物业管理发展现状、存在问题及对策，物业专项维修资金的收取及存在问题，以及深圳房地产经纪行业运行等方面的汇报。对广东省调控房地产市场、规范物业管理和经纪行业所做的工作表示肯定，并希望广东省继续走在改革开放的前列，在房地产市场管理方面为全国创造更多经验。

3月4日，财政部来广东省调研经济运行情况，省建设厅汇报了全省房地产市场运行情况，指出由于受宏观政策调整影响，广东省房地产市场进入调整期，房地产开发投资增幅下滑，商品房销售面积大幅下降，对全省经济增长和居民就业产生一定影响，希望能及时调整房地产市场宏观政策，鼓励居民住房消费，促进房地产市场平稳健康发展。

【房地产调控政策执行情况检查】
2008年，为检查各地贯彻落实国家和广东省各项房地产调控政策，按照省建设厅、省监察厅《关于加强我省房地产调控政策执行情况监督检查工作有关问题的通知》和《关于开展房地产市场调控政策、城乡规划效能执行情况监督检查工作的通知》的要求，省建设厅、省监察厅组织3个联合检查组于9月中旬至10月中旬赴广州、深圳、汕头、湛江、河源等15个城市，对当地贯彻落实房地产市场调控政策、解决城镇低收入家庭住房困难、房屋拆迁、房地产市场秩序专项整治等工作进行检查。各市均能够认真贯彻落实国家和省各项房地产调控、住房保障等政策，并取得一定成绩。其中，广州市实现商品房预售款全程监控，并推动二手房交易资金全程监控，成立的住房保障办公室，是全省首个专职住房保障机构；深圳市实现二手房网上交易；东莞市制定全省最高的住房保障面积标准；肇庆市将夫妻双方在当地工作5年以上的外来人口纳入经济适用住房保障范围；河源市从2001年开始规定拆迁人必须将80%的拆迁补偿资金存入专项账户，严格实施房屋拆迁监控资金管理等，有效控制了拆迁烂尾工程。

【推进房地产市场信息系统建设】广东省建设厅于2005年开始着手推进全省各地房地产市场信息系统建设，提出房地产市场信息系统建设的目标和任务，并于2006年分两个阶段组织系统验收。至2008年末，全省21个地级以上市已经全部完成系统建设并投入应用，广州、深圳、佛山、汕头、中山、惠州、江门、湛江、韶关等9个城市被纳入住房和城乡建设部房地产市场信息系统建设重点城市。全省房地产市场信息系统的全面使用，对提升房地产行业管理水平、规范房地产市场秩序、促进房地产市场持续健康发展作出重要贡献。

全省房地产市场信息系统建设主要包括三方面内容，即商品房预（销）售管理、房地产交易与权属登记一体化管理和市场信息统计与公布。

深圳、广州等城市较早开展房地产市场信息系统的建设应用工作。深圳市国土房管局于1992年开

2008年广东省房地产交易情况

地区名称	商品房销售额(万元)	住 宅	商品房销售面积（万平方米）	住 宅	存量房销售额（万元）	住 宅	存量房销售面积（万平方米）	住 宅
全 省	28799579	25193435	4824.41	4378.37	8702145.08	6143238.02	3309.54	2220.51
广州市	9558612	7932479	1079.68	933.05	2919577.94	1983005.17	673.27	452.99
深圳市	5910911	5304125	466.71	413.65	2607770.00	1994090.00	495.43	350.93
珠海市	1217729	1107242	174.27	159.99	370143.67	262067.98	130.19	77.87
汕头市	471671	363020	135.05	116.16	196806.66	142175.27	131.05	89.50
佛山市	2923160	2586099	542.88	481.97	641455.13	459939.57	429.18	267.06
韶关市	324897	276393	138.30	129.90	86356.33	66158.90	108.38	88.76
河源市	100133	90375	46.71	44.92	59320.08	48032.56	56.55	49.17
梅州市	132990	111226	70.76	64.97	58170.86	40510.71	61.88	56.01
惠州市	1219355	1064260	295.90	270.76	143749.02	99880.09	117.60	81.39
汕尾市	66730	66135	44.91	44.50	35241.62	33721.68	30.81	30.01
东莞市	2837011	2673119	509.63	493.95	461599.71	374554.10	231.28	142.49
中山市	1407813	1219072	320.43	285.29	474949.14	229030.83	286.78	144.96
江门市	719447	667015	226.13	211.11	185104.88	97929.39	177.00	96.07
阳江市	185415	174803	75.33	71.75	36337.99	24394.12	45.57	37.03
湛江市	184369	176712	67.91	65.41	99223.39	83655.57	90.61	72.92
茂名市	294736	276968	147.49	142.31	44270.15	30612.80	47.14	41.22
肇庆市	439561	400653	149.87	140.32	102002.34	63097.15	80.98	54.65
清远市	367452	308025	125.44	112.35	60501.50	35052.00	32.60	29.21
潮州市	171683	161038	81.55	79.05	42880.00	25080.00	17.00	13.80
揭阳市	174342	151081	85.62	78.65	13336.25	6131.05	14.67	6.54
云浮市	91562	83595	39.84	38.31	63348.42	44119.08	51.57	37.93
珠三角	26233599	22954064	3765.51	3390.08	7906351.83	5563594.28	2621.71	1668.41
东 翼	884426	741274	347.13	318.37	288264.53	207108.00	193.53	139.85
西 翼	664520	628483	290.72	279.47	179831.53	138662.49	183.32	151.17
粤北山区	1017034	869614	421.05	390.45	327697.19	233873.25	310.98	261.08

始进行信息化建设，1998年开始研究如何在网上加强房地产行业管理，2001年3月在全市范围内使用网上预售及合同打印系统。广州市2003年开始进行房地产交易管理系统的开发工作，并在广州市国土房管局的公众网络“阳光家缘”(g4c.laho.gov.cn)使用，实现新批预售商品房项目信息网上公示、网上签订购房合同、商品房交易信息公开、公开商品房价格走势曲线图、公开房地产市场分析等内容，该系统与深圳、北京、上海等城市的系统一同被建设部评为优秀系统。

通过应用房地产市场信息系统，把所有新建商品房项目的预售许可、签订合同、合同备案、产权办证等各个环节纳入系统管理，规范房地产主管部门的业务办理工作，有效堵塞漏洞，遏制主管部门违法违规行为；完善商品房预(销)售各项流程，网上公开预售商品房楼盘表、显示每套住房的详细信息，公示合同样本，网上签订商品房买卖合同，较好地实现了消息对称，有效杜绝了一房多售、重复抵押等现象，对规范市场交易行为，保障群众的购房安全发挥积极作用。　*(周卓豪　张志军)*

物业管理

【概况】　广东省物业管理起步于20世纪80年代初期的广州、深圳等地。经过近30年的发展，全省物业管理行业发展迅速，物业管理覆盖面不断扩大，已经成为社会生活不可或缺的重要服务业。物业管理为城乡居民提供了优美的居住生活环境、清洁的工作生产环境、安定的社区秩序、文明的社区氛围，对于促进群众安居乐业和建设和谐社会发挥了重要作用。但是，由于物业管理行业从业人员素质较低、物业管理涉及法律法规较复杂、业主素质参差不齐等原因，物业管理行业存在业主委员会成立运作困难、部分业主委员会侵害业主共同利益等问题。通过加强行业立法、提高从业人员素质等手段不断规范物业管理行业健康发展，保护广大业主合法权益、促进和谐社区建设。

【《广东省物业管理条例》修订】　针对物业管理行业中存在的问题，广东省建设厅配合省人大进行《广东省物业管理条例》修订工作。2008年11月28日，省人大十一届常委会第七次会议审议通过《广东省物业管理条例》(简称《条例》)(修订稿)，并于2009年3月1日起实施。《条例》对物业管理中存在的热点问题，如业主大会成立召开难、业主委员会缺乏制约等，都提出了有针对性的解决措施。一是强化基层组织在物业管理活动中的作用；二是进一步明确业主的范围。三是完善业主大会筹备运行；四是细化业主就共同事务进行表决的计算规则；五是进一步规范业主委员会成员的行为；六是明确物业管理用房，以及物业共有部分的登记查询制度；七是进一步规范物业管理服务收费；八是细化车位、车库首先满足业主需要的规定；九是对擅自改变房屋用途作了禁止性规定；十是对“房中房”问题作了明确禁止性规定；十一是加强行业自律管理的规定。

【物业管理示范项目选介】

广州烟草大厦　位于广州市天河区林和西横路，是广州市烟草专卖局(公司)和广东中烟工业公司的办公大楼，是集办公、会议、信息化等功能于一体的综合性、智能化大楼。建筑面积33327平方米。广东省华侨物业发展公司自2004年接管该大厦以来，管理项目实行办公楼内外全方位一站式酒店服务，并树立了品牌。2008年，该大厦被住房和城乡建设部评为“全国物业管理示范大厦”。

广州体育花园　广州市政府“中变”工程的配套项目之一，位于白云大道旁、广州体育馆西侧，毗邻白云国际会议中心和鸣泉居，建筑面积99580平方米。小区在物业管理方面，除了充分发挥其硬件优势，即对小区的安全管理采用门禁系统、可视对讲系统和IC卡系统24小时保安服务外，还在管理软件个性服务上大做文章。针对住户素质高、个性化需求强的特点，管理公司在小区管理中引入了酒店式的贴身和温馨服务。体育花园周边的市政绿化设施完善，绿化人行天桥

·链接·　**全国物业管理示范住宅小区(大厦、工业区)**

建设部自1995年开展全国优秀物业管理项目考评验收工作以来，树立了一批优秀物业管理项目典型，对推动建立物业管理体制、提高全国物业管理水平发挥了重要作用。自2000年起，建设部执行新的考评验收标准，对申报全国物业管理示范项目进行考评验收，并授予“全国物业管理示范项目”称号。申报“全国物业管理示范项目”的基本条件为：参评项目符合城市规划建设要求，配套设施齐全。住宅小区、工业区建筑面积8万平方米以上，别墅2万平方米以上，大厦3万平方米以上且非住宅建筑面积占60%以上，入住率或使用率达85%以上；取得“省(自治区、直辖市)级物业管理示范项目”称号一年以上；物业管理企业已建立各项管理规章制度；物业管理企业无重大责任事故；未发生经主管部门确认属实的有关收费、服务质量等方面的重大投诉。全国物业管理优秀项目每三年进行一次复验。经省市主管部门复查，对管理水平确实下降、群众意见较大、达不到标准、不能起到先进示范作用的物业管理项目，要督促其整改，并提出撤消原称号的意见，报建设部批准。

将体育花园与广州市最大的天然"氧吧"白云山连为一体。2005年，该花园获建设部颁发的"全国物业管理示范小区"称号。

广州海关新业务技术综合楼 位于广州市天河区珠江新城花城大道，是集办公、会议、信息化等功能于一体的综合性、智能化大楼，总建筑面积59900平方米。广东省华侨物业发展公司自2006年接管大楼以来，结合大楼智能化水平高等特点提供全方位的标准化、专业化管理服务。2008年，被广东省物业管理行业协会评为"广东省物业管理示范大厦"。

粤能大厦 一座集商业、办公为一体的多功能商务办公楼宇，位于广州市环市东路与广州大道交界处，占地面积2700平方米，建筑面积29344平方米。大厦外观造型独特，柱网状外形充满现代气息。于2004年6月建成投入使用，同期广州珠江物业酒店管理公司粤能大厦管理处成立，全权负责大厦管理服务工作。一方面体现高效的牧业管理，另一方面体现在对入驻企业的专业化商务服务，实现办公智能化、楼宇自动化、通讯传输智能化、消防智能化、安保智能化。2008年，被评为"广东省物业管理示范大厦"。 (张志军)

房地产产权登记

【概况】 2007年颁布实施的《中华人民共和国物权法》对不动产建立了统一登记制度，规定不动产物权的设立、变更、转让和消灭，经依法登记，发生效力。2008年，住房和城乡建设部发布《房屋登记办法》，对房地产登记的种类范围、登记机构和具体登记办法作出规定。《中华人民共和国物权法》和《房屋登记办法》的颁布实施，对房地产登记产生实体和程序上的影响，对房产登记管理工作带来较大变革。广东省建设厅加大宣传贯彻力度，结合全省房地合一登记发证的实际，出台一系列具体的政策措施，有效指导各地做好房地产登记发证各项工作。

【贯彻实施《房屋登记办法》】 住房和城乡建设部《房屋登记办法》于2008年1月22日发布，同年7月1日起施行。《房屋登记办法》依据《中华人民共和国物权法》等法律法规制定，旨在规范房屋登记行为，维护房地产交易安全，保护权利人的合法权益。《房屋登记办法》共设置6章98条规定，从以下几个方面对房地产登记制度作了重大变革。一是明确由市、县人民政府建设（房地产）主管部门或者其设置的负责房地产登记工作的机构作为房地产登记机构，具体办理房屋登记，并承担相应的法律责任；二是确立房地产登记簿制度，规定房地产登记簿是房地产权利归属和内容的根据；三是增设预告登记、地役权登记、最高额抵押权登记、异议登记等登记类型；四是对集体土地范围内房屋登记做了规定。为指导各市、县房地产登记机构贯彻落实《房屋登记办法》，广东省建设厅于11月下旬召开部分城市房地产登记工作座谈会，听取各地房地产登记工作开展情况、存在问题和意见建议；12月中旬印发《关于做好房地产登记工作有关问题的通知》，要求市、县房地产登记机构抓紧建立房地产登记簿制度，规范和完善房地产登记业务规程，整合业务系统和信息资源，做好房地产登记发证新旧政策衔接。省建设厅还组织全省各市、县房地产登记机构进行培训，学习贯彻《房屋登记办法》，促进各地依法依规开展房地产登记发证工作。

【房地产登记簿制度】 2008年，根据住房和城乡建设部《房屋登记办法》、《房屋登记簿管理试行办法》的有关规定，广东省建设厅发出《转发住房和城乡建设部关于印发〈房屋登记簿管理试行办法〉的通知》，编制全省《房地产登记簿》统一式样，要求市、县房地产登记机构建立房地产登记簿制度，按派出所门牌号或项目幢号建立登记簿册，记载各个房屋基本单元的基本情况、权利情况、其他依法应当登记事项，以及共有部分情况等，有利于广大业主明确住房专有、共用权利情况，保障自身合法权益。各市、县房地产登记机构按照有关要求加强信息化建设，通过整合和完善相关业务管理系统，抓紧建立以电子介质为主的房地产登记簿，依法开展房地产登记工作。

【新版房地产权属证书发布】 2008年，按照房地产登记发证的有关新要求，结合《房地产登记簿》式样内容，广东省建设厅印发《关于使用2008版房地产权属证书和登记证明有关问题的通知》，发布广东省2008版房地产权属证书（包括《广东省房地产权证》、《广东省房地产他项权证》）和登记证明（包括《广东省在建工程抵押登记证明》、《广东省房地产预告登记证明》）式样，要求市、县房地产登记机构应当根据房地产登记簿的记载，缮写并向权利人发放房地产权属证书和登记证明。新版房地产权属证书、登记证明印有经住房和城乡建设部核准备案的登记机构注册号，统一套印各登记机构印章，把核发房地产权属证书的职责依法落实给市、县房地产登记机构。 (周卓豪)

住宅产业化

【概况】 为推进住宅产业化进程，提高住宅的节能、节地、节水、节材和环保水平，实现住宅建设从粗放型向集约型的转变，促进房地产业持续健康发展，广东省建设厅于

2007年8月委托省房地产行业协会承担国家康居示范工程评审和商品住宅性能认定及组织工作。2008年，省房协联合各地级以上市房协，在全省房地产业界开展广泛宣传和发动，大力推进全省住宅产业化工作，取得较好成效。

·链接· **广厦奖**

为进一步提高房地产产品质量，促进中国住宅与房地产业的健康发展，2007年由中国房地产业协会、建设部住宅产业化促进中心共同设立我国房地产行业综合性大奖“广厦奖”。获奖项目是设计水平高、环境质量好、工程质量优、功能配置全、科技含量高、广大百姓满意，在推动住宅产业化及节能、节地、节水、节材、环保等方面取得突出成绩，对推进我国住宅与房地产业发展、更好地解决人民群众的住房问题起到示范和带动作用的工程项目。

【国家康居示范工程选介】 国家康居示范工程自1999年启动以来，共有19个省、市、自治区的130多个居住小区列入计划，取得良好的示范效果。2008年，广东省中山中经颐和山庄被评为“国家康居示范工程”项目。

颐和山庄　地处中山市兴中道与孙文东路交汇处，依葫芦山而建。地上总建筑面积35万平方米，绿化率46%。山庄拥山地风光之美，依山而建的建筑尽得山中豪宅风范。2万平方米生态水景面积、落差20米的超大型叠瀑式生态湖泊景观水系，姿态万千的逾千米意大利台地水系景观，亲水体味至善至真的自然情怀。2008年5月，“国家康居示范工程”中山颐和山庄达标验收会在中山市举行，通过对住宅的适用性能、安全性能、耐久性能、环境性能和经济性能评定，得到住房和城乡建设部、广东省建设厅、珠海市建设局和有关专家的高度肯定，并顺利通过国家康居示范工程达标验收，被评为“2008年国家康居住宅示范工程”。同时，还获得规划设计金奖、建筑设计金奖、施工组织金奖、成套技术金奖。由中山中经房地产置业有限公司开发建设。

【广厦奖项目选介】 2008年，广东省新增“广厦奖”项目1个，由中山市万科城市风景花园（一、二期）获得。至此，全省获“广厦奖”项目7个。

中山万科城市风景花园　位于中山市南区，占地面积33.8万平方米，计容建筑面积62.55万平方米，容积率为1.85，绿化覆盖率达35%以上，环境优美，配套设施齐全。项目户型多样化：有组合住宅、高层住宅、合院住宅、情景住宅和联排住宅多种产品，每种产品均有2~5种不同户型，整体户型变化多样，满足不同购房人群需求。2003年3月开工，2005年5月第1批单位竣工交付，分期开发，1至4期全面入伙，入住率为80%，5期正在开发之中。项目实现全装修部品标准化、工厂化生产，为房地产项目大规模开发和实现工业化奠定良好基础，施工过程充分引用自主创新技术和应用“四新”技术，施工质量优良，获省内外多项大奖，竣工验收一次合格率达100%，获2008年国家“广厦奖”等多项荣誉。由万科企业股份有限公司全资附属公司中山市万科房地产有限公司建设。

·链接· **国家康居示范工程**

1999年4月12日，建设部颁发《国家康居示范工程实施大纲》。国家康居示范工程是以推进住宅产业现代化为目标，旨在带动住宅建设新工艺、新材料、新设备、新技术的应用，提升住宅设计、施工档次，提高居住生活质量，达到健康居住的效果。以科技为先导、以推进住宅产业现代化为总体目标，加速对传统住宅产业的改造更新，充分体现新世纪住宅设计水平，充分体现“以人为本，回归自然”的设计原则，达到“健康住宅”（世界卫生组织定义）的标准，体现建筑材料的科技含量，充分应用“绿色建材”，领导中国住宅产业的发展方向。

【商品住宅性能认定项目选介】 至2008年底，广东省有27个项目申请A级住宅性能认定，18个项目通过终审。

仁恒星园　占地23.5万平方米，建筑面积42.5万平方米，建筑密度13.46%，绿化率45.7%，容积率仅1.81，由29栋18层以上的高层住宅组成。项目规划配套包括独立商业街、会所、幼儿园、小学、初中等大型配套设施。仁恒星园是仁恒置地集团于珠三角地区开发的首个项目，是珠海市中心城区规模最大的精装修社区，也是珠海首个国家3A级住宅，按照国家住宅性能标准规划、开发和建设，经住房和城乡建设部组织的专家评审组评定，于2008年通过国家住宅性能认定。无论是规划设计（建筑、园林）、配套设施（商业、会所、学校）、精装品质（品牌、细节），还是物业管理（售后维护）方面都将珠海市人居环境推向新的水平。

恒晖豪庭　位于新兴县新城区中心，占地面积4万平方米，建筑面积10.5万平方米。恒晖豪庭的建设按照广东省绿色住区的标准要求和国家A级住宅性能标准要求策划、开发、建设，项目被评为“广东省绿色住区实验小区”和“中国泛珠区域最具创意户型楼盘”，并经住房和城乡建设部专家评审组评定，于2008年通过国家住宅性能A级认定，成为云浮市首个获此荣誉

·链接· **商品住宅性能认定**

1998年，国务院宣布停止住房实物分配后，在全国试行住宅性能认定制度。我国住宅性能评审依据的标准是国标《住宅性能评定技术标准》（GB/T50362-2005）。认定制度把住宅性能分解为适用性能、环境性能、经济性能、安全性能和耐久性能5个方面268项具体指标。标准将住宅综合性能按照得分高低划分为A、B两个级别，其中A级住宅为执行现行国家标准且性能好的住宅；B级住宅为执行现行国家强制性标准但性能达不到A级的住宅。A级住宅按照得分由低到高又分为1A、2A、3A三个级别。其中面向中低收入家庭的经济适用房的性能标准设定为1A级，即经济适用型住宅；面向中高收入家庭的普通商品房的性能标准设定为2A级，即舒适型住宅；面向高收入家庭的高档住宅的性能标准设定为3A级，即高舒适型住宅。我国的住宅性能通过对各项指标的打分和综合评价，最终确定住宅的综合性能等级，不论其达到1A、2A、3A，都是现阶段我国同类住宅中的精品，故统称为“A级住宅”。

的楼盘，也是全国首个县域房地产获A级性能认定的楼盘。由广东恒升建筑装饰工程有限公司建设。

【广东省绿色住区项目选介】 2008年，广东省新增“绿色住区”项目15个。至2008年底，有17个地级以上市共120个住宅小区通过“绿色住区”认定。

中信凯旋城　位于东莞市新城市中心区，占地面积22万平方米，总建筑面积近33.3万平方米，绿化面积近10万平方米，绿化率约44%，建筑密度17%，容积率1.51。中信凯旋城由中信华南集团东莞有限公司开发，分三期建造，一期由德方斯区、艾丽舍区、蒙马特区三个组团组成，二期为凡尔赛区，三期为枫丹白露区，总规划户数1988户，已入住近1700户，设有地下停车场，实行封闭管理，人车分流。设有功能齐备的现代化会所，内设咖啡厅、健身房、桌球室、棋牌室、书吧等，游泳池、洗衣店、便利店、俱乐部等一应俱全。架空层设置乒乓球台，荡椅等设施，还有儿童游乐场、老年活动中心等多种休闲娱乐设施。采用全智能化管理，设有楼宇可视对讲、家居报警及短信息发布系统、闭路监控及周界报警系统、停车场与门禁一卡通管理系统、电梯报警系统、背景音乐系统、家居智能箱系统、纯净水系统等智能化系统，让业户的生活全面进入智能时代。2004年，被评为“广东省绿色住区”。

富康·山水华府　韶关市富康物业有限公司房地产开发项目。位于韶关市武江区，用地面积85341平方米，建筑面积约30万平方米，住宅建筑面积211704平方米，公共配套面积6000平方米。建有酒店及酒店裙房各1栋，甲级写字楼2栋，羽毛球馆1栋，沿街商铺一栋，住宅74栋，住区可容纳业主近1600户。溪水环流工程，采用节能回收系统；公共照明全部采用节能灯；在节约用地、利用自然风能进行通风等方面都作了全面规划。绿地率将达41.3%，绿地绿化率达82%，绿化中花草、乔木、灌木种植丰富，并保留原有地形地貌的原生木本植物，不少楼房天面还设计“空中花园”。设有6000平方米的公共配套面积与文化广场，不少楼房的一楼，完全架空，向园区敞开。还设有儿童旋式滑板等休闲体育设施和游泳池。小区主干道按标准的四车道建设；配有约3万平方米的地下停车场；建立分质水供水站，并配套安装远程用水抄表系统、变压排烟排气道新产品，ID智能系统进行闭路电视24小时实时监控。2008年，被评为“广东省绿色住区”。

荷兰水乡　由惠州本土地产公司光耀集团开发建设。位于三江环绕的惠州城市中心区东平半岛，建筑面积约60万平方米。小区分6期开发，是一个独具特色的荷兰风情国际社区。荷兰水乡坚持以打造最适宜居住的绿色住区为理念，充分满足住户在工作、社交、居住、休闲、娱乐、安全、健康、教育等方面的需要，创造人、自然、建筑三者之间完美结合的人居环境。首创中国“风车式”建筑布局，充分考虑每个单位的通风、采光、景观要求，建筑形态有多层住宅、小高层住宅、高层、TOWNHUOSE等类别，一梯一户私家电梯、空中私家花园、直饮水数字化社区，首层全部架空，并纳入2万平方米社区泛会所建设，与分布在2公里江岸的四大主题公园，组成公园式居住环境，其完善的社区配套还包括荷兰皇家SPA会所、北师大全程素质教育，以及吉之岛、商店、银行、医院等基本社区配套，全国知名物管

·链接· **广东省绿色住区**

“广东省绿色住区”是唯一经广东省建设厅批准开展的广东省房地产行业综合性奖项。面对环境污染加剧、能源消耗大、生态破坏严重等问题，作为能耗大户的房地产必须摆脱传统的开发模式，降低污染、减少能耗、保护生态。广东房协从2001年开始制定《广东省绿色住区》标准，2002年在全省推广，标准从规划设计、建筑工程、建筑材料、生活能源、住宅功能、环境建设、物资消耗、物业管理、文化艺术和住宅产业等10个方面，引导全省房地产企业开发建设绿色住区。绿色住区的创建是个综合性的建设过程，在提升企业产品质素的同时，充分体现企业社会责任感的价值所在。

公司提供全方位、一体化、全智能化、人性化的物业管理。2008年，被评为“广东省绿色住区”。

（周卓豪）

住房保障

【概况】 广东省保障性住房在不同的发展时期曾分别称为“解困房”、“安居工程住房”、“廉租房和经济适用住房”等，是各地政府为解决城镇低收入住房困难户的住房问题而建设的住宅。

1994~2007年，全省安居工程用房共完成投资97.7亿元，完成建设面积570多万平方米，解决了7万多户低收入家庭的住房问题，对解决居民住房困难、构建住房供应体系发挥重要作用。

2008年，全省解决低收入家庭住房困难工作取得了实质性进展。省建设厅会同有关部门，认真落实国务院《关于解决城市低收入家庭住房困难的若干意见》和省政府《关于切实解决城镇低收入家庭住房困难的实施意见》文件精神，切实开展解决低收入住房困难家庭住房问题的有关工作。一是建立目标责任制。确认和下达本年度解决城镇低收入家庭住房困难的工作责任目标。二是建立全省城镇低收入家庭住房保障统计报表制度，为住房保障的顺利开展奠定良好基础。三是省财政大力支持廉租住房保障工作。省财政安排1亿元专项补助资金支持省东西两翼和粤北山区城市实施廉租住房保障，并确定2009年

2008年广东省廉租住房保障情况

地区名称	累计解决户数(户)					已筹集廉租住房套数(户)	施工廉租住房建筑面积（平方米）	供应土地面积（平方米）	筹集保障资金（万元）	实际投入资金（万元）	省级廉租住房保障补助资金（万元）
		实物配租（户）	租赁补贴（户）	租金核减（户）	其他（户）						
全　省	50108	19078	24756	4909	1365	23777	1165373	1743473	705030	268940	22000
广州市	22931	4903	15969	2059	0	7376	109500	344169	201057	157590	0
深圳市	2494	947	1547	0	0	2467	646262	950000	42069	16527	0
珠海市	1455	462	993	0	0	591	0	10000	12226.0	12072	0
汕头市	6975	4037	1436	1502	0	4520	408	13333	33800	33119	2155
佛山市	2536	1032	1458	46	0	1764	162290	62225	8503	7417	0
韶关市	734	727	0	7	0	905	31802	21706	5014	4609	1593
河源市	802	68	225	0	509	86	0	470	1126	925	1629
梅州市	2094	853	1144	24	73	961	6338	33364	5883	6757	1606
惠州市	384	324	60	0	0	324	1708	82424	226561	3185	911
汕尾市	414	350	28	36	0	410	17900	6972	2107	1761	1574
东莞市	414	118	210	86	0	199	63995	4780	130907	6785	0
中山市	444	187	0	257	0	187	45000	11118	23400	22000	0
江门市	2018	1547	320	151	0	1663	19992	37843	10583	9295	147
阳江市	769	769	0	0	0	772	18831	12973	5253	5253	1486
湛江市	1532	276	1256	0	0	276	10575	10371	2543	2404	1911
茂名市	1972	243	1429	67	233	408	21904	17999	3065	3932	1801
肇庆市	1229	757	199	30	243	926	36524	23455	6686	6467	1573
清远市	1024	767	23	26	208	827	7680	2100	2015	2786	1364
潮州市	1600	549	641	410	0	549	0	82411	4015	4035	1504
揭阳市	946	481	183	205	77	531	1300	19670	2190	2106	1558
云浮市	418	273	110	10	25	313	14126	6090	2594	1991	1188
珠三角	33905	10277	20756	2629	243	15497	1085271	1526014	661992.0	241338	2631
东　翼	9935	5417	2288	2153	77	6010	19608	122386	42112	41021	6791
西　翼	4273	1288	2685	67	233	1456	51310	41343	10861	11589	5198
粤北山区	5072	2688	1502	67	815	3092	59946	63730	16632	17068	7380

至2011年每年安排2亿元专项资金补助东西两翼和粤北山区城市用于实施廉租住房保障。四是省建设厅会同省监察厅根据住房和城乡建设部、监察部《关于加强房地产调控政策执行情况监督检查的通知》，对各地落实房地产调控政策特别是住房保障政策情况进行检查并对检查情况进行通报。五是在肇庆市召开全省住房保障工作座谈会。传达住房和城乡建设部廉租住房规划会议精神，研究全省解决城镇低收入家庭住房困难的有关措施，进一步部署住房保障有关工作。六是大力推进住房保障管理信息系统建设。以韶关市为试点，大力推进住房保障管理信息系统建设，并将逐步推广到全省各市县，实现城镇低收入住房困难家庭档案管理、保障性住房项目建设管理、保障性住房房源管理、住房保障工作动态管理、住房调查管理、计财统计管理、公共信息服务等功能，以全面提升全省住房保障工作科学决策和规范化管理水平。

2008年起，全省住房保障面从城镇低保住房难家庭扩大到城镇低收入住房困难家庭，即年底前实现了对城镇低保住房困难家庭的廉租住房保障应保尽保，并扩大到其他低收入住房困难家庭。全年通过实物配租、租赁补贴、租金核减等方式，新增对26759户城镇低收入住房困难家庭实施廉租住房保障，其中实物配租4225户，租赁补贴21278户，租金核减和其他方式共1526户，对4951户符合经济适用住房条件的低收入住房困难家庭供给经济适用住房。至年底，全省累计历年实施廉租住房保障50108户，其中实物配租19078户。提供经济适用住房68244套，有效地促进住房保障工作的进展。

【住房保障机构建设】 2008年1月，广东省编办批准同意省建设厅设立住房保障与公积金监督管理处。5月21日，住房保障与公积金监督管理处正式与住宅与房地产业处交接并开始运作。

全省各地也重视住房保障和公

2008年广东省经济适用住房情况

地区名称	已解决户数（户）	已建成经济适用住房套数（户）	施工经济适用住房建筑面积（平方米）	供应土地面积（平方米）	完成投资（万元）
全　省	71287	68244	1611717	3979481	887618
广州市	21873	21468	723344	1561746	542399
深圳市	5818	7151	49700	450000	104027
珠海市	0	0	0	35000	0
汕头市	28076	28076	0	836700	92339
佛山市	0	211	85170	81353	2756
韶关市	342	342	61733	24240	2284
河源市	1027	1027	2040	21505	6793
梅州市	532	532	8800	26773	6675
惠州市	3557	3857	2860	401673	65096
汕尾市	0	0	0	0	0
东莞市	0	0	143000	13000	3115
中山市	0	0	0	0	0
江门市	3970	4062	106051	184094	26824
阳江市	714	714	9000	82000	2170
湛江市	28	0	2520	400	227
茂名市	2398	2398	259764	206668	18285
肇庆市	1715	2069	196405	64609	14076
清远市	80	60	2600	9190	335
潮州市	0	0	0	0	0
揭阳市	120	286	0	13320	1950
云浮市	0	0	0	0	37
珠三角	36933	38818	1306530	2791475	758293
东　翼	28196	28362	0	850020	94289
西　翼	3140	3112	271284	289068	20682
粤北山区	1981	1961	75173	81708	16124

积金管理机构的建设。广州市成立市住房保障办公室，为正局级单位；深圳、东莞、韶关等市也相应成立住房保障机构。

【住房保障政策研究】 2008年，广东省加强住房保障政策研究。一是根据省委的要求，省委政策研究室、省建设厅、省扶贫办等单位代省委省政府起草《关于进一步解决人民群众住房困难的意见》。该意见将解决群众住房困难的范围覆盖到城镇和农村，为进一步构建和完善全省城乡住房制度体系，进一步解决人民群众住房困难问题提供政策保障。二是省建设厅会同省财政厅对全省基本住房保障均等化专题进行研究，对2009~2020年全省近期和中长期如何实现基本住房保障均等化工作提出规划、政策预测和措施。三是向《珠三角地区改革发展规划纲要（2008~2020）》编写组提供有关住房保障的规划内容，将完善住房保障体系写入《纲要》，提出在珠三角地区建设住房保障体系上先试先行，大力推进保障性住房建设。落实廉租住房、经济适用住房建设用地划拨、税费减免等优惠政策，加大政府投入力度，增强廉租住房对低收入住房困难家庭的保障作用。完善住房货币分配政策和政策性租赁机制。建立住房货币补贴标准与住房市场价格、居民收入水平等相适应的动态调整机制。完善住房公积金制度，发挥住房公积金支持职工住房消费作用。推行政策性住房制度，满足新就业职工、中低收入住房困难家庭和符合规定条件的暂住人员的基本住房需求。四是省建设厅与省财政厅联合制定《广东省城镇廉租住房保障省级专项补助资金管理办法》，对城镇廉租住房保障省级补助资金的补助范围、用途、资金申报、分配、下达、拨付、监督管理等进行规范。

【住房保障目标责任制】 2008年，广东省建设厅要求各市人民政府按照不低于符合廉租住房条件的家庭的总户数的40%进行确认责任目标，并经省政府同意以《关于落实2008年解决城镇低收入家庭住房困难具体责任目标任务的通知》下发责任目标任务。

省建设厅认真贯彻落实国务院《关于解决城市低收入家庭住房困难的若干意见》和省政府《关于切实解决城镇低收入家庭住房困难的实施意见》，全力推进住房保障工作，确认和下达全省2008年度解决城镇低收入住房困难的工作责任目标。具体是：一是抓规划编制和年度计划的制订。督促各地制订廉租住房、经济适用住房的工作目标、发展规划和年度计划，使住房保障工作规划先行，并将工作目标分年落实。二是抓年度责任目标的确认和分解，层层落实责任。经省政府同意以《关于落实2008年解决城镇低收入家庭住房困难具体责任目标任务的通知》下发责任目标任务。将年度责任目标落实到各地级以上市。组织各地级以上市政府按照不低于符合廉租住房条件家庭总户数的40%进行确认2008年廉租住房工作责任目标任务，并作为年度考核的依据。 （张文宇）

住房公积金管理

【概况】 住房公积金制度从20世纪90年代初在上海创设起步走向全国，成为中国城镇职工和单位广泛参与的一项政策性住房金融制度。1999年，国务院颁布《住房公积金管理条例》，以国家行政法规的立法形式，将全国住房公积金制度的运作和管理纳入统一的法制化轨道。2002年，国务院修订《住房公积金管理条例》，并印发《关于进一步加强住房公积金管理的通知》，按照文件要求，全国各省住房公积金系统启动了县区级管理机构合并到地级市住房公积金管理中心的整合工作，这项工作耗时三四年之久，结束了全国有2000多家住房公积金管理中心的分散不成规模的资金管理状况，形成了“一个地市，一个中心”的地市属地化集中管理的格局。

广东省从1992年起建立住房公积金制度。1995年6月，省政府在《广东省贯彻国务院关于深化城镇住房制度改革的决定实施意见》中，要求所有行政、企事业单位及其职工和外商投资企业及其中方职工，按照“个人存储、单位资助、统一管理、专项使用”的原则缴交住房公积金，建立住房公积金制度。住房公积金制度在各地逐步推行，覆盖面不断扩大，住房公积金交缴率不断提高，归集额逐年增长。1997年8月，省住房制度改革领导小组发出《关于住房公积金实行银行专户管理的通知》，要求各地加强住房公积金的管理和使用，保证此项资金用于住房建设和住房制度改革，并委托承办银行开设“住房公积金专户”进行管理，尽快建立和完善住房公积金管理制度。1998年8月，国务院办公厅转发国务院住房制度改革领导小组《关于加强住房公积金管理的意见》，明确规定住房公积金实行“房委会决策、中心运作、银行专户、财政监督”的管理原则，住房公积金管理工作得到加强。2000年，全省基本全面建立住房公积金制度。

至2007年底，全省地级以上市实行住房公积金制度，参加职工人数达457.14万人，累计归集住房公积金1345.34亿元，归集率达72%以上。住房公积金为广大职工购建住房开辟了一条稳定的资金渠道。

2008年，省住房公积金管理部门从以下方面加强管理：一是统一思想，加强住房公积金管理。6月，省建设厅召开全省住房公积金管理中心主任座谈会，传达全国住房公积金省级监管工作座谈会精神，统一全省各地住房公积金管理工作思想，交流各地管理工作经验，并对全省进一步做好公积金管理工作做出部署。二是抓专项治理，通过自查和重点检查，认真整改存在的主要问题。积极配合省监察厅、纠风办、财政厅、审计厅等单位开展“四类资金”管理使用情况的检查工作，会同检查组对广州、佛山等市的住房公积金管理情况进行检查。牵头并会同省财政厅等7个部门按照住房和城乡建设部等7个部委《关于开展加强住房公积金管理专项治理工作的实施意见》的部署，结合全省实际开展了加强住房公积金管理专项治理工作。

2008年，全省实际参加住房公积金职工548.18万人（缴存率为76.84%），比上年增长20%；住房公积金归集总额1750.36亿元，增长30%；归集余额902.29亿元，增长27%；当年归集405.02亿元；累计个人提取848.07亿元，增长34%。全年发放个人住房贷款总额586.67亿元，比上年增长35%；个人贷款余额377.73亿元，当年发放151.78亿元，个贷率为41.86%。累计支持36.09万户职工家庭解决住房问题，比上年增长23%，当年新增解决67930户。

【住房公积金管理专项治理】 2008年，广东省进一步加强住房公积金管理的专项治理，重点对2006、2007年审计反映的问题进行整改。6~9月，省建设厅配合省监察厅、纠风办、财政厅、审计厅等单位开展“四类资金”管理使用情况的检查工作。5~12月，省建设厅牵头会同省财政厅等7个部门按照住房和城乡建设部等7个部委《关于开展加强住房公积金管理专项治理工作的实施意见》，开展全省住房公积金管理专项治理工作。组织4个检查组到中山、珠海、韶关、清远、东莞、惠州、肇庆和云浮等8市进行检查。协助全国住房公积金专项治理检查组，到广州、江门、湛江、茂名等市进行检查，并做好《审计署关于广东省2006年住房公积金归集管理使用情况的审计决定》反映问题的整改落实。督促

2008年广东省住房公积金缴存情况

地区名称	缴存职工人数		缴存率	缴存总额	缴存余额	当年缴存额	占缴存余额	增值收益
	应缴（人）	实缴（人）	(%)	(万元)	(万元)	(万元)	(%)	(万元)
全　省	7133884	5481763	76.84	17503581.52	9022875.70	4050208.75	44.89	92451.66
广州市	2410930	2386982	99.00	10053256.46	4634329.00	1988020.84	42.90	49312.56
深圳市								
珠海市	296880	267198	90.00	881799.83	342927.67	240312.63	70.08	4953.76
汕头市	296090	112109	37.86	438711.60	281143.29	95250.43	33.88	203.83
佛山市	512274	439852	85.86	979288.69	511970.91	308261.78	60.21	4546.97
韶关市	192700	155161	80.52	481174.11	317724.00	122228.17	38.47	1148.86
河源市	125951	88015	69.88	147929.00	84729.00	43767.00	51.66	141.00
梅州市	161855	158124	97.70	249946.02	182173.95	62526.30	34.32	1141.87
惠州市	332000	213566	64.33	403850.00	215454.00	105518.00	48.97	3451.00
汕尾市	68834	31236	45.38	56300.92	32741.91	12797.84	39.09	7.60
东莞市	400340	438901	109.63	963275.98	603438.20	302689.49	50.16	11777.64
中山市	248273	146701	59.09	356715.72	200793.07	102565.07	51.08	2863.00
江门市	407412	208079	51.07	568986.07	325374.18	141803.38	43.58	3211.71
阳江市	145900	54500	37.35	100152.01	68028.64	31707.29	46.61	348.00
湛江市	400000	229325	57.33	546847.32	362107.47	150481.32	41.56	2174.88
茂名市	293498	126507	43.10	385108.11	271354.15	92937.42	34.25	3418.68
肇庆市	256900	124380	48.42	250942.00	155091.00	59215.00	38.18	1359.00
清远市	177413	89311	50.34	247414.56	170378.31	80369.78	47.17	1509.87
潮州市	114900	76662	66.72	125989.00	86935.00	32616.00	37.52	268.00
揭阳市	128300	63825	49.75	133797.42	89264.88	36627.24	41.03	160.07
云浮市	163434	71329	43.64	132096.70	86917.07	40513.77	46.61	958.26
珠三角	4865009	4225659	86.86	14458114.75	6989378.03	3248386.19	46.48	81475.64
东　翼	608124	283832	46.67	754798.94	490085.08	177291.51	36.18	275.60
西　翼	839398	410332	48.88	1032107.44	701490.26	275126.03	39.22	5941.56
粤北山区	821353	561940	68.42	1258560.39	841922.33	349405.02	41.50	4758.86

指导有关市政府制定整改方案，上报整改情况，并将整改情况汇总后上报省政府。

专项治理活动取得明显成效 一是增强了各级政府及有关部门对住房公积金管理工作的责任感和紧迫感。二是住房公积金管理委员会的决策和监督作用得到进一步发挥。依法、民主、科学决策水平进一步提高。三是查出一批违规问题。全省各级专项治理领导小组在检查中发现公积金违规操作和不规范操作43件，查处40件。四是审计反映的拖欠公积金或挪用公积金问题得到有效清理和部分偿还。其中，追回项目贷款1.25亿元。一些地区违规提取公积金、增值收益不列专账核算、公积金超限额贷款、拖欠公积金贷款或出借等问题，都逐步制订整改工作方案并予以落实。五是进一步强化住房公积金内部管理工作。六是强化对公积金缴存的检查和执法。对不建不缴、少缴漏缴等情况，公积金管理中心都采取措施催缴，严格执行国家和省的要求，建立“限高保低”的缴存政策，加强执法。广州市通过执法，提高了公积金的缴存比率。七是提取和贷款手续进一步简化。八是住房公积金缴存比例和缴存人数进一步增长。从开展专项治理后的第三季度与第二季度比较，全省住房公积金缴存人数增加300395人，住房公积金缴存总额增加107.62亿元，分别增长6.14%和7.08%。

【佛山住房公积金归集和贷款大幅增长】 佛山市住房公积金制度从1994年中开始建立，2005年完成全市住房公积金管理体制调整和管理机构整合后，住房公积金的主要业务归集和贷款均大幅增长。2006年分别比上年增长89.54%和83.47%，2007年分别增长20.95%和138.74%，2008年分别增长42.48%和16.26%；

2008年广东省住房公积金使用情况

地区名称	个人提取情况		个人贷款情况							使用率(%)
	提取总额(万元)	当年提取(万元)	累计发放额(万元)	当年发放额(万元)	贷款余额(万元)	个贷率(%)	累计发放户数(户)	逾期贷款额(万元)	逾期率(%)	
全省	8480705.82	2146081.19	5866729.79	1517816.60	3777274.36	41.86	360903	2482.62	0.066	74.30
广州市	5418927.46	1197254.50	3371075.28	767010.00	1998356.64	43.12	160180	1532.63	0.077	78.49
深圳市										
珠海市	538872.16	135320.56	305064.31	57486.21	207043.63	60.38	19355	13.57	0.007	85.72
汕头市	157568.31	29478.12	15110.20	10043.20	14275.19	5.08	839	0.47	0.003	42.30
佛山市	467317.78	187608.35	388282.70	121907.67	258959.72	50.58	30396	3.64	0.001	74.16
韶关市	163450.11	53035.66	83526.37	22205.60	50796.20	15.99	17236	162.20	0.319	44.68
河源市	63200.00	20153.00	83568.00	20207.00	59029.00	69.67	9575	125.00	0.212	82.63
梅州市	67772.07	20420.29	89478.50	20700.69	59266.10	32.53	11799	0.00	0.000	53.90
惠州市	188396.00	50009.00	166581.70	33425.70	112678.00	52.30	15628	333.00	0.296	74.55
汕尾市	23559.01	5942.11	0.00	0.00	0.00	0.00	0	0.00	0.000	41.84
东莞市	359837.78	138214.57	572438.23	217214.08	441665.14	73.19	21250	164.65	0.037	83.21
中山市	155922.65	51102.49	144660.88	50034.38	102674.46	51.13	8307	0.00	0.000	72.49
江门市	243611.89	60606.34	167437.23	40725.00	116462.51	35.79	19698	56.63	0.049	70.51
阳江市	32123.37	12702.43	41319.30	14114.30	35634.57	52.38	2748	0.00	0.000	79.65
湛江市	184739.85	47652.85	114107.69	36683.52	80168.25	22.14	12811	2.67	0.003	55.57
茂名市	113753.96	36878.28	111922.48	27952.30	76890.98	28.34	9803	0.00	0.000	70.92
肇庆市	95851.00	25161.00	90440.00	24383.00	65364.00	42.15	9249	79.00	0.121	66.91
清远市	77036.25	29937.10	76579.38	35920.66	61144.30	35.89	7580	5.40	0.009	63.01
潮州市	39054.00	11272.00	3711.30	2855.10	3378.82	3.89	267	0.00	0.000	55.58
揭阳市	44532.54	15053.79	3345.40	2473.79	3099.11	3.47	267	0.00	0.000	38.59
云浮市	45179.63	18278.75	38080.84	12474.40	30387.74	34.96	3915	3.76	0.012	65.20
珠三角	7468736.72	1945276.81	5205980.33	1312186.04	3303204.10	47.26	284063	2183.12	0.066	65.04
东翼	264713.86	61746.02	22166.90	15372.09	20753.12	4.23	2479	0.47	0.002	55.15
西翼	330617.18	97233.56	267349.47	78750.12	192693.80	27.47	25362	2.67	0.001	68.71
粤北山区	416638.06	141824.80	371233.09	111508.35	260623.34	30.96	50105	296.36	0.114	61.88

2008年广东省住房货币分配情况

地区名称	本期末累计发放人数（人）					本期末累计发放资金（万元）				
	合计	其中				合计	其中			
		机关	事业	企业	其他		机关	事业	企业	其他
全 省	483899	90271	150668	242546	414	1072576.45	215173.53	312770.54	544510.75	121.63
广州市	215036	19342	52024	143670	0	536037.00	46549.00	139378.00	350110.00	0.00
深圳市	7000	1600	2600	2800	0	34600.00	5600.00	11000.00	18000.00	0.00
珠海市	34223	8431	7884	17908	0	99434.52	23527.59	30409.98	45496.95	0.00
汕头市	18295	4108	2905	11282	0	18142.23	3541.12	1924.87	12676.24	0.00
佛山市	31530	15875	8841	6814	0	85202.10	56785.56	10983.35	17433.19	0.00
韶关市	4264	1413	1750	1101	0	5456.71	1626.54	1997.37	1832.80	0.00
河源市	1549	118	666	765	0	3839.80	533.20	1836.50	1470.10	0.00
梅州市	5223	639	558	4026	0	9554.64	1185.00	1082.60	7287.04	0.00
惠州市	15870	5317	7223	3330	0	15127.00	4156.00	6909.00	4062.00	0.00
汕尾市	40	40	0	0	0	37.10	37.10	0.00	0.00	0.00
东莞市	56220	9431	35136	11653	0	75486.60	13179.90	42018.10	20288.60	0.00
中山市	17952	5376	9450	3126	0	79141.00	29857.00	37064.00	12220.00	0.00
江门市	20076	5093	6112	8871	0	46283.02	13490.66	12526.05	20266.31	0.00
阳江市	4459	1758	0	2701	0	3533.00	2927.20	0.00	605.80	0.00
湛江市	8317	505	1000	6812	0	10712.00	643.00	286.00	9783.00	0.00
茂名市	10921	3500	4770	2651	0	7217.00	1357.40	2558.20	3301.40	0.00
肇庆市	10446	739	2607	7100	0	14425.13	1707.28	5539.95	7177.90	0.00
清远市	5653	1017	844	3792	0	11148.60	2490.07	2147.59	6510.94	0.00
潮州市	3008	1020	1382	606	0	3595.92	1310.79	1389.80	895.33	0.00
揭阳市	2028	150	369	1095	414	2096.91	53.83	443.12	1478.33	121.63
云浮市	11789	4799	4547	2443	0	11506.17	4615.29	3276.06	3614.82	0.00
珠三角	408353	71204	131877	205272	0	985736.13	194853.28	295827.95	495054.90	0.00
东 翼	23371	5318	4656	12983	414	23872.16	4942.84	3757.79	15049.90	121.63
西 翼	23697	5763	5770	12164	0	21462.00	4928.00	2844.00	13690.00	0.00
粤北山区	28478	7986	8365	12127	0	41506.00	10450.00	10340.00	20716.00	0.00

连续3年的当年资金使用率一直保持在100%以上，住房公积金贷款的逾期率一直控制在0.002%左右。

（张文宇）

机构选介

【广东省物业管理行业协会】 经广东省民政厅批准，于2000年8月28日成立，是具有独立法人资格的非营业性社会团体。协会宗旨：为广东省物业管理行业和会员单位提供服务，反映诉求，规范行业管理。主要业务包括：组织全省物业管理行业从业人员上岗培训、发证；组织物业管理师资格考试考前培训；组织广东省物业管理行业专家资格评审委员会，对达到专家资格条件的人员进行评审，并颁发《广东省物业管理行业专家证书》，建立物业管理行业专家库；组织会员单位赴省外和国外考察学习；组织对创建省和国家示范项目进行考评和初评；接受会员单位的咨询、诉求和监督，维护会员单位的合法权益等。

协会与广东省社会科学院联合组建物业管理研究所；出版发行《广东物业》杂志，建立并开通“广东省物业管理行业协会网站”。

（省物业管理行业协会）

教育培训·执业资格

□召开全省建设教育工作座谈会

□举办书记（市长）城建专题研究班

□免费培训村镇规划建设管理人员

□广东省建设执业注册规模名列全国前茅

□全省建筑专业教授级高级工程师达二百五十一人

教育培训

【概况】 改革开放以来，广东省城乡建设系统各行业的全日制教育和成人业余教育逐步形成规模，形成大专、中专、技校3个学历层次和省、市、县三级办学体制，呈现职前与职后教育、学历与非学历教育并举的格局，建立由高等教育、中等职业技术教育、技工教育、职业教育构成的高、中、初级人才培养体系。同时，职工岗位培训管理体制更为健全，管理办法更加完善。1997年11月，广东省建委牵头组织举办首期全省城乡建设地级市市长研究班，研究班的学员有各地级市市长、广州和深圳两市的主管城建副市长、部分县级市市长。此后，每年举办一期全省城乡建设地级市市长研究班。1994年9月，举办首期分管建设工作的县（市、区）长培训班。至1997年底，经过4年分期、分批培训，基本完成全省90名分管城建工作的副县（市、区）长的轮训工作。全省还加强建筑行业生产一线工人的职业技能教育培训、管理人员和专业技术人员培训，为全省建设事业的持续健康发展提供人才保证。截至2008年，全省城乡建设系统有50多种岗位（工种）实行了岗位培训和持证上岗制度，关键岗位持证上岗率达到90%以上；特殊工种、特殊岗位的持证上岗率达到100%。

2008年，广东省建设厅联合省委组织部、省国土厅、省环保局在江门市举办以建设宜居城乡为主题的第十期书记（市长）城建专题研究班，共培训50名书记（或市长），提高了各地级市和部分县级市的书记（或市长）的城乡建设理论水平和管理水平。继续加大建设行业专业技术人员的继续教育、管理人员的培训和一线操作人员的职业技能培训力度，全年培训管理人员10728人次、三级项目经理1008人次，2501名专业技术人员参加“三新”（新技术、新理论、新工艺）培训班，36508人参加建设职业技能培训，其中有32857人通过鉴定取得《职业资格证书》。建设教育培训和职业技能鉴定机构的软硬件建设得到加强，培训鉴定质量进一步提高，较好地完成了年度教育培训任务。

建设教育培训工作存在的问题有：部分地区对建设教育工作的重要性和紧迫性认识有待提高；建设教育工作发展不平衡；推行建设职业资格证书制度步伐有待加快；需与时俱进，创新工作方式方法，以适应建设事业快速发展的需要。

【书记（市长）城建专题研究班】 2008年11月12日至16日，中共广东省委组织部、省建设厅、省国土资源厅、省环保局联合在江门市举办第十期书记（市长）城建专题研究班，广东省副省长林木声、省委组织部部长胡泽君分别在开学典礼、结业式上作重要讲话，广州市、深圳市主管城建的副市长，各地级市和部分县级市的书记（或市长）共50人参加学习。研究班围绕如何打造宜居城乡这个主题，邀请7位国内著名专家、教授开设7个专题讲座，分别为《城乡统筹发展中的土地权利问题》、《塑造21世纪城乡宜居土地利用空间》、《规范规划行政行为 改善人居环境质量》、《创新机制，推进建筑节能》、《住房保障制度建设的若干问题》、《弘扬生态文明，建设宜居城乡》和《供水安全和城镇减排》，从城乡建设规划、住房保障、节能减排、生态环境保护、土地资源合理利用、创建宜居城乡等方面进行深入研讨。研究班既有政策层面的学习，也有技术领域的交流；既有精彩的讲座，也有互动的研讨；既有课堂的理论教学，也有实践案例和实地考察，成效十分明显。本期研究班的办班效果得到省委、省政府有关领导充分肯定和高度评价。

【管理人员培训】 2008年，广东省各地继续加强建设系统管理人员培训，共培训施工员、质量安全员、材料员、机械管理员、资料员等“五大员”10728人次，培训三级项目经理1008人次，为提高全省建设管理水平提供了人才保障。

【“三新”培训】 2008年，为提高建设行业专业技术人员的新技术、新理论、新工艺的水平，满足部分建筑专业技术人员申报专业技术资格的需要，广东省建设系统举办10期“三新”培训班，共培训2501人，提高了全省建设行业专业技术人员的整体水平。

【职业技能鉴定】 2008年1月，广东省建设厅组织3个检查组，分别在粤东、粤中、粤西三片对全省建设职业技能鉴定机构进行清理整顿大检查，规范全省的建设职业技能鉴定工作。根据人力资源和社会保障部等8部（委、局）及省人事厅等11部门的要求，开展清理规范职业资格相关活动。组织专家对申请增加燃气工种的湛江、茂名鉴定站进行考察评估。向省劳动和社会保障厅提出增加燃气调压工等36个工种

2008年广东省建设行业岗位培训与继续教育情况

单位：人次

项目	职业技能培训			职业技能鉴定			管理人员培训	三级项目经理培训	“三新”培训
	初级工	中级工	高级工	初级工	中级工	高级工			
人数	13974	18684	3850	13088	16858	2911	10728	1008	2501

的申请。开展广东省建设行业职业资格证书制度推行情况调研，形成相应调研报告。组织专家对建设职业技能岗位鉴定试题库和培训教材进行全面的修改和完善，增强教材的实用性，扩充题量，使职业技能鉴定考试更趋公平、合理和科学。2008年，全省建设系统有23682名一线操作人员（广州、深圳除外）通过职业技能鉴定取得《职业资格证书》，其中初级7938人、中级13363人、高级2381人，一线操作人员的整体素质得到提升。

【农民工预防艾滋病教育工程】 2008年，广东省建设系统继续开展建设行业农民工预防艾滋病宣传教育工程，在工地播放宣传艾滋病预防知识的视频光盘，免费发放预防艾滋病的生活用具，张贴相关宣传画等。在开展建设职业技能培训与教育工作中，加强艾滋病的预防知识教育，并取得较好成效。

【全省建设教育工作座谈会】 2008年5月9日，广东省建设教育工作座谈会在惠州市召开。全省建设系统各培训和鉴定机构负责人等共70多人参加会议。会议总结2007年度全省建设教育培训工作，部署2008年的教育培训工作，并分别就建设行业继续开展岗位培训及推行职业资格证书制度的必要性、各地在开展培训与鉴定管理工作中出现的有关问题、修订“五大员”培训班新教学大纲和如何进一步办好《广东建设教育》会刊等问题进行广泛讨论，收集到许多富有建设性的意见和建议，达到了会议的预期目的。

（王礼贵）

建设执业资格注册制度

【概况】 至2008年，住房和城乡建设部会同国家人力资源和社会保障部逐步建立注册建筑师、勘察设计注册工程师、造价工程师、注册城市规划师、监理工程师、房地产估价师、房地产经纪人、建造师、物业管理师等9项执业资格制度。2004年，依据《行政许可法》，经国务院批准除房地产经纪人外，其他8项执业资格正式列入行政许可项目。2008年末，广东省各类建设执业资格注册人员共计65762人，比上年增长82.4%。广东省建设执业注册规模继续名列全国前茅，注册人数占全国近1/10。其中一级注册建筑师1468人，二级注册建筑师2257人；一级注册结构工程师2398人，二级注册结构工程师656人；注册土木工程师（岩土）559人；注册监理工程师9622人；注册造价工程师8963人；注册房地产估价师3008人；注册城市规划师1359人；一级建造师16572人，二级建造师18900人（一、二级注册建筑师、结构工程师人数不含深圳市）。

【执业考试】 2008年，广东省建设执业资格注册中心组织广东考区8专业10项建设执业资格考试，共有19323人次报名考试，考试通过1206人次。组织广东省10个专业类别309位专家参与国家执业资格考试评卷工作，完成广东省注册土木工程师（道路工程）77人资格考核认定测试。妥善处理了2007年全国一级建造师考试泄题广东雷同卷考生的成绩处理和维稳工作。

【执业注册】 2008年，按照《行政许可法》及住房和城乡建设部、人力资源和社会保障部发布的各执业资格制度实施细则，广东省建设执业资格注册中心共受理各专业注册40507人，比上年增长139.25%。其中一级注册建筑师592人，二级注册建筑师745人；一级注册结构工程师820人，二级注册结构工程师78人；注册监理工程师3743人，注册造价工程师2712人，注册房地产评估师943人，注册城市规划师129人，注册土木工程师（岩土）103人，一级建造师11742人，二级建造师18900人（一、二级注册建筑师、结构工程师人数不含深圳市）。

【继续教育】 2008年，根据注册执业师在注册期内必须完成相应的继续教育学时（选修、必修）的有关规定，广东省有关部门按照理论联系实际的要求，紧跟国家节能减排的政策，紧扣汶川大地震后对建筑抗震设计提出的新要求，全年共举办各专业继续教育培训班40期，培训人数14499人次，比上年增加11.2%。其中注册建筑师8期，培训2684人次；注册结构工程师6期，培训1642人次；造价工程师面授班16期，培训5156人次，网络教育培训2009人次；注册城市规划师3期，1118人次；房地产估计师6期，1766人次。

【交流合作】 2008年，广东省建设执业资格注册中心受住房和城乡建设部及广东省考试中心的委托，承担2008年度全国二级建造师考试

·链接· **建设执业资格制度**

建设行业执业资格制度是政府部门对建设行业中一些事关国家财产安全、公众利益和人民生命财产安全的专业技术关键岗位实行的准入控制。中国建设行业执业资格制度自20世纪80年代末开始建立。为规范市场秩序，保证工程质量，同时为推动中国建设行业走向国际市场和引进外资项目，根据《建筑法》等相关法律法规，中国先后建立注册建筑师、勘察设计注册工程师、房地产估价师、造价工程师、注册城市规划师、监理工程师、房地产经纪人、建造师、物业管理师等9个执业资格制度。2004年，依据《行政许可法》，经国务院批准除房地产经纪人外，其他8项执业资格正式列入行政许可项目。

出题工作及单独为因受汶川地震影响的四川省二级建造师考试出题的工作。协助住房和城乡建设部注册中心在广东完成全国二级建造师评卷工作及第四次内地与香港结构工程师互认测试和培训工作。共选报9名注册建筑师、注册结构工程师、注册城市规划师参加与香港互认。根据《内地与香港关于建立更紧密经贸关系的安排》，广东省建设厅颁布《取得内地注册城市规划师资格的香港特别行政区居民在粤注册执业的试点管理办法》和《取得内地注册监理工程师资格的香港特别行政区居民在粤注册执业的试点管理办法》，从2009年1月正式接受香港相关专业人士在粤注册执业。

(李　明)

职称评审

【概况】 1986年2月28日，国务院发布《关于实行专业技术职务聘任制度的规定》的通知，广东省城乡建设系统工程技术人员职称改革评定工作于同年开始实施。在省职称改革领导小组的指导下，省建委于1986年初正式启动职称改革工作。按省职改办的部署和分工，主要是负责建筑工程系列高级工程师的评审及抓好委归口和直属企事业单位的职称改革工作。1986年初开始，实行专业技术职务聘任制度。2001年开始，开展建筑专业教授级高级工程师资格评审工作，至2008年底，全省共有251人获得建筑专业教授级高级工程师资格。

2008年，广东省建设厅对教授级高工专业组评委库和第一中、高级评委库进行调整和扩容。特别是对工作业绩评审标准作了细化，规范申报材料的受理、分类和信息录入工作，严格评审程序，对申报人发表的科技论文开始实行评前鉴定。2008年有2105名专业技术人员参加由省建设厅组织的省建筑建材专业技术职称评审，经过省建筑专业教授级高工专业组、第一高评委、第一中评委公平、公正、公开的评审，有1484人获得各级技术资格。

职称评审工作还存在一些问题，如职称评审过程中仍有弄虚作假现象，专业技术职务聘任及聘后管理工作有待加强，专业技术人员的工资和待遇仍然是平均主义，岗位设置工作进展缓慢等。

【建筑建材专业技术职称评审】 2008年，广东省建设厅收到申报建筑、建材专业技术资格评审的材料共1976份（其中教授级100份、高级1631份、中级245份），中级认定材料13份，初级认定材料116份。共有1378人（不含中、初级专业技术资格认定通过的120人）通过评审（其中教授级专业组评审通过49人，通过率为49%；高级评审通过1127人，通过率为69.10%；中级评审通过202人，通过率为82.45%），中级认定13人全部通过，初级认定通过107人，通过率为92.24%。按规定对评审通过的人员在广东建设信息网上公示，公示完后报省人事厅审批。收到群众署名来信3封，均已作了调查和处理。 *(王礼贵)*

机构选介

【广东省建设教育协会】 于2003年经广东省民政厅批准成立。是在广东省建设厅指导下，为广东建设教育工作服务，由建设教育有关部门、学校、单位、团体和个人自愿参加的非营利性专业性社会团体，是建设教育主管部门的助手，具有法人资格。协会遵守党和国家的教育方针、政策，遵守社会道德风尚，充分利用现代科技手段，团结组织全省建设教育工作者开展学术研究、协作交流、工作咨询和社会服务，积极推动教育改革，为培养高质量的建设人才，发展社会主义建设教育事业服务。2007年，协会被共青团中央等13部委评为“第五届全国进城务工青年培训工作先进集体”。 *(王礼贵)*

信息化建设

□广东建设信息网开通

□广东省建设厅推行行政许可办事一站式服务

□广东省建筑市场诚信系统建设

□工程建设专业人才资源信息数据标准编制完成

□广东省建设信息综合服务系统——『三库一平台』启动研发

综　　述

【概况】　1997年5月26日，经广东省机构编制委员会批准，广东省房地产信息中心更名为广东省建设信息中心，为企业化管理的事业单位。广东省建设信息中心成立以来，一直致力于全省建设系统的信息化建设。1997年，由省建设信息中心研发的广东建设信息网(www.gdcic.net，简称粤建网）开通，它的诞生引领着全省各市建设部门信息网络的相继建设。1999年，广东省建设系统电子政务邮箱系统正式启用，初步实现了省建设系统文件无纸传输。2000年4月，广东省建设厅决定充分发挥和利用粤建网的综合作用，把广东建设信息网建成全省建设系统的工作网站。广东省建设厅各直属单位不得自建信息网站，统一使用省建设信息中心建立的粤建网。同年5月，广东建设信息网在国际互联网上正式开通。2005年7月18日，广东省建设厅行政许可办事一站式服务系统在广东建设信息网上开通使用，实现行政许可事项网上申报。

2008年，广东省建设系统信息化建设取得显著发展。围绕全省建设信息化各项阶段性任务，以提高全省建设行业信息化应用和服务水平为目标。省建设信息中心承担全省建设行业的各项信息化建设工作，建立了广东省建设厅行政许可办事一站式政务服务系统、广东省建筑市场诚信体系、广东省住房保障体系、广东省建筑施工安全生产考试系统、广东省园林绿化企业资质核准系统，同时，为推行政务公开，发挥广东省行业工作网“广东建设信息网”的作用，研究开发了广东省建设信息综合服务系统——企业库、人才库、标准库和行政审批服务平台（简称“三库一平台”），以及“GSMS”数据同步系统、建设工程建设专业人才资源信息数据标准、地级市建筑业管理信息系统、地级市房地产信用档案管理信息系统，提高了全省建设行业的信息化水平。

【省建设厅领导视察信息中心】　广东省建设厅党组高度重视全省建设行业的信息化建设工作，2008年11月27日，省建设厅党组书记、厅长房庆方和省建设厅党组成员、副厅长陈承旗到省建设信息中心视察指导工作，听取省建设信息中心领导班子一年来的工作汇报，并在全体员工大会上讲话。厅长房庆方勉励信息中心不仅要为全省建设行业信息化领航，而且要走在全国建设行业信息化建设工作的前列，创造信息中心更辉煌的未来；副厅长陈承旗指出，省建设信息中心不仅是省建设厅的信息中心，更是全省建设系统的信息中心，要立足为全省建设系统的信息化服务。*(李　勇)*

▲*1997年10月13日，省建设厅领导和建设信息中心领导班子成员在信息中心新办公场所合影*
省建设信息中心供稿

政务信息化

【概况】　至2008年底，广东省建设厅21项行政审批评可事项已基本纳入“行政许可办事一站式政务系统”的运作范围，全省建设管理部门和企、事业单位均可在网上办理相关行政许可事项；全省建设政务信息系统投入应用，有效促进了建设政务信息化的普及应用，提高建设系统行政办事服务效能。

【行政许可办事一站式服务】　广东省建设厅行政许可办事一站式政务服务系统于2005年7月18日开通。该系统以政务表单为基础，以双向互动的网络化手段，实现服务信息咨询、服务引导、服务指导、服务申请、服务受理、服务反馈、沟通交流，在服务提供者（省建设厅职能部门）、服务发布者（省建设厅对外办事窗口）、和服务消费者（公众）之间构架起以公众为中心的服务信息桥梁。

2008年，该系统共受理完成86614件企业和个人申请事项。其中，企业资质许可2561件，安全生产许可证4853件，超限建筑抗震设防审查10件，企业变更7062件，“三类人员”安全生产考核合格证32136件，建造师临时执业证书10470件，建造师执业资格证22963件，监理工程师执业资格证2348件，造价工程师执业资格证291件，房地产估价师执业资格证148件，规划师执业资格证96件。

【广东省建筑市场诚信系统】　为推进全省建筑市场信用体系建设，完善建筑市场诚信信息发布，根据建设部《关于印发〈建筑市场诚信行为信息管理办法〉的通知》和《关于启用全国建筑市场诚信信息平台的通知》的要求，2006年，广东省建设厅要求在“广东建设信息网”上建立“广东省建筑市场诚信信息平台”，向社会提供省内建筑业企业诚信基础数据查询，通过建立并公开企业的良好行为（受表彰记录）、不良行为（被处罚记录）、主要业绩等档案信息，形成行业内企业自律，培养良好的市场氛围。

该系统按照“标准先行、信息共享、分步实施、逐渐完善”的原则进行建设。主要功能包括：（1）运用网络技术，采集各地建筑市场诚信信息，建立全省建筑市场的行为主体（如建筑业企业、房地产开发企业等在内的各类企业）的诚信基础信息数据库。包括企业基本情况、重大质量安全事故情况、从业人员概况、优良行为（受表彰情况）、不良行为（受处罚情况）、主要业绩情况、申请缩短公布期限、工法及专利成果、拖欠农民工工资情况、企业资料变更情况、通报情况等。（2）发布全省建筑市场各方主体诚信行为记录，包括企业可公开的基本信息、受表彰奖励和行政处罚等方面的信息。（3）为工程建设有关各方提供诚信信息交流平台，推动完善行政监管和社会监督相结合的诚信激励和失信惩戒机制，营造全省建筑市场诚实守信的良好环境。

【广东省住房保障管理信息系统】 2008年，广东省建设信息中心采用计算机技术和网络管理模式开发“广东省住房保障管理信息系统”，实现了省政府、省建设厅对各地市、县区住房保障工作的实时动态管理和全省住房保障专项补助资金使用情况的监管；实现了省建设厅对全省住房保障规范管理、报表统计、数据采集分析的要求；满足各地市、县区对住房保障业务管理的基本要求，对推进各地廉租住房、经济适用住房等保障性住房建设，提升全省住房保障管理和决策水平等具有重要作用。主要功能概括为“一个中心，二级平台，九项功能模块”。“一个中心”：是指建立保障性住房及低收入家庭档案数据中心。“两级平台”：一是省级平台，主要是接收全省各市级平台系统的数据，并对全省相关数据的统计、汇总、分析。实现对全省住房保障工作的网上动态监管，并提供决策依据；将数据定期在广东建设信息网发布，接受公众的监督。二是市级平台，实现对各市辖区内相关数据的管理，接收辖区内各县区数据；实现对辖区内相关数据的统计、汇总、分析和共享；实现网上动态监管，为辖区工作提供决策依据。“九项功能模块”：家庭档案管理、房源管理、廉租房业务管理、经济适用房管理、直管公房管理、租赁管理、维修管理、报表统计、政务公开和系统管理等功能模块。

【广东省建筑施工安全生产考试系统】 2004年，应广东省考核办要求，省建设信息中心开发了“广东省建筑施工企业安全生产考试系统”。采用了网络应用系统开发技术，以实用性为首要原则，采取开放的数据标准接口，支持各类数据格式，基于当今先进的微软的.NET四层架构技术，建立多层保护的系统安全解决方案，功能包括网上报名、网上审核材料、网上安排考试、网上公布，改变了以往采用各地负责统考的方式，使到培训和考核的质量都得到明显提升，工作效率大大提高，方便了企业和管理部门，在业内广受好评。

【广东省园林绿化企业资质核准信息系统】 主要用于广东省内园林企业资质核准审批，建立起园林绿化企业的企业库、人才库和行业标准，统一管理，提高工作效率。于2008年8月在全省范围内开始推广使用。有两方面的数据采集，一方面是企业信息，另一方面是企业的人才信息，这些数据除了满足企业的基本申报工作，同时也方便行政部门对企业的全面管理。信息包括企业基本信息、企业人员信息、项目信息、企业劳动就业信息、资金信息情况、园林苗圃信息、生产经营信息、园林工程信息等。至年底，全省已有近500家园林企业使用该系统，涵盖了全省90%以上的园林企业。

【广东省建设厅机关信息化保障维护工作】 广东省建设信息中心承担省建设厅机关计算机设备和网络的保障维护工作。2008年，省建设厅机关设有机房1个，服务器3台，计算机105台。

网络方面　通过安装隔离卡的方式实现内网、外网分离的办公模式。内网为行政办公网络，通过架设内部办公室软件进行协同办公，外网为服务交流网络，通过互联网提供工作效率。

安全方面　多次成功处理因病毒攻击、系统漏洞等原因引起的妨碍正常办公秩序问题。如：冲击波、震荡波、灰鸽子、熊猫烧香、AV终结者、机械狗等病毒。

软件方面　把单一的LOTUS-DOMINO的办公软件转变为OFFICE的办公自动化软件。通过采用模块式设计的软件系统，现时的办公功能模块既相互独立又互相关联，并可相互调用，实现了办公管理、日程任务、邮件管理、信息传递、公用文档、会议管理、用品管理、设备管理、车辆管理、资产管理、费用管理、流程管理、人力资源管理等功能，通过自动化办公手段来实现科学行政管理。

（李　勇）

行业信息化

【概况】 2008年，结合全省建设行业信息化建设的需要，广东省建设信息中心深入开展各项行业信息化系统研发工作。“广东建设信息网”基本满足省建设厅政务信息公开全省建设各行业信息资源数据共享的要求；以该网站为载体研究开发的“三库一平台”系统促进省建设厅行政许可办事服务效能再上台阶；建立全省地级市建筑业管理信息系统和房地产信用档案管理信息系统，研究制定工程建设专业人才资源信息数据标准，有效强化建设行业信息化管理手段。

【“三库一平台”的研究开发】 2008年，广东省建设厅为推动全省各级建设系统主管部门的电子政务建设，提高行政效能和服务水平，决定由省建设信息中心负责研究和开发全省建设系统“三库一平台”，为确保研发工作的顺利进行，省建设厅成立了以陈承旗副厅长为组长的领导小组，负责指导和协调相关工作。

总体目标　利用三年左右的时间，以网络为依托，简化和优化行政审批过程，建立省、市协同办公网络，构建一体化的市场监管体系、完善的公共服务体系和科学的宏观决策体系。

系统构成　包括企业信息库、人才信息库、法规标准信息库和行政审批服务平台。企业信息库是为在广东省建设领域从事生产经营、技术咨询服务的企业事业单位建立的诚信信息数据库；人才信息库是为在广东省建设领域从业、执业的工程技术及经营管理专业人员建立的信息数据库；法规标准信息库是为建设系统的法规、政策、标准（规范）建立的数据库；行政审批服务平台是指综合利用“三库”信息数据，为全省建设系统各级主管部门履行行业管理职能、为企业事业单位及个人提供在线服务的操作平台。

系统功能和作用　整合信息资源，服务建设行业，接受公众监督，促进效能提高，提升行政水平。一是为全省建设行业的企业经营和专业人员执业建立业绩和诚信档案，为建设市场和企业提供经营和专业人才的信息服务。二是为全省建设系统各级行政和行业主管部门加强行业的有序管理提供服务平台，各级建设行政主管和行业主管部门可以通过“三库一平台”管理信息服务系统加强对所辖行政区内的企业事业单位和工程技术专业人员以及经营管理人员的业务指导、管理和监督。三是为全省建设系统各级行政和行业主管部门以及企业事业单位、工程技术专业人员以及经营管理人员提供在线服务。四是为全省建设系统行政主管部门依法履行行政许可权责、工程项目招标投标以及市场准入提供服务。五是全省建设系统各级行政和行业主管部门，凡是面向企事业单位和个人的行政许可事项及相关变更事项的申请，实行在网上申报、受理和审批。建设行业执业人员的培训、注册，“三类人员”安全生产合格证考核、发证，高级及中级技术职称评审，企业和个人诚信记录，建设市场管理、工程质量和安全的监督，工程项目招投标以及专项监督管理等事项，将逐步纳入“三库一平台”统一管理。

【广东建设信息网建设】 由广东省建设厅主办，省建设信息中心承办，省内各地级市建设局（委）协办，覆盖全省，联通建设系统行政机关及企事业单位的省属建设行业网站，是全省建设事业信息化的核心网站，是省建设厅政府信息公开的主要载体。

1997年10月16日，广东建设信息网正式开通。经过多年发展，以粤建网为依托，实现了建设行业电子政务“一站式”服务、各种全省性建设行业管理信息系统、全省建设各行业信息资源数据库共享。作为广东省建设系统的门户网站，广东建设信息网在电子政务、行业管理、信息咨询、电子商务等方面为社会和企事业单位提供全方位的信息、技术及功能服务。

根据省建设厅的职能，网站开设了城乡规划、城市建设、村镇建设、勘察设计、建筑管理、安全管理、建设科教、住宅与房地产等专栏，以及省建设厅、政府信息公开等栏目。至2008年底，共有一级栏目31个，二级栏目170个。首页每天访问量上万次。

2008年省政府网站评估报告认为：广东建设信息网“栏目设置基本体现了政府网站的功能定位，比较符合用户的访问习惯。省建设厅政务信息公开及时，网上办事便捷丰富，页面设计美观大方，体现了较高的建设水平”。

【“GSMS”数据同步系统建设】 GSMS数据同步系统项目全称为“Internet环境自治系统间数据同步通用中间层技术及平台产品研究”，是由广东省建设信息中心在开展全省建设系统数据中心和电子政务信息共享与交流的工作过程中归纳出的基础性高技术课题，经联合国防科技大学计算机学院与广东省LINUX公共服务技术支持中心报广州市科学技术局立项，获得广州市科技攻关计划专项经费资助，历经两年努力研发完成。项目于2008年1月18日通过广州市科技局组织的验收。

GSMS数据同步系统获得中国国家版权局计算机软件著作权登记，通过该系统可将不同平台、不同架构和不同功能的系统所管理的数据有机地整合起来，实现各个系统间的数据同步式共享。

【工程建设专业人才资源信息数据标准】 《广东省工程建设专业人

才资源信息数据标准》是由广东省建设信息中心于2004年11月18日提出，经省建设厅批准立项后，由省建设厅办公室、省建设信息中心会同有关的管理部门和科研教学单位共同编制。该标准的编制历时两年多，于2007年6月1日由省建设厅批准，自2007年7月15日起实施。

该标准共有7章及3个附录，其主要内容为第三章“指标体系”、第四章“数据描述”和第五章“标准模式”，这三者构成了计算机应用信息系统关于工程建设人才资源的信息交流及共享的核心标准，其余各章主要起诠注及例示作用。

2007年4月27日，省建设厅组织有关专家在广州召开《广东省工程建设专业人才资源信息数据标准》审查会，专家组认为，《标准》的框架编排合理，内容充实，条文简练，行文严谨，表达清晰，指标体系比较完整，具有较强的可操作性和实用性，是国内首个关于工程建设行业人才资源信息的数据标准，居国内领先水平。

【地级市建筑业管理信息系统】 2008年，广东省建设信息中心开展地级市建筑业管理信息系统的研发工作。该系统是各市级建筑管理部门办理日常行政管理业务的办公平台。该系统包括企业申报、行政审批、报表与数据分析三大部分，所涉及的业务贯穿建筑工程的全过程，包括：建筑设计审查、施工图设计审查、建筑工程招投标、申办施工许可证、工程质量监督、安全监督、工程变更（含企业、人员、单位、地址、投资、设计、规模等）、竣工验收备案、散装水泥基金情况等，并在日常业务办理过程中逐步形成企业库、人员库、项目工程库等基础数据库。同时，该系统还能够直接生成各种相关管理报表，量化管理工作，形成必要的统计信息，提供给管理者决策参考，实现地市级建设局建筑业管理工作的信息化。

【地级市房地产信用档案管理信息系统】 为增强全省各地级市房地产企业信用意识，巩固和提高行业诚信度和服务水平，促进社会信用体系的建设，根据广东省建设厅《印发广东省房地产企业及执（从）业人员信用档案系统建设实施计划的通知》、《关于完善广东省房地产企业信用档案系统有关问题的通知》精神，结合各地级市房地产行业的实际情况，2007年，省建设信息中心承担研制和组织开发了“地级市房地产信用档案管理信息系统”。

系统主要功能包括：一是建立地级市房地产市场的行为主体，如房地产开发企业、物业服务企业、房地产估价机构、房地产经纪机构、房地产测绘单位在内的所有企业的诚信基础信息数据库，包括企业基本情况、从业人员概况、优良行为（受表彰情况）、不良行为(受处罚情况)、主要业绩情况、投诉及处理情况、企业资料变更情况、通报情况等。二是实现地级市、县两级房地产市场各类企业的网上填报。三是实现地级市、县两级行业主管部门的分级录入和管理，保证诚信档案信息的权威性和实用性。四是逐步实现包括注册估价师、经纪人、物业经理人等人员动态信用数据库，并在此基础上研究房地产市场行为与评价体系，对房地产各类企业和从业人员进行诚信信用评价，最后可在此系统上完善成为各地级市建设行业信用体系。

该系统经过完善修改，以运行稳定、设计合理、简单易用、安全可靠、扩展方便等优点得到住房和城乡建设部以及地级市用户的好评。

（李　勇）

各市信息化建设

【概况】 2008的，广东省各地级市建设行政部门重视信息化建设，目前，全省建设行政主管部门已经全部实现办公自动化。其中，部分地区建设行政主管部门依靠省建设信息中心和专业机构，研发出了一系列有关建筑行业、住宅和房地产行业、公积金监管、城市规划、城市建设、安全生产、村镇建设等等建设行业管理或服务软件系统，通过这些现代化手段，优化工作流程，有效地提高行政办事效率。

【深圳市规划信息化建设】 深圳市规划部门一直高度重视信息化建设，以技术创新促管理创新，2008年的多项信息化实践取得较好成果。

创新规划空间统筹模式　为充分发挥规划的空间统筹功能，创新空间信息共享模式，开展了数字深圳空间基础信息平台（以下称平台）建设工作。2008年平台主体建设基本完成，建立了十余个专项服务系统；开展了系统数据工程，完成全市1:1千、1:1万、1:5万、1:25万系列比例尺电子地图建设；收录公共设施专题数据15大类125小类，共计18万多条信息。根据不同的应用需求，有针对性地提供了空间信息浏览查询网站、自主搭建环境和信息交换发布环境三种应用模式，已有22个政府部门接入平台在线浏览查询，其中6个部门已将平台环境紧密集成到其业务环境中。

应用城市仿真、遥感等技术　应用城市仿真技术，提高城市规划决策的科学性。城市仿真系统从实现三维逼真场景漫游，到应用于方案评审，以及三维场景与地理信息系统的结合。该系统成功应用于旧村改造规划及建设项目的方案评审中，并在基本生态控制线三维展示、道路选线、规划选址等方面，为广泛的信息分析与应用提供了三维真实场景平台。应用遥感技术，保障规划实施监督效能。利用高分辨率卫星遥感监测手段，每季度对全市基本生态控制线范围内的建设情况实施一轮监测，并结合实地调查及审批数据分析，为相关职能部门开展违法建设查处工作提供强有力的信息服务和技术支持，监测成果得到市政府的高度重视。

打造规划电子政务平台　完成电子政务平台升级。新平台提供了图文一体智能化办文环境。创建了统一的办公入口，实现了公文审批与业务管理的无缝集成，上线后大大提高了管理效率，办文时限较往年缩短了20%以上。

积极响应“阳光政府”建设要求，围绕信息公开、在线服务、公众参与三个核心加强网站建设。通过举办总体规划修编论坛等多次网上直播活动，设立城市规划网上展厅，进行规划成果网上公众咨询，拓展了公众了解、参与规划的渠道。根据国际权威网站的评比，2008年门户网站的点击率在国内同行业网站中一直名列前茅。

【韶关市建筑管理信息系统】　是一个市级建筑管理部门办理日常行政管理业务的办公平台，系统建设的宗旨是以科学发展观为指导，依据前瞻、实效、经济、易用的原则，建立起涵盖韶关市市级建筑工程行政管理主要职能及相关服务内容的计算机管理信息平台，以适应韶关市建设局机关及相关职能部门高效地履行职责，规范业务处理，向社会提供优质服务的要求。系统的主要作用是规范韶关市建筑市场秩序，为促进建筑业企业的健康发展服务。系统支持的业务贯穿建筑工程的全过程，包括：建筑设计审查，施工图设计审查，建筑工程招标，申办施工许可证，工程质量监督，安全监督，工程变更（含企业、人员、单位、地址、投资、设计、规模等），竣工验收备案，散装水泥基金情况等等。（李　勇）

机构选介

【广东省建设信息中心】　成立于1997年，广东省建设厅直属正处级事业单位，也是广东省直部门中最早成立的信息中心之一，内设机构有办公室、总工程师室、信息经营科、网员服务科、软件开发科、系统支持科、《广东建设年鉴》编辑部。

主要职能包括：负责协调并推进广东省建设系统信息化建设工作；负责广东省建设系统电子政务综合服务平台的建设和维护；负责广东省建设厅网络系统的技术支持和计算机设备的日常维护；负责广东省建设系统信息资源的规划、开发和管理；负责广东省建设行业信息网络系统集成及数据库开发应用系统的设计和建设；负责广东省建筑、房地产、城乡规划、勘察设计、城乡建设的信息统计工作；负责《广东建设年鉴》的编纂出版工作。

以“打造平台、支撑政务、服务行业、发展自己”的建设理念，围绕全省建设行业信息化各项阶段性工作任务，努力提高全省建设行业信息化应用和服务水平，信息化工作效果显著。广东省建设厅行政许可办事一站式服务系统逐步实现“行政审批网络化、协同办公自动化、监督管理一体化、公共服务现代化”；广东省建筑市场诚信系统、广东省住房保障系统、广东省建筑施工安全生产考试系统和广东省园林绿化企业资质核准系统已全面建立并发挥效能。至2008年底，由中心自行研发、建设和维护管理的全省建设行业工作网“广东建设信息网”已运行11年。为配合省建设厅推行政务公开，中心以粤建网为依托，研究开发了广东省建设系统企业库、人才库、标准库和行政审批服务平台管理信息系统，以及“GSMS”数据同步系统、建设工程建设专业人才资源信息数据标准、地级市建筑业管理信息系统、地级市房地产信用档案管理信息系统等，全面提升行政管理服务水平和全省建设行业的信息化水平。

（李　勇）

▲广东省建设信息中心成立大会暨广东建设信息网开通仪式

省建设信息中心供稿

法制建设

□ 初步构建全省建设系统法律制度框架

□ 江门市构建和谐城管新格局

□ 开展城市管理综合行政执法试点

□ 积极开展行政复议与行政诉讼工作

□ 全省建设系统『五五』普法工作深入推进

综　　述

【概况】　改革开放以来，广东省经济建设快速推进，城市基本建设迅猛发展。为适应新形势要求，广东省建设系统坚持依法行政，不断加强法制建设，做到五年有规划、年度有安排，突出制度创新，全面提高依法行政的能力和水平。建设领域加快了地方立法步伐，建立健全各项配套工作制度，开展城市管理综合行政执法试点工作和法制宣传教育，深化行政审批制度改革，做好简政放权工作，加快职能转变，发挥行政复议的层级监督作用，建设法制工作取得较大成效。至2008年底，全省现行有效的建设地方性法规20项，省政府规章18项。这些地方性法规、规章与国家的建设法律、法规一起，初步构成了规范全省建设活动的法律制度的基本框架，对促进城乡经济发展起到了重要作用。　　*(李海涛)*

建设立法

【概况】　广东省建设立法工作坚持"立足现实、着眼长远、把握规律、突出重点、统筹兼顾"的方针，科学合理地安排政府立法项目，着重围绕以下几个重点方面展开：一是以规范建设市场秩序为重点，颁布一批规范市场主体、市场运行和调控的地方性法规和规章。如1993年颁布的全国首部工程招标投标管理的地方性法规《广东省建设工程招标投标管理条例》、《广东省房地产开发经营条例》；1994年颁布的《广东省城镇房地产转让条例》、《广东省城镇房屋租赁条例》和《广东省房地产评估条例》；1996年颁布的《广东省建设工程质量管理条例》；1998年颁布的《广东省商品房预售管理条例》；2000年颁布的《广东省建设工程监理条例》和2007年颁布的《广东省建设工程勘察设计管理条例》。二是以与人民群众关系密切的重大问题和热点问题为切入点，颁布《广东省燃气管理条例》、《广东省城市垃圾管理条例》、《广东省城镇房地产产权登记条例》、《广东省物业管理条例》和《广东省城镇解困房建设管理规定》。三是以推进城镇化进程为重点，颁布《广东省城市控制性详细规划管理条例》、《广东省珠江三角洲城镇群协调发展规划实施条例》。2004年颁布的《广东省城市控制性详细规划管理条例》是国内第一部有关城市控制性详细规划管理方面的地方性法规，对规范城市规划委员会的审议和公众参与制度，强化规划的法定地位具有重要意义。四是围绕推进建设资源节约型和环境友好型社会，在全国率先颁布地方性法规《广东省建设工程项目使用袋装水泥和现场搅拌混凝土行政许可规定》，省政府也先后颁布实施《广东省散装水泥管理规定》和《广东省发展应用新型墙体材料管理规定》等规章，推动全省散装水泥的发展，扭转了广东省限制和禁止实心粘土砖工作的落后局面。

全省建设立法工作坚持民主立法原则，广泛听取社会各界意见，既注重征求政府有关职能部门的意见，又注重征求人民群众的意见，还注重听取立法专家的意见。如召开《广东省建设工程项目使用袋装水泥和现场搅拌混凝土行政许可规定》的立法论证会、通过网站等形式充分听取社会各界对《广东省物业管理条例》的修订意见，提高了立法的质量。同时，实行立、改、废并举的原则，抓好法规和规章的清理工作。如修改《广东省房地产开发经营条例》、《广东省商品房预售管理条例》、《广东省城镇房地产权登记条例》和《广东省物业管理条例》等一批地方性法规；废止了《广东省城市建设管理暂行条例》、《广东省建设工程招标投标管理条例》和《广东省建筑市场管理规定》、《广东省勘察设计单位跨地区经营管理规定》等省政府规章以及省建设厅发布的一批政策措施文件。此外，省建设厅还按照上级部门的部署，认真开展集中清规工作：一是从2001年底至2002年4月，为适应改革开放新形势和中国加入世界贸易组织的需要，对涉及贸易和投资的法规、规章和政策措施文件进行清理，停止执行政策措施文件26件；二是从2003年底至2004年8月对与行政许可法不一致的规定进行清理，并废止16件政策措施文件。　　*(李海涛)*

行政执法

【概况】　行政执法是指各级人民政府、行政执法部门和法律、法规授予行政执法权的组织依法行使行政职权、履行行政职责的行为，包括行政许可、行政处罚、行政强制、行政征收、行政征用、行政给付、行政检查等行政行为。广东省建设行业行政执法主要是指规划、建设、房产、市政、园林、城管、公用事业等主管部门依法行使行政职权、履行行政职责的行为，包括城乡规划审批、建设项目规划选址意见书核发、企业资质（资格）核准、房地产权登记、建筑工程施工许可证核发、建筑施工企业安全生产许可证核发、建筑行业个人执业资格注册、风景名胜区建设项目选址审批和重点建设项目设计方案审批、超限高层建筑工程抗震设防审批、建设行业城市管理综合执法等行政行为。近年来，省建设厅在全省建设系统组织开展城市管理综合执法试点工作。　　*(肖送文)*

【城市管理综合行政执法试点】　2005年5月，广东省建设厅制订《广东省建设综合行政执法试点方案》，根据试点工作的安排，指导东莞、韶关、江门等城市开展建设综合行政执法试点方案的编制工作，为全省建设综合行政执法试点工作做了准备。开展行政执法人员建设专业法律法规知识培训考试工作。编印《广东省建设行政执法人员建设专业法律法规知识读本》，组织各地开展行政执法人员建设法律法规知识培训考试工作，全面提高建设执法人员的法律素质。

（李海涛）

【韶关市城市管理综合执法试点】韶关市城市管理综合执法局于2008年9月26日正式挂牌。该市开展城市管理综合执法的主要做法是：

加强队伍建设，提高管理水平和服务能力 一是抓好制度建设，推动内部管理制度的完善和创新。先后制定《韶关市城市管理综合执法工作制度汇编》、《韶关市城管综合执法人员行为规范手册》等一批规章制度，推动了综合执法活动的规范化、制度化、标准化。二是加强执法能力建设，提高队伍整体素质。制定好执法人员的培训规划，对执法队员进行培训。在培训工作中，建立能力取向的竞争机制，激发执法队员的潜能，调动和发挥广大队员的积极性和创造性。三是推进作风建设，提高队伍的廉政勤政建设水平。加强思想建设，以服务和诚信为重点内容，加大开展执法人员行为规范教育活动的力度。深入开展各项宣传活动，在全社会树立起综合执法活动的良好形象。

制定、落实检查评比制度，建立长效管理机制，促进综合执法活动更好更快向前发展 一是开展检查评比活动。制定《韶关市城市管理综合执法工作考核办法》，对市容市貌管理、执法行为、队伍内部管理等方面进行全面考核。二是开通12319城管热线。2008年底开通12319城管服务热线，共受理各类投诉、咨询等647件次，解决问题596件，办复率达92%。三是加大整治“六乱”不良行为力度。创新管理模式，采用“六定一查”的方式重点抓好市区的市容市貌管理工作，同时加大宣传教育工作力度，提高市民的守法意识，“六乱”违章现象呈不断下降的趋势。

（高　涛）

【江门市构建和谐城管新格局】2008年，江门市以推进城市管理综合执法工作改革为契机，全面强化城市管理，促进城市面貌得到改观，城市管理综合执法工作步入长效发展的良性轨道。主要做法和成效是：

整合城管行政执法资源，变多头管理为集中管理 组建“江门市城市管理综合执法局”，赋予该局在城市建设管理领域的城市规划、建设、燃气、市政园林、市容市貌、环境卫生、房产管理、城市绿化方面的行政处罚及相关的监督检查、行政强制职能，明确城管综合执法部门的执法主体地位，化解多头管理的无序状况，促进了城市管理工作的开展。

扩大城管区域，实施城管执法重心下移 以科学高效为目标，建立江门市区统一城市管理综合执法机构，按照垂直管理的模式，实行分级负责、属地管理。在实施城管综合执法工作中，将城市管理综合执法延伸到市区街（镇），并实行“五个统一”（统一业务指导、统一工作标准、统一学习培训、统一明确挂牌、统一着装及车辆标识）管理，初步构建“大城管、大执法”体系。

改变经费投入模式，破解城市管理资金不足的难题 在开展城市管理综合执法工作改革前，江门市区蓬江、江海两区城市管理执法统一由市城市建设管理监察支队负责，运作经费单一由市级财政核拨。实施城市管理体制改革中，体现责权利统一，进一步理顺关系，明确派出机构各分局日常业务开展、经费、人员管理由各区负责，变原来城管执法人员经费单纯由市财政承担为市区财政两级共同承担，加大对城市综合执法的投入，蓬江区政府还专门增加经费招聘一批城市管理协管员，推动城市管理综合执法长足发展。

健全管理制度，推进城市管理规范化和精细化 研究和制定《江门市城市管理综合执法暂行规定》、《江门市城市管理综合执法职能界定方案》、《江门市城市管理综合执法案件移交规则》等一系列规章制度，使城市管理综合执法逐步迈上有法可依、有章可循的路子。同时，高度重视执法队伍建设，实行政务公开、服务承诺、首问责任制以及建立行政处罚、行政监督等内部管理制度，狠抓队伍培训工作，提升了城管执法队伍形象。

坚持以人为本，努力打造“和谐城管”品牌 一是执法与疏导相结合。推行“首次不罚”，执法人员在执法活动中做到“四先”（礼貌在先、亮证在先、宣传教育在先、指明违规事实在先），以理服人。对群众的违规摊点，以说服教育为主进行人性化服务，规范经营。在整治占道经营、规范市容秩序等城管执法工作中，采取疏堵结合的方式，在不影响市容观瞻和交通的前提下，将部分次要街道或场地放开管理，批准设置临时摊点120余处，让摊贩集中经营。二是管理与服务相结合。建立执法人员与社区居委会联络制度，及时了解掌握民情民意和城市运行状态，调动基层街道和社区组织的积极性，形成大城管格局。三是突出重点和长效管理相结合。制订整治泥头车违规运输、整治市区“牛皮癣”、整治占道经营等工作方案，既有阶段性和突击性的专项措施，又有健全的机制和长效管理目标，使城市管理违规问题处置在萌芽状态，收到较好效果。同时，加强户外广告管理，严格把好审批关，规范户外广告设置，取缔临街路标招牌、落

·链接· **行政复议与行政诉讼**

行政复议是指公民、法人或者其他组织不服行政主体作出的具体行政行为，认为行政主体的具体行政行为侵犯了其合法权益，依法向法定的行政复议机关提出复议申请，行政复议机关依法对该具体行政行为进行合法性、适当性审查，并作出行政复议决定的行政行为。是公民，法人或其他组织通过行政救济途径解决行政争议的一种方法。

行政诉讼是指公民、法人或者其他组织认为行政机关和法律法规授权的组织作出的具体行政行为侵犯其合法权益，依法定程序向人民法院起诉，人民法院在当事人及其他诉讼参与人的参加下，对具体行政行为的合法性进行审查并作出裁决的制度。

地灯箱、墙体广告和门窗贴字，对影响市容观瞻的户外广告牌匾予以更正、修复或更换、拆除，市容面貌得到进一步改观。 *(江门城管局)*

行政复议与行政诉讼

【概况】 2008年，广东省建设厅共收到行政复议申请54宗，符合受理条件依法受理的51宗，不予受理的2宗，告知转其他部门处理1宗。复议申请以公民为主，54宗申请中申请人是公民的46宗，法人或者其他组织的8宗。申请复议的事项，行政处罚类6项、行政许可7项、行政强制措施1项、行政不作为1项、行政裁决36项（主要是拆迁补偿裁决）。受理的51宗复议申请，申请人主动撤回申请的3宗，驳回复议申请的1项，已作出复议决定的44宗，作出维持决定的41宗，作出撤销决定的3宗，未审结3项。

2008年省建设厅作为被复议机关作出复议答复的案件8宗，其中行政相对人向省政府申请复议的6宗，向住房和城乡建设部申请复议的2宗，涉及行政许可事项的6宗、信息公开的1宗、行政不作为的1宗。8宗被复议案均已结案，被撤销的1宗，被确认违法的1宗，主动撤回申请的4宗，作出维持决定的2宗。

2008年省建设厅应诉的行政诉讼案件共6宗，均已结案。判决维持原行政决定的3宗，申请人主动撤回起诉的1宗，裁定驳回起诉的1宗，确认违法的1宗。 *(卿文峰)*

法制教育

【概况】 2008年，广东省建设系统贯彻落实《广东省建设系统开展法制宣传教育的第五个五年规划》，深入推进“五五”普法工作。一是印发5000本《建设法律法规知识读本》，为“五五”普法提供教材。二是组织一批骨干参加住房和城乡建设部开展的普法培训，为基层普法工作充实力量。三是省建设厅与各市建设主管部门联合举办多期法律法规讲座，以及建设领域预防渎职犯罪有关知识讲座，全年全省建设系统有3.8万名干部职工参加各类普法及专业培训，增强了建设系统广大干部的法律素养和依法履行职责的责任感。四是根据住房和城乡建设部、省普法办的要求，省建设厅部署全省建设系统开展“五五”普法中期检查，并对部分城市进行了抽查。配合住房和城乡建设部、省普法办完成对厅机关和深圳、惠州等市建设主管部门的检查，对全省建设系统“五五”普法工作检查情况进行了通报。

【“五五”普法中期检查】 2008年9月12日，广东省普法办、广东省依法治省领导小组、广东省司法厅联合检查组对广东省建设厅机关“五五”普法中期情况进行检查。省建设厅副厅长刘锦红向检查组汇报了2006年以来全省建设系统“五五”普法中期情况。检查组查看了省建设厅“五五”普法教育规划、年度计划和总结、干部学习用法和培训情况、宣传手册等普法教育材料，组织了厅机关在职公务员进行了闭卷考试，全厅共有37人参加考试。检查组对建设厅开展“五五”普法工作以来的情况给予较高的评价，认为省建设厅在普法经费和人员不足的情况下，能联系工作实际，突出重点地开展普法工作，但是普法形式仍然比较简单，以文件落实文件多，采取具体措施少；在建设立法、清理法规、推进建设领域综合执法、行政审批制度改革等方面取得了实效。

9月17~18日，住房和城乡建设部“五五”普法中期检查第1小组对广东省建设厅机关及深圳、惠州两市进行检查。检查组对省建设厅机关及两市参加抽检的单位自2006年开展“五五”普法以来的工作情况给予高度评价，并对深圳、惠州市的好做法给予充分肯定。

(卿文峰)

广东建设行业排头兵

改革开放30年，广东城乡面貌发生巨大变化，人居环境日益改善。全省建设行业的广大企事业单位为此付出了辛勤的劳动和汗水，为广东城乡建设事业作出了不可磨灭的贡献，不仅是建设行业的典型，也是广东经济建设和社会发展的排头兵。

广州市城市建设投资集团有限公司

成立于2008年12月10日，是广州市人民政府授权负责城市基础设施投融资、建设、运营的大型国有独资企业。目前在建的基础设施项目有：广州市新光快速路、广州新电视塔、珠江新城核心区交通项目（珠江新城地下空间项目）、海心沙广场、中山四路复建房项目。2009年4月，广州市人民政府将流花展馆（原广交会旧馆）资产注入集团公司，集团公司的资产规模正不断壮大。

为迎接2010年第16届亚洲运动会召开，广州市城市建设投资集团有限公司将加大在城市景观、环境综合整治、路灯改造等方面的投资建设力度。

在做好市政府一系列重点工程项目的同时，广州市城市建设投资集团有限公司致力于建立现代化企业体系，形成以城市基础设施建设、房地产开发、资产经营、文化旅游和资本营运为主营业务的五大板块，在增强自身实力的同时，把集团公司打造成为城市建设的重要融资平台，为广州市城市建设的持续发展贡献力量。

广州新电视塔

广州猎德大桥

广州新光大桥

广州珠江新城核心区和海心沙广场效果图

广东省建筑工程集团有限公司

具有50多年历史的国有建筑施工集团企业，是广东省建筑企业中经营范围最广、专业结构最齐、技术资质最高、整体实力最强的骨干企业。集团房屋建筑、水利水电、机电安装、轨道交通、市政路桥、科技研发等主要专业板块突飞猛进，呈现强劲的发展势头。集团拥有分支机构40多家，专业技术人员约10000人，拥有总资产110亿元，年生产能力超过200亿元，是承建国家、部、省（市）急、难、重、新工程项目的主力队伍。集团承建了大批城市标志工程项目，连年获得国家、部、省（市）工程质量和管理的最高奖项，连续多年跻身“中国企业500强”、“广东省企业100强”。

由所属的广东装饰工程有限公司、广东建华公司参建的北京首都机场T3B、T3C航站楼装饰工程获2008年度中国建设工程鲁班奖（国家优质工程），该项目总投资250亿元，建筑造型新颖、独特，是中国规模最大的国际航空港、国家重点工程、首都标志性建筑，也是2008年奥运会最重要的配套工程。该工程的超大型、超大跨度曲面网架吊顶技术及超大跨度、大悬挑CRAB模块脚手架施工技术填补了国内空白并跨入国内技术领先领域。

北京首都机场T3B、T3C航站楼装饰工程获2008年“中国建设工程鲁班奖”

广东科学中心

广州城市轨道交通项目

广东电信大厦

广东省档案馆

惠州大亚湾引水工程

广东奥林匹克体育场

深圳市鹏城建筑集团有限公司

1983年11月30日成立，原名深圳市第三建筑工程有限公司。注册资本1.28亿元，拥有净资产2.5亿元，业务遍布深圳、惠州、潮阳、汕头、西安、珠海、兰州、郑州、长沙等地。具有建设部核准的房屋建筑工程施工总承包一级、市政公用工程施工总承包一级、机电安装工程施工总承包一级、地基与基础工程专业承包一级、土石方工程专业承包一级、附着升降脚手架专业承包一级等六项国家级资质，以及消防设施工程专业承包二级、水利水电工程施工总承包二级、建筑装修装饰工程专业承包二级、公路工程施工总承包二级等多项资质。公司下属有深圳市鹏城房地地产开发有限公司、深圳市发鹏装饰工程有限公司等6家独立法人企业，以及机电设备安装、土石方运输等专业分公司，分别具有建筑劳务分包一级、房地产开发、物业管理等资格，是目前深圳市施工种类齐全、综合施工能力最强的企业之一。

承建的福岸新洲名苑（民生银行大厦）获2008年度中国建设工程鲁班奖（国家优质工程）。该项目总建筑面积35917平方米，以“节能环保”为设计理念，大量采用节能环保材料，通过多种渠道节约能源。推广应用建设部10大项新技术中的9大项、其他新技术7项，企业创新技术3项，集智能化、信息化、网络化于一体，安防设施齐全，系统先进；主体结构内坚外美，棱角方正；管道安装横平竖直，走向规范，标识清楚；地下停车库6800平方米环氧树脂地坪黏结牢固，平整光洁，标识线条顺直，分色清晰；25楼多功能厅设计大气，吊顶工程施工精良，平整美观，木作工程做工精湛；汇水坡向正确、坡度适中，屋面分格缝平整光滑、顺直美观。

福岸新洲名苑（民生银行大厦）获2008年度“中国建设工程鲁班奖”

湛江市第一建筑工程公司

深圳金润大厦获2008年度“中国建设工程鲁班奖”

成立于1984年9月，注册资本6069万元，于2002年11月经建设部审核批准主项资质为房屋建筑工程施工总承包一级，增项资质为建筑装修装饰工程专业承包二级，市政公用工程施工总承包二级、地基与基础专业承包二级。坚持“质量为本、用户至上；科学管理、精心施工、务实创新、以优取胜”的方针，通过了质量管理体系、环境管理体系、职业健康安全管理体系三位一体认证，施工的全过程全部按认证体系的要求进行运作。

业务不断发展扩大，产值逐年增长。技术力量雄厚，各类施工机械设备齐全，拥有一支专业齐全、工种配套、素质高、实力强的管理队伍。高质量地完成了一大批高层的、大跨度的、结构复杂的工业与民用建筑工程、装饰工程、市政道路及桥梁工程。公司注重技术、安全投入和强化质量管理，以科学管理、设备齐全、技术先进、实力雄厚赢得了社会各界的信任，被省工商行政管理局授予“连续十九年重合同守信用企业”。

承建的深圳金润大厦工程获2008年度“中国建设工程鲁班奖”（国家优质工程）。该项目总投资2.5亿元，建筑面积5.08万平方米，管桩基础，钢筋混凝土框架剪力墙结构，地下3层，地上26层，总高度99.8米，使用了建设部推广的10项新技术中的9大项29分项，创新技术3项，其中C80高强高性能混凝土浇筑于框架柱、剪力墙内，在国内属首次使用。混凝土结构表面光洁平整，截面尺寸准确，梁柱节点美观。主体结构内实外美安全可靠，各系统运行良好，被深圳市质监总站评为2005年度全市主体结构施工质量第一名。此外，工程采用多项节能、环保措施，体现了绿色建筑、环保建筑的理念。

深圳金润大厦

汕头市建安（集团）公司

在原汕头市建安总公司的基础上成立的国有一级建筑施工企业。主要承担工业与民用建筑的设计和施工，市政公用设施工程、桥梁道路工程、基础打桩工程、消防工程、空调工程、装饰工程和设备安装工程的施工。同时经营房地产开发、金属材料、建筑材料、普通机械、五金交电等业务。是一家专业配套齐全、装备先进、工贸并举，多元化经营的跨地区、跨行业、跨所有制经营的新型企业集团。集团属下有39个专业性企业、5个合资合作企业、30多个驻外公司（工程处），施工网点遍布北京、上海等19个省市，并承接部分国外工程项目。

拥有专业技术人员1800多名。固定资产3亿元以上。曾出色地完成了直径1.2米至3米、深40米的挖孔桩基础工程，以及电力、机械等一批结构复杂、技术难度大的工业厂房和万吨级以上深水码头。近年来，公司竣工工程一次性合格率100%，共创出中国建筑工程鲁班奖（国家优质工程）4项，被授予“创鲁班奖工程特别荣誉企业”称号，创出省、市优良样板工程70多项，省、市安全生产文明施工优良样板工地20多项，连续十八年被汕头市人民政府和广东省工商行政管理局授予“重合同守信用单位”。

承建的富力国际公寓获2008年度中国建设工程鲁班奖（国家优质工程）。该项目是一幢造型新颖的智能高层，集商业用房与酒店式公寓于一体的商住楼，总建筑面积51608平方米。该工程采用人工挖孔灌注桩基础，主体为钢筋混凝土框剪结构；砌体采用蒸压加气混凝土实心砌块砌筑；外墙饰面以米黄色烧面花岗岩为主，部分为银灰色半反射镀膜玻璃幕墙，饰面线为金属饰条；墙面主要采用墙纸、强化清玻璃等作为饰面，屋面的防水隔热效果良好，既实用又美观。工程有完善的照明动力系统、给排水系统、消防及送风系统、防雷及接地系统、自动报警消防控制中心和安全防范闭路电视监控系统。

富力国际公寓获2008年度“中国建设工程鲁班奖”

富力国际公寓

广东正升建筑有限公司

始建于2001年，是建设部批准的房屋建筑一级施工总承包企业。经过多年的发展，公司拥有一批高、中级工程技术人员和工程管理人员，还拥有一支经验丰富、技术熟练的施工技术队伍。公司注册资金9000万元，拥有固定资产1.2亿元和各类先进的施工机械设备。

秉承“科学管理、精心施工、优质高效、安全文明”的经营方针和宗旨，先后承建、参建各类工程156项，实现总产值68亿元。在已竣工的138项工程中，工程质量验收合格率为100%，用户满意率达90%以上。获得建设部颁发的中国建筑工程“鲁班奖”8项，国家优质工程银质奖3项；获得广东省“金匠奖”4项，优良样板工程39项，安全文明“双优工地”5项；还先后荣获省、市政府行政部门授予的“先进施工单位”、“质量优胜单位”、“安全生产先进单位”、“广东省用户满意服务明星企业”、“诚信守法企业”等称号。

承建的武汉将军家苑三期翠林雅居获2008年“中国建设工程鲁班奖”（国家优质工程）。该项目总建筑面积74718平方米，建筑高度为37.8米，共8栋住宅楼。工程于2005年11月开工，2007年7月竣工。针对建筑工程中常见多发的“渗、漏、堵、裂、空”等质量通病，公司采取相应的技术措施，从“人、机、料、法、环”等五个方面进行全面质量控制，取得了很好的成效。工程推广应用了“建设部10项新技术”中的9大项、28个子项，通过新技术的应用，降低了工程成本，提高了施工质量。

董事长魏育明

武汉将军家苑三期翠林雅居获2008年度“中国建设工程鲁班奖”

广州富力国际公寓酒店工程获2008年度“中国建设工程鲁班奖”（参建）

商业住宅楼（广州珠江新城L9地块，自编A1、A2、B1、C1-3栋）获2009年度“中国建设工程鲁班奖”

广州富力金羊花园C5-C8栋获2007年度“中国建筑工程鲁班奖”（参建）

广州富力金羊花园C1-C4栋获2005年度“中国建筑工程鲁班奖”（参建）

广州东山雅筑获2004年度“中国建筑工程鲁班奖”（参建）

广州大学城中山大学图书馆获2006年度“中国建筑工程鲁班奖”（参建）

广州新电视塔

广州白云国际会议中心（B、C、D栋主体结构）获2008年度国家优质工程（银质奖）

广州兰亭颖园获2003年度“中国建筑工程鲁班奖”（参建）

广州市建筑集团有限公司

广州珠江新城核心区市政交通项目是目前全国规模最大的地下空间开发项目。其中，地下主体建筑面积约20万平方米，由广州市建筑集团有限公司承建

广州白云国际会议中心

具有房屋建筑工程总承包特级资质的大型国有建筑施工企业集团，曾先后获中国建筑工程鲁班奖17项，是全国获鲁班奖最多的企业之一。2008年5月，原广州市市政集团、广州工程总承包集团成建制划入组成新广州市建筑集团，企业综合实力进一步增强。集团现有19家子公司，2个博士后工作站，1个省级技术开发中心，总资产达130亿元；持有房建工程总承包特级资质1项、施工总承包一级资质25项，业务涵盖工程施工、机电安装、市政隧道、房地产开发等领域。2008年完成总包工作量136亿元，获国家级奖项6个、市级以上奖项52个，承接了亚运城综合体育馆等一批亚运重点工程和珠江新城核心区市政交通项目等广州标志性工程，新电视塔、广州国际金融中心等广州新地标工程顺利封顶。

参建的广州白云国际会议展览中心获第八届“中国土木工程詹天佑奖”。该项目总建筑面积31.6万平方米，总投资39.36亿元，建成集会议、酒店、展览、宴会、写字楼于一体的大型综合性国际会议中心。该中心采用10多项新技术，其中水源热泵技术每年可以节约燃料费50多万元。主体建筑外墙材料为红色砂岩和透明Low-B玻璃幕墙，有效地做到节能环保。会议中心实行“模块式”运作，不同规模的会议在不同的模块可互不干扰，真正达到国际会议中心的运营水平。

所属的广州工程总承包集团有限公司、广州市第三市政工程有限公司、广州市第四建筑工程有限公司等参建的广州市兴丰生活垃圾卫生填埋场同时也获第八届“中国土木工程詹天佑奖”，是国家环境保护“十五”重点工程，也是目前规模最大、标准最高、施工营运最规范、具有国际水准的现代化生活垃圾卫生填埋场。该项目占地面积92万平方米，设计日处理生活垃圾量2000吨～4500吨。其核心技术主要包括防渗系统、渗滤液处理、沼气的资源利用以及填埋区的分区建设规划等。

广州市兴丰生活垃圾卫生填埋场

广州国际会议展览中心是目前亚洲规模最大、设施最先进、档次最高，能满足大型国际级商品交易会、大型贸易展览等需要的多功能、综合性、高标准的国际展览中心。其一、二、三期均由广州市建筑集团有限公司承建

广州新电视塔塔高610米，建筑安装工程概算约16亿元，是目前世界最高的电视塔。由广州市建筑集团有限公司与上海建工（集团）总公司组成的联合体承建

广州国际金融中心（西塔）楼高432米，是广州标志性建筑之一。由广州市建筑集团与中国建筑工程总公司组成的联合体承建

亚运体育文化中心为亚组委办公场所，总建筑面积18397平方米。由广州市建筑集团有限公司属下的广州市建筑机械施工有限公司承建

广东省长大公路工程有限公司

历经50年的练就，从一支工程兵团发展成为总资产超过100亿元，年土建施工能力40亿元，拥有主要施工设备1200台套，员工规模2400多人，具备国家公路工程施工总承包特级资质，并拥有对外经营权的大型企业。主营业务从公路、桥梁、隧道施工拓展到公路项目投资、运营管理和高速公路养护管理等领域，并逐步走向大型化、专业化、机械化施工，成为南粤交通施工建设的排头兵和主力军。

改革开放以来，先后建成特大型、大中型桥梁250多座，高等级公路1600多公里，建造了广州洛溪大桥、广深高速虎门大桥、广东西部沿海高速崖门大桥、厦门海沧大桥、湛江海湾大桥、深圳湾公路大桥、广州珠江黄埔大桥、杭州湾跨海大桥、佛开高速、京珠高速粤境段、广惠高速、粤赣高速等一大批精品工程。大跨度悬索桥、斜拉桥、连续刚构桥、连续梁桥、拱桥以及环氧沥青钢桥面铺装等施工技术达到了国内领先水平。在施工工艺、产品质量、科技进步等方面获得省部级成果62项，国家级成果10项，其中鲁班奖1项，国家优质工程银质奖3项，中国土木工程詹天佑奖4项。

先后获得“全国施工技术先进单位”、“中国建设系统AAA信誉单位”、“全国五一劳动奖状”、“全国交通系统文明单位”、“全国交通运输系统先进集体”、“广东省优秀企业”、“广东省重合同守信用单位”等称号。“十五”期间，被列为“全国百强建筑企业”。

承建的厦门海沧大桥在2008年1月获“中国土木工程詹天佑奖”。厦门海沧大桥东航道桥为亚洲第一、世界第三座三跨连续飘浮体系钢箱梁悬索桥，大桥的技术应用与科技创新主要有：采用全飘浮体系，钢箱梁在索塔处不设竖向和扭转方向限位装置；研究了多跨悬索桥主缆分段悬链线模型和相应计算方法，开发了能同时适应多跨及单跨悬索桥的主缆线形有限元分析软件；采用创新方法成功解决了边跨短吊索的疲劳问题；首次在国内采用联板同步控制滚轴式散索鞍；悬索桥的锚碇基础国内首次采用倒坡箱形浅埋扩大基础（软弱地基），并开创了全新的重力式锚碇基础型式；在亚洲首次采用空腹三角形框架结构锚碇。

证　书

厦门海沧大桥

荣获第七届中国土木工程詹大佑奖

获奖单位：中交公路规划设计院有限公司
厦门路桥建设集团有限公司
中交第二公路工程局有限公司
广东省长大公路工程有限公司

中国土木工程学会
[illegible]
二〇〇七年十一月

编号：07-13

厦门海沧大桥获第七届“中国土木工程詹天佑奖”

广东西部沿海高速崖门大桥获第六届“中国土木工程詹天佑奖”

公司拥有海上水泥砼拌和船

浙江杭州湾跨海大桥

公司拥有自主产权的移动模架造桥机

广惠高速公路

中国进出口商品交易会琶洲展馆获2007年度“中国建筑钢结构金奖（国家优质工程）”

广州本田汽车有限公司第二工厂总装车间

北京地铁五号线灯市口站工程

广东省工业设备安装公司

成立于1954年，是大型的国有建筑施工企业，具有房屋建筑工程总承包、机电安装工程总承包、市政公用工程总承包一级资质，拥用多项专业施工一级资质，还具备建筑智能化、建筑装饰、消防设施专业设计甲级资质。公司获得质量、环境、职业健康安全管理体系以及特种设备制造安装改造维修质量保证体系的认证注册。50多年来承建了大批国家、省、市重点工程和标志性工程。近年来共获得鲁班奖工程15项，国家优质工程银质奖3项，中国土木工程詹天佑奖工程4项，有2项工程获全国十大建设科技成就，还有大批的广东省优良样板工程。先后获全国“五一劳动奖状”、“全国优秀施工企业”、“全国用户满意安装企业”、“全国先进建筑施工企业”、“全国工程建设质量管理优秀企业”、建设部“精神文明建设先进单位”、广东省“五一劳动奖状”、广东省“先进模范集体”、广东省“质量效益型先进企业”、“职业道德建设先进单位”以及“广东省直系统文明单位”等称号；是中国建筑500强企业。

参建的广州白云国际会议展览中心获第八届“中国土木工程詹天佑奖”。总建筑面积31.6万平方米，总投资39.36亿元，是集会议、酒店、展览、宴会、写字楼于一体的大型综合性国际会议中心。采用了10多项新技术，主体建筑外墙材料有效地做到节能环保。

广州白云国际会议中心工程获第八届“中国土木工程詹天佑奖”

安全技术交底

茂名市建筑集团有限公司

成立于2000年1月，注册资本1.86亿元，国家一级企业，集房屋建筑、设备安装、装修装饰、市政路桥、建筑幕墙、园林、燃气管道、消防、房地产开发于一体，坚持“崇厚德、讲信誉、创优质、树名牌”经营理念，先后创出“鲁班奖”、“国家科技进步一等奖”、“全国双优工地”、“全国质量安全信誉AAA级”、上海“白玉兰奖”、湖北“楚天杯奖”、广东“金匠奖”等198项，现有成员企业12家，直属分公司22家，施工网点遍及全国20多个省、市、自治区。

2008年，承建的中山乐丰花园被评为“广东省优良样板工程”。总投资9849万元，建筑面积77475平方米，2幢23层,地下1层。基础采用外径为φ500～600预制高强预应力混凝土管桩基础，主体为现浇混凝土框支剪力墙结构。外墙采用天然花岗岩干挂石材和45×95cm的瓷质外墙砖；室内装饰为花岗岩、抛光砖、天花吊顶等材料；屋面采用APP改性沥青防水卷材和挤塑型聚苯乙烯保温隔热板和防水隔热板。大楼有消防、电梯、智能系统，设施完备。

中山市乐丰花园二期工程被评为2008年“广东省优良样板工程”

中山大学珠海校区教学楼工程获2001年度“中国建筑工程鲁班奖”

贵阳市金阳新区景怡苑工程被评为2005年度“全国双优工地”

茂名市电力生产综合调度楼工程获2003年度“广东省建设工程金匠奖”

汕头市潮阳建筑工程总公司

成立于1959年，拥有房屋建筑工程施工总承包一级、市政公用工程施工总承包一级、建筑装饰装修工程专业承包一级等资质。现有职工3500多人，各类技术管理人员500多人，各类主要施工机械设备1600多台（套），年施工产值近10亿元。公司下设25个分公司（工程处），施工网点遍及广东、上海等10多个省、市、自治区，还多次走出国门，前往利比亚等地参加工程建设，成为具有区域竞争力的建筑施工企业。先后获得中国建筑工程鲁班奖、中国土木工程詹天佑奖、建设部优质样板工程、建设部住宅小区建设质量金奖、广东省优良样板工程等奖项；还先后被评为“广东省先进企业”、“广东省先进集体”、“连续十九年守合同重信用企业”、2008年汕头市百家“纳税大户”。

承建的汕尾海关业务技术用房被评为2008年“广东省优良样板工程”、“广东省建设工程金匠奖”。该项目建筑总面积12660平方米，工程总造价约2235万元。建筑总高度55.15米。此外，由公司承建的河源市广播电视中心一期工程也同时被评为2008年“广东省优良样板工程”、“广东省建设工程金匠奖”。该项目总建筑面积32303平方米，是集采编、演播、办公于一体的多功能综合大楼，工程建筑设计独特新颖，平面是不规则形，立面造型犹如航母出海，富有动感。建筑物周边及屋面绿化景观丰富，使整个建筑物融入万绿河源自然之中。

汕尾海关业务技术用房工程获2008年度“广东省优良样板工程”、“广东省建设工程金匠奖”

河源市广播电视中心一期工程获2008年度“广东省优良样板工程”、“广东省建设工程金匠奖”

汕头市潮阳建筑工程总公司援建的汶川县草坡乡中心小学

安利（中国）日用品有限公司厂房内部装饰工程获2004年度“中国建筑工程鲁班奖”

深圳共和世家A区获建设部城市住宅小区建设试点施工质量金奖

广东省第五建筑工程有限公司

乳源县人民医院门诊、急诊、传染科综合大楼被评为2008年度“广东省优良样板工程”

始建于1951年8月，是国家房屋建筑工程施工总承包一级企业。已通过ISO9001质量体系、ISO14001环境管理体系和GB/T28001职业健康安全管理体系等三大管理体系认证。改革开放以来，企业重视智力投资，引进和培养了大批专业人才，造就了一支既有理论知识又有实践经验的施工队伍。

坚持以“诚信”为立业之本，先后获 “全国守合同重信用企业”、中国工程建设 “质量安全管理先进单位”、 “AAA+级中国质量信用企业” 和广东省 “连续二十一年守合同重信用企业”等称号。公司承建的工程多次获奖，其中韶关学院图书馆工程获2005年度中国建筑工程鲁班奖（国家优质工程）。

由广东省第五建筑工程有限公司承建的乳源县人民医院门诊、急诊、传染科综合大楼被评为2008年度“广东省优良样板工程”。该工程建筑面积7960平方米，总投资额1705.8万元。该工程建设注重新材料、新工艺、新技术的应用，建筑墙体、屋面、门窗、通风与空气调节等，达到技术设计要求，有效地实现节能降耗。

韶关学院图书馆获2005年度“中国建筑工程鲁班奖”

中山中经颐和山庄

由中山中经房地产置业有限公司建设。地处中山市兴中道，总建筑面积35万平方米，绿化率46%，拥山地峰光之美，依山势而建的建筑尽得山中之豪宅风范。2万平方米生态水景面积、落差20米的超大型叠瀑式生态湖泊景观水系顺应坡地起伏婉转起落，五层叠跌瀑布以强势冲击着逾万平米静逸全生态湖泊水系统，完美演绎静与动的水乐章。姿态万千的逾千米意大利台地水系景观，亲水体味至善至真的自然情怀。

2008年5月，国家康居住宅示范工程达标验收在中山颐和山庄举行，通过对中山颐和山庄的适用性能、安全性能、耐久性能、环境性能和经济性能评定，得到建设部、省建设厅、市建设局领导和专家高度肯定并顺利通过国家康居示范工程达标验收，被评为2008年“国家康居住宅示范工程”。同时，还获得规划设计金奖、建筑设计金奖、施工组织管理金奖、住宅产业成套技术推广金奖。

鸟瞰

中央水系1

中央水系2

中央水系3

五层叠跌瀑布

台地水池

太阳能灯

中山万科城市风景花园

由万科企业股份有限公司所属中山市万科房地产有限公司建设，占地面积33.8万平方米，建筑面积62.55万平方米，容积率为1.85，绿化覆盖率达35%以上，环境优美，小区配套设施齐全。本项目2003年3月开工，2005年5月第一批单位竣工交付，一至四期已全面入伙，目前入住率为80%，五期正在开发。

本项目规划、建筑、环境设计完全符合国家规范、规定、标准等有关要求，且施工质量优良。该项目在前期规划和设计阶段进行了大量的调查和研究，并针对客户的需求进行全装修施工，通过对全装修房进行前期研究及对成本的控制，较好地解决城市中低收入人群的居住问题。项目实现全装修部品标准化、工厂化生产，为房地产项目大规模开发和实现工业化奠定良好的基础，施工过程充分引用自主创新和应用“四新”技术，施工质量优良，竣工验收一次合格率达100%，获得2008年国家“广厦奖”等多项荣誉。

万科企业股份有限公司成立于1984年5月，是目前中国最大的专业住宅开发企业。2008年公司完成新开工面积523.3万平方米，竣工面积529.4万平方米，实现销售金额478.7亿元，结算收入404.9亿元，净利润40.3亿元。公司致力于通过规范、透明的企业文化和稳健、专注的发展模式，成为最受客户、最受投资者、最受员工、最受合作伙伴欢迎、最受社会尊重的企业，连续六次获得“中国最受尊敬企业”称号。

万科1988年进入房地产行业，1993年将大众住宅开发确定为公司核心业务。至2008年年末，业务覆盖到以珠三角、长三角、环渤海三大城市经济圈为重点的31个城市。当年共销售住宅42500套，在全国商品住宅市场的占有率从2.07%提升到2.34%，其中市场占有率在深圳、上海、天津、佛山、厦门、沈阳、武汉、镇江、鞍山9个城市排名首位。

万科1991年成为深圳证券交易所第二家上市公司，赢得了投资者的广泛认可。过去20年，万科营业收入复合增长率为31.4%，净利润复合增长率为36.2%，逐渐确立了在住宅行业的竞争优势：“万科”成为行业第一个全国驰名商标，旗下“四季花城”、“城市花园”、“金色家园”等品牌得到各地消费者的接受和喜爱；公司研发的“情景花园洋房”是中国住宅行业第一个专利产品和第一项发明专利。公司致力于不断提升产品品质。至2008年，万科共有15个项目获得“中国土木工程詹天佑奖”。

2008年“广厦奖”——中山万科城市风景花园

深圳万科城项目

仁恒星园

仁恒星园是仁恒置地集团于珠三角地区开发的首个项目，是目前中心城区规模最大的精装修社区，也是珠海首个国家3A级住宅。按照国家住宅性能标准要求规划、开发和建设的项目，经建设部组织的专家评审组评定，于2008年通过国家住宅性能认定。

占地23.5万平方米，建筑面积42.5万平方米，建筑密度13.46%，绿化率45.7%，容积率仅1.8，由29栋18层以上的高层住宅组成，是目前珠海中心区规模最大、密度最低的住宅项目之一，有规划配套包括独立商业街、会所、幼儿园、小学、初中等大型配套设施。秉承仁恒置地集团高端精装修精品社区的品质，打造为住宅高端精品住宅及高品质人居的项目典范。无论是规划设计（建筑、园林）、配套设施（商业、会所、学校）、精装品质（品牌、细节）还是物业管理（售后维护）方面都将珠海的人居环境推向新的水平。

仁恒置地集团是一家来自新加坡并以中国内地业务为发展重心的房地产开发商，集中在中国境内的高增长、战略性选择的重点城市发展高端全装修住宅、大型商业、五星级酒店及甲级写字楼等综合项目，已于2006年在新加坡主板IPO上市。目前集团已扩展业务至中国4大主要经济区内8个重点高增长城市。

仁恒进入中国房地产市场以来一直坚持以精装修成品房开发为主导，是国内最早从事精装修成品房开发，而且开发量最大的房地产发展商。其在精装修成品房开发的经验技术在行业内处于领先地位，得到行业的充分认可及高调赞誉，成为业内的开发精装修成品房的翘楚。

仁恒星园实景图

仁恒星园模型图

恒晖豪庭

恒晖豪庭是广东恒升建筑装饰工程有限公司“恒晖苑”系列楼盘的代表作，位于新兴县新城区中心，占地面积达4万平方米，建筑面积10.5万平方米。按照广东省绿色住区的标准要求和国家A级住宅性能标准要求策划、开发、建设，项目建成后，被评为“广东省绿色住区实验小区”和“中国泛珠区域最具创意户型楼盘”，并经建设部专家评审组评定，于2008年通过国家住宅性能A级认定，成为云浮市首个获此殊荣的楼盘，也是全国首个县域房地产获A级性能认定的楼盘。定位豪庭升级版的恒晖豪庭二区项目在建,将成为新兴都市生活又一崭新的绿色高尚生活社区。

恒晖豪庭获A级住宅性能认定称号

入户玄关

新兴恒晖车库花园层

套内错层

恒晖豪庭全景图

恒大地产集团

恒大地产集团是集房地产规划设计、开发建设、物业管理于一体的现代化大型房地产综合企业，连续六年荣登中国房地产企业10强。拥有中国一级资质的房地产开发公司、中国甲级资质的建筑设计规划研究院、中国一级资质的建筑施工公司、中国一级资质的建筑监理公司、中国一级资质的物业管理公司。

坚持以诚信为基础，以创新为动力，着力实施精品战略，塑造国际品牌。公司在广州、天津、重庆、沈阳、武汉、成都、南京、西安、长沙、太原、昆明、合肥等全国20多个主要省会级城市及周边地区拥有恒大华府、恒大名都、恒大城、恒大绿洲、恒大金碧天下等系列项目逾50个，大规模开发并快速销售高性价比的房地产产品，成功实现规模与品牌的同步跨越。恒大产品种类覆盖高端、中端及中高端、旅游地产等多个产品系列，先后获得“中国名盘”、“中国房地产成功开发典范”等30多项国家级殊荣。恒大高层领导管理团队16人，年富力强、专业经验丰富。平均年龄42岁，平均房地产开发管理经验16年，其中教授1人、博士3人、硕士5人。恒大还拥有一支近7000人的年轻化、高学历、高素质的房地产开发建设员工队伍，90%以上管理干部是大学本科以上学历。

未来，恒大将坚持全球化视野，在世界经济一体化背景下，全面实施国际化精品产业战略，成功引入美林、淡马锡等多家全球战略投资者，并与100余家世界顶级团队合作，致力于成为21世纪中国地产规模一流、品牌一流、团队一流的三个一流企业，全力打造全球化地产航母。

恒大地产集团董事局主席许家印教授亲自为郎平颁发恒大女排主教练聘书。

恒大慈善万人行在北京人民大会堂揭幕

恒大地产集团全国精品战略合作联盟

2008年3月，恒大独家冠名赞助第49届世界乒乓球锦标赛

恒大地产经典皇家园林实景

恒大广州山水城开盘热销实景

恒大9A精装的样板房实景

恒大广州御景半岛实景

恒大皇家园林代表作——恒大御景半岛中轴园林

格力地产

珠海最大的企业集团之一，连续多年在中国500强企业名列前百位。格力地产是格力集团三大产业结构中的一个重要板块，经过20多年的发展，已成为珠海目前最具实力和影响力的房地产企业之一。

在积极参与特区建设的同时，着力打造全新的地产品牌，使“格力”这个家喻户晓的品牌在房地产领域更加丰富生动。2004年，格力地产重新进行资源整合，以“创精品、上规模、树品牌”的发展战略，传承“工业精神”，打造精品工程，获得了宝贵的发展契机，于2009年成功上市。

积极倡导“品牌的力度在于品质，品牌的精度在于细节”，以形成严谨精致的建筑艺术，让建筑表现城市的品位。“工业精神”是格力的传统理念，格力地产将工业DNA精细化、标准化的管理、设计、制造引入到传统粗放型的住宅产业，少说空话，多干实事，精工细作，标准严谨，控制有序，追求创新。格力地产坚持善用土地，以人为本，不仅追求盖精致、实用的房子，更加关注房子所承载的生活品质，营造舒适的家园环境。目前在建的总面积达60万平方米的格力广场、格力·香樟等项目以精深的规划设计、精良的建筑质量、精锐的工程技术和精准的项目管理获得了业界和消费者的高度评价。

面对新形势的挑战，格力地产以“专注城市，专筑生活”为理念，立足发挥现有优势，呈现出强劲的发展势头。格力地产将加大在房地产领域的投资和国内区域市场的重点布局，促进销售额和利润持续稳步增长，使格力地产不仅仅是珠海的品牌，更成为中国的品牌。

“专注城市，专筑生活”的企业经营理念

“少说空话，多干实事”的企业文化

格力广场建设工地

格力广场建设实景

格力广场项目

格力广场项目样板间

项目工地规范化管理

中共中央政治局委员、广东省委书记汪洋（第二排，中）探访四川汶川桑坪中学学生

碧桂园控股有限公司

以房地产为主营业务，涵盖建筑、装修、物业发展、物业管理、酒店开发及管理的国内著名综合性房地产开发企业。2007年4月在香港联交所主板上市。目前，碧桂园在全国拥有近60个项目，遍布广东、安徽、江苏、湖南、湖北、重庆、辽宁、黑龙江、内蒙古等省、市。

碧桂园大多数项目配套建设五星级标准酒店、商业广场，引入银行、学校、公共交通路线等，并提供丰富的住宅类型以满足不同的市场需求，拥有逾20万业主。碧桂园以“希望社会因我们的存在而变得更加美好”和“做有良心、有社会责任感的阳光企业”为企业文化核心理念，合法经营、诚信纳税，受到社会各界的普遍肯定。

碧桂园荣列2007～2008年度中国房地产企业销售面积、竣工面积、主营业务收入第一名，2007年度中国企业集团纳税500强，2005、2006年蝉联中国私营企业纳税第一名，全国住户满意度示范社区，中国房地产30年十大杰出贡献企业，蝉联八届广东地产资信20强，并被评为中国驰名商标。

沈阳碧桂园·凤凰城

沈阳碧桂园·凤凰城

安徽碧桂园·滨湖城

顺德碧桂园全景

广州碧桂园 · 凤凰城酒店远景

广州碧桂园 · 凤凰城

广州碧桂园 · 假日半岛

广州市城市建设开发有限公司

广州维多利广场

成立于1983年，是广州市最早成立、实力雄厚的房地产综合开发企业。2002年通过资产重组，成为香港上市公司“越秀投资”（证券代码00123）的主体。公司总资产近300亿元，属下拥有13家行业配套完善并居于专业领先地位的全资、控股公司以及6家联营和参股企业，是资本结构和产业发展多元化的综合性房地产开发企业。

秉承“天长地久，诚信关爱”的经营理念，以向客户创造商业价值及提供高质量生活空间为己任，赢得社会各界一致好评和信赖。公司历年获得多项荣誉，近年有：2004年度“中国房地产十大品牌”、2005年度“中国金房奖——最具竞争力企业”、“广东房地产十大最具影响力品牌”第一名、2006～2008年度连续三年“中国广州最具竞争力房地产30强”、2008年度“中国房地产企业100强”、“广东房地产企业竞争力20强企业”等。

植根广州。历年累计开发面积900万平方米，开发住宅小区50余个，主要开发建设了广州市高尚住宅小区二沙岛别墅区、“后小康”人居杰作从化逸泉山庄及南沙滨海花园、精品住宅星汇云锦、可逸豪苑、翠城花园、星汇雅苑、岭南雅院、岭南湾畔等项目，完成占地面积5.2平方公里的天河建设区的综合开发任务，确立了在广州房地产行业的领先地位。

近年来，按照住宅与商业地产“两驾马车并驾齐驱”的发展战略，打造了天河、流花、珠江新城和南沙四大商务圈，主要开发建设了天河环体育商圈甲级写字楼维多利广场、财富广场、城建大厦等项目，占天河中央商圈同类物业总量的1/3以上，在建商业项目有广州第一高楼珠江新城广州国际金融中心（西塔）项目、建筑面积68万平方米的财富天地广场项目。

2005年12月，利用在香港资本市场的运作经验及资源优势，将旗下白马大厦、城建大厦、维多利广场和财富广场四项优质物业打包组成房地产信托投资基金，成功在香港联交所上市，成为全球首个上市发行内地房地产信托投资基金，为内地商业地产经营走出了一条新路。

成就百年老店和卓越的行业领先者是公司的发展愿景。未来，公司将继续致力于做大做强做优，努力将远景蓝图变为现实。

广州逸泉山庄

广州南沙滨海花园

广州江南新苑

广州翠城花园

富力地产

（香港联合交易所上市编号：2777）

1994年成立，集房地产设计、开发、工程监理、销售、物业管理、房地产中介等业务于一体，拥有建设部颁发的一级开发资质、甲级设计资质、甲级工程监理资质、一级物业管理资质及一级房地产中介资质。从大本营广州开始，富力已实现全国性的布局策略。

一直专注于公司的主营业务，发展并以合理的价格销售高质素产品，并以顾客的需求作为营销的出发点，赢得了客户的信心及公众的认同。2005年7月，富力地产在香港联交所主板上市。2008年销售额达160亿元，销售面积约为160万平方米。

富力地产成为国内房地产企业表现最好的上市公司之一；同时也令富力地产连续四年蝉联国家统计局评选并公布的中国房地产企业综合实力第一名。成功上市以来，富力地产进入的城市拓展至10多个，拥有超过80多个物业项目。在广州，富力地产在CBD中心所在地珠江新城共有15个项目，其中包括与全球著名连锁酒店管理集团共同打造属于国际酒店业顶级品牌的“广州富力丽思卡尔顿酒店”和“广州富力君悦大酒店” 两家超五星酒店。

历年来，公司各类慈善捐赠遍及文教、卫生、治安、敬老、扶贫等领域，捐款金额接近1.6亿元。截至2009年7月31日，富力地产拥有土地储备总建筑面积约2322万平方米，足够未来三至五年发展所需。

广州富力君悦大酒店

天津富力津门湖

广州富力中心

宜华地产股份有限公司

（股票代码：000150）

宜华地产注册资本3.24亿元。现已发展为涵盖房地产开发、物业管理、公路建设、城市基础设施建设等产业的大型投资企业。现为中国房地产企业家全国理事会理事单位、广东省房地产行业协会副会长单位、广东省房地产企业诚信联盟成员、汕头市城市规划协会副理事长单位、汕头市房地产业协会副会长单位。

作为一家规范化经营、专业化运作的房地产开发企业，宜华地产在短短几年时间，建立起一套卓有成效的企业管理体制。开发的楼盘从规划设计风格到景观园林配套建设等都深受社会各届人士的青睐，落成楼盘售房率达百分之百，上乘的质量赢得消费者及社会的赞赏。宜华地产先后获“中国房地产诚信企业”、“中国房地产先进单位”、“中国房地产示范单位”、“中国泛珠区域房地产开发品牌企业”、“中国金房奖·最具影响力企业”等称号。

2007年11月，宜华地产成功实现借壳上市（股票代码：000150），并实施了股权分置改革，成为粤东地区首家上市的房地产企业。宜华地产以“海纳百川，自强不息”的精神，全面实施品牌战略，迅速提升品牌价值和感召力，在实现企业稳步、持续发展的同时，宜华地产将挑起光辉的重任，凝聚潮人的力量，引领粤东地产行业崭新的发展趋势，推动粤东城市建设水平迈向辉煌巅峰！

宜华地产董事长　刘绍生

企业使命

——品质卓越·睿智发展

前进的征途中，发展的道路上，宜华地产凝聚着求新务实的精神，肩负缔造高端生活标准的企业使命，在发展过程中始终以“质量第一”严格要求自己，在开发出高品质房地产项目的同时，不断提升住宅质量、配套质量、生活质量，使新开发区域的城市价值不断得到飞跃性的提升。回首观望，丰碑座座；举目前瞻，责任依然。

宜都帝景

企业宗旨

——以人为本·创新创优

宜华地产满怀奉献社会的一片热诚、构筑祥和人居的拳拳之心，秉承“以人为本，诚信为先”的经营宗旨，凭借着精准的市场定位、前瞻性的开发理念，立足市场，不仅考虑现有消费者的需求，更注重潜在消费者的需求，创新创优，将品质提升贯穿始终，力求以尽善尽美的产品和服务赢得消费者和社会的肯定，塑造房地产开发行业的领军形象。

宜居华庭

未来展望

——塑卓越品牌·领企业腾飞

创业以来，宜华地产专注于地产开发，并致力于成为“中国城区营运商”的领跑者。作为全国性的品牌开发商，企业遵循着“打造常青基业，促进持续发展”的长远发展目标，立足粤东，面向全国。整合各类资源，把先进的模式引入自身发展当中，以良好的跨区域经营能力和完善的结构资本体系，打造出优秀的地产品牌。

宜景轩

背景：宜馨花园

广东省建筑科学研究院

成立于1962年，现有职工600余人，主要从事建设工程领域科学技术研究，并提供相关技术服务。专业涵盖地基基础、建筑结构、道路桥梁、建筑材料、建筑物理、建筑设备、建筑节能、建筑物诊治、建筑环境工程等领域。技术服务能力包括：工程质量检测能力覆盖1200多个技术标准，拥有咨询甲级、勘察甲级、规划甲级、设计甲级、监理甲级、招标代理甲级、水土保持编制甲级、特种专业施工和产品开发等资质。拥有的科研平台包括：广东省亚热带建筑技术公共实验室、广东省建筑工程新技术研究重点实验室、广东省节能建材重点科研基地、企业博士后科研工作站和岩土工程硕士点。坚持“创新发展，服务社会”的办院方针，竭诚为社会各界提供“专业规范，公正高效”的技术服务。

承担广东科学中心的质量检测、节能咨询，该项工程获2007年中国建筑节能年度代表工程

承担广州西塔的施工监测、幕墙检测等工作，该工程属全国首例在超高层建筑中运用施工监控技术

“广州国际玩具礼品城一期工程”的规划设计被评为全国优秀工程勘察设计行业建筑工程三等奖

主持和参与5项国家“十一五”科研课题

广州市建筑科学研究院有限公司

原名广州市建筑科学研究院，成立于1964年4月。2008年9月由事业单位改制为有限公司，国有持股100%。科研实力雄厚，拥有一支科技人员占职工总数75%的高素质人才队伍，完成科研项目70项，其中46项获建设部、省市级科学技术奖，获6项国家专利，是广州市建设委员会建设科技研究开发的主要依托单位和广州市建筑集团有限公司的科技龙头单位，同时又是广东省广州建筑重点工程技术研究开发中心的核心单位。建立了广州市建筑技术科学重点实验室、广东省建筑节能与应用技术重点实验室，与中山大学共建岩土工程硕士点、固体力学博士点，是广州市建筑集团有限公司企业博士后科研工作站。具有丰富的工程勘察、质量检测和设计、施工经验，承担了省、市重点建设项目的工程质量检测、技术仲裁、新技术推广应用和信息交流，以及一批标志性建筑的设计和施工等工作。

办公大楼——建研大厦

新型桩基——随钻跟管桩钻机

实用新型专利证书

专利证书

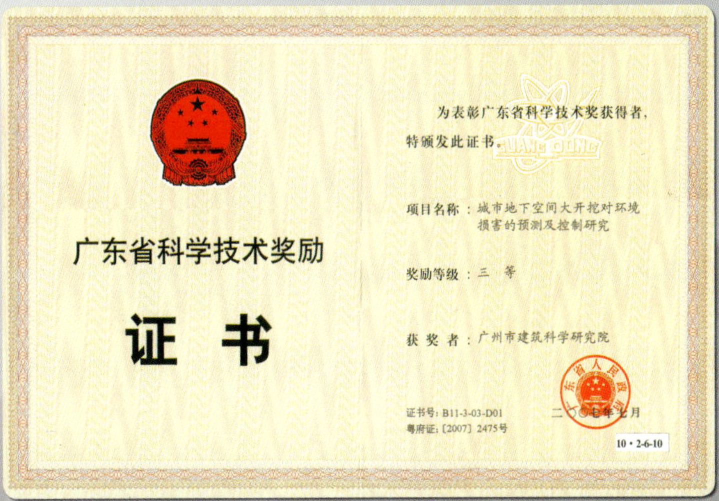
为表彰广东省科学技术奖获得者，

特颁发此证书。

广东省科学技术奖励

证　书

项目名称：城市地下空间大开挖对环境损害的预测及控制研究

奖励等级：三　等

获 奖 者：广州市建筑科学研究院

证书号：B11-3-03-D01

粤府证：[2007] 2475号

10 • 2-6-10

广东省科学技术奖励三等奖证书

绿色城市建设的技术服务商

深圳市建筑科学研究院有限公司
Shenzhen Institute of Building Research Co.,Ltd.

由深圳市属科研事业单位改企而成的国有独资企业，为深圳市投资控股有限公司直属企业。自1982年成立以来，深圳市建科院一直从事建筑设计和建筑科学技术的研究、开发、应用。2008年被认定为“国家级高新技术企业”。

以建筑科学技术的研究、开发、应用为核心，以服务绿色城市建设为导向，依托科研、设计、检测、咨询业务的互动支持体系，服务链涵括建设全过程各个环节，通过针对性地为客户提供切实可行的解决方案，提升服务价值。

集群式国家级和市级科研平台、产业化平台

拥有国家级民用建筑能效测评中心（华南地区唯一），为住建部和财政部可再生能源建筑应用示范项目的六家测评机构之一（南方地区唯一），拥有住建部首批建筑门窗节能性能标识实验室、深圳市建筑节能重点实验室（南方地区首家市级建筑节能研究公共技术平台）、深圳市节能检测评价中心以及深圳市建筑节能检测评价中心（市级节能检测与评价公共技术平台）等，为国家、省、市各级政府部门提供技术和决策支持。近几年，先后开展国际、国家、省部级、市级节能相关科研项目60余项，其中国家级课题近20余项。2009年5月“深圳市国家机关办公建筑和大型公共建筑能耗监测平台”首期试点工程项目通过国家住房和城乡建设部组织的专家验收，被评审组专家誉为世界首创。

主编、参编多项标准

先后主编和参编了近50项国家和地方标准或规范，如国家标准《公共建筑节能设计标准》、《绿色建筑评价标准》等。

绿色城市技术服务为主导

1993年成立建筑设计部门，具备国家建筑工程设计甲级资质。设计团队始终以绿色建筑设计为最主要的设计思想，在项目前期利用计算机模拟技术等科研手段，为客户提供节能高效、综合性能优越的设计，形成独特的设计风格，在住区建筑、办公建筑、医疗建筑、校园建筑、园区建筑等领域积累了丰富的经验。从2000年至今已完成设计项目200多项，涉及建筑面积1000多万平方米，获部、省、市级优秀设计奖励20余次。

丰富的绿色建筑实践经验

近年来进行了大量的绿色建筑实践，取得了丰硕的成果。完成了300余项绿色建筑的咨询、设计、建设。

广州市自来水公司

创建于1905年10月，是集自来水的生产、销售、服务和多种经营于一体的国有特大型供水企业。其供水面积486平方公里，管网总长度5134公里，设计综合生产能力465万立方米/日。曾获“全国五一劳动奖”、“中国讲诚信守合同重质量典范企业”、“中国最佳公共事业服务奖”、“广东省优秀企业”、“中国广州十大最具社会责任感企业”等称号，在国内同行中享有较高声誉。

坚持以科学发展观统领供水发展全局，以科技创新为动力，不断提高供水水质、服务及管理水平。近期，为满足亚运会供水需求、促进广州经济发展和社会和谐，公司正全力推进西江引水工程和水厂配套改造。展望未来，广州自来水人将秉承“优质供水，诚信服务”的企业精神，以高度的责任感和使命感，创造和谐供水用水环境，实现“人水和谐”的新局面！

臭氧设备

水质监控

服务大厅

南洲水厂全景

广州市城市规划勘测设计研究院

成立于1953年，是全国领先、华南地区规模最大的规划勘测设计高新技术单位，服务范围涵盖城市规划、测量与地理信息工程、建筑设计、市政规划与设计、岩土工程、工程咨询、工程监理、工程代建、工程总承包等领域，具有10项甲级资质。全院拥有员工1400余人，其中博士21人，硕士228人；教授级高级工程师12人，高级工程师149人。借助高素质的人才队伍和多专业资源整合，该院具备向政府、社会和公众提供工程建设全过程一站式专业技术服务的雄厚实力，先后完成了广州市2020城市总体发展战略规划、广州市城市总体规划纲要(2010～2020)、广州“数字详规”、2010亚运会（广州）亚运村规划设计及运动员村建筑设计和工程勘察、广州市城市规划基础地理空间数据库建设、广交会琶洲展馆三期建筑设计和工程勘察等重点项目。该院坚持“科技兴院”的立院方针，鼓励科技创新，注重产研结合，先后获市级以上工程奖项500余项。其中，广东奥林匹克中心详细规划获国家金质奖，中国1厘米精度城市大地水准面及高精度三维大地测量基准研究获国家科技进步二等奖。未来，广州市城市规划勘测设计研究院将继续以“服务政府、服务社会，致力于创造更美好的人居环境”为使命，秉承“求真，责任，卓越，成就你我”的核心价值观，力争发展成为国内最具影响力的专业化联合舰队。

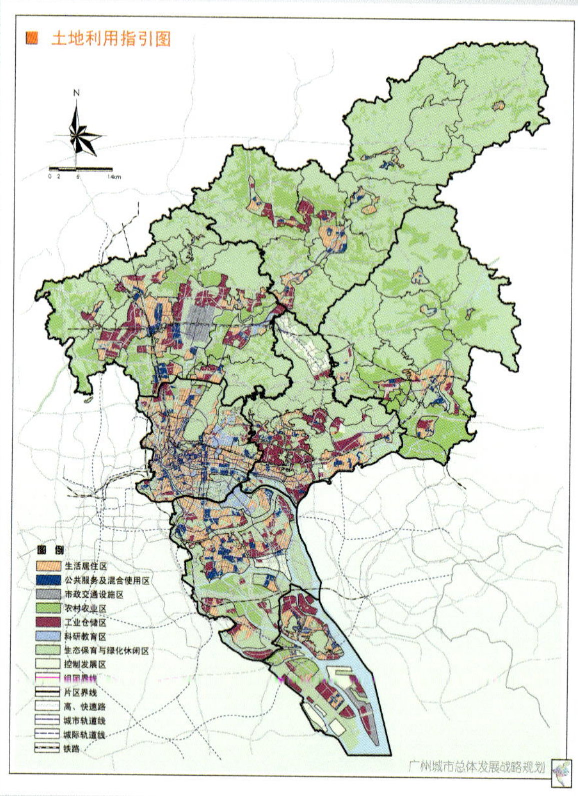

广州城市总体发展战略规划土地利用指引图

广州“数字详规”

2010亚运会（广州）亚运村规划设计

华南理工大学建筑设计研究院

1979年成立，是全国著名的甲级设计研究院，具有建筑行业建筑工程设计、建筑工程（含超限高层）施工图审查、建筑智能化系统工程设计、工程咨询、城市规划、市政公用行业等资质，并通过ISO9001质量体系认证。现有员工332人，其中中国工程院院士、全国工程设计大师1名，教授、研究员、教授级高工、高级建筑师、高级工程师111人，一级注册建筑师52人，一级注册结构工程师27人，有近一半的技术人员具有硕士以上学位，有一批具有较高学术造诣的各专业技术带头人。

长期致力文化博览建筑、教育建筑、超高层建筑、体育建筑、会展建筑设计研究，主要设计代表作有广州西汉南越王墓博物馆、珠海机场航站楼、浙江大学、广州大都会广场、中国市长大厦、星海音乐厅、广东奥林匹克体育场、广州国际会展中心、广东现代展览馆、广州珠江新城西塔、广州大学城二组团、北京藏文化研究中心、东莞虎门鸦片战争博物馆、四川乐山大佛博物馆、侵华日军南京大屠杀纪念馆扩建工程、2008北京奥运羽毛球馆及摔跤馆、2010年上海世博会中国馆等。

历年获部级以上优秀设计奖100多项，其中国际杰出成就奖1项，十大科技成就奖1项，国家金奖3项、银奖8项、铜奖4项。所获得的奖项在广东辖内设计院中排名第一。2008年参与投标项目232项，其中中标39项；全年新签订设计合同107项，合同金额1亿多元，合同设计面积414.75万平方米。院长何镜堂教授为中国工程院院士、全国建筑设计大师、首届梁思成建筑奖获得者。

2010年上海世博会中国馆全球华人方案竞赛第一名

侵华日军南京大屠杀遇难同胞纪念馆扩建工程国际竞赛第一名

广州国际会展中心

2008北京奥运会摔跤馆

四川乐山市博物馆

安徽省博物馆

广州珠江新城西塔

广州市设计院

成立于1952年，是国内成立最早的甲级勘察设计单位之一。拥有工程勘察设计、工程设计咨询、城市规划、市政设计、施工图审查等多项资质，并已通过ISO9001-2000质量体系认证。是全国勘察设计综合实力百强单位，2006年获“中国十大建筑设计公司”称号。

注重精品设计和技术创新，自20世纪50年代以来，打造出了一批高质量、富有较强影响力的时代精品，如白天鹅宾馆、天河体育中心、广州大学城中山大学、天河城广场、正佳商业广场、广州发展中心大厦、广州新电视塔、珠江城、南越王宫博物馆、中山图书馆、毛泽东遗物馆、湖南省人民会堂等。至2008年已有300多项（次）工程勘察设计获国家、部、省、市级的奖励。

广州市南越王宫博物馆

湖南省人民会堂

湖南韶山毛泽东遗物馆

中山图书馆

深圳市建筑设计研究总院有限公司

成立于1982年，为深圳市直属的大型国家综合甲级设计院。本部设在深圳，下设第一、二、三分公司，城市规划设计院、城市环境设计研究所、总源物业管理有限公司及直属设计部所，参股公司有众望建设监理公司、精鼎建筑工程咨询有限公司，驻外机构有重庆分公司、武汉分公司、北京分公司、合肥分公司、成都分公司。

业务范围

从事各类民用及工业建筑设计、装饰工程设计、城市规划编制、施工图设计文件审查、建筑科学技术研究、建筑新材料新技术推广和应用以及建设工程监理、造价咨询等业务。

专业团队

现有职工1800余人，其中:全国工程勘察设计大师1人，教授级高级工程师9人，高级工程师241人，工程师325人。国家一级注册建筑师100人，国家一级注册结构工程师87人。技术力量雄厚。

经验成就

完成国内外建筑工程设计项目3200余项，覆盖办公建筑、商业建筑、医疗建筑、体育建筑、居住建筑、教育建筑、工业园区及城市规划、市政工程等各种类型。其中100多个项目获国家、省、市优秀工程设计奖。参与完成多项国家、省、市规范、规程、地方标准的编制工作，包括《建筑抗震设计规范》、《钢管混凝土组合柱结构设计规程》等，获得近30项国家、省、市级科研成果奖。

荣誉业绩

2006年被中国勘察设计协会评为“优秀勘察设计院”，被建设部评为“十五”全国建设节能先进集体；2007年获人事部和建设部颁发的“全国建设系统先进集体”称号；2008年获深圳市市政府颁发的“援建四川地震灾区先进集体”称号，并获住房和城乡建设部颁发的“全国住房城乡建设系统抗震救灾先进集体”称号。

服务理念

是全国第二家通过ISO9001质量管理体系认证的设计单位。通过多年的运作，建立了一套完整有效的质量管理体系。本着“以人为本”的设计理念，完美的建筑创意和先进的工程技术，以质量和服务赢得市场。

深圳证券交易所广场

深圳市世界大学生运动会体育中心

安徽合肥政务文化新区政务中心

深港西部通道旅检大楼

东莞会展中心站夜景

东莞市地理信息与规划编制研究中心

成立于2001年，是隶属东莞市城建规划局管理的副处级事业单位。该中心的主要职能包括：负责规划管理政策评价、研究和制定；对城市规划管理中的难点、热点问题进行研究，提出策略和措施；承担市城建规划局委托的规划编制、建设项目可行性研究；负责城市交通建设规划编制，为市政府交通建设政策及城市交通建设项目提供研究成果和决策依据；负责地质勘察、工程测量；建立城市规划管理地理信息系统，对城市规划的基础资料进行收集、整理、储存，为城市规划和相关工作提供信息服务；负责规划系统人员专业培训的组织工作。

2008年，中心承担的工作主要包括：

一、开展规划研究。主要成果有市政府调研课题《以城市化为统领，加快推进经济社会双转型》、《修建性详细规划为抓手，推进城市规划精细化管理》、《东莞市地下综合管线普查以及信息系统建设的可行性研究报告》等。

二、组织规划编制。主要成果有《东莞市住房建设规划（2008～2012）》、《东莞市BRT线网规划》、《东莞市BRT试验段运营后公交线网调整研究》、《东莞市区综合交通规划》和《长安镇综合交通规划》。

三、推进信息化。主要成果有基于遥感和GIS的东莞市生态环境资源核算研究、“控规一张图工程”、控规辅助设计与审核系统、地下综合管线普查以及信息建库项目等。

四、推进重点工程规划建设。主要包括市域轨道交通、东莞东站改扩建工程、石龙火车站迁建工程、BRT试验段工程、市属市政道路设计等。

东莞市区主骨架道路系统规划图

东莞市域轨道交通布置图

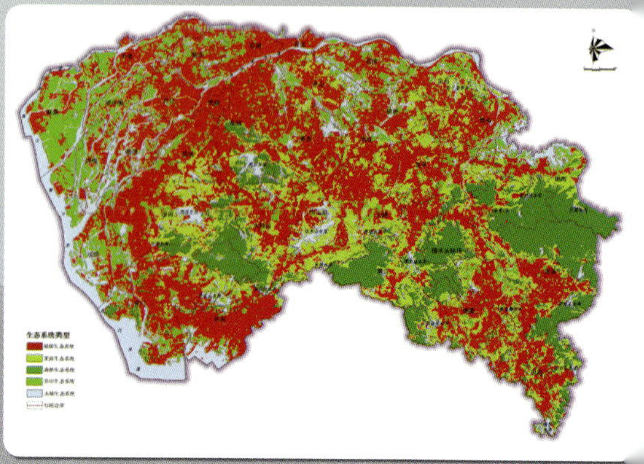

东莞市生态资源分布图

东莞市大业建筑技术咨询有限公司

成立于1997年，是一家具有房屋建筑（含超限高层）、市政（给水、排水、隧道、道路、桥梁、风景园林）基础设施一类施工图审查资质，建筑工程乙级监理资质，工程招标代理机构暂定级资格，房屋安全鉴定从业资格的企业。

技术实力雄厚，专业配置齐全，技术装备先进，办公设施完善，情报资料丰富。办公面积达2000平方米，拥有一批从事建筑工程设计咨询工作超过20年的资深专业技术人员，包括各专业注册工程师、高级工程师以及强大的专家顾问团队。

秉承“大道唯诚，业精于思”的宗旨，逐步建立和完善内部管理制度和质量保证体系，以严谨科学的工作态度和热情周到的服务精神，为客户提供快捷、高效、全方位的优质服务。

总经理　江茜

热情、周到的专业服务

严谨、科学的工作态度

精干、专业的管理团队

深圳市安托山混凝土有限公司

成立于1999年6月，注册资金3000万元，是东南亚规模最大、生产工艺自动化程度最高、设备最先进、配套功能最齐全、环保意识最强、行业资质最高的大型商品混凝土生产企业。主要生产C60至C100等各种高标号商品混凝土，拥有四组电脑全自动控制生产线，生产能力每小时达720立方米。公司已通过ISO9001：2000质量管理体系认证、英标QSPSC产品质量认证及中国环境标志认证，被评为深圳市循环经济示范项目。

以“服务至上，质量第一”为宗旨，通过深圳市会展中心、华润万象城、沃尔玛、深圳地铁、西部通道等深圳市重点工程项目的混凝土供应，取得了良好信誉，赢得了建筑界和客户的一致好评。

深圳市安托山混凝土公司沙井分站搅拌楼

深圳市安托山混凝土管桩有限公司

深圳市安托山混凝土有限公司实验室

深圳市安托山混凝土有限公司全貌

广州越秀水泥集团有限公司

Guangzhou Yuexiu Cement Holdings Ltd.

2009年3月18日，全国人大常委副委员长、妇联主席陈至立（右一）考察广州越秀水泥集团有限公司

成立于1996年，是投资及经营管理水泥、商品混凝土的大型企业，年产优质旋窑水泥600万吨，商品混凝土200万立方米。

以“无害化、减量化、资源化、规模化、稳定化”的循环经济原则，坚持走科技含量高、经济效益好、资源消耗低、环境污染少的新型工业化道路。通过投资兴建环保节能项目和改造生产工艺，利用水泥窑协同处置生活和工业废弃物、工业废料替代水泥生产中的原料及二次燃料、余热发电等一批先进节能技术得到广泛应用，实现了经济效益、环境效益和社会效益“三统一”。

属下包括有广州市越堡水泥有限公司、广州市珠江水泥有限公司、广州市花都水泥有限公司等3家水泥企业和4家商品混凝土搅拌站，生产的粤秀牌、金羊牌和粤花牌水泥获广州市质量监督免检产品和省、市名牌产品称号，其中粤秀牌和金羊牌水泥入选为国家首批八大类免检产品，广泛应用于高速公路、机场建设、桥梁、地铁等国家重点建设工程和大型建设工程，并远销港、澳与东南亚地区，深受国内外用户的信赖。

产品品种：P.II型硅酸盐水泥、P.O普通硅酸盐水泥、P.C型复合硅酸盐水泥

2008年1月17日，广州市常务副市长邬毅敏（右二）调研广州越秀水泥集团有限公司

广州市越堡水泥有限公司

广州市珠江水泥有限公司余热发电项目已经并网发电

广州市珠江水泥有限公司

广东省建筑设计研究院

中国最早成立的大型综合性工程勘察、设计、研发、咨询单位之一，具有国家颁发的城乡规划编制、工程勘察、建筑工程设计、市政公用工程设计、工程咨询、建筑装饰设计与施工、建筑智能化系统工程设计、工程建设监理(包括招标代理)、建筑（含市政）工程施工图审查等甲级资质以及地下铁道建筑设计资质。

现有9个综合建筑设计研究所，并设有市政工程、机电设备、机场等专业设计研究院（所）、勘察所、施工图审查中心、高级建筑结构分析中心，拥有地铁设计、工程监理、实业开发、环境艺术设计、岩土开发、工程咨询、造价咨询、工程检测等多家专业性公司，基本形成以建筑与市政工程设计为主业，城市规划、工程咨询、室内装饰、园林绿化、工程监理、工程代建、工程造价咨询、工程总承包、建筑技术研发等为重点的集团化产业构架。还拥有先进的技术设备，CAD技术的开发与应用以及信息化建设均位居全国工程勘察设计研发咨询行业前列。

一贯注重设计质量，推行全面质量管理。1985年曾获全国“全面质量管理达标先进单位”，1997年通过了ISO9001国际质量认证，1998年被建设部授予“‘八五’期间全国工程建设管理先进单位”称号，2000年始连续七年获得广东省工商管理局颁发的“重合同、守信用”企业荣誉证书。20世纪80年代以来，该院先后获得国家、部省级以上优秀设计、优秀勘察、优秀软件、科学技术奖等300多项次，其中国家优秀设计金奖2项，另外有4项工程分别获第一届、第三届、第五届、第六届中国詹天佑土木工程大奖。2006年获建设部“十五全国建设科技先进集体”称号。

广州白云国际机场航站楼

广州白云国际新机场二期工程

2010年广州亚运会综合体育馆

广东深圳龙岗国际自行车赛场

广州新客站周边道路

广州珠江新城核心区市政交通项目

广州中医药大学国际楼

多年来，广东省建筑设计研究院完成的代表性设计工程有：北京钓鱼台国宾馆12号楼、广东国际大厦(63层)、广州新白云国际机场、中山大学肿瘤防治中心医疗科研楼、北京大学理科教学楼群、北京师范大学教学主楼、佛山丽日豪庭居住小区、广州万科四季花城、广东省博物馆新馆、广州大学城广州中医药大学、珠海市体育中心、深圳龙岗自行车赛场、佛山岭南明珠体育馆、深圳华润中心一期、广州市兴丰生活垃圾卫生填埋场、2008年奥运会北京老山自行车馆、2010年广州亚运会自行车馆、广东华贸中心、深圳领航中心、广东潮汕机场、昆明火车站、广州现代猎德村等。2008年累计签订各类合同890项，合同金额63224.3万元。

2010年广州亚运会自行车馆

2008年奥运会北京老山自行车馆

佛山岭南明珠体育馆

广州现代猎德村

广州地铁九号线飞鹅岭站效果图

广东华贸中心

昆明火车站

深圳领航中心效果图

广东潮汕机场效果图

广东省城乡规划设计研究院

Guangdong Urban & Rural Planning And Design Institute

具有城市规划、建筑工程设计、工程咨询、工程监理、招标代理等五个甲级资质和市政工程设计和风景园林专项设计乙级资质。

建院50多年来，我院不断发展壮大，技术力量日趋雄厚，专业领域逐步拓宽。现已发展成拥有300多人的专业技术队伍。下设城市发展研究中心、四个规划设计所、建筑设计院、市政设计所、城市设计所、深圳分院等规划设计研究机构。

业务范围包括：规划政策研究、区域规划、城市总体规划、乡镇及村庄规划、控制性详细规划（法定图则）、修建性详细规划、城市设计、风景园林规划、市政工程规划、建筑设计、结构工程、水电设备工程、室内外环境设计、投资策划咨询、工程监理等方面。

在规划设计、工程设计和科研活动中，我院将技术提升和市场拓展紧密结合，屡创佳绩，精品迭出。积极承担或参与了多个由省政府和省建设厅主持的大型规划调研和政策研究项目，例如：广东省城镇体系规划、珠江三角洲城镇群协调发展规划、广东省东西两翼城市建设规划、大珠江三角洲城镇群协调发展规划研究、珠三角城乡一体化规划、珠三角区域绿地系统规划、粤港一体化发展战略研究、澳门和珠三角西岸协调发展研究、广东省城镇化"十一五"规划、珠江三角洲协调发展决策支持系统研究、广东省城镇化发展趋势及其用地需求研究、广东省城市控制性详细规划编制指引、建设项目规划选址评估报告编制指引、广东省山洪灾害防治规划、广州亚运村规划设计等，现已有近100项规划设计和研究成果荣获国家、部级和省级优秀设计奖。

继续秉承"人为本，争一流"的企业精神，坚持"开拓创新、精心设计、优质服务、持续改进"的质量方针，遵循"技术突破、管理升级、品牌建设"的发展思路，认真贯彻和落实"人才立院、技术强院、品牌兴院"战略，不断创新发展模式，实现科学发展。

近期获奖项目

2003年

- 区域绿地规划指引——建设部优秀城市规划设计一等奖
- ——广东省优秀城乡规划设计一等奖
- 鹤山市城区总体规划——建设部优秀城市规划设计三等奖
- ——全国优秀规划设计三等奖
- ——广东省优秀城乡规划设计二等奖
- 广东省区域绿地规划研究——广东省优秀城乡规划设计一等奖
- 广州大学城（小谷围岛地区）道路交通及市政工程综合规划——广东省优秀城乡规划设计二等奖
- 广州大学城（小谷围岛地区）综合管沟工程专题研究报告及可行性研究报告——广东省优秀城乡规划设计三等奖
- 广州市花都区绿地系统规划——广东省优秀城乡规划设计三等奖
- 台山市城市总体规划（修编1999～2020）——广东省优秀城乡规划设计表扬奖
- 广州中医药大学第一附属医院住院楼——广东省第十一次优秀工程设计一等奖
- 华南农业大学西园食堂——广东省第十一次优秀工程设计三等奖
- 深圳宝安乡镇人民会堂——广东省第十一次优秀工程设计表扬奖

2004年

- 区域绿地规划指引——全国优秀工程勘察设计铜奖

2005年

- 珠江三角洲城镇群协调发展规划——建设部优秀城市规划设计一等奖
- 广东省中心镇规划指引研究报告——建设部优秀村镇规划设计三等奖
- ——广东省优秀城乡规划设计一等奖
- 广州市花都区狮岭镇总体规划——建设部优秀城市规划设计三等奖
- ——广东省优秀城乡规划设计二等奖
- 广州大学城校区控制性详细规划及实施深化设计——广东省优秀城乡规划设计一等奖
- 珠江三角洲城镇群协调发展规划（2004～2020）——广东省优秀城乡规划设计一等奖
- 东莞市长安镇城市总体规划修编（2003～2020）——广东省优秀城乡规划设计一等奖
- 江门市域城镇体系规划——广东省优秀城乡规划设计二等奖
- 封开县城市总体规划（2003～2020）——广东省优秀城乡规划设计三等奖
- 江门怡康华庭——广东省第十二次优秀工程设计一等奖
- 广州美术学院（广州大学城校区）——广东省第十二次优秀工程设计二等奖
- 华南农业大学东区教学实验楼、第四教学楼——广东省第十二次优秀工程设计三等奖
- 南海雅居乐数码城第五区设计——广东省第十二次优秀工程设计三等奖

2006年

- 珠江三角洲城镇群协调发展规划——全国优秀工程设计

2007年

- 广州大学城建设项目——第七届中国土木工程詹天
- 泛珠横琴经济合作区开发建设规划设计（2006～2020）——总体规划与管制区
- ——广东省优秀城乡规划设计一
- 广州从化温泉地区控制性详细规划及深化设计——广东省优秀城乡规划设计一
- 柳州市城市景观风貌规划——广东省优秀城乡规划设计一
- 佛山市区域绿地专项规划——广东省优秀城乡规划设计一
- 广州2020：城市总体发展战略规划咨询——广东省优秀城乡规划设计一
- 《广东村庄整治规划编制指引》及试点规划——广东省优秀城乡规划设计一
- 德庆县武垄村生态文明村规划——广东省优秀城乡规划设计一
- 广州从化温泉地区控制性详细规划及深化设计、整体城市设计及道路交通和市政专项规划——全国优秀城乡规划设计二
- 《广东村庄整治规划编制指引》及试点规划——全国优秀城乡规划设计二
- 广东省增城市新塘镇总体规划（2005～2020）——全国优秀城乡规划设计二
- 清远市城市总体规划（2004～2020）——广东省优秀城乡规划设计二
- 广州增城市新塘镇总体规划（2005～2020）——广东省优秀城乡规划设计二
- 开平市赤坎镇历史文化保护规划——广东省优秀城乡规划设计二
- 柳州市城市景观风貌规划——全国优秀城乡规划设计三
- 东莞市主城区近期建设规划（2006～2020）——广东省优秀城乡规划设计三
- 广州金地增城项目A地块修建性详细规划——广东省优秀城乡规划设计三
- 广州九区城中村整合规划——广东省优秀城乡规划设计三
- 阳东县北惯镇平地村规划——广东省优秀城乡规划设计三
- 云浮三河洲花园（首期）——广东省优秀工程设计三

2008年

- 华建半岛豪庭一期——东莞市优秀勘察设计一

开拓创新　精心设计　优质服务　持续改进

2010年亚运会（广州）亚运村规划设计

泛珠横琴经济合作区开发建设规划设计(2006-2020)

广州市白云新城地区城市设计

广州市大学城校区控制性详细规划

大事记

1958年，成立广东省建筑设计院城市规划室（广东省城乡规划设计研究院前身）。

1963年2月，城市规划室全部人员搬到广东省建工局三楼与城建处联合办公。

1968年12月，城市规划室被撤销，部分规划设计室人员下放广东省博罗县五七干校。

1972年，下放干部和专业技术人员陆续调回广东省建筑设计院。

1974年，部分下放规划设计人员又在广东省建筑设计院内设立了第一设计室第三组——城市规划设计组。

1981年6月，广东省建筑设计院第一设计室第三组——城市规划设计组7人调入并组建广东省城市规划设计室，与广东省城建局规划处联合办公。

1983年10月8日，以广东省城市规划设计室8名技术骨干为主进行组建，并正式命名为“广东省城乡规划设计研究院”。

百色市中心城区江南区河岸景观修建性详细规划

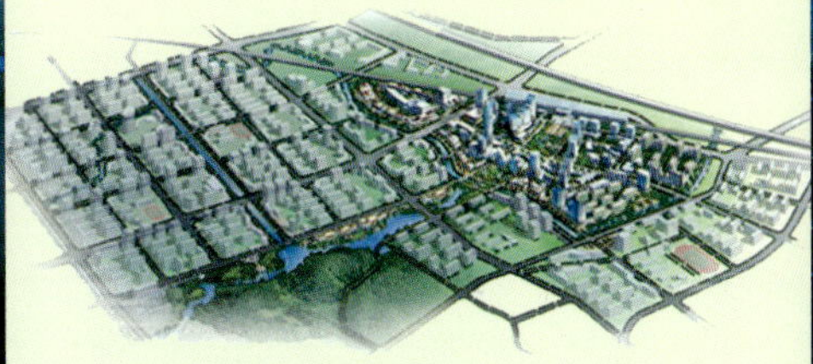

城际轨道交通“中山站”片区规划设计

广州国际商品展贸城概念规划及重点地段城市设计

广州亚运城医院(广州医学院第四附属医院)

广州美术学院（广州大学城校区）

广州中医药大学第一附属医院门诊综合楼

广东省建设信息中心承担全省建设行业的信息化建设工作，全力为全省建设系统的信息化服务

广东省建设信息中心

成立于1997年，是省直部门中最早成立的信息中心之一，内设机构有办公室、总工程师室、信息经营科、网员服务科、软件开发科、系统支持科和《广东建设年鉴》编辑部。

主要职能包括：负责协调并推进广东省建设系统信息化建设工作；负责广东省建设系统电子政务综合服务平台的建设和维护；负责广东省建设厅网络系统的技术支持和计算机设备的日常维护；负责广东省建设系统信息资源的规划、开发和管理；负责广东省建设行业信息网络系统集成及数据库开发应用系统的设计和建设；负责广东省建筑、房地产、城乡规划、勘察设计、城乡建设的信息统计工作；负责《广东建设年鉴》编纂出版工作。

树立“打造平台、支撑政务、服务行业、发展自己”的建设理念，围绕广东省建设行业信息化各项阶段性工作任务，努力提高我省建设行业信息化应用和服务水平，信息化工作成效显著：广东省建设厅行政许可办事一站式服务系统逐步实现“行政审批网络化、协同办公自动化、监督管理一体化、公共服务现代化”；广东省建筑市场诚信系统、广东省住房保障系统、广东省建筑施工安全生产考试系统和广东省园林绿化企业资质核准系统已全面建立并发挥效能。同时，由中心建设和维护管理的“广东建设信息网”（www.gdcic.net，简称“粤建网”）已运行11年，为配合广东省建设厅推行政务公开，信息中心以“粤建网”为依托，研究开发了广东省建设系统企业信息库、人才信息库、标准信息库和行政审批服务平台管理信息系统，以及“GSMS”数据同步系统、建设工程专业人才资源信息数据标准、地级市建筑业管理信息系统、地级市房地产信用档案管理信息系统等，全面提升行政管理服务水平和全省建设行业的信息化水平。

信息中心领导班子研究工作

1997年，广东省建设委员会主任陈之泉、人事处处长韩永和为“广东省建设信息中心”成立揭牌

团员活动

信息中心员工正在进行系统开发

2008

【“三库一平台”的研究开发】为推动全省建设系统电子政务和建设领域电子商务建设，促进行业管理信息化，提高行政效能和服务水平，广东省建设信息中心研究开发全省建设系统企业信息库、人才信息库、标准信息库和行政服务平台管理信息系统。

【广东省住房保障管理信息系统】为推进各地廉租住房、经济适用住房等保障性住房建设，提升全省住房保障管理和决策水平而开发的省级管理平台。

【地级市建筑业管理信息系统】作为市级建筑业管理平台，功能涵盖从建设工程发包、工程实施过程质量安全监督，直至竣工验收备案的全程跟踪管理。

【广东省园林绿化企业资质核准信息系统】该系统主要用于广东省内园林企业资质核准审批，至2008年底，全省已有近500家园林企业使用该系统，涵盖了全省90%以上的园林企业。

【广东省建设厅机关信息化保障维护工作】广东省建设信息中心承担省建设厅机关计算机设备和网络的保障维护工作。

【“GSMS”数据同步系统建设】GSMS数据同步系统项目全称为“Internet环境自治系统间数据同步通用中间层技术及平台产品研究”，是为进一步开展全省建设系统数据中心和信息共享与交流的工作服务的基础性高技术课题。项目的软件成果已获国家版权局颁发的著作权证书，并通过广州市科技局组织的验收。

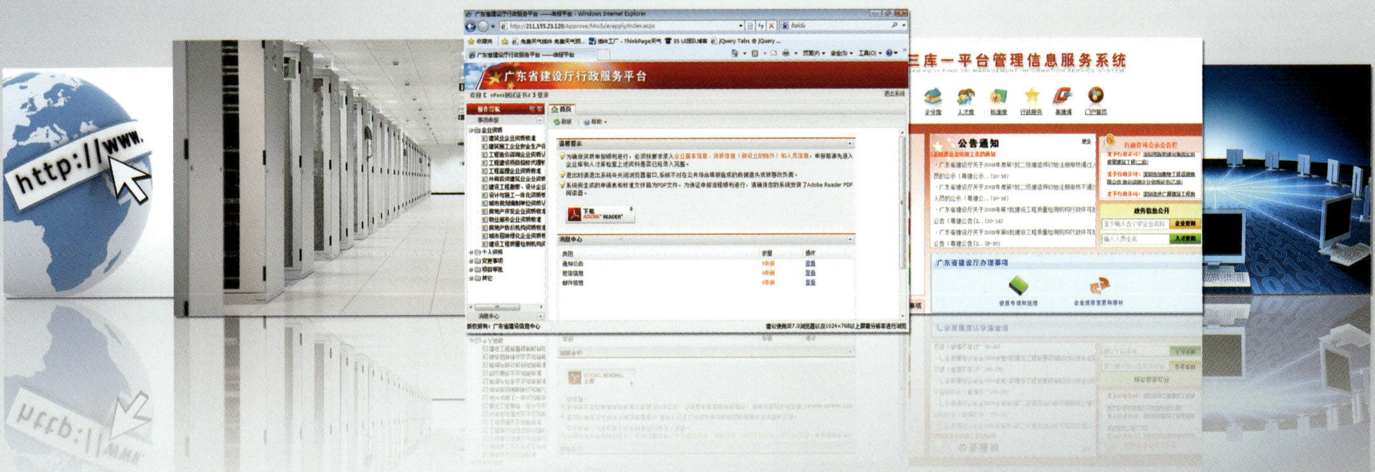

2007

【地级市房地产信用档案管理信息系统】该系统建设的主要目的是：增强地级市房地产企业信用意识，巩固和提高行业诚信度和服务水平，促进社会信用体系的建设。

2006

【广东省建筑市场诚信系统】该系统是基于“广东建设信息网”上构建的“广东省建筑市场诚信信息平台”，向社会提供省内建筑企业诚信基础数据查询。

2005

【行政许可办事一站式服务】该系统以政务表单为基础，以双向互动的网络化手段，在服务提供者（省建设厅职能部门）、服务发布者（省建设厅对外办事窗口）和服务消费者（公众）之间构架起以公众为中心的服务信息桥梁。

2004

【广东省建筑施工安全生产考试系统】按照广东省考核办要求研究开发的“广东省建筑施工企业安全生产考试系统”功能包括：网上报名、网上审核材料、网上安排考试、网上公布成绩。

【工程建设专业人才资源信息数据标准】该标准由广东省建设厅办公室、省建设信息中心会同有关的管理部门和科研教学单位共用编制。

广东省建设工程造价管理总站

成立于1954年，1983年6月由省基建定额总站和原省建工局定额站合并组建省建设定额总站，同年10月经批准改称省建设标准定额总站。1985年4月省编委批准省建委增设建筑经济处，与省建设标准定额总站合署办公，一套人马，两块牌子。1996年4月经省编委批准更名为省建设工程造价管理总站。

主要职责是：贯彻执行国家建设工程造价管理和工程建设定额的方针、政策和法规；负责建设工程造价和工程建设定额的编制、修订、解释等具体管理工作；指导工程建设定额的执行，指导编制审核建设工程估算、概算、结算、标底；发布工程造价信息。

工程造价管理是建筑业管理的重要组成部分，省建设工程造价管理总站近年来按照省委、省政府的要求，推动全省工程造价管理改革，监督管理工程造价计价行为，编制工程建设定额和技术标准，定期发布人工、建筑材料和机械政府指导价，为工程建设事业的健康有序发展承担了大量基础性工作。

出席广东省工程造价协会第二次会员代表大会的领导

广东省工程造价协会第二次会员代表大会在潮州市召开

2008年召开广东省建设工程造价管理工作会议——总结过去5年的工作

《建设工程工程量清单计价规范》宣贯会议，省建设厅副厅长陈英松（左二）出席会议并作重要讲话

《建筑监督检测与造价》创刊首发及编委会工作会议

2006在深圳市召开的“2006深圳国际工程造价管理学术研讨会”

广东省建设工程质量安全监督检测总站

1996年7月成立，与省建筑科学研究院一个实体、两块牌子，分线管理，人事、财务由原省建设委员会主管。2000年8月，与省建筑科学研究院分离，单独设置。

主要职能任务：

一、管理职责方面：协助省建设厅对全省建设工程质量监督机构（以下简称质监机构）、建筑施工安全监督机构（以下简称安监机构）、工程质量检测及桩基检测单位（以下简称检测单位）的监督、检测工作实施业务指导和监督管理。

主要职责包括：

1. 负责监督检查全省质监机构、安监机构、检测单位执行国家和省有关工程质量、安全生产的法律、法规、规章和强制性技术标准等的执行情况，管理指导监督及检测业务，并对全省其他专业建设工程的质量、安全监督机构的管理工作进行业务指导。

2. 负责起草全省建设工程质量、安全生产、检测工作规划及有关实施办法和技术规定，报省建设厅审批。

3. 调查和掌握全省建设工程质量、安全生产、检测工作的状况，定期向省建设厅上报全省有关监督、检测工作情况，并做好全省有关统计报表的上报工作。

4. 参与或受委托组织省内重大、特大工程质量和安全事故的调查处理，并提出事故分析处理报告。

5. 依法对全省工程建设各方的质量和安全生产等方面出现的违法违规行为进行调查，提出处理意见，并报省建设厅依法进行处罚。

6. 负责省建设厅工程竣工验收备案办公室的日常工作，并对全省建设工程竣工验收备案制度、施工安全评价制度的执行情况进行监督检查，对不符合规定要求的建设工程提出查处意见，并报告省建设厅依法进行处罚。

7. 负责组织全省质监机构、安监机构、检测单位的人员业务培训和继续教育工作，协助省建设厅对全省建设工程质监机构、安监机构、检测单位进行资格考核、复查工作。

8. 完成省建设厅交办的其他工作。

二、业务工作方面

1. 对省属、中央委托省管建设项目及重点建设工程进行质量监督、施工安全监督。

2. 接受上级主管部门和社会委托对全省建设工程质量投诉开展检测、鉴定、仲裁。

3. 按照有关规定开展工程质量检测业务。

省质监总站内设办公室、总工室、质量监督管理科、安全监督管理科、质量检测管理科、技术教育科、检测生产管理办公室、工程质量鉴定所、安全生产考核业务室、《建筑监督检测与造价》编辑部等10个科室（所）。

全省建设工程检测人员上岗培训

全省建设工程质量监督员上岗培训

员工集体活动

员工国庆文艺表演

2008年2月，由广东省建设厅主管、省质监总站和省造价总站主办的《建筑监督检测与造价》创刊，陈英松副厅长为编辑部揭牌

2008年全省建设工程安全监督站站长培训

开展建设工程质量安全检测

进行建设工程质量监督检测

广东省建设执业资格注册中心

1997年8月成立，原名广东省建委执业资格注册中心，2000年8月改现名。其主要职能：1. 宣传国家有关执业资格注册管理的方针、政策，负责研究制定全省建设行业执业资格注册管理法规和发展规划，并组织实施。2. 会同省人事考试局承办注册建筑师、勘察设计注册工程师、房地产估价师、注册城市规划师、建造师等和规划中将要实施的各类执业资格考试考务工作。3. 负责建设行业执业资格注册管理和注册后继续教育、业务培训及监督管理等工作。4. 办理住房和城乡建设部和省建设厅委托交办的有关工作。

自成立以来本着“服务为本，依法执业，清正廉洁，勤奋高效”的精神，认真履行职责，热忱为全省建设工程技术人员服务，积极推动全省建设执业资格制度的全面实施。近三年配合省人事考试局接受各专业考试报名7万人次，组织执业人员继续教育培训4.3万人次。截至2008年末，全省建设执业注册人员6.5万人，在全国名列前茅。

先后获2002～2006年度省建设厅文明单位；2002年全国项目经理培训单位和广东省建设教育先进单位；2002～2004、2005～2007年度省直文明单位；2004年省职工体育工作先进单位；2006年省女职工先进集体；2007年省直机关排头兵实践活动“部门排头兵”；2007年全国建设系统先进集体。2008年广东省直机关“三服务一促进”主体实践活动优质服务排头兵。

行风评议活动

在江门市召开座谈会

全体员工合影

广东省散装水泥管理办公室

1980年9月成立，2006年11月更为现名。

主要职能:贯彻执行国家和省发展散装水泥、预拌混凝土、预拌砂浆的法律、法规等有关方针政策，并组织实施，负责具体工作的行政管理和行政执法；编制全省发展散装水泥、预拌混凝土、预拌砂浆的发展规划和专项规划，并负责监管；按国家有关规定负责散装水泥专项资金的征收、管理和使用；负责组织全省发展散装水泥、预拌混凝土、预拌砂浆新技术、新工艺、新设备的开发和应用，以及行业的技术标准和质量管理体系等相关标准工作的制定；负责全省发展散装水泥、预拌混凝土、预拌砂浆的信息交流、宣传教育、专业培训、统计管理等相关职能。

广东省人大举行广东省建设工程项目使用袋散水泥和现场搅拌混凝土行政许可论证会

党支部开展学习活动

郭德居主任被评为全国建设系统先进工作者，是全国散装水泥工作人员中第一个获此殊荣

省散办获得国家和省的部分荣誉

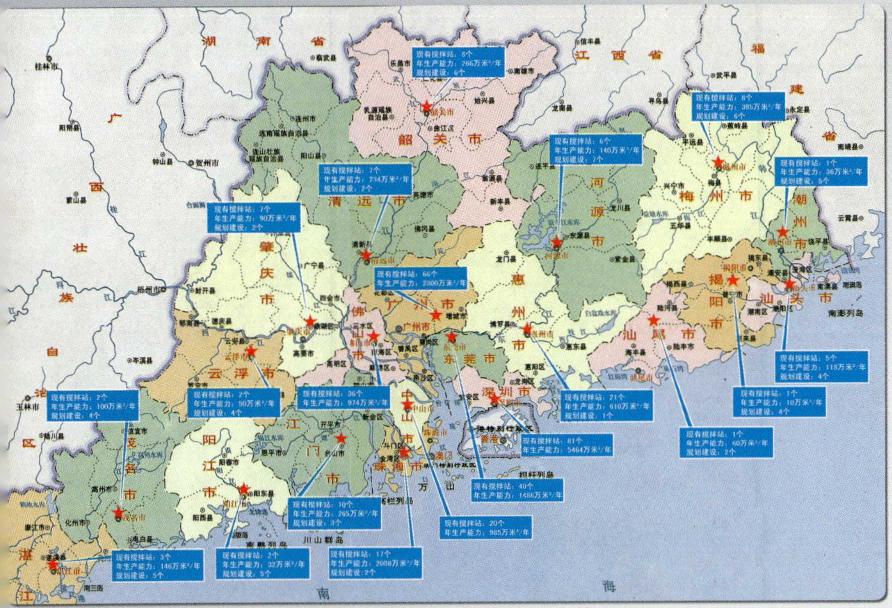

广东省混凝土搅拌站分布图

禁止现场搅拌执法现场

使用预拌砂浆施工现场

禁止使用袋装水泥

广东省房地产行业协会

成立于1991年，是具有法人资格的全省性社会组织。是省内从事房地产及相关产业的单位、社团自愿组成的全省性、行业性和非营利性社会组织。协会的会员单位主要为省内各地房地产开发企业，目前已基本覆盖全省所有大型房地产企业。

在行业维权和自律、市场研究、培训、创建广东省绿色住宅区等方面为会员提供服务。协会依托《南方房地产》杂志、广东房地产网、泛珠三角区域房地产合作与发展网、《广东房地产蓝皮书》、《房地产法规文件选编》、“广东房地产e讯”（电子快讯）等媒介优势正确引导行业舆论，近年来在广州成功地举办了“泛珠房地产论坛”和“泛珠房博会”、“广东房博会”等大型活动，促进行业健康发展。

2005年12月1日，建设部沈建忠司长（左二），广东省副省长许德立（右二），原广东省省长朱森林（右一），广东省建设厅厅长劳应勋（左一）等领导出席首届泛珠三角洲房地产博览会

2008年7月25日，省建设厅厅长房庆方在中国房地产30年高峰论坛上致辞

2008年12月召开会员大会，陈英松副厅长为“绿色住区”企业颁牌

2008年8月30日，中国房地产（澳门）论坛召开

2008年3月11日，中英可持续绿色智能建筑与设计研讨会召开

2008年11月26日，广东省民用建筑节能研讨会召开

精神文明与机关工作

□ 精神文明建设创建活动取得成果

□ 积极开展干部职工思想道德和职业道德建设

□ 广州市建立农民工业余学校一千七百多所

□ 举办全省建设系统书画大赛

□ 慰问建设系统特困职工家庭

精神文明建设

【概况】 改革开放以来，广东省建设厅在抓好全省建设系统精神文明建设工作方面，有以下特点：

机构健全 成立“广东省建设厅精神文明建设领导小组”，由党组书记任组长，其他党组成员任副组长，厅机关各部门领导为成员。领导小组办公室设在省建设政研会，办公室主任由厅直属机关党委专职副书记（兼省建设政研会副会长）担任。

每年下发指导意见 每年根据省文明委和住房和城乡建设部党组关于精神文明建设工作意见，结合全省建设系统各行业实际，提出年度精神文明建设指导意见，下发全省地级以上市建设系统各行政主管部门。

重视先进典型的培育、评选和表彰工作 2000年以来，多次在全省建设系统开展精神文明建设先进单位和先进个人的评选活动。全省建设系统涌现一大批受到国家文明委、建设部、省委、省政府以及各级党委、政府、部门表彰的先进单位和先进个人。省建设厅每年结合年度总结在机关和直属单位开展评选文明处室（单位）活动。

重视总结和宣传工作 每2年召开一次全省建设系统精神文明建设工作会议，由省建设厅对全省建设系统先进单位和先进个人进行表彰。厅文明办重视对一些先进单位的做法和经验进行调研和宣传。《广东精神文明建设年鉴》（原《广东精神文明建设红皮书》）每年都刊登由省建设厅提供的全省建设系统精神文明建设工作情况材料。

【2008年全省建设系统精神文明建设综述】 2008年，广东省建设系统按照省建设厅印发的《全省建设系统2008年精神文明建设工作意见》的要求，围绕建设部门的中心任务和改革发展稳定的实际，加强理论学习，深化思想道德教育，强化政风行风建设，积极推进群众性精神文明创建活动，注重解决人民群众关心关注的问题，为更好地完成建设系统各项工作任务提供精神动力和思想保证。

抓学习教育和经常性思想政治工作，提高党员干部和职工队伍整体素质 一是认真开展主题实践活动。按照党中央部署开展深入学习实践科学发展观活动，按照省委部署开展“继续解放思想，坚持改革开放，争当实践科学发展观排头兵”学习讨论活动，开展“三创建三促进”（创建学习型、创新性、服务型机关，促进解放思想、促进改革开放、促进科学发展）学习实践活动。二是深化思想道德建设，不断加强和改进经常性思想政治工作。2008年，全系统认真开展社会主义荣辱观、社会公德、职业道德、个人品德教育和以“迎奥运讲文明树新风”为主要内容的文明礼仪教育活动。广泛宣传荣获“全国道德模范提名奖”的阳江市自来水公司冯永国的先进事迹。按住房和城乡建设部党组的部署，开展向“全国建设系统行业标兵”王忠平学习活动。三是发扬“一方有难、八方支援”的无私奉献精神。2008年汶川“5·12”特大地震发生后，全省建设系统各级领导高度重视，有救灾任务的单位及时组织干部职工投入抗震救灾工作，涌现许多可歌可泣事迹。各单位领导亲赴灾区第一线，既当指挥员，又当战斗员，起到了率先垂范作用。全省建设系统在省建设厅党组倡导发动的“捐建房，送温暖”活动中，累计捐款4437.8万元；广大党员积极交纳“特殊党费”；广大党员、干部、职工踊跃参加各种捐款。全省建设系统受住房和城乡建设部表彰的抗震救灾先进集体11个、先进个人28名；受省委省政府表彰的抗震救灾先进集体6个、先进个人15名。受省委表彰的抗震救灾优秀共产党员8名。

抓公共服务职能改革 一是加大行政审批制度改革和政务公开、办事公开力度。省建设厅制订《广东省建设厅行政审批制度改革方案》，厅机关成立行政服务中心，将20项行政许可项目从6个业务处划出，集中到行政服务中心统一办理，努力实现从“管理型”向“服务型”转变。二是加快建设系统诚信体系建设。省建设厅有关业务处室积极开发《建筑业企业信用信息系统》、《工程监理企业信用信息系统》，不断完善建筑市场和房地产市场信用档案体系，加大失信惩戒力度，促进市场诚信体系建设。广州、茂名、潮州、江门、佛山、汕头、珠海、湛江等8个城市建立住房公积金管理信息查询系统，并与省级监管系统联网，较好地确保了住房公积金的安全。三是推进12319建设事业服务热线建设。已有广州、深圳、佛山、惠州、江门、中山、汕头等7个市开通12319服务热线，认真解决涉及群众切身利益问题，政风建设行业形象有新改善。

抓精神文明建设创建活动 一是开展“创文明机关、争做人民满意公务员”活动，各级机关和公务员形象得到改善。各级建设行政管理部门积极开展“党员模范岗”、“优秀公务员”、“机关作风建设流动红旗”、“文明之星”等评比竞赛活动，在机关和公务员队伍中形成学先进、赶先进，人人争当排头兵的良好氛围。二是开展创建文明城市活动，城市建设管理水平得到提高。各级建设系统有关部门，深入开展创建园林城市、文明工地、优秀住宅小区和物业管理示范小区活动，创造优美洁净、文明祥和的社区环境。推进城市环境综合整治，绿化覆盖率、污水和垃圾无害化处理率明显提高。三是开展创建文明村镇活动，新农村建设工作得到加强。一方面，结合村镇建设和管理工作，重点抓好“文明小城镇”的巩固和提高；另一方面，结合“十百千万”工程，积极推荐选派干部到基层挂职锻炼；结合城乡党支部“互帮互助”活动，主动为当地新农村建设献计出力。四是开展创建文明行业活动，行风建设得到提升。创建“青年文明号”、“巾帼文明岗”、“文明单位”和“文明风景点”活动由点到面不断深入展开。2008年，广州市市政园林局等8个单位被省委、省政府授予“广东省文明单位”称号；广州地铁公园前站、深圳市国土资源和房产管理局宝安分局业务受理窗口2个青年集体被共青团中央、住房和城乡建设部新命名为“住房和城乡建设系统全国青年文明号”；省建设职工政研会表彰了全省建设系统30个精神文明建设工作示范单位、87个精神文明建设工作先进单位和139名精神文明建设先进工作者等。

抓解决人民群众关心关注的突出问题　一是加强房地产市场监督检查。2008年全省共查处房地产开发、物业管理、中介服务等相关行业违法违规行为2000多宗，较好地规范了房地产市场秩序。二是依法规范城镇房屋拆迁行为。各级管理部门重视对重大违法违规拆迁事件进行查处和纠正，城镇房屋拆迁中侵害群众利益的问题得到有效遏制，拆迁纠纷明显减少。江门市建设局稳妥化解有14年之久的“泰宁里拆迁信访问题”，按时完成中央综治委挂牌督办的案件息访罢诉。三是注重改善城镇低收入家庭居住条件。完善住房保障制度，加强廉租住房制度建设，改进和规范经济适用住房制度。据不完全统计，2008年全省廉租住房（含深圳市政策性租赁住房）实际新开工面积254.1万平方米，49467套。经济适用住房新开工面积172.2万平方米，已竣工面积66.8万平方米。同时，完善住房公积金缴存和使用政策，使公积金管理工作逐步走上正轨。四是强化建筑市场和工程质量的监管。一方面，完善有形建筑市场，规范、改革有形建筑市场的管理，开展招标投标专项调研和施工合同范本实施情况调研，建立广东省建筑市场诚信信息平台，严查招标、投标中的挂靠、围标、串标、陪标等不正当行为。另一方面，加强工程质量安全管理，开展以“质量安全是社会和谐的基础”为主题的质量月活动，2008年全省有超过75万农民工接受过岗前安全教育培训，68.9万人持“平安卡”上岗作业，较好地确保了建筑工程伤亡事故案件不断下降。五是认真做好清理拖欠工程款和农民工工资“回头看”工作。省建设厅在组织力量对部分市进行重点检查的同时，组织各市对2007年下半年竣工工程款支付情况进行统计，及时做好拖欠工程款和农民工工资投诉案件的督办工作，为维护社会稳定，构建和谐社会作出了新贡献。

【机关作风建设】　2008年，结合深入学习实践科学发展观活动，针对广东省纪委拍摄的机关作风建设暗访片反映的省建设厅行政办事窗口存在的问题，广东省建设厅党组高度重视，举一反三进行查摆，决心痛改存在问题，切实转变机关作风。一是成立由主要领导挂帅的加强机关作风建设领导小组。二是重点整顿行政服务中心窗口，调整人员，配强力量，加强教育，改进服务，完善制度，提高效率，树新形象。三是制定实施《广东省建设厅督查督办工作管理办法》。四是建立“直通车”监督制度，印发《广东省建设厅机关作风监督员制度（试行）》，着手在各市建设行政主管部门聘请省建设厅机关作风监督员。

【干部职工思想道德和职业道德建设】　2008年，广东省建设系统主要开展了以下几项活动：一是开展向“全国建设系统行业标兵”——湖北省宜昌市兴山县建设局局长、党委书记王忠平学习活动，激励干部职工以王忠平为榜样，恪尽职守，努力工作。二是广泛宣传荣获“全国道德模范提名奖”的阳江市自来水公司职工冯宏国的先进事迹。三是按住房和城乡建设部办公厅要求，开展“迎奥运讲文明树新风”礼仪知识竞赛活动。

【建设行业纠风工作】　2008年，广东省建设行业纠风工作，按照住房和城乡建设部、省政府纠风办的部署，主要抓了以下工作：一是开展住房公积金专项整治工作；二是加强对城镇房屋拆迁的监管；三是推进房地产市场秩序专项整治；四是强化建筑市场招标投标管理；五是推进建设行业诚信体系建设。

（何思权）

【全省建设系统精神文明建设工作会议暨省建设职工政研会第七次会员代表大会】　2008年12月19日在惠州市召开。广东省建设厅党组书记、厅长房庆方作全省建设系统精神文明建设工作讲话；省建设职工政研会会长杨华郎作政研会工作报告。会议表彰了全省建设系统在精神文明建设和思想政治工作方面的先进单位及个人；会议通过将“广东省建设职工思想政治工作研究会”改名为“广东省建设系统思想政治工作研究会”的决定；会议选举产生省建设系统政研会新一届理事会、常务理事会，省建设厅党组书记、厅长房庆方为名誉会长，省人大环境与资源保护委员会劳应勋主任委员和原省建设政研会会长杨华郎为顾问，厅直属机关党委书记李锡洪为会长。

【全省建设系统精神文明建设和思想政治工作先进单位和先进个人评选】　2008年，经广东省建设厅同意，并报省民间组织管理局审核备案，省建设职工政研会开展了全省建设系统精神文明建设方面和思想政治工作方面先进单位及个人的评选活动。表彰名单经省建设厅党组审定并在广东建设信息网公示，由省建设职工政研会进行表彰。

【广东省建设厅“文明处室（单位）”评选】 广东省建设厅党组扩大会议评选并经党组审定：科技教育处、安全管理处、人事处、监察室（与机关党委办公室合署）、工会为“广东省建设厅2008年度文明处室”；直属单位省建筑设计研究院和省城乡规划设计研究院为“广东省建设厅2008年度文明单位”。 *（陈徐福）*

援扶工作

【概况】 2008年，广东省建设厅按照中共广东省委、省政府的安排，认真做好“十百千万”干部驻村、援藏援川工作，在资金、技术、人力方面积极支持扶助当地的建设，有效推动了当地社会经济发展。

【“十百千万”干部驻村】 2008年，广东省建设厅根据中共广东省委的安排，下基层驻农村工作在梅州市大埔县东塘村进行。省散装水泥办公室干部晏烨被选派为驻村干部。

一年来，主要完成了以下几项工作：一是开展慰问工作。走访慰问村残疾人、孤寡老人、单亲家庭等困难群众7户，慰问老党员、老村干部和军属5户。二是配合做好换届工作。在村“两委”换届选举工作阶段，以高度的政治责任感，积极配合村里搞好换届选举工作的宣传发动、村级财务审计和选民登记、“两委”候选人的推选工作，圆满完成村“两委”换届选举工作。三是修建水圳和机耕路。筹集资金21.5万元，修建了1500米水圳和1300米机耕路。四是开展义诊支教活动。组织省建设厅直属机关团委、暨南大学医疗青年志愿者服务队到东塘村进行为期2天的“义诊支教”活动，发放5000多元的药品，并进行了健康常识教育。五是开展农技培训。组织镇农业站技术员到村里讲授烟叶、甜玉米、蜜柚等经济农作物的种植技术。六是组建村“农民民乐队”，创作《漳溪河水绕村庄》歌曲。省建设厅机关工会组织各单位捐赠村里1万多元的乐器，组建村民乐队。驻村干部还组织人员创作《漳溪河水绕村庄》歌曲，表现漳溪村社会主义新农村建设的新面貌。

【援助西藏】 2008年，广东省建设厅继续选派干部参加广东省援藏工作，直属单位广东省建设执业资格注册中心副主任黄守新继续挂任西藏林芝地区建设局副书记、副局长。

积极参加维护稳定 “3·14”拉萨打砸抢烧事件发生后，积极参加维稳工作，与同事们日夜轮流值班，坚守岗位，保护地区安全。广东省第五批援藏队在西藏“3·14”事件中的积极表现，得到省委书记汪洋的肯定。

积极推进走科学援藏工作的新路子 一是制定和完善《广东省第五批援藏建设项目委托代管管理办法》、《广东省第五批援藏项目管理补充规定》。通过公开招标方式，选定4家招标代理单位、7家设计单位、5家监理单位和3家代建单位，确保援藏项目建设的公平、公开与效益，为援藏项目管理打好基础。二是抓好项目建设，确保工程项目按期、按质完成。三是深入基层调研。深入林芝、波密、察隅、察隅农场，了解基层的实际情况，探索科学援藏工作的新路子，为下一批援藏项目的选择做好准备。

组织林芝地区建设局20多名干部到广东学习考察城乡建设 并邀请广东省城乡规划设计研究院的专家到林芝，给地区建设局的干部上科学规划、创建宜居城市讲座，受到欢迎。

抓好房地产管理和房产证发放工作 做好低收入家庭的廉租房、经济适用房和普通商品住房建设，加快保障性安居工程的落实。深入调研，制订林芝地区廉租房实施方案。到2008年底，林芝地区建设局已办理房屋产权证434个，面积达126936平方米。

筹集资金支持当地建设 年内，多方筹集资金132万元，支援当地建设。

▲广东省东莞市建设局援助波密县玉普乡米堆村教学点奠基仪式

省建设厅办公室供稿

接建波密县米堆村希望小学　2007年秋，西藏林芝地区建设局书记易湘辉率团前来广东参观考察。省建设厅副厅长陈承旗陪同，先后参观考察了广州、中山、珠海、东莞和深圳市，所到之处受到热烈欢迎！东莞市建设局发善念，献爱心，筹款50万元，捐建林芝地区波密县玉普乡米堆村教学点（希望小学），为米堆村的孩子们解决了有史以来上学远的难题。2008年春，省建设厅副厅长陈承旗、东莞市建设局局长朱川率团远上西藏，来到米堆村，与林芝地区建设局，波密县委、县政府，玉普乡的领导以及米堆村的乡亲们一起，在漫天圣洁的飘雪中为米堆村教学点（希望小学）奠基。2009年金秋时节，米堆村教学点（希望小学）落成。

（金　芳）

工会工作

【概况】　广东省建设厅工会委员会前身为广东省建设工会，成立于1985年，其主要职责是领导建设厅机关及直属基层工会，指导全省建设系统工会。

改革开放以来，省建设厅工会积极开展有产业特色的工会工作。组织了全省大中型施工企业和公交企业开展“双增双节”、“安康杯”、“创优质保安全争效益”、“城市公交优质服务”等劳动竞赛；组织开展全省建设系统职业道德建设先进事迹（经验）巡回演讲活动；结合行业特点开展了建筑工地安全生产和劳动保护的监督检查活动；推动设立广东省环卫工人节，促进提高环卫、市政疏浚等行业职工的社会地位和福利待遇；帮助解决建筑业下岗职工的基本生活和再就业问题，维护建筑行业农民工的权益；组织推荐、表彰和宣传建设系统劳动模范和先进工作者；推动建立建设系统协调劳动关系三方会议制度、厂务公开和职业道德建设；设立全省建设系统建设职工解困救急基金，坚持开展慰问特困职工（送温暖）活动；举办大型文体活动等，较好地发挥了系统工会的作用。

2008年，省建设厅工会认真组织学习贯彻中国工会十五大精神，以庆祝中国改革开放30周年和迎接北京奥运会为动力，围绕全省建设工作大局，开展了一系列有成效的工作和活动，发挥了工会应有的作用，年终考核被评为“广东省建设厅机关文明处室”。

【推荐评选劳动模范、先进工作者】　2008年，在各级工会评先活动的基础上，经广东省建设厅工会组织推荐，省建设厅规划处处长蔡瀛、省建设厅科教处处长林兆雄获得“广东省五一劳动奖章”称号，深圳市建设局抗震救灾指挥部被全国总工会授予“全国工人先锋号”称号，省安装公司重庆分公司被广东省总工会授予“广东省工人先锋号”称号。

【慰问建设系统特困职工家庭】　2008年元旦、春节期间，广东省建设厅副厅长陈承旗率领省建设厅慰问组前往东源、紫金、博罗、惠东四县慰问了当地建设系统的困难企业和困难职工。慰问组深入到20多户职工家里探访，给困难职工送上慰问金和应节物资，送去了党和政府的关怀。

【走访和慰问劳模】　2008年五一前夕，广东省建设厅副厅长陈承旗率工会主席陈晓军、党办主任陈徐福、建筑管理处副处长林伟明、工会主任科员杨扬一行到梅州市召开粤东地区建设系统历届劳动模范和先进工作者代表座谈会。来自梅州、汕头、潮州、河源、汕尾、揭阳6市的16名劳动模范和先进工作者代表到会，梅州市建设局和市总工会的领导也参加座谈。劳模代表们在会上畅谈劳模的荣誉与责任、心声与建议，大家畅所欲言，场面详和热烈。陈承旗充分肯定和赞扬历届劳动模范和先进工作者的无私奉献精神和建立的不朽功勋，询问了劳模的生产、生活和健康状况，对劳模如何保持本色，谦虚谨慎，努力学习，在各自工作岗位上忠于职守，继续发扬劳模的模范榜样，提出了要求与建议。陈承旗代表省建设厅向劳模代表们表示节日的问候，并送上慰问金。随后，陈承旗一行赴惠州市逐户走访慰问了4位劳模和先进工作者，并送去慰问金。

【广州市农民工业余学校】　广州市建委结合平安卡制度的实施，从2007年开始，在全市建筑工地开展农民工业余学校创建工作。市建委利用农民工业余学校这个平台，把农民工组织起来，向建筑工地农民工提供思想文化、文明素质、安全知识、操作技能、权益保护等教育培训服务，同时以创建农民工业余学校为契机，发展农民工党、团和工会组织，为建筑工地农民工办好事、实事。截至2008年底，广州全市建筑工地已累计建立农民工业余学校1700多所，依托农民工业余学校在539个建筑工地建立农民工工会388个，成立临时党支部、联合党支部50多个。这项活动有效地促进了广州市建筑工地的综合治理和现场管理，提高了农民工队伍的综合素质，推动了建设工程质量、安全生产和文明施工上水平。2008年底，广州市召开首届建筑工地农民工业余学校暨工会工作总结表彰会，广州新电视塔等26个建筑工地被评为“广州市第一届建筑工地优秀农民工业余学校”。

【出席中国工会第十五次代表大会】　2008年10月17~21日，中国工会第十五次代表大会在北京召开，来自全国的1800名代表出席大会。中共中央政治局常委习近平代表党中央向大会表示祝贺并致词。王兆国代表全国总工会第十四届执行委员会向大会作了工作报告。大会选举产生全国总工会新一届领导机构。广东省建设厅工会委员会主席陈晓军作为广东省建设系统工会的代表出席了这次大会。会后，陈晓军根据厅领导的要求，向厅机关和直属单位传达了中国工会十五大精神。

【"南岳杯"广东改革开放30周年城乡建设成就摄影展览】 2008年12月27日，由广东省建设厅、广东省摄影家协会、广州市建委、深圳市建设局、惠州市规划建设局联合主办的"南岳杯"广东改革开放30周年城乡建设成就摄影展览在广州文化公园举行，展出的111幅作品是从之前参加此次摄影大赛的4700多幅作品中评选出来的。奖项按社会组和行业组分别评选，深圳市洪兴的作品《祥云瑞鹏城》获得社会组金奖，惠州吴燕峰的作品《华灯初上的鹅城》获得行业组金奖。广东省南岳房地产有限公司资助了本次活动。

【广东省建设系统书画大赛】 2008年11月18日，广东省建设系统书画大赛颁奖典礼及获奖作品展、名家书画展在广州文化公园举行。这次大赛是由广东省建设厅工会和广东建设报社联合举办的，历时8个月，共收到参赛书画作品1300多幅。经过大众网上投票、专家网上评选和调原作现场评选三个环节，共评出入围获奖作品159幅。奖项分专业组和社会组分别评选。专业组获国画一等奖的是：广州市第四建筑工程有限公司刘宝翰，获书法一等奖的是：广东省建筑装饰工程有限公司林振武；社会组获国画一等效的是：广州美术学院黄咏茵，获书法一等奖的是退休干部周宝同。省建设厅副厅长陈承旗、羊城晚报报业集团原副总编辑黄镜棠、省土木工程学会理事长陈之泉、省建设厅工会主席陈晓军、广东建设报社总编辑吴士工等领导和嘉宾参加颁奖典礼，广东书画名家卢有光、姚永全、王永华等参加了书画展开幕式。此次大赛得到广东建工集团、新广国际集团的鼎力协助。

【"方圆杯"建设系统羽毛球混合团体邀请赛】 2008年5月24~25日，由广东省建设厅工会、广东建设报联合举办，方圆集团协办的"方圆杯"建设系统羽毛球混合团体邀请赛在广州西关体育俱乐部举行。共有19个单位221名运动员参加比赛，获得前8名的队伍依次是：广州市市政园林局、广州市国土房管局、佛山市建设局、佛山市顺德区建设局、肇庆市建设局、广东省建筑设计研究院、方圆集团、广东建筑消防设施检测中心有限公司。

（陈晓军）

机构选介

【广东省建设系统思想政治工作研究会】 原名为"广东省建设职工思想政治工作研究会"，是省建设厅（原省建委）党组领导下从事建设系统思想政治工作研究的社会团体，于1987年2月成立，是中国建设职工思想政治工作研究会和广东思想政治工作研究会（原名为"广东职工思想政治工作研究会"）的团体会员。经2008年12月19日第七次会员代表大会表决通过，将原名"广东省建设职工思想政治工作研究会"改为现名。拥有团体会员106个，形成了覆盖全省建设系统的思想政治工作研究网络。其会员单位主要是地级以上市及省直建设系统行政主管部门、事业单位和企业。每年编辑政工论文选编，为全省建设系统政工干部参评政工职称提供服务。该会2001年被省民政厅评为"广东省省级社会团体先进单位"；2006年被中国建设职工政研会评为"全国建设系统优秀政研会"。

秘书处设在厅直属机关党委办公室，并承担省建设厅文明办工作，担负指导全省建设系统精神文明建设工作的职责。负责组织全省建设系统精神文明建设方面和思想政治工作方面先进单位和先进个人的评选及推荐工作。

名誉会长一直由省建设厅（原省建委）党组书记兼任，历任名誉会长是：刘凤仪、陈之泉、劳应勋、房庆方。会长一直由省建设厅（原省建委）的党员领导干部兼任，历任会长是：刘凤仪、江中、郭成奎、陈承旗、杨华郎和李锡洪。历任秘书长：黄勇、李会如、徐永捷、陈徐福、林刘雄。 *（陈徐福）*

党建工作与廉政建设

□开展解放思想学习讨论活动

□开展『三创建三促进』学习实践活动

□建立健全惩治和预防腐败体系五年规划

□治理商业贿赂

□开展纪律教育学习月活动

党建工作

【概况】 2000年广东省政府机构改革，广东省建设委员会改称广东省建设厅，党组织相应改称为“中共广东省建设厅直属机关委员会”。经中共广东省直属机关工作委员会批复同意，陈承旗任书记，陈徐福任专职副书记。

2000年8月，按照省建设厅机构改革三定方案关于“与所属企业脱钩，不再按行政隶属关系直接管理企业”的规定，以及省政府《关于组建广东海外建设集团公司问题的批复》精神，将原省建设委员会直属企业党团组织关系移交给广东海外建设集团有限公司党委。被移交的企业党团组织是：省建设发展总公司党委、团总支部；省建设物资总公司党委、团支部；广东粤建实业发展公司党总支、团支部；广东工程建设监理公司党支部、团支部；广东建设机械实业公司党支部；省住建房地产发展公司党支部、团支部；广东广源工程公司党支部。共有党委2个、党总支1个、党支部16个，党员161名；团总支部1个、团支部4个，团员60名。

2001年成立中共广东省建设工程交易中心党委，林成民任书记。2003年，省建设工程交易中心与广州市建设工程交易中心合并，将原省建设工程交易中心党组织移交广州市建设工委，共有党委1个、党支部3个，党员23名。

2002年5月15日召开“中共广东省建设厅直属机关第一次代表大会”，选举产生中共广东省建设厅直属机关第一届委员会和纪律检查委员会，经中共广东省直属机关工作委员会批复同意，杨华郎任书记，陈徐福任专职副书记，潘伟堂任纪委书记。

2007年12月24日召开“中共广东省建设厅直属机关第二次代表大会”，选举产生中共广东省建设厅直属机关第二届委员会和纪律检查委员会，经中共广东省直属机关工作委员会批复同意，李锡洪任书记，陈徐福任专职副书记，余云枢任纪委书记。

截至2008年底，省建设厅直属机关有基层党委3个、党委内设党支部50个、党员758名。

广东省建设厅直属机关妇女委员会 2006年12月召开第一届妇女代表大会，选举产生省建设厅直属机关第一届妇女委员会，经省直属机关妇女工作委员会批复同意，刘锦红为主任。

【直属机关党委重要活动】 2000年以来，广东省建设厅直属机关党委坚持以邓小平理论和“三个代表”重要思想为指导，全面贯彻落实科学发展观，深入学习贯彻党的十五大以来中央和省委的重大决策部署，围绕广东城乡建设中心工作，团结带领厅直属机关各级党组织和广大共产党员，加强党的思想、组织、作风和制度建设，推动了厅直属机关各项工作任务的顺利完成。

▲深入学习实践科学发展观活动青年作风建设座谈会 *省建设厅党办供稿*

2000年，根据中共广东省委的部署，开展“致富思源，富而思进”教育活动和“三个代表”重要思想的学习；做好“三讲”教育“回头看”工作。2001年，组织开展纪念中国共产党建党80周年系列活动。2002年，开展向优秀党员领导干部汪洋湖的学习活动；组织学习《中共中央关于加强和改进党的作风建设的决定》和省委的贯彻意见，抓好党风建设；参与广东人民广播电台举办的第三届广东省职业道德建设“春风行动”活动。2003年，开展以“三创新、一优化”(创新观念、创新体制、创新服务，优化发展环境）为主题的“机关作风建设年”活动，围绕创新、质量、效率、廉政四个方面，切实抓好作风建设。组织厅机关全体人员到井冈山进行革命传统和“两个务必”的教育。2004年，根据省委决定和省直工委部署，开展“三树立、五落实”（即树立科学发展观、正确政绩观和科学人才观，从思想、工作、作风、方法、创新上抓落实）主题教育活动，着重抓好深化理论武装，创新发展观念；增强服务意识，提高工作效能；加强能力建设，提高队伍素质三方面工作。组织厅机关全体人员开展“红色之旅”——韶山参观学习活动，参观毛泽东主席故居、刘少奇同志故居，使大家受到一次深刻的革命传统教育。2005年上半年，按照党中央和省委的部署，开展共产党员先进性教育活动，重点解决坚定理想信念，增强责任意识；抓好教育管理，强化政治工作；关心群众利益，维护社会稳定；围绕第一要务，狠抓工作落实四方面问题。经过反复讨论，提炼出省建设厅“新时期保持共产党员先进性的具体要求”为：“坚信马列，牢记宗旨；勤奋创新，高效优质；廉正务实，和谐奉献；依法行政，建设城乡。”2006年，根据省委决定和省直工委部署，开展以“三个走在前面”（即在落实科学发展观、构建和谐社会和全面加强党的建设三个方面走在前面）为主题的排头兵实践活动，着力抓好以下六项工作：城镇化建设和区域协调发展；社会主义新农村的规划建设；资源节约型环境友好型社会建设；建设领域事关社会和谐工作；服务型机关建设迈上新台阶；先进性教育整改措施的落实。2007年，根据省委决定和省直工委部署，开展“三服务一促进”（即服务基层、服务群众、服务大局，促进社会和谐）主题实践活动，重点完成以下四项工作任务：推进各市12319服务热线创建工作，提高城市综合管理水平；推进实施建筑工人“平安卡”制度，加强安全生产管理；加强物业管理工作，促进社区和谐稳定；推进办事窗口建设，提高服务效率和服务水平。

2002年，经省直属机关党代表会议选举，厅党组书记、厅长劳应勋被选为省直属机关出席省第九次党代会代表。2007年，经省直属机关党代表会议选举，厅党组书记、厅长劳应勋和省建筑设计研究院总工程师孙礼军，被选为省直属机关出席省第十次党代会代表；省建筑设计研究院副总工程师陈建飚被选为出席党的十七大代表。

【制度建设】 2000年以来，广东省建设厅直属机关党委先后制定：《省建设厅党组中心组学习制度》、《省建设厅领导干部开展思想政治工作制度》、《中共广东省建设厅直属机关党支部工作职责和组织活动制度》、《省建设厅机关文明礼貌用语30句》、《省建设厅职工困难补助暂行规定》、《省建设厅首问负责制》、《省建设厅处理群众来信来访规定》。

▲省建设厅组织复转军人和军属参观东江纵队纪念馆 省建设厅党办供稿

【直属机关党组织建设】 2008年，广东省建设厅直属机关党建工作，按照继续解放思想，坚持改革开放，努力争当实践科学发展观排头兵的新要求，认真开展深入学习实践科学发展观活动、解放思想学习讨论活动和“三创建三促进”（创建学习型、创新型、服务型机关，促进解放思想，促进改革开放，促进科学发展）学习实践活动，促进了党组织的思想、组织、作风、制度建设和廉政建设。

按照省委组织部的部署，组织厅直属机关各党支部与大埔县西河镇、湖寮镇41个农村党支部开展城乡基层党组织互帮互助活动。

组织捐款活动。厅直属机关党员、干部、职工年初为抗御雨雪冰冻灾害捐款9.3025万元。汶川大地震发生后，捐款54.4675万元；广大党员踊跃交纳“特殊党费”，通过党组织表达支援灾区的心愿，共交纳“特殊党费”35.38万元，其中交纳1000元以上的有200人24.75万元。同时，响应建设厅关于“捐建房、送温暖”的号召，积极捐建板房。 （陈徐福）

【解放思想学习讨论活动】 2008年1~6月，广东省建设厅按照省委的部署，在厅直属机关开展“继续解放思想，坚持改革开放，争当实践科学发展观的排头兵”学习讨论活动。学习讨论活动分为三个阶段：学习宣传、讨论调研、决策部署。学习讨论活动中，在组织认真学习讨论的基础上，深入开展了调查研究，形成一批调研成果。厅党组成员、副巡视员各自牵头负责开展一项重点调研课题。全厅的调研，涵盖了粤港澳地区空间发展战略、建设工程串通招标投标问题、建设领域节能减排工作、污水和垃圾处理设施建设、城市管理综合执法、村镇工程质量安全监管等课题。6月6日，举行解放思想专题调研成果交流会，共有19个处室和单位作了交流汇报。会后厅学习讨论活动办公室编发了调研成果。全厅通过总结学习宣传和讨论调研的成果，集中研究改进工作的意见，形成包括推进宜居城乡建设、完善城镇住房保障制度等6个方面指导建设事业科学发展的意见建议，并且制订了具体的工作方案或推进措施。

【"三创建三促进"学习实践活动】 2008年，按照中共广东省直工委的统一部署，省建设厅在厅直属机关开展"三创建三促进"（创建学习型、创新性、服务型机关，促进解放思想、促进改革开放、促进科学发展）学习实践活动，主要开展学习、调研和创建优质服务窗口三项工作。由于2008年厅先后开展了"解放思想学习讨论活动"和"深入学习实践科学发展观活动"，"三创建三促进"学习实践活动的学习、调研和创建优质服务窗口等工作均与其他两项活动的工作结合起来开展。在创建优质服务窗口方面，从便民、惠民、利民的角度，对办事窗口进行了全方位的整改。经过创建活动，办事窗口"软件"、"硬件"建设得到加强，提高了服务水平，得到基层和群众的认可。

（林刘雄）

【城乡基层党组织互帮互助活动】 2008年，广东省建设厅按照省委组织部《关于开展城乡基层党组织互帮互助活动的意见》精神，组织厅机关和直属单位41个党支部140多名党员，先后于10~11月分三批，由厅党组成员、副厅长陈承旗和厅党组成员、厅直属机关党委书记李锡洪分别带领，到大埔县西河镇、湖寮镇与41个农村党支部开展城乡基层党组织互帮互助活动。据统计，这次活动共慰问、帮扶贫困群众、党员、学生248人（户），慰问金85000元；为农村办实事好事41件，投入资金328000元。（何思权）

▲省建设厅直属机关团委在梅州市大埔县东塘村开展义诊支教活动

省建设厅党办供稿

▲省建设厅开展"扶困助学"活动　　省建设厅党办供稿

【共青团工作】 2000年广东省政府机构改革后，张华继续任省建设厅直属机关团委书记。2004年8月，经省直团工委批复同意，林刘雄为厅直属机关团委负责人。截至2008年12月31日，厅直属机关共设团委2个，团总支1个，团支部16个，团员282名，35周岁以下青年575人。

2008年5~7月，省建设厅直属机关团委承办"省建设厅机关迎奥运系列体育比赛活动"，包括全体厅领导在内全厅80%以上干部职工参加了网球、乒乓球、桌球、羽毛球、保龄球等体育项目比赛，以实际行动迎接北京奥运会。8月上旬，还在厅直属机关青年中举行了"迎奥运　树新风"主题活动。

7月23~26日，厅直属机关团委组织直属机关13名青年到大埔县彰溪村、明德村开展"扶困助学"活动，为两个村41名贫困学生送去建设厅的助学金65600元和一批学习用品。该次活动，还专门联合暨南大学青年志愿医疗队9名师生到东塘村（厅驻点村）开展"义诊支教"活动。

12月31日，厅直属机关团委举行"青年谈作风建设"座谈会，厅机关20名青年代表参加座谈。厅长房庆方和纪检组长、机关党委书记李锡洪出席座谈会并作讲话。座谈会上，青年代表围绕加强作风建设谈了自己的思想认识，并就加强机关作风建设提出意见和建议。房庆方就加强青年的作风建设作了讲话并要求厅团委每年都要组织开展类似的座谈交流活动，促进青年交流思想、加强沟通、促进工作，同时也为厅领导与青年的直接沟通交流提供一个平台。 *（林刘雄）*

廉政建设

【概况】 中共广东省纪委派驻建设厅纪律检查组、广东省监察厅派驻建设厅监察专员办公室前身是广东省建设委员会机关纪委监察室，作为内设机构，成立于1986年。1989年正式成为中共广东省纪委派驻建设委员会纪律检查组、广东省监察厅派驻建设委员会监察专员办公室（双派驻），由省建委党组、省纪委双重领导，属于内设机构。2000年6月机构改革后，成为中共广东省纪委派驻建设厅纪律检查组、省监察厅派驻建设厅监察专员办公室，人员编制由省纪委划拨。2004年开始，派驻建设厅纪律检查组由省纪委实行统一管理。

2000年以来，历任派驻纪检组组长（监察专员）为：陈承旗、杨华郎、李锡洪。

广东省建设系统的党风廉政建设工作坚持以“三个代表”重要思想为指导，树立和落实科学发展观，围绕上级纪检部门的工作部署和全省建设中心工作，以促进建设事业健康发展和建设工作者健康成长为目的，用发展的思路和改革的办法抓党风廉政建设和反腐败工作，积极稳妥地推进建设系统的党风廉政建设和反腐败斗争的深入开展。

【惩治和预防腐败体系五年规划】 根据《中共广东省委贯彻落实〈建立健全惩治和预防腐败体系2008~2012年工作规划〉实施办法》要求，以及住房和城乡建设部全国建设系统党风廉政建设工作电视电话会议有关精神，广东省建设厅党组印发了《关于加强建设系统党风廉政建设工作的意见》，指导全省建设统把反腐倡廉建设放在更加突出的位置，始终围绕建设系统中心工作，以理想信念和廉洁从政教育为重点，深入开展反腐倡廉教育；以改革创新的思路，深化建设系统源头治理腐败工作；以深入开展专项治理工作为切入点，解决人民群众最关心的利益问题，切实关注民生问题，继续落实党风廉政建设责任制，扎实推进建设系统惩治和预防腐败体系建设。

建设工程招标投标制度 工作目标：进一步健全建设工程招标投标制度，加强工程招标投标过程监管，规范有形建筑市场的运行，创造公开、公正、公平的竞争环境，有效防止规避招标、招标投标弄虚作假以及转包、违法分包等行为的发生。全省各地应招标工程和应公开招标工程招标率达到100%，没有出现重大违法违纪案件。进一步拓宽招标投标领域，在近两年试点的基础上，全面推进专业分包、建筑材料采购、劳务分包纳入有形建筑市场交易。工作措施：一是着力机制制度创新，切实解决围标串标问题。紧紧围绕遏制围标、串通招标投标，规范招标代理机构行为等工作重点，进一步完善法规体系，着力抓好制度创新，为加强招标投标管理，规范有形建筑市场运作提供法制保障。抓紧出台《广东省建设工程串通招标投标认定及处罚办法》、《广东省工程建设项目招标代理管理规定》、《广东省建设工程招标文件示范文本》等管理文件并抓好实施，尽快完善制度，尽可能减少招标活动中人为因素的干扰。二是加强对招标代理等中介机构的管理。建立和实施对招标代理机构及其专职人员的准入和清出制度，严厉打击挂靠，出让代理资格，通过采用虚假招标，串通投标等违法方式操纵招标结果，违反规定将代理服务费转嫁给投标人或者中标人，以及以赢利为目的出售资格预审文件和招标文件等行为，达到规范招标代理机构行为的目的。三是继续推进建设工程交易中心的建设与管理。建设工程交易中心要重点加强信息化建设，完善行业自律机制，在充分发挥现有服务功能的基础上，积极拓展服务范围，服务内容和服务领域，为工程项目的交易活动提供全面、规范和高效的服务。要开发电脑远程投标报名、远程投递标书、电脑评标、电脑抽取并通知专家等管理程序，提高工作效率，减少人为因素的干扰。四是完善专家评审制度，规范评标行为。加强对评标代表的资格管理，加强对评标过程的监督，完善对评标专家的培训教育、定期考核和准入、清出制度。五是加大对建设工程招标投标活动的监管执法力度。要加强招标投标监督管理队伍建设，规范招标投标行政监督行为，提高依法行政水平。进一步加大对招标投标活动的执法力度，严肃查处转包、违法分包行为，对将中标项目违法转让、层层分包，以及挂靠有资质或高资质单位并以其名义投标，或者从其他单位租借资质证书等行为进行严肃查处。六是加快推进建筑市场信用体系建设。重点推进政府对市场主体的守法诚信评价工作，以守法为基础，及时采集建筑市场主体违反各类行政法律规定强制义务的行政处罚记录以及其他不良失信行为记录。尽快建立起建筑市场诚信信息平台，形成政府监管、行业自律、社会监督的有效约束机制。

住房保障体系 通过健全以廉租住房制度为重点的住房保障体系，解决城镇低收入住房困难家庭的基本住房需求，于2010年底前基本实现对城镇低收入住房困难家庭廉租住房保障应保尽保；通过加强房地产市场调控，完善有关住房政策，逐步改善广大群众和干部职工居住条件。具体工作措施：（1）健全以廉租住房制度为重点的住房保障体系，解决城镇低收入家庭住房困难。一是贯彻落实省政府《关于切实解决城镇低收入家庭住房困难的实施意见》，按照“省级负总责，市县抓落实”的原则，将解决低收入家庭住房困难问题纳入政府公共服务职能范围；实行目标责任制管理，省政府每年与各地级以上市政府签订责任书，对责任书落实情况进行考核，考核结果向全省通报。二是完善廉租住房保障方式。在通过发放租赁补贴增强受保障家庭在市场上承租住房的能力的同时，切实落实廉租住房保障资金，保证廉租住房建筑用地供应，多渠道增加廉租住房房源，提高实物配租比例。三是切实落实廉租住房保障资金。省财政要加大对欠发达地区的财政扶持，在2008年安排1亿元城镇廉租住房保障专项资金的基础上，并且补助额度按20%的比例逐年递增；各市、县要严格按照国家和省的有关规定，将土地出让净收益不低于10%的比例和住房公积金增值收益安排用作廉租住房保障资金，仍有缺口的，本级财政应包底安排财政预算资金。四是完善廉租住房保障申请、审核、公示、退出等各项配套制度，建立全省统一的住房保障管理信息系统。（2）进一步落实房地产市场调控政策，使房价总体与中等收入阶层的购买力相当。一是调整住房土地供应结构，增加普通商品住房供应，积极发展住房二级市场和房屋租赁市场。二是继续调控和引导居民树立适度、梯次的住房消费观念。三是进一步规范房地产市场秩序，建立健全房地产市场发展的长效机制。四是加强对房地产中介机构和从业人员的管理，坚决打击各类侵害消费者权益的行为。五是适当放宽政策性住房的建设，在住房价格较高的大城市增加“限户型、限房价、限对象”的限价普通商品房供应，支持城市中等收入家庭通过首次置业解决住房问题。允许远离城市的独立工矿企业进行集资建房，解决低收入职工住房问题。（3）完善机关事业单位住房政策，提高干部职工住房消费能力。一是继续推动住房政策调整完善工作。提高住房货币补贴标准，省直单位的住房补贴标准调整为按工资总额18%，逐步扩大住房公积金覆盖面，积极发展住房公积金贷款业务，支持职工通过住房消费改善居住条件。二是对已购住房的干部职工发放住房维修补贴，在职务晋升后发放住房面积差额补贴，对异地调动厅级干部发放住房地区差额补贴。对已购公有住房的机关事业单位工作人员（含离退休人员），按工资总额的6%发放住房维修补贴。对已购公有住房并在2000年1月1日后有职务晋升的，按照提升职务后的住房面积差额乘以近三年商品住房平均房价的70%，一次性发放住房面积差额补贴。对2000年1月1日后因工作需要跨市调动的，可领取住房地区差额补贴。三是政府统筹建设公务员周转住房，解决异地调动干部和新进公务员过渡性住房等问题。由省委办、省府办统筹建设（含新建、购买）一批周转房提供给异地调动干部和新进公务员（包括省直一般公务员）租住，作为过渡性住房缓解住房压力。

房地产市场监管　通过建立健全惩治和预防腐败体系，稳定住房价格，解决好低收入家庭居住问题，使房地产市场环境得到净化，房地产市场交易秩序得到规范，房地产市场各环节违法违规行为得到有效遏制，房地产行业各行政主管部门做到干净干事、依法行政，切实保护广大人民群众合法权益。具体工作措施：（1）建立健全房地产开发用地调控监管制度。按照各城市“十一五”住房建设规划要求，做好土地规划工作，使房地产开发用地供应总量合理，住房结构调整到位；建立健全土地出让净收益一定比例用于廉租住房建设的制度，保障廉租住房建设资金来源。一是切实按照“十一五”住房建设规划的安排，加强对房地产开发土地供应的调控，优化房地产开发土地供应结构。商品住房价格上涨较快的城市要适当增加商品住房供应，缓解住房供求矛盾，要优先保证中低价位、中小套型普通商品住房（含经济适用住房）和廉租住房的土地供应，其年度供应量不得低于居住用地供应总量70%，继续停止别墅类房地产开发项目土地供应，严格限制低密度、大套型住房土地供应。二是建立健全土地出让净收益一定比例用于廉租住房建设的制度，保障廉租住房建设的资金来源。三是加强对房地产开发用地的监管，实行房地产开发用地规划公示，加大规划透明度，接受社会的监督。对于未办理建筑工程用地批准手续的一律不得批准开工建设，加强对已出让土地开发过程的监管，监督开发企业严格按照用地的规划用途、规划设计等条件进行开发建设。（2）建立健全房地产行政审批监管制度。通过继续深化行政审批制度改革，全面推进依法行政，逐步形成行为规范、运作协调、公正透明、廉洁高效的行政管理体制，提高依法行政水平，从源头上预防腐败。一是继续深化行政审批制度改革。进一步清理、规范行政审批事项，严格遵循行政许可法的原则，坚决取消妨碍市场开放和公平竞争以及实际上难以发挥有效作用的行政审批，把市场竞争机制能够有效调节的事项交给市场。二是抓紧完善行政许可有关配套制度建设。加快行政许可实施程序、行政许可监督等配套制度建设，建立审批责任追究制度，逐步建立起科学的管理机制、规范的运行机制和严密的监管机制，最大限度地减少审批人的自由裁量权和审批随意性。三是积极探索发展电子政务，推广使用房地产行政审批系统，避免人为造成违规审批和索贿受贿的发生。（3）建立健全房地产交易管理系统。有针对性地公开房地产市场以及具体房地产项目的真实供求信息，防止开发商制造供求紧张的市场气氛，实现交易合同的网上鉴证和网上备案，杜绝“一房多售、重复抵押”现象，确保消费者购房安全，规范房地产业务流程，做到公开、透明、按时完成商品房预售登记、房地产权证办理等日常业务，及时、全面、准确的收集市场信息，为制定房地产市场的各项政策提供充分依据。一是完善房地产交易管理系统。已经建立房地产管理信息系统的城市，要把所有在售商品房项目纳入房地产交易管理系统，全部实现网上签订合同，并逐步把二手房交易纳入系统管理，要对市场情况进行及时监控和数据统计，向社会公开进入交易市场的楼盘信息和交易状况，引导住房开发投资和住房消费理性发展。二是市、县两级财政按照省政府在《转发国务院办公厅转发建设部等部门关于做好稳定住房价格工作意见的通知》文件中提出“省、市、县三级财政要安排资金支持当地房地产信息系统建设”，给予房地产交易管理系统建设一定的支持。

公用事业市场监管机制　一是规范城市供水、供气、公共交通、污水处理、垃圾处理行业特许经营行为。根据住房和城乡建设部《市政公用特许经营管理办法》，制定《广东省市政公用事业BOT-TOT模式特许经营项目监管办法》。二是建立市政公用事业特许经营的制度。建立市政公用行业产权转让、特许经营招标、市场准入和清出、违规披露、合同监管、价格听证、临时接管、特许经营备案、中期评估、公众监督和项目签约前公示等制度，强化监督管理。积极推进市政公用事业特许经营制度建设，建立服务质量标准和评估体系，健全企业服务质量监督和价格监控机制。制定《城市污水处理收费管理办法》，修订《广东省燃气管理条例》。三是建立市政行业办事公开制度。进一步推进建设系统12319服务热线与数字化城市管理工作的结合，用两年时间在全省地级以上市开通12319服务热线，到2012年基本建立健全全省数字化城市管理监管系统。四是推进风景名胜区管理制度创新。研究制定《广东省风景名胜区条例》实施细则，规范对风景名胜区的管理行为。严格禁止风景名胜区机构从事经营活动，纠正将规划、管理和监督等行政职能委托给企业或个人，以及管理机构工作人员在风景名胜区内兼职等行为。建立健全风景名胜区特许经营制度、监督检查和评估制度、建设项目审查审批制度、风景资源有偿使用费管理制度以及风景名胜区综合执法制度，继续推进风景名胜区监管系统建设。

【党风廉政建设责任制】　为贯彻中央纪委第二次全会、国务院廉政工作会议和住房与城乡建设部2008年党风廉政建设工作意见及广东省政府廉政工作会议的部署，坚持标本兼治、综合治理、惩防并重、注重预防的方针，确保各项建设中心工作的贯彻实施，省建设厅印发了《广东省建设系统2008年党风廉政建设工作意见》、《关于落实2008年党风廉政建设和反腐败工作部署内部分工的通知》，对党风廉政建设各项工作进行分工，指导全省建设系统抓好党风廉政建设和反腐败工作。2008年度廉政责任制考核测评结果是：厅机关处长被评议为“好”的有14人，“较好”的有1人；厅直属单位领导班子被评议为“好”的有4个，“一般”的有3个。

中央和省委关于建立和健全惩治和预防腐败体系五年工作规划实施后，通过调查研究，起草了厅党组《关于加强建设系统党风廉政建设工作的意见》，指导全省建设系统以行政审批、干部任用、城乡规划管理、建设工程招投标、资金分配使用等容易滋生腐败的环节为重点，不断健全和完善制度，进一步做好源头惩治腐败工作。

根据《关于实行广东省建设厅党风廉政建设责任书制度的通知》要求，厅机关各处室正、副处长，直属单位领导班子成员填报了《领导干部廉政卷宗》。

【治理商业贿赂】　2006年，中共中央决定在全国范围内开展治理商业贿赂专项工作。根据住房和城乡建设部、广东省委省政府的部署和要求，省建设厅及时成立领导机构和办公室，制订《全省建设系统治理商业贿赂专项工作实施方案》，明确治理的重点领域和重点环节。并召开全省电视电话会议，部署这项工作。这项工作开展以来，各地行动迅速，各级建设行政主管部门都能按照省厅的要求，成立工作机构和办事机构，制订实施方案，进行自查自纠，确定治理商业贿赂工作联系点，结合实际组织专题调研，形成理论研究文章，加强治贿工作专项督查，并且撰写工作情况简报，建立了统计上报制度。

根据广东省治理商业贿赂领导小组《2008年治理商业贿赂工作要点》，各地进一步落实国务院和省政府“思想不松、声势不弱、机构不散、力度不减”的工作要求，研究制定各地区各部门治理商业贿赂专项工作的具体措施，继续深入开展专项治理工作。2008年，全省建设系统主动上交不正当所得28人次，金额22万元，查结商业贿赂案件8宗，涉案金额51万元。

【群众来信来访和查办案件】　2008年，广东省建设厅共收到群众信访投诉35件，反映厅机关和直属单位的，均已妥善处理；反映各地市情况的，均按照“分级负责，归口管理”的原则，认真查办或转办。接待群众来访10次，均已认真查办、转办和督办。协助、配合完成省纪委、住房和城乡建设部交办的省审计厅对“省科技中心”工程项目审计中招投标存在的问题等6个信访件的调查、了解及核实工作。

【纪律教育学习月活动】 纪律教育活动作为一项制度，已坚持了17年。2008年，广东省建设厅印发《关于开展2008年纪律教育学习月活动的通知》，要求厅机关及直属单位以“增强党性观念，推进科学发展”为主题，开展纪律教育学习活动，对教育学习的内容、时间、形式提出明确要求，并购买了《反腐倡廉教育读本（2008）》等书籍1500多本（套），廉政教育专题片20盒（套）；召开动员大会和总结大会，由房庆方厅长进行动员和总结；纪检组长李锡洪为全厅党员干部作专题党课讲座；组织厅机关干部参观省纪委主办的《全国廉政文化大型绘画展、南粤清风——纪念广东纪检机关恢复重建30周年书画展》，同时做好安排，确保学习时间、质量，并结合纪律教育月教育活动主题，查摆作风建设上存在的突出问题，剖析思想根源，落实整改措施。各支部、单位还紧密结合协助汶川地震灾区恢复重建工作，弘扬共产党人的无私奉献精神，积极组织党员干部投入抗震救灾斗争，得到省委、省政府和建设部的表彰。纪律教育学习月活动前后历时3个月，强化了全体党员干部反腐倡廉的意识，增强了党员干部的纪律观念和法制观念，收到较好成效。

（张丹丹）

人事管理

□公推公选领导干部

□干部选拔录用工作稳步推进

□接收安置军转干部

□干部实行交流轮岗

□加大干部培养锻炼力度

综 述

【概况】 2000年，根据中共广东省委、省政府的统一部署，省建设厅进行机构改革工作。在这次机构改革中，厅机关全部处级领导岗位都实行竞争上岗，其中14名年轻干部被提拔使用，走上领导岗位，占全部正副处长总数的一半以上，使机关的处级领导平均年龄下降6岁，达到41岁。2000年以来，省建设厅先后提拔一大批年轻干部。2008年厅机关处以上干部中有30%达到研究生以上学历，其中有博士1名。领导干部的成长促进了省建设厅领导班子及中层领导干部的年轻化、知识化、革命化和专业化，为全省建设工作的开拓前进打下良好的基础，提供了人才保障。

干部选拔任用制度不断完善 干部选拔任用工作是人事工作的核心内容。省建设厅党组历来重视干部的选拔任用，严格按规定程序办事，坚持正确的用人导向，德才兼备、任人唯贤、注重民意。把受大多数群众拥护的优秀干部提拔任用。继2000年竞争上岗后，省建设厅先后提拔了82名厅级、处级和科级干部。严格、公正的选拔任用制度得到群众的普遍认可，形成激励干部积极向上，努力工作、勤奋敬业的重要机制，在机关和直属事业单位中形成了和谐的工作氛围。

领导干部培训工作日益加强 2000年以来，省建设厅一直重视领导干部的培训工作，共选派机关处以上干部、直属单位领导班子成员共120人次参加了省委组织部主办的党校主体班、出国进修班和省人事厅的任职培训班等班次的学习。通过培训学习，厅机关和直属单位领导干部的综合素质得到明显提高，工作能力进一步加强。

重视吸收新生力量 为补充机关干部队伍的不足，省建设厅在规定编制限额内新录用了一大批年轻干部。主要途径是公开招考高校本科毕业生或研究生，以及从其他机关转任。在录用工作中坚持德才兼备、专业对口，适当考虑工作经验。2000年以来共招录大学毕业生15名、调任转任本机关外单位干部12名、从部队的转业干部中接收安置21名。这批干部的输入，有效缓解了厅人力资源紧张的状况，也为机关和直属单位注入了新的活力。

培养锻炼年轻干部 省建设厅党组重视培训机关干部的基层工作经验，选派干部到基层单位挂职锻炼，提升干部的领导能力。10年派出干部共30名分别到市、县、村挂职，一方面支持帮助当地的社会经济建设和扶贫工作，另一方面培养锻炼干部的综合素质。

老干部服务工作逐步规范 省建设厅的老干部服务工作，一方面是发挥老干部的余热，让部分有精力有能力的离退休干部兼任行业协会工作，以他们的工作经验指导行业的发展，并向老干部定期通报厅的工作情况，发动他们献计献策；另一方面关心他们的身心健康，形成制度予以保障，为他们提供颐养天年的良好环境。负责老干部工作的人员不辞劳苦，带着感情，用心服务，不断提高为老干部服务的质量和水平，工作步入经常化、规范化。

组工干部公道正派形象进一步树立 省建设厅党组以身作则，严格执行中央和省的干部人事制度，充分发扬民主，公正透明。同时，注重对人事干部的严格教育、严格管理、严格监督。通过集中教育活动和经常性教育，人事干部不断锤炼党性，提高责任感，增强知人善任能力，抵御用人上的不正之风，努力做到严于律己，规范运作，热诚服务，树立了“对己清正、对人公正、对内严格、对外平等”的良好形象，受到机关和直属单位广大干部职工的肯定。

2008年，广东省建设厅组织人事部门勤奋工作，热情服务，努力当好厅党组的参谋和助手，较好地完成了各项工作任务，为促进全厅各项工作乃至全省建设事业的科学发展提供了组织保障。

干部选拔录用工作稳步推进 2008年全厅共提拔任用干部16名，其中厅级3名，处级5名，科级8名；有24名厅机关和直属单位的干部进行交流轮岗。2008年接收安置军转干部4名，其中厅机关3名、直属事业单位1名。厅机关通过公开考试录用了3名大学毕业生为公务员。

干部培养锻炼有新进展 省建设厅党组一贯重视培养锻炼年轻干部，鼓励年轻干部到基层和艰苦地区锻炼成长。2008年继续选派4名年轻干部分别到和平县、大埔县、紫金县，以及四川省汶川县挂职锻炼。另外，还有2名年轻干部仍在外地挂职，即年内共有6名挂职干部在外工作。干部培训工作是提高干部政治素质和理论素养的重要途径。2008年全厅共选派24人次参加形式多样的培训学习，培训项目包括：中共广东省委组织部举办的厅级班、中青班、处级班；国家行政学院、省人事厅组织的任职培训班、军转干部培训班、初任培训班、信息化培训班和专题研究班等班次；省社会主义学院举办的党外人士进修班等各种班次。参训人员中，厅级干部4人次、处级干部15人次、科级以下干部5人次。

调查研究更受重视 为提高人事管理工作水平，进一步规范工作机制和制度，2008年，省建设厅人事处就人事管理工作进行了3个专题的调研活动。一是机构改革调研。根据全国行政管理体制和机构改革的形势，就广东省建设系统行政管理体制和机构改革创新专题开展调研活动，分别到香港、广州、肇庆、惠州等地实地考察，研究分析省建设系统行政管理体制和机构设置的现状及存在问题，提出了下一轮全省各地市建设系统行政管理体制及机构改革的初步思路。二是行业协会发展情况调研。为贯彻落实省委省政府办公厅《关于发展和规范我省社会组织的意见》，省建设厅人事处开展对省建设厅系统行业协会和非行业协会发展情况的调研，走访了其中的8家有代表性的协会，对这些协会的组织架构、开展活动状况、经费来源、人事管理以及发展难题等方面作了初步的了解，听取了协会的意见和建议，对存在的问题和制约的主客观因素作了思考和分析。三是老干部工作调研。根据省委老干部局的要求，对机关和直属单位老干部工作情况进行全面检查和调研，详尽分析省建设厅老干部工作现状及存在问题，提出改进工作的意见和建议，为破解老干部工作难题打下基础。

老干部服务工作主动到位　2008年继续认真做好老干部工作，以各种形式关心老干部，丰富老干部的生活。平均每月都组织一次聚会、游览活动或集体疗养等，让老干部老有所乐；及时探望住院老干部，定期慰问并重点关心患重病的老领导，把组织的温暖送到老干部的心坎；帮助解决老干部待遇上、生活上甚至思想上的问题，促进老干部的身心健康。

【公推公选领导干部】　2008年，中共广东省委组织部统一组织副厅级领导干部的公推公选工作，广东省建设厅有2名干部脱颖而出。原省城乡规划设计研究院院长杨细平被提任为省交通厅副厅长、党组成员；原深圳市规划局城市与建筑设计处处长、致公党党员李台然被提任为省建设厅副厅长。

【干部交流轮岗】　2008年，广东省建设厅党组加大干部交流轮岗的力度，共对24名厅机关和直属单位的干部进行交流或轮岗，其中厅级干部3名、处级干部15名、科级干部6名。交流和轮岗范围涵盖机关各处室之间、直属单位与机关之间和直属单位之间的岗位调整，7个直属单位中有4个单位的主要领导在年内作了调整。　(潘伟堂)

干部选拔任用

【概况】　2008年，广东省建设厅党组根据《党政领导干部选拔任用工作条例》有关规定，认真履行干部选拔任用工作的各项规定和程序，坚持公开、公平、公正、择优原则和德才兼备标准，用好的作风选人，选作风好的人，严格履行民主推荐、组织考察、民主评议、任前公示、备案等程序。一是严格按照规定的机构规格、编制、职位数选拔任用干部，不擅自增设职位及职位名称，不擅自超职数配备干部及违反规定提高干部的职级待遇；二是干部人事工作制度化、规范化、科学化，不折不扣地执行各项规定，以法律法规为准绳，做到坚持原则不动摇，执行标准不走样，履行程序不变通；三是全面落实党员群众对干部选拔任用工作的知情权、参与权、选择权和监督权，严格执行考察预告和任前公示制，接受党员群众的监督，提高选人用人的质量和公信度。

【选拔任用干部】　2008年，根据中共广东省委组织部部署，省建设厅配合省委组织部选拔任用4名厅级干部：房庆方任省建设厅厅长；蔡瀛提任省建设厅副厅长、党组成员；杨细平提任省交通厅副厅长、党组成员；张少康调任省城乡规划设计研究院院长。

根据省建设厅职位空缺情况和《党政领导干部选拔任用工作条例》有关规定，提拔任用5名处级干部，其中，厅机关有3名，直属单位有2名。

根据省建设厅职位空缺情况和《党政领导干部选拔任用工作条例》有关规定，提拔任用8名科级以下干部。

【公务员兼职】　根据中共广东省委组织部、省民政厅《关于党政机关领导干部在社会团体兼职问题的通知》规定，省建设厅本着因特殊情况确需兼任与本职业务工作密切相关的社会团体领导职务的原则，先按干部管理权限审批兼职人选，再依有关社会团体章程办理兼职手续。2008年度按程序办理公务员兼职，共12名：刘锦红兼任省风景园林协会第二届理事会会长、法定代表人；李锡洪兼任省建设职工思想政治工作研究会会长、法定代表人；房庆方兼任省建设职工思想政治工作研究会名誉会长；陈英松兼任省建设工程交易协会第一届理事会名誉会长；李鸿辉兼任省建设职工思想政治工作研究会副会长；吕洪清、陈徐福、陈晓军兼任省建设职工思想政治工作研究会副会长；宋健、杨学波兼任省风景园林协会第二届理事会副会长；郑杰兼任省风景园林协会第二届理事会副秘书长；林刘雄兼任省建设职工思想政治工作研究会秘书长。

【接收安置军转干部】　2008年，广东省建设厅党组以高度的大局意识、政治意识和责任意识，通过双向选择、多方协调等形式，确定较合适的人选安置到较合适的岗位上，较好地为军转干部提供展示才华的平台。全年省建设厅机关和直属单位接收安置军队转业干部4名，其中正团职1名、副营职1名、技术干部2名，又一次超计划落实安置任务。

【考试录用公务员】　2008年，广东省建设厅机关面向社会考试录用4名公务员。

省建设厅考试录用公务员工作严格按照《广东省国家公务员录用面试实施细则（试行）》和有关规定认真组织实施。为提高考试录用公务员面试工作的公开性和透明度，接受社会的监督，充分体现“公开、平等、竞争、择优”的原则，省建设厅起草了《省建设厅考试录用公务员面试工作方案》、《省建设厅考试录用公务员面试操作办法》和《考生须知》等。通过申请录用计划、发布招考公告，进行报名与资格审查、面试、体检、考察、公示、报批等程序，取消1名考生的录用资格，录用3人为省建设厅公务员，试用1年。

【公务员退休】 根据《中华人民共和国公务员法》规定，2008年度广东省建设厅机关有4名公务员免职退休。（谢莉珍）

干部培训和培养锻炼

【干部培训】 2008年，根据中共广东省委组织部、省人事厅的安排，省建设厅积极选派干部参加各种培训班。选派领导干部到省委党校参加各种主体培训班。李锡洪参加厅级干部进修班，杜挺参加中青年领导干部培训一班，洪冰、余云枢参加县处级领导干部进修二班，刘锦红、陈英松参加专业短期培训班。选派干部到广东行政学院参加各类培训班，6名处级干部参加公务员任职培训班，3名新录用人员参加公务员初任培训班，1名处级干部参加组织人事管理研讨班，2名军转干部参加军转干部培训班。87名干部参加《公务员行政处分条例》培训。

【干部培养锻炼】 2008年，广东省建设厅机关继续加大对干部的培养锻炼力度。一是援藏锻炼。继续选派省建设执业资格注册中心副主任黄守新参加援藏工作，挂任林芝地区建设局副书记、副局长。二是援川锻炼。选派省建设厅处长邱衍庆挂任广东省对口支援四川省汶川县恢复重建工作组援建项目协调部部长。三是科技副职锻炼。继续选派省建设厅建筑管理处主任科员罗锦荣挂任河源市和平县副县长，省建筑设计研究院高级工程师张英川挂任河源市紫金县副县长。四是博士锻炼。继续选派省城乡规划设计研究院高级工程师、博士唐路参加中组部组织的第八批“博士服务团”，挂任江西省瑞金市副市长。五是驻村锻炼。选派省散装水泥办公室干部晏烨到梅州市大埔县西河镇东塘村锻炼。接收境外公务员的交流学习，接收安排了香港特区政府规划署谭大卫先生在省建设厅为期8周的交流学习。（金　芳）

老干部工作

【概况】 2008年，广东省建设厅有离退休干部98人，其中：离休干部21人，当年退休人员4人。省建设厅党组对离退休老干部工作非常重视，定期开展各项活动，丰富老同志的文化生活。

做好重大节日组织慰问活动。2008年春节前夕，9位厅领导分别带队上门慰问老领导、老干部。厅机关召开了敬老迎春团拜会，在职干部与离退休干部120多人欢聚一堂，表演丰富文艺节目，送去对老领导、老干部的祝福。三八妇女节组织全体离退休女干部到广州雕塑公园观赏樱花，七一建党节组织老党员参加茶话会，八一建军节组织退役老干部与在职人员到惠州革命根据地参观。九九重阳老人节组织52名老干部到华南植物园游玩。

组织疗养活动。组织67名离退休人员到花都工人疗养院疗养，18名离休、退休厅级干部到南昆山疗养，组织离退休人员参加省委老干局在从化的疗养。

开展老干部捐款活动。离退休老干部向汶川地震灾区捐款1.08万元，特殊党费3.76万元。

解决特殊治疗费。根据有关文件规定，厅机关为多位老干部报销了特殊治疗费用9多万元。

做好老干部工作调研。对机关和直属单位老干部工作情况进行了解，撰写调研报告上报省委老干部局。（金　芳）

职能·机构

□ 省建设厅职能

□ 省建设厅领导成员

□ 省建设厅机关处室职能

□ 省建设厅直属单位职能

广东省建设厅职能

1. 贯彻执行国家有关建设行政管理的方针、政策和法律、法规，研究拟订城市、村镇规划与建设、工程建设、建筑业、住宅房地产业、勘察设计咨询业、市政公用事业的方针、政策、法规以及相关的发展战略、规划并指导实施，进行行业管理。

2. 指导城市规划、村镇规划、城市勘察和市政工程测量工作；负责城市总体规划和城镇体系规划的审查报批和实施监督；参与土地利用总体规划的审查；承担历史文化名城相关的审查报批和保护监督工作；管理城市建设档案。

3. 审查大中型工程项目（包括重点工程）的初步设计；组织制定和会同有关部门发布建设工程定额和地方建设技术标准、规范、规程等，监督指导各类工程建设标准定额、技术标准的实施；会同有关部门组织制定建设项目可行性研究经济评价方法、经济参数；对中央委托省管和省属非财政性投资工程项目的结算审核工作进行指导和监督；负责重点工程建设项目立项审批后的组织实施工作；监督管理中央委托省管、省属非财政性投资工程建设项目的建设工作。

4. 指导建筑活动；规范建筑市场；指导和监督建筑市场准入、工程招标投标、工程监理以及工程质量和安全；拟订勘察设计、施工、建设监理和相关社会中介组织管理的规定并监督实施；组织协调建设企业参与国际工程承包、建筑劳务合作。

5. 指导城市和村镇建设；指导城市供水节水、燃气、公共客运、市政设施、园林、市容、环境卫生和城市规划区的绿化工作；指导城市市容环境治理、城建监察；负责对风景名胜区及其规划的审查报批和保护监督工作。

6. 指导住宅建设和城镇住房制度改革工作；负责住宅和房地产业行业管理，指导房地产开发利用工作，规范房地产市场。

7. 负责制定各类房屋建筑及其附属设施、城市市政设施等建设工程的抗震设计规范；指导城市地下空间的开发和利用。

8. 制定系统各行业科技发展规划、技术经济政策，组织重大科技项目攻关和成果推广，指导重大技术引进和创新工作；负责国家强制性建设技术标准、规范和规程的贯彻执行；负责发展散装水泥和商品混凝土的管理工作。

9. 管理建设行业的对外经济技术合作和外事工作，指导企业开拓国外建筑市场和房地产市场。

10. 承办省人民政府和建设部交办的其他事项。

（广东省人民政府办公厅文件）

广东省建设厅领导成员

党组书记：房庆方

厅长：劳应勋(2000.02~2008.03)

厅长：房庆方（2008.03~　）

党组成员、副厅长：陈承旗、刘锦红、陈英松、蔡瀛(2008.10~　)

副厅长：李台然（2008.08~　）

党组成员、省纪委（省监察厅）派驻纪检组长（监察专员）、中共广东省建设厅直属机关党委书记：李锡洪

党组成员、副巡视员：李新建

副巡视员：李运章

（省建设厅人事处）

广东省建设厅各处室职能

处室名称	职　　能
1. 办公室 主任：吕洪清	组织协调机关政务工作，负责会议组织、文电处理、秘书事务、档案管理、保密、信访、财务、人大议案与政协提案办理和机关后勤工作；组织编制建设行业改革发展总体规划；指导直属单位的财务和审计工作；负责对外经济技术交流与合作；指导建设行业的统计、信息工作；负责厅机关及监督直属事业单位国有资产管理。
2. 政策法规处 处长：钟汉谋	起草综合性会议报告、总结；组织研究重大的综合性政策问题；负责政务信息的收集与上报；拟订建设立法规划和计划；组织建设管理的法规和规章的起草、报批；负责建设法规的解释、清理、汇编工作；负责建设行政执法监督、建设行政复议和行政诉讼工作；指导建设系统的法规建设和法规宣传工作。
3. 基本建设处 处长：陈天翼(2004.08~2008.05) 处长：余云枢(2008.05~　)	规范基本建设程序，监督指导建设项目按照基本建设程序进行建设；负责省重点工程建设项目（不含立项审批）的监督、管理；参与拟订省重点建设项目的年度安排计划；会同有关部门组织省属重点及大中型建设工程的竣工验收工作。

(续上表)

处室名称	职　　能
4. 城乡规划处（珠江三角洲城镇群规划管理办公室） 处长：蔡瀛	研究拟订城乡发展战略及城乡规划的方针、政策和规章制度；指导城乡体系规划、城市规划和县城镇规划，以及城市和县城镇中心城规划建成区内的村镇规划编制、实施和管理工作；负责实施《珠江三角洲城镇群协调发展规划》；负责城市总体规划、县城及县域以上的城镇体系规划（区域规划）的审查报批；参与县以上土地利用总体规划的审查；指导城市勘察和市政工程测量工作；监督执行规划单位的资质标准；负责城市建设档案管理工作。
5. 城市建设处 处长：洪冰	负责城市建设和管理工作；拟订城市建设和市政公用事业发展战略、发展规划及年度计划；指导城市供水节水、燃气、公共客运、城市市容、园林、环境卫生和城市规划区的绿化工作；指导城市规划区地下水的开发利用和保护工作；指导城市环境综合整治、城建监察工作；指导风景名胜区规划建设管理工作。
6. 建筑管理处 处长：梁志华	拟订建筑业发展规划、管理规定、技术政策；监督建筑施工企业、建筑安装企业、建筑制品企业、建筑监理单位资质标准的执行；指导建设工程定额的制定；指导和规范建筑市场，拟订规范建筑市场主体的市场行为以及工程招标投标、建设监理和建筑工程质量、合同管理和风险管理的规章制度并监督执行；监督和指导建设工程质量监督、检测标准的执行，负责对中央委托省管工程项目、省属工程项目招标投标和承发包的管理和监督工作；组织协调建设企业参与国际工程承包、建筑劳务合作。
7. 勘察设计处 处长：刘丽萍	拟订工程勘察设计咨询市场的规章制度并监督执行；提出工程勘察设计咨询业的改革方案、产业政策、规章制度、技术政策；监督勘察设计咨询单位的资质标准的执行；审查大中型工程项目的初步设计；拟订城镇各类房屋建筑及附属设施和城市市政设施的建设工程抗震设计规范；指导城市地下空间的开发利用。
8. 住宅与房地产业处 处长：杜挺	拟订住宅建设与房地产管理政策；指导规范房地产市场；指导城镇土地使用权有偿转让和房地产开发利用工作；提出住宅建设与房地产业的发展规划和科技发展战略、产业政策和规定；指导住宅建设和住房供应政策的实施；指导房地产登记发证工作；拟订住宅建设、房屋拆迁、房地产开发、房地产市场、物业管理的规章制度并监督执行；做好房地产评估的有关工作；监督房地产开发企业、物业管理企业、房地产中介服务机构的资质标准的执行；执行房地产估价师、物业管理师等专业技术人员执业资格标准。
9. 科技教育处 处长：林兆雄	组织拟订建设行业科技发展战略、规划；编制和组织实施行业重点科技发展项目计划；组织重大科技项目研究开发；指导行业内干部、职工的继续教育和岗位培训；协同有关部门组织行业的职称改革及专业技术职称评聘工作；负责拟订地方建设技术标准、规范、规程；负责发展散装水泥和商品混凝土的管理工作。
10. 安全管理处 处长：廖江陵	拟订工程建设安全管理规划、技术政策、规章制度并监督执行；规范工程建设施工企业安全生产责任主体行为，指导编制安全事故应急救援预案；组织或参与建设重大事故的调查与处理；定期分析通报工程建设安全形势；负责安全生产许可证颁发及监督管理；负责工程建设安全生产监督检查和行政执法；负责对建筑安全监督机构和安监人员、施工企业负责人、项目负责人、安全专职管理人员的安全考核及发证工作。
11. 住房保障与公积金监督管理处(省住房制度改革办公室) 处长:陈天翼(2008.05~　　)	贯彻落实国家和省关于推进城镇住房制度改革的方针、政策和措施并组织实施；指导城镇住房制度改革工作；拟订住房保障的规划、政策法规并监督执行，指导经济适用住房制度和廉租住房制度建设；拟订住房公积金决策和管理机构的管理规则；拟订住房公积金的归集、管理、使用和监督制度，建立健全住房公积金监督网络，建立并管理住房公积金信息系统，负责对住房公积金和住房保障性资金管理和使用情况的监督管理；建立并管理住房公积金监督举报系统，受理投诉举报，查处住房公积金管理的重大违纪案件。
12. 村镇建设处 处长:黄祖璜(2008.09~　　)	研究拟订村镇规划的方针、政策和规章制度；指导镇规划、乡规划和村庄规划的编制、实施和管理工作；指导村镇建设和农村住房建设；参与县以下土地利用总体规划的审查；指导村镇环境综合整治工作。
13. 人事处 处长：潘伟堂	负责厅机关和指导直属事业单位人事、劳资和机构编制工作；负责因公出访报批、政工职称评定等工作。

(续上表)

处室名称	职　　能
14. 省监察厅派驻省建设厅监察室(与省纪委派驻省建设厅纪检组) 主任(副组长):余云枢(2004.11~2008.08) 主任(副组长):刘洪涛(2008.08~　) 15. 直属机关党委 专职副书记:陈徐福(兼直属机关党委办公室主任) (省监察厅派驻省建设厅监察室与省纪委派驻省建设厅纪检组、直属机关党委办公室合署办公)	负责厅机关和指导直属事业单位及建设系统的监察、纪检、党风廉政建设和党群等工作。
16. 广东省建设厅工会委员会 主席:陈晓军	领导厅机关及直属基层工会,指导全省建设系统工会。

(省建设厅人事处)

广东省建设厅各直属单位职能

直属单位名称	职　　能
1. 广东省建筑设计研究院 院长：何锦超 党委书记：李鸿辉	承担建筑设计及规划、室内装修设计、结构、桥梁道路、给排水、电气照明、空气调节、机械、经济分析、电子计算、工程总承包、房地产开发、工程测试、岩土工程、科技开发、技术咨询等业务。还承担本行业国外和国内外资工程的勘测、咨询、设计和监理业务及其所需的设备、材料及零配件出口，对外派遣本行业的勘测、咨询、设计和监理劳务人员。
2. 广东省城乡规划设计研究院 院长：杨细平（2005.03~2008.11） 院长：张少康（2008.11~　　） 党委书记：曾宪川	承担区域规划、城镇体系规划、城市（村镇）总体规划、控制性及修建性详细规划、城市设计、风景园林规划设计、建筑设计、市政工程设计、投资策划、房地产开发、工程监理等业务。
3. 广东省建设信息中心 主任：梁雄光（2001.01~2008.04） 副主任（主持工作）：李健明（2008.04~2008.10） 主任：李健明（2008.10~　　）	负责全省建设系统信息资源开发、利用和管理，收集、整理建设市场信息，建立建设行业信息网络和数据库，指导建设行业信息工作。
4. 广东省建设工程造价管理总站 站长：吴松	贯彻执行国家建设工程造价管理和工程建设定额的方针、政策和法规，负责建设工程造价和工程定额的编制、修订、解释等具体管理工作，指导省工程建设定额的执行，指导编制建设工程估算、概算、结算，受省建设厅委托发布工程造价信息，指导标底的编制审核工作，按规定参与建设工程招投标的审标、评标、定标工作。
5. 广东省建设工程质量安全监督检测总站 副站长（主持工作）：袁庆华	指导全省建设工程质量、安全监督检测机构的业务工作，组织省直单位、中央、部队在粤建设工程和省重点项目工程质量安全监督工作，负责有关工程质量安全方面的规划、培训、考核、统计等，接受上级主管部门和社会委托，对工程的质量情况进行检测、鉴定。
6. 广东省建设执业资格注册中心 主任：吴锡锦（2001.01~2008.04） 主任：梁雄光（2008.04~　　）	执行国家有关执业资格注册的方针、政策，受省建设厅、人事厅的委托承担建设行业执业资格注册的有关具体工作。承办注册建筑师、注册结构工程师、注册监理工程师、注册房地产估价师、注册造价工程师、注册规划师、注册建造师等的培训工作，协助有关部门办理这类建设专业执业资格考试的有关考务工作。
7. 广东省散装水泥管理办公室 主任：郭德居	负责发展散装水泥和商品混凝土管理的具体业务。按规定征收、管理和使用发展散装水泥专项资金；负责散装水泥工作的信息交流、宣传教育、专业培训和新技术、新工艺、新设备的推广应用；受委托协调散装水泥生产、运输、中转、使用等环节中出现的问题。

(省建设厅人事处)

各市建设

- 广州市全面启动水环境建设
- 珠海市努力打造『阳光工程』
- 汕头全力推进基础设施建设
- 『绿地佛山』建设取得实效
- 湛江扎实推进城镇化和中心镇建设

广州建设

【概况】 改革开放30年来，广州的城市建设取得巨大成就，城市面貌发生巨大变化。城市空间拓展，城市面积规模扩大，城市布局调整，新城市中轴线长达12公里，“大广州”逐渐形成。为适应城市发展，基础设施建设步伐加快。地铁1~4号线、快速公交系统，白云机场、广州港、京广复线、京九线、广茂线、广梅汕线、广九准高速铁路，水陆空交通设施完善，形成辐射型交通枢纽。此外，广州环境、通信、能源、给排水、邮政等相关基础设施建设也蓬勃发展，城市管理能力迅速提高。近年来，广州获“中国人居环境奖”，被建设部授予“水环境治理优秀范例城市”称号，并被评为“国家园林城市”、“国家卫生城市”。

2008年，是广州市全面贯彻落实党的十七大精神的第一年，也是继续解放思想、推动科学发展、构建和谐广州的重要一年，中共广州市委、市政府坚持以科学发展观统领建设工作全局，以举办2010年亚运会为契机，围绕中共中央政治局委员、省委书记汪洋提出的广州必须“坚持走全面、协调、可持续的城市化发展路子，努力成为我省建立现代产业体系和建设宜居城市的‘首善之区’”的新目标、新定位，推进全市城市基础设施进一步完善，城市环境进一步优化，可持续发展能力进一步增强。 (郝　静)

【城市规划】 1978年12月，党的十一届三中全会后，广州城市规划工作进入全新发展时期。30年来，广州市城市规划局积极探索城市规划编制和规划管理的新途径、新方法，在规划编制及实施、规划法规体系建立、规划管理机制完善、信息技术引进与利用、规划人才库建设等方面都取得重要的成果。

2008年，广州市城市规划局围绕建立现代产业体系和建设宜居城市“首善之区”的新目标，努力加强规划编制工作，提高规划管理水平，强化服务意识，提升服务质量，形成了“强化编制、简化管理、优化服务、突出效果、引领建设”的规划工作总体思路。强化规划编制在规划工作中的先导性和重要性，加强法定规划在行政审批和许可中的法定依据性和主导地位，构建以战略规划、总体规划（包括各专项规划）、控制性详细规划等法定规划为核心，以发展策略研究、城市设计等非法定规划为有效补充的规划编制体系，提出“突出效果、引领建设”的理念。强调对规划实施的实际效果和城市发展实际需求的分析，合理把握规划的刚性和弹性、法定性和灵活性之间的关系，以适应城市高速发展和永续科学发展的需要。 (董福强)

规划编制 2008年，广州市城市规划局把加强规划编制工作和提高规划编制水平作为提升城乡规划工作的切入点，科学组织并有序开展各层次规划编制工作。完成《广州城市总体发展战略规划》中期成果，初步确定国际城市、国家中心城市、南方经济中心和综合性门户城市、华南文化教育中心的城市定位，并被《珠三角改革发展规划纲要》采纳；提出“区域、产业、城乡、宜居、文化”五项优化与提升的城市发展战略，制订层级明确的城镇空间结构布局体系。在全国率先探索以城市总体发展战略规划引领“三规合一”的新模式。在战略规划的基础上，重点完成建设用地、公共服务设施、基础设施布局等总体规划的专题研究。

完善城乡一体的规划编制体系，统筹推进农村规划编制。初步建立城乡一体的规划体系，将镇规划和村庄规划统筹纳入规划编制体系。合理划分城市规划区和农村规划区，编制规划并提出有针对性的管理要求。17个中心镇总体规划的编制和审查工作全部完成。各区中心镇已有59个控制性详细规划项目通过审查。积极推进村庄规划编制工作，全市完成规划编制工作的行政村600个，正在编制村庄规划的行政村149个。

2008年广州市城市建设固定资产投资情况

分类工程	年初计划数（万元）	完成投资（万元）		完成工作量（万元）	
		本年累计(万元)	占比（%）	本年累计(万元)	占比（%）
道路交通工程	467500	498309.6	106.59	535433.1	114.53
地铁工程	828200	1104625	133.38	1141910	137.88
河涌综合整治工程	156200	107890	69.07	104099	66.64
污水治理工程	128700	107277	83.35	74733	58.07
环卫工程	45463	21404	47.08	13515	29.73
绿化景观工程	55200	11747.64	21.28	19731	35.74
电力工程	320000	270441	84.51	322899	100.91
其他	436700	333527.81	76.37	336672.92	77.09
合计	2485300	2455222.05	98.79	2548993	102.56

(许忠洲)

突出重点地区城市设计，实现规划编制和实施管理的有效衔接。按计划推进白云新城、琶洲—员村、白鹅潭三个重点地区的城市设计竞赛和规划深化工作。

做好专项规划编制工作，强化规划对建设的引领功能。完成《广州市轨道交通线网规划深化》、《广州市2010年近期道路建设规划》、《大广州交通网络规划》等多项交通规划研究和决策建议，以及广州市城市户外广告布局等专项规划，主动为政府各类城市建设决策提供技术支持。

规划管理　2008年，广州市城市规划局强化决策的规范化和制度化建设，探索从“经验管理”向依“规划+法规管理”的转变。

规范运行机制，通过规范决策程序和建章立制确保管理公平公正。是年组织召开市规划委员会会议15次，审议议题70项，参会专家、公众代表和部门代表186人次。

加强立法及建章立制，减少自由裁量权。贯彻执行《物权法》、《城乡规划法》等法律、法规，对《城乡规划法》的各项规定和制度进行研究，拟订《广州市关于贯彻实施〈城乡规划法〉的意见》。同时，根据《城乡规划法》和城市发展的需要，对《规划管理技术规定》和《规划管理程序规定》两个政府规章草案重新开展修订。

加强规范性文件的制定，制定《关于适度提高居住用地开发强度的意见》等一系列规范性文件。《关于适度提高居住用地开发强度的意见》在规范容积率管理方面得到住房和城乡建设部的充分肯定。

（余宏炳）

【城建计划执行】　2008年，广州市城建固定资产投资计划总额248.53亿元，实际完成投资245.52亿元，完成工作量254.90亿元。

（许忠洲）

【重点工程建设】　2008年，广州市积极推进重点工程建设。全年计划完成投资248.53亿元，实际完成投资245.5亿元，完成大批基础设施和民生工程。

道路交通工程　2008年，广州市道路交通工程年计划投资46.75亿元，实际完成投资49.83亿元，占年度计划的106.59%，完成工作量53.54亿元，占年度计划的114.53%。重点道路工程项目共计41个，其中滨江东路延长线A标、广州大道南敦和路口人行隧道、林和中路延长线、笔村立交改造工程、华南快速路东侧市政路、联邦快递周边市政路、丰乐北延长线等7个工程已完工；在建34个。

地铁工程　2008年，广州市工程年计划投资82.82亿元，实际完成投资110.46亿元，占年度计划的133.38%；已完成工作量114.19亿元，占年度计划的137.88%。二/八号线延长线工程土建工程累计完成总量的63%。三号线北延段（机场线）工程土建工程累计完成总量的26%。四号线黄村至万胜围段工程土建工程累计完成总量的35%。五号线工程全线24座车站中有17座车站主体结构已封顶，18个区间已贯通。土建工程累计完成总量的89%。六号线工程土建工程累计完成总量的34%。珠江新城旅客自动输送系统工程土建工程累计完成总量的66%。

环卫工程　2008年，广州市卫工程年计划投资4.55亿元，实际完成投资2.14亿元，占年度计划的47.08%；已完成工作量1.35亿元，占年度计划的29.73%。生活垃圾处理设施及配套工程中，李坑垃圾渗滤液处理扩容工程正在施工，实际完成工作量5000万元，其余项目均处于前期阶段。金沙洲居住新城生活垃圾真空管道收集系统等垃圾收运及中转设施建设进展顺利，累计完成约9500万元的工程量。垃圾压缩站建设、改造工程正在积极推进。新建环卫停车场车场3个，改造车场3个。完成新建公厕104座，改建、大修108座。正在进行新建20座、改建、大修62座公厕的招标工作。

绿化及景观工程　2008年，广州市电力工程年计划投资5.52亿元（不含从化新温泉建设工程），实际完成投资1.17亿元，为年度计划的21.28%；已完成工作量1.97亿元，

▲2008年，广州市积极推进重点工程建设。图为建成的联邦快递市政道路

广州市市政集团供稿

占年度计划的35.74%。英雄广场三期主体已完工，其夜景工程正在前期方案设计稳定阶段，准备施工。新光大桥桥头公园，施工已完成48%的工作量。市域道路绿化整顿专项工程已完成环市路分车带、临江大道东、白云大道、黄石路、阅江路、花地大道北等30个项目；滨江路、广园东路等处于施工阶段。各区完成绿化项目52个，完成率约62%。

电力工程　2008年，广州市电力工程年计划投资32亿元，投产110千伏及以上主变容量392万千伏安、输电线路536千米。实际完成投资27.04亿元，为年度计划的84.51%，完成工作量32.29亿元，为年度计划的100.91%。建成并投产110千伏及以上项目11个，包括220千伏工程5个、110千伏工程6个。新建110千伏及以上变电站6座，新增主变容量148万千伏安，新增110千伏及以上输电线路318千米。广州南部电网改造、500千伏花都站220千伏出线、220千伏迎宾输变电、110千伏石桥和元洲输变电等一批重点工程相继投产。

其他重点项目　2008年，广州市的重点项目还有：(1)新电视塔项目。全年计划投资约4亿元，实际完成投资4.2亿元，占年度投资计划的105%。新电视塔主体结构混凝土核心筒已封顶，钢结构外筒也已基本安装完成，正在开展机电安装、玻璃幕墙及装修工程。预计整个工程在2009年12月前可全部完工。(2)珠江新城核心区交通项目。年计划投资10.11亿元，实际完成投资5.56亿元，累计完成工作量6.7亿元，分别占年度投资计划的54.94%和66.24%。已完成土方外运249.8万立方米，占工程总量的97.9%；完成主体工程混凝土浇筑18.9万立方米和钢结构安装11450吨；主体工程局部结构封顶。(3)武广铁路及广州新客站工程。武广铁路客运专线在荔湾区的征地拆迁工作已经基本完成。花都区已交付建设用地95%，白云区已交付建设用地98%。广州新客站工程在番禺区的征地拆迁工作已经全部完成。站场南北咽喉区高架桥正在加快施工，站房地下基础正按计划进行。(4)珠江两岸光亮工程。2008年度光亮工程是在保障原有光亮工程成果基础上，补遗拾缺，整治“黑点”，增加二、三线建筑物照明，甚至部分四线高层建筑的照明，增加整体感和层次感，为迎接8月份北京举行的奥运会和2010年广州举行亚运会，奠定良好的夜间景观照明基础。项目主要由广州供电局路灯管理所负责实施29个已招标项目、44个新增项目以及50幢滨江路“穿衣戴帽”建筑物的天际线照明修复工程，4个区（越秀、荔湾、海珠、天河）负责完成珠江两岸珠江桥—鹤洞桥—琶洲桥地段未亮化的建筑597幢。完成31个新增项目、50幢滨江路“穿衣戴帽”建筑物的天际线照明修复工程以及未亮化建筑445幢、2.3亿元的工作量。

（许忠洲）

【建筑业】　2008年，广州市建筑业总产值910.90亿元，比上年增长16%；房屋建筑施工面积7001.23万平方米，增长5%，其中新开工面积2517.42万平方米，下降2%；房屋竣工面积1811.29万平方米，增长2%。是年，新墙材生产量达到29.19亿块标砖，新墙材应用量达到16.17亿块标砖，节约土地资源177.93公顷，节约能源10万吨标煤，减排二氧化硫2005吨，新墙材应用比例约92%（市区达到97%以上）；散装水泥供应量613.38万吨，比上年下降15.7%，预收散装水泥专项资金1144.10万元，下降5.8%。是年，广州市登记备案的建筑业企业有1492家，其中本地市属465家，本地部、省属在穗备案186家，市外进穗841家。

建筑施工管理　加大对违规企业的处罚力度。全年实施行政处罚11宗，对32家有严重不良行为的企业予以限制投标，对申报资质过程中有造假行为的14家企业作出一年内不准许申报资质行政处罚决定，维护了建筑市场秩序。

加强样板工程引路和严肃处罚不良行为责任主体。积极鼓励企业参加国家、省、市各级评优活动，努力提高结构工程质量。通过创优活动，工程质量呈现良好态势。新光大桥、富力国际公寓、广州海关新业务技术综合楼3个项目获中国建设工程鲁班奖，5个工程获国家优质工程，17个工程获省优良样板工程，评选出市优良样板工程68个，其中“五羊杯”工程6个。严厉处罚不良行为的责任主体。全年共处罚12项次，其中建设单位11项次，施工单位1项次；共发出责令整改通知494份、停工通知494份，罚款金额290余万元，并将有关单位的不良行为通过广州城市建设网进行社会公示，有关记录与工程招标投标、企业备案等挂钩，实现市场与现场联动、企业与项目结合的监管网络。

加强建筑材料质量监管，阻止不合格材料流入施工现场。加强对建筑材料的监督抽检，共抽检124组样品，合格率98.6%，其中钢材合格率为98.9%，水泥合格率为93.6%，墙体材料合格率为97.0%，混凝土试件抗压强度合格率为99.2%。

加强检测机构管理工作。完成85家广州市建设工程质量检测机构年度备案工作，67家通过备案，4家整改合格后给予备案，14家暂不予备案。9月4日，召开市、区各质监站属下的检测机构工作会议，对下一步规范检测市场提出意见。

加强对预拌商品混凝土质量的监管，确保工程结构质量。对预拌商品混凝土生产企业的质量行为进行定期或不定期的监督检查，全年共检查55家混凝土生产企业，对在质量管理体系、实验室管理、原材料管理及生产过程控制等方面存在较多隐患的混凝土企业进行通报批评并责令其生产的预拌混凝土在工程中暂停使用。同时，为进一步规范预拌砂浆的生产和使用管理，9月份制订《广州市预拌砂浆管理办法》。

积极开展质量月活动。10月份组织开展以“质量安全是社会和谐的基础”为主题的“质量月”活动，组织开展勘察设计质量、建筑节能质量、重点工程、轨道交通及市政桥梁工程质量等专项检查。通过“质量月”活动，促使各责任主体提高质量意识，促进全市建设工程质量水平的提高。

强化监管制度。严格执行安全生产例会制度、施工许可证现场发放制度、安全生产检查制度、地铁施工安全联防、联检、联治（“三联”）工作制度、重大安全隐患告诫约谈制度、施工现场重大危险源监控和公示制度、安全生产预警提示制度、事故应急救援预案制度、建设工程“平安卡”管理制度等多项安全生产管理制度，建立了建设工程施工和监理工作每周报告制度，从制度上进一步夯实安全生产管理工作的基础。

开展专项整治工作。2008年是国家开展的生产安全隐患治理年。广州市制订《广州市建筑施工隐患治理年工作方案》、《广州市建筑施工安全生产百日督查行动方案》、《广州市建筑施工安全生产月活动方案》等工作计划，并专门成立全市建筑施工隐患治理和百日督查工作领导小组，统领全市建筑施工安全生产管理工作。派出5个专项督查小组，200余人次，分别对全市建筑施工安全隐患进行全面排查。共检查55个深基坑，32项高支模，83项外脚手架，5项地下暗挖等危险性较大工程的施工专项方案编制、审批、技术交底、组织实施及验收等重要环节；完成对全市1134台塔式起重机，248台施工升降机的初始登记并建立档案；对全市985台钢井架安全性能进行摸查；对全市1328个施工工地的43.8万余名建筑施工人员办理“平安卡”情况进行了排查。

建立民工安全教育和技能培训长效机制。为有效提高全体从业人员的安全意识，开展多层次、多工种的全员安全教育培训工作。一是结合“平安卡”管理制度，对一线作业人员、项目经理、特种作业人员等进行安全教育培训。截至年底，全市已培训建筑工人49万人，发放建筑“平安卡”48万张。二是通过建筑业联合会对企业安全生产管理人员、外地企业驻穗负责人及管理人员等进行安全知识继续培训。三是通过创建“农民工业余学校”，使全市建筑工人有正规化、制度化、长效化的安全教育培训阵地，从根本上提高全市建筑工人的安全意识和劳动技能，全市各工地已经开办“农民工业余学校”超过530所。

建立条块结合、权责明确的文明施工管理机制。以开展“文明工地”、“双优工地”评比为载体，以创建全国文明城市为契机，严格落实文明施工管理各项措施，全市98%以上的工地达到文明施工要求，80个工地获“市双优工地”称号，20个工地获“省双优工地”称号，工地文明施工管理进一步规范。

严厉打击“泥头车”（散体物料运输车）违规行为，规范余泥运输行业秩序。大力开展违章“泥头车”专项整治行动，强化源头管理。严格执行“一不准进，三不准出”的管理规定，建立健全日常巡查监控制度和联合查处制度，实现对建筑工地、受纳场地、运输单位及车辆情况的动态管理，严厉查处建筑垃圾排放及运输过程中各类违法行为，仅“旋风行动”一次专项整治，就检查118个在建出泥工地，检查“泥头车”2000辆，查处“泥头车”违法行为856宗，暂扣“泥头车”399辆，行政拘留2人。并会同有关部门研究从调整土方工程定额、防止层层分包行为等方面制订一系列措施，落实工地源头管理长效机制。

招标投标管理 2008年，广州市共完成招标项目3456个，完成总交易额1008.07亿元，比上年增长17.87%；广州地区有标底或最高限价项目的中标价比标底或最高限价下降约5.06%，节省投资39.82亿元。

转变监管方式，保持监管力度。制订《落实简政放权决定的实施方案》，改变以往招标文件事先备案的监管模式。实施行政处理14宗，其中责令改正和责令整改11宗，宣布招标无效1宗，评标无效2宗；依法处理资审、开标、评标环节出现的问题27宗。 *（廖集中）*

建设工程交易 2008年，广州建设工程交易中心招投标交易额创历史新高，首次突破千亿元大关。广州建设工程交易中心全年完成招标项目3456个，交易额1008.07亿元，比上年增长17.87%。广州地区有标底或最高限价项目的中标价比标底或最高限价下降5.06%，累计为国家节省建设投资39.82亿元。

是年，广州建设工程交易中心招投标业务迈上新台阶。“穗莞深城际轨道交通项目工程可行性研究”项目进场交易，实现铁路工程进场率零的突破，虎门港、汕头港等大型建设项目相继进入中心交易，进一步树立交易中心“优质、高效、公平、公正”的良好社会形象。 *（余桂珣）*

建设工程造价管理 2008年，广州市根据招投标过程中部分项目投标限价（最高报价值）编制不规范、造价偏高或偏低的情况，选取2007年至2008年第一季度广州市政府投资的64个部分典型招标工程进行分析后，编制《广州市典型造价案例分析》一书（共分市政、园林建筑绿化、安装、地铁四个部分），通过编制《案例分析》对64项工程的投标和中标价进行检查，了解投标市场的造价水平和状况，为有关部门提供工程造价参考数据。

以政府投资工程项目的造价控制和监管为重点，加强最高报价值备案管理工作。全市实行最高报价值备案管理制度两年来，最高报价值设立逐渐从原来的无序走向有序，从原来的不规范走向规范。截至2008年11月，完成最高报价值备案701宗，金额291亿元（其中政府投资项目406528个，占75%，金额180亿元，占62%）；日常抽查7宗，造价10008万元。

做好造价咨询机构管理和造价员培训工作。为加强对工程造价咨询企业的管理，规范工程造价咨询中介机构及执业人员市场行为，开展2008年度广州市工程造价咨询工作专项检查。共抽查12家市属工程造价咨询企业的54个工程造价咨询项目的工程造价咨询成果文件，进行质量检查。 *（刘海英）*

建设工程质量监督　2008年，广州市建设工程质量监督机构共有14个，其中市级站1个，各区、县级市站12个，市政专业站1个。全市质量监督机构总人数478人，其中，博士（含博士后）5人，硕士35人，本科246人，大专139人，大专以下53人；高级职称112人，中级职称122人，初级职称108人；监督员306人。

是年全市新报监工程1778项，建安造价554.56亿元；在监工程共5834项，总造价1304亿元；办理竣工验收工程1194项，面积2164.98万平方米；发抽查通知书15777份，整改通知书7303份，停工通知书516份，行政处罚23宗，违法施工处理35宗；发生重大质量问题11宗，已处理11宗。

全市有13工程获国家级优质工程大奖。其中广州新光大桥、酒店工程1幢（富力国际公寓）、广州海关新业务技术综合楼等3项工程获中国建设工程鲁班奖；广州白云国际会议中心、越秀新都会大厦、中国联通广东分公司广州综合通信枢纽楼、广州港南沙港区一期工程、广州大学城建设项目华南理工大学体育馆等5项工程获国家优质工程银质奖；新光大桥、兴丰生活垃圾卫生填埋场等2项工程获詹天佑土木工程大奖；地铁五号线鱼大盾构区间、地铁三号线岗顶站、四号线车陂南至黄阁段（不含大学城专线【区间5标】土建工程）等3项工程被评优国家市政金杯示范工程。17项工程获广东省优良样板工程，2项工程获广东省市政优良样板工作，6项工程获广州市“五羊杯”工程奖，68项工程获广州市优良样板工程奖，20项工程获广州市结构优良样板工程。

▲2008年10月29日，广州市建设工程安全监督站检查广州新电视塔塔顶安全设施

广州市建设工程安监站供稿

建设工程质量监管力度加大，工程质量得到有效控制。一是在全市开展建设工程质量综合执法大检查。共抽检各种原材料649组，合格率达98%；抽检415个混凝土构件，合格率94.7%；发出整改通知书42份，责令工地暂停或局部停止施工3个，并对9个责任单位记录不良行为。二是开展全市预拌混凝土生产企业质量专项检查。对全市55家混凝土生产企业的78个搅拌站的质量行为进行专项检查。共抽检各种原材料415组，对不合格原材料和存在质量行为问题共发出整改通知书60份，对8家混凝土生产企业记录不良行为。三是开展建筑设备安装工程质量专项检查。随机检查全市18个工程项目，主要检查施工、监理单位的质量行为和建筑设备安装工程实体质量，在检查室内排水管道灌水试验及管道（设备）水压试验、风管漏风量测试、电气线路绝缘强度测试、接地系统电阻测试、大型灯具吊杆牢固性试验项目中，共发出17份整改通知书，对1个项目的施工、监理单位记录不良行为。四是开展工程结构实体质量检测。对所监督的24个工程项目进行结构实体检测，主要检测结构实体的混凝土强度、钢筋保护层厚度及混凝土放射性等，发现问题及时进行整改。 *（高德勇）*

建设工程安全监督　2008年，广州市建设工程安全监督管理部门累计监管项目412个，工程总投资639.13亿元。其中，房屋建筑工程项目265个，受监总建筑面积1843.13万平方米，工程总投资407.48亿元；市政工程147个，工程总投资231.65亿元。受监施工起重设备1132台。监管巡查工地3491次，发出安全生产整改通知书1354

份，其中停工整改通知书117份；上报不良行为纪录31项；实施动态扣分203项；作出行政处罚罚款1宗，罚款金额1万元；进行警示约谈33次；转办处理无证施工工程项目10多个；对4家存有严重安全管理问题的企业，提交市建委暂停投标资格。代发施工许可证111份，发出工程施工安全评价书75份。发生安全生产责任事故2宗、死亡2人，事故宗数、死亡人数比上年下降150%。没有发生群死群伤等重特大安全事故，没有突破广东省建设厅下达的安全控制指标。

转变监管职能，简化办事程序。以提高办事效率为出发点，积极健全和完善建设工程安全报监手续，将报监申报资料从原来的32项，减少至9项，办理工作时间从原来的7个工作日，缩短至5个工作日，使窗口服务真正体现“为民、便民、利民”的要求。是年新报监146项，群众满意率达100%。

健全完善工作制度。建立健全《安全监督登记制度》、《各部门工作职责及考核制度》、《危险性较大分部分项工程的登记管理制度》、《监督档案管理制度》、《事故调查分析制度》、《信息管理和数据统计管理制度》、《教育培训制度》、《廉政建设制度》等内部管理制度。制定《建设工程施工安全监督及相关业务工作程序》、《广州市建筑工地安全突发事件风险隐患分级认定试行标准和办法》、《广州市建设工程重大安全事故应急救援预案》等管理规章。参与广东省标准CDB《城市工程质量安全监督信息数据标准》的编辑，与建筑业联合会共同编写《建设工程安全隐患治理工作手册》等建设工程安全培训教材。

加强建筑起重设备管理。自2007年8月起首次在广州市开展建筑施工塔式起重机和施工外用电梯的初次登记工作。至是年底已受理建筑施工塔式起重机初次登记申报1502台/套，施工升降机登记申报1005台/套。经核查申报资料、技术档案资料和现场查勘，符合条件要求的塔式起重1220台/套，施工升降机749台/套通过登记备案手续，建立健全了档案，核发《广东省建筑施工起重机械登记证》和《建筑施工塔式起重机履历手册》。建设工地塔式起重机、施工升降机、门式起重机安装告知业务，共受理塔式起重机735台、施工外用电梯628台、门式起重机75台，发出使用备案（使用登记）牌1849张。

（黄云辉）

勘察设计 2008年，广州市进一步加强勘察设计企业管理，规范设计招投标市场。至2008年底，广州市有市属勘察设计单位（包括专项资质）226个，其中甲级单位32个（其中建筑专业甲级3个，结构专业甲级1个），乙级55个、丙级37个、专项102个（其中智能25个，消防30个，幕墙、装饰31个，环保16个）。从业人员13757人，其中聘用人员11626人；专业技术人员8525人，其中高级职称人员1809人，中级专业技术职称的有3507人，初级专业技术职称的3209人。有注册执业资格人员1094人，其中一级注册建筑师263人，二级注册建筑师171人，注册结构工程师408人，注册造价工程师81人，注册城市规划师94人，注册咨询工程师（投资）77人。工程勘察完成合同额104602.40万元，工程设计完成合同额816196.09万元，施工图完成投资额255888.64万元。

是年，广州建设工程交易中心完成房屋建筑和市政工程勘察设计招标238项，其中公开招标157项，邀请招标81项；设计招标建筑面积349.61万平方米，其中公开招标建筑面积31.73万平方米，邀请招标建筑面积317.88万平方米；勘察设计费中标价12.96亿元，其中公开招标10.66亿元，邀请招标2.30亿元。

强化设计质量管理，组织开展大、中型工程初步设计审查，施工图审查，抗震设防专项审查工作。全年共完成大、中型工程初步设计审批71个，超限高层建筑抗震设防专项审查共26个，施工图审查备案登记的施工图设计文件审查项目共311个。通过审查，发现设计问题，督促设计单位及时整改，全年初步设计技术审查退案或整改共27个；超限高层建筑抗震设防专项审查4个未通过；施工图审查备案未通过56个，为提高设计产品质量、确保施工安全起到积极的作用。*（陈海波）*

建筑节能 2008年，广州市认真贯彻住房和城乡建设部和广东省建设厅关于建筑节能工作的部署，结合广州的实际，完成《广州市人民政府关于贯彻国务院〈民用建筑节能条例〉的实施意见》（代拟稿）的编写工作并上报市政府审定。组织成立广州市民用建筑节能领导小组，负责领导、协调本级政府民用建筑节能工作。

继续开展节能审查和备案工作。从2005年6月起，在全市范围内全面贯彻执行居住建筑节能设计审查及备案制度。至2008年10月，共办理居住建筑节能备案1287个工程，总建筑面积3226.6万平方米；办理公共建筑节能备案958个工程，总建筑面积1575.2万平方米（其中2008年1月1日以来，共办理居住建筑节能备案371个工程，总建筑面积1417万平方米；办理公共建筑节能备案442个工程，总建筑面积785万平方米）。所有新建建筑都严格按照节能标准进行设计和审查，至年底新建民用建筑工程的节能审查备案率达100%，推进了节能标准在广州市的全面实施。

开展民用建筑能耗统计工作。根据住房和城乡建设部的有关文件，广州市列为全国首批试行民用建筑能耗统计报表制度的试点城市。按通知要求，民用建筑能耗统计范围涉及全市所有政府办公建筑和大型公共建筑，以及通过抽样确定的十区及一个县级市共计16个街道辖区内的所有民用建筑，要求统计各类建筑的基本信息，逐月汇集各类建筑的能耗量（电、煤、管道气、罐装气）和太阳能利用量，逐月汇集该16个街道内的每个锅炉房（制冷站）的能源消耗量和供热（冷）面积。该工作第一次年报和半年报已按要求如期上报住房和城乡建设部，得到住房和城乡建设部的有关领导和专家的肯定。

推进建筑能源审计工作试点。根据住房和城乡建设部和财政部的有关文件，广州市作为广东省首批建筑能源审计示范城市，开展国家机关办公建筑和大型公共建筑能源审计工作。9月24日，召开“广州市政府机关办公建筑和大型公共建筑能源审计工作启动会”。至年底，首批20幢审计试点建筑能源审计工作已全部完成。

建设科技　2008年，广州市积极开展建设科技工作。《新光大桥“三跨连续刚构钢桁拱桥关键技术”》获2007年度广州市科学技术一等奖，《轨道交通站台屏蔽门与列车联动自动控制系统的研究与开发》获二等奖。2007~2008年度，广州市建设系统还获得省（部）级奖励项目4项、市级奖励项目6项。年初组织建设科技基金项目《广州市城市道路路面预防性养护成套技术研究》的成果鉴定工作，评审结论为国内先进。一季度公布2007年度广州市建筑业新技术应用示范工程的通知，并公布“十五”期间广州市十大建筑科技成就及优秀科技成果评选结果。完成广州市两年一度的优秀工程勘察设计评选活动，共评出一等奖48项，二等奖81项，三等奖59项，工程技术创新奖4项。还专门举办“广州市2008年度优秀工程勘察设计颁奖大会”，扩大优秀勘察设计成果交流、宣传先进的工作经验，起到促进行业树立精品意识的作用。

编制完成《关于进一步在我市建设领域工作中推进新技术新材料新工艺新产品新设备应用的若干意见》，对推进新技术、新材料、新工艺应用提出有针对性的具体意见。以“广州亚运城新理念新技术”为重点，开展2008年广州市科技活动周工作（5月17~23日），向城建工作者介绍广州亚运城应用的9大新技术、新理念。组织召开外国绿色建筑专家专题报告会，邀请外国专家作关于绿色建筑和可持续发展建筑专题报告，通过典型案例分析，丰富和扩展专业技术人员对绿色建筑的认识，扩展规划思路，为下阶段双方的进一步合作打下基础。

（张　铁）

散装水泥管理　2008年，面对国际金融危机和经济低迷、立窑水泥厂全面关闭的影响，广州市散装水泥供应量613.38万吨，比上年减少114.25万吨，同时外地水泥进入广州的总量明显加大，据不完全统计，全年进入本市的散装水泥500万吨左右。

是年，广州市预拌砂浆生产企业申请登记27家，其中5家外地生产企业；登记的预拌砂浆年产能超过1500万吨。至年底，广州市实际已经投产干拌砂浆企业5家，生产能力达到350万吨；湿拌砂浆企业1家，年生产能力可达60万立方米；至年底，全市预计生产销售干、湿拌砂浆1万多吨。散装水泥和预拌砂浆的使用（不包含外地供应广州量）共节约包装纸3.68万吨，折合优质木材20.24万立方米，节约水资源920.07万吨，电力4416.34万千瓦时，煤炭4.78万吨，烧碱1.35万吨，棉纱245.35吨，油墨33.12吨，减少向空气中排放粉尘2.58万吨。

依法做好专项资金的征收和返退工作。全年共征收388笔，资金额达1144.10万元（全市含六区市共征收1240笔，资金额达2420.78万元）。同时，加强对专项资金收退款的审查，成功阻止个别单位骗退散装水泥专项基金的行为。

（杨凯烽）

【城市建设】　改革开放30年以来，广州市市政园林建设发生翻天覆地的变化。广州城区交通路网日臻完善，园林绿化建设成效显著，燃气行业发展从无到有、从小到大，市政设施信息化管理水平在全国名列前茅，为建设全省“首善之区”和“花园城市”奠定良好的基础。

市政基础设施日臻完善。一是市政设施总量快速增长。市政道路长度从1978年的390公里增至2008年底的5434公里；城市道路面积从1978年的342万平方米增至2008年底的9305万平方米；桥梁、隧道从1978年的140座增至2008年底的1276座。二是市政路桥布局立体网络化。内环路的建成通车，成为广州市城市立体快速交通网络的重要支点，广州市中心区平均行车速度由原来15公里/小时提高到30~35公里/小时；广园快速路、华南快速路、科韵路等主干道路的建成，初步构建城市快捷道路系统，改善了城市交通网络布局，广州城区基本形成由高速路、快速路、主干道路和次干道路以及众多桥梁、隧道、立交系统构成的层次清晰、功能分明、交通便捷的城市道路交通网络体系。三是市政设施功能更加人性化。行人立体过街设施、港湾式公交车站、无障碍设施和行人诱导系统、内环路吸声隔音屏障等一系列便民市政工程的建设，使市政设施服务理念和设施建造实现从简单满足使用功能到日趋人性化的跨越。四是市政设施管理日益精细化。数字市政管理平台的构建，实现市政设施信息化、精细化管理，有效地提升市政设施安全保障和公共服务管理水平。

园林绿化凸显花城特色。广州，被誉为南国花城。历届省委省政府、市委市政府高度重视广州城市园林绿化建设。1981年，省委省政府、市委市政府决定把广州建设成为“名副其实的花城”，1993年广州提出建设“具有岭南特色的园林式城市”，1998年开始实施“一年一小变、三年一中变、到2010年一大变”工程，2003年全面启动实施“青山绿地，碧水蓝天”工程。现在，又制订和实施“花园城市”建设行动纲领。至2008年底，广州市建成区绿地率达34.16%，建成区绿化覆盖率达37.46%，人均公共绿地面积达13.01平方米，公园总数达211个。2007年5月广州市成为“广东省园林城市”，2008年2月被住房和城乡建设部正式命名为“国家园林城市”。广州逐步形成以中心区城市公园、绿化广场、居住区绿化、路网绿化、立体绿化等为内圈，以白云山、万亩果园保护区以及近郊森林公园、防护林为“中圈”，以远郊的自然保护区、生态保护区为“外圈”的城乡一体的大绿地系统，园林绿化正朝着从偏重于追求绿化率的“补绿”、“增绿”向注重生态文明与打造人文景观相结合的“美化”、“艺术化”跨越。

燃气行业实现“三级跳”。改革开放以来，广州燃气行业经历从无到有、从小到大的发展历程，市民的生活能源实现了从柴火、煤球到瓶装液化石油气，到管道煤气，到天然气的“三级跳”，城市燃气气化率实现从“零”到97.1%的飞越。（1）迎来液化石油气时代。1975年2月，第一批瓶装液化石油气运抵广州，新河浦63户市民率先用上瓶装液化石油气，实现广州城市燃气零的突破。1983年，广州市煤气公司成立，建成全市首座年贮灌能力2万吨、可供10万居民用气的大型液化气贮灌站。1988年，民营燃气企业进入广州市场，液化石油气的使用逐步得到普及。（2）跨入管道煤气时代。1988年6月，广州市第一条总投资5600万元的市政煤气管道——中山大道煤气管建成投产。1991年9月，广州油制气工程正式投产。2002年，CCR制气装置建成投产，全市管道气日供气能力突破100万立方米。截至2008年底，全市供气管道总长度4288.57公里，用气人口1000.25万人，城市燃气气化率达到98.2%。（3）迈向天然气时代。2005年3月，总投资23亿元的广州市天然气利用工程开工建设。2006年8月，天然气利用工程一期工程建成投产。到2008年底，全市天然气用户已达56.6万户，管道气用户中的天然气用户数和用气量所占比例均过半，广州逐步进入清洁高效的天然气时代。

2008年，广州市继续加强市政、园林、公用事业各项建设管理工作，广州市获得“国家园林城市”称号，市市政园林局被评为“广东省文明单位”、“广州市抗震救灾先进集体”，广州市市政园林系统通过市政风行风综合评议。

这一年，广州市建成笔村立交、新滘东路—海军基地立交、旧龙溪路改造、丰乐北路延长线（姬堂—罗南路）、联邦快递亚太转运中心周边市政道路、滨江东路延长线二期A标、南洲路（广州大道—南洲水厂）等一批市政路桥工程。全年新增道路长度99公里，面积305万平方米，城市道路总长度达5434公里，城市道路总面积达9305万平方米，新建桥梁35座，桥梁总数达1276座，中心城区交通路网更加完善顺畅。广州市市政园林局开工建设人行过街系统27座，建成人行天桥4座；新建和改造港湾式车站32座、市政路口信号控制设施52个；安装高架桥隔音屏1836米、隔音窗20415平方米；涂装立交桥、天桥80座。在市政设施维护方面，加大对大型桥梁、高架桥、立交桥、隧道和园林绿化设施等的专项巡查和加固维修力度，市政园林设施预防性养护进一步加强；完成道路刨铺、平整及桥梁养护维修等共计24万平方米。园林绿化方面，全年建设青山绿地工程56项，其中青山绿地一期工程13项，青山绿地二期工程43项。全年新建、改造绿化面积45万平方米。选择科韵路、会展西路、白云大道等部分路段，建成了亚运园林绿化工程标准示范段。城市燃气建设管理方面，全年建成天然气高压管线28.27公里，中压主干管51.47公里，庭院管61.42公里，建成太和、田心2座调压站，建成黄埔煤气抢险点；天然气置换加速推进，完成置换26.7万户，全市有56.6万户用上天然气，管道气用户中的天然气用户数和用气量所占比例均过半，气源结构发生重大转变。（彭 宇）

市政路桥建设　2008年，广州市市政园林局组织市政路桥固定资产投资计划85个，其中施工项目62个。完成固定资产投资30.44亿元，为年度计划的102%。全年新增道路长度17.7公里，道路面积67.54万平方米，桥梁4座、人行天桥4座、人行隧道1座。建成联邦快递亚太转运中心周边道路、滨江东路A标、琶洲地区周边道路改造、龙溪路改造、齐富路、大观路、丰乐北路延长线7条道路，笔村立交、海军基地立交2座立交，广东省农业管理干部学院天桥、广汕路银河公墓人行天桥、华泰宾馆人行天桥、增槎路—水产批发市场人行天桥等4座人行天桥。完成83座桥梁、内环路及放射线共70.1万平方米的涂装，机场立交、广州大桥维修加固一期工程；完成水荫西约2、3号和南田路广东药学院等路段的隔音窗安装1432户共2.38万平方米，隔音屏已安装鹤洞大桥、沙河立交段共1497米。

是年，继续推进仑头—生物岛—大学城系统隧道、广州大道改造禺东西立交等项目，动工新建洲头咀隧道系统、中山大道快速公交（BRT）试验段、黄埔大道支线等工程，开展金沙洲大桥拓宽、奥体中心周边道路等53个项目的前期工作。（廖丽萍）

市政设施管理　2008年，广州市市政园林局共批准全市城市道路挖掘申请914宗，合计长度227956米，面积569890平方米，其中临时占用道路申请119宗，面积104119平方米。“三超”车通行申请9宗，占用市政设施设置牌、杆、亭、站申请51宗。全年作出监督检查笔录2131份，发出责令限期改正通知书

257份。结合创建文明城市等工作，全年会同市、区城管综合执法部门进行联合检查20次，发出全市性通报3份。协调城管综合执法部门查处违反《广州市市政设施管理条例》案件106宗，处罚金额16万元。

市政设施养护维修　2008年，广州市市政园林局共完成道路桥梁设施日常养护维修金额8138万元，其中市政维修处完成4959万元，完成投资计划100%；社会化养护单位完成3179万元，完成投资计划100%。在工程量方面，完成道路刨铺、平整、补坑等维修共计14.06万平方米。全年完成市政设施专项整治工程9项，包括：无障碍设施改造工程、9座人行隧道备用电源安装工程、桥梁新建检测网工程、桥梁结构定期检测工程、横沙立交加固工程、东风路解放北立交加固工程、广中路花地立交加固工程、珠江东西公路铁路两用桥加固工程、100个文明路口交通整治工程等，共完成投资6485.4万元。

(钟淑琴)

城市燃气　截至2008年底，广州市共有用气人口1000.25万人，供气管道长度4288.57公里，销售管道燃气46044.23万立方米（折合天然气），瓶装液化石油气85.11万吨，城市燃气气化率达98.2%。

广州市市政园林局继续推进广州市“惠民66条”中“加快推进天然气利用工程”的计划任务，全力协调推进天然气工程建设和天然气置换工作。共完成固定资产投资4.55亿元，建成天然气高压管线28.27公里，中压主干管51.47公里，庭院管61.42公里，建成太和、田心2座高中压调压站。完成天然气置换28.21万户，其中工商、公福用户1576户，超额完成2008年天然气置换家庭用户数达到20万户的目标，管道气用户中的天然气用户数和用气量所占比例均过半，气源结构发生重大转变。积极拓展天然气气源，加强与中石油等部门的沟通协调，基本解决西气东输二线项目向广州供气的问题。

密切关注管道燃气经营问题，协助完善花都区管道燃气分区经营方案，稳妥推进联邦快递管道燃气配套工程建设；协调解决番禺区丽江花园管道燃气经营管理移交问题，保障管道燃气平稳经营。

继续加强燃气安全管理，科学制订突发事件风险隐患分级方案，开展地毯式的安全生产事故隐患排查，共发现安全隐患197宗，已消除133宗。组织举办以“安全使用燃气，保障幸福安康”为主题的燃气安全咨询宣传活动；通过手机短信向市民发送安全用气宣传短信，提醒广大市民注意用气安全；加强对大型燃气用户的安全培训，与市燃气行业协会开展管道燃气大用户安全培训工作，提高大型管道燃气用户的安全用气水平。

积极做好城市燃气法规建设与依法行政工作，配合市法制办完善和出台《广州市油气管道设施保护试行办法》；起草《广州市燃气管理条例》（初稿）和编制说明，为《广州市燃气管理条例》的立项做好准备；对现行法规进行清理评估，依法废止《广州市燃气器具产品和安装维修企业指引目录管理办法》。

(张　疆)

园林绿化　2008年，广州市园林部门继续大力推进“青山绿地”工程建设，努力建设人与自然和谐发展的“花园城市”。全市十区建成区全年新增园林绿化覆盖面积2193公顷，新增园林绿地面积2002公顷，新增公园绿地面积369公顷，城市绿地规模显著增加，全市景观与生态环境得到进一步的美化和改善，正式获得住房和城乡建设部“国家园林城市”称号，越秀公园被住房和城乡建设部批准为“国家重点公园”。

积极组织公园（风景区）开展各项规划编制工作，编制完成《白云山风景名胜区总体规划》，着手组织编制《帽峰山景区发展规划》等。同时组织实施多项公园建设项目，增加游园景点，擦亮景点品牌。公园、风景区管理中坚持以人为本、努力构建和谐公园，积极推行门票优惠政策，惠及广大市民。成功举办第14届广州园林博览会、大型中秋灯会等活动，为广大市民和游客提供丰富多彩的节日游览项目，创造良好的社会效益。园林作品“岭南世家”在第六届中国（厦门）国际园林花卉博览会上获“室外展园大奖”等奖项。

完成一批道路、桥梁绿化的升级改造建设以及公园设施的更新完善。完成英雄广场三期、港湾广场临时停车场绿化等25个项目，新建东山大街绿化小广场、恩宁路昌华涌街口绿化广场等2个绿化小广场，完成改造公园厕所7座。继续推进天桥、高架桥绿化，形成城市空中花廊。完成12座天桥绿化设施改造，以及沙太路立交、德坭立交、五山立交、人民高架等7个立交桥及高架桥约10公里桥梁绿化整饰。完成环市路分车带、政务中心周边、会展中心周边、体育西路等38条主、次干道的绿化整顿工作和市属公园临街绿化以及各区“创建全国文明城市”迎检绿化补种工作；改造绿化面积约27万平方米。完成人和立交绿化改造、海南立交绿化改造、华南快速两侧（华农段）等“城市出入口景观改造工程”绿化改造，改造面积约13万平方米。至2008年底，全市十区建成区绿地率为34.16%，建成区绿化覆盖率为37.46%，人均公园绿地面积达到13.01平方米，全市公园总数为211个。

开展城市道路鲜花摆放，体现花城特色。广州市市政园林局组织在主干道、绿化广场摆放约48万盆时令鲜花，首次使用郁金香、醉蝶花、烟草花等新品种，以创文明城市和迎奥运会为主题，在元旦、春节、五一、国庆、迎奥运圣火、庆祝奥运会召开、英雄广场雕塑揭幕等重大节日和活动时，营造出繁花锦簇的景象，为羊城增添喜庆气氛。

开展建设花园城市及迎亚运有关工作。组织编制《广州花园城市建设行动纲要》园林绿化部分。组织相关单位对北京迎奥运城市市政园林建设与管理工作进行考察，依实际情况完善《广州2010亚运城市行动计划汇编》中市市政园林局负责的园林绿化部分行动计划。

年内，广州市越秀公园拆除环市中路以南238号地块烂尾建筑和镇南路2号危房，保护古城墙，增加公园历史文化景点。烈士陵园与广州市文化局合作打造“周文雍、陈铁军雕塑纪念小广场”，增加爱国主义教育新景点。流花湖公园实施改造东片景区，拆除原来的健力宝健身俱乐部，建设流花湖公园展览馆。文化公园把中心台改造成为粤剧文化广场。各市管公园在通透围墙边增加观花乔灌木或利用园林植物遮挡停车场、管理用房等，对公园的门楼和临近主干道的围墙进行夜景布置，使夜晚的公园“靓”起来。是年，完成越秀公园金印顶公厕、流花湖公园西苑后区公厕、烈士陵园纪念碑公厕等7座公园公厕改造，加强通风采光，调整布局、增加女厕厕位和无障碍厕位数，将洗手池移至公厕外、解决地面潮湿等问题。

积极推行公园门票优惠政策。中山纪念堂从11月1日起免费开放除主体建筑和历史陈列馆以外的园区。市市政园林局制订《广州市市管公园通用年票实施方案》，在越秀公园、流花湖公园、文化公园、黄花岗公园、烈士陵园、珠江公园、雕塑公园、麓湖聚芳园、麓湖星海园等9家市管公园实行公园通用年票，于12月26日起面向市民发售。

成功举办第14届广州园林博览会。园博会主会场设在越秀公园，流花湖公园、烈士陵园、文化公园、荔湾湖公园和晓港公园作为分会场。园博会汇集了园林花景、大型灯艺、文化展览和民俗表演等内容，营造欢乐祥和的节日气氛。文化公园举办“盛世华彩”大型中秋灯会，通过造型各异的灯组、灯饰来描绘盛世华彩景象。

营建友好庭园，扩大广州园林影响力。园林作品“岭南世家”展园以其“前庭后院”的传统布局形式以及亭、台、廊、桥、榭、水、植物等造园元素的完美组合尽显岭南园林的独特风采，获第六届中国(厦门)国际园林花卉博览会最高奖“室外展园大奖”。

组织开展《广州市城市绿化条例》的修订工作，组织编制行业标准和技术规范。实施专项巡查，加强公共绿地和古树名木的管理工作。落实市、区园林绿化分工方案，妥善解决一批公共绿地管养移交问题。

严格依法办理行政审批事项。严格依法办理砍伐、迁移和修剪树木审批、临时占用绿地核准、配套绿化修建性详细规划审核、园林绿化企业资质核准等行政许可事项753宗，在保障行政相对人合法权益的基础上努力维护良好城市绿化景观，加强行业管理。编制完成并发布《园林绿化养护管理技术规范》，并于2008年12月1日正式实施。组织编制、评审《城市公园规划设计规范》、《广州市园林植物保护技术规范》、《城市绿色废弃物循环利用技术规范》等10个广州市地方技术标准计划项目和《广东省城市绿化工程施工和验收规范》、《城市绿地灌溉节水规范》等2个广东省地方技术标准。2008年11月5日，经国家标准化委员会批准，《天桥、立交桥绿化种植和养护技术规范》列入2008年第三批国家标准编制计划。

加强公共绿地专项巡查管理。根据养护巡查工作需要，健全市、区和养护单位三级养护巡查制度、养护巡查情况通报制度、养护巡查例会制度等，建立相关数据库。

加强古树名木的管理。重点开展第五批古树名木的挂牌工作和白蚁防治工作，同时组织有针对性的古树诊治、复壮工作，对黄埔下沙村的古树细叶榕、荔湾沙面古树群、越秀大佛寺门口西侧古树、萝岗长安村细叶榕等古树名木开展综合复壮和立地条件改造工作。

绿化抢险范围东至科学城开创大道、大观路，南至丫髻沙大桥沿珠江至洛溪大桥，西经广清高速路

▲*2008年，广州市加强城市园林绿化建设。图为建成后的沙太立交天桥绿化景观*

广州市市政园林局供稿

口、沿环城高速至沙贝立交，北至机场大道与花东大道交界处，与往年相比扩大将近一倍的面积。共完成绿化抢险任务1363宗，出动抢险队人员6876人次，出动各种抢险车辆1548台次，处理各种树木1675株。

重点实施环市路分车带及两侧绿化、广园东路绿化、东风路两侧人行道绿化、花地大道北绿化、白云大道绿化、临江大道绿化等主干道绿化，以及阅江路、沿江路、滨江路、政务中心周边华利路和华夏路绿化、琶洲会展中心周边绿化、黄沙大道绿化、珠江新城N6－2地块等次干道绿化整顿工程，会展西路亚运赛时道路绿化及花卉布置样板段工程，并完成市属公园临街绿化以及各区“创建全国文明城市”迎检绿化补种工作，改造绿化面积约27万平方米。参照北京奥运会城市绿化美化的经验，于2008年11月建设会展西路亚运赛时道路绿化及花卉布置样板段。样板段按照“绿化、美化、生态化”的原则进行布置，以车行观赏为主，兼顾人行观赏。该样板段使用的观花乔、灌木、草花等均为2008年初步筛选出的亚运赛时观花苗木品种。

(郑小丽)

城市轨道交通　2008年，广州轨道交通共8条新线同时建设，217个土建工点投入施工。全年完成征用土地72.5万平方米，施工临时借地157.5万平方米，拆迁各类房屋34.7万平方米。针对大规模建设过程中遇到的各种地质风险，2008年4月，广州市地下铁道总公司专门成立由地下工程专家组成的地质灾害防治工作小组，完善地质灾害的预警防范机制，重点抓好风险源的识别和防控，攻克断裂带、溶洞群、富水沙层等地质难关，大大降低施工风险。面对2010年亚运会前计划开通7条新线的巨大工期压力，广州市地下铁道总公司科学管理，动态调整工期，协调各参建单位加大人员设备投入。全年完成建设投资122亿元，完成资金支付119.7亿元，创造了广州轨道交通建设有史以来完成年度投资量最大、建设速度最快、效果最好的新纪录。

是年，广州市地下铁道总公司基本完成广州轨道交通三号线北延段、二/八号线、五号线的补充勘察工作；完成六号线的部分补勘及西部高架段的部分详勘工作，城际轨道交通广州至佛山段项目的部分补勘工作，二号线北延段、三号线北延段、六号线的施工勘察工作。全年共计完成勘探钻孔2971个，钻孔进尺91367米。

年内，广州市地下铁道总公司共完成78个轨道交通招标项目。其中：二/八号线延长线完成14个招标项目（施工类8个、监理类5个、材料类1个），机电设备采购和监理招标基本完成；三号线北延段完成18个招标项目（设计类2个、施工类5个、监理类10个、材料类1个），机电设备采购和监理招标基本完成；四号线（黄村至万胜围段）完成5个招标项目（设计类2个、监理类1个、采购类2个）；六号线完成22个招标项目（勘察类2个、设计类17个、施工类1个、监理类1个、材料类1个）；广佛线完成14个招标项目（施工类2个、监理类6个、材料类2个、检测类4个）；珠江新城旅客自动输送系统完成2个招标项目（施工类1个、材料类1个）；完成其他招标项目3个。

积极推进各条轨道交通建设。（1）二/八号线。该线路全长26.77公里，共设20个车站。至年底，8座车站主体结构封顶，1个盾构施工标段、6段矿山法区间顺利贯通，土建工程累计完成总量的72%。（2）三号线北延段。该线路从广州东站至新白云国际机场，全长31.1公里，共设11座车站。2008年6月全线所有工点实现进场施工。至年底，1座车站主体结构封顶，10座车站进行主体工程施工。土建工程累计完成总量的40%。（3）四号线北延段。该线路从黄村至万胜围，全长5.31公里，共设3座车站。2008年1座车站主体结构封顶、2座车站进行主体工程施工。截至年底，土建工程累计完成总量的69%。（4）五号线。该线路首期工程从滘口至文冲，全长31.9公里，共设24座车站。2008年19座车站主体结构封顶、5座仍在进行主体工程施工；23个区间22个已贯通。截至年底，土建工程累计完成总量的92%。全线轨道工程累计完成总量的66%。（5）六号线。该线路首期工程从浔峰岗—长湴，全长24.41公里，共设22座车站。至年底，主体围护工程累计完成72%，主体土方开挖累计完成35%，主体结构累计完成29%。土建工程累计完成总量的38%。（6）珠江新城旅客自动输送系统工程。该线路从赤岗塔至林和西站，全长3.94公里，共设9座车站，系统采用全自动无人驾驶的“胶轮—导向系统”（APM）。至年底，土建工程累计完成总量的55%。（7）珠江三角洲城际轨道交通广州至佛山段项目。该线路从佛山魁奇路至广州沥滘，全长32.16公里，共设21座车站，其中首期工程为佛山魁奇路至广州西朗，全长20.73公里，14座车站。线路沿城际和城市内主要交通走廊布设，解决两市间城际客流和两市内部客流输送的需求，强化广佛都市圈在华南地区中心区域地位，促成珠江三角洲城际线网与各城市轨道线网有机衔接和建设。2007年6月28日，广佛线正式开工。2008年全线18个土建标中首通段的12个标全部进场施工。至年底，土建工程累计完成总量的29%，主要设备完成招标。

(陈　玲　朱　洲)

城市水务　从1997年开始，随着大坦沙污水处理系统二期和猎德污水处理系统一期的启动，广州市开展大规模的污水治理行动；1998年，中共广东省委、省政府提出珠江综合整治要实现“2003年初见成效、2005年不黑不臭、2010年江水变清”三个阶段性目标。广州市投入巨资全面推进水环境治理工作。2003年，广州启动“青山绿地，蓝天碧水”工程，并以“水变清、岸变绿、恢复河涌自然特征”为目标，编制实施河涌综合整治计划。2005年以来，新增污水管网716公里，至2008年日污水处理能力达204.5万吨，城市污水处理率达75.09%，城镇生活污水处理率达到68.57%。2006年，完成“水环境治理行动计划”第一阶段任务，珠江干流水质初步好转，消除了黑臭现象。2007年，把污水治理和河涌综合整治作为广州市“一号工程”，推进珠江支流水系的水环境治理，提出到2010年6月全面实现广州水环境明显好转的目标，制订《广州市污水治理和河涌综合整治工作方案》。2008年12月23日，全市污水治理和河涌综合整治动员大会召开，全面启动广州水环境建设。

2008年，广州市自来水公司实现供水总量13.60亿立方米，为年计划的101.39%；累计售水量10.87亿立方米，为年计划的100.63%；损失率15.92%，比年计划下降0.03%；水单位电耗300.03千瓦时/千立方米，比年计划下降1.65千瓦时/立方米。

广州市西江引水工程是2010年广州亚运会配套重点工程，是《珠江三角洲地区改革发展规划纲要(2008~2020)》的重点项目。工程取水点位于佛山市三水区下陈村，输水管途经佛山境内至广州白云区鸦岗村，再通过分支管至广州市江村、石门、西村水厂；日引水能力350万立方米，主要建设取水泵站、中途泵站、配水泵站各1座，铺设2条（DN3600）并行的48.7公里原水干管，26.9公里原水分配支管，总投资87.52亿元。范围涉及佛山市三水、南海区的行政村25个，自然村113个，需穿越6条铁路、5条高速公路和北江大堤。2008年12月16日通过广东省发改委项目核准，12月29日举行广州市西江引水工程动工仪式。 *（黄玉玲）*

市容环卫　2008年，广州市市容环卫系统有从业人员26717名，拥有各种环卫作业机动车辆1647辆，水上垃圾清捞保洁船680艘（有动力船230艘，无动力船450艘），公厕2786座，垃圾压缩站150座，环卫停车场22个。大型生活垃圾卫生填埋场1座，生活垃圾焚烧发电厂1座，全年道路清扫保洁面积8821万平方米，全年无害化处理生活垃圾279.89万吨、粪便19.46万吨、各种死禽畜1818吨。

城市环境卫生质量不断提升。一是日常保洁各项指标达到或超过《国家卫生城市标准》。全市清扫保洁面积8821万平方米，比上年增加2600万平方米，城区道路机扫率为31.3%，每天保持洒水冲洗城区道路2251公里，是国内唯一保持每天冲洗道路的城市，城区主要街道全部实行16小时保洁，一般街道保洁时间不低于12小时。二是生活垃圾收运作业规范有序。生活垃圾全部做到定时定点收运，日产日清。为解决生活垃圾收运过程中的污染环境和扰民问题，改进了中心城区垃圾收运方式，大力推广车载桶装收运方式。垃圾压缩站实行专人管理，作业间隙全面冲洗，实行全程除臭处理，定期消毒防虫。对群众反映比较大的垃圾压缩站的布局重新进行规划，新建的压缩站远离居民区。垃圾运输车辆密闭化，做到及时清洗，保持车容整洁，并加强防滴漏改装，最大限度地减少垃圾运输造成的二次污染。三是生活垃圾、粪便和死禽畜无害化处理率高。至2008年底，广州市日产生活垃圾近万吨，无害化处理率为88.2%。四是水域卫生管理水平大幅提高。全市纳入环卫保洁的水域包括珠江广州河段114.03公里和市区231条河涌（900多公里）。五是城中村和城乡结合部的环境卫生水平明显改观。全市共有城中村及城乡结合部的行政村共220个，平均日产垃圾3800多吨，占全市日产垃圾量的三分之一。至年底，全市城中村和城乡结合部的卫生死角基本清除，落实了日常环卫保洁制度，垃圾做到统收统运、日产日清。

高标准完成“创卫”市容环卫工作。在整个“创卫”考评体系中，市容环境卫生工作占36%，各级市容环卫管理部门坚持突出重点，上下联动，严格督导，全面推进“创卫”工作的开展，城市清扫保洁水平全面提升，城中村、城乡结合部、内街小巷、农贸市场周边以及市区河涌的卫生死角得到彻底整治，各项指标达到或超过《国家卫生城市标准》，为实现全市“创卫”目标作出了贡献。

根据广州市政府城市投融资体制改革的总体部署，按照“市国有企业+产业化”的思路，明确广日集团公司为广州市垃圾处理设施的投融资主体，统一负责全市垃圾处理设施的投资、建设和运行管理。是年，广州市兴丰生活垃圾填埋场清洁发展机制项目正式并网发电，填补了广州市在该项目的空白，成为目前国内最大的生活垃圾填埋场清洁发展机制项目。金沙洲居住新城生活垃圾真空管道3号收集系统已建成。李坑生活垃圾焚烧发电二厂按计划推进。新建公厕104座，采购生态环保移动公厕60座，为324座公厕配置残疾人无障碍设施，完成琶洲会展地区公厕布点规划。更新环卫公厕指示牌1000套。新建垃圾中转站11座，改造16座。更新环卫作业车辆246辆。 *（许　昆）*

【住宅与房地产业】　2008年，广州市房地产开发投资762.43亿元，比上年增长8.3%。全年房地产开发投资增速呈前高后低的趋势。

2008年，全市商品房施工面积5500.37万平方米，比上年增长6.1%。其中，住宅施工面积3659.65万平方米，比上年增长1.8%，占房地产施工面积的66.5%；办公楼施工面积455.78万平方米，增长

8.7%；商业营业用房施工面积617.32万平方米，增长19.2%；其他房屋施工面积767.61万平方米，增长17.6%。全市房地产开发竣工面积943.76万平方米，比上年增长7.0%。其中，住宅竣工面积673.92万平方米，比上年下降3.9%；办公楼竣工面积84.37万平方米，增长1.4倍；商业营业用房竣工面积72.65万平方米，增长6.3%；其他房屋竣工面积112.82万平方米，增长46.5%。 *(罗　迎)*

房地产市场管理　2008年，广州市房地产管理部门围绕利民、惠民、排忧的目标，进一步完善各项民生政策。针对住房保障、房地产宏观调控、旧城改造拆迁补偿、房屋安全、历史遗留房改问题、房地产"办证难"、小区停车位"租售难"等民生热点、难点问题，采取科学、民主决策的方式，着手研究起草或制订出台经济租赁住房管理办法、拉动合理住房消费若干建议、旧城危破房改造拆迁补偿工作指导意见、5个解决房改遗留问题的专项政策、《关于解决我市历史遗留办理房地产证问题的若干意见》、《广州市城镇房地产登记资料查询办法》、《住宅小区停车位租售管理办法》等政策措施，牵头完成《广州市房屋安全管理规定》的全部立法工作，为从源头上破解国土房管方面影响社会和谐稳定的突出民生问题拿出新方法，推出新举措。

房地产市场运行　2008年，广州市新建商品住宅交易量553.04万平方米，比上年下降31.0%；均价9339元/平方米，上涨8.6%。存量住宅交易量452.99万平方米，比上年下降39.4%；均价4378元/平方米，上涨8.7%。广州市新建商业用房交易量65.25万平方米，比上年下降16.7%；均价10738元/平方米，下降4.1%；新建写字楼交易量41.51万平方米，下降47.4%；均价12091元/平方米，上涨2.8%。存量商业用房交易量20.12万平方米，比上年下降28.9%；均价6590元/平方米，上涨4.9%；存量写字楼交易量16.09万平方米，下降40.1%；均价3789元/平方米，下降9.8%。

总体上保持平稳健康运行的态势，2006年以来房价和投资过快增长态势得到有效抑制。新建商品住房（下称一手住房）成交均价从2007年10月峰值的11574元/平方米平稳下降至2008年底的8012元/平方米；商品住宅用地成交地价理性回落至2006年底水平。在有效抑制房价过快增长的同时，市场未出现"大落"的情况，市场成交逐步复苏。2008年6月起一手住房月成交量逐步上升到60万平方米左右，基本恢复到正常水平，住房消费不良贷款率不升反降，住房投资、消费都呈现理性、稳定的特点。

房地产市场监管　2008年，广州市房地产宏观调控更加科学、合理，未出现"大起大落"的态势。针对2007年底以来楼市趋冷的情况，2008年采取"弹性"供地措施，在保证一定稳定量商品住宅用地供应的前提下，放缓商品住房用地供应，暂停限价商品住房用地供应，加强和改进房地产一、二、三级市场的监测、分析和研究，科学、合理地掌控房地产宏观调控的力度和节奏。有针对性地加强商品房预售监管和预售款监控，建立突发案件（任务）应急处理机制、预售项目重点监控、最低余额控制、二手房交易资金银行托管等制度，为进一步规范房地产市场秩序提供可靠保证。全年共检查商品房预售项目173个，检查房地产中介公司200家，检查显示总体规范。同时，市民的信访投诉量也有所下降，全年共受理书面投诉406宗，其中中介投诉226宗（比上年下降17%），预售商品房项目投诉190宗（下降26%）。

是年，广州市房地产管理部门制定并下发《广州市房地产开发项目车位和车库租售管理规定》，并针对当前车位和车库销售中存在的问题，草拟《关于执行〈广州市房地产开发项目车位和车库租售管理规定〉的补充通知》。为加快历史遗留的房地产权证问题，拟订《广州市集资房进入二级市场流通的操作方案》，制订并公布《2008年住房建设计划》、《2009年住房建设计划》、《广州市2008年~2012年住房建设规划》。完成以2007年1月1日为基准日的广州市基准地价更新工作，于10月1日正式公布实施。拟订《广州市房地产估价机构诚信评价规则》，以规范房地产估价市场秩序。与中国人民银行广州分行、广东银监局联合签发《关于加强我市房地产按揭服务机构及人员管理的通知》，规范按揭服务机构及人员的资质管理，为银行、购房者选择按揭服务机构代办按揭业务提供指引和进一步制订按揭行业规范奠定基础。

产权发证　2008年，广州市解决房地产历史遗留"办证难"问题取得突破性进展，切实维护人民群众的切身利益。2月，广州市出台《关于解决我市历史遗留房地产发证问题的若干意见》，主要通过税费分离、小业主自主办证、还原适用历史法规等方法，破解开发建设单位原因导致的小业主无法办理房产确权的问题。其实施对象广泛全面，政策针对性、操作性强，为实现"惠民66条"提出的到2009年底前基本解决全市历史遗留"办证难"的目标提供有力保障。市房地产管理部门牵头整合规划、建设、工商等13个部门成立市解决历史遗留房地产发证问题办公室，采取调查清理、主动服务、内部流转的模式推进解决历史遗留"办证难"工作，尽最大可能方便群众办事。已基本完成全市历史遗留"办证难"问题调查清理工作，共清理出1316个涉及项目或楼盘，其中商品房预售项目669个、房改房项目647个，涉及购房业主6.1万户。通过完善各类审批手续，已通知303个预售项目或楼盘的涉及业主办理产权登

记，直接受益小业主超过1万户。

物业管理 2008年，广州市物业服务水平明显改善，有力促进文明和谐社区建设。市房地产管理部门配合创建全国文明城市考核验收工作，组织对全市2913个住宅小区物业服务情况进行检查，责令1328家物业公司进行整改。建立健全市、区、街三级物业纠纷信访投诉体系，依托街道和各区分局加强对物业服务纠纷的调处，重点指导调处业主委员会成立难和专项维修资金归集难问题。全年共培训业主代表9期2000多人次；追收29家开发企业欠缴物业专项维修资金4500万元，基本完成历史欠缴资金的追收工作，全市累计归集资金28.91亿元。推进老城区物业管理进社区工作，完成在2008年前实现老城区物业服务管理覆盖率达到75%的工作任务。继续加强出租屋综合治理，不断提高房屋租赁登记备案纳管率。至2008年底，全市已纳入出租屋管理的房屋232.68万套，全年新办理出租屋登记备案45.25万件，分别比上年增长94%和36%。

直管房管理 2008年，广州市房地产管理部门着力开展全市直管房摸查和租赁整顿工作，全年共核查直管房11.7万套。继续开展沙面文物房置换工作，妥善安置置换房屋的原承租住户。开展直管房消防整治工作，保证直管房住用安全。本着争取侨心、侨资的原则，严格执行侨房发还政策。通过进一步规范直管房产权和经营管理行为，确保直管房收益应收尽收，全年共完成直管房收入3.26亿元，比上年增长4.8%。

城市房屋拆迁管理 2008年，广州市继续采取经济盘活、司法拍卖和行政修复三种方法推进历史遗留“烂尾地”处置工作，通过拆迁裁决妥善处理40宗历史遗留的“拆而未补”案件，全市在册的141宗拆迁“烂尾地”已成功处置117宗，累计解决15018户、44432人的拆迁补偿遗留问题，分别占总数的83%、92%、90%。是年，为加快推进危旧房改造，改善广大市民居住条件，解决住房困难问题，市房地产管理部门制定了《广州市危旧房改造拆迁补偿安置工作指导意见(试行)》。

危房改造工程 2008年，广州市旧城区危破房和城中村改造业绩突出，老城区人居环境、生态环境整体改善。全年共完成13.9万平方米危破房改造任务，直接受益群众1800多户、6600多人，2004年在册的91.1万平方米危破房改造任务已累计完成89.75万平方米，占任务总量的98.49%；完成11个小片危破房改造工程，以及越秀区解放中成片旧城更新改造项目；继续推进越秀区东濠涌、荔湾区恩宁路、海珠区南华西成片旧城更新改造项目，其中南华西旧城更新改造项目已基本完成动迁工作，恩宁路项目动迁任务完成过半，东濠涌项目已确定改造实施方案。

是年，正式启动荔湾区花地村和天河区猎德村两个城中村改造项目，并圆满完成猎德村改造项目的动迁工作。依托各区相关房地产管理部门积极开展共计18个城中村改造项目的产权摸查、方案编制等前期工作，并在征得当地区政府同意的前提下确定9个2009年计划实施的城中村改造项目。

政府住房保障 2008年，广州市住房保障建设和分配工作有条不紊，“双特困”家庭实现“当年新增、当年安置”。2008年3月完成全市低收入住房困难家庭调查工作，共调查出符合住房保障条件的城市低收入住房困难家庭77177户，为“以需定供”地推进全市住房保障工作提供可靠的基础数据。在2007年底实现全市2005年登记在册“双特困”家庭“应保尽保”的基础上，将廉租住房保障范围扩大到城市低收入住房困难家庭，并实现全市新增“双特困”家庭“当年新增、当年安置”。全年对16751户城市低收入住房困难家庭实施廉租住房保障，其中“双特困”家庭2102户。做好经济适用住房资格审核和出售分配，全年共受理10700户申购申请，核发准购证4737户，推出2145套经济适用住房面市销售，成交1070套。继续深化住房分配货币化改革，2008年实施住房货币分配的单位新增292个，享受住房补贴职工增加38623人，归集住房补贴资金10.5亿元，支取住房补贴8.6亿元。

廉租房建设和管理 2008年上半年，广东省建设厅与广州市签订《2008年度解决城镇低收入家庭住房困难工作目标责任内容确认书》，要求广州市2008年实施新增廉租住房保障户数不低于符合条件的家庭总户数的40%，根据广州市城市低收入住房困难家庭住房状况调查结果，符合廉租住房保障的家庭有44516户。按照市委、市政府住房保障工作部署，2008年要求完成17000户低收入住房困难家庭廉租住房保障任务。

2008年，金沙洲花园已安排廉租住房2271套，大塘小区586套，同德小区279套。按照社会管理、业主自治的原则，市房地产管理部门做好金沙洲及棠下、同德、大塘三大自建小区的空置房物业管理工作，每季度会同财务处部门到各小区检查空置房源的管理工作。定期对各小区空置房屋进行保洁，保持房屋处于良好的备用状况进行检查监督。

经济适用住房 根据广州市当前实际，广州市房屋管理部门制订《2008年经济适用住房销售计划》，拟订2008年第一批、第二批经济适用住房销售工作方案及销售细则。积极筹集经济适用住房2145套，对房源进行图纸及现场核对，并完成房屋套价工作；对各小区现场设立销售管理点，加强现场工作人员业务政策培训、电脑系统操作培训共约100人次。编制经济适用住房认购流程图、现场认购须知及现场温馨提示等各种简单易懂的购房宣传

资料，向市民提供更贴心、更细致的购房指引服务。

限价商品住房　2008年，广州市房地产管理部门继续探索完善限价房相关政策。了解限价房的用地报建、销售进度，统计、分析已出让地块的相关数据。对限价房的需求、销售程序以及限价房销售标准更新等问题进行调研，提出处理意见，并向市政府报告。严格控制出让新的限价房用地。根据房地产市场实际情况，妥善处理广氮地块、南航花园地块的公开出让方案问题。协调番禺区，研究大学城教师限价房解决方案。对于已经开工建设的项目和尚未开工建设的项目，分类处理。协调解决花都风神花园、保利西子湾项目的遗留问题。

（邵　山）

【中心镇建设】　广州市中心镇建设工作自2002年启动以来，围绕"今日中心镇，明日卫星城"的战略定位，坚持"以规划为龙头，以基础设施建设为突破口，以产业发展为依托，以强化管理为保障，以扩大就业、促进民生为目的"的工作思路，按照"合理布局、科学规划、政府主导、市场运作"的要求推进规划建设。中心镇基础设施建设日臻完善，投资环境日益优化，生产要素集聚能力不断增强，工业和现代农业稳定发展，产业特色逐步形成，社会事业和生态环境建设迈上新台阶，管理水平有新提高，城镇面貌明显改观，对广大农村地区经济社会发展的辐射带动能力明显增强。2008年，广州市切实推进中心镇建设各项工作的落实。全市17个中心镇在规划、基础设施、产业聚集、政策扶持、行政管理体制等方面取得显著成效。

中心镇规划编制和实施　2008年，广州市坚持规划先行，积极推进中心各类各层次规划的编制与实施。（1）切实推进中心镇总体规划的编审实施工作。督促南沙区万顷沙镇加快编制总体规划，该镇总体规划已经市政府批准。萝岗区九龙镇由于科学城北区落户该镇凤尾等村，原制订的九龙镇总体规划方案需要调整，已报市规划局重新审查。（2）推进中心镇建设用地规模的核定。在12个中心镇用地规模经省核准的基础上，白云区钟落潭镇、花都区花东镇和从化市良口镇建设用地规模已上报省建设厅。（3）推进中心镇控制性详细规划的编制。已通过广州市新国际机场周边地区（花东镇）等6项控规的审批。正在组织编制和审批钟落潭镇龙岗物流园区等50多项中心镇控制性详细规划项目。（4）推进中心镇村庄规划和各专项发展规划的编制。至2008年底，全市17个中心镇569个行政村中，村庄规划已审批66个，正在审批214个，正在编制180个。（5）配合产业发展调整中心镇土地利用规划。通过内部挖潜改造旧城，开展迁村并点、土地整理，开发利用荒地和废弃地，做到集中用地和集约用地，增加中心镇建设用地供应。市国土房管局积极推动中心镇修改土地利用总体规划，对石楼、沙湾、中新、新塘等中心镇土地利用总体规划进行空间布局调整，把尚未利用的建设用地指标调整到需要使用的区域，解决中心镇发展急需的用地。

中心镇经济发展　2008年，广州市各中心镇抓住"双转移"和"退二进三"的有利时机，做大做强特色产业、支柱产业，加快产业集聚和升级，培育各具特色的产业重镇、商贸强镇、旅游名镇。新塘的牛仔服装、汽车、摩托车，狮岭的皮具，花东航空物流等特色产业闻名遐迩。市政府《关于推进市区产业"退二进三"工作意见》明确承担市区产业"退二"的11个产业基地中8个规划在中心镇。市中心镇办会同市发改委开展专题调研，指导、督促8个产业基地所在的中心镇政府加快完善基地的规划建设，积极创造条件承接产业转移，进一步推进产业集聚、人口集聚和经济社会发展。

在推进工业化、城镇化的同时，中心镇加强都市型农业示范区建设，大力扶持农业龙头企业发展，推进农业产业化经营，农业现代化水平不断提高。至2008年，全市建成29个都市型现代农业示范区，中心镇占18个；全市75个市级农业龙头企业，中心镇占33个。

中心镇行政执法体制改革　2008年，广州市制定《关于我市中心镇行政执法体制改革试点的意见》，选定花东、大岗、九龙、新塘4个镇为中心镇行政执法体制改革试点，加快向中心镇下放管理权限，赋予中心镇县级政府部分管理权限，建立健全镇级城市管理、社会管理和市场监管等综合执法机构，探索构建适合中心镇实际的新型行政执法体制，提高中心镇管理效能和管理水平。

狠抓各项优惠政策措施的落实。至2008年底，各区、县级市落实省、市扶持政策返还有关税费累计超8亿元。市直各单位根据实际情况，制定向中心镇倾斜的扶持政策，水利、农业、林业、劳动就业、教育、公路、国土、规划、卫生等部门都采取了相应扶持措施，进一步扶持中心镇建设。

结合促进城乡经济社会一体化的有关要求，起草《关于进一步促进中心镇发展的若干意见》，从资金投入、规划建设、体制机制改革等方面对中心镇发展给予有力支持，推动中心镇加快形成统筹城乡发展的重要节点，建成"一个中心、两个平台、两个示范区"。　（翟现春）

【人防工程建设】　2003年4月1日，广州市颁布实施《广州市人民防空管理办法》。2005年，站前路、体育西路和江南西路等一批公共人防工程相继进入施工阶段；同年，广州市被评为全国"人民防空先进城市"，广州市人防办被评为全国"人民防空先进单位。"2006年，广州市人民防空办公室结合防空警报试鸣，成功组织广州历史上规模最大、内容最全、参加单位和人数最多的“羊城天盾”城市人民防空演习。2007年，广州市坑道管理所由市建委成建制移交给市人防办管理，广州人防队伍日益壮大。

2008年，完成《广州市人防工程规划（2002~2010）》的调整，开展新一轮《广州市人防工程规划（2010~2020）》的编制筹备工作。受理全市“结建”防空地下室报建、易地建设、验收备案共计807宗，报建面积176.43万平方米；易地建设370宗，收取易地建设费10998.41万元；验收备案148宗，验收面积63.36万平方米，全市人防工程总量达648.90万平方米。体育西路南段、江南西路人防工程正进行消防、规划等竣工验收备案工作。琶洲会展中心、人民南路45号改造项目的报建及建设正加紧推进。重点推进地铁兼顾人防建设。完成地铁五号线科韵路站、鱼珠站、大沙东站人防验收工作。落实珠江新城、金沙洲、白云新城人防工程规划，加强广州新客运站、新电视塔、亚运场馆、亚运村等重点城建项目兼顾人防的指导和服务。完成市二号指挥所洞口房维护土建工程和室内装修。积极配合开展市政府停车场、市第一人民医院开发地下空间兼顾人防工程建设的前期调研工作。

发挥人防工程救灾功能 2008年初，大批外来务工人员因雨雪冰冻天气，滞留广东，广州火车站严重拥挤，交通运输秩序短期内难以恢复正常。市人防办主动将所属广州火车站地下人防工程划出场地，提供给在火车站广场维持春运秩序的武警官兵和公安干警休整。春运期间，广州火车站人防工程先后为9批武警官兵2000余人次，12批公安干警1800余人次提供休息及用餐场所。临时开通正在建设的体育西路—天河路过街隧道，缓解天河路与体育西路的交通压力。

（刘广平）

【城市综合管理】 1985年7月，广州城市建设管理监察队伍正式成立，主要承担城市建设和管理7项任务；1986年1月更名为广州市城市管理监察大队，承担建设、环保、交通领域10项执法任务；1992年扩展为12项；1994年将部分交通、工商、爱国卫生的监督执法委托给城管监察大队；1996年8月，成立广州市城市建设管理监察支队。1997年12月，国务院法制局批复广州市开展相对集中行政处罚权试点；1998年11月，省政府发出设立广州市城市管理综合执法队伍的公告；1999年6月，市政府发布《关于推进城市管理综合执法试点工作的决定》，同年9月28日，广州市城市管理综合执法支队（广州市城市管理综合执法局）挂牌成立。执法内容以建设系统综合行政执法为主，逐步将综合执法工作扩展到工商、卫生、爱卫、交通、公安等城市管理领域，执法范围逐步扩展到2006年底的17个方面214项执法任务。2008年6月，广州市深化城市管理体制改革，在广州市城市管理委员会办公室和广州市城市管理综合执法支队基础上，组建广州市城市管理综合执法局；9月，广州市城市管理综合执法局挂牌成立。

整治城市“六乱” 2008年，广州市城市管理综合执法局按照“主干道严禁、次干道严控、内街小巷规范”的要求，以日常管理为主、突击整治为辅，着重抓好重点地区和重点时段的环境整治。全年共取缔乱摆乱卖39.9万宗，整治占道经营25.5万宗，教育处罚乱丢吐5.4万宗，引导和救助流浪乞讨人员3598人，利用“语音宣传告知系统”告知乱张贴上的通讯号码1.7万个，断停通讯工具1.4万个，处罚2472宗，全市重点路段和重点地区“六乱”基本消除，城市市容环境明显改善。

组织开展“深入开展清洁家园”、“落实市容环卫责任区制度行动月”、“文明执法及整治‘六乱’行动月”、“创文迎检专项执法行动”等执法活动，配合市容环境、报刊摊亭、街招广告、河涌污染、交通秩序、市政设施、食品安全等7项专项整治工作。全年共开展专项执法行动120多次。

查处违法建设和违法用地 2008年，广州市城市管理综合执法局坚持“属地管理、守土有责”的原则，落实地段巡查责任制、“零报告”制度和协同查处机制，加大日常巡查监控力度，把查控重心放在对违法建设的事前预防上，严格查控“两违”，落实牵头项目“违法搭建”专项整治工作。市、区、街各级部门严格落实地段巡查责任制、“零报告”制度和协同查处机制。全年制止违法建设1159宗、2349163平方米，拆除违法建设2446宗、2493806平方米，制止违法用地1841宗、4573724平方米，恢复原状1069宗、2208263平方米。配合国家国土部门第8次和第9次卫星图斑大检查，开展专项清查行动，查处新发生违法用地上的违法建设115宗、190381平方米，已清拆72宗、188407平方米，使城乡结合部和城中村的“两违”现象得到有效遏制。

严格工地管理 2008年，广州市城市管理综合执法局大力加强工地文明施工管理。建立联合查处制度、重大问题报告制度，与建设工地业主和施工单位签订守规守信协议书制度等。全年查处无证施工318宗、违法夜间施工2934宗、施工扰民29505宗，全市98%以上的工地达到文明施工要求，全市近900个工地的公益广告得到规范设置。同时加强建筑垃圾运输排放管理，开展为期10个月的“泥头车”专项整治行动，联合市建委、市公安交警支队等部门，查处违法运输和排放余泥行为2879宗，对近1295台散体物料运输车辆安装GPS监控系统，并阶段性成立建筑垃圾管理专业分局，加大巡查力度，取得了良好效果。

规范户外广告 2008年，广州市城市管理综合执法局大力清拆违法户外广告，规范户外广告管理，美化市容环境。从9月份开始，拆除包括东风路、黄埔大道在内的26条主干道沿线的320多块大型违法广告。全年清拆违法户外广告4946块，共计58836.59平方米。同时，组织启动户外广告设置规划工作，开展广州大道等9条道路户外广告设置选点和布点规划方案的编制；进一步修改完善《广州市户外广告设置管理办法》，牵头起草《广州市户外广告设置规范》等8个规范性文件、技术标准和操作办法；组织市城管委主要成员单位成立户外广告整治工作协调小组；完成首批户外LED广告规划编制及各项拍卖筹备工作。

加快环境综合整治 2008年，广州市城市管理综合执法局积极推进旧城社区人居环境改善。全年完成旧城社区人居环境改善工作量7000多万元，占总投资的81%。完成211个综合整治项目，共新建、扩建社区道路面积近30万平方米，改造排水管道53公里，拆违建绿、拆违复绿、见缝插绿，共增加绿地面积近12.6公顷，社区日常维护、管养、保洁等系列性管理得到落实；顺利推进路网沿线环境专项整治工作。先后实施完成内环路、东濠涌高架桥、环城高速、机场高速沿线违法建设、乱搭乱建的清理整治以及美化设计初步方案；完成人民路高架沿线整治美化工程的前期工作，项目设计通过评审，进入施工阶段；完成对东风路沿线环境美化示范段的前期设计工作，开展商铺标识牌匾美化路段试点工作；大力整饰美化“烂尾楼”和闲置地块。出台整饰美化“烂尾楼”的通告，协调完成解放路富都大厦“烂尾楼”围蔽美化试点工作。加大对闲置地块环境卫生管理力度，确保闲置地块卫生状况和防疫消杀工作落实到位、监管到位，协调完成中山三路地段的闲置地块改造临时停车场试点工作，闲置地块改造成临时停车场呈现新亮点，开拓社会力量参与城市管理的新途径。

加大联合执法力度 2008年，广州市城市管理综合执法局全面推进联合执法工作，加强与职能部门的横向协作。全年联合工商和卫生部门开展清理无照经营、食品安全专项整治行动，清查“五小”行业店铺无证经营行为，出动35368人次，查处取缔食品生产违法行为5961户，引导办证12712户。联合卫生监督执法人员出动78441人次，检查餐饮单位、集体食堂92014间次，查处食品卫生案件1267宗，取缔无证经营单位1182间次，并完成38872间食品生产经营单位的评定；联合公安交警开展整治机动车辆乱停放专项行动，查处机动车乱停放155万宗、罚款3.1亿元；联合民政部门救助流浪乞讨人员3598人次。

推进“数字城管”建设 2008年，广州市城市管理综合执法局加大城市建设管理监控中心建设力度，“数字城管”建设呈现新起色。通过采用视频监控系统，车载GPS全球卫星定位系统，城管网站平台，对讲机呼叫系统等管理手段，逐步形成市容环境监控和城管、执法力量的指挥、调度、反馈、协调的有效运行机制。

同时，开发应用“城市管理综合执法系统”、“宣传教育系统”、“办公自动化系统”、“信访投诉管理系统”、“城管督察管理系统”，建立集成OA和督察、信访系统的统一信息平台，并与监控指挥中心12319系统进行整合。

（高　嵘　况　琳）

深圳建设

【概况】 深圳市是随着改革开放发展起来的城市。1979年3月，深圳市成立，1980年8月成立深圳经济特区。全市总面积1952.8平方公里，其中经济特区面积395.8平方公里。深圳市拥有现代化的立体交通网络，是地区性的客货运输中心。集装箱港口吞吐量位居世界第四，深圳机场为全国四大机场之一。市政基础设施建设水平不断提高，城市管理能力不断增强。1997年，深圳市获国家“环境保护模范城市”称号，2000年被评为“国际花园”城市，2001年，获“中国人居环境”奖。在2001年中国现代化综合指标的27项评价中，深圳市的人均GDP、人均购买力、恩格尔学数、人均住房使用面积、人均生活用电、人均拥有铺装道路面积、城市人均公共绿面积、绿化覆盖率等14项评价居全国第一，综合指标居全国首位。2005年被评为全国首批“文明城市”。

2008年，深圳市进一步加大城市基础设施建设力度。全年基本建设中用于城市基础设施建设的投资为499.96亿元，比上年增长13.8%；全市自来水日供应能力670万立方米；年供水总量15.70亿立方米，比年增长1.8%，自来水普及率达100%。全市人均公园绿地面积16.2平方米，生活垃圾无害化处理率达94.2%，主要饮用水源水库水质达标率为99.9%，工业废水排放达标率为97.2%，城市生活污水处理率（二级处理）为75.0%。

【城市规划】 2008年，深圳市规划局实践科学发展观，解放思想，科学规划，较好地推进了深圳的城市规划工作。

2008年1月15日，深圳市政府常务会议对《深圳市城市总体规划(2008~2020)》审议并予以原则通过。7月3日，获广东省政府常务会议审查原则通过，同意以省政府名义按程序上报。修编后的总体规划在城市性质、规划总目标与分目标、用地规模、人口规模、空间布局、规划政策保障等方面进行探索和创新，提出将区域协调发展的思路和要求体现于城市发展目标，建立保障产业优化升级、实现效益型城市理念的城市增改用地模式，探索立足于深圳资源环境容量、适应社会经济转型、实现城市可持续发展需要的人口调控目标，提出面向区域的“三轴两带多中心”的城市空间布局结构。

2008年10月18日，国务院正式批复同意设立深圳前海湾保税港区，这是由国务院批准的国内第九个保税港区。前海位于蛇口半岛西部，伶仃洋东侧，珠江入海口的咽喉之地，在深港、粤港澳、珠三角更大区域功能结构布局中居于重要的战略地位。《珠三角地区改革发展规划纲要（2008~2020）》（简称《纲要》）明确将前海地区作为粤港合作、产业升级的重要空间节点，也是深圳市新一轮总规修编提出的未来的城市主中心之一。

开展落马洲河套公众咨询，加强深港规划合作。落马洲河套地区是指1997年深圳河治理一期工程完成后，由新、旧河道在皇岗—落马洲口岸东侧围合而成一块面积约80万平方米的土地。2007年12月，深港政府签订《关于近期开展重要基础设施合作项目协议书》，启动了落马洲河套地区的合作研究工作。为确定落马洲河套地区的土地用途，实现深港双赢，根据“港深边界区发展联合专责小组”第一次会议确定的“共同研究、共同开发”的原则，深圳市规划局和香港规划署于2008年6至7月，在深港两地同步举行“落马洲河套地区未来土地用途公众咨询活动”。活动期间，深港双方分别组织多场主题研讨会和公众论坛。在公众意见收集结果的基础上，深港双方于2008年9月18日召开“港深边界区发展联合专责小组”第二次会议，提出将高等教育、高新科技研发和文化创意产业作为落马洲河套地区今后发展的主导用途的建议。2008年11月13日，香港政府代表团访问深圳期间，深港两地政府就河套区的用途进行进一步的沟通，双方初步认为河套地区可考虑以高等教育为主，辅以高科技研发设施和文化创意产业用途，并同意以共同研究、共同开发的原则，合作进行“落马洲河套地区综合研究”，探讨有利于深港两地的土地用途。

加强空间分区管制以提升空间质量。在颁布实施《深圳市基本生态控制线管理规定》及全国首次对城市生态环境进行空间分区管制之后，2008年深圳市组织开展“紫线”、“黄线”、“橙线”、“蓝线”、“绿线”的划定和立法工作。“紫线”划定文物保护单位、历史文化街区、优秀历史建筑等历史文化遗产需要保护和控制的地域界限；“黄线”划定对城市发展有全局影响的、城市规划中确定的、必须控制的城市基础设施用地的控制界限；“橙线”划定为降低城市重

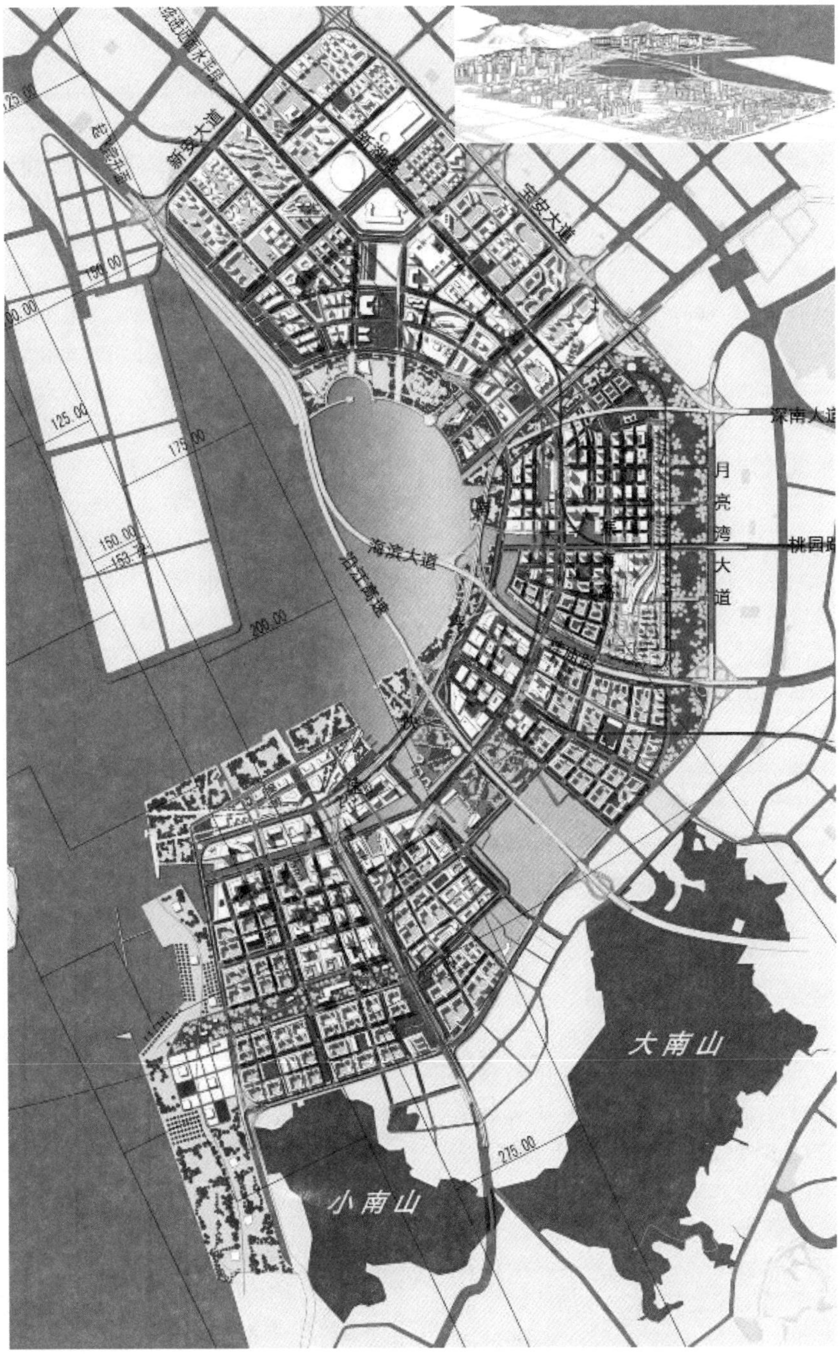

▲深圳市前海地区发展设想　　深圳市规划局供稿

大危险设施的风险水平，对重大危险设施周边区域的土地利用和建设活动进行引导或限制的安全防护范围的控制界限；“蓝线”划定河、湖、库、渠、人工湿地、滞洪区等城市河流水系和水源工程的保护与控制的地域界限，以及因河道整治、河道绿化、河道生态景观建设等需要而划定的规划保留区；“绿线”划定城市各类绿地保护控制线。至2008年底五线规划均已完成初步成果。

为打造“绿色城市”示范城区，深圳市规划局在光明新区进行绿色建筑示范项目，探索“绿色城市”建设的方式与方法。为推动规划设计理念得到真正落实，组织制定绿色建筑设计导则、绿色住区设计导则等实施手段。同时，深圳市与新加坡合作，开展深圳光明中心区开发指导规划，探讨绿色空间建设的方式方法，推动生产和生活的绿色转型。光明中央公园规划获得2008年度美国建筑师协会区域与城市设计荣誉奖，这也是美国建筑师协会(American Institute of Architects，简称AIA）组织评选的全美建筑与城市设计行业的最高奖项。

规划管理　2008年，《中华人民共和国城乡规划法》颁布，深圳市发布《深圳市人民政府关于贯彻实施〈中华人民共和国城乡规划法〉有关事项的通知》，启动深圳市城市规划条例的修订工作，组织编制城市规划与建筑设计的相关标准与准则的修订与制订工作，颁布实施《大鹏半岛保护与发展管理规定》，出台国内第一部全面规范地下空间开发利用管理的地方政府规章——《深圳市地下空间开发利用暂行办法》。推动城市规划从单纯的技术向公共政策的转变，利用经济、法律、行政等多种综合管理手段，真正推进规划实施。

规划实施　2008年，深圳市开展建设用地变更调查及用地数据动态更新、数据清理与台账建设研究，建立动态数据库，构建数字化的规划选址和用地审批平台。根据《深圳市近期建设规划2008年度实施计划》，全市2008年度累计供应建设用地1932.7公顷。其中，充分考虑重大基础设施、公共市政设施方面的投入，2008年度用地安排中最大的一项即对外交通用地及道路广场用地1006.7公顷，约占全年总上报审批用地总量的52.1%；供应工业/仓储用地382.7公顷，保障城市产业用地需求；安排市政公用设施用地107.2公顷，推动城市公共服务设施的均等化进一步提升。

（王卫城　刘永红）

【建筑业】　2008年，深圳市全面完成年初确定的10件实事、10大创新课题和55项重点工作，实现建设事业又好又快发展。全年全市完成建筑业总产值941.02亿元，比上年增长10.0%；建筑施工面积6478.55万平方米，增长10.6%，其中本年新开工面积2280.37万平方米，竣工面积1695.13万平方米；全员人均劳动生产率27.55万元，增加5.48万元。全年实现减少建筑能耗总量达到40.8万吨标准煤，节能量占全市节能目标的49%。有4项工程获得中国建设工程鲁班奖，获奖数占全省的57%。

绿色建筑与建筑节能　2008年，深圳市以绿色建筑主题年活动为主线，全力推进绿色设计、绿色施工，建设绿色机关、绿色小区、绿色城区，发展绿色建材、绿色科技、绿色行业，努力促进建设发展模式从粗放型向资源节约型和环境友好型转变。制订《关于打造绿色建筑之都的实施方案》，将发展绿色建筑上升到城市建设发展战略的高度。

加大对施工图节能抽查、施工全过程监督、建筑节能检测、节能专项验收等关键环节的监管力度。对不符合节能标准的145项施工图设计文件、62项节能专项验收项目以及执法检查中的226个项目责令整改，对9个违反强制性条文的单位和个人进行严厉处罚。新建建筑符合节能标准率达100%，比全国平均水平高出29个百分点。自2006年底《深圳经济特区建筑节能条例》实施以来，全市累计建筑节能总量达61.7万吨标准煤，减排二氧化碳164.1万吨。

以招商三洋厂房和建设集团办公楼等建筑为试点，开展节能改造。三洋厂房总节能率达到66%，

▲现代化的都市——深圳中心城区　　深圳市建设局供稿

建设集团办公楼空调节电量每月在1.2万元以上。引入合同能源管理模式，对9个社会投资工程项目开展节能改造，改造总面积达38.5万平方米，空调节电率为13.6%~43.5%。完成大型公建节能监测数据中心一期建设，以及738栋建筑的能耗统计，360栋大型公建的能源审计，并在50栋大型公建安装能耗实时监测系统。开展全市建筑能耗状况调查，启动民用建筑能耗定额标准编制工作。

做好太阳能在建筑中的规模化应用。向住房和城乡建设部申报14个国家级可再生能源示范项目，总建筑面积230万平方米，竣工投产8个，市级示范项目13个，总建筑面积200万平方米。初步形成可再生能源利用的产业链。

推进塘朗山填埋场及地铁3号线、深惠路建筑垃圾综合利用项目建设。塘朗山项目一期已投入试运行，年产标砖50万立方米，消化建筑垃圾80万吨。

推进《深圳市建筑废弃物减量与利用条例》立法工作。起草《深圳市绿色建筑认证管理办法》、《光明新区绿色建筑示范项目建设管理办法》等规范性文件，完成《深圳市绿色建筑评价标准》、《公共建筑节能设计标准深圳市实施细则》、《深圳市建筑节能设计指南》等技术标准和规范的编制工作，初步建立较为完善的绿色建筑法规标准体系。

组团参加第四届国际绿色建筑大会。与美国能源基金会签署将深圳建设成为绿色建筑示范城市的合作备忘录，召开第二届中法建筑节能研讨会，主办第五届中外绿色地产论坛，通过网络、媒体、展会、论坛、培训等方式，加强绿色建筑的宣传、教育和推广。

建设工程质量安全监管　2008年，深圳市有4个项目获中国建设工程鲁班奖，3项工程获国家优质工程奖，6项工程获省优良样板工程，3项工程获金牛奖，50项工程获市优质工程奖，27项工程通过省安全与文明施工“双优”样板工地检查，57项工程获得市安全与文明施工“双优”样板工程称号。

召开全市建设工程质量振兴大会和安全生产大会。提出提高质量水平的40条指导意见和提高安全生产水平的45条指导意见，进一步强化建设主体特别是建设单位的质量安全责任意识，并通过市场准入、预选承包商、招标投标等措施，激发建设主体提高质量安全水平的原动力。

建立专家管理机制、信息报送与反馈制度、安全生产联席会议制度、约谈警示制度和监管主体层级监督责任制，层层构建质量安全保障体系，初步形成质量安全管理的长效机制。

实行日常监督与专项检查、重点检查相结合，大幅增加现场监管的频率和处理力度。在质量检查中，签发各类监督文书7422份，比上年增长42.6%，其中监督检查意见书5366份，增长29.4%，责令整改通知书1199份，增长1.06倍，停工整改通知书25份，增长25%，不良行为记录认定书832份，增长92.6%，开展各类监督抽检10160样次，增长近一倍。在施工安全方面，检查工地12341项次，比上年增长22%；发出整改通知书1686份，增长52%；停工通知书291份，增长1.35倍；录入不良行为管理系统2636份，增长5.19倍。全年发生伤亡事故15宗，死亡18人。

运用技术手段加强质量安全监管。在8个轨道交通工点试行数字化管理模式，同时采取第三方监测等技术措施，随时掌握深基坑、地下暗挖工程的安全状况。

开展泥头车专项整治。下发《关于加强建筑工地泥头车雇佣管理的通知》，对违法超载被处罚的泥头车，给予不良行为记录。针对社会反响较大的占道施工等违反安全文明施工规定的行为，出台《关于加强建筑工地文明施工管理的紧急通知》，从工地围挡、出入口硬地化、场内材料堆放、扬尘控制、排水、防火等方面入手，加大对文明施工的监管力度，督促企业落实主体责任。

强化重大项目统筹管理　2008年，全国最大的BT项目——深圳地铁5号线进入全面施工阶段。以投融资—设计施工总承包—回报为基本框架的BT建设模式，发挥其设计施工一体化的集成化管理优势，显现出节约成本、缩短工期、保障工程质量安全的良好成效。至年底，地铁5号线全线69个工点已开工67个，累计完成投资30亿元(不含征地拆迁费用)，为年度计划的1.44倍，是全市在建各条轨道交通线路中开工最晚却进展最快、完成计划总产值比例最高的一条线路。

深化招标投标改革　2008年，深圳市继续深化招标投标改革，规范招标投标活动，完善有形建筑市场。全市工程发包3594项，工程总造价826.11亿元，其中施工招标项目2357项，涉及中标价712.04亿元、比上年增长19.32%。

制定《关于加强建设工程招标投标管理的若干规定》。进一步完善合理低价中标原则，建立体现优质优价的招标机制。全年施工招标中标价相对标底平均下浮13.5%，比上年提高3个百分点，恶性低价竞争态势得到有效遏制，市场价格竞争回归理性。全市有形建筑市场交易范围扩大至勘察、设计、项目代建、咨询服务、重要设备和材料采购以及环境影响评价、地质灾害等所有建设工程以及与工程密切相关的服务、货物，形成全市统一交易平台、统一政策措施、统一监督管理的招标投标管理体制。

实现商务标自动评审、技术标辅助评审、资信标自动（或辅助）评审，最大限度减少评定标工作中的人为因素。自2008年8月中旬启用至年底，该系统已自动识别5起涉嫌围标串标事件，遏制围标串标初显成效。

执行资格后审、规范投标人条件设置、串通行为直接认定等制度。加强后续监管，形成预防和打击围标串标等违法行为的长效机制。加大对围标串标等违法行为的打击力度，及时制止和有效打击涉及50亿元的观光路等5项市政、交通工程的围标串标行为，查处一批典型围标串标案件，暂停20多名中标人的投标资格，并依法作出处理。

编制估算、概算计价依据，填补建设项目前期造价管理真空。完善建设工程价格信息发布平台，构建价格预警机制。发布“四节”产品价格信息300余项，构建符合发展绿色建筑需要的计价标准体系。开展3项标底抽查，49项国有建设资金造价审定，涉及造价金额45亿元，核减工程造价3亿元，核减率为7%。强化建设工程合同管理，依法办理各类合同备案1081份。启动针对不同承发包方式的合同文本研究。出台工料机调差办法，为合同履行过程中工料机价格调整提供政策依据。开展行业执法检查，加强造价咨询企业及人员管理。

推动建筑产业优化升级 2008年，深圳市积极探索产业发展新思路。先后开展建筑企业兼并与重组、建筑企业走出去战略、建筑企业品牌战略、政府工程个人执业制度、建筑劳务队伍建设等重大课题研究，起草《关于发展现代建筑产业体系的意见》，探索调整产业结构、建立现代建筑产业体系的思路和措施。

支持大型企业资质升级和专业增项配套，完善资质结构。实施品牌战略，借助文博会平台，成功举办“建筑装饰创意设计展览”。扶持建筑装饰、玻璃幕墙、钢结构、智能化等优势产业和节能服务、新能源等新兴产业发展。实施“走出去”战略，16家深圳装饰企业参与北京奥运场馆建设。市属企业在省外建筑产值233.45亿元，比上年增长11.8%，占总产值的24.81%。

制定《深圳市建筑劳务分包管理暂行办法》。继续规范和培育建筑劳务分包。全年新批建筑劳务企业27家，全市建筑劳务分包企业超过80家，是全省劳务企业数量最多的城市。

修订《政府投资工程预选承包商名录管理办法》。将政府投资工程预选承包商由2大类12个组别扩大到3大类15个组别。利用预选承包商政策，引导企业加强质量安全管理，加大技术投入，履行社会责任。加快构建行业诚信体系，起草《深圳市建筑市场主体信用管理办法》。

加强建设科技创新 2008年，深圳市完善建设科技创新机制。成立深圳市建设科技促进中心，起草“绿色建筑科技行动纲要”。制定固定资产投资项目建筑领域循环经济产品（技术）推广目录，有78个产品（技术）通过专家评审。28项建设科技项目立项和15项成果推广转化指南项目通过专家评审。

组织编制《深圳地区建筑深基坑支护技术规范》、《建筑基桩检测规程》等5个标准规范，完成《预拌混凝土（湿拌砂浆）生产企业试验室验收指南》等5个标准规范的编写工作。启动“金建工程”，开展数字化工地建设和数字化燃气管理，建立覆盖全市建设系统的互联互通的信息平台，实现现场、市场、考场“三场”联动。开展“建设科技创新与建筑工业化示范基地”建设，组织专家对“工业化住宅装配整体式建造技术”、《预制装配整体式钢筋承重结构技术规程》进行鉴定和评审。推广应用预拌混凝土和散装水泥，散装水泥使用率达55%以上，预拌混凝土使用率达95%以上。

推进重大燃气工程建设 2008年，深圳市全力推进天然气转换工作，进一步优化全市能源供应结构，促进节能减排，改善空气质量。5月，提前半年全面完成管道天然气转换任务，共计转换80.5万民用户、2060户工商户，转换过程中未发生一起安全责任事故。积极推进西气东输二线工程。该工程是国家的重大战略性工程，将于2011年向全市供应天然气。稳步推进液化石油气仓储区规划建设和搬迁整治工作。开展燃气安全隐患大排查行动，全市出动1649人次，检查燃气场站957站次，下发整改通知书170份，关停存在严重安全隐患的供应站和便民点20个。

质量安全和文明施工 2008年，深圳市建设工程质量安全与文明施工取得新进展。年内，先后召开全市建设工程质量振兴大会和安全生产大会，提出提高质量水平的40条指导意见和提高安全生产水平的45条指导意见；建立专家管理机制、信息报送与反馈制度、安全生产联席会议制度、约谈警示制度和监管主体层级监督责任制，层层构建质量安全保障体系；先后制定深基坑、高大模板、施工起重机械、重大危险源等管理办法，初步形成质量安全管理的长效机制；强化现场监管力度，在年初和年末开展两次百日安全隐患排查整治行动。在质量检查中，共签发各类监督文书7422份，比上年增长42.6%，其中监督检查意见书5366份，增长29.4%；责令整改通知书1199份，增长106.4%；停工整改通知书25份，增长25%；不良行为记录认定书832份，增长92.6%；开展各类监督抽检共10160样次，比上年增加近1倍。在施工安全方面，共检查工地12341项次，比上年增长22%；发出整改通知书1686份，增长52%；发出停工通知书291份，增长1.35倍；录入全市不良行为管理系统2636份，增长5.19倍。加大宣传教育投入，全力推行“平安卡”，市政府专门拨出200万元经费予以补贴，建筑从业人员“平安卡”持卡总数达到14万人；加强文明施工管理，出台《关于加强建筑工地文明施工管理的紧急通知》，开展泥

头车专项整治，下发《关于加强建筑工地泥头车雇佣管理的通知》，对违法超载被处罚的泥头车，给予不良行为记录。全年有4个项目获鲁班奖，3项工程获国家优质工程奖，6项工程获省优良样板工程，3项工程获金牛奖，50项工程获市优质工程奖，27项工程通过省安全与文明施工“双优”样板工地检查，57项工程获得市安全与文明施工“双优”样板工程称号。

有形建筑市场管理　2008年，深圳市继续加强有形建筑市场管理。年内，制定和发布实施《关于加强建设工程招标投标管理的若干规定》；推进建筑市场公开、公平、公正、择优原则的实现，全年施工招标中标价相对标底平均下浮约13.5%，比上年提高3个百分点，恶性低价竞争态势得到有效遏制，市场价格竞争回归理性；加快有形建筑市场建设，有形建筑市场交易范围扩大至勘察、设计、项目代建、咨询服务、重要设备和材料采购以及环境影响评价、地质灾害等所有建设工程以及与工程密切相关的服务、货物，形成全市统一交易平台、统一政策措施、统一监督管理的招标投标管理体制；引入计算机辅助评标系统，实现商务标自动评审、技术标辅助评审、资信标自动（或辅助）评审，使信息技术在招标投标工作中得到充分应用，最大限度减少评定标工作中的人为因素；加大对围标串标等违法行为的打击力度，及时制止和有效打破涉及50亿元的观光路等5项市政、交通工程的围标串标行为；全年完成工程发包3594项，工程总造价826.11亿元，其中施工招标项目2357个，涉及中标价712.04亿元、比上年增长19.32%。

工程造价管理　2008年，深圳市加强建设工程造价管理。研究编制估算、概算计价依据，填补建设项目前期造价管理真空。完善建设工程价格信息发布平台，构建价格预警机制。发布“四节”产品价格信息300余项，构建符合发展绿色建筑需要的计价标准体系。强化建设工程合同管理，依法办理各类合同备案1081份。出台工料机调差办法，为合同履行过程中工料机价格调整提供政策依据。全年开展3项标底抽查，49项国有建设资金造价审定，涉及造价金额45亿元，核减工程造价3亿元，核减率为7%。

建筑行业管理　2008年，深圳市大力加强建筑行业管理，取得明显成效。鼓励大型建筑企业将总部落户深圳，制定《关于扶持建筑业总部企业发展的若干措施》，成功引进中建钢构在深圳设立总部；大力扶持优势产业和新兴产业发展，成功举办“建筑装饰创意设计展览”；实施“走出去”战略，16家深圳装饰企业参与北京奥运场馆建设；市属企业在省外实现建筑产值233.45亿元，比上年增长11.8%；积极发展建筑劳务分包，制定《深圳市建筑劳务分包管理暂行办法》，全年新批建筑劳务企业27家，全市建筑劳务分包企业超过80家，是全省劳务企业数量最多的城市；修订《政府投资工程预选承包商名录管理办法》，将政府投资工程预选承包商由2大类12个组别扩大到3大类15个组别。

继续推进清欠维稳工作，共受理拖欠工程款投诉102宗，清理拖欠工程款1.42亿元；受理拖欠农民工工资投诉303宗，清理拖欠工资7600万元，涉及农民工8724人。

（吴　涛）

政府工程集中管理　2008年，深圳市建筑工务署完成投资75.8亿元，比上年增长24%。机场飞行区陆域形成、大运中心、侨香村、深云村、前海及留仙洞超大电路园、桃源村三期、粮食储备库、大铲湾疏港通道、房地产交易大厦、博物馆新馆、滨海医院、第三人民医院、安托山整治、大学城体育中心等14个项目完成年度投资超过1亿元，同时机场飞行区陆域形成、大运中心等9个项目超额完成年度计划1000万元以上。全年完成招标164项，标底价67.8亿元，标价54.5亿元，降低造价13.3亿元，平均降幅为19.6%；签订合同602份，合同价58.1亿元。

（深圳建工署）

【城市建设】　2008年，深圳市进一步强化燃气管理。开展燃气安全隐患大排查，全市共出动1649人次，检查燃气场站957站次，下发整改通知书170份，关停存在严重安全隐患的供应站和便民点20个；加强地下燃气管网保护，施工挖坏燃气管网数比上年下降35%；开展燃气入户安全检查，一氧化碳中毒事故死亡人数从2004年的180余人，下降到2008年的20余人；积极推进西气东输二线工程，发布《深圳市天然气高压输配系统规划建设指导意见》；推进液化石油气仓储区规划建设和搬迁整治工作，完成全市液化石油气仓储基地规划建设和搬迁整治工作方案，编制樟坑径燃气基地总体布局规划以及东角头、清水河气库搬迁整治实施意见；加强全市燃气供应预警，在2008年冰雪灾害期间，及时启动供应应急预警监测，保证全市气源储备充足和物价平稳。

天然气转换　2008年，深圳市全力推进天然气转换工作。5月提前半年全面完成管道天然气转换任务，共计转换80.5万户民用户、2060户工商户，转换过程中未发生一起安全责任事故，标志着深圳市全面进入清洁、安全、价廉的天然气时代。为解决老龄楼宇燃气管道及设施转换改造问题，市政府落实改造资金2900万元。在广东省质量协会开展的第三方测评中，市民对天然气转换服务质量的整体满意率达97.1%。除完成管道天然气转换外，还将锅炉“油改气”列入此次转换工作的重点，完成赛格三星、金威啤酒厂、香格里拉大酒店、市中医院等工厂、酒店和医院的“油改气”工作。

（吴　涛）

轨道交通建设　深圳市地铁集

团有限公司前身为深圳市地铁有限公司，成立于1998年7月31日，注册资本29.9亿元，经营范围为城市轨道交通项目的建设运营、地铁资源和地铁物业的综合开发。地铁集团作为深圳市国有资产监督管理委员会授权经营的国有独资大型企业，是承担深圳市城市轨道交通投融资、建设、运营和国有资产保值增值的独立法人实体。

地铁集团成立以来承担的深圳市地铁一期工程罗宝线东段和龙华线南段建设项目全长21.866公里，共设20个车站，总投资115.53亿元，是深圳市第一个国家级重点工程、深圳市历史上投资最大的市政工程和国家地铁设备国产化依托项目，也是备受社会关注的民心工程。2004年12月28日，地铁一期工程“如期、安全、顺利、高水平、高质量”建成通车。地铁集团在一期工程建设中积累了宝贵的经验，队伍建设和管理工作不断加强，为集团可持续发展打下良好的坚实基础。

2008年，深圳地铁公司全年累计完成投资80.53亿元，完成政府下达年度投资计划67亿元的1.2倍，投资总额再创历史新高，充分发挥了重大项目的带动作用，为全市经济社会平稳较快发展作出了贡献。被评为“深圳市2008年度重大项目建设工作先进单位”。

地铁工程建设 2008年，深圳地铁线路工程建设全面推进，规划期内将建成线路99.20公里，完成工程总投资716.9亿元，其中罗宝线续建工程121亿元，蛇口线首期工程70亿元，蛇口线东延段工程113亿元，环中线工程200.5亿元，7号线工程86.3亿元，9号线工程59.1亿元，11号线工程67亿元。其中，7、9、11号线正在做前期策划和研究工作，相关投资额需根据政府下达新线建设任务后再正式确定。

在枢纽站工程建设方面，将建成两个综合交通枢纽站，总投资84.9亿元，其中深圳北站43.6亿元，前海湾站41.3亿元。

在大铁及城际线投资方面，将代表深圳市积极投资建设部分广东省境内的大铁及城际线路，合计投资108亿元，其中广深港客运专线参股27%投入32亿元，厦深铁路广东段参股16%投入27亿元，穗莞深城际一期参股11%投入13亿元，深惠城际铁路投入36亿元。

地铁集团成立以来，连续多年超额完成市政府下达的工程建设计划，投资控制良好，工程质量优良，没有发生重大安全责任事故。一期工程攻克技术难关，创造“百货广场截桩”技术创新等国家级企业新纪录28项。深圳地铁集团自主创新研发的拥有全部自主知识产权的综合设备运行监控系统及智能收费管理系统为国家节约资金超过4亿元；深圳地铁一期工程的信息化极大地促进了工业产品价值的跨越式提升，提高和促进社会资源的利用效率。

2004年4月28日，深圳地铁一期开通运营后，客运量、客运收入、开行列次、平均满载率、运行图兑现率、正点率均达到或超过国内同行同期水平。2008年日均客运量37万人次，列车正点率99.96%，运行图兑现率为100%，安全行车4900万车公里，顺利实现安全运营1099天，责任乘客投诉率仅为0.077次/百万人次，各项服务指标创历史最高水平，创造了佳绩。地铁集团创新的轨道交通企业集成盈利模式，获广东省企业管理现代化创新成果一等奖，确立的地铁建设、运营、资源及物业开发“三位一体”的可持续发展战略获“改革开放30年中国管理科学优秀成果一等奖”。 *(深圳地铁)*

城市水务 2008年，深圳市全年自来水供应总量达15.7亿立方米，比上年增长1.77%；新增制配

▲*美丽的深圳——深圳新貌* *深圳市建设局供稿*

水能力35万吨/日，全市制配水能力达670万吨/日；万元GDP水耗22.78立方米，下降3.7立方米；58个水污染治理工程全面启动，投资60余亿元的茅洲河综合整治工程已启动部分项目；宝安、龙岗、光明新区130个防洪排涝应急工程完成90%，排查整改各类防洪安全隐患1318宗；水土保持方案申报率和审批率分别比上年增长1.64倍和1.13倍，涉及水土流失防治责任面积42平方公里，水保工程投资23.64亿元，水土流失总面积由上年底的64.5平方公里下降至55.76平方公里，净减8.77平方公里。

2008年，深圳市水务局水务规范化管理工作进一步加强。陆续出台《关于水资源可持续利用的行动方案》、《关于加强我市河流综合治理工作的意见》、《深圳市2008年水污染治理重点项目实施方案》、《深圳市小型水库管理暂行办法》、《深圳市建设项目用水节水管理办法》、《深圳市水务局非行政许可规范实施办法》等规范性文件，并向社会公布全市2008年污水处理设施建设白皮书；开展《深圳经济特区水土保持条例》、《河道管理条例》等条例的修订工作，《深圳市节水专项资金使用管理办法》、《深圳市节约用水奖励办法》等政府规章正在按程序报批；向社会发布堤围防护费返还通告，及时减征堤围防护费，堤围防护费返还率达95%以上。至年底，深圳市水务局初步建立市、区、街三级水政执法网络，开展三批700人次全市水政执法人员培训；以开展水务“严格执法年”活动为契机，组织排水、水土保持、洗车场节水、水库查违等专项执法80余批（次），下达各类整改通知书2000余份，送达处罚决定100多份，清拆一级水源保护区违法建筑24万多平方米，查处较大水务违法案件40多宗。

年内，深圳市水务局进一步加大水土保持预防监督工作力度，在媒体曝光149宗违法动土点；强化水土保持监测和专项验收工作，组织编制生产建设项目水土保持监测及专项验收指南，委托开展水土保持监测项目61个，验收20个；会同区、街两级水务部门，对全市1000多个开发建设项目进行拉网式调查，对各类违法违规行为进行分级分类处理，重点查处128个在建违法动土项目；对全市30座水库水源保护林建设项目进行全面规划，完成15座水库水源保护林一期工程的可研报告编制工作；加快南山区乌石岗水土保持科教示范基地建设；把水保方案审批文件作为规划核发建设工程规划许可证的前置条件，审批监督工作不断强化。

水污染治理步伐进一步加快。报请市政府审定了污水处理厂、配套管网和污泥处理中心共58个重点治污工程的建设计划，总投资达138亿元，制订项目推进的具体方案，对进展情况进行“一月一报”，58个工程中42个按计划推进，其中23个污水处理厂项目中，1个进度超前，17个按计划推进；公布实施污水处理厂BOT项目管理办法及10个污水处理厂BOT招标建设方案；组织宝安、龙岗两区和光明新区启动特区外排污管网普查及前期设计工作，提出特区外排水设施投资与运营管理工作的基本思路。

河道整治全面铺开。特区内深圳河河口治理一期工程主体部分基本完工，深圳水库排洪河生态治理土建工程基本完工，大沙河上游段综合治理及大沙河河口水闸工程进入实施阶段；特区外茅洲河、龙岗河、坪山河、观澜河流域综合治理工程全部完成项目建议书，其中茅洲河流域燕罗、衙边涌、公明三项工程完成市区移交，沙井片区排涝工程已完成初设概算并报请审定；观澜河清湖段综合治理工程部分标段主体工程完工。

2008年，深圳市一批水源供水重点项目加快推进。公明、清林径、铁岗、下矶角新“四大水缸”中，铁岗水库（扩建）工程主体工程基本完工，附属工程进入收尾阶段，公明供水调蓄工程完成投资4913万元，东江下矶角供水枢纽工程前期工作正按照省政府统一部署展开；北线引水工程完成年度投资2亿元，形象进度80%；东江水源二期工程完成投资9935.4万元，形象进度80%，梅林支线完成形象进度100%；大鹏支线土建工程基本结束，正在进行竣工验收准备；坝光、笔架山、大工业区等供水支线完成主体工程；全市主要饮用水库水源保护林建设工程全面启动；市政府专门出台《关于宝安区、龙岗区和光明新区供水管网建设投资和维护管理的意见》，特区外供水管网改造建设进一步加快。

排水管理能力进一步提高。市水务局会同市编办、财政局、改革办等部门开展排水监管能力建设课题调研，提出加强市、区排水机构编制力量的具体方案；年内，组织254批、786人次挂点社区开展清源行动，约2000家经营性排水用户和890个在建工地纳入规范化管理，创建排水达标小区610多个，完成排水管网改造完善工程7项；全年共办理城市排水许可证1200件，比上年净增400多件，增幅达50%。

“节水型城市”建设进一步加快。利用“世界水日”、“中国水周”、“中国城市节水宣传周”等契机，开展“爱水节水”系列宣传暨节水器具进校园活动，节水好家庭评选和节水企业（单位）创建活动；报请市政府印发创建节水型城市专项行动方案和2008年创建节水型城市任务分工表，向省政府申报深圳市创建节水型社会建设规划；全面开展水量平衡测试工作，加强建设项目用水管理和计划用水管理，对1300多家单位用户的水量平衡测试人员进行培训，完成500多家单位用户的测试验收工作；加快非传统水资源利用步伐，开展节水示范工程建设，推广和普及节水型器具，向社会公布第三期节水型工艺、设备和器具名录。 *（靳亮亮）*

【住宅与房地产业】 深圳市房地产市场是随着土地使用制度改革逐步建立起来的，由土地使用制度改革带动起来的房地产业，成为促进深圳城市建设和经济发展的支柱产业。深圳的住宅与房地产业经历了两个阶段，1992年之前为探索时期，这一时期深圳房地产市场、住房制度改革和物业管理，从无到有，对房地产业的市场化道路进行了重要和积极有益的探索；1992年邓小平南行之后深圳加快了房地产业的市场化和住房保障制度改革发展的步伐。

房地产市场 2008年，深圳市房地产开发投资规模与上年相比出现小幅下降，商品房建设规模有所减小。全市完成房地产开发投资440.49亿元，比上年下降4.46%；全市商品房施工面积3276.30万平方米，增长3.65%；商品房新开工面积752.60万平方米，下降14.13%；商品房竣工面积629.73万平方米，下降0.12%。全市新建商品房批准预售面积778.54万平方米，比上年增长20.48%；其中办公楼批准预售面积增长105.25%。特区外商品住宅批准预售面积占全市住宅批准预售面积的71.49%。全市二级市场商品房销售面积466.97万平方米。其中，现楼销售面积49.30万平方米，楼花销售面积417.67万平方米。商品住房价格在全市楼花交易中，住宅均价（按建筑面积，下同）12794.20元/平方米，比上年下降4.30%；在全市现楼交易中，住宅均价17392.07元/平方米。全市二手住房交易面积350.93万平方米，比上年下降60.33%。二手住宅与新建商品住房的比例为0.9:1，出现较大幅度下降。

是年，制定《深圳土地闲置费征收管理办法》，从闲置土地界定、费用征收方式、征收程序等方面制定详细的实施细则；年初相继发布《深圳市廉租房保障管理办法》、《深圳市经济适用房保障管理办法》、《深圳市公共租赁住房保障管理办法》。下半年相继出台《深圳市地方税务局转发财政部、国家税务总局关于调整房地产交易环节税收政策的通知》、《转发中国人民银行关于扩大商业性个人住房贷款利率下浮幅度等有关问题的通知》，以促进全市住房市场的健康发展。

住房建设 据深圳市住房产权登记系统及市、区旧改办的数据初步估计，2007年底，深圳市共有各类住房总量面积为25800万平方米、558万套（间）。其中，个人自有产权住房95.5万套、面积8800万平方米，占全市住房总面积的34.1%；城中村私房400万套（间）、面积1.2亿平方米，占全市住房总面积的46.5%；单位自建房（含政府公房及企业自建房）62.5万套（间）、面积5000万平方米，占全市住房总面积的19.4%。

2008年，全市商品住房施工面积2210.36万平方米，比上年增长1.14%；商品住房新开工面积471.8万平方米，下降24.14%；商品住房竣工面积443.77万平方米，增长2.09%。年内，市政府与各区政府、各职能部门以签订责任状的方式确保完成住房保障计划中关于4.58万套保障性住房的建设任务。

物业管理 深圳市已基本建立适应市场经济发展的物业管理新体制，涌现出一批管理水平较高的物业项目和在全国有一定影响的物业品牌企业。截至2007年底，深圳市纳入物业管理信息系统的企业共有1034家，从业人员16万余人，管理全市5475个项目，管理总建筑面积2.95亿平方米。深圳市企业在市外其他城市接管项目1118个，管理总建筑面积1.70亿平方米。在住房和城乡建设部颁发的一级物业管理资质证书企业中，深圳有64家，占全国总数的1/5以上。深圳市共有780个物业管理项目获“深圳市物业管理优秀（示范）项目”称号，288个物业管理项目获“广东省物业管理优秀（示范）项目”称号，196个物业管理项目获“全国物业管理优秀（示范）项目”称号。深圳物业管理的范围已从早期的住宅区扩大到写字楼、工业区、商场、酒店、学校、车站、码头等各类物业。物业管理已成为深圳市城市管理的重要组成部分。

截至2008年，深圳特区内共有226个老住宅区完成综合整治并引入物业管理工作，引入物业管理面积超过2200万平方米。特区外共有约700个村改居小区引入物业管理，已实施物业管理的建筑面积约6800万平方米。深圳市老住宅区和原农村社区低收入居民生活环境得到切实改善，居民生活品质明显提升。通过引入物业管理，小区道路、排水排污等基础设施得到完善，卫生环境大为改观，治安防控能力增强，治安和生活秩序好转，发案率大幅度下降，房屋物业租金和出租率明显提高，有力促进了辖区物业经济的发展。同时，社区关系变得更加融洽，社区居民对党和政府愈发感激和信任，真正实现了政府、业主和物业服务企业“多赢”的局面。

房地产产权登记 2004年8月，深圳市国土资源和房产管理局下设直属事业单位——深圳市房地产权登记中心负责深圳特区内房地产权登记工作，派出机构宝安、龙岗、光明分局分别负责深圳特区外辖区内房地产权登记业务。2008年11月25日，深圳市房地产权登记中心统一集中负责全市房地产权登记业务，市局宝安分局、龙岗分局、光明分局不再具体承担房地产权登记职能。

2008年，深圳市房地产权登记部门规范房地产权登记操作程序，建立房地产权登记簿和登记询问制度，开展现场收件发证等便民服务活动，强化房地产登记历史遗留问题处理工作，加大房地产权登记电脑数据清理力度，实施深圳特区内集中办公的计划，开展“全员学习年”活动，房地产权登记工作取得一定的成绩。全年全市办理房地产权初始登记1446宗，面积1322.37万平方米。其中：罗湖区3宗、面积14.64万平方米，福田区10宗、面积40.40万平方米，南山区22宗、面积43.26万平方米，盐田区11宗、面积13.03万平方米，宝安区393宗、面积955.45万平方米，龙岗区1007宗、面积255.59万平方米。

住房保障　深圳特区建立以来，通过住房制度改革和住房市场化，深圳市住房建设不断推进，全市住房总体适应经济社会快速发展的需要，发挥了住房对全市经济社会发展的基础配套作用。根据调查，从1988年开始实施房改以来，全市共有由政府建设的安居房及企事业单位自建的房改房约20万套，总建筑面积1800万平方米，占全市住房总量的7.3%。

深圳市2008年开工建设保障性住房4.58万套，提供社会用于租售的保障性住房6006套，其中用于出售的经济适用住房3142套，申请对象为人均年可支配收入低于23252元、家庭总资产28万元以下、无房、户籍迁入本市两年以上的已婚或单亲家庭；用于租赁的公共租赁住房2730套，申请对象还包括符合申请条件的年满37周岁单身人士；面向低保家庭的廉租住房134套。申请采取“三级审核，两次公示”的方式，即街道办事处受理和初审、区建设（住宅）局复审、市国土房产局终审，全市、社区两次公示，严格审查核实申请家庭的人口、收入、资产、住房等情况。2008年1月14日起，各街道办事处开始受理本次保障性住房租购申请，共受理和初审8844户家庭（含单身，下同）的申请。经过各区复审后，再对申请家庭户籍、车辆、住房、保险、个税、存贷款、证券、残疾等级及优抚对象等情况进行“九查九核”，终审合格家庭有6471户。其中经济适用住房全部被申请家庭选定并购买，1300户家庭选择租住公共租赁住房和廉租住房。

2008年1月，市国土房产局印发《深圳市廉租住房保障管理办法》、《深圳市公共租赁住房管理暂行办法》、《深圳市经济适用住房管理暂行办法》，对准入条件、资格审查、定期复核、退出机制等方面进行严格规定。此外，市国土房产局还会同有关部门拟订保障性住房的售租方案以及经济适用住房定价方案、公共租赁住房指导租金方案、全市低收入家庭收入线和资产线标准方案等配套文件。通过拟订并出台以上住房保障政策及方案，基本构建涵盖廉租住房、公共租赁住房和经济适用住房并具有深圳特色的多层次住房保障政策体系。

出台《深圳市高层次专业人才住房解决办法（试行）》，制定高层次专业人才住房补贴发放标准。此文件为深圳市加强高层次专业人才队伍建设的“1+6”配套文件之一，对于深圳市大力推进人才强市战略，建设国家创新型城市具有积极促进作用。

出台《深圳市住房保障发展规划》，提出“十一五”期间建设保障性住房14万套，其中公共租赁住房（含廉租房）11.4万套，经济适用住房2.6万套，力争到“十一五”期末，基本解决户籍低收入家庭的住房困难，采取有效措施不断改善非户籍常住人口的住房条件。

安排建设保障性住房项目24个，2.82万套，建筑面积186万平方米，其中经济适用住房1.16万套，建筑面积99.63万平方米；公共租赁住房（含廉租住房）1.66万套，建筑面积86.38万平方米。2008年安排建设保障性住房4.58万套，建筑面积约270万平方米，其中计划安排经济适用住房0.78万套，公共租赁住房（含廉租住房）3.8万套。

住房公积金制度改革　深圳市住房公积金政策最早是按照1992年颁布的《深圳市社会保险暂行规定》和《深圳市社会保险暂行规定职工养老保险和住房公积金实施细则》有关规定建立，由市社保局管理，主要以有本市常住户口的企业固定职工和合同制职工作为缴交对象，并且未向缴存住房公积金的职工提供购房优惠贷款。截至2008年底，全市各类单位共为职工10.4万人缴交了住房公积金，累计征集收入46.9亿元，结余24.9亿元。

（陈美玲）

【城市综合管理】　2008年，深圳市圆满完成迎接全国文明城市复检任务。召开全市城管系统动员大会，制订并印发《市城管系统深圳文明联合行动工作方案》、《全面提升市容环境水平迎接全国文明城市复查行动方案》，印发《关于迎接全国文明城市复查联合整治乱摆卖行动方案》，全力开展市容环境综合整治和对乱摆卖的专项整治，加强基础设施排查整治和维护管理，努力倡导公共场所文明行为，不断提升城市形象和市民文明意识，顺利通过复查迎检任务。

高标准完成城中村和社区环境综合整治任务。采取分组分片包干形式，深入基层、全力推进各区、各街道的整治和创建工作，通过强化环卫保洁、完善基础设施、整顿广告招牌、实施“三线下地”等措施，不断提高城中村、社区的环境卫生和村容街貌水平。至2008年底，全市共有54个街道、653个社区和1241个城中村（自然村）通过达标验收，除旧改单位外，完成率分别为98.18%、98.49%、99.20%，超额完成今年工作任务，较大程度提升了城市总体环境质量。

继续推进户外广告清理整治与规范设置工作。在2006、2007年整治11万多块设置不规范、存在安全隐患的广告、招牌的基础上，继续对剩余的楼顶广告招牌进行重点督办，又解决一批难点问题，城市优美度进一步提升。全年共受理行政许可申请6168件，其中户外广告设置申请1534件，按时办结率100%。

全力开展环境综合整治，塑造

二线关新形象。协调各区政府对白芒、南头、同乐、梅林、布吉、沙湾和揹仔角7个检查站实施以户外广告整治和“穿衣戴帽”改造为主要内容的环境综合整治工程。改造后各二线检查站的环境面貌得到彻底改善。广告招牌大幅减少，主体建筑焕然一新，车行通道整洁有序，园林绿化整体升级，灯光夜景璀璨靓丽，整体呈现出现代化的城市风格，整治工作受到市民群众的普遍好评。

街景整治工作显著提高市容景观水平。按工作要求，年底前特区内各区、特区外各街道办事处至少完成一条街的街景整治任务。福田区结合旧村改造完成对福强路旁的城中村建筑穿衣戴帽改造，总投资4100万元，项目内容包括沿街40幢楼宇的改造、灯光夜景工程、下沙村文化广场整治和消防设施完善等方面。罗湖区重点完成宝安路的整治，南山区重点完成东滨路、前海路、公园南路、丽山路、近海路、艺园路街景整治正在进行当中，盐田区金沙街“穿衣戴帽”改造工程基本完成，宝安区10个街道办事处、龙岗区13个街道办事处、光明新区2个办事处均按时完成了街景整治任务。

强化和巩固“净畅宁”工程和梳理行动的成果。督促协调清理拆除各类乱搭建面积30.53万平方米。加强巡查发现问题、安排限时督办各责任单位落实整改。通报督办较大问题63宗，发出督办函26份，受理市民群众较大投诉1宗，所涉问题全部妥善处理。

巩固国家生态园林城市成果　2008年，深圳市完善绿化管养的管理水平。制定并印发《深圳市绿化管理考核办法（试行）》，对全市各区绿地定期进行监督检查，实施园林绿化量化考核制度，根据工作实际完善《深圳市绿化管理处绿化工程管理办法》、《深圳市绿化管理处苗木迁移种植规定》、《深圳市绿化管理处园林绿化工程验收办法》和《深圳市绿化管理处园林绿化工程接管办法》等规定，进一步实现全市城市园林绿化管理的标准化、规范化、长效管理机制。

市花簕杜鹃彰显绿化美化特色。全市已种植簕杜鹃360.8万株，超额完成350万株计划。推进绿化美化工程，打造城市绿化新亮点。共安排应急整治工程22个，迁移种植工程117个，绿化恢复工程100个，种植乔木、灌木6.1万株，花坛草坪10.2万平方米，在市重要地段或大型活动期间摆花107万盆。加强对绿化工程项目的监督检查292个。完成会展中心周边、广深铁路深圳段绿化改造工程、沙河西路、龙珠大道等8个绿化整治工程的前期立项准备，完成海滨广场绿化改造景观工程、华富路（深南中路黄木岗立交）等11个绿化改造工程。继续保持建成区绿化覆盖率45%、人均公共绿地面积16.01平方米，在全国继续保持领先水平。

继续打造“公园之城”。儿童乐园、安托山、罗芳、红岗、银湖山、布心山等市政公园已完成立项、选址、划线等筹建前期工作。全市年内计划筹建社区公园30个，已建成23个社区公园，其余13个进入施工阶段，完工后实际新建社区公园36个，超额完成6个。

园林绿化管理实现全面升级。一是深圳市仙湖植物园、深圳国际园林花卉博览园和深圳市莲花山公园被正式评为国家重点公园，标志深圳市城市公园建设向前跨越一大步。二是继续开展全市“园林式、花园式单位（小区）达标”活动，全年全市共有73个单位（小区）达标，累计全市达标单位（小区）总数为2277个。三是市属公园星级公园创建活动有序进行。年内，市属翠竹公园、大沙河公园均按照星级公园评定标准，开展星级公园创建工作。四是组织承办好各项花事活动。在第六届中国国际园林花卉博览会上，深圳市参展景点“深圳印象”获得“室外景点大奖”最高奖项；参加香港2008年度迎春花展参展工作，深圳市参展景点获得金奖；园博园、莲花山公园、人民公园、洪湖公园、东湖公园分别成功举办市花簕杜鹃、月季花、荷花、菊花各项花事活动。五是成功主办深圳市（第三届）公园文化节活动。

高质量、严要求完成各项建设任务。一是加快大鹏半岛国家地质公园建设前期工作。完成揭碑开园建设项目地质博物馆使用林地可行性研究报告的委托编制工作，积极跟进完成建设项目土地使用权出让相关工作。二是加快海滨15公里休闲带建设前期工作。已完成项目海域使用等整个项目所有的前期申报手续，配合市规划局完成深圳湾滨海休闲带扩建设计评审等有关工作。三是按照国家级风景名胜区的标准重新规划定位梧桐山风景区建设。体育公园完成图纸调整及预算编制等工作，完成仙桐体育公园监理招标、望桐路监理招标，施工招标在进行之中。四是加快仙湖植物园苏铁保护中心、门区立体停车库和园道改造等建设项目。

市政设施综合整治　2008年，深圳市开展市政设施综合整治行动。规范与强化市政行业管理。一是建立市政工作联席会议制度。召开两次联席会议，为进一步加强市政行业的协调与指导，提供相互交流与学习的平台。二是组织开展全市市政管理工作人员培训，进一步提升业务知识和技能，提高全市市政管理水平。三是制定《深圳市道桥设施管理检查考核办法（试行）》和《深圳市城市道路照明设施管理检查考核办法（试行）》，对全市道路、照明设施管理单位进行检查考核。

继续推进市政设施综合整治工作。一是履行市市政设施综治办职责，积极推进全市各项整治工作。制订年度任务分解表及考核实施办法和考核工作方案，主动做好全市以及市城管系统设施整治的指导协调和督查督办工作。组织实施设施整治中期和年终考核。组织召开全市市政设施综合整治工作现场会。制订并组织实施《关于宝安区龙岗区和光明新区城市化过渡期后社区市政设施移交接收管理维护实施方案》，深入每个街道办调研，并协调解决有关问题和困难，至年底宝安、龙岗两区及光明新区已完成设施移交接管工作。二是完成市政设施整治任务。综合整治道路设施。完成皇岗路、笋岗路、春风路高架桥、八卦二路、贝丽路修缮工程，东门北路和田贝四路受地铁影响，预计2009年上半年完成。深南路西段（世界之窗—南头关）已于10月开工；开展北环路、滨河路等5条道路修缮工程前期工作，其中北环路项目已进入可行性研究阶段，滨河路等4个项目已编制项目建议书报市发改局；完成泥岗街心公园路段等25个2007年交通整治工程项目；整治盐田区井头街等10条道路、红岗路至玉平大道段、桂花支路、松安路、碧园路等小区道路和“三不管”路段；完成北环大道辅道、华丽路、深南彩田立交桥面病害的专项整治工程；实施春风路高架桥梁体美化工程，预计2009年春节前完工；完成车公庙立交等3座素混凝土立交桥梁体油漆美化工程和对童乐人行天桥等5座人行天桥加盖（顶棚）改造的前期工作。综合整治照明设施。开展深南大道上步片区及文锦路灯光景区建设工程、滨河及滨海大道灯光长廊建设工程前期工作。启动特区内已承担市政道路功能的131条小区道路“有路无灯、有灯不亮”整治工作；完成特区内台架式变压器改造工程前期工作和边防一线巡逻道路灯建设工程和东门步行街灯光改造工程。严厉打击偷盗市政设施行为。加强巡查、重点布控，改变管理模式，探索使用防盗材料和防盗技术，有效提高城市道路和照明设施的防盗效能。

做好市政管理各项业务工作。一是做好新建市政设施验收接管工作。道路桥梁方面，新接管道路21条，桥梁及隧道22座；照明方面，新接管21条市政道路、8座桥梁和4座地下人行通道的路灯，共新接管路灯2680基，灯6567盏，电缆111468米，变压器17台，总功率增加1483千瓦。二是加强道路桥梁设施维护管理工作。安排7040万元的维护费，共维修沥青路面26.42万平方米，混凝土路面5.3万平方米，人行道21万平方米，桥梁油漆9万平方米，路名牌671套，调井540座，栏杆更换改造5160米；加强桥梁安全管理，对75座桥梁进行专业检测；建设完善道路无障碍设施，下达福中路等13条主次干道增设盲道及无障碍通道的专项计划；完成45座立交桥的153个通道的现场移交，规范人行通道管理；进一步规范道路占用挖掘审批，全年共办理各类占用挖掘786宗，修复率100%，及时率在99%以上；全年共查处各类道路违章1152宗。三是加强城市照明设施维护管理工作。特区内路灯亮灯率和设备完好率分别为99.81%和96.56%；更换钠灯5736只，镇流器2187个，低压电缆2万余米，修复灯门、灯具3000余次；清洗灯杆、灯具6180杆次。四是试行道路桥梁维修养护工程合同化管理。年内在道路桥梁维修养护业务中试行合同化管理的新方法，取得比较满意的效果。

提升城市清洁度　2008年，深圳市完善环卫市场机制，创新管理手段。一是《深圳市公共区域环境卫生质量和管理要求》作为深圳经济特区技术规范，已经市政府批准，并由市质量技术监督局发布，进一步提高环境卫生质量标准的权威性和约束力。着手制订《城市生活垃圾清运操作规程》，加强垃圾收运行业指引。二是修改完善《关于完善环卫市场机制提升城市清洁水平的意见》，加强对市政道路清扫保洁服务单位的过程监管，努力提高城市道路机械化清扫率。三是大力加快特区内外环卫管理一体化进程，特区外环境卫生水平进步明显。四是完善日常巡查机制，建立并试运行余泥渣土管理信息系统；与市城管监察支队建立联合检查督察机制，与建设、公安交警、交通等部门建立纵横管理机制，联合做好余泥渣土管理工作，全年共暂扣违法车辆143辆，证件410本，处罚违章车辆297辆，整治工地255个次，查处乱倒余泥渣土11宗；共检查违规垃圾运输车辆2.6万辆次，处罚各类违章车辆2380辆次。

完善环卫行业政策法规，开展环卫科研。一是制定《深圳经济特区建筑废弃物回收利用条例》、《深圳市建筑垃圾管理办法》、《深圳市城市管理局从事城市生活垃圾经营性清扫、收集、运输、处理服务审批行政许可实施办法》。二是完成《深圳市有机垃圾资源化利用研究报告》和《深圳市粪渣收运及监管方案研究》评审和结题；与新加坡环卫控股集团签订协议，共同完成《深圳和新加坡环卫管理对比研究》课题；开展《深圳市建筑垃圾处理设施企业化改革研究》；下坪场完成渗滤液硝化、反硝化试验研究并通过住房和城乡建设部成果鉴定，“生物反应器填埋场研究”课题获得国家“十一五”科技计划专项经费；综合厂初步完成“设备故障诊断专家系统”；玉龙坑固废中心的“城市生物质垃圾厌氧消化关键技术研究”项目已获评为国家“863”重点科研项目示范工程。

修订完善“鹏城市容环卫杯”竞赛方案并全面实施。对“鹏城市容环卫杯”竞赛方案进行修改，将光明新区作为独立考评单位；大幅度增加“环卫设施设备管理”的计分比重，并把“爱国卫生”和“数字化城管”两项调整为专项考评项目。持续开展“鹏城市容环卫杯”竞赛活动，4月份起试行每周安排2~3天集中对两个区进行检查并当周通报检查情况，有效促进各区良性竞争，提高全市环境卫生水平。

10月份评选并表彰“鹏城市容环卫杯”竞赛优胜奖和“鹏城优秀美容师”。

全面开展环卫设施设备清洁行动，大力整治“环卫设施设备不环卫”现象。组织召开动员大会，部署专项整治工作，3月、6月组织专项检查，同时结合工作进展情况向各区、街道印发《环卫设施设备清洁行动专刊》。清洁行动完成集中整治阶段并取得初步成效，各区果皮箱和垃圾桶设置率、完好率大幅提高。

全力推进环卫基础设施建设。一是全力推进垃圾转运站建设运营工作。全年新增的143座垃圾转运站建设，基本建成并交付使用；完成上年建成的343座垃圾转运站的联合验收，并督促各区将已建成的站点交付使用，对已投入使用的站点大力推行车载桶装收集方式，实现垃圾转运站服务全覆盖。二是着力加快“两厂”建设进度，新卫生处理厂已完成场坪等土建施工和土建B标段报建，预计2009年一季度完成土建工程、设备安装调试及验收。粪渣无害化处理厂综合车间、发酵仓等主体建筑已封顶，正在进行内部装修和设备安装工作，预计2009年一季度建成，进场道路完成征地后6个月可实现通车。三是完成郁南、吉岗采石场边坡整治工程总量的90%。四是编制《全市余泥渣土受纳场中长期（2008~2030）规划》以及规划建设工作方案、工程项目建议书，加大余泥渣土受纳场建设力度。五是加强公厕建设与管理，基本完成公厕普查及相关建设管理对策的研究工作。六是上塘坑大型垃圾焚烧厂已开展选址等筹建前期工作。七是督促推进老虎坑垃圾卫生填埋厂二期扩建工程、老虎坑垃圾渗滤液处理厂、白鸽湖垃圾焚烧处理厂建设；督促加快坪山环境园建设；督促坪山沙茔垃圾填埋场及其他简易填埋场采取安全防范措施；对平湖苗坑垃圾填埋厂搬迁方案组织专家评审会；向市财政局、市法制办征询封闭式垃圾管道收集系统指导方案意见，报市政府审定后实施。

规范垃圾处理收费，强化垃圾处理设施监管。进一步规范垃圾处理收费，垃圾处理费监管系统项目已开工建设，预计2009年1月完成项目建设。全市全年共征收垃圾处理费4.8亿元，平均收缴率93.5%，垃圾无害化处理率为94.17%，居全国领先水平，基本解决全市垃圾无害化处理的经费来源。综合厂、下坪场、卫生厂进一步提高运行管理水平，有效改善清水河环境园臭气污染问题，减少居民投诉。继续加大对南山、盐田垃圾焚烧厂的监管力度，至年底两厂运行良好，垃圾处理量稳定，焚烧工况良好，污染物达标排放。

爱国卫生工作全面细致有效。一是巩固发展灭鼠灭蝇达标成果，顺利通过省爱卫会的复查验收。二是组织开展迎新春爱国卫生运动、春夏之交病媒生物传染病防治工作和以灭鼠灭蟑为重点的第21个“清洁深圳月”活动，共召开动员会302次，组织专项行动639次。三是做好卫生村、卫生单位的创建和巩固工作，考核验收省卫生村7个，命名市卫生村49个、“行业卫生标兵单位”11个和“行业最佳卫生单位”13个。四是开展外来劳务工聚居地爱国卫生工作试点，努力推进“健康社区”创建工作。

街道综合执法　2008年，深圳市继续强力推进街道综合执法工作。21项执法任务得到全面履行。年内，在市容整治方面，全市清理乱摆卖172.86万宗，清理乱张贴429万张，暂停电话号码7079个，拆除违法广告招牌和横幅标语93307（条），查处违法养犬4534条。在工商管理方面，查处无证非法经营商铺108865家。在卫生管理方面，查处无证诊所3963家。在食品卫生管理方面，查处无《食品卫生许可证》经营单位4522个。在畜禽屠宰管理方面，组织开展查处私宰生猪行动190次，取缔非法屠宰点385处，没收销毁生猪237头。在土地管理方面，查处非法占有、使用、处分土地行为329宗。在规划管理方面，开展清拆行动600多次，拆除违法建筑4587栋，拆除面积116万平方米，查处未取得建设工程规划许可证违法行为2395宗。在人口和计划生育管理方面，查处伪造、出卖或骗取婚育证明186宗，用人单位和个人雇用无计划生育证明的流动人口或者不履行流动人口计划生育管理职责1056宗，成年流动人口不按规定办理计划生育证明的行为2175宗。在环境保护管理方面，查处社会生活噪声15722宗、焚烧废弃物1294宗。在药品、医疗器械、保健食品、化妆品管理方面，查处无证生产、经营药品、医疗器械、保健品的行为989宗，无证生产化妆品行为53宗。在食品安全管理方面，查处无《食品生产许可证》生产经营行为10486宗，查处街头门店、摊档经营无厂名厂址、无生产日期、无保质期、无使用期限的食品或过期食品行为73435宗。在建设管理方面，查处擅自改建工程施工的行为699宗。在燃气管理方面，查处黑煤气点1860处，没收黑煤气14170瓶。在劳动管理方面，查处不订立劳动合同、违反女职工和未成年人特殊保护规定行为1403宗，查处非法从事劳务中介行为的53宗。在人才管理方面，查处非法从事人才中介行为1813宗。在文化管理方面，查处黑网吧14169家；查处无证及超时、超员经营娱乐场所3033家，没收非法出版物73470本，盗版非法光碟346357张。在质量技术监督管理方面，查处未依法登记使用特种设备行为的471宗。在安全生产管理方面，查处未按规定取得许可而擅自从事生产、经营、储存危险化学品、烟花爆竹行为1093宗，查处未经批准擅自进行采石、取土的行为52宗。在殡葬管理方面，查处超出核准登记经营范围从事殡葬服务行为的117宗。

继续做综合执法协调机制，及时妥善解决街道执法工作中出现的问题。对综合执法体制、机制包括执法范围和方式进行研究。建立综合执法工作联席会议和联络员会议制度，召开二次联席会议，发布《关于街道综合执法工作的补充决定》，《关于明确街道综合执法工作相关事项的意见》、《关于确认违法建筑问题明确部门的复函》，协调解决街道综合执法过程中出现的一些重点、难点问题。在罗湖区南湖街道办、龙岗区南湾街道办开展规范街道综合执法试点工作，完成《执法信息公开制度》、《行政处罚告知和听证制度》、《行政处罚“先例”制度》、《行政处罚审核及批准权限制度》、《综合执法过错责任追究制度》。3月份召开西乡街道综合执法经验交流现场会，街道综合执法工作所取得的成绩受到市委、市政府的充分肯定。

继续开展执法队伍达标升级活动，促进执法效能不断提升。下发《深圳市街道综合执法队伍达标升级活动方案的通知》，全面开展基层执法达标活动。对全市七区13个申报达标的街道执法队进行年中达标升级检查。通过实施达标升级活动，执法硬件设施更加完善，案件处理程序更加规范，执法效率明显提高，结案率都在95%以上。执法队伍精神面貌焕然一新，执法队伍建设水平上了新台阶。

实施执法督查黄红牌警示制度，加强街道综合执法监督。向辖区执法队共发出黄牌警告3份，书面警示71份，督办查处各类违法现象44216宗，提高执法效率，增强了基层执法单位和人员的责任意识。

促进城市循环经济可持续发展　2008年，深圳市努力促进循环经济、节约型园林绿化发展，建设生态文明。推广树枝粉碎制肥，市树枝粉碎场制肥厂新车间设备5月开始试产，生产堆肥1980吨，产生良好的经济和社会效益。推广再生水在城市绿化灌溉中利用，已完成再生水试点利用工程方案设计及预算编制工作，开展“罗沙路节约型绿地试验推广工程——中水利用专项”铺设管道4808米，浇灌绿地面积约6万平方米。《深圳市市政园林系统中水利用规划研究》项目于年初招标成功，第一阶段数据采集基本完成，并进入数据分析阶段。

推进节能减排、循环经济项目。一是推广使用环保材料，结合日常维修和道路修缮工程大力推广低噪音材料（如SMA改性沥青）、环保透水砖等。二是开展城市照明综合节能工作，全年存量路灯节电7%~8%，增量路灯节电10%，每年节约电费350多万元。

实施资源综合利用，大力推进环卫循环经济建设。一是制定餐厨垃圾清运费补贴政策并获得市政府批准，支付福田区试点企业餐厨垃圾清运费，督促福田、罗湖、南山三区加大工作力度，积极推动南山循环经济产业园餐厨垃圾处理项目和罗湖下坪餐厨垃圾处理项目建设；督促宝安、龙岗两区尽快开展餐厨垃圾处理设施的选址和建设工作。二是塘朗山建筑垃圾综合利用项目一期工程已于5月投入试运行，并已生产出第一批建筑用砖。三是督促宝安区城管局大力推进生活垃圾填埋气焚烧发电项目。四是下坪场填埋气体发电和填埋气体提纯做汽车燃料CDM项目运营管理基本正常，全年填埋气体收集量为1133万立方米，填埋气体发电1452万度，减排二氧化碳量共8.7万吨。五是综合厂清洁生产和余热利用工程已开展初步设计工作，炉渣制砖项目已进入试生产。六是玉龙坑固废中心在粪渣厂建设中深入开展太阳能示范项目的研究工作，在第四届国际“绿色建筑”大会上受到好评。七是下坪场污泥固化处理设施建成并投入运行。

推进数字化城管工作　2008年，深圳市数字化城管新模式提高了综合效益。修订《数字城管案件处理期限》，进一步完善数字化城管系统功能，着力提高各类城市管理事、部件问题处置率，处置效率大幅提高。全年共立案983155宗（不含监督员快速上报案件），其中特区内四区立案数达298269宗，平均个案处理时间由刚试运行的100小时缩短为9.03小时，结案率达99.88%。

特区内外数字化城管平台得到完善。一是积极推动和完善数字城管二期工程建设。顺利完成光明新区的移交工作，完成宝安、龙岗与市级平台的对接，并从8月起纳入全市统一评价体系。二是进一步完善数字化城管系统技术平台的功能。完成2008年度数字城管软硬件维护招标工作，修订评价指标体系和《深圳市数字化城市管理事部件全市统一编码》。

努力推动数字化城管综合执法系统建设。已完成市级系统平台项目招标工作，6月6日开工建设，8月1日系统上线试运行。12月底前已通过软、硬件初验工作。

进一步理顺工作机制和反馈机制。一是大力推动互联互通工作，构建协同一致的工作机制。至年底全市数字城管系统已实现与32个市属责任单位的互联互通和协同处理机制，各单位对城市管理问题的处理效率和处置质量稳步提高，新模式快捷、精确和高效的优势日趋显现。每月案件处理率都超过90%。二是完成数字化行政审批配套系统建设平台，为实现市、区、街道三级城管行政许可审批业务整合、信息共享，提高审批工作的透明度和效率，提升政府的服务职能奠定基础。三是全面加强公众投诉反馈制度，切实落实“特殊案件前后两次回复”要求，方便市民掌握案件处理动态。进一步规范处理流程，加大问责力度，大力提高案件处理率和处理量。　*（深圳城管）*

珠海建设

【概况】 1979年3月珠海撤县建市，1980年设为经济特区，是中国最早设立的经济特区之一，全市海陆总面积7653平方公里，其中陆地面积1687.8平方公里，海岸线、岛岸线总长604公里，有190个岛屿，有“百岛之市”的美称。现辖香洲、金湾、斗门三个行政区，常住人口148.11万人。至2008年底，珠海市人均公园绿地面积12.92平方米，建成区绿化覆盖率达45%，获得“国家园林城市”、“国家环保模范城市”、“国家卫生城市”、“国家级生态示范区”、“中国优秀旅游城市”、“全国科技进步先进市”、“国际改善居住环境最佳范例奖”等称号。

【建筑业】 2008年，珠海市建设系统大力规范建筑市场秩序，严把施工质量和安全生产关；加强建设工程招投标管理；积极监管和引导房地产业健康有序发展，努力促进物业管理水平的提高；深入开展解放思想学习讨论活动，继续加强依法行政和机关作风建设，各项工作都取得新成绩。

年内，珠海市建设局共负责26个新建、续建珠海市政府投资建设项目的建设管理工作，总投资规模2.7亿元，截至10月，累计完成工程投资1亿元，竣工验收项目8个，包括：大环山1、2#市政路、五洲康城市政配套路、梅界路剩余段、三台石路延长段供水管工程等4项市政工程和市体育运动学校、市三职校、市社会福利中心、市档案馆新馆一期工程等4项房建工程。继续完善政府投资工程组织方式，坚持公开透明的原则，将政府工程建设的全过程都向社会公开，“打造‘阳光工程’”。一是加大局管政府投资项目建设过程的透明度。定期在建设信息网站上公开政府投资项目的总投资、建设规模、工期及建设进展等情况，方便市民查阅。二是在政府投资项目中特别是与市民生活密切相关的市政基础设施项目，在前期阶段，将设计方案向社会公示，充分征求市民意见，使建成的项目在使用功能等各方面更贴近市民需要，体现以人为本的精神。2008年共有8个与市民生活密切相关的项目方案向社会公示，收到许多热心市民的建议。

建筑市场秩序不断规范 2008年，珠海市建设局以完善建筑企业诚信行为信息管理体系为突破口，推进施工许可并联审批，加强建筑市场五方主体管理，进一步深化“平安卡”管理制度，强化工程质量监督和安全生产管理，提高了全市建筑市场管理水平。全年共完成施工报建项目594个，合同造价金额786亿元，建筑面积704万平方米；2个市政项目被评为广东省优良样板工程，14个房建工程被推荐参与省优良样板工程评审；创建市优良样板工程19个；20个工地被评为市样板工地。

为营造良好的建筑市场环境，将诚信行为考核范围，纵向覆盖到工程建设各个环节，包括执行建设程序、施工图审查、工程承发包、质量、安全、造价、建筑节能、散装水泥、墙材革新、城建档案等环节，横向覆盖到设计、监理、施工、造价中介、招标代理等建设领域各企业，覆盖了建设主管部门的日常监督工作范畴，实现建筑市场监督管理各职能机构的相互联动，形成齐抓共管的质量管理新局面。通过网络系统，实时更新建筑企业诚信行为信息，开创了建设主体重质量、守诚信的新局面。全年对47家施工企业、18家监理公司、174个项目经理、224个安全员、58个项目总监、5个监理工程师进行诚信扣分，取得了较好的效果。

推进建筑节能工作 全年完成建筑工程施工图设计文件审查602项，发现违反国家强制性条文606条，均逐条落实纠正。完善对勘察设计单位的量化考核工作，及时调整初步设计的审查范围，强化抗震设防管理，实施施工图审查网上备案，提高勘察设计审查效率和管理水平。加强建筑节能推广应用，起草《珠海市建筑节能管理办法》、《施工图建筑节能专篇》和《珠海市建筑节能新技术、新材料目录》，为全市建筑节能工作提供有效指导，全市建筑节能审查率达100%。墙体材料革新、推广使用散装水泥和商品混凝土工作取得新进展，截至10月，全市使用商品混凝土260万立方米，使用新型墙体材料19390万块标准砖，折合节约土地面积21.53公顷，节煤12214吨，取得较好的经济效益和社会效益。

完善工程造价管理，规范工程招投标行为 加强造价依据管理，编制《珠海市建设工程施工劳务分包计价指引（试行）》，发布《珠海市建设工程造价指标》，为政府投资严格把关，全年共审核建设工程招标投标工程标底19个，造价4.89亿元。开展《珠海市建设工程招标投标管理办法》修订工作；推进招

▲珠海香洲新海岸　　珠海市建设局供稿

标投标管理工作网络化、信息化，招标文件审核备案、现场监督、投诉处理、招标代理机构量化考核、诚信纪录、诚信等级评价等均纳入规范化、信息化管理。全年进入建设工程交易中心交易的工程项目540个，总招标额64.13亿元，成交额56.04亿元，下浮率12.16%，没有发生因招投标投诉查处而影响施工进程。

强化质量监督管理，严把工程质量关　一是颁发《商品住宅分户验收制度》，通过实行分户验收、商品住宅验收公示、住宅交付使用后开展质量回访等多项技术及管理措施，促进建设各方质量责任主体质量意识的提高，切实解决老百姓关心的住房质量问题；二是针对“渗、漏、裂”等投诉热点问题，制定《减少楼板开裂的措施》、《珠海市蒸压加气混凝土填充墙工程专项技术措施》等治理质量通病的具体措施并大力推行，减少质量投诉；三是针对珠海气候容易引起的质量问题的特点，颁布《珠海市合格工程质量样板制作展示技术管理规定（试行）》，推动工程质量创优工作的开展。

加强建设工程安全生产监督管理　以深化“平安卡”管理为契机，把“平安卡”管理与完善管理制度有机结合起来。一是完善起重机械登记制度，专门成立珠海市建筑安全协会建筑起重机械专业委员会，对建筑起重机械实施专业化管理；二是坚持安全生产例会制度，及时部署安全生产工作；三是建立监理周报制度，强化安全监理责任，要求监理单位每周将项目的安全状况向市、区安监站提交书面监理报告，凡没有按时提交监理报告的监理单位，对其进行通报批评；四是把安全生产企业纳入诚信管理体系，被评为诚信不合格的施工、监理单位在下一年度内不得在珠海市承接工程业务；五是建立安全生产警示约谈制度，加强对发生事故单位和监管部门的警示教育，增强对建筑施工安全生产监督的责任感和紧迫感；六是建立监督工作的层级负责制，对所监管的项目列出工作台账，明确项目监督人员，将责任落实到个人；七是建立安全生产预警机制，突出重点，开展专项整治，有效预防重特大事故的发生；八是健全和完善重大危险源和重大事故隐患档案及隐患整改跟踪制度；九是从2008年8月1日开始，实行从业人员穿着“荧光衣”上岗制度促进施工安全。截至2008年11月，全市已有68080名建筑工人领取“平安卡”，所有工程项目均配备“平安卡”管理系统。全市的建筑施工安全形势得到根本好转，全年共发生生产安全事故1起，死亡1人，事故宗数和死亡人数比上年下降3倍和5倍。　*（王海忠）*

【城市规划】　2008年，珠海市规划局开展规划编制项目共104个。其中，已完成规划编制项目14个，正在开展规划编制项目61个，进入规划编制项目前期拟开展的有29个。一是开展珠海城市总体规划修编前期工作，科学引导城市发展，奠定城市长远发展战略格局；二是开展《珠海市城镇体系规划》等6个总体战略性规划以及《中心城区分区规划》等10个分区规划，深化全市性规划策略研究，完善分区规划；三是开展21个交通、市政等专项规划编制，已完成《珠海市主城区慢行系统规划》、《珠海市交通场站用地规划》等10个，正在开展《珠海市路名总体规划》、《珠海市雨水系统和排洪规划》等11个规划；四是开展13个控制性详细规划，中心城区控制性详细规划成果已完成，正在开展的全市控制性详细规划有11个；五是开展13个重点区域、关键地段、重要山海景观地区的城市设计，已完成《珠海市情侣北路（南段）城市设计调整》、《珠海市中心城区拱北片区整体城市设计》；六是开展社会主义新农村等相关规划研究，至2008年已开展规划编制的村有104个；七是推进一批重点规划的编制工作，开展东部城区主轴规划（情侣路延长线规划）、西部中心城区规划、珠海市轨道线网规划、产业园区整合规划、城市中央商务区和情侣中路（野狸岛）文化艺术中心规划等一批重点规划的编制工作。　*（黄冠军）*

【城市建设】

城市水务　珠海市的水务工作经过20多年的建设，已经形成比较完备的给排水体系。主要有：

吉大水质净化厂　该厂（一期）总投资1571万元，厂区总占地面积2.25万平方米，1984年12月由北京核工业部第二设计院完成设计，同年破土动工，至1986年6月完成土建工程，1987年10月完成设备安装及调试，当年11月16日正式投产，一次达到污水二级处理，设计日处理污水能力1.8万吨，采用传统鼓风曝气活性污泥法的二级生化处理工艺，主要设备全部从国外进口。2002年7月，珠海市政府实施水务体制改革，将城市污水处理厂等公共事业单位按照企业化、市场化模式运作的思路，与珠海力合股份有限公司签订特许经营权协议，决定由珠海力合环保有限公司以TOT方式经营管理吉大水质净化厂（一期），同时以BOT方式取得吉大水质净化厂（二期）的投资建设运营权，特许经营30年。吉大水质净化厂（二期）项目位于吉大水质净化厂预留扩建用地内，设计污水处理能力3万吨/日，占地面积15953平方米，采用ZT廊道交替池二级生化处理工艺。该项目自2003年12月开工建设，2005年3月竣工并正式投入运营。

香洲水质净化厂　香洲一期（香洲水质净化厂）于1992年1月破土动工，1994年1月建成投产。担负着处理香洲区居民生活污水（占70%）和部分工业污水（占30%）的任务。占地面积3.6万平方米，服务人口约15万人，服务面积约15

平方公里，设计日处理污水3.0万吨。2002年12月，法国威立雅水务与珠海市政府签订特许经营权合同，经营珠海市香洲水质净化厂并建设新的污水处理厂。香洲二期是珠海威立雅公司以BOT模式新建的香洲污水处理厂扩建项目，用地面积3.28公顷，设计日处理能力50000立方米，采用ORBAL奥贝尔氧化沟工艺及先进的生物处理系统，投资总额7000万元。项目于2004年1月动工，2005年3月完工，同年6月正式投产运营。

北区污水处理厂　该厂是珠海威立雅公司以BOT模式新建的污水处理厂，用地面积3.5公顷，设计处理能力50000立方米/日，采用ORBAL奥贝尔氧化沟工艺，投资总额约8000万元，主要机械设备95%为进口。项目建设于2004年1月动工，2005年3月完工。

拱北水质净化厂　该厂占地面积约10万平方米。共分三期，其中一期于1985年建设，1992年竣工投产；二期工程于1998年投产；三期工程于1999年动工，2003年2月投产。一、二期工程总投资5500万元，采用传统活性污泥表面曝气法工艺，设计处理能力2.8万吨/日。三期工程总投资20179万元，采用圆形环流AAO工艺，具有脱氮除磷功能，设计处理能力10万吨/日。拱北水质净化厂服务面积约25平方公里，服务人口约25万人，主要处理拱北前山片生活污水和部分工业污水。2002年事改企后由国有企业珠海市城市排水有限公司运营管理。

南区污水处理厂　该厂由珠海力合环保有限公司以BOT模式新建。一期规模5万吨/日，工程概算7186万元，计划于2006年10月底建成投入试运行。

排水设施管理站　该站1985年8月成立，名为市政公司维护队，由市建委城建科领导，1989年8月归市政管理处管理，有机械设备19台（辆），主要负责吉大片区、前山片区市政道路、雨水、污水管网、排洪渠的管理维修。至1990年底负责管养7米宽以上的道路有29条，总面积87.1万平方米，总长28.2公里，从1990年至1999年底新增道路12条，总面积为120万平方米，总长37.2公里，主要负责全市污水管网的维护管理，污水管道总长251公里，检查井盖2916座，由市政处领导。2002年6月划归市水务局管理，到2005年底，污水管网新增110公里，总长361公里，检查井4166座，污水提升泵站2座。

珠海市水质监测中心　该中心于1993年2月正式成立，实行两块牌子，一套人员的管理方式，原主管部门为市政管理处，2002年机构改革后，改属市水务管理局。珠海市市政排水收费所主要负责城区污水处理费的征收、管理及减免工作，为全市污水处理事业的发展及水环境水平的提高提供了基础与保障。珠海市城市排水监测站主要负责对排入城市排水设施的污（废）水的水质、水量和污泥进行监测，掌握排水户排水情况及有关资料，为政府部门的科学决策提供科学的依据。1998年1月，该站通过国家计量认证，成为全国排水监测网站，至2008年有各种大型检测设备超过370万元，可检测122项目。

（吴成元）

市容环卫　2008年，珠海市以2008年10月21日成立市市政园林局筹建组为时间点，抓好之前的城市综合管理工作。加大城市公用设施建设和管养改造力度，加强城市管理的日常监督检查，城市管理水平有新的提高。市政道路设施安全完好；推动绿化植树工作，完成部分前期工作；按照中共珠海市委、市政府提出生态环境保护“四个百分百”的要求，积极推进西坑尾垃圾填埋场渗滤液、医疗垃圾焚烧厂、垃圾发电厂技改、茶冷迳垃圾填埋场等工程项目的建设；加强建筑垃圾规范管理。（王海忠）

【住宅与房地产业】　2008年，珠海市贯彻落实国家、省有关房地产调控政策措施；加强房地产市场的分析研究，开展《珠海市2008～2012年住房建设规划》及《珠海市2008、2009年住房建设计划》的编制工作，经珠海市政府审定后向社会公布；加强房地产市场监控，牵头会同有关部门每月公开发布房地产市场综合信息；坚持每季度对全市房地产市场情况进行一次全面分析并形成报告，为市委、市政府决策提供参考。针对当前房地产市场低迷的形势，拟订《关于促进我市房地产市场健康发展的若干意见》，经珠海市政府常务会议通过后于2008年11月17日颁布实施，增强了市场信心。

加强商品房预（销）售监管　实现商品房预（销）售许可网上申请和审批；制定和发布《关于进一步加强和改善商品房预售款监管的通知》，维护市场各方的合法权益；完善房地产交易市场管理，加强中介行业的监管；加强房地产开发企业资质和商品房预售管理，严把市场准入关。2008年，全市完成房地产开发投资147.65亿元，商品房施工面积1144万平方米，商品房销售面积174万平方米，商品房销售金额121.77亿元，商品房空置面积51.22万平方米。全市房地产市场呈现成交面积有所回落，房价涨幅明显放缓甚至回落局面，市场观望情绪浓厚。

住房保障体系继续完善　制订并报珠海市政府颁发《珠海市廉租住房保障办法》；完成公产房转作廉租房的调剂工作，提供保障性住房2284套；全年共收缴公房租金1050万元；加强老旧房屋维修，确保住房安全。

物业管理水平进一步提高　全面深入宣传贯彻《珠海市物业管理条例》，分别在《珠海特区报》和珠海电视台举办该条例的有奖知识竞赛，大规模普及物业管理法规知识；组织开展物业管理企业“珠海物业之声”大合唱，引导物业服务企业提升综合素质，增强服务意识，提高服务水平；完成《珠海市业主大会规程（试行）》修订和推进《珠海市物业管理收费办法》制定工作；制定《珠海市物业管理小区突发事件应急处置导则》，正确指导和规范物业管理小区突发事件的应急处置工作；开展物业管理量化考核和示范项目考评工作。全年全市有2个项目被评为省物业管理示范项目，7个项目被评为市物业管理示范项目。（王海忠）

【城市综合管理】 2008年，珠海市城市管理局坚持“依法、理性、规范、文明”的原则，切实加强执法力度，以市容环境综合整治为重点，严格依法行政，做到重点突出，整体推进，专项整治和日常巡查相结合。

主动作为，突出重点，各项执法工作取得新成效 全年共查处各类违法行为32181宗（立案查处6669宗，教育整改25512宗），各类违法行为罚款金额720万元，处理各类投诉案件12899宗。其中，查处违法建设行为1911宗，强制拆除违法建设11.36万平方米；查处室内违法装修案件275宗；查处乱摆卖、占道经营等市容违法行为28132宗；查处违法户外广告781宗，查处城市“牛皮癣”1595宗；查处违法私宰生猪案件357宗，捣毁私宰生猪窝点174个，查扣私宰生猪肉品33587.5公斤；查处旅游、供水、燃气、市政、环境保护、园林绿化等方面的违法行为733宗。一是堵疏结合整治市容市貌，创新序化管理，突出解决面上的问题。按照“堵疏结合、级差管理”的工作思路，分层次执法“抓好严管路，规范好控制区，疏导好一般区”，做到严管区无乱摆卖、无占道经营，主要街道和路段的大部分商户入室规范经营。在部分区域设立规范乱摆卖疏导点，有效改善老城区的市容环境。同时，大力整治违法广告招牌和“牛皮癣”，清理遮山挡海、违规设置、材质低劣、影响市容的户外广告招牌。二是分类对待，严格遏制主要道路和重点区域的违法建设，强制拆除一批违法建筑。对主干道和主要区域新出现的违建行为做到发现苗头就坚决遏止住；对存在安全隐患及严重影响市容环境的违法建设一律予以拆除；对历史遗留的违法建筑物，进行全面清查、造册；对村民违法抢建，实行严密监控，着重做好控制工作。三是以拱北新市花园为试点，在全市范围内开展室内违法装修整治专项行动，有效遏制了部分小区大规模违法装修的势头。四是加强专业执法力度，严查旅游、供水、燃气、生猪屠宰等行业违法行为。

解放思想，探索、实践新思路、新举措，执法工作效能得到进一步提高 进一步落实“定人、定岗、定责任”的“三定”执法，狠抓“时空”落实，实行错时执法，建立了面上的管控机制；强化督查考核手段，责任落实到位，督察队坚持每日巡察督办制，发现问题及时解决，确保责任到位；全面推进“城管执法进社区”，加强宣传教育工作，及时解决社区群众反映的急、难、热点问题。（珠海城管）

汕头建设

【概况】 改革开放30年以来，汕头城市建设经历从蹒跚起步，到阔步前行，直至健步如飞的巨变。改革开放短短30年间，汕头市建成区面积从7.9平方公里发展到172.78平方公里，城市定位也从“以发展轻工业和对外贸易为主的海港城市”全面升级为“现代化港口城市、区域性中心城市、生态型海滨城市”。

30年前的汕头市区，是一个不到8公里的“弹丸之地”，从西堤码头到汕樟路就是最繁忙的交通街区，汕樟路以东是郊区。改革开放后，汕头城市建设进入启动升温阶段，城市建设开始从满足居民社会基本需求，转向提高城市环境质量、增强服务功能。实施“一市三镇”的总体布局，扩建了汕头机场，兴建了5000吨级客运码头、煤码头和粮杂码头，拓宽改造了潮汕路、汕樟路、杏花桥等40多条道路，形成10多个新的商贸区和住宅区。1990年，汕头城市建成区面积由1978年的7.9平方公里扩大到32.32平方公里，城市人口净增51万人。

1991年国务院批准汕头特区范围扩大到整个市区，汕头城市建设迎来新的大发展。在特区234平方公里的范围内，兴建了跨越汕头港的海湾大桥和礐石大桥，连接市区南北两岸，形成交通大循环；深汕高速公路建成通车，连接深圳、汕头、厦门三个经济特区；广梅汕铁路的建成，圆了3000万海内外潮汕人的“铁路梦”；东区“五路五桥”和南北两岸海滨路的兴建，拉开了市区的道路骨架；200多幢高层楼宇拔地而起，林百欣会展中心、金海湾大酒店等成为汕头重要的标志性建筑。至2000年，城市建成区面积由1978年的7.9平方公里扩大到127.7平方公里，人均拥有道路面积9.65平方米，人均拥有公共绿地面积6.16平方米，被评为“国家卫生城市”、“国家环保模范城市”、“全国优秀旅游城市”。

“十五”期间，汕头城市建设呈稳步发展趋势。在2003年实施行政区划调整后，汕头市区面积从301平方公里扩大到1956.4平方公里，城市发展空间得到进一步拓展，全市建成区面积167.25平方公里，建成道路总长和面积分别达到1269公里和2391万平方米，建成区绿化覆盖率38.08%，人均公共绿地面积10.07平方米。以中心城区为核心，澄海、潮阳、潮南区治所在地为副中心，南澳为前沿，一批中心镇为骨干的海湾型组团式城镇体系初步形成。

2006年粤东工作会议作出“三年打基础、五年大变化、十年大发展”的总体部署，汕头城市建设面临着新一轮大跨越、大发展的战略机遇期。新一届市委、市政府围绕“建设老百姓的城市、最宜居的城市、生态型的海滨城市”的目标，更加注重大手笔大气魄谋划城市建设，更加注重城市大框架下的精雕细琢，更加注重城市筋骨间的血肉通融，使汕头城市建设在量的积累的基础上，实现质的飞跃。这个“质”的表现在于城市基础设施的不断完善，特别是随着海滨路、中山东路、机场路、金砂东路、天山北路、汕樟北路、黄山路等一大批市政道路改造建设，一批绿化、灯光、环保、景观工程的加快推进，汕头城市建设如火如荼。至2008年建成区面积172.78平方米，市区道路总长和面积已分别达到1500公里和2655万平方米，建成区绿化面积6257公顷，人均公共绿地面积11.13平方米，城市生活污水处理率81%，生活垃圾处理率100%。成为名副其实的宜居创业之地。

2008年，汕头城市规划建设管理和环保、房产管理工作围绕实现“三年打基础、五年大变化、十年大发展”的奋斗目标，全市规划建设管理和环保、房产各方面呈现加快发展、协调发展、可持续发展。

【建筑业】 2008年，汕头市共有建筑业企业221家；其中一级企业28家，二级企业56家，三级企业132家。全年完成施工产值168.7亿元，比上年增长15.5%，建安营业税6.98亿元，转移外税2.35亿元。

建筑业“走出去”步伐加大 完成外出施工产值108.2亿元，占施工总产值64.1%。广州、深圳、惠州等珠三角市场继续保持较高增幅，陕西、湖南、江西等市场所占份额不断攀升，多家企业成功打入呼和浩特、满洲里、滨州等城市。资质结构进一步优化。全年有5家企业晋升或增项一、二级施工资质，龙光、美高等多家企业成功晋升一级资质，广东宏景取得设计施工一体化一级资质，填补粤东设计施工一体化资质空白；部分企业承接高速公路、污水处理、填海、隧道等高端项目，如达濠市政承建145公里、造价30.3亿元的永蓝高速公路，建安实业承建造价4.8亿元的安徽奇瑞汽车城，建安集团承建造价2.8亿元的东莞污水处理工程和中国驻斐济使馆工程。

继续强化工程质量安全管理 全年创部优工程4个，省优工程38个，市优工程25个；建安集团承建的广州富力国际公寓工程、广东建华装饰参建的首都机场航站楼、停车场及交通中心工程获中国建设工程鲁班奖，汕潮公司承建的中山万科城市风景花园工程获詹天佑土木工程大奖。加强实体工程质量监督，深入整治质量通病，全年组织抽检在建工程22次；组织开展“隐患治理年”活动和“安全生产百日督查”专项行动，严格执行安全生产许可证制度，全面推行建筑工人“平安卡”管理制度，全市已有5000多名农民工持“平安卡”上岗作业；深入开展以起重机械装拆、安全使用为重点的施工安全专项整治，对一批违法违规企业、个人进行处罚，淘汰一批不合格的起重机械。

深入加强建筑市场管理 进一步完善《汕头经济特区建设工程施工招标评标办法》等2个规范性文件，强化投标报名、资格预审、评标开标等重要环节的监督管理，有效规范招投标行为；不断拓展工程交易服务功能，顺利通过质量体系监督审核，全年办理交易登记项目150个，造价27.7亿元；实行招投标项目100个，造价19.8亿元，招标率和公开招标率均达到100%；完成粤东高级技工学校北山湾校区扩建工程勘察设计和东部城市经济带首个项目招投标工作。强化工程计价监管力度，加强工程造价管理。继续做好建设领域拖欠工程款工作，组织开展清欠“回头看”活动，狠抓民工拖欠调处工作；2个责任单位全面完成清欠任务，清欠工作取得阶段性成效；协调处理民工上访22宗，解决拖欠工资80万元。同时，深入落实防范新欠长效机制，进一步巩固清欠成果。

新建建筑节能标准执行率明显提高 突出抓好大型公共建筑节能监管，完成56幢既有建筑能耗的调查、统计；建立健全节能考核评价体系，强化建筑节能培训工作，发挥示范工程作用，锅炉厂改造项目申报全省建筑节能示范小区；开展建筑节能设计和施工质量专项检查，逐步增强全社会的建筑节能意识，顺利通过省建筑节能检查。加大“推散禁现禁实”工作力度，全年散装水泥使用量78.4万吨，商品混凝土使用量89.4万立方米，新型墙材使用量23.1万立方米。加强施工工法开发应用，10项工法申报省级工法，创一批部级、省级QC成果。人才建设扎实开展，完成2847名工程技术管理人员、注册执业人员的继续教育，1871人通过一、二级建造师初始注册，200人通过建筑工程中、高级职称评审；实施送教送考上门和到施工现场考核鉴定，组织技能培训鉴定8批次837人。

旧城改造 2008年，汕头市旧城改造竣工新楼55幢，建筑面积30.5万平方米，回迁居民259户。采取捆绑联动、一片一策的办法，着力解决旧城改造历史遗留问题。大华路尾、金樟立交等6个片点完成改造，新梅里、华坞路等片点改造加快推进，海滨路西段片区改造启动。进一步加强房屋拆迁管理，修订《汕头经济特区城市房屋拆迁评估管理办法》；按照城市总体规划要求，严格控制拆迁规模，合理推进城市房屋拆迁，切实维护被拆迁人的合法权益，全年核发《房屋拆迁许可证》5份，批准拆除房屋面积5.8万平方米；加大重点项目拆迁执法力度，对34宗63户被拆迁人依法作出行政裁决，并申请人民法院强制拆除，为推进金凤路桥建设扫清障碍；妥善化解房屋拆迁矛盾，及时调处100多宗拆迁纠纷。

勘察设计　2008年，汕头市有勘察设计企业60家，其中甲级企业10家。组织做好勘察设计市场专项整治活动，进一步规范勘察设计市场，严肃查处违法违规行为，保证建筑设计工程质量，顺利通过广东省建设厅的专项检查。抽查6家勘察设计企业、2家施工图审查机构及6个工程项目的施工图图纸，被查企业资质符合分级标准要求。严格把好施工图审查关，不断提高工程勘察设计质量。全年完成114个项目的施工图设计文件审查（其中市政工程3项）及74个项目工程勘察报告审查。完成审查项目钻探总进尺66848米，总建筑面积1194093平方米；其中厂房528993平方米，住宅529832平方米，公建135268平方米；完成市政工程审查道路总长10145米，管道总长6420米。在完成审查的项目中，施工图设计文件一次性审查通过4项，一次性审查通过率4.6%；工程勘察报告一次性审查通过9项，一次性审查通过率12.2%。提出审查意见1931条，其中涉及违反国家强规条文或存在较大安全隐患的意见583条，所有意见全部按要求重新整改并再经审查合格。完成全市勘察设计企业、施工图审查机构出图专用章更换工作，换领出图章92枚；做好实施全市大中型建设工程初步设计审查制度前期准备工作。对36个工程项目的施工图设计文件、建筑节能专项情况进行检查，发现问题及时整改；举办建筑抗震设防学术讲座，狠抓建设工程抗震设防管理；组织开展勘察设计创优活动，繁荣设计创作，提高勘察设计水平；加强城镇化工作的指导、协调和督促，完成《汕头市城镇化“十一五”规划中期评估报告》，及时动态掌握全市城镇化进程；承办全省第16、21期村镇规划建设管理培训班，全面提高村镇规划建设管理人员素质，扎实推进社会主义新农村建设。

（彭兰阶）

【城区规划】　《汕头市城市总体规划（2002~2020年）》于2003年3月经国务院批准实施，为适应汕头市行政区划的扩大，协调中心城区和新设区在城市空间形态、产业布局、交通系统、环境生态和基础设施等方面的关系，推动大汕头城乡一体化进程，2008年组织开展对《汕头市城市总体规划（2002~2020年）》进行修编。组织开展了城市总体规划修编前期调研、总体规划实施评估报告等一系列工作，《汕头市城市总体规划修编前期调研报告》和《汕头市城市总体规划实施评估报告》成果通过省建设厅审查。至年底，汕头市城市总体规划修编各项前期准备工作包括机构建设、编制单位洽谈、修编申请上报、前期调研论证等基本完成。

分区规划　《汕头市新东区分区规划（2005~2020年）》初步方案于2005年7月编制完成，在征询市和区29个有关职能部门的意见和建议，编制单位对初步方案进行修改完善，并形成《汕头市新东区分区规划（2005~2020年）》初步成果。为配合汕头市南区建设需要，2008年3月，汕头市规划局组织编制《汕头市濠江区分区规划》，市规划委员会将于近期对该成果进行审议。

详细规划　2008年，汕头市规划局编制的控制性详细规划共20个。《汕头市南滨路选线暨苏埃湾意向规划》和《汕头市龙湖乐园改造项目研究与控制性详细规划》完成规划草案，正按要求深化完善；针对各区对工业用地的实际情况，组织《汕头市濠江区青篮工业区控制性详细规划》、《汕头市珠津工业区（南片）控制性详细规划》等一批工业园区规划的编制工作，引导全市工业科学有序发展。

专项规划　2008年，汕头市开展的专项规划主要有：（1）《汕头市城市绿地系统规划》。在2002版《汕头市城市绿地系统规划》基础上，对《汕头市城市绿地系统规划》进行修编，将澄海、潮阳、潮南外围三区纳入规划范围。（2）组织编制2009年住房建设计划，修编完成并公布中心城区2008~2012年住房建设规划，并分别按规定的时间完成审批、上报和公布等工作。（3）编制完成《汕头市中心城区停车场专项规划》、《汕头市苏埃湾红树林公园详细规划》、《汕头市侏罗纪公园详细规划》，开展《汕头市烈士陵园详细规划》、《珠池港区专用通道选线和在金环路与滨港路交叉口处开设出入口的规划方案》的编制。

推进旧城区改造　2008年，汕头市规划局组织开展梅溪河沿岸片区的调研工作，并在此基础上组织开展《梅溪河沿岸片区改造控制性详细规划》编制工作，至年底，该规划项目已完成调研报告和规划初步方案的编制。同时，《汕头市旧城区西片改造控制性详细规划》项目已完成初步方案的编制，正进行规划公示和征求相关部门意见。

中心镇总体规划　至2008年10月，汕头市12个省中心镇的总体规划编制全部完成。年内继续推进村庄整治规划编制工作，全面推进村庄规划试点工作，确定50个村庄作为2008年省级村庄规划试点。同时，对全市336个革命老区、山区村庄的规划编制情况进行摸查，计划用三年时间完成整项任务。组织协调市规划院、测绘院开展编制潮南区红场镇总体规划、红色旅游专项规划及规划区地形图测量工作。

城乡规划效能监察　2008年，汕头市规划局组织对区、县城乡规划效能监察的专项检查，开展城乡规划效能监察专项检查和绩效考核工作，10月上旬，接受广东省检查组检查考核，被评为“优”等次。积极开展城乡规划实施监督。加强对建设工程的监督检查。查处违法建设105宗，总建筑面积13.8万平方米，其中报建工程2宗，建筑面积960平方米。违法建设工程103宗，建筑面积13.7万平方米。提请市行政执法部门进行依法处理104宗，实施强制拆除案件4宗。做好报建工程验复线、规划验收及现场监控工作。全年组织工程验复线129宗，规划验收82宗。严格“一书二证”审批核发。全年市规划局共受理建设项目选址事项15宗，核发《建设项目选址意见书》15宗，用地面积80.47公顷，核发《建设用地规划许可证》87宗，用地面积217公顷，核发《临时建设用地规划许可证》13宗，用地面积17.33公顷；共受理审理报建项目140宗，其中核发《建设工程规划许可证》32宗，建筑面积84.43万平方米，变更建设工程项目规划许可27宗，核发《临时建设工程规划许可证》13宗，建筑面积1.47万平方米，工地临设项目规划许可2宗，立面装修、招牌项目规划许可2宗，户外广告项目1宗，审核建筑设计方案33宗。 *(周建雄)*

【城市建设】 2008年，汕头市全力推进市政基础设施项目建设。全年完成市政投资3.5亿元，新建道路面积近50万平方米，新筑下水道4.1万米，新增绿化面积13.8万平方米，建设规模和投资额均创近十年之最。集拓宽改造、绿化美化、排污、排涝及防灾减灾等五项功能于一体的海滨路市政综合改造工程全线贯通，道路灯光、绿化等配套已完成，排水排污及景观工程正加紧施工；迴澜桥改造、天山北路、金砂路东延路段、金泰立交桥首层道路等一批项目建成投入使用，南滨路、礐石风景区衔远亭亮化工程完成施工任务并开放亮灯，焰峰路、东区污水处理厂厂外截污干管工程、北轴污水处理厂厂外排水收集系统等项目扎实推进。

城市燃气 截至2008年底，汕头市辖六区一县用气户数100.5万户。全市共有燃气企业63家，气站66个（其中气化站5个），总贮气能力22.8万立方米，其中一级站1个，贮气能力20万立方米；二级站4个，贮气能力18000立方米。全市建有液化石油气专用码头7座，其中5万吨级1座，2万吨级1座，5000吨级3座，3000吨级2座。全行业从业人员约5000人，全市年用气量为31.5万吨，年销售量约100万吨，燃气普及率达94%。

加强燃气市场安全监管，规范燃气市场秩序，狠抓燃气行业隐患整治，确保社会公共安全。开展燃气站点经营许可延续，对不符合经营条件的18个销售点暂缓延续；将66个气站列为重大危险源，严格加以监控，防范安全事故。黄厝围片区的市物资燃料公司、汕特化工石油气公司两个储配站已全面停产，并摘除挂牌公示；中油海洋能源有限公司储配站已拟订搬迁扩容投资方案。

积极加快管道燃气建设步伐，实施管道燃气建设统一规划、统一建设、统一经营、统一管理。全年建成金叶岛十一区、德信家园、天华美地、新星家园、星光华庭、怀英花园等18个住宅小区管道燃气工程，铺设管道长度约70公里，投资4051万元，安装用户约9000户。完成升平工业区气化站、9000立方米大明气库和一批市政燃气管道的建设；开展中心城区管道燃气特许经营权问题调研工作，完成《关于实施汕头市中心城区管道燃气特许经营权问题的请示》并上报市政府，为加快推进中心城区管道燃气建设打下基础。 *(彭兰阶)*

城市供水 2008年，汕头市中心城区全年供水量17631万立方米，售水量14450万立方米，平均供水产销差率为18%，平均供水电耗212千瓦时/千立方米；全年生产总值21553万元，销售收入21306万元，上缴税费1697万元，偿还银行贷款本息6851万元，实现利润85万元。96968供水服务热线共接听用户来电25156个，受理答复率100%。加大抄表管理力度，全年水表抄见率95.2%，抄表准确率100%；全年检漏维修8857处，消防栓维修272个次，检修及时率100%。全年供水基础设施建设投入4927万元，管网改造投入1193万元，生产技术改造投入175万元，保持供水发展后劲。全年平均水质综合合格率达到99.77%，比年计划高出2.77%，与上年基本持平。

汕头市第二过海水管横跨汕头港入口处，是对汕头市南区双水源安全供水的完善。工程申报立项批准概算总投资19685万元。工程于1998年12月开工，包括北岸接收井1座，南岸工作井1座，过海顶管直径2米、长2080米、管中心标高-23.25米，加压泵站1座，高位水池2座，DN1600登陆管，DN1400供水干管及配水管网。2000年底已完成北岸接收井建设；2006年1月12日续建，2008年6月18日过海顶管工程顺利贯通到达北岸珠池港接收井。 *(蔡秋生)*

市政建设与维护 2008年，汕头市完成中山东路（金环路—中泰立交桥）BT项目、金砂东路（金环路—天山路）改造、中泰立交桥地面层续建及绿化配套、澄海路（潮汕路—惠来路）续建、金环西路（潮汕路—惠来路）续建、迎宾广场改造、汕樟路与金湖路交叉口改造、黄山路（台商投资区）水浸街改造、黄山路（三脚关沟—中山东路）续建、龙湖沟引水星湖公园等一批市政建设项目。全力推进汕樟北路（天山路—乐山路，即金平段）续建工作。全年续建、改造市政道路总长7.2公里，面积26.5万平方米。

按照“统一规划、突出重点、营造亮点、先主后次、分步实施、注重节约”的原则，兼顾功能性与景观性，高起点规划，高标准建设，启动中心城区城市景观照明工程建设。全年新建城市景观照明亮点43处，主要包括海滨路、南滨路、中山东路、金砂路等城市主干道，时代广场、迎宾广场、人民广场、中泰和金泰立交桥等主要部位和重要建筑。同时，完成国道324线（春源工业村—迎宾路）路灯改造、大华路等一批市区路灯改造项目。全年新增路灯1200盏。

全年完成沥青路面维修50270平方米，混凝土路面维修4998平方米，维修步道9148平方米；清疏下水道166.7千米，改造下水道1292米，维修改建沟井335座，补缺更新沟井盖3876个；维修水闸24座，改造水闸1座，清疏闸口400多次。

全年维修路灯13382盏，改建路灯239盏，新装路灯169盏，改造线路2298米，油漆灯杆865杆，拆除市区危损灯杆72杆，修复中山路、泰山路等被盗及损坏灯箱门260个；配合供电部门，检测31台专用变压器；检修路灯节能控制箱166台，并加喷安全标志，整合华山路部分路灯电源；全年市区路灯亮灯率平均达到99.8%。

（陈辉斌　郭东晓）

园林绿化建设管理　2008年，汕头市义务植树246万株；结合澄海路、金砂东路东延路段、天山北路、中泰立交桥地面层等道路续建新增绿地，并把中泰立交桥地面层建成生态型公园绿地；结合中山东路、金砂东路及迎宾广场的改造对其绿化配套进行改建，对行道树缺株断线、分车绿带黄土露天问题较为突出的东厦路、天山路等8条主干道的绿化进行改造。

全年修剪乔灌木8.85万株，修剪色块、绿篱26.24万平方米，修剪草坪65.20万平方米，处理枯危死树200株。积极开展“一人认种一棵树，一人多栽一盆花，一人绿化一平方”的绿化认种认养活动，全年共有22个单位及部分市民认捐资金141.13万元，另有4个单位认捐树木和认种认养绿地。11月11日至12月14日在中山公园举办以“潮风菊韵迎嘉宾”为主题的汕头市区第二十二届群众性菊花展览，共有32个单位参展，展出菊花3万多盆，200多个品种。11月10日起，石炮台公园大门实行免费对外开放，为汕头市首个免费对外开放的公园。

（许钰淳　黄少明）

市容环卫工作　2008年，汕头市把“门前三包”责任制作为城市管理的一项基础性工作来抓，制订实施方案和考评办法，按照“五个一”和“三统一”进行规范管理。至年底，汕头市中心城区3个区中，金平区已覆盖全区主、次干道和194个街巷4万户责任单位，约占应覆面积的40%；龙湖区落实全区12600户沿街门店；濠江区将濠城片区“二路一街十巷”纳入“门前三包”重点管理范围。

全市（含非中心区）道路清扫面积1308.47万平方米，落实“一普扫二保洁”作业，做到“三定、三到位”，即定地段、定人员、定标准，作业人员、时间、质量三到位，重点部位和路段增加中午、上半夜保洁班次，道路保洁时间在12小时以上，对主次干道坚持晴天每天冲洒水一次。街道居委、物业管理单位上门收集居民生活垃圾，区环卫部门上门收集沿街单位和商铺生活垃圾，做到日产日清，全年清运垃圾98.6万吨。

2008年1月30日至2月6日，受冰雪灾害性天气影响，大量春节返乡旅客滞留汕头火车站，汕头市环卫部门落实汕头火车站周边环境卫生清洁工作，维护春运期间火车站周围的环境卫生；4月，开展以“清洁家园、美化环境、预防疾病发生”为主题的“爱卫月”活动；5月10日奥运圣火（汕头站）传递活动期间，环卫部门加强城市环境卫生维护，布设流动公厕、临时厕所，保障活动期间环境卫生；6月至7月，开展迎接除四害先进城区复查整治；开展爱国卫生运动；8月至11月，开展迎接首届粤东侨博会和广东省第六次海洋工作会议环境卫生整治。全年突击行动累计出动人员约11030人次、车辆机械800多台次，清理垃圾杂物约8620吨，清除街招小广告13880处，设置流动公厕132座次、临时厕所70处，增设垃圾收集容器70个。

完成雷打石生活垃圾卫生填埋场二期3号库区工程建设；新建公厕1座、垃圾转运站3座，改造公厕、垃圾转运站5座，在建公厕和基层清洁队址各1座、垃圾转运站2座，其中中心城区首座垃圾压缩转运站——龙湖14A垃圾压缩转运站改造工作正在抓紧进行中；增设、更新环卫设施标志牌128块；增设果皮箱934只，维修果皮箱365只；接管配套环卫设施8座。全年市、区增购各类环卫作业机械车辆41部。

（林阳阳）

【住宅与房地产业】　2008年，汕头市有房地产开发企业235家；其中一级房地产资质企业3家，二级房地产资质企业8家。严格按照《房地产开发企业资质管理规定》和《广东省房地产开发经营条例》，把好市场准入清出关；组织对全市220多家房地产开发企业开展资质换证工作，对30家不符合换证条件的企业不予换证；新设立13家有土地、有项目的开发企业，扶持华福房产、泰安房产等企业晋升资质，并通过健全信用档案、加强项目手册管理，促进房地产市场健康良性发展。

（彭兰阶）

房产管理　2008年，汕头市房产管理局切实加强住房保障工作。牵头组织开展全市低收入家庭住房状况摸查工作，报请市政府公布2008年度汕头市中心城区廉租住房保障和经济适用住房供应对象标准：廉租住房保障对象的家庭收入标准为375元/人·月及以下，住房困难标准为人均住房建筑面积10平方米及以下；经济适用住房供应对象的家庭收入标准为750元/人·月及以下，住房困难标准为人均住房建筑面积10平方米及以下；核准登记中心城区2490户低收入和住房困难家庭，对市直管公房501户特危房住户实施紧急撤离安置；加强信息化建设，建立低收入家庭住房保障管理信息系统，实现住房保障全程的信息化和规范化管理。

坚持把解决发证遗留问题作为市委、市政府为民办实事的民心工程进行落实。2008年解决洽成花园、鮀浦大池洋E幢、碧霞庄北区7~12幢、金湖路107号第4幢、金珠园41~45幢、新世纪花园等项目的确权发证遗留问题1214套，涉及17幢14.77万平方米。清理剩余的4000多套商品房确权发证遗留问题项目，分门别类提出处理意见上报市政府审定。扎实推进中心城区工业区工业房地产产权历史遗留问题处理工作，出台《汕头市中心城区工业区工业房地产产权历史遗留问题处理意见》，审核并出具办理意见的相关业务8宗。

启用2008版房地产权属证书和登记证明等工作。加强房屋测绘成果的管理，重新规范房屋建筑面积和分摊公共面积的计算方式，明晰房产使用功能的标注。加强房地产权登记立法工作。全年办理商品房总确权登记264幢、140多万平方米；办理《房地产权证》23685份；办理房地产他项权登记8700件，贷款金额近42亿元。出台商品房合同备案程序、加强房地产交易价格审查管理等有关制度；完善商品房销售合同网上登记备案管理系统，有55个项目实现上网销售。加强二手房交易监管，2008年资金监管2830宗、3.97亿元；核发《商品房预售许可证》33宗、85万多平方米；办理商品房现房备案31宗、39万多平方米；办理抵押入市审查1650宗，拍卖登记165宗；中心城区房产交易登记20580宗、213万平方米、交易额59亿元，二手房7602宗、103万平方米，交易额16亿元；积极履行协税义务，代征土地增值税、营业税计6015万元，契税收入2亿多元。受理国有、集体房地产交易登记398宗、面积12万多平方米，交易额1.6亿元；拍卖成交32宗，结算成交金额6300万多元。

办理企业申报物业资质29宗，出台物业服务收费许可办法。组织开展对在管3999座（19471户）公房进行全面安全检查，查列危房1612座（5003户）；维修危旧房屋1263座（3693户），投入维修资金359.15万元。加强租金征收工作，督促和指导各单位开展住房货币分配工作。审批单位使用住房基金46宗，审核申报单位住房货币补贴74宗（5288人次），发放单位住房货币补贴1692万元，办理住房货币补贴支取1114宗。力促侨房“一房多制”收购工作落实，办理“一房多制”收购交易过户确认手续22宗、129套，建筑面积4000多平方米。

牵头有关职能部门和区县政府开展房地产调控政策执行情况的监督检查工作；会同规划部门编制中心城区2008、2009年住房建设计划，2008~2012年住房建设规划。完善商品房销售合同网上登记备案管理系统，有38家公司53个项目进行网上签约。开展房地产市场秩序整治，落实动态巡查监管责任制；强化市场管理职能，稳定住房价格。2008年一手高层住宅3639元/平方米，多层住宅2618元/平方米，比上年增长4%和9%；二手高层住宅2363元/平方米，多层住宅1542元/平方米，增长6%和8%，房地产市场较为良性。省检查组对全市房地产调控政策执行情况综合考核评定为“优秀”等次。

住房公积金管理 2008年，汕头市积极推进区县住房公积金机构垂直管理工作，促使区县住房公积金管理实现“四统一”。加大住房公积金归集力度，扩大归集覆盖面；建立催缴制度，促进未建立住房公积金缴存制度的单位办理缴存登记和补缴审核；发挥受托银行的作用，建立催收和新增缴存单位的考核制度。2008年，新增区属教育和卫生系统等缴存单位79家。中心城区全年实际缴存人数8.21万人，实际归集率39.51%，归集额7.62亿元，归集额累计达36.14亿元，余额22.29亿元。推动个贷业务的开展，实现个人住房公积金贷款业务基本覆盖全市所有楼盘。全年办理放款586宗，金额10043.2万元，实现个贷逾期率为零。采用“以地抵债”和“以房抵债”等方式，作价抵偿住房公积金逾期项目贷款本金和利息，确保住房公积金的正常运作并通过省专项治理工作的验收。

(叶少群)

【城市综合管理】 汕头市政府于2008年6月6日召开全市构建城市管理长效机制工作会议，对全市构建城市管理长效管理工作进行部署。并进一步完善城市管理协调机构，成立市城市管理委员会，负责协调、检查和指导全市城市管理工作；市城管委下设办公室（设在市城管局），负责市城管委的日常具体工作；各区、街道分别成立城管办，形成市、区、街道三级城市管理网络。建立健全城市管理制度，市政府出台实施《关于建立城市管理长效机制的意见》，市城管办出台实施《汕头市城市管理考核暂行办法》和《汕头市城市管理考评表(试行)》，正式开展城市管理考评工作，通过组织开展城市管理日检查、月考核工作，对检查考核中发现的问题，及时通报各考核对象并敦促落实整改，坚决纠正工作不到位、不作为的现象。理顺市、区两级城市管理事权，从9月1日起，将市级城管部门管辖的25米以下道路的市政设施、园林绿化移交给区级城管部门管理，将区级城管部门管理的25米以上（含25米）道路的市政设施、园林绿化移交给市级城管部门管理，理顺了10多年悬而未决的市、区两级管理事权问题，进一步明确城市管理责任。

城管服务热线 2008年9月1日，汕头市12319城管服务热线正式开通。服务范围暂限于中心城区（金平区、龙湖区、濠江区、高新

区）。热线服务内容为每天24小时接受市民群众对市容环境卫生、城市交通秩序、市政、园林绿化、城乡规划管理、环境保护等方面有关城市管理的咨询、建议、投诉和表扬。服务热线通过建立“服务热线—各区政府、市直职能部门—区职能部门、街道”三级联动网络，按照受理—转办—跟踪—督办—反馈的流程处理市民群众咨询、投诉及建议。截至2008年12月31日，12319城管服务热线共接到市民呼入电话12779个，接通8872个，生成事项转各承办责任单位处理8228个，各承办责任单位办结7725个，办结率达93.89%，群众满意度为81.44%。

城管执法　2008年，汕头市通过面上巡查与重点整治相结合，日常监管与集中整治相结合，动态管理与定点监控相结合，八小时工作制与弹性执勤时间相结合的方式，集中力量对重点部位、重点路段和重点时段实施监控，对占路为市、“黑三轮”、“黑烧烤”、“牛皮癣”等城市管理“顽疾”进行执法整治，积极开展创建示范路、示范点活动，以点带面地把城管执法工作推向深入，完成重大节日以及奥运圣火在汕传递、首届粤东侨博会暨经贸洽谈会和省第六次海洋工作会议等重大活动期间的市容保障任务。全年共教育纠正各类违章行为331716宗，拆除违章搭建物1472平方米，实施处罚1542宗，罚款1280836.06元，取缔无牌证人力三轮车3798辆，查扣“私宰肉、病害肉”16981公斤，通告停止违章小广告发布电话机使用380个，处罚203宗，罚款58200元。　（游　洁）

佛山建设

【概况】　改革开放30年来，佛山市发生了巨大的变化。经过30年建设，全市实现国道、省道、县道全部改渡为桥，结束车辆过河待渡的历史。1989年8月全国最早的高速公路广佛高速公路建成通车。2006年11月，佛山“一环”建成通车，现代化大城市框架初现。一批与群众生活息息相关的城市道路相继建成，供水排水、园林绿化、垃圾处理、人均公园绿地面积等市政设施，城市整体功能不断增强。城市基础设施建设方面投入逐年加大，特别是近10年，城市环境和城市面貌发生很大的变化，城市基本设施日益完善，建立起快速便捷的交通运输网络和客运体系。与广州和周边兄弟城市间的基础设施衔接日益完善，广佛经济圈经济辐射带动能力逐步增强，广佛轨道交通全面动工建设。生态保护和环境保护工作不断加强，城市居民生活和居住环境大大改善，组团式城市、现代化大城市和生态园林城市发展形态逐步形成。

2008年，以广佛轨道交通为重点的路网建设扎实推进。广佛—佛开高速扩建、广贺高速（三水段）、广明高速（西樵至更楼段）、江肇高速（高明段）等9个项目加快建设，广明高速二期、广三高速扩建等7个项目抓紧前期工作。广珠城际轨道交通建设顺利推进，途经佛山的铁路工程线行选址、征地拆迁等前期工作进展顺利。启动“佛山一环”南拓工程建设，一批市重点路桥项目建设加快推进。航道整治和港口建设力度加大，东平水道创建成为省文明样板航道。组团城市建设稳步推进。东平新城“南延东拓”发展范围初步确定，一批在建项目及配套基础设施建设进展顺利。大良—容桂组团供水管网连通工程建设任务完成。其他城市组团建设步伐加快。“三旧”改造全面展开。完善“三旧”改造控制性详细规划和修建性详细规划，启动“三旧”改造项目209个，完成改造项目69个，完成改造面积632.77万平方米。“岭南天地”、中国家居博览城等大型改造项目开工建设。城市综合管理继续加强。形成市、区、镇（街道）、社区四级城市管理格局。强化城市属地管理职能，探索“联合执法、专群结合、综合治理”城管新模式，城市综合执法和综合管理力度加大，城市环境不断改善。“绿地佛山”建设取得实效。确定“不开发区”战略。大力推进旧城区、道路的绿化提升和“示范路”建设，新增绿化面积727万平方米，改造绿化面积995万平方米，建设区级示范路3条、镇级示范路29条，“佛山一环”绿化提升工程任务全面完成。深入开展全民植树造林活动，全年植树311.4万株，营造各种主题林122个，完成山上造林0.26万公顷。　（陈　伟）

【建筑业】　2008年，佛山市新开工项目2077个，报建面积1834万平方米，工程造价198亿元；全部在建项目7242个，施工总面积4653万平方米，工程总造价442亿元。7家企业被评为2008年度佛山市优秀施工企业，7家企业被评为2008年度佛山市先进工程监理企业。

建筑工程质量　2008年，佛山市建筑工程质量保持稳定，未发生较大的工程质量事故。全市4个建筑工程、5个市政工程被评为2008年度广东省优良样板工程，14个工程被评为市优良样板工程。建立工程质量巡查制度。市、区两级质量监督人员根据工程监督的规范、标准和规定及监督计划，对受监建设工程进行检查和抽查，市、区建设局组织不定期的巡查。2008年全市完成工程实体监督抽检3067项，发出整改通知书1201份，局部停工通知书26份。2006年开始，佛山市建设局开始执行建筑材料季度抽检制度，对全市5区的在建工程水泥、钢筋、墙体等原材料、预拌混凝土生产企业水泥、外加剂等原材料进行抽检。抽检结束后，发出通报，对检测结果向全社会公布，并将使用不合格材料的企业进行诚信扣分处理。2008年四季度共抽查在建工程40个，预拌混凝土生产企业39家次。年内，全市共完成原材料监督抽检工程2805项。

建设工程安全生产　2008年，佛山市6个建设工程通过广东省安全生产文明施工优良样板工地评选。23个工地被评为佛山市建筑工程安全生产文明施工优良样板工地。全市发生施工安全事故5起，死亡5人。按照《广东省建设厅关于建立全省建筑施工起重机械登记管理制度的通知》及《佛山市建筑施工起重机械登记管理实施办法》的要求，从2007年12月1日起，佛山市全面实施建筑施工起重机械的初次登记、安装告知和使用登记制度，杜绝不具备安全使用条件的起重机械进入施工工地。6月是全国安全生产月，佛山市建设局制订《佛山市建设局2008年“安全生产月”活动方案》。围绕“治理隐患，防范事故”的主题，面向基层、面向企业、面向社会开展内容丰富、形式多样的“安全生产月”活动。包括开展“建设工程安全生产咨询日”活动、全市建设工程安全生产知识竞赛、组织参观安全生产文明施工优良样板工地、举办施工现场临时用电技术讲座等活动。

建筑施工隐患治理　2008年是全国安全生产隐患治理年，佛山市建设局先后出台《佛山市建筑施工隐患治理年工作方案》和《佛山市建筑施工安全百日督查专项行动方案》，从3月开始分三阶段开展隐患治理年活动，不间断地组织各项安全生产检查，及时排查施工现场安全隐患。包括开展“两会”期间安全生产大检查，开展全市大型垂直运输、起重机械安全使用状况专项检查，开展建筑施工安全生产百日督查“回头看”，开展全市季度安全巡查等。（黎裕成）

建筑节能　2008年，佛山市通过加强监督管理、定期与不定期检查、创建示范项目等各项措施推进新建建筑节能、既有建筑节能改造、可再生能源建筑应用以及新型墙体材料应用。2月，佛山市建设局制订《建筑节能设计说明专篇（佛山地区范本）》，规范全市建筑节能设计文件编制工作。11月25日，举办全市建筑节能设计与审查人员技术讲座，组织全市各建筑设计企业、施工图审查机构有关技术人员参加培训，提高建筑节能设计、审查专业水平。9月，出台《佛山市建设局关于民用建筑节能示范工程管理的实施意见》，规范全市建筑节能示范项目创建工作。11月，对申报佛山市民用建筑节能示范工程（试点）项目进行评审，东平新城依云水岸（一期）、南海区城市动力联盟、顺德区美的总部大楼三个项目通过评审。同时，南海区城市动力联盟项目成功申报财政部、住房和城乡建设部“2008年可再生能源建筑应用示范项目”，是广东省成功申报的两个项目之一。

全年全市共有新型墙材材料生产企业5家，年产量4.93亿块标砖。2008年城镇房屋新型墙体材料建筑竣工面积1392万平方米，新型墙体材料建筑比例约96%。

勘察设计　2008年，佛山市共有勘察设计单位145家，其中勘察单位13家，设计单位132家；132家设计单位中，专业工程设计单位56个，建筑工程设计事务所1家，专项工程设计单位75个。全市勘察设计从业人员为7285人，期末注册人员813人。2008年度本地勘察企业营业收入12619万元，设计企业营业收入70251万元。全市共有施工图审查机构8个，其中一类5个，二类3个；房屋建筑类7个，市政基础设施类1个；共有施工图审查人员134人。

佛山市从2006年11月起实行勘察设计行业诚信管理制度，包括《佛山市建筑行业诚信手册》登记制度及年度综合考评制度。本市勘察设计企业及进入该市承接业务的市外勘察设计企业均纳入管理。参加2008年度综合考评的市外勘察企业共有105家。2008年1月佛山市建设局印发《关于实行建设工程勘察设计文件实名制的通知》，推进勘察设计实名制工作，落实勘察设计责任。

是年，佛山市完成房屋建筑施工图设计审查项目1246个，项目建筑面积1374.76万平方米，一次审查通过项目数443个。完成佛山市东平新城二期道路及吉安道工程、佛山市检察院办案技术大楼、佛山中医院三水分院等项目的初步设计审查工作。11月份组织举办首次全市大中型建设工程初步设计审查业务培训班，对市、区有关单位的管理人员及市勘察设计行业专家库全体入库专家进行培训，提高建设工程初步设计审查的政策水平和业务水平。（吴燕婷）

【城区规划】　2008年，佛山市规划局加强前瞻性、基础性规划研究工作，编制完成《佛山市东平新城发展规划系列专题研究》，包括：《佛山市东平新城发展定位研究》和《东平新城职能定位研究》；完成《东平新城核心区公共服务功能项目规划选址研究》和《东平新城商务区核心地块规划调整研究》。结合《珠江三角洲城镇群协调发展规划》和国土主体功能区规划，草拟《设立不开发区的意见》和《佛山市战略资源规划管理规定》。

城乡规划编制　继续加大城乡规划编制工作力度，强化城乡规划的统筹作用。组织编制《佛山市三水区迳口华侨经济区总体规划修编》、《佛山市综合交通规划》、《佛山市铁路网规划》、《广佛地铁出入口与地面公交站场衔接规划》、《佛山市绿网建设规划》、《佛山市住房建设规划》等各个层次规划，以及《佛山市饮用水源保护规划》等规划的环境影响报告书。

继续完善规划编制工作。协助有关部门细化相关政策，督促落实各区的“三旧”改造规划工作，加大对各分局规划工作的指导和服务；以村居改造为突破口，加快推进城镇化进程。

“绿地佛山”建设　在完成“三年促变，绿地佛山”项目计划、《佛山市绿地管理图则》（第一批、第二批）等规划编制工作的基础上，组织编制《佛山“一环”绿线管理图则》、《佛山新“一环”绿线管理图则》，为建设“绿地佛山”提供规划指引。

推进祖庙东华里片区改造，妥善保护历史文化　完成《佛山市祖庙东华里片区控制性详细规划》、《祖庙东华里片区改造总体概念性规划》编制工作，为祖庙东华里片区改造工作的顺利推进提供法定的决策依据。解决包括教育、公建、市政、绿化等配套设施的配备，道路交通的专项规划，传统街巷和历史建筑的保护，街区内建筑高度的控制，建筑风格的协调等问题。

推进重点工程建设　加强周边区域协调，抓好重点工程建设。一是全力落实广佛两市道路系统衔接规划。根据《广佛两市道路系统衔接规划》，就一些具体道路衔接问题进一步与广州沟通，“一环”东线北延与珠二环相交立交桥项目已进入施工准备阶段，海八路—龙溪大道、疏港路—平南快速路的衔接也取得初步一致意见。同时主动加强与中山、江门、肇庆等周边城市的联系和沟通。二是积极做好重大建设项目的规划协调工作。积极推进广佛地铁建设，全面开展广佛地铁南延线规划研究。与有关部门协调推进广珠铁路、贵广铁路、南广铁路、广明高速公路（陈村至西樵）、珠外环高速、佛清高速等交通线路的线位和走向工作。开展佛山铁路站场、丹灶货站场的专题规划。及时做好佛山市第二饮用水源工程开发建设项目规划审批和协调，佛山市天然气高压管网一期二阶段项目的协调和规划审批，“一环”道路铺埋高压电力线、LNG和给水管等工作。（许　伟）

【城市建设】

市政道路桥梁　2008年，佛山市、区各级政府不断加大市政道路建设力度，共投资47629万元，新建、扩建道路长度22.51公里，新建、扩建道路面积23.13万平方米。在组织编制完成“佛山市城市桥梁管理信息系统”的基础上，举办系统使用培训班，并实现五区联网、资源共享、定期更新，逐步实现桥梁数字化管理目标。组织编制完成《佛山市城市桥梁安全事故应急预案》。

园林绿化　2008年，佛山市的绿化工程计划425项，绿化面积1696万平方米，完成绿化投资11.21亿元，新增绿化面积727万平方米，改造绿化面积995万平方米。完成区级示范路3条，镇级示范路29条。年内，全共组织162.3万人次参加植树活动，种植各类树木311.4万株，营造主题林122个。

供水供气　年内西江水厂前区配套生产服务设施完成施工建设，投入使用；高压管网工程中东西二线三水（三江公路至石湖洲立交）等路段进展顺利，“一环”东线南延线北滘至大良等段部分段重新进行地质详勘；调压计量站建设也在土地预购收地和建设中。

垃圾处理　高明苗村填埋场二区建设工程于4月15日通过各项竣工验收；填埋场污水处理厂场外排水管延长工程建设已基本完成；截至10月份共接收生活垃圾168万吨；监管组正式进驻填埋场，代表政府对运营商执行特许经营权协议的情况和效果得到及时有效的技术监管。高明苗村填埋场已先后获“2008年国家重点环境保护实用技术示范工程”等国家和省颁发的6项奖牌。节能减排，抓好垃圾分类工作。与邮政部门联合，向13所试点学校师生发放“垃圾分类收集有奖贺年明信片”的同时，在13所试点学校投放763套教室用双色分类垃圾桶，校园内垃圾分类箱160套，废旧电池回收箱36套。

污水处理　全年完成新建城镇污水处理厂3间，扩建污水处理厂1间，新建和扩建污水处理厂共新增污水处理规模9.3万吨/日；全市已运营、试运营的城市污水处理厂共有33间，污水处理总规模为119.12万吨/日，其中五区中心城区共有10间，污水处理总规模为85.5万吨/日，五区中心城区生活污水处理率已达80%以上。（袁朝晖）

【住宅与房地产业】　2008年，佛山市房地产固定资产投资403.68亿元，比上年增长28.3%，而2005年到2007年的投资额分别为141.99亿元、182.01亿元和314.63亿元。是年，佛山五区商品房施工量1980.46万平方米，商品住宅施工面积1700.64万平方米，空置面积138.2万平方米，商品住宅新开工面积517.11万平方米，比上年下降23.4%，竣工量321.44万平方米，下降30.5%。

房地产市场调控　是年，佛山市贯彻落实国家房地产市场调控的政策，加强建立健全住房保障体系，支持居民合理的住房消费，努力保持全市房地产市场健康稳定发展。落实佛山市商品房预（销）售合同网上备案工作，确保房地产市场健康发展。2007年1月1日起，佛山市全部在售商品房预（销）售项目均实行商品房预（销）售合同网上备案工作。2008年，佛山市建设局通过下发规范性文件和到现场检查等多种方式，加强对佛山市五个区建设局的商品房预（销）售合同网上备案系统使用情况的监督和指导，确保房地产市场健康、有序地发展。

商品房销售　2008年，佛山市累计批准商品房预售面积937.90万平方米，比上年增长20.46%；其中批准预售商品住宅面积769.06万平方米，增长12.29%。全年商品房交易产权登记面积596.42万平方米，比上年下降32.93%；其中商品住宅交易产权登记面积496.30万平方米，下降35.04%。全年商品房销售金额3239237.87万元，比上年下降25.68%，其中商品住宅销售金额2717201.92万元，下降27.69%；全年商品房平均销售价格5431.14元/平方米，增长10.82%；商品住宅平均销售价格5474.92元/平方米，增长11.31%。全年存量房交易产权登记面积429.18万平方米，套数27807套；其中住宅交易产权登记面积267.06万平方米，比上年下降15.17%，套数22537套；全年房地产抵押登记件数70638件，抵押登记面积3234.71万平方米，抵押登记金额6986220.74万元；其中住宅抵押登记件数51715件，住宅抵押登记面积756.22万平方米，住宅抵押登记金额2747972.17万元。

城镇房屋拆迁 2008年，佛山市建设局受理城镇房屋拆迁许可申请项目28个，发放房屋拆迁许可证28份，发布房屋拆迁公告28份。完成房屋拆迁面积96.96万平方米，拆迁10339户，其中住宅拆迁面积76.34万平方米，拆迁9994户，非住宅拆迁面积20.62万平方米，拆迁345户。在实施房屋拆迁过程中，举行拆迁许可听证会3次，听证项目涉及拆迁户9759户，受理裁决申请160宗，作出裁决21件，成功调解139件，全年没有实施强拆。

(孔竞兰　江　飞　谭伯东)

【村镇建设】 2008年底，佛山市设建制镇21个，其中中心镇10个(8个为全国重点镇)；村庄367个，其中有建设规划的行政村220个。建制镇建成区总面积1.67万公顷，镇建成区人口73.21万人，外来暂住人员53.92万人，设有村镇管理机构21个，村镇建设管理人员776人，其中专职人员529人。镇区人均住宅建筑面积44.45平方米，人均道路面积13.15平方米，人均公园绿地面积3.70平方米，绿化覆盖率 14.96%，生活垃圾处理率99.48%，燃气普及率71.44%，用水普及率98.26%。2008年度全市有总体规划的建制镇数21个，年度规划编制投放1569万元。

佛山市10个中心镇镇域面积1648.44平方公里，镇建成区面积84.16平方公里，镇域总人口143.11万人，其中镇域户籍人员83.29万人，暂住人员59.82万人，参加养老、医疗、失业保险人数81.11万人，大专以上户籍人员3.9万人，镇卫生技术人员总数4076人；镇域工业总产值2663.48亿元，可支配财政收入44.73亿元，建成区住宅总建筑面积1247.94万平方米，建成区公共绿地面积398.12万平方米，建成区道路自来水普及率100%。镇域家庭总户数27.71万户，安装电话的家庭户数26.94万户，安装电脑网络的家庭户数14.19万户。镇生活污水排放总量8946.01万立方米，处理量3888.12万立方米。

(黎裕成)

【城市综合管理】 2008年，佛山市城管执法系统通过开展“城市管理提高年”、“城管执法基层工作年”、“城管执法文化创建年”活动，强化城管执法基础建设，理顺城管体制机制，构建数字化城管，进一步推进“大城管”战略。是年，市、区执法局共查处市容环卫、市政公用、城市规划、城市绿化、生活环境噪声、饮食服务污染、静态交通违法、无照商贩占道经营等方面的行政处罚案件531868宗，其中劝导教育和纠正各类违法行为434387宗，立案97475宗。

大力开展解放思想大讨论活动 一是积极组织学习讨论活动。通过召开动员大会、座谈会、专题研讨会，举办党团活动等多种形式，查摆本系统、部门在工作中不适应科学发展、不符合人民群众要求的突出问题，深入剖析产生问题的根源。编印了《佛山市城管执法系统党员干部理论学习心得体会文章选编》，完成了《解放思想、科学发展情况分析报告》。二是深入基层开展专题调研。深入到各区执法局、部分镇（街）执法分局，进行“依法行政、文明执法”等专题调研，撰写了《佛山市城管执法系统“依法行政、文明执法”调研报告》。全系统围绕“如何在执法工作中深入贯彻落实科学发展观”等六个专题开展调研活动，共撰写了100多篇调研文章，汇编《佛山市城管执法系统解放思想研讨文章选编》。

全力开展“三项活动” 一是开展“城市管理提高年”活动，继续破除城管体制机制障碍，召开2008年市城市管理委员全体成员会议，充分发挥市城管委统筹、协调作用，明确了全市相关部门的城管任务，进一步理顺了城管工作关系。举办了佛山市城市管理委员会专家顾问组2008年年会、市领导与城管专家座谈互动和城管专题论坛，并编印了《佛山市城市管理委员会专家顾问调研成果论文选编》，为加快推进我市城市管理工作迈上新台阶和新水平提供理论支撑。二是开展“城管执法基层工作年”活动，稳步推进城管执法“三进”工作。全市城管执法“三进”（进社区、进企业、进学校）工作在2007年的基础上进一步拓展深化。强化区和区以下城市属地管理职能，充分发挥镇（街）和社区在城市管理中的基础作用，全面开展基层综合管理工作站的建设，以实现“大城管”到“大综管”的管理格局，不断增强基层活力。三是开展“城管执法文化创建年”活动，弘扬城管执法精神。开展佛山城管执法精神大讨论活动；举行了“我心中的城管执法精神”演讲比赛；在佛山市图书馆举办“美丽的佛山　我们的家园”书画摄影作品展等活动。最后确定“崇法尚礼敏学，立品励志敦行”的佛山城管执法精神表述。

合力推进数字城管构建工作 一是数字城管框架方案顺利通过。向佛山市政府上报《佛山市及各区中心城区构建数字城管框架方案》。二是数字城管可行性调研的招投标

工作进展顺利。市执法局与市信息产业局、财政局及政府采购中心等单位沟通协调，向社会发布了佛山市数字城管系统可行性调研采购公告，面向全社会实施公开招标。三是数字城管可行性研究报告及初步设计方案如期完成。积极向五区政府、市直各有关部门、企业以及各区执法局等50多个单位和部门发出调研邀请函，邀请了相关城管专家组成专家评审组进行科学评估和验收，保证了调研报告和设计方案的质量。

完成市政府赋予的重点工作　一是严查严控“一环”“两违”。根据“轻重、缓急”原则，加大了督查和通报力度，并加强与镇（街）政府和相关部门的沟通协调，落实属地管理。全年共排查出新涉嫌违法用地、违法建设项目53宗，建筑面积约10万多平方米，拆除“两违”项目24宗，面积98367平方米，是查控“一环”“两违”拆除面积最多、成果最显著的一年。二是佛山水道“两违”查控初见成效。针对佛山水道两侧违法建设情况复杂的特点，严密开展巡查排查行动，出动执法队员4720人次，车辆1100多辆次，通过日常巡查和联合检查，全年共排查出各类涉嫌违法建设115宗。同时，积极推进拆违行动，全年汾江河全线共拆除和关闭严重影响水道规划的厂房、煤沙场等搭建物、构筑物43宗，面积55000平方米。三是各项大型活动协调保障有力。积极组织和配合相关部门参与各项大型活动保障工作，得到各级党委、政府的充分肯定，提升了执法应急水平。

（佛山城管执法局）

韶关建设

【概况】　改革开放30年来，韶关市住宅与房地产业快速健康发展，出台完善房地产业调控措施，商品房销售实行网上签约、适时备案，物业专项维修资金的归集和使用规范，房地产市场交易秩序良好，房产交易登记实现一体化。商品房房源充足，房价平稳上升，户型结构合理，符合多层次居民的需求。住房保障工作加快推进，通过兴建解困房、廉租房，转化腾退直管公房，以及发放房屋补贴等形式，解决城镇特困户住房难题。完成西河新村、工业中、武江北、东岗岭等地段的危旧直管公房拆迁改造，兴建翠海苑、西冲、金沙湾、东岗岭一期等4个公房小区，建成7.2万平方米1093套安居房。廉租住房解困工作实行动态管理，做到当年申报，当年解决，实现“应保尽保”，得到省政府的肯定。至2007年底止，累计有2024户低保家庭享受廉租住房保障，全市共新建廉租房和经济适用住房17.79万平方米。建筑业稳步发展，建筑工程质量与安全管理不断加强。市区在建工程项目一次性竣工验收备案合格率100%，优良工程率达15%，工程质量稳步提升。建筑协会、房地产业协会、燃气协会和物业管理协会相继成立，行业自律管理日益加强。

2008年，韶关市全面完成《韶关市城市综合交通规划（2005~2025年）》、《丹霞山风景名胜区总体规划》、《芙蓉新城商务办公区控制性详细规划》、《武广客运专线新韶关站控制性详细规划》、东莞（韶关）产业转移工业园区总体规划和控制性详细规划以及176个试点村的规划编制，开展《韶赣高速公路连接线地区控制性详细规划》、《市区公共交通枢纽及对外联系主要干道定线规划》以及市区周边镇和中心镇控制性详细规划、古村落保护和村庄整治等规划编制，有力指导和科学调控城乡建设，促进城市和产业聚集发展。

城市功能进一步提升　芙蓉新城征地拆迁进展顺利，韶关大道、京珠高速韶关互通和国道323线市区过境段改造基本完成，武广铁路客运专线韶关站和站前广场开工建设，拉开新城基本框架。开工建设帽峰大桥，新建沙湖沿湖道路和市二污厂进厂道路，完成启明北路铁路沿线排水渠等市政工程。花拉寨生活垃圾填埋场建成启用并被评为国家一类场。中厂山原垃圾填埋场封闭绿化。市区新敷设供水管道2.25公里，实现优质安全供水近5万立方米；新设及修复路灯线路5.3万米，灯饰亮灯率、设施完好率分别达98%和99%以上。

市容市貌明显改观　全力推进创卫创园工作，加强环卫基础设施建设，建立环境卫生保洁管理长效机制，大力整治集贸市场、城乡结合部、城中村、“五小、六乱”和建筑工地、直管公房小区环境卫生，市区环境卫生质量全面提高。创建国家卫生城市一次性通过国家暗访。制定实施《韶关市园林绿化管理规定》、《韶关市城市绿线管理办法》和《韶关市公共绿地、园林树木认建认养暂行办法》等规范性文件。完成中山公园、帽峰公园、西桥公园和莲花山公园绿化改造，建成四大出口和新区道路绿色长廊。市区建成区绿化覆盖率达40.3%，绿化率达37.3%。创建国家园林城市取得阶段性成果，成功创建省园林城市。

房地产业健康发展　贯彻落实国家房地产市场政策，加大房地产市场调控力度。完成《韶关市住房建设规划（2006~2010）》。全市完成房地产开发投资55.27亿元，施工面积630.76万平方米，竣工面积187.56万平方米，分别比上年增长39.7%、33.3%、81.8%；销售面积138.3万平方米，下降13.1%，销售额32.49亿元，增长0.6%；商品房空置面积62.28万平方米，增长53.8%。

住房保障成效明显　颁布实施《韶关市区廉租住房保障实施办法》、《韶关市区经济适用住房管理实施办法》、《韶关市区直管公房管理办法》、《关于切实解决城市低收入家庭住房困难的实施意见》等规范性文件。全市通过新建、改建、腾退或购买等方式新增廉租住房398套、2.46万平方米；开工建设经济适用住房5.29万平方米，完成投资2284.6万元，竣工2.91万平方米。城镇低收入居民家庭住房实现"应保尽保"。住房公积金管理不断加强，缴存人数进一步增长。至年底，全市累计缴存人数达15万人，累计缴存总额8亿元、比上年增长10%。住房货币分配制度得到有效实施，全市参加住房货币分配人数达4264人，累计发放住房补贴5456.71万元。

建筑管理水平继续提高　建立招标前现场踏勘和政府投资建设工程项目中标后跟踪管理制度，健全竞标市场和施工现场联动管理机制。完成市建设工程交易中心的场地设施改造升级，实现有形建筑市场交易活动适时监控，初步建立规范完备的招标投标监管和服务体系。实施建筑工程安全生产动态管理，开展建筑安全监督平台视频管理试点工作，监管效率进一步提高。全市建筑安全形势总体好转，未发生安全生产责任事故。全面推进建筑节能，南枫碧水花城成为全省唯一、全国六个之一的"节能省地型居住建筑综合技术应用科技示范工程"。　　*(刘国红)*

【建筑业】　2008年，韶关市建筑企业完成总产值57.09亿元，占全市GDP的10.69%，比上年增长15.5%；实现利润1.49亿元，增长44.7%；本地企业上缴税费1.2亿元，全市竣工面积180万平方米，全市全员劳动生产率9.87万元/人。全市有资质的施工总承包和专业承包建筑业企业共91家，从业人员3.4万人，完成利税总额1.49亿元，比上年增长44.7%。全市公开招标工程项目共270个，中标金额13.3亿元，比上年增长9.2%；其中市区公开招标工程项目共99个，中标金额5.8亿元，增长14.2%。进场竞争性发包工程项目共18个，金额1.95亿元，建设工程项目应招标率和公开招标率均为100%。市区纳入质量监督的在建项目共100个，总面积442.72万平方米，工程造价31.61亿元。

招投标管理　从2008年2月1日起，韶关市将市区行政区域范围内涉及公共安全和公众利益的房地产开发建设项目、邀请招标和二次公开招标失败的建设工程项目，统一安排进入市建设工程交易中心进行交易并接受规范的监督。推行工程量清单计价方式招标，预防和遏制串通投标和哄抬标价的行为。规范和完善招标文件审查，着力抓好包括招标文件拟制、招标公告发布、资格预审、开标、评标、定标等各个重点环节的监管。推进"两场联动"（市场与现场联动）制度建设，建立招标前施工现场踏勘制度，实施政府投资重点建设工程项目中标后的跟踪管理制度，开展中标后跟踪检查活动，完善竞标市场和施工现场联动管理机制。严格招标代理机构资格管理，加强对招标代理机构承接业务后的行为管理，制定《韶关市工程招标代理机构信用手册》，推进建筑市场信用体系建设。落实投入，完成市建设工程交易中心的场地改造建设，明显改善工程交易环境，购置安装先进适用的设备和网络设施，实现有形建筑市场交易活动远程适时监控，初步建立规范完备的招标投标监管和服务体系。

安全生产管理　2008年，韶关市落实安全管理目标责任制，市建设局与各县（市、区）建设局局长和市质量安全监督站长签订《建设工程目标管理责任书》。建立安全生产措施费筹措、使用和监管制度，确保安全生产专项资金投入到位，不断改善安全施工的环境和条件。推行建筑施工现场管理和作业人员"平安卡"管理制度，全面落实农民工岗位安全知识教育培训，增强安全意识，规范安全行为。全市共培训8300多名建筑工人。开展"百万农民工同上一堂课"活动，举办"建筑工地职工夜校"，在全市设置6个培训点，分批对近3000名农民工进行安全教育培训。强化施工现场安全生产监督管理，开展高支模、塔吊、深基坑和高护坡等安全生产薄弱专项治理和安全生产百日督查专项行动。重点检查186

▲三江贯流　　*韶关市建设局供稿*

个重大危险源分部分项工程项目，建筑面积590万平方米。从2006年6月起，对施工企业新开工建筑工程实行建筑意外伤害保险制度。

勘察设计　全市共有勘察设计单位21家，其中甲级资质2家，乙级10家，丙级9家。全市有施工图审查机构3家，其中一类机构2家，二类机构1家。发出《关于开展全市工程勘察设计市场专项整治活动的通知》，组织召开全市工程勘察设计市场专项检查动员会，针对企业资质、从业行为和勘察设计质量等方面开展勘察设计市场专项整治，保证勘察设计质量。各勘察设计单位建立健全质量保证体系，坚持先勘察后设计、先设计后施工的基本程序，严格执行工程建设标准规范，勘察设计质量管理日趋规范。开展全市公共场所、生命线工程等5类既有建筑物抗震性能普查和加固工作，全市共完成对重要建（构）筑物普查达359.94万平方米。

工程质量检测　采取巡视施工作业面的施工质量和对工程重要部位的实体质量进行抽查的方式，严格工程质量检测制度。以控制原材料质量为重点，对全市在建工程的商品混凝土强度进行监督抽查，累计抽查构件数量315件，合格率达97.5%，商品混凝土质量处于受控状态。加强建筑外墙饰面砖粘贴质量控制，从2008年3月1日起，凡建筑物外墙采用饰面砖装饰的，应按照《建筑工程饰面砖粘结强度检验标准》（JGJ110-97）的规定进行粘结强度检测。9月份，在全市建设系统开展以“质量安全是社会和谐的基础”为主题的“质量月”活动，开展勘察设计质量管理检查工作，进一步强化质量主体责任，规范各方主体的质量行为。从10月1日起，实施商品混凝土质量试验检测数据信息化管理，所有在韶关市有资质的商品混凝土搅拌站要建立建设工程质量检测数据信息化监督管理电子政务系统，试验数据实时上传到市建筑工程质量监督机构的监管系统，确保商品混凝土质量检测结果的真实性、科学性和准确性。扎实开展质量通病二十条整治，鼓励、引导企业开展各种形式的质量创优活动，积极创建优良样板工程，市区在建工程项目一次性竣工验收备案合格率100%，优良工程率达到15%，工程质量稳步提升。韶关市武江建筑工程有限公司承建的市区嘉晖大厦和广东省第五建筑工程有限公司承建的乳源县人民医院门诊、急诊、传染科综合大楼获2008年度广东省建设工程金匠奖以及2008年度广东省优良样板工程（房屋建筑工程和专业工程）。韶关市汽配中心综合楼工程、南天豪庭一期商住楼等6个工程被评为2008年度广东省建设工程安全生产、文明施工优良样板工地。明居园商住楼等12个工程被评为2008年度韶关市优良样板工程，南枫碧水花城商住楼（A1-4、B、B2共6栋）等29个工程被评为2008年度韶关市建设工程安全生产、文明施工优良样板工地。

建筑施工管理　建立建筑劳务分包制度，推进建筑劳务企业发展，规范建筑施工用工行为。制订建立建筑劳务分包制度的工作方案，开展试点工作，2007年11月28日，韶关市首家劳务分包企业正式挂牌成立。至2008年底，韶关市建筑劳务分包企业共有7家，其中市区有3家，南雄、始兴、曲江、仁化各1家；登记备案的技术工人共627人，其中高级工38人，中级工299人，初级工320人。

散装水泥与建筑节能　2008年7月，韶关市散装水泥办公室和市墙体材料革新与建筑节能办公室举办《民用建筑节能条例》、《民用建筑节能工程质量监督工作导则》专题讲座，组织召开节能新型墙材推广现场会，组织有关人员到北京参观绿色建筑博览会和参与“全国散装水泥五十年发展成就展览会”的展示活动。通过开展各种形式宣传教育，进一步增强全民建筑节能意识，提高从业人员建筑节能应用技能水平。着力抓好建筑节能设计标准的实施，制订《韶关市建筑节能设计和图纸审查要点》，实行节能设计审查备案和工程竣工节能分部验收备案及民用建筑节能信息公示制度。强化设计、审图、施工、监理以及竣工验收等环节的节能监管。开展建筑节能专项检查，完成40个政府机关办公建筑和3个大型公共建筑能耗统计。组织禁止现场搅拌混凝土和禁止使用红砖大检查，做好到期红砖厂关闭工作。抓好建筑节能示范项目建设。市区南枫碧水花城被住房和城乡建设部列为2008年科学技术项目计划，成为全国六个之一、全省唯一的“节能省地型居住建筑综合技术应用科技示范工程”。至2008年底，韶关市有新型墙材生产企业46家，年生产能力达到7亿块标砖，形成砖、块两大类10多个品种，质量不断提高。2008年6月，韶关市筑城新型节能建材有限公司设计规模年产40万立方米的加气混凝土砌块生产线建成投产，填补了韶关地区同类产品的市场空白。

是年，韶关市完成散装水泥供应量110.24万吨，使用量105.26万吨，分别比上年增长0.42%，9.08%；完成预拌混凝土使用量161.24万立方米，增长13.08%；全市新型墙体材料使用比例达61.5%。

（刘国红）

【城乡规划】　改革开放以来，特别是进入21世纪以后，韶关城乡规划不断完善，水平逐步提升，规划管理也日益加强，城乡规划对城乡建设和社会经济发展的调控引导作用越来越突出，城乡规划事业得到了长足发展。

规划管理机构不断优化升级　2001年，韶关市整合全市城乡规划管理职能设立市城乡规划局。2004年韶关又成立由市长任主任委员的城市规划委员会，对市域内各层次城市规划的编制和实施工作加强领导、组织协调，为各项建设规划的实施提供行政依据。原韶关市城建规划设计室升级为具有城市规划乙级资质、建筑和市政公用工程设计丙级资质的粤北地区实力最强的规划设计院；韶关市测量队发展壮大为持有省《乙级工程勘察证书》、《城市规划测绘资格证书》和《乙级侧绘资质证书》的测绘院，城建档案馆从1986年建馆到现在已升级为省特级档案馆。

规划编制滞后的状况得到改善 改革开放以来，韶关高度重视城乡规划，逐步加大城乡规划的编制和研究力度，对《韶关城市总体规划》进行多次修编调整，并编制完成《韶关城市总体概念规划》、《韶关城市总体规划》、《韶关市域城镇体系规划》、《韶关市区近期建设规划》、《韶关市综合交通规划》、《芙蓉新城规划》等一大批城市建设的急需规划，县（市）也相继编制或修编城镇体系规划和县城总体规划。韶关城乡规划的覆盖率大大提高，基本形成“市域城镇体系规划—总体规划—专项规划—详细规划—城市设计”的规划框架体系。

城乡规划管理更趋规范 韶关市先后制定出台《韶关市城市建设管理实施细则》、《韶关市市区规划管理办法》、《韶关市建筑立面装饰修规划划管理规定》、《韶关市城市规划区内村镇规划和建设管理办法》、《韶关市市政工程设施管理规定》、《韶关市城乡规划管理导则》等一大批加强规划管理的规章、办法，形成以“一书两证”为核心的规范化管理制度。

城乡规划逐步走上法制化、规范化轨道 2001年，韶关市政府机构调整，设韶关市城乡规划局，负责韶关市区各项城市规划管理工作，并指导韶关三区八县（市）的城市规划主管部门工作，韶关城乡规划自此形成以“一书两证”为核心的规范化审批制度，组织编制《韶关城市发展总体概念规划》、《韶关城市总体规划》和《韶关市域城镇体系规划》等一大批重大城乡规划。2004年，成立韶关市城市规划委员会，作为市政府城市规划的决策审议机构，实行科学、法治、民主、公平的城市规划决策，提高规划审批透明度和公众参与度，有效地减少规划审批和决策上的失误。

城乡规划的调控引导作用突出 至2008年，全市80%的建制镇编有镇总体规划，36.4%的行政村编制有建设规划。在规划的调控引导下，韶关已由1980年的建成区21平方千米、建城区人口14.6万人的小城市发展成为建成区78.28平方千米、建城区人口66.6万人的粤北区域中心城市。

2005年11月，韶关市政府在《韶关市区城市总体规划（1995~2015年）》的基础上组织修编《广东省韶关市城市总体规划（2006~2020年）》。2007年10月，韶关市第十二届人大常委会第六次会议正式审议通过《广东省韶关市城市总体规划（2006~2020年》。

城乡规划编制研究水平逐步提升 “十五”以来，韶关市坚持高起点规划，重要的城乡规划项目，均邀请国际国内具领先地位的规划设计单位承担编制任务，如美国APK公司、同济大学、中山大学、华南理工大学、广东省规划设计研究院等。在规划项目编制的过程中，通过合作与交流，韶关本地的规划设计队伍逐渐壮大。2008年11月，韶关市成立城乡规划协会，通过组织开展各类城乡规划、重要建设项目的论证、咨询以及行业学术交流研讨，促进城乡规划行业技术进步。

2008年，韶关市村镇规划建设以市区周边镇总体规划、中心镇控制性详细规划、历史文化名镇名村保护规划编制工作和村庄规划整治为重点，全面推进编制完成犁市镇、乌石镇2个市区周边试点镇的总体规划和坪石镇、乌迳镇2个省级中心镇试点镇的控制性详细规划的初步方案；南雄市乌迳镇新田村和仁化县石塘镇石塘村2个古村落历史文化保护规划形成初步规划成果，南雄市乌迳镇新田村历史文化保护规划是韶关第一个组织编制的古村落历史文化保护规划。至2008年底，韶关市25个省级中心镇总体规划全部编制完成，36.4%的行政村编制了村庄建设规划，176个试点村开展了以“五改”为重点的村庄规划整治。

2008年1月，《中华人民共和国城乡规划法》施行，为学习宣传贯彻《中华人民共和国城乡规划法》，韶关市在全市三区七县统一组织开展以“全面了解城乡规划，依法实施城乡规划，推行阳光城乡规划”为主题的“城乡规划法宣传月”活动。在学法用法的同时，韶关市加快地方配套法规的建设步伐。2008年4月，依据《中华人民共和国城乡规划法》和国家、省市有关规定，结合韶关实际，韶关市城乡规划局制订出台《韶关市城乡规划管理导则（试行）》，从城乡规划的编制、管理、监督与违法建设查处等方面，对城乡规划工作进行全面规范。

是年4月，韶关市城乡规划局成立技术审查小组，实现城乡规划技术审查和行政审批权限分离，严格城乡规划“一书三证”审批制度。全年共办理各类行政许可535宗，其中完成项目技术审核96宗，办理项目选址11宗、新征用地59宗、小区地块修规12宗、规划拆迁项目1宗，用地面积1.66平方公里，拆迁面积5万平方米；办理修规审查14宗、建筑设计方案审查23宗、工程规划报建59宗、规划环境验收45宗，核发建设工程规划许可证26宗；办理市政工程报建57宗、验收39宗，其中道路34.9公里、管线57.8公里、绿化广场面积10.58万平方米；市区私房报建93宗，建筑总面积26024.17平方米。同月，成立违法建设审查处理小组，坚持批后跟踪管理、日常巡查与专项治理相结合，加强对违法建设行为的查处。10月，开展市区违法违章建筑专项整治，市专项整治工作领导小组对浈江区韶枫路、韶塘路、启明路和武江区惠民北路、工业西路、建设路、新华南路等城市重要路段违法违章建筑进行排查，共排查违法违章建筑470宗、142487.2平方米。韶关中心城区全年共依法查处违法建筑152宗、面积15070平方米，拆除违法建筑25宗，其中申请法院强制拆除1宗。

城市地下管线包括给水、排水、燃气、热力、电信、电力、工业管道等几大类，承担着输送能量、传输信息以及排放污物等功能，是城市的“血管和生命线”，是城市建设的基础，对城市经济运行、社会发展和各项建设具有重要的信息服务和保障功能。由于历史和现实的各种原因，韶关城市地下管线缺乏集中统一管理，档案资料不完整、不准确、不规范、保管分散，城市地下管线管理滞后于城市的发展和同行业水平，已成为韶关城市建设和国民经济发展的瓶颈之一。2008年4月，韶关市政府成立城市地下管线普查领导小组，委托河北保定金迪地下管线探测工程有限公司、广州绘丰智能勘测科技有限公司、广州城市信息研究所有限公司和市测绘院全面展开市区城市地下管线普查；委托广州南方测绘仪器有限公司广州分公司负责韶关CORS单基站系统建设和培训。至2008年底，已完成地下管线探测12.35公里，各类管线测量18.1公里，城区地下管线带状图测量200公里。

2008年，韶关市完成城市道路测量14.678公里；完成城市基础地形图数据更新3.1平方公里，城市基础地形数据标准化整理398平方公里，城市控制测量14.5公里；完成建筑物放线129栋，验线71栋，竣工测量373栋；完成市区1:1000航测图240平方公里的调绘及验收工作。

（李冬辉）

【城市建设】 2008年，在冰冻灾害严重影响燃气供应的情况下，韶关市紧急组织调运，连续4天28台次运送650吨液化石油气，保障全市燃气的正常供应和社会稳定。加大用气安全宣传，印发《瓶装气安全用气手册》，并免费发放给用户8万本。落实安全主体责任和岗位安全措施，建立燃气突发事故抢险抢修制度及应急救援队伍，完善应急预案，组织燃气事故救援演练，提高处置突发事件的能力，全市105万多只钢瓶建立安全技术档案。抓好安全大检查，重大节日及奥运会期间，对全市51个燃气站、市区30个燃气供应站和6家燃气燃烧器具安装、维修企业进行检查，确保全市燃气安全。开展燃气燃烧器具安装维修企业人员和燃气供应点从业人员技术培训，进一步提高从业人员安全意识和操作水平。协调落实“西气东输二线”工程建设框架协议签订等有关工作。

2008年，韶关港华燃气有限公司全年实现安全供气700立方米，新铺设供气主管约35公里，新发展燃气用户（民用）4350户，新完成投入2600万元；工业用户实现零的突破。4月24日，港华燃气公司的第一个工业项目——广东中烟公司韶关卷烟厂锅炉正式通气。

（刘国红）

市政建设　2008年，韶关市城市管理局完成市政建设总投入约2亿元。查处乱摆乱卖等“六乱”行为3万多宗；拆除违章户外广告招牌221块，面积4864平方米；拆除乱拉乱挂、破损的宣传横幅3911条。维修沥青路面面积2.5万平方米；维修人行道7600平方米；清疏下水道近250公里；清运淤泥1584立方米；更换补装丢失铸铁井盖251件（套）；排除积水180处。新建及修复路灯线路5.3万米，更换各类灯泡16169只、镇流器2174只，灯饰亮灯率和设施完好率分别保持达到98%和99%以上。实现优质安全供水4998万立方米，抢修不同管径管道1003次、维修阀门195个，确保韶关市区供水管网的安全；新敷设管径DN80以上的供水主管2.25公里；实施“一户一表”改造共2975户，处理污水253万立方米。加强拆迁管理，共批出拆迁项目4宗，拆迁占地面积2万平方米，拆迁建筑面积1.4万平方米（均为住宅），拆迁住宅户数160户。

城市供水　2008年，韶关市自来水公司管网水水质综合合格率达到100%，全年安全供水4998万立方米，比上年增加168万立方米，增长3.48%；销售收入6120万元，增加938万元，增长18.10%（因2007年7月份起执行新水价，故增幅较大）；新敷设管径DN80以上的供水主管25.5公里；实施“一户一表”改造共2975户；共抢修不同管径管道1003次、维修阀门195个，确保了市区供水管网的安全。

城市桥梁　2008年，韶关市城市管理局将桥梁安全管理工作列入重要的工作日程，认真编制桥梁维护中长期规划，按规范要求开展对管辖桥梁的经常性检查，定期检测和专业检测，发现的问题及时进行整改。针对城区内各桥梁的各种病害，组织开展各项整治工作。一是重点抓好东河大桥等3座桥梁的维修整治工程的组织实施，按时、保质、安全完成工程任务。二是开展桥梁伸缩缝专项维护，对市内北江桥和武江桥的伸缩缝进行改造，改造伸缩缝总长度356米。经过专项维护整治，伸缩缝的质量明显提高，车辆通过时平顺、安全、噪音小，达到了预期目的。三是在2008年8、9月份组织对市区解放路人行天桥、西河立交桥进行维护评估，确保市区两座立交桥安全运行。同时，开展桥梁常规定期检测，建立全市13座桥梁信息化管理系统。

园林绿化　为加强对韶关市园林绿化工作的管理，韶关市城市管理局组织修订和制定《韶关市园林绿化管理规定》、《韶关市城市绿线管理办法》和《韶关市公共绿地、园林树木认建认养暂行办法》等3部规范性文件，提交韶关市政府常务会议审议获得通过，于2008年4月10日发布施行，为全市的依法治绿工作提供法律依据。

恢复受冰灾影响的园林绿化植物，及时做好春季补种工作。2008年1月中旬的严重冰冻灾害使韶关市区园林绿化植物出现大面积冻害的情况。市区50条路段严重冻坏自然式垂榕1426株，圆柱形垂榕、高山榕、芒果、勒杜鹃等共1923株；受冻害花灌木38322平方米。面对灾害，韶关市城市管理局采取积极有效的应对措施，对受冻害影响的植物采取修剪整形、病虫害防治、松土施肥等措施进行养护抢救。研究部署冻害树种的更换，在较短时间内把东堤路等50条路段冻坏的垂榕换成适应本地生长的大叶紫薇、杜英等品种2000多株。同时，利用开春的有利时节开展春季补植工作，在市区公园、街头绿地共补植花灌木约24万株，地被植物1960平方米；在武江北路、环园路等27条道路共补植行道树306株，较好地完成了春季补植任务。

通过实施黄金村大桥东桥头匝道绿化等20项创园增绿主要工程，新增绿化面积33502平方米，种植乔木、花灌木5810株，行道树340株。根据卫星遥感测定，韶关市建成区绿地2919.28公顷，绿化覆盖面积3152.82公顷，其中公共绿地550.65公顷，绿地率37.29%、绿化覆盖率40.28%、人均公共绿地面积7.78平方米，绿化三项基本指标达到省园林城市标准。2008年12月11日被广东省建设厅命名为“广东省园林城市”。

环境卫生　近年来，韶关市结合创建国家卫生城市活动的开展，不断加大对环卫的投入，环卫基础设施建设有了长足发展，环卫设施日臻完善。投资1.3亿元新建花拉寨生活垃圾卫生填埋场和粪便无害化处理厂，使该市的生活垃圾和粪便无害化处理率达到80%以上。投资1500多万元，新建公厕15座，改造垃圾中转站14座，添置垃圾箱1000只、果皮箱1600只、环卫工具房31座，购置垃圾运输车、洒水车、扫路车等20多辆，人力三轮车和保洁手推车等800多辆，使该市的生活垃圾上门收集袋装率达到90%以上，垃圾日产日清，做到垃圾收集、运输、中转全过程密闭化，减少了二次污染，机械化清扫率和高压冲洗率也达到20%以上，达到了国家卫生城市标准的要求。

为切实提高韶关市环境卫生作业质量，韶关市城市管理局按照“统一领导，分区负责，条块结合，以块为主”的原则，下移环卫管理重心，实行属地化管理。建立统一的环卫保洁制度，做到人员到位、经费到位、措施到位。同时延长保洁时间和扩大清扫范围，市区主次干道保洁时间达到20小时，小街小巷保洁时间达到16小时，黄岗路段、建设路、国道323线市区过境路段、沐溪工业园路等城乡结合部纳入环卫专业部门正常保洁范围。完善主次干道和人行道清洗制度。为确保全市道路高压冲洗率达到20%以上，市政府投入约120万元，购置6辆高压冲洗车和10套抽水设备，专门用于市区主次干道的冲洗和靠近河堤的人行道冲洗，提高了路面的洁净水平。　*（高　涛）*

【住宅与房地产业】　2008年，韶关市逐步健全房地产信息披露和预警预报机制，实行网上申请商品房预售许可，有效防止一房多售现象的发生。全面实行出租房屋登记备案制度。开展房地产交易与权属登记规范化管理达标考核创建活动。5月30日，在曲江区召开全市产权产籍管理工作会议，经市人民政府批准，市建设局向曲江区房管所授予房地产登记管理权，并签署授权书，理顺曲江区房地产产权交易登记关系。截至2008年底，全市共有在册房地产开发企业164家，其中市区85家，县（市）79家；三级资质房地产开发企业25家，四级资质71家，暂定资质68家。

房地产交易　2006年，韶关市开始市区房地产交易与权属登记一体化改革工作，整合和调整房地产交易登记机构及职能。根据市编委批复，撤销粤北工业开发区房地产交易所、市房地产交易管理所、韶关市房地产交易中心，成立韶关市房地产交易登记所，将市北江房管所、市武江房管所、市浈江房管所等3个所的产权、产籍管理职能划入该所，并加挂市房地产档案馆和市房地产交易中心牌子，实行三块牌子、一套人员的管理模式。将过去市区房地产交易与权属登记业务分散办理改为全部集中到市房地产交易登记所办理，实行一个窗口收件、一条龙办公、一站式服务。转移、变更、他项权利等登记程序由原来的四审制，简化为二审制，房产交易与权属登记流程由七个办事环节缩短为四个环节，提高效率，方便群众。2007年5月，韶关市建设局制定《韶关市房屋权属登记信息查询办法》，规范房屋权属登记信息利用。2008年开始申报房地产交易与权属登记规范化管理单位，开展房地产交易与权属登记达标管理创建工作。全年市区房地产交易6895宗、面积82.03万平方米、成交金额14.27亿元，分别比上年下降19.98%、15.77%，11.34%。其中商品房成交3553宗、面积43.20万平方米、成交金额10.94亿元，分别比上年下降23.43%、26.82%、10.94%；二手房成交3342宗、面积38.83万平方米，分别下降15.97%、12.63%，金额3.3亿元，增长1.23%。房地产抵押登记4848宗，面积150.33万平方米，分别比上年下降14.54%、19.31%；金额22.20亿元，增长0.61%。

物业管理　2008年，韶关市物业管理项目共268个，管理面积712.47万平方米。从2006年至2008

年，市区有4个物业管理项目获得韶关市物业管理示范项目称号，有5个物业管理项目获得韶关市物业管理优秀项目称号。2007年8月，韶关市建设局制订《物业小区（大厦）首次业主大会、业主委员会成立须知》，进一步规范和完善全市物业小区（大厦）业主大会、业主委员会的成立工作。同月，中共韶关市委办公室和市人民政府办公室转发市建设局关于加强社区办公与物业管理用房建设管理意见的通知，将社区办公与物业管理用房列入房地产开发项目配套建设，从社区办公与物业管理用房建设标准与要求、规划、建设、产权归属和使用管理等方面，规范社区办公及物业管理用房建设管理，保障物业管理正常办公的需要。同年9月，韶关市人民政府办公室批转市建设局关于加强物业专项维修资金管理意见的通知，就建立专项维修资金的范围、缴存的比例、监管及管理模式、缴存程序、使用等方面作出明确规定，加强物业专项维修资金监管。开发使用物业专项维修资金管理系统，规范物业专项维修资金的归集和使用。市区新建商品房及住宅小区物业管理覆盖率为100%。

2008年，韶关市共有房地产评估机构8个，房地产评估师30名。市区符合住房和城乡建设部《城市房地产中介服务管理规定》设立房地产中介服务机构条件的房地产经纪机构有1个，共有11名从业人员取得住房和城乡建设部、人事部联合核准的房地产经纪人资格。市建设局、市工商行政管理局和市物价局联合开展中介市场治理整顿，查处房地产中介市场中证照不全的房地产经纪机构。建立房地产经纪机构备案制度，试行中介机构进场经营和统一发布信息。

直管公房管理 2008年11月1日，《韶关市区直管公房管理办法》正式施行。直管危旧公房改造力度加大。东岗岭一期10幢398套3.1万平方米新建直管公房已于2007年底交付使用。2008年，东岗岭二期168套、1.6万平方米和东河职工新村298套、1.7万平方米的公房改造工程建成使用。做好公房安全检查和日常维修工作，全年公房维修项目1172个，投入维修费用3063万元。

房屋租赁管理 2007年12月10日，《韶关市房屋租赁管理办法》施行，明确建设（房管）、公安、税务、工商、计划生育等行政部门按照各自职责，依法对房屋租赁实施监督管理。房屋租赁实行登记备案制度。2008年全市共办理房屋租赁登记备案810宗，建筑面积11.28万平方米。

廉租房建设 在对低收入家庭调查和复核建档的基础上，结合实际情况，市政府发布《韶关市城区解决城市低收入家庭住房困难工作2008年度计划》、《韶关市城区解决城市低收入家庭住房困难发展规划（2008~2010年）》，建立起常规的制定、实施解决住房困难计划制度。县（市）政府也分别出台相应的计划。所有解决住房困难计划都纳入各级政府年度经济发展计划并向社会公布，为分步、逐批解决城市低收入家庭住房困难问题明确目标。建立健全住房保障配套制度措施，颁布实施《关于切实解决城市低收入家庭住房困难的实施意见》等4个规范性文件。建立廉租住房建设投入机制。实行“危旧公房改造与经济适用住房、廉租住房建设相结合，政府筹建与市场购建相结合，实物配租和住房补贴相结合”的住房保障形式。2008年，全市共投资2604.85万元，建成廉租房2.46万平方米，全市共安排387户符合条件的低收入家庭入住廉租房，做到“应保尽保”。

测绘管理 2008年，韶关市建设局在市区共完成测绘8059宗，建筑面积227.79万平方米，分别比上年增长16.33%和12.81%。7月启用新的房产测绘网络系统，加强测绘流程监管，完善测绘成果报告，建立图文并茂的电子档案资料。举办《房产测量规范》学习讲座，组织全市39家房地产开发企业的工程师及技术人员学习。（刘国红）

城镇房屋拆迁 2008年是新修订的《韶关市城市房屋拆迁管理办法》实施的第一年，韶关市城市管理局在受理拆迁许可的审批工作中，严格按照新修订的《韶关市城市房屋拆迁管理办法》的有关要求进行拆迁工作前期资料的审查，从源头上防止拆迁矛盾的产生。全年批出拆迁项目4个，拆迁占地面积2万平方米，需拆迁建筑面积1.4万平方米（均为住宅），拆迁住宅户数160户，全年共拆除住宅房屋5510平方米，非住宅房屋7000平方米，搬迁60户，搬迁人口230人。全年共受理裁决16宗，受理行政裁决拆迁建筑面积2100平方米，作出裁决9宗，申请司法强拆6宗，已实施司法强拆1宗，强拆建筑面积78平方米。（高　涛）

【城市综合管理】 2008年9月26日，韶关市城市管理综合执法局成立。韶关市城市管理综合执法局的成立，将进一步规范城市执法秩序、提高城市管理效能、实现城市建设与管理协调发展。

开通12319城管热线 12319是住房和城乡建设部面向全国的公益服务和专用投诉电话号码。韶关市于2008年12月30日正式开通该市的12319热线并顺利运行，为市民公共服务问题的解决提供了一条快捷的通道。

大力整治“六乱” 城市“六乱”问题是城市管理和创卫工作的重点和难点，为使韶关市区的“六乱”现象得到有效控制，韶关市城市管理局加大“六乱”的整治力度，2008年共查处“六乱”行为3万多宗；拆除违章户外广告招牌221块，面积4864平方米，使市容市貌水平有了大幅提升。（高　涛）

河源建设

【概况】 河源市规划建设局是2004年在原河源市规划局、河源市建设局的基础上组建而成的，是主管城市及村镇规划与建设的河源市人民政府组成部门。规划建设系统单位还有市城市管理局、市房地产管理局、市拆迁办、市公积金管理中心。新成立的市规划建设局内设13个科室，下设源城规划分局、市高新区规划建设分局等局属单位15个。2004年以来，河源市城乡规划建设系统各单位坚持以邓小平理论和“三个代表”重要思想为指导，落实科学发展观，全市城乡规划建设事业取得了长足的发展，市区建成区面积由建市初期的4.7平方公里扩大到2008年底的33平方公里，至2008年，全市城镇化率达40.5%。多次被广东省人事厅、广东省建设厅评为广东省建设系统先进集体；连续四年被河源市委市政府评为市直综合考核优秀单位。中心城市先后被授予“中国优秀旅游城市”、“全国综合整治先进城市”、“广东省卫生城市”、“广东省绿化达标城市”、“广东省园林城市”等称号。

城乡规划编制力度加大，质量明显提高 1998年河源市建市，1988年、1992年和1999年共开展3次城市总规规划修编，由于国家城镇政策的调整和城市的快速发展，2008年7月，该市又着手开展第四次城市总体规划修编工作，预计2009年底完成。以“东江、新丰江两江四岸”为重点的城市规划体系，进一步健全完善组织编制“两江四岸”生态景观概念性规划，市区供水、绿地系统、住房建设、城区干线道路网等专项规划，东城西片区、中片区、东片区，行政商务小区、高新技术开发区、双下风光片区等控制性详细规划。2007年，着重开展《河源市中心城区概念规划》、《河源市灯塔盆地发展规划》，进一步拓宽城市发展空间，增强城市可持续发展能力；开展“一湖两江三园四山五城”、公园城市体系、岭南水城的规划编制研究工作，城市形象更加突出，定位更加准确。

城乡规划管理力度明显加大 河源市政府共颁布查处违法违章建设行为地方规范性文件20多个。在1993年、1998年和2005年市政府组织开展声势浩大的清理违法用地、违法建设、违法设置河障工作，共查处违法违章建筑近2万宗，面积50多万平方米，其中拆除8000多宗，面积30多万平方米。同时切实加强规划审批后的管理，制定《河源市建设工程规划审批后管理规定》，建立健全规划检查制度，进一步加强市规划区建设工程竣工验收管理工作。

重点工程建设成绩显著 2004年以来，先后完成河源职业技术学院、沿江亲水步道、龟峰公园、鳄湖公园改造、市区东江两岸生态绿化堤廊和东环路、西环路的建设，完成美术馆、群艺宫、全民健身广场等一批文化设施建设和黄沙大道、河源大道、新江路等一批城市道路上等级改造，正在开展滨江大道、桂山迎客大道、万绿湖大道、西环路、东江西路、河源大道二期改造、东江东路等7条重点市政道路的建设。提升了河源市的城市形象，提高了城市的综合竞争力。

建筑市场整治和文明施工及安全生产明显加强 经常性地组织开展建设工程质量安全生产大检查，大力开展建设工程质量安全隐患治理年活动，开展高支模、深基坑、脚手架等专项整治，不断加强建设工程质量的监察力度，把好建筑材料验收关，建立健全工程质量监管体系，加大创优评先工作力度，2004年以来，创省优良样板工程8个，省“双优”工地8个，市优良样板工程59个，市“双优”工地60个，全市未发生重大的建筑质量安全生产事故，建设工程质量和安全生产水平明显提高。大力开展建筑技能培训工作，成立河源市建筑技能培训站，开展八大工种的培训，共培训各类技术人员7000余人次。

房地产业持续快速发展 从2002开始河源市房地产业快速发展，房地产开发建设投入每年平均增长40%以上，开发建设了威尼斯花园、广晟花园、雅居乐花园、东江首府等一大批上规模、上档次的房地产项目。2000年成立第一家物业管理企业，到2008年底，全市小区物业管理率达85%，大部分的小区实行智能化管理。切实加强解决城镇特困户家庭住房困难问题。通过经济适用住房保障1702户、廉租住房200户、住房货币补贴1549户、住房公积金保障9329户，累计保障资金10.395亿元。

村镇规划建设得到加强 河源市委、市政府高度重视村镇规划建设工作，不断加大力度加强村镇规划建设工作力度，加快村镇规划编制步伐，全面完成19个中心镇的总体规划修编工作，完成一大批建制镇的总规修编和村庄规划编制，大力开展村庄整治活动，完善一批村庄的道路、垃圾池和文化体育设施的建设，实施镇村环境卫生综合整治工作，村容村貌发生了可喜变化，涌现一批村容整洁、生态文明的村庄。2005~2008年，在全市县城、镇、村开展以村镇建设“三四五”工程建设竞赛活动为主要内容的社会主义新农村建设和村庄整治活动，即农村村庄建设一条硬底化道路、一个农民新村、一个垃圾屋(池)；城镇建设一条标准样板路、一个垃圾填埋场、一个社会主义新农村示范点，一个无害化公厕；县城镇建设一条标准样板路、一个标准住宅小区、一个生态性公园、一个标准垃圾填埋场、一条商业步行街。通过开展“三四五”工程竞赛活动，全市城镇面貌发生显著变化。

【建筑业】 2008年，河源市施工

报建（不含私人建筑）301个，报建面积277.79万平方米，报建造价23.9亿元。其中市区公建工程报建71项，报建面积163.66万平方米，报建造价16.88亿元。市区私人报建142个，面积6.5万平方米。建设工程质量安全管理工作进一步加强，全市组织申报省“双优”工地、省优良样板工程各2个，申报中国建设工程鲁班奖项目1个，组织评选市优良样板工程11个，评选市“双优”工地16个；大力开展安全生产大检查，组织检查施工企业114家，发出整改通知139份，落实隐患整改187处，检查建筑施工起重机械塔吊50台、施工外用电梯20台、钢井架132台，发出整改通知书75份，对发现的安全隐患进行限期整改；落实动态扣分管理办法，对市区的57个在建工程实施扣分，对36家施工企业、18家监理保企业、39名项目经理、42名专职安全员、2名总监理工程师、20多名专业监理工程师实施扣分；市区8个在建工地实施“平安卡”管理，已有573名工人通过培训考试领取“平安卡”；先后在东源县、紫金县、源城区开展钢筋工、混凝土工、木工、架子工等4个工种的技能培训，有1555名工人参加学习培训和考试，已完成市区及东源县24家劳务企业的资质审批工作。全年未发生重特大建设工程安全生产事故，各项指标控制在省建设厅和市下达的任务范围内。

是年，进入河源市交易中心的建设工程招投标项目186个，中标价19.2亿元。其中，进入市交易中心招投标建设工程项目共61个，中标造价87794.49万元，应招投标工程公开招标率达100%，审查备案施工图设计文件50个。建筑节能工作逐步推进，取得实质性成效。

【城乡规划】 2008年，河源市城市总体规划修编已完成产业、人口、土地和资源环境等专题研究成果，形成城市总体发展战略研究和市域城乡总体规划研究初步成果。

年内，河源市完成《河源市中心城区概念规划》、《河源市城区干线道路网规划》、《河源市东城中片区、东片区及西片区控制性详细规划》、《河源市灯塔盆地发展规划专题研究》、《河源市近期建设规划》、《笔架山景区总体规划》和《梧桐山景区概念规划》等7项重大规划的编制任务。开展《市区排水系统专项规划》、《市区电力工程专项规划》的编制工作。双下和风光片区、源西片区、钓鱼台片区、村民保留点和老城改造4项控制性详细规划，“两江四岸”总体城市景观控制性专项规划，中心城区城市公园体系规划，市区学校布点规划和市区农贸市场布点规划等编制工作扎实推进并取得阶段性成果。

审议规划项目76个，重大项目规划14个召开市城市规划委员会会议5次。完成市区约40平方公里范围内的建设用地现状调研工作，绘制相应的用地规划利用现状图纸，实现规划用地的数据管理电脑化。同时加大城市规划管理工作力度，开展规划现场巡查，组织源城区统一清拆违法建筑行动，依法拆除违法违章建筑9.54万平方米，对25宗违法违章建设行为进行处罚。成立规划建设监察大队，主要负责对市区已依法征收为国有建设用地和建成区（不含城乡结合部的村庄）的违法违章建（构）筑物进进行监察管理，依法及时制止、纠正、组织拆除上述范围内的违法违章建（构）筑物；负责对城市街道临街建筑物的阳台、平台、楼顶上搭建建（构）筑物进行监察管理；依法查处经举报或巡查发现的未经城市规划建设部门审批和未按规划建设审批要求建设的违法违章案件。

【城市建设】 2008年，河源市全面完成黄沙大道、河源大道（一期）改造、市人民医院新院、市妇幼保健院新院、劳动力市场大楼、民政福利中心大楼、计生服务大楼和土地储备中心大楼等11项重点工程建设任务，完成投资2.62亿元。开展客家文化公园规划设计的前期调研、现状调查和土地拆迁测算，完成公园的创意策划方案，组织开展客家文化公园建筑设计竞赛。做好市区滨江大道、桂山大道、万绿旅游大道、西环路、沿江东路和沿江西路等7条重点市政道路项目的规划设计、带状地形测量、沿线用地及征地拆迁情况的调查摸底、“三违四抢”监控等工作，完成7条道路施工图设计的公开招投标工作。

村镇规划建设　2008年，河源市指导协调县区开展18个省级中心镇近期建设规划、20个重点镇总体规划和150个村庄规划的编制工作，完成5个中心镇近期建设规划、2个中心镇控制性详细规划编制和11个重点建制镇总规修编工作，完成24个村庄整治。举办燃气、供水市场监管和从业人员培训2期，共有320多人参加，城乡规划效能监察工作进一步加强。

公用事业　2008年，河源市城市燃气普及率98%，自来水普及率99%，人均道路面积10平方米，每万人拥有公共交通车辆11.4标台，建成区绿地率37.32%，建成区绿化覆盖率41%，人均公共绿地面积9.12平方米，生活垃圾清运量12.41万吨，垃圾处理率99%。

园林绿化　全年新增绿化面积27万平方米，补种乔灌木32万株，更换、种植时花28万盆，提高城市园林绿化水平，巩固省园林城市成果。

市容环卫　理顺市区环卫管理体制，制订市区环卫管理体制改革方案，解决环卫临时工社保问题，解除与环卫临时工的劳动关系，清扫保洁、垃圾收集工作下移至源城区，实行属地管理。清扫保洁、垃圾收集全面实行企业承包经营服务，实现“管干分离、政企分开”，促进环卫服务社会化、市场化、产业化。加快七寨生活垃圾卫生填埋场的专用进场道路、场外高压线路和一期工程建设，申请新增中央预算内投资资金1500万元、省治污保洁专项资金500万元，完成投资2567万元。

燃气经营管理　开展燃气应急救援演练，提高应急救援能力，开展燃气安全知识宣传活动，印发宣传资料10万份，组织燃气企业运营情况督查，重点抽查20个燃气点，对其中存在安全隐患的3个燃气点发出限期整改通知书，责令燃气企业落实安全隐患整改并及时上报整改情况，逐步规范燃气经营管理行为。

桥梁管理　编制《河源市市管桥梁突发事故应急预案》，组织在用桥梁专项检查，检查桥梁11座，对2座Ⅲ类城市桥梁进行结构安全性能检测，维修加固桥梁1座。

公共交通　2008年，河源市市区有公交车辆305辆，公交运营线路17条，城市公交设施建设水平得到提高。

城市供水　2008年9月，河源市城市供水管理职能划转河源市城市管理局。9~11月，组织供水企业实施供水管网设施改造工程，完成投资5000多万元，建设加压泵站2个、建设和改造供水管网8.4公里，改善城市供水、用水质量。

(诸洪宝)

【住宅与房地产业】　2008年，河源市完成房地产开发投资17.08亿元，比上年下降31%。其中市区完成房地产开发投资12.55亿元，比上年下降42%；市区商品预售5174套、面积67.22万平方米，分别下降47.8%和48.4%；市区二手房交易1856套、面积26.9万平方米，下降14.7%和15.2%。住房结构调整力度加大，普通小户型商品房供应比例增加，新建项目单套住房建筑面积90平方米以下的比例由15%调整到60.3%。(张正才)

拆迁管理　2008年，河源市拆迁办全年审核办理拆迁项目许可4宗，指导、管理有关建设拆迁单位实施12个项目的拆迁补偿安置工作，包括工业园区、商住小区、市政道路、旧城改造及土地储备等项目，共拆迁房屋1800户，拆迁房屋面积近20万平方米，安置拆迁户1800户（含2007年遗留拆迁）。

住房保障　2008年，河源市初步建立了以住房公积金制度、住房货币补贴制度、经济适用住房制度和廉租住房制度为主的“四位一体”住房保障体系，有效改善了城镇居民的居住条件和居住环境。至年底，河源市房改办累计对12780户家庭实施住房保障，其中通过经济适用住房保障1702户、廉租住房200户、住房货币补贴1549户、住房公积金保障9329户，累计保障资金10.395亿元。

住房公积金管理　截至2008年底，河源市共有1714个单位88015名职工参加缴存住房公积金，累计归集住房公积金14.77亿元，归集余额8.60亿元，发放贷款9239笔8.11亿元，提取住房公积金6.17亿元。加强公积金管理的专项治理。通过专项治理，对住房公积金贷款风险准备金提取不足、住房公积金硬件建设不够完善等问题进行纠正，并修改完善相关政策，促进了规范管理。(江茂辉)

【城市综合管理】　河源市强化城市综合管理，开展联合执法行动，整治乱摆卖、乱拉挂、乱堆放、乱张贴、乱停放、乱丢吐行为，重点整治主次干道临街建筑工地、门店装修建筑材料及建筑余泥堆放行为，对相关的管理单位和工作人员实行问责制度，在城市繁华场所、道路设置停车场所和停车位，大力整治违章停放车辆现象，规范农副产品市场管理，加大市场及周边市容秩序整治力度，商品划行归市，集中整治文化广场、兴源市场、长安市场、华达北街等占道乱摆卖现象。全年累计清理流动摊贩6000多档，发出限期整改通知书922份，清理乱拉挂2956宗、乱摆卖893宗、超门坎经营1137宗。同时，严格户外广告、牌匾设置的审批管理工作，城市主要道路路灯刀旗广告实行有偿使用，大型广告立柱面向社会公开招投标，逐步规范户外广告经营管理行为，提高城市公共资源经营管理水平。

2008年4~5月，河源市实施东埔河环境卫生专项整治，清理淤泥3600立方米、土方5000立方米，清理河道杂草及清淤面积约2.4万平方米。10~12月，开展“清洁河源百日大行动”，清理地上、墙上、水上垃圾，清除杂草，清理乱摆卖，补种残缺绿化，补修残缺公共服务设施，共出动72.4万人次，清理垃圾20939吨，清除牛皮癣3万多平方米，清理河道30公里，清除卫生死角2000多处，历史遗留垃圾基本得到清理；全市共整治乱摆卖近9000宗；修复残缺路面6000平方米，清疏市政管道总程30公里；创建样板路56条，样板小区31个，创建广东省卫生村8个，提高城市综合管理水平。(诸洪宝)

梅州建设

【概况】　1978年以来，梅州城区以建设粤东区域中心城市和世界客都为目标，调整完善城区建设总体控制规划，尤其是20世纪90年代以来，通过改造江北、建设江南、开发新建梅县新县城，以及2005年启动的东山片改造工程，逐步完善城市各种功能，加快市政设施建设，加强城市管理，狠抓城市的净化、绿化、美化、亮化，城区面貌发生了很大变化。特别是在城区改造建设中，以梅江两岸的开发建设为重点，采用以地换堤的办法，引入市场机制，吸引5亿多元社会资金投入建设，实行堤、路、房、园改造建设相结合，建成百年一遇的城市防洪大堤和风景秀丽的“一江两岸”。“一江两岸”建设被评为国家人居环境范例奖和联合国人居环境优秀范例奖。梅州市还被评为国家级历史文化名城和省级卫生城市。梅州市城市公厕可持续发展新模式项目获住房和城乡建设部2008年“中国人居环境范例奖”。1988年，梅州城区由1978年的只有江北旧区扩大到包括江南新区的8.1平方公里，至2007年扩大到40.5平方公里，梅州成为广东数一数二的宜居城市。各县（市）城区建设也取得重大进展，城区面貌一新。

（韩垂尚）

2008年，梅州市建设事业稳步发展，城镇基础设施建设加快，中心镇建设稳步推进，城镇化进程加快，城镇的辐射功能日益增强，建筑市场、房地产市场进一步规范，工程质量再上台阶，城乡建设管理水平稳步提高。至年底，全市设市城市和县城建成区面积为99.4平方公里，与上年基本持平，其中梅州城区（含梅县新县城）建成区面积40.5平方公里。全市深入实施市委、市政府“洁净家园·绿满梅州”四级联创活动，城镇“脏、乱、差”现象得到有效整治，市容市貌明显改观。畲江产业转移园工程、东片人居环境改造工程、江南玉带公园、21米堤下路、梅江桥加固大修等市重点工程项目建设稳步推进。2008年全市完成建筑业总产值66.63亿元，实现利润5.12亿元，上缴税收4.11亿元；全市完成房地产开发投资12.5亿元。 *（谢汉奎）*

【建筑业】 2008年，梅州市积极实施《梅州市建筑业“十一五”发展规划》和《关于加快建筑业发展的若干政策的意见》，扶持建筑业发展。全年全市共有建筑企业193家，其中一级企业9家（其中1家劳务分包企业），二级企业43家（其中劳务分包企业13家），三级企业139家，不分级劳务分包企业2家。全年完成建筑业总产值66.63亿元，比上年下降12.6%；实现利润5.12亿元，增长18.8%；上缴税收4.11亿元，增长27.2%；共创建省“双优”样板工地4个，市“双优”样板工地8个，市优良样板工程1个，建筑工程质量合格率100%；建筑施工安全生产事故死亡率为零；全面实现禁止现场搅拌混凝土；加强建筑节能新技术、新材料的推广应用，建筑节能工作稳步推进。

建筑市场管理 以实施市场准入、规范主体行为为切入点，强化建筑市场动态管理，加强建筑业结构调整，积极培育和发展劳务企业，认真开展行业培训和教育。以高支模、深基坑、施工临时用电为重点，深入开展专项治理和省、市“双优”样板工地创建活动，全年建设工程质量平稳，施工安全得以加强。强化工程造价管理、工程招投标和清理建设领域拖欠工程款工作。加强行业监管力度，执行工程报建制度、施工许可制度、工程监理制度、施工图审查制度、质量安全监管制度、安全生产许可制度和企业“三类人员”安全考核制度，严格实行市场准入和清出制度，将市场行为与市场准入挂钩，加大力度，综合治理，使建筑市场秩序得到有力维护。

全年新受监工程354个，建筑面积192.38万平方米；完成建设工程竣工验收600个，总面积170.74万平方米。建设工程质量安全水平进一步提高。有4个工地被评为广东省安全生产文明施工优良样板、8个工地被评为市安全生产文明施工优良样板。

不断加强质量监督力度，稳步提高工程质量水平。严格执行法定建设程序，加强对工程建设各方责任主体质量行为的监督，加强工程实体质量和原材料的监督抽查，切实提高工程实体质量，确保主体结构安全。全面推广使用预拌混凝土工作，制定《关于加强预拌混凝土质量管理工作的通知》，规范预拌混凝土生产企业的质量行为，有效保证建设工程质量。稳步推进建筑节能工作，组织相关专业的技术骨干研究讨论如何结合梅州实际推进建筑节能工作。突出重点，把重点工程监督当作监督工作的重中之重。针对东山教育基地、东升工业园、市政截流排污、排涝工程以及畲江高新开发区等重点工程，及时组织驻场监督组，调整充实监督力量，确保重点工程监督到位。

安全生产 加强安全生产动态管理和开展专项整治，建筑施工安全、文明水平进一步提高。加强日常安全检查，认真落实安全评价制

▲2008年9月12日，梅州市举行地改市20周年暨经贸洽谈大会　梅州市建设局供稿

度；积极开展“隐患治理年”和“百日安全生产无事故”活动，开展安全生产专项检查；开展建筑施工起重机械登记备案工作，加强梅州市建筑施工起重机械安装拆卸、日常使用等环节的监督管理，杜绝不具备安全使用条件的起重机械进入施工工地，严防起重机械事故发生；开展专项整治，全面提升安全管理水平。在巩固外脚手架专项整治成果的基础上，开展高大模板、施工临时用电等专项整治，取得较好的效果。全年共组织5次全市范围的安全大检查，通过检查，促进梅州市建筑施工安全生产管理水平，使建筑施工安全形势继续保持稳定态势，2008年全市建筑施工安全生产事故死亡率为零。

工程造价管理　贯彻执行新颁布的国家标准《建设工程工程量清单计价规范》，组织100多人进行培训学习。为保障建筑工人的合法权益，构建和谐建筑市场，结合梅州市建筑劳务市场的实际情况，深入市场调查，对建设工程人工日工资单价进行调整，同时，定期发布工程造价信息，确保建筑市场稳定。全年共审查工程预结算39个，造价2.525亿元，节省造价3250万元，有效维护建设各方的合法权益；全年完成工程量清单编制项目19个，工程造价6500万元。

工程招投标　严格执行建设工程招投标制度，保证招投标工作的公平、公开、公正。建设工程招投标覆盖面逐步扩大，规避招标、虚假招标、围标串标等违法违纪行为得到有效遏制。全年共招标工程354项，其中公开招标264项，邀请招标90项。

建筑节能　抓好建筑节能设计工作，组织设计人员进行建筑节能相关规范、标准的培训，让设计人员更好地掌握节能标准、技术，为推进建筑节能工作提供技术保证。同时开展建筑节能设计检查，督促设计单位认真落实建筑节能政策。抓好勘察设计市场管理工作。组织全市勘察设计市场检查，共抽查18家企业，有效地规范勘察设计市场秩序，促进梅州市工程设计水平。全市勘察设计单位31家，其中甲级4家，乙级13家，丙级15家，完成建筑面积208万平方米的勘察设计工作量。

全面推广应用建筑节能技术和产品。新型墙体材料、冷轧带肋钢筋、太阳能的利用等技术和产品在梅州市的房屋建筑中得到广泛应用。建设工程质量监督机构将建筑节能纳入建筑工程质量监管的重要内容，加强对建筑节能工程施工过程的监督检查。设计单位将建筑节能纳入质量管理的重点内容，严格按照建筑节能设计标准重点对建筑外墙、屋面、门窗等外围护结构进行设计。施工图审查机构严格按照建筑节能设计标准进行审查，对不符合建筑节能标准、达不到建筑节能设计要求的建设项目，不得出具施工图审查合格书。　*(郭俊雄)*

【城乡规划】　2008年6月13日梅州市城市规划委员会更名为梅州市城乡规划委员会，增加8名专家委员，审议范围和监督内容扩大到全市城乡。全年共召开4次城市规划委员会会议，审议通过全市城乡规划管理中的27个重大事项。

贯彻“科学规划、依法规划、创新规划、民主规划”理念，城乡规划编制加快。江南东片、江南进城大道周边区域、畲江新城等具有现代气息和客都风貌的规划为城市发展描绘了美好蓝图。村镇规划取得新进展，全市已完成500多个村庄整治规划。

制定出台《梅州市城市规划区城市规划管理暂行办法》、《梅州市城乡规划管理暂行办法》、《梅州市城市规划区内农村村民自建住宅规划用地管理规定》等法规，规划管理走向规范化、法制化，调控力度加强。严格各项规划审批，全年共核发《建设项目选址意见书》1宗，面积2.53公顷；发放《建设用地规划许可证》13宗，总用地面积49.48公顷；发放《建设工程规划许可证》315宗。实现审批不违规，监督全过程。

开展城乡规划效能监察，认真梳理执法依据、执法主体、执法流程，加强建设工程批后管理、规划核实，指导监督委托执法工作。在整治三角镇违法占地违法建设的专项工作中，发挥执法主体作用，发布整治通告，审核行政处罚，参与违建拆除。

积极做好申报工作，大埔县三河镇评为第一批广东省历史文化名镇，成为第一批广东省三个历史名镇之一。坚持送规划、送资金下乡，至2008年累计完成500多个村庄整治规划，城乡结合部、风景名胜区周边、主要交通道路、河岸两边的村庄环境得到改善。　*(钟国清)*

【城乡建设】　2008年，梅州市城乡建设事业稳步推进，城镇基础设施建设步伐加快，各县（市、区）严格按照总体规划实施建设。至年底，全市设市城市和县城建成区面积为99.4平方公里，与上年基本基本持平，其中梅州城区（含梅县新县城）建成区面积40.5平方公里。

各城镇供水、供气、市政道路、路灯、园林绿化等方面的建设有了进一步提高。至2008年底，全市建制镇以上城镇建成区面积达241.1平方公里，与上年基本持平，城市日供水能力为45.21万平方米，与上年基本持平，自来水普及率达100%，城市道路总长度达979公里，城市建成区绿地率32.54%，绿化覆盖率35.22%，人均公共绿地面积达8.26平方米。治污保洁工作有较快发展。梅州市龙丰垃圾填埋场（三期）申报垃圾无害化处理考核，经广东省建设厅组织专家组进行评价检查，符合国家垃圾无害化相关标准，成为梅州市第一家垃圾无害化卫生填埋场，填补了梅州市垃圾无害化处理场的空白。这一年，全市共有18个申报省治污保洁专项资

金项目向省提交申报材料，其中6个申报项目获得省下拨1200万元补助专项资金，提高了梅州市垃圾处理水平。（蔡小裕）

市政建设与维护　2008年，梅州市市政公用事业管理局完成城市市政基础设施建设投资1.3亿元，比上年增长73.3%，呈现出规模扩大，速度加快，结构优化，效益良好的特点。完成八一大道（一期）改造，新建客天下26米路等道路3000米，维修改造、摊铺沥青混凝土以及铺彩步砖道路路面48000平方米。东山人行浮桥和新东山桥已竣工投入使用。解决城区内涝首期工程已建成并投入使用。完成新建、改建主排水沟8.9公里，改造局部路段零星小排水沟共250多条，建立"二园一库"协调调度机制。2008年度完成工程总量的85%，首期工程已建成投入使用，发挥了较好效益。稳妥推进江南东片人居环境改善工程房屋拆迁征地工作。工程共需拆迁房屋834座，建筑面积约31万平方米，涉及总户数1034户，应征收土地5.33公顷。已签订拆迁补偿协议的房屋812座，占总座数的97.4%；支付拆迁安置补偿款5.5亿元，拆除房屋744座，完成土地征收5.2公顷。

加强城区治污保洁工程建设，江南截流输污工程已竣工。投资约2500万元的梅江桥加固大修工程于11月正式动工，截至2008年底已完成水下基础施工，预计于2009年底竣工。

全面加强市政工程设施巡查维护工作。日常养护、管理城区道路、桥梁和广场共328.5万平方米，排水排污管沟350公里。城区市政道路路面完好率保持在90%以上。加强重大市政设施日常维护和管理工作，如加强东山人行浮桥、城区桥梁、涵洞以及其他重大市政设施检测和安全管理，落实维护计划。按"创卫"要求，市区主次干道安装防蚊闸（已完成9000多套），除"四害"效果明显。

园林绿化建设　2008年，梅州市以创建国家园林城市为契机，大力加强园林绿化建设。推进东山桥头、江南中心坝、江北月影塘等3块珍珠绿地建设，已完成立项，建成后可增加城区绿地3.65公顷。因时制宜，因路制宜，因树制宜，全年共补种套种行道树乔、灌木近3000株，行道树数量比上年增长10%以上。推行"拆墙透绿"、垂直绿化和立体绿化，继续加强文化、剑英、西桥等3大公园改造，城区绿化覆盖率有较大提高。加强园林绿化科研工作，成立梅州市园林绿化科研所，大力挖掘和推广应用乡土植物资源，植物品种、层次和美感更加丰富。形成以城区120条道路30000株路树和426000平方米公共绿地为基础"一路一树，一街一景"具有梅州特色的园林绿化模式。至2008年底，梅州城区绿地率达36.23%、绿化覆盖率达42.64%、人均公园绿地面积达11.69平方米，"山水相依，错落有致，林在城中，城在林中，和谐秀美"的园林城市格局初步形成。

城市供排水　2008年，梅州城区有西桥水厂和东升水厂两间水厂，供水设计能力为12万立方米/日，主供水管网长350多公里，担负梅州城区37万人生产生活用水的供应任务，全年供水量达到4200多万立方米，确保了城区群众用水需求。同时，解决部分城郊农村群众用水问题。全年供水安全率和水质综合合格率均达到100%。江南污水处理厂整体运行良好，日处理污水5万吨左右，达到满负荷运转，处理后排放的水质指标合格率达100%。

市容环卫工作　2008年，梅州市环境卫生管理局每天清扫保洁城区主要街道面积300万平方米；全年累计清运处理生活垃圾13.5万吨；规范受纳排放建筑垃圾13万立方米；每天吊卸垃圾桶212只、垃圾大斗箱70只（包括梅江区新农村建设新增的垃圾斗点）；管理公厕40座；管理固定垃圾中转站16座；上门服务收运生活垃圾5万多户（含单位和门店）。全年洒水降尘用水4万多吨，维修保养车辆1872辆次。梅州城区主要街道实行一级作业质量管理，每天16小时保洁，并进行两次冲洗。9月，顺利通过省卫生城市检查评比暨灭蚊达标考核验收。年内购置1辆140马力的垃圾专用推土机，完成西桥公园、剑英公园、文化公园以及华侨戏院等11座旧公厕改造任务，市环卫局管理的40座公厕全部达到二类以上标准。在9月份"梅州城市名片"评选活动中，"梅州模式公厕"与世界客都、围龙屋一齐跻身名片行列。

大胆推行以厕所建筑、厕所卫生、厕所文化、用厕文明、卫生洁具革新为主要内容的"公厕革命"，规划、设计、建设、管理"四管齐下"，走出一条城市公厕可持续发展的新路子：采取"公厕+店铺"、"公厕+饭店"、"公厕+办公楼"、"公厕+中转站"、"公厕+老人活动室"等五种创新模式，率先在国内实现高标准建设、高标准管理、高标准保洁和零收费，这种充分体现"人文关怀、城景谐美、实惠百姓"的城市公厕建设管理模式成为提升梅州城区城市品位的新亮点。2008年，梅州市城市公厕可持续发展新模式项目获住房和城乡建设部2008年"中国人居环境范例奖"。

市环卫局积极开展劳动竞赛活动，组织技术能手进行技术革新，成功研制出自动开合车厢盖的垃圾清运车和折叠式垃圾箱盖驱动装置，分别于2008年8月22日及2008年11月5日被国家知识产权局正式授予实用新型专利证书。

（黄慰慰　李伟清　罗应滔　陈庆龙）

【住宅与房地产业】　2008年，梅州市房地产主管部门认真贯彻实施各级有关房地产调控政策，以规范市场为重点，积极应对全球金融危机所带来的种种不利影响，着力激活房地产交易市场，促进房地产业平稳健康持续发展。

是年，全市有房地产开发资质的企业188家。全年完成房地产开发投资12.5亿元（市直4.80亿元），与上年基本持平；开发项目148个（市直31个），比上年下降28%；新开工面积69.03万平方米（市直23.71万平方米），增长3%；竣工面积70.37万平方米（市直28.26万平方米），下降6%，其中住宅竣工面积61.26万平方米（市直22.84万平方米），下降2%；销售商品房面积58.15万平方米（市直13.93万平方米），下降19%，其中住宅销售面积52.83万平方米（市直12.36万平方米），下降15%；空置商品房面积40.23万平方米，增长5%；存量住宅1773套（梅州城区1058套），增长55%；上缴税收1.59亿元，下降29%。全市新建商品房成交5477套（市直1582套），比上年下降15%，成交面积80.49万平方米（市直21.02万平方米），下降5%。住宅成交金额7.2亿元，比上年下降30%。全市二手房成交3948套（市直2449套），比上年下降16%，成交面积56.01万平方米（市直37.08万平方米），下降15%，成交金额4.1亿元（市直3.6亿元），下降5%。

加强监管，优化服务，努力推动房地产业稳定健康发展 开展专题调研，形成专题调研报告，对梅州市房地产业发展趋势、在经济社会中的作用进行全面论证和分析，积极引导房地产企业正确应对全球金融危机所带来的种种不利影响，就房地产业持续健康发展提出对策。制订《关于促进梅州市房地产行业平稳健康发展的若干意见》，并上报市政府批准实施。开展以“加强房地产市场专项整治”为主题的活动，进一步净化梅州市房地产市场环境，规范房地产交易市场，对促进梅州市房地产市场平稳健康发展起到积极的推动作用。

积极构建住房保障体系，着力解决城镇低收入家庭住房困难 制订《梅州城区廉租住房保障暂行办法》和《梅州城区解决低收入家庭住房困难发展规划和年度计划》，经市政府批转实施。全市投入资金1973万元，建设廉租住房264套，建筑面积1.43万平方米，对1172户符合廉租住房保障条件的城镇低收入家庭通过实物配租和住房租赁补贴方式进行“应保尽保”，保障人数3934人。其中梅州城区投入资金520万元，建设廉租住房90套，建筑面积4500平方米，对365户符合廉租住房保障条件的城镇低收入家庭通过实物配租和住房租赁补贴方式进行“应保尽保”，保障人数1189人。全市投入资金1000多万元，建设经济适用住房110套，建筑面积0.88万平方米。市直单位共发放货币补贴2403.3万元，1248人。其中，财政拨款100万元，43人；单位自筹资金2303.3万元，1205人。

（*赖维纲*）

【城市综合管理】 2008年，梅州市重点加强对江南东片、东堤改造、江南进城大道等市重点工程建设用地防“三抢”工作，全年累计拆除违法建设和违章搭建15000平方米。加强市容市貌管理，城市更加整洁有序。市城管支队开展“亮颜”整治行动，以新中路、丽都路路牌整合和江边路沿路门店招牌统一规划改造为试点，取得良好效果，正逐步推广铺开；开展“秋风”整治行动，重点对影响市容环境的“六乱”行为进行专项整治，城区主要干道、市场周边的环境秩序有明显好转。据统计，全年纠正“六乱”行为共32900宗。加强园林绿化监察执法。一河两岸园林绿化、保洁管理监察取得良好效果。加强市政公用事业管理监察，确保燃气生产和经营、市政设施安全无事故，共处理燃气违规52次。

（*黄慰慰　李伟清　罗应滔　陈庆龙*）

惠州建设

【概况】 改革开放以来，惠州从典型的农业经济地区发展成为国家经济发展一类重点城市，市政设施齐全，市区建成区面积近200平方公里。惠州的生态环境一直在珠三角名列前茅，先后获“中国优秀旅游城市”、“国家卫生城市”、“国家园林城市”、“国家环保模范城市”、“中国人居环境范例奖”等称号，空气质量长年优于国家二级标准，东江干流水质和城市饮用水源保持国家一至二类标准。

近年来，惠州市以开展创建全国文明城市工作为统领，大力加强城市规划建设和管理，城市功能进一步完善，城市形象和品位得到提高，城市综合竞争力大大增强，为全市经济社会健康、持续、快速发展作出了重要贡献。

惠州市在城市建设发展中坚持科学规划理念，按照由沿江城市向现代化港口城市迈进的城市发展目标，形成与发展港口城市相配套的经济、社会、生态全面协调可持续发展战略，确立以“一城三组团、双核心结构”为核心，以三横三纵城镇发展轴为重点，依托城镇群体，轴线拓展、梯度推进的城市空间结构。惠州的城市定位也由原来的“粤东门户”提升为“珠三角东部现代化经济强市和广东省现代石化数码产业名城”。

2008年，惠州市大力完善城市功能，树立现代化宜居宜业的城市品牌。加强公共设施建设，促进城市形象、城市功能、城市环境的全面升级。市区中心区道路面积达620多万平方米；城市照明线路近800公里；排水管网495公里，覆盖范围123平方公里，排水排涝能力大幅提升；市区供水管道879公里，日供水能力提高到70万吨。按照提升城市品位的要求，建成东江公园等一批城市公园和朝京门、合江楼等一批城市景点，市博物馆、科技馆建成即将启用，城市文化底蕴不断升华。市中心体育场、金山湖体育馆、金山湖游泳跳水馆、体育人才训练基地和各县区体育场馆加紧建设，这些场馆建设使城市功能得到进一步完善。

房地产市场健康发展 积极开展市场调控工作，严格预售审批、加强预售款监管，积极调控商品住宅用地供应，缓解商品住宅供过于求的局面。在2008年严峻的经济形势下，惠州市房地产市场仍然保持健康平稳发展态势，全市商品住房均价与上年基本持平，房地产开发投资比上年增长35.6%，在珠三角九市中名列第二，占全社会固定资产投资比重达31.7%。积极扩大保障性住房的覆盖面。全市所有县（区）都建立并实行廉租住房制度，保障范围扩展到城镇低收入住房困难家庭，2008年建成（含危房改造）保障性住房共1127套。市区启动江北25号、45号小区经济适用房建设，各县区也相继启动经济适用房建设，困难群众的住房问题得到有效缓解。

城市管理 加强对城市管理突出问题的整治，成立联合执法队，在全市开展治愚、治脏、治乱、治差、治软等“五治”专项行动，对交通秩序、市容市貌、社会治安、环境卫生、集贸市场、窗口服务等六大突出问题进行全面整治。同时，不断提升环卫服务水平和质量，保持市区街道和江面清扫保洁工作的高水准高质量，保证市区生活垃圾100%无害化处理，并通过加强环卫执法力度，提高市民保持城市清洁的自觉性。截至2008年底，城市建成区绿化覆盖率40.3%，绿地率35.9%，人均公共绿地面积11.7平方米，3项绿化指标均超过国家园林城市标准。通过实施西湖美化工程，打造园林精品。实施平湖清淤、引水清湖、种植观赏树、天鹅水禽养殖、西湖湖岸和环湖道路改造等工程；完成面积1.1万平方米的生态修复示范工程和面积12万平方米的南湖中试工程，构建生态良性循环的水生态系统，西湖多种污染物指标显著下降，水质和景观得到明显改善。

【建筑业】 2008年，惠州市新开工项目共395项，建筑面积1006万平方米，工程造价114亿元。严格实行招标投标制度，杜绝任何单位将依法必须招标的项目化整为零或以其他任何方式规避招标的行为。共有157个工程进行施工招标，工程造价37.76亿元（其中公开招标工程141个，工程造价29.23亿元；邀请招标工程16个，造价8.53亿元）。工程监理招标15个，工程造价61.27亿元。加强房屋建筑和市政基础设施工程项目施工招标投标活动管理，及时研究解决招标投标过程中出现的热点和难点问题，积极探索从源头上防治围标串标的有效途径。健全和完善企业资质及职业资格管理，严格建筑市场准入和清出制度。在办理市外建筑业企业和监理企业备案登记手续时，注意引进高素质、严管理的企业，让有实力、质量好、信誉好的企业参与本市建筑市场竞争。至年底，全市共有建筑业企业163家，其中一级6家，二级27家，三级128家，劳务企业2家。市外在市区备案登记的有291家，其中建筑业企业237家，监理企业24家，招标代理企业11家，单项企业备案19家。

年初，市县（区）建设行政主管部门签订建筑安全生产目标责任书，施工企业与各项目、项目部与班组签订安全生产目标责任书。安全生产责任落实到每一个部门、每一个企业、每一个工地、每一个施工环节，建筑施工安全生产控制指标控制在市政府和省建设厅规定范围内。组织17次全市性的安全生产大检查，抽查在建工程1126项次，发出整改通知书316份，停工整改通知书87份。加强深基坑、高支模、起重机械专项检查，制订《惠州市建设工程重大安全事故应急救援预案》，6月17日举办深基坑坍塌事故应急救援演练，达到预期效果。年内办理“平安卡”系统应用服务的工地有281个，17274人领取“平安卡”。

全年市级受理工程监督报监项目83个，建筑面积177.48万平方米，建设投资42.42亿元，办理工程项目备案56个。加大质量行为抽查力度，使参建各方质量行为进一步规范化、制度化，形成“建设单位负责、施工单位保证、监理单位控制、政府部门监督”的工程质量管理体系框架，全年外出监督检查、巡查5000多次，查出各种影响结构安全及使用功能等方面的质量问题340个，发出整改通知书44份。抽检60多组（次）墙体材料，不定期对市区9家商品混凝土搅拌站进

▲惠州市民乐园　　*惠州市建设局供稿*

行检查。积极转变检测工作模式，主动服务、跟踪服务。强化验收管理，发现质量问题，立即发出“工程预验收整改通知书”，消除工程质量隐患。

勘察设计　2008年，全市共有勘察设计企业33家，其中有建筑装饰单位3个、市政道桥单位3个、水利水电勘察设计单位5个、规划设计单位2个。共有75家市外勘察设计企业进驻惠州承接任务。2008年8~9月，对全市勘察设计企业、施工图审查机构的市场行为、经营管理、资质状况及工程勘察设计质量、建筑节能设计等方面的情况进行了抽查。举办“建筑节能设计软件演示会”、“建筑节能设计研讨会”等专题讲座，提高设计人员和审图人员的技术专业水平。有16家勘察设计企业、施工图审查机构进行资质升级、增项。

建筑节能与新型墙材使用　2008年，对全市43幢国家机关办公建筑和大型公共建筑在使用过程中各类能源消耗量进行统计调查，并由建设厅将能耗排名前20名的单位给予公示。市区全年实行施工图建筑节能设计审查和备案的民用建筑项目133个，建筑面积239.33万平方米，其中公共建筑50.19万平方米、居住建筑189.14万平方米。市区新建建筑施工阶段节能强制标准执行率为80%，比上年提高10个百分点。惠州巽寮富巢湾酒店“海水源热泵系统”项目列为市可再生能源建筑应用示范项目，该项目利用海水源冬季代替传统锅炉为建筑供暖，夏季代替冷机组和冷却塔为建筑供冷，日常提供生活热水。从2008年7月1起，凡既有建筑申请进行改造的报建项目，必须编制建筑节能改造计划和节能技术改造方案，并报施工图审查机构审查和备案机关备案。住房和城乡建设部于2008年12月组织专家检查组对惠州市建筑节能减排进行专项监督检查，检查组现场抽查6个项目，2个评为良好，3个评为中，总体上肯定了惠州市的建筑节能工作。

年内，全市新型墙体材料使用占总墙体材料的比例为88%，有新型墙材生产企业71家，年设计生产新型墙体材料约730万立方米，比上年增长5%，共计节约土地113.73公顷，节约能源12.97万吨标准煤，减少二氧化碳排放27.15万吨，减少二氧化硫排放5.53万吨，利用废渣85.31万吨，有8家新型墙材企业入选第一批省级目录企业。年内，新建的新型墙材企业全部使用散装水泥。全年征收新型墙体材料专项基金3755.79万元。简化专项资金清退返还手续，落实限期办结承诺制，全年办理104项工程新型墙材专项基金清退手续，清退金额2565.35万元。

【城乡规划】　2008年，根据惠州城市总体规划，按照“南进北拓、东西伸延”的城市建设发展战略，推动市区向东西南北四个方向扩展，拉开城市构架。南进是推动市区向惠阳区、大亚湾开发区挺进，通过建设惠南大道、惠大疏港高速公路、金山大道三条快速干道，形成“三龙出海”的格局，将市区建设向南部推进，惠阳区和大亚湾区向北靠拢，加快一城三区的城市布局，推动惠州从沿江城市向沿海城市发展。北拓是推动市区向北面拓展，扩大江北的城市范围，使江北成为行政、商住和文化娱乐区域。实施仲恺高新区“一区四园”模式，整合东江高新科技开发区、惠州工业园和留学生创业园，集中资源投入城市基础设施、公共创新创业环境等建设，实行工业化和城市化同步推进。东西伸延就是推动市区向东西两个方向延伸，向东继续实施惠州大道改造工程，把惠州大道延伸至惠东县城，并为沿线的平潭机场服务；向西通过惠州大道这条城市景观干道连接博罗县城，并启动惠博沿江路改造工程，将中心市区到博罗县城的车程缩短至10多分钟。

城乡规划管理　2008年，在统筹城乡发展方面进行大胆探索，不断加快城乡一体化进程。改革城乡规划管理体制，制定实施《关于改革城乡规划建设管理体制的试行办法》，按照“统一规划、分级管理、便民利民、权责挂钩、强化监督”的原则，实行市、县（区）、乡镇（街道）三级管理，统一规范三级城乡规划建设管理机构的设置和职责分工，下放部分规划管理权限，调动县镇积极性，加快地方经济发展。规范农村宅居地管理，率先在小金口街道办事处柏岗村进行试点，为该村村民颁发《集体土地使用证》和《房地产权证》，成为全国批量为农民住宅同时核发“两证”的首创。打造全国统筹城乡发展综合改革试验基地，全面推进城乡规划、产业布局、基础设施建设、公共服务、社会管理等6个一体化发展，加快农村城镇化进程。

规划编制　全年规划编制工作取得较大成果，规划的龙头作用和指导作用得到发挥。年内编制完成或开展编制的各层次规划有：《惠州市域城镇体系规划（2007~2020年）》、《惠州市城市总体规划（2007~2020年）》、《惠州市惠城中心区给水工程专项规划》、《惠州市轨道交通网络规划》、《惠州市历史文化名城保护规划》、《惠州市淡水河流域环境综合整治总体规划》、《惠州东江科技城发展规划》、《惠州市惠城中心区停车场专项规划》、《惠州市金山地区控规》、《惠州市江北中心区详细规划—城市设计（调整）》、《惠州市数码工业园（二期）控制性详细规划》、《仲恺大道两侧详细规划及风貌设计（陈江段）》等40多项，这些规划为城乡建设事业科学发展奠定了基础。

全年共完成村庄规划编制633个，其中50户以上村庄规划395个。2008年市政府与各县（区）政府签订《惠州市村庄规划编制任务管理目标责任书》，要求在2011年前完成全市50户以上较集中的村庄规划全覆盖目标任务。《惠州市村庄规划编制技术导则》开始编制，用以指导和规范各地村庄规划编制工作，《惠州市新农村住宅建筑设计图集》免费发送给各县区村小组，供村民选用。

市政工程规划管理　加大市重点市政工程规划建设管理力度，完成道路管线工程规划设计方案审查137宗，办理道路管线工程及管线综合《建设工程规划许可证》113宗，办理道路管线工程及管线综合《建设工程规划验收合格证》11宗。及时认真审查项目设计方案，解决工程涉及的有关管线问题，协调项目管线迁改，保证工程顺利实施。完成2008年度市区新建地下管线及道路带状地形图的竣工测量或修补测以及城市道路红线和市政标高的规划管理工作。

【城市建设】

燃气管理　2008年，有32家燃气企业，560个供气门市部，2800余名从业人员。储供液化气能力12871立方米、天然气900立方米。全市管道燃气开户14.16万户，通气8.56万户，年供气总量16.4万吨。围绕“稳定、完善、创新、发展”工作思路，着眼于“安全第一，和谐燃气”，依法行政，服务企民。狠抓燃气安全隐患整改，实行事故零指标控制。安全宣传、隐患整改到户。不断净化供气市场，杜绝无序无证经营，全年燃气行业没有发生大小燃气安全事故。

园林绿化建设　2008年，惠州市区城市园林绿地面积3703.89万平方米，绿化覆盖率40.34%，绿地率35.86%，人均公共绿地面积11.74平方米，新增公共绿地面积53.38万平方米。惠州市园林（西湖）管理局组织实施园林风景工程项目67个，完成投资1.32亿元。年内，惠州市园林（西湖）管理局分别被中国风景名胜区协会和广东省风景园林协会推选为理事单位和副会长单位，被广东省建设职工思想政治工作研究会授予“广东省建设系统思想工作先进单位”称号，被中共惠州市委、市政府授予“创建全国文明城市特等奖先进单位”称号。

按照惠州市2008年创建全国文明城市的工作部署和要求，惠州市园林管理局对惠城中心区的园林绿化实施升级改造，包括下角南路、鳄湖路行道树改种绿化芒、三新南路绿化、江北沿江二路绿化等项目共38个，投资2040万元。年内完成的绿化建设工程有故乡园、西湖东坡园园林绿化，西湖湖岸和湖边道路改造、西湖观赏树木种植以及东江放生台建设等。（黄慧明）

市容环境卫生　2008年，惠州市市容环境卫生管理局通过加强管理，使市容环境卫生高质量常态化。一是市区街道和江面清扫保洁保持高水平。每天对790万平方米的大街大巷进行2次大扫、不间断保洁和一次冲洗降尘，对1110万平方米的“两江”水面进行清捞保洁，每天打捞水上垃圾50多吨。全年累计清扫面积5760多平方公里。二是市区生活垃圾全部实现无害化处理。坚持市区居民生活垃圾上门收集制度，完善城中村生活垃圾收集网络，优化生活垃圾运输系统，日产日清生活垃圾700吨，全年收集、运输、处理生活垃圾25万多吨，无害化处理率100%。全年生活垃圾运输里程205万公里。三是公厕、垃圾站、果皮箱等环卫设施管理上新台阶。对32座垃圾中转站、72座公厕和8100多个果皮箱（垃圾桶）、1644块路名牌、96座候车亭、540张座椅实施保洁管理，各类环卫公共设施保持整洁完好。

制度建设　年内，惠州市市容环境卫生管理局通过狠抓制度建设，使市容环境卫生工作水平不断提高。一是建立环卫业务精细化管理制度。实施《环卫精细化管理考评办法》，明确精细化管理标准。二是实施《惠州市惠城中心区环境卫生责任制规定》，明确惠城区等相关单位的环境卫生责任区域，理清全市61条道路的责任主体，使环境卫生工作时时有人抓，处处有人管。三是实施“三包”、“三员”工作制度，“三包”即机关科室包所队督查，所队管理人员包片检查，一线作业人员包路（包点）清扫保洁，进一步细化责任。“三员”即所、队行政执法人员既当纠察员，又当宣传员，还要当保洁员。“三员”人员向店主、售货员宣传环境卫生法律法规常识，对乱丢垃圾的行为进行批评、教育、处罚，并及时将垃圾捡起。“三包”、“三员”工作制度的实施，减轻了一线作业人员的劳动强度，有效地提高了市容环境卫生质量。四是实施“三个一”的环境卫生质量管理制度，即每天一检查，每周一评比，每月一奖惩，保证责任落实到位。五是建立应急机制，增强应对紧急状况能力。

环卫执法　年内，惠州市市容环境卫生管理局通过整合执法队伍，增强执法力量；开展市容环卫行政执法培训，提高执法队员的综合素质和执法水平；规范执法程序，制定节假日和非正常上班时段的执法制度；强化建筑垃圾管理，坚决制止建筑垃圾运输过程中的超载、撒漏以及乱排放的行为；采取行政处罚与媒体曝光相结合、罚款处理与宣传教育相结合等综合措施，持之以恒地对乱丢、乱吐、乱倒、乱张贴、乱刻画等不文明行为进行教育和处罚，取得良好的社会效益和环境效益。全年罚款金额247647元，处理违章案件610宗，批评纠正违规违章行为2700人次，媒体曝光环卫违法违章50人次，经法院强制执行的违章案件1宗。

环卫基础设施建设　年内，垃圾焚烧发电厂、灰渣填埋场两大设施运营正常，保证市区生活垃圾无害化处理率达100%。垃圾渗滤液预处理工程于2008年9月竣工；完成建筑垃圾消纳场的预立项、环

▲2008年，惠州市环卫局开展创建全国文明城市环卫家庭齐参与活动

惠州市环卫局供稿

评、初步选址和初步方案，以及水上码头规划选址、设计、审核等工作和东平绿地等3座垃圾转运站建设工作；对6座残旧公厕进行星级改造，改造升级30座普通公厕，并增加无障碍设施；增设2500多个果皮箱，改善市区道路果皮箱数量不足、分布不合理的情况；购置一批环卫工具房、环卫保洁车和环卫工作服4500套；投入打捞船8艘，安装垃圾拦截系统1条；购置多功能洗地车、电动保洁车、分体式垃圾压缩车等一批先进的环卫作业设备，提高环卫工作的现代化水平，提高了工作效率。（黄婉华）

【住宅与房地产业】 2008年，惠州市房地产业先后在宏观调控、货币从紧和刺激经济增长、支持居民购房的双重经济政策影响下，房地产开发投资持续增长，房产交易大幅萎缩，房价逐步回落，年初的高速增长、房产泡沫与虚拟需求逐步消退，开发投资与购房需求都向理性回归，行业整体进入理性调整期。全市房地产开发投资完成186.8亿元，比上年增长35.6%；商品房施工面积2059万平方米，首次跃过2000万平方米，增长52.8%；新开工面积641.21万平方米，增长1.3%；竣工面积242.80万平方米，增长13.9%。2008年全年空置面积69.16万平方米，比上年增长15.3%。年末全市实有房屋建筑面积11428.9万平方米，其中住宅5908.17万平方米，人均居住面积31.03平方米。

房地产市场管理 房产交易市场逐步回归以消费型需求为主体，房地产市场保持健康发展。全年全市完成交易32156宗，交易面积480.36万平方米，交易金额52.16亿元，分别比上年增长12%、13%、21%。其中，市区完成交易办证22585宗，面积286万平方米，金额73.2亿元，分别比上年增长6%、8%、18%；一手商品房交易面积220万平方米，增长30%，交易金额64.7亿元，增长33%；二手房交易面积66万平方米，下降32%，交易金额8.5亿元，下降35%。同期，惠州市住房价格全年总体上涨，全市商品房销售价为3256元/平方米。其中惠城区商品房均价为4150元/平方米，比上年末上涨11%。全年办发房屋各类权证45623份，比上年增长16%。其中产权确认1562份，比上年下降2.3%；发证面积1025万平方米，增长23%；他项权办证21004份，增长26%；抵押面积562.3万平方米，增长7.9%；查阅利用档案21456份，增长13%。

实行商品房预（销）售合同网上签约和登记备案制度，有效防止开发商利用备案空隙炒作或一房多卖，保护了购房者的权益。同时，建立商品房预售资金监管制度，落实购房实名制，坚决禁止未取得商品房预售许可证的开发项目的销售或炒房号、发房卡、内部认购和发布如“售后包租”等虚假广告的违法违规行为。逐步完善物业服务小区专项维修资金明细资料，确保专项维修资金监管落到实处。下发《关于规范市区住宅专项维修资金交存监管工作的通告》，并协同建设银行惠州分行在惠城区各建行网点启用住宅专项维修资金归缴的新电脑管理系统，调整专项维修资金缴存流程和业务受理流程。交易中心开设维修资金服务窗口，有效避免以往代收单位挪用和侵占维修资金现象的发生。至年底，全市专项维修资金达到4.9亿元，比上年增长47%。

建立健全住房管理、物业管理和内部业务管理信息系统。同时，加强商品房动态监管，完善房产管理信息系统建设，升级改造商品房网上预销售系统，使其更适应房产管理和各方使用者的需求；加强房产交易、公房管理、物业维修资金等信息系统的开发整合，构建“数字房产”信息共享平台，以信息网络化推动房产管理服务现代化。年内房地产开发企业成功注册并纳入网上预售系统管理增至223家。

住房保障 建立低收入家庭住房保障信息系统。同时加快市区江北25号和45号小区建设和亚婆田危房改造项目的建设步伐。江北25号小区土地清场工作正在进行当中，江北45号小区项目拟按照政府主导建设模式启动，前期工作正在抓紧进行中。亚婆田危房改造项目一期工程完工，房管部门精心组织首批

139户回迁户的回迁选房工作，得到回迁户的一致好评。年内市房产管理局还启动马安阅粮畜牧场经济适用住房、廉租住房建设项目，总建筑面积32万平方米，约建住宅3232套。

年内，将惠城区小金口街道柏岗村作为试点，开展农村宅基地和房屋登记发证工作，为首批40户村民住宅核发《集体土地使用证》和《房屋所有权证》，确保广大农民住有所居、居有其证，维护了农民房屋的合法物权。 *（何晓琳）*

【城市综合管理】 2008年，惠州市城管办（城监支队）围绕惠州市委、市政府创建“全国文明城市”中心工作，以联合执法为手段，以开展城市管理百日行动为载体，全面深入开展市容市貌综合治理，有效提升城市品位和文明形象。2008年惠州市获“全国文明城市”称号。市城管办（城监支队）被惠州市政府评为“创建全国文明城市”先进单位特等奖；有2人被评为“创建全国文明城市”先进个人特等奖；有38人被评为“创建全国文明城市”先进个人。

是年，市城管办（城监支队）加大市容市貌的综合治理力度。拆除各类广告招牌（含灯箱招牌）7575块，面积6万多平方米；查缴、销毁人力三轮车、板车685辆；清拆各类挡雨棚2072个；暂扣四角棚、拱门341个；清理流动摆卖25790起；纠正跨门店经营9853档；清理乱悬挂横幅标语3567条；与市区近万家商户签订《街道门前秩序管理责任书》；整治占道设置报刊亭140个；收缴各类影响市容市貌占道经营物品2万多件。

年内，加大对73条保洁路段“牛皮癣”清理保洁力度，清理乱涂写“癣”迹约40万条（处）。按照创建全国文明城市的标准，把市区沿街店（门）面张贴的各种宣传品也纳入清理范围，清理乱张贴宣传品近10万张（处）。在市区设置400个信息张贴栏，免费供信息小广告发布者张贴，从源头上引导、规范张贴行为。市区洗车场工作领导小组按照《惠州市城市洗车场管理暂行规定》，对市区100家洗车场进行检查、验收、评估，整改、纠正一批占道洗车、擦车和不规范排放污水现象。组建市联合执法大队市容市貌分队。会同公安、工商、卫生、环卫等部门开展30次联合执法行动，对再生资源回收、集贸市场周边环境“脏乱差”、沿街乱摆乱卖、夜间占道烧烤和大排档占道经营噪声油烟扰民等民生热点问题进行综合治理。健全“归口管理，合署办公，三级联动，有效遏制”的工作机制，查处违法建设行为。全年共发出各类停工通知书1204份，拆除永久性违法违章建筑727宗，拆除面积187074平方米；拆除临时性违法违章建筑98宗，拆除面积8204平方米。

年内，惠州市政府投入1300多万元，对市区进出口路及主要街道上的231幢残旧建筑物进行改造翻新，进一步提升城市形象。全年，城管110指挥中心和12319城市管理服务热线共受理各类群众诉求6483宗次，反馈率100%，处理率95%。同时，构建网民问政工作平台，建立“三级反馈”工作制度（即由队员将处理结果反馈到大队，再由大队反馈到机关，最后由机关按要求反馈到政府或网民），解决网民各种投诉问题。年内共接、处网民问政49宗。 *（林小龙）*

汕尾建设

【概况】 汕尾市位于广东省东南沿海，陆地面积为5271平方公里，全市人口268万人，市区居民16万人，旅居海外华侨、港澳台同胞100多万人，是广东省著名侨乡。1988年建市以来特别是近几年来，中共汕尾市委、市政府以及全市各级建设行政主管部门努力实践“三个代表”重要思想，把抓好基础设施建设作为新市建设的战略重点，动员全市人民广开融资渠道，千方百计加快基础设施建设步伐。建市10多年来，投入资金近百亿元，改建、扩建、新建一批地方公路和上等级公路，新增城市道路760.1公里，道路面积730万平方米，通车里程达3097公里，实现辖区省养道路水泥、柏油化，100%的乡镇和95%的村民委员会通汽车；完成汕尾港两个5000吨级、乌坎港两个500吨级泊位码头和后门、碣石等一批港口的续建工程，大大提高了全市的交通运输能力。全市绿化覆盖面积达1532公顷，绿化覆盖率为32.66%，人均公共绿化面积4.3平方米，并于1995年实现全市省级绿化达标。市区新地水厂、红海湾供水工程、陆丰望洋水厂扩建工程等项目按期竣工，新铺设排水管道长度972.7公里，自来水厂从建市初期的26家发展到37家，日供水能力为40.4万立方米，年供水总量达9893万立方米，用水普及率为83.2%，比建市初期的60%提高23个百分点。1988年编制《汕尾市城市总体规划》，规划范围为24平方公里。1993年，又重新修编城市总体规划，把原来的规划区范围扩大到150平方公里，可建面积为90平方公里，1994年7月报广东省人民政府批准实施。修编后的总体规划年限为1993~2010年，人口规模70万~75万人。总体规划确定汕尾市区是海陆丰地区的政治、经济、文化中心，以港口为依托、外贸为导向、轻工业为重点、海陆丰及其附近地区为腹地，贸工渔综合发展的外向型的花园式的海滨城市。

2008年，汕尾市建筑业完成总产值8.24亿元，比上年增长72%；竣工工程面积151万平方米，增长14.4%。完成市区市政投资15000万元，完成金湖路等10条市政道路的建设和相关配套设施建设。投资8000万元启动市区城市管道天然气项目建设。新建、改建574套廉租房，面积2.87万平方米。汕尾市区全年供水总量2836万立方米，比上年增长2.3%；售水总量1893万立方米，增长7.8%；实现总收入3484万元，增长8%；管网水质综合合格率达98.65%。汕尾市区全年累计办理房地产权属登记4455宗，登记面积86.52万平方米。其中初始登记件1556宗，建筑面积31.53万平方米；交易登记件1780宗，建筑面积22.78万平方米；抵押登记1119宗，建筑面积20.15万平方米。为财政、税务部门准确提供纳税依据3560份。同时做好汕尾市区房地产权产籍档案的整理归类、入盒上架、信息录入等工作，全年协助司法部门查档638宗，查封111宗，司法解封38宗，律师查询等145宗。汕尾市区共种植乔木1173株，黄榕21600株，绿篱8556平方米，草皮2100平方米。

【建筑业】 2008年，汕尾市建设局狠抓施工安全监管，加强对工程各环节各阶段的安全管理，做好建筑施工企业安全生产许可证延期三年初审有关工作，推行和完善“平安卡”管理制度。全年全市纳入管理的工程建设项目建筑施工安全生产均没有发生安全生产事故。进一步加强对建设工程招标投标关键环节的管理，加大防止围标、串标的管理力度，规范工程建设招标投标行为。建立《汕尾市投标人资格名录》，实施投标人集中审查制度，加大对违法违规行为的处理力度，有效遏制招标投标中的违法违规行为。全市应招标项目71个，实行招标71个，应招标率100%，首次达到全年未发生工程招投标方面的投诉。应公开招标70个，实行公开招标70个，应公开招标率100%。

落实工程建设各方责任主体的质量责任，严格实行基本建设程序，实施施工图审查制度，从源头上把好质量关；狠抓工程质量管理，通过现场监督与市场管理联动、工程实体质量与质量行为检查相结合、提高动态监管水平以及健全质量投诉处理制度等各项措施，强化工程质量监管机制，提高建设工程质量；严格按照有关法律法规的规定核发施工许可证，加大对无证施工的查处力度，有效规范工程建设行为。

是年，汕尾市建设局以加强节能技术标准体系的推广应用和加强建筑节能管理为重点，全面推进建筑节能工作，加强建筑节能监督检查。通过严把图纸审查关、加强新墙材推广应用、加强市场准入制度、开展建筑节能专项检查等措施，推动全市节能工作的深入开展。散装水泥和预拌混凝土的应用也有新的进展，全年共使用散装水泥3.53万吨，预拌混凝土14.3万立方米。 *(施华游)*

【城市规划】 2008年，汕尾市规划部门以《汕尾市城市总体规划(2003~2020年)》、《汕尾市近期建设规划（2006~2010年)》为依据，重点推进各个层次的规划全面展开。市区完成编制《汕尾市供水管网规划》、《汕尾市区城北路东片区控制性详细规划》、《汕尾市住房建设规划（2008~2012年)》及《城东区规划调整及市政深化设计》。完善旧城区市政道路规划体系和市政骨架网络，实施总体规划中城市“东移”、“北拓”战略。规划建设海滨公园和文化、体育及卫生等公建配套基础设施。截至2008年底，汕尾市城市规划局共核发选址意见书4份；受理规划方案36宗，办结36宗；核发《建设用地许可证》50宗，其中建设用地39宗，道路用地11宗；核发《建设工程规划许可证》副本36本，总建筑面积534447.39平方米，其中工业厂房9宗，总建筑面积147564.8平方米，房地产8宗，总建筑面积363666.79平方米；办理修建性详细规划5宗，办结4宗；全年建设工程竣工规划验收13宗，建筑面积20.81万平方米。同时，规划部门测绘队全年完成市区单位征地放线测量27宗，建筑放线测量30宗；完成东涌镇石奎村、流口村、红厝山共9.02平方公里、马宫镇长沙湾4.51平方公里，鹅埠产业转移区5.5平方公里的1:1000数字化地形测量；协助国家重要项目“厦深铁路”的测绘工作，提供了准确的原始数据。组织编制《汕尾市供水管网规划》、《汕尾市区城北路控制性详细规划》、《汕尾市住房建设规划（2008~2012年)》及《城区东区规划调整及市政深化设计》。

2008年1月《中华人民共和国城乡规划法》正式实施，汕尾市政府核准规划部门共13项规划行政许可审批项，即《建设项目选址意见书》、《建设用地规划许可证》、《建设工程规划许可证》、《建设工程规划许可证（临时建设类)》、《市区户外广告牌临时规划许可证》、《建设工程规划竣工验收》、《占用城市绿地砍伐、迁移古树名木核准》、《城市道路、管线及其他工程设施规划施工图核准》、《城市管线及其他工程规划方案核准》、《城市市政工程规划设计方案核准》、《建设工程设计方案核准》、《补办建设工程设计方案核准》和《补办工程、补发〈建设工程规划许可证〉》。市规划部门围绕行政审批改革，修改完善《建设项目“一书两证”审批规程》制度，有关审批过程均按照规划审批程序进行办理，并全部进行批前公示。

年内，组织编制控制性详细规划，提高控规覆盖率，加大对建设项目控制引导力度。健全控制性详细规划的编制、审批和调整程序，强化控制性详细规划的刚性作用，规划部门已经制订出编制全市(区）建设用地控制性详细规划的年度计划，最大限度提高城市控制性详细规划覆盖率，为出让土地和城市建设提供法定的依据，同时发挥规划引领发展的龙头作用，推进经济社会的发展。

全年查处制止市区违法建设案件75宗，发出违法建设《行政处罚告知书》15份，《行政处罚听证告知书》15份，《行政处罚决定书》15份，追回补办报建手续9宗，调查处理建设纠纷案件和行风热线交办的案件7宗，申请人民法院强制拆除的案件1宗，有效遏制各类违法建设，确保城乡规划顺利实施。

（陈育军　罗海峰　张瑞坤）

▲*新建的海边大道*　　*汕尾市建设局供稿*

【城市建设】　2008年，汕尾市着力抓好城市基础设施建设，完善城市基本功能。围绕强化市区中心地位的目标，以建设宜居宜业新城为重点，加快城市基础设施建设。投资约7000万元，建设金湖路市政工程，香洲东路首期工程已实现通车，二期工程正在施工。同时综合改造和重点维护市区城南路北段、通港路南段、四马路西段、凤苑路等主要道路，并配套相关设施；完善腾飞路东段、文德路、康平路、和顺路等道路的建设和绿化、路灯和地下给排水管道等配套设施。首期投资8000万元的市区城市管道天然气项目，于年内动工建设。

园林绿化　2008年，汕尾市市园林局加强市区道路绿化、公共绿地、公园的建设和管理，完成汕尾大道、海滨大道一期、二期绿化、通港路、奎山河两岸绿化带等13条市区主要道路的行道树修剪、花木补植和枯树杂草清理等工作，补种植乔木近600株、绿篱2200平方米。配套绿化文德路、康平路、香洲东路，种植乔木473株、绿篱5100平方米、草皮2100平方米。出动300多人次，清除垃圾、杂草40多车次，完成玉台山公园、香洲西路、妈祖文化广场周边、罗马广场等道路场所的绿化清理整顿和修剪、补种。完成奎山公园整治、维护和建设。接管通航路两边绿化带后，加强对绿化带花木的淋水、追加施肥，并进行全面的清理、修剪和补种。种植乔木15株，绿篱856平方米；改造绿篱，种植黄榕21600株。完成市区绿化的全面施肥。

城市供水　2008年，汕尾市供水总公司全年供水总量2836万立方米，比上年增长2.3%；售水总量1893万立方米，增长7.8%；实现总收入3484万元，增长8%；管网质量合格率达98.65%。全年安全供水无事故，确保管网连续安全稳定供水。

全年共探得DN100以下管网漏水105处，DN100以上管网漏水19处，并对市区全部303套消防栓及其损坏状况进行全面检修；共抢修DN25到DN30水管破漏1363处，DN100以上95处，抢修及时率达95%，有效遏制水管的破漏水耗现象。建立长效供水服务机制，通过“行风热线”网络平台，受理群众对供水投诉的问题，第一时间将投诉意见和建议分解到各相关业务部门，专人负责，限时解决，做到件件有落实、事事有回音。全年承办群众投诉案例20件，办结率97%；接待群众来电、来访23起，答复汕尾市人大代表建议及汕尾市政协提案各2件，办结率100%，用户满意率95%。

全年投入195万元完成汕尾市区管网的改造任务。改造蝶苑小区、凤苑小区、高第街、百汇小区、园林中街等园区，约2430户居民的饮用水问题得到解决。同时，投入180多万元，铺设DN800供水主管道700米，范围由文明路—新城路至汕尾大道，从而提高汕尾市区西部的供水水压，保障近6万户群众的安全优质用水。全年投资260万元铺设DN400~DN600供水管道3公里，保障万福花园、东方花园、鸿景园、碧桂园等新建园区的正常供水。

汕尾市区西区污水处理厂项目于2002年底经省发改委批准，首期工程建设规模为日处理污水能力10万吨，配套两条集污管网共4000米，总投资15800万元，2008年已建成5万吨厂区和其中一条长2公里的集污干管，实际投资约7500万元。汕尾市区西区污水处理厂的建成，填补了汕尾市区污染减排工作的空白。

【住宅与房地产业】　2008年，汕尾市强化对房地产市场的分析和监测，开展房地产市场运行及房地产金融情况的调研，为促进我市房地产市场平稳发展提供积极有效的决策依据。一是各地通过加大住房保障工作力度、鼓励自主型住房消费等具体措施，保持房地产市场稳定。房地产市场交易逐步回升。汕尾市全市商品房均价1450元/平方米，商品住房价格与前年同期基本持平。二是各地加强对房地产市场的监控，严格预售审批、加强预售款监管，保障了群众住房交易的资金安全。三是完善房地产登记发证工作。根据住房和城乡建设部《房屋登记办法》等相关规定，推广使用《房地产登记簿》和新版房地产权证书，理顺市、县房屋登记机构套印发放房地产权证的管理体制，进一步保护公民的私有财产权利。

(施华游)

【城市综合管理】 2008年4月，由汕尾市城管局牵头组织建设、规划、园林、城区环卫共5个部门组成“汕尾市城市管理委员会城市管理巡查小组”，每周一次对市区市容市貌进行集中巡查。城市管理巡查机制对于促进城市管理、改善市容市貌作用明显。

是年，汕尾清理拆除市区美丽华大酒店侧门违章搭建的“北国餐厅”、罗马广场和鲁班庙违章搭建的戏台、春晖路“五路伯公”神庙。共清理拆除各种违章搭建物约320间，面积约20000平方米，从而使市容环境面貌得到有效改观。清洗“涂鸦”信息4万多条、覆盖8处无法清洗的大型“涂鸦”、火烤和打磨抛光15处难洗地点，清理面积3万多平方米。 *(刘德华)*

东莞建设

【概况】 东莞市位于广东省中南部、珠江三角洲东北部，北接广州，南连深圳。1985年9月撤县设市，1988年1月升格为地级市，下辖28个镇、4个街道办事处，全市陆地面积2465平方公里，改革开放30年来，东莞市坚持以经济建设为中心，充分发挥地理人文优势，大力发展外向型经济，以科技推动经济发展，2007年全市生产总值3151亿元，比1978年增长120倍，年均增长18%，经济总量跃居全国地级城市第一位，是国内生产总值超过3000亿元的13个城市之一。东莞先后获“中国优秀旅游城市”、“国家卫生城市”、“全国绿化模范城市”、“中国最佳魅力城市”、“中国最具经济活力城市”、“中国制造业名城”、“国际花园城市”、“国家园林城市”、“全国文明城市”等称号。

2008年，东莞市建设系统坚持以科学发展观统领全局，积极探索规划建设管理新模式，全面完成年初确定各项重点工作，实现规划建设管理事业又好又快发展。据统计，2008年完成全社会固定资产投资总额943.03亿元，其中基本建设投资378.26亿元，比上年增长9.9%；房地产开发投资270.15亿元，增长29%。全年实现建筑业增加值82.38亿元，比上年增长13.1%。建筑企业完成施工产值116.92亿元，比上年增长3.6%。建筑企业按施工产值计算的全员劳动生产率人均达18万元，比上年提高21.4%。年末全市建成区土地面积706.54平方公里，公共设施用地面积19.28平方公里。城市建成区绿地率40.97%，绿化覆盖率44.25%，人均公共绿地15.19平方米；全市建成公园、广场1446个，面积4189公顷。 *(杨远辉)*

【建筑业】 2008年，东莞市建设局全力推进建设管理“三大工程”(精品工程、平安工程、阳光工程)建设，以建章立制为主线，奠定更为完善的建筑市场监管体系，以改革创新为重点，构建更为科学的质量安全监督体系，依法行政、严格执法，朝着“工程质量安全水平稳步提高、建设市场有序运行”的既定目标迈出坚实的一步。

企业信用管理　以企业管理为切入点，建立企业信用档案，构建企业信用管理平台，倡导企业诚信经营。2008年，市建设局制定《关于发布〈东莞市建设工程企业记分办法（试行）〉的通知》、《关于启用企业信用动态监管平台的通知》、《关于执行〈建设工程监理与相关服务收费规定〉具体事项的通知》、《关于进一步加强对建设工程企业资质和注册人员管理的通知》、《关于进一步做好建筑施工企业工人工资支付有关工作的通知》等一系列指导性文件，推进企业在莞登记备案、合同履约、企业资质、人员资格、工资支付、工程开工管理的制度建设。7月26日，《东莞市建设工程企业管理规定》颁布，8月1日正式实施，市建设局配套制定《建设工程企业不良行为记分标准》、《建设工程企业行为记分办法》，对企业实施信用管理。

工程招投标　2008年，东莞市交易中心办理施工类招投标299项，预算总金额78.85亿元，中标总金额64.63亿元。全年受理施工报建862项，建筑面积892.8万平方米；在建工程质量监督面积1891.49万平方米，总造价109亿元。43个项目评为“市优良样板工程”，38个项目评为“市双优工地”；12个项目被评为“省优良样板工程”，18个项目被评为“省双优工地”。在建工地发生1起一般生产安全事故，死亡1人，死亡人数比上年下降80%，建筑施工百亿元产值死亡率为0.92。

勘察设计　截至年底，办理《东莞市建筑行业企业信用管理手册》及建立信用档案勘察设计企业共有193家。在勘察设计行业实行实名制管理，发出《勘察设计企业在莞承接业务告知管理制度》、《建设工程勘察设计文件实名制》等文件。严格执行施工图文件审查及审查备案制度，把施工图文件审查备案作为工程上网招投标必备条件，共完成122项市属大中型建设工程初步设计审查、595项房屋建筑工程施工图设计文件审查备案，备案总建筑面积715.2万平方米。严厉查处无证挂靠、代审代签、越级设计等严重扰乱市场的行为，7

▲2008年8月6日，特大城市群管治与规划国际研讨会与会人员在东莞市考察

东莞市建设局供稿

家企业被取消《信用管理手册》，其中情节严重的2家取消两年内在莞从业资格。组织勘察设计评优，59个项目被评为优秀勘察设计。

房地产管理　至2008年底，全市房地产开发企业共有504家，其中一级资质企业3家，二级资质企业11家，三级资质企业有60家，四级资质企业228家。全市商品房批准预售面积634.75万平方米，其中住宅面积527.65万平方米，商业面积58.75万平方米，写字楼面积9.47万平方米，别墅面积20.31万平方米。

旧村整治　编印《东莞市整治旧村试点村成果图册》，展示全市45个试点村工作成果，宣传推广经验做法。加强对第二批开展整治的村（社区）检查督导，169个村（社区）整治旧村工作通过考核。从2006年开展整治旧村工作以来，全市已有347个村（社区）开展整治，投入大量人力、物力、财力，对包括旧围新村在内的居住区范围的基础设施、村容村貌等进行全面整治，共投入资金超过13亿元（不包括农民公寓建设项目）。

建筑节能　制订《东莞市建筑节能2008~2010年实施方案》，明确2008~2010年建筑节能总目标，全面实施建筑工程节能质量监督管理，建筑项目节能施工图设计文件100%进行审查，建立建筑节能竣工验收备案制度。实施新建建筑节能示范工程建设，推广应用节能新材料、新技术。开展节能示范小区和太阳能照明示范工程建设，累计完成和正在建设总建筑面积超过31.61万平方米。完成节能改造面积49万平方米，完成可再生能源利用面积32.6万平方米。

援建灾区安置房　自5月底起，市建设局参与援建四川地震灾区过渡安置房任务，先后派出三批人员，赴地震灾区援建过渡安置房，圆满完成18104套过渡安置房援建工作。被住房和城乡建设部、省政府分别授予“抗震救灾先进集体”称号。（杨远辉）

【城区规划】　2008年7月初，东莞市政府批复同意东莞市城建规划局组织编制《东莞市基本生态控制线规划》。该规划正式划定1103平方公里的市域生态线范围，约占东莞土地面积的44.7%。新划定的1103平方公里生态控制线内，将打造成“三轴、四廊、三区、多节点串连”的生态景观结构。其中，三轴包括东江及其沿岸、狮子洋及其沿岸、南部山地林场，四廊包括东江南支流生态廊道、寒溪河生态廊道、东引运河至同沙生态廊道、石马河北部—黄江生态廊道。

启动《东莞市区综合交通规划(2008~2020年)》编制工作　编制完成《东莞市住房建设规划(2008~2012年)》和《东莞市快速公交（BRT）线网规划》。2008年，东莞市城建规划局承接东莞大酒店、迎宾馆、市中医院、黄旗山城市公园、东莞市植物园、清溪森林公园、东莞市城市规划展览馆、轨道交通、市区廉租房、篮球中心、网球中心、运河整治、整治生态环境工作、生态控制线规划、BRT线网规划、行政中心一期停车场、虎门港客运口岸码头搬迁、BRT试验段工程、石龙火车站迁建工程、市政道路设计等20多项市重点项目。指导完成《松山湖北部工业城D区部分区域城市设计》、《南城宏图片区城市设计》、《会展中心站交通接驳及土地综合开发概念性规划成果深化》等多项城市设计。

完成《以城市化为统领，加快推进经济社会双转型》调研课题　出台《控制性详细规划技术审查标准》，制定《东莞市控制性详细规划审批暂行管理规定》；截至2008年11月18日，全市已编制控规245个，已完成审批的控规114个，待审、待批控规131个，完成审批的比率达到46.5%。

制定《东莞市建设项目日照分析技术管理规则》、《用地拍卖批准书审批程序》、《东莞市城市规划设计市场管理暂行规定》（征求意见稿）、《东莞市生态控制线管理规定》（草案）。实行“一书两证”并联审批，启动《东莞市区地下综合管线普查一期（试点）工程》。（郭庆铭）

【城市建设】 2008年，东莞市32个镇（街）和松山湖园区、虎门港成立公用事业服务中心，591个村（社区）成立环卫管理办公室，“两级政府，三级管理”的体制运作逐步规范。全市全年供水量17.7亿立方米，日平均供水量约485万立方米；全市全年共铺设天然气管网105公里，建成南城高中压调压站，7.7万户用上清洁高效能源。31个镇（街）获得市财政1.54亿元的公厕、垃圾转运站建设专项补助，全市共有国家二类以上标准公厕1155座、标准压缩式垃圾转运站246座。城乡一体化的环卫保洁、园林绿化市场化、监理制覆盖面达65%。全市全年征收污水处理费约10亿元。

年内，完成520个公交站点站亭招标；40个站场中有16个正抓紧实施，8个完成施工图设计。东莞市城管局强化城市桥梁管理，完成北门桥、坝头一桥、樟村桥和筷子河桥的加固维修工作，对市区49座桥梁进行特殊检测评估，完成市区19座桥梁的加固维修方案设计。全年共翻新市直管路灯及景观灯饰5万多套次，清洗1.4万套次。南城、大朗等镇街积极做好桥梁检修工作，虎门、沙田、中堂开展市政路网建设和道路升级改造。全年修复沥青路面8万多平方米，翻新热熔标线4万多平方米，修补标牌570个，修复公交站牌站亭108处，油漆护栏5.5万平方米。

修订《东莞市市区内涝整治应急工程方案设计》。各镇街广泛开展下水道清淤工作，其中凤岗清淤26公里，石碣清淤14公里，石龙清淤7公里；全年出动抢险人员160多人次；建成松山湖大道上屯村排涝泵站；完成直管道路下水道清淤42公里、改建排水管渠607米。

推进燃气一张网建设。石碣、沙田、凤岗三镇天然气开发项目开始投入运行，清溪、麻涌、道滘等镇已达成合作开发意向。2008年，全市建成东城子母站、科技大道汽车加气站，完成石龙加气站、泰新路加气站等工程的立项、施工图设计等前期工作。完成西气东输二线东莞段天然气管道项目的实地调研、路由规划等工作。

推进市区污水三期工程建设。东莞市城管局开展市区污水处理厂三期截污管网工程前期工作。开展资料收集、现场踏勘工作，完成工程污泥处理系统方案、可研报告和初步设计的编制评审工作并向市城建局提交施工图设计。

城市供水　按照“五年三步走”战略，2008年，东莞市城管局推进示范工程建设，第六水厂深度处理工程开始试投产。国家“十一五”水专项申报课题通过住房和城乡建设部评审，东江水务有限公司水质监测站成为全省第二家具备新国标全项目检测能力的监测站；东城自来水公司开展制水膜处理工艺试验；石碣镇自来水公司进行原水生物预处理试验。

加快供水管网改造。草拟《东莞市供水管网改造工作实施方案》，制订以大城区为试点的示范方案。加强水源保护，开展大王洲岛蓄原水工程、取水口集中上移方案和水库联调三项备用水源工程的可行性研究工作，积极筹备河源万绿湖直饮水项目的论证工作。

园林绿化建设　2008年，东莞市城管局草拟《东莞市城市绿化补偿费标准》和《东莞市恢复绿化补偿费标准》，完成59家市内园林绿化企业信用管理手册审核登记。

加强“五路一广场”的绿化养护与市区道路渠化岛时花种养管理，完成中心广场和东莞大道部分景观的升级改造；及时处理年初受冻植物，市区受冻预计死亡植株由最初的11283棵下降到3651棵，挽回经济损失1500多万元。

市容环卫工作　2008年，东莞市共有环卫工人2.78万人，配备扫路车122辆、洒水车203辆、垃圾运输车551辆、果皮箱6万多个。市城管局建立健全“门前三包”责任制、上门收垃圾、中心区16小时保洁、村（社区）8小时保洁、垃圾随产随清、定时清洗路面等保洁制度，市区和各镇（街）中心区“门前三包”签订率达100%。2008年，茶山镇被评为“广东省卫生镇”；黄江镇创建国家卫生镇顺利通过省、市考核；清溪镇20个村已有19个被评为“省卫生村”，基本实现“省卫生村”全覆盖。东莞市城管局组织在校大学生参加每个季度的全市环境卫生大检查。

出台《创建“东莞市市容环境优美村（社区）”活动实施方案》，提出把全市591个村（社区）全部创建为“环卫管理机构健全，环卫基础设施完善，社区环境优美、文明和谐”的“市容环境优美村（社区）”。出台“创优”大型宣传策划方案，开展三期“创优”标准讲解和相关业务培训。2008年有89个村（社区）申请参加“创优”活动，其中7个镇（街）上报“创优”方案。开展运河沿线水源整治。对位于东莞生态园内的茶山镇横江坑口、超朗麦屋、粟边牛家地三个填埋场开展整治，共清运垃圾2.2万立方米，抽取渗滤液5000立方米。制订第二批24个填埋场整治方案，开展石马河、寒溪河、东引运河等水面垃圾清运保洁码头选址的可行性研究工作。

推广市场化管理。属直管道路广场、全市65%以上镇（街）中心区和村（社区）在市政维护、环卫绿化等工作方面实行市场化。制订《市外园林绿化企业领取〈东莞市园林绿化企业信用管理手册〉指南》；《东莞市园林绿化监理工作指引》、《东莞市环卫保洁监理工作指引》等行业规范。　*（毛栩峰）*

【住宅与房地产业】 2008年，东莞市房产管理局不断建立健全各种便民、利民措施，针对群众反映强烈的“办证难”、“办证慢”问题，切实改善服务态度，提高行政效能，努力为群众提供优质、快捷、便利的办证服务。2008年被评为广东省建设系统思想政治工作先进单位、创建全国文明城市工作先进单位、市直机关党建工作量化考评先进单位、市级预算管理工作先进单位、部门统计工作先进单位、办公系统办文工作先进单位、人口和计划生育综合治理达标单位。

房地产交易 2008年3月1日起，在全市范围内大力推行网上电子办证业务。是年，房产登记户数为85645户，比上年增长31.28%；房地产权证发证108590份，增长71.03%。办理商品房和二手房交易76548宗，面积累计960.24万平方米，交易金额375.89亿元。其中商品房交易63254宗，比上年增长67.48%；面积728.96万平方米，增长59.25%；交易金额329.73亿元，增长103.01%；二手房交易13294宗，面积231.28万平方米，增长24.31%；交易金额46.16亿元，增长12.70%；办理抵押登记31190宗，增长68.35%；抵押房产建筑面积为2037.68万平方米，抵押金额为404.87亿元、增长16.44%。

住房保障和物业管理 全年全市共筹集、建设廉租住房和经济适用房20680套（其中廉租房17573套，经济适用房3107套），为年度目标的113.01%，超额完成全年工作任务。2008年，共为118家机构核发《物业管理企业资质证书》，其中物业服务企业三级资质86家，暂定三级资质32家；共对23个业主委员会、169份物业服务委托合同的有关资料进行备案登记。组织2008年度东莞市物业管理示范项目的评比活动，评出花街十八商住小区、世纪城·国际公馆一期和二期、东田翠湖湾、江南雅筑、活力康城、蓝山锦湾花苑一期、东港城一期、愉景花园、第一国际百安中心、能源华庄、龙泽居、阳光粤港花园一期等12个2008年度物业管理示范项目。沙田镇活力粤港获“2008年度广东省物业管理示范项目”称号。 *（张敬东）*

【城市综合管理】 2008年，东莞市政府增设市水质监测中心和市固废弃物与余泥渣土处理中心。东莞市城管局在原园林环卫科的基础上分设市容环卫科与园林绿化科；出台《东莞市城市管理局绩效考核及奖惩办法》、《东莞市城市管理局采购管理办法》和《东莞市城市管理局固定资产管理办法》。常平镇公用事业服务中心开展“一室四股”改制；黄江镇实行“大城管”整合，理顺城市管理分工责任；东城、高埗、茶山等镇（街）设置投诉、暗访机构。

全年做好信访、提案工作，处理各类信访共444份，回复率100%；办理各类建议、提案共55件，办结率100%。 *（毛栩峰）*

中山建设

【概况】 改革开放初期，中山市的城乡建设，主要集中在旧城区的边缘进行，因为沿用旧的模式和标准，以及受行政体制、用地等因素限制，成效不大。1983年12月改为市建制后，城市建设迅速开展。1984年5月开始着手编制《1985~2000年中山市市区总体规划》，1986年5月经广东省政府批准实施。中山市政府根据规划制定“控制旧区、新建新区，建好新区、改造旧区”的方针，指导城市建设迈开按规划建设现代化城市的步伐。中山设地级市后，在新区按规划开展大规模的城市基础设施建设，新建中山路、兴中道等主干道路，以及105国道石岐过境线和相配套的中山三桥。还相继建成占地88.5公顷的大型生态公园——紫马岭公园、占地26.6公顷的孙文纪念公园和占地15.3公顷的岐江公园。岐江公园原来是粤中造船厂，工程分两期建设，总投资6000多万元，2000年开始建设，于2001年国庆节正式建成开放，是一个开放性公园。2002年10月获全球景观设计最高奖——荣誉设计奖。拥有日供水能力40万吨的全禄供水厂，1.2万个座位的兴中体育场，以及科学馆、图书馆、电视台、青少年活动中心等一大批公用设施。20世纪90年代基础设施建设的重点是提高城市的承载能力和城市品位，新建、续建、改建一批主干道，分期建设贯穿城区南部全长13.5公里的博爱路，使城区增添一条东西走向的主干道；在城区东部和北部兴建长江路、东明路等主干道，使新城区继续向东北方向伸延。新建兴中道、中山路等主干道，以及莲员路、岐港路等次干道，新建跨越岐江河的中山二桥、员峰桥等多座城市桥梁，使城区交通网络更趋完善。1998年建成日处理污水10万吨的中嘉污水处理厂。同时，加大城区排水设施建设的力度，整治一批河涌，兴建10多座排涝、排污泵站（闸门），以保障排水畅通。1997年建成日供水能力20万吨的大丰供水厂第一期工程，生活垃圾无害化日处理能力达1000吨。进入21世纪，中心城区的基础设施建设举措一是大力拉大城市框架，集中力量建设交通主干线。动工兴建全长约24公里的南、北外环路，建成4公里的长江北路和连通京珠高速和江中高速公路的东明北路延长段，打通中山市首座金字山城市道路隧道，新建长江路大桥和康华路东河大桥，另对中山路、博爱路等主干道路加以改造，加铺改性沥青混凝土路面，使城市的交通网络更趋完善，路容路况明显改善。二是结合环境保护，加大对城市污水处理和垃圾处理设施的建设。中嘉污水处理厂二期工程完工，新建的珍家山污水处理厂工程已全面启动。编制《中山市市域环境卫生控制性规划》，实行分三大组团高质量无害化处理全市的垃圾，2008年中心组团垃圾处理基地已建成并投入使用。全面启动对岐江河、白石涌、大滘涌、发疯涌、羊角涌等河涌的整治工程。在城区东部与火炬开发区交接处，建成占地18万平方米的绿化长廊，优化了城市环境。

2008年，中山市建设局以环保、交通、绿化、卫生、教育等工程为重点，按时保质完成中心城区的城市建设任务。全年建设局承办79项政府工程的建设任务，完工（基本完工）38项，完成投资额8.14亿元。中心城区基础设施建设。珍家山污水收集系统（一期）已建成投入使用，并向珍家山污水处理厂送水；北部组团垃圾综合处理基地垃圾焚烧发电厂和渗滤液处理厂主体土建工程基本完成，部分设备进行安装调试，垃圾焚烧发电厂电力接入系统工程和填埋场一区工程正在加紧施工中，管理中心土建工程开始施工；南部组团垃圾综合处理基地一期土地预审获省国土厅批准，正在办理国有土地证。南部组团垃圾综合处理基地主给水管工程基本完成，正在开展BOT项目招标；北外环路（长江路大桥至彩虹大道段）全线通车；配合“3·28”招商活动，完成博览中心周边配套路网建设；配合市一中百年校庆，完善周边配套路网、停车场及绿化建设；加快五桂山职业教育园区配套工程建设，保障中山中专、广东理工学院的正常开学；完成名树园一期主体工程，春节前向市民开放使用；加快马山公园的征地拆迁工作，加大道路绿化建设力度，提高城市绿化建设水平；市第二人民医院（一期）已完工并交付使用；市一中初中部迁建项目宿舍楼已完成，教学楼基本完成；市职业技术学院第三期工程教学楼和宿舍楼主体工程已完成；新警校教员宿舍、学员宿舍、教学及综合楼、射击训练馆、攀爬楼内外墙砖铺贴完成，正进行室外工程施工；巡（特）警支队宿舍楼、办公楼正进行室内装修。

【建筑业】 2008年，中山市办理4027个工程项目的施工许可手续，报建面积1049.5万平方米，工程造价126.46亿元；全市共开展招标投标658项，其中公开招标528项，公开招标率为80.24%；邀请招标130项，邀请招标率19.76%（新开工工程应招标率为100%，应公开招标工程公开招标率为100%），工程造价68.71亿元，综合下浮率为8.95%；全市工程竣工验收房屋工程2542项，建筑面积1093.12万平方米；市政工程43项，工程造价4.57亿元。推行实施住宅工程竣工分户验收工作。为确保住宅工程竣工验收质量，减少住宅工程的质量投诉，是年开始推行实施住宅工程竣工分户验收工作，要求建设单位进行竣工验收前，首先组织施工、监理和物业管理等单位对每一套商品房的地基基础与主体结构安全、装饰观感、使用功能等内容进行专门检验，填写《检验记录表》，并逐套核查检验结果。

建筑节能 实施民用建筑节能分部工程专项验收。为加强全市民用建筑节能工程的施工质量管理，贯彻落实国家标准《建筑节能工程施工质量验收规范》，根据住房和城乡建设部《民用建筑节能条例》和《民用建筑工程节能质量监督管理办法》等规定的要求，从2008年10月1日起实施民用建筑节能分部工程专项验收。

新型墙材使用 完善全市民用建筑节能施工图设计文件管理，规范民用建筑节能各方责任主体行为。制定《中山市建筑节能工作近期规划》和《中山市建筑节能管理办法》。

2008年，全市生产和使用商品混凝土665万立方米，比上年增长32%，全市建设工程基本上使用商品混凝土，商品混凝土的使用率达90%以上。全市新墙材的使用比例达72%，比上年提高7个百分点。缴交墙材基金的工程为1375万平方米，征收基金11000万元。新墙材产量为4亿块标砖，累计节约耕地44.33公顷，标准煤2.5万吨，利用工业废渣5.7万吨，减少废气排放627吨。有效节约能源，保护了耕地和生态环境。 （胡　蓉）

【城乡规划】 2008年，中山市规划局围绕树立和落实科学发展观、建设“三个适宜”城市、构建和谐中山的目标任务，抓好十大民生工程、新农村规划建设、轨道交通规划研究等市政府重点工作，加强规划编制管理、规划效能监察和村镇规划管理。在全省建设系统精神文明建设工作会议暨省建设政研会第七次会员代表大会上获评为“广东省建设系统精神文明建设示范单位”。6月，《中山市五桂山生态保护规划》获2006~2007年市专项规划及调研课题优秀成果规划类三等奖。

控制性规划编制 全面开展中心城区主城区剩余的12个片区控规的编制和第一轮审查工作。审查五桂山桂南片区、起湾片区、逸仙湖片区等15个片区的控规方案，调整南区沙涌片区、南区乌腚林片区、沙岗片区、石岐区岐港片区等7个片区的控规方案。其中，《中山市西区彩虹片区控制性详细规划》、《中山市西山寺片区控制性详细规划》、《中山市新时代广场片区控制性详细规划》、《中心城区旧城风貌保护区控制性详细规划》、《中山市五桂山桂南片区控制性详细规划》、《中山市石岐区岐港片区控制性详细规划调整》获市政府批准实施。

审批通过《中山市东区中心商务区规划》，批准凤鸣路商圈一期工程建设。完成《中山市干线公路定线及沿线用地控制规划》、《中山市中心组团综合交通规划（2006~2020年）》、《中山市五桂山生态保护规划》、《中山三乡温泉旅游区更新规划》、《南朗镇翠亨故居片区控制性详细规划》等规划，以及广珠城际轨道交通中山站、石岐站、翠亨站等3个站场规划设计，并由市政府批复实施。完成《中山市住房建设规划（2008~2012年）》的编制及上报工作，通过网络向公众公布。其中，《中山市干线公路定线及沿线用地控制规划》确定第二批18条干线公路的定线及沿线用地控制，连同2007年7月批准实施的5条干线公路定线及沿线用地控制规划，全市23条干线公路，总长622.3公里，全部定线，沿线两侧500米范围作为政府储备用地纳入全市统一规划，通过规划土地储备增值筹集建设资金。

村镇规划编制　加强城乡统筹，推动镇村规划编制工作，促进农村规划与城市发展规划相衔接，将城乡规划纳入一体化管理。7月，市府办转发规划局《中山市社会主义新农村建设规划编制实施意见》，要求至2009年底，全市206个村（居）全面完成村庄规划编制工作，实现市域范围内建设用地规划全覆盖。11月，召开全市村镇规划编制工作会议，全面检查和部署村镇规划编制工作。全年各镇开展编制的村庄规划14个，编制并报审的控制性详细规划85个，其中18个控规获市政府批准实施。

2月，形成《中山市城中村现状与政策研究》报告。3月，向市政府建议并确定东区沙岗村、西区长洲村、东区柏山村以及石岐区南下村4个改造条件较为成熟的城中村作为试点。8月，开展4个试点村的改造规划编制和开展《中心城区城中村更新研究》课题研究。

规划调研　向政府建议并协助政府制定《关于鼓励房地产发展商建设停车位的通知》，解决中山汽车数量快速增长带来的停车难问题。根据市委、市政府开发“三旧”（旧厂房、旧民居、旧仓库）发展现代服务业，“两调两降”（适当调高城区建筑容积率，降低房地产业的保证金率，调整城区房地产开发规费，降低房地产开发成本）稳定房地产市场，支持中心商务区发展等，探索制定相应规划政策措施，提出稳定房地产市场专题意见。开展轨道交通建设前景与未来城市发展关系的调研和研究，提出中山市以市域轨道交通建设引导城市有序发展的思路与对策，委托市规划设计院及同济大学开展《中山市城市轨道交通线网规划方案》、《中山市城市远景研究专题报告》、《中山市城市综合交通规划专题报告》、《中山市城市交通需求预测专题报告》等轨道交通规划研究工作。

规划审查　7月，开设重大工程项目专窗，优化审批流程，实行快速审批，其中要求核准项目必须做到“即受即理，快速办结”，顺利推进多项政府重大建设项目。完成广东理工职业学院中山校区、市中医院新建工程、市中等专业学校、中山职业技术学院续建工程、市廉租房项目、人民医院公交枢纽工程、广东药学院中山校区新建工程、预制构件公房改造工程、市社会新福利院工程、市委党校学员宿舍改扩建工程等多项重大工程规划审查工作。完成工人文化宫用地选址和设计招标。完成市档案中心、广播电视大楼等重要公共设施用地选址方案，完成莲员路交通及片区开发改造规划研究，配合做好马鞍岛片区规划调整。

历史文化名城申报和保护　3月，成立规划局历史文化名城申报工作小组。6月，起草《中山市人民政府关于创建国家历史文化名城的实施意见》，获市政府批准实施，明确创建工作的目标和任务。11月，设专职办公室及工作人员，邀请《中国建设报》等知名媒体对中山历史文化资源和保护工作进行大规模宣传。至年底，完成中山市历史文化名城建设前期研究，指引历史文化名城申报和建设工作。完成《中山市第一批历史文化街区（名村）现状调研报告》，整理各街区（村）的历史资料，划定各街区（村）的保护范围。协助有条件的镇区整理历史文化资源，申报历史文化名镇。黄圃镇申报省级历史文化名镇已通过市级专家组评估，并由市政府向广东省政府申报。

（王　娟）

【城市建设】　截至2008年12月底，中山市新增专用绿地面积11公顷，新增公共绿地和道路绿地面积14公顷；中心城区生活垃圾清运量约16万吨，生活垃圾处理量35.2万吨；中心组团共焚烧处理生活垃圾35.2万吨，填埋处理炉渣及不可焚烧的生活垃圾6.1万吨，处理飞灰约8800吨，处理污水19.5万吨；征收生活垃圾处理费约3250万元。中心城区道路综合完好率达到96.02%；中心城区路灯平均亮灯率达到99.01%，完好率达到99.7%；排水泵站机组完好率达到99%，可运行率达到100%；城中村路灯平均亮灯率达到99.07%、完好率达到99.6%；南区道路综合完好率达到93.31%，城中村道路综合完好率为94.64%。

污水管理　将污水处理管理工作列入城市维护管养范围，并与管养单位签订《中山市污水处理服务合同》，对污水处理工作实施监管，委托广州排水监测站对污水处理厂进出水水质进行检测，并根据处理的水质、水量核拨污水处理服务费。及时整改安全隐患，分别对彩虹桥、沙岗立交桥、悦来南路桥、东明大桥进行维修加固。

供水管理　加强供水管理，积极开展全市供水安全检查与突击抽查工作，4~9月，先后下发6份通知到各镇区建设主管部门以及各供水企业，要求各有关单位切实加强城镇供水管理工作，保障安全供水；并先后组织2个检查组，对全市33间供水厂进行供水安全专项大检查，要求供水厂采取有效措施加强取水口与厂区的安全防范，加强日常水质管理和检测分析工作，增加检测频率，并于每周五下午下班前将全市水质情况报告有关部门。先后发出3份关于供水安全隐患整改的函，要求相关单位及时整改落实。建立健全供水水质月报制度，加强行政督察，进一步督促供水企业强化水质管理工作，保障供水水质符合国家标准。组织编制的《中山市供水设施改造和建设规划》(2006~2020年）获市优秀成果一等奖；同时，以该规划为指导，积极推动黄圃镇和南头镇供水主干管的连接建设工作。（胡　蓉）

【住宅与房地产业】 2008年8月6日起，实施重新修订《2008版中山市基准房价》。制定实施《中山市房地产经纪客户交易结算资金账户》，整顿房地产中介市场秩序，完善商品房预售备案登记制度，启用国土房管部门房地产交易税收代征软件，开发应用错证管理子系统，实施房地产权属证书管理系统，开发商品房交易办证网上申报系统，提供网上房地产业务查询及网上计税服务，应用基准房价条码识别系统和第二代身份证识别系统进行商品房网上交易，全面提升中山市房地产信息化管理水平。

房屋交易 全年完成全市商品房登记备案43624宗，面积422.9万平方米，金额186.2亿元；商品房预售抵押登记备案24332宗，面积260.4万平方米，金额73.9亿元；全市商品房登记发证33579宗，面积321万平方米，金额101亿元。落实国家宏观调控政策，应对全球金融危机，加强房地产市场税收管理，理顺个人无偿赠与不动产交易流程，促进二手房地产交易市场健康发展。全年二手土地使用权成交宗数3366宗，面积851.7万平方米，金额61.4亿元；二手房屋交易成交13781宗，面积286.8万平方米，金额47.5亿元。推广应用中山市房地产管理信息系统，全面实行新增房地产项目的商品房合同网上登记备案工作，实现对商品房预（销）售即时监控，房地产交易预权属登记一体化管理、房地产交易信息的统计、分析，向社会公布房地产市场的实时信息，全面提高对广大消费者购房备案、交易登记的服务水平和对房地产市场的监控能力。至年底，共有594个项目进行网上销售，在网上销售商品房115209套。全年共有32243套商品房在网上签订买卖合同，面积332.52万平方米，金额149.8亿元。其中，已办理登记备案30753套，面积316.3万平方米，金额142.9亿元。

房地产登记管理 加强房地产抵押与权属登记管理，规范房地产确权、变更、抵押、登记等业务，积极配合做好公有物业办证工作。全年办理土地房产登记33730宗，抵押登记11876宗，抵押注销登记17175宗，商品房确权1545宗，缮房地产证90925份。全年办理土地使用权登记6851宗，面积416.56公顷，基本完成全市集体土地所有权登记发证工作。全年共处理行政诉讼案件119宗，行政复议案件7宗，民事诉讼案件1宗，协助人民法院、检察院、公安、税务机关执行房地产权查封案件6435宗，解封案件1220宗，续封案件220宗。撤销中山市城区公房管理所，成立中山市房屋管理办公室。

公房管理 全年共审批公房住宅租赁申请589户（宗），依法收回公房使用权92户（宗）。继续做好中山城区预制构件公房第二期工程改造工作，改善居民居住环境，确保居民居住安全，完成2007年底开工建设的新建公房18间（幢）、面积1.4万平方米，安置253户（套）；累计拆除危旧公房116间，完成新建公房55间，建筑面积26628平方米，安置住户474户（套）。

加强房屋租赁管理 全年共办理房屋租赁登记备案6717户（宗）、面积157.97万平方米，代财税部门征收房屋租赁税费6169.41万元。办理审批新成立房地产经纪机构19宗，房地产经纪机构资格证年审152宗、资格证变更65宗，房地产经纪员执业证41宗、执业证变更56宗，房地产中介经纪执业人数929人，比上年增长2.6%。2008年新收房地产档案78601宗、查封2370宗、解封1334宗、抵押28047宗、注销16532宗、文书9828宗、查阅人数86894宗、利用档案230009宗、预售合同44071宗、终止合同4656宗、预售抵押23305宗、终止抵押5318

▲*中山市重点民生工程之一，长堤路、凤鸣路片区改造工程——凤鸣商业城奠基暨动工典礼*

中山市国土资源局供稿

宗。全年共计接收档案214062宗，并完成档案归集和整理，档案信息条目的电子数字化；完成263545卷宗房地产档案扫描，历年累计完成858959卷房地产档案的扫描工作。2004年10月，成立中山市处置问题楼盘领导小组，具体负责处置中山市问题楼盘确权办证工作。4年多来，已经处置发出《同意确权办证通知书》并确认可进入办证程序的问题楼盘共316个，涉及业主18741户，建筑面积192万平方米，其中有268个楼盘是单位自建房。至2008年底，中山市已完成确权办证的问题楼盘共有271个，业主6609户，建筑面积70万多平方米。

（陈万鑫）

房地产和物业管理资质管理 是年，中山市办理房地产资质申请59宗，企业资质升级172宗，企业资质换证296宗，企业资质变更25宗；审批办理商品房预售许可证378宗，变更331宗，预售面积674.12万平方米；办理物业管理资质申请64宗，申请管理面积253.93万平方米，物业管理增管29宗，增管面积300.84万平方米，物业管理资质换证195宗、升级70宗，物业管理资质变更7宗；办理房地产项目手册备案68宗，备案面积423.15万平方米。

住房维修资金管理 制订维修资金管理办法。组织全市24个镇区城管办、建设所、小区业委会和200多家物业管理企业、500多家房地产企业学习中山市住宅专项维修资金管理办法。加大维修资金的收集力度，签订三方监管协议，加强维修资金的管理和使用。至年底，全市已收取并存入银行专项维修资金共8126万元，有264家物业管理企业开设维修资金专户。2008年3～4月，对审批发证的房地产开发和物业服务企业开展资质证书换发工作。

（胡　蓉）

住房保障与住房公积金 2008年，中山市符合廉租住房保障政策的家庭共有594户，符合经济适用住房政策的家庭557户，已安排20户困难家庭入住廉租房。制定实施《中山市党政机关事业单位住房津贴实施细则》，全年办理住房津贴申请业务1656宗，发放住房津贴1.13亿元，办理住房津贴解封业务1710宗，办理解困房完税办证21户。2008年，全市执行住房公积金制度的单位有2779个，缴存住房公积金职工人数14.67万人，全市住房公积金归集总额9.89亿元，历年归集总额35.67亿元。全年共发放个人住房贷款2213宗，住房贷款金额5亿元，为8000多户家庭实现购建住房。

（陈万鑫）

【村镇建设】 2008年，中山市建设局继续抓好黄圃镇、板芙镇、古镇镇古一村、黄圃镇马安村、板芙镇广福村、沙溪镇龙瑞村、港口镇胜隆社区、坦洲镇七村社区、东升镇高沙社区、三角镇沙栏村、南朗镇大车村等省、市示范点村庄整治工作，发挥示范作用。完成《关于加强我市村庄整治工作的研究报告》，推进全市村庄整治工作。

积极推进农民居住小区建设，引导农民进区上楼，提高土地利用率，以农民居住小区建设推动村镇建设上新台阶。据统计，各镇村农民居住小区建设投入超过11.50亿元。至2008年底，全市有10个镇区规划25个农民居住小区，已建成20个。其中，建成的农民居住小区占地面积约100公顷，建筑面积48万多平方米，可解决约5000户农民住房，改善了农民的居住环境，提高了生活质量。

（胡　蓉）

【城市综合管理】 2008年是中山市城管工作的落实和创新年。一年来，市城管执法局紧紧围绕全市的中心工作，全力推进城市管理，抓重点，破难点，造亮点，创造性地开展工作，城市管理事业得到长足的发展。市城管执法局认真履行职责，依法行政，文明执法，城管执法水平明显提高，共办理案件41412宗，办结41210宗，办结率99.5%，被评为“中山市2008年度信访工作优秀单位”，市局办公室被评为“2007年度督办工作先进单位”。

城管执法管理方式四个转变 面临新的形势需要，市城管执法局拓展思路，积极创新管理方式，2008年初步实现城管执法管理方式的四个转变。一是实现从被动管理向主动管理转变。二是实现从经验管理向科学管理转变。三是实现了从粗放管理向精细管理转变。四是实现从突击整治向常态管理转变。

以人为本工作新突破 一是规范设置流动摊档工作得到进一步开展。市城管执法局协调相关部门，在全市24个镇区已设置800个规范摊位，解决了一批生活困难的失业人员的就业问题。二是开展城区无照流动废品收购行为的整治和规范管理工作。改“堵”为“疏”，达到了政府、市民和废品收购从业者利益的“三赢”，初步实现对城区流动收购废品行为的长效管理。

城管系统升格 2008年1月，市公安局成立公安城管大队，派驻市城管执法局，专门配合城管执法工作。4月，市城管执法局火炬区分局升格为正科级单位，东区等20个执法所升格为执法分局，至此，市城管执法局25个派出机构均为分局设置。5月，市城管执法局设立城市管理工作科，专门负责市城管办各项日常工作任务。

牵头组织违法违规用地查处整改工作 市城管执法局牵头，成立市违法违规用地查处整改工作指挥协调小组，组织协调国土等有关部门在全市范围内集中开展违法违规用地专项查处整改工作，共拆除违法用地建筑3万多平方米，确保了我市违法违规用地查处整改工作的落实到位。

全省首创规范行政处罚自由裁量权规范工作 市城管执法局对所行使的行政处罚权进行全面梳理统计，共涉及法律、法规、规章25

部，行政处罚共103项，其中带有处罚幅度的85项，共细化处罚参照标准203条。 *(李孟开 李 彪)*

江门建设

【概况】 改革开放30年来，江门市城市面貌发生天翻地覆的变化，中心城区增长近10倍，由原来10多平方公里增至2008年的108平方公里，市区新建、扩建、改建主干道30多条，形成纵横交错的路网骨架。20世纪80年代初，江门市开始实行公有住房制度改革，成为广东省首批实行“房改”的地级市之一。1998年后，江门市先后投资逾50亿元，完成超过200项城市建设重点工程。为打造环保模范城、山水园林城、生态宜居城，江门市加大资金投入，建成2座无害化垃圾处理场，1座医疗垃圾处理场，6座污水处理厂，同时新建或改造一批文化公园、休闲广场，城市功能和宜居程度得到明显提升。

2008年，江门市区确定城市重点工程项目共51个，其中结转项目10个，新建项目32个，预备项目5个，消化项目4个。结转和新建的42个城建重点项目2008年计划投资104902万元，至年底，完成投资31665万元，为年度计划投资的30.2%。其中，完成和基本完成投资的项目14个，分别是：江沙路整治工程、江门市汽车客运站北环路口改造工程、新会东郊污水处理厂二期扩建工程、江门市新青少年宫、滨江大道收费站、双龙大道与西环五期花圃改造、东华路（丽宫酒店—东华桥）改造、迎宾路（建设路—耙冲桥）改造、西环路至医疗废物处理中心道路改造、2008年绿化专项工程、白水带观音坑挡土墙工程、蓬江区凤山山体排险工程、内街小巷路面改造铺沥青、大推车山生活垃圾填埋场无害化改造工程。按计划进度施工的项目5个，分别是：东海路与南环路连接线、文昌沙水质净化厂二期扩建、江海污水处理厂、天沙河石子潭段道路(胜利路—电信大楼)、中山公园纪念堂修葺工程。已开展前期工作的项目9个，分别是：滨江大道雁山出口互通立交、滨江新区天沙河路(江沙路—滨江大道)、G325线九江大桥、江门市区公路第二期新建公路工程、江顺大桥、西环路隧道、龙马连腰大桥、东华大桥、杜阮污水处理厂（首期）工程。

【建筑业】 2008年，江门市新增建筑业企业20家，其中新增劳务企业9家，广东建邦兴业集团公司、江门篁庄建筑公司等15家企业资质得到提升。至年底，全市共有建筑业企业236家，其中一级企业13家，二级企业53家、三级企业148家，劳务企业22家，全年完成建筑业总产值58亿元，与上年持平。劳务分包制度和建造师注册执业制度得到大力推行，鹤山、新会、开平等多个地区均开始实行劳务分包制度，全市取得建造师资格并注册的约1120人，其中初级注册建造师750人，项目经理转临时建造师370人。全市有工程招标代理机构10个，工程造价咨询机构6个，工程监理单位13个，工程质量检验测试单位8个。

建筑施工管理 2008年，江门市共核发施工许可证1321项，比上年减少313项，建筑面积772.5万平方米，造价56.4亿元，分别比上年下降21.64%和20.74%。办理竣工验收备案的项目1424个，建筑面积930.38万平方米。其中江门市区核发施工许可证522个，建筑面积333.28万平方米，造价33.4亿元，办理竣工验收备案项目720个，建筑面积415.55万平方米。

2008年，全市纳入质量监督工程2278个，建筑面积1645.38万平方米，比上年增长10%。竣工工程1224个，竣工面积559.98万平方米，一次验收通过率99%。全市评选出优良样板工程19个，获广东省优良样板工程4个。

2008年，全市共发生一般建筑施工安全生产事故3起，死亡3人(恩平市、鹤山市和台山市各1起)。至年底，全市共有2.6万名施工从业人员接受安全教育，通过考核取得“平安卡”，全市1093台建筑起重机械办理产权备案登记。全市共评出安全生产与文明施工双优样板工地9个，获广东省安全生产与文明施工双优样板工地4个。

工程招投标 是年，全市建设工程招标项目共509个，中标价35.23亿元，最高限价36.92亿元，节约投资1.69亿元，下浮4.56%。纳入市招标办监督管理的项目314个，中标价19.74亿元，最高限价20.48亿元，节约工程投资0.74亿元，下浮3.58%。其中，进入市区交易中心的工程项目共198个，中标价11.79亿元，最高限价12.19亿元，节约投资0.4亿元，下浮3.28%。纳入招标办监督管理的项目85个，中标价5.72亿元，最高限价5.92亿元，节约工程投资0.2亿元，下浮3.38%。

勘察设计 是年，江门市有勘察设计单位65个，其中建筑设计40个、勘察7个、装饰专项设计9个、消防专项设计9个，全年勘察设计营业收入1.86亿元，比上年下降6.5%；全市有施工图设计审查机构6个，完成施工图投资额近51亿元，完成建筑面积640万平方米，审查一次性通过率46.75%，审出违反强制性条文项目835个，比上年略有下降。

工程监理 全年全市有工程监理企业13家，其中甲级2家，乙级4家，丙级7家。全年全市工程监理企业共承接监理业务投资额50亿元，完成工程监理业务经营收入5510万元，比上年增长7.9%。全市应实行监理的工程项目100%落实监理，竣工验收备案率达100%。

新墙材使用 是年，江门市新墙材的推广应用工作取得新的进展，全市新型墙体材料平均使用率达到74.2%，市区平均使用率超过90%，比上年提高15个百分点；各县级市使用率均达到60%以上，其中鹤山市88.9%，恩平市67%，开平市72%，台山市63%。全市共有新型墙体材料生产企业39家（其中2008年新增15家），生产能力超过280万立方米/年；共有预拌混凝土搅拌站12个，预拌混凝土供应量达180万立方米；散装水泥供应量为308.27万吨。2008年7月，江门市举办江门首届建筑节能展。

【城乡规划】 2008年，江门市规划管理部门全年受理各类业务案件共4260多宗，办理群众服务热线370多件，处理信访、市长热线共119宗，查处违法案件160多宗。

规划编制 2008年，江门市城市规划部门按照计划推进控制性详细规划编制，完成鸡爪山、双龙、篁庄等地块，蓬江岛西片、江海中心区南片与北片、龙湾地块，高新区4#、11#、12#号地块的控制性详细规划编制，总面积约5平方公里。编制完成了滨江新区启动区分区规划以及滨江新区启动区分区、竖向、污水和雨水等专项规划，完成轻轨站周边用地规划、中心组团停车场规划、西环路（隧道—南环路）沿线控制规划、江门市区与佛山、珠海、中山等周边城市道路衔接规划、中心组团无障碍设施建设规划、江海组团工业用地功能优化规划编制、江门市域区域绿地规划、石湾直街保护规划、轻轨站周边详细规划、建行交叉口广场规划、广珠铁路与江肇高速用地调整规划、丰盛工业园区路网调整规划等规划编制工作。

建设用地规划管理 2008年，江门市城市规划部门完善用地审批制度，规范用地审批程序。完成嘉悦新城、江门职业技术学院新校区（二期）规划方案调整、江门市德润工业品物流管理有限公司规划方案调整、江门市汇华物业管理有限公司厂区规划、凤飞云度假新村修建性详细规划调整以及凤飞云度假新村局部、颐和山庄、阳光花城、江门职业技术学院新校区等项目的规划调整、工业用地路网规划修改、江门珠江国际新城首期调整规划方案等的审批，完成新展览中心、摩托车展览中心、市区管道燃气北环路高压站、市民兵武器仓库搬迁、临时货运汽车停车场、高级技工学校第二校区、妇女儿童活动中心等项目的选址工作。全年办理建设项目选址意见书27件；办理用地规划许可证79件，面积263.6万平方米，其中补办或变更用地35.1万平方米；办理规划用地方案审查436件，面积1645.3万平方米，其中修改方案236件，面积1195.4万平方米。

建设工程规划管理 2007年，江门市城市规划部门认真做好建设工程的规划管理以及重大基础设施和市重点工程建设项目的规划相关工作。做好雪峰寺建筑方案、上城骏园二期工程、中天国际花园三期盈翠苑建筑方案、半岛华庭一期、绿岛商城、世纪城华富阁等建设工程的规划审批，配合做好轻轨、广珠铁路、江肇高速公路的建设以及沿海铁路、南沙疏港铁路、南沙500kv电力线路、燃气管道、新南路和天沙河路等的选线工作，完成东海路接南环路延伸段、天福路俊景湾段、天沙河路帝景湾段、江门河南岸道路半岛华庭段、西环路与双龙大道交叉口改造工程，文昌沙污水处理厂二期及配套截污管工程，江海污水处理厂首期污水管网工程，潮连污水处理厂首期污水管网工程，以及220kv荷塘变电站、110kv东宁变电站、110kv东华变电站和110kv阳朗变电站的进出线工程等重点工程建设项目的规划相关工作。

全年共批出建筑设计方案133项，建筑面积234.2万平方米，市政设计方案430项，核发建设工程规划许可证437项，面积228.7万平方米，核发临时建设工程规划许可证76项，面积11.9万平方米，办理项目竣工规划验收405项，面积307万平方米。

城市规划监察管理 2008年，江门市城市规划管理部门积极做好法制宣传教育工作，开展多种形式的法制宣传教育活动，与城市管理部门沟通配合，加强城乡规划执法检查和监督管理。1~12月，查处违法案件160多宗，建筑面积约7000平方米。 *（陈小榴）*

【城市建设】 2008年，江门市完成东华路（丽宫酒店—东华桥）改造工程，迎宾路（建设路—粑冲桥）改造工程，丰乐污水厂截污干管二期工程、大推车山生活垃圾填埋场无害化整改和道路改造工程，西环路至医疗废物处理中心道路改造，新青少年宫配套工程的市政配套工程，市体育场修缮工程，市政府大会堂周边地面沉降修复工程，蓬江区凤山高切坡排险工程等市政设施工程9项。累计投资11150.7万元，新建道路1938米，浇筑混凝土路面、沥青路面47272平方米，铺设人行道4223平方米。

加快城市生活污水、垃圾处理设施建设，市文昌沙水质净化厂二期扩建厂区土建、截污管工程顺利开工；江海污水处理厂项目完成BOT招标和管网工程设计等工作；旗杆石生活垃圾综合处理场项目完成可研、环评及征地等前期工作，转入BOT招商阶段；潮连污水处理厂工程完成可研、征地和土方施工、截污管工程招投标等工作；杜阮污水处理厂完成建设规模及用地规划调整，开展项目建议书、环评报告等编制。这些环保设施重点工程的有力推进，为推动城市建设协调发展提供了重要保障。

政府投资工程建设 完成市青少年宫（首期），五邑大学综合实验大楼、球类训练中心及学生食堂，市第一幼儿新园，启智学校教学楼续建工程，江门市广播电视大学培训楼外墙改造维修工程，原梅园宾馆3号楼3楼修缮工程，市劳动力市场综合服务楼变配电工程，机关大院11号楼四层修缮工程，市一职食堂宿舍综合楼，市华策公司办公室装修工程，市中心医院急诊通道门廊改造工程，江新联围防汛物料储备仓库，市殡仪馆火化车间、冷藏室、防腐室、解剖室工程，江南新村廉租住房、经济适用住房工程等政府投资代建公共建筑工程14项。累计投资19274.3万元，公共建筑面积130187平方米。

市政设施维护 坚持以完善市政设施功能和保障安全运行为重点，着力抓好市政设施管养工作，实施市区28座桥梁常规定期检测和部分桥梁动静载荷检测，维修加固了龙溪桥、西区工业桥等7座城市桥梁，维修破损路面11032平方米，人行道1315平方米。

排水设施管理 加强市区排水管理工作，新建铺设下水道4223米，维修下水道693米，清疏下水道159266米，更换沙井盖482个，安装道路下水口四防装置1200个，清理下水道检查井1万多个，完善城市排涝应急联动机制，增设粑冲泵房设备，加强市区28座泵房（市区16座、市郊12座）的运行管理，全年排涝泵房抽排水1712.36万立方米，维护了城市正常的生产生活秩序。

照明设施管理 加强市区路灯运行管理，新装路灯22杆，并投入255万元实施53项路灯改造，解决了象山新村、美景里等65个社区路灯照明问题，检修市区路灯15467盏次，路灯亮灯率98.37%，进一步提高了城市亮化水平。

公用事业管理 进一步规范公用事业行业管理。全面贯彻省建设厅《加强城镇供水水质监察的意见》，开展江门四市三区供水水质监测工作，并建立供水水质信息报送制度，编制《江门市区供水系统重大事故应急预案》，并模拟江门西江水厂水源水突发污染事故组织一次供水应急处理演练，落实市区72个单位二次供水设施清洗消毒及水质检测，覆盖面及合格率达100%。强化市区生活污水、垃圾处理运行管理，实施大推车山垃圾处理场无害化整改工程，使之顺利通过垃圾无害化填埋处理等级复核评审。全年完成无害化卫生填埋生活垃圾25.2万吨，处理垃圾渗滤液5.4万立方米；处理生活污水2658万立方米，综合水质达标率为99%。

2008年，江门市市政局获“广东省建设系统精神文明先进集体”、“江门市直机关作风建设满意年活动排头兵单位”称号。

（江门市政局）

燃气供应 2008年，江门市有液化石油气储配站27座，液化石油气储气规模13900立方米，供应（中转）站105个，受全球金融危机影响，全市燃气销售有所减少，全年全市总供气量16.8万吨，其中家庭用量11.2万吨，城乡用气普及率86%。江门市区有液化石油气储配站13个，储气规模7280立方米，供应（中转）站23个，全年供气总量7.2万吨，其中家庭用量5.2万吨，用气户数30.5万户，用气人口92万人，城区用气普及率96%。市区管道燃气工程开工建设，至年底，完成10公里市政燃气管道铺设。

【住宅与房地产业】 2008年，江门市新增房地产开发企业36家，至年底，全市共有房地产开发企业430家，其中二级企业2家，三级企业40家，三级以下企业388家。江门市区新增房地产开发企业18家，至2008年底，共有房地产开发企业221家，其中二级企业2家，三级企业23家，三级以下企业196家。

这一年，江门市区处置问题楼盘领导小组办公室按“一楼一策”的办法，对涉及良化新村南、良化新村东、汴溪小区、金都花园、江边里、复兴里、良化里、炮台新村等15项25幢问题楼盘进行研究处置，为670户住户解决房屋办证难问题。

（陈若兰）

是年，江门市新增住房公积金开户人数38381人，比上年增长17.2%；归集住房公积金134825.89万元，增长28.3%；发放公积金个人住房抵押贷款40724.7万元，下降4.83%。是年，实现住房公积金自动提取还贷。

廉租房建设 全年新增廉租住房449套，建筑面积2.49万平方米，其中新建、改建廉租住房385套，建筑面积1.97万平方米，收购廉租住房64套，建筑面积0.52万平方米。对市区198户廉租住房保障户发放租赁住房补贴28.17万元，对符合廉租住房保障条件的申请家庭实施应保尽保。是年，先后制定《江门市区经济适用住房管理实施办法》、《江门市区廉租住房申请审核及退出管理办法》、《市区经济适用住房管理操作细则》和《市区低收入家庭租赁住房补贴和租金核减管理办法》，进一步完善市区住房保障政策体系。

商品房交易 是年，全市商品房交易登记38392宗，比上年下降19.04%；成交建筑面积377.68万平方米，下降10.63%；成交金额1025060万元，增长4.18%；成交均价2714.10元/平方米，增长16.56%。全市存量房交易登记14388宗，比上年下降12.96%；成交建筑面积176.83万平方米，下降23.36%；成交金额184778.7万元，下降22.14%；成交均价1044.95元/平方米，增长1.62%。

住房货币分配 至2008年12月底，全市累计参加住房货币分配职工2.01万人，累计发放住房补贴资金46283.02万元。2008年，全市新增发放住房补贴人数1851人，新增发放住房补贴资金5247.58万元。

物业管理 是年，江门市共有物业管理企业92家，开展物业管理的项目127个，管理建筑面积1020万平方米，其中住宅小区99个，建筑面积650万平方米。

城镇住宅建设 2008年，江门市完成房地产开发投资87.91亿元，

比上年增长67.67%，其中住宅投资73.87亿元，增长81.10%。全市房地产新开工面积326.33万平方米，其中住宅294.83万平方米，分别比上年下降6.26%和5.59%。竣工面积225万平方米，其中住宅195.21万平方米，分别比上年增长13.93%和15.57%。房屋销售面积284.95万平方米，其中住宅262.38万平方米，分别比上年下降0.45%和0.88%。房屋销售收入84.30亿元，其中住宅78.48亿元，分别比上年增长7.54%和10.72%。全市三年以上空置房面积23.37万平方米，其中住宅6.05万平方米，分别比上年增长50.87%和57.96%。江门市区房地产企业203家（包含新会区82家），完成房地产投资39.86亿元，其中住宅33.03亿元，分别比上年增长41.45%和58.95%。房屋新开工面积116.98万平方米，其中住宅99.36万平方米，分别比上年下降21.80%和21.27%。房屋竣工面积131.04万平方米，其中住宅105.95万平方米，分别比上年增长27.76%和21.36%。房屋销售面积132.98万平方米，其中住宅119.37万平方米，分别比上年下降10.35%和10.50%。房屋销售收入44.15亿元，比上年下降3.16%，其中住宅41.67亿元，增长3.71%。市区三年以上空置房面积17.58万平方米，其中住宅3.57万平方米，分别比上年增长52.60%和43.37%。

住房保障　2008年，江门市加大住房保障工作力度，出台《关于切实解决城镇低收入家庭住房困难的实施意见》、《江门市区经济适用住房管理实施办法》、《江门市区经济适用住房管理实施细则》、《江门市区廉租住房申请审核及退出管理办法》、《江门市区低收入住房困难家庭租赁住房补贴和租金核减管理办法》等文件，并组织修编《江门市中心城区解决低收入家庭住房困难发展规划和年度计划（2008~2012年）》。全年落实廉租住房保障资金4357.87万元，廉租住房建设用地3.215公顷，建成廉租住房449套，面积24774平方米。落实经济适用住房建设用地11.172公顷，建成经济适用住房102套，面积8751平方米。2008年江门市统计符合廉租住房保障条件的家庭共1417户，至年底，完成对685户家庭实施廉租住房保障，保障比例为48.34%。（余卓锋）

【村镇建设】　江门市共有建制镇62个，行政村1045个。2008年，江门市投资5.2亿元进行村镇公共基础设施建设，修建水泥道路394.2公里，自来水供水管道422.6公里，排水管道和暗渠233.64公里，新建、续建镇级生活污水处理厂9座，建成的镇级生活污水处理厂日处理能力1.9万吨，有效改善农村生活环境。以农村“五改”（即改水、改厕、改房、改路、改灶）为重点的村庄整治工作继续推进，全年全市改造农村公路200公里，建成候车亭200个，新建沼气池19个，整改泥砖危房575户，改造卫生户厕1560户，完成117个行政村村庄整治规划编制，除已确定的81个整治试点村全面开展村庄整治外，全市10%的行政村不同程度地开展村庄整治工作。14个垃圾处理试点村按照方案开展垃圾处理工作。（江门市政局）

【城市综合管理】　江门市城市管理综合执法局按照的城市管理体制的改革思路，积极稳妥推进各项改革：一是按照省、市决策部署，大力推进城市管理综合执法工作，完成《江门市城市管理综合执法局职能配置、内设机构和人员编制规定》、《城市管理综合执法职权界定方案》等工作任务，为正式启动城市管理综合执法做好了准备。二是大力推进省数字化城市管理试点工作，组织有关部门到上海、扬州等城市调研，组织编制《数字城管建设方案》、《数字城管技术规范》并通过专家评审，基本完成建设项目的前期工作。三是突出城管工作重点，加大市区余泥渣土排放特别是泥头车运输管理，加大对占道经营、占路为市等乱摆卖行为的整治，尤其是清理象溪路、常安路占道摆卖流动小贩300余档，恢复街道整洁、宽畅、清爽的面貌，得到社会各界和市民的称赞。四是扎实落实创建国家文明城市、华人嘉年华、摩博会、农博会和国家园林城市、国家环保模范城市复检等重大活动的市容环境保障任务，特别是实施对市区13条主干道及38处内街小巷、40多所学校（幼儿园）、16个农贸市场周边专项整治，并创新工作载体，开展“亲民为民、管城爱城”为主题的“六个一”（清理一处卫生死角、开展一次专题调研、宣传一次城管法律法规、查处一宗违法建设大案、建设一条城管规范管理示范样板路、解决一宗困扰群众生活的城管突出问题）活动收到良好效果。市城监支队组织拆除违建63686平方米，查处乱拉挂、乱张贴38809宗，查处店外占道经营6864宗，清理小贩摆摊8518档，展示了城管工作新活力，进一步提高市民对城管工作的满意度。同时，开展了两项工作，一是江门四市三区供水水质监测工作，建立供水水质信息报送制度并及时上报有关数据，编制了《江门市区供水系统重大事故应急预案》，并牵头组织有关部门模拟江门西江水厂水源水突发污染事故进行了一次供水应急处理演练，督促市区72个单位实施二次供水设施清洗消毒及水质检测，清洗履盖面及合格率达100%。二是规范市区污水、垃圾处理运行管理，坚持强化技术规范和考核，特别是实施大推车山垃圾处理场无害化整改工程，使之顺利通过垃圾无害化填埋处理等级复核评审。全年无害化填埋生活垃圾25.2万吨，处理垃圾渗滤液5.4万立方米；处理生活污水2658万立方米，综合水质达标率为99%。（江门城管局）

阳江建设

【概况】 近几年来，阳江市围绕建设现代化海滨城市的目标，大力推进城乡建设，城镇规模不断扩大，基础设施日新月异，城市功能日趋完善，初具一个中等地区性中心城市的规模。至2008年，全市城镇建成区从建市初的51平方公里、48万人，扩大到157.8平方公里、110.2万人，其中市区从建市前的7.9平方公里、7.7万人，扩大到40.1平方公里、40.2万人。

城乡规划成果丰硕 2008年，阳江市坚持以规划为龙头，高起点编制市域城镇体系规划，指导城乡建设。编制完成《阳江市住房建设规划（2008~2012年）》、《阳江市中心城区城市风貌规划（2008~2030）》、《阳江市高新区总体规划》、《阳江市海陵岛总体规划修编》等规划，全面完成全市12个中心镇总体规划的修编工作。做好新农村规划工作，重点抓好69个列入省级村庄规划试点的村庄规划编制，积极推广使用《阳江市城镇住宅设计图集》，村镇住宅建设水平有进一步提高。

城市功能日臻完善 是年，阳江市根据“加快发展、跨越发展、协调发展”的工作要求，克服资金不足等各种困难，积极创造条件加快城市基础设施建设和环境绿化美化工作，努力提高城市基础设施建设水平。高质量完成市区东风一、二路和北环路改造、江郎大道、富康路等市政道路以及第一净水厂扩建工程等一批市政设施的建设，加快推进阳江核电站、阳西火电厂、阳春抽水蓄能电站、海上丝绸之路博物馆、开阳高速阳江立交及连接线等一系列重大项目建设工作。市区主干道周边已基本铺设好天然气管道，天然气用户6000多户。至2008年底，市政道路总长222.1公里，人均拥有道路面积10.3平方米，城市路灯18000多盏，路灯里程220公里，绿地率、绿化覆盖率、人均绿地面积分别达到30.9%、31.6%和10.6平方米。

建筑业持续发展 是年，阳江市建设部门大力推行建筑市场拓展战略，引导建筑企业冲出阳江，积极开拓省内外市场。特别是扶持以市建安集团公司、市一建集团公司等为代表的建筑施工一级企业作为龙头，引导企业开拓省内、国内建筑市场，取得较好的经济效益。全年全市建筑施工企业已发展到130多家，其中一级资质7家，二级资质29家，全年完成建安产值42.5亿元，实现市内建安税收2.7亿元，分别比上年增长10.1%和26.7%。

房地产业有序发展 2008年，阳江市落实中央和省的宏观调控政策，加大对房地产市场的监管力度，整顿和规范房地产市场秩序，继续深化住房制度改革，建立健全住房保障体系，加快保障性住房特别是廉租房建设，努力解决城镇低收入家庭住房难问题。受全球金融危机影响，当年阳江房地产市场较为低迷，市建设部门迎难而上，顽强拼搏，确保房地产各项主要经济指标均取得增长。2008年，全市完成房地产开发投资17.4亿元，实现房地产税收2.48亿元，分别比上年增长8.2%和22%。

建筑节能和墙材革新稳步推进 阳江市积极推进建筑节能和墙材革新各项工作，通过完善建筑节能施工图审查备案制度，抓好建筑节能施工监理、竣工验收备案工作，把建筑节能落实到建设的全过程。2008年，全市使用散装水泥达29万吨，使用预拌混凝土18万立方米，分别比上年增长13%和16.5%，有20家新型墙材生产企业和3家预拌混凝土生产企业建成投产。

（林元满）

【建筑业】 2008年，阳江市围绕做大做强阳江建筑业的目标，阳江市建设局全面落实科学发展观，继续加强对建筑行业、尤其是对建安企业外出拓展市场的指导和管理；重点扶持市建安集团、一建集团等龙头企业开拓市外市场，带动全市建筑企业向外发展，效益显著。2008年，全市建筑业完成建安产值42.48亿元，比上年增长10.1%；实现市内建安税收2.7亿元，增长26.7%。在上年建安企业市内承接工程量不足的情况下，市建设局及时加大扶持力度，使大部分企业走出困境，工程质量及企业资质普遍提高。是年，阳江市建设监理有限公司、阳江市泰安监理有限公司分别被批准为丙级监理企业；阳江市信必达造价咨询公司申报甲级招标代理资质已通过审查。

强化工程质量安全管理 始终把工程质量安全管理放在第一位，全面落实建设工程质量安全责任制。与各县（市、区）建设局及市直施工企业签订施工安全生产目标责任书，层层分解落实；推行建筑工人“平安卡”管理制度和建筑施工意外伤害保险，开展全市建筑施工“隐患治理年”、“安全生产月”活动，以及“安全生产百日”督查专项行动，促进建筑施工安全水平的提高。同时，严格执行施工图设计审查、施工许可、安全生产许可、工程监理、竣工验收备案等制度，强化安全生产动态管理和工程质量安全监督。全年全市未发生重大质量安全事故，实现了应公开招标工程公开招标率、工程监理率、工程质量合格率为“百分百”，重大工程质量事故和施工安全事故为“零”的“三个百分之百”、“两个零”的目标。

规范有形建筑市场运作 继续贯彻执行《中华人民共和国招标投标法》、《广东省实施〈中华人民共和国招标投标〉办法》等法律法规，进一步规范全市有形建筑市场宏观监督和建设工程招投标微观管理，推动建筑业健康有序发展。年初，市建设局会同市发改局、监察局等部门，联合起草《阳江市限额

以下建设工程选定施工承包人管理办法》、《阳江市政府投资市属非经营性项目代建管理暂行办法》等文件，其中前一文件经市政府常务会议通过并颁布实施。2008年，阳江市进入各级建设工程交易中心挂牌交易的新招标工程项目共271个，工程总造价29.05亿元，中标工程造价27.89亿元，造价下浮率4%，节约建设资金1.16亿元，综合招标率和应公开招标工程公开招标率均为100%。

积极参与广东省建设工程计价依据的编制，制定《阳江市建筑工程施工发包和承包计价办法》，以指导和规范建筑市场各方主体的计价行为；坚持每季度定期发布工程造价结算地方计价文件，编制发行《阳江市建设工程造价信息》月刊，发布材料参考价格、造价指数和造价实例分析。

勘察设计　全市共有勘察设计单位18家，其中乙级6家，丙级12家；从业人员585人，其中专业技术人员338人。2008年，全年完成工程勘察合同额230.38万元；完成工程设计合同额3235.17万元；年营业收入5389.05万元；工程设计收入4642.43万元。年末全行业资产2887.24万元。市建设工程施工图设计文件审查中心强制执行施工图设计文件审查制度。该中心具有土建工程施工图和市政路桥工程施工图乙级资质、市政给排水工程施工图审查丙级资质，乙级房屋建筑工程二类、市政（道路、给水、排水）基础设施（不含污水处理厂）工程二类施工图审查资质。2008年，全市（不含阳春市）共完成建筑和市政施工图审查188项，建筑面积87.40万平方米，工程投资总额85426万元。

建筑节能和新型墙材使用　大力宣传和深入贯彻国家《民用建筑节能条例》和《广东省发展应用新型墙体材料管理规定》，采取各种有效管理措施，禁止城区现场搅拌混凝土，做好在建筑施工中全面使用预拌混凝土的推广，以促进建筑业的节能。2008年，全市建筑业使用散装水泥29万吨，比上年增长13%；使用预拌混凝土18万立方米，增长16.5%。重点抓好建筑节能设计施工图审查和质量监督工作，推进墙材革新，把建筑节能落实到建设的全过程。市政府通过开征新型墙材专项基金，招商引资建设新型墙材生产企业，以推动“禁实”（禁止使用实心粘土砖）工作的实施。为适应新型墙材的发展需要，在全市已有4家墙材企业的基础上，2008年阳江市恒佳新型环保建材生产基地建成投产。该项目总投资1亿元，占地10万平方米，年产20万立方米加气混凝土砌块、100万米预应力高强混凝土管桩、1.2亿块蒸压灰砂砖及10万平方米生态型透水混凝土路面砖。

（雷　宇）

【城区规划】　2008年，阳江市城市规划局围绕把阳江建成工业新城、生态绿城、旅游美城、文化名城的总目标，以城市总体规划为指导，抓好城市规划的编制、实施和管理工作，积极营造优美的城市环境。完成修建性详细规划36项，总面积102公顷；控制性详细规划4项，总面积5平方公里；市政道路规划设计及施工图16公里；供水管道工程设计25公里。主要规划编制项目有：《阳江市住房建设规划（2008~2012年）》、《阳江市中心城区城市风貌规划（2008~2030年）》、《阳江市绿色城区建设策略研究》、《阳江高新区总体规划》、《阳江市海陵岛总体规划修编（2007~2020年）》、《阳江市城市公园绿地规划》、《一河两岸改造景观规划及首期控制性规划》、《江城中洲分区规划》、《北湖公园、南山公园、世纪公园改造规划》、《江城银岭工业园分区规划及部分控规》、《江城区埠场环保城规划》。（冯杰勇）

【城市建设】　2008年，阳江市市政建设不断取得重大突破。市区建设面积扩大到36.8平方公里，市政道路总长222.1公里，人均拥有道路面积10.3平方米，城市路灯18000多盏，路灯里程220公里，绿地率、绿化覆盖率、人均绿地面积分别达到30.9%、31.6%、10.6平方米。初步形成现代化中等城市发展格局。

是年，阳江市市政管理局积极推进7项市政工程建设，高标准实施东风一二路和北环北路改造。抓紧市政道路与设施的维修与维护工作，重点改造市区沿路路基，改造或加建部分道路交通疏导岛，修复市区破损路面和公共交通车站亭。至2008年12月，共修复混凝土路面12668平方米，1600多米路沿路基，清疏沙井余泥1700余座，补换被盗或损坏沙井盖1648个，清疏下水道2300米，修复6处交通疏导岛，修复12个公共交通车站亭，方便市民交通出行，为整个市区的美化、亮化打下良好的基础。

园林绿化建设　2008年，阳江市区城市园林绿化建设独具特色，品位不断提升。高标准实施漠江路、新江北路、江朗大道、东风一二路及北环路、中心广场、文化广场、鸳鸯湖广场等园林绿化工程项目。阳江市市政管理局园林部门深入开展绿树绿地认养认种活动和绿化管理养护。3月，在市区范围内广泛开展植树活动，动员市直各机关单位种植各类新树种3600株。5~6月，开展市区绿化病虫害防治和管护工作；每天派出专业杀虫、管护队伍近120人，出动各种运输车辆20台次专门保障绿化病虫害防治和管护工作。7~8月，在市区各广场、公园、主干道路绿化带补种、换种各类花草20余万株，补种各类新树1200株。10~12月改造原江城区绿化带3600平方米。

截至2008年12月，阳江市区建成绿地总面积11370743平方米（未含居住区），建成区绿地率30.9%；绿化覆盖总面积11636461平方米

(未含居住区)，绿化覆盖率31.6%；公共（公园）绿地总面积3691208平方米，人均公共绿地面积10.6平方米。形成独具特色的生态园林城市。

燃气管理　2008年，阳江市大力支持阳江市通能天然气公司和海洋石油阳江实业有限公司两大企业的发展，做大做强全市燃气产业，着力加强对市区管道天然气工程建设的指导和协调，使市区管道天然气工程建设顺利开展。至2008年底，已基本铺设好市区主干道周边天然气管网，天然气用户有6000多户。使用瓶装燃气的用户，因当年气价随国家成品油价上涨而上涨，用量有所减少。是年，全市燃气销售量14.5万吨，比上年下降4%；销售额8.2亿元，增长10%；实现税金400万元。同时，因海洋石油阳江实业有限公司由此前经营进口燃气改为经营国内燃气，对外地的销售业务大幅度减少，故全市燃气销售量、销售盈利及税收等，总体上有较大幅度的下降。

开展燃气安全专项整治工作，联合市安监、公安、消防、质监、工商等部门，查处燃气销售点的非法经营行为。全年查处无证燃气销售点3家，查扣不合格的大小钢瓶36个，确保全市燃气安全生产与使用。全年全市未曾发生燃气安全的重大事故。

市容环卫工作　2008年底，阳江市城市环卫工作由市统一管理，加大基础设施投入，购置环保型垃圾桶960对，新增加保洁工人300名，加强市区道路的清扫保洁，市区各道路环境卫生状况得到根本改善。截至2008年12月，市区内建有公厕39间，垃圾中转站12个，配备各类环卫专用车辆33台。在职保洁员工1000多人。市区道路每天清扫2次，上门收集垃圾2次，可日处理垃圾300多吨，垃圾日产日清，生活垃圾无害化处理率达90%。

(许兆勇　黄加标)

【住宅与房地产业】　2008年，阳江房地产业受全球金融危机、全国楼市不景气、股市低迷及紧缩性货币政策等多种因素影响，市民的投资置业和住房消费心理趋于谨慎，房地产市场观望气氛较浓。在这种背景下，全市房地产开发总体上仍保持稳定的增长态势，房地产投资额、商品房施工面积及房地产税收比上年增长，但商品房竣工与销售面积、销售额均有所回落。是年，全市完成房地产开发投资17.4亿元，比上年上升8.2%；商品房施工面积256.2万平方米，与上年基本持平；商品房竣工面积49万平方米，下降5.4%；商品房销售面积63.4万平方米，下降9.8%；商品房销售额15.7亿元，下降2.5%；商品房（含商业用房、住宅等）空置面积10.3万平方米，下降27.6%；实现房地产税收2.48亿元，增长22%。

继续加大整顿房地产市场的力度，规范房地产市场管理。采取四方面的措施和对策，促进房地产的稳步、健康发展。一是落实中央和省的宏观调控政策，加强对房地产市场宏观调控，整顿经营秩序，从下半年开始，建设局联合监察、房产、国土、规划等部门，开展对贯彻落实中央和省有关城市住房政策措施情况的监督检查；重点检查各县（市、区）解决城市低收入家庭住房困难工作落实情况，以及房地产市场运行和调控政策落实情况，并结合实际，提出完善全市住房保障体系和房地产市场运作的建议。二是牵头起草《阳江市商品住宅建设项目验收管理暂行办法》，经市政府审定后颁布实施。该办法强化市商品住宅小区的验收管理，维护了购房者的合法权益。三是构建和完善商品房预售管理体系。要求房地产企业严格执行《阳江市商品房销售和购房须知》、《商品房预售项目跟踪管理制度》，建立、健全房地产市场准入和清出制度；对在预售商品房过程中服务水平好、信誉高的企业，予以大力支持，对损害购房者利益的不法企业，予以严厉的处罚，直至取消其经营资质，清理出房地产市场。四是进一步完善全市房地产开发企业信用档案系统，倡导诚信经营，指导市房地产协会开展创建“房地产企业价格诚信单位”评选活动，以维护房地产市场价格秩序，营造房地产诚信经营的和谐环境；当年，评选出景湖花园开发有限公司等15家价格诚信单位，推荐4家企业参加省“房地产企业价格诚信单位”评选活动。

(雷　宇)

至2008年底，阳江市共有房屋建筑面积3845.24万平方米，其中住宅2594.04万平方米，人均住宅建筑面积36.20平方米。全市共有房地产价格评估机构9个，备案登记的房地产经纪机构15个。12月，成立阳江市房地产中介与物业管理协会，共有单位会员65个。是年，阳江市房地产交易7194宗，交易面积130.36万平方米，交易金额17.69亿元。其中商品房交易4863宗，交易面积69.34万平方米，交易金额13.24亿元；二手房交易2331宗，交易面积61.02万平方米，交易金额4.44亿元。市区商品房买卖合同备案1634宗，面积20.48万平方米，合同金额49070.22万元。

房屋拆迁　2008年，全市城镇房屋拆迁规模控制在5万平方米以内，实际完成拆迁34750平方米；其中阳江市区拆迁面积20670平方米，拆迁安置补偿金额5167万元。当年，依法组织对阳江市江城区江朗大道2户和漠江中路2户进行行政强制拆迁听证会，并对江郎大道2户被拆迁房屋实施强制拆迁（后经调解，这2户都达成拆迁补偿协议），受理行政裁决1户。

物业管理　阳江市区在2008年开始全面推行物业维修基金管理制度，至2008年底，缴存维修基金713万元。全市共有物业管理企业48家，阳江市区共有12个住宅小区成立业主委员会。全年阳江市区共办理各类房地产权登记12034宗。

至年底，阳江市共筹措廉租住房面积2.81万平方米，解决城镇低收入家庭460户共2077人住房困难问题。

廉租房建设 继续加快廉租住房建设，以实物配租为主，结合发放租赁补贴方式推进实施廉租住房保障工作。2008年，阳江市区投入1456万元建设好永安楼、南濠居、龙津路54~56号等廉租住房项目，面积8050平方米，共129套；阳春市投入780万元建设好春城扬铺街A、B栋廉租住房项目，面积3640平方米，共65套。以上共解决194户共776人住房困难问题。阳东县、阳西县分别抓好阳东县苑山小区、阳西县滨江北路小区等廉租住房项目建设的前期工作。

住房公积金管理 阳江市于1996年建立住房公积金制度，至2008年底，全市执行住房公积金制度的单位892家，缴存人数6.26万人；累计归集总额逾9.65亿元，归集余额逾6.58亿元；发放个人住房抵押贷款2800多宗，金额4.03亿元。

2008年，加强和改进住房公积金的监管。通过完善监管制度，加强监管信息化建设，提高对住房公积金的监测、分析、预警和指导能力。强化对个人住房抵押贷款和提取使用的管理，加强对资金用途的监控，开展贷款风险排查，规范公积金的提取、个贷发放和国债购买等使用行为，确保资金安全。全年全市住房公积金归集总额3.17亿元，归集余额逾1.9亿元；发放个人住房抵押贷款1.41亿元。

(温 政 林世允)

【村镇建设】 2008年，阳江市建设局全面落实科学发展观，在继续抓好城镇化建设的同时，着力加强城乡规划建设与村镇建设管理工作。

全面实施《中华人民共和国城乡规划法》，继续抓好城乡规划，提高城乡规划建设管理水平，为城乡建设和经济社会发展提供科学的规划依据。全市中心镇总体规划编修工作顺利进行，至2008年，12个中心镇总体规划已基本完成，同时配合省建设厅抓好阳东县北惯镇平地村的村镇规划试点工作；协调有关部门抓好新农村规划建设，推广使用《阳江市城镇住宅设计图集》，进一步提升全市村镇住宅建设质量水平。实施“百村示范工程”，作为新农村规划试点。

村镇建设平稳发展。2008年，全市村镇房屋建设竣工面积135.37万平方米，完成投资9.44亿元；村镇新建道路72.12公里，新建市政排水管道42.51公里；村镇新增自来水供水管道64.84公里，供水总量3102.14万立方米，销售收入2806.72万元。

【城市综合管理】 2008年，阳江市市政管理局以创建良好的人居环境为目标，着力构建和谐城管、效益城管，不断提升城市管理水平和档次，按照“依法治市、统一管理、全权委托、综合执法”的原则，组织各职能单位开展城市管理联合执法，行使城市管理职能，解决了城市管理中职责交叉、多头管理、重复执法的问题，不断提升城市管理水平。

盘活闲置资源，缓解城区停车难 通过优化城区道路资源配置，在部分路段两侧设置临时停车位，设临时停车小车位1200余个，摩托车停车位6万个。严格管理和严格审批街头横幅、户外广告使用权拍卖，加强路牌、灯箱广告的有偿出让。

加强教育，合理疏导 针对一些地区特别是菜场周边流动摊贩严重干扰经营秩序和影响居民生活的情况，抽调人员增设固定岗，在加强教育的基础上开展集中整治，疏导流动摊贩至指定地点摆放。同时，会同有关单位，在每个市场增设30至50个摊位，提供给流动摊贩经营，规范流动摊贩的经营行为，引导流动摊贩有序经营，切实改善市场周边秩序。

划分层次，分类管理 把市区各条道路划分为严管、控制、规范三类地段，对不同路段实施不同的管理标准，探索管理流动摊贩的有效模式。

全面整治严重影响市容市貌的“六乱”行为 致力于巩固“创优”、“创卫”、“创文明”城市成果，在加强市容市貌整治工作方面取得成效。依法查处违章占道、乱摆卖、乱堆放、乱搭建、乱张贴、乱挖掘等“六乱”的行为。依法清理违章行为45000多起，其中查处违章占道15600宗、车辆乱停放2800宗、违章广告9600余宗、乱拉挂横幅标语4500宗、乱挖掘10800宗、乱倒垃圾690宗、卫生死角150余处、违章建筑860宗、违章露天酒吧300余间。通过整治，市区“六乱”等违章行为得到有效控制，商铺基本入室经营，城市“牛皮癣”基本绝迹，户外广告设置协调，布局合理。

拆除违章建筑 对严重影响城市总体规划或顶风违法建筑实行依法强拆。2008年，依法清理违章建筑和非法占用公共用地行为，对市区北山林场、金郊批发市场、三环路边、漠江路现代酒店、猫山路口、石湾北路等违章建筑实施了强制拆除；积极配合东风一二路、北环路改造工程，拆除多起违章建筑，维护城市规划的严肃性，确保城市总体规划的实施。在严格执法过程中，不断加大对违章建设行为进行监督，取得明显的成效。

(许兆勇 黄加标)

湛江建设

【概况】 湛江市位于中国大陆最南端、广东省西南部，坐落在雷州半岛，处在粤桂琼三省（区）交汇处。湛江是中国首批对外开放的沿海城市，国家一类大市，全国综合实力50强城市。1999年以来，先后获得“全国绿化达标城市”、“广东省卫生城市”、“广东省文明城市”、“中国优秀旅游城市”、“国家园林城市”等称号。

中华人民共和国成立后，湛江开始大规模的城市建设。在20世纪50年代中期，陆续建成湛江港、黎湛铁路、湛江民航机场，使湛江成为海陆空交通齐全的国南方重要港口城市、大西南地区的主要出海口，并获得“花园城市”的美誉。改革开放以来，湛江发展加快。30多年来，随着湛江经济的迅猛发展，一大批基础设施项目相继建成，城市框架进一步扩大，市容市貌焕然一新，热带海滨城市特色凸显，城市功能和城市品位显著提升。近年来，湛江大力实施“工业立市、以港兴市、生态建市”战略，按照建设成为粤西城镇群中心的定位，建设城乡协调生态文明的科学发展试点市，重大项目建设如火如荼，经济发展势头强劲，城市建设日新月异，湛江正逐步成为充满生机活力的现代化新兴港口工业城市。

2008年，湛江市安排湛江城区规划编制经费2868万元，开展3个分区规划、8个控制性详细规划、5个专项规划的编制和1个规划专题研究工作。至2008年底，全市控制性详细规划覆盖面积达到142平方公里。县（市）共完成10个建制镇总体规划修编，有14个城镇（片区）完成控制详细规划编制，其中遂溪县基本完成全县建制镇总体规划编制和评审工作。

中心镇镇区建设　其中新建、改建、扩建道路77条，总长度99.88公里，总面积46.94公顷，总投资3838.7万元；供水设施项目15个，总投资3494万元；排水设施项目26个，总投资约635万元；环卫设施项目30个，总投资317.1万元；环境整治总投入5760多万元；文化教育设施建设项目162个，总建筑面积6.38万平方米，总投资3900多万元；医疗卫生建设项目42个，总建筑面积1.37万平方米，总投资1510多万元；商业设施建设项目30个，总建筑面积3.79万平方米，总投资超过1.25亿元；交通设施建设项目56个，总投资超过1.05亿元。全年全市19个中心镇经济稳步向前发展，镇域范围内GDP总额超过139.27亿元。

新农村建设　全市累计编制农村村庄规划约4000个，占农村村庄总数的33%。全年全市共有830多个村庄开展规划编制工作，其中已完成编制的村庄611个，开展90个省级村庄整治试点。

新型墙材使用　是年，市区新型墙体材料应用墙体面积74万平方米，占墙材使用比例的90.4%，市区新建工程按比例使用新型墙体材料，减少实心粘土砖使用7372万块，折合减少土地损耗11.73公顷，减少废气排放444吨，节约燃料煤近20000吨。新型墙体材料及时填补了实心粘土砖禁止使用的空白。2008年预拌混凝土使用量106万立方米，超额完成省下达任务的17.78%，散装水泥供应量110万吨，散装水泥使用量132万吨，超额完成省下达任务的55.29%。

住房保障　2008年，湛江市颁布实施住房保障管理办法、建设规划及年度计划，同时，落实住房保障工作目标责任。湛江市政府与各县（市）政府签订《湛江市2008年度解决城镇低收入家庭住房困难工作目标责任内容确认书》。

工程质量监督　强化工程质量各环节的监管，特别是对施工企业、监理企业，在施工过程中实行量化考核制度，每季度向社会公告一次。组织开展全市建设工程质量监督执法检查，抓好工程建设标准强制性条文的落实。加强对工程质量检测单位的管理，提高检测能力和检测数据的科学性、公正性。大力推广新材料、新工艺、新技术，通过继续教育和业务培训，全面提升监管人员业务水平。工程质量稳步提高。2008年，全市施工报建面积2346896平方米，投资额28.9亿元；在建工程121个，工程竣工验收合格率100%，其中被评为省优良样板工程1个。建筑工程投诉大幅下降，全年没有发生严重工程质量事故。全市共监督在建工程项目121个，总面积234万多平方米，高支模6个，深基坑21个，正开挖项目11个，已完成开挖项目7个，未开挖项目3个。对在建项目共发出整改通知书95份，消除施工安全隐患540多起，其中消除重大施工安全隐患30多起。全年未发生等级以上建筑施工安全事故。继续推行建筑工人“平安卡”管理制度，加强对建筑工人安全教育和管理，全市已有9754名一线工人持“平安卡”上岗作业，建筑工人实行“平安卡”率达到90.6%。以安全生产许可制度和施工起重机械装拆、安全使用监管为重点，实行安全生产动态管理。组织开展施工安全专项整治，对违法企业、违规人员依法进行处罚，增强施工现场各类安全管理人员的责任心。

加大重点市政项目建设和园林绿化建设力度，市政道路建设面积665059平方米，总投资41152万元；维护道路70195.5平方米，总投资474.06万元。新建南国热带花园，投资1.5亿元；维护道路绿化241620平方米，总投资586.9万元。

【建筑业】　2008年，湛江市资质等级建筑企业实现总产值124.43亿元，比上年增长14.7%；实现利润总额2.5亿元，增长25.0%。全市具有资质等级的建筑业企业有169家，其中国有企业50家，占企业总数的29.58%；一级资质14家，其中国有企业6家；二级资质42家，其中国有企业15家；三级资质98家，其中国有企业29家；不分资质等级1家，建筑劳务分包资质14家。从业人员77974人。全市实行招标工程项目共135个，其中，施工公开招标项目89个，工程造价21.05亿元。全市纳入质量监督的在建房屋与市政工程112个，建筑面积185万平方米，已竣工87个，竣工面积110万平方米，一次验收合格率为100%。2008年全市获得省优良样板工程1个。

招投标管理　继续做好整顿规范招标投标市场工作，进一步完善招标文件范本，对原有招标文件范本进行补充、修正。进一步规范投标人的行为，制定制度加大对投标人报名程序和开标现场秩序的管理，查处一批假证照、假公章的行为。继续加大工程招标投标管理制度创新力度，制定《湛江市政府投资的工程预选承包商试行办法》，推行招标代理机构量化考核制度。其中施工公开招标89个，造价21.05亿元，中标价19.89亿元；施工中标价平均下浮率为5.51%；监理招标26个，勘察设计招标20个，应招标率100%，公开招标率100%。

工程质量监督　开展中标后建设工程项目的工程造价监督检查活动，全年共检查单位62个，工程项目124个，发出整改书24份。加强工程造价咨询企业的管理和建设工程造价信息发布工作，维护建筑市场工程计价秩序，调整全市建设工程动态工资标准，核发《2008年湛江市房屋建筑工程经济指标》。

开展全市建设工程质量监督执法检查，对各县（市）建设行政主管部门贯彻落实国家有关工程质量、建筑节能管理等相关法律和法规情况、在建工程实体质量以及工程建设责任主体、施工图设计文件审查机构和工程质量检测机构的质量行为开展检查。全市共有112个工程开展自查自纠，自查工程建设强制性标准执行情况63个。对全市112个在建工程进行检查。

推进建筑劳务分包企业的发展，健全劳务分包制度。至2008年底，全市共有建筑劳务分包企业14家，比上年增加4家，增长40%。

2008年，在全市各级组织的历次大检查中，共检查在建工程139个（其中市区79个，县市60个），排查出重大隐患30个，发出整改通知书95份，局部停工通知书6份。全面推行安全生产动态管理办法。对存在违法违规行为的292名责任人和54家施工企业、33家监理企业实施全市动态扣分处理。推行建筑工人安全教育培训“平安卡”管理制度，全市各地共培训建筑工人10765人，发出“平安卡”9754张。强化起重机械安全监管工作。逐步规范起重机械专业队伍的市场行为。全市有6个项目参加广东省建设安全生产、文明施工优良样板工地评选。1个项目被评为2008年度广东省建设安全生产、文明施工优良样板工地，5个项目通过初评。有2个工地评为广东省建筑工程项目AA级安全文明标准化诚信工地。

勘察设计　2008年，湛江市有勘察设计单位27个，有勘察设计从业人员2039人，其中高级职称239人，中级职称589人，初级职称458人；一级注册建筑师14人，二级注册建筑师40人。全市有施工图审查机构6个，房屋建筑类5个，房屋建筑和市政基础设施工程综合类1家。全市有施工图审查人员78人。全市勘察设计企业共完成工程勘察设计合同额24874.32万元，初步设计项目投资额19968.87万元、建筑面积16.66万平方米，施工图设计项目投资额106.2亿元、建筑面积88.33万平方米。全市勘察设计企业全年营业总收入23651.48万元，营业成本17715.55万元，利润总额985.7万元，年末资产总值17069.28万元。

全年共受理勘察设计企业资质核定、增项、升级、转正事项1项，资质证书变更事项2项。开展全市勘察设计市场大检查，共抽查工程勘察和行业设计企业31家、施工图审查机构6个。7个勘察设计单位存在违法违规行为或者不符合资质标准；对存在违法违规行为7家企业已按有关规定，发出责令限期整改通知书。

年内，先后2次对全市建筑节能设计与审查质量进行检查或抽查，共抽查21个项目，100%进行节能设计。全市施工图共审查建筑工程项目119个，其中已按规定进行节能设计与审查项目101个，经审查符合节能设计标准的86个，进行节能设计与审查率96.03%，符合节能设计标准的比例达88.65%。

（黄育平）

【城区规划】　2008年，湛江市安排规划编制经费2868万元，开展3个分区规划、8个控制性详细规划、5个专项规划的编制和1个规划专题研究工作。至年底，全市控制性详细规划覆盖面积达到142平方公里，为大型重点项目落户湛江奠定前期准备工作。在城市规划指导下，城市基础设施建设日益完善，城市宜居环境质量不断提高。

为推进湛江钢铁项目，合理布局钢铁项目上、下游产业，优化产业结合，使城市宜居环境、空间结构与未来现代化钢铁、石化新城相匹配，对《东海岛分区规划》进行修编。优化东海岛产业布局和交通布局，整合岸线资源。完成《麻章区分区规划》初步成果和《南三岛分区规划》方案征集等前期工作。

《海东新区控制性详细规划》、《海田片区控制性详细规划》（修编）实施；完成屋山、草苏、北站3个片区的控制性详细规划修编工作和《东海岛临港产业组团控制性详细规划》、《东海岛东山、民安组团控制性详细规划》、《东海岛东部组团控制性详细规划》3个控制性详细规划初步成果。

制订《湛江市城市规划管理技术规定（暂行）》、《湛江市城市规划局建设工程竣工规划核实管理规定》、《湛江市城市规划区内城中村村民建房管理办法》、《湛江市城乡结合部规划建设管理暂行规定》和《湛江市城市主干道两侧规划管理规定》等城乡规划管理规范性文件，进一步规范城市规划管理人员的行政作为。全年核发《建设项目选址意见书》41份，《建设用地规划许可证》72宗，《建设工程规划许可证》285宗，办理建设工

程竣工规划核实73宗，共收取市政建设配套费1.07亿元。 （李圣文）

【城市建设】 2008年，湛江市市政园林局加大对重点市政项目建设力度。市政道路建设面积665059平方米，总投资41152万元；维护道路70195.5平方米，总投资474.06万元；道路排水建设总投资41152万元。新建南国热带花园，总投资1.5亿元，2003年动工，2008年4月30日竣工。维护道路绿化238500平方米，总投资1008.9万元；筹建生活垃圾焚烧发电厂以及渗滤液处理扩容工程；建设垃圾转运站和公厕。组织实施北站路改扩建、站前路、体育南路（西段）、海田片景观整治（一期道路）建设以及椹川东二路道路、疏港公路（二期）、赤坎水质净化厂配套管网工程建设，加强市区道路维修补强。

年内，完成南国热带公园建设和体育南路东段、西段绿化，体育北路东段绿化工程、滨湖整治道路绿化工程、寸金学院道路绿化工程、体育北路与海滨大道交汇处绿地总面积238500平方米，总投资1008.9万元。 （何　全）

2008年，湛江市城市燃气普及率94.47%，自来水普及率99.12%，生活污水集中处理率62.88%，生活垃圾无害化处理率接近97.33%，人均城市道路面积22.15平方米，每万人拥有公共交通车辆12.45标台，全市城市建成区绿地率40.64%，建成区绿化覆盖率45.71%，人均公园绿地面积12.5平方米。

污水处理　全市新增污水处理厂1座、处理规模达10万立方米/日、垃圾无害化处理场1座、垃圾无害化处理规模660吨/日。至2008年底，全市建成城镇污水处理厂2座，处理规模15万立方米/日，污水集中处理率62.88%；建成垃圾无害化处理场1座，处理规模660吨/日，垃圾无害化处理率97.33%。

燃气供应　全市天然气储气能力36万立方米，供气管道长182公里，供气总量合计1739万立方米，用气用户共1.98万户，用气人口6万人；湛江市区液化气储气能力8126吨，供气总量10万吨，用气用户16万户，用气人口55万人。

全市组织燃气企业运营情况督查，重点抽查135个燃气站点，对其中存在安全隐患的45个燃气站点发出限期整改通知书，责令当地燃气行政主管部门跟踪落实安全隐患整改并及时上报整改情况。

城市节水　开展以“加大节水减排力度，迎接绿色奥运”为主题的城市节水宣传活动。对全市91个自备井单位进行有效管理，定期到各用水单位检查用水情况共560次，现场抄表记录取水量。接受群众举报，到现场核实和制止违法取用地下水事件，促使违法单位进行封井。开展自备水源单位污水处理费的征收工作，全年征收污水处理费720万元、自备水源价格调节基金180万元，全部缴入财政专户。

【重点工程建设】 2008年，湛江市以建设成为粤西城镇群中心为目标，继续深入实施“工业立市、以港兴市、生态建市”战略，重点项目建设顺利推进。全年安排重点项目47个，年度计划投资63亿元，全年完成投资61.3亿元，完成年度的97.3%。5个项目建成投产，7个项目新开工建设。重点前期预备项目各项工作也取得突破性进展，湛江钢铁项目3月份获国家正式同意开展项目前期工作。

全市重点项目建设成效显著。一是重点项目完成投资额创新高。重点项目年度投资约占全社会固定资产投资的25%。二是有19个项目列入省重点建设项目计划，项目数量在全省21个地级市中连续五年排名前列。三是工业和交通项目成为投资重点。两类项目共完成投资42亿元，占年度投资额的66.6%。湛江龙腾物流500万球团项目超额完成计划投资、尧丰包装印刷项目一期工程已竣工投产，年产值5.2亿元；黎湛铁路河唇至湛江增建二线竣工、湛江港30万吨级航道工程、徐闻海安新港码头一期工程竣工投资。四是商贸流通项目取得重大突破。湛江港吞吐量突破亿吨大关，国贸新天地竣工开业，湛江作为区域性物流中心地位进一步提升。五是环保项目建设取得新进展。湛江赤坎污水处理厂二期已竣工，使湛江的城市环境质量在全国继续保持前列。 （黄育平）

【住宅与房地产业】 2008年，湛江市区商品房住宅交易4612宗，涉及交易面积54.33万平方米；商品房交易金额20.6亿元，二手房交易3168宗，交易面积40.2万平方米，交易金额5.68亿元。抵押登记7647宗，涉及抵押面积322.06万平方米，抵押金额54.8亿元。收取房屋契税3403万元，代征营业税等1391.75万元，代征价格调节基金1485.21万元。

住房保障　年内，对市直和赤坎区2007年前在册的153户廉租住房保障对象发放租赁住房补贴；完成2008年廉租住房保障对象核定和复查工作，市区符合条件的518户。全年市区计划兴建廉租房（安置房）266套，建筑面积16562平方米；已建成廉租房（安置房）98套，建筑面积6147平方米。

公房改造　整合公房资源，加快公房旧改建设步伐。年内，先后对市区内11座危旧公房进行改造，工程完成后新增公房面积13565.80平方米，增加铺面面积286.4平方米，可安置社会无房户和危房户164户。旧改的同时，抓好公房水电工程报装服务管理，共为旧改工地报装水表168套、电表224套。同时，全年共安排维修资金155.4万元，维修房屋508幢（次），维修面积2.8万平方米。

房屋交易　出台《关于加强湛江市存量房交易结算资金管理的通知》，筹建存量房交易信息平台；强化房地产市场的后期监管，开展全市楼盘大检查；为房地产开发企业开展业务指导和培训；及时发布房地产信息，确立房地产预警制度。

全面升级商品房预测绘操作系统并编写《湛江市区房屋门牌地址和商品房单元号编写规则》。2008年，房产测绘8396宗，产权产籍图编绘55幢；扫描房产档案3000份，录入房产卡片7668份，全年整理、录入档案6379卷，接待社会各界查询档案3万余人次。

房屋租赁 制定《湛江市区2008年房屋租赁市场指导租金》标准，规范房屋租赁市场秩序。全年代征房屋租赁价格调节基金230万元，征收租赁手续费68万元；新办租赁登记371宗，新增租赁登记面积6.5万平方米，协调处理租赁纠纷17宗，为双方挽回经济损失44万元。

物业管理 规范维修资金管理和使用，截至年底，已有905万元维修资金存入专用账户。加快物业小区水电设施改造，全年对8000多户实施供水抄表到户工程改造。全年核定物业企业暂定资质9个，三级资质4个，资质证书换证40多个；完成28个物业管理项目招投标管理活动的备案登记，招标项目总建筑面积80多万平方米，通过行政监管落实物业管理用房5000多平方米；处理物业管理信访投诉，处理各种投诉100多起；指导18个物业小区成立业主委员会，换届选举10个。

房屋鉴定 全年完成房屋鉴定221宗、鉴定住宅面积34902平方米、非住宅面积238976平方米；义务鉴定面积3553平方米；鉴定报告采信率达98%以上。 （李 旭）

【城市综合管理】 湛江市城市管理行政执法局成立于2004年4月，是广东省第一个由省政府批准成立的相对集中行使行政处罚权的城市管理行政执法局。省人民政府授权湛江市城市管理行政执法局代表湛江市政府相对集中统一行使若干行政机关的行政处罚权，确立了城管执法行政处罚的法律地位和职责范围，改变了过去城管、城监靠委托执法这种行政执法主体不明确、执法职责范围不清的状况，改善了不规范执法的尴尬状况，解决了湛江市城市管理方面多头执法、多部门职能交叉管理、重复处罚导致的执法扰民等不依法行政的问题，规范了城管执法的管理体系和范畴，树立了政府执政为民的良好形象。

2008年，湛江市城管执法局组织开展积极探索城管工作实行长效管理的新举措、新路子，城管工作取得新突破。如对乱张贴的清理实行市场化运作，通过政府采购招标选定一家较有经验和实力的专业清洁公司，对市区乱涂写、乱张贴的非法小广告进行清理，提高清理的质量和效率，使长期以来市容管理的一个顽疾得到较好解决。在市容管理上建立分级管理、分段实施、错时执法的工作制度，制定《市容环境整治工作指引》，将市区道路划分为“严管地段”、“控制地段”、“规范地段”三类，实施分类管理，明确规定市容环境整治和管理要达到的标准。

市容整治 2008年，湛江市城管执法局年初制订《迎接“山治会”市区整治工作实施方案》，针对存在的问题组织研究制定措施，明确目标，落实责任，把迎“山治会”的整治工作贯穿于全年的执法工作中，大力组织开展各项市容整治活动。一是开展非法小广告专项清理整治，先后抓获乱张贴的违章者58名，使乱张贴行为大幅减少，整治收效明显。二是开展施工工地夜间噪音扰民专项清理整治。对市区96个施工工地进行全面摸查整治，特别是“山治会”期间，对迎宾酒店附近工地夜间超时施工、施工噪音过大现象进行整治，规范了施工工地夜间作业程序。三是开展夜间大排档专项清理整治。针对各辖区分局由于执法力量不足，难以日夜兼顾，对夜间大排档、烧烤档管理不到位的问题，从3个辖区分局抽调执法人员组成夜间大排档执法队，加大执法力度，取缔一批市区主要道路的夜间占道大排档、烧烤档，受到市民群众的好评。四是开展市区大型户外广告专项整治。积极与市城资公司协调，对市区大型户外广告牌进行整治，清理广告牌67块，依法拆除18块，美化城市空间。五是开展废品收购站、摩托维修档、洗车档专项整治。对市区影响市容的55个沿街废品收购站、190家摩托车维修档、83个洗车点进行专项清理整治，使脏乱差、污水横流、油污满地的市容环境“黑点”得到整治。六是组织全面的集中整治，从8月份开始，组织全面的集中整治。全体干部职工停止所有正常休假，超常规工作，奋战90多天，对市区开展拉网式的全面整治工作，取得明显的成效。

“六乱”整治 是年，市城管执法局共清理整治违法占道经营饮食档1822档次，查处噪音扰民案件388宗、乱摆卖142338档次、乱拉挂9424起，乱搭建1927宗、乱停放1579起、乱堆放1390起，清理乱张贴53万多张，清理卫生死角近200处，清运余泥垃圾374车987吨，共拆除和规范门店广告牌、招牌1660块，通过贯穿全年的迎“山治会”整治工作及“市容环境集中整治月”活动，进一步巩固了城乡清洁工程的成效，市容管理的能力得到进一步提升，通过交叉执法、组织专业队伍执法等形式，突出管理的重点，采取整改与教育相结合的原则，加大对市容环境（卫生）、违法建设、园林绿化、环境保护、市政管理、公用事业等方面违法违章行为的管理力度，较好解决一大批市民反映强烈的热点、难点问题，各种违法行为得到有效的遏制，城市的市容面貌得到了根本性的改变，市区市容市貌达到前所未有的整洁、有序，提升了城市品位。

违法建设查处 是年，市城管执法局加大对违法建设的查处力度。一是对湛江市赤坎、霞山、开

发区的违法建设查处权限进行调查，在直属分局重新整合力量，将查处违法建设的两个规划中队增加到三个中队。在实行查违控违上分局领导与中队、中队与队员层层签订管理目标责任书。二是在6个区开展违法建设清查工作，按照“新账不欠、坚决制止新的违法建筑；老账分还，分步拆除历年形成的影响城市规划的违法建筑”的原则，对市区内在建建筑进行了一次普查，对在建的建筑进行分类监控。对列入严格控制的违章建筑，坚持每天巡查；对新开工的建筑，有许可证的，准确掌握其批建情况，加强巡查，发现有超建苗头的及时制止；没有相关证件的，一律责令停工补办手续，并严格监控，直到其补办所有手续。三是开展专项整治，在普查的基础上，组织强制拆除市区一批违法建筑，拔掉一些“钉子户”，杜绝市区道路两旁新违法建筑的出现。四是开展对在查处在违法建设问题上的责任追究制度的调研，起草《查处违法建设拆除责任追究管理办法》（草稿）。全年组织拆除违法建筑362宗次，面积54000多平方米。

城管体制改革　为进一步推动“二级政府、三级管理、四级网络”管理体制的形成，市城管执法局进一步深化执法进社区活动，将执法重心下移，要求各辖区分局在按照市局工作方案落实整治管理目标外，服从各区政府的指挥调度，同时市局联系各区政府，协调开展联合整治，由各区政府发挥属地管理作用，牵头将城管执法人员、各街道办工作人员、城管协管员和治安联防员整合成联合执法力量，改变原来靠城管执法局单家独立执法管理的局面，使一些整治难点得到有效治理，提高了管理成效。如依靠相关辖区政府的牵头组织，城管执法局整治了人民大道北旧大天然酒店至海滨大道会展中心的市容环境、拆除人民大道北电信烂尾楼10多年来用作大排档的工棚、整治了湛川大道两旁乱堆放和文保市场的“脏乱差”问题。又抽调执法人员协助各区政府查处农村违法用地违法建筑工作，共组织拆除29901平方米违法建筑，取得很好的成效。

综合整治　在注重条块配合的同时，市城管执法局也注重条条协助，积极协调、配合相关职能部门开展整治。在市容整治任务繁重的情况下，积极参加市交通秩序整顿办公室组织的交通秩序整治，先后派出执法人员48人次，协助暂扣二轮、三轮摩托车133辆，违规运输车35台次、驾驶证88本。10月15日，牵头组织公安交警、交通执法人员组成市容联合整治小组，采取机动巡查的方式，对火车南站广场、海田汽车中心客运站、麻章汽车客运站等重要站场周边和市区重要路段开展专项执法活动，清理整治妨碍交通的占道经营摊档68宗、摩托车维修档15档、洗车点8个，确保“山治会”期间市区主要交通道路路口和客运站场交通秩序的顺畅。协助市建设局燃气管理站对全市各燃气经营点进行清查整治。全年共查处非法经营燃气档22个，暂扣燃气瓶178个。协助市城资公司清理市区残旧公共汽车候车亭，组织拆除了14条道路的52个残旧候车亭。通过条块配合、条条协作，城管工作合力明显增强，执法成效进一步提升。　*（林肖兵）*

茂名建设

【概况】　改革开放以来，茂名围绕贯彻落实党中央、国务院关于加快推进社会主义新农村建设的战略部署，以村镇规划编制和村庄整治工作为重点，切实抓好城乡规划建设管理工作，不断加快城乡各项市政公用基础设施建设，大力整治城乡环境，有力推进了全市城镇化进程。至2008年底，茂名市城区的建成区面积67.40平方公里，城镇人口128.91万人；四个县（市）城区的建成区面积为76.64平方公里，城镇人口91.31万人；建制镇的建成区面积135.56平方公里，镇区人口75.617万人。茂名中心城市道路总长197公里，道路总面积391万平方米；四县（市）建成区道路总长289公里，道路总面积376万平方米；建制镇道路总长1444公里。茂名市及四县（市）建成区绿化覆盖率38.48%，人均公园绿地面积6.59平方米，茂名中心建成区绿化覆盖率44.66%，人均公园绿地面积9.16平方米。建制镇绿化覆盖面积1617.64万平方米，人均公园绿地面积4.46平方米。茂名市及四县（市）自来水年供水量12458.18万立方米，市区自来水年供水量5063.98万立方米，市区及四县（市）用水普及率98.84%，建制镇自来水年供水量5759.89万立方米，用水普及率89.55%。

【建筑业】　2008年，茂名市共完成建筑业总产值67.8亿元，纳税额2.9亿元。全市建筑业企业共创市级优良样板工程6个，省优良样板工程2个。创市级安全生产、文明施工“双优”工地8个，省级“双优”工地4个。全市招标投标工程项目共123个，中标工程造价85813万元，比预算投资降低4378万元，平均下浮率4.85%。

大力推进建设领域节能工作，全市建筑节能工作取得新的突破。新型墙体材料应用范围进一步扩大，技术水平有明显提高，市区使用新型墙材共8126.6万块，比上年增长53.16%，节约土地面积10公顷，节约能源5642.2吨标准煤，减少二氧化硫排放141吨。商品预拌混凝土使用量不断扩大，推广应用实现跨越式发展。全年全市散装水泥供应量16.1万吨；共生产预拌混凝土35.79万立方米，比上年增长1.69倍。

【城乡规划】　2008年，茂名市城

▲*2008年12月11日，茂名市城乡规划局举行《茂名市城市总体规划纲要（2008~2020）》研讨汇报会* *蔡华明　摄*

乡规划局积极推进城市规划的编制工作。完成新版《茂名市城市总体规划（2008~2020年）》纲要成果的编制和《茂名市市区近期建设规划（2008~2010年）》（含西城片区分区规划）、《茂名市城市站南片区分区规划（2008~2020年）》、《茂名市茂港中心城区规划（2008~2020年）》的编制并经批准实施。开展环水东湾新城总体规划的编制工作，完成规划方案的国际招标。完成《茂名石化工业区一区西南片区控制性详细规划》、《高水公路东侧八小区控制性详细规划》和市区大岭仔小区、钟鼓小区、站南小区、南华小区等小区的控制性详细规划，以及新塘小区修建性详细规划的编制工作。完成市区公共绿地绿线控制图的编制并经批准实施。

抓好城镇各层次规划的编制或修编工作　《茂名市城镇体系规划》形成规划初步成果。信宜市城市总体规划、近期建设规划已报广东省政府审批；《电白县城水东镇总体规划》（2005~2020年）已报茂名市政府审批；高州市、化州市正在着手开展总规的修编工作。全市15个中心镇总体规划获市政府批复13个。抓好村庄规划编制工作。开展80个省级村庄以及一批市、县级村庄规划试点村的规划编制。截至2008年底，累计完成439个村庄的规划编制，其中2008年完成90个；累计有307个试点村庄开展整治工作，其中2008年开展整治工作的试点村庄73个。

完善城市规划委员会审批议事制度，对重大规划事项坚持全体会议审议　加强规划的依法行政监督，完善规划审批公示等制度，进一步规范审批程序，压缩审批时限，严格审批纪律，确保城市规划的实施。全年共审批报建业务896宗。其中审批《建设用地规划许可证》96宗，用地面积57.43万平方米；《建设工程规划许可证》92宗，建筑面积118.6万平方米；临时建筑工程17宗，建筑面积1886平方米；农居民建房285宗，建筑面积11.4万平方米；办理建设工程规划条件业务171宗，建筑设计方案审查业务148宗，广告、招牌、室外装修工程报建业务87宗。

逐步推进城乡规划编制和管理的标准化、规范化和法制化　依法简化城市规划执法程序，由规划行政主管部门在城市规划区内对违法建设行为实施强制拆除控制措施，加大规划监督和管理力度。加强项目批后管理，协调规划、建设、国土、公安、法院、供水、供电等部门执法力量，进一步加大违法建设行为的打击力度，确保城市规划建设的严肃性和权威性。加强城乡规划一体化管理，设立茂名市城乡规划局茂南分局，把茂南区城乡规划管理纳入城市规划控制范围，增强该区行政管理架构设置，对各类建设用地进行合理的盘整。

【城市建设】　2008年8月26日，茂名市动工改造红旗路。9月28日动工改造站前一、二路。11月19日动工建设茂名大道一期工程（羊坡公路）。9月中旬实施市四小周边道路改造工程，拓宽华山直街路面，重新铺设华山街排污管道、路基和路面。2008年10月底至12月中旬，对计星路环市西至工业大道段进行改造。11月中旬，对站南路涵洞进行改造，填高涵洞路面，修复附近破损路面。全年共铺补沥青路面17536.61平方米，更换路牙砖444米，修补铺设人行道方块4025.5平方米。截至年底，茂名市区城市道路总长137公里，总面积297万平方米，人均铺装道路面积8.1平方米。

环市北路改建工程于2007年2月动工，2008年10月竣工通车。该路全长10.3千米，工程总造价为3068.58万元，其中招投标部分4千米，由茂南建安集团中标；茂南区负责施工的6.3千米。

安装双山路路灯137支，将红旗路路灯拆下移到茂南大道117支，并先后在朝阳、福华等小区安装路灯66盏。全年共检修路灯7200盏，其中更换钠灯1861只、节能灯183个、灯头295个，维修更换灯具80套，更换镇流器560只，时钟17个，更换敷设电缆2011米。截至2008年底，市区共有路灯10326盏，饰灯2256盏，配电房5座，控制器96个，埋地线路总长133.60公里，高压线18公里。

动工建设新湖湖水治理工程，沿公园北侧及上游河道两侧设置总长2800米的污水截流管；累计清疏下水道2177285米，维修集水井2088个，雨污检查井817个，更换被盗铸铁集水井盖、混凝土集水井盖共7778块，机械清疏下水道629台班。

城镇燃气　2008年12月27日，茂名市天然气利用工程在名雅花园实现通气点火，正式投入试运营。通过进一步修改完善燃气工程管理制度，规范燃气市场管理工作，狠抓事故隐患整改和企业安全基础建设，积极推进天然气利用工程建设工作，全市燃气事业有进一步的发展。据统计，2008年全市用气销售量44万吨，全年行业销售产值27.7亿元，创税利达4000万元。

园林绿化建设　2008年，茂名市以国家园林城市复查为契机，加大城市绿化建设和管理力度。把园林绿化建设工作的重点放到绿化改造方面，加大绿化改造力度，增大绿量，提高景观，为迎接国家园林城市的复检做好充分准备工作。一是抓好新建道路绿化建设。对油城三路、光华中路、健康南路、计星路烈士陵园至环市路段、江南路等新改造道路进行绿化。在中心广场、文化广场、自来水公司北侧绿地等处加种名贵乔木。通过调剂资金，利用旧路迁移乔木等办法，完成茂南大道绿化。二是抓好绿化改造工作。对文化广场、中心广场等公共绿地的绿化进行全面补植。三是加强绿化养护。对管辖的所有植物进行两次重施有机肥，加强棕榈科等植物病虫害防治，切实做好新建绿化的养护工作。四是对公园和广场进行景观改造。对新湖公园、人民广场、春苑公园部分景观进行改造。对新湖公园内受工程损坏和老旧的工作道路进行改建，铺上改性沥青，部分道路两侧加种乔木；沿截污箱涵新建湖驳，建成水泥仿木护栏，并沿新建湖驳建成美观的环湖路，铺上彩色方砖。并对新湖公园北区工作便道进行改造。五是开展对小区、大院的绿化检查，以及园林先进达标单位复查，提高其绿化水平。

全年种植各种乔木945株，造型花灌木1367株，片植花灌木259900袋（盆），铺植台湾草、沙地豆等地被5972平方米。至年底，建城区绿地面积1531.66公顷；绿地率38.1%；绿化覆盖率41.3%；人均公共绿地面积9.15平方米；人均绿地面积41.05平方米。市区有公园8个，广场4个，小游园15个。

城市公用事业　2008年，茂名市完成供水量4640万立方米，完成产值6279万元；市区新增供水管道20公里，市区管径75毫米以上的供水管道总长376公里，新增装表户2678户，用水人口48.9万人，装表户114006户，市区自来水普及率100%，平均日供水量12.81万立方米，占总生产能力的38.2%，管网压力合格率100%，水质综合合格率99.9%。横岭、田心、那际革命老区11.2公里的主管工程于2008年7月中旬竣工。沙浣、小良供水工程由茂港区组织实施并完成。老城区供水管网改造一期工程于2008年10月动工，管线总长2537米。新购水质检验设施一批，新拓展检测项目8个，全市水质检验项目达75个；升级营业收费系统软硬件；测漏285个，完成管网维修1387宗；依托供水主业拓展水产业链，成立博昊水会有限公司并投入运营，增加产业附加值。

▲2008年8月26日，茂名市红旗路改造工程举行开工仪式　　茂名市建设局供稿

全年处理污水2168万立方米，生活污水处理率71.41%。全年电耗558.3万度，处理每千立方污水电耗260千瓦时，比计划节约13.33%。污染物削减方面，BOD去除率79.11%，年去除量491.05吨；COD去除率83.47%，年去除量2758.13吨；SS去除率82.21%，年去除量2758.13吨；氨氮去除率91.64%，年去除量473.06吨。

环境卫生　2008年，茂名市区负责清扫保洁道路面积约351万平方米，每天清运市区垃圾460吨，年清运垃圾总量16.79万吨，清运率100%。购买4辆垃圾运输车，对市区49座公厕进行全面维修，建设完善金塘垃圾处理场周边道路，建成环卫综合办公楼。全市有垃圾运输车辆84辆。市区有垃圾站27座，其中压缩站10座，负责清洗保洁市区公厕49座，果皮箱420个。

（吴再泉　罗　栋　曾国强　黄诗茗）

【住宅与房地产业】　2008年，茂名市公布市区2008年廉租房保障对象和经济适用住房供应对象标准。完成龙岭小区第二期廉租房3号、4号楼建设工程，项目总投资580万元，总建筑面积5617平方米，共66

套房，按规定分配给廉租房保障对象居住；同时通过发放住房补贴的办法解决585户特困家庭住房困难问题，全面完成年度保障任务。解决2008年市区廉租房保障资金1033万元。市区河西新中路六百户片区第三期廉租房，规划建筑面积7300平方米，共120套房，落实项目资金650万元，计划2009年8月底竣工投入使用。制订茂名市区三年（2009~2011年）廉租房建设规划。

全年受理房屋交易鉴证5334宗，交易面积70.91万平方米，交易金额12.47亿元；其中新商品房3675宗，面积47.24万平方米，交易金额9.05亿元，二手房1659宗，面积23.67万平方米，交易金额3.42亿元。受理商品房项目预售备案20份，商品房预售合同备案3569份，审理商品房预售专用资金14宗，审批金额527万元。完成房屋测绘7117幢（套）、测绘面积263.17万平方米。全年办理房屋登记发证17550宗，注销登记10160宗，其中茂南、茂港区农村房屋登记发证117宗。发证量与上年基本持平。

茂名大道扩改建工程的拆迁管理丈量确权房屋162户（间），共4万多平方米，完成总量的70%，签订补偿协议19户，拆除9户，拆除面积4000多平方米。重新制定《茂名市城市规划区内房屋拆迁补偿安置实施办法》并报政府批准实施。全年受理房屋拆迁申请4宗，核发房屋拆迁许可证4个，拆迁总面积17446.94平方米。全年办理房屋租赁证2119个，为房屋出租当事人清理回收出租房屋26宗，追缴欠租13万元，调解租赁纠纷26宗。抓好代征房屋租赁税和价格调节基金工作，代征租赁税317万多元，比上年增长37.8%；代征出租房屋价格调节基金59.7万元，增长3.75倍。完成房屋安全鉴定3007宗，鉴定面积98万多平方米，其中房屋抵押贷款安全鉴定1691宗、房改房交易安全鉴定556宗、竣工房屋确权安全鉴定63宗、农村房屋发证安全鉴定138宗。完成白蚁防治、灭治业务137宗，防治、灭治面积118万平方米。房产档案馆面积650平方米，馆藏容量达50多万份，共有档案223185份。全年接收房产档案10944份，他项权档案38204份，整理完成电子档案60312份，受理查询4700多人次，出具利用档案证明9600多份，提供档案资料13000多卷次。

（李大锦）

【城市综合管理】 2008年，茂名市城市综合管理监察大队及市政、环卫、园林、供水监察中队积极配合市城管办搞好市容市貌管理工作。协同工商、卫生、环保、建设、规划、物业等部门和单位，派出大部分的人员和车辆，分三大片组对市区市容进行专项综合整治，采取定点定时站岗与机动巡逻相结合的灵活办法，以及对“重点”、“难点”和“钉子户”进行“拔钉”整治等措施，有效压制“九乱”现象的发生，为市民提供良好的市容环境。全年共纠正乱摆卖摊档共47655摊次，拆除乱拉挂色布1948块，清理横幅标语3568条。

（吴再泉　罗　栋　曾国强　黄诗茗）

肇庆建设

【概况】 改革开放30年来，肇庆市城区（含端州区、鼎湖区、高新区）从建成区面积不足11平方公里的山区小城发展为建成区面积达70.96平方公里、人口43.82万人的中等城市，肇庆的城市经济社会发生了可喜的变化，城市框架不断拉大，城市综合承载能力大幅提高，城市功能日臻完善。先后完成一大批城区市政道路的建设改造和三榕水厂、肇庆市污水净化处理厂、羚山污水处理厂、发展广场、时代广场、肇庆市国税局培训教学楼、供电大厦等一批规模大、技术要求高的工程，其中肇庆市国税局培训教学楼在2000年获中国建筑工程鲁班奖。城市的工程建设能力不断提高，质量、安全监督管理不断加强，城市面貌焕然一新。至2008年，肇庆市城区的城市道路长度为487.7公里，面积达750万平方米；城市公交线路增加到21条，形成顺畅便利的路网；日供水能力47.75万立方米，供水普及率达99.9%；日处理污水能力11万立方米，城区污水处理率达70%以上，污水排放指标符合国家标准，对改善人民群众生活环境和投资环境，保护西江河水质起到积极作用。肇庆市污水净化处理厂还先后获“广东省环境保护优秀示范工程”、“广东省环境保护十佳工程”和“国家环境保护百佳工程”等称号。

30年来，肇庆市更通过逐步推行住房商品化，增加住宅建设投资，加强住房保障建设等方式，实现肇庆城市居民住宅从砖木瓦房结构向钢筋混凝土框架结构的转变，群众解决住房的途径也由依靠单位自建福利房或房管公房、住房实行实物分配转变到实行住房分配货币化及自购商品住房，极大地支持了国民经济的快速发展。至2008年，肇庆市已先后获“国家历史文化名城”、“中国优秀旅游城市”、“国家园林城市”、“国家卫生城市”、“国家环境保护模范城市”和“省文明城市”等称号，城市建设事业取得令人瞩目的巨大成就。

2008年，肇庆市建筑业实现总产值53.3亿元，比上年增长14.6%；完成房地产投资52.49亿元，增长11.81%，促进了肇庆市经济发展和社会进步。

规划编制步伐加快，调控指导监管作用不断加强　编制完成肇庆市城东新区、鼎湖区61、63区和鼎湖区人民公园及周边地段的控制性详细规划、肇庆市城区住房建设规划（2008~2012年）及2008、2009年肇庆市城区住房建设年度计划、肇庆市端州城区户外广告规划、鼎湖区城市发展概念规划和鼎湖区城区竖向及排水规划等多个专项规划。进一步规范规划管理行为，加强执法力度，至2008年12月底，肇庆端州城区全年共查处各类规划违法建设案件153宗，涉及违法建设项目建筑面积5万平方米。

工程质安监管明显加强，城市建设模式不断创新 是年，肇庆市城区受监工程无重大安全质量事故发生，实现零死亡。同时，进一步深化投资体制改革，成立肇庆市代建项目管理局，积极推动政府投资非经营性代建项目的建设。2008年列入代建管理的项目9个，总建筑面积8.89万平方米，总投资2.80亿元。

节能工作全面铺开，节能意识不断增强 肇庆市完成建筑节能项目审查159个，建筑面积230.28万平方米，建筑节能面积占民用建筑总面积的79.52%。肇庆市散装水泥生产供应量148万吨，使用量82.4万吨；使用商品混凝土68万立方米，比上年增长19%。

住房保障力度不断加大，房地产市场持续健康发展 是年，肇庆市进一步创新建设模式和建设理念，多形式、多渠道开展保障性住房建设。肇庆市建设局及时出台《肇庆市建设局关于支持肇庆市房地产业健康有序发展的暂行办法》，提出调整端州区普通住房界定标准的建议，加大对房地产业的扶持力度，促使肇庆市房地产市场保持平稳健康态势。

城市基础设施日臻完善，城市魅力不断提升 完成“百姓灯”工程17项、“百姓路”工程9项。实现人均公园绿地面积21.14平方米，建成区绿化覆盖率39.68%，建成区绿地率34.02%，生活垃圾无害化处理率84.35%。 *(叶小青)*

【建筑业】 2008年，肇庆市完成施工报建项目486个，比上年下降25.5%；建筑面积525万平方米，下降21.8%；工程总造价46.9亿元，下降13.3%；建筑业总产值53.3亿元，增长14.6%。针对建筑市场存在的突出问题，进一步深入开展整顿和规范建筑市场秩序的专项整治工作。

加大建设工程质量和施工安全监管力度 全年开展质安检查7次，检查工程项目596个，发出停工通知29份、整改通知416份；肇庆市共有160个工程项目实施建筑“平安卡”管理制度，发放“平安卡”7641张，发放临时工人卡3834张；推进“无质量通病住宅区”的创建和创优工作，各在建项目均实行“无质量通病”管理；继续开展工程监理专项治理，规范监理行为；出台《肇庆市城区临时建筑管理办法》，强化临建工程的监管。

组织开展转包、违法分包和挂靠专项整治 以资质管理为手段，加强工程承发包队伍的监管，严禁将建筑劳务分包给无资质的队伍。

规范主体行为，积极防范产生新的工程款拖欠和农民工工资拖欠 在房地产开发、招标投标、施工许可等环节，加大清理和防控力度，进一步建立和完善预防拖欠工程款和农民工工资的长效监控机制。

加大“创优”工作力度 是年，肇庆市获广东省建设工程金匠奖1项，广东省优良样板工程3项，广东省建设工程安全生产、文明施工优良样板工地5项；评选出肇庆市优良样板工程17项，肇庆市建设工程安全生产、文明施工优良样板工地25项。肇庆市建设局获“广东省2008年度安全生产监管工作先进集体”称号，局长孟广生被授予“广东省2008年度安全生产监管先进工作者”称号。 *(潘祥兴)*

建筑节能 2008年，肇庆市的新建居住建筑和公共建筑项目施工图审查，继续执行《夏热冬暖地区居住建筑节能设计标准》和《公共建筑节能设计标准》等国家和广东省现行建筑节能方面的强制性标准条文。肇庆市建设行政主管部门对设计单位和施工图审查机构实施经常性的监督检查，对达不到节能设计标准的项目不予交付使用，并不定期地组织施工图审查机构进行质量交叉互检，确保建筑节能工作不断推进。全年完成民用建筑节能设计审查235.797万平方米，占民用建筑总量（282.475万平方米）的83.48%。为鼓励广大勘察、技术人员创作出更多的质量优、水平高、技术先进、效益好的优秀勘察设计项目，于2008年11月组织勘察设计专家对肇庆市各勘察设计单位选送的项目进行评选，共评选出市级优秀勘察设计一等奖5项，二等奖7项，三等奖15项。 *(陈蔚宜)*

工程招投标管理 2008年，肇庆市加强工程招投标管理。一是完善有形建筑市场“三个系统”功能，全面加快信息化建设。肇庆市建设工程交易中心的“三个系统”（计算机辅助评标系统、评标专家计算机管理系统，企业IC卡管理系统）经过半年多时间的试验，前2个系统年内正式投入使用，企业IC卡管理系统投入试用。二是制定《肇庆市工程建设项目评标专家考核管理实施细则》，加强和规范对评标专家的管理。三是做好评标人员培训工作，不断提高评标专家的业务水平和法制意识。年内，肇庆市建设工程交易中心举办2期交易业务培训班和1期招标代理业务培训班。四是主动服务基层建设工程交易中心，提供评标专家和资料查询服务。是年，肇庆市共完成工程招标项目342个，工程预算总造价37.17亿元，中标价35.32亿元，节省建设资金1.85亿元，中标价比预算总造价下降4.99%。 *(余可才)*

【城乡规划】 2008年，肇庆市城乡规划局继续完善并加快《肇庆市城市总体规划（2007~2020年）》的报批步伐，顺利开展《肇庆市鼎湖区坑口片区城市设计咨询》工作，基本完成《肇庆市城东新区控制性详细规划》、《肇庆市端州城区户外广告规划》等；完成《鼎湖区61、63区控制性详细规划》、《鼎湖区人民公园及周边地段控制性详细规划》的编制和报批工作；组织完成《鼎湖区城市发展概念规划》和《鼎湖区城区竖向及排水规划》；成功启动《肇庆市城区电力专项规划》编制工作，着手进行《肇庆市城区综合交通规划》、《肇庆市端州城区旧城改造规划》、《肇庆市城区公共服务设施布点规划》等专项规划的基础资料收集和前期调研准备工作。积极联合市建设部门编制完成并发布《肇庆市城区住房建设规划（2008~2012年）》及2008、2009年肇庆市城区住房建设年度计划。

在规范审批管理的基础上，肇庆市城乡规划局严格按照城市总体规划以及相关政策法规的要求审批各类规划建设项目。至2008年底，肇庆城区（端州、鼎湖）全年共核发《建设用地规划许可证》（含重核、补办）670宗，总用地面积531.13公顷；核发《建设工程规划许可证》（不含私房）452宗，总建筑面积500万平方米；核发市政管线《建设工程规划许可证》（不含私房）50宗，批出管线180宗，线路总长153.7公里（包括供水、供电、燃气、通讯、有线电视）、批出道路红线27宗，道路总长度23.6公里。年内，联合肇庆市公安局、市城监大队、端州区政府等相关执法部门先后对西江装饰五金批发市场内的占路铁棚、端州八路中石化西郊加油站东南侧的违章棚架，以及二塔路东侧塘尾村入口处的违建竹木棚进行强制拆除，维护规划的严肃性。全年共受理来信来访投诉（含信访和举报案件）208宗，成功处理投诉案件183宗，案件成功解决率达88%。 *（张定邦）*

【城市建设】 2008年，肇庆市市政管理局加强市政建设与维护。全年完成“百姓路”工程9项，投入资金2124万元，对市区芹田路、文明北路、星湖国际广场西侧15米支路、岩前湖东小区路、景泰路及水岸花城等进行道路改造，对二桂干渠和西排泵站、花园后街进行排水整治；铺设沥青路面1.56万平方米，混凝土路面4852平方米，排水管2011米。完善市区西排泵站的安全设施，在西侧加建围墙，对泵口和集水塘的淤泥进行清疏；同时落实各项排水工作措施，狠抓设备检测，在涝雨季节实行24小时监测，年内共对西排泵站、伴月湖泵站和二桂泵站设备检查71次，清疏进水井4715座，努力解决水浸黑点，最大限度降低水浸街情况。

是年完成“百姓灯”工程17项，投入资金557.4万元，新装路灯257基，新装高杆灯4基。完成市区柑园北路、厚岗路、黄塘花园小区路、草场路、忠愚路、景泰路、理工学校周边道路及星湖国际广场西侧15米支路等道路的路灯安装；对端州四、五路路灯照明不足问题，通过技术改造，安装反光器和灯罩，进一步提高照明亮度，改善照明效果。坚持落实日常巡检工作责任制，顺利完成重大节日、“肇庆金秋”经贸洽谈会等重大活动的路灯保障任务，亮灯率98%。是年肇庆市路灯管理处被广东省市政工程协会城市道路照明专业委员会、全国城市道路照明技术情报总站广东省站评为“2008年度广东省城市照明工作先进单位”。

城市燃气　2008年，肇庆市市政管理局加强城市燃气安全管理。年内，取缔燃气销售“黑点”100多个，查处“黑车”10辆，处理不合格气瓶400多个，进一步消除安全隐患，维护燃气市场的稳定。肇庆城区管道天然气项目建设于2008年1月签约，至年底，已完成征地、环评、设计等前期工作。完成投资近4000万元，建成一座占地2.13公顷、储气规模24万立方米的LNG汽化站，铺设市政天然气管道20多公里。在“2008肇庆金秋”经贸洽谈会期间（12月6日），举行管道天然气暨新奥燃气LNG储配站竣工通气点火仪式，首批供气范围覆盖城区星湖大道、蓝塘路、端州路、建设路、工农路等主要道路沿线居民和工商用户，项目实现当年签约、当年建设、当年投产。

园林绿化　2008年，肇庆市完成城东新区基础设施BT项目一期、文明北路、西江路、星湖国际广场支路的绿化工程及星荷路、宋城一路等17条主干道、四大公园的绿化补植工程，种植乔木377株，地被3800平方米，全年新增、改造绿化面积5万多平方米；配合各项重大活动及国庆、春节等传统节日开展环境气氛布置，摆设花卉20多万盆；积极参与二广高速公路怀集至三水段绿化施工承包工程招标。年初百年一遇的低温雨雪冰冻灾害导致城区凤凰木、爪哇木棉等600多株乔木枝叶枯死，经过园林工人全力抢救，存活率达到85%；年内对市内江滨堤路、彩云路等500多株大王椰、乔木进行病虫害防治工作，进行顶梢挂药包杀虫和白蚁防治检查治理，对古树名木进行造册跟踪记录。

市容环卫工作　2008年，肇庆市通过各种渠道筹集资金购置3辆挂桶车、2辆吸粪车、1台起重机和5辆大型多功能扫路车；对市区城东一区垃圾中转站、芙蓉西中转站、百花园中转站进行技术改造，由敞开式改造为密封压缩式垃圾中转站，通过加大对环卫设施的投入，进一步提高机械化作业程度，大大减轻环卫工人的劳动强度，并降低垃圾中转站噪音、臭气、扬尘等扰民问题；针对市区主要道路果皮箱残旧、缺漏、被盗等现象，对城区36条主要道路安装更换700多个玻璃钢双桶环保型果皮箱，可对垃圾进行分类收集。是年完成垃圾场扩容（一期）工程项目的可行性研究报告、环境影响评价报告、工程地理系统测绘、工程地质普探工程立项和工程初步设计等前期工作，并投入资金1600万元，完成供电系统、渗滤液系统工艺改造及征地、青苗补偿、房屋拆迁和“三通一平”工程。为减少肇庆市垃圾场填埋气对周边环境的污染，贯彻执行国家节能减排方针政策，减少温室效应，是年5月，肇庆市市政管理局与广东新科迪环保科技有限公司签订合作协议，采用广东新科迪环保公司3C循环利用工艺技术对肇庆市垃圾填埋场进行综合治理，建设沼气发电项目。计划投资3000万元，设计日发电2×500千瓦，每年可减排CO_2气体约3万吨，至年底项目已完成可研报告和环评报告，开展项目的初步设计。

（李筱芳）

【住宅与房地产业】 2008年，肇庆市共有房地产开发企业279家。其中，城区（含端州、鼎湖、高新区）161家，高要市31家，封开县11家，德庆县20家，广宁县13家，怀集县10家，四会市33家。二级资质企业4家，三级资质企业31家。

是年，肇庆市商品房销售面积141.79万平方米，比上年下降8.04%；销售额44.13亿元，下降2.81%；商品住宅销售均价3049元/平方米，增长6.73%；商品房空置面积51.94万平方米，增长12.96%。

房地产行业管理 一是编制《肇庆城区住房建设规划（2008~2012年）》和《肇庆城区住房建设规划2008年年度计划》、《肇庆城区住房建设规划2009年年度计划》并经市人民政府同意向社会公布。二是实行商品房交易建筑面积和套内面积同步计算的双轨制。从7月1日起，肇庆市城区（端州区、鼎湖区）实行商品房交易建筑面积和套内面积同步计算的双轨制，规定开发商在商品房买卖合同中除要明示商品房的套内面积及计价外，还要明示商品房的建筑面积及计价。四是建立城区商品房网上预（销）售管理制度。从7月1日起，肇庆市城区（端州区、鼎湖区）实行商品房网上预（销）售管理，通过网络实现对城区商品房项目的预（销）售审批，公开可预（销）售商品房的相关信息，实行网上下载、签订购房合同和合同即时备案。五是举办第11届广东（肇庆）房地产博览会暨城乡建设成果联展。博览会于2008年12月4日至7日在肇庆市体育中心荷花馆开幕，展览面积近5000平方米，比上年增加3000平方米，参展企业73家，比上年增加43家；现场成交280套，面积29598平方米，金额12934.2万元，成交均价套内面积每平方米4370元。

是年，肇庆市商品房施工面积589.9万平方米，比上年增长29.62%；新开工面积158.52万平方米，下降31.66%；竣工面积138.75万平方米，增长26.29%。

是年，肇庆市市直完成房屋发证23394件，建筑面积559.12万平方米。其中：房屋登记发证14955件，建筑面积142.70万平方米；抵押登记发证5858件，建筑面积106.81万平方米；按揭登记发证2420件，建筑面积253.96万平方米；商品房确权登记发证161件，建筑面积55.65万平方米。

2008年，肇庆市建设局在2007年解决端州城区历史遗留商品房“办证难”工作取得较大成绩的基础上，继续协调相关部门做好解决“办证难”的工作，至2008年12月31日，已完成核件登记发证2823套（卡），占列入“办证难”总数2946套（卡）的95.82%。

（陆秋霞　何定华　梁文璇）

房产交易管理 2008年，肇庆市（含各县市区）办理商品房交易监证11085宗，成交建筑面积83.99万平方米，成交金额211019.43万元，其中市房管部门办理商品房交易监证7487宗，成交建筑面积56.73万平方米，成交金额166221.97万元；肇庆市办理二手房交易监证7232宗，成交建筑面积95.08万平方米，成交金额102002.34万元；其中肇庆市房管部门办理二手房交易监证2468宗，成交建筑面积36.32万平方米，成交金额57535.9万元。

7月起，肇庆市实行端州城区商品房预（销）售信息一体化管理，对商品房预（销）售合同实行网上签订、实时备案，规范商品房房源公开信息的对称性，切实维护购房者的合法权益。至2008年底，共有63家房地产企业开展网上签约业务，签订商品房预（销）售合同3020宗，成交建筑面积26.45万平方米，成交金额93497.54万元。同时，年内对肇庆市端州城区89家房地产开发企业120个楼盘实行商品房预售款监控，按工程进度拨付预售款204225.88万元。

全年，肇庆市完成安全鉴定的房屋77幢，建筑面积6.34万平方米。9月9日，肇庆市执行《肇庆市城市房屋白蚁防治管理实施办法》，实施白蚁防治机构备案、合同备案、白蚁防治保治金制度和白蚁防治质量监管制度。是年，经肇庆市房屋安全鉴定所确认符合规范要求的白蚁防治机构有8个，并发给房屋白蚁防治机构备案证书；经备案的《白蚁预防合同》共17宗，建筑面积438202平方米。

是年，肇庆市（含各县、市、区）办理房屋租赁备案登记680宗，建筑面积3.97万平方米，其中市直办理房屋租赁备案登记40宗，建筑面积0.67万平方米。

（石冠文　梁宇峰　谭巧仪）

住房保障 2008年，肇庆市制订《肇庆市解决城市低收入家庭住房困难发展规划和年度计划（2007~2010年）》、《肇庆市城区经济适用住房管理实施暂行办法》和《肇庆市城区廉租住房保障实施暂行办法》。全年全市共有1434户住房困难家庭纳入廉租住房保障范围，其中2008年计划落实廉租住房实物配建566户，发放租金补贴58户，占“十一五”期间计划解决户数的44%。

是年，肇庆市共建设保障性住房1552套约9万平方米（经济适用住房988套6万平方米，廉租住房564套3万平方米），并通过发放租赁补贴解决119户住房困难家庭的住房难问题。其中，通过政府购买、企业自建、回收改造等形式落实端州城区安居住房1000套（经济适用住房800套，廉租住房200套）。

（黄健文）

住房制度改革　2008年，肇庆市共缴存住房公积金59215.56万元，比上年增长31%。至12月底，肇庆市参储单位2652个，参储的职工12438人，住房公积金历年累计归集金额达250942.11万元。肇庆市职工购建住房、离退休等提取使用25161.4万元。发放住房贷款总金额27705.1万元，为2007户职工解决购房资金。至年底，肇庆市已实现住房货币分配的有354个单位10446人，发放住房补贴资金14425.13万元。其中市直单位已实现住房货币分配的有252个单位6085人，发放住房补贴资金11638万元。核批房改房上市申请8141宗，建筑面积62万平方米。出售存量公房190套，面积10565.19平方米。

（陈晓晖）

物业管理　2008年，肇庆市有物业服务企业91家，其中二级资质企业1家，三级资质企业49家，临时资质企业41家；端州城区有物业服务企业66家，其中二级资质企业1家，三级资质企业34家，临时资质企业31家。

是年，肇庆市端州城区的恒裕花园被评为2008年度肇庆市物业管理示范小区，肇庆移动通信大厦被评为2008年度肇庆市物业管理示范大厦。

（陆秋霞）

【城市综合管理】　2008年，肇庆市城管部门对市民群众反映强烈的市区跃龙中路、柑园南路、芹田路、厚岗市场等占道经营“黑点”进行重点整治，取缔一批占道扰民的饮食大排档；对城区忠悪路流动小食档、塘尾路、五花路、西江北路装饰五金批发市场及黄塘花园自发市场等违章搭建“黑点”实施强制拆除，城区占道经营行为不断得到规范；加强城区跳蚤市场设置管理，妥善接收文明路灯光夜市管理工作；这一年共查处各类违章案件29386宗，拆除违规拉挂广告、横额共1902幅，发出违章《通知书》983份；顺利完成国家卫生城市“除四害”先进城区复查、第八届全国“市长杯”乒乓球赛、广东国际旅游文化节和“2008肇庆金秋”经贸洽谈会等重大活动的市容整治任务。

（李筱芳）

【高要建设】　高要市围绕肇庆市“一江两岸，打造超百万人口区域中心大城市”的城市发展规划，全力推进城市建设，着力构筑一个充满现代气息的江滨新城。2006年，“中国十大房地产品牌企业”之一的碧桂园集团投资16亿元建设肇庆（高要）碧桂园，拉开高要城建“破题”发展的序幕。2006年9月动工建设，2007年春节开盘，肇庆（高要）碧桂园从全面启动到开盘销售仅用不到半年时间，创下高要大项目建设的“碧桂园速度”。2007年，另一家著名品牌房地产企业祈福集团投资33亿元打造肇庆市最高端的国际社区——肇庆·祈福海岸，于当年12月8日动工建设。2008年5月10日首期工程竣工并开盘。该项目从开工到首期工程落成仅用5个月，又一次充分体现了高要推进城市建设的发展速度。2008年9月，碧桂园凤凰酒店建成开业，成为肇庆市县级首家五星级标准社区酒店。在品牌企业的带动下，江畔湾、厚福花苑、富民商业城等楼盘拔地而起，形成市城区一道又一道亮丽的风景。2009年5月31日，碧桂园集团投资超过10亿元，在高要市动工建设配套完善、居住环境舒适的大型高尚生活社区——肇庆碧桂园·山湖城，标志着高要城市建设又迈上新的台阶，为高要市全面对接珠三角城市群，加快城市发展，再添上浓墨重彩的一笔。

高要市建设局积极发挥职能作用，围绕“拓宽城市空间，推进城市建设”的部署，进一步把高要打造成为“广佛肇经济圈最佳人居城市”。至2008年底，高要市的新兴江“一河两岸”江滨新城建设已初具规模，高要市城区规划面积由原来的18.5平方公里增加到38平方公里；城区在建楼盘施工面积达120.19万平方米，超过2006年前全市房地产开发建设的总和。2009年1至8月份，全市房地产销售面积同比增长2.19倍。

（高要建设局）

清远建设

【概况】　1988年1月清远撤县建市以来，20年的创新发展，清远创造了令人瞩目的后发地区跨越式发展的“清远现象”。

2007年与1988年相比，全市GDP增长11.8倍，年均增长13.6%；2002年到2007年，全市GDP从全省19位上升到13位，人均GDP从全省19位上升到13位，提升6位。在国家统计局公布的2006年度全国286个地级以上城市综合实力排名中，清远居全国第95位，进入全国综合实力百强市行列。2004年到2008年，在全省考核的八项主要经济指标中，清远连续五年取得4项以上指标增幅全省第一的辉煌业绩。2008年，虽然遭受雪灾和全球金融危机的影响，经济却仍呈现处处生机盎然，保持高速发展的势头。

社会经济的高速发展，清远城乡建设实现了大的跨越　20年来，建设领域的深刻变化体现在管理体制上进行的重大改革。伴随着计划经济向市场经济的过渡，建设领域开始实施规划编制，城市工程建设采取招标投标制度、市场准入、质量监督制度。

城市面貌日新月异，管理水平不断提高　建市20年，是清远城市建设发展较快的20年，城市的规模、面积不断扩大，城市面貌发生巨大变化，城市功能日趋完善，管理水平不断提高。建成区面积由建市初的3.7平方公里扩大到2008年的39.5平方公里，城市人口从7万人增加到34万人。在城市建设方面，城市基础设施、燃气、园林绿化都发生天翻地覆的变化。通过脏乱差治理，市容市貌得到改观，居民的生活环境得到改善，城市的环境发生了根本变化。近年来，清远先后获“广东省文明城市”、“广东省双拥模范城”、“广东省卫生城市”称号，并被国家有关部门授予“中国优秀旅游城市”、“中国漂流之乡”、“中国龙舟之乡”、“中国温泉之乡”、“清远漂流与温泉——欧洲人最喜欢的中国景区”等称号。2007年，清远成功创建“中国宜居城市”，进一步提升了城市品位。

房地产业高速发展，取得重大突破　建市前，清远还没有一个住宅小区，没有一幢10层以上的商住楼。到了2008年底，北江两岸高楼大厦鳞次栉比，建成20层以上商住楼20多幢，在建20层以上商住楼48幢。建成金海湾豪庭、金碧湾花园、御水龙庭、丽清花园等10多个大型高档住宅小区，拥有四星级酒店5家、五星级酒店2家。清远房地产开发水平有了质的飞跃。2008年，市区共有房地产开发公司241家，其中三级资质8家、四级资质7家、项目公司226家。全年全市房地产开发企业完成房地产开发投资额108.43亿元，是1988年的1024倍；商品房施工面积393.48万平方米，是1988年的45倍；商品房竣工面积282.75万平方米，是1988年的90倍；商品房销售面积230.18万平方米，是1988年的78倍；商品房销售额57.09亿元，是1988年的498倍。

建筑业发展迅猛，工程质量不断提高　建市初，清远仅有建筑企业51家，没有一家二级企业，很多技术难度较高的工程只能由外地施工队伍承建。清远建筑企业经过资质重新就位和国有企业改革转制后，通过强化内部管理，增强安全意识，市场竞争力有了进一步提高。至2008年底，全市共有建筑企业105家，其中总承包企业61家（一级1家，二级13家，三级47家），专业承包企业21家，劳务分包企业23家。清远建筑业持续健康发展。建筑业总产值由1988年的1.76亿元上升到2008年的49.46亿元。工程质量和安全生产、文明施工水平都有了明显提高。“十五”期间，全市有6个工程被省评为优良样板工程，25个被市评为优良样板工程；省安全生产、文明施工“双优”工地12个，市安全生产、文明施工“双优”工地44个。

把握发展机遇，建设有特色的“宜居名城”　清远市委、市政府为贯彻落实科学发展观做出重大战略决策，把清远市建设成为“绿色经济强市、岭南宜居名城、华南休闲之都”。随着《珠江三角洲地区改革发展规划纲要》的实施，“双转移”政策的执行，广清轻轨的即将开工，清远建设人将把握发展机遇，主动与《珠江三角洲地区改革发展规划纲要》对接，努力把清远建设成为天蓝、地绿、山青、水秀、气爽、路畅、景美、花艳的“宜居名城”。

（何容娣）

【建筑业】　2008年，清远市报建总建筑面积499万平方米，比上年下降29.35%；报建总造价49.46亿元，下降13.52%。其中市区报建总建筑面积229.25万平方米，比上年下降38.11%；报建总造价29.26亿元，下降14.32%。全市建筑业企业105家，其中总承包企业61家（二级14家，三级47家），专业承包企业21家（二级9家，三级12家），劳务分包企业23家。已取得安全生产许可证的建筑业企业82家（劳务分包企业不需领取）。共有监理企业7家（其中甲级2家，乙级2家，丙级3家）。年内新增监理企业1家，有3家建筑施工企业成功由三级总承包晋升为二级总承包公司，1家正在申报晋升为一级企业，年底住房和城乡建设部已经公示通过。严格建设市场准入清出制度，强化市场管理和质量安全管理，建筑市场各方主体行为得到进一步规范，清远市建筑业保持健康发展态势。

继续加强对工业园区的质量、安全管理，对工业园区建设项目坚持做到“即来即办，特事特办”。全年清远市共有30个在建工业园区，与上年持平；报建项目89个，比上年减少97个，下降52.12%；工程报建面积75.20万平方米，比上年减少142.78万平方米，下降65.50%；工程报建造价7.33亿元，

▲*清远市市政府广场*　　*清远市建设局供稿*

比上年减少4.63亿元，下降38.74%。清远市高新区新报建项目49个，比上年减少85个，下降63.43%；工程报建面积50.6万平方米，比上年减少122.4万平方米，下降70.75%；工程报建造价5.36亿元，比上年减少4.19亿元，下降43.87%。

加强对商品混凝土企业资质管理 清远市的7家商品混凝土企业已全部取得资质证书。以强化质量安全管理为切入点，加强对外来建筑业企业的管理。2008年受理41家外来建筑业企业及监理企业的年度备案申请，其中36家经评审小组通过，办理年度备案手续；办理33家单项备案。进一步推行工程担保制度，至年底，清远市从事工程担保业务的企业共有9家，连州、阳山、连南、英德等地开始实施工程担保制度。

加强建筑节能管理 完成《清远市建筑节能"十一五"规划》；完善建筑节能设计审查制度，严控建筑节能设计质量。全年办理建筑节能设计备案80项，面积207.22万平方米；竣工备案1项。加强建筑节能宣传工作，举办《民用建筑节能条例》宣传贯彻及建筑节能培训班，对《民用建筑节能条例》、《公共建筑节能条例》进行宣传贯彻。贯彻落实住房和城乡建设部《民用建筑工程节能质量监督管理办法》，加强工程质量监督和节能培训，促进建筑节能工作在施工中得到落实。建立健全相关制度，加强工程质量监督过程和竣工验收环节对落实施工图有关建筑节能措施的监管，督促各方责任主体严格按照施工图的要求实施节能标准，确保建筑节能措施在工程施工中得到落实。抓好建筑节能示范点，清远市已确定清远狮子湖会议酒店为建筑节能示范项目。

加强勘察设计市场管理 2008年，清远市有勘察设计单位17个，其中甲级1个、乙级8个、丙级6个、丁级2个，职工总数655人；市外进入清远市承接勘察设计任务并在市建设局登记备案的单位有78个。勘察设计单位完成设计工程项目总投资6.44亿元，勘察设计总收入7452.99万元。

推行大中型建设项目初步设计审查制度，全年完成大中型建设项目初步设计审查32项，完成建设工程勘察设计合同备案135项，修改合同备案20项；施工图审查531项，审查面积325.7万平方米。对在施工图审查中发现违反国家强制性标准条文的，提出修改意见并要求设计单位逐条修改纠正，记入不良记录档案。加强对外来勘察设计单位的管理，全年办理外来勘察设计单位年度备案12个、单项备案66个。

进一步整治工程监理，严肃查处不落实监理责任、问题突出的工程监理企业和监理人员、促进监理企业健全内部管理制度。全市有甲级监理公司2家，乙级监理公司2家，丙级监理公司3家，注册监理工程师80人。

加大工程质量监督力度 强调事前监督，确保监督到位。巡检和抽检相结合，加强工程实体质量监督，加大原材料和现场实体质量抽检的力度。加强对参建各方责任主体的检查，努力规范各方主体的质量行为。成功对静载装卸项目进行招标，进一步强化内部管理，节省运作成本。2008年实施监督的工程有733个。其中报监工程228个，比上年下降42%；建筑面积198.5万平方米，下降33.5%。2008年申报结构优良的工程有20个，其中清远市区有17个、开发区有3个，完成结构评优审查13个。有7个工程申报市"双优"工程，其中有2个申报省"双优"工程，有2个申报市优良样板工程。

制订《清远市建设局建设工程重大安全事故应急救援预案》和《清远市建筑施工隐患治理年实施方案》，加大建筑施工安全隐患排查力度，部署开展一系列隐患排查治理专项行动。强化对建筑施工起重机械的监管，严格执行登记管理制度，2008年共对174台塔吊、68台施工电梯、131台物料提升机进行产权登记；对在用的79台塔吊、45台施工电梯、36台物料提升机进行日常的跟踪监督。加强对在建项目的安全生产巡查、检查，严格执行《危险性较大工程安全专项施工方案编制及专家论证审查办法》，落实建筑工地安全管理，实现零死亡无重大安全事故。加强企业的安全生产管理，积极引导企业办理安全生产许可证延期。2008年清远市无重大施工伤亡事故。

完善建设工程招标投标制度 强化对建设工程招标投标关键环节的监督，防范招标投标中围标、串标等违规现象。完善建设工程招标备案制度，规范建设工程招投标活动，实行工程量清单招投标，推行电子标书和计算机辅助评标。加强招标代理机构的管理工作，建立工程招标代理机构备案、项目发包、招标文件的收发审核、备案登记制度。对招标文件审核严格把关，全面推行国家2007版《标准施工资格预审文件》和《标准施工招标文件》，规范招标投标当事人的权利义务。完善工程招标后跟踪管理工作，认真处理3宗公开招标投标的投诉，查处清远市疾控中心实验室装修工程招标部分投标人弄虚作假的行为。2008年11月联合清远市监察局、市政房管局开展对清远市辖区招标投标重点环节监督工作和交易中心工程交易程序管理制度进行检查。2008年进入清远市建设工程交易中心交易的工程项目共266宗，建筑面积216.93万平方米，中标工程造价37.1亿元，节约投资1.5亿元。其中：清远市区应招标项目57个（公开招标39个、邀请招标18个），直接发包项目132个（含高新区工业和房地产项目、直接发包项目及工程监理）；专业工程12个，中标价8.7亿元，节约投资531万元。

加强造价咨询企业的管理 根

据商品混凝土原材料价格浮动情况，对商品混凝土最高限价按月进行调整公布。印发《关于规范清远市建筑工程承发包计价行为的通知》，进一步规范计价行为。12月18日组织清远市各县（市、区）建设局、各有关单位以及工程造价从业人员召开2008国标《建设工程工程量清单计价规范》的全市宣传贯彻会议，为顺利执行2008国标《建设工程工程量清单计价规范》创造条件。2008年共编（审）预（结）算209项。

积极推行散装水泥和新墙材 召开清远市散装水泥工作会议，完成全市预拌混凝土企业年度考核工作。做好对清远市区预拌混凝土最高限价的调控工作。扩大市区禁止使用袋装水泥和现场搅拌混凝土范围，大力发展使用散装水泥。2008年清远市完成预拌混凝土生产量160万立方米，比上年增加30万立方米；供散量1100万吨，增加100万吨，创全市供散量最高纪录，散装水泥率约为67%。

加大对在建工地使用墙体材料的巡查力度，清远市区建设工地基本实现“禁实”目标。加强对新型墙体材料质量管理，防止劣质产品进入工地。加大招商引资力度，成功引进2家蒸压加气混凝土砌块生产企业，清远市节能墙材生产实现“零”的突破。2008年办理墙材报建手续的工程81个，总建筑面积205.61万平方米，其中新城区37个，建筑面积为106.26万平方米；旧城区44个，建筑面积为99.35万平方米。清远市已建成投产的新型墙材企业共42家，其中市区15家。

加强建筑从业人员的管理 做好项目经理向建造师的过渡工作。清远市有一级注册建造师64人，二级建造师93人，临时一级建造师9人，临时二级建造师100人。2008年对清远市建筑业企业的岗位人员共1928人的年检材料进行核查，其中施工员1215人、质安员531人、材料员182人。积极推进“平安卡”管理制度，清远市区已制卡650张，共录入2000多人的资料。完善施工企业的岗位人员持证上岗制度，继续执行对在建工程岗位人员的违章扣分制度，全年共发出违章扣分通知书370份。

做好建设行业岗位人员的资格培训、岗位培训、职业技能培训、安全生产考核培训和继续教育工作。分期举办安全生产考核、建设职业技能、“平安卡”、施工员、质安员、材料员、绿化工、花卉工等各类培训班，培训1770人。承办一期全省粤北片区村镇规划管理人员培训班，包括韶关市、肇庆市、清远市共104名一线村镇规划管理人员参加培训学习。

继续做好建设执业资格方面的工作，2008年组织129人参加建设类执业资格考试。至年底清远市拥有一级注册建筑师12人，二级注册建筑师24人，一级注册结构工程师23人，二级注册结构工程师6人，注册监理工程师80人，注册造价工程师50人，注册城市规划师15人。

开展建设行业职业技能考核鉴定工作 开展砌筑工、抹灰工、混凝土工、钢筋工、木工、架子工的技能岗位培训，共有468人参加上岗培训。对一线工人开展实操考核鉴定，共509人通过考核鉴定，其中砌筑工146人、抹灰工66人、混凝土工30人、钢筋工79人、木工69人、架子工119人。

抓好大型工程城建档案资料的接收和档案管理信息化工作 严格按照城建档案整理规范，做好整理、立卷、归档工作，2008年共组织审核、整理、入库各类档案93宗1781卷，接收工程竣工档案1674卷，出具工程竣工档案验收证明75份，著录档案1407卷，审核入库档案1781卷。积极开发城建档案信息资源，为社会提供优质服务，2008年提供档案利用528卷276人（次）。

【城乡规划】 2008年，清远市城乡规划局积极发挥城乡规划的“龙头”带动作用，切实加强城乡规划、市政建设和城市管理工作，各项工作都取得一定的成绩。

积极开展城乡规划编制工作。完成5个专项规划、3个工业园区的规划编制。进一步加强村镇规划的编制和指导工作，合理安排村镇基础设施建设补助资金，引导新村按规划规范有序建设。同时推进旧村改造和整治，扶持部分试点村的建设，带动全市的村镇建设。

全年共受理登记案件4468宗，其中，核准重点项目规划及其他详细规划255宗，核发规划设计要点及规划设计条件图247宗；核发《建设项目选址意见书》170宗，《建设用地规划许可证》82宗，市政《建设工程规划许可证》113宗，建筑工程《建设工程规划许可证》286宗，建筑面积150.5万平方米，建设工程规划验收216宗。

（陆永雄）

【城市建设】 清远市公用事业管理局是全市城市供水、排水、照明、燃气、园林绿化、市容环境卫生、市政设施等公用事业行业主管部门。2008年，清远市公用事业管理局不断完善市政配套设施，提升城市管理水平。

市政设施维护 加强市政道路的管养工作，完善城市道路及桥梁标志等市政设施的完整和安全。至2008年底，市中心区管养市政道路总长80.48公里，道路面积2473989平方米。全年累计市政道路维修面积2000平方米；翻新标线面积12120平方米，标志牌3个，限载牌12个。通过加大巡查力度，确保市政设施的完整和安全。

园林绿化 承担管养市区道路绿化总长84.09公里，绿化带、花坛和绿岛面积共128.45公顷。至2008年底，市区总绿化面积达到1368.27公顷，绿地率和绿化覆盖率分别为33.78%和36.95%，人均公园绿地面积达到8.05平方米。投入75.9万元完成北江一、二路等绿化

改造工程的设计、施工；完成花坛改造425平方米，广场摆花26760盆；抓好花卉苗木生产，全年共提供乔木1430株，球形灌木1334株，出圃时花66700盆，苗圃现正培育的时花共36000多盆，同时还种植绿化小苗10000多株。对市区广清大道、清远大道、人民路等多条主干道进行绿化改造与补植。做好市区城市绿化、街道绿化、公园广场管理、苗木生产和日常安全保卫、卫生保洁工作，在“创建全国文明城市”及巩固“广东省文明城市”和“广东省卫生城市”“中国宜居城市”、“中国优秀旅游城市”成果等活动中，所管养的江滨公园以优良、整洁的良好形象，赢得市主要领导、各相关检查团、市民及游客的好评。

市容环境卫生　随着城乡清洁工程的深入开展，以及卫生保洁工作“划江而治”的新举措，通过层层落实责任制，有计划、有步骤地采取多种措施开展环境卫生整治工作，加大清扫保洁力度，不断提高清扫保洁水平。全年共出动16300多人次加班加点，清理市区卫生死角652处，清理垃圾、余泥2500多吨。从2008年1月1日起，所管辖的24间公厕免费向市民开放。至2008年底，新城区保洁面积达到2858153平方米，基本实现全天候保洁。市区的环境卫生状况得到较好的改善。

在节能减排方面的工作主要有：一是青山垃圾填埋场按照省环保局的要求，投入60多万元，安装在线监控系统，顺利通过环境责任考核。二是做好垃圾焚烧发电特许经营的各项工作，专门成立项目公司——清远市同利环保电力有限公司。至2008年底，该项目已进入环境影响评估和可行性研究工作。三是先后投入100多万元，建成上廓垃圾压缩中转站；对三号区垃圾压缩中转站进行全面维修，更新垃圾压缩中转站设备。

城市照明　坚持以确保亮灯率、设备完好率为中心，积极做好路灯养护的各项工作，确保全年路灯亮灯率在98%以上。并加强与相关部门联系、沟通，加大巡查力度，打击破坏、盗窃市区景观灯和市政设施的行为。并积极推进城市绿色照明工作。在配合小区道路黑底化改造工作中，选取市区24号小区路段安装新型节能环保LED灯照明灯具作为试点，实践证明，效果显著，为大力推行城市绿色照明做好准备工作。据统计，全年维修更换钠灯灯泡4468只，节能灯泡2620只，镇流器1340只，触发器1309只，更换损坏灯具50只，更换被盗和维修各类导线61383米，有效地保证全市路灯亮灯率在98%以上。截至2008年12月底，管辖的路灯共计40472盏，其中高压钠灯25012盏，其他各类礼灯和饰灯15460盏，开关控制箱290台。辖区范围东至佛冈，西至三水，南至花都，北至黄坑桥，东西跨度约80公里，南北跨度约30公里。

城市供水　加强供水水质的安全督察工作。2008年4月和12月，先后两次对全市供水企业进行水质监察。通过供水监察，全市供水水质基本达标，但与国家新修订《生活饮用水卫生标准》（GB5749－2006）的检测项目相距甚远，并对相关企业存在的问题提出了整改意见。

积极协助市自来水公司发展市区供水管网，提高石角镇区域的供水量及供水安全，解决东城莲塘长期水压偏低的状况；积极推进峡口水厂的建设工程。2008年全年新增用水户13718户，进行管道维修2381宗，维修及时率100%，周期更换水表21284只，重装被盗水表2404只。完成七星岗水厂扩产增容应急改造、一级泵房阀门改造、一二期净水系统局部维修及沉淀池地面升高、遮光挡阳PVC波纹瓦的覆盖等工作；安装实施大用户计量监控系统和区域流量监控系统，使年降耗节支140多万元。全年完成供水量6182.97万立方米，售水量5039.78万立方米，分别比上年增长12.22%和12.44%。全年水费回收率99%，水质综合合格率99.5%，顾客综合指标满意率达95%。

城市排水　截至2008年底，新城区所管辖的雨、污水管网共长72818米，沙井盖共有3254只。新城污水处理厂于2008年3月份投资54万元安装自动在线监控设备和污水消毒系统。旧城污水厂进行主干道的管道建设工程。投入8万元清污整治迎咀水库市区段；投入10万元打捞大木洲水塘11公顷水浮莲。龙塘污水厂、源潭污水厂、石角污水厂也已先后完成征地与补偿等有关工作，进入建设阶段，预计2009年底建成投产。

燃气监管　加强燃气行业监管工作。2008年底，对全市的燃气企业进行安全检查，对相关企业存在的问题提出整改意见。协助港华燃气公司完成新城区管道燃气由液化石油气转换为天然气的改造工作，旧城片的改造工作正在进行中。截至2008年底，全市管道燃气用户10398户（其中民用户10345户，商业户53户，工业户0户）。市政燃气管道82291米，庭院燃气管道64452米。在基础管网建设方面，全年铺设市街管网6109.5米，庭院管网10449.6米，完成立管天面管5102户。燃气过江管道工程已于2008年5月完成竣工验收，实现新、旧城管网联网。　*（翁祐雄）*

城市供气　2008年，清远市加大对液化石油气和燃气经营网点的整治力度。一是加大对瓶装液化气市场违法经营情况的查处力度，督促燃气企业按照新的国家规范标准重新设立供应站。按《关于开展瓶装液化石油气经营市场专项整治工作的通知》的要求，联合清远市工商局、市消防局、市技监、市交通等职能部门，对瓶装液化气市场存在的无证照经营、充装过期钢瓶、为违法经营者提供气源及违反消防管理规定的各种违法行为和达不到国家规范标准的经营网点等违法经营情况进行全面的清理整治，共查处违法经营点16个，扣押违法钢瓶64只，下达《关于停止违法经营液化石油气的通知》16份，限期整改的通知书5份。至2008年7月底，清远市区已完成消防部门验收、通过市建设局备案、领取工商营业执照的供应站有35个，有2个正在办理备案手续。二是加强燃气安全管理检查、督促。元旦、春节及北京奥运会期间开展燃气安全生产大检查，制订完善应急方案，加强应急演习。与清远市区5家燃气企业负责人签订安全防范责任书，各燃气企业内部也签订责任书，健全和完善安全责任制，层层落实安全责任制。三是在2008年初清远市遭受严重冰冻灾害影响时，为确保广大市民节日用气，及时启动燃气管理应急预案，每天专人收集各气站的储量及经营情况，作好内部调配，并及时向省建设厅反映气站受灾情况，请求省建设厅在气源和运输方面的支援，确保广大市民节日用气的供应。

▲清远市区霓虹夜色　　清远市建设局供稿

【重点工程建设】 2008年，清远市重点项目建设取得一定的成效，重点工程建设前期预备项目各项工作也取得实质性进展，有效带动全市投资较快增长。全市118个市重点建设项目完成投资130.2亿元，为年度投资计划的62.25%，占同期全市全社会固定资产投资完成额的18.87%，竣工或已投入使用的项目32个，在建项目69个，项目未启动建设、未有工程量或项目资金未到位、未有工程量或项目停工建设共17个。 （梁锦文）

【住宅与房地产业】 2008年，国家的宏观调控政策及全球金融危机对清远市房地产业造成一定程度的冲击。由于清新县的恒大集团项目、阳山县的怡景湾、佛冈奥园陆续开工以及美林湖、碧桂园等项目保持一定的投资力度，清远市房地产业仍保持良好的发展势头，但增速有所放缓。是年清远市房地产开发投资额、商品房新开工面积、竣工面积、商品房销售面积和销售额都有一定增长。2008年，清远市区共有房地产开发公司241家，其中三级资质8家、四级资质7家、项目公司226家；各县（市）共有房地产开发公司130家。

制订《清远市对房地产调控政策执行情况监督检查工作方案》，开展清远市区房地产市场专项整治自查工作，强化房地产企业资质管理及商品房预售管理，2008年审批清远市区申报房地产企业资质21家，计划投资总额19.5亿元；清远市各县（市）审批申报房地产企业资质27家，计划投资总额24.52亿元。全年市区批准100个项目公开预售，批准预售面积167.06万平方米，共11419单元；清远市各县（市）批准预售面积95.05万平方米。

房地产开发 是年，清远市房地产开发企业完成房地产开发投资1084290万元，比上年增长68.86%，其中市区565273万元，增长38.53%；商品房施工面积393.48万平方米，下降46.74%，其中市区200.53万平方米，下降38.16%；商品房新开工面积312.03万平方米，增长49.5%，其中市区107.55万平方米，增长76.9%；商品房竣工面积282.75万平方米，增长47.15%，其中市区143.45万平方米，增长27.94%。南部地区（含市区、清新、佛冈）仍是清远市房地产开发的龙头，2008年南部地区的房地产开发投资总额占全市的84.3%，商品房施工面积和新开工面积分别占全市的66.43%和83.31%；商品房销售面积和销售额分别占全市的65.53%和82.01%。全年商品房销售面积230.18万平方米，比上年增长13%，其中市区116.26万平方米，增长9.26%；商品房销售额570856万元，增长3.26%，其中市区337182万元，下降14.77%；商品房空置116.12万平方米，增长355.9%，其中市区空置66.54万平方米，增长2.91倍。 （梁锦文）

房产管理 2008年，清远市房产管理局办理商品房合同备案6915份，其中清远市区6484份，乡镇包括附城、洲心、源潭、龙塘、石角（下统称乡镇）共431份。核发房地产权证15044份，其中市区核发14194份，乡镇核发850份。办理二手房交易3035份，其中清远市区2615份，乡镇420份。核发他项权

证及抵押备案证明12379份，其中市区核发11878份，乡镇核发501份。全年商品房成交面积81.78万平方米，成交金额29.29亿元，其中住宅成交面积74.53万平方米，成交金额24.45亿元；非住宅成交面积7.25万平方米，成交金额4.84亿元。旧房交易成交面积38.69万平方米，成交金额7.19亿元，其中住宅成交面积26.14万平方米，成交金额2.92亿元；非住宅成交面积12.55万平方米，成交金额4.27亿元。

加强对清远市物业管理企业的资质认证，对83家符合资质的企业核发《物业管理企业资质证书》，其中物业管理企业三级资质32个，暂定三级资质51个；进一步完善备案登记工作，共对13个业主委员会，83家物业服务企业的物业管理委托合同的有关资料进行备案登记。加大物业管理的力度，组织清远市有关物业服务企业参加2008年度"广东省物业管理示范住宅小区"评比活动。凤城世家、清远市建设大厦等2个小区被评为2008年度"广东省物业管理住宅示范小区"。

贯彻落实国家、省、市有关住房保障政策。一是制定《清远市区廉租住房保障制度实施办法（试行）》等制度。二是做好清远市城镇低收入家庭住房困难户的调查摸底、建立档案工作。经调查，清远市区符合承租廉租住房条件的困难户共有207户。三是加快清远市保障性住房建设。已划拨清城区东城1.8公顷土地作为廉租住房建设用地，落实廉租住房保障资金500万元。清城区东城第一批廉租住房（60套3300平方米）建设已启动。

是年，全市公房管理面积共157436.55平方米，有2085间房屋。租金收入495.84万元，其中追回历年欠租28.86万元。全年完成维修公房1443宗，其中抢修危房2宗，支出费用55.58万元。（龚梅英）

【城市综合管理】 2008年，清远市城监支队建立权责统一的长效管理机制，努力提高城市管理效能。共整治店外经营及占道乱摆卖28660宗、清理乱张贴182万张、乱停放车辆831宗、乱堆（摆）放322宗、损坏园林绿化行为60宗，共发出"六乱"整改通知书3120份；严格依法查处违法建设125宗面积15621.49平方米，其中拆除违法建设69宗面积8005.05平方米，促进了城市规划的有效实施。（陆永雄）

潮州建设

【概况】 2008年，潮州市城市建设完成固定资产投资46.5亿元。城市自来水普及率100%，燃气普及率100%，每万人拥有公交车辆4.21标台，人均城市道路面积10.05平方米，人均公园绿地面积10.28平方米，污水处理率76.95%，生活垃圾无害处理率100%。

城市基础设施日臻完善，市容环境整洁，城市卫生总体水平得到进一步提高；环境综合整治力度不断加大，市区环境质量明显提高；"六乱"现象得到有效遏制。

落实省"双转移"战略部署，完成《深圳南山（潮州）产业转移园总体规划》和《深圳南山（潮州）产业转移园控制性详细规划》的调整编制任务；开展规划协调，协助有关单位，完成深圳南山（潮州）产业转移园、潮州港经济开发区、潮州经济开发区（径南）产业转移工业园区总规、控规调整编制及园区整合工作。

根据省下达潮州市土地利用总体规划修编主要控制性指标，拟出《潮州市土地利用总体规划修编主要控制性指标分解方案》，已基本完成市、县规划大纲的编制工作。

全面加强重点工程项目建设，提升市政设施、园林绿化建设和管养水平，巩固创园成果，着力加强市政园林管理工作，努力推进市政工程项目建设进度，全年完成产值（收入）18633万元。

全市生态环境工作得到加强，环境质量保持较好态势。市城区和潮安、饶平两县城的空气环境质量达到国家二级质量标准；韩江潮州河段和黄冈河饮用水源水质达到国家二类质量标准；市城区环境噪声达标区覆盖率为66.8%；烟尘控制区覆盖率达100%。

【建筑业】 2008年，潮州市完成建安产值144600万元，其中市直企业完成建安产值75215万元，湘桥区企业完成建安产值38000万元，枫溪区企业完成建安产值5444万元，潮安县完成建安产值9541万元，饶平县完成建安产值16400万元。全市有形建筑市场公开招标工程累计共56项，工程总发包价43576.02万元，总中标价42325.11万元，投标平均浮动率-2.87%，减少投资金额1250.91万元。

积极实施"向东扩展、西北改善"的城市发展战略，加大力度推进城市建设，提升城市形象、城市功能。绿榕南路建设、中山路和市开发区工业大道改造等工程进展顺利，潮州大桥以及西湖截污整治等项目前期工作扎实推进，市生活垃圾卫生填埋场二区建设基本完成，市艺术馆、市博物馆等重点公共文化设施建设加快。宜居宜业宜游城市建设不断加强，创建"国家园林城市"和"中国人居环境范例奖"成果得到巩固发展。各县区也积极开展民生工程建设，城镇和村庄建设投入进一步加大，城乡面貌进一步改善。

严格基建程序管理，把好施工许可和竣工备案等关口，强化对质量监督和安全监督机构及人员的管理，建立健全质量安全巡查制度、不良行为公示制度，防止工程质量事故发生。推荐"潮州海关综合业务用房工程"参加省"双优"工地评选，被评为广东省2008年度建筑工程"安全生产，文明施工双优工地”及“省AA级安全诚信工地”。

贯彻实施有关建筑节能的法规、政策，转发《广东省民用建筑节能施工图设计和审查要点》、《民用建筑节能管理规定》、《夏热冬暖地区居住建筑节能设计标准》、《公共建筑节能设计标准》等文件。要求各设计单位要严格按有关规范进行节能设计，严把审查关。

（卓　扬）

【城乡规划】 2008年，《潮州市城市总体规划修编（2006~2020）》规划纲要通过专家的审查论证。落实省“双转移”战略部署，完成《深圳南山（潮州）产业转移园总体规划》和《深圳南山（潮州）产业转移园控制性详细规划》的调整编制任务；开展规划协调，协助有关单位，完成深圳南山（潮州）产业转移园、潮州港经济开发区、潮州经济开发区（径南）产业转移工业园区总规、控规调整编制及园区整合工作。

做好建设项目规划审批工作　2008年共核发《选址意见书》4份，用地面积17.54万平方米；《建设用地规划许可证》20份，用地面积29.89万平方米；《建设工程规划许可证》（副本）45份，总建筑面积42.1万平方米，经规划验收合格核发《建设工程规划许可证》（正本）27份，总建筑面积44.69万平方米；户外广告、店招设置许可35宗；办理市清理城区房地产登记确权补办项目20宗，建筑面积4.3万平方米。

加大对城乡规划违法违章建设行为的预防和查处力度　2008年，对在建的64宗、建筑面积31.06万平方米的建设项目实施监察跟踪管理，查处各类违法违章建设25宗、建筑面积3.03万平方米；强行拆除违法建设5宗，建筑面积460平方米。开展城市环境专项整治，集中执法力量对潮枫路、枫春路、潮州大道、新洋路四条样板路及奎元住宅区、韩山师院周边地区、汕汾高速公路引道两侧的乱搭乱建进行清理整治，拆除各类违章户外广告、店招及各种搭建物537宗，面积4380平方米。积极参与违法用地清查清理工作，配合有关部门，对规划区内违法违规用地的建筑物、构筑物进行拆除清理，确保违法违规用地查处整治工作取得阶段性成效。高度重视信访工作，全年共受理规划各类信访77件，接待群众来访投诉14件29人次，案件办结率达90%。

加强村镇规划的管理，推进新农村建设　一是做好全市村镇规划体系的编制、深化和完善工作。完成饶平县县域村镇体系规划和三饶镇玻璃陶瓷工业园区控制性详细规划的编制，潮安县金石镇总体规划通过专家评审。至年底，全市40个镇、893个行政村中，已有16个镇和23个村完成总体规划编制，有6个镇的总体规划和14个行政村的规划正在编制中。二是开展村庄整治。以村庄整治为切入点，以创建宜居乡村为目标，积极协调落实试点村村庄规划整治资金，组织有关人员参加全省村庄整治汕头现场会，并深入基层加强村庄整治的技术指导和服务，发挥规划的龙头作用。全市有50个自然村列入省级村庄规划试点村，村庄整治规划编制工作得到有序推进，为全市新农村建设的顺利进行创造基础性条件。

（黄灿生）

【城市建设】 2008年，潮州市全面加强重点工程项目建设，提升市政设施、园林绿化建设和管养水平，巩固创园成果，着力加强市政园林管理工作，努力推进市政工程项目建设进度，全局完成产值（收入）18633万元。

重点工程建设　重点推进中山路改造工程，绿榕南路建设工程，市开发区工业大道改造工程，银槐北路、外环北路、外环西路市区段建设工程，金马大道改造工程，城区西片排污管网工程，城区桥东片区雨污管网工程，城区意东片区雨污管网工程，仙洲岛人工湿地系统建设项目等工程项目建设。

市政设施日常管理维护　做好城区道路、排水、照明三项市政设施维护管理工作，保证市区市政设施的正常运作，全年度投入维护费用约540万元。共完成道路维修约2.6万平方米，维修沟井约1500座，下水道疏通36万米；路灯维修约7500支次；维修人民广场周边光亮工程投入约72万元。新购先进补路机械“公路医生”，有效地提高了道路维修质量和工作效率。针对奎元住宅区大部分道路照明设施及供电线路被盗、破损严重、绿化参差不齐的情况，组织市政公司和绿化队对奎元路、彩虹路等道路路绿化进行更换、改造，有效改善奎元住宅区的市政基础设施，满足住宅区居民的夜间交通照明和绿化美化的要求。同时改造了南较西路、城新路等路段照明设施。

绿化管养　以创建和巩固国家园林城市为契机，积极加强绿化补植和管养工作，提高绿化档次，积极探索各公园、景区景点经营发展新思路，为市民和莅潮游客提供一个宜居宜业宜游的良好环境。

继续抓好绿化费欠费追收工作。全年共征绿化费37宗，面积约30万平方米，收取绿化费约170万元，其中，追收欠费4宗，面积约7.7万平方米，金额约41万元，全额上缴市财政。

公园、景区景点管理　积极帮助、引导各公园景区景点管理单位创新思路，积极引进旅游娱乐项目，活跃市民节日的文化生活。红山森林公园在“植树节”开展植树造林活动，建设生态红山。开展风景名胜区综合整治工作，整治建设西湖公园北岩景区、结合周围环境进行绿化配套种植等。通过加强绿化养护、提升绿化品种档次，各公园及时补植乔灌木、修复景点、完善配套设施建设等措施，园容园貌有了明显变化。同时注重强化职工的职业道德和素质教育，提高经营服务水平，促进公园的营业收入。

供水建设　市自来水总公司积极做好供水区域的扩大和延伸工作，加强管网管理，做好管道维护工作，提高供水回收率，做好水质检测工作，三家水厂出厂水合格率均达标。同时做好《潮州市供水设施改造和建设规划》的编制修改、补充、完善、送审等工作。

公交营运管理和配套设施建设　为满足市民的出行旅游需求，公共汽车公司自筹资金新增两部车辆运行东山湖公交线路，提高车辆行驶密度；有针对性投入加强对营运车辆进行维修养护，确保运营车辆车况良好。与有关单位合作，对潮州大道南段、潮枫路因道路改建公交候车亭被拆迁进行恢复重建，对城新路、绿榕路、东山路等道路的老公交候车亭陆续进行更新改造，已新建和更新30多座高档次新型公共汽车候车亭，新建的公交候车亭美观大方、功能配套，受到市民的广泛好评。

污水处理扩建工程建设　市第一污水处理厂做好日常污水处理工作，确保处理后水质达标。为提高市区生活污水处理率，市第一污水处理厂计划通过改造由原来的日处理污水能力8万吨扩建为10万吨。市桥东污水处理厂工程项目建设规模为日处理污水量6万吨，项目计划总投资12991万元。已完成《项目环境影响报告表》、《可行性研究报告》，《工程初步设计》，项目征地工作正在进行中。

生活垃圾处理　市生活垃圾卫生填埋场平均每天接收垃圾约530吨，进场垃圾处理达到无害化标准，有效防止垃圾二次污染。填埋场二区工程建设已基本完成主体工程的建设量，第二填埋区土方构建及防渗系统已通过交工验收，投入资金约1600万元，其他附属工程正在加紧进行，建成后将有效提高垃圾处理能力。

积极督促市垃圾处理收费中心做好“城中村”生活垃圾处理费的收取工作，及时对新增户、免交户进行核定录入及查错补漏，加强政策宣传，耐心做好催缴解释工作，使收费工作更好地得到落实。同时从2008年1月1日起开始征收工业固体废物垃圾处理费。

（潮州市市政园林管理局）

燃气业　2008年，潮州市液化石油气储配站累计销售LPG总量105万吨；住宅小区液化石油气管道供气150吨。全市天然气企业累计销售LNG总量1.2万吨。

2008年12月8日，中油中泰燃气有限责任公司下属潮州中油燃气有限公司与潮州市签署城市燃气特许经营框架协议。2008年，潮州中油燃气有限公司斥资5000万元，在铁铺镇投资建设径南工业区天然气管网工程项目。（卓　扬）

【住宅与房地产业】　2008年，潮州市完成房地产开发投资额141250万元；施工面积131.5万平方米（其中，住宅面积129.8万平方米，新开工面积49.4万平方米），竣工面积36.4万平方米，销售面积58.4万平方米，商品房销售额129500万元。（卓　扬）

房地产管理　2008年，潮州市房地产管理局进一步提高确权发证的政策水平和业务水平，并启用新版《房地产权证》，采用网上审批，通过“房管之星”进行网上受理登记和审批。同时，做好房地产权登记簿的使用，通过网上审批程序自动生成房地产登记簿内容。2008年共办理房地产产权登记4496份。通过实物配租、租金核减及租赁补贴相结合的方式，解决2167户住房困难家庭，投入解困资金2764万元。其中实物配租567套，租赁补贴610户、租金核减990户。近年来，加快经济适用房和廉租房建设步伐，先后共投资3.78亿元，建成嵩山安居小区、侨苑新村、洋滨园、韩滨园、万绿花园、春荣花园等住宅小区。建成住宅2276套，总建筑面积20.90万平方米，解决安置住房特困户510户，落实政策腾退户506户，教师住房425户，有效解决工薪阶层、低收入家庭的居住困难，使市区人均住宅建筑面积达到25.20平方米。为做好经适房和廉租房建设，从2008年至2012年市区将征用土地34公顷，投资5.17亿元，建设经济适用房和廉租房2840套，总建筑面积19.80万平方米；同时征地11.87公顷，投资4.62亿元，建设限价房1300套，总建筑面积13万平方米。到2010年市区人均居住建筑面积将达到30平方米。

（江炳海　林鹏伟　吴岳桐　陈日晖　宋旭东）

▲2008年，潮州市房地产行业协会举办建筑节能与绿色宜居培训班　陈泽生　摄

住房公积金管理　潮州市住房公积金管理中心成立于2004年，负责全市住房公积金的归集、使用、核算等业务，在潮安县、饶平县设立分理处。2008年度全市住房公积金归集额为32616万元；支出住房公积金共11272万元；发放住房公积金贷款203户共2855.1万元；购买国债4500万元；转存定期存款13988.9万元。截至2008年12月，全市住房公积金归集总额累计为12.6亿元；归集余额8.7亿元；购买国债26890万元；转存定期存款54100万元；发放贷款267户共3711.3万元，解决中低收入职工家庭的住房问题，改善了职工的居住条件。

（孙　平）

【城市综合管理】　2008年，潮州市城市管理局共清理流动摊档72508宗次，纠正占道经营行为30613宗次，暂扣广告、灯箱2198个（块），拆除乱吊挂横幅、遮阳物1486处，处理违章3763宗，群众反映强烈的“脏乱差”现象初步得到扭转，市容环境卫生整治取得较好的效果。9月中旬，以优良成绩通过省卫生城市复查。年内，组织协调市公安、建设、交通、水利、卫生、环保、规划、工商、市政园林、公路、交警、市场物业管理等部门和有关县、区政府（管委会），扎实推进市容环境卫生综合整治。召开协调会议和现场办公会议，审批并印发《潮州市湘桥区市区疏导路段管理工作方案》等整治活动工作方案，市城管局牵头组织联合队伍，集中综合整治，开展对潮州大道、潮枫路、枫春路、新洋南路、东山路等主干道以及潮汕路乌洋路段、安揭路火车站路段、汕汾延长线等出入口路段的整治，加强对人民广场周边、南桥市场口、枫春路口、中心医院门口、新桥西路新安街口、城新路潮州医院及西新路口等路段和各景区景点周边、城乡结合部、城中村等重点部位的整治。整治占道经营、乱摆摊设点、乱设置广告灯箱、乱搭乱建、乱吊挂遮阳物和横幅标语、乱堆垃圾杂土、乱停放车辆等行为。突出重点，搞好厦深铁路广东段开工动员大会、元宵大型烟花晚会、潮汕四市龙舟邀请赛、全国电视理论学术论坛等重大活动期间各活动场所、各大宾馆酒店住地周边和市区各主干道的整治，确保各项活动期间各重点地段的市容环境卫生整洁有序。选择潮枫路、枫春路、潮州大道、新洋南路等道路，开展创建样板路活动。

对奎元住宅区、韩山师范学院周边环境和夜间烧烤、鸡煲等摊档进行专项整治。（林楚贤）

揭阳建设

【概况】　揭阳市自1991年撤县建市以来，城乡建设取得较大的进步，有力推动经济社会快速协调发展。城乡各层次规划不断完善；市政功能日渐配套，发展环境逐步改善；市政公用事业改革加快实施，园林绿化管护、环卫保洁市场化管理逐步铺开，环境卫生、交通秩序、绿化等专项整治行动深入开展；占路为市、占街为市现象得到遏制；城乡面貌明显改观。据统计，至2008年底，全市城市建成区面积达120平方公里，城镇总人口155.59万人；拥有城市公共绿地800公顷，建成区绿化覆盖率24.86%，人均公园绿地面积7.46平方米，城区居民人均居住面积25.6平方米；城镇居民用水普及率95.17%，用气普及率92.44%；人均城市道路面积5.73平方米，排水管道密度0.95公里/平方公里；城镇污水处理率达30%，垃圾粪便无害化处理率达42.6%；全市城镇化水平达45.36%。揭阳市区建成区绿化覆盖率32.26%，人均公园绿地面积12.22平方米；垃圾粪便无害化处理率达83.33%。

2008年，揭阳市建设系统全力推进特色城市建设，抓好各层次规划的编制，配套完善市政公用设施，加大治污保洁投入，积极推进建筑节能工作，继续深化对建筑市场、房地产市场、勘察设计市场、燃气市场的整顿和规范。据统计，2008年，揭阳市建安产值21.39亿元，施工面积148.8万平方米，竣工面积145万平方米；商品房建设投资额累计完成9.77亿元，竣工面积60.63万平方米，销售面积59.85万平方米，销售额9.66亿元，揭阳市区市政建设投资额约为1.78亿元。各县（市）城区投入市政公用设施建设资金12.46亿元。

（许晓凯　陈锡群）

【建筑业】　2008年，揭阳市随着社会经济的稳步发展和城镇化进程的加快，建筑业发展呈现良好的态势。全市建筑业施工企业121家（其中：一级企业6家，二级企业21家，三级企业92家，劳务企业2家）；全年完成建安产值21.39亿元，比上年增长21%。

强化对建筑施工起重机械安全监管，切实推行“平安卡”管理工作　2008年，全市施工企业“三类”管理人员继续教育培训1428人；开展揭阳市建筑施工“百万农民工同上一堂课”安全培训活动518人。全市建设系统未发生三级以上重大施工安全事故，实现施工安全生产“零死亡”事故的责任目标。一次性竣工验收工程合格率100%。组织优良样板工程、“双优”工地评审工作。揭阳市区马牙路改建工程、临江北路工程、黄岐山大道市政改建工程等3个项目被评为2008年度揭阳市优良样板工程；翠榕家园、揭阳市区污水处理厂、揭东县涵涛经联社村民自用住宅楼工程A1-2幢等3个项目被评为2008年度揭阳市“双优”工地。

全年共审查完成新办建筑企业资质10家；企业资质增项8家；企业三级晋升二级2家，二级晋升一级1家；企业资质转正2家。制定《房屋建筑及市政基础设施工程招投标监管禁止围标串标行为意见》，进一步完善招投标工作程序，规范招投标行为，不断完善和规范有形建筑市场秩序。据统计，2008年揭阳市区工程项目招投标共43宗，造价总额8.45亿元，其中公开招标24宗，造价总额7.92亿元，邀请招标项目19宗，造价总额5343.19万元，应招标项目全部实行招标，招标率为100%。

积极开展建筑节能工作　印发《揭阳市建设局关于加强建筑节能工作意见》。积极推行新型墙体材料和再生能源的应用，揭阳市区翠榕花园住宅小区于2008年7月份向省建设厅申报再生能源应用示范项目。努力抓好“江南新城”、“榕城区劳动保障综合服务大楼”建筑节能示范点工作。做好散装水泥专项资金和新型墙体材料专项基金（下称“二金”）的征收管理工作。2008年3月成立“二金”征收使用管理组，制定并发布《关于规范散装水泥新型墙体材料专项基金征收和使用管理的通知》等文件，有效规范“二金”的征收管理。2008年共征收散装水泥专项资金12.14万元，新型墙体材料专项基金111.15万元，办理退款57万元。揭阳市区新型墙材应用比例达75%。

（李亮辉）

【城市规划】　2008年，揭阳市建设系统围绕揭阳市政府“一（建设富民强市、和谐文明新揭阳一个发展目标）三（打造特色经济、特色文化、特色城市三个特色产业）二（构建和谐稳定环境、拼搏有为干部队伍二个保障）”总体发展思路，创新规划理念，严格执行城市规划有关法律法规，抓好城市规划管理工作，促进城市建设健康有序发展。

加大城市规划编制力度，做好规划编制工作　揭阳市城镇总体规划已完成规划纲要成果。着手准备《揭阳市城市总体规划（1994~2010年）》修编工作。配合广东省人民政府开展《粤东城镇群协调发展规划》编制工作。完成东山区东洋村、乔南村，揭西县仙坡村3个社会主义新农村建设示范村的规划编制，其中仙坡村规划已通过评审。

提前完成援川规划工作　2008年“5·12”四川汶川大地震发生后，揭阳市规划局组成揭阳市首支援川队伍，与深圳市北林苑景观规划及建筑设计院组成广东揭阳援川规划组赴揭阳市对口帮扶点——四川省汶川县卧龙镇。援川规划组从人口、产业、用地、公共设施、基础设施和灾后建筑情况等方面开展实地调查、现场踏勘、收集资料。至2008年底，援川规划组已编制《四川省汶川县卧龙镇灾后恢复重建规划（2008~2015年）》纲要（草案），提前完成援建规划工作任务。

（陈章信）

【城市建设】　2008年，揭阳市建设局组织实施市区13个市政工程项目的建设，其中新开工项目4个，续建项目9个，计划投资总额11.55亿元。全年累计完成工程量折合投资额1.78亿元，其中7个市政工程竣工交付使用，合计新增道路总长度13.1公里，排水排污管道26.2公里，工程竣工验收合格率100%，实现工程质量安全零事故。

2008年，揭阳市区投入市政维护费约110万元，维修破损路面及人行道约1500平方米，清疏排水排污管道约2000米，补盖检查井、雨水井560个次，清疏雨水井、检查井4652个。　*（姚伟才　辜鸿华）*

公用事业管理　2008年，揭阳市逐步把公用设施、城镇无形资产实行市场化经营。一是经营城市地下资源。以G206揭阳市区东入口至华清高速口路段为试点，拟订《G206市区东入口至华清高速口路段地下通信管道租赁实施方案》，并经揭阳市政府批准实施。二是加强市区户外广告管理。揭阳市建设局经揭阳市编委重新明确为市区户外广告设置规划管理行政主管部门。2008年主要对市区部分主干道户外广告进行统一规划、统一设计。

研究制订《揭阳市市区“门前三包”责任制管理办法》、《揭阳市区垃圾箱设置实施方案》、《G206市区东入口至华清高速口路段建成后管养实施方案》并经揭阳市政府批准执行。加大揭阳市区污水处理费、清洁卫生费、生活垃圾处理费、绿化补偿费、恢复绿化补偿费征收力度，建立“以费养事”机制。经过调研、论证、听证，揭阳市区污水处理费于2008年12月1日起调整为0.5元/吨。

做好揭阳市区莲花大道南段、临江南路绿化管养及卫生保洁推向市场前期工作，更换美阳路路树，补植马牙路、临江北路、黄岐山大道等道路枯死树木。2008年，揭阳市区新增园林绿地面积2.59公顷，绿化环境进一步改善。至2008年底，揭阳市区建成区绿化覆盖率达32.26%。　*（黄海通）*

城市供水　2008年，揭阳市自来水公司实现送水总量4769万吨，售水总量3552万吨，销售产值4310万元，管网服务压力合格率98%以上，新增供水主干管1225米，全年供水水质综合合格率99.2%以上，管网修漏及时率达100%。

严格执行水质三级检验制度，强化对水源水质和制水环节的监测。加大设施改造维护力度，2008年共筹措资金100多万元更换水厂日产18万吨的3座滤池滤料，进一步提高滤池的过滤功能，提高出厂水质质量。出厂水主要指标浊度平均为0.15NTU（度，下同），管网水质浊度平均在0.40NTU，均远低于国家标准中1NTU（特殊情况≤3NTU）的限值，供水水质综合合格率达99.2%以上，各项常规主要指标合格率均达100%。

加强管网设施改造配套。根据供水设施改造和建设规划的要求，积极探索新型设备（PE）管材的应用，积极筹集资金加快陈旧、锈蚀供水管网的改造步伐，2008年度累计投入200多万元，更新改造北门市场等低压区，受益用户达600户、受益人口约2400人。加强对大口径管网的巡查及抢修和阀门的维护更换，全年新增供水管道（DN75以上）1225米，检漏报漏并及时止水3379宗，抢修及时率100%，检修阀门（DN100以上）3171个，供水工程验收60宗，新装水表886个。 *(高树涛)*

【住宅与房地产业】 2008年，揭阳市房地产管理工作扎实推进。廉租住房制度建设、房地产市场秩序整治等进展良好。研究提出规范房地产开发销售预订行为管理措施，规范新建商品房预售和销售行为。在全市范围内开展房地产市场秩序专项执法检查，查处商品房项目违规预售、违规广告等行为。房地产市场初步形成增量与存量联动、销售与租赁并举、投资与消费良性互动格局。全市房地产开发投资9.77亿元，比上年增长11%；商品房销售额9.66亿元。

住房保障 编制《揭阳市市区解决城市低收入家庭住房困难发展规划和年度计划》（2008~2010年）以及《2008年度揭阳市区解决城市低收入家庭住房困难发展计划》，明确保障范围和保障标准，各县（市）全年受理并复核登记廉租住房对象966户、3646人。廉租住房建设逐步推进，揭阳市区廉租住房项目已批准项目用地4.2公顷，首期工程9500平方米，造价约1356万元。2008年，全市共解决城镇低收入住房困难家庭31户。

商品房销售 是年，揭阳市区共办理商品房预售项目5宗，预售面积57.8万平方米；年内全市商品房竣工面积60.63万平方米，其中住宅竣工54.23万平方米，创历史新高；商品房销售59.85万平方米，其中住宅53.38万平方米；年末全市商品房空置面积44.33万平方米，比上年增加17.15万平方米；其中住宅面积31.67万平方米，空置一年以上的积压商品房面积27.18万平方米；年内存量房交易面积14.67万平方米，比上年增长12.5%，交易金额1.6亿元，增长17.8%。

房地产开发 全年共办理房地产开发企业资质晋升5家，暂定资质2家；办理物业服务企业资质晋升2家，暂定资质3家；取消1家企业开发经营资质。至年底，全市共有房地产开发企业128家，其中一级企业1家，二级企业2家，三级企业11家，四级企业99家，暂定等级企业15家，从业人员2497人。年内全市房地产经纪机构6个，从业人员87人。物业管理企业31家，从业人员920人。

全年揭阳市区共办理房产证3112宗、建筑面积76.42万平方米；商品房确权登记13宗，建筑面积57.28万平方米；他项权登记444宗，建筑面积52.05万平方米；备案登记1697宗，建筑面积29.76万平方米；供楼按揭828宗，建筑面积13.4万平方米。

危旧公房改造 是年，揭阳市房管局通过政府采购，改造危旧公房13宗，投入资金39.8万元；全年拨付公房维修款68.29万元，维修房屋132宗、维修面积5767.77平方米；开展公房安全和防灾检查8次，发出整改通知书10份。

物业管理 至年底，全市物业管理面积365.81万平方米，其中居住物业管理面积292.65万平方米，覆盖面86.5%。开展创建物业示范小区活动，组织评选揭阳市区御景湾和金润花园两个住宅小区为“揭阳市物业管理示范小区”。组织举办全市物业管理员培训班，共有52人取得物业管理员岗位证书。 *(陈 凯 林舜忠)*

【城市综合管理】 2008年，揭阳市城市管理行政执法局加大管理力度，着力营造和谐市容环境。全年共规范沿街门市货物入室1.6万宗；清理流动摊点1.85万宗、乱堆放物品8500多宗、乱倒垃圾杂土3400多宗、乱拉挂2500多宗；拆除违章布条、彩旗1800多宗；查处生活噪声125宗、乱排放污水101宗；教育制止人行道乱停放车辆1800多宗。

强化管理，不断改善揭阳市区市容环境 坚持做好日常巡查工作，科学安排执法力量，落实管理区域、管理责任和管理标准，完善定岗、定责、定标准的城市管理行政执法岗位责任制。同时，对挖掘城市道路、店面装修、马路市场、夜市经营、人行道停车、广告拉挂等实行严格监管，确保管理上基本不留盲点，把市容环境保持在一个较高的水平。

落实《城乡规划法》，严格控制违法建设 以《城乡规划法》的实施为契机，加大力度严格控制违法建设。全年共立案上报违法建设77宗，作出行政处罚76宗。

开展迎接省城市卫生检查市容整治行动 推行网格化管理模式，落实管理标准、管理人员和管理区域，层层分解落实整治任务。采取集中整治和重点突破的方法，加大执法力度，清理乱停放、乱摆卖、乱搭设、乱拉挂和乱堆放等违章现象。通过整治，揭阳市区市容市貌美观、整洁、有序。

精心组织，保障各类重要活动有序进行 在春节、中秋等传统节日和“迎春烟花晚会”、“两会”、中高考、揭阳市（国际）金属材料市场开业庆典、“五金不锈钢博览会”、阳美（国际）玉器节及龙舟表演赛等重大活动举行之际，精心组织开展市容专项整治行动，营造一个整洁、优美、有序的城市环境，保障这些重要活动的顺利进行。 *(蔡泽和)*

云浮建设

【概况】 自1994年云浮设地级市以来，特别是近几年来，云浮城乡建设取得辉煌的成就，城乡固定资产投资不断增长，市政公用设施的承载能力和服务水平大大提高，城乡住宅建设取得新成就，城乡环境不断改善，居民居住水平日渐提高，城乡面貌大为改观，云浮市建成区面积从设市初期18平方公里增加到25平方公里，城市的基础设施和公用配套设施日益完善。

2008年，云浮市城乡建设事业保持平稳发展，城镇化进程继续推进。全市城镇基础设施、公共设施建设投资38129.6万元，完成建设项目58个，全市城镇化水平达到47.16%，比上年提高1.98个百分点，市城区一批重点工程和大型工程相继建成，进一步提升了城市品位。建筑业持续发展。全市在建工程152项，面积148.5万平方米，完成建工产值13.75亿元，比上年增长8.3%，创税9625万元；建设工程质量安全监督管理进一步加强，全年无重大质量事故发生。有形建筑市场建设不断创新，管理更加规范，建设工程交易应招标率和公开招标率均达到100%；建筑节能稳步推进，全市建筑节能实现节约20500吨标准煤，新型墙体材料使用量9200万只标砖。房地产业发展势头良好，全年全市房地产开发总投资14.33亿元，比上年增加7.54亿元，增长1.11倍；建筑面积95.20万平方米，增加69.83万平方米，增长36.33%。

2008年，云浮市城区重点工程建设全面推进。其中，市委党校工程总建筑面积16500平方米，投资2980万元，将陆续投入使用；市图书馆工程建筑面积3982平方米，投资1672.5万元，于2008年投入使用；市博物馆工程建筑面积3715平方米，投资2673万元，将于2009年初投入使用；市老干部活动中心工程建筑面积4715平方米，投资750万元，预计在2009年6月可投入使用；市中级人民法院审判综合大楼，建筑面积18700平方米，总投资2400万元，将于2009年4月正式投入使用。

组织实施《云浮市城镇化发展“十一五”规划》，以提高城镇综合承载能力为核心，以市区和中心镇建设为重点推进城镇化进程。至2008年底，全市城镇化水平达47.16%，比上年提高1.98%。

【建筑业】 2008年，云浮市建筑业和建筑业管理工作以规范建筑市场秩序为主线，以质量安全监管为重点，以全面推进建筑节能为突破口，严格执行有关法律法规、工程建设法定程序和强制性标准，切实加强监督管理力度，促进全市建筑业持续、健康、有序发展，工程质量稳步上升，建筑安全工作完成省建设厅和市政府下达的控制目标。

有形建筑市场建设与招标投标管理进一步完善和规范 全市共有102宗建设工程入市交易，工程总造价（中标价）48910.92万元，工程标底价50611.67万元，节约投资1700.75万元，下浮率3.36%。其中，市区30宗，工程造价14241.14万元，工程标底价14961.38万元，下浮率4.81%。应招标率和应公开招标率均达100%。市城区新报建报监工程32项，建筑面积205007.70平方米，工程总投资23752.16万元；私人报监工程44项，建筑面积41570.40平方米，工程总投资2539.90万元。竣工工程63项，建筑面积183168.68平方米，工程总投资9576.97万元；竣工工程备案63项，建筑面积183168.68平方米。全部竣工工程经组织验收合格，市区有1项工程被评为市优良样板工程，1项被评选省优良样板工程。全年共监督工程69项（包含私人住宅），总面积24.66万平方米，竣工验收工程18项（不包括私人住宅），总面积2.35万平方米，安全合格率100%，优良率22%，全年无重大安全事故发生，无群伤事故发生。

全市实现散装水泥供应量312.5万吨 完成300万吨任务的104.2%；实现散装水泥使用量21.5万吨，完成20万吨任务的107.5%；商品混凝土供应量14.5万立方米，完成13万立方米任务的111.5%。

建筑施工企业实行动态管理 是年，全市有安全生产许可证的建筑施工企业43家（市区18家，罗定8家，新兴10家，郁南5家，云城区1家，云安县1家），其中二级资质企业15家（市区4家，罗定6家，新兴3家，郁南2家），尚没有一级施工企业。全市工程监理企业5家，其中甲级1家、乙级1家、丙级3家。建筑业企业资质实行动态管理，分级审批。全年全市在建工程152项，建筑面积148.5万平方米，完成建安产值13.75亿元、比上年增长8.3%，创税9625万元。全市报建开工项目128个，建筑面积98.5万平方米，造价11.76亿元；竣工验收工程141个，建筑面积66万平方米，造价5.97亿元。其中市区全年在建工程41个，建筑面积60.1万平方米，造价5.5亿元；报建开工工程40个，建筑面积24.8万平方米，造价4.1亿元，竣工验收工程63个，建筑面积18.32万平方米，造价1亿元，竣工工程合格率100%。全市创省优良样板工程有2个（市区、新兴各1个），创市优良样板工程7个（市区1个，新兴5个，郁南1个）；创省“双优”工地有5个（市区1个，新兴县3个，云安1个），创市“双优”工地13个(市区3个，新兴6个，云安1个，罗定1个，郁南2个)。

全市勘察设计行业完成建筑面积51.5万平方米，造价5.4亿元，完成抗震加固调查60万平方米。

（叶伟光　李沛全）

【城乡规划】 2008年，云浮市城乡规划局发挥城乡规划“先导、主导、统筹”作用，创新城乡规划工作模式，圆满完成各项工作任务。

规划管理 用地规划管理力度切实增强。坚持“先规划、后用地”原则，积极参与编制城市总体规划、分区规划、详细规划，以及大中型建设项目可行性研究和选址工作，按要求做好各项用地规划审批，不断提高土地资源综合利用效益，城市规划得以有效实施。全年共办理各类用地规划业务案件730多宗。

建设工程项目审批把关更严。坚持“规划指导建设、建设服从规划”的原则，努力做好规划区内建设项目和市政工程的规划管理审批工作，并定期进行监督检查，坚决查处违反城市规划的行为。全年共完成各类建设工程规划审批案件425宗，核发《建设工程规划许可证》270件，核发《建筑工程规划验收合格证》115件。

市政规划管理工作更加规范。加强市政管线、道路、广告招牌的报批和规划建设管理，按照相关技术规范要求做好城市规划区内公共交通设施、供电供水、雨污处理、地下管线等市政建设项目的规划审批工作。全年核发市政道路交通工程、管线工程规划许可证21宗。

规划编制 城市总体规划作出重大调整，放眼构建大云城。总体规划纲要编制工作比原计划提前5个月完成，并经市长办公会议和市委常委会初步审议，相关工作有序推进。

争取设立省级示范工业园区。云浮市产业转移工业园规划完成初步方案（386平方公里），并广泛征求各界意见，并与中国城市规划设计研究院衔接分区规划及控制性详细规划事宜。佛山（云浮）产业转移工业园（39.6平方公里）总体规划和控制详细规划工作全面铺开，相关规划成果已向省相关部门征求意见，提交市经贸局作为申报省级产业转移示范园区资料，为争取省级示范工业园建设项目作好准备。

围绕全市中心工作抓紧开展相关规划编制。完成《广东云浮工业园区（即初城工业园区）总体规划》、《云城区安塘石材基地总体规划》、《云浮市电力专项规划》、《云浮市中心城区道路照明规划(2008~2025年)》、《云浮市中心城区市政公共设施专项规划（2008~2025年)》（初步方案）等规划编制工作。新城快线规划方案、市中心城区市政工程管线专项规划前期调研、新世纪大道道路平面规划及纵断面规划编研工作同步展开。

▲云浮市区一角 云浮建设局供稿

主动配合相关单位落实市政府工作要点。积极跟进市城区“三个三”重点工程项目规划工作，配合国土部门做好市中心城区储备用地工作，并根据市政府工作安排，多次陪同投资商到现场实地勘察，积极提供相关资料，做好项目推介工作。将云浮市职业教育基地用地规划纳入城市总体规划和工业园区规划统筹考虑。全力配合做好南广高速铁路的规划设计及市政府重点工程的规划建设工作。

村镇规划有序推进。积极向上级争取各项村镇规划配套资金近100万元，资金已下拨到各县（市、区）。新兴县新城镇、郁南县都城镇控制性详细规划试点工作全面铺开，《郁南县都城镇九星新城综合片区控制性详细规划》（初步成果）已组织专家评审，新城镇控制性详细规划编制工作有序推进。起草《云浮市云城区村庄私人建设住宅乡村建设许可证受理条件及办证程序（试行)》等管理规章，进一步规范全市村镇规划管理工作。

社会主义新农村建设结硕果。完成各县（市、区）共601个村庄整治规划。继续派出专业技术人员“送技术下乡”，免费对生态村进行示范性设计。会同省城乡规划设计院开展对云城区和新兴县农村污水处理技术情况调研活动，推进全市新农村建设步伐。

在2008年全省村庄整治工作会议上，云浮市城乡规划局“送规划下乡”的成效以及村庄规划整治工作获得省建设厅的充分肯定，新兴县代表在大会作专题发言，推广云浮市在村庄规划整治方面的先进经验。郁南县大湾镇五星村申报成为广东省第一批5个历史文化名村之一。

规划管理与监察 城市规划监察工作逐步强化。加大对各类违反城市规划行为的查处力度，检查城市规划管理各项法律法规的执行情况，全年共查处违法建设18宗、处理电话投诉58宗、网上投诉68宗、信访案件53宗，做到件件有答复，宗宗有着落。市城乡规划局4月上线“行风热线”，共接听电话32个，其中16位听众的来电接入直播间直接与局领导进行交流，均得到满意答复。

是年，新设立的纪检监察办公室发挥积极作用，对本局的内部运作程序、业务办理结果、执行情况等100余宗案件进行反查，抽查结果良好，未有违反法律法规的现象。（李建桥）

【城乡建设】 2008年，云浮市城乡建设工作以建设宜居城市为重点，全力加快城乡建设步伐，突出抓好城市基础设施建设、生态文明村建设，推动房地产业发展和住宅小区建设。城市品位进一步提升，全力推进一批生态文明村的建设，为社会主义新农村建设开辟新天地，创出新路子。

全市共投入城市（县城）维护建设资金14.77亿元，其中云浮市区投入城市维护建设资金4645万元。城市日供水能力34万立方米，供水管道长度2093公里，全年供水总量6186万立方米，其中生产用水1335万立方米，居民家庭用水2797万立方米，公共服务用水684万立方米，消防及其他用水234万立方米，免费供水量233万立方米，漏损水量772万立方米。自来水用水普及率达100%。全市共有城市道路637.8公里，道路面积797万平方米。全市有公共汽车172辆，出租车322辆，全年公共交通客运量为1462万人次。全市共有液化石油气站20个，设计储气量6800立方米，实际储气量4800立方米。全年液化石油气供气总量33782吨，用气户数达18.02万户、66.58万人，城乡用气普及率50%；县城用气普及率86.24%。全市城市绿化覆盖面积2690公顷；其中建成区2267公顷，建成公园24个，公园面积800公顷。全市共有公厕97座，市容环卫专用车74辆，道路清扫面积640万平方米，生活垃圾处理量195万吨/日，处理率达72.9%。

中心镇公共设施和基础设施建设明显加快 2008年，全市中心镇投入基础设施、公共设施建设资金38129.6万元，建设项目58个。至2008年底，全市中心镇建成区总人口达33.03万人，比上年增加0.38万人；中心镇建成区面积46.36平方公里，增长1.44%；中心镇建成区住宅建筑总面积4775567平方米，增长10.1%；中心镇域工业园区面积17.89平方公里，增长10.84%。全市在上年建成602个生态文明村的基础上，再建602个生态文明村，其中：云城区70个，罗定市150个，新兴县150个，郁南县151个，云安县81个。共投入建设资金4690.9万元，其中：市、县（市、区）政府支持建设资金1112万元，群众捐款3578.9万元，群众义务投工154126个工日。配套建成污水处理设施384套，垃圾处理池（屋）491个，村中水泥道路330千米，新增绿化面积5.55万平方米，公厕295座，改厕入屋30922户，改水31834户，新建文化室282间，新建文化广场（篮球场）267个。直接受惠农户36399户，受惠人口151965人。

（叶伟光　李沛全）

市政建设与维护 2008年，云浮市城市管理局投入200万元，完成兴云路、建设南路、城中路等3条新改造道路的整改完善工作，新建花基400米，铺设混凝土927平方米、花岗岩110平方米，完成绿化建设面积2400平方米。投入资金430万元，开展府前路排水管线建设工程，新建雨污管道2000米。投入资金100万元，完成城基路、屏风路（中医院路段）道路硬底化建设改造工程，对3500平方米的路面、510米的排水系统进行改建。开展城区星岩路、解放路道路改造工程和城区牧羊路、河滨路人行道改造工程，两项目预算总投资6000多万元，新改造道路21条，总长达13.8公里。

投入资金48万元，完成城中路花基隔离带绿化建设和城区道路、公共场所绿化补植任务。新植乔木419株，灌木799株，袋苗19279袋，花基绿化面积1056平方米，补植植被25000平方米，安装护栏2500米，维修供水设施583宗。投入资金270万元，建成并投入使用解放西路、建设北路2座中型垃圾压缩站，完成2座压缩站的设备采购工作，对城区5座公厕进行升级改造。投入资金300多万元，在市区建设南路、城南路、兴云路、河滨南路等主要街道以及高峰新桂区、河南东路、教育路等横街小巷共计新安装路灯、景观灯1570多套、改造各类灯饰325套，进一步美化、亮化城区，改善了城中村和横街内巷的照明状况。

投入资金116万元，修补河滨路、星岩路、南山路、东安一路等受损路面11万平方米；维修和清疏道路检查井、下水井750座、排水渠120米、绿化花基320米；清洗城区桥梁雕塑景观16座（次），确保设施的正常使用。投入资金30万元，改造城区花德山巷口排水渠30米，彻底解决周边居民饱受水浸的难题。投入资金16万元，对人民广场受损的木构筑物进行全面维修翻新，使木构筑物容貌焕然一新。

公用事业 2008年，云浮市自来水有限公司完成供水量2218万立方米，平均每天6.07万立方米。4月，市城市管理局与中燃控股有限公司签订城区天然气利用特许经营项目，首期投资约1亿元。5月，中燃云浮公司注册成立，至2008年底，已完成LNG气化站用地选址、项目立项、规划设计等前期工作。

市区环境卫生作业服务和园林绿化管护工作进一步建立和完善承包服务监管、质量评估体系，形成长效管理机制，全面提高服务水平。至年底，从事城区环卫承包服务的公司有9家，园林绿化公司2家，从业人员约600人。城区环卫服务面积213万平方米，年处理生活垃圾量4.5万吨（压缩后），收缴垃圾处理费465万元。

【住宅与房地产业】 2008年，云浮市住宅与房地产业健康快速发展，城镇化扎实推进，房地产开发投资额持续增长，商品房销售价格稳中有升，住宅小区建设加快，物业管理覆盖面进一步扩大，解决城镇特困家庭住房困难问题取得阶段性成效，市民居住环境继续改善。

房地产登记 全年办理房地产权属登记21404件，登记房屋总建筑面积614.71万平方米，其中初始登记5585件，变更登记1816件，注销登记3109件，拆除登记10件，办理房地产他项权登记5507件，房地产抵押值30亿元。市辖区办理房地产权属登记8993件，其中初始登记2114件，房地产发证面积139.55万平方米，转移登记2718件，拆除登记2件，他项权利登记2118件，变更登记538件，注销登记1503件，房地产抵押值13.8亿元。

房地产开发 全市房地产开发投资额14.33亿元，比上年增长1.11倍；销（预）售面积53.61万平方米，销（预）售额12.3亿元、增长14.9%。全市商品住房销售平均价格每平方米2228元，市区商品住房销售平均价格每平方米2767元。

房地产交易 全市共办理房地产交易鉴证（含商品房、二手房）4956宗，交易金额13.32亿元，交易面积75.3万平方米。其中市辖区办理房地产交易鉴证2909宗，交易金额6.45亿元，交易面积28.3万平方米，举办国有、集体资产拍卖会13场，拍出标的物30宗，成交金额350.2万元。在本市注册的房地产中介服务企业3家，共有从业人员25人，共完成房地产估价业务1462宗，房地产估价总额10.3亿元。外市房地产中介机构在云浮市开展业务的有17个。

公房管理 全市有直管公房26万多平方米，非住宅公房约占50%。全市维修直管公房投入120万元，维修房屋面积3.86万平方米，直管公房租金收入1350万元，其中市辖区335万元。

住房补贴 全市累计发放住房货币补贴1.18亿元，领取住房货币补贴的职工有11821人，是全省住房货币补贴分配工作进展较快的10个地级市之 。

物业管理 全市有资质的物业管理公司18家，均为三级资质物业企业，其中有限责任公司16家，外商投资企业1家，私有企业1家，企业从业人员1014人，经营管理人员910人，管理房屋面积217万平方米。企业代管维修基金总额622.62万元，成立业主委员会7个。

住房保障 逐步扩大住房保障覆盖面，廉租房保障标准从特困家庭扩大到低收入家庭，保障面积从人均6平方米扩大到10平方米，保障范围从城市（县城）扩大到乡镇。确定并向社会公布2008年城镇住房保障标准，全市完成廉租住房建设投资761万元，竣工（筹集）住房建筑面积2535平方米。2004~2008年累计完成廉租住房建设投资2132万元，共建成2.24万平方米共313套廉租住房，2003年登记在册人均居住不足6平方米的城镇特困家庭住房困难问题已得到妥善解决。市区人均居住面积不足10平方米的低收入家庭通过廉租住房实物配租或发放租金补贴的形式实现应保尽保。 （何 维）

【城市综合管理】 2008年，云浮市城监大队抓住城市管理中的“热点、重点、难点”问题，打破常规工作时间，取消节假日休息，全体队员实行分三班24小时连续巡查，对城区市容环境秩序全天候监控整治，解决城市管理中的几个老大难问题，取得显著成效。一是疏堵结合。加强现场守点管理和宣传教育，将中心市场周边从事鲜活水产品、蔬菜批发交易的250多档商户全部搬迁到金山小区金马路、清平路农副产品临时批发点经营，彻底解决中心市场周边形成多年的“天光圩”脏、乱、差问题。二是持续开展夜间行动。对主街道170多档夜市烧烤档以及流动摊档进行全面整治清理，同时设立夜市步行街、美食街、解决东街口、星岩一路等地段群众反映强烈的烧烤档扰民问题。三是采取雇请专业清洁公司清理与大力打击“乱张贴”相结合。对城区50多条主街道、110多条横街内巷的“牛皮癣”进行治理，取得较好的效果，城市“牛皮癣”问题得到初步的控制。四是全面整治违章占道物品。对在城区人行道占道生产经营的200多个炉具、300多台空调主机以及一大批水泥墩、香炉等物品进行彻底清理和规范设置，实现还路于民。

全年累计组织专项整治行动13次、大型综合整治行动6次，共查处和教育纠正乱摆卖、乱堆放、乱拉挂、乱搭建、乱停放、乱张贴等城市“六乱”违章行为共930宗。

（陈宏略）

荣誉榜

□全国荣誉

□省级荣誉

□先进事迹

全国荣誉

2008年广东省建设系统获全国五一劳动奖状和奖章的单位和个人

类别	单位或个人	授奖单位
全国五一劳动奖状	广州市金辉建筑置业有限公司茂名项目部	中华全国总工会
全国五一劳动奖章	蔡金亮　包德元	中华全国总工会

(省总工会)

2007年广东省获全国建设系统先进集体、劳动模范和先进工作者

(人事部、建设部表彰)

类别	获奖单位或个人
先进集体	广州市房地产交易登记中心　广州市金辉建筑置业有限公司　广州市绿化公司园林科研所高山花卉基地　深圳市建筑设计研究总院　韶关市建设局　惠州市规划建设局　广东省建设执业资格注册中心
劳动模范	蔡金亮　黄德亮　黄　徽(女)　劳锦洪　何耀鑫　陈春生　包德元　李镇坤　周壬旭　黄志波　李　青(女)　黄华明　林惠芳(女)　李耀南　甘昌成　许文辉　覃焕祥　沈荣球　姚振兴　陈德明　邓耀全　王志超　王桂生
先进工作者	谢少波　刘永忠　王　丹　彭成发　刘伟强　江志育　钟韶英　黄集贤　方建飞　余文洲　方德佳　何化忠　康维克(女)　陈　霞(女)　冯国强　吴瑞炎　张党生　刘　彦(女)　胡　鹏　杨汉周　郭德居　陈　雄

(省建设厅工会)

广东省获全国住房和城乡建设系统抗震救灾先进集体和先进个人

(住房和城乡建设部表彰)

类别	获奖单位或个人
先进集体(12个)	广东省建设厅　广州市建设委员会　佛山市建设局　东莞市建设局　深圳市建设局　深圳市金众(集团)股份有限公司　省城乡规划设计研究院　省建设工程质量安全监督检测总站　中铁二局股份有限公司深圳分公司　深圳市第一建筑工程有限公司　深圳市建筑设计研究总院有限公司　深圳市建明达建设监理有限公司
先进个人(28名)	房庆方　陈英松　李新建　吕洪清　雷凤英(女)　林灼杰　傅晓炜　陈星耀　卢　凯　吴　松　孙　波　肖毅强　李荣强　邝龙桂　李承宗　张　玮　李伟波　申新亚　何　文　罗成涛　张道修　张文华　姜桂启　朱陶园　曹有良　王建林　吴长松　王志明

(省建设厅党办)

广东省获全国住房和城乡建设系统2006~2007年全国青年文明号单位

(住房和城乡建设部、共青团中央联合表彰)

类别	获奖单位
新命名的(2个)	广州市地下铁道总公司地铁公园前站
	深圳市国土资源和房产管理局宝安分局业务受理窗口
继续认定的(20个)	广州市市政设施收费处浔峰州收费站(原五丫口大桥收费站)　广州市煤气公司红帽子志愿服务队　广州市白云出租汽车集团有限公司粤AC4634号车组(原粤A.A8081号车组)　广州市白云出租汽车集团有限公司粤A17A87号车组(原粤A.A2433号车组)　广州市一汽巴士有限公司10路线792号车组(原989号车组)　广州市第二公共汽车公司509路线11525号车组(原40485号车组)　广州市自来水公司供水热线青年岗组　源天工程公司第二工程处　深圳市城管局绿化管理处第四管理所　深圳市国土资源和房产管理局横岗所　汕头市自来水总公司新津水厂　汕头市龙湖土地房产交易管理所交易确认窗口　汕头市轮渡公司"金凤"轮　佛山市水业集团公司供水分公司沙口水厂　惠州市自来水总公司江北水厂　惠州市建设工程交易中心　中山市公共汽车公司22路线　中山市公共汽车公司汽车修配厂大修理生产线　珠海市公共汽车公司三灶分公司201路线粤C08369号车组　珠海市公共汽车公司拱北分公司4路线粤C05858号车组

(省建设厅党办)

广东省获 2008 年中国建设工程鲁班奖（国家优质工程）项目

（授奖单位：中国建筑业协会）

工程名称	承建单位	参建单位
酒店工程 1 幢(富力国际公寓)	汕头建安集团公司	广东正升建筑有限公司
福岸新洲名苑(民生银行大厦)	深圳市鹏城建筑集团公司	深圳市发鹏装饰有限公司
金润大厦	湛江市第一建筑工程公司	
广州新光大桥	贵州省桥梁工程总公司	
深圳市宝安区固戍污水处理厂一期工程	中国中铁股份有限公司	中铁十局集团第三建设有限公司
广州海关新业务技术综合楼	中国建筑第四工程局有限公司	
深圳红树西岸	江苏省华建建设股份有限公司、江苏省江建集团有限公司	江苏扬安机电设备工程有限公司、江苏天宇建设工程有限公司
湖北省将军家苑三期翠林雅居 4-11 号楼	广东正升建筑集团公司	

注：2008 年度广东省内共 7 项工程获鲁班奖，广东省建筑施工企业在外省承建的工程有 1 项获鲁班奖。

（省建筑业协会）

广东省获 2008 年中国土木工程詹天佑奖项目

（授奖单位：中国土木工程学会、詹天佑土木工程科技发展基金会）

工程名称	主要参建单位
广州白云国际会议中心	广州市重点公共建设项目管理办公室　中信华南(集团)建筑设计院　中建三局建设工程股份有限公司　广东省工业设备安装公司　广州市建筑集团有限公司　深圳市三鑫特种玻璃技术股份有限公司　广州珠江工程建设监理公司　深圳中航电脑系统工程有限公司　深圳市洪涛装饰股份有限公司　广州珠江装修工程公司　广东省装饰总公司　广东省基础工程公司
广州新光大桥	贵州省桥梁工程总公司　中铁工程设计咨询集团有限公司　广州市新光快速路有限公司　广州珠江建筑装饰有限公司
广州兴丰生活垃圾卫生填埋场	广州市市容环境卫生局　广州工程总承包集团有限公司　广州市第四建筑工程有限公司　广州协安建设工程有限公司　广州市第三市政工程有限公司
广东中山万科城市风景花园住宅小区(一、二、三期)	中山市万科房地产有限公司　求是图建筑设计(香港)有限公司　中山火炬建设监理有限公司　汕头市潮阳建筑工程总公司中山分公司

注：表内项目为在广东省的工程项目。

（省土木建筑学会）

广东省获 2008 年全国 A 级住宅性能认定项目

（住房和城乡建设部认定）

项目名称	公司名称	终审认定性能等级
珠海市仁恒星园(一期)	珠海仁恒置业发展有限公司	3A
云浮市新兴县恒晖豪庭	云浮市新兴县恒升建筑装饰工程有限公司	A
中山市万科城市风景花园（一、二、三期）	中山市万科房地产有限公司	2A

广东省获 2008 年国家康居示范工程项目

项目名称	企业名称	授奖单位
中山中经颐和山庄	中山中经房地产置业有限公司	住房和城乡建设部

广东省获 2008 年“广厦奖”项目

项目名称	企业名称	授奖单位
中山市万科城市风景花园(一、二期)	中山市万科房地产有限公司	中国房地产业协会　住房和城乡建设部住宅产业促进中心

（省房地产行业协会）

广东省获2008年全国建筑工程装饰奖项目

(授奖单位：中国建筑装饰协会)

类别	工程名称	承建单位
公共建筑装饰类	京基大梅沙酒店	深圳市宝鹰建设集团股份有限公司
	深圳华侨城大酒店	深圳长城家俱装饰工程有限公司
	广州(琵洲)香格里拉大酒店	广东省装饰总公司　广东爱富兰装饰工程有限公司
	广州天誉威斯汀酒店天誉大厦	广州市美术公司
	广州诺福特白云机场大酒店	深圳市奇信建设集团有限公司
	深圳市保利文化广场剧院	深圳市洪涛装饰股份有限公司
	华尔登国际酒店	深圳市晶宫设计装饰工程有限公司
	深圳西部通道口岸旅检大楼	深圳市华剑装饰设计工程有限公司
	深圳市免税大厦	广东爱得威建设(集团)股份有限公司
	广州白云国际会议中心	广州市建筑集团有限公司　深圳市洪涛装饰股份有限公司　广东省美术设计装修工程公司　广东省装饰总公司　广州珠江装修工程公司　广东建华装饰工程有限公司
	深圳皇岗地铁口岸	深圳市中科建设工程有限公司　深圳市科源建设集团有限公司
	广州市地方税务局珠江新城综合大楼	广州市第四装修有限公司　广东省建筑装饰工程有限公司
	拱北海关业务技术综合楼	深圳市科源建设集团有限公司
	深圳市文化中心音乐厅	深圳市华南装饰设计工程有限公司　深圳市奇信建设集团有限公司
	深圳东部华侨城	深圳市宝鹰建设集团股份有限公司　深圳市中建南方装饰工程有限公司　深圳市中装设计装饰工程有限公司　深圳海外装饰工程有限公司
	广东省人大常委会办公楼东附楼	广东建雅室内工程设计施工有限公司
公共建筑装饰设计类	深圳市保利文化广场剧院	深圳市洪涛装饰股份有限公司
	广州诺富特白云机场大酒店	深圳市奇信装饰设计工程有限公司
	广州白云国际会议中心	深圳市洪涛装饰股份有限公司
建筑幕墙类	大百汇高新技术工业园(深圳)	深圳市洪涛装饰股份有限公司
	广东省高级人民法院审判大楼墙体维修工程	深圳中航幕墙工程有限公司
	汕尾电力生产调度中心	广东金刚幕墙工程有限公司
	中国经贸大厦(深圳)	深圳市科源建设集团有限公司
	诺富特白云机场大酒店	广州铝质装饰工程有限公司
	深港西部通道口岸旅检大楼	深圳市华辉装饰工程有限公司

(省建筑业协会)

广东省获2008年度全国物业管理示范住宅小区（大厦、工业区）项目

(授奖单位：住房和城乡建设部)

项目名称	管理单位	类型
广东省广州市南方电网调度通信大楼	广东保利物业酒店管理有限公司	大厦
广东省广州市联通新时空广场	广东华信物业管理有限公司	大厦
广东省广州市粤能大厦	广州珠江物业酒店管理公司	大厦
广东省深圳市规划大厦	深圳市万科物业服务有限公司	大厦
广东省深圳市大学文科楼、科技楼	深圳市中航物业管理有限公司	大厦
广东省深圳市TCL工业研究院大厦	深圳市科技工业园物业管理有限公司	大厦
广东省东莞玉兰大剧院	深圳市龙城物业管理有限公司	大厦
广东省深圳市香蜜湖水榭花都	深圳市信拓物业管理服务有限公司	小区
广东省深圳市悠然天地家园	深圳市东部物业管理有限公司	小区
广东省汕头市嘉泰雅园	广东联泰集团物业管理有限公司	小区
广东省中山市万科城市风景花园	深圳市万科物业服务有限公司	小区

(省物业管理行业协会)

广东省获 2007 年度全国“安康杯”竞赛活动优胜企业

获　奖　单　位	授　奖　单　位
广州市煤气公司	中华全国总工会　国家安全生产监督管理总局
深圳市燃气集团股份有限公司	中华全国总工会　国家安全生产监督管理总局

（省建设厅党办）

广东省获 2008 年全国燃气行业班组安全竞赛“安全班组”

获　奖　单　位	授　奖　单　位
广州市煤气公司东山分公司客服班	中国海员建设工会全国委员会

（省建设厅党办）

广东省建设系统获 2008 年度中国文化管理先进单位

获　奖　单　位	授　奖　单　位
广州市煤气公司	中国文化管理学会

（省建设厅党办）

2008 年第三批全国建设系统企业文化建设先进单位

获　奖　单　位	授　奖　单　位
广州联泰集团有限公司	中国建设职工政研会

（省建设厅党办）

省　级　荣　誉

2008 年度广东省建设系统省级荣誉获奖单位和个人

类　别	获　奖　单　位　或　个　人	授　奖　单　位
广东省抗震救灾先进集体	深圳市建设局　东莞市建设局　省建设厅　省建筑设计研究院　广州市建设委员会　省工业设备安装公司重庆／四川分公司	中共广东省委　广东省人民政府
广东省先进基层党组织	汕头市自来水总公司党委　阳江市建设局机关党委	中共广东省委
广东省文明单位	广州市市政园林局　珠海市燃气公司　佛山市高明区城市管理行政执法局　丹霞山风景名胜区管理委员会　蕉岭县环境卫生管理局　湛江市建设发展有限公司　茂名市城市规划管理局　清远市城市建设管理监察支队	中共广东省委　广东省人民政府
广东省优秀共产党员	安关峰　李　明（女）　董遵秩　陈振文　陈贺森	中共广东省委
广东省优秀党务工作者	李兆凤　袁锦伟　陈潮光	中共广东省委
广东省抗震救灾优秀共产党员	向恩明　刘仲国　张文广　张忠轩　李政枝　段衡金　卢　凯　尚　捷	中共广东省委
广东省抗灾救灾先进个人	刘锦红（女）	中共广东省委　广东省人民政府
广东省抗震救灾先进个人	冯明谦　林少峰　王鸿鹤　林灼杰　江振鹏　黎小成　傅晓炜　萧志坚　梁志华　杜　挺　谭龙海　彭鸡宝　江　刚　罗赤宇　李新建	中共广东省委　广东省人民政府
广东省五一劳动奖状	深圳市燃气集团有限公司　广州市建筑集团有限公司	广东省总工会
广东省五一劳动奖章	蔡　瀛　林兆雄　周先武　何　霖　张弟仔　江宏军　叶柏林　于　剑（女）　郑健雄　欧志常　钟福利　方启超　陈星耀　陈耀然	广东省总工会
2007 年度广东省最佳诚信企业	深圳市燃气集团有限公司	广东省企业联合会　广东省企业家协会
广东省抗震救灾妇女先进个人	刘锦红　刘丽萍　冯焱奔　于　剑	广东省妇联

（陈徐福）

2007年度广东省优秀城乡规划设计获奖项目

（授奖单位：广东省城市规划协会）

一、城市规划类

奖项	项目名称	编制单位
一等奖（共18项）	泛珠横琴经济合作区开发建设规划设计（2006～2020）——总体规划与管制区划	广东省城乡规划设计研究院　上海同济城市规划设计研究院
	惠州市城市总体规划（2006~2020）	中国城市规划设计研究院深圳分院　惠州市规划设计研究院
	深圳市近期建设规划(2006~2010)暨2006年度实施计划	深圳市城市规划设计研究院
	广州从化温泉地区控制性详细规划及深化设计	广东省城乡规划设计研究院
	广州市（中心）八区分区规划及控制性规划导则	广州市城市规划编制研究中心　广州市城市规划自动化中心　广州市城市规划勘测设计研究院
	湛江市霞山渔人码头及水产品批发市场搬迁改造规划	湛江市规划勘测设计院
	梅州市客家公园（客家博物馆、黄遵宪纪念馆）规划设计	华南理工大学建筑设计研究院
	柳州市城市景观风貌规划	广东省城乡规划设计研究院
	武广高速铁路新客站地区规划	广州市城市规划勘测设计研究院　广州市交通规划研究所
	佛山市区域绿地专项规划	广东省城乡规划设计研究院
	深圳市整体交通规划	深圳市城市交通规划研究中心
	广州市生态区划政策指引 & 番禺片区生态廊道控制性规划	广州市城市规划勘测设计研究院　重庆大学城市规划与设计研究院　中国科学院生态环境研究中心
	国家铁路深圳新客站综合规划	深圳市城市规划设计研究院　深圳市城市交通规划研究中心
	《珠江三角洲城镇群协调发展规划实施条例》研究	广东省建设厅　深圳市城市规划设计研究院
	广州2020：城市总体发展战略规划咨询	广东省城乡规划设计研究院　广州市城市规划编制研究中心　广州市城市规划勘测设计研究院
	宝安区总体城市设计	中国城市规划设计研究院深圳分院　深圳市规划局宝安分局
	深圳水战略	深圳市城市规划设计研究院
	深圳市产业用地标准研究	中国城市规划设计研究院深圳分院

二、村镇规划类

奖项	项目名称	编制单位
一等奖（共7项）	深圳市城中村(旧村)改造总体规划纲要（2005~2010）	深圳市城市规划设计研究院
	广州市花都区炭步镇总体规划	广州市城市规划勘测设计研究院　中山大学城市与区域研究中心　广东省科学院地理研究所
	中山市翠亨村历史文化保护规划	华南理工大学建筑设计研究院
	《广东村庄整治规划编制指引》及试点规划	广东省建设厅　广东省城乡规划设计研究院
	德庆县武垄村生态文明村规划	广东省城乡规划设计研究院　肇庆市城市规划设计院　德庆县规划设计室
	盐田三、四村和西山吓村整体搬迁专项规划	中国城市规划设计研究院深圳分院　深圳市盐田区重建局　深圳世联地产顾问（中国）股份有限公司
	深圳龙岗区坂田社区（试点）发展规划	深圳市新城市规划建筑设计有限公司

（省规划协会）

2008 年度广东省优良样板工程（房屋建筑工程和专业工程）

（授奖单位：广东省建筑业协会）

工程名称	承建单位	参建单位	监理单位
广州科学城综合孵化区 B 组团 B2–B3 标土建、水、电及周边配套工程	广东浩和建筑有限公司	深圳市福田建设股份有限公司 中国建筑装饰工程有限公司	广州建筑工程监理有限公司
广州大学城建设项目广东药学院（二期）多功能体育馆工程 1 幢	中国建筑股份有限公司	汕头市潮阳建筑工程总公司	广东工程建设监理有限公司
3M 材料技术（广州）有限公司一期工程	广东浩和建筑有限公司	汕头市潮阳建筑工程总公司	广州筑正工程咨询有限公司
广州市红十字会医院外科大楼	广州市第四建筑工程有限公司	广州市第四装修有限公司	广州珠江工程建设监理公司
广州大学城建设项目中心区体育场	中国建筑第八工程局有限公司	广东省工业设备安装公司 江苏沪宁钢机股份有限公司 同方股份有限公司	广州建筑工程监理有限公司
广州大学城建设项目华南师范大学游泳馆	广州市建筑机械施工有限公司	广州市机电安装有限公司 中国有色金属工业第七冶金建设公司	广东重工建设监理有限公司
商场、餐饮、住宅楼一幢（华曦大厦）	广州市第三建筑工程有限公司	广州铝质装饰工程有限公司 广州市恒盛建设工程有限公司	广州建筑工程监理有限公司
林和西路商务办公楼一幢	广州市建筑集团有限公司	广东电白二建工程有限公司	广州城建开发工程咨询监理有限公司
中海珠江新城 D7–6 地块（商业、住宅楼自编 A、B、C、D、E、F 栋 6 幢）	中建三局第一建设工程有限责任公司	广东省工业设备安装公司 广州珠江装修工程公司 广州市致达装饰设计有限公司	广州珠江工程建设监理公司
广州科学城综合研发孵化区 B 组团 B1 标土建、水电及周边配套工程	湖南省建筑工程集团总公司	广州市机电安装有限公司	广州建筑工程监理有限公司
商业、住宅楼（珠江新城 L9 地块，自编 A1、A2、B1、C1~3 栋）	汕头市建安（集团）公司	广东正升建筑有限公司	广州珠江工程建设监理公司
广州白云国际会议中心(A、B、C、D、E 栋)	中建三局建设工程股份有限公司、武汉建工股份有限公司联合体	广东省工业设备安装公司（B、C、D 栋） 广州市建筑集团有限公司（B、C、D 栋） 广州市机电安装有限公司（A、E 栋） 广州珠江装修工程公司（B、C、D 栋） 深圳市建筑装饰（集团）有限公司（B、C、D 栋） 广东省美术设计装修工程公司（A、E 栋） 广东省装饰总公司（A、B、C、D、E 栋） 中国建筑装饰工程公司（A、E 栋） 广东建华装饰工程公司（A、E 栋） 浙江精工钢结构有限公司（B、C、D 栋）	广州城建开发工程咨询监理有限公司负责(A、E 栋)监理 广州珠江工程建设监理公司负责(B、C、D 栋)监理

(续上表)

工程名称	承建单位	参建单位	监理单位
广州大学城建设项目华南师范大学体育馆	广州市建筑机械施工有限公司	广州市机电安装有限公司 中国有色金属工业第七冶金建设公司	广东重工建设监理有限公司
广电科技大厦	广州市第二建筑工程有限公司	广东正升建筑有限公司 广州市第二装修公司	广东华工工程建设监理有限公司
住宅楼（自编C1~C3）一幢(都市兰亭花园)	广东正升建筑有限公司		广东海外建设监理有限公司
广东司法警官职业学院教学楼、图书馆	广州市建筑集团有限公司	广州协强建筑有限公司	广州兴华建设监理有限公司
小学教学楼、风雨操场、连廊工程（广州岭南新世界小学）	廉江市建安工程有限公司		广州宏达工程顾问有限公司
集信名城南区（2、3、6、10、11栋）	深圳市鹏城建筑集团有限公司		深圳市启光建设监理有限公司
深圳软件园（西区）	深圳市建筑工程股份有限公司	深圳市深装总装饰工程工业有限公司	深圳市建力建设监理有发公司
港中旅花园二期（Ⅰ区主体）	深圳泛华工程集团有限公司		北京万宇工程监理事务所
中信红树湾花城(T207-0035F地块）一期	中建保华有限责任公司		深圳市中行建设监理有限公司
卓越时代广场	中国建筑三局第一建设工程有限公司		深圳现代建设监理有限公司
侨城花园二期二号、三号地块	江苏省华建建设股份有限公司	江苏中兴建设有限公司	深圳市侨建工程监理有限公司
博世（珠海）安保系统安保有限公司新建主厂房（101）	山东莱钢建设有限公司		珠海市工程建设监理有限公司
仁恒·星园（一期）工程	龙信建设集团有限公司	南京仁生装饰工程有限公司	广东华工工程建设监理有限公司
华发新城三期六标段109至112栋工程	广州市金辉建筑置业有限公司		珠海市城市开发监理有限公司
康乐保（中国）有限公司一期综合楼	广东捷荣建筑安装工程有限公司		珠海市华晨建设监理咨询有限公司
美丽湾二期北区1/2栋	中建三局第一建设工程有限责任公司		珠海市工程建设监理有限公司
珠海利丰羽毛制品厂房1、仓库工程	珠海市建安昌盛工程有限公司		珠海经济特区建设监理有限公司
世邦我的家居世界	广东建星建筑工程有限公司		珠海市工程监理有限公司
伟创力B9扩建厂房——丁类厂房	珠海市建安昌盛工程有限公司		珠海市工程监理有限公司
五洲康城A区1#~5#住宅工程	珠海市年顺建筑有限公司		珠海市工程监理有限公司 珠海佳晟建设监理咨询有限公司
城市印象园1#、2#住宅楼	广东建粤工程有限公司		珠海市工程监理有限公司
中国乒乓球队汕头训练基地(办公楼及配套楼)	汕头市南华建筑有限公司		汕头市建诚工程监理有限公司
汕头市职业技术学院学生宿舍楼A、B幢	汕头市南华建筑有限公司		汕头市澄海工程建设监理有限公司
汕头拉飞逸时装有限公司生产厂房	汕头市达濠建筑总公司		汕头市城市建设监理公司

（续上表）

工程名称	承建单位	参建单位	监理单位
万泰春天（一期）商住楼3、4幢	汕头市达濠市政建设有限公司		深圳市合创建设工程顾问有限公司
乳源县人民医院门（急）诊、传染科综合大楼	广东省第五建筑工程有限公司		广东建科建设监理有限公司
嘉晖大厦	韶关市武江建筑工程有限公司		韶关市信成建设监理有限公司
河源市民政福利服务中心办公大楼	广东新隆基建工集团有限公司		陕西中安监理公司
河源市广播电视中心一期工程	汕头市潮阳建筑工程总公司	广东新隆基建工集团有限公司	广东宏茂建设监理有限公司
汕尾海关业务技术用房	汕头市潮阳建筑工程总公司		汕尾市工程建设监理有限公司
东田翠湖湾——赏湖居B2B3栋	中国建筑第四工程局第六建筑工程公司		东莞市宏业建筑工程监理有限公司
东田丽园L1L2型住宅楼	东莞市建工集团有限公司		东莞市鸿业工程建设监理有限公司
东田翠湖湾景湖居A1A2栋住宅楼	东莞市建工集团有限公司		东莞市宏业建设工程监理有限公司
东田翠湖湾景湖居A3栋住宅楼	东莞市建工集团有限公司		东莞市宏业建设工程监理有限公司
东田翠湖湾景湖居A4栋住宅楼	东莞市建工集团有限公司		东莞市宏业建设工程监理有限公司
凯东新城凯悦阁A栋AZ9#	中国建筑第八工程局		东莞市长虹工程建设监理有限公司
康乐花园12#公寓	东莞市建安集团有限公司		惠州市工程建设监理有限公司
康乐花园5#公寓	东莞市建安集团有限公司		惠州市工程建设监理有限公司
康乐花园7#公寓	东莞市建安集团有限公司		惠州市工程建设监理有限公司
豪然居商住楼	广东省第一建筑工程有限公司		东莞市宏业建设工程监理有限公司
东莞御花苑二期2~4区AB段	中国华西企业有限公司		深圳市建力建设监理有限公司
虎门裕田丰泽园小区32#、33#、35#住宅楼	东莞市虎门建设发展有限公司		东莞市华信建设工程监理有限公司
乐丰花园二期	茂名市建筑集团有限公司	中山市东湾消防安装工程有限公司	广东建设工程监理有限公司
中山市质量技术监督局综合检测大楼	汕头市建安（集团）公司	广东爱科安装工程有限公司 中山格格幕墙科技有限公司	中外建天利（北京）工程监理咨询有限公司
雅居乐新城一期G10.H6-9幢	中天建设集团有限公司		中山火炬建设监理有限公司
华鸿水云轩五期A区（2、9）栋	中天建设集团有限公司		中外建天利（北京）工程监理咨询有限公司
台山碧桂园凤凰酒店	广东梁亮建筑工程有限公司		广州建筑工程监理有限公司
鹤山城区配营综合楼	鹤山市海悦路桥建筑工程有限公司		鹤山市工程建设监理有限公司
江门市怡丰苑4#、5#商住楼	广东怡福建设工程有限公司		江门市五邑建设工程监理有限公司
市光法雷奥（佛山）汽车照明系统有限公司新建工程主车间	广东捷荣建筑安装工程有限公司		浙江江南工程建设监理有限公司

(续上表)

工 程 名 称	承 建 单 位	参 建 单 位	监 理 单 位
桂畔上东区7期(商住楼1~8座)	佛山市顺德区诚业建筑集团顺华建筑工程有限公司	佛山市顺德区宏进机电安装工程有限公司	佛山市顺德建设监理有限公司
综合楼	广东省六建集团有限公司		佛山市建诚监理有限公司
住宅、商铺、会所(红棉雅苑14-18号楼)	广东省六建集团有限公司		佛山市建辉监理有限公司
湛江深国投商业中心(沃尔玛购物广场)	江苏省第一建筑安装有限公司		深圳市众望工程管理有限公司
华海花园C栋	广东兆达建筑工程有限公司		茂名市建业工程监理有限公司
茂名市人民医院综合楼	茂名市建工集团有限公司	广东兆达建筑工程有限公司	广州市广州工程建设监理有限公司
肇庆市电力调度通信大楼	肇庆市建筑安装工程有限公司	中山市盛兴股份有限公司　肇庆市装饰工程有限公司	肇庆市资信工程建设监理有限公司
肇庆市端州中学新教学楼	广东建城工程建设有限公司		广东永信建设监理有限公司
肇庆碧桂园一期洋房187#	佛山市业兴建筑工程有限公司	佛山市业兴艺设计工程有限公司	佛山市顺德区保顺工程建设监理有限公司
云浮移动综合楼	广州市第三建筑工程有限公司	广州市第一装修有限公司　深圳远鹏装饰设计工程有限公司	广州建筑工程监理有限公司
新兴县电力调度大楼	新兴县第七建筑集团有限公司	北京欧斯达安防系统技术开发有限责任公司	肇庆市资信工程建设监理有限公司
国家工商行政管理总局行政学院1#楼	广东省第一建筑工程有限公司		深圳市东鹏工程建设监理有限公司
山海一品	广东省建筑工程集团有限公司		珠海市建设工程监理有限公司
珠海市社会福利中心工程	广东省第一建筑工程有限公司		珠海市华晨建设监理咨询有限公司
广州大学城建设项目中山大学体育场馆工程	广东省建筑工程集团有限公司		广州建筑工程监理有限公司
天河城东塔楼写字楼工程	广东省第二建筑工程公司	广东省工业设备安装公司　深圳市深装总装饰工程工业有限公司　深圳市方大装饰工程有限公司	广州建筑工程监理有限公司
广州光孝寺大雄宝殿维修	广东岭南古建园林工程有限公司		广州创源汇美工程建设监理有限公司
广州光孝寺伽蓝殿维修	广东岭南古建园林工程有限公司		广州创源汇美工程建设监理有限公司
粤电惠来电厂一期1、2机组超临界机组(2×600MW)主体建筑安装工程	广东火电工程总公司	广东省电力第一工程局　江西省水电工程局	广东创成建设监理咨询有限公司
500kV嘉应变电站工程	广东省电力第一工程局	广东省输变电工程公司	广东创成建设监理咨询有限公司
220kV佛山变电站改造工程	广东威恒输变电工程有限公司		佛山市诚誉工程咨询监理有限公司
220kV乐园变电站工程	珠海电力建设工程有限公司		珠海电力工程监理有限责任公司

(省建筑业协会)

广东省历史文化名镇、名村

荣誉称号	批次	个数	公布时间	镇、村名称
广东省历史文化名镇	第一批	3	2008年8月	揭阳普宁市洪阳镇　惠州市惠阳区秋长镇　梅州市大埔县三河镇
广东省历史文化名村	第一批	5	2008年8月	汕头市澄海区隆都镇前美村　清远市连南县三排镇南岗古排　江门恩平市圣堂镇歇马村　东莞市寮步镇西溪村　云浮市郁南县大湾镇五星村
中国历史文化名镇	第二批	2	2005年9月	广州市番禺区沙湾镇　湛江吴川市吴阳镇
	第三批	3	2007年5月	珠海市唐家湾镇　江门开平市赤坎镇　汕尾陆丰市碣石镇
	第四批	3	2008年10月	东莞市石龙镇　惠州市惠阳区秋长镇　揭阳普宁市洪阳镇
中国历史文化名村	第一批	2	2003年10月	佛山市三水区乐平镇大旗头村　深圳市龙岗区大鹏镇鹏城村
	第二批	3	2005年9月	东莞市茶山镇南社村　江门开平市塘口镇自力村　佛山顺德区北滘镇碧江村
	第三批	3	2007年5月	广州市番禺区石楼镇大岭村　东莞市石排镇塘尾村　中山市南朗镇翠亨村
	第四批	3	2008年10月	江门恩平市圣堂镇歇马村　清远市连南县三排镇南岗古排　汕头市澄海区隆都镇前美村

注：国家级历史文化名镇、名村由住房和城乡建设部和国家文物局联合公布，省级则由省建设厅和省文化厅联合公布。

（省建设厅村镇建设处）

2008年度广东省物业管理示范住宅小区（大厦、工业区）项目

（授奖单位：广东省物业管理行业协会）

项目名称	管理单位	类型
万科城市花园（一期）	广州市万科物业服务有限公司	小区
广东电信广场	北京世邦魏理仕物业管理服务有限公司广州分公司	大厦
云山诗意人家	广州方圆物业管理有限公司	小区
爱都铭轩	广州百嘉和物业管理有限公司	小区
中信君庭	深圳市百利行物业发展有限公司广州分公司	小区
越秀新都会大厦	广州怡城物业管理有限公司	大厦
中海蓝湾	中海物业管理广州有限公司	小区
华南碧桂园	广东碧桂园物业管理有限公司华碧分公司	小区
滨江怡苑	广州城建开发物业有限公司	小区
逸泉山庄	广州城建开发物业有限公司	小区
保利国际广场	保利广州物业管理有限公司	大厦
万科城花园（一期）	广州市万科物业服务有限公司	小区
盈隆广场	广州天力物业发展有限公司	大厦
越秀城市广场	广州怡城物业管理有限公司	大厦
发展中心大厦	中海物业管理广州有限公司	大厦
珊瑚湾畔	家利物业管理（广州）有限公司	小区
广电科技大厦	广州广电物业管理有限公司	大厦
荷塘月色	广州方圆物业管理有限公司	小区
广州海关新业务技术综合楼	广东省华侨物业发展公司	大厦
锦绣御景苑（一期）	广州市群力物业管理有限公司	小区
航天大厦	深圳市航天物业管理有限公司	大厦
深圳市龙岗区文化中心	深圳市龙城物业管理有限公司	大厦
合正锦园	深圳市合正物业服务有限公司	小区
诺德金融中心	深圳市诺德物业管理有限公司	大厦
东方沁园小区	深圳市建设家园物业服务有限公司	小区
深圳联通大厦	广东华信物业管理有限公司	大厦
深圳市龙岗区万科城	深圳市万科物业服务有限公司	小区
万科第五园一、二期	深圳市万科物业服务有限公司	小区

(续上表)

项目名称	管理单位	类型
华南国际工业原料城	深圳市第一亚太物业管理有限公司	工业城
鸿景园	深圳市鸿荣源物业管理有限公司	小区
富通·缤纷世界花园	深圳市富通物业管理有限公司	小区
深圳市工商物价大厦	深圳市赛格物业管理有限公司	大厦
幸福海岸（一期）	深圳市开元国际物业管理有限公司	小区
汀兰鹭榭花园（瑞河椰纳）	深圳市东部物业管理有限公司	小区
中共深圳市委党校	深圳市中航物业管理有限公司	大厦
中核大厦	深圳市中核物业管理有限责任公司	大厦
波托菲诺天鹅堡	深圳市华侨城物业管理有限公司	小区
御龙居	和记物业服务（深圳）有限公司	小区
中信红树湾花城（南区）	深圳市百利行物业发展有限公司	小区
观澜湖高尔夫大宅	深圳骏高物业服务有限公司	小区
天湖郦都	广东龙光集团物业管理有限公司佛山分公司	小区
高明碧桂园翠岸小区	广东碧桂园物业管理有限公司佛山高明分公司	小区
穆天子山庄	广州万宁物业管理有限公司	小区
四季康城	佛山市南海区豪信物业管理有限公司	小区
和基花园	佛山市南海区豪信物业管理有限公司	小区
南海湖景湾花园	佛山市南海湖景湾物业管理服务有限公司	小区
康城花园二期·尚城	佛山市顺德区创辉煌物业管理有限公司	小区
沙田镇活力粤港	东莞市瀚森物业管理有限公司	小区
华发国际花园	珠海中珠物业管理服务有限公司	小区
钰海山庄	珠海市锦豪物业服务有限公司	小区
丽日百合花园（第一期）	惠州市丽日物业管理有限公司	小区
双子星国际商务大厦	惠州市丽日物业管理有限公司	大厦
金裕·碧水湾（第一期）	惠州市金房物业管理有限公司	小区
汇景名都	嘉粤集团湛江市正大物业服务有限公司	小区
清远凤城世家小区	深圳市公元物业管理有限公司	小区
清远市建设大厦	广东银奥物业管理有限公司	大厦
江门市建银大厦	广州市建银物业管理有限公司江门分公司	大厦
今古洲花园（一期）	江门市房产物业管理有限公司	小区
华鸿水云轩	中山市华鸿物业管理有限公司	小区
宇宏·健康花城	中山市宇宏物业服务有限公司	小区

（省物业管理行业协会）

2008年广东省绿色住区

（广东省房地产行业协会认定）

项目名称	企业名称	地区
惠州光耀荷兰水乡（一期）	光耀集团有限公司	惠州
惠州中锴金城花园	惠州市中锴房产开发有限公司	惠州
中山万科城市风景花园（一、二、三期）	中山市万科房地产有限公司	中山
江门开平·中颐海伦堡（一期）	开平市开屏海伦堡房地产开发有限公司	江门
云浮市三河洲花园（一期）	云浮浩鑫实业发展有限公司	云浮
东莞万科·松山湖1号花园（一期）	东莞市松山居置业有限公司	东莞
东莞万科·城市高尔夫花园	东莞市万科房地产有限公司	东莞
东莞御花苑（一期、二期2~6区）	东莞御花苑商品住宅建造有限公司	东莞

(续上表)

项目名称	企业名称	地区
东莞世纪城·国际公馆（一、二期）	东莞市世纪城商住开发有限公司	东莞
东莞嘉多利山花园（一、二期）	嘉连物业发展有限公司	东莞
江门骏景湾豪庭（一期）	江门市蓬江区南昌房地产开发有限公司	江门
佛山顺德新基·星河名居	佛山市顺德区新基房产有限公司	佛山
汕头万泰春天花园（一、二期）	广东联泰房地产有限公司	汕头
韶关富康·山水华府	韶关市富康物业有限公司	韶关
广州世纪绿洲花园（君林天下）	广东利海集团有限公司	广州

（省房地产行业协会）

2008年度广东省优秀建筑装饰工程项目

（授奖单位：广东省建筑业协会）

类别	工程项目名称	承建（设计）单位
公共建筑装饰类（58项）	京基大梅沙酒店	深圳广田集团有限公司　深圳市宝鹰建设集团股份有限公司
	深圳市保利文化广场剧院室内装饰工程	深圳市洪涛装饰股份有限公司
	广东省人大常委会办公楼东附楼室内装饰工程	广东建雅室内工程设计施工有限公司
	华侨城大酒店	深圳长城家俱装饰工程有限公司
	广州（琶洲）香格里拉大酒店	广东爱富兰装饰工程有限公司　广东省装饰总公司
	华尔登国际酒店装饰工程	深圳市晶宫设计装饰工程有限公司
	深圳市文化中心音乐厅	深圳市奇信建设集团有限公司　深圳瑞和装饰工程有限公司　深圳市华南装饰设计工程有限公司
	广州市地方税务局珠江新城综合大楼装修工程	广州市第四装修有限公司　广东省建筑装饰工程有限公司
	皇岗地铁口岸	深圳市中科建设工程有限公司　深圳市科源建设集团有限公司
	广州白云国际会议中心	广东省美术设计装修工程公司　广州市建筑集团有限公司　中国建筑装饰工程有限公司　广州珠江装修工程公司　广东省装饰总公司　深圳市建筑装饰（集团）有限公司　广东建华装饰工程有限公司　深圳市洪涛装饰股份有限公司
	深圳东部华侨城	深圳海外装饰工程有限公司　深圳市宝鹰建设集团股份有限公司　深圳市中建南方装饰工程有限公司　深圳市中装设计装饰工程有限公司
	拱北海关业务技术综合楼内部装修工程	深圳市科源建设集团有限公司
	广州天誉威斯汀酒店天誉大厦（天誉三期发展项目）	广州市美术公司
	广州诺富特白云机场大酒店	深圳市奇信建设集团有限公司
	深港西部通道口岸旅检大楼（深方部分）精装饰指定分包工程	深圳市华剑装饰设计工程有限公司
	信息产业部电子第五研究所科研办公楼	广东省装饰总公司
	越秀城市广场办公楼装修工程	广州市第四装修有限公司
	广州市残疾人体育训练中心训练馆二次装修工程	广州市第一装修有限公司
	广州市新观园餐饮有限公司酒楼装饰工程	广东爱富兰装饰工程有限公司
	广东省委机关大院2号办公大楼装修改造工程	广州市美术公司
	广州圣心大教堂总体维修工程	广东五华一建工程有限公司
	广东省物价局办公楼室内装修工程	广东爱富兰装饰工程有限公司
	广东长线大厦工程	广东省建筑装饰工程有限公司
	花都区国家税务局综合楼（主楼　副楼）装饰工程	广东建雅室内工程设计施工有限公司
	深圳市新怡景商业中心装饰工程	深圳市博大装饰工程有限公司
	深圳市新美姿俱乐部内装饰工程	深圳市卓艺装饰设计工程有限公司

(续上表)

类别	工程项目名称	承建(设计)单位
公共建筑装饰类(58项)	深国投广场二期内装饰工程	深圳市嘉信装饰设计工程有限公司
	免税大厦室内装饰工程(一标段)	广东爱得威建设(集团)股份有限公司
	世纪皇廷酒店室内装饰工程	深圳市中科建设工程有限公司
	深圳市腾讯公司华强发展大楼装饰工程	深圳市中航装饰设计工程有限公司
	深圳东部电厂厂前区建筑装修工程	中建三局装饰有限公司
	国通大厦附楼改造项目装饰工程	深圳市大众装饰工程有限公司
	深圳市志达工业园办公大楼室内装饰工程	深圳市大众装饰工程有限公司
	时代财富大厦公共装饰工程	深圳市万丰装饰设计工程有限公司
	中国经贸大厦室内装饰工程	深圳市美芝装饰设计工程有限公司
	深圳研祥科技大厦精装修工程	深圳市美芝装饰设计工程有限公司
	大中华喜来登酒店装修工程	深圳长城家俱装饰工程有限公司
	深圳红树西岸室内装饰工程	深圳海外装饰工程有限公司
	珠海昌安假日酒店装修工程	深圳市中深建装饰设计工程有限公司
	珠海度假村酒店天海楼改扩建工程	深圳市文业装饰设计工程有限公司
	东莞市松山湖酒店大堂及四季厅	东莞市附城东城装修设计工程有限公司
	峰景高尔夫俱乐部(二期)酒店客房装修工程	东莞市美达装饰设计工程有限公司
	东莞市群众艺术馆室内外装修工程	深圳市建筑装饰(集团)有限公司
	永旺顺德购物中心	广州市设计院工程建设总承包公司
	中山市环境监测大楼装修改造工程	广州市住宅建设发展有限公司
	叶剑英纪念园陈列馆装饰展览工程	广州市美术公司
	江门市汽车客运站客运大楼装饰工程	深圳市宝鹰建设集团股份有限公司
	北京首都国际机场新航站楼 T3B 工程	广东省建筑装饰工程有限公司
	上海中环广场装修工程	深圳市中建南方装饰工程有限公司
	山东烟台电力调度中心办公楼装饰工程	深圳市安星装饰设计工程有限公司
	孔子研究院二期装修工程	深圳市中航装饰设计工程有限公司
	郑州平煤商务酒店	深圳市华辉装饰工程有限公司
	淮南平圩二电 2★600MW 机组工程厂区综合办公楼	深圳市安星装饰设计工程有限公司
	杭州市利群大厦	深圳长城家俱装饰工程有限公司
	江西庐山西海国际温泉度假村酒店装饰工程	深圳市特艺达装饰设计工程有限公司
	湖南省委蓉园宾馆 1、5 号楼装修工程	深圳市建艺装饰设计工程有限公司
	绵阳市富乐山国际酒店改造工程	深圳市新鹏都装饰工程有限公司
	三亚亚龙湾铂尔曼度假酒店装饰工程	深圳市美芝装饰设计工程有限公司
公共建筑装饰设计类(4项)	深圳市保利文化广场剧院	深圳市洪涛装饰股份有限公司
	广州白云国际会议中心 C 栋	深圳市洪涛装饰股份有限公司
	广州诺富特白云机场大酒店装饰工程	深圳市奇信建设集团有限公司
	广州市名潮新观园酒楼室内装饰工程	广东爱富兰装饰工程有限公司
建筑幕墙类(10项)	深港西部通道口岸旅检大楼幕墙工程	深圳市华辉装饰工程有限公司
	广东省高级人民法院审判大楼墙体维修工程	深圳中航幕墙工程有限公司
	汕尾电力生产调度中心幕墙工程	广东金刚幕墙工程有限公司
	广州(新)白云国际机场旅客过夜用房工程	广州铝质装饰工程有限公司
	中国经贸大厦幕墙工程	深圳市科源建设集团有限公司
	大百汇高新技术工业园幕墙工程	深圳市洪涛装饰股份有限公司
	广州琶洲香格里拉大酒店幕墙工程	深圳华加日铝业有限公司
	深圳市海岸大厦(东座)幕墙工程	深圳市科源建设集团有限公司
	江门市人民检察院技术综合大楼幕墙工程	深圳市深装总装饰工程工业有限公司
	京基大梅沙酒店幕墙工程	深圳广田集团有限公司

2008年度广东省建设工程金匠奖工程项目(房屋建筑工程和专业工程)

(授奖单位:广东省建筑业协会)

工程名称	承建单位	参建单位	监理单位
广州科学城综合孵化区B组团B2-B3标土建、水、电及周边配套工程	广东浩和建筑有限公司	深圳市福田建设股份有限公司 中国建筑装饰工程有限公司	广州建筑工程监理有限公司
3M材料技术(广州)有限公司一期工程	广东浩和建筑有限公司	汕头市潮阳建筑工程总公司	广州筑正工程咨询有限公司
广州科学城综合研发孵化区B组团B1标土建、水电及周边配套工程	湖南省建筑工程集团总公司	广州市机电安装有限公司	广州建筑工程监理有限公司
商业、住宅楼(珠江新城L9地块,自编A1、A2、B1、C1~3栋)	汕头市建安(集团)公司	广东正升建筑有限公司	广州珠江工程建设监理公司
港中旅花园二期(Ⅰ区主体)	深圳泛华工程集团有限公司		北京万宇工程监理事务所
卓越时代广场	中国建筑三局第一建设工程有限公司		深圳现代建设监理有限公司
仁恒·星园(一期)工程	龙信建设集团有限公司	南京仁生装饰工程有限公司	广东华工工程建设监理有限公司
华发新城三期六标段109至112栋工程	广州市金辉建筑置业有限公司		珠海市城市开发监理有限公司
康乐保(中国)有限公司一期综合楼	广东捷荣建筑安装工程有限公司		珠海市华晨建设监理咨询有限公司
珠海利丰羽毛制品厂房1、仓库工程	珠海市建安昌盛工程有限公司		珠海经济特区建设监理有限公司
世邦我的家居世界	广东建星建筑工程有限公司		珠海市工程监理有限公司
城市印象园1#、2#住宅楼	广东建粤工程有限公司		珠海市工程监理有限公司
汕头拉飞逸时装有限公司生产厂房	汕头市达濠建筑总公司		汕头市城市建设监理公司
万泰春天(一期)商住楼3、4幢	汕头市达濠市政建设有限公司		深圳市合创建设工程顾问有限公司
乳源县人民医院门、急诊、传染科综合大楼	广东省第五建筑工程有限公司		广东建科建设监理有限公司
嘉晖大厦	韶关市武江建筑工程有限公司		韶关市信成建设监理有限公司
河源市民政福利服务中心办公大楼	广东新隆基建工集团有限公司		陕西中安监理公司
河源市广播电视中心一期工程	汕头市潮阳建筑工程总公司	广东新隆基建工集团有限公司	广东宏茂建设监理有限公司
汕尾海关业务技术用房	汕头市潮阳建筑工程总公司		汕尾市工程建设监理有限公司
凯东新城凯悦阁A栋AZ9#	中国建筑第八工程局		东莞市长虹工程建设监理有限公司
中山市质量技术监督局综合检测大楼	汕头市建安(集团)公司	广东爱科安装工程有限公司 中山格格幕墙科技有限公司	中外建天利(北京)工程监理咨询有限公司
雅居乐新城一期G10.H6-9幢	中天建设集团有限公司		中山火炬建设监理有限公司
鹤山城区配管综合楼	鹤山市海悦路桥建筑工程有限公司		鹤山市工程建设监理有限公司

(续上表)

工 程 名 称	承 建 单 位	参 建 单 位	监 理 单 位
湛江深国投商业中心(沃尔玛购物广场)	江苏省第一建筑安装有限公司		深圳市众望工程管理有限公司
茂名市人民医院综合楼	茂名市建工集团有限公司	广东兆达建筑工程有限公司	广州市广州工程建设监理有限公司
肇庆市电力调度通信大楼	肇庆市建筑安装工程有限公司	中山市盛兴股份有限公司 肇庆市装饰工程有限公司	肇庆市资信工程建设监理有限公司
云浮移动综合楼	广州市第三建筑工程有限公司	广州市第一装修有限公司 深圳远鹏装饰设计工程有限公司	广州建筑工程监理有限公司
新兴县电力调度大楼	新兴县第七建筑集团有限公司	北京欧斯达安防系统技术开发有限责任公司	肇庆市资信工程建设监理有限公司
山海一品	广东省建筑工程集团有限公司		珠海市建设工程监理有限公司
珠海市社会福利中心工程	广东省第一建筑工程有限公司		珠海市华晨建设监理咨询有限公司
220kV 乐园变电站工程	珠海电力建设工程有限公司		珠海电力工程监理有限责任公司

(省建筑业协会)

广东省建设工程项目AA级安全文明标准化诚信工地

(授奖单位:广东省建筑安全协会)

工 程 名 称	承 建 单 位	监 理 单 位
广州亚运体育文化中心	广州市建筑机械施工有限公司	广州建筑工程监理有限公司
广州万科东平住宅楼(B1B2 栋)	中国建筑一局(集团)有限公司	广州宏达工程顾问有限公司
罗岗区行政办公用房及人防工程一期二标	广州工程总承包集团有限公司	广州建筑工程监理有限公司
广州市轨道交通六号线黄沙站工程	广东水电二局股份有限公司	中煤邯郸中原建设监理咨询有限责任公司
广州市轨道交通五号线滘口——文冲轨道工程	中铁一局集团有限公司	华南铁路建设监理公司
广州亚运城市政项目(五标段)	广州市市政集团有限公司	广州建筑工程监理有限公司
城市风景街区 20 幢 1、2、3 座	中国建筑第五工程局有限公司	东莞市建设监理有限公司
君汇华庭君皇阁 1、2、3 座	中国建筑第五工程局有限公司	吉林建设监理有限公司
珠海利鑫机械制造有限公司 1~4# 厂房及办公楼、宿舍楼、门卫工程	珠海市建安昌盛工程有限公司	珠海市工程监理有限公司
金山大厦	南通四建集团有限公司	珠海市城市开发监理有限公司
广东省通讯终端产品质量监督检测中心检测楼	广东新隆基建工集团有限公司	广东宏茂建设监理有限公司
帝璟东方园商住小区 C 区 16、17、18 栋及车库	吴川市建筑安装工程公司	中山火炬建设监理有限公司
帝璟东方园商住小区 E 区 7-12 栋及地下车库	吴川市建筑安装工程公司	中山火炬建设监理有限公司
雅居乐新城八期(E1、E2、F3 栋地下车库)	宏润建设集团股份有限公司	中山火炬建设监理有限公司
潮州海关业务技术用房工程	广州市黄浦建筑工程总公司	广东粤能工程监理有限公司
惠州电力生产调度综合楼	广州市恒盛建设工程有限公司	广东海外建设监理有限公司

(省建筑安全协会)

2008年度广东省安全生产文明施工优良样板工地

（授奖单位：广东省建筑安全协会）

工　程　名　称	承　建　单　位	监　理　单　位
中惠雅园一期	龙信建设集团有限公司	广东省城规建设监理有限公司
兰亭御园	中建三局建设工程股份有限公司	广东华工工程建设监理有限公司
广州亚运体育文化中心	广州市建筑机械施工有限公司	广州建筑工程监理有限公司
广州万科东平住宅楼（B1B2栋）	中国建筑一局（集团）有限公司	广州宏达工程顾问有限公司
广州海日花边有限公司二、三期扩建工程	广东浩和建筑有限公司	广州筑正工程咨询有限公司
新塘广场	中国建筑第五工程局有限公司	广州珠江工程建设监理公司
天马丽苑一期住宅H、J栋	中铁建工集团有限公司	广州市城市建设工程监理公司
汇景新城C7C8C9街区	浙江东阳建工集团有限公司	广州广大工程项目管理有限公司
长隆酒店二期工程	中天建设集团有限公司	广州珠江工程建设监理公司
广州万科KXC-1标A1-A5栋	上海市第五建筑有限公司	深圳市华西建筑监理有限公司广州分公司
罗岗区行政办公用房及人防工程一期一标	广州市建筑机械施工有限公司	广州建筑工程监理有限公司
罗岗区行政办公用房及人防工程一期二标	广州工程总承包集团有限公司	广州建筑工程监理有限公司
广州亚运城市政项目（五标段）	广州市市政集团有限公司	广州建筑工程监理有限公司
广州市轨道交通五号线滘口—文冲轨道工程	中铁一局集团有限公司	华南铁路建设监理公司
广州市轨道交通六号线黄沙站工程	广东水电二局股份有限公司	中煤邯郸中原建设监理咨询有限责任公司
天居水木澜山居	深圳市第一建筑工程有限公司	深圳市振业建设监理有限公司
世纪假日广场	深圳英龙建安（集团）有限公司	深圳市建明达建设监理有限公司
城大产学研大楼	广东省第四建筑工程公司	深圳市招诚建设监理有限公司
深圳第五机楼（南科机楼）	广东省第四建筑工程公司	广东达安工程项目管理有限公司
万科中心	中建三局第一建设工程有限公司	广州珠江工程建设监理公司
港湾创业大厦	贵阳市第一建筑工程股份有限公司	深圳京圳建设监理公司
盛唐商务大厦	中建三局第二建设工程有限责任公司	深圳市华西建设监理有限公司
华润君悦酒店	华润建筑有限公司	深圳市中海建设监理有限公司
幸福里雅居主体结构工程	中国建筑第二工程局有限公司	深圳市中海建设监理有限公司
中珠上城六、七栋	珠海长实建筑工程有限公司	珠海经济特区森茂工程监理有限公司
佳能公司C-2厂房二期扩建工程	珠海市建安昌盛工程有限公司	珠海市工程监理有限公司
金山大厦	南通四建集团有限公司	珠海市城市开发监理有限公司
珠海玉兰湖庭	中建四局第一建筑工程有限公司	珠海市城市开发监理有限公司
珠海利鑫机械制造有限公司一期工程	珠海市建安昌盛工程有限公司	珠海市工程监理有限公司
格力广场一期A区建安（第三标段）工程	中国建筑第五工程局有限公司	珠海市建设咨询有限公司
格力广场一期A区建安（第四标段）工程	广东省广弘华侨建设投资集团有限公司	珠海市建设咨询有限公司
珠海高栏港经济区南水污水处理厂（近期）工程	天津城建集团有限公司	广州市市政工程监理有限公司
万科运河东1号花园（四期）12号楼	裕达工程实业有限公司	深圳市华西建设监理有限公司
世纪新潮豪园商住楼	东莞市方中建筑工程有限公司	东莞市建设监理有限公司
新世纪尚居（一期）3#住宅楼	中建三局第一建设工程有限责任公司	东莞市鸿业工程建设监理有限公司
松山湖长城世家6#住宅楼	深圳市悦盛建筑工程有限公司	深圳市长城建设监理有限公司
理想0769家园北区14、15、16栋	深圳市富通建筑工程有限公司	深圳市城建监理有限公司
福威大厦	湖南雷锋建设有限公司	东莞市建设监理有限公司

(续上表)

工程名称	承建单位	监理单位
塘厦东郡2、3幢商住楼	中国建筑第五工程有限公司	深圳市广厦工程顾问有限公司
厚街颐和居10号楼	中国建筑第五工程有限公司	东莞市恒信建设工程咨询有限公司
东城中心A3区御景台	汕头市建安（集团）公司	江门市建设监理顾问公司
金沙花园商住小区1#楼	中大建设有限公司	东莞市鸿业工程建设监理有限公司
海悦花园二期高层住宅小区3号住宅楼	广东—新长城建设集团有限公司	东莞市广安建设工程监理有限公司
城市风景街区20幢1、2、3座	中国建筑第五工程局有限公司	东莞市建设监理有限公司
金色家园（誉景居）9~12#住宅	东莞市恒泰建筑工程有限公司	广州万安建设监理有限公司
君汇华庭君皇阁1、2、3座	中国建筑第五工程局有限公司	吉林建设监理有限公司
时富花园二期10~12#住宅楼	东莞市南粤建筑工程有限公司	东莞市大业建筑技术咨询有限公司
森美时代花园第二期B（11–12）、C、D（6–7）幢商住楼	广东三穗建筑工程有限公司	中山安泰工程监理有限公司
西区经济联合总社工业厂房及工业企业配套业务用房	广东三穗建筑工程有限公司	中山安泰工程监理有限公司
中山市碧堤湾畔二期D–1/2/3、A1–1、A2–8幢及地下车库（二）	中天建设集团有限公司	中山火炬建设监理有限公司
中山市碧堤湾湾畔二期（J29–J89，T–9至T–22，H1–1H1–6，H2–1，A2–5，A2–6，B–2、B–3，1、2号综合楼及地下车库）	中天建设集团有限公司	中山火炬建设监理有限公司
凯茵新城A–18区（J1–1、J1–2幢及车库）住宅楼	中天建设集团有限公司	中山火炬建设监理有限公司
奥城花园商住楼（1、2、3、5、6幢）工程	中天建设集团有限公司	中山市建设监理有限公司
帝璟东方园商住小区C区16、17、18栋及车库	吴川市建筑安装工程公司	中山火炬建设监理有限公司
帝璟东方园商住小区E区7–12栋及地下车库	吴川市建筑安装工程公司	中山火炬建设监理有限公司
水云轩住宅小区五期B、C区7、8栋	浙江省东阳第三建筑工程有限公司	中外建天利（北京）工程监理咨询有限公司
佛山市东平路5号地项目（一期）	广州市第四建筑工程有限公司	广州珠江工程建设监理公司
南庄小学教学楼、行政楼、生活楼	佛山市晋兴建筑工程有限公司	佛山市建诚监理有限公司
金城华庭1号楼愉景阁，金城华庭3号楼欣景阁	中天建设集团有限公司	深圳市中行建设监理有限公司
万科城三期低层住宅T30–T41#楼	中天建设集团有限公司	深圳市城建监理有限公司
瑞德电子新厂房宿舍一、宿舍二	佛山市顺德区实顺建设工程有限公司	佛山市立德工程建设监理有限公司
金碧豪苑二期会景园5~8座	佛山市顺德区新顺诚建筑工程有限公司	广州穗科建设监理有限公司
云浮市金山区配套综合市场工程	云浮市建筑工程有限公司	云浮市新世纪建设工程监理有限公司
云安县劳动力市场综合服务大楼工程	云浮市建筑工程有限公司	云浮市金匠工程监理有限公司
新兴县翔顺花园三区一期1~8#楼	新兴县翔顺建筑工程有限公司	肇庆市资信工程建设监理有限公司
新兴县翔顺花园二区新怡居12、13、15号楼	新兴县翔顺建筑工程有限公司	云浮市新世纪建设工程监理有限公司
新兴县翔顺花园三区一期20–21号楼	新兴县翔顺建筑工程有限公司	肇庆市资信工程建设监理有限公司
碧桂园六期会所及派出所	广东腾越建筑工程有限公司	广东建科建设监理有限公司
审判法庭	鹤山市德兴建筑工程有限公司	鹤山市工程建设监理有限公司
鹤城供电所生产综合楼、宿舍楼	鹤山市永安建筑工程有限公司	鹤山市工程建设监理有限公司

(续上表)

工　程　名　称	承　建　单　位	监　理　单　位
凤城世家（第二期）1#、2#、3#、4#楼工程	连州市宏业建设工程有限公司	清远市卓越工程建设监理有限公司
广东省通讯终端产品质量监督检测中心(检测楼)	广东新隆基建工集团有限公司	广东宏茂建设监理有限公司
坡头区劳动力市场综合楼工程	湛江市华鑫工程有限公司	湛江市鹏程工程监理有限公司
恒裕商务城A幢	肇庆恒裕建设工程总承包有限公司	肇庆市兆业工程建设监理有限公司
肇庆市立得电子有限公司综合厂房	广东省肇庆市建筑工程总承包有限公司	肇庆市资信工程建设监理有限公司
肇庆市国家税务局综合业务办公用房附属楼	肇庆市建筑安装工程有限公司	深圳市中行建设监理有限公司
姜哲海员工宿舍楼	高要市第五建筑工程公司	肇庆市端州信诚工程建设监理有限公司
汇景园A幢	肇庆市鼎湖区住宅建设公司	肇庆市鼎建工程建设监理有限公司
乳源县人民医院门（急）诊、传染科综合大楼（二期）	广东省第五建筑工程有限公司	广东建科建设监理有限公司
韶关市武江区国家税务局综合业务办税用房工程	韶关市武江建筑工程有限公司	韶关市工程建设监理有限公司
王屋村安置小区	韶关市南枫建设有限公司	韶关市信成建设监理有限公司
韶关市汽运集团汽配中心综合楼	韶关市新城兴建筑工程有限公司	韶关市亿中工程建设监理有限公司
“南天豪庭一期”商住楼	中国建筑第二工程局第二建筑工程公司	广东南方建设监理有限公司
广东烟草韶关市有限公司卷烟配送中心	中国第四冶金建设公司	北京华兴建设工程监理咨询有限公司
宁江新城一期3#楼工程	兴宁市鸿源建筑工程有限公司	广东粤能工程监理有限公司
广东省水文局梅州水文水环境实验楼	梅州市顺兴建筑工程有限公司	广东省城规建设监理有限公司
金山湖体育馆	广东省第四建筑工程公司	惠州广夏工程项目管理有限公司
惠州市金山湖游泳跳水馆	广州市第三建筑工程有限公司	惠州市建设集团工程建设监理公司
惠州电力生产调度综合楼	广州市恒盛建设工程有限公司	广东海外建设监理有限公司
惠州市文化艺术中心	深圳市越众（集团）股份有限公司	惠州市长江建设监理咨询有限公司
惠州市中心体育场	中国建筑第八工程局有限公司	惠州市工程建设监理有限公司
观山悦花园	江苏省华建建设股份有限公司	深圳市广厦建设监理有限公司
潮州海关业务用房工程	广州市黄埔建筑工程总公司	广东粤能工程监理有限公司
省道S366线（高速公路）改造工程南湾立交工程	广东省基础工程公司	广东华路交通科技有限公司
广东女子职业技术学院行政办公楼	广东省第四建筑工程公司	广东高宏建设监理有限公司
广州轨道交通五号线（滘口站）土建工程	广东省基础工程公司	乌鲁木齐铁建监理咨询有限公司
广州岭南新世界家园2D三期22、23、25栋住宅楼	广东新广国际集团有限公司	广州宏达工程顾问有限公司

(省建筑安全协会)

2008 年度广东省风景园林优良样板工程

(授奖单位：广东省风景园林协会)

奖次	项目名称	获奖单位
金奖（共 8 项）	深圳锦绣中华“印象中国”工程	深圳市园林建设工程有限公司
	深圳市星河丹堤展示区入口道路及样板绿化工程	深圳市铁汉园林绿化有限公司
	广州市人民公园南广场工程	广州市绿化公司
	广州市海珠区庄头公园园林景观工程	珠海市风景园林工程有限公司　广州中茂园林建设工程有限公司
	中山市弈翠园（二期 B）之 4 区室外园林建筑工程	中山市硕泉古建园林艺术有限公司
	广州恒大御景半岛园林景观工程	深圳市文科园艺实业有限公司
	东莞市东骏豪苑第一期 P3 区园林绿化工程	广州华苑园艺有限公司
	惠州桃花源别墅园林景观工程	惠州东江园林工程有限公司
银奖（共 14 项）	深圳市国家工商行政管理总局行政学院园林景观工程	深圳市北林地景园林工程有限公司
	广州光大花园 E 区园林绿化工程	广州市林华园林建设工程有限公司
	深圳市曦城一期北区园林绿化工程	深圳市花梨园林绿化公司
	深圳市福田区香蜜湖第一生态苑	深圳市万家春园艺有限公司
	深圳市振业城一期环境景观工程	深圳市莲花山花木园
	广州白云国际会议中心园林绿化景观工程	广州市绿化公司
	珠海御龙山庄景观绿化工程	珠海经济特区园景绿化工程有限公司
	佛山市佛平新路（桂澜路——平七路）绿化改造工程（C）段	佛山市南海区（虫）雷岗山园林工程有限公司
	顺德君御花园园林景观工程	广东棕榈园林工程有限公司
	东莞市中信森林湖一期园林绿化及配套水电工程	广州市普邦园林配套工程有限公司
	江西省丰城市金马·丰邑中央样板区环境景观工程	深圳市园林设计装饰工程公司
	汕头市万泰春天园林绿化工程	汕头联泰园林绿化有限公司
	海口市“一园两湖”环境综合整治项目园林景观工程	金中天集团建设有限公司
	深圳市瑞河耶纳景观园林工程	深圳市森斯环境艺术工程有限公司
铜奖（共 9 项）	武汉琴台文化艺术中心二期景观工程一标	深圳市世房景观工程有限公司
	深圳万科第五园项目二期园建（II 标段）工程	深圳市高山水园林环境艺术有限公司
	深圳市水岸新都一期园林景观工程	深圳市四季青园林花卉有限公司
	番禺区青少年宫绿化环境工程	广州中茂园林建设工程有限公司
	广州市赤岗桥西（1、2、3、4、5 商住楼）园建绿化工程	广东美庭园林工程有限公司
	珠海市远大·美域园林景观工程	珠海市风景园林工程有限公司　深圳市四季青园林花卉有限公司
	珠海市金域廊院整体景观、装饰工程	珠海市建工城建园林有限公司
	东莞市寮步市民广场园林景观工程	东莞市岭南园林建设有限公司
	广州芳村大道 210 号地段发展项目园林绿化及室外工程	金中天集团建设有限公司

（省风景园林协会）

2008 年度获广东省建设系统表彰的先进单位和个人

（广东省建设职工思想政治工作研究会表彰）

荣誉称号	获奖单位或个人
精神文明建设示范单位	广州市地质调查院　广州市建筑机械施工有限公司　深圳市建设局　汕头市建设局　韶关市建设局　河源市规划建设局　河源市房地产管理局　梅州市建设局　惠州市规划建设局　惠州市房产管理局　惠州市 110 城管指挥中心　东莞市建设局　中山市规划局　中山市房地产交易管理登记管理所　江门市建设局　阳江市建设局　湛江市建设局　湛江市市政园林局　湛江市自来水公司　茂名市城市管理局　肇庆市建设局　揭阳市房产管理局机关党支部　揭阳市自来水公司　云浮市建设局　广东省建筑科学研究院　广东省工业设备安装公司　广东梁亮建筑工程有限公司　珠海市供水总公司　广州珠江工程建设监理公司　广州市市政污水处理总厂

(续上表)

荣 誉 称 号	获 奖 单 位 或 个 人
精神文明建设先进单位	广州市白云山风景名胜区管理局　广州市市容环境卫生局　广州市地下铁道设计研究院 深圳市建设局业务办理中心　深圳市观澜河引水工程管理处　深圳市铁岗石岩水库管理处 珠海市建设局驻行政服务中心窗口　珠海市建设局建设工程安全监督站 珠海市建筑设计院　珠海市建设工程质量监督检测站　珠海市城建档案馆 汕头市路灯管养中心　汕头市自来水总公司　广东省第二建筑工程公司 广东联泰房地产有限公司　佛山市规划局顺德分局　佛山市禅城区公用事业局 佛山市顺德区建设局　佛山市城建档案馆　韶关市城乡规划局　韶关市城市管理局 广东省第五建筑工程有限公司　河源市城市管理局　河源市源城区建设局 梅州市城乡规划局　梅州市环境卫生管理局　梅县建设局　惠州市城市照明管理处 惠东县规划局　汕尾市建设局　汕尾市城市规划局　陆丰市建设局　海丰县建设局 东莞市城建规划局　东莞市城市管理局　东莞市方中建筑工程有限公司 东莞市茶山自来水公司　中山市工程安全监督站　中山市政府工程项目管理中心 江门市市政公用事业管理局　江门市东湖公园管理所　台山市房产管理局 阳江市市政管理局　阳江市阳东县建设局　阳江市第一建筑集团有限公司 湛江市城市管理行政执法局　廉江市房产管理局　雷州市房产管理局　茂名市建设局 肇庆市城乡规划局　德庆县建设局　怀集县建设局　清远市城市建设管理监察支队 清远市环境卫生管理处　清远市工程建设安全监督站　英德市房产管理局 潮州市城市规划勘测设计院　潮安县建设局　潮州市园林绿化工程队 广东海博集团有限公司　云浮市城乡规划局　云浮市房产管理局 云浮市新兴县城市管理局　广东省建筑工程集团有限公司　广东省基础工程公司 广东省建筑设计研究院　广东省散装水泥管理办公室　广东省建设厅城市建设处 广东省城市规划协会　广东省风景园林协会　广州市绿化公司 深圳市梧桐山风景区管理处　广东建设职业技术学院　广东城市建设职业培训学校 广州市建筑集团有限公司　广州建筑工程监理有限公司　广州市市政工程监理有限公司 广州穗科建设监理有限公司　广州城建开发工程咨询监理有限公司 佛山市诚誉工程咨询监理有限公司　广州市市政集团有限公司　深圳市市政工程总公司 广东省华侨物业发展公司　广州珠江物业酒店管理公司　广州粤华物业有限公司 中海物业管理有限公司　广州环卫行业协会
精神文明建设先进工作者	周延华　肖永存　周昌命　胡新民　卢汝生　何淑君　沈　微　叶高清　段衡金　高　泉 罗宜兵　廖雪霖　彭治权　周咏文　许　锴　韩天宇　宋宏忠　刘经明　王德声　刘小钢 周少莲　林则强　黄关生　李鸿铭　赵宁辉　胡后泉　黄凤英　陈嘉波　杨　丹　赵建军 孙建国　董龙桥　徐炳东　熊仕球　周顺明　刘伟强　曾康平　刁立峰　赖庆树　胡湘河 张伟杰　杨奎生　曾海新　王　群　钟亮才　黄好丽　冯新玲　简冠文　杨桂平　熊国祥 陈辉南　陈伙联　王科德　刘荣曦　郑迅武　颜志勇　欧阳南江　周杰锋　古健康　丁海潮 杨玉平　叶向阳　何俊文　蔡楚伟　何权昌　吕恒星　黄国祯　张和裕　黄国生　林淑娉 冯国强　梁登喜　梁昌勇　梁荣照　严　翠　罗锡平　李汉东　廖国胜　胡　浪　陈达正 梁志贤　欧观带　吴瑞炎　梁伟明　彭泽毅　陈振文　孟广生　李　勇　夏炳洪　李广坤 周其江　郭文鹏　严慧燕　毛弟水　童立定　蔡薇芬　杜泽星　刘振在　邹鹏煌　郑潮辉 陈烈英　袁佩华　许瑞强　林海菁　林常春　徐树桂　江卓君　欧冠良　肖志坚　龙飞波 李福伟　徐天平　陈少祥　王振光　施东红　梁剑锐　杨丽珍　陈佳锋　潘伟堂　杜　挺 李汉哲　赖伟民　林兆雄　谭远流　梁雄文　缑　旭　张国宇　许建华　何竟元　罗小钢 王全立　苏伟生　杨培业　陈映裕　刘汉平　李娟素　侯荣丰　郑　玮　王才安
思想政治工作先进单位	广州市市政工程维修处　广州市城市管理局综合执法局直属一分局党支部 广州市建设科学技术委员会办公室　广州市房地产档案馆　深圳市水务局 深圳市市政总公司　深圳金众（集团）股份有限公司　中信房地产汕头有限公司 佛山市城市规划勘测设计研究院　佛山市顺德区建设技术培训中心 广东省六建集团有限公司　韶关市城市建设档案馆　韶关市曲江区建设局 东源县城建规划局　平远县建设局　丰顺县房地产管理局　惠州市园林（西湖）管理局 博罗县建设局　汕尾市供水总公司　陆河县建设局　东莞市房产管理局 东莞市岭南园林建设有限公司　中山市国土资源局（房地产管理局）政工科 中山市环境卫生管理处　江门市规划勘察设计研究院　江门市新会区建设局 阳江市城市规划局　阳西县建设局　湛江市房产管理局　湛江市赤坎区建设局

(续上表)

荣誉称号	获奖单位或个人
思想政治工作先进单位	广东省八建集团有限公司政研会　茂名市建筑集团有限公司　肇庆市建设局　肇庆市园林管理处　清远市建筑工程质量监督站　清远市散装水泥管理办公室　揭阳市建设局　云浮浩鑫实业发展有限公司　新兴县翔顺建筑工程有限公司　广东省第一建筑工程有限公司　广东省源天工程公司深圳分公司　广东省建设信息中心　广东省监察厅派驻省建设厅监察室　广州市荔湾湖公园　广州市市政集团有限公司　广州广电物业管理有限公司　住宅与房地产杂志社　汕头市建设职业技术学校　深圳市水务（集团）有限公司　中山市名城环境服务有限公司
优秀政研会	广州市建设职工政研会　广州市煤气公司政研会　广州市自来水公司政研会　汕头市建设职工政研会　河源市建设职工政研会　江门市建设职工政研会　湛江市建设职工政研会　广东省基础工程公司政研会　广东省建工集团水电三局政研会　广东省建筑设计研究院政研会
优秀政研会工作者	李佑军　刘嘉端　向木燧　刘钰昌　魏柏开　黄柏森　谭保卫　肖广明　陈绍强　沈静英　林敬光　崔佩红　李康安　唐　雄　李万锐　陈　鹏　王继川　李丽娟

（陈徐福）

2007年度广东省节能先进单位和先进个人

类别	获奖单位或个人	授奖单位
先进单位	广东省建设厅　深圳市建设局　江门市建设局　湛江市建设局　广东省建筑科学研究院　深圳市建筑科学研究院有限公司　广州市墙体材料革新与建筑节能管理办公室　珠海市墙体材料革新和建筑节能办公室	广东省人民政府
先进个人	曾　真　李福英　刘　军　林兆雄　陈之泉　杨仕超	广东省人民政府

（省建设厅科教处）

广东省五一劳动奖章获得者先进事迹选登

蔡瀛　广东省建设厅规划处处长。组织有关单位编制了《珠江三角洲城镇群协调发展规划》、《广东省城镇体系规划》、《珠江三角洲城际轨道交通线网规划》等，探索城镇密集地区规划和管理的新思想、新方法，并努力推动国内第一部规范区域规划实施的地方性法律——《珠江三角洲城镇群规划实施条例》的颁布和实施。在他和同事们的努力下，广东省率先颁布和实施国内第一部规范控制性详细规划工作的地方法规《广东省城市控制性详细规划管理条例》。他所领导的规划处与香港规划署联合开展“大珠江三角洲城镇群协调发展规划研究”，有利于促进粤港两地的融合、发展。在他的倡导下，规划处通过技术指导、资金扶持等措施，推进村庄规划和村庄整治工作，使全省村庄规划覆盖率实现新突破。他参与并组织广东省“十五”、“十一五”城镇化发展规划的制订和实施工作，促进以中心镇为重点的城镇化发展进程。他还策划并具体组织编写一系列的广东省建设蓝皮书，客观反映广东各地城乡规划建设的进展情况，为各级领导提供政策建议和决策依据。由于他和同事们的奋发工作，广东省的城乡规划工作多年来始终走在全国前列，起到了排头兵作用。2008年获广东省五一劳动奖章。

林兆雄　广东省建设厅科教处处长。2008年在四川重灾区工作45天，较好完成省委省、政府交给的先遣援建任务。“5·12”汶川大地震发生后，他紧急受命，当即着手筹集40多个品种的应急药品和救灾物资，落实5000平方米板房的货源及运输车辆，于5月20日赶赴四川。他带着满载物资的运输车队，跋涉在海拔4000多米的夹金山和梦笔山这两座大雪山的崎岖狭窄山路上。克服车况差、道路险、场地缺、施工难、睡眠少、生活环境恶劣、余震不断威胁等困难，组织工人日以继夜地奋战，仅用3天半的时间就搭建起5000平方米的活动板房，并采取果断措施处理好板房隔热问题和照明安装工程，解决了400多名高三学生的复读问题。6月2日，组织举行了汶川县城震后第一次升国旗仪式。之后，他担任广东省援建汶川灾区板房工程的质监组长。2008年获广东省五一劳动奖章。

（陈晓军）

各市建设

改革开放以来，广东省各市建设蓬勃发展，城乡面貌发生了翻天覆地的变化，建成区面积不断扩大，城市基础设施建设捷报频传，人居环境不断改善，多个城市获“国家园林城市”、“国家环保模范城市”等荣誉称号。

改革开放30年来，广州的城市建设取得巨大成就，城市面貌发生了巨大变化。城市空间拓展，广州城区全方位向原有建成区的外围发展，城市面积规模扩大，城市布局调整，新城市中轴线长达12公里，“大广州”逐渐形成。近年来广州获“中国人居环境奖”，被评为“水环境治理优秀范例城市”、“国家园林城市”、“国家卫生城市”。

历史文化名城 广州是国务院颁布的全国第一批历史文化名城。2000年广州市人民政府公布广州市第一批历史文化保护区16处，保护的重点是传统的建筑特色和整体的环境风格。

广州荔湾区聚龙村

从化松柏堂古村落

白云山九龙泉

番禺莲花山——莲花塔

黄埔长洲镇（街）远景

重点工程建设 2008年，广州市为迎接2010年亚运会的召开，积极推进道路交通、地铁、环卫、绿化及景观、电力等重点工程建设。同时，依法加强建设行业管理，规范建筑和房地产市场秩序，保持了建设行业的稳定发展。

广州珠江新城地下空间核心区

广州黄埔大桥

2008年8月28日，广州新电视塔封顶

建设中的广东省博物馆

2008年3月17日，广州猎德大桥主桥索塔封顶

兴建中的广州亚运城技术官员村

（广州市建委供稿）

市政园林 改革开放30年以来，广州市政建设发生翻天覆地的变化。广州城区交通路网日臻完善，市政设施信息化管理水平在全国名列前茅，为建设全省“首善之区”和“花园城市”奠定良好的基础。

2008年，广州市大力推进“青山绿地”工程建设，努力建设人与自然和谐发展的“花园城市”，获得住房和城乡建设部“国家园林城市”称号。

广州天河立交及放射线

广州人民公园

广州云台花园

广州珠江两岸

（广州市市政园林局供稿）

城市管理 2008年，广州市按照“主干道严禁、次干道严控、内街小巷规范”的要求，以日常管理为主、突击整治为辅，着重抓好重点地区和重点时段的环境整治。全市重点路段和重点地区“六乱”基本消除，城市市容环境明显改善。

（广州市城市综合执法局供稿）

2008年3月24日，广州市荣获“国家卫生城市”称号

2008年2月27日，环境保护专家查看珠江电厂节能减排、清洁生产情况

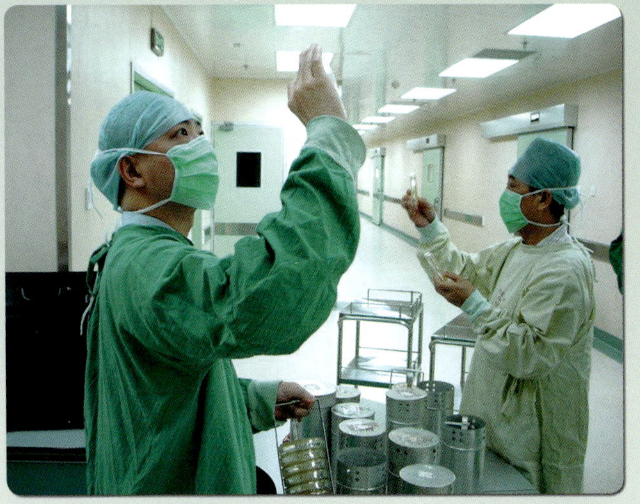

广州市开展卫生监测情况

广州市专业人员除“四害”

广州市城管局联合卫生部门检查“五小”公共场所

深圳市成立于1979年3月，1980年8月建立经济特区。1981年7月升格为副省级，1988年10月被国务院列入计划单列市。全市总面积1952.8平方公里，其中经济特区面积395.8平方公里。下辖福田、罗湖、盐田、南山、宝安、龙岗6个行政区。2008年末全市常住人口876.83万，其中户籍人口228.07万。深圳是一座美丽的海滨城市，海岸线长230公里，主要河流深圳河全长35公里。

深圳国际园林花卉博览园

2008年12月21日，在深圳宝安区举行珠江三角洲城际轨道交通穗莞深项目开工仪式

深圳荔枝公园

2008年5月12日，深圳市光明新城全面建设启动仪式

2008年3月28日，南方科技大学（筹）暨深圳大学新校区建设动工仪式

绿色的家园——美丽的深圳

深圳莲花山公园邓小平塑像

深圳市政府保障性住房

星海名城项目效果图

大芬油画村项目总平面图

东明花园项目效果图

龙祥苑B栋项目现状图

深圳大学书香文苑效果图

盐田区二期特困人员廉租房项目现状图

嘉欣园项目鸟瞰图

康达苑项目效果图

（深圳市建设局供稿）

2008年，深圳市有3个公园被评为“国家重点公园”。

仙湖植物园 占地580多万平方米，是一个集科研、科普、旅游于一体的著名植物园与风景区。植物园共保存植物4000多种，全园分为天上人间景区、湖区、庙区、沙漠植物区、化石森林景区和松柏杜鹃景区等六大景区。

国际园林花卉博览园 面积约66万平方米，种植了1800多种奇花异草，建有上万平方米的综合展馆和花卉专业展馆，是一个集中外园林园艺、花卉展示、大众文化、艺术、建筑、科普、科研、旅游于一体的大型市政公园。

莲花山公园 占地166公顷，邓小平同志的青铜塑像矗立在公园主峰的山顶广场中央，公园建有8万平方米的椰风林大草地、3万平方米的人工湖、16万平方米的风筝广场、15万平方米的疏林草地等。

深圳国际园林花卉博览园汇芳园

深圳仙湖植物园仙湖全景

深圳莲花山公园风筝广场

深圳仙湖植物园荫生植物景区

（深圳市建设局供稿）

珠海于1979年3月撤县建市，1980年设为经济特区，是中国最早设立的经济特区之一。全市海陆总面积7653平方公里，其中陆地面积1687.8平方公里，海岸线、岛岸总长604公里，有190个岛屿，有“百岛之市”的美称。现辖香洲、金湾、斗门三个行政区，常住人口148.11万。至2008年底，珠海市人均公园绿地面积12.92平方米，建成区绿化覆盖率达45%，获得“国家园林城市”、“国家环保模范城市”、“国家卫生城市”、“国家级生态示范区”、“中国优秀旅游城市”、“全国科技进步先进市”、“国际改善居住环境最佳范例奖”等称号。

珠海新海岸

珠海城区一角

改造后的珠海人民西路

珠海唐家湾新貌

改建后的珠海大道

珠海情侣南路

（珠海市建设局供稿）

珠海市建安集团公司

珠海情侣南路

成立于1987年，1996年晋升为国家一级建筑施工企业。注册资金6000万元，主要从事房屋建筑工程、给排水工程、电器设备安装、市政工程、道路桥梁工程、装饰装修、建筑幕墙及房地产开发、建材销售等业务。具有房屋建筑工程施工总承包一级、市政公用工程施工总承包一级、机电设备安装工程专业承包一级、建筑装修装饰工程专业承包一级、建筑幕墙工程专业承包二级等资质。

自成立以来，经营范围和生产规模不断扩大。除口岸广场、情侣南路等代表工程外，近年承建的大型项目还有广州大学城二期、天津信诚大厦、汉胜工业有限公司厂区扩建等房建代表工程；金塘路延长段、大理海东新城区道路等市政代表工程；中国进出口银行总行办公楼装修、华尔登酒店五星级装修等装饰装修代表工程。

注重提高经济效益和社会效益。建立有ISO9001质量管理体系、ISO14001环境管理体系、OHSAS18001职业健康安全管理体系。被省工商行政管理局授予“连续十年守合同重信用企业”称号，被评为中国建设系统企业信誉AAA级单位、全国安全生产先进单位，2008年3月获得“第七届中国土木工程詹天佑奖”。

珠海石景山庄装修工程内景

珠海市公安局指挥中心

珠海口岸广场全景

珠海广州大学城二期工程——广工大学生宿舍

华冠达工程有限公司

成立于1998年7月。历经10多年的发展，成为注册资本10200万元，拥有房屋建筑工程、市政公用工程施工总承包一级，建筑装修装饰工程、土石方工程专业承包一级，城市及道路照明工程专业承包二级，机电设备安装工程、管道工程专业承包三级等资质，具有雄厚综合实力的建筑企业。

2007年通过ISO质量、环境、职业安全健康管理体系认证，自2005年以来连续多年被授予“守合同重信用企业”，银行信用等级为“AAA”。公司管理机构健全，管理规章制度完善，建设了一支专业配套齐全、懂技术、善经营、精管理的骨干队伍，拥有满足工程需要的先进工程施工机械设备，建立了内部局域网，利用先进的网络技术对施工项目进行远程监控。

先后承接一批省、市重点项目在内的各类工程项目120多项，均实现质量、进度、安全目标。坚持“团结敬业，规范管理，开拓创新，高效优质”的企业精神，致力于实现“为业主营建满意工程，为员工创造发展机会，为社会奉献良好效益”的企业宗旨，朝着创建优秀建筑企业的目标迈进！

广东电网公司珠海供电局红旗营业厅办公楼

公安部珠海基地装修工程

珠海市平沙第一中学

珠海市华克特科技发展有限公司工业园

珠海市红海幕墙有限公司

天津金茂广场

中国最早生产和安装建筑幕墙的企业之一，具有建设部颁发的建筑幕墙工程设计甲级和施工一级资质。获得ISO9001质量体系、ISO14001环境管理体系、GB/T28001职业健康安全管理体系认证，连续多年获得国家级金奖，被广东省评为“连续二十二年重合同守信用”企业。

多年来，公司承揽百余项大型玻璃幕墙、铝板幕墙、干挂石材以及铝合金门窗工程。以传统幕墙技术为基础，以开发创新为依托，适应国家节能政策的要求，与境外和境内大型光电企业合作，开发各种新型的LED幕墙，短期内将成为全国知名的LED幕墙专业公司。

珠海市红海幕墙有限公司厂区

成都大渡河流域梯级电站调度中心

天津泰达市民文化广场

***经营方针：**一流的管理，一流的设计，一流的施工，一流的服务*

***质量目标：**工程合格率100%，工程优良率95%*

***品牌理念：**干一个工程，立一处标志，树一方丰碑*

珠海市建安昌盛工程有限公司

成立于1985年，是国家一级总承包施工企业。施工资质包括房屋建筑工程施工总承包、市政公用工程施工总承包和建筑装饰工程、钢结构工程、土石方工程、地基和基础工程等专业承包。公司现有工程专业技术人员400多人，主要机械400多台套，每年完成工程总产值十几亿元。

成立以来承建大小工程项目几千个，近百个项目获得国家、省、市优良样板工程称号。建设主管部门还在公司工地召开专项现场会，推广先进经验。

在多年的企业管理中，公司始终坚持质量第一、用户第一、信誉第一的宗旨，做好每一个项目。公司在社会上享有良好的信誉，深得业主赞赏。公司多次被授予全国诚信建设示范单位、建筑施工装饰放心企业、重信用企业等荣誉称号。

珠海伟创力厂房获"广东省优良样板工程"

珠海健丰羽毛制品有限公司厂房获"广东省建设工程金匠奖"

珠海岭南世家（大型住宅小区）

珠海九洲假日公寓

近年来，汕头市赋予城市建设以全新的思路、全新的理念，把城市道路改造与美化绿化市容市貌、提高城市品位和形象、提升城市防灾减灾和污染防治能力结合起来，使城市道路成为改善城市形象、提升城市品位和竞争力、保障城市可持续发展的有效载体。

汕头海滨路

汕头全景

汕头海滨路亲水长廊

汕头夜景

（汕头市建设局供稿）

好信誉源于好品质　　好品质来自金东海

广东金东海集团有限公司

成立于1991年10月，经建设部和交通部审核批准具有港口与航道工程施工总承包一级、市政公用工程施工总承包一级、地基与基础工程专业承包一级、土石方工程专业承包一级、公路工程施工总承包二级、水利水电工程施工总承包二级、房屋建筑工程施工总承包二级、建筑装修装饰工程专业承包二级、园林古建筑专业承包三级的资质。是一家专业从事建筑工程施工以及房地产开发、港口经营、进出口贸易的大型综合性企业集团。总资产达12亿元，年总产值25亿元，注册资金36888万元。目前，在全国各地设有子公司10个，分公司20个。

先后被评为“全国优秀施工企业”、“全国水运工程建设优秀施工企业”、“广东省优秀企业”、“建行AAA级信用企业”“中国工程建设社会信用AAA”、“全国守合同、重信用企业”、“广东省最佳诚信企业”。

承建的工程获“全国水运工程质量奖”、“全国用户满意工程”、“全国工程建设优秀质量管理小组二等奖”等荣誉。

金东海大厦

深圳市龙岗区北通道市政工程

招商局深圳前湾吹填造陆工程(2008年“全国工程建设优秀质量管理小组二等奖”)

广州港发石油化工码头（2005年度交通部水运工程质量奖和“全国用户满意工程”）

华能广东汕头海门电厂护岸及防波堤工程(2009年“全国工程建设优秀质量管理小组三等奖”)

中国南方电网
CHINA SOUTHERN POWER GRID

汕头电力设计研究院
SHANTOU ELECTRIC POWER DESIGN INSTITUTE

领先技术　成就卓越设计

专业、全面、快捷

电网工程、配电工程设计服务

ISO 9001:2000
ISO 9001:2000质量体系认证

国家乙级电力工程设计资格

国家甲级电力工程咨询资格

220kV月浦变电站外景

220kV土岭变电站效果图

成立于1974年，是广东电网公司汕头供电局所属企业，具有工程咨询甲级资质，电力行业送电、变电工程设计、勘察乙级资质，2001年通过ISO9001：2001质量体系认证。主要从事220kV及以下电压等级的送变电工程、配电工程、城农网建设工程的设计、勘察、技术咨询等工作。

自成立以来，担负着整个粤东地区的电力工程设计、咨询工作。设计成品遍布汕头、潮州、揭阳、梅州等地，设计的工程安全可靠，赢得了广大客户的好评，获得了良好的声誉。自2003年起，先后五次获得汕头市建设局颁发的年度先进企业。2008年，被中国电力规划设计协会评定为AA级信用单位。拥有一支高素质的复合型专业设计队伍，集中一批从事电力勘察设计业务的精英，其中高、中级技术人员，注册电气工程师、咨询工程师，注册结构工程师、建筑工程师、造价工程师，注册项目管理大师、项目经理占85%以上，能同时接受多个220kV及以下输变电工程的设计、咨询、勘察工作。该院技术设备精良，拥有OCE TDS600打印复印扫描一体化机、数码复印打印机、彩色激光打印机等先进设备，以及GPS卫星定位系统等一批高级勘察测量工具；各种设计软件及工程概预算软件齐全。

经过35年来的努力和发展，积累了电网建设的设计和咨询等方面的丰富经验，技术力量强，专业配备合理，拥有较先进的技术装备和管理手段。随着业务范围的不断拓宽，该院始终坚持“精心设计、质量第一、优质服务、顾客满意”的质量方针，坚持设计回访制度，为广大客户提供优质的设计、咨询产品和高效、全方位的服务，热切盼望与各界朋友合作，共谋发展。

改革开放30年来，佛山市发生了巨大的变化。全市实现国道、省道、县道全部改渡为桥，结束车辆过河待渡的历史。城市环境和城市面貌发生很大变化，城市基本设施日益完善，广佛都市圈经济辐射带动能力逐步增强，城市居民生活和居住环境大大改善，组团式城市、现代化大城市和生态园林城市发展形态逐步形成。

佛山市建设局关注城市建设民生问题的解决

佛山市一年一度的房博会

佛山市建设工程安全事故应急演练现场会

彰显岭南人居环境风格的佛山

获得2007年“中国建设工程鲁班奖”的佛山市中医院医疗综合楼

绿色人居环境

佛山季华公园

（佛山市建设局供稿）

改革开放30年来，韶关市城市规划、建设、管理取得显著进步，住宅与房地产业快速健康发展，城市功能不断提升，市容市貌明显改观，人民生活水平不断提高。近年，韶关先后被国内外相关机构评选为“中国优秀旅游城市”、“全国双拥模范城”、“广东省文明城市”、“广东省双拥模范城”、“中国旅游竞争力百强城市”。2008年荣获“中国金融生态城市”、“广东省园林城市”称号，被列入广东省国民旅游休闲计划试点城市。城市的影响力和知名度与日俱增。

韶关市区

璀璨韶城

（韶关市建设局供稿）

2008年开工建设3.2万平方米，461套。图为252户东河职工新村危旧公房住户喜迁新居

2008年，韶关市举行百万农民工同上一堂课活动

2008年9月26日，韶关市城市管理综合执法局成立

2008年12月30日，韶关市12319城管服务热线开通

韶关学院图书馆获得2005年“中国建筑工程鲁班奖（国家优质工程）”称号

环境优美的现代住宅小区

美丽韶城

1998年河源建市以来，河源市建设取得了长足的发展，市区建成区面积由建市初期的4.7平方公里扩大到2008年底的33平方公里，至2008年，全市城镇化率达40.5%。先后被授予“中国优秀旅游城市”、“全国综合整治先进城市”、“广东省卫生城市”、“广东省绿化达标城市”、“广东省园林城市”等称号。

河源市区文化广场一带的园林绿化景观

中共河源市委书记陈建华（右二）率队视察河源市区供水管网改造工程

河源跨江大桥

建设中的河源七寨生活垃圾卫生填埋场

河源河岸新居

河源新建的道路

河源新住宅区

（河源市建设局供稿）

华达集团
HUA DA GROUP

鸿图华构 诚达天下

征程磨砺，

华达集团坚持以细节创品质，

以创新铸品牌，

站在城市运营的高度，以实力促进河源发展。

20年创新之路，华达地产（广晟鸿瑞）从广晟花园、广晟·城市广场、广晟·学府花园

再到河源恢弘之笔——华达·凯旋城。

330000平方米大城独占城央，60000平方米法式园林，5000平方米天鹅湖生活，

精工手笔，达观大宅，奢阔尺度……

华达·凯旋城，引领河源高尚生活，人居凯旋。

广晟花园

华达 · 凯旋城

广晟 · 城市广场

广晟 · 学府花园

1978年以来，梅州市的城市建设日新月异，城市面貌发生了翻天覆地的变化。建成百年一遇的城市防洪大堤和风景秀丽的“一江两岸”。“一江两岸”建设被评为国家人居环境范例奖和联合国人居环境优秀范例奖。梅州市还被授予国家级历史文化名城和省级卫生城市称号。梅州市城市公厕可持续发展新模式项目获住房和城乡建设部2008年“中国人居环境范例奖”。梅州城区由1978年的只有江北旧区扩大到包括江南新区的8.1平方公里，至2007年扩大到40.5平方公里。

近年建成位于广东梅县雁洋镇的叶剑英纪念园，是国家AAAA级旅游景区、全国红色旅游经典景区、全国爱国主义教育示范基地

2008年7月，梅州市人民政府市长李嘉（右）与广东省广业资产经营有限公司总经理聂周荣（左）签订合作建设城市污水及垃圾处理项目意向书

中共梅州市委书记刘日知（左二）、常务副市长李金元（左三）、市委秘书长彭耀新（右二）、市规划局局长谢航（左一）等梅州市有关领导在现场研究城市规划

梅州市重点工程——客家公园

2008年5月，广东省建设厅厅长房庆方（右三）在大埔县明德村车田村民小组调研村庄整治情况

梅州市东山教育基地——东山中学新校区

梅州市东山教育基地——艺术学校夜景

梅州市东山教育基地——院士广场

（梅州市建设局供稿）

改革开放以来，惠州从典型的农业经济地区发展成为国家经济发展一类重点城市，市政设施齐全，市区建成区面积近200平方公里。惠州的生态环境一直在珠三角名列前茅，先后获“中国优秀旅游城市”、“国家卫生城市”、“国家园林城市”、“国家环保模范城市”、“中国人居环境范例奖”等称号。

惠州东江北岸城市新貌

惠州鹅潭公园

惠州东江公园客家女雕塑

惠州大道长17.9公里，是惠州中心区主干道荣获“广东省风景园林优良样板工程”

惠州东江与西湖

惠州合江楼（桥）

惠州市科技馆与博物馆夜景

（惠州市建设局供稿）

1988年汕尾建市以来，基础设施建设步伐不断加快。改建、扩建、新建一批地方公路和上等级公路，实现辖区省养道路水泥、柏油化，100%的乡镇和95%的村民委员会通汽车；环境面貌不断改善，全市绿化覆盖面积达1532公顷，绿化覆盖率为32.66%，人均公共绿化面积4.3平方米，用水普及率为83.2%，成为贸工渔综合发展的外向型的花园式海滨城市。

汕尾奎山公园新貌

清新汕尾

汕尾新建的海边大道

整治一新的汕尾奎山河

汕尾气势恢宏的城市广场

汕尾市区一角

汕尾市区健身广场

（汕尾市建设局供稿）

海丰县新基房地产开发有限公司

高层洋房

小高层区一角

云岭山庄启建于1993年，坐落于海丰县城西北面，北倚莲花山脉，左抱竹竿山，右环菠萝山，面临山地自然湖，占地50万平方米，是由香港英基集团、海丰县新基房地产品牌团队倾心打造，深圳市著名的清华苑设计院精心设计的粤东城市经典之作。这里钟灵毓秀，南北朝向，坐玄武雄壮，向朱雀秀丽，青龙白虎均称，曾被多名堪舆学家誉为大自然恩赐的一块风水宝地。

目前已形成第一、二期的别墅住宅区；第三期小高层、高层优美的建筑群体。重新规划的云岭山庄，学校、商场、泳池、健身房、休闲会所、步行街等配套设施齐全。是文化、品质、追求、空间汇集于一体的人文大社区，创造您完美、多姿多彩的人生！

这里静中带闹、闹中取静，环境优雅。山庄内享有5万多平方米的山地自然湖，有2万多平方米的菠萝山森林公园，园内有茂密的林树演绎其间，有休闲凉亭，艺术葡萄架和绿茵广场置于其中，大理石所铺筑的台阶及沿路设立的驿途休闲桌椅环绕全山；大云岭山脉和群山67公顷的自然绿化带，超高的绿化率，任您自由呼吸……是居家、养生的优雅乐园。

云岭山庄有山有水，是一处私藏于热闹都市中“绝好相遇的世外桃源”。

云岭山庄俯瞰图

华辉地产
H.REAL ESTATE

成立于2007年5月，注册资本5000万美元，是一家集房地产开发、策划销售、物业管理等于一体的房地产开发企业，目前为三级开发资质。拥有一批具十多年从事房地产开发经营的专业人才、从事规划设计的高级工程师和从事施工建设的技术人才。公司实力雄厚，是新兴的房地产开发企业。

开发了30多万平方米的荣辉珠宝城等项目，现正开发总占地面积32万平方米，总建筑面积90万平方米的华辉新都，以及占地面积约25万平方米，总建筑面积约为50万平方米的华辉滨江花城。华辉新都和滨江花城以独立别墅、联排别墅、小高层、高层及商业会所、酒店公寓等为主，是粤东目前最大的两个项目之一。正在规划占地面积达10万平方米的南海庄园滨海项目，将打造为陆丰高尚居住区。公司在惠州中心区开发总建筑面积65000平方米翠竹苑项目，已进入主体开发阶段。目前公司正在全国进行有效的土地储备，目前土地储备达200多公顷。

陆丰市华辉房地产开发有限公司

http://www.lfhuahui.com

陆河县泰安水建工程有限公司

成立于1992年，原为陆河县水利水电建筑安装工程公司，全民所有制企业，经营方式为建筑、安装。2003年6月，经县政府批准转制为有限责任公司，更名为陆河县泰安水建工程有限公司，现有各类工程技术人员110人，其中工程师26人，高级工程师7人。

先后承建多项水利水电建筑安装工程，其中包括陆河县嶂顶电站工程、龙江电站工程、大沥唇电站工程及参建35KV樟新输电线路、陆河县城市防洪堤工程等一大批。这些工程先后受到各级主管部门的好评，其中所参建的35kV樟新输电线路，被评为农网改造的样板工程。近年，获“连续十年重合同守信用企业”称号。

汕尾市营通水泥制品厂有限公司

2008年4月成立。主要经营商品混凝土、石料、河砂、粉煤灰及土石方、桩基础施工等项目，广东省建设厅核发搅拌商品专业叁级证书，是汕尾市生产工艺自动化程度较高、设备较先进、环保意识较强的混凝土搅拌站，生产输送各种标号的优质、高标准商品混凝土。秉承“以质量求生存、以信誉求发展”的宗旨，严格按照国家标准、国际标准及有关规范生产，使产品质量得到保证。

1985年9月东莞撤县设市，1988年1月升格为地级市。改革开放30年来，东莞坚持以经济建设为中心，充分发挥地理人文优势，大力发展外向型经济，以科技推动经济发展，积极探索规划建设管理新模式。东莞先后获“中国优秀旅游城市”、“国家卫生城市”、“全国绿化模范城市”、“中国最佳魅力城市”、“中国最具经济活力城市”、“中国制造业名城”、“国际花园城市”、“国家园林城市”、“全国文明城市”等称号。

东莞石排镇建设新莞人廉租房

东莞建设36座污水处理厂

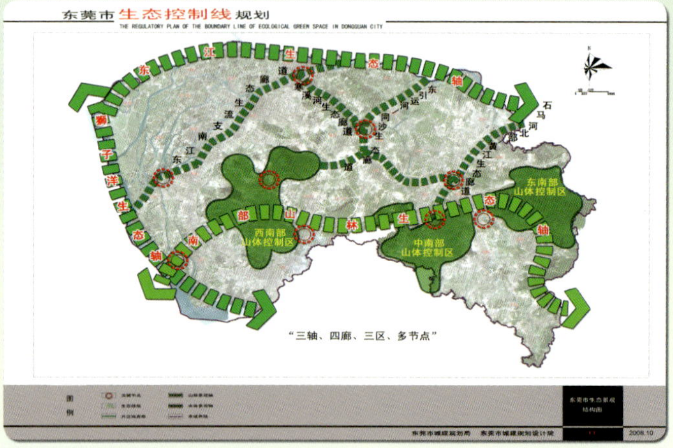

东莞市生态控制线规划

种植了160多个植物品种的东莞大道

东莞市同沙生态公园

东莞虎门港中海油码头

东莞水濂山森林公园水中亭台

小朋友在城市中心广场的草坪上写生

美丽的松山湖

整治前的东深路常平镇德利信电子厂路段

整治后的东深路常平镇德利信电子厂路段

东莞市人民医院新院

（东莞市建设局供稿）

中国建筑500强企业
中国驰名商标
中国质量信用AAA级单位
中国行业企业信用AAA级单位
2009年中国建设行业最具综合实力百强企业
东莞市50强民营企业
从2003年至今连续被东莞市评为『守合同重信用』企业

广东宏达工贸集团办公新址模型

广东宏达建设工程有限公司

成立于1986年，广东宏达工贸集团旗下的全资子公司，是一家以建设工程为主与高新技术相结合的大型民营企业，以雄厚的实力承施各类企业房屋建筑工程、室内外装饰装修、中央空调安装、无尘室工程、高低压配电、消防环保等工程，并为客户提供从工程规划、设计、咨询到施工安装、维护保养等一条龙服务，拥有强大的综合竞争优势。具有房屋建筑工程施工总承包、机电设备安装工程专业承包与建筑装修装饰工程专业承包资质。

现有技术管理人员300多人，其中中高级以上人员达100多人，总资产近5亿元，办公用地2万平方米，实力雄厚，技术领先。以国际先进管理模式为先导，以优质服务为根本，先后为众多的中外优秀企业及政府机关单位规划、设计，承施各类厂房、商住楼宇等，客户遍布全国，在品质和服务方面受到了客户一致赞扬和好评，在业界享有很高的知名度，与三星、诺基亚、汤姆逊、信泰联、欧姆龙、森玛仕等世界500强企业以及东莞金凯悦、长安酒店等企事业单位建立了长期、友好的合作关系。同时以传统产业为依托，积极与科技高校合作，研发建筑、节能减排并已应用于众多大型企业中。

在发展壮大中时刻不忘回报社会，积极参与各项公益活动、捐资助学，集团董事长获“海纳百川、厚德务实”东莞市精神百名杰出人物奖，企业获东莞市“热心公益事业标兵单位”、“文明单位”等。

企业愿景：共创宏达美好家园
服务理念：顾客的满意是我们最大的欣慰
核心价值观：求真　务实　真情
企业使命：做企业行业专家，创中国百年老店
核心竞争力：铁的纪律+人性化管理
经营宗旨：以真诚服务赢取市场，以优质高效谋求发展
企业信念：宏图远大，努力必达

承建的东莞实盈公司工程获“2009中国建设行业十大优质样板工程”

承接的东莞旭和电器有限公司土建工程（面积：一期47000平方米，二期30000平方米）以及二次机电综合工程

承接的昆山市一家娱乐公司的装饰工程

承接的珠海市一家日资公司的冷气工程（3000平方米万级无烟室、3000RT中央空调）

东莞市鸿高建设工程有限公司

成立于1986年9月，原名东莞市企石铁岗建筑工程公司，2002年6月改制后更名为东莞市鸿高建设工程有限公司，拥有房屋建筑工程施工总承包一级、市政公用工程施工总承包一级、公路工程施工总承包二级等施工资质，企业注册资金8000万元。

成立以来，凭借雄厚的综合实力，完成近100亿元的施工产值，主要参与和承建莞深高速、常虎高速、惠常高速、107国道东莞段、莞惠公路、莞龙公路、东深公路、北王公路、西部快速等大型基建项目；在建筑工程方面，主要承建鸿发大厦、卡布斯国际广场、钻石半岛酒店、金椅豪园等工程项目，总建筑面积达100万平方米。

坚持高标准、严要求、创一流的管理、一流的质量、一流的效益的思想；以质量第一、安全第一、信誉至上为宗旨，用科学的管理水平、雄厚的技术力量、健全的管理制度、先进的现代化施工设备和科学的监控手段，确保创建优质的工程，继续发展壮大企业综合实力，立足省内，放眼全国，为祖国的交通、建筑事业发展作出更大贡献。

公司领导班子在研究工作。（从左至右）副总经理：徐世亮、李丰收，总经理刘镇庭，副总经理高明。

承建的鼎峰·卡布斯国际广场

承建的东部快速干道与莞樟公路互通

承建的莞深高速与莞樟公路互通

承建的常虎高速大岭山隧道

广东光大企业集团有限公司

始创于1983年，前身为东莞市光大实业总公司，是一家集房地产开发、工程建筑、市政工程、高速公路、装饰装潢、物业管理、园林绿化、装饰材料、贸易、水泥、百货等项目于一体的大型企业集团公司。主营房地产开发，旗下设东莞市建安集团有限公司（国家一级总承建企业）、东莞市光大房地产开发有限公司(一级资质)、广州市聚晖电子科技有限公司、广东中镓科技有限公司、惠州市光大水泥企业有限公司、东莞市光大物业管理有限公司（一级资质）、光大装饰设计公司、东莞市彩怡百货有限公司、彩怡名居等数家全资、合资子公司。

多年来，一直秉承“品质为先、诚信为本、追求卓越”的经营理念，经过多年不懈努力，在各领域取得了辉煌成绩。2008年获中国房地产100强企业；2008年度广东纳税百强企业；五次蝉联广东地产资信20强……

目前世界经济形势风云变幻，光大集团为了迎接各种挑战，储备好了充足的土地、雄厚的资金以及大量的优秀人才，全力打造出一艘东莞房地产界的“航母”，为建设现代化东莞贡献自己的一分力量！“根扎东莞，造福一方”，光大集团正在新世纪的中国大地上迈着坚实的脚步！

美丽家园

景湖夜色

泗水归源，豪宅板块——景湖花园

富盈集团

"享受富盈生活"——富盈人用实际行动与社会、与客户、与员工、与合作伙伴共同演绎。

创建于1995年，现已发展成一家立足东莞，辐射全国，以房地产业为龙头，涵盖教育、酒店、旅游、家居、材料、建筑、物业管理等多个行业的综合性、跨行业、跨地区的大型集团公司。富盈集团本着"创造富盈生活"的宗旨，一路走来精彩纷呈，所获荣誉不胜枚举，先后获得"广东地产资信20强"、"东莞市50强民营企业"、"广东省2008年度品牌企业"等荣誉。

富盈地产一直以"用心建筑天地间"的规划理念，先后成功开发了盈翠豪园、加州阳光、东方华府、山水华府、花样年华、御墅莲峰、四季名苑等项目。富盈地产以真诚赢得客户，以品牌打造精品，以服务构建和谐社区，以行业标准实现"百年富盈，用心建筑"的理想目标。

东方华府效果图

粤晖园正门

富盈酒店远景图

光明学校全景图

东莞市维美建筑设计有限公司

创立于1992年，目前是经建设部批准具有建筑工程设计甲级资质的专业设计公司。业务范围涉及项目开发咨询策划、规划设计、建筑设计、室内设计、景观设计、市政设计、房屋安全鉴定、预结算编制等领域。

倡导“业精、心诚、优质服务”的经营理念，注重与客户建立和发展伙伴关系，因精心设计而相识，因优质服务而相知，良好的社会效益与经济效益让我们与客户共同发展。以高标准的设计与服务建立起了市场知名度和信誉度，2003～2007年度连续五年被东莞市建设局评为年度勘察设计先进单位。

“快乐工作、享受生活”是公司的企业文化理念，创造性的工作令大家充满激情和欢乐，生活也因此而精彩，共同实现“超越期待，设计未来”的企业愿景，因此培养并拥有一大批年轻而富有才华的设计师，具有极强的设计能力和协调能力。

透视1：圆弧玻璃幕墙及标志性装饰构件，简洁的建筑墙面及局部楼层的退廊，使整栋建筑浑然天成，独具“大朗新地标” 之雕塑（模型）

透视2：标志性装饰构件，简洁的建筑墙面及楼层的退廊，使整栋建筑浑然天成（模型）

总平面规划图：在狭长且极不规则地块上，充分利用沿街道路的商业价值，成功做到人、车分流，互不干扰

大朗镇中心小学景观模型

1983年12月中山改为地级市建制后，城市建设迅速开展。新建中山路、兴中道、起湾路、中山港大道、悦来南路、富华道等主干道路，城市交通网络日趋完善。近年来，中山市先后获得“国家卫生城市”、“全国城市规划管理先进单位”、“全国园林城市”、“全国环保模范城市”、“中国优秀旅游城市”、“全国畅通工程模范城市”、“全国创建文明城市工作先进城市”、“广东省文明城市”等称号。

中山市体育馆

2008年中山房地产博览会开幕式

中山市首期廉租房钥匙交接

中山市村村通自来水工程建设项目获“中国人居环境范例奖”

中山市岐江公园

中山市孙文西路步行街

中山市兴中道

（中山市建设局供稿）

改革开放30年来，江门市城市面貌发生天翻地覆的变化，中心城区增长近10倍，由原来10多平方公里增至2008年的108平方公里，市区新建、扩建、改建主干道30多条，形成纵横交错的路网骨架。为打造环保模范城、山水园林城、生态宜居城，江门市加大资金投入，建成2座无害化垃圾处理场，1座医疗垃圾处理场，6座污水处理厂，同时新建或改造一批文化公园、休闲广场，城市功能和宜居程度得到明显提升。

江门市北新区道路

江门市蓬江河沿线城市建设

江门市东湖公园及广场

江门市新会区圭峰山玉湖

2008年5月建成投入使用的江门市青少宫

江门市丰乐污水处理厂全貌

江门市文昌沙水质净化厂全貌

江门一中新校区

（江门市建设局供稿）

近年来，阳江市围绕建设现代化海滨城市的目标，大力推进城乡建设，城镇规模不断扩大，基础设施日新月异，城市功能日趋完善，初具一个中等地区性中心城市的规模。至2008年，全市城镇建成区从建市初的51平方公里、48万人，扩大到157.8平方公里、110.2万人，其中市区从建市前的7.9平方公里、7.7万人，扩大到40.1平方公里、40.2万人。

广东省副省长林木声（左二），省建设厅厅长房庆方（左五），中共阳江市委书记林少春（左三），市委副书记、市长魏宏广（左六）视察阳江城市建设

广东省建设厅厅长房庆方在2005阳江市房地产高峰论坛暨十佳楼盘评选活动上讲话

阳江市江朗大道

阳江市东风二路

阳江市东风一、二路与北环路

中共阳江市委书记林少春（右二）、市长魏宏广（右三）、副市长周乐荣（左一）等领导视察东风一、二路和北环路开通情况

阳江市市长魏宏广（中）到阳江市建设局调研

阳江市副市长周乐荣（左三）视察建筑工地

阳江市建设局局长谢丰喜冒雨检查工地防汛工作

（阳江市建设局供稿）

湛江海滨夜景

湛江市近年来按照建设成为粤西城镇群中心的定位，建设城乡协调生态文明的科学发展试点市，重大项目建设如火如荼，经济发展势头强劲，城市建设日新月异，湛江正逐步成为充满生机活力的现代化新兴港口工业城市。1999年以来，先后获得“全国绿化达标城市”、“广东省卫生城市”、“广东省文明城市”、“中国优秀旅游城市”、“国家园林城市”等称号。

湛江海湾大桥

湛江东海岛

湛江市霞山区解放西路

湛江美景

湛江经济技术开发区

工金沙湾

（湛江市建设局供稿）

改革开放以来，茂名市贯彻落实加快推进社会主义新农村建设的战略部署，以村镇规划编制和村庄整治工作为重点，切实抓好城乡规划建设管理工作，不断加快城乡各项市政公用基础设施建设，大力整治城乡环境，推进了全市城镇化进程。

茂名小东江

《茂名市城市总体规划纲要（2008～2020）》研讨汇报会

2008年10月17日，茂名市环水东湾新城总体规划国际招标评审报告会

改造后的茂名油城六路

茂名文化广场

道路改造工程——茂名油城五路人行天桥

茂名人民广场

茂名竹园桥

油城之夜

（茂名市建设局供稿）

广东中城建设集团有限公司

荟雅苑

成立于1992年5月，前身为茂名市建工集团有限公司，房屋建筑工程施工总承包一级企业，并具有市政公用工程施工总承包二级、建筑装修装饰工程专业承包二级、起重设备安装工程专业承包二级、机电设备安装工程专业承包三级、地基与基础工程专业承包叁级等增项资质。经过多年的努力，现已发展为年总产值超过10亿元的建筑企业集团。

秉承“精益求精、用心造好房子；以人为本、倾心员工安康；致力环保、福荫人类社会；海纳百川，炼就一流企业”的理念，引进高素质人才，积极开展创优活动，使建筑产值年年增加，经济效益节节增高。

被评为2002年度全国用户满意施工企业，2007年度全国优秀施工企业，连续十五年守合同重信用企业，2006年度全国守合同重信用企业，茂名市2008年度建设工程安全生产、文明施工先进单位，深圳发展银行信用等级AAA级单位。

用心造好房子，共同营造建筑精品。公司将一如既往地以一流的服务为社会打造更多的建筑精品。

中山乒乓球馆

文德雅轩

茂名市世和城建房地产开发有限公司

成立于2000年10月16日，具有国家二级房地产开发资质。法定代表人戴学济，注册资本2010万元。成立以来，全体员工精诚团结，努力拼搏，各项业务得到迅猛发展。先后开发建设了南华小区、站东小区、朝阳小区等多个高尚住宅小区及雅园世和花园、站东花园、愉园世和花园等精品楼盘，取得了良好的经济效益和社会效益。目前正在开发的房地产项目有碧水湾及沁园居。其中碧水湾项目拟分三期开发，总建筑面积达46万平方米，将是茂名地区规模最大的楼盘。2009年投资兴建的茂名计星物流广场，占地26.67公顷，是茂名地区最大的集物流、装饰材料、小五金等于一体的综合性批发市场。经营运作能力强，综合实力雄厚，走在茂名地区业界的前列。

世和地产新办公大楼

碧水湾一期

沁园居

改革开放30年来，肇庆市从建成区面积不足11平方公里的山区小城发展为建成区面积达70.96平方公里、人口43.82万人的中等城市，肇庆的城市经济社会发生了可喜的变化，城市框架不断拉大，城市综合承载能力大幅提高，城市功能日臻完善。至2008年，肇庆市城区的城市道路长度为487.7公里，面积达750万平方米；城市公交线路增加到21条，形成顺畅便利的路网；日供水能力47.75万立方米，供水普及率达99.9%；日处理污水能力11万立方米，城区污水处理率达70%以上，污水排放指标符合国家标准。

广东省建设厅厅长房庆方在肇庆召开的第11届中日城市规划交流会致欢迎辞

获2000年“中国建筑工程鲁班奖”的肇庆市国家税务局培训教学楼

肇庆市体育中心

肇庆市“一江两岸”的城市建设发展新貌

肇庆宋城西路阅江楼

肇庆宋城西路一角

（肇庆市建设局供稿）

2008年，由碧桂园集团在高要投资建设的大型高尚生活社区——肇庆碧桂园山湖城的开工建设，标志着高要城市建设又迈上了新的台阶，为高要市全面对接珠三角城市群，加快城市发展，再添上了浓墨重彩的一笔。

高要市建设局围绕“拓宽城市空间，推进城市建设”的部署，进一步把高要打造成为“广佛肇经济圈最佳人居城市”。至2008年底，高要市的新兴江“一河两岸”江滨新城建设已初具规模，高要市城区规划面积由原来的18.5平方公里增加到38平方公里；城区在建楼盘施工面积达120.19万平方米，超过2006年前全市房地产开发建设的总和。2009年1至8月份，全市房地产销售面积同比增长2.19倍。

由碧桂园集团投资10.3亿元建设的高要碧桂园·山湖城项目全面动工建设

肇庆（高要）碧桂园

肇庆·祈福海岸

矗立在西江之畔的高要新城市

高要城区新兴江“一河两岸”概念性规划图

高要市城区

高要市江畔湾花园

高要市城区明珠广场一角

（高要市建设局供稿）

1988年1月清远撤县建市以来，清远城市的规模、面积不断扩大，城市面貌发生巨大变化，城市功能日趋完善，管理水平不断提高。建成区面积由建市初的3.7平方公里扩大到2008年的39.5平方公里，城市人口从7万人增加到34万人。通过脏乱差治理，市容市貌得到改观，居民的生活环境得到改善，城市的环境发生了根本变化。近年来，清远先后获“广东省文明城市”、“广东省双拥模范城”、“广东省卫生城市”，并被国家有关部门授予“中国优秀旅游城市”、“中国漂流之乡”、“中国龙舟之乡”、“中国温泉之乡”、“清远漂流与温泉——欧洲人最喜欢的中国景区”等称号。2007年，清远成功创建“中国宜居城市”，进一步提升了城市品位。

清远一河两岸风光

2008年6月17日，清远市建设系统举行向灾区捐建安置房捐赠仪式，总共捐款610多万元

清远市凤城广场夜景

清远市石角镇庆仁二队新农村建设

清远市新城建设一角：江岸风光

清远市新城景色：江心荡舟

清远市山水小区：金碧湾花园

（清远市建设局供稿）

2008年，潮州市城市建设完成固定资产投资46.5亿元。城市自来水普及率100%，燃气普及率100%，每万人拥有公交车辆4.21标台，人均城市道路面积10.05平方米，人均公园绿地面积10.28平方米，污水处理率76.95%，生活垃圾无害处理率100%。

潮州湘子桥

彩虹飞架

公园一角

潮州市区一角

潮州大唐电厂

潮州华丰能源

（潮州市建设局供稿）

揭阳市自1991年撤县建市以来，城乡建设取得较大进步，城乡各层次规划不断完善；市政功能日渐配套，发展环境逐步改善；市政公用事业改革加快实施，园林绿化管护、环卫保洁市场化管理逐步铺开，环境卫生、交通秩序、绿化等专项整治行动深入开展；城乡面貌明显改观。至2008年底，全市建成区面积120平方公里，城镇总人口155.59万人；拥有城市公共绿地800公顷，建成区绿化覆盖率24.86%，人均公园绿地面积7.46平方米，城区居民人均居住面积25.6平方米；城镇居民用水普及率95.17%，用气普及率92.44%；全市城镇化水平达45.36%。

揭阳楼鸟瞰

揭阳市区污水处理厂

揭阳临江南路

揭阳临江北路

揭阳榕江音乐喷泉

揭阳黄岐山大道夜景

（揭阳市建设局供稿）

自1994年云浮设地级市以来，云浮市城乡建设取得辉煌的成就。城乡固定资产投资不断增长，市政公用设施的承载能力和服务水平大大提高，城乡住宅建设取得新成就，城乡环境不断改善，居民居住水平日渐提高，城乡面貌大为改观。云浮市建成区面积从设市初期18平方公里增加到25平方公里，城市的基础设施和公用配套设施日益完善。

云浮市兴云东路住宅群

中共云浮市委书记王蒙徽(前一)、副市长崔逢池(左二)、建设局局长徐树桂（右一）视察浩鑫实业发展有限公司（三河洲花园）

云浮市市长黄强（前右二）、副市长崔逢池（前右一）、建设局局长徐树桂（前左一）视察云浮风情步行街建设

市区城南路

云浮市区河滨路远眺

云浮道路建设

新兴县石头涌生态文明村

云浮美景

（云浮市建设局供稿）

云浮三河洲花园

由云浮浩鑫实业发展有限公司开发建设，一、二期建筑面积15万平方米，28幢商住楼已建成并销售完毕，现进入三期开发建设。

三河洲花园占地9.11公顷，总建筑面积26万平方米，工程分三期开发建设，共34幢、1500户，总投资5亿元。从2005年6月开始动工建设，预计2010年全部建设完成。小区建筑设计实行多层、高层并举，配有会所、篮球场、游泳池、半地下车库等。在总体规划设计上，充分利用项目三面环水的独特地理环境优势，最大限度地与周边水景贴近，开发出生动丰富的河岸天际线。

小区建筑物沿南山河布置，尽量使每一住户都能亲水、临水。建筑平面以南北为主导朝向，一梯两户为主，“品”字形一梯三户，“工”字形一梯四户为副，进行组团围合。每户均有至少两开间阳台，保证良好的通风采光。户型以三房两厅和四房两厅为主，配套大型地下停车库。

小区在居住区主入口上设置2000平方米住宅会所，以满足业主日常需求为要点，沿南山河边建成一条长达800米的堤边观景长廊，周边设置全天候游泳池、水中咖啡茶座、白色张拉帐篷、旱地喷泉、休息长亭，完全演绎和谐浪漫的亚热带风情。

三河洲花园会所

三河洲花园住宅

三河洲花园小区

三河洲花园环境优越

云浮市岭南建筑工程有限公司

竣工工程外景

2006年4月13日组建成立，经广东省建设厅核定为房屋建筑工程施工总承包三级企业，同时具有市政公用工程施工总承包三级、土石方工程专业承包三级、建筑装修装饰工程专业承包三级、机电设备安装专业承包三级资质。经济、技术、设备力量雄厚，常年职工人数500余人，拥有各类专业技术人员168人，其中高中级职称人员28人，建造师12人，企业经营性固定资产1800万元，各种机械设备260余台，技术装备率1.5万元/人，动力装备率9.8千瓦/人，年生产能力9800万元。

秉承“团结拼搏、务实高效、开拓创新、勇攀高峰”的企业精神，走全面质量管理之路，以实力、拼搏加智慧，取得了可喜的业绩，所承建的工程合格率达100%，优良率80%以上，多项工程获省市建设主管部门授予“双优”样板工地和“优良”样板工程，为企业赢得了良好的社会信誉，成为云浮市知名度较高的施工企业。

守约、重义、讲信誉，愿与社会各界新老朋友真诚合作，共谋发展，共创辉煌。

在建工程外景

承建的广场一角

广东恒升建筑装饰工程有限公司

广东恒升建筑装饰工程有限公司位于佛教禅宗六祖惠能的故乡——云浮市新兴县。下设新兴县恒晖苑房地产开发有限公司、新兴县恒晖物业服务有限公司、云浮市南方房地产开发有限公司、广东恒升建筑装饰工程有限公司高明分公司，并与四会置业房产开发有限公司、佛山市高明恒晖苑房地产开发有限公司、高明百代恒晖房地产开发有限公司（中外合资）合作开发跨区域楼盘。

具有二级建筑施工总承包资质，集房地产开发、建筑工程施工、室内外装饰工程设计及施工、现代物业管理和旅游业开发于一体的省级民营科技企业，最近四年连续被评为云浮市及新兴县的重点民营企业、优秀企业，并凭本土新兴项目的业绩荣获“超千万纳税大户”称号。

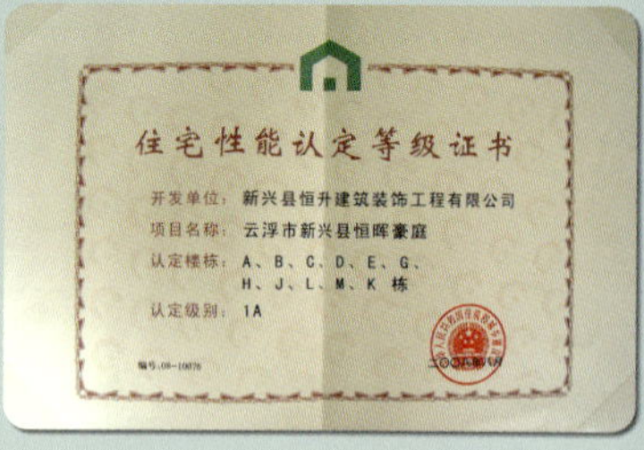
住宅性能认定等级证书

开发单位：新兴县恒升建筑装饰工程有限公司

项目名称：云浮市新兴县恒晖豪庭

认定楼栋：A、B、C、D、E、G、H、J、L、M、K 栋

认定级别：1A

国家A级住宅性能认定等级证书

恒晖苑系列楼盘——恒晖豪庭牌坊

恒晖豪庭区内生态景观

新兴恒晖苑国家专利错层阳台

统计资料

- 全社会固定资产投资一万一千亿元
- 全省基础设施完成投资二千九百多亿元
- 基本建设新增固定资产三千一百八十亿元
- 建筑业总产值三千三百七十五亿元
- 建筑业企业总产值三千三百七十五亿元

全社会固定资产投资主要指标

项　　目	1995年	2000年	2005年	2007年	2008年
投资完成额（亿元）	2327.22	3233.70	7164.11	9596.95	11165.06
按城乡分					
城镇	1935.97	2710.57	6038.77	7525.46	8789.19
农村	391.25	523.13	1125.34	2071.49	2375.87
按报表种类分					
基本建设	905.97	1163.63	3660.98	4461.29	5216.84
更新改造	255.61	435.44	966.79	1197.45	1398.31
房地产开发	563.89	858.61	1591.90	2519.13	2932.34
其他投资	601.75	776.02	944.44	1419.08	1617.57
按登记注册类型分					
内资	1874.41	2676.65	5368.63	7336.74	8763.99
国有	1122.84	1219.19	1858.90	2129.58	2478.26
集体	363.67	393.23	328.17	482.55	552.31
股份合作		19.43	66.56	35.84	53.47
联营		47.78	56.36	39.31	58.61
有限责任公司		366.63	1221.77	1797.41	2314.26
股份有限公司		153.58	377.11	591.97	603.15
私营	17.22	207.67	1107.61	1650.70	1877.39
个体	249.78	248.51	295.86	483.79	698.20
其他	120.90	20.63	56.29	125.59	128.34
港澳台投资	197.93	416.34	1081.10	1421.55	1524.05
外商投资	254.88	140.71	714.39	838.66	877.02
按构成分					
建筑安装工程	1507.92	2103.78	4520.62	6088.11	7140.54
设备工具器具购置	464.75	597.29	1593.83	1979.44	2264.31
其他费用	354.55	532.63	1049.67	1529.39	1760.21
按三次产业分					
第一产业	14.27	23.40	28.72	69.92	109.54
第二产业	682.40	768.82	2868.44	3512.12	3936.80
第三产业	1630.55	2441.48	4266.94	6014.91	7118.72
按财务拨贷款合计	2509.38	3396.79	7948.02	11413.40	12204.40
国家预算内资金	26.98	56.80	69.13	179.42	253.16
国内贷款	376.11	584.34	1366.09	1755.86	1877.90
利用外资	465.13	357.05	786.05	984.01	779.48
自筹资金	941.71	1456.24	4300.92	5741.04	7052.96
其他资金	699.45	942.35	1425.83	2753.07	2240.90
房屋建筑面积（万平方米）					
施工面积	21364.88	23520.91	38351.76	42981.28	44751.79
竣工面积	10689.48	13492.94	17053.80	17320.02	18056.12
住宅	7308.18	8888.66	9633.54	9995.98	10121.36
实际销售商品房屋面积（万平方米）	1000.41	2259.95	5038.91	6174.96	4824.41
住宅	850.44	2009.34	4546.32	5606.37	4378.37

全社会固定资产投资总额（1978~2008年）

单位：亿元

年　份	全社会投资总额	按报表种类分				按城乡分			
		基本建设	更新改造	房地产开发	其他投资	城镇	城镇和工矿区私人	农村	农村农户
1978	27.23	17.85	2.19		7.19	20.51		6.72	6.35
1979	28.29	17.63	2.43		8.23	20.65		7.64	7.28
1980	38.29	22.05	3.67		12.57	26.81		11.48	10.89
“六五”时期	548.80	246.86	98.26		203.68	398.17	14.40	150.63	108.14
1981	60.40	28.37	6.24		25.79	39.15	2.19	21.25	17.19
1982	84.73	33.86	17.91		32.96	57.34	1.93	27.39	19.53
1983	88.71	35.23	19.91		33.57	62.11	2.14	26.60	18.74
1984	130.37	55.33	21.89		53.15	89.86	3.03	40.51	28.49
1985	184.59	94.07	32.31		58.21	149.71	5.11	34.88	24.19
“七五”时期	1549.91	680.30	282.17	129.10	458.34	1308.23	57.48	241.68	160.42
1986	216.50	103.48	42.78	10.00	60.24	179.49	5.82	37.01	26.24
1987	251.01	107.27	51.36	16.29	76.09	208.87	8.00	42.14	30.08
1988	353.59	146.68	79.22	21.96	105.73	315.06	19.93	38.53	27.51
1989	347.34	147.44	49.71	48.15	102.04	294.95	14.21	52.39	30.63
1990	381.47	175.43	59.10	32.70	114.24	309.86	9.52	71.61	45.96
“八五”时期	7498.19	2857.35	874.80	1459.87	2306.17	6072.55	172.60	1425.64	637.08
1991	478.20	214.76	74.87	49.75	138.82	391.75	15.39	86.45	48.59
1992	921.75	338.69	128.57	125.57	328.92	702.59	21.60	219.16	87.54
1993	1629.87	546.63	183.87	316.53	582.84	1307.33	40.33	322.54	127.48
1994	2141.15	851.30	231.88	404.13	653.84	1734.91	42.87	406.24	177.97
1995	2327.22	905.97	255.61	563.89	601.75	1935.97	52.41	391.25	195.50
“九五”时期	13555.17	5291.39	1682.32	3228.69	3352.77	11333.16	254.29	2222.01	1061.69
1996	2327.64	909.73	277.00	528.85	612.06	1945.72	44.19	381.92	189.93
1997	2298.14	903.26	273.90	528.31	592.67	1899.22	39.77	398.92	202.31
1998	2668.13	1072.30	327.38	602.72	665.73	2224.24	48.13	443.89	223.05
1999	3027.56	1242.47	368.60	710.20	706.29	2553.41	56.76	474.15	229.71
2000	3233.70	1163.63	435.44	858.61	776.02	2710.57	65.44	523.13	216.69
“十五”时期	25727.31	10651.23	3373.95	6268.85	5433.28	21742.54	423.91	3984.77	1173.23
2001	3536.41	1243.72	485.01	972.34	835.34	3003.72	69.54	532.69	220.21
2002	3970.69	1367.23	515.07	1115.25	973.14	3343.46	75.29	627.23	216.16
2003	5030.57	1893.58	658.94	1233.52	1244.53	4235.14	83.48	795.43	239.68
2004	6025.53	2485.72	748.14	1355.84	1435.83	5121.45	105.64	904.08	228.26
2005	7164.11	3660.98	966.79	1591.90	944.44	6038.77	89.96	1125.34	268.92
“十一五”时期									
2006	8132.37	4045.97	1126.76	1843.51	1116.12	6618.77	112.80	1513.60	319.36
2007	9596.95	4461.29	1197.45	2519.13	1419.08	7525.46	117.34	2071.49	404.85
2008	11165.06	5216.84	1398.31	2932.34	1617.57	8789.19	152.86	2375.87	437.57

注：1. 1993年以前房地产开发投资主要是商品房建设投资。
2. 从2005年起农村私人改为农村农户。
3. 2005年起基本建设、更新改造、其他投资与往年不可比。
4. 2008年房地产开发投资为快报数。

按资金来源和构成分全社会固定资产投资（1985~2008年）

年份	按资金来源分				按构成分		
	国家预算内资金	国内贷款	利用外资	自筹和其他资金	建筑安装工程	设备工具器具购置	其他费用
投资额（亿元）							
1985	15.02	45.70	19.00	104.87	138.31	32.71	13.57
1986	17.97	47.13	27.47	113.93	140.21	48.48	27.81
1987	15.70	54.07	29.35	139.98	181.79	52.88	16.34
1988	16.57	88.89	44.44	195.55	224.73	58.94	69.92
1989	13.82	55.79	52.86	182.15	174.33	95.09	77.92
1990	12.92	73.92	61.07	261.60	246.56	103.97	30.94
1991	12.82	108.50	66.69	326.45	331.23	105.47	41.50
1992	12.98	205.51	120.17	667.06	651.18	185.72	84.85
1993	21.09	342.60	285.28	1085.64	1019.74	381.90	228.25
1994	20.70	335.57	479.52	1379.58	1357.19	499.26	284.70
1995	26.98	376.11	465.13	1641.16	1507.92	464.75	354.55
1996	22.52	347.75	494.70	1573.54	1507.04	498.79	321.81
1997	21.75	296.54	477.70	1605.60	1511.58	464.55	322.01
1998	46.53	414.58	394.44	1971.60	1688.14	546.06	433.93
1999	60.95	549.97	323.63	2167.05	1960.22	588.35	478.99
2000	56.80	584.34	357.06	2398.59	2103.78	597.29	532.63
2001	58.10	592.65	361.09	2680.24	2293.93	698.49	543.99
2002	73.58	749.21	439.31	3040.07	2548.91	783.70	638.08
2003	90.23	950.98	568.95	3996.32	3201.16	977.70	851.71
2004	72.39	1132.08	655.75	4864.42	3784.12	1247.82	993.59
2005	69.13	1366.09	786.05	5726.75	4520.62	1593.83	1049.67
2006	105.55	1659.26	865.58	6662.41	5221.87	1796.20	1114.29
2007	179.42	1755.86	984.01	8494.11	6088.11	1979.44	1529.39
2008	253.16	1877.90	779.48	9293.86	7140.54	2264.31	1760.21
构成（%）							
1985	8.1	24.8	10.3	56.8	74.9	17.7	7.4
1986	8.7	22.8	13.3	55.2	64.8	22.4	12.8
1987	6.6	22.6	12.3	58.5	72.4	21.1	6.5
1988	4.8	25.7	12.9	56.6	63.6	16.7	19.8
1989	4.5	18.3	17.4	59.8	50.2	27.4	22.4
1990	3.2	18.1	14.9	63.9	64.6	27.3	8.1
1991	2.5	21.1	13.0	63.5	69.3	22.1	8.7
1992	1.3	20.4	11.9	66.3	70.6	20.1	9.2
1993	1.2	19.8	16.4	62.6	62.6	23.4	14.0
1994	0.9	15.1	21.6	62.3	63.4	23.3	13.3
1995	1.1	15.0	18.5	65.4	64.8	20.0	15.2
1996	0.9	14.3	20.3	64.5	64.7	21.4	13.8
1997	0.9	12.3	19.9	66.9	65.8	20.2	14.0
1998	1.6	14.7	14.0	69.7	63.3	20.5	16.3
1999	2.0	17.7	10.4	69.9	64.7	19.4	15.8
2000	1.7	17.2	10.5	70.6	65.1	18.5	16.5
2001	1.6	16.1	9.8	72.6	64.9	19.8	15.4
2002	1.7	17.4	10.2	70.7	64.2	19.7	16.1
2003	1.6	17.0	10.1	71.3	63.6	19.4	16.9
2004	1.1	16.8	9.8	72.3	62.8	20.7	16.5
2005	0.9	17.2	9.9	72.1	63.1	22.2	14.7
2006	1.1	17.9	9.3	71.7	64.2	22.1	13.7
2007	1.6	15.4	8.6	74.4	63.4	20.6	15.9
2008	2.1	15.4	6.4	76.1	64.0	20.3	15.7

注：1986年及以后的资金来源为财务拨款数，各项相加不等于投资总额。

全社会固定资产投资（2008年）

项目	全省合计	基本建设	更新改造	房地产开发	其他投资	城镇和工矿区私人	农村农户
投资总额（亿元）	11165.06	5216.84	1398.31	2932.34	1617.57	152.86	437.57
按隶属关系分（亿元）							
中央	890.73	652.46	107.91	127.31	3.04		
地方	10274.33	4564.38	1290.40	2805.03	1614.53	152.86	437.57
按构成分（亿元）							
建筑安装工程	7140.54	3464.62	545.43	2107.89	1022.60	143.34	401.18
设备工具器具购置	2264.31	991.08	752.11	66.24	454.88	3.85	23.85
其他费用	1760.21	761.14	100.77	758.21	140.09	5.67	12.54
财务拨贷款合计（亿元）	12204.40	5351.30	1466.34	3762.08	1624.68	153.10	440.92
国家预算内资金	253.16	200.79	34.91		17.47		0.14
国内贷款	1877.90	871.27	120.05	869.13	17.45	0.37	0.24
利用外资	779.48	409.89	142.92	65.37	161.30		0.02
自筹资金	7052.96	3563.96	1117.66	1249.67	1121.67	111.36	258.67
其他资金	2240.90	305.39	50.80	1577.91	306.79	41.37	181.85
新增固定资产（亿元）	7137.98	3179.97	1205.97	1437.28	1314.76	143.99	411.71
房屋建筑面积（万平方米）							
施工面积	44751.79	11861.37	1028.81	22992.63	8868.98	1515.22	5370.43
竣工面积	18056.12	5513.19	566.65	4359.24	7617.04	1403.97	4984.45
住宅	10121.36	527.56	46.62	3476.22	6070.96	1287.53	4625.79

各市全社会固定资产投资额（2000~2008 年）

单位：亿元

地　区	2000 年	2001 年	2002 年	2003 年	2004 年	2005 年	2006 年	2007 年	2008 年
全省总计	3233.70	3536.41	3970.69	5030.57	6025.53	7164.11	8132.37	9596.95	11165.06
广州市	923.67	972.50	999.33	1160.26	1312.71	1514.01	1687.11	1858.64	2101.45
深圳市	677.12	716.67	799.84	949.10	1090.12	1182.32	1287.43	1345.00	1464.32
珠海市	95.08	104.87	120.53	141.05	179.85	218.23	256.28	339.32	351.32
汕头市	112.48	102.97	108.12	119.24	131.94	154.14	175.18	206.69	261.36
佛山市	198.96	238.20	290.43	423.69	568.56	741.43	895.25	1052.23	1230.64
韶关市	56.82	68.20	72.33	103.31	129.22	139.75	169.16	217.59	283.79
河源市	26.54	33.80	41.42	56.29	78.38	111.10	175.18	232.09	174.79
梅州市	44.45	52.66	63.11	78.79	93.06	97.66	108.43	125.00	140.54
惠州市	77.41	84.43	104.73	228.47	297.62	352.37	308.78	486.91	588.74
汕尾市	36.21	38.48	45.96	56.95	73.44	101.86	133.48	175.08	206.27
东莞市	102.89	125.49	191.57	319.39	433.90	592.20	698.67	841.21	943.07
中山市	109.95	177.99	219.00	262.05	291.58	320.92	346.49	399.22	444.95
江门市	104.34	108.84	126.15	150.84	195.69	228.87	267.65	316.64	378.22
阳江市	33.23	39.61	42.63	49.86	56.68	82.25	102.46	135.16	171.70
湛江市	68.94	81.05	93.27	113.52	142.09	168.00	205.25	242.83	295.32
茂名市	73.57	86.00	89.98	93.37	109.41	147.72	169.85	130.71	145.74
肇庆市	75.29	83.89	94.16	114.66	145.24	178.01	216.94	270.57	326.31
清远市	48.37	46.54	57.26	101.55	156.80	222.42	301.00	483.40	703.47
潮州市	30.70	34.41	39.41	46.56	75.48	97.59	108.00	120.83	128.31
揭阳市	68.43	71.00	78.66	85.52	87.81	115.16	151.57	203.19	265.79
云浮市	32.98	37.19	41.64	53.01	76.13	103.44	110.29	129.19	142.76
按经济区域分									
珠三角	2364.71	2612.88	2945.74	3749.51	4515.27	5328.37	5964.60	6909.74	7829.03
东　翼	247.82	246.86	272.15	308.26	368.67	468.75	568.23	705.79	861.73
西　翼	175.74	206.66	225.88	256.75	308.18	397.97	477.56	508.70	612.76
山　区	209.16	238.39	275.76	392.95	533.59	674.38	864.06	1187.27	1445.35

注：全省总计中含不分区部分。

各市全社会固定资产投资额（2008年）

单位：亿元

市别	合计	基本建设	更新改造	房地产开发	其他投资	城镇和工矿区私人	农村农户
全省总计	11165.06	5216.84	1398.31	2932.34	1617.57	152.86	437.57
广州市	2101.45	982.04	348.88	762.43	8.10	0.60	7.51
深圳市	1464.32	821.51	152.88	440.49	49.44	0.71	
珠海市	351.32	173.82	28.16	147.65	1.70	0.02	1.68
汕头市	261.36	104.04	24.64	32.90	99.77	5.77	21.58
佛山市	1230.64	568.86	225.38	403.68	32.73	4.41	28.32
韶关市	283.79	123.32	58.37	55.27	46.83	1.81	15.83
河源市	174.79	82.22	12.42	18.36	61.79	3.45	33.87
梅州市	140.54	50.73	10.96	15.74	63.12	6.02	10.07
惠州市	588.74	358.50	13.65	186.83	29.75	3.78	22.65
汕尾市	206.27	90.87	32.96	8.69	73.75	16.63	27.09
东莞市	943.07	378.02	81.53	270.15	213.38	4.31	21.54
中山市	444.95	176.64	40.41	191.61	36.28	0.42	12.26
江门市	378.22	158.69	66.14	104.64	48.74	0.30	12.81
阳江市	171.70	86.46	8.36	21.25	55.64	13.65	15.17
湛江市	295.32	141.77	43.65	36.68	73.22	21.78	50.08
茂名市	145.74	24.57	29.97	19.00	72.20	13.73	46.18
肇庆市	326.31	117.03	35.67	54.32	119.29	6.02	19.91
清远市	703.47	155.43	65.97	115.69	366.39	27.89	40.50
潮州市	128.31	40.71	60.32	14.93	12.35	0.71	4.69
揭阳市	265.79	106.99	15.90	20.77	122.13	17.90	33.34
云浮市	142.76	88.53	11.99	11.27	30.97	2.94	12.50
按经济区域分							
珠三角	7829.03	3735.12	992.70	2561.80	539.41	20.56	126.68
东　翼	861.73	342.61	133.82	77.29	308.00	41.01	86.69
西　翼	612.76	252.80	81.98	76.93	201.06	49.16	111.44
山　区	1445.35	500.23	159.70	216.32	569.10	42.11	112.76

注：全省总计中含不分区部分。

国有经济固定资产投资主要指标

项　　目	1995年	2000年	2005年	2006年	2007年	2008年
建设项目个数（个）						
施工项目	6748	8934	7095	6187	6536	6781
全部建成投产项目	3217	4070	3062	2707	3227	3670
投资总额（亿元）	1122.84	1286.91	2062.31	2129.71	2357.30	2754.51
住宅	193.93	185.38	54.08	55.99	86.68	97.27
按构成分						
建筑安装工程	680.01	835.63	1365.02	1437.13	1543.59	1877.16
设备工具器具购置	254.30	222.31	345.90	353.50	398.15	397.83
其他费用	188.53	228.97	351.41	339.08	415.56	479.52
按建设性质分						
新建	685.99	635.88	1220.11	1344.73	1526.23	1800.27
扩建	258.41	280.76	478.22	351.69	394.91	446.08
改建	101.85	128.62	262.00	324.37	299.82	338.57
按资金来源分						
国家预算内资金	19.31	48.77	58.78	95.20	167.50	221.48
国内贷款	186.84	275.53	558.68	572.04	466.50	552.87
利用外资	142.71	55.08	9.28	12.35	17.64	7.22
自筹资金	550.53	743.32	1282.55	1284.43	1476.17	1814.02
其他资金	223.45	164.21	153.02	165.69	229.49	195.90
新增固定资产（亿元）	634.07	1022.34	1195.42	1167.2	1263.57	1594.18
房屋建筑面积（万平方米）						
施工面积	7425.60	5010.21	3878.94	3243.48	3986.67	3236.91
竣工面积	2486.51	2062.14	1592.14	1150.08	1455.12	1241.78
住宅	1385.38	1024.44	343.53	292.15	365.62	341.66

注：建设项目个数、投资总额按建设性质分不含房地产开发部分。

基础产业和基础设施完成投资额

单位：亿元

年　份	基础产业	基础设施	电力、燃气及水的生产和供应业	交通运输、仓储和邮政业	信息传输、计算机服务和软件业	水利、环境和公共设施管理业
1990	139.95	132.62	24.73	46.77	28.75	32.37
1995	779.53	738.70	137.77	260.49	160.13	180.31
2000	1159.40	1098.68	204.91	387.43	238.16	268.18
2001	1187.24	1049.32	225.93	340.61	247.38	235.40
2002	1237.56	1127.94	300.13	348.87	242.34	236.60
2003	1655.29	1426.24	338.85	473.57	264.35	349.47
2004	2221.66	1858.46	548.32	627.93	267.91	414.30
2005	2612.47	2154.45	691.16	675.40	241.07	546.82
2006	2800.36	2392.07	714.76	820.80	218.37	638.45
2007	2989.95	2462.09	636.07	941.28	214.35	720.11
2008	3559.61	2935.03	749.57	1193.05	242.05	836.65

注：本表范围包括基本建设、更新改造、其他投资。

基本建设投资主要指标

项　　目	1995 年	2000 年	2005 年	2006 年	2007 年	2008 年
建设项目个数（个）						
施工项目	4445	4853	13816	14837	16463	15205
全部建成投产项目	1819	2508	5702	6307	7337	8178
计划总投资（亿元）	3176.89	5689.62	14674.33	16564.98	17307.20	19523.94
自开始建设累计完成投资	1926.63	3409.02	7409.60	8625.85	9924.22	11797.14
投资总额（亿元）	905.97	1163.63	3660.98	4045.97	4461.29	5216.84
住宅	77.62	81.24	61.40	55.13	79.12	101.06
按构成分						
建筑安装工程	531.49	770.64	2374.71	2664.33	2871.48	3464.62
设备工具器具购置	231.25	203.08	730.38	824.06	922.26	991.08
其他费用	143.23	189.92	555.89	557.58	667.55	761.14
按建设性质分						
新建	624.73	852.39	2835.32	3266.43	3598.87	4235.18
扩建	184.73	217.83	645.28	583.13	674.57	803.34
改建	43.05	60.48	132.44	137.84	121.84	112.2
按财务拨贷款合计	849.24	1108.91	3768.81	4142.16	4683.90	5351.30
国家预算内资金	18.55	36.99	51.56	82.45	131.45	200.79
国内贷款	119.43	258.54	868.25	926.52	868.6	871.27
利用外资	203.76	157.85	496.11	479.45	512.61	409.89
自筹资金	421.46	584.51	2134.51	2413.96	2872.14	3563.96
其他资金	86.04	71.02	218.38	239.78	299.10	305.39
新增固定资产（亿元）	509.60	906.01	2055.43	2624.63	2496.02	3179.97
房屋建筑面积（万平方米）						
施工面积	3822.75	3817.38	11038.32	11001.38	12384.25	11861.37
竣工面积	1528.53	1756.12	4860.71	4410.86	5281.86	5513.19
住宅	608.25	550.30	433.09	410.11	484.54	527.56

国民经济各行业基本建设主要指标（2008年）

行　　业	投资额（亿元）	施工项目个数（个）	全部建成投产项目个数（个）	新增固定资产（亿元）
全省总计	5216.84	15205	8178	3179.97
农、林、牧、渔业	30.29	310	211	23.28
农业	6.83	59	33	5.18
林业	2.22	17	12	1.87
畜牧业	8.38	87	58	5.67
渔业	7.71	66	56	7.16
农、林、牧、渔服务业	5.14	81	52	3.39
采矿业	75.53	139	81	51.17
煤炭开采和洗选业	0.40	1	1	0.40
石油和天然气开采业	44.03	2		43.30
黑色金属矿采选业	19.73	14	8	1.42
有色金属矿采选业	2.92	22	11	1.03
非金属矿采选业	8.33	98	60	4.98
其他采矿业	0.12	2	1	0.04
制造业	1695.13	6314	3534	1060.23
农副食品加工业	21.75	121	77	14.97
食品制造业	24.10	104	59	14.95
饮料制造业	20.36	38	20	15.17
烟草制品业	0.75	5	4	0.51
纺织业	60.41	278	166	49.00
纺织服装、鞋、帽制造业	53.69	372	239	40.87
皮革、毛皮、羽毛（绒）及其制品业	27.06	167	113	23.85
木材加工及木、竹、藤、棕、草制品业	21.65	144	119	19.23
家具制造业	37.46	253	186	32.41
造纸及纸制品业	26.93	139	81	21.72
印刷业和记录媒介的复制	11.13	70	41	7.57
文教体育用品制造业	19.61	102	63	13.45
石油加工、炼焦及核燃料加工业	98.54	14	4	2.22
化学原料及化学制品制造业	70.02	340	157	49.92
医药制造业	25.22	67	24	10.80
化学纤维制造业	3.81	8	4	1.09
橡胶制品业	10.08	45	27	4.65
塑料制品业	74.71	462	287	54.37
非金属矿物制品业	125.56	508	326	79.94
黑色金属冶炼及压延加工业	31.60	33	14	32.07
有色金属冶炼及压延加工业	50.88	70	35	14.13
金属制品业	134.77	666	445	100.45
通用设备制造业	44.41	188	107	26.37
专用设备制造业	50.52	202	109	33.44

(续上表)

行　业	投资额(亿元)	施工项目个数(个)	全部建成投产项目个数(个)	新增固定资产(亿元)
交通运输设备制造业	156.38	197	91	62.44
电气机械及器材制造业	116.70	520	311	84.45
通信设备、计算机及其他电子设备制造业	256.87	429	188	183.43
仪器仪表及文化、办公用机械制造业	18.55	61	28	10.76
工艺品及其他制造业	94.76	670	181	50.00
废弃资源和废旧材料回收加工业	6.85	41	28	6.00
电力、燃气及水的生产和供应业	581.70	829	365	283.79
电力、热力的生产和供应业	495.76	509	254	149.95
燃气生产和供应业	15.70	38	10	78.81
水的生产和供应业	70.24	282	101	55.04
建筑业	13.62	36	23	8.25
房屋和土木工程建筑业	11.43	27	15	7.30
建筑安装业	0.23	2	2	0.28
建筑装饰业	1.47	3	2	0.18
其他建筑业	0.49	4	4	0.49
交通运输、仓储和邮政业	1036.10	1039	557	553.36
铁路运输业	188.29	20	3	16.46
道路运输业	375.09	739	441	182.49
城市公共交通业	243.84	41	15	198.65
水上运输业	89.68	75	26	74.60
航空运输业	53.60	19	4	47.32
管道运输业	11.76	3	1	0.10
装卸搬运及其他运输服务业	7.04	19	8	4.04
仓储业	66.35	119	57	29.35
邮政业	0.45	4	2	0.34
信息传输、计算机服务和软件业	157.37	197	110	140.42
电信和其他信息传输服务业	150.49	175	108	133.56
计算机服务业	0.62	8		0.05
软件业	6.26	14	2	6.81
批发和零售业	130.01	419	254	73.87
批发业	67.27	162	84	30.28
零售业	62.74	257	170	43.59
住宿和餐饮业	93.61	314	178	61.17
住宿业	69.88	184	86	46.40
餐饮业	23.73	130	92	14.77
金融业	8.97	29	15	6.19
银行业	7.39	24	14	6.17

(续上表)

行　　业	投资额(亿元)	施工项目个数(个)	全部建成投产项目个数(个)	新增固定资产(亿元)
证券业	0.75	2		
保险业				
其他金融活动	0.83	3	1	0.01
房地产业	247.34	931	562	176.39
房地产业	247.34	931	562	176.39
租赁和商务服务业	80.18	158	59	26.19
租赁业	0.57	13	9	0.30
商务服务业	79.61	145	50	25.89
科学研究、技术服务和地质勘查业	43.89	97	25	37.82
研究与试验发展	4.20	27	6	1.97
专业技术服务业	29.86	43	12	21.16
科技交流和推广服务业	9.71	25	6	14.61
地质勘查	0.11	2	1	0.08
水利、环境和公共设施管理业	620.74	2287	1092	456.54
水利管理业	69.28	451	215	45.97
环境管理业	18.63	137	83	20.25
公共设施管理业	532.83	1699	794	390.32
居民服务和其他服务业	6.26	50	26	4.20
居民服务业	4.39	30	13	2.89
其他服务业	1.87	20	13	1.31
教育	158.31	863	502	100.86
教育	158.31	863	502	100.86
卫生、社会保障和社会福利业	55.86	278	127	18.29
卫生	52.55	224	91	15.77
社会保障业	0.99	11	5	0.31
社会福利业	2.32	43	31	2.21
文化、体育和娱乐业	119.92	286	134	45.85
新闻出版业	6.63	7	2	7.05
广播、电视、电影和音像业	3.54	18	3	0.96
文化艺术业	21.90	124	67	12.02
体育	61.65	62	25	20.43
娱乐业	26.21	75	37	5.40
公共管理与社会组织	62.01	629	323	52.10
中国共产党机关	0.12	4	2	0.02
国家机构	50.73	488	253	45.94
人民政协和民主党派	0.01	1	1	0.01
群众社团、社会团体和宗教组织	1.45	20	17	1.48
基层群众自治组织	9.70	116	50	4.66

基本建设新增主要生产能力或效益

指　　标	1995年	2000年	2005年	2006年	2007年	2008年
发电机组装机容量(万千瓦)	178.62	182.72	184.74	347.79	755.31	967.79
水力发电(万千瓦)	12.57	48.86	19.20	10.79	12.81	266.86
火力发电(万千瓦)	165.45	132.50	163.50	259.00	656.50	648.00
输电线路(11万伏及以上)(公里)	1046.43	2145.84	2740.83	4190.15	2092.31	2187.65
水泥(万吨/年)	89.60		609	1085	1844.20	260.00
塑料树脂及共聚物(吨/年)		3200	16701	166628	504366	95612
新建公路(公里)	866.77	1120.09	1588.14	848.00	1418.00	1275.53
高速公路(公里)	190.50	174.01	187.86	47.00	283.00	321.01
改建公路(公里)	947.21	1186.38	2301.67	2192.00	1740.00	2193.48
一级公路(公里)	221.84	113.04	15.50	75.00	88.00	153.35
新建独立公路桥梁（延长米)	11381	7077	9659	6056	7471	10368
(座)	49	18	104	19	30	17
新（扩）建港口码头（年吞吐量：万吨)	1171.00	81.00	3060.00	1429.00	192.50	2328.00
(泊位：个)	15	8	12	16	9	17
新（扩）建客、货运站（个)	2	4	6	3	7	14
(平方米)	15608	9230	42716	16800	107417	55780
市内电话自动交换机(门)	687440	611600		120000		
造林面积(万亩)	1.50	17.15	1.59	4.10		
水库容量(总库容)(亿立方米)	0.57	3.32	2.16	0.24		
有效灌溉面积(万亩)	2.17	75.23	27.40	1.90	13.91	
除涝面积(万亩)	8.66	78.39	34.24	12.50	5.00	
学生席位（个)	4536	21762	146394	324506	527557	
(平方米)	40499	171239	3081442	3400787	4950220	
医院病床(张)	2481	3946	5094	7478	4085	
城市自来水供水能力(万吨/日)	160.00	86.50	266.82	262.40	109.26	253.84
城市道路扩建长度(公里)	89.08	187.47	178.33	310.67	247.00	
城市道路扩建面积(万平方米)	169.68	603.55	355.19	821.31	444.75	
城市排水管道铺设长度(公里)	70.12	64.37	309.06	273.45	363.81	
城市污水处理能力(万吨/日)	7.40	25.00	96.95	87.43	74.28	170.74
城市防洪堤长度(公里)	18.44	129.09	120.02	87.36	90.74	

注：2008年水力发电含阳江抽水蓄能电站。

基本建设投资效益指标

项　　目	1995 年	2000 年	2005 年	2006 年	2007 年	2008 年
固定资产交付使用率						
本年完成投资（亿元）	905.97	1163.63	3660.98	4045.97	4461.29	5216.84
本年新增固定资产（亿元）	509.60	906.01	2055.43	2624.63	2496.02	3179.97
固定资产交付使用率（%）	56.2	77.9	56.1	64.9	55.9	61.0
建成项目投产率						
本年施工项目（个）	4445	4853	13816	14837	16463	15205
本年建成投产项目（个）	1819	2508	5702	6307	7337	8178
建成项目投产率（%）	40.9	51.7	41.3	42.5	44.6	53.8
房屋建筑面积						
本年房屋施工面积（万平方米）	3822.75	3817.38	11038.32	11001.38	12384.25	11861.37
本年房屋竣工面积（万平方米）	1528.53	1756.12	4860.71	4410.86	5281.86	5513.19
房屋面积竣工率（%）	40.0	46.0	44.0	40.1	42.6	46.5
建设周期						
计划总投资（亿元）	3176.89	5689.62	14674.33	16564.98	17307.20	19523.94
本年完成投资（亿元）	905.97	1163.63	3660.98	4045.97	4461.29	5216.84
建设周期（年／月）	3/6	4/11	4/7	4/1	3/11	3/9

各市房屋建筑面积（2008年）

地　区	施工建筑面积（万平方米）	住宅	竣工建筑面积（万平方米）	住宅	竣工价值（亿元）	住宅
基本建设总计	11861.37	1005.06	5513.19	527.56	660.21	64.36
广州市	2421.34	204.62	769.03	39.63	123.60	4.57
深圳市	1116.83	216.29	452.61	129.79	68.96	17.39
珠海市	376.32	12.61	117.56	3.51	18.84	0.29
汕头市	214.56	6.43	137.07	6.43	13.84	0.57
佛山市	1317.44	118.81	1009.80	75.08	115.93	14.33
韶关市	172.91	25.88	103.83	9.52	14.75	0.86
河源市	265.13	23.05	99.19	15.52	11.31	1.70
梅州市	102.29	27.64	74.77	25.83	10.91	1.96
惠州市	1564.60	54.18	599.24	33.75	61.05	2.60
汕尾市	370.79	79.89	176.96	22.99	18.64	2.11
东莞市	734.64	32.52	351.56	12.51	24.60	1.51
中山市	992.98	45.21	454.10	27.96	56.02	4.06
江门市	682.53	10.38	185.31	4.20	19.38	0.68
阳江市	34.82	11.22	25.20	9.16	2.51	0.80
湛江市	177.63	19.79	140.45	19.34	12.07	1.56
茂名市	108.15	15.49	55.02	12.29	5.21	0.94
肇庆市	351.75	18.45	267.53	17.53	32.15	1.42
清远市	175.82	23.24	97.13	19.34	9.49	1.59
潮州市	78.14		58.67		6.16	
揭阳市	337.25	34.42	239.65	34.42	21.26	2.71
云浮市	265.17	24.95	98.53	8.78	13.57	2.72
按经济区域分						
珠三角	9558.43	713.07	4206.72	343.96	520.51	46.84
东　翼	1000.75	120.73	612.35	63.83	59.89	5.39
西　翼	320.60	46.50	220.67	40.79	19.78	3.31
山　区	981.31	124.76	473.44	78.98	60.03	8.82
更新改造总计	1028.81	86.83	566.65	46.62	58.28	3.61
广州市	218.09	11.49	40.02	2.62	4.67	0.32
深圳市	70.87	5.34	34.80	4.97	3.98	0.18
珠海市	45.86	12.49	12.74		3.26	
汕头市	13.80		8.31		0.72	
佛山市	200.57	2.32	144.03	2.32	14.24	0.32
韶关市	32.24	1.87	25.52	0.18	4.87	0.31
河源市	14.82	1.53	11.85	0.83	1.02	0.05
梅州市	18.21	5.43	14.63	5.38	0.94	0.37
惠州市	31.66	16.41	18.86	12.02	1.77	0.91
汕尾市	20.40	0.57	18.83	0.02	1.94	0.02
东莞市	17.88	7.37	5.72	0.44	0.46	0.04
中山市	44.13	0.05	26.48	0.05	2.74	0.01
江门市	102.36	2.63	46.00		3.91	
阳江市	4.28	0.09	4.08	0.09	0.27	0.01
湛江市	32.05	10.23	22.38	9.03	1.65	0.47
茂名市	35.73	7.04	31.25	6.77	2.73	0.47
肇庆市	40.73	0.77	36.95	0.71	3.08	0.05
清远市	9.08	0.10	7.70	0.10	0.61	0.01
潮州市	39.91		36.56		3.73	
揭阳市	30.67	0.80	18.36	0.80	1.49	0.05
云浮市	5.47	0.30	1.58	0.30	0.20	0.03
按经济区域分						
珠三角	772.14	58.87	365.60	23.13	38.12	1.83
东　翼	104.78	1.37	82.05	0.82	7.87	0.07
西　翼	72.06	17.36	57.71	15.89	4.66	0.95
山　区	79.82	9.23	61.28	6.79	7.63	0.77

注：基本建设、更新改造总计中含不分区部分。

建筑业企业主要指标

年 份	建筑业企业单位数（个）	建筑业企业总产值（亿元）	建筑业企业增加值（亿元）	建筑业企业利税总额（亿元）	建筑业企业从业人员（万人）
1978	178	5.47		0.20	14.78
1979	188	6.32		0.23	16.27
1980	204	8.88		0.32	19.45
1981	224	13.44		0.49	24.29
1982	246	19.66		0.72	29.94
1983	269	24.51		0.90	36.23
1984	357	36.83		1.31	47.12
1985	462	50.45		1.54	54.47
1986	448	57.14		1.28	58.24
1987	492	65.96		1.56	59.08
1988	596	86.74		2.74	66.56
1989	646	125.65		3.62	71.88
1990	686	113.40		3.12	67.22
1991	705	137.30		4.33	67.71
1992	910	216.56		9.65	84.80
1993	1766	459.95		23.03	144.12
1994	1587	535.75		31.29	150.05
1995	1618	635.83		39.47	135.56
1996	2031	632.16	182.74	35.74	146.56
1997	2399	732.97	170.13	38.26	143.89
1998	2961	800.00	176.70	43.11	142.82
1999	3283	954.44	199.50	53.06	144.78
2000	4593	944.61	205.89	58.24	141.46
2001	3699	1179.03	266.00	84.51	147.07
2002	4019	1418.41	363.65	88.95	150.12
2003	4488	1702.87	364.20	127.48	161.48
2004	4166	1901.86	794.88	143.75	152.10
2005	4182	2200.58	855.87	164.38	166.78
2006	4172	2594.04	930.40	191.62	169.33
2007	4326	3005.32	1029.08	256.59	179.13
2008	4470	3375.03	1148.60	205.07	173.77

注：1. 从 2005 年开始建筑业增加值为快报数。
2. 2008 年建筑业为年快报数。

各市建筑业企业个数

单位：个

地　区	2000 年	2001 年	2002 年	2003 年	2004 年	2005 年	2006 年	2007 年	2008 年
全省总计	4593	3699	4019	4488	4166	4182	4172	4326	4470
广州市	757	917	1214	1214	807	764	741	755	807
深圳市	447	325	406	623	603	604	702	746	785
珠海市	143	142	139	173	157	165	161	163	169
汕头市	271	189	178	179	203	199	195	193	205
佛山市	248	318	345	445	525	502	460	464	467
韶关市	110	78	81	80	65	66	72	72	81
河源市	117	86	71	81	117	82	84	86	87
梅州市	154	75	86	80	120	111	118	120	132
惠州市	241	141	137	115	121	124	122	119	123
汕尾市	100	45	49	40	43	43	45	43	45
东莞市	183	92	108	253	244	361	344	438	366
中山市	385	317	301	368	264	273	269	264	270
江门市	342	202	188	162	173	156	153	150	163
阳江市	122	73	74	77	98	91	86	90	91
湛江市	238	114	106	102	120	125	104	96	114
茂名市	146	122	106	106	99	100	102	99	106
肇庆市	136	133	136	113	103	122	133	131	146
清远市	136	112	105	82	79	74	73	74	74
潮州市	139	102	83	80	90	90	88	90	96
揭阳市	121	74	70	80	86	84	79	90	101
云浮市	57	42	36	35	49	46	41	43	42
按经济区域分									
珠三角	2882	2587	2974	3466	2997	3071	3085	3230	3296
东　翼	631	410	380	379	422	416	407	416	447
西　翼	506	309	286	285	317	316	292	285	311
山　区	574	393	379	358	430	379	388	395	416

注：2008 年建筑业为年快报数。

各市建筑业企业总产值

单位：亿元

地　区	2000 年	2001 年	2002 年	2003 年	2004 年	2005 年	2006 年	2007 年	2008 年
全省总计	944.61	1179.03	1418.41	1702.87	1901.86	2200.58	2594.04	3005.32	3375.03
广州市	256.13	340.39	410.20	478.58	546.68	633.99	688.25	753.16	876.26
深圳市	153.02	199.15	265.68	392.18	458.37	545.62	712.84	857.64	972.75
珠海市	33.11	31.51	40.79	43.15	46.71	52.48	61.01	67.71	77.75
汕头市	80.67	86.29	103.99	100.40	121.34	127.78	140.31	159.78	176.79
佛山市	73.08	90.30	110.78	132.30	149.74	154.68	188.69	209.77	246.72
韶关市	24.14	25.31	24.11	30.46	31.04	29.25	34.38	48.98	57.09
河源市	5.74	11.90	11.37	11.80	13.25	17.01	21.27	23.49	17.77
梅州市	15.14	25.48	36.73	55.52	58.59	54.81	67.02	76.81	93.73
惠州市	20.35	26.77	38.52	37.30	35.89	46.94	49.70	54.23	52.44
汕尾市	5.49	8.40	5.62	6.55	6.58	6.95	16.78	15.25	9.28
东莞市	40.45	50.13	66.67	76.48	57.50	84.35	96.53	112.94	116.92
中山市	26.20	42.27	54.20	55.65	64.05	73.41	76.20	87.08	91.71
江门市	47.18	50.52	53.43	50.66	51.64	56.06	56.40	66.37	68.19
阳江市	18.80	23.21	24.82	28.45	31.70	32.97	34.85	42.62	45.91
湛江市	45.61	49.54	49.93	61.66	65.15	75.96	89.28	109.21	125.52
茂名市	39.05	44.55	49.42	56.18	60.26	92.14	124.39	141.73	157.32
肇庆市	15.40	20.93	19.42	24.51	28.97	39.99	47.10	63.51	64.27
清远市	11.49	18.68	14.24	18.99	22.21	20.19	27.56	39.52	35.64
潮州市	12.71	14.47	14.82	15.07	17.76	18.99	19.44	19.24	23.61
揭阳市	12.24	10.54	14.36	16.58	22.21	21.78	27.23	39.31	51.45
云浮市	8.61	8.70	9.33	10.41	12.22	15.20	14.82	16.95	13.91
按经济区域分									
珠三角	664.92	851.96	1059.69	1290.81	1439.55	1687.53	1976.71	2272.42	2567.02
东　翼	111.11	119.70	138.79	138.60	167.89	175.50	203.76	233.58	261.12
西　翼	103.46	117.31	124.17	146.29	157.10	201.08	248.52	293.56	328.76
山　区	65.12	90.07	95.78	127.18	137.32	136.47	165.05	205.75	218.13

注：2008 年建筑业为年快报数。

各市建筑业企业增加值

单位：亿元

地　区	2000 年	2001 年	2002 年	2003 年	2004 年	2005 年	2006 年	2007 年	2008 年
全省总计	205.89	266.00	363.65	364.20	794.88	855.87	930.40	1029.08	1148.60
广州市	60.81	84.42	114.94	108.77	186.73	200.79	208.98	214.29	242.39
深圳市	33.34	43.12	69.47	72.54	147.43	149.59	162.91	174.69	197.46
珠海市	5.64	4.87	7.17	8	22.92	23.63	25.58	29.46	33.11
汕头市	18.24	21.08	25.26	23.86	30.88	34.49	36.33	34.84	38.05
佛山市	15.70	19.90	26.28	31.24	51.44	64.30	73.39	87.64	99.75
韶关市	5.57	4.75	6.18	6.65	14.77	16.22	18.98	22.53	27.01
河源市	1.58	2.85	3.24	3.29	10.31	11.25	15.30	18.11	18.19
梅州市	3.72	5.71	10.18	14.87	25.24	25.33	29.51	31.64	35.81
惠州市	4.76	5.07	7.93	7.31	29.72	34.44	35.67	39.78	44.43
汕尾市	1.47	1.35	1.89	1.53	12.14	12.15	14.30	17.16	20.58
东莞市	7.48	9.07	12.32	13.99	46.77	54.50	64.91	72.83	82.38
中山市	4.35	6.78	11.51	11.19	24.82	32.48	32.09	36.00	38.74
江门市	9.71	11.34	13.09	11.13	24.50	24.75	25.55	27.18	28.67
阳江市	4.24	6.12	8.68	7.26	14.08	14.50	17.66	18.59	21.61
湛江市	8.67	11.02	12.55	11.69	25.46	26.95	29.22	33.83	40.15
茂名市	8.02	11.72	13.62	13	35.62	35.64	43.77	46.09	50.58
肇庆市	3.29	4.46	5.08	5.15	16.92	18.93	20.72	24.60	29.05
清远市	1.35	3.94	4.14	2.7	18.54	19.45	22.00	26.67	34.15
潮州市	2.26	3.11	3.08	2.78	13.14	13.18	13.56	11.05	12.19
揭阳市	3.32	2.78	4.00	4.42	18.37	18.40	19.80	22.98	27.12
云浮市	2.38	2.55	3.04	2.81	9.05	10.55	11.16	11.84	12.85
按经济区域分									
珠三角	145.08	189.03	267.79	269.32	551.26	603.41	649.80	706.46	795.99
东　翼	25.29	28.32	34.23	32.59	74.53	78.23	83.99	86.03	97.95
西　翼	20.93	28.86	34.85	31.95	75.16	77.09	90.65	98.51	112.34
山　区	14.60	19.80	26.78	30.32	77.90	82.81	96.95	110.80	128.00

注：1. 从 2005 年开始为快报数。
2. 2008 年建筑业为年快报数。
3. 全省总计含不分区部分。

各市建筑业企业利税总额

单位：亿元

地　区	2000 年	2001 年	2002 年	2003 年	2004 年	2005 年	2006 年	2007 年	2008 年
全省总计	58.24	84.51	88.95	127.48	143.75	164.38	191.62	256.59	270.96
广州市	15.17	27.76	22.96	35.88	37.81	45.42	51.19	69.52	
深圳市	13.79	15.48	20.64	28.37	34.60	39.76	38.20	68.15	
珠海市	1.43	1.80	2.01	2.79	4.11	4.16	4.75	5.46	
汕头市	4.14	6.17	5.37	6.40	9.34	9.86	9.82	13.63	
佛山市	4.70	7.06	8.91	14.39	13.49	14.31	28.87	27.34	
韶关市	2.00	1.30	0.86	1.17	1.38	1.57	2.15	3.27	
河源市	0.53	0.87	0.82	1.19	0.97	1.23	1.60	2.62	
梅州市	0.81	2.11	3.90	8.66	8.26	6.47	8.12	8.86	
惠州市	1.02	1.49	1.92	1.92	2.12	3.63	3.68	4.47	
汕尾市	0.58	0.48	0.38	0.43	0.41	0.58	0.76	1.03	
东莞市	2.25	2.82	3.09	4.16	4.60	6.36	7.44	8.14	
中山市	1.53	2.57	2.96	4.39	4.62	6.09	6.86	6.85	
江门市	2.37	3.08	2.99	3.36	2.79	3.79	3.58	4.30	
阳江市	1.15	1.92	2.01	2.25	2.95	3.24	3.64	5.03	
湛江市	1.69	2.28	2.53	2.64	3.47	3.80	4.93	7.45	
茂名市	1.82	2.63	3.21	4.00	4.68	5.97	6.44	7.48	
肇庆市	0.77	1.32	1.00	1.50	2.32	2.55	2.66	3.80	
清远市	0.40	1.05	1.06	1.07	1.42	1.20	2.00	2.93	
潮州市	0.66	0.97	0.69	0.82	0.91	1.17	1.06	1.35	
揭阳市	0.73	0.61	0.95	1.20	2.54	2.09	2.37	3.53	
云浮市	0.70	0.75	0.68	0.91	0.98	1.13	1.49	1.36	
按经济区域分									
珠三角	43.03	63.38	66.48	96.76	106.46	126.06	147.24	198.04	
东　翼	6.11	8.23	7.40	8.85	13.20	13.70	14.01	19.54	
西　翼	4.66	6.83	7.74	8.89	11.10	13.01	15.00	19.97	
山　区	4.44	6.08	7.32	13.00	13.00	11.61	15.36	19.05	

注：1. 2008 年建筑业为年快报数。
2. 利税总额无分市数。
3. 全省总计含不分区部分。

各市建筑业企业期末从业人员

单位：万人

地　区	2000年	2001年	2002年	2003年	2004年	2005年	2006年	2007年	2008年
全省总计	141.46	147.07	150.12	161.48	152.10	166.78	169.33	179.13	173.77
广州市	26.40	27.79	29.61	31.34	29.80	30.80	33.20	33.16	33.90
深圳市	20.15	18.99	20.13	24.74	23.05	26.85	29.68	37.09	33.30
珠海市	3.55	2.90	3.50	4.24	3.03	3.24	3.46	3.54	4.23
汕头市	14.29	13.26	14.08	12.35	12.37	12.63	12.65	13.25	12.74
佛山市	8.62	9.80	9.79	11.27	11.63	13.71	11.73	12.22	11.83
韶关市	4.46	3.83	3.44	3.93	3.67	3.69	4.25	4.82	4.58
河源市	1.74	2.99	2.06	2.36	2.18	2.09	2.12	2.30	1.68
梅州市	3.58	4.31	5.24	5.64	7.28	7.27	7.05	6.88	7.75
惠州市	3.33	4.22	3.75	4.37	3.82	3.94	4.05	3.88	3.25
汕尾市	1.25	1.54	1.49	1.37	1.26	1.28	1.21	1.24	1.23
东莞市	6.65	6.48	7.38	9.34	6.56	7.78	8.41	7.84	6.36
中山市	3.71	4.68	5.03	6.03	5.60	5.75	5.04	4.71	4.43
江门市	10.26	9.80	11.17	10.25	8.01	10.58	8.36	7.98	7.65
阳江市	3.54	4.14	4.63	4.22	4.52	4.54	5.28	4.85	4.80
湛江市	8.03	7.91	7.67	8.67	7.93	7.87	7.74	7.86	8.58
茂名市	8.92	9.06	8.29	8.28	8.03	10.44	10.16	11.56	11.88
肇庆市	3.61	3.90	3.38	3.62	3.33	3.70	3.95	4.56	4.01
清远市	2.74	4.61	2.50	2.36	2.14	2.46	2.87	3.30	3.12
潮州市	2.10	2.47	2.05	1.93	2.12	2.17	2.08	1.92	1.75
揭阳市	2.88	2.64	3.42	3.36	3.89	3.86	4.06	3.88	4.78
云浮市	1.65	1.75	1.51	1.83	1.88	2.13	1.99	2.29	1.93
按经济区域分									
珠三角	86.28	88.56	93.74	105.20	94.83	106.35	107.87	114.98	108.95
东　翼	20.52	19.91	21.04	19.01	19.65	19.94	20.00	20.28	20.50
西　翼	20.49	21.11	20.59	21.17	20.47	22.86	23.17	24.27	25.26
山　区	14.17	17.49	14.75	16.12	17.15	17.64	18.28	19.59	19.06

注：2008年建筑业为年快报数。

各市建筑业企业劳动生产率

单位：元/人

地　区	2000 年	2001 年	2002 年	2003 年	2004 年	2005 年	2006 年	2007 年	2008 年
全省总计	66780	80480	91216	105532	123458	132049	155312	166377	187600
广州市	97020	106939	125341	152004	178295	204454	208349	226900	253621
深圳市	80901	114193	125094	143759	171856	183515	249994	223577	266832
珠海市	93266	100989	114755	103990	149849	162503	171078	182939	175120
汕头市	56450	67207	76440	78421	97024	99266	114466	125230	139982
佛山市	84781	92611	100505	113673	129286	115051	151408	163044	203244
韶关市	54118	67856	69302	76283	83806	83704	85208	107603	119652
河源市	33011	42800	54565	52840	71304	82741	106900	103738	104848
梅州市	42280	58577	68513	97708	79301	78866	98749	114178	114798
惠州市	61099	57947	90515	85663	91845	119974	127346	142800	163915
汕尾市	43892	64096	37157	49279	53113	51367	118178	115186	75207
东莞市	60826	78444	90690	79556	81264	108136	111939	146017	179997
中山市	70621	85739	94071	91448	109962	119772	136689	156854	195604
江门市	45985	54265	46268	59843	72129	64418	69836	81276	86753
阳江市	53113	60766	65777	71618	76751	78360	70942	92475	97378
湛江市	56804	63273	68451	78326	88954	98452	115690	140362	135842
茂名市	43778	51444	61161	70678	81698	90457	125071	124612	133379
肇庆市	42654	61020	64048	72430	88225	107435	121341	147678	168646
清远市	41919	52912	59515	78886	105829	90596	100662	129029	122816
潮州市	60518	58578	70700	76248	81153	91838	99110	93579	120761
揭阳市	42514	39766	49895	54236	69301	57368	74608	95972	97496
云浮市	52186	50870	59684	56943	69909	74640	75063	71930	73652
按经济区域分									
珠三角	78184	93808	105452	121253	144993	156714	183651	193115	225892
东　翼	54145	62116	69081	72318	87725	87357	105636	115435	123783
西　翼	50495	57758	64848	73908	83435	90945	110086	123536	127671
山　区	45952	55942	64370	78779	81746	81395	94187	108503	112318

注：2008 年建筑业为年快报数。

(上述统计资料由省统计局提供)

领导讲话

□林木声在二〇〇八年全省建设工作会议上的讲话

□劳应勋在二〇〇八年全省建设工作会议上的讲话

□黄华华在二〇〇九年全省建设工作会议上的讲话

□房庆方在二〇〇九年全省建设工作会议上的讲话

解放思想　开拓创新
推动全省建设工作再上新台阶

——在全省建设工作会议上的讲话

广东省副省长　林木声

(2008年1月14日)

同志们：

新年伊始，全省建设系统就召开工作会议，认真研究贯彻落实十七大和省委十届二次全会精神，全面总结过去一年建设工作，研究部署继续解放思想、坚持改革创新、做好当前和今后一段时期的建设工作，工作抓得早、抓得紧。刚才，劳应勋同志就我省一年来的建设工作和明年的任务作了一个很好的报告，我完全同意。希望同志们认真按照省委、省政府的工作部署和这次会议的要求，采取更加有力的措施，努力推动我省建设工作再上新台阶。下面，我讲三点意见。

一、去年我省建设工作取得了显著成绩，为全省经济社会又好又快发展作出了积极贡献

2007年以来，我省建设系统在省委、省政府的正确领导下，全面落实科学发展观，认真贯彻国家和省的各项建设工作部署，科学谋划，精心部署，开拓创新，扎实工作，努力统筹城乡建设事业发展，各项工作取得了显著成绩。突出表现在以下六个方面：

一是城乡区域规划编制实施工作扎实推进。各级建设部门坚持规划先行，加大城乡区域规划编制实施力度，取得新的成效。《广东省城镇体系规划（2006~2020）》已报国务院审批，与香港联合编制的《大珠江三角洲城镇群协调发展规划研究》进入成果汇报阶段，《粤东城镇群协调发展规划》编制已正式启动。《珠江三角洲城镇群协调发展规划》进入全面实施新阶段，规划管理办公室正式成立并开始运作，协调会议制度和城乡规划局局长联席会议制度已建立并发挥出了积极作用。与此同时，各级建设部门积极配合社会主义新农村建设，继续开展“送规划下乡”工作，帮助3000个村编制了村庄规划，并以规划为龙头，深入推进“生态文明村”创建活动，大力开展村庄整治，加强村镇基础设施建设，促进全省村庄人居环境较大改善。

二是住房保障体系建设成效明显。认真贯彻落实国务院关于房地产调控和住房保障建设的部署，紧密结合我省实际，在加强房地产市场监管整治的同时，加大住房结构调整力度，加强廉租住房和经济适用住房建设，加快构建住房保障体系。全省城市全部建立了廉租住房制度，部分城市还结合实际扩大了廉租住房保障范围，如广州市在全国率先推出限价商品房，使更多的住房困难家庭能享受住房保障。重视解决住房困难问题，通过发放租赁住房补贴、实物配租、租金核减等方式，基本解决了原登记在册的城镇特困户家庭住房问题。稳步推进全省住房分配货币化改革，住房公积金制度日趋完善。目前，全省以解困房、廉租住房、经济适用房和商品房为主体，住房公积金和住房货币分配为辅助的多层次住房保障体系初步形成。

三是城市建设和管理水平逐步提高。各地建设部门切实加强城市基础设施建设，积极推进城市管理创新，提高了城市建设管理水平。治污保洁工程扎实推进，全省新增污水处理厂27座、无害化垃圾处理场3座，累计分别建成127座和134座，污水处理率、垃圾无害化处理率分别达到50%和60%。城乡公交设施建设水平显著提升，公交专用道和港湾式上落站、地铁营运里程和安全管理水平、在建BRT线路长度均位于全国先进行列。数字化城市管理迈出新步伐，“12319”服务热线相继在广州等11个城市开通，部分城市完成了数字化城市管理系统平台建设。

四是建筑节能工作打开新局面。各级建设部门积极探索建筑节能的有效模式，有力推进了我省节能减排工作。着力推动新建建筑执行节能标准，深圳、东莞等市新建的民用和公共建筑已全部符合建筑节能设计标准的要求，全省有53个项目被评为全国建筑节能示范项目。狠抓既有建筑节能改造，每个城市都择点进行节能改造示范，积累了很好的经验。广州市被建设部列为既有公共建筑节能改造示范城市，珠海市引入市场机制开展既有建筑节能改造工作，破解了资金

投入难题。积极推广应用新墙材和可再生能源，部分城市新型墙材使用率达到了100%。太阳能、地热泵、风能发电、中水回用等新技术在新建建筑中也得到不同程度应用，深圳市被确定为全国首批国家机关办公建筑和大型公建节能监测3个示范城市之一。

五是建筑工程质量管理和安全生产切实加强。全省各级建设部门通过严格勘察、设计、施工、监理、造价咨询、招标代理、工程质量检测等各环节监管，健全建筑劳务分包制度，构建建筑市场信用体系，搭建建筑业企业诚信基础数据信息平台等，有力保障了全省建设工程质量。去年，全年竣工验收工程合格率达99.93%，同比提高0.6%，没有发生严重工程质量事故。有5项工程项目获得鲁班奖。与此同时，在全省范围内广泛建立建筑施工安全生产责任目标管理、事故预警提示、建筑工人“平安卡”管理等制度，建筑安全生产形势在总体保持稳定的同时有所好转，建筑施工安全事故起数比上年下降10.2%。湛江、茂名、潮州、汕尾、阳江等7个市没有施工安全事故记录。

六是解决建设领域涉及民生问题成效突出。各级建设部门坚持以人为本，注重解决建设领域涉及民生的热点难点问题。通过规范城镇房屋拆迁工作，严格控制拆迁规模，执行拆迁程序，认真落实拆迁补偿安置标准，保障了人民群众的利益，拆迁信访量占全省信访总量的比例持续下降。同时，继续加大拖欠工程款的清欠力度，着力建立健全防止拖欠的长效机制，基本实现了建筑农民工工资按时兑现。

总之，一年来全省建设系统扎实有效的工作，有力地促进了建设事业的又好又快发展，为推动全省科学发展、构建和谐社会作出了积极贡献。借此机会，我代表省政府，向全省建设系统的广大干部职工表示衷心的感谢，并致以诚挚的慰问！

二、继续解放思想，坚持改革创新，以新一轮思想大解放开创我省建设工作新局面

刚刚结束的省委十届二次全会，是新时期我省召开的一次具有重要意义的大会，中共中央政治局委员、省委书记汪洋在会上作了重要讲话，指出当前广东的发展已经站在了一个新的历史起点上，正处于经济社会发展全面转入科学发展轨道的关键时期；广东作为改革开放的先行区、科学发展观思想的提出地，要进一步解放思想，坚持改革开放，以新一轮的思想大解放推动广东新一轮的大发展，争当实践科学发展观的排头兵。这为全省经济社会发展，特别是建设工作提供了重要指导。建设事业是改革开放和现代化建设的重要事业，建设工作直接关系国计民生，在全面建设小康社会、率先基本实现社会主义现代化中的地位越来越重要，省委、省政府的工作要求和人民群众的期望也越来越高。全省建设系统的同志们要认真按照党中央、国务院和省委、省政府的决策部署，切实把思想认识统一到十七大和省委全会精神上来，继续解放思想，更新观念，创新建设思路，创新建设工作方式，创新建设体制，努力开创建设工作的新局面，为全省经济社会又好又快发展作出新贡献。

一是要树立科学建设的思想。科学发展观是我国经济社会发展的重要指导方针，是我们发展各项事业、做好各项工作必须坚持和贯彻的重大战略思想。我们要争当实践科学发展观的排头兵，首先必须在思想上牢固树立科学发展、科学建设的理念。全省建设系统必须坚持用科学发展观统揽建设工作全局，把科学发展观贯彻到制定规划、推进建设、加强管理、落实任务、检查督促等各个环节和方面，真正用科学发展、科学建设的理念来指导推动建设工作。要紧紧抓住建设工作的重要环节开展工作，努力做到科学规划、科学建设、科学管理、科学发展。具体要处理好“五个关系”，加快“五个转变”：处理好规划和建设的关系，加快城乡建设由资源依赖型向资源效益型转变；处理好建设和国土资源的关系，加快从粗放用地向集约用地转变；处理好建设和保护的关系，加快从重建设轻保护向建设保护并重转变；处理好建筑和能耗的关系，加快推动高能耗、低利用建筑向节能省地型建筑转变；处理好城市建设和农村建设的关系，加快从城乡二元建设向统筹城乡建设转变，努力推动全省建设事业加快转入科学发展轨道。

二是要坚持以人为本理念。以人为本、改善民生是经济社会发展的根本目标，也是各级政府部门的基本职责。省委十届二次全会明确提出要克服“见物不见人”的观念，坚持以人为本，在考虑经济社会发展时不仅要看结构怎么调整、产业如何升级、公共服务怎样改善，还要研究作为生产者和消费者的人，努力提高城乡居民收入的人均水平，创造社会治安的高水平，建设优美的人居环境。这对包括建设工作在内的各项行政管理工作提出了新课题新要求。建设事业事关千家万户，建设系统直接面对广大人民群众开展工作，要按照省委的要求，坚持把以人为本、改善民生作为开展建设工作的出发点和落脚点，城乡建设的发展思路要充分体现人本思想，发展布局要最大限度地满足群众需要，基础设施建设要优先考虑公共服务项目，城乡管理要尊重群众、便利群众，建设施工要努力做到便民不扰民，真正贴近群众履行职责，不断改善建设工作，做到既见物又见人，努力创建优美的人居环境，促进经济社会协调发展。

三是要树立世界眼光。城乡建设是一项社会系统工程，涉及经济社会环境的方方面面和广东长远发展，必须树立世界眼光和战略思维。汪洋书记在省委十届二次全会上强调，不谋全局者不足谋一域，要克服狭隘视野，树立世界眼光，加强战略思维；在参加广州、深圳的分组讨论时，汪洋书记又提出，广州、深圳要

有敢于和世界一流水平叫板的勇气，瞄准新加坡等城市来发展和建设。汪洋书记的重要讲话，对我省建设工作具有很强的指导性。全省建设系统要按照省委全会和汪书记的要求，继续解放思想，克服狭隘视野，冲破计划经济影响的束缚，以世界眼光、战略思维来谋划和推进城乡建设。要充分学习借鉴世界城乡建设的先进理念、先进思路、先进经验、先进技术，结合我省实际，不断提升广东城乡建设管理的层次和水平。广州、深圳等有条件的城市，要按照汪书记的要求，瞄准世界一流城市建设，大胆创新城市建设思路、体制和方式，加快建设成为可以与世界竞争的城市。

四是要强化改革创新精神。改革创新是科学发展的不竭动力，是保持建设工作活力、提高建设水平的关键所在。改革开放以来我省建设领域取得显著成绩，靠的就是不断改革创新。当前和今后一段时期，我们要继续开创建设事业的新局面，仍然要靠改革创新。客观来讲，当前我省建设工作还存在着一些突出的问题和薄弱环节，与科学发展观和先进省区市城乡建设工作相比，还有差距：一是在城乡规划建设管理和服务上，统筹考虑还远远不够，全省村庄规划覆盖率不到30%，基础设施和公共服务设施建设明显滞后。二是城镇居民保障性住房供应依然不足，不能完全适应中低收入家庭解决和改善住房条件的需要。据不完全统计，目前全省人均住房建筑面积低于10平方米的城镇低保家庭还有14000多户。三是建筑节能工作任重道远。与兄弟省份相比，我省建筑节能总体水平和可再生能源利用水平还相对落后，全面推进墙体材料改革和大力发展节能建筑的任务十分繁重。四是建设系统自身建设仍存在不足。建设立法、职能转变、行政效能、队伍素质、依法行政和执法监察力度有待进一步加强。全省建设部门要高度重视这些存在问题，进一步增强改革创新意识，发扬敢为人先、敢闯敢试的优良传统，积极探索城乡建设的新途径、新措施，不断创新工作思路、工作方法和体制机制，努力在解决问题中推动建设工作，在抓好建设工作中克服问题，不断提高建设工作水平。

三、全面推进，突出重点，扎实做好2008年各项建设工作

今年是贯彻落实党的十七大、省委十届二次全会精神的第一年，也是改革开放30周年，做好各项建设工作意义重大。全省建设系统要认清形势，围绕“发展”与“和谐”两大主题，统筹安排，突出重点，强化措施，狠抓落实，努力推动城乡建设又好又快发展。

（一）继续增强城乡规划的调控功能，促进城乡区域协调发展。一是要全面实施《城乡规划法》。《城乡规划法》今年起全面实施，这是我国历史上第一部从国家立法层面统筹城乡建设的专门法律，为我省建设事业科学发展、有序发展提供重要法律保证。各级建设部门要认真抓好《城乡规划法》的学习、宣传、贯彻实施工作，发挥好《城乡规划法》的先导和综合调控作用。二是要以实施《城乡规划法》为契机，积极推进规划管理体制改革。要按照“省管到县、市管到镇、县管到村”的要求，逐步建立和完善省、市、县三级城乡规划委员会制度，建立健全城乡规划公众参与和规划公示制度，进一步提高村庄规划的覆盖率。三是要继续推进城乡规划的编制工作。要配合省级主体功能区规划的编制，按照形成主体功能区的要求，积极做好粤东城镇群协调发展等规划的编制工作，组织开展相关政策的研究，使城乡建设规划与土地总体利用、资源节约、环境保护、风景名胜和历史文化遗产保护等规划内容相互衔接，形成功能清晰、协调有序的城乡规划体系。四是要加强城乡规划的实施。要确保规划在城乡建设中的主体地位，严格按规划统筹城乡建设，不得随意变更规划及其要件，不得擅自扩大规模。要进一步消除行政区划壁垒，严格实施《珠江三角洲城镇群协调发展规划》，推进城乡区域基础设施和公共基础设施的共建共享，促进区域协调发展。要大力推进社会主义新农村建设，促进县域经济和中心镇加快建设发展，推动城镇基础设施向农村延伸，城镇公共服务向农村覆盖，缩小城乡建设水平的差距，实现城乡优势互补、协调发展。

（二）加快构建多层次的住房保障体系，促进房地产业健康发展。安居才能乐业。住房问题是老百姓的头等大事，事关民生改善和社会秩序稳定。做好住房工作，首先要突出抓好住房保障工作。要按照去年全省城市住房工作会议的部署，贯彻落实好省政府《转发国务院关于解决城市低收入家庭住房困难的若干意见的通知》以及省政府《关于切实解决城镇低收入家庭住房困难的实施意见》，抓紧制定和完善住房建设规划，加快推进廉租住房和经济适用住房的建设，逐步改善农民工等其他住房困难群体的居住条件。通过建立健全廉租住房制度和经济适用住房制度，解决城市低收入住房困难家庭的基本住房需求，通过合理的住房政策和适当调控措施满足城市广大中等收入阶层的自主性住房需求，通过规范市场机制满足城市高收入阶层的改善性、投资性住房需求，构建与社会经济发展水平和不同收入阶层相适应的住房阶梯供应消费体系，努力实现十七大报告提出的“住有所居”的目标。其次要严格贯彻执行中央宏观调控政策，切实加强房地产市场调控管理。坚决打击投机性购房行为，有效抑制投资性购房行为，严肃查处无资质开发、违反规划、虚假广告、合同欺诈等行为，重点查处囤积土地、捂盘惜售、恶意炒作等行为，继续推进房地产市场管理信息系统建设，加强房地产统计体系建设和市场信息公开，遏制房地产交易中的违法违规行为，确保房地产业健康发展。第三要突出抓好房屋拆迁安置工作。

要坚决贯彻国家和省的有关精神，严格控制城镇房屋拆迁规模，严格落实关于拆迁房屋的补偿安置规定，切实维护被拆迁群众的合法权益，防止出现新的拆迁矛盾纠纷。对确因生活困难，无法通过货币补偿解决最基本生活问题的贫困家庭，要通过廉租住房或者在拆迁中给予适当照顾等形式，使这部分困难家庭能够得到最基本的居住空间。

（三）大力推进建筑节能工作，促进资源节约型社会的建设。建筑节能工作是建设节约型社会建设的重要组成部分。各级政府和建设系统要从国情、省情充分认识节约资源的重要性，以对子孙后代高度负责的精神切实抓好建筑节能工作。各级政府要切实把建筑节能工作列入重要议事日程，建立建筑节能的责任制，将建筑节能工作落实到有关单位和个人，制定鼓励建筑节能的相关优惠政策，加大财政投入，大力开展建筑节能的科学研究和技术推广。各级建设主管部门要认真编制建筑节能的规划，完善建筑节能的规章制度和标准体系，把建筑节能贯穿于建设事业的各个环节，渗透到规划立项、勘察设计到工程施工、竣工验收的全过程。要突出重点，选好突破口，重点抓好新建建筑节能达标、既有建筑节能改造、新型墙材和可再生能源推广应用，抓好大型公建和政府办公建筑节能、节能省地型住宅建设、建筑节能示范项目和既有建筑节能改造试点、建筑节能监管体系及建筑能效标识制度构建等工作，要抓好试点，以点带面，全面推进建筑节能工作。

（四）坚持不懈抓好安全生产，确保工程建设质量与安全。安全生产责任重于泰山。保障人民生命财产安全是各级政府和建设部门义不容辞的职责。各级建设部门要认真贯彻“安全第一，预防为主，综合治理”的方针，围绕“一个总体目标”，开展“两个专项整治”，做好“三项基础工作”。“一个总体目标”就是以防范重特大事故为中心，落实安全生产责任，保持高压态势，确保全省建筑施工安全生产形势总体稳定好转。“两个专项整治”是：继续深化以预防高处坠落和建筑施工坍塌事故为重点的安全生产整治工作。“三项基础工作”是：大力推进企业安全质量标准化工作，全面推行建筑工人“平安卡”制度；进一步建立健全企业安全生产管理体系，严格实施安全生产许可证制度和安全生产动态管理制度；加强全省施工安全监管队伍的建设，落实施工安全监督机构年度考核制度。同时，要切实保障城市基础设施和公用设施的安全。各地要建立健全城市基础设施和公用设施的应急预案，有效应对突发公共安全事故的发生。要加强对城市桥梁、燃气和供水设施的安全检查，发现安全隐患要及时消除。要加强对水源水质和供水水质的监测，防止水污染事件的发生，确保群众饮用水的安全，确保城市安全运行。

（五）积极推进治污保洁工程建设，改善城乡人居环境。各级政府和建设部门要按照省委、省政府提出的治污保洁目标，继续加大治污保洁工程建设的力度。要制定分期推进的计划，建立健全责任制，加大政策扶持力度，财政要安排一定的资金用于开展治污保洁的技术研究和推广。要完善污水和垃圾处理的收费机制，加快污水和垃圾处理的市场化步伐，逐步实现污水和垃圾处理的良性循环。要根据社会主义新农村建设的目标和要求，从农村实际出发，充分尊重农民群众的意愿并调动他们的积极性，因地制宜地做好村庄整治工作，重点解决诸如人畜分离、排水畅通、垃圾收集等农民群众关心和迫切需要解决的实际问题，切实改善农村人居环境。

（六）切实加强建设系统自身建设，不断提高建设工作效能。各级建设部门要按照省委的部署，深入开展以“继续解放思想，坚持改革开放，争当实践科学发展观的排头兵”为主题的学习活动，精心部署，严密组织，注重实效，并切实把解放思想学习讨论活动与建设系统自身建设紧密结合起来，在全系统形成解放思想、开拓创新，推进工作的强大动力和合力。一是要加强领导班子和队伍建设。各级领导班子要带头加强学习，提高领导建设事业的能力。要加强队伍的教育、培训和管理，努力建设一支业务精通、团结进取、务实高效、群众满意的建设工作队伍。二是要增强服务意识，转变工作作风。按照建设服务型政府的要求，创新管理理念，更好地履行公共服务职责。要进一步深化行政审批制度改革，规范审批程序，简化审批环节，最大限度地提高办事效率。省建设厅将行政审批集中纳入行政服务中心，实行一站式规范运作，是转变政府职能，方便群众，提高服务水平，加强廉政建设的有效形式，希望在全省建设主管部门中大力推行。要大力推行首问负责制、服务承诺制和厅（局）长接待日、急事急办、特事特办等好的做法，切实为群众、为企业做好服务。要加快“标准化、信息化”建设，健全行业服务标准，完善监督考核、投诉反馈、责任追究等制度，逐步实现标准化服务。要加快政务信息化建设，逐步实现行政审批网上办理，努力实现流程最简、程序最优、效率最高的工作目标。要大力弘扬求真务实的作风，深入基层，深入群众，为基层、企业和群众办实事、办好事。三是要增强法制意识，提高依法行政水平。各级建设部门要树立法制观念，全面落实行政执法责任制，以“阳光建设”、治理商业贿赂为切入点，严格按照法定权限和法定程序行使权力、履行职责,不断完善建设法规制度，建立健全与新形势相适应的教育、制度、监督并重的惩治和预防腐败体系，推进建设管理的民主化、科学化、法制化进程。

同志们，做好新一年的建设工作任务繁重、责任重大。希望各级政府继续坚持把建设工作摆在事关全局的重要位置来抓，保证领导力量到位、工作责任到位、政策措施到位。希望发展改革、财政、国土、环保、劳动保障等部门要充分发挥本部门的工作优势，各司其职、各负其责，同心同德、齐心协力，共同抓好建设工作，形成推动全省建设事业发展的强大合力。全省建设部门要深入落实科学发展观，进一步解放思想，开拓创新，锐意进取，扎实工作，努力推动全省建设事业再上新台阶，为我省经济社会又好又快、科学发展作出新的贡献！

深入贯彻落实科学发展观 开创我省建设事业新局面

——在全省建设工作会议上的讲话

广东省建设厅厅长　劳应勋

（2008年1月14日）

同志们：

这次全省建设工作会议的主要任务是，以十七大精神为指导，认真学习贯彻省委十届二次全会和全国建设工作会议精神，总结2007年全省建设工作，研究部署今年工作任务。省政府高度重视这次会议，林木声副省长要作重要讲话，请大家认真贯彻落实。下面，我讲几点意见。

一、2007年全省建设工作的基本情况

2007年，全省建设系统在省委、省政府的正确领导下，坚持以科学发展观为统领，统筹谋划，扎实工作，开拓创新，取得了显著成绩。

（一）发挥城乡规划的调控和先导作用，城乡统筹发展和新农村建设取得新的成效

城乡规划制度建设得到加强。省政府成立了以黄华华省长为主任的省城乡规划委员会。全省21个地级以上市和不少县级市建立了规划委员会制度，使城乡规划的编制和实施进一步制度化。大力推行城乡规划公众参与和公示制度，全面推动“阳光规划”制度的建立。积极开展城乡规划效能监察活动，加大对规划实施和规划案件的查处力度，促进了城乡规划的落实。

城市规划编制工作成效显著。完成了肇庆等8个市市域城镇体系规划和江门、湛江等17个市总体规划的审查。修改、完善了《广东省城镇体系规划（2007~2020）》，并已上报国务院审批；“大珠三角城镇群协调发展规划研究”进展顺利，粤东城镇群协调发展规划编制工作正式启动。各市全面开展了控制性详细规划的编制工作，控制性详细规划在城乡建设管理中的作用全面凸显。

区域规划实施取得突破。珠江三角洲城镇群规划管理办公室正式运作。经省政府同意，印发了《〈广东省珠江三角洲城镇群协调发展规划实施条例〉实施意见》，建立了实施《珠三角城镇群规划》的协调会议和珠江三角洲城乡规划局长联席会议制度，《珠三角城镇群规划》进入了全面实施的新阶段。深圳市首创划定基本生态控制线，对生态资源实行“铁线”保护，为珠江三角洲一级空间管治区的划定工作提供了经验。

城镇化和中心镇建设扎实推进。去年，省财政安排了1300万元试点资金，在30多个中心镇开展了控制性详细规划编制工作试点；全省268个中心镇已有54个中心镇核定了用地规模。中心镇建设质量明显提高。按常住人口比例计算，全省城镇化水平达到了63%。

新农村建设已见成效。在湛江市召开了全省村庄整治现场会，总结推广了湛江市新农村建设的经验。省财政拨款1000万元支持村庄规划编制工作，在各级政府的重视下，全省完成了近3000个村庄规划编制，湛江、云浮等市和省规划院等规划设计单位积极开展“送规划下乡”活动，提高了村庄规划水平。全省各市都抓了一批社会主义新农村的试点，涌现了湛江遂溪县马六良村、肇庆德庆县武垄村等一批社会主义新农村建设的典型。

（二）加快构建住房保障体系和房地产监管平台，城镇居民住房条件得到改善

住房解困工作取得初步成效。召开了全省城市住房工作会议，省政府颁发了《关于切实解决城市低收入家庭住房困难的实施意见》。省财政安排了3000万元专项补助资金，用于支持欠发达地区住房解困工作。全省去年共落实廉租住房和经济适用住房建设用地分别为70万平方米和123万平方米，同比分别增长125%和250%。廉租住房新开工面积95万平方米，竣工面积56万平方米；经济适用住房新开工面积319万平方米，竣工面积70万平方米。各地级以上市基本建立了住房保障制度。

房地产市场专项整治成效显著。各地严肃查处房地产项目立项审批、土地取得、规划审批、预售许可、中介服务等环节中的违法违规行为，全省共有9321家房地产相关企业进行了自查自纠，各级房地产主管部

门共查处房地产违法违规行为为2098宗，房地产市场秩序进一步规范，较好地维护了购房业主的利益。

房地产管理信息化水平不断提高。全省地级以上市全部完成了房地产管理信息系统的建设并投入使用，广州、茂名、潮州等7个试点城市完成了住房公积金监管系统软件开发，广州、深圳开发的物业管理系统进入了试运行阶段，城镇房屋拆迁管理系统也正在佛山试运行。通过加快房地产管理信息化建设，进一步提高了管理和服务水平。

（三）以治污保洁为重点加强城市基础设施建设，城市人居环境质量继续提升

市政公用事业建设稳步推进。全省新增污水处理厂37座，新增污水处理规模201万立方米/日，已建成污水处理厂共127座，污水处理率达50%；新增垃圾无害化处理厂3座，已建成垃圾无害化处理场34座，垃圾无害化处理率达到了60%。组织对全省近660个供水厂进行了水质安全检查，着手编制了《广东省城市饮用水供水设施改造和建设规划》。

园林绿化工作得到加强。全省城镇深入开展创建园林城市（县城）活动，广州、东莞、潮州、梅州等城市通过验收被命名为“省级园林城市”。

城市应急处置机制逐步建立。制订了我省处置地铁和城市供水、供气、桥梁重大事故应急预案，以及处置电网大面积停电时城市地铁、供水、照明系统的应急联动预案。

（四）强化建筑市场监管和信用体系建设，工程质量和安全生产水平继续提高

加强了工程勘察设计的监管。认真贯彻落实省人大颁布的《广东省建设工程勘察设计管理条例》，强化了勘察设计各方主体对工程质量的责任。开展了全省勘察设计市场大检查，加强了对勘察设计市场和施工图审查机构的监管。经省政府同意，发布了《关于加强农村民居地震安全工程建设的意见》，加强了农村民居抗震设防管理。

进一步规范了有形建筑市场秩序。召开了全省有形建筑市场监管工作会议，加大了对围标、串标违法行为的处罚力度，进一步规范了建设工程招标投标行为。健全了劳务分包制度，全省共有建筑劳务分包企业343家，深圳市已在政府投资项目中全面推行劳务分包制度，部分市、县已在本地区新开工项目全面推行劳务分包制度。

强化了工程质量各环节的监管。组织开展了全省建设工程质量监督执法检查，狠抓了工程建设标准强制性条文的落实。加强了对工程质量检测单位的管理，提高了检测水平。大力推广新技术，全面实行工程量清单记价。工程质量稳步提高。2007年，全省在建工程31013个，工程竣工验收合格率达99.93%，同比去年提高0.6%，其中获得中国建筑工程鲁班奖（国家优质工程）共5项，被评为省优良样板工程91项，被评为省优秀建筑装饰工程71项，建筑工程投诉大幅下降，全年没有发生严重工程质量事故；共有14项工程被列入省级新技术应用示范工程、62项施工工法列入省级工法；共推荐了7项工程参加全国新技术示范工程评选、9项施工工法参加国家级施工工法评选。

加强了建筑市场信用体系的建设。“广东省建筑业企业诚信基础数据库和信息管理系统”已试运行，强化了对勘察、设计、施工、监理、造价咨询、招标代理、工程质量检测等企业诚信行为的监管，为政府加强管理和社会公平竞争提供了良好平台。

安全生产形势进一步趋好。省建设厅成立了建筑施工安全管理处，加强了安全管理的力量，全省各级安全监管力量也不断得到充实。狠抓了安全生产责任制的落实，将建筑施工安全生产死亡人数控制指标逐级分解，强化了安全生产责任目标管理。继续推行建筑工人“平安卡”管理制度，加强对建筑工人安全教育和管理，全省已有46万农民工持“平安卡”上岗作业，广州市建筑工人实行“平安卡”率达到了80%。以安全生产许可制度和施工起重机械装拆、安全使用监管为重点，大力实行安全生产动态管理，组织开展施工安全专项整治，对一批违法企业、项目经理和“三类人员”依法进行了处罚，有效遏制了安全生产事故的发生。全年共发生建筑施工安全事故53起，死亡66人，与去年相比事故起数和死亡人数分别下降了10.2%和1.49%。

重点项目建设进展顺利。与省直有关部门一起组织了五次专项督查活动，制订了《广东省重点建设项目预防职务犯罪工作指引》，分别对部分铁路、文化、公路、核电等重点建设项目规划选址、执行基本建设程序、落实征地拆迁“三条红线”、工程进度、质量和安全、预防职务犯罪等工作情况进行了执法检查，有力地促进了省重点建设项目的依法建设、廉政建设和质量安全工作。各地规划、建设等部门积极会同有关部门大力支持省重点项目的建设工作，有力地推动全省重点项目的顺利实施。

（五）建筑节能工作扎实开展

加强了节能政策法规和标准的制定工作。完成了《广东省民用建筑节能管理办法》的起草，编印了省《“十一五”节能规划》、《落实节能减排综合意见》、《2007年节能减排工作要点》、《建筑节能和产品推广目录》，公布实施了《公共建筑节能设计标准广东省实施细则》等7项地方性标准规范，进一步规范了节能减排工作。

启动了既有建筑节能的改造工作。积极探索既有建筑“既节能又节支”的节能改造路子，加快对既有建筑的节能改造。如珠海市引入市场机制，对凯迪克酒店进行节能综合改造试点，收到节电45%的效果，

为既有建筑节能改造起到了示范作用。

推动了新墙材和可再生能源的应用。一是新墙材发展迅速。全省新墙材生产企业已发展至400多家，珠江三角洲已成为全国新墙材和可再生能源开发的主要基地。广州、深圳、汕头、肇庆、东莞、惠州、清远等市应用新墙材比例已超过了80%。二是散装水泥在城市建设中得到大力推广。全省已建成混凝土搅拌站329个，去年新增51个，生产混凝土8160万立方米，全省生产供应散装水泥4000万吨，比2006年增长24.2%。三是可再生能源开发应用进展较快。我省太阳能产业已处国内领先水平，约有600万人使用太阳能热水器；今年有5个项目被评为可再生能源国家应用示范项目；深圳被确定为全国首批国家机关办公建筑和大型公建节能监测的3个示范城市之一。

（六）注重解决建设领域的民生问题，推进和谐建设取得成效

坚持以人为本，高度重视解决建设领域涉及民生的具体问题，取得了较大的成效。一是全省2003年底登记在册的18922户特困户住房问题已得到妥善解决。二是城镇房屋拆迁行为更加规范。严格履行拆迁程序，控制拆迁规模，落实拆迁补偿安置标准，加强监督检查，减少了矛盾纠纷。潮州市针对历史文化名城保护需要进行较大规模拆迁的实际，认真制订拆迁计划，严格规范拆迁程序，合理确定补偿标准，加强与被拆迁人的沟通，顺利地推进了拆迁工作，赢得了群众的好评。三是行政复议案件发挥了定纷止争的作用。厅机关全年受理行政复议案件17宗，比去年减少了59宗，坚持依法办案、协调解决、按时裁决，矛盾化解较好，申请人主动撤回复议申请的比例逐年提高，没有一宗因裁决不公引起上诉或引发新的矛盾纠纷，维护了社会稳定。

（七）大力推进法制建设和行政审批制度改革，依法行政水平和工作效率得到提高

继续推进立法进程。出台了《广东省建设工程勘察设计管理条例》，成为我省勘察设计行业的第一个地方性法规。完成了《广东省燃气管理条例》、《广东省散装水泥管理规定》的修订报送工作；完成了《广东省禁止建设工程串通招标投标违法行为管理办法》、《广东省工程建设项目招标代理管理规定》、《广东省建筑节能管理办法》等规章的起草。广州、深圳、珠海、汕头等有立法权的市，也相继出台了一批建设类地方性法规和规章，有力地加强了我省建设法制工作。

普法工作全面推进。全省建设系统认真编制了“五五”普法规划和年度计划，加强了法制机构和普法机构的建设，大力开展了普法培训工作，提高了建设系统广大干部职工的法律意识。

行政审批制度改革力度加大。制定了《广东省建设厅行政审批制度改革方案》，按照“减量、增效”的原则，已提请省政府将厅机关实施的8项行政许可事项依法委托给地级以上市建设行政主管部门实施。厅机关成立了行政服务中心，将20项行政许可项目从6个业务处划出，集中到行政服务中心统一办理。全省各地也积极开展了行政审批制度的改革，湛江市建设局实行“一站式”服务，将原来由11个科室承办的8项行政许可事项和39项非行政许可项目统一到市行政服务中心市建设局窗口办理，严格规范程序，加强监管，得到了当地政府和群众的充分肯定。加强信息化建设，进一步推进网上办公，促进了政务公开，提高了工作效率。

党风廉政建设和精神文明建设取得新的成效。各地结合实际，组织广大党员干部认真学习贯彻《中国共产党党内监督条例》、《中国共产党纪律处分条例》，深入开展以纪律教育月活动等主题教育活动，不断夯实教育基础，筑牢拒腐防变的思想防线；并按照中央颁发的《建立健全教育、制度、监督并重的惩治和预防腐败体系实施纲要》和省委的《实施意见》，积极推进以建立健全房地产市场、市政公用事业和有形建筑市场的监管机制为主要内容的惩防体系建设，规范建设市场行为，完善建设市场的法律法规和工作制度；针对建设领域容易滋生腐败的重点部位和主要环节，加大了源头治腐力度和查办违法违规行为；全省建设系统治理商业贿赂专项工作稳步推进并取得了阶段性成果，纠正不正当交易行为的自查自纠工作已通过各级治理领导小组的评估验收；各级建设纪检监察部门，紧紧围绕中心工作，加大了对落实房地产市场宏观调控政策、建筑节能和降污减排等方面的监督力度，围绕群众利益问题，加大了对拖欠工程款、农民工工资、建筑工程质量、征地和房屋拆迁中损害群众利益等热点问题的监督力度，确保了中央重大决策部署的贯彻落实，有效地解决了损害群众利益的突击问题；全行业的纠风工作得到加强，尤其是各级建设行政机关的服务意识、办事效率等作风明显好转。广大党员干部更加注重自觉遵守廉洁自律有关规定，在全系统基本形成了以廉为荣、以贪为耻、勤政廉政、干净干事的良好氛围。

我省建设工作虽然取得了较大的成绩，但也仍然存在不少问题：一是村庄脏乱差现象依然比较突出。我省许多村庄没有编制村庄规划，建设无序，垃圾、污水乱排乱放，与社会主义新农村的要求还有较大差距。二是城镇低收入家庭住房困难问题依然比较突出。全省城镇住房保障体系不完善，住房结构不尽合理，保障性住房建设滞后，中低收入阶层住房困难问题仍比较突出。三是城市基础设施欠账的问题依然比较突出。全省城市污水处理和垃圾无害化处理率仍然比较低，大中城市居民出行难问题依然存在，城市供水和桥梁安全隐患仍然不少，与人民群众的要求仍然有较

大的差距。四是建筑节能工作总体水平依然落后。与兄弟省份相比，我省建筑节能工作起步较晚，建筑节能、节材、节水、节地和可再生能源利用水平有待进一步提高，与我省经济发展的状况十分不相应。五是建设立法和依法行政有待加强。建设法规体系尚不健全，物业管理、燃气、工程质量等法规需进一步修订完善，建筑节能、城市公共交通等领域法规明显滞后，建设行政综合执法体系尚未建立，与依法行政的要求还有较大差距。

二、2008年全省建设工作安排

最近省委召开了十届二次全会，总结了2007年全省工作，对2008年工作进行了全面部署。省委书记汪洋发表了“继续解放思想，坚持改革开放，努力争当实践科学发展观的排头兵”的重要讲话。全省建设系统广大干部职工要认真学习贯彻汪洋书记的重要讲话，克服自满思想，增强忧患意识；克服狭隘视野，树立世界眼光；克服“见物不见人”的观念，坚持以人为本。立足改革创新，锐意开拓，促进我省城乡建设事业的发展。

按照省委省政府的部署，2008年全省建设工作的总体要求是：认真贯彻省委十届二次全会和全国建设工作会议精神，继续解放思想，以科学发展观为统领，充分发挥城乡规划的调控作用，加强科技创新和政策支撑，继续加大工程质量安全管理和建筑节能的力度，扎实推进城镇住房保障体系建设、治污保洁工程建设和社会主义新农村建设，以更加务实的作风，切实改善民生，为人民群众营造良好的人居环境，进一步推进我省建设事业的发展。

各级建设部门要按照总体要求，切实抓好以下重点工作：

（一）以贯彻实施《城乡规划法》为契机，进一步统筹城乡和区域协调发展

抓好《城乡规划法》的学习、宣传和施行工作。抓紧制订《广东省实施〈城乡规划法〉办法》，出台《广东省城乡规划公众参与办法》、《广东省城乡规划公示制度》、《广东省城市控制性详细规划制定指引》、《广东省建制镇控制性详细规划制定指引》等规范性文件，规范城乡规划行政许可和行政执法行为。进一步完善城乡规划委员会工作制度。今年要建立珠江三角洲城镇规划督察员巡察制度，加强对城乡规划编制与实施的监督指导，充分发挥城乡规划作为公共政策的综合调控和先导、统筹作用。

抓好区域规划的编制和实施。抓紧完成《大珠江三角洲城镇群协调发展规划研究》，启动《粤东城镇群协调发展规划》编制工作，推进《广东省城镇体系规划（2007~2020）》的审批和实施工作，积极实施《珠江三角洲城镇群协调发展规划》，珠三角各地级以上市要全面开展区域绿地的划定工作，有条件的地方要抓紧开展区域性交通廊道的划定工作。加快建立珠三角区域性基础设施共建共享机制，促进珠三角城镇群整体协调发展。

继续推进社会主义新农村的建设。在粤东召开第三次全省村庄整治现场会。继续大规模培训村镇规划建设管理人员，并扩大至省级村庄规划、整治试点村庄的村干部，以更好地发挥村干部的带头人作用。争取由省人大颁布实施《广东省村庄规划建设管理条例》，以法规规范农村规划、建设和管理行为。加大力度推进以“五改”（改水、改厕、改路、改灶、改房）、“三清”（清理垃圾、清理河塘、清理乱堆放）、“五有”（有村庄规划、有文体活动场地、有成荫绿地、有垃圾收集池、有污水处理简易设施）为重点的村庄整治工作，扩大省级村庄规划试点至2000个试点村，抓好试点，以点带面，力争全省村庄整治覆盖率再提提高3个百分点左右。

（二）以构建住房保障体系为基础，进一步改善城镇居民住房条件

建立和完善多层次住房保障体系。贯彻落实全国城市住房工作会议精神，落实省政府《关于切实解决城市低收入家庭住房困难的实施意见》，推进以廉租房制度为重点的住房保障体系建设，必须确保所有城市和县城，在今年底前，对申请廉租住房和租赁补贴，符合住房困难规定条件的低保家庭要做到应保尽保，并且要将保障范围扩大到低收入住房困难家庭。落实住房保障资金、用地，通过政府新建、收购、改建以及社会捐赠等方式多渠道增加廉租住房房源，完善保障性住房配售、配租管理，确保完成解决城市低收入家庭住房困难各项工作任务。加大调整住房供应结构，切实增加中低价位、中小套型普通商品住房供应，增加住房有效供给，满足群众合理住房需求。

切实加强住房公积金管理。要理顺管理机构，完善管理制度，推动各市应用信息系统管理公积金业务，逐步实现省级公积金监管系统与全省各地级以上市对接，确保住房公积金的安全。

规范房地产市场管理。继续整顿房地产市场秩序，坚决打击房地产开发、物业管理、中介服务等环节的违法行为，规范市场运行。加快修订《广东省物业管理条例》，规范物业管理行为，建立健全城镇房屋拆迁的程序和补偿机制，妥善处理好城市拆迁和物业管理矛盾纠纷，维护广大群众的利益，为建设和谐社会作出贡献。

（三）以加强治污保洁工程建设和创建园林城市为重点，进一步优化城乡人居环境

继续推进治污保洁工程。完善污水、垃圾处理规划和技术标准，加大政策扶持，编制完成《珠江三角洲城镇污水治理规划》，以规划为指导，加快污水处理建设。继续开展垃圾处理的评估工作，对全省的垃圾填埋场进行等级评估或等级复核，对治污保洁专项资金的使用进行绩效评估，发挥财政资金的引导作用，确保如期完成省委、省政府提出的污水和垃圾处理目标。

进一步提高城市园林绿化和风景名胜区建设管理水平。以创建园林城市为抓手，推进城市园林绿化工作，提高城市的绿化、美化。加大对国家、省级风景名胜区的管理。

加强城市桥梁和供水等基础设施安全管理。建立城市桥梁信息管理系统，加大对城市桥梁的质量检测和安全检查力度，及时处理安全隐患，确保城市桥梁的安全。加快市域集中供水设施和管网的建设和改造，改进落后工艺和管网，提高供水水质，确保城市供水安全。抓紧修订《广东省燃气管理条例》，加强燃气管理，坚决打击违法燃气站点建设和违法销售行为，规范燃气市场，确保燃气的供应和使用安全。扩大数字化城管覆盖面，全面推进12319服务热线建设，提高城市管理水平。

（四）以提高工程质量和安全生产水平为目标，进一步规范建筑市场秩序

健全招标投标的各项规章制度。抓紧制订《广东省工程建设项目招标代理管理规定》、《广东省禁止建设工程串通招标投标违法行为管理办法》等规章，进一步规范建设工程招投标市场秩序，推进建筑市场信用体系建设，完善信用档案，建立社会监督和失信惩戒机制。严肃查处"围标"、"串标"、低价恶性竞争以及违法发包、分包和转包行为。

继续加强勘察设计管理。认真贯彻落实《广东省建设工程勘察设计管理条例》，加强对勘察设计活动的监管；强化对大中型建设工程项目初步设计、超限高层建筑抗震设防专项审查和重大市政基础设施工程项目施工图设计文件的审查管理，全面贯彻国家和省的各项工程设计规范和标准，落实建筑节能设计的各项要求。认真落实全省农村民居地震安全工作电视电话会议精神，进一步加强对村镇建设抗震设防工作的指导，提高村镇建设的质量安全。大力推行勘察设计责任保险制度，促进勘察设计行业的发展。

建立健全工程质量管理体系。抓紧修订《广东省建设工程质量管理条例》，完善工程质量检测、抽查、考核和验收制度，加强专项检查和施工过程监管，大力推广新技术、新工艺和新材料，加强作业人员培训，深入开展质量创优活动，全面提高工程质量。

全面推进安全生产管理。企业是安全生产的主体，必须强化企业的安全生产责任，规范企业安全生产管理行为。为此，要推进施工企业安全质量标准化工作。实施《广东省建筑施工安全生产动态管理办法》，要继续开展以预防高处坠落和建筑施工坍塌事故为重点的安全生产专项整治，全面推行建筑机械初始使用登记和安装使用登记制度，建立建筑施工起重特种作业人员培训考核制度。要进一步推进和完善"平安卡"管理制度，在工程造价和施工安全措施的定额预算中增加"平安卡"管理费率计取办法。

积极推进重点建设项目的依法建设，提高质量安全管理水平。认真贯彻落实《国务院办公厅关于加强和规范新开工项目管理的通知》和省政府办公厅颁发的《广东省加强建设工程项目开工管理的若干规定》，规范重点建设项目和大中型项目的开工行为，各级建设行政主管部门要会同有关部门做好新开工项目的管理工作，要严把施工许可关。进一步完善我省重点建设项目的质量安全管理机制，强化对重点项目的质量安全监管，深入开展优质安全、文明和谐创建活动。加强对重点项目建设过程的执法检查和指导，做好协调和服务，推动重点项目依法建设、优质安全建设和廉洁建设，促进重点建设项目的顺利实施。

（五）以政策扶持和科技创新为支撑，全面推进建筑节能工作

加强建筑节能法规和标准体系的建设。要加快制订《广东省建筑节能管理办法》，完善工程建设地方节能标准体系，为节能工作的开展提供保障。要设立墙材革新与建筑节能机构，按国家新的标准征收墙改基金，发挥墙改基金的引导和调控作用。在全省43个城市全面禁止使用实心粘土砖和大力推广使用预拌砂浆，加大推广使用散装水泥力度。

抓好建筑节能试点。以广州、深圳、东莞、佛山等珠三角城市为试点，抓好大型公建和政府办公建筑的节能改造。全省要抓好10个绿色建筑示范项目，启动5个可再生能源建筑应用示范项目，落实2~3家利用废建材产业示范企业。各地也要相应抓一批建筑节能示范项目，特别是要抓好既有建筑节能改造试点，以点带面，全面促进我省建筑节能工作。

加强建设工作各个环节的节能管理。要从规划、设计、施工、验收和使用等每一步骤都认真贯彻节能的要求，确实做好建筑节能工作，使节能工作取得成效。各级建设主管部门一定要统筹好建设工作的各个环节，环环相扣，环环体现节能的思想，要与城市的新区开发、旧城改造，以及社会主义新农村的建设结合起来，将建筑节能工作落到实处。

（六）以改进机关作风和职能转变为导向，全面推进依法行政和行政审批制度改革

完善建设法律法规体系。抓紧制订和修订《广东省村庄规划管理条例》、《广东省燃气管理条例》、《广东省建设工程质量管理条例》、《广东省物业管理条例》等地方性法规，以及《广东省禁止建设工程串通招标投标违法行为管理办法》、《广东省建设工程招标代理机构管理办法》和《广东省散装水泥管理规定》等政府规章，要结合《物权法》、《城乡规划法》的贯彻，制订相应的配套文件。有立法权的城市，也要结合实际，制订修订一批地方性法规规章，其他城市要制订相应的规范性文件，使我省建设法律法规体系逐步完善，为依法行政奠定基础。

全面推进依法行政。继续推进建设综合行政执法工作，加大对全省跨区域和重大建设项目的行政执法力度，推广韶关、江门等市城市管理综合执法的经验，以点带面，全面推进我省建设综合行政执法工作，提高执法水平。要依法规范行政决策、行政执行和行政监督行为，完善城乡建设和管理中的利益协调机制、诉求表达机制、矛盾调处机制、权益保障机制，增强建设部门的执行力和公信力。深入扎实推进“五五”普法工作，认真组织好普法培训和宣传，依靠检查调研、案例分析、培训讲座、媒体宣贯等活动，提高普法效果，切实提高建设系统广大干部职工的法律意识。

大力推进党风廉政建设。要充分认识反腐败斗争的长期性、艰巨性、复杂性，进一步强化抓党风廉政建设的责任意识，以完善惩治和预防腐败体系为主线，坚持标本兼治、综合治理、惩防并举、注重预防的方针，切实把党风廉政建设融入到各项业务工作中，确保党和国家各项法律法规和方针政策的贯彻执行，确保各级党委、政府的重大决策部署的贯彻落实。要高度重视抓好建设系统工作人员特别是领导干部的廉洁自律工作，深入开展理想信念和廉洁从政教育，认真落实廉洁自律有关规定，坚决查办违纪违法案件，为建设事业健康发展提供坚实的保证。

切实加强精神文明建设。坚持以建立社会主义核心价值体系为核心，以推进新一轮思想解放和加强思想道德建设为重点，重视抓好省委十届二次全会精神的学习和贯彻落实，组织好、开展好解放思想学习讨论活动。大力开展创建文明行业和文明窗口活动，推进学习型机关和服务型机关建设，加强建设系统人才队伍建设，树新风、育新人，增强主人翁精神和服务意识，改进机关作风，努力争当建设系统实践科学发展观的排头兵。

同志们，党的十七大已经为我们指明了方向，做好2008年的建设工作，任务艰苦，责任重大。我们一定要以党的十七大精神为指导，以科学发展观为统领，扎实工作，开拓进取，以新一轮思想大解放推动我省建设事业新一轮大发展！

深入实践科学发展观 进一步提高城乡规划建设管理工作水平

——在全省建设工作会议上的讲话

中共广东省委副书记、省长　黄华华

（2009年2月19日）

同志们：

2009年，我省经济社会发展面临新的机遇和挑战，危和机共存。省政府在新年伊始召开的这次全省建设工作会议，是全省城乡建设领域的一件大事。城乡建设工作，既关系到当前的经济建设，又关系到我省的长远发展，在全面建设小康社会、构建和谐社会的诸多工作中具有举足轻重的地位和作用。省委、省政府历来十分重视城乡建设工作，汪洋书记和我、木声同志2008年赴北京拜访住房和城乡建设部，充分表明了省委、省政府对城乡建设工作的高度重视，也显示出我省对于抓好城乡建设工作充满信心。

2008年是极不平凡的一年。在过去的这一年中，尽管我们遭遇了全球的金融风暴和国内的自然灾害和经济波动，但在省委、省政府的正确领导下，我省坚持以科学发展观统领经济社会发展全局，依然取得了十分可喜的成绩：GDP达35696亿元，比上年增长10.1%，人均GDP超过5千美元；财政总收入突破8470亿元，比上年增长9.3%；外贸进出口总额突破6833亿美元，比上年增长7.8%；全社会固定资产投资总额增长16.5%。城乡建设工作近年来也取得了显著成绩：城乡规划的综合调控作用有效增强，城镇空间布局进一步优化，城乡区域发展日益协调，城乡建设水平有了新的提高，人居环境质量不断改善。此外，在“5·12”汶川大地震后，建设系统的同志们全力以赴，奉献出无私大爱，为解决灾区群众临时住所、率先完成重建规划编制、有序推进灾区恢复重建发挥了重要作用，充分显示了广东作为科学发展排头兵的表率作用。这些成绩的取得，与全省城乡建设战线同志们的努力工作是密不可分的。在此，我代表省委、省政府对全省城乡建设战线的同志们表示崇高的敬意和诚挚的感谢！

对于2009年的工作，中央经济工作会议、全国住房和城乡建设工作会议、省委十届四次全会已经作出了一系列部署和安排，明确了目标、要求和政策措施。全省建设系统必须围绕“保增长、促内需、调结构”和“三促进一保持”等工作部署，加大力度，扎实推进。我们尤其要清醒地认识到，中央提出的关于扩大内需、促进经济增长的十大措施和省对应提出的十六项措施，许多方面关乎民生和基本建设，与建设领域的建设宜居城乡、促进房地产业健康发展、确保工程质量安全等工作密切相关。因此，全省建设系统一定要按照汪洋书记的要求，全力以赴抓落实，努力把推动科学发展的举措变成利国惠民的现实成果。总之，全省科学发展的大政方针已经确定，现在摆在我们面前的任务只有一个字：干！也就是说抓落实是我们今年工作的主线、重点。刚才，庆方同志对2009年全省城乡建设工作作出了具体的部署，我都同意，在这里，我再强调几点：

一、统筹市场发展和住房保障，促进房地产市场平稳健康发展

这是我今天讲话的重点。房地产业是国民经济的重要支柱产业，对于经济和金融业稳定和发展，对于拉动钢铁、建材及家电家居用品等产业的发展发挥着至关重要的作用。可以说，住房问题既是关系群众安居的民生问题，也是关系经济发展和金融稳定的经济问题。房地产业拉动经济增长的几组数据可以雄辩地证明这一点：一是房地产开发投资在固定资产投资中占比不断增加，拉动全省经济增长作用显著：2005年、2006年、2007年，全省房地产开发投资分别为1498亿元、1834亿元、2510亿元，占固定资产投资比例分别为21.54%、22.60%、26.16%。二是房地产税收在全省地税收入占比例不断增加，对我省地方税收收入增长贡献很大：2005~2007年，全省房地产税收分别为210亿元、285亿元和384亿元，占全省地税收入比例分别为15.54%、17.76%和18.93%；房地产税收增量占全省地税增量比例分别为20.83%、29.57%和23.85%。三是房地产贷款余额增速较快，占人民币贷款余额比例较

大：2005~2007年，全省房地产贷款余额（包括开发贷款和个人购房贷款）分别为4637亿元、5275亿元和8629亿元，占人民币贷款余额比例分别为22.12%、22.34%、31.38%；房地产贷款余额增量占全省人民币贷款余额增量比例分别为45.52%、24.07%和86.43%。四是全省土地出让收入增长较快，对地方财政收入贡献较大：2005~2007年，全省国有土地出让收入分别为456.47亿元、696.76亿元、882.52亿元，3年增长近一倍。

受国家从紧宏观经济政策和国际金融危机的影响，2008年我省房地产市场的发展态势出现回调，表现为开发投资增幅放缓（2932.34亿元，同比增长16%），新开工商品房面积减少（6505万平方米，同比减少9.28%），商品房销售面积有下降（4824.41万平方米，同比下降22.43%），商品房销售价格有所回落。这些问题应当引起我们的高度关注。

尽管当前我省房地产市场的发展形势出现一些新问题：如交易量下降，消费者观望气氛较重；部分开发商资金紧张，开发进度放慢；银行房地产贷款回收放慢，金融风险增大；地方政府税收增速放缓或减少，土地出让收益下降等，但与此同时，我省房地产市场平稳健康发展也面临几方面的有利条件：一是党中央、国务院和省委、省政府都高度重视房地产业的发展，提出要将房地产业作为国民经济的重要支柱产业，认真分析和研究房地产市场的形势，正确引导和调控房地产走势，促进房地产市场平稳健康发展。如国务院办公厅发出的《关于进一步促进房地产市场健康发展的若干意见》提出：要加大保障性住房建设的力度，促进合理住房消费，引导开发企业积极面对市场变化。《意见》强调要强化政府对稳定房地产市场发展的职责，加强房地产市场监测，营造房地产市场良好发展环境。省政府也即将出台《关于促进我省房地产市场平稳健康发展的若干意见》，进一步提出发展全省房地产市场的具体工作意见。二是我省经济发展的基本面和长期向好的趋势没有改变，我省仍处于城镇化快速发展时期，自住型、改善型购房需求长期刚性增长，住房需求具有巨大的潜力，我省房地产市场仍然有很大发展空间。作为我省国民经济的支柱产业之一，房地产业仍将对我省经济发展和居民居住水平提高发挥不可替代的作用。三是我省房地产业水平和实力有了较大提升。十几年来，我省已培育了一批实力雄厚的房地产上市企业，资金、技术和经营管理的实力较强，产品质量和配套水平对消费者具有很大吸引力。

面对挑战和机遇，各级政府一定要将思想认识和行动统一到中央和省委、省政府关于扩内需、促发展的部署上来，要充分认识到：发展房地产市场既是促进投资和消费、拉动经济发展的需要，也是改善群众居住条件的主要路径，将发展房地产业作为关系广东经济社会发展大局的一项重要工作，不断加大工作力度，确保完成的预期目标：房地产开发投资增幅保持在15%左右，占社会固定资产投资的比重占25%左右，解决低收入住房困难家庭3万户以上。具体而言，要切实抓好四方面的工作，全力促进房地产业的平稳健康发展。

（一）抓住房保障。住房保障工作是各级政府公共服务的一项重要职责。建立和完善廉租住房保障制度，用三年时间基本解决全省低收入家庭住房困难，这是国家部署的一项重大民生工程，也是各级政府解决好民生问题的一项硬任务，大家要充分重视，切实做到“五个落实”：一是落实建设条件。特别是要确保保障性住房建设用地的供应，确保列入年度计划的项目尽快开工建设并投入使用。二是落实建设资金。从2009年起，省财政将进一步加大对廉租住房等保障性住房的资金补助力度，对经济落后的粤东、粤西和北部山区适当提高补助标准。希望各级地方人民政府加大财政投入力度，商业银行相应地加大信贷支持力度。三是落实有关税费减免等优惠政策。四是落实组织机构。确保有组织、有领导、有专门机构抓，并建立全省和各市、县住房保障组织领导和协调工作机制。五是落实目标责任。建立解决城镇低收家庭住房困难工作目标责任考核机制、住房保障统计报告和实施情况定期公布制度以及督查工作机制。在这次会议上，我与各地级以上市市长签订了2009年度解决城镇低收入家庭住房困难工作目标责任书，今后每年将签订一次，目的就是为了确保各地重视这项工作。各地级以上市政府也要与县（市、区）级政府签订目标责任书，把目标责任层层落实下去。

（二）抓住房消费。当前，发展房地产市场的迫切任务是要促进住房消费和投资，确保房地产对全省经济增长的拉动作用得到充分发挥。为此，各地要贯彻落实好国务院和省政府出台的促进房地产市场平稳健康发展的政策措施，努力促进普通商品住房消费。要加大对自住型和改善型住房消费的信贷支持力度，降低住房消费环节的税赋，放宽住房入户政策和港澳台居民在粤购房的限制。同时，要逐步扩大住房公积金覆盖面，提高住房公积金的缴存比例，提高广大职工解决和改善住房条件的能力。各地要积极执行住房公积金信贷优惠政策，积极发展住房公积金贷款业务，简化住房公积金贷款办理手续，发挥公积金支持职工购房的作用。要建立住房补贴动态调整机制，适当提高住房补贴额度，力求在短期内扭转住房消费意愿下降的态势。

（三）抓产业发展。要支持房地产开发企业积极应对市场调整，保持房地产业的持续稳定发展。一是要引导开发企业以合理价格促进商品住房销售。二是拓宽房地产开发企业直接融资渠道。鼓励商业银行在风险可控前提下，对基本面比较好、信用记录较好、有竞争力但暂时出现经营或财务困难的房地产开发企业给予信贷支持，为有实力、有信誉的房地产开发企业兼并重组有关企业或项目提供融资支持和相关金融服务。鼓励符合条件的房地产开发企业经批准发行企业债券和可转换债券。支持部分信誉良好、资产优质的大型房地产开发企业开展房地产信托投资基金试点工作，支持在境外、香港上市的大型房地产企业回归A股。三是对在2008年签订土地出让合同的项目用地，确实无法按时缴纳土地出让价款和开工建设的，由土地使用者申请并经当地市、县人民政府批准，可适当延长房地产项目开发期限和缴纳土地出让价款期限，但每宗地的延长开发建设时间和延长土地出让价款缴纳时间原则上不超过两年，同时应按银行同期贷款利率支付延迟缴纳土地出让价款的利息。四是对交付土地增值税和所得税确有困难的，可申请适当延期。各地要创新工作机制，确保2009年房地产投资的平稳发展。

（四）抓服务和监管。要营造良好的房地产市场发展环境。首先，各市要按照扩内需、促发展的需要和实施《珠江三角洲地区改革发展规划纲要》的要求，及时调整2009~2012年的住房建设规划和开发用地供应计划，以适应房地产市场发展的需要。规划、建设、国土、税务、金融等部门和机构要切实加强对房地产开发项目报批工作的服务，确保开发项目如期进行。其次，各级政府和各职能部门要加强房地产市场的监测分析，准确把握房地产市场走势，加强分类指导，并大力宣传中央和省出台的各项政策措施及其成效，着力稳定市场信心，严肃查处各种散布虚假信息、扰乱市场秩序的行为。第三，各市要加强对房地产市场运行的监控，增强防范风险意识，加强预售资金监管，防止部分开发商由于资金链断裂导致楼盘烂尾问题危及到消费者。第四，要规范房地产中介行业发展，保障群众房屋交易的资金安全。加紧建设二手房交易管理信息系统，规范房地产经纪机构经营行为，在全省推行由银行托管二手房交易资金的交付方式，创造安全的二手房交易环境，增强消费信心。

总之，我们要切实按照科学发展观的要求，统筹市场发展和住房保障的关系，切实发挥房地产对经济发展的拉动作用，努力实现党的十七大提出的“住有所居”目标。

二、认真贯彻落实《珠江三角洲地区改革发展规划纲要》，确保城乡建设事业实现科学发展

《珠江三角洲地区改革发展规划纲要》，从全球的视角和我国的实际出发，明确了珠三角地区一系列新的定位，体现了科学发展模式的最新要求，是党中央、国务院在新形势下，审时度势、着眼全局，在我国改革开放30周年的重要历史节点上、在广东省尤其是珠三角改革发展的关键时期，批准实施的一个非常重要的规划文件；是面向全面小康和现代化进程，深入推进科学发展的重大举措，是积极应对当前经济形势深刻变化，保持经济平稳较快增长的重大举措，也是珠三角地区进一步改革发展的行动纲领。需要说明的是，《纲要》涉及的不仅仅是珠三角九个市，同时还包括环珠三角地区，即东西北地区。所以，《纲要》是涉及全省的发展战略。因此，大家一定要扭住“科学发展、先行先试”的主线，围绕《纲要》提出的目标要求和工作任务，继续解放思想，在“落实”和“细化”上下工夫。建设系统如何做好相关工作，我讲几方面的意见。

（一）切实提高城乡规划和建设管理水平，统筹城乡协调发展。要按照《纲要》关于推进城乡规划一体化、产业布局一体化、基础设施建设一体化、公共服务一体化，率先形成城乡一体化发展新格局的要求，重点抓好以下几方面工作：一是要抓好市（县）域城乡总体规划编制和实施工作，促进基础设施和公共服务设施建设向农村延伸，切实提高和改善城乡环境质量和生活条件。二是一方面以广州、河源、云浮为重点，抓好经济社会发展规划、城乡总体规划、土地利用总体规划“三规合一”试点工作，另一方面要加快建立和完善“城乡规划实施年度计划”制度。三是要加快污水处理设施建设，确保2009年年底前珠三角地区中心镇、东西两翼和粤北山区的县城全部建成污水集中处理设施，全年新增污水日处理能力300万吨。四是要统筹规划、合理布局垃圾处理设施，提高生活垃圾减量化、资源化、无害化水平。到今年年底，全省地级以上市要全部建成符合标准的生活垃圾无害化处理设施；到2012年，县城（含县级市）要基本建成符合标准的无害化处理设施，同时还要加大农村垃圾的整治处理的力度。省建设厅要会同有关部门尽快研究制定推进全省垃圾处理设施建设的具体方案和措施。要加快落实污水、垃圾处理费征收政策，合理确定收费标准，确保污水和垃圾处理设施正常运营。五是要按照因地制宜、适地适树的原则，加强园林绿化建设。在统一规划的基础上，将平面绿化与立体绿化相结合，生态功能与美学、艺术功能相结合，既体现城市的历史、人文、地理内涵，又适应快速城镇化发展要求，通过积极争创国家和省级园林城市，走园林式的、具有岭南园林特色的绿化建设道路。

（二）优化珠三角空间布局，促进粤港澳更紧密合作。一是要以《珠江三角洲城镇群协调发展规划》为基础，制定《珠江三角洲城市规划一体化规划》。2004年，省委、省政府和建设部成功编制了《珠江三角洲城镇群协调发展规划》，现在要根据《纲要》提出的新目标、新内涵，对《城镇群规划》进行深化、优化，制定更具针对性和操作性的《珠江三角洲城市规划一

体化规划》，优化珠三角空间布局。如《纲要》提出要推进与港澳紧密合作，融合发展，共同打造亚太地区最具活力和国际竞争力的城市群，《珠江三角洲城市规划一体化规划》就需要考虑粤港澳空间一体化发展的问题。二是要组织编制《广佛同城化发展规划》，以广佛同城化为示范，探索城乡区域协调发展的新思路、新模式，加快推进珠三角一体化进程。三是要抓好《广东省城镇体系规划》、《粤东城镇群协调发展规划》的编制和实施。四是要按照《纲要》关于构建开放合作新格局、推进与港澳更紧密合作，共建优质生活圈的要求，加快完成《大珠江三角洲城镇群协调发展规划研究》，研究制定大珠三角优质生活圈的规划建设标准及《环珠江口湾区宜居区域建设行动计划》，共商生态环境设施、区域公共安全工程以及其他区域性设施的规划布局，促进粤港澳更紧密合作。

（三）加强政策引导和扶持，促进建设领域现代服务业的提升和发展。当前我省不少重要建设地段（区）和大型公共建筑既缺乏当地城市品位风格，又耗费巨额投资，不少规划设计和建筑设计水平不高，精品工程不多，而且许多城市设计、标志性建筑设计方案是由省外或国外专业人士设计的，设计人才外流现象比较严重。如2008年评选的26名全国工程勘察设计大师中，广东作为一个工程建设大省没有1名被评上，除了客观因素外，主观上也有值得我们深思的原因。要真正符合《纲要》关于提升和发展包括建设行业在内的现代服务业的要求，我们就一定要充分认识到人力资源是第一资源、高层次人才是在经济全球化竞争日趋激烈条件下制胜的核心战略资源，高度重视优秀设计人才的引进和培养，要采取经济、技术、行政等多种手段，鼓励和支持优秀设计人才，大力繁荣规划设计、建筑创作，鼓励多出精品。一方面进一步加强与港澳的合作，实施优秀规划设计、建筑设计人才引进和培养战略，积极引进港澳及国外大师级优秀规划设计、建筑设计人才。另一方面可按照"先行先试"的要求，抓好规划设计、勘察设计创优工作，组织策划"广东省工程勘察设计大师"评选工作，打造一批综合性的规划设计、建筑设计强院，提供优质设计服务。积极发展规划设计、建筑设计、工程咨询、房地产中介服务等第三方专业服务机构，大力推行工程总承包建设方式，支持有能力的工程建设企业拓宽服务领域，进一步提高建设项目管理的专业化和科学化水平，也是提升和发展建设领域现代服务业的重要课题，省建设厅要加强政策引导和扶持，提出切实可行的方案，要认真抓出成效来。

三、努力打造宜居城乡，增加城乡居民的归属感和幸福感

改革开放30年来，我省经济社会发展取得了显著成绩，GDP连续24年排在全国首位，城镇化水平稳步提高，城乡人居环境得到较大改善。但是，在看到成绩的同时，我们还要清醒地看到，我省城乡建设发展的质量和水平还不高，还处于规模扩张、粗放发展阶段，与科学发展观和宜居城乡建设的要求还有相当的差距。如在城乡人居环境建设方面，部分指标落后于东部沿海省份，个别指标甚至落后于中部省份。不少地方在空气、水、土壤、噪音等方面的污染还比较严重，绿化、美化、净化还不够，更不要谈艺术化！部分地方可以说是GDP上去了，人居环境建设水平却下来了。这不是科学发展，也不符合科学发展观的要求。宜居城乡是以城乡生态综合平衡为机制，以促进城乡经济社会持续发展为前提，并以保持经济发展、社会进步、生态保护三者高度和谐，城乡环境清洁、优美、舒适为目标的城乡发展复合系统，也是落实科学发展观、坚持以人为本、促进科学发展的重要举措。因此，要真正落实科学发展观，真正体现以人为本，首要的一点就是要改善人居环境，以建设宜居城乡来改善民生，让人民群众在一个非常舒适、非常宜居的环境中幸福地生活。

可以说，目前我省推进宜居城乡建设正面临着难得的机遇。一是中央十分重视宜居城乡建设。党的十七大和十七届三中全会都对建设资源节约型、环境友好型社会进行部署，特别提出要大力推进城镇化进程，建设生态文明，确保人民在良好的生态环境中生产生活，实现经济社会永续发展，这为宜居城乡建设指明了重要方向。二是省委、省政府高度重视宜居城乡建设，并明确要求将这项工作作为新时期我省推动科学发展的一重大战略来抓。汪洋书记提出"要以建设宜居城市、宜居农村、宜居乡镇为龙头来改善民生"，做到"市市都有天堂，乡乡都有新村"。省委十届三次全会也明确提出了"打造宜居城乡，建设美好家园"的宏伟目标。《中共广东省委、广东省人民政府关于争当实践科学发展观排头兵的决定》更是将这一目标进一步具体化。省委、省政府还准备出台《关于建设宜居城乡的实施意见》，为全省各地推进建设宜居城乡工作提供具体指导和可操作的指南。三是我省具有推进宜居城乡建设的物质基础和群众基础。我省经济比较发达，综合实力相对雄厚，为推进宜居城乡建设奠定了坚实基础。同时，随着经济发展和社会进步，广大人民群众日益关注生态环境保护和城乡人居环境建设，既对城乡生活环境提出越来越高的要求，也更加支持政府推进城乡基础设施建设、加快旧城改造、改善生产生活环境，为我们推进宜居城乡建设提供了良好社会氛围。四是当前推进宜居城乡建设正当其时。今年以来，为应对全球金融风暴引发世界经济增长下滑的影响，从国家到地方都把加快基本建设、扩大投资作为扩大内需、促进经济平稳发展的重要手段。推进宜居城乡，符合扩大内需的宏观政策，不仅可以扩大投

资、拉动即期经济增长，也可以为城乡建设的长远发展创造有利条件。

因此，建设宜居城乡既是当前也是今后较长时期内我省抓科学发展、促社会和谐的一条主线。作为新一届省委、省政府非常关注的一件大事，各级政府一定要从全局和战略的高度充分认识建设宜居城乡的重要意义，切实增强责任感和紧迫感，扎实推进各项工作，努力探索出一条具有广东特色的建设宜居城乡的新路子。为此，要在如下方面作出努力：

（一）充分发挥规划的先导和综合调控作用。建设宜居城乡，离不开科学规划。我们要按照科学发展与科学规划相结合的要求，创新城乡规划体系，逐步推进“三规合一”，统筹规划城乡空间布局。要推行“阳光规划”，落实城乡居民对规划的知情权、参与权、表达权和监督权，提高规划的科学性和民主性，并严格规划实施，充分发挥城乡规划对城乡建设和发展的先导和统筹作用，提升城乡集约建设发展水平

（二）逐步提高城乡居民居住水平。近几年来，我省房地产业发展上了新的台阶，商品住房从早期的毛坯房、无配套的单体楼，逐步转化为精装修房、配套齐全的大型社区，户型设计和周围环境不断改善，居民的居住质量和居住环境日益改观。很多小区还实行了专业化的物业管理，保持小区的整洁环境和维护小区的安定秩序。下一步还要按照合理配置住房资源的要求，构建与经济社会发展水平及不同收入群体相适应的住房供应和保障体系。要扩大廉租住房的覆盖面，落实经济适用住房优惠政策，多途径解决其他住房困难，探索农村住房制度改革，增强城乡居民的归属感。

（三）营造美好的城乡生态环境和人居环境。我们说“宜居”，也就是要让居民感到“适宜居住”和“舒适”。为此，要进一步强化环境保护和生态建设，增强城乡居民的舒适感。当前的主要任务包括按照《广东省珠江三角洲城镇群规划实施条例》的要求，率先划定区域绿地，建设省立公园，维护区域生态安全；落实节能减排考核问责制，全面推进建筑节能；实施“万村百镇”整治工程，综合整治村镇环境。

（四）大力发展公共服务和市政公用事业。检验一个地方是否“宜居”，一个重要的指标就是居民生活的便利性。经过几十年的发展，可以说我省城市的生活设施和公共服务设施已比较完善，但是对于很多的乡镇尤其是农村地区而言，基础设施和公共服务设施还较为缺乏，给城乡居民的生产、生活带来很大不便。因此，在建设宜居城乡过程中，要着力完善公共服务设施建设，着力建立健全覆盖城乡、服务大众的社会服务网络，促进城乡基本公共服务均等化，增强城乡居民的幸福感。包括积极推动市政公用事业引入市场机制，以城带乡建设城乡市政公用设施；建立供水安全保障体系，加快污水、垃圾处理设施建设；实施公交优先发展战略，特别是珠江三角洲要超前规划、加快建设一体化的轨道交通系统，等等。

（五）建立健全建设宜居城乡的机制保障。为确保建设宜居城乡工作的顺利推进，省政府将出台宜居城乡评价指标体系和申报评选办法，启动“宜居城市”、“宜居城镇”和“宜居村庄”创建活动。对于达到宜居标准，或者在改善人居环境方面取得显著成绩的城市、城镇，将由省政府命名为“广东省宜居城市”、“广东省宜居城镇”，村庄则由省建设厅命名为“广东省宜居村庄”，予以表彰。同时，省政府还将按照《广东省领导班子和领导干部落实科学发展观评价指标体系及考核评价试行办法》的要求，对各地建设宜居城乡工作实行绩效考核。希望各级政府按照省的部署，切实加强对宜居城乡建设的组织领导，在人员机构、建设资金等方面予以保障，并加强舆论宣传，动员全民参与创建活动，形成全民关注、全民参与、共建共享的良好创建氛围。

另外，我还想强调一下建设质量安全和建筑业发展的问题。建筑业是城乡建设事业的重要组成部分，建设工程质量与人民群众的生命财产安全息息相关，马虎不得，各级政府一定要高度重视，加强建筑工程设计和施工招投标管理，健全工程质量管理体系，完善安全生产责任机制，强化工程质量安全监管，千方百计地抓好安全生产。

总之，进一步提高城乡规划建设管理水平，既是广东省争当实践科学发展观排头兵的具体行动，也是坚持以人为本、维护人民群众利益的客观要求，更是推动广东省新一轮大发展、大提高的现实需要。我希望全省城乡建设战线的同志们坚定信心，振奋精神，真抓实干，继续解放思想，深入实践科学发展观，踏踏实实地贯彻落实中央、省委、省政府和这次大会的精神和部署，推动全省城乡建设和经济社会科学发展，在“工作落实年”作出新的更大贡献！

谢谢大家！

深入贯彻落实科学发展观 促进全省建设事业平稳较快发展

——在全省建设工作会议上的讲话

广东省建设厅党组书记、厅长　房庆方

(2009年2月19日)

同志们：

新年伊始，省政府在这里召开全省建设工作会议，会议的主要任务是，认真贯彻省委十届四次全会和全国住房和城乡建设工作会议精神，以科学发展观为指导，总结去年全省建设工作，研究部署今年的工作任务。省委省政府高度重视这次会议，华华省长和木声副省长亲自出席会议并作重要讲话，请大家认真贯彻落实。下面，我讲几点意见。

一、2008年工作回顾

2008年，全省建设系统在省委、省政府的正确领导下，认真贯彻党的十七大和省委十届二次、三次全会精神，锐意创新，齐心协力，迎难而上，奋勇抗击历史罕见的严重低温雨雪冰冻灾害，全力以赴支援汶川地震灾害抗震救灾，沉着应对严重的国际金融危机冲击，全面落实中央宏观调控措施，争当实践科学发展观排头兵，取得了建设事业的新成就。

(一) 全力以赴参加抗震救灾斗争

2008年，是极不平凡的一年，我国遭遇了历史罕见的低温冰冻雨雪和5·12四川汶川特大地震等自然灾害，以及国际金融危机的严重肆虐。在抗击这些自然灾害的战斗中，全省建设系统作出了重大的贡献。在年初与低温雨雪冰冻灾害的战斗中，全省建设系统紧急调运反光衣、天然气等应急物资、组织人员疏通道路，为夺取抗灾胜利作出了积极的贡献。5·12四川汶川特大地震发生后，全省建设系统按照省委、省政府及住房和城乡建设部的部署，举全系统之力，出色地完成了救灾任务，得到了省委、省政府及住房和城乡建设部的肯定和表彰。一是圆满完成过渡房援建任务。为做好援建工作，召开了全省过渡房援建工作电视电话会议进行部署，开展了“捐板房、献爱心”活动，迅速组织援建队伍赴汶川并开展援建的各项工作。据统计，全省建设系统为灾区捐建板房累计4506万元，并派出了大批援建队伍，建成过渡安置房4.94万套(建筑面积98.8万平方米)，超额完成了国家部署的援建任务。二是援助汶川县编制完成了灾后恢复重建城镇体系规划，完成了县城(威州镇)的总体规划，以及映秀等五个建制镇和七个乡的重建规划，为汶川县灾后恢复重建描绘了蓝图，奠定了科学发展的基础。三是率先赶赴汶川县开展县城震后房屋鉴定工作，累计鉴定受损房屋1141栋，总建筑面积约112.12万平方米，并将房屋鉴定成果绘制成电子地图，为恢复汶川县经济社会秩序发挥了重要作用。事实证明，我省建设队伍是一支具有战斗力能打硬仗的队伍。在此，我谨代表省建设厅，向为抗击灾害作出贡献的全省建设领域的广大干部职工致以崇高的敬意和表示衷心的感谢！

(二) 以建设宜居城乡为抓手，大力改善人居环境

根据《中共广东省委、广东省人民政府关于争当实践科学发展观排头兵的决定》关于“打造宜居城乡为载体，建设美好家园”的要求，全省建设系统迅速掀起了建设宜居城乡的热潮，各地广泛开展了宜居城乡的宣传活动，大力开展了宜居城乡规划的编制工作，加大了住房保障的力度，狠抓城乡环境的整治，取得了较大的成效，为建设宜居城乡工作打下了基础。我厅代省委、省政府草拟了《关于建设宜居城乡的实施意见》，并已提请省委、省政府颁布实施。《意见》明确了以推进住有所居、改善人居环境、完善公共服务、加强社会管理、营造文明风尚作为我省建设宜居城乡的内容，并针对性地提出了建设宜居城乡的政策措施和机制保障。为配合《意见》的实施，我们还制定了宜居城市、城镇和村庄评价指标体系及申报评选办法，通过网络、报纸等形式开展了问卷调查，在全社会营造了创建宜居城乡的良好氛围。

治污保洁工程继续推进。全省共建成污水处理厂175座，日处理能力1091.5万立方米，污水集中处理率达60%以上，比2007年底新增污水处理厂48座，污水处

理率提高15个百分点。建成无害化垃圾处理场37座，其中焚烧厂16座，填埋场21座；日处理能力3.5万吨，比2007年新增日处理能力4000吨，无害化处理率达65%，比2007年提高5个百分点。

园林城市创建活动取得新成效。广州、东莞、潮州市荣获了“国家园林城市”称号，我省“国家园林城市”数量达到13个，成为全国获此称号最多的省份；湛江市绿塘河湿地公园荣获“国家城市湿地公园”称号，实现了零的突破；广州市越秀公园和深圳市园博园、仙湖植物园、莲花山公园等4个公园被命名为“国家重点公园”。

风景名胜资源保护工作取得新进展。继续开展了风景名胜区的综合整治，进一步规范了风景名胜区的机构设置，完成了风景名胜区规划的编制及核心保护区的划定，严肃查处了破坏风景名胜资源和侵占景区土地的违法行为，全省风景名胜区的规划建设管理水平有了明显提高。丹霞山景区正式成为世界自然遗产提名地。

村镇整治有效开展。全省62个省级村庄整治试点工作全面铺开。各地认真贯彻全省第三次村庄整治现场会议精神，大力推广村镇建设示范点的经验，开展宜居村镇创建工作。通过省、市、县多渠道投入，全省有3000多个村庄开展了整治工作，村庄整治覆盖率比2007年提高2.5个百分点。逐步推广农村生活垃圾处理和污水处理适用技术，农村人居环境进一步改善。

（三）以加快廉租住房建设为重点，逐步改善中低收入群体住房困难问题

2008年，全省各地认真贯彻党中央、国务院和省委省政府关于推进保障性住房建设，促进经济平稳较快发展的部署，通过大力开展住房保障工作，开展住房公积金专项治理，进一步推进住房货币分配制度的实施等措施，较好解决了一批城镇低收入家庭的住房困难，提高了职工住房消费能力。一是认真贯彻省政府《关于切实解决城镇低收入家庭住房困难的实施意见》，加大了住房保障工作的力度，廉租住房和经济适用住房的保障覆盖面进一步扩大。在2007年对地级以上市对符合住房困难条件、申请廉租住房租赁补贴的城镇低保家庭做到应保尽保的基础上，2008年基本实现了对全省所有城镇符合住房困难条件、申请廉租住房租赁补贴的低保家庭做到应保尽保，廉租住房的保障范围也扩展到城镇低收入住房困难家庭。全省新增对26759户城镇低收入住房困难家庭实施廉租住房保障，新增对4951户低收入家庭实施经济适用住房保障。二是加大了保障性住房建设的力度。省财政投入1亿元专项补助资金支持东西两粤、粤北山区廉租住房保障工作。全省各地都加大了保障性住房建设资金的投入，通过新建、改建或购买等方式新增了5766套廉租住房，共28.8万平方米；新开工经济适用住房44.1万平方米约6824套，已完成投资11.37亿元，竣工1873套。三是加强了对住房公积金管理。全省开展了加强住房公积金管理专项治理工作，确保了住房公积金的安全运行，住房公积金缴存人数进一步增长，到2008年底，全省累计缴存人数达548.2万人，累计缴存总额1750.4亿元，分别比上年增长20%、30%。四是住房货币分配制度得到有效实施。到2008年底，全省参加住房货币分配人数达到48.4万人，累计发放住房货币补贴107.3亿元。

（四）以增强房地产市场调控能力为重点，确保房地产市场平稳发展

2008年，全省强化了对房地产市场的分析和监测，开展了房地产市场运行及房地产金融情况的调研，建立了全省房地产市场运行情况公报制度，为促进我省房地产市场平稳发展提供了积极有效的决策依据。一是各地通过加大住房保障工作力度、鼓励自主型和改善型住房消费等具体措施，保持了房地产市场稳定。房地产市场交易逐步回暖，全省商品房均价为5803元/平方米，商品住房价格已回落到去年同期水平。二是各地加强了对房地产市场的监控，严格预售审批、加强预售款监管，推行由银行托管二手房交易资金的交付方式，保障了群众住房交易的资金安全。三是继续开展了房地产市场秩序专项整治活动，共查处房地产相关行业2098宗违法违规行为。四是完善了房地产登记发证工作。根据住房和城乡建设部《房屋登记办法》等相关规定，推广使用了《房地产登记簿》和新版房地产权属证书，理顺了市、县房屋登记机构套印发放房地权证的管理体制，进一步保护了公民的私有财产权利。五是严格控制城镇房屋拆迁规模，2008年全省核定的城镇房屋拆迁规模为432万平方米，实际完成拆迁面积235.9万平方米，因拆迁问题引发的上访和纠纷基本得到控制。

（五）以贯彻实施《城乡规划法》为契机，增强城乡规划的综合调控作用

《城乡规划法》是2008年1月1日正式实施的。在过去的一年里，全省各地认真开展了《城乡规划法》的宣传贯彻工作，并通过大力完善规划编制体系，切实加强规划实施监管，有效地增强了城乡规划统筹城乡发展的综合调控作用。一是区域规划编制研究和实施工作取得新突破。《珠江三角洲城镇群协调发展规划》得到有效实施，启动了珠三角区域绿地划定工作、规划督察员巡察工作，建立了省政府协调会议制度，促进了珠三角区域一体化发展。《大珠三角城镇群协调发展规划研究》取得积极成果。该项研究作为我国首个跨行政边界和制度边界的规划研究，为粤港澳共同繁荣谋划更大的发展空间和打造大珠三角世界级都市圈提出了前瞻性的建议。《粤东城镇群协调发展规划》编制工作进展顺利。建立并完善了省城乡规划委员会制度，增强了省域重大规划决策的科学性和民主性。

二是城乡规划管理制度不断完善。在全国率先制定了城市规划实施评估工作指导意见，汕头、四会、高要等市完成了总体规划实施评估审查。广州、河源城乡一体化规划和“三规合一”试点工作相继启动，必将为更好地发挥规划统筹城乡和综合调控的作用提供借鉴。开展了城乡规划年度实施计划制度研究。三是城乡规划编制工作稳步推进。东莞、惠州、江门、佛山、中山、汕尾、清远、湛江等市完成新一轮城市总体规划的修编。全省992个建制镇完成总体规划编制，覆盖率达到85.3%，271个中心镇全部完成了总体规划编制，35个中心镇开展了控制性详细规划编制试点。全省村庄规划覆盖率达34%，比2007年提高3个百分点。总体规划审批难的问题得到有效破解，规划的审批工作得到实质推进。广州、深圳、珠海、东莞等市进一步强化了控制性详细规划的地位，实现了中心城区控制性详细规划的全覆盖。四是积极配合国家和省扩大内需的宏观调控要求，进一步加强了重大建设项目选址的管理。五是村镇规划建设管理人员培训力度加大，省、市、县三级共培训5000余人。六是村镇历史文化资源保护得到加强。全省共有8个镇、村荣获广东省历史文化名镇、名村称号，6个镇、村荣获中国历史文化名镇、名村称号，获奖数量居全国前列。

（六）以推进民用建筑节能为重点，促进节约型社会的建设

2008年，全省建设系统以推进建筑节能立法、推进节能监管体系建设、加强节能技术标准体系建设和加强建筑节能管理为重点，全面推进建筑节能工作。一是节能监管体系建设取得阶段性成果。全省21个地级市的2750栋国家机关办公建筑和大型公共建筑完成了能耗统计，广州、深圳、东莞开展了建筑能源审计，并对228栋建筑的能耗情况向全社会进行了公示，广东的能耗统计量和公示数量均为全国第一。广州、深圳均被列为全国国家机关办公建筑和大型公共建筑节能监管体系建设示范城市，能耗监测平台试点工程基本实现了数据的有效传输，为全省监管平台建设奠定了基础。二是继续加强建筑节能相关标准图集的编制工作。《建筑节能材料能效评价及检测技术标准》等4项建筑节能标准获得立项，《〈建筑节能工程施工质量验收规范〉广东省实施细则》即将颁布实施。三是加强了建筑节能监督检查。通过开展建筑节能专项检查、抓好示范项目建设、推进建筑节能改造、推进“禁实”工作、推动绿色照明工程的实施等措施，进一步加强了对建筑节能的管理，推动了全省节能工作的深入开展。四是发展绿色建筑。深圳市以绿色建筑示范项目为抓手，着力打造“绿色建筑之都”，成为我省和全国大力发展绿色建筑的典范。五是散装水泥发展取得新突破。全年共完成散装水泥量4031万吨，散装水泥使用率42.5%，预拌混凝土供应量7501万立方米。

（七）加强工程质量和市场监管，安全生产形势进一步好转

建筑安全生产形势继续好转。2008年，全省持“平安卡”上岗作业的建筑工人总数达到了68.9万，建筑施工事故起数和死亡人数同比分别下降16%和21%。全省各地进一步加大了对重点建设项目的监督力度，大力开展执法检查，有力地促进了省重点建设项目的依法建设和质量安全工作。

勘察设计和工程质量监管水平进一步提高。一是开展了全省勘察设计市场专项整治和工程质量检测机构的专项检查，规范了勘察设计和工程质量检测市场秩序。二是狠抓了勘察设计质量管理工作。加强了大中型工程初步设计审查和施工图审查的监管，完成了广州西江引水工程、广深港客运专线等一批重大项目的设计审查；制订了《广东省建设系统应对破坏性地震应急预案》，开展了应对破坏性地震应急组织体系建设，全面推进农村民居地震安全工程的规划和建设，从源头上加强了工程抗震设防、建筑安全和质量管理工作。三是狠抓了工程质量管理工作。2008年开始在全省推行住宅工程质量分户验收制度，同时，进一步加强了商品（预拌）混凝土质量管理工作。富力国际公寓等8项工程荣获2008年度鲁班奖（国家优质工程）。各地创新了工程质量的监管模式，珠海市将工程质量纳入企业诚信管理，强化了质量优胜劣汰机制；东莞市将工程动态监管与监督员履行职责监督同步进行，强化差别化监管，加大了监管力度，提高了工作效率。

建筑市场监管力度进一步加大。省建设厅、省监察厅联合印发了《关于加强建设工程招标投标关键环节管理的意见》，各市进一步加强对建设工程招标投标关键环节的管理，加大了防止围标、串标的管理力度。建立了全省建筑市场诚信信息平台，建筑劳务分包制度和工程保证担保制度在全省进一步推进。粤港两地建设领域的合作继续加强，达成了《获得内地注册城市规划师资格及内地监理工程师资格的香港专业人士在粤注册合作协议》，为粤港两地规划和建筑服务合作人才交流、技术合作开辟了绿色通道。

（八）大力推进法制建设和行政审批制度改革，依法行政水平和工作效率得到提高

建设法制步伐不断加快。《广东省物业管理条例（修订）》业经省十一届人大常委会第七次会议通过，于2009年3月1日起正式施行。完成《广东省燃气管理条例》、《广东省散装水泥管理规定》的修订报送工作；完成了《广东省村庄规划建设管理条例》、《广东省城乡规划条例》、《广东省工程质量管理办法》、《广东省民用建筑节能管理条例》的起草工作。广州、深圳、珠海、汕头等市和其他各市相继出台了一些建设类地方性法规、规章，有力地加强了我省建设法制工作。

普法工作扎实开展。全省建设系统开展了“五五”普法中期检查，加强了普法机构的建设，加大了普法培训，建设系统广大干部职工的法律意识进一步提高。行政复议工作得到加强，各地加大了行政复议的协调力度，充分发挥了定纷止争的作用。全年厅机关共受理行政复议案件51宗，比2007年增加了34宗，但在各地的认真协调下，很多申请人主动撤回申请，案件得到妥善处理。

行政审批制度改革力度加大。全省大部分建设行政主管部门实行了行政审批集中办理，便民服务水平进一步提高。厅机关行政服务中心正式运作，规范了行政许可审批程序，改革了送达方式，方便了群众办事。省政府公布了《省建设厅委托实施行政许可事项》，减少了厅机关的行政审批事项，实现了机关职能的转变，提高了工作效率。

党风廉政建设取得新成效。全省建设系统严格按照中共中央《关于实行党风廉政建设责任制的规定》，以建筑市场管理、房地产市场秩序整顿、规划效能监察等民生热点问题为重点，明确了党风廉政建设工作必须与业务工作同时布置，同时检查，同时总结验收的要求，制定了督促落实和检查考核制度，党风廉政建设责任制取得了新进展。在落实中央《建立健全惩治和预防腐败体系2008~2012年工作规划》和《中共广东省委贯彻落实〈建立健全惩治和预防腐败体系2008~2012年工作规划〉实施办法》中，各地研究提出并逐步落实了健全完善建设工程招标投标制度、住房保障体系建设、落实房地产市场调控政策、建设公用事业市场监管机制等反腐倡廉重点领域的一系列意见和措施。治理商业贿赂、住房公积金治理、城乡规划效能监察、房地产市场监管等专项整治工作成效显著，全系统主动上交不正当所得28人次，金额22万元，查结商业贿赂案件8宗，涉案金额51万元。

精神文明建设取得新硕果。按照党中央和省委的部署，全省建设系统深入开展了解放思想学习讨论活动和深入学习实践科学发展观活动，围绕重点、难点问题开展广泛调研，并形成了丰硕的调研报告。认真总结经验教训，切实加强机关作风建设和干部职工思想道德、职业道德建设，全行业的纠风工作得到加强。省建设厅机关首批在全省各建设主管部门聘请了40名机关作风监督员，建立“直通车”监督制度。各级建设行政机关的服务意识、办事效率明显好转，涌现出一批全省建设系统精神文明建设示范单位、先进单位和先进个人。

2008年全省建设工作虽然取得了较大的成绩，但也存在不少问题与不足，主要体现在：一是改善城乡人居环境依然十分艰巨。全省村庄脏乱差现象依然比较严重，珠江三角洲以外地区的村镇基础设施和公共服务设施建设相当滞后，村镇建筑工程质量和建筑安全监管仍然十分薄弱。目前尚有3个地级市和42个县（市）没有建成生活垃圾无害化处理设施，污水集中处理率较低。二是建筑节能工作推进缓慢。全省建筑节能工作发展不平衡，地区差别大，尚有16个市未完成“禁实”任务，推进建筑节能工作的省级管理机构、经费等多项措施尚未落实。三是建筑业发展仍不适应经济形势。我省建筑业总产值已落后于浙江、江苏、山东三省，有竞争力的特级建筑企业数量与浙江、江苏两省有较大差距。建筑施工安全生产较大事故时有发生，企业安全生产责任制不落实，安全投入严重不足，质量安全监督队伍建设与我省当前建设要求不相适应。四是机关作风建设仍存在明显薄弱环节。机关效能建设和干部作风建设仍需加强，服务意识有待增强，工作效率和质量有待进一步提高。

二、2009年全省建设工作安排

2009年是新中国成立60周年，是推进“十一五”规划顺利实施的关键一年，也是我省实施《珠江三角洲地区改革发展规划纲要》的重要开局之年。做好今年的各项建设工作，特别是落实好各项重点工作和改革措施，对于落实扩大内需促进经济增长，维护改革发展稳定大局，推进我省全面建设小康社会进程，意义十分重大。

2009年全省建设工作的总体要求是，以邓小平理论和“三个代表”重要思想为指导，认真贯彻落实省委十届四次全会和全国住房和城乡建设工作会议精神，深入学习实践科学发展观，加快保障性住房建设和保障体系建设，促进居民合理住房消费，发挥城乡规划的先导、统筹作用，推进城市和村镇建设协调发展，完善民生公共服务设施，提高宜居城乡环境水平，加快解决涉及群众利益的难点热点问题，推进机关作风建设，促进我省建设事业平稳较快发展。

各级建设部门要按照上述总体要求，围绕“六个着力”突出抓好以下重点工作：

（一）坚决落实扩内需保增长政策，着力构建住房保障体系和促进房地产市场平稳健康发展

加大住房保障工作力度，继续解决好城镇低收入家庭住房困难问题。认真贯彻落实国务院关于进一步扩大内需促进经济增长的政策，增加廉租住房、经济适用房等保障性住房的投资，切实把保障性住房的建设作为解决民生和拉动经济增长的一项重要工作任务来抓。一是要加大保障性住房建设的力度。按照国务院提出的从2009年起到2011年，争取用3年时间基本解决全省城镇低收入家庭的住房困难问题的要求。计划今后三年，全省要解决7万户符合廉租住房条件的家庭的住房困难，其中，2009年要主要以实物方式，结合发放租赁补贴，争取解决3万户以上城镇符合廉租住房保障条件的低收入住房困难家庭的住房问题。在低收入住房困难家庭较多、房价相对居高、住房结构性矛

盾突出的市、县，要继续加大力度推进经济适用住房建设，适当增加经济适用住房供应。同时，各地要加大实施城市危破房（棚户区）的改造工作的力度。二是要多渠道解决保障性住房资金来源。省财政今年计划安排2亿元资金支持我省经济欠发达地区的廉租住房保障工作；各地要加大财政投入，落实以财政预算投入、住房公积金增值收益投入和土地增值收益不低于10%投入相结合的廉租住房资金筹措机制，同时可以通过向商业银行申请贷款，利用社会资金等形式，解决保障性住房建设的资金不足问题。三是认真抓好住房保障工作目标责任的落实。这次会议省政府与各地级以上市政府将签订2009年度工作目标责任书。各级建设、房地产（住房保障）等部门要会同有关部门在政府的统一领导下抓好本地区责任目标的落实工作。

加强研究，进一步完善住房政策和住房保障体系。按照国务院和省政府提出的“落实和完善促进合理住房消费的政策措施”的要求，继续完善廉租住房、经济适用房管理的相关政策；要结合房地产市场价格、居民收入水平情况等因素，制订合理的住房货币分配标准，建立动态的住房货币分配机制；要充分发挥住房公积金在职工解决住房方面的支持作用，扩大住房公积金覆盖面，适当调高住房公积金的贷款额度和延长贷款年限，简化办事手续，促进职工使用住房公积金购房；要关注城镇中低收入人群的住房问题，有条件的地区，今年内要开展政策性租赁住房制度的试点工作，切实解决城镇房屋拆迁户、新参加工作人员、无能力购买商品房的中低收入等群体的过渡性居住问题。

努力采取措施，促进房地产业平稳健康发展。今年的房地产工作目标是，房地产开发投资增幅保持15%左右，占固定资产投资比重不低于25%，统筹房地产市场和住房保障工作。要认真研究制定促进房地产市场平稳健康发展的政策措施，在贯彻国家促进房地产市场平稳健康发展政策措施的基础上，结合我省实际，出台有力措施进一步加强住房保障工作，促进住房消费。加强对房地产市场秩序的监督检查，及时查处市场主体的违法违规行为，维护群众合法权益。加强房地产市场运行监测和监管力度，营造良好的房地产市场发展环境。支持房地产开发企业积极应对市场调整，加强对开发项目的服务，力求保持房地产投资的平稳增长。改进房地产市场调控手段，探索建立符合房地产市场发展规律的长效机制，保持房地产业平稳健康发展。

（二）统筹城乡和区域协调发展规划，着力推进社会主义新农村建设

加强城乡规划建设管理，推进区域协调发展。按照《珠江三角洲地区改革发展规划纲要》的要求，组织开展广佛同城化发展规划和珠三角地区城市规划一体化规划编制工作，进一步优化珠三角城市群的空间结构布局；创新城乡规划编制体系，积极探索“三规合一”的规划编制体系，以制定和实施好城乡总体规划为突破口，促进基础设施和公共服务设施向农村延伸；推动城乡规划年度实施计划制度的建立和实施，增强城乡规划实施的计划性和可操作性，确保国民经济和社会发展规划确定的重大建设项目在城乡规划中得到落实；要充分发挥粤港澳城市规划及发展专责小组作用，抓紧完成《大珠江三角洲城镇群协调发展规划研究》，明确粤港澳三地空间一体化发展的战略，促进粤港澳的紧密合作；联合港澳共同制定“环珠江口湾区宜居区域建设行动计划”，划定珠三角基本生态控制线，为区域宜居城乡奠定生态保障格局；认真实施《广东省城镇体系规划》、《粤东城镇群协调发展规划》等区域规划，明确城市功能定位，促进协调发展；进一步完善《广东省城市控制性详细规划条例》的配套技术标准和政策文件，不断提高各地控制性详细规划的覆盖水平；加快建立全省尤其是珠三角城乡规划实施的动态信息监测系统，建立珠三角规划督察员制度，确保城乡规划的有效实施。

加强村镇规划整治，推进新农村建设。实施“万村百镇”整治工程，从今年起，全省每年确定100个镇、10000个村为村镇规划整治试点，争取用10年时间把全省镇、村整治完毕。推进全省村镇规划编制，切实改变农村规划严重滞后的局面。逐步理顺村镇规划建设管理体制，继续加大村镇规划建设管理人员培训力度，计划每年轮训5000人次。继续加快中心镇发展，统筹城乡供水、供电、供气、污水垃圾处理等基础设施建设，推动城乡统筹发展。开展历史文化名镇（村）及特色景观旅游名镇（村）示范工作。积极做好扩大农村危房改造试点工程。制定《广东省村庄和集镇规划建设管理条例》，依法推进社会主义新农村的规划、建设和管理。

（三）加强城乡基础设施建设，着力营造宜居城乡环境

大力开展宜居城乡创建活动。宜居城乡建设已列入省委、省政府《关于争当实践科学发展观排头兵的决定》的重要工作事项，全省建设系统要下大力气抓紧抓好，确保取得实质性的进展。省建设厅将制订《广东省宜居城乡评价标准》和相关技术指引，开展创建宜居城乡活动，对达到评价标准的城市、城镇和村庄进行命名表彰。省财政将安排一定比例的资金，通过竞争方式，扶持粤东西北地区开展创建宜居城乡活动。省每年重点扶持2个市、10个镇、20个村作为宜居城乡建设指导点，以点带面，推动创建活动的开展。各地要以创建宜居城乡为重点，加大宜居城乡建设力度；要完善宜居城乡规划，科学指导宜居城乡建设；要加大住有所居工程建设，改善城乡居民居住状况；

要强化环境保护和生态建设，营造美好的城乡人居生态环境；要大力发展公共服务和市政公用事业，为人民群众提供优质的公共事业产品；要加强对宜居城乡建设的领导，把建设宜居城乡作为党委和政府为人民群众办实事的大事来抓，加大宣传力度，充分调动社会力量形成全民参与创建的良好氛围；要加大对宜居城乡创建活动的投入，广泛吸收各类投资主体，推动全省宜居城乡建设。

继续推进垃圾和污水处理设施建设，要研究推进全省垃圾处理设施建设的具体措施，建立健全垃圾、污水处理设施运行评估机制，加大垃圾和污水处理设施建设的投入，提高垃圾无害化处理率和污水处理率。制定污水、垃圾处理及供水、供气安全监督管理导则和规范，加强市政公用设施运营安全监管工作，加强对公用事业产品和服务的监督检查，提高产品质量和服务水平。

继续开展全省省级风景名胜区综合整治工作，今年年底进行验收，对验收不达标的景区，将取消“省级风景名胜区”称号。继续做好丹霞山景区申报世界自然遗产工作。继续大力开展园林城市、园林县城和园林村镇创建活动，提高园林绿化水平，改善城乡生态环境。

（四）大力发展建筑节能，着力抓好建设领域资源节约工作

建筑节能是落实科学发展观，建设环境友好型、资源节约型社会的重要内容。各级建设部门要高度重视建筑节能工作，进一步提高对建设领域资源节约工作重要性和紧迫性的认识，要加强对资源节约工作的领导和监管，加强对本地区资源节约工作的指导、组织和协调，制定建筑节能工作计划，明确目标和要求，制定并实施能耗统计、能源审计和公示制度，建立和完善国家机关办公建筑和大型公共建筑节能监管体系，加强建筑用能管理。认真贯彻执行建筑节能设计标准，完善建筑节能施工图审查备案制度，重点抓好建筑节能施工监理、竣工验收备案工作，把建筑节能落实到建设的全过程。推进既有建筑节能改造和建筑能效测评标识制度的实施，积极推进新型墙体材料应用和可再生能源在建设领域的应用，充分发挥墙改基金的引导和调控作用，推动建筑节能。推动散装水泥的发展，抓好城区禁止现场搅拌混凝土和使用实心粘土砖的实施工作。加大建设科研成果推广应用和建设人才培养的力度，通过科技进步，促进建设领域资源节约工作。

（五）坚持不懈地抓好工程质量和安全生产管理，着力规范建筑市场秩序

加强质量管理，提高工程质量水平。继续完善施工图审查和勘察设计责任保险、咨询制度，抓好初步设计审查和施工图审查工作，提高勘察设计水平，把好勘察设计质量关。加强抗震设防管理，抓好超限工程、重点工程和生命线工程的抗震设防专项审查及加固工作，切实提高综合防灾减灾能力。落实工程质量监督的人员编制和经费，以适应取消工程质量监督费的新形势。开展对工程质量监督站考核，夯实监管工作基础；推行住宅工程质量验收，严把住宅工程质量关；开展质量专项治理，落实各方质量责任，防止建筑工程的渗、漏、裂。

强化安全生产管理，严防重特大安全事故发生。加强施工安全监督管理，提高巡查频率，及早发现安全隐患，依法查处安全生产违法违规行为。严格实施安全生产许可证制度，加强安全生产动态管理，防止施工企业降低安全生产条件的现象，提高企业安全生产的水平。继续突出抓好以预防高处坠落和施工坍塌两类事故为重点的安全隐患专项整治。不断强化对一线作业人员的安全教育，积极推行建筑工人“平安卡”管理制度。坚持和完善安全生产应急管理体系，健全省、市、县（市、区）三级施工安全生产应急管理机构，完善各级应急预案，提高处置重特大施工安全事故的应急反应能力。

整顿和规范建筑市场秩序。进一步强化有形建筑市场的管理。建立健全工程招标投标管理的配套制度，明确对围标串标等违法行为的认定标准，加大对工程招标投标违法行为的打击力度。加快建设工程招标投标制度的建设，健全和规范评标和招标代理工作程序。推进建筑市场信用体系建设，健全广东省建筑市场诚信信息平台，强化诚信激励和失信惩戒机制。健全建筑劳务分包制度，进一步推进建筑劳务分包使用有资质的劳务分包企业，出台《广东省建筑施工劳务分包计价暂行办法》，规范建筑劳务分包和用工管理行为。

加强重点项目的建设管理。要切实做好新增中央投资、省“十六条”措施、“新十大工程”重点项目的监督检查工作，不断规范省重点建设项目及其他大中型项目的建设行为，防止大型建设项目无序建设现象发生。继续开展重点建设项目同步预防职务犯罪工作，积极推动重点建设项目的依法建设、高质安全建设和廉洁建设。

（六）全面推进机关作风建设，着力提高公共服务水平

要以政府机构新一轮改革为契机，下大力气狠抓机关作风建设，增强执行力和公信力，提高建设主管部门依法行政、市场监管的能力和公共服务水平。

全面推进依法行政。加快立法步伐，抓紧制定《广东省民用建筑节能条例》、《广东省城乡规划实施条例》、《广东省村庄和集镇规划建设管理条例》、《广东省燃气管理条例》（修订）、《广东省建设工程质量管理条例》（修订）等地方性法规和规章，不断完善我省建设法规体系。针对物业管理、工程建设招标投标、工程质量安全管理等方面存在的突出问题制定一批规范性文件，保证相关法律法规的实施。继续完善行政许可实施的配套制度，做好行政许可委托实施工作，加强监督检查，坚决纠正行政许可实施中的违法违规行为，规范行政许可的实施。继续推进全省建设综合行政执法试点工作，严格规范执法机构名称、归口管理、编制经费、执法证件和执法文书，认真落实行政执法责任制，加强行政执法队伍建设，提高行政执法水平。继续深入开展“五五”普法宣传教育活动，增强广大干部职工的法制观念和法治意识。

提高行政服务水平。进一步提高信息化工作水平，为推进建设信息沟通、办公自动化、政务公开搭好平台。完善房地产管理信息系统、住房公积金监管系统、建筑业诚信基础数据库、数字化城市管理等信息系统，提高社会管理和公共服务水平。加快“三库一平台”(企业库、人才库、标准库和行政审批网络平台）建设，推动行政许可工作逐步实现制度化、程序化、减量化、信息化，促进办事效能和服务水平上新台阶。

加强党风廉政建设和精神文明建设。全省建设系统要根据省委《贯彻落实〈建立健全惩治和预防腐败体系2008~2012年工作规划〉实施办法》和省纪委三次全会的精神，按照省建设厅《关于加强建设系统党风廉政建设工作的意见》的要求，坚持不懈地抓好党风政风建设和反腐倡廉工作，全面坚持标本兼治、综合治理、惩防并举、注重预防的方针，加强党员干部思想作风教育，加强反腐倡廉制度建设，完善房地产市场、住房公积金、市政公用事业和有形建筑市场等建设领域的监管机制，规范行政审批行为，积极探索惩治和预防腐败的有效办法，努力开创建设系统党风廉政建设和反腐败工作的新局面。加强精神文明和政风行风建设，努力创建优质、高效、廉政的服务型机关，增强服务基层、服务群众的意识和破解群众关心的热点难点问题的能力，着力解决民生问题。

同志们，做好今年的建设工作，任务艰巨，责任重大。我们一定要深入学习实践科学发展观，坚决贯彻落实扩大内需促进经济增长政策，振奋精神，锐意进取，共克时艰，努力实现建设事业平稳较快发展，为促进我省经济社会又好又快发展作出积极的贡献。

法规文件选编

广东省建设工程勘察设计管理条例

(2007年3月29日广东省第十届人民代表大会常务委员会第三十次会议通过)

第一章 总 则

第一条 为加强建设工程勘察、设计管理，保证建设工程勘察、设计质量，保护人民生命和财产安全，促进资源节约，根据《中华人民共和国建筑法》等法律法规，结合本省实际，制定本条例。

第二条 本省行政区域内从事建设工程勘察、设计活动适用本条例。

第三条 县级以上人民政府建设行政主管部门负责本行政区域内建设工程勘察、设计活动的监督管理。

县级以上人民政府交通、水利等行政主管部门按照各自职责，负责对有关专业建设工程勘察、设计活动的监督管理。

第四条 从事建设工程勘察、设计活动，应当坚持先勘察、后设计、再施工的原则。

建设工程勘察、设计必须严格执行工程建设强制性标准，符合安全实用、保护环境的要求，有利节约和综合利用土地、能源、水资源和材料，力求经济美观。鼓励采用先进技术、先进工艺、先进设备、新型材料和现代管理方法。

第五条 建设工程勘察、设计单位对建设工程勘察、设计的质量负责。

建设工程勘察、设计应当推行责任保险制度。

第六条 建设工程勘察、设计行业应当加强行业自律，规范行业行为，提高勘察、设计质量，促进行业健康发展。

第二章 勘察设计市场管理

第七条 建设单位应当将建设工程勘察、设计业务依法发包给具有相应勘察、设计资质等级和业务范围的建设工程勘察、设计单位。

建设单位必须向勘察、设计单位提供与建设工程有关的真实、准确、齐全的资料。

第八条 建设工程勘察、设计单位应当按照国家规定申领相应等级的资质证书，并在其资质等级和业务范围内从事建设工程勘察、设计活动。

第九条 建设工程勘察、设计单位不得有下列行为：

(一) 超越资质等级许可范围承揽业务；

(二) 伪造、买卖、出租或者以其他形式转让证书或者图章；

(三) 以其他建设工程勘察、设计单位的名义承揽业务；

(四) 允许其他单位或者个人以本单位名义从事勘察、设计活动；

(五) 将所承揽的建设工程勘察、设计转包或者违法分包；

(六) 选用国家明令禁止或者不符合质量标准的材料、构配件、设备，或者指定材料、构配件、设备的品牌、生产厂、供应商；

(七) 违反合同擅自拖延勘察、设计周期；

(八) 扣押注册执业人员的注册证书、执业印章等法定执业凭证。

第十条 建设工程勘察、设计单位应当严格执行工程立项批准的估算，不得擅自增加工程量和工程造价提高勘察费、设计费。

建设工程设计单位应当按照合同约定进行设计。未按合同约定设计，建设单位要求纠正的，设计单位应当及时修改，不得另行收取费用。

第十一条 建设工程勘察、设计单位跨地区承接勘察、设计业务的，应当告知项目所在地的地级以上市建设、交通、水利等相关行政主管部门。有关行政主管部门不得设置前置性审批条件或者其他形式的限制，不得收取任何费用。

第十二条 施工图审查单位应当按照国家规定申请认定，并按照认定的业务范围承揽施工图审查业务。

负责认定的行政主管部门应当将其认定的施工图审查单位及其业务范围向社会公示。

第十三条 施工图审查单位不得有下列行为：

(一) 超越业务范围从事施工图设计文件审查；

(二) 由不具备专业技术要求的人员进行审查；

(三) 未按照规定的审查内容进行审查；

(四) 未按照规定在审查合格书和施工图设计文件上签字盖章；

(五) 出具虚假审查合格书。

第十四条 县级以上人民政府建设、交通、水利等行政主管部门应当建立勘察、设计单位和施工图审查单位的信用档案，供公众查询，逐步实现信息资源共享。

信用档案包括建设工程勘察、设计单位和施工图审查单位及其注册执业人员的基本情况、服务质量、不良行为等内容。

县级以上人民政府建设、交通、水利等行政主管部门应当定期将建设工程勘察、设计单位和施工图审查单位、注册执业人员的违法行为向社会公布。

第十五条 任何单位和个人对建设工程勘察、设计活动中的违法行为有权投诉、检举、控告。

建设、交通、水利等行政主管部门接到投诉后应当及时处理。

第三章 勘察设计文件编制

第十六条 建设工程勘察、设计文件编制应当符合城乡规划、抗震防灾要求，注重地下空间开发利用；遵守土地管理、水土保持、文物保护、消防安全等法律、法规的规定。

建设工程勘察、设计文件应当编制环境保护和节能设计专篇，满足环境保护和节能的要求，采用先进的设计理念和技术，提高环保水平，降低能源消耗和建设成本。

第十七条 建设工程勘察、设计文件应当按照以下要求编制：

（一）初步勘察文件应当满足建设工程项目的规划选址、可行性研究、初步设计文件编制的需要；

（二）详细勘察文件应当满足岩土治理、施工图设计文件编制和工程施工的需要；

（三）方案设计文件应当满足编制初步设计文件的需要；

（四）初步设计文件应当满足编制施工图设计文件和施工招标文件以及主要设备材料订货的需要；

（五）施工图设计文件应当满足设备材料采购、非标准设备制作、施工图预算编制和施工的需要，并注明建设工程合理使用年限。

第十八条 对于影响城市景观和公共利益的重要标志性建（构）筑物或者重大的基础设施工程的设计方案，建设单位应当向社会公示，征求公众意见。

第十九条 大中型建设工程项目初步设计文件编制完成后，建设单位应当按照项目隶属关系，向省或者地级以上市人民政府建设行政主管部门申请初步设计审查。

申请初步设计审查应当提交下列材料：

（一）建设单位的申请书；

（二）拟建设场地工程勘察报告；

（三）工程初步设计文件（说明书、图纸、设计概算）；

（四）项目立项批准文件；

（五）城乡规划、国土资源、环境保护、消防、安全生产、卫生等行政主管部门的批准文件；

（六）法律法规规定的其他文件。

省或者地级以上市人民政府建设行政主管部门应当自受理申请之日起二十日内审查批复。

交通、水利等专业建设工程项目的初步设计审查按照国家有关规定执行。

第二十条 建设工程项目施工图设计文件编制完成后，建设单位应当送施工图审查单位审查。施工图设计文件未经审查或者审查未通过，建设单位不得交付施工。

施工图审查单位应当在规定时限内对施工图设计文件中涉及公共安全、公共利益和工程建设强制性标准的内容进行审查。对审查合格的，出具审查合格书，并按照有关规定报建设工程项目所在地县级以上人民政府建设行政主管部门备案；对审查不合格的，应当提出书面审查意见。建设单位收到审查意见后应当要求原勘察设计单位进行修改，并将修改后的施工图设计文件送原审查机构审查。

交通、水利等专业建设工程项目的施工图设计文件审查按照国家有关规定执行。

第二十一条 经审查合格的施工图设计文件，任何单位和个人不得擅自修改；确需对涉及公共安全、公共利益和工程建设强制性标准的内容作修改的，建设单位应当将修改后的施工图设计文件送原审查单位重新审查。

第二十二条 施工图设计文件未经审查或者经审查不合格的建设工程项目，有关行政主管部门不得颁发施工许可。

第四章 勘察设计质量管理

第二十三条 县级以上人民政府建设、交通、水利等行政主管部门应当加强对建设工程勘察、设计质量的法律法规、强制性标准以及其他标准与规范执行情况的监督检查；建立健全勘察、设计质量管理体系和质量事故报告制度。

第二十四条 省人民政府建设、交通、水利等行政主管部门应当加强工程建设标准设计管理，组织制定省级工程建设标准设计，促进工程建设设计标准化、规范化。

工程建设标准设计是供设计单位免费使用的应用或通用设计文件，包括为工程建设构配件、建筑物、构筑物、工程设施和装置等编制的通用设计文件，为先进产品、先进技术、先进工艺和新型材料推广使用编制的应用设计文件。

建设工程设计单位应当优先采用标准设计，提高设计质量。

第二十五条 建设工程勘察、设计单位应当建立健全质量保证制度和责任追究制度。

建设工程勘察、设计单位的下列人员按照国家有关规定承担相应的终身质量责任：

（一）建设工程勘察、设计单位的法定代表人对本单位编制的勘察、设计文件全面负责；

（二）建设工程勘察、设计单位的项目负责人对其负责项目的勘察、设计文件负责；

（三）建设工程勘察、设计单位的技术负责人、项目审核人、项目审定人对其负责审核、审定的勘察、设计文件负责；

（四）建设工程勘察、设计的注册执业人员和专业技术人员对其负责编制的勘察、设计文件负责。

第二十六条 施工图审查机构对其审查质量负责，各专业的审查人员承担相应的审查责任。

第二十七条 建设单位在建设工程施工前，应当组织勘察、设计单位向施工单位和监理单位说明建设工程勘察、设计意图，解释建设工程勘察、设计文件。

建设工程勘察、设计单位应当向建设单位、施工单位和监理单位详细说明施工图设计文件，提供施工现场技术服务，按国家规定参加工程验收，配合有关部门调查建设工程质量事故。

第二十八条 施工、监理单位应当按照审查合格的施工图设计文件和施工技术标准进行施工、监理。在施工、监理过程中发现施工图设计文件有错漏的，应当及时向建设、设计单位提出。建设、设计单位应当及时处理。

第五章 法律责任

第二十九条 建设、交通、水利等行政主管部门有下列行为之一的，由其上级行政机关责令改正；造成损失的，依法承担赔偿责任。对直接负责的主管人员和其他直接责任人员依法给予处分；构成犯罪的，依法追究刑事责任：

（一）不按规定核发建设工程勘察、设计企业资质证，或者不按规定进行资质管理的；

（二）不按规定对施工图审查机构进行认定的；

（三）不按规定建立勘察、设计单位和施工图审查单位的信用档案的；

（四）不按规定进行初步设计审查的；

（五）对未经施工图设计文件审查或者经审查不合格的建设工程项目颁发施工许可证的；

（六）对跨地区承接勘察、设计业务的勘察、设计单位设置前置性审批条件或者其他形式的限制，或者收取费用的；

（七）不依法履行其他监督管理职责的。

第三十条 建设单位违反本条例规定，有下列行为之一的，责令改正，并根据情节轻重处以二十万元以上五十万元以下罚款：

（一）违反本条例第十九条规定，建设工程项目应当进行初步设计审查而未经审查的；

（二）违反本条例第二十条规定，施工图设计文件未经审查或者审查未通过擅自施工的；

（三）违反本条例第二十一条规定，修改审查合格的施工图设计文件中涉及公共安全、公共利益和工程建设强制性标准的内容，未送原审查单位重新审查的。

第三十一条 建设工程勘察、设计单位违反本条例第九条第（一）、（二）、（三）、（四）项规定的，责令改正，没收违法所得，并处违法所得一倍至两倍罚款；可以责令停业整顿，降低资质等级；情节严重的，吊销资质证书。

建设工程勘察、设计单位违反本条例第九条第（五）项规定的，责令改正，没收违法所得，并处违法所得百分之二十五以上百分之五十以下的罚款；可以责令停业整顿，降低资质等级；情节严重的，吊销资质证书。

建设工程勘察、设计单位未按照工程建设强制性标准进行勘察、设计，或者违反本条例第九条第（六）项规定的，处十万元以上三十万元以下罚款；造成工程质量事故的，责令停业整顿，降低资质等级；情节严重的，吊销资质证书。

建设工程勘察、设计单位违反本条例第九条规定，给他人造成损失的，依法承担赔偿责任。

第三十二条 建设工程勘察、设计单位违反本条例第十条规定的，责令改正；给建设单位造成损失的，依法承担赔偿责任。

第三十三条 施工图审查单位违反本条例第十三条第（一）、（二）、（三）、（四）项规定的，责令改正，没收违法所得，并处三万元以上十万元以下罚款；情节严重的，负责施工图审查单位认定的行政主管部门撤销对该审查单位的认定。

施工图审查单位违反本条例第十三条第（五）项规定的，没收违法所得，处五万元以上十万元以下罚款，负责施工图审查单位认定的行政主管部门撤销对该审查单位的认定。

施工图设计文件经审查出具合格书后仍有违反法律、法规和工程建设强制性标准的，没收施工图审查单位违法所得，处十万元以上三十万元以下罚款，负责施工图审查单位认定的行政主管部门撤销对该审查单位的认定；造成质量安全事故的，依法追究质量安全责任。

在本省承接审查业务的省外施工图审查单位违反本条例第十三条规定的，按照本条第一款、第二款、第三款的规定没收违法所得，处以罚款，并由建设行政主管部门将其违法情况告知负责该施工图审查单位认定的行政主管部门。

施工图审查单位违反本条例规定，给建设单位造成损失的，依法承担赔偿责任。

第三十四条 依照本条例规定给予单位罚款处罚的，对单位直接负责的主管人员和其他直接责任人员处单位罚款数额的百分之五以上百分之十以下的罚款。

第三十五条 勘察、设计和施工图设计文件审查的执业人员在建设工程勘察、设计文件的编制、审查以及质量事故调查中弄虚作假的，吊销资格证书，依法追究责任。

第六章 附 则

第三十六条 军事建设工程、抢险救灾及其他临时性建筑和农民宅基地自建两层以下住宅的勘察、设计活动，不适用本条例。

第三十七条 本条例自2007年6月1日起施行。

广东省物业管理条例

（1998年7月29日广东省第九届人民代表大会常务委员会第四次会议通过 2008年11月28日广东省第十一届人民代表大会常务委员会第七次会议修订）

第一章 总 则

第一条 为了规范物业管理活动，维护业主、物业服务企业的合法权益，营造和谐、安全、文明、整洁的居住和工作环境，根据《中华人民共和国物权法》、《物业管理条例》等法律、行政法规，结合本省实际，制定本条例。

第二条 本条例适用于本省行政区域内物业管理活动。

本条例所称物业管理，是指业主通过选聘物业服务企业，由业主和物业服务企业按照物业服务合同约定，对房屋及配套的设施设备和相关场地进行维修、养护、管理，维护物业管理区域内的环境卫生和相关秩序的活动。

第三条 各级人民政府应当规范物业管理工作，保障业主对物业依法享有的管理权，促进物业管理向专业化、市场化发展，鼓励采用新技术、新方法，提高物业管理和服务水平。

第四条 省人民政府建设行政主管部门负责全省物业管理活动的监督管理工作。

市、县（区）人民政府房地产行政主管部门负责本行政区域内物业管理活动的监督管理工作。

各级人民政府有关行政管理部门在各自职责范围内，做好物业管理区域内的有关工作。

第五条 街道办事处、乡镇人民政府会同物业所在地的区、县人民政府房地产行政主管部门对设立业主大会和选举业主委员会给予指导和协助，协调处理物业管理中的纠纷。居民委员会、村民委员会予以协助和配合。

第六条 物业管理行业协会应当依法加强行业自律管理，规范行业行为，维护市场秩序和公平竞争，建立物业服务企业及其从业人员诚信档案，督促其依法、诚信经营和服务，对违反法律法规和行业规范的行为给予通报批评和公开谴责，促进行业健康发展。

第二章 物业管理区域

第七条 物业管理区域根据物业建设用地规划许可证确定的红线图范围，结合物业的共用设施设备、社区建设等因素划定。物业的配套设施设备共用的，应当划定为一个物业管理区域；但其设施设备能够分割、独立使用的，可以划定为不同的物业管理区域。

旧城区、城中村等没有实施物业管理的建成居住区需要实施物业管理的，由街道办事处、乡镇人民政府征求相关业主意见后，确定物业管理区域。

对物业管理区域划定有争议的，物业所在地的区、县人民政府房地产行政主管部门应当征求物业所在地街道办事处、乡镇人民政府、相关业主、居民委员会的意见后确定。

第八条 新建物业出售前，建设单位应当将划定的物业管理区域向物业所在地的区、县人民政府房地产行政主管部门备案，并将经备案的物业管理区域在商品房买卖合同中明示。

已经实施物业管理的区域，由物业服务企业向物业所在地的区、县人民政府房地产行政主管部门备案。

街道办事处、乡镇人民政府确定的物业管理区域，由街道办事处、乡镇人民政府向物业所在地的区、县人民政府房地产行政主管部门备案。

第九条 一个物业管理区域成立一个业主大会，由一个物业服务企业提供物业管理服务。

第三章 业主、业主大会及业主委员会

第十条 房屋的所有权人为业主。

尚未登记取得所有权，但基于买卖、赠与、拆迁补偿等旨在转移所有权的法律行为已经合法占有该房屋的人，在物业管理活动中享有法律法规规定的业主的权利，并承担相应的义务。

第十一条 业主依法成立业主大会，选举业主委员会。

业主大会由物业管理区域内全体业主组成，代表和维护全体业主在物业管理活动中的合法权益，依法履行职责。

一个物业管理区域内业主人数较少且经全体业主一致同意，决定不成立业主大会的，由业主共同履行业主大会、业主委员会的职责。

第十二条 已交付使用的物业建筑面积达到物业管理区域建筑面积百分之五十的，建设单位应当书面报告物业所在地街道办事处、乡镇人民政府，并在物业管理区域的显著位置公告。

第十三条 百分之二十以上业主可以联名向街道办事处、乡镇人民政府提出成立业主大会的书面要求。

已交付使用的物业建筑面积达到物业管理区域建筑面积百分之五十以上的，业主可以向街道办事处、乡镇人民政府提出成立业主大会的书面要求。

符合前两款情形之一的，街道办事处、乡镇人民政府应当在三十日内会同物业所在地的区、县人民政府房地产行政主管部门指导、协助业主推荐产生业主大会筹备组。

业主大会筹备组由业主代表、建设单位以及街道办事处、乡镇人民政府代表七至十五人组成，其中业主代表应当不少于首次业主大会筹备组人数的百分之六十。业主大会筹备组成员名单应当自成立之日起七日内在物业管理区域的显著位置公告。

第十四条 建设单位和物业服务企业应当协助业主大会筹备组工作，向业主大会筹备组提供业主清册、物业建筑的基本资料（包括物业管理区域内地上、地下的建筑物、设施设备和相关场地等）、已筹集的专项维修资金清册等文件资料，并在物业管理区域提供相应的人力、场地支持。

业主大会筹备组应当对业主资料保密，不得将前款资料用于与业主大会筹备无关的活动。

第十五条 业主大会筹备组应当自成立之日起六个月内，组织召开首次业主大会会议。

业主大会筹备组履行下列职责：

（一）确定首次业主大会会议召开的时间、地点、形式和内容；

（二）拟订管理规约草案和业主大会议事规则草案；

（三）确认业主身份，确定业主在首次业主大会会议上的投票权数；

（四）确定业主委员会委员候选人产生办法及名单；

（五）召开首次业主大会会议的其他准备工作。

前款（一）至（四）项的内容应当在首次业主大会会议召开十五日前在物业管理区域的显著位置公告并书面通知全体业主。

第十六条 首次业主大会会议应当对管理规约、业主大会议事规则进行表决，并选举业主委员会。

第十七条 管理规约应当对有关物业的使用、维护、管理，业主的共同利益，业主应当履行的义务，违反管理规约应当承担的责任等事项依法作出约定。管理规约对全体业主、物业使用人具有约束力。

业主大会议事规则应当就业主大会的议事方式、表决程序，业主委员会的组成、成员任期及职务终止等事项作出约定。

第十八条 业主大会会议分为定期会议和临时会议。

业主大会定期会议应当按照业主大会议事规则的规定召开。

经业主委员会决定，或者百分之二十以上的业主提议，业主委员会应当组织召开业主大会临时会议。

业主委员会不按照前两款规定组织召开业主大会定期会议、临时会议的，业主可以向物业所在地街道办事处、乡镇人民政府提出协助要求，街道办事处、乡镇人民政府应当协调组织召开。

第十九条 召开业主大会会议，应当于会议召开十五日前将会议时间、地点、议题和议程在物业管理区域的显著位置公告，并书面通知全体业主。

业主大会会议可以采用集体讨论的形式，也可以采用书面征求意见等形式。采用书面征求意见形式的，应将书面征求意见的结果在物业管理区域内公示三十日以上，业主有权查阅相关资料。

第二十条 业主可以幢、单元或者楼层为单位，推选业主代表参加业主大会会议。

推选业主代表参加业主大会会议的，业主代表应当在参加业主大会会议三日前，就业主大会会议拟讨

论的事项书面征求其所代表的业主意见；需要投票表决的，业主的赞同、反对及弃权的具体票数经本人签字后，由业主代表在业主大会投票时如实反映。

第二十一条 业主可以委托他人参加业主大会会议。业主委托他人参加业主大会会议的，应当出具书面委托书，载明委托事项、委托权限及期限。

第二十二条 业主大会决定筹集和使用专项维修资金、改建或者重建建筑物及其附属设施的，应当经专有部分占建筑物总面积三分之二以上的业主且占总人数三分之二以上的业主同意；决定其他有关共有和共同管理权利重大事项的，应当经专有部分占建筑物总面积过半数的业主且占总人数过半数的业主同意。面积和业主人数按照下列方式确定：

（一）专有部分面积，按照建筑面积计算；建筑物总面积，按专有部分面积之和计算。

（二）建设单位已经出售的专有部分的业主人数，一户按一人计算；建设单位未出售的专有部分按一人计算；总人数，按照两者之和计算。

第二十三条 业主大会会议表决采用记名投票的方式。

任何人不得伪造业主选票、表决票、业主签名或者书面委托书。选票、表决票和书面委托书应当妥善保管，以备查询。

第二十四条 业主委员会是业主大会的执行机构，履行下列职责：

（一）召集业主大会会议，向业主大会报告工作；

（二）代表业主与业主大会决定选聘或者续聘的物业服务企业签订物业服务合同；

（三）及时了解业主、物业使用人的意见和建议，监督和协助物业服务企业履行物业服务合同；

（四）督促业主、物业使用人遵守管理规约，协调处理物业管理活动中的相关问题；

（五）配合街道办事处、乡镇人民政府、居民委员会做好物业管理区域的社区建设工作；

（六）法律法规规定或者业主大会赋予的其他职责。业主委员会对全体业主负责，接受业主监督。

第二十五条 业主委员会委员应当从具备以下条件的业主中选举产生：

（一）具有完全民事行为能力；

（二）遵纪守法，热心公益事业，责任心强，具有较强的公信力和组织能力；

（三）遵守管理规约，履行业主义务，按时交纳住宅专项维修资金和物业服务费用，无损害公共利益行为；

（四）本人及其近亲属未在为本物业管理区域提供物业服务的企业及其下属单位任职。

第二十六条 业主委员会一般由五至十五人的单数委员组成，每届任期不超过五年，可以连选连任，具体人数、任期由业主大会议事规则约定。业主委员会主任、副主任在业主委员会成员中推选产生。

业主委员会委员候选人由业主联名推荐、业主自荐等方式产生。

业主委员会是否实行差额选举以及实行差额选举的差额比例由业主大会议事规则约定。

业主委员会实行差额选举的，未当选业主委员会委员且得票数达到法定票数的候选人，可以按照得票顺序当选业主委员会候补委员。候补委员人数由业主大会议事规则约定。候补委员可以列席业主委员会会议，不具有表决权。

第二十七条 业主委员会应当自选举产生之日起三十日内，向物业所在地的区、县人民政府房地产行政主管部门和街道办事处、乡镇人民政府备案。备案时应提交以下材料：

（一）管理规约、业主大会议事规则；

（二）业主大会的会议记录和会议决定；

（三）业主委员会委员（候补委员）名单及其基本情况。

物业所在地的区、县人民政府房地产行政主管部门应当在收到上述材料后五日内发出备案回执。

业主委员会收到备案回执后，应将备案情况告知物业服务企业，并在物业管理区域的显著位置公告。

备案的有关事项发生变更的，业主委员会应当自变更之日起十五日内书面报告物业所在地的区、县人民政府房地产行政主管部门和街道办事处、乡镇人民政府。

第二十八条 业主委员会凭物业所在地的区、县人民政府房地产行政主管部门的备案回执，向公安机关申请刻制印章，按照业主大会议事规则的规定和业主大会的决定使用。

第二十九条 业主委员会会议应当按照业主大会议事规则的规定定期召开。经三分之一以上业主委员会委员提议或者业主委员会主任认为有必要的，可以召开业主委员会会议。

业主委员会会议应当有过半数委员出席，作出决定必须经全体委员过半数同意，并在物业管理区域的显著位置公布。

第三十条 业主委员会委员应当遵守法律法规和管理规约，不得有下列行为：

（一）挪用、侵占业主共有财产；

（二）索取、非法收受建设单位、物业服务企业或者有利害关系业主提供的利益或者报酬；

（三）利用职务之便要求物业服务企业减免物业服务费；

（四）违反物业服务合同拒不交纳物业服务费用；

（五）泄露业主资料或者将业主资料用于与物业管理无关的活动；

（六）其他损害业主共同利益或者可能影响其公正履行职责的行为。

业主委员会委员违反前款规定的，经业主委员会会议决定中止其委员职务，并提请业主大会会议决定终止其委员职务。

第三十一条 业主委员会委员有下列情形之一的，其委员职务自行终止：

（一）因物业转让等原因不再是业主的；

（二）因疾病等原因丧失履行职责能力的；

（三）任职期间被依法追究刑事责任的；

（四）本人以书面形式向业主大会或者业主委员会提出辞职的；

（五）业主大会议事规则约定的其他情形。

第三十二条 业主委员会委员职务终止，有候补委员的，由候补委员依次递补。业主委员会应当及时将业主委员会委员职务终止和候补委员递补的情况在物业管理区域的显著位置公告。

职务终止的业主委员会委员应当自公告之日起三日内将其保管的属于业主大会、业主委员会所有的资料、印章等物品交回业主委员会。

第三十三条 业主委员会委员缺员，由候补委员递补后仍不足五人，或者后期物业的业主入住后需增补业主委员会委员的，业主委员会应当组织召开业主大会会议补选业主委员会委员。

业主委员会委员集体辞职的，应当召开业主大会会议重新选举业主委员会。业主可以向物业所在地街道办事处、乡镇人民政府提出协助要求，街道办事处、乡镇人民政府应当给予协助。

第三十四条 业主委员会任期届满三个月前，应当组织召开业主大会会议选举产生新一届业主委员会。业主委员会任期届满仍未组织召开业主大会会议进行换届选举的，业主可以向物业所在地街道办事处、乡镇人民政府提出协助要求，街道办事处、乡镇人民政府应当给予协助。

业主委员会应当在任期届满三日内，将属于业主大会、业主委员会的有关财物、文件资料、印章等移交给新一届业主委员会。

业主委员会任期届满，不得继续履行职责。

第三十五条 业主委员会日常工作经费由全体业主承担，经费的筹集、管理和使用由业主大会决定。

业主委员会应当按季度在物业管理区域的显著位置公布工作经费的使用情况，接受业主监督。

第四章 前期物业管理

第三十六条 前期物业管理阶段的住宅物业，建设单位应当通过招投标的方式选聘具有相应资质的物业服务企业进行前期物业管理服务，并签订书面的前期物业服务合同。投标人少于三个或者总建筑面积不超过五万平方米的住宅物业，经物业所在地的区、县人民政府房地产行政主管部门批准，可以采用协议方式选聘具有相应资质的物业服务企业。

分期开发的物业划定为一个物业管理区域的，应当由同一物业服务企业提供服务。

物业服务企业应当于合同签订之日起十五日内将前期物业服务合同报物业所在地的区、县人民政府房地产行政主管部门和街道办事处、乡镇人民政府备案。

第三十七条 建设单位与物业买受人签订的商品房买卖合同，应当包含前期物业服务合同约定的内容，载明由物业买受人交纳的前期物业服务费的时间、标准和方式。

实行政府指导价的前期物业服务费标准，应当按照政府指导价的有关规定执行。

第三十八条 建设单位应当按照不少于物业管理区域总建筑面积千分之二的比例，在物业管理区域内配置物业服务用房，最低不少于五十平方米，最高不超过三百平方米；其中，业主委员会办公用房最低不少于十平方米，最高不超过六十平方米。分期开发建设的物业，建设单位应当在先期开发的区域按照不少于先期开发房屋建筑面积千分之二的比例配置物业服务用房。

物业服务用房应当为地面以上的独立成套装修房屋，具备水、电使用功能；没有配置电梯的物业，物业服务用房所在楼层不得高于四层。

物业服务用房的所有权依法属于全体业主，专用于物业管理服务工作，不得挪作他用。

第三十九条 县级以上人民政府城乡规划行政主管部门应当在审批建设工程规划许可证时，按前条规定明确物业服务用房的位置和面积。建设单位应当在商品房预售时予以公布。

县级以上人民政府房地产行政主管部门应当在办理所有权初始登记时，在房地产登记簿中注明物业服务用房面积和房号以及物业的其他共有部分。业主有权查询。

第四十条 建设单位在交付物业前，应当对物业服务用房、共用场地、共用设施设备配置独立的水电气计量器具。

第四十一条 物业买受人应当在建设单位交付物业后按照商品房买卖合同的约定交纳物业服务费用。

物业管理区域尚未出售或者已出售但尚未交付给物业买受人的物业，其物业服务费用由建设单位按照该物业区域同类物业的标准全额交纳。

建设单位出售物业时，不得承诺或者约定减免物业服务费用。建设单位已经承诺或者约定减免的物业服务费用，由建设单位承担。

第四十二条 物业服务企业承接物业时，应当对物业共用部位、共用设施设备进行查验。

在办理物业承接验收手续时，建设单位应当向物业服务企业移交下列资料:

(一) 物业的报建、批准文件，竣工总平面、单体建筑、结构、设备竣工图，配套设施、地下管网工程竣工图等竣工验收资料;

(二) 设施设备买卖合同复印件及安装、使用和维护保养等技术资料;

(三) 物业质量保修文件和物业使用说明文件;

(四) 物业管理区域内各类建筑物、场地、设施设备的清单;

(五) 物业及配套设施的产权清单;

(六) 物业服务用房的清单;

(七) 物业的使用、维护、管理必需的其他资料。

建设单位、物业服务企业不得泄露业主资料，物业服务企业不得将业主资料用于与物业管理服务无关的活动。在前期物业服务合同终止时，物业服务企业应当将前款资料移交给业主委员会。

第四十三条 物业服务企业应当听取业主、物业使用人对物业管理服务的意见和建议，及时处理业主投诉，改进物业管理服务。

物业服务企业不及时处理业主的投诉的，居民委员会、街道办事处、乡镇人民政府、物业所在地的区、县人民政府房地产行政主管部门应当及时协调处理；对物业服务企业损害业主、物业使用人合法权益的，物业所在地的区、县人民政府房地产行政主管部门应当责令其限期整改，物业服务企业应当按期整改。

第五章 物业管理服务

第四十四条 业主大会成立后，业主委员会应当与业主大会选聘或者续聘的物业服务企业签订物业服务合同。签订合同时，业主委员会应当出具业主大会选聘或者续聘物业服务企业的决定和业主委员会的合法有效证明。

物业服务合同应当对物业管理范围、物业管理服务事项、服务标准、服务费用、双方的权利义务、专项维修资金的管理与使用、物业服务用房的使用、共用部位和共用设施设备的管理使用、合同期限、物业服务企业的退出、资料的移交、违约责任等内容进行约定。

物业服务企业应当于合同签订之日起十五日内将物业服务合同报物业所在地的区、县人民政府房地产行政主管部门和街道办事处、乡镇人民政府备案。

第四十五条 物业服务企业应当按照法律法规的规定和物业服务合同的约定，为业主提供服务，并配合政府有关部门、街道办事处、乡镇人民政府开展社区服务和社区文化活动。

第四十六条 物业服务企业应当明码标价，将服务内容、服务标准以及收费项目、收费标准等有关情况在物业管理区域的显著位置进行公示。

物业服务企业可以根据业主的委托提供物业服务合同约定以外的服务项目，服务报酬由双方协商确定。

第四十七条 业主应当按照物业服务合同的约定，按时交纳物业服务费用；物业产权转移时，业主应当与物业服务企业结清物业服务费用。

第四十八条 物业管理区域内，供水、供电、供气、通信、有线电视等单位应当服务到最终用户，并向最终用户收取有关费用。

第四十九条 物业服务收费实行酬金制的，物业服务企业应当向业主大会或者全体业主公布物业服务资金年度预决算，并每年不少于一次公布物业服务资金的收支情况。

业主委员会可以聘请专业机构对物业服务资金的收支情况进行审计。

物业服务企业应当定期公布共用场地、共用设施设备产生的水电用量、单价、金额，按照实际费用和约定的方式向全体业主合理分摊。没有约定或者约定不明确的，按照业主专有部分占建筑物总面积的比例分摊。

业主或者业主大会对公布的物业服务资金年度预决算和物业服务资金的收支情况，以及共用场地、共用设施设备产生的水电费的分摊情况提出异议时，物业服务企业应当及时答复。

第五十条 物业服务合同期限届满三个月前，业主委员会应当组织召开业主大会决定选聘或者续聘物业服务企业，并将决定书面告知物业服务企业；物业服务企业决定不再续签物业服务合同的，应当在物业服务合同期限届满三个月前书面告知业主委员会。业主大会决定续聘的，业主委员会应当在物业服务合同期限届满一个月前与物业服务企业续签物业服务合同。

业主大会决定选聘新的物业服务企业的，原物业服务企业应当在物业服务合同终止之日起十五日内退出物业管理区域。

物业服务合同期限届满，业主大会没有作出选聘或者续聘决定，原物业服务企业自愿按照原合同约定继续提供服务的，物业服务合同自动延续至业主大会作出选聘或者续聘决定为止。

第五十一条 物业服务企业退出时，应当向业主委员会移交其合法占有的下列资料和财物，并配合新的物业服务企业做好交接工作:

(一) 第四十二条规定的资料;

(二) 物业服务用房;

(三) 物业管理服务期间改造、维修、保养有关物业形成的技术资料;

(四) 物业管理服务期间配置的固定设施设备;

(五)其他应当移交的财物、资料。

第五十二条 业主委员会应当督促物业服务企业按照物业服务合同的约定做好物业管理服务，协调、处理业主、物业使用人对物业管理服务的投诉。

业主、物业使用人、业主委员会和物业服务企业对于物业管理服务有争议的，可以向物业所在地的区、县人民政府房地产行政主管部门、街道办事处、乡镇人民政府、居民委员会申请协调处理。

业主、物业使用人、业主委员会和物业服务企业对有关物业服务收费有争议的，可以向物业所在地价格行政主管部门申请协调处理。

第六章 物业的使用和维护

第五十三条 物业管理区域内按照规划建设的公共建筑和共用设施，不得擅自改变用途。

任何人不得擅自占用、挖掘物业管理区域的道路、场地，损害业主的共同利益。

利用物业管理区域属于业主共有的道路、绿地或者其他场地作为停放车辆的车位或者利用物业共用部位、共用设施设备进行经营的，应当征得相关业主和业主大会的同意，并依法办理相关手续。所得收益依法归全体业主共有。

第五十四条 物业管理区域内，规划用于停放汽车的车位、车库，应当首先满足本区域业主的需要。

物业管理区域内规划用于停放汽车的车位、车库，建设单位应当首先出租给本区域业主、物业使用人。在满足本区域业主、物业使用人需要后，建设单位将车位、车库出租给本区域业主、物业使用人以外的其他人的，其租赁合同期限不得超过六个月。

建设单位依法取得车位、车库权属登记后方能出售车位、车库。建设单位应当在出售车位、车库一个月前，以书面形式告知本区域全体业主，并在物业管理区域的显著位置公示拟出售车位、车库的产权证明文件和出售价格。拟出售车位、车库数量少于本区域房屋套数时，每户业主只能购买一个车位、车库。

第五十五条 物业管理区域内禁止下列行为:

(一)损坏或者擅自变动房屋承重结构、主体结构；

(二)违反法律法规以及管理规约，改变房屋用途，将住宅改变为经营性用房；

(三)将没有防水要求的房间或者阳台改为卫生间、厨房，或者将卫生间改在下层住户的卧室、起居室(厅)、书房和厨房的上方；

(四)破坏或者擅自改变房屋外观；

(五)违法搭建建筑物、构筑物；

(六)损坏或者擅自占用、改建物业共用部位；

(七)损坏或者擅自占用、移装共用设施设备；

(八)损毁树木、园林；

(九)存放不符合安全标准的易燃、易爆、剧毒、放射性等危险性物品，存放、铺设超负荷物品；

(十)乱丢垃圾，高空抛物；

(十一)发出超过规定标准的噪声或者影响邻居采光、通风；

(十二)法律法规和管理规约禁止的其他行为。

物业管理区域内发生上述行为时，业主、物业使用人有权投诉、举报，物业服务企业、业主委员会应当根据物业服务合同或者管理规约及时予以劝阻、制止；劝阻、制止无效的，物业服务企业、业主委员会应当及时报告有关行政主管部门，有关部门应当依法及时处理，相关业主和物业使用人应当积极予以配合。

第五十六条 物业共用部位、共用设施设备维修、更新时，相关业主、物业使用人应当予以配合。因相关业主、物业使用人阻挠维修、更新，造成其他业主、物业使用人财产损失的，责任人应当予以赔偿。

因物业共用部位、共用设施设备维修、更新等原因，造成房屋、设施设备等损害的，责任人应当予以恢复原状或者赔偿。

第五十七条 业主转让或者出租物业时，应当将管理规约内容、物业服务费用标准等事项告知受让人或者承租人，并自物业转让合同或者租赁合同签订之日起十五日内，将物业转让或者出租情况告知业主委员会和物业服务企业。

第五十八条 住宅物业、住宅小区内的非住宅物业或者与单幢住宅楼结构相连的非住宅物业的业主，应当按照国家规定交存住宅专项维修资金。

住宅专项维修资金实行专户存储、专款专用、业主决策、政府监督的原则。

住宅专项维修资金专户以物业管理区域为单位设账，并按房屋户门号设分户账；未划定物业管理区域的，以幢为单位设账，按房屋户门号设分户账。

住宅专项维修资金属于业主所有，专项用于物业保修期满后物业共用部位、共用设施设备的维修和更新、改造，不得挪作他用。

第五十九条 业主转让物业时，其交存的住宅专项维修资金余额不予退还，一并转让给新业主。

第六十条 共有物业的维修、更新、改造费用，由共有该物业的业主按照各自拥有的物业专有部分建筑面积比例分摊。

第六十一条 物业保修期内发生的维修费用，由建设单位承担，不得从住宅专项维修资金中列支。

物业管理区域内依法应当由供水、供电、供气、通讯、有线电视等单位承担的相关管线和设施设备的维修、养护费用，不得从住宅专项维修资金中列支。

第七章　法律责任

第六十二条　建设单位未按照本条例第十二条规定向物业所在地街道办事处、乡镇人民政府报告并在物业管理区域公告的，或者未按照本条例第十四条规定向业主大会筹备组提供相关文件资料的，由物业所在地县级以上人民政府房地产行政主管部门责令限期改正；逾期不改正的，可以处五万元以下的罚款。

建设单位未按照本条例第三十八条规定提供物业服务用房的，由县级以上人民政府房地产行政主管部门责令限期提供；逾期不提供的，责令向业主大会交纳相应价款，用于解决物业服务用房，没收违法所得，并处十万元以上五十万元以下的罚款。

第六十三条　物业服务企业有下列情形之一的，由县级以上人民政府房地产行政主管部门按照以下规定予以处罚：

（一）业主大会决定选聘新的物业服务企业后，原物业服务企业不按规定退出物业管理区域的，责令限期退出；逾期拒不退出的，处五万元以上十五万元以下的罚款，并由颁发其资质证书的房地产行政主管部门吊销其资质证书；

（二）损毁或者破坏属于全体业主的档案资料、财物和共用设施设备的，可处五万元以上二十万元以下的罚款。

物业服务企业违反本条例第三十七条第二款规定，擅自提高收费标准，增加收费项目的，由县级以上人民政府价格行政主管部门根据有关法律法规的规定予以处罚。

第六十四条　物业服务企业人员对业主或者物业使用人采取人身、财产侵害等行为的，应当依法承担民事责任；对违反治安管理的行为，依照《中华人民共和国治安管理处罚法》予以处罚；构成犯罪的，依法追究刑事责任。

第六十五条　业主委员会作出的决定违反法律法规规定或者业主大会决定，给业主、物业服务企业造成损害的，由签字同意该决定的业主委员会委员承担民事责任。

业主委员会违反法律法规规定，严重侵害业主合法权益或者严重影响公共秩序的，由政府有关部门依法追究责任。

第六十六条　业主委员会委员违反本条例第三十条规定的，由县级以上人民政府相关行政主管部门依法处理，并在其物业管理区域内予以通报；构成犯罪的，依法追究刑事责任。

业主委员会委员职务终止后未将其保管的属于业主大会、业主委员会所有的资料、印章等物品交回业主委员会，业主委员会任期届满后未及时将有关财物、文件资料、印章等移交新一届业主委员会的，由县级以上人民政府房地产行政主管部门责令限期改正，并给予警告。

第六十七条　违反本条例规定，泄露业主资料或者将业主资料用于与物业管理服务无关的活动的，依法追究法律责任。

第六十八条　违反本条例第五十五条规定，给他人造成损害的，依法承担民事责任，并由有关行政主管部门按照下列规定予以查处；构成犯罪的，依法追究刑事责任：

（一）违反第一项规定的，由县级以上人民政府建设行政主管部门责令限期改正，处五万元以上十万元以下的罚款。

（二）违反第二项、第四项、第五项规定的，由县级以上人民政府城乡规划行政主管部门依照有关法律法规的规定查处。

（三）违反第三项规定的，由县级以上人民政府建设行政主管部门责令限期拆除，并对业主、物业使用人处一千元以上五千元以下的罚款，对装饰装修企业处五千元以上五万元以下的罚款；逾期未拆除的，县级以上人民政府建设行政主管部门可以申请人民法院强制执行。

（四）违反第六项、第七项规定的，由县级以上人民政府房地产行政主管部门责令限期改正，给予警告；对个人可以处一万元以下的罚款；对单位可以处二十万元以下的罚款。

（五）违反第八项、第九项、第十项、第十一项、第十二项规定的，由相关行政主管部门依法查处。

第六十九条　县级以上人民政府房地产行政主管部门、街道办事处、乡镇人民政府以及其他有关行政管理部门的工作人员利用职务上的便利，收受他人财物或者其他好处，不依法履行监督管理职责，或者发现违法行为不予查处，尚未构成犯罪的，依法给予处分；构成犯罪的，依法追究刑事责任。

第八章　附　则

第七十条　本条例所称共用部位，是指属于业主共有共用的房屋主体承重结构部位（包括基础、内外承重墙体、柱、梁、楼板、屋面等）、走廊通道、楼梯间、电梯井、物业服务用房，以及房屋外墙面等。

本条例所称共用设施设备，是指物业区域内供排水管道、水箱、加压水泵、电梯、天线、照明设施、供电线路、煤气（天然气）管道、消防设施、沟渠、池、井、公益性文体等设施设备。

第七十一条　本条例自2009年3月1日起施行。

广东省建设厅大中型建设工程初步设计审查管理办法

第一条 为加强我省大中型建设工程初步设计审查管理，规范审查程序，提高工程质量，节约投资，根据国务院《建设工程质量管理条例》、《建设工程勘察设计管理条例》和《广东省建设工程勘察设计管理条例》等法规，制定本办法。

第二条 本省行政区域内从事大中型建设工程初步设计审查及其相关活动，适用本办法。

第三条 下列建设工程项目初步设计文件编制完成后，建设单位应当按照《广东省建设工程勘察设计管理条例》第十九条的规定，向省或者地级以上市建设行政主管部门申请初步设计审查：

（一）关系社会公共利益和公众安全的大中型基础设施、公用事业等项目；

（二）全部或者部分使用国有资金投资或者国家融资的大中型建设工程项目；

（三）使用国际组织或者外国政府贷款、援助资金的大中型建设工程项目。

大中型建设工程项目的具体划分标准，按照现行国家建设项目设计规模划分标准执行。

第四条 省建设行政主管部门负责全省大中型建设工程项目初步设计审查工作的组织实施。

地级以上市建设行政主管部门按照管理权限负责本行政区域内大中型建设工程项目初步设计审查工作的组织实施。

第五条 大中型建设工程项目初步设计实行分级审查制度。

国家和省审批、核准或备案的大中型建设工程项目，由省建设行政主管部门组织有关专家和部门进行审查。

地级以上市和县（市）有关部门审批、核准或备案本地区的大中型建设工程项目，由工程项目所在地地级以上市建设行政主管部门组织有关专家和部门进行审查。

第六条 建设单位申请初步设计审查，应当提交下列材料：

（一）申请书。

（二）广东省大中型建设工程项目初步设计审查申请表。

（三）有关部门批准文件。主要包括：

1. 项目立项批准文件；

2. 建设项目选址意见书（或建设用地规划许可证）、有关规划设计要点的批准文件；

3. 建设用地批准文件；

4. 环保、消防、人防、安全生产、卫生防疫等行政主管部门的批准文件，涉及航空管制、地铁、风景名胜、航道通航等方面的，须提供相关部门的审查意见。

（四）技术文件。主要包括：

1. 拟建设场地工程地质勘察报告；

2. 地震安全性评价报告（按国家相关规定提供）；

3. 工程初步设计文件（包括节能设计专篇的说明书、图纸、设计概算等）。

（五）法律、法规、规章规定的其他文件。

第七条 初步设计文件编制的内容和深度应当符合国家有关规定和要求；其中建筑工程应当按照建设部《建筑工程设计文件编制深度规定》执行；其他行业工程按照国家有关行业主管部门的规定执行；没有规定的，可以参照相近行业主管部门的有关规定执行。

第八条 初步设计审查应当包括下列主要内容：

（一）初步设计的主要指标是否符合投资立项、城乡规划、国土资源、环境保护、消防、安全生产、卫生等行政主管部门的批复要求，设计单位是否严格执行有关行政主管部门的审批意见；

（二）各有关专业工程技术规范和标准的执行情况，重点是工程建设强制性标准条文的执行情况；

（三）是否满足国家规定的有关初步设计阶段的深度要求；

（四）有关专业重大技术方案是否进行了技术经济分析比较，是否安全、可靠；

（五）初步设计文件是否满足编制施工招标文件、主要设备材料订货和编制施工图设计文件的需要；

（六）工程概算编制是否按照国家和广东省现行有关规定进行编制，深度是否满足要求；

（七）初步设计内容是否合理。主要包括：

1. 各有关专业设计是否符合经济美观、安全实用、保护环境的要求；

2. 工艺方案是否成熟、可靠，选用设备是否先进、合理，设计方案是否优化；

3. 是否有利于资源节约和综合利用土地、能源、水资源和材料；

4. 采用的新技术、新材料是否适用、可靠。

第九条 建设行政主管部门对建设单位报送的申请材料进行审核，符合法定条件的，由建设行政主管部门组织有关部门和专家召开初步设计审查会议进行审查，并形成书面审查意见。

设计单位应当对专家提出的修改意作出是否采纳的书面意见，并报组织审查的建设行政主管部门。

第十条 建设行政主管部门应当建立健全初步设计审查专家库，加强对其所建专家库及评审专家的管理，但不得以任何形式控制、干预或者影响评审专家的具体评审活动。

第十一条 经审查符合规定条件的，建设行政主管部门应当自受理申请之日起二十个工作日内作出书面批复。

第十二条 建设行政主管部门应当按照有关法规、规章以及技术规范的规定和要求严格审查。有下列情形之一的，应当作出不予同意的批复意见，并责令改正：

（一）设计依据不正确或不充分的；

（二）不符合国家和地方现行建设工程设计文件编制深度规定，有重要缺项的；

（三）不符合现行建设工程强制性标准，以及采用落后、淘汰技术、设备或材料等不符合现行技术产业政策和管理规定的；

（四）设计存在严重不合理问题的；

（五）违反国家基本建设程序的。

第十三条 初步设计批复文件应当对相关审查内容提出具体明确的意见。

第十四条 初步设计一经批准，任何单位和个人不得擅自修改。确需修改的，应当由原勘察设计单位修改或经其书面同意，由建设单位委托具有相应勘察设计资质等级的建设工程勘察设计单位修改；并由建设单位将调整、修改后的初步设计报请原审查部门重新审查批准。其中，涉及项目可行性研究报告、投资规模等主要内容的调整还须经原项目立项及有关部门同意后，再办理有关调整初步设计审查的批复手续。

第十五条 建设单位应当对申请资料的真实性和时效性负责。

第十六条 建设单位及有关建设行政主管部门应当严格执行国家基本建设程序，对应进行初步设计审查而未报有关建设行政主管部门批准的，有关部门和单位不得办理施工图审查等手续。

第十七条 有关部门或单位从事建设工程初步设计审查及相关活动违反有关规定的，按照《中华人民共和国建筑法》、《建设工程质量管理条例》、《建设工程勘察设计管理条例》和《广东省建设工程勘察设计管理条例》等法律、法规的规定予以处罚。

第十八条 本办法自2008年4月1日起施行。

广东省建设厅二级建造师注册管理实施办法

第一条 为规范二级建造师注册管理工作，根据建设部《注册建造师管理规定》，结合本省实际，制定本办法。

第二条 本省行政区域内二级建造师注册管理适用本办法。

第三条 省建设厅为本省二级建造师的注册机关，负责二级建造师注册审批工作，核发由建设部统一样式的《中华人民共和国二级建造师注册证书》和执业印章，并在核发证书后30日内报建设部备案，定期公布我省二级建造师注册情况。

第四条 二级建造师注册申请人（以下简称申请人）申请注册前，应当取得二级建造师资格证书，并受聘于一个具有建设工程施工或勘察、设计、监理、招标代理、造价咨询资质的企业，与聘用单位签订劳动合同。

第五条 注册申请包括初始注册、延续注册、变更注册、增项注册、注销注册和重新注册。其中，初始注册、延续注册、变更注册、增项注册和重新注册的申请及材料报送程序如下：

（一）填报申请材料

申请人在广东省建设执业资格注册中心网站上填报申请表，并向聘用企业如实提供有关申请材料；

聘用企业在广东省建设执业资格注册中心网站上核实申请表无误后，上传和打印个人申请表及企业申请汇总表，整理、装订和集中上报所有书面申请材料。

（二）接收申请材料

广东省建设厅行政服务中心负责接收中央直属驻粤企业、省属企业上报的书面申请材料；地级及以上市建设行政主管部门负责本行政区域内工商注册企业上报的书面申请材料。以上部门统称为申请材料接收部门。

（三）核验申请材料

1. 按照本办法有关规定，申请材料接收部门要对申请人的申请材料进行核验，查验注册申请人材料的完整性，核对资格证书、学历证书、身份证明、继续教育证明和聘用合同原件与复印件是否一致，原件经核验后退回。

2. 申请材料不符合本办法规定或材料不齐全的，申请材料接收部门应在5个工作日内一次性向申请人告知需要补齐、补正的全部内容。可以当场更正错误的，应当允许申请人当场更正。申请材料符合要求，或者申请人按要求提交全部补正申请材料的，应当予以受理，否则当即退回。

3. 申请材料不符合本办法规定或材料不齐全，被当即退回的，接收材料部门应在《企业申请汇总表》上注明。

（四）报批申请材料

申请材料接收部门向注册机关报批下列申请材料：

1. 经核验的申请人资格证书、学历证书、身份证明、继续教育证明和聘用合同复印件合订本一份（按每个申请人单独装订）；

2. 企业申请汇总表一式二份，其中一份按地区汇总装订，另一份附于每个企业的申请材料中。

第六条 初始注册

（一）申请人自二级建造师执业资格证书签发之日起3年内可申请初始注册。逾期未申请者应当提供相应专业继续教育证明，其学习内容应符合建设部关于注册建造师继续教育的规定。初始注册的有效期为3年。

（二）申请初始注册的，申请人应当提交下列材料：

1.《二级建造师初始注册申请表》一式二份；

2. 资格证书、学历证书和身份证明复印件；

3. 申请人与聘用企业签订的劳动合同复印件（聘用企业法定代表人除外，下条款规定相同），聘用企业资质证书复印件；

4. 逾期申请初始注册的，应当提供达到继续教育要求的证明材料复印件。

第七条 延续注册

注册有效期满需继续执业的，应当在注册有效期届满30日前申请延续注册。延续注册的有效期为3年。

申请延续注册的，申请人应当提交下列材料：

（一）《二级建造师延续注册申请表》一式二份；

（二）原注册证书；

（三）申请人与聘用企业签订的聘用劳动合同复印件，聘用企业资质证书复印件；

（四）申请人注册有效期内达到继续教育要求证明材料复印件。

第八条 变更注册

（一）在注册有效期内，发生下列情形的，应当及时申请变更注册。变更注册后，原注册有效截止日期保持不变。

1. 执业企业变更的；

2. 聘用企业名称变更的；

3. 二级建造师姓名变更的。

（二）申请变更注册的，申请人应当提交下列材料：

1.《二级建造师变更注册申请表》一式二份；

2. 注册证书原件和执业印章；

3. 执业企业变更的，应当提供下列材料：

（1）申请人与新聘用企业签订的劳动合同复印件；

（2）与原聘用企业解除聘用合同或聘用合同到期的证明文件、退休人员的退休证明；

（3）新聘用企业资质证书复印件。

4. 申请人所在聘用企业名称发生变更的，应当提供变更后的企业资质证书复印件和企业所在地工商行政主管部门出具的企业名称变更函复印件。

5. 二级建造师姓名变更的，应当提供变更后的身份证明原件或公安机关户籍管理部门出具的有效证明。

第九条 增项注册

二级建造师取得增项专业资格证书可申请增项注册。

（一）申请增项注册的，申请人应当提交下列材料：

1.《二级建造师增项注册申请表》一式二份；

2. 增项专业资格考试合格证明复印件；

3. 注册证书原件和执业印章；

4. 取得增项专业资格证书超过3年未注册的，应当提供该专业最近一个注册有效期继续教育学习证明。

（二）准予增项注册后，原专业注册有效截止日期保持不变。

第十条 注销注册

（一）二级建造师有《注册建造师管理规定》第十七条所列情形之一的，由申请人或其聘用企业提交下列材料，直接向注册机关申请。

1.《二级建造师注销注册申请表》一式二份；

2. 注册证书原件和执业印章；

3. 符合《注册建造师管理规定》第十七条所列情形之一的证明材料原件及复印件。

（二）应当办理注销注册的二级建造师及所在企业，须及时申办注销注册手续；违反本规定未申办注销注册的，任何单位和个人有权向注册机关举报。

第十一条 重新注册

二级建造师注销注册或者不予注册的，在重新具备注册条件后，可申请重新注册。申请重新注册的，应当提交下列材料：

（一）《二级建造师重新注册申请表》一式二份；

（二）资格证书、学历证书和身份证明复印件；

（三）申请人与聘用企业签订的劳动合同复印件，聘用企业资质证书复印件；

第十二条 注册证书、执业印章遗失补办

二级建造师因遗失注册证书、执业印章的，直接向注册机关提交下列材料申请补办：

（一）《二级建造师注册证书、执业印章遗失补办或污损更换申请表》一式二份。

（二）身份证明复印件；

（三）省级报纸刊登的遗失声明原件。

第十三条 注册证书、执业印章污损更换

注册证书、执业印章污损的，直接向注册机关提交下列材料申请更换：

（一）《二级建造师注册证书、执业印章遗失补办或污损更换申请表》一式二份；

（二）身份证明复印件；

（三）污损的注册证书原件、执业印章。

第十四条 取得二级建造师资格证书的人员，可对应建筑工程、公路工程、水利水电工程、市政公用工程、矿业工程、机电工程专业申请注册。

资格证书所注专业为房屋建筑工程、装饰装修工程的，按建筑工程专业申请注册；资格证书所注专业为矿山工程的按矿业工程专业申请注册；资格证书所注专业为冶炼工程的，可选矿业工程或机电工程之中的一个专业申请注册；资格证书所注专业为电力工程、石油化工工程、机电安装工程的，按机电工程专业申请注册。

第十五条 申请人有下列情形之一的，不予注册：

（一）不具有完全民事行为能力的；

（二）申请人的聘用企业不符合注册企业要求的；

（三）申请在两个或者两个以上企业注册的；

（四）年龄超过65周岁的；

（五）在申请注册之日前3年内担任施工企业项目负责人期间，所负责项目发生过较大或以上质量安全事故，且对事故负有直接责任的；

（六）未达到建造师继续教育要求的；

（七）受到刑事处罚，刑事处罚尚未执行完毕的；

（八）因执业活动受到刑事处罚，自刑事处罚执行完毕之日起至申请注册之日止不满5年的；

（九）因前项规定以外的原因受到刑事处罚，自处罚决定之日起至申请注册之日止不满3年的；

（十）被吊销注册证书，自处罚决定之日起至申请注册之日止不满2年的；

（十一）法律、法规规定不予注册的其他情形。

第十六条 对申请初始注册、延续注册、重新注册、增项注册的，注册机关自收到申请材料之日起，20个工作日内对申请人注册条件和申请材料进行审查，并作出审查结论予以公告。

第十七条 对申请变更注册、注销注册和注册证书、执业印章遗失补办或污损更换的，注册机关收到申请材料后20个工作日内办结，并销毁更换收回的注册证书、执业印章。

跨省变更的，由二级建造师提出变更申请，经原注册所在地注册机关同意后，由本省注册机关审查办理。

第十八条 具有建筑业企业项目经理资质证书的二级建造师注册后，在领取注册证书和执业印章时，应当同时向注册机关交回原建筑业企业项目经理资质证书，注册机关负责证书销毁，并将一级项目经理资质证书销毁情况报建设部备案。

第十九条 执业印章的收费按省物价主管部门批准的收费标准执行。

第二十条 本办法自2008年3月1日起实施。

广东省建筑工程安全监督机构及人员考核管理办法

第一章　总　则

第一条　为加强我省建筑工程施工安全监督机构（以下简称“安监机构”）及安全监督人员（以下简称“安监员”）的管理，提高安监机构依法监督工作水平，推动安监机构规范化、标准化建设，根据《建筑法》、《安全生产法》、《行政处罚法》、《建设工程安全生产管理条例》、《建筑工程安全生产监督管理工作导则》，制定本办法。

第二条　我省安监机构及人员的考核管理，适用本办法。

第三条　安监机构是指经县级以上人民政府批准成立，受建设行政主管部门委托，依据有关法律、法规和工程建设强制性标准，对建设工程各有关单位的安全生产行为及施工现场安全生产情况进行监督管理，具有独立法人资格的事业单位。

第四条　安监员是指经省建设厅培训考核合格，依法从事建筑工程安全生产监督管理工作的安监机构工作人员。

第五条　省建设厅负责全省安监机构和安监员的考核管理，具体工作委托省建设工程质量安全监督检测总站（以下简称“省安监总站”）进行。

第二章　基本条件

第六条　安监机构应具备以下基本条件：

（一）具有当地建设行政主管部门明确监督工作内容、职责、权限的行政执法委托书。

（二）具有一定数量的监督人员，专职安监员人数不少于机构总人数的70%。各类专业人员结构比例合理，一般为土建、机械、电气2:1:1，其中机械、电气专业各不少于1人。副省级市安监机构宜按每25万m^2监督面积配备1名安监员，并不少于20人；地级市安监机构宜按每20万m^2监督面积配备1名安监员，并不少于10人；县（区）级安监机构宜按每15万m^2监督面积配备1名安监员，并不少5人。

（三）安监机构负责人须具备从事建设工程管理工作3年以上，具有工程师以上职称或大专以上学历，并经省建设厅培训考核合格。

（四）安监机构应设立技术负责人（可兼任），地级以上市安监机构的技术负责人应具有相应工程类高级工程师职称，本科以上学历；县（区）级安监机构的技术负责人应具有相应工程类工程师以上职称，大专以上学历。

（五）有满足工作需要的固定办公场所、办公设备、交通工具、安检仪器和计算机管理系统。

（六）建立健全的内部管理制度，包括：

1. 安全监督登记制度；
2. 安全监督工作程序；
3. 各部门工作职责及考核制度；
4. 危险性较大分部分项工程的登记管理制度；
5. 监督档案管理制度；
6. 事故调查分析制度；
7. 信息管理和数据统计管理制度；
8. 技术标准、规范管理制度；
9. 教育培训制度；
10. 廉政建设制度。

第七条　各级建设行政主管部门应将本办法第六条内容列入本地安监机构的行政执法委托书。

第八条　安监员应具备以下基本条件：

（一）地级以上市安监员应具有土建、机械、电气、安全管理专业大专以上学历，县（区）级安监员可放宽至中专以上学历；

（二）具有2年以上建设工程管理工作经历；

（三）具有良好的职业道德，熟悉掌握国家有关的法律、法规和工程建设强制性标准；

（四）年龄不超过60周岁。

（五）经过法律法规和业务知识考核并领取《广东省行政执法证》。

取得注册建造师、监理工程师、结构工程师、安全工程师等国家执业资格证书的，可不受上述条件（一）、（二）的限制。

第三章　考核管理

第九条　全省安监机构和安监员的考核工作，每两年进行1次，一般安排在偶数年年底进行。

第十条 省安监总站负责对地级以上市安监机构和安监员进行考核，提出考核意见。地级以上市建设行政主管部门负责对本行政区域内县（市、区）安监机构和安监员进行考核，提出考核意见。省建设厅对考核情况进行抽查，并将考核认定结果予以公布。

第十一条 安监机构考核的主要内容：

（一）检查安监机构基本条件是否符合本办法第六条规定的要求；

（二）重点抽查各项内部管理制度的执行情况；

（三）检查所监督工程项目发生生产安全事故的调查处理情况；

（四）随机抽查安监员的业务知识；

（五）随机抽查不少于二项在监工程的监督工作质量和监督档案。

第十二条 安监机构考核结果分为优秀、合格、基本合格、不合格四档。

（一）严格执行国家有关法律法规，切实履行监督职能，监督工作效果突出，本地区安全生产形势稳定好转，本年度安全生产指标未超标，机构各项基本条件全部符合考核要求的内容，考核结果为优秀；

（二）严格执行国家有关法律法规，切实履行监督职能，本地区安全生产形势稳定好转，考核项目有70%以上子项目达到“符合”要求，且其他项目达到“基本符合”要求的，考核结果为合格；

（三）执行国家有关法律法规，履行监督工作职能，考核内容有70%以上子项目达到“符合”或“基本符合”要求的，考核结果为基本合格；

（四）考核内容达到“符合”或“基本符合”要求的子项目在70%以下或出现下列情形之一的，考核结果为不合格：

1. 机构制度不健全、内部管理混乱、纪律松散的；

2. 安全监督工作中存在严重违反法律、法规行为的；

3. 因监督工作失职，导致所监督工程项目发生重大生产安全事故，社会影响恶劣的。

第十三条 安监员考核的主要内容：

（一）学历、工作年限、专业技术职务情况；

（二）监督业务知识；

（三）工作质量及执法水平情况；

（四）监督廉洁自律情况。

第十四条 安监员考核结果分为优秀、合格、不合格三档。

（一）严格按照国家有关法律、法规、规章进行监督执法，遵守各项规章制度，切实履行监督工作职责，监督工作成绩突出，所监督的工程项目未发生生产安全事故的，考核结果为优秀。

（二）严格按照国家有关法律、法规、规章进行监督执法，遵守各项规章制度，履行监督工作职责，所监督的工程项目未发生因监督工作失误而导致的生产安全事故的，考核结果为合格。

（三）凡出现下列情况之一者，安监员考核结果认定为不合格：

1. 不符合本办法第八条有关规定的；

2. 不按照有关法律、法规进行监督执法，违反廉政有关规定的；

3. 不认真履行安监机构规定的工作程序或岗位职责，所监督工程存在重大安全隐患未予指出并落实整改的；

4. 因监督工作失误导致所监督工程发生重大生产安全事故的；

5. 受到刑事处罚或受到撤职以上行政处分的。

第十五条 省建设厅在考核结束后，对考核评为优秀的安监机构和安监员予以表彰和奖励，并将机构考核结果函告各地级以上市建设行政主管部门，并作为申领、更换《广东省行政执法证》的依据。

第十六条 考核为基本合格或不合格的安监机构，省建设厅将予以通报，并建议其建设行政主管部门对该安监机构限期整改。

安监机构整改完成后，由当地建设行政主管部门向省建设厅提出重新考核的书面申请，省建设厅将组织重新考核。经考核仍不合格的，建议其建设行政主管部门撤回行政执法委托书。

第十七条 考核为不合格的安监员，省建设厅将予以通报，并建议安监机构对其作出调离岗位的处理，参加省安监总站组织的安监员业务知识培训和考核，考核合格方可重新上岗。

重新考核仍不合格的，提请行政执法证发证机关撤销其广东省行政执法证。

第四章 附 则

第十八条 本办法由省建设厅负责解释。

第十九条 本办法自颁布之日起施行，原《广东省建设工程安全监督机构考核办法》同时作废。

广东省建设厅珠江三角洲城乡规划督察员巡察办法（试行）

第一章　总　则

第一条　为贯彻《广东省珠江三角洲城镇群协调发展规划实施条例》和《印发〈珠江三角洲城镇群协调发展规划〉的通知》精神，落实住房和城乡建设部关于建立城乡规划督察员制度的要求，根据《城乡规划法》的有关规定，制定本办法。

第二条　省向珠江三角洲各地级以上市派出督察员，进行定期和不定期的巡察，进一步加强珠江三角洲城乡规划的监督检查工作。

省城乡规划主管部门负责督察员的日常管理工作。督察员巡察工作的具体方案另行制订。

第三条　督察员本着“到位不越位、监督不包办、参与不决策”的原则，在不妨碍、不替代所巡察城市城乡规划主管部门正常工作的前提下，对城乡规划的编制、审批、实施管理工作进行检查监督，及时发现、制止和纠正违法违规行为，确保城乡规划和有关法律法规的有效实施。

第二章　巡察内容

第四条　督察员巡察工作的主要内容：

（一）监督检查所巡察城市政府及其有关部门贯彻执行国家和我省有关城乡规划的法律、法规、部门规章以及国家强制性标准的情况；

（二）监督检查所巡察城市政府及其有关部门组织实施《珠江三角洲城镇群协调发展规划（2004~2020）》的情况；

（三）监督检查所巡察城市政府及其有关部门组织各类城乡规划编制、审批和实施情况，以及实施城乡规划行政许可的情况；

（四）监督检查所巡察城市政府及其有关部门制止和查处各类违反城乡规划的情况；

（五）监督检查群众关心的城乡规划“热点、难点”问题处理情况；

（六）受理群众关于违反城乡规划行为的举报、投诉和上访；

（七）督察其他违反城乡规划的行为。

第三章　督察员的选派和管理

第五条　督察员从省、市城乡规划主管部门，城市规划科研和设计单位的在职城乡规划工作者中遴选。

督察员兼职从事城乡规划监督检查工作。督察员要妥善处理好巡察工作与本职工作的关系，做到既不影响本职工作又确保巡察工作质量。

第六条　督察员应当具备下列条件：

（一）具有较强的社会责任感，坚持原则，遵纪守法，廉洁自律，忠实履行职责；

（二）熟悉并能贯彻执行国家和我省城乡规划建设管理的有关法律、法规和方针政策；

（三）具备城乡规划建设方面的专业知识和丰富的工作经验，一般应具有城乡规划或相关专业本科以上学历，原则上具备高级技术职称或注册城市规划师资格，从事城乡规划工作5年以上；

（四）身体健康，能正常履行工作职责。

第七条　省城乡规划主管部门负责拟定督察员人选，商省人事、监察部门同意后，报请省人民政府聘任。

第八条　实行督察员回避制度。曾在地方政府（部门）任职或与地方政府有利害关系的督察员，不得派往相关城市进行巡察。

第九条　对在巡察工作中成绩突出，为维护公共利益作出重要贡献的督察员，给予表扬、奖励。

第十条　省城乡规划主管部门负责会同省人事、监察部门对督察员进行任期考核。

第十一条　督察员每届任期2年，期满后经考核合格的，可继续聘任，但在同一地区连续巡察不得超过两届。

第十二条　督察员的巡察工作应接受所巡察城市政府及其有关部门的监督。省城乡规划主管部门负责受理对督察员的投诉和举报。

第十三条　督察员有下列行为之一的，由省城乡规划主管部门商省人事、监察部门同意后，给予批评教育并报请省人民政府解聘。对构成犯罪的，移交司法机关处理。

（一）督察不作为或作为不力，贻误巡察工作的；

（二）滥用职权或越权，干扰被巡察城市正常工作的；

（三）违反工作纪律，营私舞弊，弄虚作假，影响公正巡察的；

（四）受到党纪、行政处分，不宜继续从事巡察工作的；

（五）不能正确履行督察工作职责的其他行为。

第四章 巡察工作制度

第十四条 定期巡察由省城乡规划主管部门组织，每半年不少于一次；不定期巡察由督察员根据实际需要自行安排，但每季度不少于一次，每次不得少于2名督察员。

第十五条 珠江三角洲各地级以上市人民政府及其有关部门应当积极向督察员通报有关情况。

第十六条 督察员进行巡察时，可以采取以下方式：

（一）参加所巡察城市城乡规划编制、审批等相关工作会议；

（二）向城乡规划编制、审批、申报等单位调查取证，收集资料；

（三）要求有关单位和人员就巡察事项涉及的问题作出解释和说明，并根据需要进入现场进行勘察。

第十七条 督察员履行监督检查职责时，应当出示相关证件。被监督检查的单位和人员应当予以配合，不得妨碍和阻挠。

第十八条 建立督察建议书制度、通报制度和报告制度。

督察建议书制度：督察员在巡察中发现问题时，向所巡察城市政府或城乡规划主管部门发出书面建议，同时抄送省城乡规划主管部门。

督察通报制度：省城乡规划主管部门对督察员上报的巡察情况进行核查、处理，并通报当地政府及其城乡规划主管部门。

督察报告制度：督察员在巡察中发现重大情况并由此提出的重要意见，由省城乡规划主管部门核查后呈报省人民政府。

督察员要跟进有关问题的处理情况，对未按规定期限回复或认为回复不当的，应当及时向省城乡规划主管部门反映。

第十九条 珠江三角洲各地级以上市人民政府及其有关部门要认真研究处理督察意见，在收到督察建议书之日起15个工作日内向督察员反馈意见。特殊情况，经督察员和省城乡规划主管部门同意，可适当延迟反馈意见，但延长时间不得超过15个工作日。

珠江三角洲各地级以上市人民政府及其有关部门对督察建议书有异议的，可以在收到督察建议书之日起15个工作日内向省城乡规划主管部门申请复核。省城乡规划主管部门收到复核申请后，应当在15个工作日内作出书面答复。

第二十条 各级城乡规划主管部门应及时公布督察员的联系方式，设立举报箱，鼓励单位、社会组织和个人向督察员举报违反城乡规划及相关法律法规的行为。

第五章 附 则

第二十一条 本办法由省城乡规划主管部门负责解释。

第二十二条 本办法自发布之日起施行。

2008年7月14日

广东省建设厅珠江三角洲区域绿地划定技术要点

《广东省珠江三角洲城镇群协调发展规划实施条例》规定：一级空间管治区（包括区域绿地和区域性交通廊道）范围，由珠江三角洲各地级以上市人民政府提出具体的划定方案，报省人民政府批准后予以公布。根据《珠江三角洲区域绿地划定及管理工作方案》的安排，现就各市制定本市区域绿地划定方案提出如下要求。

一、内容要求

（一）区域绿地的划定规模

各市划定的区域绿地占市域（或本市属于珠三角范围）国土面积的比例，广州市、深圳市、珠海市、佛山市、东莞市、中山市等珠三角内圈层地区不得低于20%，惠州市、江门市、肇庆市等珠三角外圈层地区不得低于30%。

（二）区域绿地的构成

各市划定的区域绿地，应包括市内重要的生态保护区、海岸绿地、河川绿地、风景绿地、缓冲绿地以及特殊绿地等（参见《区域绿地》指引），特别要落实《珠三角城镇群协调发展规划》中提出的有关要求（参见附件一：各市区域绿地划定相关要求），主要划定内容包括：

1. 珠江三角洲西部、北部和东部连绵的环状山体；

2. 惠州罗浮山、肇庆鼎湖山、江门天露山、惠东莲花山、白云山–帽峰山、银瓶嘴山–白云嶂–银铃、五桂山–黄杨山–古兜山等自然山体；

3. 以伶仃洋为主轴，由珠江三角洲南部水域、珠江口湾区、海洋岸线和近海岛屿组成的海岸绿地；

4. 珠江干流、主干水道和堤围、八大口门等河川绿地；

5. 连片的基本农田保护区、基塘系统，生态稳定性较好、生态敏感性较高的生态单元，对城市景观具有重大影响的地域单元，受到重大自然灾害潜在威胁的地区和自然灾害敏感地区；

6. 其他重要的自然保护区、水源保护区、风景名胜区、森林公园、郊野公园、旅游度假区、地质地貌景观区、大中型水库和湖泊等（参见《广东省区域绿地规划指引》附录：全省典型区域绿地名录）。

二、组织要求

为了确保区域绿地划定工作的顺利进行，省建设厅已经成立了由城乡规划处（珠江三角洲城镇群规划管理办公室）、省城乡规划设计研究院（城市发展研究中心）有关人员组成的专门工作组。同时，省发改委、财政厅、国土资源厅、水利厅、农业厅、环保局、林业局、海洋渔业局、旅游局等部门也将参与区域绿地的划定工作。

各市要参照省的做法成立专门的工作小组，确定具体的负责人和技术骨干，同时要充分调动发改、财政、国土、水利、农业、环保、林业、海洋、旅游等相关部门参与的区域绿地划定，确保高质量地完成好这项工作。

三、进度要求

按照《珠江三角洲区域绿地划定及管理工作方案》，各市必须在2008年12月前向省上报本市的区域绿地方案。各市要据此做好工作安排，确保按时完成任务。

1. 2008年9月底前，要完成本市的工作计划，落实人员、经费，完成搜集资料、工作图纸等工作。

2. 2008年11月底前，各市要完成初步划定方案，省建设厅将组织有关部门和专家对初步审查。

3. 2008年12月底前，各市完成划定方案，上报审定。

四、技术要求

各市在划定区域绿地时，应以便于定桩放线管理为原则，对于面状要素，尽量采用地形地物法，以自然地形地物、道路、用地界线为界；对于线状要素，如河流、道路沿线防护绿地，则宜采用数据表示法，同时可结合坐标法控制若干关键点，界定绿地边界。

要将区域绿地的空间布局边界以“绿线”的形式标注在地形图上。在划定“绿线”时将相连或相邻的多类区域绿地合并为一个单元，并进行编码，同时标注清楚各单元区域绿地的类型和规模等（参见附件二：标示办法及编码原则）。

五、成果要求

各市提交的区域绿地方案的成果主要包括：

1. 规划文本

（1）规划总则：明确规划依据、指导思想、规划期限与范围；

（2）市域资源环境的现状基本特征：对现状生态环境状况及特征进行总结与评价，落实法定保护区；

（3）规划目标：提出规划目标及相应的规划策略；

（4）空间结构：构建市域区域绿地的空间结构；

（5）总体布局规划：市域各区域绿地单元的类型、

位置和规模，区域绿地汇总表等；

(6) 实施管理措施：对区域绿地提出管理要求、实施措施、配套政策等。

2. 规划图集（具体要求详见附件二）

工作底图比例尺不小于1:10000，坐标系用西安80，3度分带。

(1) 资源环境现状图：构成区域绿地的资源环境现状分布情况；

(2) 规划结构图：格式为DWG及JPG；

(3) 总体布局规划图：格式为DWG及JPG；

(4) 各区域绿地单元边界控制图：格式为DWG和ArcGIS的shapefile（尽量在一张图上表达）。

3. 数据库管理（具体要求详见附件二）

建立单元数据库，便于区域绿地单元的信息查询与管理，为动态监测系统预留接口。

软件平台：Excel与AutoCAD、ArcGIS通过“编码”（Excel）字段与“标高”（AutoCAD、ArcGIS）值实现数据连接。如某单元在EXCEL中的编码字段为“1500001”，其在AutoCAD和ArcGIS中的标高值为“1500001”。

数据库属性包括：编码、城市、区（县）、镇（街）、面积、类别、土地权属、管理规定（为管理办法预留接口）、备注等。

2008年9月1日

附件一：

相关规划要求

（一）《珠三角规划》区域绿地划定相关要求

1. 各市区域绿地规划指引

广州市	1. 陆域结构性生态控制区：北部山脉； 2. 海域结构性生态控制区：珠江口河口地区； 3. 区域生态绿核：白云山－帽峰山； 4. 区域性生态主廊道：东江狮子洋水道及沿岸； 5. 区域性生态次廊道：(1) 西部生态廊道，南起洪奇沥水道入海口，经滴水岩、大夫山、芳村花卉果林区，北接流溪河及北部山林地区；(2) 中部生态廊道，南起蕉门水道入海口，经市桥与广州新城之间的生态隔离带、小洲果园生态保护区，向北延伸至“世界大观”以北山林地区； 6. 法定规划确定的其他区域绿地。	深圳市	1. 海域结构性生态控制区：大鹏半岛； 2. 区域性生态次廊道：(1) 西部沿沙井－松岗东侧山体至石岩、西丽湖；(2) 中部沿龙华－观澜东侧山体至梧桐山；(3) 东部沿龙岗西部山体至大鹏半岛； 3. 法定规划确定的其他区域绿地。
珠海市	1. 海域结构性生态控制区：万山群岛； 2. 区域生态绿核：黄杨山； 3. 区域性生态次廊道：西江水系及口门； 4. 法定规划确定的其他区域绿地。	佛山市	1. 区域性生态主廊道：西江、北江沿岸地区； 2. 法定规划确定的其他区域绿地。
江门市	1. 陆域结构性生态控制区：天露山； 2. 区域生态绿核：城市东部山体； 3. 区域性生态主廊道：西江沿岸地区； 4. 区域性生态次廊道：潭江沿岸地区； 5. 法定规划确定的其他区域绿地。	东莞市	1. 海域结构性生态控制区：珠江口河口地区； 2. 区域生态绿核：银瓶嘴山； 3. 区域性生态主廊道：珠江口沿岸狮子洋水道、东江沿岸湿地； 4. 区域性生态次廊道：东莞－松山湖两侧山体、同沙生态区； 5. 法定规划确定的其他区域绿地。
中山市	1. 海域结构性生态控制区：珠江口河口地区； 2. 区域生态绿核：五桂山； 3. 区域性生态主廊道：横门水道及沿岸； 4. 法定规划确定的其他区域绿地。	惠州市	1. 陆域结构性生态控制区：博罗西北山脉、坪天嶂、莲花山脉； 2. 区域生态绿核：白云嶂、银岭； 3. 区域性生态主廊道：东江两岸及湿地； 4. 法定规划确定的其他区域绿地。
肇庆市	1. 陆域结构性生态控制区：鼎湖山； 2. 区域性生态主廊道：西江沿岸地区； 3. 法定规划确定的其他区域绿地。		

2. 珠江三角洲区域绿地规划空间结构

至2020年，珠江三角洲划定的区域绿地面积达到8300平方公里，以山脉、水系为骨干，以山、林、江、海、田为要素，构建“一环、一带、三核、网状廊道”的区域绿地框架：

“一环”：指以珠江三角洲西部、北部、东部的山地、丘陵及森林生态系统为主体组成的环状区域生态屏障，共有四处陆域结构性生态控制区，包括以肇庆鼎湖山为中心的西北生态控制区，以江门恩平西部天露山区为中心的西南生态控制区，由广州花都、从化北部和惠州博罗西北山脉构成的北部生态控制区，以及由惠州惠东、惠阳坪天嶂、莲花山脉构成的东部生态控制区等。

“一带”：由珠江三角洲南部近海水域、珠江口湾区、海岸带和近海岛屿组成的近海生态防护带，共有四处海域结构性生态控制区，包括大鹏半岛和稔平半岛、珠江口河口、万山群岛和川山群岛等。

“三核”：三个区域生态绿核，包括广州的东北部以白云山、帽峰山为主的中部都市区区域绿核；中山、珠海、江门交界的五桂山、黄杨山、古兜山以及磨刀门、鸡啼门、虎跳门、崖门等河口地区的西岸都市区区域绿核；东莞、惠州、深圳交界地区的银瓶嘴山、白云嶂、银岭为主的东岸都市区区域绿核。

“网状廊道”；通过西江、北江、东江干流及诸河水体、岸线，串联自然山体、连片良田和城镇绿化隔离带等，形成网络状的生态隔离廊道，包括区域性主廊道、区域性次廊道和城市生态隔离廊道等，以加强各自然“斑块”之间、“斑块”和“种源”之间的生态联系，维护区域生态系统的稳定和健康。

附件二：

图纸要求、坐标标示办法、编码原则、数据库管理

（一）相关图纸成果要求

1. 工作底图

要素组成：包括河湖水系、自然山体、现状道路三个要素（图层）。

工作图：1:10000AutoCAD格式地形图。

坐标系：尽量选择珠三角各市地形图最常用的坐标系，以保证各地市工作成果的无缝对接——西安80，3度分带。

成果形式：AutoCAD电子格式。

2. 资源环境现状图

要素组成：现状区域绿地（六类）+底图三要素。

工作图：1:10000AutoCAD格式地形图。

坐标系：西安80，3度分带。

成果形式：成果以JPG（A3图幅，分辨率300dpi以上，下同）格式和AutoCAD电子格式。

3. 规划结构图

要素组成：现状区域绿地（六类）+底图三要素+结构图要素（绿心、绿带、绿楔、生态基底等）。

工作图：1:10000AutoCAD格式地形图。

坐标系：西安80，3度分带。

成果形式：JPG格式。

4. 总体布局规划图

要素组成：规划区域绿地（六类）+规划建设用地（与城镇体系规划和总体规划衔接）+规划的河湖水系、自然山体、道路。

工作图：1:10000AutoCAD格式地形图。

坐标系：西安80，3度分带。

成果形式：以JPG格式和AutoCAD电子格式。

在文本中以表格的形式注明六类区域绿地的面积、总量及比例，便于自查及汇总平衡。

5. 绿线管制图

要素组成：规划绿线+规划建设区+规划的河湖水系、自然山体、道路。

工作图：1:10000AutoCAD格式地形图。

坐标系：西安80，3度分带。

成果形式：成果以JPG格式和AutoCAD电子格式。

6. 各区域绿地单元边界控制图

要素组成：区域绿地单元（包括绿线、编码、控制点坐标）+规划建设区+规划的河湖水系、自然山体、道路。要将区域绿地的空间布局边界以“绿线”的形式标注在地形图上，形成区域绿地单元。

工作图：1:2000以上AutoCAD格式地形图。

软件平台：AutoCAD和ArcGIS（在一张图上表达），每个单元必须为完全闭合的多边形。

（二）标识方法及编码原则

1. 标识示例

图纸绿线应尽量以自然地形地貌、道路、地块边界为界，并注明关键节点的坐标以及单元编码。

2. 区域绿地单元的最小面积

建议非连片或邻近其他区域绿地的单元宜达到0.5km²以上；连片或邻近其他区域绿地的单元，其与连片或邻近的区域绿地总体面积宜在0.5km²以上。已经有关部门认定的生态保护区、风景名胜区等除外。

3. 绿线划定方法

对于面状要素，尽量采用地形地物法，以自然地形地物、道路、用地界线为界；对于线状要素，如河流、道路沿线防护绿地等，则宜采用数据表示法，同时可结合坐标法控制若干关键点，界定绿地边界。

（三）编码原则

各地市对应的编码前两位情况

地市	编码前两位	地市	编码前两位
广州	11	中山	22
深圳	12	江门	23
珠海	13	阳江	24
汕头	14	湛江	25
佛山	15	茂名	26
韶关	16	肇庆	27
河源	17	清远	28
梅州	18	潮州	29
惠州	19	揭阳	30
汕尾	20	云浮	31
东莞	21		

注：珠三角以外的地市编码予以保留

（四）数据库管理

1. 数据库的建立

基于EXCEL的区域绿地单元属性表

编码	城市	区（县）	镇（街）	面积（km²）	类别	土地权属	管理规定	备注
1500001	佛山	顺德	勒流	6.75	G-E3	*公司	……	……
1500002	……	……	……	……	……	……	……	……
1500002	……	……	……	……	……	……	……	……
1500003	……	……	……	……	……	……	……	……

注：“数据库管理”在初步成果汇总平衡阶段不必提交

编码：由7位数字组成。前两位数字代表所在地市，后五位数字代表该单元在地市内的编号顺序（由于AutoCAD 的标高值只能为数字，因此编码均采用数字）。

前两位编码：按照各地市的顺序，如佛山，编码则为15。

后五位编码：按自上而下、自左到右的顺序进行编号，可灵活调整。

城市：填写汉字。

区（县）：填写汉字。

镇（街）：填写汉字。

面积：填写数字，小数点后保留四位；单位：平方公里。

区域绿地类型编码表

区域绿地类型		类别编码	区域绿地类型		类别编码
生态保护区 (Ecological protection zone)	自然保护区	G-E1	风景绿地 (Landscape green land)	森林公园	G-L1
	水源保护区	G-E2		风景名胜区	G-L2
	基本农田保护区	G-E3		旅游度假区	G-L3
	土壤侵蚀防护区	G-E4		城市郊野公园	G-L4
海岸绿地（Coastal green land）	滨海岸线及防护林	G-C1	缓冲绿地（Buffer zone）	环城绿带	G-B1
	沿海湿地及红树林	G-C2		基础设施隔离带	G-B2
	海产养殖场及围垦区	G-C3		自然灾害防护绿地	G-B3
	海洋生物繁衍区	G-C4		公害防护绿地	G-B4
河川绿地（River green space）	主干河流及堤围	G-R1	特殊绿地（Special green land）	地质地貌景观区	G-S1
	大型湖泊及沼泽	G-R2		自然灾害敏感区	G-S2
	大中型水库及水源林	G-R3		文物保护单位	G-S3
	基塘系统	G-R4		传统风貌地区	G-S4

类别：按照区域绿地类型编码表将对应类别的单元填入相应的编号。如G-E1，其中G 表示区域绿地，E1 表示是生态保护区中的第一种，自然保护区。

土地权属：明确该单元的土地权属情况。

管理规定（为管理办法预留接口）：出台管理规定后，将对应的内容补充进数据库。

备注：其他必要的信息。

2. 区域绿地管理与动态监测的实现

（1）AutoCAD向GIS转化：通过ArcGIS 的Export 功能，可以直接将AutoCAD 文件转化为ArcGIS 下的shapefile 文件。其中的“区域绿地单元_dwg_Polygon”将作为数据库管理单元文件。

（2）通过AutoCAD 与Excel 建立数据库与区域绿地单元的连接。之前，将CAD 转换成GIS 数据时，CAD 中的Elevation 数值已经自动传递给GIS 数据；将Excel 文件另存为dbf 文件，通过ArcGIS 的join功能，将Polygon 中的“Elevation”与dbf中的“编码”链接。

（3）通过ArcGIS 的空间查询与数据管理功能，实现对区域绿地单元的管理。

（4）动态监测。

汇总各市方案后，将由AutoCAD 工作平台整体移植到ArcGIS管理平台。通过ArcGIS 系统，将珠三角区域绿地方案与遥感影像叠加，实现动态监测功能。

广东省建设厅关于进一步加强建设工程抗震设防工作的通知

广州市建委，各地级以上市建设局、规划局、城市管理局（市政局、公用局、水务局）：

2008年5月12日四川省汶川县发生了里氏8.0级特大地震，给人民生命财产安全造成了重大损失。为进一步做好我省建设工程抗震设防工作，确保建设工程抗震设防质量，保障人民生命财产安全，现就我省建设工程抗震设防工作通知如下：

一、高度重视，进一步增强做好建设工程抗震设防工作的责任感和紧迫感

地震是威胁人类生命财产安全的重大自然灾害，具有突发性强、波及面广、危害程度大、难以预测等特点，重特大地震一旦发生，破坏性大，影响广泛。如何最大限度地减轻地震灾害，已成为全社会十分关心的敏感话题。汶川大地震的经验教训表明，认真做好建设工程抗震设防和既有工程的抗震加固，扎实编制和组织实施好城乡抗震防灾规划，是预防和减轻地震灾害最直接、最有效的抗震防灾措施。

为此，各级建设、规划、市政主管部门（以下简称建设主管部门）要进一步提高对做好抗震设防工作重要性的认识，当前及今后一段时间要把抗震设防工作摆上重要议事日程，切实增强抗震设防工作的紧迫感和政治责任感，坚决克服麻痹大意的思想和侥幸心理，要居安思危，防患于未来，以对党、对人民、对国家高度负责的精神，扎实做好抗震设防工作。

二、突出重点，着力抓好既有建筑工程抗震性能的普查工作

汶川大地震的教训表明，学校、医院等人员密集场所和生命线工程是发生群死群伤的主要场地。对此，我们要高度重视，引以为鉴，认真吸取教训。各级建设主管部门要在当地政府的统一领导下，会同教育、卫生、体育、地震等有关部门，结合当地抗震设防要求，在前一阶段开展排查的基础上，抓紧开展对人员密集场所和生命线工程等重要建筑物（构筑物）的抗震性能普查与鉴定工作，彻底摸清本辖区范围内未采取抗震设防措施或抗震设防达不到规定要求的建筑物（构筑物）的具体数量和基本情况。根据鉴定结果，尽快制订工作方案，有计划地进行抗震加固、改建或拆除，确保人民生命财产安全。

（一）普查范围

1. 人员密集场所：主要包括学校（含幼儿园）、火车站、汽车站、文化娱乐和体育场馆、大型商场及综合办公场所、会展场馆、社会福利机构场所（含养老院、孤儿院、残疾人活动场所）等。

2. 生命线工程：主要包括对城市功能、人民生活和生产活动有重大影响的供电、供水、供气、交通、通讯枢纽、广播电视、医疗卫生、消防、粮食等工程以及城区市政桥梁、各级防灾指挥系统等建设工程。

3. 可能产生严重次生灾害的工程：受地震破坏后可能引发火灾、水灾、滑坡、崩塌、剧毒或强腐蚀性物质泄漏、放射性污染、疫情和其他严重次生灾害的建设工程。

4. 超限高层建筑工程。

5. 其他各市（县）认为需要普查的建设工程。

（二）普查内容

重点普查上述建设工程的基本概况、建设年代、工程现状、结构类型、设防标准、改造加固情况、加固所需资金等。

（三）具体要求

各级建设主管部门应当主动会同有关部门共同做好抗震普查工作，已经完成抗震鉴定的工程，可进一步核实、补充后统一上报。各地要根据普查情况，认真匡算抗震鉴定加固资金，并根据产权情况提出工程加固的资金来源。各县（市、区）建设主管部门应于2008年11月15日前将本辖区内的《既有建筑抗震性能普查登记表》报工程所在地地级以上市建设行政主管部门，各地级以上市建设行政主管部门应于2008年11月30日前将本辖区内的《抗震普查汇总表》上报省建设厅勘察设计处。省建设厅将根据各地的普查情况，建立城市抗震防灾基础资料数据库，并对普查数据进行分析，提出具体措施和建议，供省政府决策参考。

三、加强监管，确保新建工程抗震设防质量

切实抓好有关法规和标准的实施。新建工程抗震设防管理不仅是抗震设防工作的重要环节，更是保证工程安全、提高抗震能力的重要措施。各级建设主管部门要严格按照《建筑法》、《防震减灾法》、《建设工程质量管理条例》、《建设工程勘察设计管理条例》、《广东省建设工程勘察设计管理条例》和建设部《房屋建筑工程抗震设防管理规定》、《超限高层建筑工程抗震设防管理规定》等有关法律、法规、规章的规定以及工程建设强制性标准，进一步强化新建设工程抗震

设防管理工作，严禁擅自降低抗震设防标准。

不断强化抗震设防的全过程监督。各级建设主管部门要坚持标本兼治，综合治理，着力加强建设工程抗震设防监督管理，严格执行国家基本建设程序。城乡规划部门在审批建设工程规划许可证时，要对重要建（构）筑物、超高建（构）筑物、人员密集的文化教育、医疗卫生、体育娱乐、商业办公、交通站场等设施的外部通道及间距是否满足抗震防灾要求进行严格审查，充分考虑工程项目是否符合抗震防灾规划的要求，项目选址时要选择对抗震有利的地段，避开地震活动断裂带可能造成的地质性灾害危险区等不利地段，不符合抗震防灾规划要求的，不予发放建设工程规划许可证。

勘察单位要确保工程勘察资料的准确、完整和可靠，并对所提供的工程建设场地的水文地质、工程地质、场地抗震性能评价等成果资料负责；设计单位要严格按照新修订的《建筑工程抗震设防分类标准》（2008版）和《建筑抗震设计规范》（2008版）进行设计，建筑方案设计应符合抗震概念设计的要求，优先选用有利于抗震的结构体系和建筑材料，新建、改建、扩建工程禁止使用没有拉结的预制空心板；有关主管部门和施工图审查机构组织初步设计审查和施工图审查时，要严格把好抗震审查关，对达不到抗震设防要求的项目不予批准和出具审查合格书。

施工单位应严格按照经审查合格、符合抗震设防要求的施工图纸进行施工，把好施工质量关；监理单位应按照抗震要求、审查合格的设计文件和有关标准规范的要求严格实施监理；工程质量监督机构要将抗震设防作为工程质量监督的重要内容，加强监督检查；凡达不到抗震设防标准的工程，建设行政主管部门不予办理竣工验收备案手续，不得交付使用。

严格把好新建工程抗震设防审查关。超限高层建筑工程、重大工程、生命线工程和易产生严重次生灾害的市政工程应当按照国家规定依法上报建设行政主管部门进行抗震设防专项审查，其他工程可纳入施工图审查一并进行。对地震重点监视防御区、高烈度区的建设工程，要采取更加严格的监管措施，通过层层把关，切实把建设工程抗震设防的有关法律法规和技术标准落实到工程建设的全过程，确保抗震设防质量。

四、加强指导，切实提高村镇建设工程抗震防灾能力

各级建设主管部门要把村镇建设工程的抗震防灾作为社会主义新农村建设的重要内容，进一步加大宣传指导力度。要按照省地震局、省建设厅《关于印发广东省农村民居地震安全工程建设规划的通知》的要求，结合当地农村实际，把抗震设防措施真正落实到村镇规划和具体建设项目中去。各级城乡规划主管部门在组织编制村镇规划时，应当落实抗震防灾的内容，有条件的村镇应编制抗震防灾专项规划。

切实加强对村镇建设工程抗震设防质量的监督和管理，农村基础设施、公共建筑、中小学校和统建住宅等工程必须按现行国家工程建设标准进行抗震设计和施工，坚决杜绝无证设计、无设计先施工和无抗震措施的建设工程。认真组织实施国家建筑标准设计《农村民宅抗震构造详图》（2008年合订本），进一步加强对农村居民自建民宅的管理和技术指导，通过开展村镇建设抗震防灾示范工程，向农民免费提供优秀民宅设计方案，对村镇建筑工匠进行技术培训等多种方式，逐步提高农村民居的抗震设防质量。

五、居安思危，扎实做好地震应急准备工作

各市要在做好抗震设防工作的同时，认真总结汶川大地震应急反应的经验教训，积极进行地震应急准备，提高快速反应能力，最大限度地减轻地震灾害。要按照《广东省建设系统应对破坏性地震应急预案》的要求，抓紧制定或修订本市建设系统破坏性地震应急预案。预案要按照避震疏散、震时应急、抢险救灾、应急恢复、灾后重建等环节进行制定或修订。要确保统一指挥，信息畅通，分工协作，有序推进，高效运作。预案编制完成后，各市还应组织实地演练，确保预案的可操作性。同时，各市要将制订或修订的本市建设系统破坏性地震应急预案，于2008年11月30日前上报省建设厅勘察设计处。

六、加强宣传，广泛普及抗震防灾知识

进一步加强防灾减灾知识宣传和普及教育，充分利用报刊、广播、电视、网络等大众传媒和橱窗专栏、宣传图册、科技下乡等群众喜闻乐见的形式，大力宣传抗震防灾工作，广泛普及抗震知识，努力提高全民的抗震防灾意识、紧急避险和应急自救互救能力。积极开展建设系统各级领导干部和管理人员的抗震防灾和应急管理培训，加强各类工程专业技术人员的业务培训，提高执行抗震设防标准的自觉性、积极性和主动性。

2008年9月26日

广东省建设厅关于实行住宅工程质量分户验收的指导意见

广州市建委、各地级以上市建设局，省直各有关单位：

为加强住宅工程质量监督管理，强化各责任主体的质量意识，保证竣工住宅的使用功能和观感质量，促进住宅工程质量整体水平的提高，根据住房和城乡建设部有关文件精神，我厅决定在全省实施住宅工程质量分户验收（以下简称分户验收）。现提出如下指导意见：

一、充分认识实施分户验收的重要意义

分户验收是指已按设计文件及合同约定完成全部工作量的住宅工程在竣工验收前，由建设单位组织施工、监理、设计等单位依据国家现行的相关工程质量验收标准、规范和经审查合格的施工图设计文件等，对每户套内的观感质量和使用功能所进行的专项质量检查验收活动。

实施住宅工程质量分户验收是对现行国家住宅工程竣工验收制度的完善，改变了以往只注重住宅工程整体质量的评价而对住宅套内的观感、使用功能等微观质量检验不足的做法，能够进一步促进工程参建各方责任主体落实质量责任，从而提高住宅工程的整体质量，对满足人民群众日益增长的质量要求，构建和谐社会具有重要的意义。

二、分户验收应具备的条件和验收依据

分户验收应在住宅工程竣工验收前进行，必须确保工程地基基础和主体结构安全可靠，各分部工程（含节能分部工程）符合规范和设计要求，并已办理相关验收手续后方可实施。当套内各分项工程具备以下质量验收条件时，可组织分户验收：

（一）施工单位已完成住宅各套内所含设计和合同约定的工程量；

（二）套内各分项工程的质量验收均合格；

（三）所涉及的套内工程质量技术资料完整。

分户验收应依据《中华人民共和国建筑法》、《建设工程质量管理条例》、国家现行的建筑工程施工质量验收标准规范、省发布的有关工程质量管理规定、《广东省住宅工程质量通病防治技术措施二十条》、经审查合格的施工图设计文件以及施工合同的有关要求进行。

三、分户验收组成人员

建设单位负责成立分户验收组，实施分户验收工作。分户验收组应包括下列人员：建设单位项目负责人和专业技术人员，监理单位总监理工程师和专业监理工程师，施工总承包单位项目负责人和项目技术负责人，分包单位的项目负责人，设计单位的项目设计人员（土建和建筑设备）。已选定物业管理公司的，物业管理公司应列席参与分户验收工作。

四、分户验收程序与方法

（一）施工总承包单位在完成施工合同所约定的住宅套内全部施工内容，并经自检合格，可向建设单位提交分户验收的书面申请。

（二）建设单位根据现场的实际情况编制《住宅工程质量分户验收方案》，成立分户验收组，对住宅逐套进行检查验收。

（三）分户验收应使用专门的检测仪器、工具，以实测实量、外观检查的方式，对住宅工程的观感质量和使用功能所含各项内容按照国家现行质量验收标准的规定进行检查验收，并按每套的施工质量状况如实填写《住宅工程分户验收观感质量检查验收表》和《住宅工程质量分户验收现场实测记录表》，并作出验收结论。

（四）对住宅工程套内观感质量和使用功能不符合规范或设计文件要求的，监理（建设）单位应书面责成施工单位整改，并对整改情况进行复查。

（五）分户验收全部合格后，建设单位项目负责人、总监理工程师、施工单位项目负责人和项目设计人员应在《住宅工程质量分户验收汇总表》上分别签字并加盖单位公章。《住宅工程分户验收观感质量检查验收表》和《住宅工程质量分户验收现场实测记录表》应存于物业管理公司或建设单位，以备业主或住户查询。

五、分户验收的内容

分户验收应以单位工程中每套住宅为基本检查单元，以工程观感质量和使用功能质量为主要验收对象，以相应分部、分项工程的检验批为主要验收内容。主要包括以下检查内容：

（一）地面、墙面和顶棚面层质量；

（二）门窗安装质量；

（三）建筑外门窗节能措施与设计的符合情况；

（四）阳台、露台、厨房、厕浴间、窗台的防水工程质量；

（五）栏杆、护栏的整体安装质量；

（六）给排水系统安装质量；

（七）室内电气工程安装质量；

（八）其他有关规定要求分户检查的内容。

六、分户验收的监督

（一）分户验收是单位工程竣工验收的基础和前提，分户验收的证明文件应作为工程竣工技术资料的重要组成部分。建设单位在组织单位工程竣工验收7个工作日前，应将《住宅工程质量分户验收方案》和《住宅工程质量分户验收汇总表》报送工程质量监督机构。

（二）工程质量监督机构应对分户验收方案、实测数据及验收结论进行符合性抽查，抽查的比例应根据工程实际在监督计划中明确；如发现分户验收记录内容不真实或工程存在必须整改的观感质量或使用功能质量问题，应责令整改，符合要求后方可进行验收。

（三）分户验收的组织、程序、执行标准不符合规定要求，或将不合格工程按合格工程验收的，工程质量监督机构应督促责任单位整改，对拒不整改或整改不力的，工程质量监督机构应及时将有关情况上报建设行政主管部门，建设行政主管部门可根据情节轻重予以通报批评或依法对有关责任单位和责任人进行处罚，并记入诚信档案。

各地级以上市建设行政主管部门可根据本指导意见的精神，结合本地区的实际情况，制定住宅工程质量分户验收的具体细则。

2008年10月15日

主 题 索 引

说 明

一、本索引采用主题分析方法，款目按汉语拼音字母（同音字按声调）顺序排列。

二、索引款目后的数字表示内容所在的页码，数字后的拉丁字母（a、b、c）表示栏别（即版面的1、2、3栏）。

三、同一主题的内容在文中多处出现的，在其款目后用不同的页码标明。

四、本索引对《大事纪要》、《领导讲话》、《法规文件选编》、《统计资料》、《荣誉榜》等篇目不作内容主题分析。

A

B

C

D

F

G

H

T

W

X

Y

Z

General List

Table of Contents

Pictures

Features

Calendar of Events

General Situations of Guangdong Province

Development of Guangdong Province Architecture

Government Affairs Revolution and Administration Approval

Urban and Rural Planning

Urban Construction

Rural Construction

Major Project

Architecture

Survey and Design

Construction Science and Technology

Residential and Property

Training and Qualification

Information Construction

Legal Construction

Spiritual Civilization and Office Work

Party Building and Clean Government Building

Human Resource Management

Function-Organization

Construction of Different Cities

Honor Roll

Statistical Data

Leader Speech

Law and Regulation Document Selections